Witte · Wolffgang (Hrsg.)

Lehrbuch des Zollrechts
der Europäischen Union

Zusätzliche digitale Inhalte für Sie!

Zu diesem Buch stehen Ihnen kostenlos folgende digitale Inhalte zur Verfügung:

- Online-Version ✓
- Online-Training
- Aktualisierung im Internet
- Zusatz-Downloads ✓
- App
- Digitale Lernkarten
- WissensCheck

Schalten Sie sich das Buch inklusive Mehrwert direkt frei.

Scannen Sie den QR-Code **oder** rufen Sie die Seite **www.nwb.de** auf. Geben Sie den Freischaltcode ein und folgen Sie dem Anmeldedialog. Fertig!

Ihr Freischaltcode

BNOQ-NCYB-PTEV-UOHV-HKLG-PS

www.nwb.de

Lehrbuch des Zollrechts der Europäischen Union

Herausgegeben von
StB Prof. Dr. Peter Witte
StB Prof. Dr. Hans-Michael Wolffgang
Institut für Zoll- und Außenwirtschaftsrecht an der Universität Münster

bearbeitet von
Dipl.-Finanzwirt Markus Böhne
Prof. Dr. Reginhard Henke
Prof. Dr. Sandra Rinnert, LL.M (Georgetown)
Prof. Dr. Frauke Schulmeister
Prof. Dr. Karina Witte, LL.M (Bristol)
Fachbereich Finanzen
der Hochschule des Bundes für öffentliche Verwaltung, Münster

RA Dr. Kai Henning Felderhoff
StB Dipl.-Finanzwirt Manuel Sieben
StB Prof. Dr. Peter Witte
StB Prof. Dr. Hans-Michael Wolffgang
AWB Steuerberatungsgesellschaft mbH, Münster

ORR Christoph Schulte
Bildungs- und Wissenschaftszentrum der Bundesfinanzverwaltung, Münster

Dipl.-Finanzwirt Joachim Ritz
Bildungs- und Wissenschaftszentrum der Bundesfinanzverwaltung, Bremen

10., vollständig überarbeitete und aktualisierte Auflage

nwb AUSBILDUNG

Bearbeitervermerk

Kap. A		Wolffgang
Kap. B		
	I.	Felderhoff
	II.	Felderhoff/K. Witte
	III.	Witte
	IV.	Felderhoff
	V.	Felderhoff
Kap. C		Böhne
Kap. D		
	I.	Witte
	II.	Henke
	III.	Schulmeister
	IV.	Ritz
	V.	Rinnert
	VI.	Henke
	VII.	Witte
	VIII.	Sieben
Kap. E		
	I. 1., 2.	Witte
	I. 3.-5.	Schulmeister
	II	Schulte
	III.	Wolffgang
	IV.	Wolffgang
	V.	Schulte
Kap. F		Witte
Kap. G		Schulmeister
Kap. H		Witte

ISBN 978-3-482-**43540**-9 – 10., vollständig überarbeitete und aktualisierte Auflage 2021

Satz: PMGi Agentur für intelligente Medien GmbH, Hamm
Druck: Plump Druck & Medien GmbH, Rheinbreitbach

VORWORT

Das Europäische Zollrecht ist in den letzten 25 Jahren zu einem immer stärker beachteten Rechtsgebiet geworden. Gründe dafür sind die zunehmende Globalisierung der Wirtschaft sowie die Rechtsvereinheitlichung in der Europäischen Union (EU). Seit 1994 beruht das EU-Zollrecht auf gemeinsamen Rechtsgrundlagen, die in allen 27 Mitgliedstaaten unmittelbare Anwendung finden. Nationales Recht dient nur noch der Lückenfüllung.

Das Zollrecht der EU entfaltet nicht nur innerhalb des Zollgebiets der Union seine Wirkung. In vielen anderen Ländern und entstehenden Zollunionen beeinflusst es die Reformen des jeweiligen Zollrechts. Das EU-Regelungswerk hat als umfassende Kodifikation eines modernen Wirtschaftszollrechts Vorbildfunktion.

Der vorliegenden 10. Auflage liegen die seit dem 1. Mai 2016 anwendbaren Vorschriften des Zollkodex der Union nebst Delegierten Verordnungen und der Durchführungsverordnungen zugrunde. Dadurch ist das frühere, seit 1994 geltende Zollrecht grundlegend reformiert worden. Es wurde an eine veränderte wirtschaftliche Realität angepasst, sowie an eine Veränderung der Aufgaben des Zolls.

Das EU-Zollrecht ist in stetem Wandel. Über die Jahre sind sämtliche Rechtsgrundlagen mehrfach berichtigt und/oder geändert worden. Hinzu kam der Brexit, der mit dem erstmaligen Austritt eines Mitgliedstaates neue Rechtsfragen in das Zollrecht brachte.

Die Autorinnen und Autoren sind oder waren Lehrende am Fachbereich Finanzen der Hochschule des Bundes für öffentliche Verwaltung oder dem Bildungs- und Wissenschaftszentrum der Bundesfinanzverwaltung sowie Zollberater in der AWB Steuerberatungsgesellschaft mbH. Aus ihren Erfahrungen in zahlreichen Vorlesungen und Fortbildungsveranstaltungen für Bedienstete der deutschen Zollverwaltung, vielfältigen Seminaren und Workshops für Mitarbeitende in Wirtschaftsunternehmen und in langjähriger Beratungspraxis ist das Buch entstanden.

Pädagogisches Anliegen ist, das in der EU geltende Zollrecht systematisch zusammenhängend zu behandeln. Den Lernenden soll das Zollrecht verständlich und in sich geschlossen aufbereitet und vermittelt werden. Den Praktikern kann das Werk eine wertvolle Hilfe sein, sich einen schnellen Überblick über das geltende Recht zu verschaffen.

Mit der aktuellen Auflage haben wird das Werk ergänzt um in der Online-Version zugängliche Klausurbeispiele. Sie sollen neben den bewährten Aufbauschemata der Vorbereitung auf Klausuren dienen.

Um die Übersichtlichkeit der vom Unionszollkodex erfassten Rechtsbereiche zu erleichtern, haben die Herausgeber den Kodex-Bogen entworfen und unterstützt von Britta Matschuk auf das neue Recht aktualisiert. Dieser liegt dem Werk bei und wird in der Online-Version des Lehrbuches zum kostenlosen Download bereitgehalten.

Die Autorinnen und Autoren haben bewusst auf Fußnoten verzichtet. Literatur- und Rechtsprechungsnachweise sind im Text ebenfalls nur in geringem Umfang aufgenommen worden. Damit soll die Lesbarkeit des Lehrbuchs erhöht und die systematisch zusammenhängende Darstellung verdeutlicht werden. Vertiefende Informationen lassen sich über das Literaturverzeichnis erschließen. In ihm sind die grundlegenden Werke zum Zollrecht und der damit zusammenhängenden Rechtsgebiete zusammengestellt.

Unser ehemaliger Kollege und langjährige Autor Hans-Joachim Kampf ist aus dem Autorenteam ausgeschieden. Ihm gebührt unser herzlicher Dank.

Münster, im Juli 2021

Prof. Dr. Peter Witte
Prof. Dr. Hans-Michael Wolffgang

INHALTSÜBERSICHT

INHALTSVERZEICHNIS

C. Erfassung des Warenverkehrs 161

LITERATURVERZEICHNIS

(**Spezielle** Literaturnachweise stehen vor den Kapiteln und Abschnitten)

I. Kommentare

Dorsch, (Hrsg. **Rüsken**), Kommentar zum Zollrecht, (Loseblatt)

Hübschmann/Hepp/Spitaler, (Erstverfasser Beermann/Wolffgang),
Kommentar zur Abgabenordnung und Finanzgerichtsordnung,
Bd. 13 Europäisches Abgaben- und Abgabenverfahrensrecht, (Loseblatt)

Lenz/Borchardt, (Hrsg.), EU-Verträge Kommentar, 6. Aufl. 2012

Müller-Eiselt, Der Veredelungsverkehr, (Loseblatt)

Müller-Eiselt/Vonderbank, EG-Zollrecht, Kommentar, (Loseblatt)

Schwarz/Wockenfoth, Zollrecht, Kommentar, (Loseblatt)

Witte (Hrsg.), Unionszollkodex, Kommentar, 8. Aufl. 2021

Wolffgang/Jatzke (Hrsg.), Unionszollkodez, Kommentar, 1. Aufl., 2021

Wolffgang/Rogmann/Pietsch (Hrsg.), AWR-Kommentar, (Loseblatt)

II. Lehr- und Handbücher

Birk (Hrsg.), Handbuch des Europäischen Steuer- und Abgabenrechts, 2000

Fraedrich, Zoll-Leitfaden für die Betriebspraxis, 15. Aufl. 2016

Glashoff/Kühle, Rechtsschutz in Zollsachen, 2. Aufl. 2003

Witte, Das Zolllager, 2. Aufl. 2016

Henke (Hrsg.), Verbote und Beschränkungen bei Ein- und Ausfuhr, 2000

Kock/Focke/Schulte, Allgemeines Zollrecht – Prüfungsschemata und Übersichten, 3. Aufl. 2013

Lux, Das Zollrecht der EG, 3. Aufl. 2009

Möller/Schumann/Summersberger, Der Zugelassene Wirtschaftsbeteiligte, 2008

Regul (Hrsg.), Gemeinschaftszollrecht, 1982

Summersberger, Grundzüge des Zollrechts, 2002

Witte (Hrsg.), Praxishandbuch Export- und Zollmanagement, (Loseblatt)

Witte/Henke/Kammerzell, Der Unionszollkodex (UZK), 3. Aufl. 2016

III. Sammelwerke

Birk/Ehlers (Hrsg.), Rechtsfragen des europäischen Steuer-, Außenwirtschafts- und Zollrechts, 1995

Bongartz (Hrsg.), Europa im Wandel, 2000

EFA (Hrsg.), Hemmnisse und Sanktionen in der EU, Tagungsband 8. Europäischer Zollrechtstag, 1996

EFA (Hrsg.), Vertrauensschutz in der Europäischen Union, Tagungsband 9. Europäischer Zollrechtstag, 1997

EFA (Hrsg.), 5 Jahre Binnenmarkt – eine Zwischenbilanz, Tagungsband 10. Europäischer Zollrechstag, 1998

EFA (Hrsg.), Kontrollen – ATLAS – Risikoanalyse, Tagungsband 11. Europäischer Zollrechtstag, 1999

EFA (Hrsg.), Erweiterung der Europäischen Union – Zusammenarbeit von Wirtschaft und Verwaltung – Entwicklung der Öko-/Energiersteuern, Tagungsband 12. Europäischer Zollrechtstag, 2000

EFA (Hrsg.), E-Commerce und Informatikverfahren im Außenhandel, Tagungsband 13. Europäischer Zollrechtstag, 2001

Henke (Hrsg.), Beförderungen – Präferenzen – Trade Facilitation, Tagungsband 14. Europäischer Zollrechstag, 2002

Henke (Hrsg.), 10 Jahre Binnenmarkt – EU-Erweiterung – eCustoms, Tagungsband 15. Europäischer Zollrechstag, 2003

Henke (Hrsg.), EU-Erweiterung in der Praxis – Internationales Risikomanagement, Tagungsband 16. Europäischer Zollrechstag, 2004

Henke (Hrsg.), Partnerschaft oder Subordination? Das Verhältnis von Wirtschaft und Zoll nach dem modernisierten Zollkodex, Tagungsband 17. Europäischer Zollrechstag, 2005

Henke (Hrsg.), Neue Chancen und Risiken für die europäische Wirtschaft, Tagungsband 18. Europäischer Zollrechtstag 2006

Henke/Gellert (Hrsg.), Zoll im Wandel vom Abgaben- zum Sicherheitsrecht? – Erfahrungen mit dem neuen Energiesteuergesetz, Tagungsband 19. Europäischer Zollrechtstag 2007

Gellert (Hrsg.), 40 Jahre Zollunion in Europa, Tagungsband 20. Europäischer Zollrechtstag 2008

Gellert (Hrsg.), Zollunion und e-Government, Tagungsband 21. Europäischer Zollrechtstag, 2009

Gellert (Hrsg.), Dialog zwischen Zoll und Wirtschaft, Tagungsband 22. Europäischer Zollrechtstag, 2010

Gellert (Hrsg.), Sicherheit und Freihandel, Tagungsband 23. Europäischer Zollrechtstag, 2011

Koszinowski (Hrsg.), Grenzerfahrung in der Europäischen Union, Tagungsband 24. Europäischer Zollrechtstag, 2012

Koszinowski (Hrsg.), 20 Jahre Binnenmarkt Fortschritt oder Stagnation?, Tagungsband 25. Europäischer Zollrechtstag, 2013

Koszinowski (Hrsg.), Unionszollkodex und Entwicklungen im internationalen Handel, Tagungsband 26. Europäischer Zollrechtstag, 2014

Koszinowski (Hrsg.), Unionszollkodex und geltendes EU-Recht im Rechtsvergleich, Tagungsaband 27. Europäischer Zollrechtstag, 2015

Hoell (Hrsg.), Der Unionszollkodex, Tagungsband 28. Europäischer Zollrechtstag, 2016

Weiß (Hrsg.), „Bewegte Welt" – Handel in stürmischen Zeiten, Tagungsband 29. Europäischer Zollrechtstag, 2017

Schulmeister (Hrsg.), „50 Jahre Zollunion", Tagungsband 30. Europäischer Zollrechtstag, 2018

Schulmeister (Hrsg.), „Quo vadis EU" – Die Europäische Union vor großen Herausforderungen, Tagungsband 31. Europäischer Zollrechtstag, 2019

IV. Einzelwerke

Altenhoff, Die Durchführung von Kontrollen durch das Europäische Amt für Betrugsbekämpfung (OLAF) im Vereinigten Königsreich, Diss. iur. Münster 2004, EFA-Schriftenreihe, Band 23, 2005

Baumann, Entscheidungen der Europäischen Kommission über Erlass, Erstattung und Nacherhe- bung von Einfuhrabgaben, Diss. iur. Münster 2002, EFA-Schriftenreihe, Band 3, 2002

Beaucamp, Reformansätze zur Harmonisierung präferenzieller Ursprungsregelungne, Diss. iur Münster 2017, EFA-Schriftenreihe, Band 63, 2019

Belozerov, Die Eurasische Wirtschaftsunion im multilateralen Handelssystem, Diss. iur. Münster 2018, EFA-Schriftenreihe, Band 62, 2019

Billwiller, Die Befugnisse des Europäischen Amtes für Betrugsbekämpfung (OLAF) im Rahmen von Kontrollen bei Wirtschaftsbeteiligten in Portugal, Diss. iur. Münster 2002, EFA-Schriftenreihe, Band 8, 2002

Dallimore, Securing the Supply Chain: Does the Container Security Initiative Comply with WTO-Law?, Diss. iur. Münster 2008, urn:nbn:de:hbz:6-92589550592

Daroussis, Kontrollen des Europäischen Amtes für Betrugsbekämpfung (OLAF) in Griechenland, Diss. iur. Münster 2005, EFA-Schriftenreihe, Band 26, 2006

Dierksmeier, EG-Zollrecht im Konflikt mit der WTO, Diss. iur. Münster 2007, EFA-Schriftenreihe, Band 24, 2007

Dietrich, Amtshilfe im Zollwesen, Diss. iur. Münster 2004, Berlin 2004

Feit, Das System zum Schutz der finanziellen Interessen der Gemeinschaft im Ausfuhrerstattungsrecht, Diss. iur. Münster 2001, EFA-Schriftenreihe, Band 2, 2002

Felderhoff, Der Ursprung als Grundlage handelspolitischer Maßnahmen, Diss. iur. Münster 2014, EFA-Schriftenreihe, Band 54, 2014

Figgener, Europäisches Zollrecht in der niederländischen Rechtsprechung, Diss. iur. Münster 2001, EFA-Schriftenreihe, Band 1, 2001

Fleckenstein, Schutz der finanziellen Interessen der Europäischen Gemeinschaft, Diss. iur. Münster 2004, EFA-Schriftenreihe, Band 18, 2004

Frese, Kontrollen bei französischen Wirtschaftsteilnehmern auf der Grundlage der Verordnungen Nr. 1073/99 und 2185/96, Diss. iur. Münster 2004, EFA-Schriftenreihe, Band 15, 2004

Gellert, Zollkodex und Abgabenordnung – Analyse über das Verhältnis der Vorschriften der Abgabenordnung zu den Vorschriften des Zollkodexes der Europäischen Gemeinschaft, Diss. iur. Münster 2003, EFA-Schriftenreihe, Band 11, 2003

Gemmel, Kontrollen des OLAF in Deutschland, Diss. iur. Münster 2002, EFA-Schriftenreihe, Band 5, 2002

Haarhuis, Ein Zollgesetz für den Staat Palästina, Diss. iur. Münster 2004, EFA-Schriftenreihe, Band 20, 2004

Harden, Zollschuldrechtliche Entstehungs- und Erlöschenstatbestände nach dem Unionszollkodex und der Wirtschaftszollgedanke, Diss. iur. Münster 2020, EFA-Schriftenreihe, Band 67, 2020

Harksen, Kontrollen des OLAF in Belgien, Diss. iur. Münster 2004, EFA-Schriftenreihe, Band 17, 2004

Hoffacker, Voraussetzungen und Rechtswirkungen der Auskunftsansprüche im Zollrecht, Diss. iur. Münster 2004, EFA-Schriftenreihe, Band 12, 2004

Horn, Die Durchführung von Kontrollen durch das Europäische Amt für Betrugsbekämpfung (OLAF) in Irland – Verwaltungsrecht im Spannungsfeld von Gemeinschaftsrecht und nationalem Recht, Diss. iur. Münster 2002, EFA-Schriftenreihe, Band 4, 2002

Hudasch, Die Vereinbarkeit von Zollkontrollen im Postverkehr mit unionalen und nationalen Grundrechten, Diss iur. Münster 2015, EFA-Schriftenreihe, Band 56, 2015

Jansen, Verfassungsrechtliche Grenzen von Delegationen am Beispiel des besonderen Verbrauchsteuerrechts, Diss. iur. Münster 2019, EFA-Schriftenreihe, Band 64, 2019

Johst, Die zentralamerikanische Zollunion – Regionale Wirtschaftsintegration und deren Vereinbarkeit mit der Welthandelsordnung am Beispiel des Mercado Común Centroamericano (MCCA), Diss. iur. Münster 2010, EFA-Schriftenreihe, Band 45, 2010

Kastner, Zollrechtliche Bewilligungen und der Straftatbestand der Zollhinterziehung gem. § 370 AO, Diss. iur. Münster 2009, EFA-Schriftenreihe, Band 41, 2009

Kirchhoff, Zollpräferenzen und Vertrauensschutz, Diss. iur. Münster 2002, EFA-Schriftenreihe, Band 7, 2002

Lamp, Die Theorie des deutschen Zollrechts und der Entwurf einer neuen österreichischen Zollordnung, 1917

Landwehr, Zollwertrechtliche Methoden zum Nachweis der Unbeeinflusstheit von Preisvereinbarungen zwischen verbundenen Kaufvertragsparteien, Diss. iur. Münster, 2018, EFA-Schriftenreihe, Band 60, 2018

Lojenburg, Die nachträgliche Überprüfung von Ursprungsnachweisen, Diss. iur. Münster 2020, urn:nbn:de:hbz:6-98059616298

Makowicz, Untersuchungen des Europäischen Amtes für Betrugsbekämpfung in Polen, Diss. iur. Münster 2008, urn:nbn:de:hbz:6-76509464686

Meesenburg, Das Vertrauensschutzprinzip im europäischen Finanzverwaltungsrecht, Diss. iur. Freiburg 1997

Meier, Die Auswirkungen des TRIPS-Übereinkommens auf die Grenzbeschlagsnahme im englischen Recht, Diss. iur. Münster 2010, urn:nbn:de:hbz:6-66429428917

Möller, Verrechnungspreis und Zollwert, Diss. Freiburg 2004, EFA-Schriftenreihe, Band 19, 2004

Natzel, Der Zugelassene Wirtschaftsbeteiligte – Entwicklung und Ergebnis des Rechtsetzungsprozesses, Diss. iur. Münster 2007, EFA-Schriftenreihe, Band 31, 2007

Opitz, Der Zugelassene Wirtschaftsbeteiligte – Nachweis der Zahlungsfähigkeit, Diss. iur. 2019, urn:nbn:de:hbz:6-50159687078

Ovie, Die Vereinbarkeit des IT-Verfahren ATLAS (Einfuhr) als E-Government mit dem Zoll- und Steuergeheimnis, Diss. iur. Münster 2008, EFA-Schriftenreihe, Band 36, 2008

Scherney, Die Änderung einer Entscheidung im Zollrecht, Diss. iur. Münster 1995

Sticht, Vor-Ort-Kontrollen des Europäischen Amtes für Betrugsbekämpfung (OLAF) in Spanien, Diss. iur. Münster 2006, EFA-Schriftenreihe, Band 30, 2007

Strzoda, Grundlagen und Grenzen der Risikoanlyse zum Zwecke der allgemeinen Gefahrenabwehr innerhalb der postalischen Lieferkette, Diss. iur. Münster 2018, urn:nbn:de:hbz:6-06199378909

Ulrich, Kontrollen der EG-Kommission bei Wirtschaftsbeteiligten zum Schutz der finanziellen Interessen der Gemeinschaft, Diss. iur. Münster 1999

Weber, Kontrollen des Europäischen Amtes für Betrugsbekämpfung (OLAF) in Italien, Diss. iur. Münster 2004, EFA-Schriftenreihe, Band 16, 2004

Witte, Markus, Risikomanagement im Zollrecht – rechtliches Neuland oder bekanntes Terrain?, Diss. iur. Münster 2010, EFA-Schriftenreihe, Band 44, 2010

Witte, Karina, Das Recht auf rechtliches Gehör im Modernisierten Zollkodex, Diss. iur. Münster 2011, EFA-Schriftenreihe, Band 49, 2011

Weiß, Das Weltzollrecht der WTO und Kyoto-Übereinkommen am Beispiel der ASEAN und Indonesiens, Diss. iur. Münster 2005, Hamburg, 2006

ABKÜRZUNGSVERZEICHNIS

A

a. A.	anderer Ansicht
a. a. O.	am angegebenen Ort
ABl.	Amtsblatt der Europäischen Gemeinschaften
Abs.	Absatz
ABS	Abschnitt im Zolltarif
ADSp	Allgemeine Deutsche Spediteurbedingungen
AEO	Authorized Economic Operator, üblicher Sprachgebrauch für den Zugelassenen Wirtschaftsbeteiligten
a. F.	alte Fassung
AHStatG	Gesetz über die Außenhandelsstatistik
AKP-Staaten	Afrikanische, karibische und pazifische Staaten
Alt.	Alternative
a. M.	anderer Meinung
Anh.	Anhang
Anm.	Anmerkung
AO	Abgabenordnung
APS	Allgemeines Präferenzsystem für Entwicklungsländer
Art.	Artikel
ASV	Anschreibeverfahren
ATA	siehe Carnet
ATLAS	Automatisiertes Tarif- und Lokales Zoll-Abwicklungs-System
AV	Allgemeine Vorschrift
AWD	siehe RIW/AWD
AWG	Außenwirtschaftsgesetz
AW-Prax	Außenwirtschaftliche Praxis (Zeitschrift)
AWR	Außenwirtschaftsrecht
AWV	Außenwirtschaftsverordnung

B

BAnz.	Bundesanzeiger
BAFA	Bundesamt für Wirtschaft und Ausfuhrkontrolle
Ba-Wü.	Baden-Württemberg
BB	Betriebsberater (Zeitschrift)
bez.	bezüglich
BFH	Bundesfinanzhof
BFHE	Sammlung der Entscheidungen des Bundesfinanzhofs
BFH/NV	Sammlung amtlich nicht veröffentlichter Entscheidungen des Bundesfinanzhofes (Zeitschrift)
BGB	Bürgerliches Gesetzbuch

BGBl	Bundesgesetzblatt
BierStG	Biersteuergesetz
BMF	Bundesministerium der Finanzen
BMVg	Bundesministerium der Verteidigung
BNatSchG	Bundesnaturschutzgesetz
BranntwMonG	Branntweinmonopolgesetz
BR-Drucks.	Bundesratsdrucksache
BStBl	Bundessteuerblatt
BtMG	Betäubungsmittelgesetz
BT-Drucks.	Bundestagsdrucksache
Buchst.	Buchstabe
BVerfG	Bundesverfassungsgericht

C

Carnet ATA	Zollpapier für die vorübergehende abgabenfreie Einfuhr (Admission Temporaire/Temporary Admission)
Carnet CPO	Zollpapier für die vorübergehende zollfreie Einfuhr von Beförderungsmitteln (Carnet de Passages en Douane)
Carnet TIR	Zollpapier Transport International des Marchandises par la Route
cif	cost, insurance, freight
CIM	Vertrag über die internationale Eisenbahnbeförderung von Gütern (Contract de Transport International Ferroviaire des Marchendises)

D

DB	Der Betrieb (Zeitschrift)
DDP	Delivered duty paid
ddz	Der deutsche Zollbeamte (Zeitschrift)
DelVO	Delegierte Verordnung
DGebrZT	Deutscher Gebrauchszolltarif
DIHK	Deutscher Industrie- und Handelskammertag
DOUANE	DV-organisierte Unterstützung der Abfertigung nach Einfuhr
DOM	Departments Outre-Mer (französische überseeische Departements)
DStR	Deutsches Steuerrecht (Zeitschrift)
DStZ	Deutsche Steuerzeitung
DV	Dienstvorschrift (früher DA = Dienstanweisung)
DVO	Durchführungsverordnung

E

€	Euro
EEA	Einheitliche Europäische Akte
ECE	Wirtschaftskommission der Vereinten Nationen für Europa (Economic Commission for Europe)
ECOFIN	Wirtschafts- und Finanzrat (Economic and Financial Council)
EFA	Europäisches Forum für Aussenwirtschaft, Verbrauchsteuern und Zoll e.V.

EFG	Entscheidungen der Finanzgerichte (Zeitschrift)
EFTA	Europäische Freihandelszone (European Free Trade Association)
EF-VO	Einreise-Freimengen-Verordnung
EG	Europäische Gemeinschaft(en)
EGKS	(auch Montanunion) Europäische Gemeinschaft für Kohle und Stahl
EGV	Vertrag zur Gründung der Europäischen Wirtschaftsgemeinschaft (in der Fassung des Amsterdamer Vertrags)
EORI	Economic Operators' Registration and Identification
ErlKN	Erläuterungen zur Kombinierten Nomenklatur
ERP	Europäisches Hilfsprogramm
EU	Europäische Union
EuG	Gericht 1. Instanz
EuGH	Europäischer Gerichtshof
EuGHE	Sammlung der Entscheidungen des Europäischen Gerichtshofs
EP	Einheitspapier
EU	Europäische Union
EUSt	Einfuhrumsatzsteuer
EUStBV	Einfuhrumsatzsteuer-Befreiungsverordnung
e.V.	eingetragener Verein
EVerbrStBV	Einfuhrverbrauchsteuer-Befreiungsverordnung
eVSF	elektronische Vorschriftensammlung der Bundesfinanzverwaltung
EuZW	Europäische Zeitschrift für Wirtschaftsrecht
EWG	Europäische Wirtschaftsgemeinschaft
EWGV	siehe EGV
EWR	Europäischer Wirtschaftsraum
EZT	Elektronischer Zolltarif

F

FG	Finanzgericht
FGO	Finanzgerichtsordnung
fob	free on board
FVG	Finanzverwaltungsgesetz

G

GATS	Allgemeines Abkommen über den Handel mit Dienstleistungen (General Agreement on Trade in Services)
GATT	Allgemeines Zoll- und Handelsabkommen (General Agreement on Tariffs and Trade)
gem.	gemäß
gemVV	gemeinsames Versandverfahren
GG	Grundgesetz
ggf.	gegebenenfalls
GHT	Gewichtshundertteile
GMBl	Gemeinsames Ministerialblatt

grds.	grundsätzlich
GZD	Generalzolldirektion
GZT	Gemeinsamer Zolltarif der Europäischen Gemeinschaften

H

Hbg.	Hamburg
HS	Harmonisiertes System für die Bezeichnung und Kodierung von Waren des internationalen Handels
HV	Hauptverpflichteter
HZA	Hauptzollamt

I

i. d. R.	in der Regel
i. H.	in Höhe
IHK	Industrie- und Handelskammer
IRU	International Road Transport Union
i. S.	im Sinne
IStR	Internationales Steuerrecht (Zeitschrift)
i.V. m.	in Verbindung mit

J

JuS	Juristische Schulung (Zeitschrift)

K

Kap.	Kapitel
Kf-VO	Kleinsendungs-Einfuhrfreimengen-Verordnung
Kfz	Kraftfahrzeug
KN	Kombinierte Nomenklatur

L

LeitKom	Leitlinien der Kommission

M

Mio.	Million
MO	Marktordnung
MOEL	Mittel- und osteuropäische Länder
Mrd.	Milliarde
m. w. N.	mit weiteren Nachweisen
MwSt	Mehrwertsteuer
MZK	Modernisierter Zollkodex

N

NAFTA	Nordamerikanische Freihandelszone (North-American Free Trade Area)
NATO	Nord-Atlantik-Pakt-Organisation (North Atlantic Treaty Organization)
NATO-TS	Nato-Truppen-Statut
NCTS	New Computerized Transit System
Nds.	Niedersachsen, niedersächsisch
NJW	Neue Juristische Wochenschrift
NRZZ	Tarif-Nomenklatur des RZZ (Brüsseler Zolltarifschema)
NW (NRW)	Nordrhein-Westfalen

O

o. a.	oben angegeben
OECD	Organisation für wirtschaftliche Zusammenarbeit und Entwicklung (Organization für Economic Cooperation and Development)
OFD	Oberfinanzdirektion
OWiG	Gesetz über Ordnungswidrigkeiten

P

Pos.	Position
Prot.	Protokoll

R

RA	Runderlass Außenwirtschaft
Rdnr.	Randnummer
RGBl	Reichsgesetzblatt
RGW	Rat für gegenseitige Wirtschaftshilfe
RIW/AWD	Recht der internationalen Wirtschaft/Außenwirtschaftsdienst des Betriebsberaters (Zeitschrift)
RL	Richtlinie
RL USt-Binnenmarkt	Richtlinie Binnenmarkt (6. UStRL im Hinblick auf die Beseitigung der Steuergrenzen)
RL EUStBefr	Richtlinie zur Festsetzung des Anwendungsbereichs von Art. 14 Abs. 1 Buchst. d) der Richtlinien 77/388 EWG hinsichtlich der Mehrwertsteuerbefreiung bestimmter endgültiger Einfuhren von Gegenständen
Rs.	Rechtssache
Rz.	Randziffer
RZZ	Rat für die Zusammenarbeit auf dem Gebiet des Zollwesens? (Brüsseler Zollrat) s. auch CCC

S

S.	Seite
SchaumwZwStG	Schaumwein- und Zwischenerzeugnis-Steuergesetz
Slg.	Sammlung
sog.	so genannt

StGB	Strafgesetzbuch
Stpfl., stpfl.	Steuerpflichtiger, steuerpflichtig
StPO	Strafprozessordnung
str.	strittig
StuW	Steuer und Wirtschaft (Zeitschrift)
SumA	Summarische Anmeldung

T

TabStG	Tabaksteuergesetz
TARIC	Integrierter Zolltarif der EG
TIR	siehe Carnet TIR
TRIPs	Abkommen zum Schutz geistiger Eigentumsrechte im grenzüberschreitenden Verkehr (Agreement on Trade-Related Aspects of Intellectual Property Rights)
TrZG	Truppenzollgesetz
TrZO	Truppenzollordnung

U

u. a.	unter anderem
UAbs.	Unterabsatz
LG	überseeische Länder und Gebiete
UN (UNO)	Vereinte Nationen (United Nations Organization)
UR	Umsatzsteuer-Rundschau (Zeitschrift)
USt	Umsatzsteuer
USt-ID-Nr.	Umsatzsteuer-Indentifikationsnummer
UStG	Umsatzsteuergesetz
u. U.	unter Umständen
UStDV	Umsatzsteuer-Durchführungsverordnung
UVR	Umsatzsteuer- und Verkehrs-Recht (Zeitschrift)
UZA	Unvollständige Zollanmeldung
UZK	Unionszollkodex
UZK-DelVO	Delegierte Verordnung zum UZK
UZK-DVO	Durchführungsverordnung zum UZK

V

VAV	Vereinfachtes Anmeldeverfahren
VerbrSt/VSt	Verbrauchsteuer
vgl.	vergleiche
VO	Verordnung
Vorbem.	Vorbemerkung
VuB	Verbote und Beschränkungen
VVAM	Anmeldung zur vorübergehenden Verwahrung
VV	Versandverfahren
VwGO	Verwaltungsgerichtsordnung

vUA	verbindliche Ursprungsauskunft
vZTA	verbindliche Zolltarifauskunft

W

WCO	World Customs Organization
WTO	World Trade Organization
WZG	Warenzeichengesetz

Z

ZA	Zollamt
ZaöRV	Zeitschrift für ausländisches öffentliches Recht und Völkerrecht
ZE	Zugelassener Empfänger
ZfZ	Zeitschrift für Zölle und Verbrauchsteuern
ZG	Zollgesetz
ZK	Zollkodex
ZKG	Zollkontingentgesetz
ZollbefrVO	Zollbefreiungsverordnung
ZollRDG	Zollrechtsdurchführungsgesetz (Österreich)
ZollR-DV	Zollrechtsdurchführungsverordnung (Österreich)
ZollV	Zollverordnung
ZollVG	Zollverwaltungsgesetz
ZPO	Zivilprozessordnung
ZTVO	Zolltarifverordnung
ZV	Zugelassener Versender
ZWB	Zugelassener Wirtschaftsbeteiligter s. AEO
zuzgl.	zuzüglich
zz.	zurzeit

A. Einführung in das Europäische Zollrecht

Schrifttum:

Aigner, The Union Customs Code, Global Trade and Customs Journal 2017, 49 ff.; *Altemöller,* Das Welthandelssystem nach der Ministerkonferenz in Bali: Eine Zukunft für den Multilateralismus?, EuZW 2015, 135 ff.; *Ansong,* The WTO Appellate Body: Are There Any Viable Solutions?, Global Trade and Customs Journal 2019, 169 ff.; *Beckerle, Stare Decisis* in the WTO Dispute Settlement Procedure: A Response to the Trump Administration's Criticism, Global Trade and Customs Journal 2019, 513 ff. *Beise,* Die Welthandelsorganisation (WTO) – Funktion, Status, Organisation, 2001; *Dallimore,* Securing the Supply Chain: Does the Container Security Initative Comply with WTO Law?, Münster 2008, zugleich Diss. Iur Münster 2008 (www.miami.uni-muenster.de); *Dierksmeier,* EG-Zollrecht im Konflikt mit dem WTO-Recht, Witten 2007, zugleich Diss. iur. Münster 2007 (www.efa-schriften.de); *Ehlers,* Die Einwirkungen des Rechts der Europäischen Gemeinschaften auf das Verwaltungsrecht, DVBl 1991, 605 ff.; *Felderhoff,* Die Schutzklausel-Verordnung zum FHA mit Südkorea, AW-Prax 2011, 367 ff.; *Forsthoff,* Deutsche Verfassungsgeschichte der Neuzeit, 1972; *Frank-Fahle/Zimmermann,* Relokalisierung als Reaktion auf die Corona-Krise, AW-Prax 2020, 251 ff.; *Felderhoff,* Die Ursprungsregeln im JEFTA-Abkommen AW-Prax 2019, 131 ff.; *Friedrich,* Zollkodex und Abgabenordnung, StuW 1995, 15 ff.; *Fuchs,* Modernisierter Zollkodex und Komitologie, ZfZ 2011, 281 ff.; *Gellert,* Zollkodex und Abgabenordnung, Analyse über das Verhältnis der Vorschriften der Abgabenordnung zu den Vorschriften des Zollkodexes der Europäischen Gemeinschaft, Witten 2003, zugleich Diss. iur. Münster 2003 (www.efa-schriften.de).; *Glöckle,* Die ungewisse Zukunft des WTO-Appellate Body, EuZW 2020, 356 ff.; *Hartlich,* Die Neustrukturierung der Zollverwaltung, AW-Prax 2016, 179 f.; *Hauser/Schanz,* Das neue GATT, Die Welthandelsordnung nach Abschluss der Uruguay-Runde, 2. Aufl. 1995; *Grainger,* WTO-Abkommen zur Handelserleichterung, AW-Prax 2014, 31 ff.; *Harden,* Zollschuldrechtliche Entstehungs- und Erlöschenstatbestände nach dem Unionszollkodex und der Wirtschaftszollgedanke, Witten 2020, zugleich Diss. iur. Münster 2020 (www.efa-schriften.de); *Harden/Herschbach,* Zum Verhältnis von delegierter Verordnung und Grundverordnung im Unionsrecht, Dargestellt am Beispiel der Befugnisübertragung des Art. 126 UZK und seiner Ausgestaltung in Art. 103 UZK-DA; *Henke/Huchatz,* Das neue Abgabenverwaltungsrecht für Einfuhr- und Ausfuhrabgaben, ZfZ 1996, 226 ff., 262 ff.; *Hilf/Oeter* (Hrsg.), WTO-Recht, 2. Auflage, 2010; *Hohrmann,* Quellen und Systematik des gemeinschaftlichen und nationalen Zollrechts nach Inkrafttreten des Zollkodex der Gemeinschaften, DStZ 1994, 449 ff.; *Horlick,* The New NAFTA: A First Look, Global Trade and Customs Journal 2019, 278 ff.; *Kiefer,* Chinas neue grüne Seidenstraße, AW-Prax 2018, 264 ff (Teil 1), 421 ff. (Teil 2), 454 ff. (Teil 3, 485 ff. (Teil 4), AW-Prax 2019, 15 ff (Teil 5), 144 ff. (Teil 6), 181 ff. (Teil 7), 313 ff. (Teil 8), 488 ff. (Teil 9), AW-Prax 2020, 28 ff. (Teil 10), 124 ff. (Teil 11), 158 ff. (Teil 12),; *Lamp,* Die Theorie des deutschen Zollrechts und der Entwurf einer neuen österreichischen Zollordnung, 1917; *Looks/Dersch,* Reform des Zollrechts der Europäischen Union – das bringt der neue Unionszollkodex, DStR 2016, 1185 ff.; *Lux,* Guide to Community Customs Legislation, 2002; *Lux,* Einführung in den Zollkodex der Union (UZK), ZfZ 2014, 178 ff. (Teil 1); *Michaelis,* Die besonderen Zollverfahren und ihre wirtschaftlichen Grundlagen – eine Übersicht –, ZfZ 1981, 354 ff.; *Meltendorf,* EU-Freihandelsabkommen – Chancen und Herausforderungen, AW-Prax 2018, 479 ff.; *Mielken,* Übergangsregeln zum UZK, AW-Prax 2015, 281 ff.; *Möllenhoff,* Prozessumstellungen durch den UZK, AW-Prax 2016, 209 ff. (Teil 1), 235 ff. (Teil 2), 276 ff. (Teil 3); *Müller,* Der Deutsche Zollverein (1834-1871), ZfZ 1991, 268 ff.; *Müller-Eiselt,* Die Entstehung der Zollschuld bei Verstoß gegen Verfahrensvorschriften nach dem Zollkodex – Das Zollschuldrecht auf dem Irrweg zu einem Sanktionszollrecht?, ZfZ 2001, 398 ff.; *Natzel,* Der zugelassene Wirtschaftsbeteiligte, Witten 2007, zugleich Diss. iur. Münster 2007 (www.efa-schriften.de); *Obradovic,* The role of bilateral and regional trade agreements in the modernisation of taxation and revenue policy in developing economies, World Customs Journal, 2012, Vol 6 No. 2, 73 ff.; *Reuter,* Modernisierung des Modernisierten Zollkodex, ZfZ 2012, 147 ff.; *Rinnert,* Strafzölle – ein Überblick, ZfZ 2018, 110 ff.; *Rogmann,* Das Streitbeilegungsverfahren der WTO, AW-Prax 2005, 478 ff.; *Stüwe,* Der EuGH und der Wirtschaftszollgedanke, AW-Prax 2004, 311 ff.; *Truel/Maganaris,* Breaking the code: the impact of the Union Customs Code on international transactions, World Customs Journal 2015, Vol. 9 No. 2, 12 ff.; *van Suntum,* Die unsichtbare Hand, Ökonomisches Denken gestern und heute, 5. Aufl. 2013; *Weerth*, Das Japan-EU-Freihandelsabkommen, AW-Prax 2019, 22 ff.; *Wieck*, Neue Hoffnung für die multilaterale Handelsrunde?, AW-Prax 2014, 35 ff.; *Witte*, Zollschuld nach dem modernisierten Zollkodex, AW-Prax 2008, 325 ff.; *Witte*, Der neue Zollkodex der EU, AW-Prax, 2012, 125 ff.; *Witte*, Der Unionszollkodex. Ein systematischer Überblick, AW-Prax 2013, 373 ff.; *Witte*, Zollschuldrechtliche Erlöschenstatbestände nach dem Unionszollkodex, AW-Prax 2014, 229 ff.; *Witte*, UZK: Bleibt alles anders?, AW-Prax 2015, 309; *Wolffgang*, Dienstanweisungen aus Brüssel?, AW-Prax 2002, 81; *Wolffgang*, Ursprungswirrwarr ohne Ende?, AW-Prax 2012, 1; *Wolffgang*, Freihandel und Zölle – Ein Beitrag zu aktuellen Entwicklungen auf europäischer und internationaler Ebene, Ad Legendum 2019, 297 ff.; *Wolffgang*, Pandemie und Globalisierung, AW-Prax 2020, 143; *Wolffgang*, Zoll in Zeiten der Pandemie, AW-Prax 2020, 361; *Wolffgang*, Kurz vor der Klippe gestoppt, AW-Prax 2021, 1; *Wolffgang*, Zukunft der EU-Handelspolitik, AW-Prax 2021, 105; *Wolffgang/Fischer-Zach*, Die revidierte Kyoto-Konvention von 1999, ZfZ 2003, 84 ff., 114 ff.; *Wolffgang/Natzel*, Der zugelassene Wirtschaftsbeteiligte, ZfZ 2006, 357 ff.;; *Wolffgang/Kafeero*, Old wine in new skins: analysis of the Trade Facilitation Agreement vis-a-vis the Revised Kyoto Convention, World Customs Journal 2014, Vol. 8 No. 2, 27 ff.; *Wolffgang/Harden*, The new European customs law, World Customs Journal 2016, Vol. 10 No. 1, 3 ff.; *Wolffgang/Rogmann/Harden*, Why the future Revised Kyoto Convention should contain comprehensive rules of customs debt, World Customs Journal 2020, Vol. 20 No. 2, 23 ff.; *Zeilinger*, Der Unionszollkodex – des Kaisers neue Kleider?, ZfZ 2013, 141 ff.

I. Zollbegriff und Zolltheorie

A1000 Der Begriff Zoll geht auf das griechische Wort **telos** (Ziel, Ende, endgültige Zahlung) und das lateinische Wort **teloneum** (Abgabe) zurück. Die Bedeutung des Begriffs Zoll hat sich im Laufe der Zeit gewandelt. In früheren Zeiten handelte es sich häufig um Abgaben, die dafür verlangt wurden, dass Waren eine Straße, Brücke oder einen Fluss passierten. Heute verwendet man den Begriff Zoll im Allgemeinen nur noch für Abgaben, die bei bestimmten **Warenbewegungen** über die Staatsgrenze (Einfuhr, Ausfuhr, Durchfuhr) erhoben werden, ohne dass es sich um ein Entgelt für eine Leistung der Verwaltung handelt (Abgrenzung zur Gebühr) und ohne dass inländische Waren mit einer gleichartigen Abgabe belastet werden (Abgrenzung zur Verbrauchsteuer).

Seit es Staaten oder staatsähnliche Gemeinwesen und Warenhandel gibt, ist auch die Erhebung von Zöllen überliefert. Sie gehören damit zu den ältesten Abgaben; ihre Spuren lassen sich z. B. bis in die frühe Kulturgeschichte des Orients und Ägyptens im dritten Jahrtausend v. Chr. zurückverfolgen (Asakura, World History of the Customs and Tariffs, S. 11; für einen Gesamtüberblick über Entwicklung und Geschichte des Zollwesens siehe Asakura, World History of the Customs and Tariffs, S. 19 ff.).

Bis ins Mittelalter hinein hatten die Zölle (oder gleichbedeutend: **Mauten**) vorwiegend den Charakter von **Benutzungsgebühren** für Land- und Wasserstraßen, Brücken, Hafenanlagen und Märkte oder von **Schutzgebühren** für den Handelsverkehr. Diese Wege-, Brücken- oder Geleitzölle dienten vor allem der Erzielung von Staatseinnahmen. Derartig motivierte Abgaben werden von der Zolltheorie als **Finanzzölle** bezeichnet. Bis zur Schaffung staatlicher Zoll- oder Wirtschaftsgebiete im 17. und 18. Jahrhundert wurden die Zölle vor Ort an sog. Hebestellen eingetrieben. Der Gedanke einer Zollerhebung an der Staatsgrenze (Grenzzoll) ist folglich erst eine neuzeitliche Errungenschaft.

A1001 Die merkantilistische Politik des Absolutismus sah die Staaten bereits als Wirtschaftseinheit und Regulator des Wirtschaftslebens. Zu dieser Zeit traten deshalb weitere Zollmotive neben den Finanzzollgedanken. Zum Schutz der heimischen Wirtschaft vor unerwünschter Konkurrenz wurden die staatlichen Märkte schutzzöllnerisch verschlossen (**Protektionismus**). Auch hatte sich die Erkenntnis verbreitet, dass die durch den Zoll erreichte Verteuerung des Einfuhrgutes der zollgeschützten Wirtschaft den Anreiz gibt, die Produktion des Gutes selbst aufzunehmen oder das Produktionsvolumen so zu vergrößern, dass daraus ein erträglicher Außenhandel erwachsen kann. Obwohl von der heute in der Welthandelsorganisation (WTO) verankerten Freihandelslehre grundsätzlich geächtet, hat sich der Schutzzollgedanke in mehreren Varianten bis in die Gegenwart halten können. Insbesondere lässt sich die Erhebung von reinen **Schutz- oder Abwehrzöllen** in bestimmten Situationen vorübergehend ökonomisch rechtfertigen (vgl. Lux in Regul, Gemeinschaftszollrecht, S. 83; kritisch dazu die Hinweise bei van Suntum, S. 176 ff.)

- zum Schutz neuer Industriezweige (**Erziehungszölle**),
- zur Beseitigung einer Krise in einem Wirtschaftszweig bzw. der gesamten Volkswirtschaft (**Krisenzölle**),
- zur Abwehr von Subventionen und Dumping, d. h. Verkauf einer Ware im Ausland zu einem niedrigeren Preis als dem Verkaufspreis derselben Ware unter gleichen Bedingungen im Inland (**Ausgleichs- und Antidumpingzölle**).

Wie die vorangegangenen Beispiele zeigen, handelt es sich eher um **Ausnahmesituationen**, in denen auch angesichts der WTO heute noch die Erhebung von Schutzzöllen legitim erscheint. A1002

Dass der weltweite Handel aber noch durchgängig durch Zölle beeinflusst wird, ist durch Motive bedingt, die über den Finanz- und Schutzzollgedanken hinausgehen. Die moderne Zolltheorie wird vom aufklärerischen Geist des wirtschaftlichen **Liberalismus** getragen, mit dem sich grundsätzlich weder Finanzzölle noch Schutzzölle vereinbaren lassen. Der englische Nationalökonom Adam Smith (1723 – 1790) verkündete 1776 in seiner Untersuchung über Natur und Ursache des Wohlstands der Nationen:

> „Wenn alle Nationen das liberale System der Ein- und Ausfuhr befolgen, so würden die verschiedenen Staaten . . . den verschiedenen Provinzen eines großen Reiches gleich. So wie unter den verschiedenen Provinzen eines großen Reiches die Freiheit des Binnenhandels aller Vernunft und Erfahrung zufolge nicht nur das beste Linderungsmittel einer Teuerung, sondern auch das wirksamste Vorbeugungsmittel einer Hungersnot ist, würde dies die Freiheit des Aus- und Einfuhrhandels unter den verschiedenen Staaten sein."

Diese Einsicht ist nicht Vision geblieben, sondern hat die Politiken der Staaten maßgeblich beeinflusst. Vor allem wurde erkannt, dass die Zolleinigung eine wichtige **Vorstufe zur politischen Einigung** darstellt.

> „Wenn es staatswissenschaftliche Wahrheit ist, dass Zölle nur Folge politischer Trennung verschiedener Staaten sind, so muss es auch Wahrheit sein, dass Einigung dieser Staaten zu einem Zoll- und Handelsverband zugleich auch Einigung zu ein und demselben politischen System mit sich führt" (Friedrich List, 1789 – 1846).

So wurde in der Tat die Gründung des **Deutschen Zollvereins** im Jahre 1834 zum politischen Einigungsvehikel und zum Motor für den Aufstieg Deutschlands zum modernen Industriestaat (Forsthoff, S. 96 ff.; Müller, ZfZ 1991, 268 ff.; zur (Vor-) Geschichte und

Entwicklung des Deutschen Zollvereins vgl. Asakura, World History oft he Customs and Tariffs, S. 239 ff.).

A1003 Neben der Tendenz zur politischen Einigung sind es auch noch andere Grundzüge, die den Deutschen Zollverein entwicklungsgeschichtlich zu einem Vorläufer der Europäischen Gemeinschaft machen. Dies gilt vor allem für das Institut der **Zollunion**. Als solche wird der Zusammenschluss von zwei oder mehr souveränen Staaten verstanden, in dem die einzelnen Hoheitsgebiete zu einem gemeinschaftlichen Zollgebiet zusammengefasst werden. Gegenüber dritten Ländern gelten mittels eines gemeinsamen Zolltarifs einheitliche Außenzölle, während Binnenzölle und vergleichbare Handelshemmnisse zwischen den Mitgliedstaaten entfallen (**Freiverkehrsprinzip**). Eine Zollunion setzt darüber hinaus eine **gemeinsame Handelspolitik und Rechtsvereinheitlichung** auf dem Gebiet des Zoll- und Handelswesens voraus (vgl. §§ 7, 8 Vereinszollgesetz von 1869, Art. 28 AEUV). Die WTO ist auf die Förderung und Privilegierung von Zollunionen und – im Vorfeld – von Freihandelszonen ausgerichtet (Art. XXIV GATT). Dabei wird unter **Freihandelszone** eine Gruppe von zwei oder mehr Zollgebieten verstanden, in denen die Binnenzölle und vergleichbare Handelshemmnisse aufgehoben sind. Das Fehlen eines gemeinsamen Zolltarifs macht jedoch beim Handel zwischen den Vertragsstaaten einen lückenlosen Ursprungsnachweis notwendig (**Ursprungsprinzip**).

Wenn im Warenverkehr zwischen Zollunionen, Freihandelszonen oder einzelnen Ländern auf der einen und dritten Ländern auf der anderen Seite heute noch Zölle erhoben werden, sind sie im Wesentlichen vom Gedanken des **Gebiets- oder Wirtschaftszolls** her motiviert. Aus der idealistischen Sicht der WTO (siehe unten Rdnr. A3005 ff.) sollen sie nur noch für eine Übergangszeit akzeptiert und schrittweise abgebaut werden, um dem freien und ungestörten Handel im Sinne des wirtschaftlichen Liberalismus Bahn zu brechen. Als Gebiets- oder Wirtschaftszollrecht bezeichnet man ein System, das das Zollschuldverhältnis von einem volkswirtschaftlichen Vorgang abhängig macht. Diesen sah der bedeutende Zollrechtstheoretiker Karl Lamp zu Beginn des 20. Jahrhunderts in der Eingliederung von Umsatzgütern, die einer fremden nationalen Wirtschaftseinheit entstammen, in den freien inländischen Güterverkehr. Der Zollanspruch des Staates beruht demnach auf den **wirtschaftspolitischen Folgen einer Wareneinfuhr**, z. B. für die Preisbildung am inländischen Markt, und soll vor allem der Abschöpfung ungerechtfertigter Preisvorteile auf Seiten der Einfuhrware dienen. Solche Vorteile sind häufig auf nicht vergleichbare Lohnkosten und Produktionsbedingungen in den Exportländern zurückzuführen. Die Steuerung erfolgt über den **Zolltarif**: In den meisten westlichen Industriestaaten steigen die Zollsätze im Allgemeinen mit den aufeinanderfolgenden Verarbeitungsstufen an. Rohstoffe sind häufig zollfrei bzw. mit den niedrigsten Zöllen belastet; mit Treppenstufen vergleichbar steigt die Zollbelastung für Halbfabrikate der ersten und weiteren Verarbeitungsstufe bis zum Endprodukt, für das in der Regel der höchste Zollsatz festgelegt ist (sog. **Zolleskalation**).

A1004 Eine Zollerhebung für Waren, die nur durchgeführt, im Zollgebiet lediglich gelagert oder vorübergehend verwendet werden und dabei nicht in den Wirtschaftskreislauf eingehen, ist demgegenüber **systemwidrig** und nach dem Prinzip des Wirtschaftszollrechts nicht zu rechtfertigen.

> „Wenn ein Zoll als Wirtschaftszoll und damit in erster Linie zum Schutz der heimischen Wirtschaft erhoben wird, sollte der Grund für diese Maßnahme beachtet werden: Ein derartiger Zoll soll den im Inland hergestellten Waren einen Kostenvorteil im Vergleich zu gleichartigen ausländischen Produkten geben. Nur diejenigen ausländischen Waren, die in die einheimische Wirtschaft eingehen und insbesondere an dem Prozess der Preisbildung auf dem Inlandsmarkt teilnehmen, sollten durch den Zoll belastet werden. Alle übrigen Waren sind von der Zollerhebung auszunehmen, da ihre Einfuhr kein Schutzbedürfnis der inländischen Wirtschaft auslöst." (Michaelis, ZfZ 1981, 355).

In den älteren gemeinschaftsrechtlichen Regelungen zum Zollschuldrecht kam der Wirtschaftszollgedanke noch ausdrücklich zum Tragen (so 6. und 7. Erwägungsgrund der RL 79/623/EWG vom 25.6.1979, ABl. EG Nr. L 179 S. 31). In den neueren Gemeinschaftsrechtsvorschriften, insbesondere im ZK, wurde der Gedanke nicht mehr ausdrücklich genannt, lag ihm aber immer noch zugrunde (Müller-Eiselt, ZfZ 2001, 398 ff.; Rüsken in Dorsch, Einführung ZK a. F., Rdnr. 21; Lux, Guide, S. 2). Der UZK rückt den Gedanken des Wirtschaftszolls nun wieder stärker in den Mittelpunkt und löst damit künftig praktische und rechtliche Probleme im Hinblick auf diese Thematik.

HINWEIS:

Diese Erkenntnis hat insbesondere für das Zollschuldrecht erhebliche Bedeutung. Die Zollschuldentstehung bei Pflichtverletzungen im Rahmen von Zollverfahren stellte bisher faktisch eine Sanktion dar. Dies ist nicht gerechtfertigt, wenn mit der Pflichtverletzung keine wirtschaftlichen Auswirkungen verbunden sind. Um den Bewilligungsinhaber zu sanktionieren, gibt es die Möglichkeit der Verhängung von Bußgeldern (so zutreffend BFH, Vorlagebeschluss an den EuGH vom 17.7.2001, ZfZ 2001, 376 ff.; Müller-Eiselt, ZfZ 2001, 398 ff.). Richtig war daher die Entscheidung des FG München vom 13.12.2000 (ZfZ 2001, 205 f.), die eine Zollschuldentstehung verneinte, obwohl die Ausfuhr einer in der aktiven Veredelung befindlichen Nichtgemeinschaftsware ohne ordnungsgemäße Erfüllung der Verfahrensformalitäten erfolgt war. Das Verhalten hatte sich nicht wirklich auf die aktive Veredelung ausgewirkt, da die Ware nachweislich das Zollgebiet der Gemeinschaft verlassen hatte. Der EuGH war dieser Sichtweise jedoch nur ansatzweise gefolgt. In der Entscheidung zum o. a. Vorlagebeschluss des BFH blieb der EuGH bei der strengen Interpretation der Zollschuldentstehungstatbestände und sah die Berücksichtigung wirtschaftlicher Überlegungen nur im Zusammenhang mit Erlass-/Erstattungstatbeständen (EuGH, Urteil v. 12.2.2004 - C-337/01; dazu Stüwe, AW-Prax 2004, 311 ff.; s. auch EuGH, Urteil v. 14.1.2010 - C-430/08 u. C-431/08, Slg. 2010, I-321350, ZfZ 2010, 45 ff.). Bereits der im Juni 2008 in Kraft getretene aber nie zur Anwendung gekommene Modernisierte Zollkodex (VO (EG) Nr. 450/2008, ABl EU 2008 Nr. L 145 S. 1) orientierte das Zollschuldrecht aber stärker am Wirtschaftszollgedanken (Witte, AW-Prax 2008, 325 ff.). Diese Entwicklung setzt auch der Unionszollkodex (VO (EU) Nr. 952/2013, ABl. EU 2013 L 145 S. 1) fort. Der neue Art. 124 UZK sieht einen Erlöschenstatbestand für Zollschulden vor, die im Rahmen von Verstößen entstanden sind, wenn das Fehlverhalten nicht auf einem Täuschungsversuch beruhte und es sich wirtschaftlich auch nicht ausgewirkt hat (Witte, AW-Prax 2014, 229 ff.). Mit dieser neuen Regelung dürften die bisherigen rechtlichen Probleme des Zollschuldrechts im Hinblick auf den Wirtschaftszollgedanken und des Sanktionscharakters entschärft sein (zur Thematik s. auch Harden, Zollschuldrechtliche Entstehungs- und Erlöschenstatbestände nach dem Unionszollkodex und der Wirtschaftszollgedanke passim; EuGH, Urteil v. 8.10.2020 - C-476/19, ZfZ 2021, 84 ff.).

A1005 Nach der modernen Zolltheorie bleibt folglich die Zollerhebung ein wirtschaftliches **Lenkungsmittel**, das aber schutzzöllnerische Motive nicht vollends verleugnen kann. Selbst wo die Einnahmeerzielung nicht mehr bezweckt wird, werden faktisch noch Einnahmen erzielt, die z. B. in der EU als eigene Mittel dem Unionshaushalt zufließen, so dass – zumindest als **Reflex** – auch noch vom **Finanzzollcharakter** gesprochen werden darf.

Der Zoll ist auch ein Instrument **sicherheitspolitischer Ziele**. Allerdings ist Zoll dabei nicht mehr als Abgabe, sondern als Verwaltungseinheit zu verstehen. Aufgabe der Zollverwaltung ist die **Überwachung des grenzüberschreitenden Warenverkehrs** an den Außengrenzen der EU. So kontrolliert die Zollverwaltung die Einhaltung von so genannten **Verboten und Beschränkungen** bei der Einfuhr von Waren. Die Zöllner suchen dabei sowohl nach eingeschmuggelten Rauschgiften, Waffen, Kriegsmaterial, Sprengstoffen, radioaktiven, chemischen oder biologischen Stoffen als auch beispielsweise nach pornografischen Schriften oder Zahlungsmitteln mit Geldwäscheverdacht. Besondere Bedeutung hat für die Zollverwaltungen nach den Anschlägen vom 11.9.2001 die Kontrolle des grenzüberschreitenden Frachtverkehrs auf möglicherweise gefährliche Güter gewonnen **(Sicherheit der Lieferkette)**. Im Zuge der Globalisierung sind die Beschaffungs-, Produktions- und Absatzmärkte miteinander vernetzt. Es besteht die Gefahr, dass durch terroristische Aktionen Lieferwege unterbrochen oder Massenvernichtungswaffen eingeschmuggelt werden.

II. Rechtsquellen des Europäischen Zollrechts

A2000 Das in Deutschland geltende und anzuwendende Zollrecht beruht bereits seit langem nicht mehr (allein) auf nationalen Rechtsnormen, sondern ist maßgeblich vom Recht der Europäischen Union und vom Völkerrecht geprägt. Mit der Verwirklichung des EG-Binnenmarkts zum 1.1.1993 ist die Vereinheitlichung des Zollrechts in der EG im Wesentlichen abgeschlossen worden. Der EG gelang der Schritt, mit dem zum 1.1.1994 gänzlich in Kraft getretenen Zollkodex (VO [EWG] 2913/92, ABl EG 1992 Nr. L 302 S. 1) einschließlich der Durchführungsverordnung (VO [EWG] 2454/93, ABl EG 1993 Nr. L 231 S. 1) ein in allen Mitgliedstaaten unmittelbar geltendes Zollrecht zu schaffen, das aufgrund seiner einheitlichen Kodifikation ein modernes, weitgehend geschlossenes Rechtssystem für den Außenhandel der EU darstellte. Es hatte Vorbildfunktion insbesondere für alle europäischen Staaten, die ihr Zollrecht weitgehend dem EU-Zollrecht angepasst haben, um entweder den Beitritt zur EU vorzubereiten oder dadurch die internationale Zusammenarbeit zu erleichtern. Dem neuen Unionszollkodex (VO (EU) Nr. 952/2013, ABl. EU 2013 Nr. L 269 S. 1) der Europäischen Union wird in Zukunft eine ähnliche Wirkung zukommen.

1. Rechtsordnung der EU

Wegen der großen Bedeutung des EU-Rechts für das Zollrecht soll im Folgenden die Rechtsordnung der EU kurz dargestellt werden, um sowohl die historische Entwicklung als auch die normenhierarchische Stellung des geltenden EU-Zollrechts besser verstehen zu können. A2001

Das Recht der Europäischen Union stellt eine Rechtsordnung dar, die weder dem Völkerrecht im klassischen Sinne noch dem nationalen Recht zuzuordnen ist. Rechtssubjekte des Unionsrechts sind nicht nur die europäischen Organe und die Mitgliedstaaten, sondern auch nationale Behörden (z. B. Hauptzollämter) und Gerichte (z. B. Finanzgerichte). Aber auch das Individuum, der einzelne Unionsbürger, wird unmittelbar berechtigt oder verpflichtet.

Neben den Gründungsverträgen (primäres Unionsrecht) gehören zur EU-Rechtsordnung die von den Unionsorganen erlassenen Rechtsakte (sekundäres Unionsrecht).

a) Primäres Unionsrecht

Hierzu zählten in erster Linie die drei Gründungsverträge der Europäischen Gemeinschaften. Die Gemeinschaftsverträge werden nach dem Unterzeichnungsort teilweise auch Pariser Vertrag (EGKS) und Römische Verträge (EWG und EAG) genannt. Die Verträge sind mit zusätzlichen Protokollen und Abkommen verbunden, die mit den Gründungs-, Änderungs- und Beitrittsverträgen (z. B. EEA, Beitritt Spanien und Portugal) gleichen Rang haben. Soweit die Protokolle allerdings Spezialvorschriften enthalten, gehen sie den Vertragsbestimmungen vor. A2002

Durch die Gemeinschaftsverträge wurden die Gemeinschaften errichtet; die Gründungsverträge bildeten mit späteren Änderungsverträgen quasi das **Verfassungsrecht** der Gemeinschaften und die Rechtsgrundlage für die Einsetzung und die Handlungsbefugnisse der Gemeinschafts- bzw. Unionsorgane. Durch den Vertrag von Maastricht vom 7.2.1992 wurden die Gründungsverträge maßgeblich verändert. Mit ihm wurde die Europäische Union gegründet, die die bisherigen Gemeinschaften umfasst. Aufgrund der Verträge von Amsterdam (in Kraft seit 1.5.1999) und Nizza (in Kraft seit 1.2.2003) wurden die Union und die Gemeinschaft fortentwickelt. Der Entwurf eines Verfassungsvertrags, mit dem die Europäische Union auf eine völlig neue Rechtsgrundlage gestellt worden wäre, ist an Referenden in Frankreich und in den Niederlanden gescheitert. Anstelle des Verfassungsvertrags wurde daraufhin die Fortentwicklung der bisherigen Verträge durch den Vertrag von Lissabon verfolgt. Auch hier wurde der Ratifikationsprozess zunächst durch ein negatives Referendum aus Irland aufgehalten. Am 1.12.2009 trat der Lissaboner Vertrag aber schließlich in Kraft. Die Europäische Union hat hierdurch eine eigene Rechtspersönlichkeit erhalten, was ihr etwa ermöglicht, selbst Freihandelsabkommen mit Drittländern abzuschließen. Die EG als solche existiert nicht mehr. Die Regelungen aus dem EGV sind nun im **Vertrag über die Europäische Union (EUV)** und im **Vertrag über die Arbeitsweise der Europäischen Union (AEUV)** enthalten.

Das primäre Unionsrecht verpflichtet in der Regel die Organe der Union oder die nationalen Gesetzgeber zum Handeln. Es ist jedoch teilweise auch self-executing in dem Sinne, dass es in jedem Mitgliedstaat gegenüber Behörden, Gerichten, aber auch den einzelnen Bürgern unmittelbar gilt, ohne dass es weiterer Durchführungsnormen bedarf. Dies ist z. B. der Fall bei der sog. Stillhalteklausel des Art. 30 AEUV, die den Mitgliedstaaten verbietet, neue Ein- oder Ausfuhrzölle oder Abgaben gleicher Wirkung einzuführen. Eine unmittelbare Anwendbarkeit im Rahmen der einzelstaatlichen Rechtsordnung kann aber auch bei Vertragsnormen in Betracht kommen, die die Mitgliedstaaten zu einem Handeln verpflichten, wenn diese Verpflichtung klar und unbedingt ist und nur ein Tätigwerden in einem ganz bestimmten Sinne möglich sein soll, z. B. im Rahmen der Unionsbürgerschaft gem. Art. 20 ff. AEUV. Darüber hinaus kann der einzelne Bürger z. B. in der Form des Unternehmers oder des Unternehmens durch Art. 101, 102 AEUV unmittelbar verpflichtet werden.

b) Sekundäres Unionsrecht

A2003 Unter sekundärem Unionsrecht sind die von den Unionsorganen erlassenen Hoheitsakte zu verstehen, die den Rahmen des primären Unionsrechts ausfüllen sollen, ihn allerdings dabei nicht sprengen dürfen. Die Kernnorm stellt Art. 288 Abs. 1 AEUV dar, der die wichtigsten Institute des sekundären Rechts aufführt:

> „Für die Ausübung der Zuständigkeiten der Union nehmen die Organe **Verordnungen, Richtlinien, Beschlüsse, Empfehlungen** und **Stellungnahmen** an."

BEACHTE:

Die Bestimmung stellt selber keine Ermächtigungsnorm dar, sondern setzt diese voraus. Parlament, Rat und Kommission können nur dann eine Rechtshandlung nach Art. 288 Abs. 1 AEUV vornehmen, wenn ihnen eine andere Vorschrift des Vertrages die Befugnis dazu einräumt (Prinzip der begrenzten Einzelermächtigung, s. in diesem Zusammenhang auch Art. 5 EUV). Spezielle Ermächtigungen im Zoll- und Außenwirtschaftsbereich sind:

- Art. 31 AEUV: Gemeinsamer Zolltarif
- Art. 113 AEUV: Harmonisierung der indirekten Steuern
- Art. 114, 115 AEUV: Rechtsharmonisierung, insbesondere Binnenmarkt
- Art. 207 AEUV: Gemeinsame Handelspolitik
- Art. 217 AEUV: Assoziationsabkommen

aa) Verordnung

A2004 Nach Art. 288 Abs. 2 AEUV hat die Verordnung **allgemeine Geltung;** sie ist in allen ihren Teilen verbindlich und gilt unmittelbar in jedem Mitgliedstaat. Die allgemeine (generelle) Geltung unterscheidet sie von den Entscheidungen, die nur individuelle Geltung besitzen. Mit dieser Unterscheidung wird darauf abgehoben, ob der Akt nur einzelne, bestimmte Adressaten oder eine unbestimmte Vielzahl von Personen binden will.

Unter der **unmittelbaren Geltung** der Verordnung versteht man, dass sie die nationalen Gerichte, Behörden sowie die einzelnen Bürger und – anders als die Richtlinie – nicht nur den Staat als solchen bindet. Diese Bedeutung kommt auch im Wortlaut zum Ausdruck, wenn die Verordnung in jedem und nicht nur für jeden Mitgliedstaat gilt.

Die Verordnung ist der eigentliche **Gesetzgebungsakt** der Europäischen Union. Ein Vergleich mit dem nationalen Gesetz im formellen Sinne und der nationalen Rechtsverordnung (Gesetz im materiellen Sinne) erscheint aber problematisch: Denn die Europäischen Verträge kennen den nationalen Grundsatz der Gewaltenteilung nicht, auf dem die Unterscheidung von Gesetz und Rechtsverordnung beruht. Die Verordnungen von Rat und Parlament als Gesetz und die Verordnungen der Kommission als Verordnungen zu qualifizieren, erscheint nicht unproblematisch. Sowohl bei Rat als auch Kommission handelt es sich um Exekutivorgane, die nur im Rahmen enger vertraglicher Ermächtigungen handeln dürfen und nicht den breiten Gestaltungsspielraum des nationalen Gesetzgebers besitzen. Für den Rang und die Bestimmtheit der EU-Verordnungen gelten also andere Regeln als im nationalen Recht.

MERKE:

Verordnungen von bedeutsamem Inhalt werden vom Rat gemeinsam mit dem Europäischen Parlament erlassen (z. B. sog. Grundverordnungen wie der UZK). Die Kommission hingegen erlässt delegierte Rechtsakte ohne Gesetzescharakter mit allgemeiner Geltung zur Ergänzung oder Änderung bestimmter nicht wesentlicher Vorschriften des betreffenden Gesetzgebungsaktes (Art. 290 AEUV: sog. delegierte Rechtsakte; z. B. die Delegierte Verordnung zum UZK (Delegierte Verordnung (EU) 2015/2446 der Kommission vom 28. Juli 2015 zur Ergänzung der Verordnung (EU) Nr. 952/2013 des Europäischen Parlaments und des Rates mit Einzelheiten zur Präzisierung von Bestimmungen des Zollkodex der Union) und Durchführungsrechtsakte (Art. 291 AEUV: Verordnungen, die Ausführungsbestimmungen in Bezug auf die Verordnungen von Rat und Parlament enthalten, sog. Durchführungsverordnungen; z. B. die Durchführungsverordnung zum UZK (Durchführungsverordnung (EU) 2015/2447 der Kommission vom 24. November 2015 mit Einzelheiten zu Umsetzung von Bestimmungen der Verordnung (EU) Nr. 952/2013 des Europäischen Parlaments und des Rates zur Festlegung des Zollkodex der Union).

Verordnungen sind zu begründen (Art. 296 Abs. 2 AEUV), was regelmäßig durch die vorangestellten Erwägungsgründe geschieht. Sie werden im Amtsblatt der Europäischen Union (ABl-Reihe L) veröffentlicht und treten zu dem durch sie festgesetzten Zeitpunkt oder andernfalls am 20. Tag nach ihrer Veröffentlichung in Kraft (Art. 297 Abs. 1 UAbs. 3 Satz 2 AEUV). Die Amtsblätter werden auch im Internet veröffentlicht unter: **http://eur-lex.europa.eu/de/index.htm.**

bb) Richtlinie

Nach Art. 288 Abs. 3 AEUV ist die Richtlinie für jeden Mitgliedstaat, an den sie gerichtet A2005
ist, hinsichtlich des zu erreichenden **Ziels verbindlich**, überlässt jedoch den innerstaatli-

chen Stellen die **Wahl der Form und der Mittel**. Im Gegensatz zur Verordnung gilt die Richtlinie für den Mitgliedstaat und nicht in dem Mitgliedstaat, an den sie gerichtet ist; sie ist also grundsätzlich nicht unmittelbar anwendbar. Mit der Richtlinie wird folglich ein **zweistufiges Gesetzgebungsverfahren** eingerichtet: Nach dem Erlass einer Richtlinie müssen die Mitgliedstaaten im Rahmen des nationalen Verfassungsrechts Gesetze oder Verordnungen schaffen, welche den Richtliniengehalt konkretisieren und auf Behörden, Gerichte sowie auf die Bürger anwendbar machen.

Durch seine integrationsfördernde Rechtsprechung hat der EuGH allerdings die Geltungskraft der Richtlinien verstärkt, indem er entschieden hat, dass sich einzelne Bürger unmittelbar auf eine Richtlinie berufen können, wenn

- die Durchführungsregelung nicht fristgemäß erlassen wurde und
- der Wortlaut der Richtlinie hinreichend genau erscheint.
- Die Richtlinien sind mit einer Begründung zu versehen und werden mit ihrer Bekanntgabe gegenüber dem/den Betroffenen wirksam (Art. 296, 297 AEUV).

cc) Beschlüsse

A2006 Nach Art. 288 Abs. 4 AEUV ist ein Beschluss in all seinen Teilen nur für denjenigen verbindlich, an den er gerichtet ist. Er kann an einen oder mehrere Mitgliedstaaten oder an natürliche, aber auch juristische Personen dieser Staaten ergehen. Der Beschluss ist ein **individueller Akt**, im Gegensatz zur Verordnung, die allgemeinen Charakter hat. Mit seiner rechtsgestaltenden Außenwirkung entspricht der Beschluss weitgehend den Verwaltungsakten nach deutschem Recht. Der Bedeutung des Beschlusses für den einzelnen Unionsbürger wird es gerecht, wenn Art. 263 Abs. 4 AEUV den direkten Klageweg zum EuGH bzw. Gericht 1. Instanz für die unmittelbar und individuell Betroffenen eröffnet.

BEISPIEL:

Verhängung einer Geldbuße durch die Kommission gegenüber einer Firma wegen Überschreitung der festgesetzten Erzeugungsquote für Walzerzeugnisse. Umgekehrt kann auch der einzelne Unionsbürger gem. Art. 265 Abs. 3 AEUV beim EuGH im Wege der sog. Untätigkeitsklage eine begehrte, jedoch unterlassene Entscheidung eines EU-Organs anstreben.

HINWEIS:

Im Unionszollkodex wird statt des Begriffs „Beschluss" der Begriff „Entscheidung" verwendet (Art. 5 Nr. 39 UZK), die in ihren Voraussetzungen dem aus dem deutschen Recht bekannten Verwaltungsakt entspricht (vgl. Witte, UZK, Art. 5 Rdnr. 5). Der direkte Klageweg zum EuGH ist für Entscheidungen der mitgliedstaatlichen Zollbehörden jedoch nicht gegeben. Vielmehr ist der Klageweg zu den nationalen Gerichten eröffnet (Art. 44 UZK).

dd) Empfehlung, Stellungnahme

A2007 Empfehlungen und Stellungnahmen sind im Gegensatz zu Verordnung, Richtlinie oder Beschluss nicht rechtsverbindlich. Sie haben vor allem politisches und psychologisches

Gewicht (Art. 288 Abs. 5 AEUV), können jedoch auch eine gewisse Selbstbindung für Rat bzw. Kommission und Vertrauensschutz für die Adressaten begründen.

Im Regelfall wird der Begriff Empfehlung verwendet, wenn das Unionsorgan aus eigener Initiative tätig wird, während die Stellungnahme eine Anfrage voraussetzt.

Empfehlungen und Stellungnahmen können auch das Europäische Parlament und der Wirtschafts- und Sozialausschuss abgeben.

HINWEIS:

Der Rechtscharakter und die Bindungswirkung der von der Kommission erlassenen Leitlinien z. B. für Zollverfahren mit wirtschaftlicher Bedeutung (ABl EG 2001 Nr. C 269 S. 1) oder für zugelassene Wirtschaftsbeteiligte ist nicht eindeutig. In der Literatur wird hierzu vertreten, dass sie als Handlungstypen sui generis angesehen werden können (Natzel S. 50), nicht rechtsverbindlich seien, aber eine mittelbare Bindungswirkung der nationalen Zollbehörden über Art. 10 EGV (jetzt: Art. 4 Abs. 3 EUV) entfalten, der die Treuepflicht der Mitgliedstaaten konstituiert (Wolffgang, AW-Prax 2002, 81; Natzel S. 68). Der EuGH hat zu den Listenregeln zum nichtpräferenziellen Ursprung mittlerweile geurteilt, dass diese nicht rechtsverbindlich sind und der Inhalt solcher Regeln den Vorgaben des Zollrechts entsprechen muss und deren Bedeutung nicht verändern darf (EuGH, Urteil v. 10.12.2009 - C-260/08, Slg. 2009, I-11571, Heko Industrieerzeugnisse, ZfZ 2010, 16 ff. = AW-Prax 2010, 55 ff.; EuGH, Urteil v. 11.2.2010 - C-373/08, Slg. 2010, I-00951, Hoesch Metals and Alloys GmbH, ZfZ 2010, 71 ff.).

ee) Sonstige Akte

Über die in Art. 288 Abs. 1 AEUV aufgeführten und oben näher beschriebenen Rechts- A2008
akte hinaus kennt das Unionsrecht noch eine Reihe weiterer Handlungsformen. Beispielhaft sei verwiesen auf politische Beschlüsse, Vereinbarungen, Übereinkünfte oder Erklärungen der im Rat vereinigten Regierungsvertreter.

Die Normsätze des positiven Rechts ergänzend, enthält das Unionsrecht **allgemeine Rechtsgrundsätze**, die den Rechtsordnungen der Mitgliedstaaten gemeinsam sind und einen integrierenden Bestandteil der Unionsrechtsordnung bilden. Allgemeine Rechtsgrundsätze sind vom EuGH durch einen Vergleich des nationalen Rechts der Mitgliedstaaten in fast allen Bereichen des Unionsrechts entwickelt worden. Im Vordergrund stand dabei lange die Entwicklung europäischer Grundrechte und Staatszielbestimmungen aus der gemeinsamen Verfassungstradition der Mitgliedstaaten. Einen stärkeren Rang erhalten diese Rechte mittlerweile durch die EU-Grundrechte-Charta, die nun gem. Art. 6 Abs. 1 EUV mit den Gründungsverträgen gleichrangig ist. Auch der Inhalt der Europäischen Menschenrechtskonvention wird vom EuGH und mittlerweile ausdrücklich auch gem. Art. 6 Abs. 3 EUV als allgemeiner Rechtsgrundsatz des Unionsrechts verstanden. Daneben treten Rechtsgrundsätze des allgemeinen und besonderen Verwaltungsrechts, z. B. zur Rücknahme von Verwaltungsakten.

2. Zollunion und Binnenmarkt

A2009 Grundlage der EU ist nach Art. 28 AEUV eine Zollunion, die sich auf den gesamten Warenaustausch erstreckt. Wesentlich für die Schaffung der Zollunion sind das Verbot, zwischen den Mitgliedstaaten Zölle und Abgaben gleicher Wirkung zu erheben sowie die Einführung eines gemeinsamen Zolltarifs gegenüber Drittländern.

Die Aufgabe des EGV war jedoch, über die Schaffung einer Zollunion hinausgehend, einen **Gemeinsamen Markt** auf dem Gebiet der Mitgliedstaaten zu errichten (Art. 2 EGV, jetzt ersetzt durch Art. 3 EUV) und dies u. a. durch die Schaffung eines freien Warenverkehrs zwischen den Mitgliedstaaten zu erreichen. Schon der EuGH hat in einer Entscheidung (EuGH, Urteil v. 5.5.1982 - Rs. 15/81, Slg. 1982, 1409) den Begriff des Gemeinsamen Marktes mit den Merkmalen eines Binnenmarkts umschrieben, indem er ausführte:

> „Der Begriff Gemeinsamer Markt ... stellt ab auf die Beseitigung aller Hemmnisse im innergemeinschaftlichen Handel mit dem Ziel der Verschmelzung der nationalen Märkte zu einem einheitlichen Markt, dessen Bedingungen demjenigen eines wirklichen Binnenmarktes möglichst nahe kommen."

Die Einheitliche Europäische Akte (EEA) von 1986 hatte den Begriff des **Binnenmarktes** in den EGV eingefügt und für dessen Verwirklichung den 31.12.1992 als Zieldatum gesetzt (Art. 14 Abs. 1 EGV, jetzt ersetzt durch Art. 26 AEUV). Nach Art. 26 Abs. 2 AEUV umfasst der Binnenmarkt einen Raum ohne Binnengrenzen, in dem der freie Verkehr von Waren, Personen, Dienstleistungen und Kapital gemäß den Bestimmungen der Verträge gewährleistet ist. Gegenüber den früheren Bestrebungen zur Herstellung eines Gemeinsamen Marktes ist der entscheidende Unterschied beim Binnenmarkt, dass sich dieser Markt in einem Raum ohne Binnengrenzen abspielen soll. Damit ist nicht gemeint, dass die politischen Grenzen zwischen den Mitgliedstaaten abgeschafft werden, sondern im Hinblick auf den Warenverkehr nur die Abschaffung der mit dem Grenzübertritt an den Binnengrenzen zwischen den Mitgliedstaaten bisher verbundenen Formalitäten und Kontrollen angestrebt wird.

Dieses Ziel ist – jedenfalls soweit der Warenverkehr betroffen ist – termingerecht zum 1.1.1993 erreicht worden. Ab diesem Zeitpunkt sind für alle Waren Grenzkontrollen aus zollrechtlichen Gründen an den Binnengrenzen überflüssig geworden, weil alle im Zollgebiet der Union beförderten Waren als Unionswaren gelten und damit keiner Zollkontrolle mehr unterliegen. Hinsichtlich der **Umsatzsteuer**, für die der Steuerausgleich (Befreiung für die Ausfuhrlieferung und Erhebung der Einfuhrumsatzsteuer) bis dahin an den Grenzübertritt der Ware auch bei den Binnengrenzen geknüpft war, wurden die Kontrollen an den Binnengrenzen durch Schaffung eines anderen Ausgleichssystems (Steuer auf den innergemeinschaftlichen Erwerb) entbehrlich. Für Waren, die **besonderen Verbrauchsteuern** unterliegen, konnten die Kontrollen an den Binnengrenzen aufgrund der gemeinschaftsrechtlichen Harmonisierung der Verbrauchsteuerregelungen entfallen. Auch die Erhebung der innergemeinschaftlichen Warenverkehrsstatistik wurde ab diesem Zeitpunkt nicht mehr an eine zollrechtliche Erfassung der Waren aus Anlass des Grenzübertritts, sondern an eine selbständige Warenanmeldung bei den Statistikbehörden der Mitgliedstaaten geknüpft (vgl. dazu Lux in Dorsch, C 9).

3. Rechtsangleichung der Zollvorschriften

Die Zölle der sechs Gründungsmitgliedstaaten der Europäischen Wirtschaftsgemeinschaft (EWG) gegenüber Drittländern waren mit Wirkung vom 1.7.1968 so weit angeglichen, dass ein **Gemeinsamer Zolltarif** für das gesamte damalige Zollgebiet der Gemeinschaft die gegenüber Drittländern zu erhebenden Zölle auf gewerbliche Waren einheitlich mit unmittelbarer Wirkung festlegen konnte. Im Warenverkehr zwischen den Mitgliedstaaten wurden ebenfalls keine Zölle mehr erhoben. Zwischen den Mitgliedstaaten bestand daher schon lange vor der Verwirklichung des Binnenmarkts eine Zolltarifunion. A2010

Die Schaffung eines Gemeinsamen Zolltarifs reichte aber für die Schaffung einer Zollunion nicht aus. Deshalb sah der EWG-Vertrag die **Angleichung des Zollrechts** der Mitgliedstaaten vor. Diese geschah während der ersten Stufe der Übergangszeit, d. h. bis Ende 1961, aufgrund von entsprechenden **Empfehlungen** der Kommission. Danach setzte die Gemeinschaft ihre Bemühungen um die Angleichung des nationalen Zollrechts ihrer Mitgliedstaaten durch den Erlass von **Richtlinien** des Rates bzw. der Kommission fort, die auf Art. 100 EWGV (jetzt Art. 115 AEUV) gestützt wurden. Die Richtlinien erwiesen sich jedoch nicht als ein ausreichendes Mittel für die erforderliche Angleichung des Zollrechts, weil die erforderliche Umsetzung durch die Gesetzgebung der Mitgliedstaaten zu zeitaufwändig war und auch nicht das gewünschte Maß an Einheitlichkeit der Rechtsordnung gewährleistete.

Deshalb ging die Gemeinschaft zunehmend dazu über, das Zollrecht in der Gemeinschaft durch unmittelbar in den Mitgliedstaaten geltende **Verordnungen** des Rates bzw. der Kommission zu harmonisieren und damit eine einheitliche Zollrechtsordnung für das gesamte Gebiet der EG zu schaffen. Bestehende Richtlinien wurden dabei durch Verordnungen abgelöst. Rechtsgrundlagen für die Verordnungen waren hinsichtlich zolltarifrechtlicher Materien Art. 28 EWGV (jetzt Art. 31 AEUV) und im Übrigen je nach dem Inhalt der Regelung Art. 113 EWGV (handelspolitisch veranlasste Regelungen; jetzt Art. 207 AEUV), Art. 235 EWGV (Maßnahmen, die erforderlich sind, um das Funktionieren des Gemeinsamen Marktes zu gewährleisten; jetzt Art. 352 AEUV) oder allgemein der EWG-Vertrag ohne Nennung eines speziellen Artikels. Mit der EEA erhielt die Gemeinschaft durch den in den EWGV eingefügten Art. 100a (jetzt Art. 114 AEUV) eine umfassende Rechtsgrundlage für die erforderliche Angleichung der Rechts- und Verwaltungsvorschriften der Mitgliedstaaten, soweit dies für die Verwirklichung des Binnenmarktes in der EG erforderlich war bzw. für die Union erforderlich ist.

Hiernach erlassen das Europäische Parlament und der Rat gemäß dem ordentlichen Gesetzgebungsverfahren (also gem. Art. 289 Abs. 1 Satz 1 AEUV auf Vorschlag der Kommission) und nach Anhörung des Wirtschafts- und Sozialausschusses die Maßnahmen zur Angleichung der Rechts- und Verwaltungsvorschriften der Mitgliedstaaten, welche die Errichtung und das Funktionieren des Binnenmarkts zum Gegenstand haben. Zu diesen Maßnahmen gehört auch die Setzung des Zollrechts. Der Rat hatte sich deshalb bei Erlass des Zollkodex, der die Harmonisierungsarbeiten der Gemeinschaft auf dem Gebiet des Zollrechts im Wesentlichen abschloss, neben Art. 28 EWGV und 113 EWGV vor allem auch auf Art. 100a EWGV gestützt (vgl. Präambel des ZK). Auch der UZK führt die gleichen Rechtsvorschriften in der Fassung des Vertrags von Lissabon an (Art. 33, 114 und 207 AEUV).

4. Zollrechtsnormen der EU

A2011 Der Unionszollkodex (UZK) ist heute die **zentrale Rechtsnorm** des europäischen Zollrechts (sozusagen das Grundgesetz), der durch die auf Unions- und einzelstaatlicher Ebene erlassenen Durchführungsvorschriften ergänzt wird (vgl. Art. 5 Nr. 2 Buchst. a UZK). Die Zollvorschriften, die noch bis zum Erlass des Zollkodex (ZK; VO [EWG] 2913/92, ABl EG 1992 Nr. L 302 S. 1) in einer Vielzahl von Gemeinschaftsverordnungen und -richtlinien verstreut oder gar noch mitgliedstaatlich geregelt waren, mussten angesichts des zu verwirklichenden Binnenmarkts im Interesse der Wirtschaft und der Verwaltungen zusammengefasst werden. Mit dem Zollkodex wurden aber nicht nur die bis dahin bereits bestehenden Zollvorschriften systematisch geordnet, es wurden auch inhaltliche Änderungen vorgenommen, um das Zollrecht kohärenter zu machen, zu vereinfachen und noch vorhandene Lücken zu schließen (vgl. 2. Erwägungsgrund ZK).

BEISPIEL:

Art. 76 ZK führte ein System vereinfachter Verfahren bei der Zollanmeldung ein, das für die Überführung in alle Zollverfahren grds. gleich ist.

Art. 161 ZK, der das Ausfuhrverfahren als Zollverfahren einführte, beseitigte Regelungsdefizite bei der Ausfuhr von Waren.

Die Notwendigkeit das europäische Zollrecht grundlegend zu modernisieren, resultierte schließlich aus veränderten Rahmenbedingungen in der Europäischen Gemeinschaft. Veränderungen der wirtschaftlichen Realität, des europäischen Rechts und der Aufgaben des Zolls führten bereits Ende der 1990er Jahre, spätestens jedoch mit den Anschlägen vom 11.9.2001 dazu, dass ein Regelungsbedürfnis entstand, welches durch kleinere Anpassungen im bereits bestehenden Gesetzestext nicht mehr lösbar war (hierzu auch Wolffgang/Harden, World Customs Journal, 2016, Vol. 10 No. 1, 3 ff.). Bereits am 24.6.2008 trat der Modernisierte Zollkodex (MZK; VO (EG) Nr. 450/2008, ABl. EU 2008 Nr. L 145 S. 1) in Kraft. Dieser sollte nach Erlass der Durchführungsvorschriften spätestens ab Juni 2013 im gesamten Gebiet der Union anwendbar sein und die Neuauflage des ZK darstellen. Es gelang jedoch nicht, die Durchführungsvorschriften rechtzeitig zu erlassen. Durch den EU-Reformvertrag von Lissabon waren neue verfahrensrechtliche Probleme und Vorgaben für die Umsetzung des MZK in der MZK-DVO entstanden (s. hierzu Fuchs, ZfZ 2011, 281 ff.). Ein weiterer Grund war auch, dass die vom MZK vorgegebenen elektronischen Verfahren in den Mitgliedstaaten nicht umgesetzt werden konnten.

Folglich wurde aufgrund der Tatsache, dass der MZK an einigen Stellen bereits von der Realität überholt worden war, eine Neufassung zwecks Klarheit und Kohärenz noch vor seiner Anwendbarkeit nötig (vgl. 1. und 2. Erwägungsgrund UZK; hierzu auch Zeilinger, ZfZ 2013, 141 ff., Witte, AW-Prax 2012, 125 ff.). Der Vorschlag von Europäischem Parlament und Europäischem Rat für die Neufassung des MZK wurde im Februar 2012 seitens der Europäischen Kommission angenommen. Am 9.10.2013 wurde der Unionszollkodex (UZK; VO (EU) Nr. 952/2013, ABl. EU 2013 Nr. L 269 S. 1) schließlich erlassen. Dieser enthält Neuerungen, die sowohl die Wirtschaftsbeteiligten als auch die Zollverwaltungen betreffen und inhaltliche Veränderungen sowie Prozessumstellungen mit sich bringen (s. hierzu u. a. Aigner, Global Trade and Customs Journal 2017, 49 ff., Hartlich, AW-Prax 2016, 179 f., Möllenhoff, AW-Prax 2016, 209 ff., 235 ff, 276 ff., Looks/Dersch, DStR 2016, 1185 ff., Truel/Maganaris, World Customs Journal 2015, Vol. 9 No. 2, 12 ff., Witte, AW-Prax 2015, 309).

Der Unionszollkodex ist über das unmittelbare Zollrecht hinaus von Bedeutung, da er innerhalb des Allgemeinen Teils (Art. 1 – 55 UZK) Grundsätze des allgemeinen Verwaltungsrechts unionsweit kodifiziert.

Der Unionszollkodex enthält in seinen 288 Artikeln nur die grundsätzlichen Bestimmungen des europäischen Zollrechts (vgl. Art. 1 UZK). Einzelheiten finden sich erst in den Artikeln und Anhängen der Durchführungsrechtsakte, der Delegierten Verordnung (UZK-DelVO, s. Rdnr. A2004) und der Durchführungsverordnung (UZK-DVO, s. Rdnr. A2004), die systematisch dem Unionszollkodex entsprechend geordnet sind. Auf diese verweist der UZK an den entsprechenden Stellen gesondert mit Ermächtigungen für die Kommission.

HINWEIS:

Die Einführung der Durchführungs- und delegierten Vorschriften ist eine der wesentlichsten Änderungen, die mit dem Erlass des UZK einhergehen. Die Normen zur „Befugnisübertragung" für die delegierten Rechtsakte gem. Art. 284 UZK bzw. zur „Übertragung von Durchführungsbefugnissen" für die Durchführungsrechtsakte gem. Art. 285 UZK sind fortlaufend im Verordnungstext eingebunden. Der Erlass dieser Rechtsakte erfolgt nach den unterschiedlichen Rechtsetzungsverfahren des AEUV (siehe oben Rdnr. A2004 sowie Lux, ZfZ 2014, 178 f.). Die Abgrenzung zwischen diesen beiden Typen ist im Einzelfall nicht immer leicht zu treffen, da unterschieden werden muss, welche Vorschriften als wesentlich bzw. unwesentlich angesehen werden. Dies kann im Einzelnen sehr komplex sein (s. zu dieser Frage eingehend Harden/Herschbach, ZfZ 2021, 70 ff.). Die Abgrenzung hat auch einen unterschiedlichen Einfluss der Mitgliedstaaten auf die Rechtserzeugung zur Folge. So hat beim Erlass der delegierten Rechtsakte die Kommission weitgehend autonome Gestaltungsbefugnisse, wohingegen die Durchführungsverordnung im Ausschussverfahren unter Mitwirkung der Mitgliedstaaten verabschiedet werden muss (vgl. hierzu ausführlich Reuter, ZfZ 2012, 147 ff.).

Im Unionszollkodex und in der Delegations- und Durchführungsrechtsetzung lassen sich drei Schwerpunkte ausmachen: **Allgemeine Regeln**, die für das gesamte Zollrecht Bedeutung haben, **Verfahrensrecht** bzw. formelles Zollrecht und **Abgabenrecht** bzw. materielles Zollrecht.

Im Mittelpunkt des Unionszollkodex steht das Verfahrensrecht (Titel IV-VIII). Titel V regelt den zollrechtlichen Status einer Ware. Darin wird festgelegt, welche Bestimmungen der Wirtschaftsbeteiligte für Waren wählen kann, wie sie in ein Zollverfahren zu überführen sind oder überlassen werden und welche grundsätzlichen Vereinfachungen dabei möglich sind. Ebenfalls werden hier die umfangreichen Prüfungsmöglichkeiten des Zolls thematisiert. Titel VI erläutert die Überlassung zum zollrechtlich freien Verkehr als Standard-Zollverfahren sowie Vorschriften über die Zollbefreiung. In Titel VII folgen sodann allgemeine und spezielle Vorschriften zu den besonderen Zollverfahren des UZK. Gleichsam wie ein Vor- und ein Nachspann um die Titel V-VII sind die Vorschriften für das Verbringen von Waren in das Zollgebiet der Union in Titel IV davor und aus dem Zollgebiet der Union in Titel VIII dahinter angeordnet. Sie legen insbesondere die Regeln für den Warentransport zwischen Zollgebietsgrenze und Zollstelle fest.

Das materielle Zollrecht, das Abgabenrecht, ist schwerpunktmäßig vor dem Verfahrensrecht angeordnet. In Titel II sind die Erhebungsgrundlagen für die Ein- und Ausfuhrabgaben und in Titel III sind die Zollschuld und die Sicherheitsleistung angesiedelt. Weiterhin sind die Vorzugsbehandlungen mittels der Befreiung von Ein- bzw. Ausfuhrabgaben in den Titeln VI und VIII geregelt.

Zu Beginn und am Ende des Unionszollkodex stehen allgemeine Regeln. Unter der Überschrift Allgemeine Vorschriften in Titel I sind der Geltungsbereich und grundlegende Bestimmungen niedergelegt. Am Ende stehen in Titel IX Regelungen zu den elektronischen Systemen, den Befugnisübertragungen und die Schlussbestimmungen (vgl. zur Systematik des UZK Witte, AW-Prax 2013, 374).

HINWEIS:

Struktur und Systematik des Unionszollkodex werden durch den Kodex-Bogen->PDF Anlage grafisch verdeutlicht, der in der Online-Version des vorliegenden Buches als Download zur Verfügung steht.

Neben der Delegierten Verordnung und der Durchführungsverordnung gibt es noch eine sog. Übergangsverordnung zur Ergänzung der Delegierten Verordnung. Sie stellt zusätzlich zu den Übergangsregelungen der Schlussbestimmungen der Titel IX der Delegierten Verordnung und der Durchführungsverordnung weitere Regeln auf, die bis zur endgültigen Umsetzung der IT-Verfahren gelten. Alle diese Regelungen sollen den Übergang und die Umsetzung des UZK erleichtern und vereinfachen (s. Mielken, AW-Prax 2015, 281 ff.) Darüber hinaus gibt es weitere unionsrechtliche Rechtsvorschriften, die Rechtsquellen des Zollrechts darstellen. In einigen Artikeln verweist der Unionszollkodex auf diese Normen; es gelten aber auch Vorschriften, die im Unionszollkodex nicht ausdrücklich genannt werden.

BEISPIEL:

Die zu entrichtenden Ein- und Ausfuhrabgaben, ggf. auch jene Maßnahmen, die durch Unionsvorschriften vorgeschrieben sind, bestimmen sich nach dem Gemeinsamen Zolltarif der EU (Art. 56 Abs. 1 UZK), der sowohl die Kombinierte Nomenklatur, die Regelzollsätze als auch die vertraglich oder autonom davon abweichenden Zollpräferenzmaßnahmen sowie sonstige tariflich relevanten Maßnahmen umfasst (vgl. Art. 56 Abs. 2 Buchst. a – h UZK).

Die Ursprungsregeln für die vertraglich vereinbarten Zollpräferenzmaßnahmen sind den jeweiligen Abkommen bzw. Protokollen der Abkommen zu entnehmen, worauf Art. 64 UZK verweist.

Die Zollbefreiungstatbestände sind in einer eigenen Verordnung enthalten, auf die Art. 86 Abs. 6 UZK verweist (ZollbefreiungsVO; VO [EG] Nr. 1186/2009; ABl EU 2009 Nr. L 324 S. 23).

Für die Bestimmung von Fristen, Daten und Terminen im Zollrecht gilt gem. Art. 55 Abs. 2 UZK die FristenVO (VO [EWG, Euratom] Nr. 1182/71; ABl EG 1971 Nr. L 124 S. 1).

Die Zusammenarbeit der mitgliedstaatlichen Zollverwaltungen untereinander und mit der Kommission wird in der AmtshilfeVO geregelt (VO [EG] Nr. 515/97; ABl EG 1997 Nr. L 82 S. 1) (vgl. z. B. Art. 116 Abs. 3 Buchst. c UZK).

5. Ergänzungsfunktion des nationalen Rechts

Aufgrund des **Anwendungsvorrangs des Unionsrechts** bestand mit dem Inkrafttreten des Zollkodex 1994 kein Bedürfnis mehr für das deutsche Zollgesetz. Allerdings sind trotz der umfassenden zollrechtlichen Regeln der EU in bestimmten Fällen nationale Regelungen erforderlich, die ergänzende oder lückenfüllende Funktion haben. So belässt auch der Unionszollkodex weiterhin die Regelung von Einzelheiten ausdrücklich den Mitgliedstaaten (vgl. z. B. Art. 22, 44, 103 Abs. 2, 104 Abs. 3, 112, 159, 243 Abs. 1 UZK). A2012

Die fehlenden Zollregelungen sind in Deutschland im **ZollVG** und in der **ZollV** getroffen. Darüber hinaus wurden die Aufgaben der Zollverwaltung den Erfordernissen des Binnenmarkts angepasst. Das ZollVG befasst sich daher nicht nur mit dem Drittlands- oder Extrahandel, sondern überträgt der Zollverwaltung auch die Aufgabe, den Verkehr mit verbrauchsteuerpflichtigen Waren über die Grenze des deutschen Verbrauchsteuererhebungsgebiets und den Verkehr mit Waren, die Verboten und Beschränkungen unterliegen, über die Grenzen des Geltungsbereichs des ZollVG nicht nur im grenznahen Bereich, sondern im gesamten Bundesgebiet zu überwachen (§ 1 Abs. 2, 3 ZollVG).

Die **ergänzende Geltung des allgemeinen Verfahrensrechts** nach der Abgabenordnung (AO) birgt besondere Schwierigkeiten (vgl. Friedrich, StuW 1995, 15 ff.). Das EU-Zollrecht wird regelmäßig in Form des sog. unmittelbaren mitgliedstaatlichen Verwaltungsvollzugs ausgeübt (zur Terminologie vgl. Ehlers, DVBl. 1991, 610). Die Anwendbarkeit von Bestimmungen der AO ist dann unproblematisch, wenn der Unionszollkodex ausdrücklich auf das nationale Verfahrensrecht verweist (z. B. bei den Zuständigkeiten der Zollstellen, Art. 159 Abs. 1 UZK oder beim Rechtsbehelfsverfahren, Art. 44 UZK) oder den mitgliedstaatlichen Zollbehörden die Befugnis einräumt, bestimmte Einzelheiten zu regeln (z. B. die Zulassung anderer Zahlungserleichterungen neben dem Zahlungsaufschub, Art. 112 UZK). Im Übrigen kann grds. davon ausgegangen werden, dass das europäische Zollrecht nur punktuell einzelne Bereiche des allgemeinen Verfahrensrechts regelt und, soweit es keine Regelungen enthält, weiterhin nationales Verfahrensrecht gilt. Das BMF hat in einer Dienstanweisung zur AO alle Vorschriften der AO und ihr Verhältnis zum UZK aufgelistet (s. AO-DV Zoll in VSF S 0300). Durch die Gemengelage von europäischem Abgabenverfahrensrecht und ergänzenden oder überlagerten, aber nicht aufgehobenen nationalen Verfahrensregeln in der AO ist eine unübersichtliche Rechtssituation entstanden, die den Geboten von Rechtssicherheit und

Rechtsklarheit zuwider läuft. Daher müsste eine eigenständige **Zoll-AO** geschaffen werden (s. dazu den Entwurf von Gellert, Zollkodex und Abgabenordnung, passim).

Bei der Frage, wieweit nationales Verfahrensrecht EU-Recht ergänzen darf, müssen nach der Rechtsprechung des EuGH aber die allgemein geltenden **Grundsätze des Unionsrechts** beachtet werden. Dabei ist von Bedeutung, dass der EuGH im Laufe seiner Judikatur zahlreiche Entscheidungen zu verwaltungsrechtlichen Streitigkeiten getroffen hat und im Wege der wertenden Rechtsvergleichung eigene europäische Rechtsgrundsätze entwickelt hat und noch entwickelt (z. B. zur Rücknahme von Verwaltungsakten, zum Anspruch auf rechtliches Gehör oder für den Zwang zur Begründung von Entscheidungen). Im Kollisionsfall tritt das mitgliedstaatliche Verfahrensrecht hinter die allgemeinen Verfahrensgrundsätze der EU zurück.

III. Völkerrechtliche Grundlagen des Europäischen Zollrechts

A3000 Das europäische Zollrecht wird durch zahlreiche völkerrechtliche Regelungen beeinflusst. Dazu zählen zum einen Grundsätze des Völkergewohnheitsrechts, die zur Füllung von Regelungslücken im Rechtsverkehr zwischen der EU und Drittländern oder innerhalb internationaler Organisationen angewendet werden.

BEISPIEL:

Recht zur Fischerei auf Hoher See; Grundsatz des Vertrauensschutzes (Estoppel-Grundsatz); Verbot der Einmischung in die inneren Angelegenheiten eines fremden Staates.

Von maßgeblicher Bedeutung für das Zollrecht sind zum anderen die Regeln des Völkervertragsrechts, die sich aus internationalen Abkommen oder Übereinkommen ergeben. Zu erwähnen sind insbesondere die ECE, der RZZ bzw. die WCO und das GATT bzw. die WTO.

1. ECE

A3001 Im Rahmen der ECE (Economic Commission for Europe) wurde 1949 das TIR-Übereinkommen abgeschlossen, das als besonderes Versandverfahren für den internationalen Warentransport mittlerweile weltweit und für alle Verkehrsarten gilt. Darüber hinaus ist für die Grenzabfertigung das Internationale Übereinkommen zur Harmonisierung der Warenkontrollen an den Grenzen von Bedeutung, bei dem die EU als Rechtsnachfolgerin der EG Vertragspartei ist (vgl. ABl EG 1984 Nr. L 126 S. 1).

2. RZZ/WCO

A3002 Der RZZ (Rat für die Zusammenarbeit auf dem Gebiet des Zollwesens = Brüsseler Zollrat) hat wesentlichen Einfluss auf die Gestaltung des EU-Zollrechts. Die Organisation wurde 1952 mit Sitz in Brüssel gegründet (vgl. BGBl 1952 II 1). Mit über 180 Vertragsparteien ist sie weltweit die wichtigste Einrichtung und die einzige internationale Organisation, die sich speziell mit Zollfragen befasst (Asakura, World History of the Customs and Tariffs, S. 11). In Folge der Gründung der WTO (siehe unten Rdnr. A3005) hat sich der RZZ zur WCO (World Customs Organization) umbenannt.

HINWEIS:

Die Homepage der WCO ist zu finden unter http://www.wcoomd.org.

Der RZZ hat vor allem auf vier Gebieten grundlegende Instrumente für die zollrechtliche Abwicklung des Welthandels erarbeitet. Auf dem Gebiet der Nomenklatur wurde ein Zolltarifschema entworfen, im Zollwertrecht eine Zollwertdefinition. Beide Bereiche sind inzwischen obsolet, da sie durch das Harmonisierte System und den GATT-Zollwertkodex ersetzt sind. Geblieben sind Vereinbarungen zur Schmuggelbekämpfung und Regelungen zur Zolltechnik. Mit Gründung der WTO hat die WCO einen Ausschuss gebildet, der ein harmonisiertes Ursprungsrecht entwickelt. Gerade bei der Bestimmung des nichtpräferentiellen Ursprungs gibt es weltweit erhebliche Unterschiede, die für einen reibungslosen globalen Warenverkehr ausgeglichen werden müssen (s. auch Wolffgang, AW-Prax 2012, 1). Seit 2005 wendet sich die WCO ergänzend dem Aufbau moderner Zollverwaltungsstrukturen in Entwicklungsländern zu, um diese Länder wettbewerbsfähig zu machen.

Von den bisherigen Arbeiten der WCO hat insbesondere das Übereinkommen zur Vereinfachung und Harmonisierung der Zollverfahren, die Kyoto-Konvention vom 18.5.1973 (vgl. ABl EG 1975 Nr. L 100 S. 1), maßgeblichen Niederschlag im europäischen Zollrecht gefunden. Die Konvention enthält eine Grundkonvention und zahlreiche Anhänge mit Standards und Empfehlungen für die Regelung verschiedener Zollverfahren, die Ausprägung des Wirtschaftszollgedankens sind und die Zollverfahren des Zollkodex geprägt haben. Mit der Kyoto-Konvention, ergänzt 1990 um die Istanbul-Konvention, stehen allen Staaten der Welt standardisierte Zollverfahren zur Verfügung, die den internationalen Handel erleichtern (z. B. Zolllager, Aktive Veredelung, Passive Veredelung, Vorübergehende Verwendung). A3003

Die Schwäche der Kyoto-Konvention von 1973 besteht jedoch darin, dass die Vertragsparteien der WCO lediglich verpflichtet sind, neben der Grundkonvention eine Anlage zu akzeptieren. Daher besitzt diese Konvention einen zu geringen Grad an völkerrechtlicher Verbindlichkeit. Ende der 80er Jahre wurde deutlich, dass die Konvention von 1973 weder den Erfordernissen des Handels noch denen der Zollbehörden genügt. Bedingt durch das Wachstum des internationalen Frachtwesens sowie der unglaublichen Entwicklung auf dem IT-Sektor und der Verschärfung des internationalen Wettbewerbs, der durch gestiegene Ansprüche der Verbraucher gekennzeichnet ist, kam es zu Konflikten mit den traditionellen Zollmethoden und -verfahren.

Anfang der 90er Jahre erkannte die internationale Gemeinschaft der Zollverwaltungen die Notwendigkeit, die Zollverfahren zu modernisieren und zu vereinfachen, um den Anforderungen des internationalen Handels zu entsprechen und den Standard ihrer offiziellen Zollkontrollfunktion zu sichern. Die WCO kam zu dem Schluss, dass dies am effektivsten durch eine umfassende Revision der Kyoto-Konvention von 1973 zu errei- A3004 chen sei. 1995 wurde mit den Arbeiten dazu begonnen. Nach vier Jahren detaillierter Untersuchungen wurde die revidierte Fassung anlässlich der 93./94. Tagung der WCO am 26. 6. 1999 verabschiedet.

Hauptcharakteristikum der revidierten Kyoto-Konvention von 1999 ist die radikale Veränderung in ihrer Struktur. Die revidierte Kyoto-Konvention 1999 besteht aus der Grundkonvention („Body of the Convention"), einer allgemeinen Anlage („General Annex") und mehreren speziellen Anlagen („Specific Annexes"). Alle Vertragsparteien sind verpflichtet, die Grundkonvention und die allgemeinen Anlage ohne Vorbehalte anzunehmen und zur Anwendung zu bringen. Die allgemeine Anlage mit ihren 10 Kapiteln enthält die Grundprinzipien, auf denen alle von den 10 Kapiteln abgedeckten Zollverfahren basieren. Die 10 speziellen Anlagen der revidierten Kyoto-Konvention behandeln spezielle Zollverfahren und umfassen 25 Kapitel.

Weitere Besonderheit der revidierten Kyoto-Konvention von 1999 sind ihre detaillierten Richtlinien, die sowohl den allgemeinen Anlagen als auch den speziellen Anlagen beigefügt sind. Gemäß Art. 6 I der Grundkonvention 1999 wird ein Verwaltungsausschuss („Management Committee") gebildet, der die Bestimmungen des Übereinkommens rechtlich auf dem neusten Stand hält (zu Details vgl. umfassend Wolffgang/Fischer-Zach, ZfZ 2003, 84 ff., 114 ff.; zum aktuell laufenden Reviewprozess und Reformbemühungen vgl. Wolffgang/Rogmann/Harden, World Customs Journal, Vol. 14 No. 2, 23 ff.).

Die Kyoto-Konvention von 1999 ist am 3.2.2006 in Kraft getreten, nachdem am 3.2.2005 die Zahl von 40 ratifizierenden Staaten erreicht war. Bisher (Stand 9.2.2021) haben 127 WCO-Mitgliedstaaten ihre Bereitschaft zur Anwendung erklärt. Für die internationalen Bemühungen um Handelsvereinfachungen (**Trade Facilitation**) ist dies ein bemerkenswerter Fortschritt.

HINWEIS:

Der Text der Kyoto-Konvention von 1999 findet sich auf der Homepage der WCO unter http://www.wcoomd.org/en/topics/facilitation/instrument-and-tools/conventions/pf_revised_kyoto_conv.aspx.

Neben den Handelsvereinfachungen bemüht sich die WCO aber auch um die Stärkung der Sicherheit im internationalen Handel. Daher wurde im Juni 2005 ein Rahmenwerk beschlossen, mit dem der globale Handel sowohl gesichert als auch vereinfacht werden soll (**Framework of Standards to Secure and Facilitate Global Trade**).

HINWEIS:

Der Text des Rahmenwerks findet sich auf der Homepage der WCO unter http://www.wcoomd.org/-/media/wco/public/global/pdf/topics/facilitation/instruments-and-tools/tools/safe-package/safe-framework-of-standards.PDF?la=en.

Das Rahmenwerk enthält Vorgaben für die Zusammenarbeit der Zollverwaltungen untereinander und mit den Wirtschaftsbeteiligten. Der Zugelassene Wirtschaftsbeteiligte (siehe unten) findet hier seine internationale Grundlage. Das Rahmenwerk ist keine verbindliche Konvention, es haben aber fast alle WCO-Mitgliedstaaten ihre Bereitschaft erklärt, es in ihr nationales Recht umzusetzen. Für die gegenseitige Anerkennung der Sicherheitsmaßnahmen (wie z. B. Bewilligung zum Zugelassenen Wirtschaftsbeteiligten; Kontrollen durch nationale Verwaltungen) wäre es wünschenswert, die WCO würde das Rahmenwerk noch zu einer Konvention aufwerten.

3. GATT/WTO

a) Vom GATT zur WTO

Den wesentlichsten Einfluss nicht nur auf das deutsche und europäische, sondern auf A3005
das Außenwirtschaftsrecht weltweit – und damit auch auf das Zollrecht – hat das General Agreement on Tariffs and Trade (GATT) ausgeübt. Mit dem GATT hat nach dem Zweiten Weltkrieg eine neue Epoche des Welthandels begonnen. Ziel des 1947 gegründeten GATT ist ein möglichst freier Welthandel, der vor allem durch einen Abbau aller tarifären (Zölle) und nicht-tarifären (z. B. spezielle Importsteuern, Grenzzuschläge, Verwaltungsmaßnahmen, Industrienormen, Subventionen oder auch mengenmäßige Beschränkungen) Handelshemmnisse erreicht werden soll. 1951 trat die Bundesrepublik Deutschland bei (vgl. BGBl 1951 II 173), mittlerweile gehören der aus dem GATT fortentwickelten Welthandelsorganisation WTO über 160 Staaten an. Mitglieder sind neben allen wichtigen Industrienationen zahlreiche Schwellen- und Entwicklungsländer.

In insgesamt acht sog. **„Zollrunden“** seit Gründung des GATT gelang ein beachtlicher Abbau von Zöllen und Handelsschranken. Die von den Industrieländern auf gewerbliche Importgüter erhobenen Zölle konnten soweit vermindert werden, dass sie erheblich an kommerzieller Bedeutung verloren haben (vgl. die Übersicht bei Hauser/Schanz, S. 42). Die Entwicklungs- und Schwellenländer hatten allerdings unter Berufung auf ihren Entwicklungsstand und die Schutzbedürftigkeit ihrer im Entstehen begriffenen Industrien keine nennenswerten Abbauschritte vorgenommen. Auch ging in den entwickelten Ländern mit dem Abbau der Zölle ein beispielloses Aufkeimen nicht-tarifärer Marktzugangsbarrieren einher. Die Vereinbarungen in der 1993 abgeschlossenen sog. **„Uruguay-Runde“** haben wesentliche Defizite des bisherigen Systems beseitigt. Die Verhandlungsrunde hat durch den Abschluss mehrerer neuer Abkommen über den Güterverkehr hinaus auch Auswirkungen auf den Dienstleistungssektor, das Urheberrecht und den Agrarmarkt gebracht (vgl. dazu umfassend Hauser/Schanz, S. 53 ff., dokumentarischer Überblick in AW-Prax 1995, 99 ff.). Die größte Bedeutung hat die vereinbarte Umformung des GATT von einem bloßen Vertragswerk in eine institutionalisierte Organisation, die World Trade Organization (zur Organisationsstruktur der WTO vgl. Hanel, ZfZ 1996, 104 ff., 138 ff., 174 ff.; zu den Inhalten und zur Wirkung des WTO-Rechts im EU-Recht s. Rogmann in Wolffgang/Rogmann/Pietsch, Ordnungsnr. 40). Seit 2001 läuft die so genannte **„Doha-Runde“**, in der es insbesondere um die gezielte Stärkung und Stellung der Entwicklungsländer geht („Doha-Entwicklungsagenda“), aber auch Handelserleichterungen im grenzüberschreitenden Warenverkehr eingeführt werden sollen. Letztere sollten vor allem durch den Abbau von Papierformalitäten und einen umfangreichen Einsatz von IT-Systemen (e-Customs) gekennzeichnet sein. Der Verlauf der Verhandlungen auf multilateraler Ebene gestaltete sich jedoch als schwierig und zeitintensiv (vgl. zu Gründen hierfür Altemöller, EuZW 2015, 135). Der Zeitplan des Abschlusses der Verhandlungen bis zum 1.1.2005 konnte erwartungsgemäß nach der gescheiterten Konferenz von Cancún (Mexiko) im September 2003 nicht eingehalten werden. Erreicht wurde insoweit lediglich die Verabschiedung von Rahmenabkommen im August 2004. Als Durchbruch wurde im Dezember 2013 anlässlich der Konferenz von Bali die Vereinbarung über den Abschluss des WTO-Abkommens zu den Handelserleichterungen („Trade Facilitation Agreement") gefeiert (vgl. hierzu ausführlich Grainger, AW-Prax 2014, 31 ff., Wieck, AW-Prax 2014, 35 ff., Wolffgang/Kafeero, World Customs Journal, 2014, Vol. 8 No. 2, 27 ff.).

HINWEIS:

Die WTO betreut eine sehr informative Homepage mit zahlreichen Dokumenten unter http://www.wto.org.

b) Gründung und Aufgaben der WTO

A3006 Die WTO wurde zum 1.1.1995 gegründet und bildet den institutionellen Rahmen für das in der Uruguay-Runde modifizierte GATT von 1947, jetzt GATT 94 genannt, und alle übrigen in der Uruguay-Runde abgeschlossenen Übereinkommen (veröffentlicht in ABl EG 1994 Nr. L 336 S. 1; vgl. vertiefend Vertragstext mit Erläuterungen in BT-Drucks 12/7677(neu) und BT-Drucks 12/798). Die neue Organisationsstruktur gewährleistet die Verwirklichung des „single package"-Ansatzes: Alle GATT-Vertragsparteien müssen grundsätzlich alle Übereinkommen der Uruguay-Runde übernehmen. Der Beitritt aller GATT-Vertragsparteien zur WTO ermöglicht somit die Überwindung der seit Abschluss der Tokio-Runde (1979) bestehenden Zersplitterung des Welthandelssystems. Eine auf bestimmte Übereinkommen beschränkte Mitgliedschaft ist grundsätzlich nicht mehr möglich.

Zu den Kernaufgaben der WTO gehören:

- Durchführung und Weiterentwicklung des WTO-Vertragswerkes, einschließlich der Umsetzung aller Verhandlungsergebnisse der Uruguay-Runde,
- Funktion eines Forums für künftige multilaterale Handelsverhandlungen,
- Durchführung des vorgesehenen Streitschlichtungsverfahrens,
- Überprüfung der Handelspolitik der WTO-Mitglieder und
- Zusammenarbeit mit anderen internationalen Organisationen.

c) Grundzüge des institutionellen Aufbaus der WTO

Die WTO ist institutionell in drei Glieder unterteilt und entspricht damit dem üblichen Aufbau einer internationalen Organisation. Das Hauptorgan der WTO ist in diesem Aufbau die **Konferenz der Wirtschafts- und Handelsminister**. Diese Konferenz, in die jedes WTO-Mitglied einen Repräsentanten entsendet, tritt alle zwei Jahre zusammen. Nach Art. IV:1 Satz 1 des WTO-Übereinkommens übernimmt sie die Aufgaben der WTO und fasst die dazu erforderlichen Beschlüsse. Damit ist gemeint, dass die Ministerkonferenz entscheidet, was zwischen den Mitgliedern der WTO verhandelt wird (Hilf in: Hilf/Oeter, WTO-Recht, § 6 Rdnr. 5 f.). Dementsprechend kann ein Mitglied der WTO einen Antrag stellen. Betrifft dieser Antrag ein internationales Handelsübereinkommen, kann die Ministerkonferenz einen Beschluss fassen, der den Regeln über die Beschlussfassung der WTO nach Art. IV:1 Satz 3 WTO-Abkommen bzw. dem entsprechenden multilateralen Handelsübereinkommen entsprechen muss. Die Ministerkonferenz kann Beschlüsse zur Auslegung eines Handelsabkommens, aber auch zur vorübergehenden Entbindung eines Mitglieds von einer Verpflichtung treffen (Hilf in: Hilf/Oeter, WTO-Recht, § 6 Rdnr. 7). Außerdem ernennt sie den Generaldirektor des Sekretariats. A3007

Der **Allgemeine Rat** als höchstes Exekutivorgan der WTO führt zusammen mit dem Generaldirektor das alltägliche Geschäft. Anders als noch unter Geltung des GATT 1947 gilt nicht mehr das Selbstwahlprinzip, sondern die Mitgliedschaft im Allgemeinen Rat ist an die Mitgliedschaft in der WTO gebunden, sodass auch im Allgemeinen Rat alle WTO-Mitglieder repräsentiert sind. Vor allem Entwicklungsländer stellt das vor organisatorische wie finanzielle Herausforderungen. Der Rat hat verschiedene Aufgaben: Er kann für die Ministerkonferenz agieren, aber auch als Dispute Settlement Body das Streitschlichtungsverfahren führen und weiter präventiv die Einhaltung der WTO-Übereinkommen überwachen, wenn er als Trade Policy Review Body zusammentritt. Dispute Settlement Body wie Trade Policy Review Body sind institutionell verselbstständigt ausgestaltet. Deshalb kann der Rat für diese Funktionen eigene Verfahrensregeln festlegen und jeweils einen separaten Vorsitzenden bestimmen (Hilf in: Hilf/Oeter, WTO-Recht, § 6 Rdnr. 8 f.). Dem Allgemeinen Rat sind zur Erfüllung seiner Aufgaben weitere Räte zugeordnet, die thematisch spezialisiert arbeiten und sich ihrerseits auf ebenso spezialisierte Ausschüsse stützen können (Hilf in: Hilf/Oeter, WTO-Recht, § 6 Rdnr. 10 ff.).

Das **Sekretariat** wird vom **Generaldirektor** geführt und hat vor allem unterstützende Aufgaben. Es bereitet Verhandlungen vor, analysiert den Welthandel und veröffentlicht die dazu erfassten Statistiken. Zu den Aufgaben des Sekretariats gehört außerdem die Unterstützung der Streitschlichtungsgremien und der WTO-Mitglieder (Hilf in: Hilf/Oeter, WTO-Recht, § 6 Rdnr. 13 ff.).

d) Überblick über das Streitschlichtungsverfahren

Handelsstreitigkeiten entstehen, wenn zwischen zwei WTO-Mitgliedern Uneinigkeit über die Einhaltung der Regelungen eines WTO-Abkommens auftreten. Diese zu einer WTO-rechtskonformen wie für die Beteiligten akzeptablen Lösung zu führen, ist Aufgabe der als **Dispute Settlement** bezeichneten Streitschlichtung. Das Streitschlichtungsverfahren wird in einem solchen Fall dadurch initiiert, dass das beschwerte Mit- A3008 glied sein Anliegen auf die Tagesordnung einer Zusammenkunft des Dispute Settlement Body setzen lässt. Im Anschluss daran wird ein sogenanntes **Panel** gebildet. Soll kein Panel eingesetzt werden, muss das in einem einstimmigen Beschluss festgelegt werden. Da somit auch die beschwerte Partei dem Abwendungsbeschluss zustimmen müsste, kann insgesamt von einem Recht auf Einsetzung eines Panels gesprochen werden. Das Panel besteht aus mindestens drei Personen, bei entsprechendem Beschluss aus fünf Personen, die für jedes Streitschlichtungsverfahren separat gewählt werden und nicht die Staatsangehörigkeit eines am Verfahren beteiligten WTO-Mitglieds haben dürfen. Das Panel ermittelt den Streitstand in tatsächlicher und in rechtlicher Hinsicht. Hierzu werden mündliche Verhandlungen geführt und Schriftsätze ausgetauscht sowie Experten angehört. Ebenso werden die relevanten WTO-rechtlichen Bestimmungen betrachtet. Diese Gesamtheit von Informationen wird dann rechtlich bewertet. Die daraus resultierende Bewertung wird den Parteien zur Stellungnahme zugeleitet. Unter Berücksichtigung der Stellungnahmen der Streitparteien bewertet das Panel die Streitigkeit abschließend rechtlich. Diese abschließende rechtliche Bewertung wird allen WTO-Mitgliedern zur Verfügung gestellt. Danach kann die Entscheidung des Panels noch mit der Revision beim **Appellate Body** angegriffen werden. Das setzt voraus, dass Revision eingelegt wird. Erfolgt dieser Schritt nicht, wird die Entscheidung des Streitschlichtungsgremiums automatisch angenommen, wenn kein einstimmiger Beschluss gefasst wird, die Entscheidung zu blockieren.

Aktuell gestaltet sich die Durchführung des Revisionsverfahrens jedoch schwierig. Grund dafür ist die Besetzung des Appellate Body. Dessen Richter werden für eine Amtsperiode von vier Jahren gewählt. Für ein Verfahren wird eine Spruchkammer, die sogenannte „division" gebildet (Rogmann, AW-Prax 2005, 478). Jedoch sind im Moment nicht alle Richterstellen besetzt. Das führt dazu, dass die „divisions" nicht mehr mit einer ausreichenden Anzahl von Richtern besetzt werden können, sodass der Appellate Body insgesamt faktisch nicht mehr beschlussfähig ist und keine Revisionsverfahren mehr angenommen werden können. Insbesondere die USA unter Präsident Trump kritisierten die Arbeitsweise des Appellate Body und blockierten deshalb die Neubesetzung der Richterstellen. Wann und wie sich diese Krise lösen lässt, kann noch nicht abgesehen werden. (vertiefend Ansong, Global Trade and Customs Journal 2019, 169 ff.; Beckerle, Global Trade and Customs Journal 2019, 513 ff. und Glöckle, EuZW 2020, 356 ff.) Ein vielversprechender Schritt zum Ende der Krise der WTO war die Aufgabe der Blockade der WTO durch die neue amerikanische Regierung unter Präsident Biden und die dadurch mögliche Berufung von Ngozi Okonjo-Iweala zur Generaldirektorin der WTO. Die Zukunft wird zeigen, ob die Blockierung der WTO durch den ehemaligen US-Präsidenten Trump eine einmalige Situation war, oder ob mit dem nächsten Regierungswechsel in Washington der Multilateralismus wieder unter Druck gerät.

e) Wesentliche WTO-Übereinkommen

A3009 Die handelsspezifischen Ergebnisse der Uruguay-Runde finden sich im Güterabkommen, im Dienstleistungsabkommen und im Abkommen über geistige Eigentumsrechte.

aa) Güterabkommen (GATT)

Die Liberalisierung des Weltgüterhandels zeigt sich zum einen in Marktzugangserleichterungen: A3010

- Durchschnittliche Senkung der Industriegüterzölle um 40 %;
- Halbierung von Spitzenzöllen, die mehr als 15 % betragen;
- Vollständige Beseitigung der Zölle u. a. in den Sektoren Pharmazeutika, medizinische Apparate und Baumaschinen;
- Zollsenkungen und -bindungen bei Importen der Entwicklungs- und Schwellenländer.

Zum anderen haben die bislang im GATT 47 enthaltenen Instrumente zur Liberalisierung des Handels im GATT 94 in fortentwickelter Form Bestand:

- Verpflichtung zur Abschaffung der Grauzonenmaßnahmen;
- Verbesserungen in den Bereichen Antidumping und Subventionen;
- Ausdehnung der GATT-Gebote der Nichtdiskriminierung und Transparenz auf subzentrale Gebietskörperschaften (z. B. Bundesländer und Kommunen);
- Verbot handelsverzerrender Direktinvestitionsauflagen (z. B. „local-content"-Bestimmungen);
- Festlegung der Voraussetzungen von Warenversandkontrollen im Exportland durch Vertreter des Importlandes;
- Erarbeitung einheitlicher Ursprungsregeln;
- Einbeziehung des Textil- und Agrarhandels in das GATT-Regelwerk.

bb) Dienstleistungsabkommen (GATS)

Besondere Bedeutung für die neue Welthandelsordnung kommt dem Abschluss des Abkommens über Dienstleistungen (GATS) zu. Der Dienstleistungssektor ist seit Jahren der einzige real wachsende Markt in den Industrieländern, insofern ist seine Aufnahme in das neue System für diese Staaten von hohem Interesse. Die Öffnung und Erschließung neuer Märkte für Dienstleistungen ist vor allem eine Chance für die weiter entwickelten Mitgliedstaaten der WTO. Im Gegenzug waren den Schwellen- und Entwicklungsländern Zugeständnisse auf dem Warensektor einzuräumen, etwa im Bereich der Textilproduktion, in der das Multifaserabkommen Ende 2004 mit der Folge freien Marktzugangs ausgelaufen ist. A3011

Als hauptsächliche Ergebnisse sind zu nennen:

- Die grundsätzliche Verankerung der Gebote der Inländerbehandlung, Meistbegünstigung und Transparenz;
- die Länderlisten, in denen die Liberalisierungsverpflichtungen als (zugelassene) Abweichungen vom Prinzip der freien Dienstleistungserbringung formuliert sind sowie
- der kontinuierliche Abbau der in den Listen geltend gemachten Marktzugangsvorbehalte.

cc) Abkommen über geistiges Eigentum (TRIPs)

A3012 Erstmals stand auch der Schutz des geistigen Eigentums auf der Tagesordnung der GATT-Verhandlungen. In der Uruguay-Runde gelang der Abschluss des Abkommens über handelsrelevante Aspekte des geistigen Eigentumsrechts (TRIPs). Hintergrund seiner Einbeziehung in die Verhandlungen sind Handelsverzerrungen, die auf einen unzureichenden Schutz immaterieller Güter zurückzuführen sind.

Die wichtigsten Ergebnisse sind:

- Verankerung der Grundsätze der Meistbegünstigung und Inländerbehandlung;
- Vereinbarung von Mindestschutzbestimmungen für alle wichtigen immateriellen Güter (u. a. Patente, Marken, Computerprogramme, Halbleitertopographien und Geschäftsgeheimnisse) sowie
- die Gewährleistung der innerstaatlichen Durchsetzung geistiger Eigentumsrechte durch geeignete gerichtliche und administrative Verfahren.

d) Grundprinzipien der WTO-Übereinkommen

A3013 GATT, GATS und TRIPs enthalten einige Grundprinzipien, die vor dem Hintergrund der Liberalisierungsbemühungen im Rahmen der WTO zu sehen sind.

aa) Meistbegünstigung und Inländerbehandlung

A3014 Die **Meistbegünstigungsregel** verpflichtet die Mitgliedstaaten der WTO dazu, bei allen Vorschriften und Förmlichkeiten im Zusammenhang mit den unter das jeweilige Übereinkommen fallenden Maßnahmen etwaige Vorteile und Befreiungen, die einem bestimmten Land gewährt werden, unverzüglich und bedingungslos allen WTO-Mitgliedern zu gewähren (Art. I GATT, Art. II GATS, Art. 4 TRIPs). Damit wird erreicht, dass jede Liberalisierung gegenüber einem bestimmten Mitglied grundsätzlich zur Liberalisierung gegenüber allen Mitgliedern führt. Insofern lässt sich die Meistbegünstigungsregel auch als **Gleichbehandlungsgebot** bezeichnen. Im Zusammenhang mit der Meistbegünstigung ist der Grundsatz der **Inländerbehandlung** zu sehen (Art. III GATT, Art. XVII GATS, Art. 3 TRIPs). Die Meistbegünstigungsregel verbietet die Diskriminierung ausländischer Produkte untereinander, der Grundsatz der Inländerbehandlung **verbietet** die **Diskriminierung** ausländischer gegenüber inländischen Produkten. Das Gebot der Inländerbehandlung stellt somit eine notwendige Ergänzung zum Meistbegünstigungsprinzip dar, damit ausländische Produkte nicht nur untereinander, sondern auch gegenüber inländischen Produkten in den Genuss einer diskriminierungsfreien Behandlung gelangen.

bb) Transparenzgebot

A3015 Das Transparenzgebot verpflichtet die Mitgliedstaaten der WTO, alle allgemeingültigen Maßnahmen, die sich auf die Anwendung der Übereinkommen beziehen oder sie beeinträchtigen, umgehend, spätestens aber mit Inkrafttreten zu **veröffentlichen** (Art. X GATT, Art. III GATS). Dadurch soll sichergestellt werden, dass die anderen Mitgliedstaaten, aber auch die beteiligten Wirtschaftskreise rechtzeitig über bevorstehende Veränderungen informiert werden und sich mit ihnen vertraut machen können. Das Transparenzgebot stellt sicher, dass die ausgehandelte Liberalisierung in der Praxis nicht dadurch unterlaufen wird, dass einem ausländischen Anbieter prohibitiv hohe **Informationskosten** aufgebürdet werden. Es ist ein Beitrag zur Vorhersehbarkeit und Rechtssicherheit im internationalen Handel.

HINWEIS:

Dem in Art. X GATT niedergelegten Transparenzgebot kommt für die Zollunion der EU besondere Bedeutung seit dem WTO-Streitverfahren EC-Selected Customs Matters zu (WT/DS 315; Download unter www.wto.org). In dem Verfahren wurde nämlich deutlich, dass die EU die einheitliche Anwendung der Zollvorschriften sicherstellen muss, um WTO-konform zu handeln. Aufgrund des indirekten Vollzugs des Unionsrechts ist die Steuerungsmöglichkeit der EU aber beschränkt. Abhilfe könnten eine Europäische Zollagentur mit Direktionsbefugnissen (Dierksmeier, S. 326) oder aber zumindest verbindliche Leitlinien schaffen.

cc) Liberalisierungsprinzip

(1) Grundsatz

Die WTO-Übereinkommen sind durchgängig darauf gerichtet, die Liberalisierung des A3016
Handels in ihren jeweiligen Sektoren zu fördern. Insofern kommt dem Liberalisierungsprinzip im Rahmen der WTO eine tragende Funktion zu. Allerdings ist der Liberalisierungsgrad noch sehr unterschiedlich. Während im insoweit am weitesten entwickelten GATT bereits ein Verbot nicht-tarifärer Handelshemmnisse enthalten ist (Art. XI GATT), findet sich im GATS lediglich in den Erwägungsgründen die Zielvorgabe, den Grad der Liberalisierung zu steigern (3. Erwägungsgrund GATS). Dies zeigt, dass die begonnene Einbindung der Dienstleistungen in die Welthandelsordnung einer weiteren rechtlichen Absicherung bedarf.

(2) Ausnahmen

Selbst in den Bereichen, in denen das Liberalisierungsprinzip weit fortgeschritten ist, A3017
gibt es **Ausnahmetatbestände**. Diese gelten allerdings nicht schrankenlos. Vielmehr unterliegen sie dem **Diskriminierungsverbot** und dem Grundsatz der **Verhältnismäßigkeit**, der den WTO-Übereinkommen immanent ist. Zum Schutz der Zahlungsbilanz dürfen Beschränkungen zwischen den Mitgliedern eingeführt werden, die allerdings wieder aufzuheben sind, wenn sich die Situation entschärft hat (Art. XII GATT, Art. XII GATS). Die Verhängung der Schutzmaßnahmen ist an eine Reihe von **Verfahrensvorschriften** geknüpft, die einen vorbeugenden Einfluss der anderen Mitglieder sicherstellen sollen.

Das GATT enthält eine **besondere Schutzklausel (safeguard clause),** die es einem Mitglied ermöglicht, Liberalisierungsmaßnahmen wieder zurück zu nehmen, um die eigene Wirtschaft zu schützen (Art. XIX GATT). Um einen Missbrauch zu verhindern, ist die Anwendung der Schutzklausel aber an **enge Voraussetzungen** gebunden. Zum einen muss ein unvorhergesehener und auf eingegangene GATT-Verpflichtungen zurückzuführender Importzuwachs festzustellen sein. Zum zweiten muss dadurch eine ernste Schädigung der mit den Importen konkurrierenden Wirtschaftszweige bestehen oder zu befürchten sein. Im Rahmen der Uruguay-Runde wurde der Rückgriff auf diese Klausel reguliert. Ein eigenes **Übereinkommen zu den Schutzmaßnahmen** wurde geschlossen, das Bestandteil des Anhangs 1A des WTO-Übereinkommens ist (vgl. Abdruck in ABl EG 1994 Nr. L 336 S. 184). Es enthält sowohl verfahrensmäßige wie inhaltliche Vorgaben und führt so zu einer Verrechtlichung der Ausnahmen. EU-rechtliche Schutzmaßnahmen, wie etwa die Schutzklausel-Verordnung zum Freihandelsabkommen mit Südkorea, müssen sich daran messen lassen (s. hierzu Felderhoff, AW-Prax 2011, 367 ff.).

Die WTO-Mitglieder sind berechtigt, handelsbeschränkende Maßnahmen zu ergreifen, soweit diese erforderlich sind zum **Schutz der öffentlichen Sittlichkeit**, zum **Schutz des Lebens und der Gesundheit von Menschen, Tieren und Pflanzen,** zur **Regelung der Einfuhr oder Ausfuhr**, zum **Schutz von Warenzeichen und Urheberrechten**, zum **Schutz nationalen Kulturguts** von künstlerischem, geschichtlichem oder archäologischen Wert und zur Durchführung von **internationalen Grundstoffabkommen** (Art. XX GATT, Art. XIV GATS).

Ein weiterer Ausnahmetatbestand findet sich in der **Sicherheitsklausel**, die beschränkende Maßnahmen zum Schutz wesentlicher Sicherheitsinteressen der Mitglieder, zur Erhaltung des internationalen Friedens oder der internationalen Sicherheit zulässt (Art. XXI GATT, Art. XIV bis GATS). Die Sicherheitsklausel wird immer dann relevant, wenn ein Mitglied zugestandene Liberalisierungsmaßnahmen aus **außen- oder sicherheitspolitischen Motiven** aussetzt oder aufhebt. Die von den USA seit 2018 verhängten Zölle gegen Wareneinfuhren aus China, der EU und anderen Staaten wird auf diese bisher wenig genutzte und in Streitbeilegungsverfahren der WTO kaum geprüfte Klausel gestützt. (zur Rechtfertigung nach Art. XXI GATT s. Dallimore, Securing the Supply Chain: Does the Container Security Initiative comply with WTO Law? Diss. Iur. Münster 2008).

e) Ausblick

A3018 Angesichts der aktuellen Weltlage scheint der multilaterale Ansatz der WTO ins Stocken geraten zu sein. Aus europäischer Sicht ist sicherlich der Brexit eine der wesentlichen Änderungen der letzten Jahre. Eines der Hauptargumente des Brexits war es, Kontrolle über die britischen Außengrenzen „zurückzuerlangen“, sowie mehr Souveränität „zurück“ zu erlangen, eine klare Ablehnung des bisher in der EU dominierenden, auf Freihandel beruhenden Wirtschaftsbildes. Auch wenn durch das am 24.12.2020 verkündete Handelsabkommen die Folgen des Austritts abgemildert werden konnten, sind die Veränderungen massiv. Zwar konnten Zollabgaben auf Ursprungswaren aus der EU oder dem Vereinigten Königreich verhindert werden, Zollprozesse aber nicht (Wolffgang, AW-Prax 2021, 1). Der daraus resultierende Mehraufwand an Bürokratie macht den Handel zwischen Vereinigten Königreich und der EU unattraktiver. Zudem gelten für Ursprungswaren, die nicht aus der EU oder dem Vereinigten Königreich kommen die Nullzollsätze nicht und die Freihandelsabkommen der EU mit Drittstaaten endeten für das Vereinigte Königreich mit dem Austritt. Ein weiteres Problemfeld ist die Grenze zwischen Nordirland und der Republik Irland. Um eine „harte“, sichtbare Grenze zu verhindern, gehört Nordirland jetzt faktisch zum EU-Zollterritorium obwohl es britsches Zollgebiet ist, die EU-Außengrenze verläuft aufgrund des Nordirlandprotokolls zum Austrittsabkommen jetzt faktisch in der irischen See (Wolffgang, AW-Prax 2021, 1), sehr zum Missfallen der nordirischen Unionisten. Die britische Idee einer technikbasierten Zollpartnerschaft, die die Grenze nicht spürbar machen sollte, wurde von der EU aufgrund der Unklarheit dieser Idee zurückhaltend aufgenommen (Wolffgang, AW-Prax 2021,1). Stattdessen begründet das Abkommen die gegenseitige Anerkennung des AEO Status und entspricht damit dem Standard moderner Freihandelsabkommen (Wolffgang, AW-Prax 2021,1). Die Umsetzung und die Folgen des Brexits werden sich erst in einigen Jahren wirklich zeigen.

Auch weltweit gesehen steht der multilaterale Ansatz der WTO unter Druck. Die USA unter Präsident Trump haben sich aus verschiedenen multilateralen Organisationen wie der WTO oder aus Freihandelsabkommen wie TPP oder TTIP zurückgezogen. Auch wenn die USA unter ihrem neuen Präsidenten Biden multilaterale Organisationen stärker unterstützen, scheint auch Biden mit seiner „Buy American“-Strategie stärker auf Protektionismus zu setzen. China, welches regional mit mehreren Staaten im südchinesischen Meer und international mit den USA immer stärker im Konflikt steht, nutzt zur Umsetzung seiner politischen Zielvorstellungen stärker seine wirtschaftliche Macht (Kiefer, AW-Prax 2018, 264). Die Aktivitäten im südchinesischen Meer bedrohen die Transportwege und die Unstimmigkeiten über politische Ziele münden stärker als zuvor in politisch motivierten Strafzöllen (vgl. Rinnert, ZfZ 2018, 110 hinsichtlich Rechtsgrundlagen für Strafzölle und möglichen Gegenmaßnahmen). Mit der „Neuen Seidenstraße“, auch bekannt als „One Belt, One Road“ Strategie verfolgt China wirtschaftliche Aktivitäten außerhalb multilateraler Organisationen wie der WTO (Kiefer, AW-Prax 2018, 264; Kiefer, AW-Prax 2019, 15, zum Ganzen: Kiefer unter der Überschrift „Chinas neue grüne Seidenstraße“ in AW-Prax 2018, AW-Prax 2019 und AW-Prax 2020).

Diese Gemengelage könnte zu einer größeren Anzahl bilateraler oder regionaler Freihandelsabkommen führen. So führt die EU aktuell vermehrt Gespräche über bilaterale Handelsabkommen und hat in den letzten Jahren eine Vielzahl von bilateralen Handelsabkommen mit unterschiedlichen Ländern geschlossen, z. B. mit Südkorea 2011, Japan und Singapur 2019 (s. insbesondere zum Abkommen mit Japan: Felderhoff, AW-Prax 2019, 131 ff.; Weerth, AW-Prax 2019, 22 ff.; sowie zu Chancen und Herausforderungen bei der Verhandlung von Freihandelsabkommen Meltendorf, AW-Prax 2018, 479 ff.). Daneben gibt es auch regionale Handelsabkommen, etwa USMCA, das Nachfolgeabkommen von NAFTA (Horlick, Global Trade and Customs Journal 2019, 278). Dabei schließen mehrere regional beieinanderlegende Staaten ein Abkommen zur Errichtung einer Freihandelszone (Obradovic, World Customs Journal, September 2012, 73). Diese Vielzahl von Abkommen verändert auch die Rolle der WTO (dazu insgesamt auch Wolffgang, Ad Legendum 2019, 297 ff.). Die EU ihrerseits hat am 18. Februar 2021 ihre neue Handelsstrategie für die kommenden Jahre vorgestellt. Dabei hat sie die Wichtigkeit der WTO unterstrichen und verkündet, sich aktiv in die Reform der WTO einzubringen (Wolffgang, AW-Prax 2021, 105). Dabei sollen menschenwürdige Arbeitsbedingungen, nachhaltige Entwicklungen und ökologischer Wandel im Mittelpunkt stehen (Wolffgang, AW-Prax 2021, 105). Gleichzeitig weist die EU darauf hin, dass die EU bei der Verteidigung ihrer Interessen und Werte noch mehr Durchsetzungsfähigkeit an den Tag legen und dafür auch neue Instrumente einsetzen will. Dies deutet auf größere Konfrontation mit anderen globalen Handelsmächten, wie China oder Russland, hin.

Gänzlich unabsehbar sind die Auswirkungen der Corona-Pandemie auf den Welthandel. Diese könnte den protektionistischen Strömungen weiteren Auftrieb geben. So hat die Corona-Krise Schwächen globaler Lieferketten aufgezeigt (Wolffgang, AW-Prax 2020, 143; Frank-Fahle/Zimmermann, AW-Prax 2020, 251). Dies könnte zu einer stärkeren Regionalisierung führen, um die Selbstversorgung eines Landes oder einer Region sicher zu stellen.

Auf diese Vielzahl von Veränderungen, deren Folge noch nicht absehbar ist, muss die WTO reagieren. Wichtig ist dabei dass sie nicht von den Veränderungen überholt wird, sondern sie mitsteuert. Insofern kann gerade die Corona-Krise ein positives Beispiel sein: So wurden medizinische Produkte im Kampf gegen die Pandemie kurzfristig von Abgaben befreit und beschleunigt abgefertigt. Zudem war es möglich, den Welthandel größtenteils aufrecht zu erhalten. Die Krise hat insofern die Vorteile multilateraler Organisationen unterstrichen.

IV. Normenpyramide des Zollrechts

A4000 Das folgende Schaubild stellt die hierarchische Struktur der Rechtsvorschriften des Zollrechts unter Einbeziehung der als Dienstanweisungen bestehenden (innerbehördlichen) Verwaltungsvorschriften dar.

ABB. 1: Normenpyramide des Zollrechts

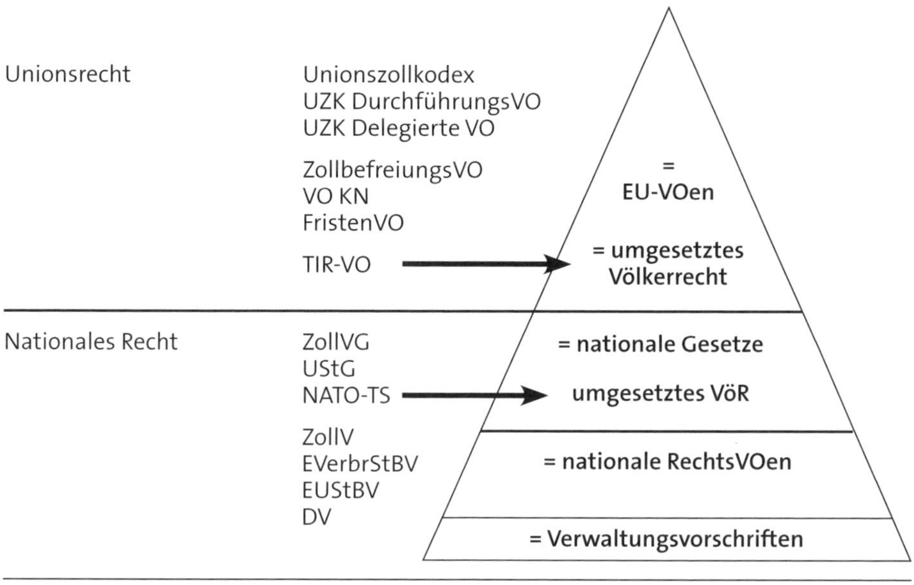

V. Kontrollfragen

		Rdnr.	
1.	Nennen Sie die wesentlichen theoretischen Ansätze für die Erhebung von Zöllen.	A1000 ff.	☐
2.	Grenzen Sie die Begriffe Zollunion, Binnenmarkt und Freihandelszone voneinander ab.	A1003, A2009	☐
3.	Was versteht man unter dem System des Gebiets- oder Wirtschaftszolls und welche Probleme ergaben sich in diesem Zusammenhang im europäischen Zollrecht?	A1003 f.	☐
4.	Das europäische Zollrecht basiert auf verschiedenen Rechtsquellen. Um welche handelt es sich?	A2004 ff, A2010	☐
5.	Warum kam der Modernisierte Zollkodex (MZK) nie zur Anwendung und warum wurde der UZK erlassen?	A2011	☐
6.	Welche weiteren gemeinschaftsrechtlichen und nationalen Regelungswerke flankieren den UZK und was ist unter der Ergänzungsfunktion des nationalen Rechts zu verstehen?	A2011 f., A2010	☐
7.	Welche maßgeblichen völkervertragsrechtlichen Vereinbarungen haben das europäische Zollrecht beeinflusst?	A3000 ff.	☐
8.	Zu den wichtigsten GATT-Regeln zählen u. a. das Meistbegünstigungsprinzip, das Transparenzgebot und das Liberalisierungsprinzip. Erklären Sie diese Begriffe.	A3013 ff.	☐

B. Allgemeines Zollrecht

Schrifttum:

Brauneck, Assoziierungs- oder Freihandelsabkommen: Die Neue Partnerschaft der EU mit dem Vereinigten Königreich, EuZW 2020, 364 ff.; *Dallimore,* Brexit: Breaking the Rules of Origin, AW-Prax 2020, 337 ff.; *Glöckle,* Das Vereinigte Königreich post-Brexit: die Erforderlichkeit einer Neuausrichtung des nationalen Prozesses zum Abschluss von künftigen UK-Freihandelsabkommen, EuR 2020, 137 ff.; *Harksen/Kersten/Sieben,* Die steuerlichen Folgen des Brexit – eine Analyse aus der Sicht des deutschen Umsatzsteuer- und des Zollrechts, BB 2019, 919 ff.; *Hördt/Hornung/O'Brien,* Der Anfang vom Ende? Das finale (?) Brexitabkommen und seine Auswirkungen auf Irland, EuZW 2021, 430 ff., 472 ff., 534 ff.; *Lux,* Brexit – zoll- und handelspolitische Konsequenzen, AW-Prax 2016, 227; *Mielken,* Brexit – Have your cake and eat it?, AW-Prax 2018, 5 ff.; *Mielken,* Brexit: Wann – Wie?, AW-Prax 2019, 397 f.; *Mielken,* No-Deal-Brexit – was gilt dann?, AW-Prax 2019, 483 ff.; *Mielken,* Das neue britische Grenzbetriebssystem, AW-Prax 2020, 469 ff.; *Mielken,* Aktuelles zur Grenzabfertigung in Großbritannien, AW-Prax 2021, 254 f.; *Niestedt/Kunigk,* It takes one to divorce, but it takes two to tango: Der Brexit und seine Auswirkungen auf den internationalen Handel, ZfZ 2020, 185 ff.; *Schäfer,* Die Rechtsstellung des Vereinigten Königreiches in der WTO nach dem Brexit: Verfahren, Rechtslage, Herausforderungen, Beiträge zum Transnationalen Wirtschaftsrecht, Heft 147, 2017, online erhältlich unter: http://telc.jura.uni-halle.de/sites/default/files/BeitraegeTWR/Heft%20147.pdf; *Schäper,* Kontrollen des grenzüberschreitenden Wirtschaftsverkehrs an den EU-Außengrenzen im Lichte des Brexit – Rechtsrahmen und Gestaltungsspielräume, EuR 2020, 165 ff.; *Trennt,* Handelspolitische Maßnahmen, AW-Prax 2020, 170 ff.; *Wolffgang,* Brexit: Es gibt nur Verlierer, AW-Prax 2017, 237; *Wolffgang,* You can't have your cake and eat it too, AW-Prax 2017, 387; *Wolffgang,* Brexit – Hinweise der Europäischen Kommission, AW-Prax 2018, 35.

I. Geltungsbereich des Unionszollkodex

1. Sachlicher Geltungsbereich

Das in der EU geltende Zollrecht wird maßgeblich durch den Unionszollkodex geprägt. B1000
Er ist aber nicht die einzige Zollrechtsvorschrift. Ergänzt wird er durch unionsrechtliche (z. B. UZK-DelVO, UZK-DVO, Kombinierte Nomenklatur, Zolltarif, Präferenzabkommen) und mitgliedstaatliche (z. B. ZollVG, ZollV) Regelungen. Diese Vorschriften machen das Zollrecht im engeren Sinn aus. Im weiteren Sinn zählen zum Zollrecht auch die (außenwirtschaftsrechtlichen) handels- oder sicherheitspolitischen Maßnahmen (vgl. zum Begriff der handelspolitischen Maßnahmen: Trennt, AW-Prax 2020, 170 ff.) sowie die Regelungen über Verbote und Beschränkungen, da sie regelmäßig an die Ein- oder Ausfuhrförmlichkeiten des Unionszollkodex anknüpfen. Insofern überlagern sich an dieser Stelle die Definitionen von Zollrecht und Außenwirtschaftsrecht. Die klassische Unterscheidung orientiert sich daran, ob tarifäre oder nicht-tarifäre Maßnahmen Regelungsgegenstand sind. Im ersten Fall spricht man von „Zollrecht", im zweiten von „Außenwirtschaftsrecht". Wie allerdings das Beispiel der Anti-Dumpingzölle belegt, lässt sich die Differenzierung nicht exakt einhalten, da in diesem Fall mit tarifären Mitteln (Zollabgabe) handelspolitische Ziele (fairer Wettbewerb) erreicht werden sollen.

Unabhängig von der Begriffsvielfalt ist festzustellen, dass die **zollrechtlichen Verfahrensvorschriften** eine Bündelungsfunktion für Importe und Exporte innehaben. Bildlich gesprochen stellen sie den Kanal dar, den alle Waren bei ihrer Verbringung in das oder aus dem Zollgebiet der Union passieren müssen. Da die Waren dabei unter zollamtlicher Überwachung (Art. 134, 267 UZK) stehen, können die verschiedensten Regelungsmotive damit verknüpft werden; Art. 150 UZK. Originär sind dies natürlich die Erhebung der Einfuhr- oder Ausfuhrabgaben bis hin zu den indirekten Steuern (Einfuhrumsatzsteuer, Einfuhrverbrauchsteuer), zusätzlich aber auch Abgaben oder Erstattungen im Marktordnungsbereich, die Überwachung handelspolitischer Maßnahmen (z. B. Einfuhrgenehmigungen), die Sicherung der Exportkontrolle (z. B. Ausfuhrverbote oder Genehmigungen aufgrund eines Embargos), die Einhaltung von Verboten und Beschränkungen (z. B. Gesundheitsschutz, Lebensmittelsicherheit, Umwelt- und Artenschutz, Urheber- und Markenrechte) oder die Erhebung statistischer Daten (Extrastat). Hieran orientiert findet sich eine Statuierung des **Auftrags der Zollverwaltung** in Art. 3 UZK. Danach soll der Zoll neben dem Schutz der finanziellen Interessen und der Überwachung der Verbote und Beschränkungen u. a. auch die Wirtschaft künftig vor unlauterem und illegalem Handel schützen und gezielt die legale Wirtschaftstätigkeit fördern sowie ein Gleichgewicht zwischen Kontrollen und Erleichterungen schaffen.

2. Räumlicher Geltungsbereich

B1001 Der räumliche Geltungsbereich des europäischen Zollrechts ist grundsätzlich das **Zollgebiet der Union** (Art. 1 Abs. 1 UAbs. 1 UZK).

HINWEIS:

Über die Auswirkungen des Austritts Großbritanniens aus der EU („Brexit") und dessen zollrechtliche Konsequenzen informieren sowohl die deutsche Zollverwaltung (https://www.zoll.de/DE/Fachthemen/Zoelle/Brexit/brexit_node.html;jsessionid= DAB589E18BD3CC83B18DADDE269AC294.live4401) als auch die Europäische Kommission (https://ec.europa.eu/taxation_customs/uk_withdrawal_de) in ihren Internet-Auftritten (vgl. auch die zu Beginn genannten Literaturhinweise).

Der Binnenhandel ist von Zollkontrollen ausgenommen; so wird schon in Art. 1 UZK deutlich, dass die Anwendung zollrechtlicher Vorschriften auf den Warenverkehr zwischen der Europäischen Union und Drittländern beschränkt ist.

Das Zollgebiet der Union ist nicht mit dem Hoheitsgebiet der Mitgliedstaaten gleich zu setzen. Art. 4 UZK listet die Territorien im Einzelnen auf.

BEISPIEL:

Obwohl Helgoland zum Hoheitsgebiet der Bundesrepublik Deutschland zählt, gehört es aus historischen Gründen nicht zum Zollgebiet. Ähnliches gilt für Büsingen, das wegen der geografischen Situation zum Zollgebiet der Schweiz rechnet, obwohl es deutsches Hoheitsgebiet ist. Aufgrund vertraglicher Beziehungen mit Frankreich gilt Monaco als zum Zollgebiet der Union gehörend (Art. 4 Abs. 2 Buchst. a) UZK).

Die Küstenmeere und die innerhalb der Küstenlinie gelegenen Meeresgewässer sowie der Luftraum der Mitgliedstaaten werden grundsätzlich vom Zollgebiet umfasst (Art. 4 Abs. 1, 2 UZK).

II. Allgemeines Verfahrensrecht

Schrifttum:

Becker/Beckmann, Digitale Zollprüfung: more data, less opinion, AW-Prax 2014, 172 f.; *Bender,* Keine Befreiung von Antidumpingzöllen, AW-Prax 2021, 151 ff.; *Burret,* Mitwirkungspflichten im Zollrecht und ihre Grenzen, ZfZ 2021, 163 ff.; *Damm,* Zollprüfungen, AW-Prax 2019, 455 ff.; *Felderhoff,* Antidumpingrecht: Unternehmensspezifische Zollsätze und Handelsrechnungen, AW-Prax 2017, 450 ff.; *Kafando,* How can Customs better leverage emerging AI technologies for more sustainable and smarter operations?, World Customs Journal 2020, No. 2, 143 ff., online erhältlich unter: http://worldcustomsjournal.org/archive/; *Liebschner,* Elektronische Systeme im neuen Zollrecht, AW-Prax 2016, 126 ff.; *Lux,* Einführung in den Zollkodex der Union (UZK), Teil 1, ZfZ 2014, 178 ff.; *Lux,* Sonderbericht des EU-Rechnungshofs zu Einfuhrverfahren, AW-Prax 2018, 39 ff.; *Lux,* Die Anwendung des UZK und der IT-Verfahren, AW-Prax 2018, 491 ff.; *Meltendorf,* Einsatz von Künstlicher Intelligenz bei der Zolltarifierung, AW-Prax 2020, 430 ff.; *Mikuriya/Cantens,* If algorithms dream of Customs, do customs officials dream of algorithms? A manifesto for data mobilisation for Customs, 2020, No. 2, 3 ff., online erhältlich unter: http://worldcustomsjournal.org/archive/; *Möllenhoff/Panke,* Die beidseitige Bindungswirkung der vZTAs nach neuem Recht, AW-Prax 2016, 51 f.; *Möller/Retemeyer,* Artikel 42 Unionszollkodex – Eine neue Epoche für das Zollstrafrecht?, ZfZ 2016, 236 ff.; *Rogmann,* Außenwirtschaft 4.0 = Zoll 2.0?, AW-Prax 2020, 10 ff.; *Schoenfeld,* Rechtsschutz gegen verbindliche Zolltarifauskünfte, AW-Prax 2017, 3 ff.; *Schoenfeld,* Das Rechtsschutzsystem nach dem Unionszollkodex, ZfZ 2017, 226 ff.; *Schoenfeld,* Inhalt und Umfang der Begründungspflicht von Einfuhrabgabenbescheiden, AW-Prax 2021, 277 ff.; *Sonnefeld,* Aussetzung der Vollziehung nach dem UZK, AW-Prax 2018, 157 f.; *Sonnefeld,* Rechtliches Gehör nach dem Unionszollkodex, AW-Prax 2018, 464 ff.; *Thaler,* Aktuelle Entwicklungen bei der Umsetzung der UZK-IT-Systeme und im IT-Verfahren ATLAS, ZfZ 2020, 60 ff.; *Weerth,* Zoll: Das Bürger- und Geschäftskundenportal (BuG), AW-Prax 2020, 375 ff.; *Witte, P.,* Der anonyme AEO, AW-Prax 2015, 109; *Witte, P.,* Sagen was Recht ist, AW-Prax 2016, 301; *Witte, P.,* Schwachstellen bei Einfuhrverfahren, AW-Prax 2018, 1; *Witte, P.,* Methoden der Zollwertermittlung, AW-Prax 2018, 62 ff.; *Witte,* P. Zollkodex der Union (UZK), 2018; *Wolffgang,* Weiter wie bisher oder der große Wurf?, AW-Prax 2014, 227; *Yaren,* Implementing blockchain technology in the customs environment to support the SAFE Framework of Standards, World Customs Journal 2020, No. 1, 127 ff., online erhältlich unter: http://worldcustomsjournal.org/archive/.

1. Einleitung

Der EU-Zollkodex enthält in seinen Art. 6 – 55 einige abgabenverfahrensrechtliche Regeln. Nicht nur im EU-Zollrecht spielen Verfahrensrechte eine maßgebliche Rolle. Grundzüge hierzu lassen sich insbesondere der **EU-Grundrechtecharta** entnehmen. Maßgeblich sind insoweit **Art. 41 der Charta (Recht auf eine gute Verwaltung)** sowie **Art. 47 der Charta (Recht auf einen wirksamen Rechtsbehelf und ein unparteiisches Gericht)** und **Art. 48 der Charta (Unschuldsvermutung und Verteidigungsrechte)**. Der Europäische Gerichtshof hat sich mit dem Einfluss dieser Vorschriften bzw. der in ihnen geregelten Grundsätze auf das EU-Zollrecht bereits in mehreren Urteilen auseinandergesetzt (EuGH, Urteil v. 13.3.2014 - C-29/13 und C-30/13, Global Trans Lodzhistik OOD, ZfZ 2015, 326 ff.; EuGH, Urteil v. 3.7.2014 - C-129/13 und C-130/13, Kamino International Logistics BV, ZfZ 2015, 77 ff. = AW-Prax 2015, 96 ff.; EuGH, Urteil v. 23.10.2014 - C-437/13, Unitrading, ZfZ 2015, 42 ff.; EuGH, Urteil v. 9.11.2017 - C-46/16, LS Customs Services, ZfZ 2018, 33 ff. = AW-Prax 2018, 62 ff.; EuGH, Urteil v. 20.12.2017 - C-276/16, Prequ'Italia, ZfZ 2018, 94 ff.). Gerade im Verhältnis zu den ZK-Bestimmungen ist die Re- B2000 gelung in Art. 22 Abs. 6 UZK zu beachten (s. hierzu noch Rdnr. B 2034), die den **Anspruch auf rechtliches Gehör** umsetzt, der durch die EU-Grundrechtecharta garantiert ist.

B2001 Soweit die genannten zollrechtlichen Verfahrensvorschriften tatbestandlich auf einen Sachverhalt Anwendung finden, sind sie aufgrund des unionsrechtlichen Anwendungsvorrangs entscheidend. Allerdings sind die UZK-Vorschriften mit Inhalten des allgemeinen Abgabenverfahrensrechts nicht als vollständig abgeschlossenes Regelungswerk anzusehen. Zum Teil enthält der Unionszollkodex Vorschriften, die ausdrücklich auf nationales Recht **verweisen (z. B. Art. 113 UZK)**. Dies ist insbesondere im Zusammenhang mit Sanktionen gem. Art. 42 UZK und Rechtsbehelfen gem. Art. 43 ff. UZK (s. hierzu Rdnr. B 2085) von Bedeutung, da diese Themen, abgesehen von den durch die Mitgliedstaaten zu beachtenden Vorgaben, nicht im UZK selbst geregelt sind.

2. Übermittlung von Informationen mittels elektronischer Systeme

B2002 Der erste Unterabschnitt zu den zollrechtlichen Verfahrensrechten (Art. 6 – 17 UZK) behandelt die Übermittlung von Informationen. Die maßgeblichen Rechtsgrundlagen zur Nutzung elektronischer Systeme sind hierbei in den Art. 6, 9 und 16 UZK enthalten, während es sich bei den Art. 7 und 10 UZK um Regelungen zur Befugnisübertragung (dann in der UZK-DelVO geregelt) und bei den Art. 8, 11 und 17 UZK um Vorschriften zu den Übertragungen von Durchführungsbefugnissen (dann in der UZK-DVO geregelt) handelt.

B2003 Wie Art. 6 Abs. 1 UZK klarstellt, erfolgt der nach den zollrechtlichen Vorschriften „erforderliche Austausch von Informationen" mit **Mitteln der Datenverarbeitung**. Art. 6 Abs. 1 UZK versteht den „Austausch von Informationen" als „Anmeldungen, Anträge oder Entscheidungen zwischen den Zollbehörden sowie zwischen den Wirtschaftsbeteiligten und den Zollbehörden und die nach den zollrechtlichen Vorschriften erforderliche Speicherung dieser Informationen", geht also weit über die Abgabe von Zollanmeldungen hinaus (Lux, ZfZ 2014, 178 ff. [182]). Anders als noch im EG-Zollkodex sollen damit elektronische Zollanmeldungen und Verfahren zur Regel werden (zu den hiermit verbundenen Herausforderungen s. nur Liebschner, AW-Prax 2016, 126 ff.). Eine umfassende ATLAS-Anbindung ist damit für die Wirtschaftsbeteiligten von entscheidender Bedeutung. Die Nutzung moderner Technologien wie etwa Künstliche Intelligenz (s. hierzu Meltendorf, AW-Prax 2020, 430; Mikuriya/Cantens, World Customs Journal 2020, No. 2, 3 ff.; Kafando, World Customs Journal 2020, No. 2, 143 ff.) oder Blockchain (s. hierzu Yaren, World Customs Journal 2020, No. 1, 127 ff.) ist im Zollbereich aber derzeit noch nicht möglich (Überblick zur Thematik bei Rogmann, AW-Prax 2020, 10 ff.).

B2004 Zu beachten ist hierbei, dass nicht nur der Wirtschaftsbeteiligte, sondern auch die Zollverwaltung gerade im Zusammenhang mit Zollprüfungen von dieser Grundsatzentscheidung zugunsten elektronischer Prozesse profitiert: Durch den Einsatz von Datenanalyse-Software ist es selbst bei größten Datenmengen möglich, quasi „auf Knopfdruck" Vollprüfungen im gesamten vorliegenden Datenbestand durchzuführen – was nicht zuletzt zu einer höheren Prüfungsqualität und -sicherheit führt als die reine Überprüfung von Stichproben (Becker/Beckmann, AW-Prax 2014, 172 f. [172]). Zur praktischen Ausgestaltung des sich aus Art. 6 Abs. 1 UZK ergebenden Auftrags zur umfassenden Nutzung elektronischer Systeme hat die Kommission die **Durchführungsverordnung (EU) 2021/414** (ABl. EU 2021 Nr. L 81/37) erlassen, die technische Modalitäten für die Entwicklung, Wartung, und Nutzung elektronischer Systeme für den Austausch von Informationen und für die Speicherung dieser Informationen gemäß dem UZK regelt.

Die Anhänge A und B zur UZK-DelVO enthalten nähere Angaben zu den gemeinsamen Datenanforderungen für den Austausch und die Speicherung von Informationen i. S. d. Art. 6 Abs. 2 UZK. Gemäß Art. 3, 4 UZK-DelVO wird den Beteiligten eine **EORI-Nummer** zugewiesen. EORI steht für „Economic Operator Registration and Identification". Diese Nummer ist das seit 2012 verpflichtende und EU-weit gültige Ordnungsprinzip für ATLAS. Zu bestimmten weiteren Themen sind weitere gemeinsame Datenanforderungen in Anhängen zur UZK-DelVO vorgesehen. Weitere technische Anforderungen ergeben sich aus der UZK-DVO nebst Anhängen (vgl. Art. 2 UZK-DVO). Die Ermächtigungsvorschriften decken damit alle Aspekte der Anwendung der zollrechtlichen Vorschriften ab: die Datensätze und die Erfordernisse des Nachrichtenaustauschs können sowohl für die bereits bestehenden Systeme sowie für Situationen genutzt werden, in denen derzeit kein IT-System besteht (Lux, ZfZ 2014, 178 ff. [182]). B2005

Als neues elektronisches System ist seit dem Jahr 2017 das **EU-Trader-Portal** hinzugekommen, das die Europäische Kommission auf ihrer Internetseite zur Verfügung stellt. Das EU-Trader-Portal stellt eine einzige elektronische Anlaufstelle für eine Reihe von EU-Zollsystemen dar. Anträge auf Erteilung **mitgliedstaatübergreifender Bewilligungen**, d. h. Bewilligungen, an denen mehr als ein Mitgliedstaat beteiligt ist (z. B. ehemalige Einzige Bewilligungen), sind seit dem 2.10.2017 ausschließlich **in elektronischer Form** über das EU-Trader-Portal zu stellen. Zollrechtliche Bewilligungen, die ausschließlich in Deutschland abgewickelt werden, d. h. bei denen kein anderer Mitgliedstaat beteiligt ist, sind weiterhin papiermäßig mit den im Formular-Management-System der Bundesfinanzverwaltung bereitgestellten Formularen beim zuständigen Hauptzollamt zu beantragen. Die Antragstellung über das EU-TP ist in diesem Fall nicht zulässig und führt zur Nichtannahme des Antrags. Seit dem Jahr 2020 wird das EU-Trader-Portal nunmehr als **Zollentscheidungssystem** bezeichnet, das auch inhaltlich verbessert worden ist. Zu den wesentlichen Veränderungen zählen ein aktualisierter Konsultationsmechanismus, abhängig von der Art der Zollentscheidung, sowie eine Verbesserung des Konsultationsverfahrens und des Rechts, bei einer Änderung angehört zu werden. B2006

Das **EU Customs Trader Portal** soll für Anwendungen in Bezug auf **verbindliche Zolltarifauskünfte (eBTI)** und in Bezug auf Anwendungen für **zugelassene Wirtschaftsbeteiligte (eAEO)** genutzt werden. Ab dem 1.10.2019 müssen nach den Angaben der Generaldirektion für Steuern und Zölle die entsprechenden Anträge **auf elektronischem Wege** über das Zollportal gestellt werden und können nicht mehr in Papierform eingereicht werden. Das Portal soll in diesen Fällen als einzige Anlaufstelle für die gesamte Korrespondenz und den Informationsaustausch fungieren. Dies umfasst die Anträge durch die Wirtschaftsbeteiligten, zusätzliche Auskunftersuchen von der Zollbehörde sowie Antworten von Wirtschaftsbeteiligten und das nachfolgende Management der Anträge und Entscheidungen. Darüber hinaus führte die Europäische Kommission am

1.6.2020 das elektronische System für Gewerbetreibende zum **standardisierten Informationsaustausch** ein (**INF, besondere Verfahren**). Gewerbetreibende können die Informationen über ihren aktiven und passiven Veredelungsverkehr übermitteln. Die Verarbeitung der Daten wird von den Zollbehörden gemäß den entsprechenden Import- und Exportmodalitäten übernommen. Das INF-System bietet einen harmonisierten Ansatz für die Verarbeitungsverfahren und den damit verbundenen Informationsaustausch in der gesamten EU. Das System ersetzt die vorherigen papierbasierten Informationsblätter INF1, INF2, INF5 und INF9. Seit 25.1.2021 können die in der EU ansässigen Wirtschaftsbeteiligten auch auf elektronischem Wege über das **REX Trader Portal**, welches über das EU Customs Trader Portal zugänglich ist, beantragen, ein registrierter Ausführer zu werden.

Am 15.3.2021 führte die EU zudem ein neues EU-Zollprogramm mit Warenvoranmeldung für die Sicherheit und Gefahrenabwehr ein, das durch ein Großinformationssystem namens **ICS 2 (Einfuhrkontrollsystem 2)** unterstützt wird. Dieses Programm soll bei der Aufstellung eines integrierten EU-Ansatzes zur Stärkung des Rahmens für das Zollrisikomanagement behilflich sein, effektive risikobasierte Zollkontrollen unterstützen und dabei gleichzeitig den freien Fluss des rechtmäßigen Handels über die EU-Außengrenzen erleichtern. Seine Umsetzung soll ein wesentliches EU-Zollinstrument für das Management von Eingangsgrenzkontrollen zur Sicherheit und Gefahrenabwehr darstellen. Das bestehende Einfuhrkontrollsystem (Import Control System, ICS) soll schrittweise eingestellt und durch ICS 2 ersetzt werden. ICS 2 ist ein Fracht-Vorabinformationssystem. Somit werden über dieses System über sämtliche in die EU eingeführten Waren bereits Daten erhoben, bevor diese die EU-Außengrenzen erreichen. Die Wirtschaftsteilnehmer müssen im Rahmen von ICS 2 mithilfe einer sogenannten summarischen Eingangsanmeldung für die Sicherheit und Gefahrenabwehr relevante Daten angeben. Die Verpflichtung, mit der Abgabe solcher Anmeldungen zu beginnen, gestaltet sich nicht bei allen Wirtschaftsteilnehmern gleich. Sie hängt von der Art der erbrachten Leistungen im internationalen Warenverkehr und den Daten für die drei Phasen der Umsetzung von ICS 2 (15.3.2021, 1.3.2023 und 1.3.2024) ab. Sämtliche Wirtschaftsteilnehmer, die in den Bereichen Umschlag, Versand und Transport von Fracht, Expressgut- bzw. Postsendungen tätig sind, sind von ICS 2 betroffen.

HINWEIS:

Weitere Informationen der GD TAXUD zum Zollentscheidungssystem: https://ec.europa.eu/taxation_customs/business/customs-procedures/customs-decisions_de

Weitere Informationen der GD TAXUD zum EU-Customs-Trader-Portal: https://ec.europa.eu/taxation_customs/eu-customs-trader-portal_de

Informationen der Bundesfinanzverwaltung zum standardisierten Informationsaustausch (INF): https://www.zoll.de/SharedDocs/Fachmeldungen/Aktuelle-Einzelmeldungen/2020/azr_einfuehrung_system_inf.html

Weitere Informationen der GD TAXUD zu ICS 2 (Einfuhrkontrollsystem 2): https://ec.europa.eu/taxation_customs/general-information-customs/customs-security/import-control-system-2-ics2_en

Weitere Informationen der Europäischen Kommission zu ICS 2 (Einfuhrkontrollsystem 2): https://ec.europa.eu/commission/presscorner/detail/de/ip_21_1134

Weitere Informationen der Bundesfinanzverwaltung zur Umsetzung von ICS 2 (Einfuhrkontrollsystem 2): https://www.zoll.de/DE/Fachthemen/Zoelle/Erfassung-Warenverkehr/Summarische-Eingangsanmeldung/Abgabe-ESumA-und-Ankunftsmeldung/abgabe_esuma-und-ankunftsmeldung_node.html

---

In Deutschland steht seit dem 1.10.2019 das **Bürger- und Geschäftskundenportal (BuG)** (Überblick hierzu bei: Weerth, AW-Prax 2019, 375 ff.) zur Verfügung, das einen einfachen und effizienten Zugang zu den Dienstleistungen des Zolls bieten soll. Für Wirtschaftsbeteiligte ist vor allem von Bedeutung, dass neben der EORI-Nummer-Verwaltung auch **verbindliche Zolltarifauskünfte** seit dem 1.10.2019 **ausschließlich über das Bürger- und Geschäftskundenportal** beantragt werden können. Letztlich beruht die Nutzung des BuG auf der Prämisse, dass zwar seit dem 1.10.2019 der vZTA-Antrag elektronisch eingereicht werden muss, die Mitgliedstaaten aber auch auf nationale elektronische Systeme zurückgreifen können. Dies hat auch Auswirkungen auf die Beantragung des AEO-Status. In Deutschland erfolgt die AEO-Antragstellung weiterhin ausschließlich über die gewohnten Möglichkeiten, d. h. bevorzugt elektronisch über den „Internetantrag AEO-Bewilligung“ oder auch über das Papierformular 0390.

Aus deutscher Sicht ist zudem die IT-Anwendung **ZELOS** („Zentraler Austausch von Unterlagen, Anfragen oder Stellungnahmen“) zu nennen, die eine elektronische Unterlagenübermittlung in der Zollabfertigung ermöglichen soll. Hiermit soll eine Beschleunigung der Abfertigung sowohl für die Zollstellen als auch für die Wirtschaftsbeteiligten als Teilnehmer erreicht werden. Mit ZELOS kann der Zoll im Rahmen der Abfertigungsprozesse von den Unternehmen Unterlagen (Frachtpapiere, Rechnungen, sonstige Nachweise) zentral über eine Plattform anfordern und empfangen. Zudem haben die Unternehmen die Möglichkeit, auch ohne bereits erfolgte Aufforderung Unterlagen proaktiv zu übermitteln. Die Umsetzung von ZELOS soll im Laufe des Jahres 2021 erfolgen.

Zudem ist im Zusammenhang mit dem Thema **eCommerce** die Anwendung **ATLAS-IMPOST** zu nennen. Anders als bisher müssen sämtliche Waren kommerzieller Art mit einer elektronischen Zollanmeldung angemeldet werden. Vereinfachungen, die bisher für Sendungen mit einem Wert bis zu 22 Euro oder für Waren in Postsendungen vorgesehen waren, entfallen. Briefsendungen können auch weiterhin ohne elektronische Zollanmeldung angemeldet werden. Die neue Form einer elektronischen Zollanmeldung für Sendungen bis zu einem Wert von 150 Euro ist im europäischen Zollrecht in Art. 143 a) UZK-DA geregelt und enthält einen verringerten Datenkranz gegenüber der Standardzollanmeldung. Diese Regelung gilt für sämtliche Sendungen, unabhängig vom Beförderer, d. h. nicht nur für Post- und Kuriersendungen. Der hauptsächliche Unterschied hierbei ist, dass nur die Tarifierung der Waren mit 6 Stellen erforderlich ist. Verbrauchsteuerpflichtige Waren oder Waren, die Verboten oder Beschränkungen unterliegen, können mit diesem verringerten Datenkranz nicht angemeldet werden, hier ist weiterhin eine elektronische Zollanmeldung mit dem vollen Datenkranz erforderlich. Für diese Zollanmeldung wurde die neue Fachanwendung ATLAS-IMPOST innerhalb der ATLAS-IT-Landschaft geschaffen. ATLAS-IMPOST soll voraussichtlich ab dem 15.1.2022 in Betrieb genommen werden.

HINWEIS:

Informationsseite der Bundesfinanzverwaltung zum Bürger- und Geschäftskundenportal: https://www.zoll.de/DE/Unternehmen/Buerger-Geschaeftskundenportal/buerger-geschaeftskundenportal_node.html

Information der Bundesfinanzverwaltung zur Beantragung von verbindlichen Zolltarifauskünften über das Bürger- und Geschäftskundenportal: https://www.zoll.de/DE/Fachthemen/Zoelle/Zolltarif/verbindliche-Zolltarifauskunft/Elektronischer-Antrag/elektronischer-antrag_node.html

Information der Bundesfinanzverwaltung zur Nutzung von ZELOS: https://www.zoll.de/DE/Fachthemen/Zoelle/ATLAS/ATLAS-ZELOS/atlas-zelos_node.html

Information der Bundesfinanzverwaltung zu ATLAS-IMPOST: https://www.zoll.de/DE/Fachthemen/Zoelle/ATLAS/ATLAS-IMPOST/atlas-impost_node.html

Information der Bundesfinanzverwaltung zu den Neuerungen beim eCommerce: https://www.zoll.de/DE/Unternehmen/Warenverkehr/Postsendungen-Internetbestellungen/Neuerungen-eCommerce/neuerungen-ecommerce_node.html#doc383858bodyText2

B2007 Ein **dauerhaftes Absehen von elektronischen Lösungen** ist gem. Art. 6 Abs. 3 Buchst. a), Abs. 4 UZK nur dann zulässig, wenn dies aufgrund der Beförderungsart gerechtfertigt ist oder wenn die Nutzung von Mitteln der elektronischen Datenverarbeitung für die betreffenden Zollformalitäten nicht angemessen ist.

Solche Ausnahmen sind etwa für die Mitteilung der Gründe zollrechtlicher Entscheidungen (Art. 9 UZK-DelVO), Anträge auf Entscheidungen über verbindliche Auskünfte (Art. 19 UZK-DelVO), die Mitteilung von Entscheidungen über verbindliche Auskünfte (Art. 21 UZK-DelVO), die Beantragung und Ausstellung von Auskunftsblättern INF 4 (Art. 38 UZK-DelVO), die Beantragung und Erteilung von Zulassungen als ermächtigter Ausführer (Art. 39 UZK-DelVO), die Beantragung der Aufnahme in das Verzeichnis der registrierten Ausführer (Art. 40 UZK-DelVO), die Bürgschaft im Versandverfahren in mehreren Vorschriften (Art. 82, 85, 86 UZK-DelVO), die Art und Weise der Mitteilung der Zollschuld (Art. 87 UZK-DelVO), Anträge auf Erstattung oder Erlass (Art. 92 UZK-DelVO), zusätzliche Auskünfte bei Ersuchen in Bezug auf in einem anderen Mitgliedstaat befindliche Waren (Art. 93 UZK-DelVO), die Art und Weise der Entscheidung über Erstattung oder Erlass (Art. 94 UZK-DelVO), die Art und Weise der Übermittlung von Informationen zur Erledigung der Förmlichkeiten für in einem anderen Mitgliedstaat befindliche Waren (Art. 96 UZK-DelVO), die Mittel der Übermittlung der MRN eines T2L, eines T2LF oder eines Warenmanifests (Art. 124, 124a UZK-DelVO), verschiedene Konstellationen des Nachweises über den zollrechtlichen Status (Art. 125, 126, 126a, 127, 128a-128c, 130-133 UZK-DelVO), die Mitteilung der Überlassung der Waren (Art. 154 UZK-DelVO), die Mittel zur Information über den Wiegenachweis (Art. 157 UZK-DelVO), für Kommunikationsmittel für das Auskunftsblatt INF 3 (Art. 160 UZK-DelVO; s. auch Art. 255 UZK-DVO), den Bewilligungsantrag auf der Grundlage einer Zollanmeldung (Art. 163 UZK-DelVO), den Antrag auf Verlängerung oder Änderung einer Bewilligung (Art. 164 UZK-DelVO), den Beleg für eine mündliche Zollanmeldung zur vorübergehenden Verwendung (Art. 165 UZK-DelVO), die Abrechnung (Art. 175 UZK-DelVO), die Übermittlung der MRN eines Versandvorgangs und der MRN eines TIR-Vorgangs an die Zollbehörden (Art. 184 UZK-DelVO), die von der Bestimmungszollstelle mit Sichtvermerk versehene sowie die vom zugelassenen Empfänger ausgestellte Empfangsbescheinigung (Art. 190, 196 UZK-DelVO), die Mittel zum Austausch von Informationen bei der Gestellung von Waren bei der Ausgangszollstelle (Art. 246 UZK-DelVO) sowie die Mittel für den Nachweis, dass die Waren das EU-Zollgebiet verlassen haben (Art. 247 UZK-DelVO), für die rückwirkende Abgabe einer Ausfuhr- oder Wiederausfuhranmeldung (Art. 249 UZK-DelVO), für die Mitteilung von Entscheidungen über verbindliche Ursprungsauskünfte (Art. 18 UZK-DVO) sowie für Zollförmlichkeiten, die durch eine Willensäußerung i. S. v. Art. 141 UZK-DelVO als erfüllt gelten und für Zollförmlichkeiten, die nicht durch eine Willensäußerung i. S. v. Art. 141 UZK-DelVO als erfüllt gelten (Art. 218, 219 UZK-DVO) vorgesehen.

Vorübergehende Ausnahmen i. S. d. Art. 6 Abs. 3 Buchst. b) UZK sind etwa im Rahmen der Versandverfahren vorgesehen (vgl. Art. 274, 291 UZK-DVO). B2008

Art. 9 Abs. 1 UZK legt als Neuerung im Verhältnis zu den bisherigen zollrechtlichen Vorschriften fest, dass im EU-Zollgebiet ansässige Wirtschaftsbeteiligte sich bei den für sie zuständigen Zollbehörden zu **registrieren** haben. Gemäß Art. 6 UZK-DVO werden die Anschriften der für die Registrierung zuständigen Zollbehörden im Internet veröffentlicht. Art. 9 Abs. 2 UZK ergänzt den Grundsatz des Art. 9 Abs. 1 UZK **auch für drittländische Wirtschaftsbeteiligte** dahingehend, dass diese sich bei den Zollbehörden registrieren lassen müssen, in dem sie erstmals eine Anmeldung abgeben oder eine Entscheidung beantragen. Einzelfälle dazu, wann sich drittländische Unternehmen in der EU registrieren müssen, sind in Art. 5 UZK-DelVO aufgezählt. Art. 9 Abs. 3 UAbs. 1 UZK stellt klar, dass Personen, die **keine Wirtschaftsbeteiligten** sind, sich nicht registrieren lassen müssen, wobei dieses Kriterium in Art. 6 Abs. 2 UZK-DelVO dahingehend konkretisiert wird, dass hiervon dann auszugehen ist, wenn nur gelegentlich Zollanmeldungen abgegeben werden. Die Bundesfinanzverwaltung versteht unter der gelegentlichen Abgabe von Zollanmeldungen die Abgabe von weniger als zehn Zollanmeldungen im Jahr (E-VSF-N 21 2016 Nr. 92 v. 1.6.2016). Hierzu wurde später ergänzt, dass Personen, die keine Wirtschaftsbeteiligten sind, dann eine EORI-Nummer benötigen, wenn sie eine der in Anhang A UZK-DelVO genannten Bewilligungen beantragen (E-VSF-N 23 2020 Nr. 103 v. 15.9.2020). Art. 9 Abs. 4 UZK i. V. m. Art. 7 UZK-DelVO regelt die Voraussetzungen, unter denen eine EORI-Nummer für ungültig erklärt werden kann. B2009

In Art. 16 UZK ist die **Wartung und Nutzung elektronischer Systeme** für den Informationsaustausch zwischen den Zollbehörden sowie mit der Kommission vorgesehen. Die Entwicklung solcher elektronischen Systeme ist in der UZK-DVO in mehreren Bereichen B2010 vorgesehen, so bei EORI-Nummern (Art. 7 UZK-DVO), Entscheidungen (Art. 10 UZK-DVO), verbindlichen Zolltarifauskünften (Art. 21 UZK-DVO), zugelassenen Wirtschaftsbeteiligten (Art. 30 UZK-DVO), Risikomanagement und Zollkontrollen (Art. 36 UZK-DVO), Zollkontingenten (Art. 54 UZK-DVO), der Überwachung und Überlassung zum zollrechtlich freien Verkehr oder der Ausfuhr von Waren (Art. 56 UZK-DVO), Sicherheitsleistungen (Art. 147 UZK-DVO), summarischen Eingangsanmeldungen (Art. 182 UZK-DVO), Nachweisen über den zollrechtlichen Status von Unionswaren (Art. 194 UZK-DVO), der Überführung von Waren in ein Zollverfahren (Art. 216 UZK-DVO), elektronischen Carnets ATA (Art. 270 UZK-DVO), beim Standardinformationsaustausch (Art. 271 UZK-DVO), beim Versand (Art. 273 UZK-DVO) und beim Ausgang von Waren (Art. 326 UZK-DVO).

B2011 Insgesamt stellt sich die umfassende Nutzung von IT-Verfahren als zentrale Herausforderung des UZK dar. Insofern wurde in der Literatur bereits kritisch geäußert, dass viele Mitgliedstaaten das Vorantreiben der IT-Entwicklung bewusst ausgespart hätten, da diese für die Mitgliedstaaten (wie auch die Zollverwaltungen insgesamt) hauptsächlich ein Kostenfaktor sei (Wolffgang, AW-Prax 2014, 227). Der Kommission war insoweit bereits schon früh bewusst, dass die IT-Systeme auch zum Anwendungsstart des UZK nicht voll einsatzbereit sein würden (Überblicksdarstellungen zur Umsetzung der UZK-IT-Systeme bei: Lux, AW-Prax 2018, 491 ff.; Thaler, ZfZ 2020, 60 ff.).

Der Unionszollkodex sieht in seinem Art. 278 in der Fassung der Verordnung (EU) 2019/632 (ABl. EU 2019 Nr. L 111/54) eine Übergangsfrist zur flächendeckenden Umsetzung der elektronischen Systeme **bis zum 31.12.2025** vor.

HINWEIS:

Die Umsetzung der UZK-IT-Systeme war auch bereits Gegenstand des Berichts des Europäischen Rechnungshofs Nr. 26/2018 „Zahlreiche Verzögerungen bei den IT-Systemen für den Zoll: Was ist falsch gelaufen?". Der Europäische Rechnungshof kritisierte hierbei, dass es sich bei den wichtigsten Faktoren, die zu Verzögerungen geführt hätten, um Änderungen des Projektumfangs und die dadurch gesteigerte Komplexität, unzureichende von der EU und den Mitgliedstaaten zur Verfügung gestellte Ressourcen sowie einen wegen der vielschichtigen Governance-Entscheidungsstruktur langwierigen Entscheidungsprozess handele. Mit dem in der Verordnung (EU) 2021/444 (ABl. EU 2021 Nr. L 87/1) festgelegten Programm „Zoll", das der Finanzierung von Tätigkeiten im Bereich der Zusammenarbeit im Zollwesen dient, sollen die im Bericht Nr. 26/2018 enthaltenen Feststellungen und Empfehlungen umgesetzt werden.

B2012 Übergangsregelungen, die bis zur vollen Anwendbarkeit der elektronischen Systeme gelten sollen, sind in der sog. „Delegierten Verordnung (EU) 2016/341 zur Ergänzung der Verordnung (EU) Nr. 952/2013 des Europäischen Parlaments und des Rates hinsichtlich der Übergangsbestimmungen für bestimmte Vorschriften des Zollkodex der Union, für den Fall, dass die entsprechenden elektronischen Systeme noch nicht betriebsbereit sind, und zur Änderung der Delegierten Verordnung (EU) 2015/2446" (**UZK-ÜDelVO**) enthalten. Hierdurch werden in vielen Fällen bisherige papiergestützte Lösungen übergangsweise bis zur Nutzung der entsprechenden elektronischen Systeme beibehalten.

Mittels eines **Arbeitsprogramms** (Durchführungsbeschluss (EU) 2019/2151, ABl. EU 2019 Nr. L 325/168), das sich an dem bestehenden Planungsdokument für alle IT-bezogenen Zollprojekte, dem sog. mehrjährigen Strategieplan („Multi-Annual Strategic Plan“, kurz: MASP, online erhältlich unter: https://ec.europa.eu/taxation_customs/general-information-customs/electronic-customs_de) orientiert, will die Kommission die weitere Entwicklung der IT-Systeme zur Zollabwicklung vorantreiben und zeitnah abschließen. Das Arbeitsprogramm ist insbesondere für die Ausarbeitung der Übergangsmaßnahmen für die elektronischen Systeme und die Frist für die Inbetriebnahme der Systeme wichtig, die bis zum Datum der Anwendung des UZK noch nicht betriebsbereit waren. Der Durchführungsbeschluss (EU) 2019/2151 umfasst neben sechs Artikeln und einer Einführung als wesentlichen Bestandteil eine Tabelle, in der alle umzusetzenden IT-Verfahren, die rechtlichen Begründungen und eine Zeitplanung enthalten sind. B2013

ABB. 2: Informationsübermittlung

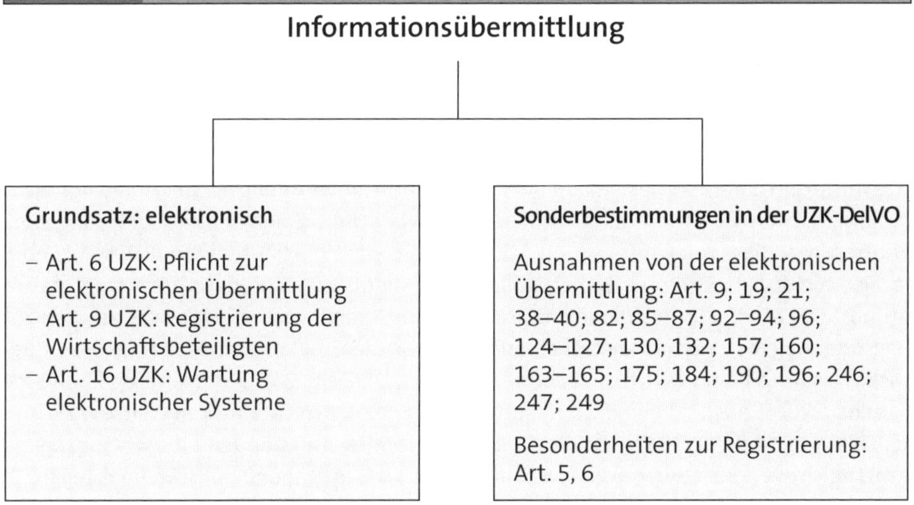

3. Weitere Verfahrensrechte, die die Informationsübermittlung betreffen

In **Art. 12 UZK** ist das **Zollgeheimnis** zugrunde gelegt. Es normiert, dass alle Angaben, die ihrer Natur nach vertraulich sind oder vertraulich mitgeteilt werden, unter die Geheimhaltungspflicht fallen. Sie dürfen von den zuständigen Behörden nicht ohne ausdrückliche Zustimmung der Person oder Behörde, die die Angaben gemacht hat, weitergegeben werden. Zulässig ist die Weitergabe jedoch dann, wenn die zuständigen Behörden im Einklang mit dem geltenden Recht, insbesondere im Rahmen von Gerichtsverfahren, dazu verpflichtet sind. Art. 13 UZK sieht eine Rechtsgrundlage für einen **freiwilligen Informationsaustausch** vor, der im Rahmen einer entsprechenden Vereinbarung erfolgen kann (Lux, ZfZ 2014, 178 ff. [183]) und ebenfalls vertraulich behandelt wird. B2014

B2015 Art. 14 Abs. 1 S. 1 UZK sieht vor, dass jede Person bei den Zollbehörden **Informationen über die Anwendung der zollrechtlichen Vorschriften** beantragen kann. Letztlich geht es bei dieser allgemeinen Auskunft (wie auch bei den verbindlichen Zolltarif- und Ursprungsauskünften) darum, dem Interesse des Wirtschaftsbeteiligten an der **Vorhersehbarkeit** möglicher Hindernisse oder Belastungen im Rahmen der Zollabfertigung und der Vermeidung verlustbringender Dispositionen entgegen zu kommen. Gegenstand der Auskunft können nur **zollrechtliche** Aspekte sein. Dazu zählen sicher alle Vorschriften des UZK, der Durchführungsvorschriften oder der sonstigen ergänzenden Verordnungen. Ob auch alle sonstigen Vorschriften, die bei einem Ein- oder Ausfuhrvorgang von Bedeutung sein können (z. B. Genehmigungspflichten der Exportkontrolle, handelspolitische Maßnahmen, Verbote und Beschränkungen), dazu zählen, ist umstritten. Der Streit um den Anwendungsbereich des Art. 14 Abs. 1 UZK relativiert sich, wenn man bedenkt, dass es weitere spezialgesetzliche Anspruchsgrundlagen für Auskunftsverlangen gibt (z. B. § 89 S. 2 AO, § 25 S. 2 VwVfG).

B2016 Ein Antrag auf Auskunftserteilung kann gem. Art. 14 Abs. 1 S. 2 UZK **abgelehnt** werden, sofern er sich nicht auf eine tatsächlich beabsichtigte Tätigkeit im Zusammenhang mit dem internationalen Warenverkehr bezieht. Die Zollbehörden müssen ein richtig gestelltes Informationsbegehren beantworten. Anfragen, die auf Vorrat oder nur aus Allgemeininteresse gestellt werden, brauchen die Zollbehörden nicht zu bearbeiten; insoweit haben sie Ermessen.

B2017 Auskünfte im Rahmen des Art. 14 Abs. 1 UZK sind **unverbindlich**. Dies folgt aus dem systematischen Zusammenhang mit den verbindlichen Zolltarif- und Ursprungsauskünften. Nur diese Auskünfte sollen nach dem Gesetzeswortlaut verbindlich sein, andere also nicht. Das Risiko einer behördlich unverbindlichen Falschauskunft trägt damit grundsätzlich der Auskunftsberechtigte. Allerdings kann auch eine Falschauskunft zur Begründung eines **Vertrauenstatbestandes** führen, der im Rahmen des Art. 119 UZK Berücksichtigung findet (Witte, P./Schulte, UZK, Art. 14, Rdnr. 24). Des Weiteren kann eine Falschauskunft auch zu einer Staatshaftung für Schadensersatz führen (Witte, P./Schulte, UZK, Art. 14, Rdnr. 25 ff.), da die Zollbehörden unter Umständen eine **drittbezogene Amtspflicht** verletzen, wenn sie Auskünfte nicht klar, richtig und vollständig erteilen.

B2018 Art. 14 Abs. 2 UZK sieht vor, dass die Zollbehörden einen regelmäßigen **Dialog** mit den Wirtschaftsbeteiligten und den anderen mit dem internationalen Warenverkehr befassten Behörden führen sowie die **Transparenz** fördern sollen, indem die zollrechtlichen Vorschriften, Verwaltungserlasse und Antragsformblätter, nach Möglichkeit kostenlos, online zur Verfügung gestellt werden. Wie der Dialog im Einzelnen ausgestaltet sein soll, wird nicht näher geregelt (Vorschläge hierzu bei Witte, AW-Prax 2016, 301).

B2019 **Art. 15 Abs. 1 UZK** legt fest, dass alle Personen, die unmittelbar oder mittelbar an Vorgängen bei der Erfüllung von Zollformalitäten oder an Zollkontrollen beteiligt sind, den Zollbehörden auf deren Verlangen innerhalb der von diesen gegebenenfalls festgesetzten Fristen alle Unterlagen und Angaben, unabhängig davon, auf welchem Träger sie sich befinden, zur Verfügung zu stellen und jede erforderliche Unterstützung zu gewähren haben. Die Vorschrift statuiert insoweit eine umfassende **Mitwirkungspflicht** der Beteiligten, die noch durch Art. 15 Abs. 2 UZK unterstrichen wird. Diese Vorschrift verpflichtet den Wirtschaftsbeteiligten auch zur Abgabe **richtiger und vollständiger Informationen** (Überblick zur Thematik bei Burret, ZfZ 2020, 163 ff.).

Art. 15 Abs. 2 UZK statuiert darüber hinaus, dass bei Abgabe einer Zollanmeldung, einer Anmeldung zur vorübergehenden Verwahrung, einer summarischen Eingangsanmeldung, einer summarischen Ausgangsanmeldung, einer Wiederausfuhranmeldung oder einer Wiederausfuhrmitteilung einer Person an die Zollbehörden, oder mit Stellung eines Antrags auf eine Bewilligung oder eine sonstige Entscheidung der Beteiligte a) für die Richtigkeit und Vollständigkeit der Informationen in der Anmeldung, der Mitteilung oder dem Antrag, b) für die Echtheit, die Richtigkeit und die Gültigkeit jeder der Anmeldung, der Mitteilung oder dem Antrag beigefügten Unterlage und c) gegebenenfalls für die Erfüllung aller Pflichten im Zusammenhang mit der Überführung der Waren in das betreffende Zollverfahren oder aus der Durchführung der bewilligten Vorgänge verantwortlich ist. B2020

(Einstweilen frei) B2021–B2023

4. Zollrechtliche Entscheidungen

Der dritte Abschnitt des UZK betrifft die „zollrechtlichen Entscheidungen". Maßgebliche Rechtsgrundlagen zu zollrechtlichen Entscheidungen sind in Art. 22, 23 sowie 26 – 28 UZK enthalten, die zugehörigen Vorschriften zu Befugnisübertragungen und Übertragungen von Durchführungsbefugnissen sind in Art. 24 und 25 sowie 31 und 32 UZK enthalten. Von besonderer Bedeutung sind in diesem Abschnitt Art. 22 (Entscheidungen auf Antrag), Art. 23 (Verwaltung von Entscheidungen auf Antrag) sowie Art. 27 (Rücknahme begünstigender Entscheidungen) und 28 UZK (Widerruf und Änderung begünstigender Entscheidungen). Die Art. 33 – 37 UZK behandeln schließlich Spezialregelungen für verbindliche Auskünfte. Als Auslegungshilfe für die Anwendung dieser Bestimmungen kann etwa die von der deutschen Zollverwaltung veröffentlichte Dienstvorschrift Z 05 14 „Zollrechtliche Entscheidungen, Bewilligungen und Sicherheiten" herangezogen werden. B2024

a) Beantragung und Erlass von Entscheidungen, Art. 22 UZK

Die maßgeblichen Grundsätze zur Beantragung von **Entscheidungen** sind in Art. 22 UZK enthalten. Art. 22 Abs. 1 UAbs. 1 UZK legt fest, dass, sofern eine Person eine Entscheidung im Zusammenhang mit der Anwendung der zollrechtlichen Vorschriften beantragt, alle verlangten Informationen übermitteln muss, die für die Entscheidung erforderlich sind. Diese Verpflichtung entspricht dem **Beibringungsgrundsatz**, der in Antragsverfahren üblich ist. Entscheidungen selbst werden in Art. 5 Nr. 39 UZK legal definiert als Handlungen der Zollbehörden auf dem Gebiet des Zollrechts zur Regelung eines Einzelfalls mit Rechtswirkung für die betreffende Person oder die betreffenden Personen. Art. 22 Abs. 1 UAbs. 2 UZK stellt zudem klar, dass auch **mehrere Personen** eine Entscheidung beantragen können und dann an diese gebunden sind. B2025

Art. 22 Abs. 1 UAbs. 3 UZK regelt sodann, wo genau die Informationen vorzulegen sind. Vorbehaltlich anderer Regelungen soll die Zollbehörde **örtlich zuständig** sein, bei der die **Hauptbuchhaltung** des Antragstellers geführt wird oder zugänglich ist und **an dem** B2026

wenigstens ein Teil der von der Entscheidung zu erfassenden Vorgänge durchgeführt wird.

Durch die UZK-DelVO-Regelungen wird hiervon in einigen Fällen abgewichen, nämlich gem. Art. 12 UZK-DelVO zunächst für den Fall, dass die Voraussetzungen des Art. 22 Abs. 1 UAbs. 3 UZK nicht erfüllt sein sollten. In dieser Konstellation ist dann allgemein die Zollstelle zuständig, bei der die Hauptbuchhaltung liegt, unabhängig von den dort getätigten Einfuhrvorgängen. Sonderregelungen sind zudem für den **zugelassenen Wirtschaftsbeteiligten** gem. Art. 27 UZK-DelVO (ständige Niederlassung, falls die Voraussetzungen des Art. 22 Abs. 1 UAbs. 1 UZK nicht vorliegen), bei **Anträgen auf Erstattung oder Erlass** gem. Art. 92 UZK-DelVO (in dem Mitgliedstaat, in dem die Zollschuld mitgeteilt wurde), bei **fehlender Ansässigkeit des Antragstellers im EU-Zollgebiet und Beantragung der Endverwendung oder aktiven Veredelung** gem. Art. 162 UZK-DelVO (Zollbehörde am Ort, in dem das erste Mal verendet oder veredelt werden soll), bei der Beantragung des **Status eines zugelassenen Empfängers für den TIR-Versand** gem. Art. 186 UZK-DelVO (bei der zuständigen Zollbehörde des Mitgliedstaats, in dem die TIR-Vorgänge beendet werden sollen), bei der Beantragung des **Status eines zugelassenen Versenders** gem. Art. 192 UZK-DelVO (bei der zuständigen Zollbehörde in dem Mitgliedstaat, in dem Unionsversandvorgänge des Antragstellers beginnen sollen), bei der Beantragung des **Status eines zugelassenen Empfängers beim Unionsversandverfahren** gem. Art. 194 UZK-DelVO (bei der zuständigen Zollbehörde des Mitgliedstaats, in dem das Unionsversandverfahren enden soll), bei **Anträgen auf die Verwendung besonderer Verschlüsse** gem. Art. 197a UZK-DelVO (bei der Zollbehörde, die für die Entscheidung in dem Mitgliedstaat, in dem die Vorgänge des Unionsversands des zugelassenen Versenders beginnen sollen, zuständig ist) und bei der **vorübergehenden Verwendung** gem. Art. 205 UZK-DelVO (grundsätzlich Zollbehörde am Ort der ersten Verwendung) vorgesehen. Eine weitere Sonderregelung besteht für **verbindliche Auskünfte** gem. Art. 19 UZK-DelVO, vgl. Art. 16 UZK-DVO.

ABB. 3: Örtliche Zuständigkeit

Örtliche Zuständigkeit

Grundsatz: Art. 22 Abs. 1 UAbs. 3 UZK

Ort der Hauptbuchhaltung + Stattfinden wenigstens eines Teils der zu erfassenden Vorgänge

Sonderbestimmungen in der UZK-DelVO (Beispiele)

- Art. 12 (Allgemein: nur Ort der Hauptbuchhaltung)
- Art. 27 (AEO: ständige Niederlassung)
- Art. 92 (Erstattung/Erlass: Mitgliedstaat, in dem Zollschuld mitgeteilt wurde)

Art. 22 Abs. 2 UZK enthält eine Bestimmung über die **Annahme des Antrags**. Die Zollbehörden müssen **unverzüglich oder spätestens nach 30 Tagen** überprüfen, ob die Bedingungen für die Annahme des Antrags erfüllt sind und den Antragsteller innerhalb dieser Frist über das Ergebnis der Überprüfung benachrichtigen. Der Antragsteller muss Gelegenheit erhalten, erforderliche Informationen innerhalb der Frist nachzureichen. Tut er dies nicht, wird der Antrag abgelehnt, Art. 12 Abs. 2 UZK-DVO. Bei fehlender Mitteilung über die Annahme des Antrags gilt der Antrag als angenommen, Art. 12 Abs. 3 UZK-DVO. B2027

Nähere **Einzelheiten** zu den Bedingungen für die Annahme des Antrags sind in Art. 11 UZK-DelVO enthalten: Registrierung des Antragstellers, soweit erforderlich; Ansässigkeit im EU-Zollgebiet, soweit erforderlich; Einreichung bei der zuständigen Behörde; keine frühere Entscheidung in der gleichen Angelegenheit. Art. 26 UZK-DelVO enthält noch weitere Sonderbestimmungen für zugelassene Wirtschaftsbeteiligte. B2028

Art. 22 Abs. 3 UAbs. 1 UZK enthält die Grundbestimmung zur **Entscheidungsfrist nach Annahme des Antrags, nämlich innerhalb von 120 Tagen**. Die Frist von 120 Tagen kann gem. Art. 22 Abs. 3 UAbs. 2 UZK um weitere 30 Tage verlängert werden, sofern nichts anderes bestimmt ist. Über die Regelungen in Art. 22 Abs. 3 UZK hinausgehende Möglichkeiten der Fristverlängerung sieht Art. 13 UZK-DelVO vor. Diese weiteren Fristverlängerungen betreffen das Einholen von Informationen, die Gewährung rechtlichen Gehörs und den Verdacht auf Verstöße gegen zoll- und steuerrechtliche Vorschriften. B2029

Sonderregelungen zu den Entscheidungsfristen gibt es bei **verbindlichen Auskünften** (Art. 20 UZK-DelVO), beim **zugelassenen Wirtschaftsbeteiligten** (Art. 28 UZK-DelVO), bei **Entscheidungen über Erstattung und Erlass** (Art. 97 UZK-DelVO), bei der **Überführung in den freien Verkehr** (Art. 156 UZK-DelVO) und bei einer **Entscheidung über einen Bewilligungsantrag** gemäß Art. 211 Abs. 1 UZK (Art. 171 UZK-DelVO). Wird dem Antrag auf Erlass einer Entscheidung nicht innerhalb der in Art. 22 Abs. 3 UZK genannten Frist entsprochen, so kann der Wirtschaftsbeteiligte einen Rechtsbehelf einlegen, Art. 44 Abs. 1 UAbs. 2 UZK (s. hierzu Schoenfeld, ZfZ 2017, 226 ff. [227]). B2030

ABB. 4: Entscheidungsfristen

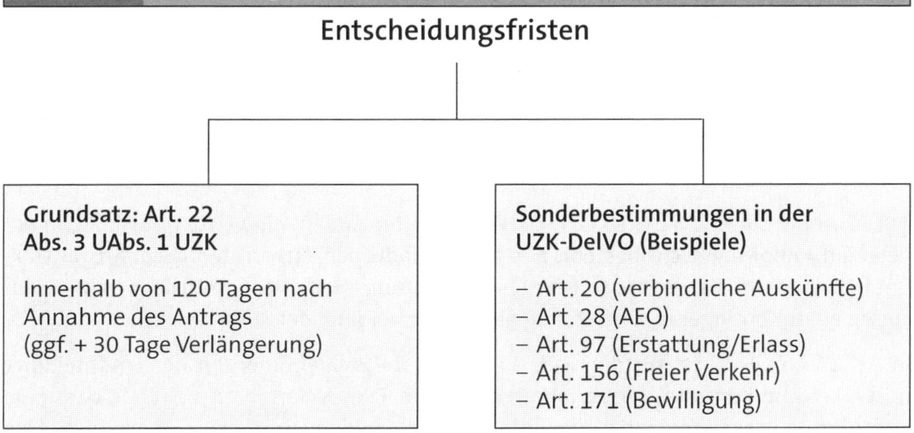

B2031 Sofern nichts anderes bestimmt ist, erlangt die zollrechtliche Entscheidung mit dem Tag der Zustellung (bzw. mit dem Tag, an dem die Entscheidung als zugestellt gilt) ihre **Wirksamkeit** und ist ab diesem Zeitpunkt gem. Art. 22 Abs. 4 UZK **vollziehbar.** Von der Grundregelung abweichende Wirksamkeitszeitpunkte (z. B. im Zusammenhang mit befristeten Entscheidungen) sind in Art. 14 UZK-DelVO enthalten.

B2032 **Sonderregelungen** gibt es für das Wirksamwerden der **Bewilligung für den zugelassenen Wirtschaftsbeteiligen** (Art. 29 UZK-DelVO), bei der **Sicherheitsleistung in Form der Verpflichtungserklärung eines Bürgen** (Art. 82 UZK-DelVO), bei der **Registrierung von Schiffen und Häfen** (Art. 121 UZK-DelVO) und bei **rückwirkenden Bewilligungen** (Art. 172 UZK-DelVO).

B2033 Die Entscheidungen sind gem. Art. 22 Abs. 5 UZK grundsätzlich **unbefristet** gültig. Ausnahmen bestehen für die Geltungsdauer eines T2L, T2LF oder eines Warenmanifests (Art. 123 UZK-DelVO: 90 Tage ab Registrierung) und für die Geltungsdauer einer Bewilligung (Art. 173 UZK-DelVO: fünf bzw. drei Jahre) sowie auch für verbindliche Auskünfte gem. Art. 33 Abs. 3 UZK.

B2034 Art. 22 Abs. 6 UZK regelt, dass vor Erlass einer den Antragsteller **belastenden Entscheidung** die Zollbehörden die Gründe, auf die sie ihre Entscheidung stützen wollen, dem Antragsteller mitteilen müssen. Der Antragsteller erhält daraufhin Gelegenheit, zu diesen Gründen Stellung zu nehmen (s. hierzu Sonnefeld, AW-Prax 2018, 464 ff.). Die Stellungnahmefrist beträgt maximal 30 Tage, Art. 8 Abs. 1 UZK-DelVO. Sie kann aber auch innerhalb von 24 Stunden abzugeben sein, wenn die Eilbedürftigkeit der Sache dies erfordert, Art. 8 Abs. 2 UZK-DelVO. Art. 8 UZK-DVO enthält weitere Angaben dazu, wie die Mitteilung gem. Art. 22 Abs. 6 UZK ausgestaltet sein muss.

B2035 Eine den Antragsteller belastende Entscheidung muss gem. Art. 22 Abs. 7 UZK **mit Gründen versehen** sein und eine **Rechtsbehelfsbelehrung** enthalten (vertiefend hierzu: Schoenfeld, AW-Prax 2021, 277 ff.). Dies dient der Rechtssicherheit des Betroffenen, da ihm (und den Gerichten) nur so möglich wird, die Entscheidung auf ihre Rechtmäßigkeit hin zu überprüfen (s. hierzu auch EuGH, Urteil v. 9.11.2017, C-46/16, LS Customs Services, ZfZ 2018, 33 ff. = AW-Prax 2018, 62 ff.). Bei Ermessensentscheidungen ist der Begründungszwang offensichtlich, aber auch bei gebundener Verwaltung wird so deutlich, ob die Behörde von zutreffenden Tatsachen ausgegangen ist und eine richtige Rechtsanwendung vorgenommen hat. Für sonstige, nicht belastende Verwaltungsakte folgt die Pflicht zur Erteilung der Rechtsbehelfsbelehrung aus dem deutschen Abgabenrecht, § 356 Abs. 1 AO. Fehlende oder falsche Rechtsbehelfsbelehrungen führen zu einer Verlängerung der Frist für Rechtsschutzmöglichkeiten; nach deutschem Recht grundsätzlich auf ein Jahr; § 356 Abs. 2 AO, § 55 Abs. 2 FGO.

B2036 Art. 22 Abs. 6 UAbs. 2 UZK, 10 UZK-DelVO enthalten zudem eine Liste mit Fällen, in denen kein **Anhörungsrecht** besteht, z. B. bei verbindlichen Auskünften i. S. d. Art. 33 UZK, Ermittlungen im Rahmen der Betrugsbekämpfung, Verwaltungseffizienz (z. B. Erreichung eines Kontingents, Umsetzung einer Entscheidung der Kommission).

B2037 In Art. 14 UZK-DVO ist für den Fall, dass **mehrere Zollbehörden** an der Entscheidung mitwirken, ein **Konsultationsverfahren** enthalten. Dieses Verfahren sieht vor, dass eine Konsultation gegebenenfalls innerhalb der Entscheidungsfrist erfolgen muss. Sofern dies zur Entscheidung erforderlich ist, kann auch die Bearbeitungszeit der konsultierten Behörde verlängert werden. Antwortet die konsultierte Behörde auch innerhalb der verlängerten Frist nicht, so gelten die Voraussetzungen des Konsultationsverfahrens im Zweifel als erfüllt.

Sonderregelungen zum Konsultationsverfahren finden sich an weiteren Stellen der UZK-DVO, nämlich für den zugelassenen Wirtschaftsbeteiligten in Art. 31 UZK-DVO, bei der vorübergehenden Verwahrung gem. Art. 191 UZK-DVO, beim Linienverkehr gem. Art. 195 UZK-DVO, bei der zentralen Zollabwicklung gem. Art. 229 UZK-DVO, im Bewilligungsverfahren gem. Art. 260, 261 UZK-DVO und vor der Bewilligung zur Verwendung eines elektronischen Beförderungsdokuments als Versandanmeldung für den Luft- oder Seeverkehr (Art. 319 UZK-DVO).

HINWEIS:

Sofern die Wirkung einer Entscheidung nicht auf einen oder mehrere Mitgliedstaaten begrenzt ist, gilt sie gem. Art. 26 UZK unionsweit.

b) Verwaltung von Entscheidungen, Art. 23 UZK

Art. 23 UZK legt die Pflicht des Entscheidungsinhabers fest, die Entscheidung zu befol- B2038
gen (Abs. 1) und die Behörde über **etwaige Ereignisse, die Einfluss auf die Aufrechterhaltung der Entscheidung haben können, zu unterrichten** (Abs. 2). Insgesamt kann Art. 23 UZK als eine Pflichtenerhöhung für den normalen Wirtschaftsbeteiligten gesehen werden. Denn die Regelung in Art. 23 Abs. 2 UZK sorgt letztlich dafür, dass ein Bewilligungsinhaber Ansprechpartner nebst Vertretung für die Zollstellen benennen und dafür sorgen muss, dass diese unternehmensintern über alle Vorgänge unterrichtet werden, sodass er die Zollprozesse letztlich wie ein zugelassener Wirtschaftsbeteiligter organisieren muss (Witte, P., AW-Prax 2015, 109).

Gem. Art. 23 Abs. 4 UZK kann es infolge der Änderungen bei den tatsächlichen Verhält- B2039
nissen zur **Neubewertung**, Buchst. a), oder **Aussetzung** einer Entscheidung, die nicht zurückgenommen, geändert oder widerrufen werden kann, Buchst. b), kommen. Einzelheiten zur Neubewertung sind in Art. 15 UZK-DelVO, Einzelheiten zur Aussetzung in Art. 16 – 18 UZK-DelVO enthalten.

Gründe für eine Neubewertung können danach Änderungen der einschlägigen Unionsvorschriften, die Notwendigkeit aufgrund einer Überprüfung oder vom Entscheidungsinhaber vorgelegte Informationen sein.

Grund für eine Aussetzung kann etwa sein, dass die Behörden die Entscheidung widerrufen oder ändern wollen, hierfür aber noch nicht über alle erforderlichen Grundlagen verfügen. Ferner kann es sein, dass eine Zollbehörde der Auffassung ist, dass die Bedingungen für die Entscheidung nicht erfüllt sind oder dass der Inhaber der Entscheidung die Aussetzung selbst beantragt (sobald die Behörde aber von einem Pflichtverstoß überzeugt ist, kommt auch ein Widerruf der Entscheidung gem. Art. 28 UZK in Betracht, vgl. Art. 16 Abs. 1 Buchst. b) und c) UZK-DelVO i.V. m. Art. 15 UZK-DVO).

B2040 Auf verbindliche Auskünfte finden die Art. 15 – 18 UZK-DelVO gem. Art. 22 UZK-DelVO keine Anwendung. Eine Sonderbestimmung zur Aussetzung ist in Art. 30 UZK-DelVO für zugelassene Wirtschaftsbeteiligte enthalten. Eine begünstigende Entscheidung kann gem. Art. 30 UZK dann nicht ausgesetzt werden, wenn sich die Ware zum Zeitpunkt des Inkrafttretens der Aussetzung bereits in einem Zollverfahren oder noch in der vorübergehenden Verwahrung befindet.

B2041–B2043 *(Einstweilen frei)*

B2044 Schließlich überwachen die Zollbehörden gem. Art. 23 Abs. 5 UZK die Bedingungen und Voraussetzungen, die der Inhaber einer Entscheidung erfüllen muss und überwachen ferner, dass die sich aus dieser Entscheidung ergebenden Verpflichtungen eingehalten werden. Hierzu speichern die Zollbehörden alle Daten, auf die sie sich bei der Entscheidung gestützt haben, noch über einen Zeitraum von drei Jahren nach Ablauf der Entscheidung ab (Art. 13 UZK-DVO).

B2045 Damit wird über die Fälle des zugelassenen Wirtschaftsbeteiligten und der vereinfachten Zollanmeldungen hinaus ein flächendeckendes **Monitoring** bei allen Bewilligungen eingeführt, wobei die Zollverwaltung die Bedingungen und Voraussetzungen wie beim zugelassenen Wirtschaftsbeteiligten mittels eines alle Bewilligungen umfassenden Monitoringplans überwacht (Witte, P., AW-Prax 2015, 109).

B2046 Sonderregelungen bestehen für verbindliche Auskünfte (Art. 19 – 21 UZK-DVO), den zugelassenen Wirtschaftsbeteiligten (Art. 35 UZK-DVO), die zentrale Zollabwicklung (Art. 230 UZK-DVO) und die Zollanmeldung in Form einer Anschreibung in der Buchführung des Anmelders (Art. 233 UZK-DVO).

c) Rücknahme, Widerruf und Änderung begünstigender Entscheidungen, Art. 27, 28 UZK

B2047 Die Aufhebung oder Änderung von Entscheidungen zählt zu den Kernregeln des Verwaltungsverfahrensrechts. In den Art. 27, 28 UZK sieht das Zollrecht generelle Unionsregeln für die **Korrektur** zollrechtlicher Verwaltungsakte vor, die aufgrund des Vorrangs des Unionsrechts auch angewendet werden müssen. Soweit der tatbestandliche Anwendungsbereich der Normen nicht erfüllt ist, gelten ergänzend die nationalen Korrekturvorschriften, z. B. §§ 130 ff. AO. Art. 27, 28 UZK gelten (wie schon die Vorgängerregelungen in Art. 8, 9 ZK) nur für die Korrektur **begünstigender** Entscheidungen, die Aufhebung oder Änderung **belastender** Maßnahmen richtet sich nach nationalem Recht.

B2048 Voraussetzungen für die **Rücknahme begünstigender Entscheidungen** im Sinne von Art. 27 UZK sind kumulativ: (1) Eine Entscheidung ist **aufgrund unrichtiger oder unvollständiger Tatsachen ergangen**, (2) dem Antragsteller war die Unrichtigkeit oder Unvollständigkeit der Tatsachen bekannt oder sie hätten ihm vernünftigerweise bekannt sein müssen (3) die Entscheidung hätte aufgrund der richtigen oder vollständigen Tatsachen nicht ergehen dürfen. Die Rücknahme steht nicht im Ermessen; sie zählt vielmehr zur **gebundenen** Verwaltung.

Die Rechtsfolge ist grundsätzlich die Aufhebung der Rechtswirkungen der Entscheidung zum Zeitpunkt ihres Erlasses (**ex-tunc-Wirkung**). B2049

Voraussetzungen für **Widerruf und Änderung von begünstigenden Entscheidungen, die nicht unter Art. 27 UZK fallen,** sind im Sinne von Art. 28 Abs. 1 UZK alternativ: (1) Eine oder mehrere Voraussetzungen für den Erlass der Entscheidung waren nicht erfüllt oder sind nicht mehr erfüllt, (2) oder der Entscheidungsinhaber hat einen entsprechenden Antrag gestellt. Der Widerruf hat in diesem Fall zwingend zu erfolgen. B2050

Gem. Art. 28 Abs. 2 UZK kann eine an mehrere Personen gerichtete begünstigende Entscheidung **nur in Bezug** auf diejenigen Personen widerrufen werden, die ihnen aus der Entscheidung erwachsenden Pflichten nicht erfüllen. B2051

Der Widerruf wird erst mit Zustellung wirksam **(ex-nunc-Wirkung), was sich aus dem in Art. 28 Abs. 4 UAbs. 1 UZK enthaltenen Verweis auf Art. 22 Abs. 4 UZK ergibt.** Es steht gem. Art. 28 Abs. 4 UAbs. 2 UZK im Ermessen der Zollbehörden, die Wirksamkeit des Widerrufs auf einen späteren Zeitpunkt (bis zu einem Jahr) zu verschieben. B2052

Eine begünstigende Entscheidung kann gem. Art. 30 UZK hingegen dann nicht widerrufen oder geändert werden, wenn sich die Ware zum Zeitpunkt des Inkrafttretens des Widerrufs oder der Änderung bereits in einem Zollverfahren oder noch in der vorübergehenden Verwahrung befindet. Gegenüber Art. 28 UZK gibt es auch Sondertatbestände, die der Anwendung der Vorschrift vorgehen, nämlich Art. 34 UZK-DVO für den Widerruf des AEO-Zertifikats und Art. 259 UZK-DVO für den Widerruf der erteilten Bewilligung für besondere Verfahren. B2053

ABB. 5: Rücknahme, Widerruf/Änderung

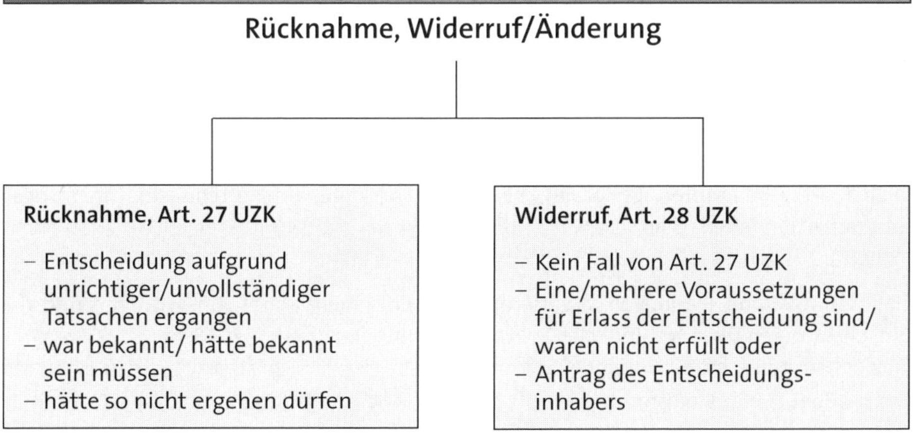

HINWEIS:

Ausgehend vom Wortlaut des Art. 22 UZK findet diese Vorschrift nur auf Entscheidungen Anwendung, die zuvor beantragt worden waren. Gem. Art. 29 UZK gelten Art. 22 Abs. 4 (Wirksamkeit und Vollziehbarkeit), Abs. 5 (Gültigkeit), Abs. 6 (Rechtliches Gehör), Abs. 7 (Rechtsbehelfsbelehrung), Art. 23 Abs. 3, Art. 27 und 28 (Rücknahme, Widerruf, Änderung) und Art. 26 UZK (Unionsweite Geltung) auch für Entscheidungen, die die Zollverwaltung ohne vorherigen Antrag des Beteiligten erlässt.

d) Verbindliche Auskünfte, Art. 33 – 37 UZK

aa) Arten von verbindlichen Auskünften

B2054 In Art. 33 – 37 UZK sind die Institute der **verbindlichen Zolltarifauskunft (vZTA)** und der **verbindlichen Ursprungsauskunft (vUA)** verankert. Die vZTA regelt die Einreihung von Waren in die Zollnomenklatur einheitlich für die ganze Union. Die vUA hat die gleiche Wirkung für die Bestimmung des präferenziellen und des nicht-präferenziellen Ursprungs.

HINWEIS:

Die vUA ist von den Zollbehörden auszustellen. Für das präferenzielle Ursprungsrecht ist die Zuständigkeit der Bundesfinanzverwaltung (Zuweisung zum Hauptzollamt Hannover) gegeben. Da der nicht-präferenzielle Ursprung in Deutschland von den Industrie- und Handelskammern bescheinigt wird, sind sie insoweit auch Zollbehörden und grundsätzlich gem. § 6 Abs. 9 ZollVG für die Ausstellung von vUA zuständig, sofern die Waren in der EU vollständig gewonnen oder hergestellt oder in der EU be- oder verarbeitet wurden. Das Hauptzollamt Hannover ist aber dann zuständig, wenn es um die Bewertung des nicht-präferenziellen Ursprungs geht, sofern die letzte Be- oder Verarbeitung außerhalb der EU stattfand oder es sich um Waren handelt, für die es gemeinsame Marktorganisationen gibt, denen zufolge die Gewährung von Vorteilen von der Feststellung des nicht-präferenziellen Ursprungs abhängt (Liste der von den Mitgliedstaaten benannten Behörden, bei denen Anträge auf verbindliche Ursprungsauskünfte eingehen oder die verbindliche Ursprungsauskünfte erteilen: 2019 Nr. C 281/18).

Das Hauptzollamt Hannover ist zudem für die Entgegennahme von Anträgen und für Entscheidungen über verbindliche Zolltarifauskünfte zuständig (2018 Nr. C 110/24).

B2055 Die maßgeblichen Bestimmungen zu vZTA und vUA sind in Art. 33 und 34 UZK enthalten, wobei die Struktur der UZK-Regelungen zu verbindlichen Auskünften parallel zu den Art. 22, 23 UZK gestaltet worden ist. Während Art. 33 UZK also den Erlass von Entscheidungen über verbindliche Auskünfte behandelt, geht es bei Art. 34 UZK darum, wann verbindliche Auskünfte ungültig werden. vZTA und vUA sind im Wesentlichen parallel ausgestaltet, gesonderte Bestimmungen bestehen nur gem. Art. 33 Abs. 4 UZK für die Begründung des Antrags sowie gem. Art. 34 Abs. 1, 2, 7 und 8 UZK für das Ungültigwerden bzw. für den Widerruf von vZTA bzw. vUA. Die Grundlagen zum Erlass von UZK-DelVO- und UZK-DVO-Bestimmungen finden sich in Art. 36 und 37 UZK. Enthalten sind die relevanten Durchführungsregeln in Art. 19 – 22 UZK-DelVO sowie in Art. 16 – 23 UZK-DVO.

HINWEIS:

Über die vZTA und die vUA hinaus gibt es im EU-Zollrecht bisher keine verbindlichen Auskünfte oder Zusagen. In der Diskussion ist auf Anregung des Europäischen Rechnungshofs schon seit längerer Zeit die verbindliche Zollwertauskunft, diese Anregung ist aber noch nicht umgesetzt worden. Die grundsätzliche Möglichkeit zur Einführung einer solchen Regelung ist in Art. 35 i.V.m. Art. 36 Buchst. b) UZK enthalten. Der Europäische Rechnungshof hat seine Empfehlung mit dem Sonderbericht 19/2017 mit dem Titel „Einfuhrverfahren: Schwachstellen im Rechtsrahmen und unwirksame Umsetzung wirken sich auf die finanziellen Interessen der EU aus" erneuert (Online-Fundstelle: https://www.eca.europa.eu/de/Pages/DocItem.aspx?did=44169).

bb) Entscheidungen über verbindliche Auskünfte, Art. 33 UZK

Vergleichbar zu Art. 22 Abs. 1, 2 UZK ist in Art. 33 Abs. 1 UZK eine Grundbestimmung B2056
zu den Anträgen bzw. deren Ablehnung für vZTA- und vUA-Entscheidungen enthalten.

Abweichend von Art. 22 Abs. 1 UAbs. 3 UZK muss der Antrag auf die Entscheidung über B2057
die verbindliche Auskunft gem. Art. 19 Abs. 1 UZK-DelVO entweder bei der zuständigen Zollbehörde im **Ansässigkeitsmitgliedstaat oder der zuständigen Zollbehörde des Mitgliedstaats, in dem die Auskunft verwendet werden soll,** eingereicht werden. Wird der Antrag auf die verbindliche Auskunft nicht im Ansässigkeitsstaat gestellt, so muss die vom Antragsteller kontaktierte Zollbehörde gem. Art. 16 Abs. 1 UZK-DVO ihrerseits Verbindung zur zuständigen Zollbehörde im Ansässigkeitsstaat aufnehmen.

Die **Entscheidungsfrist** gem. Art. 22 Abs. 3 UAbs. 1 UZK kann nach Rücksprache der nati- B2058
onalen Zollbehörde mit der Kommission gem. Art. 20 Abs. 1 UZK-DelVO **um bis zu 15 Monate** verlängert werden. Die Frist nach Art. 22 Abs. 3 UAbs. 2 UZK darf gem. Art. 20 Abs. 2 UZK-DelVO 30 Tage überschreiten, wenn eine von der zuständigen Zollbehörde für notwendig gehaltene Analyse innerhalb des Entscheidungszeitraums nicht abgeschlossen werden kann.

Als Gründe für die **Ablehnung des Antrags** sind in Art. 33 Abs. 1 UZK zwei Möglichkei- B2059
ten genannt, nämlich dass ein Antrag über dieselben Waren schon bei derselben oder einer anderen Zollstelle gestellt worden ist oder dass der Antrag sich nicht auf eine beabsichtigte Inanspruchnahme der Entscheidung bezieht. Der erste Ablehnungsgrund soll dem sog. **„forum shopping"** entgegenwirken, also der gezielten Auswahl der Zollbehörde, die voraussichtlich dem Auskunftsantrag in der gewünschten Weise stattgeben wird. Die Zollbehörde, die den vZTA-Antrag bearbeiten soll, muss hierzu gem.

Art. 16 Abs. 4 UZK-DVO die elektronische Entscheidungsdatenbank für verbindliche Zolltarifauskünfte (gem. Art. 21 UZK-DVO als „EvZTA-System" abgekürzt) konsultieren, um das „forum shopping" auszuschließen. Derzeit liefert die elektronische Datenbank EBTI Informationen zu in der EU erteilten Auskünften. In Bezug auf vUA-Anträge dürfte dieses Ziel letztlich erreicht werden, in dem die Zollbehörden gem. Art. 19 Abs. 1 UZK-DVO vierteljährlich die relevanten Einzelheiten von vUA-Entscheidungen der Kommission übermitteln, die diese wiederum gem. Art. 19 Abs. 2 UZK-DVO den Zollbehörden aller Mitgliedstaaten zur Verfügung stellen.

B2060 Vergleichbar zu Art. 22 Abs. 4 UZK ist in Art. 33 Abs. 2 UZK eine Bestimmung zur **Wirksamkeit** von vZTA- und vUA-Entscheidungen enthalten. Hierbei ist zu beachten, dass die verbindliche Auskunft – entgegen der Rechtslage nach dem EG-Zollkodex – **sowohl für den Entscheidungsinhaber als auch für die Zollverwaltung verbindlich** ist. Ist der Inhaber der beantragten Entscheidung mit deren Inhalt nicht einverstanden, muss er sie also dennoch einsetzen und kann nur parallel im Rechtsbehelfsverfahren gegen die erlassene Entscheidung vorgehen (näher hierzu Schoenfeld, AW-Prax 2017, 3 ff.; ders., ZfZ 2017, 226 ff. [228 f.]). Anders als noch im ZK-Recht ist es nun grundsätzlich möglich, bei einer vZTA auch die Aussetzung der Vollziehung gem. Art. 45 UZK zu erreichen (näher hierzu Schoenfeld, AW-Prax 2017, 3 ff.; ders., ZfZ 2017, 226 ff. [228 f.]; Sonnefeld, AW-Prax 2018, 157 f.). Überwacht wird die Verwendung der vZTA-Entscheidung gem. Art. 20 UZK-DVO durch die Nennung der Referenznummer der vZTA-Entscheidung in der Zollanmeldung durch den Entscheidungsinhaber.

HINWEIS:

Ein Problem, das sich speziell durch den Übergang vom ZK zum UZK ergeben hat, hat mit der in Art. 252 UZK-DelVO enthaltenen Übergangsregelung zu tun. Hiernach bleiben Entscheidungen über verbindliche Auskünfte, die am 1.5.2016 bereits in Kraft sind, für den in ihnen genannten Zeitraum gültig. Zugleich wird eine solche Entscheidung aber sowohl für die Zollbehörden als auch für den Inhaber der Entscheidung bindend. Hat sich der Entscheidungsinhaber also noch unter der Geltungsdauer des ZK (womöglich Jahre vor Beginn der Anwendung des UZK) darauf verlassen, dass die Entscheidung für ihn nicht bindend war und deshalb keinen Rechtsbehelf eingelegt, so steht ihm mit Inkrafttreten des UZK kein Rechtsbehelf mehr zur Verfügung, um gegen die Entscheidung vorzugehen. Insofern wird im Schrifttum zum Teil vertreten, dass die Regelung des Art. 252 UZK-DelVO europarechtswidrig sein könnte (Möllenhoff/Panke, AW-Prax 2016, 51 f.; Schoenfeld, AW-Prax 2017, 3 ff.; ders., ZfZ 2017, 226 ff. [228 f.]).

B2061–B2063 *(Einstweilen frei)*

B2064 Abweichend von Art. 22 Abs. 5 UZK sind verbindliche Auskünfte gem. Art. 33 Abs. 3 UZK nur **maximal drei Jahre lang gültig.** Entgegen der früheren Rechtslage wurde die Gültigkeit von vZTA- und vUA-Entscheidungen damit aneinander angepasst.

ABB. 6: Unterschiede Entscheidung/verbindliche Auskunft

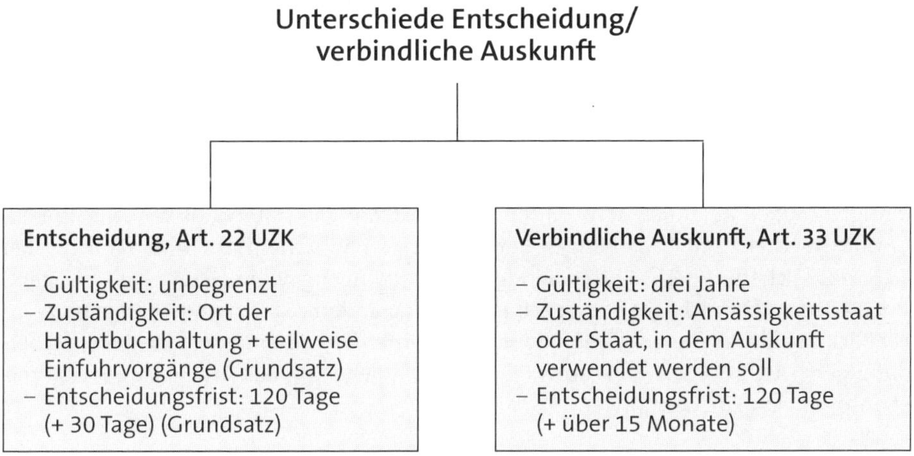

Für die **Verwendung der vZTA in einem bestimmten Zollverfahren** ist gem. Art. 33 Abs. 4 Buchst. a) UZK vorgesehen, dass der Entscheidungsinhaber nachweisen kann, dass die angemeldeten Waren den in der Entscheidung beschriebenen Waren in jeder Hinsicht entsprechen. Zudem darf sich der vZTA-Antrag gem. Art. 16 Abs. 2 UZK-DVO nur auf Waren beziehen, die ähnliche Eigenschaften aufweisen und zwischen denen keine für ihre zolltarifliche Einreihung relevanten Unterschiede bestehen. B2065

Für die **Verwendung der vUA in einem bestimmten Zollverfahren** müssen zusätzlich zu den betreffenden Waren auch die für den Erwerb der Ursprungseigenschaft relevanten Umstände der Beschreibung in der Entscheidung entsprechen. Gem. Art. 16 Abs. 3 UZK-DVO darf sich der vUA-Antrag nur auf eine Art von Waren und ursprungsbestimmenden Umständen beziehen. Teilt die entscheidungsbefugte Behörde dem Antragsteller die vUA anders als auf elektronischem Weg mit, so muss gem. Art. 18 UZK-DVO das Formular in Anhang 12-02 UZK-DVO verwendet werden.

cc) Verwaltung von Entscheidungen über verbindliche Auskünfte, Art. 34 UZK

Die vZTA wird gem. Art. 34 Abs. 1 Buchst. a), b) UZK **ungültig**, wenn sie aufgrund des Erlasses einer Änderungsverordnung dem geltenden Recht nicht mehr entspricht, und zwar ab dem Tag der Anwendung der geänderten Regelungen. B2066

Die vUA wird gem. Art. 34 Abs. 2 Buchst. a), b) UZK **ungültig**, wenn sie aufgrund des Erlasses einer Verordnung oder Übereinkunft oder Änderungen auf WTO-Ebene dem geltenden Recht nicht mehr entspricht. Maßgeblich sind der Tag der Anwendung der neuen Regelungen bzw. für den Fall der WTO-Rechtswidrigkeit der Tag der Veröffentlichung im EU-Amtsblatt. B2067

Art. 34 Abs. 3 UZK sieht für alle verbindlichen Auskünfte vor, dass diese nicht rückwirkend ihre Geltung verlieren können. Die Rücknahme von verbindlichen Auskünften ist gem. Art. 34 Abs. 4 UZK abweichend von Art. 23 Abs. 3 und 27 UZK möglich, wenn die Entscheidung auf unrichtigen oder unvollständigen Angaben des Antragstellers beruht. B2068

Der Widerruf von verbindlichen Auskünften richtet sich nach Art. 34 Abs. 5 i. V. m. Art. 23 Abs. 3, 28 UZK. Der Widerruf von verbindlichen Auskünften kann nicht vom Entscheidungsinhaber beantragt werden.

B2069 Eine vZTA kann in jedem Mitgliedstaat beantragt werden und ist unionsweit gültig (Art. 26 UZK). Insofern kann es zu widersprechenden Entscheidungen kommen. Um dies zu verhindern, besteht bei der Europäischen Kommission die zentrale Datenbank **EBTI („European Binding Tariff Information“)**. Gem. Art. 17 UZK-DVO ist die entscheidungsbefugte Zollbehörde auch verpflichtet, eine elektronische Datenbank zu konsultieren, um die Kohärenz mit bestehenden Entscheidungen zu sichern. Die Aktualität der bei EBTI gespeicherten vZTA-Entscheidungen ist dadurch gewährleistet, dass es gem. Art. 34 Abs. 6 UZK **nicht mehr möglich ist, diese zu ändern.** Sofern Änderungen etwa im Hinblick auf die Warenbeschreibung vorgenommen werden müssen, ist die Entscheidung gem. Art. 34 Abs. 7 UZK zu widerrufen. Die Regelung des Art. 34 Abs. 6 UZK gilt ebenso für vUA-Entscheidungen.

HINWEIS:

Die EBTI-Datenbank ist über das Internet zugänglich unter http://ec.europa.eu/taxation_customs/dds2/ebti/ebti_home.jsp?Lang=de

B2070 Die vZTA-Entscheidung wird gem. Art. 34 Abs. 7 UZK **widerrufen**, wenn sie mit der Auslegung einer Nomenklatur i. S. d. Art. 56 Abs. 2 Buchst. a), b) UZK nicht mehr vereinbar ist, z. B. Änderungen der Erläuterungen zur KN, Urteil des EuGH, Avis der WCO. Die vUA-Entscheidung wird gem. Art. 34 Abs. 8 UZK vor allem dann widerrufen, wenn sie nicht mehr mit einem EuGH-Urteil vereinbar ist.

B2071 Eine gem. Art. 34 Abs. 1 Buchst. b), 5 oder 7 ungültig gewordene vZTA oder gem. Art. 34 Abs. 2, 5 oder 8 ungültig gewordene vUA entfaltet dennoch **Vertrauensschutzwirkungen**, Art. 34 Abs. 9 UZK, in Form einer verlängerten Verwendungsdauer von maximal sechs Monaten. Dies kommt dann in Betracht, wenn schon ein auf der Entscheidung beruhender rechtsverbindlicher Vertrag vor dem Ende der Gültigkeit der verbindlichen Auskunft abgeschlossen worden ist. Die Frist kann jedoch verkürzt oder ausgeschlossen werden, Art. 34 Abs. 9 UAbs. 2 UZK, Art. 22 UZK-DVO.

B2072 Sofern die Bestimmung der zolltariflichen Einreihung oder des Warenursprungs bei bestimmten Waren nicht sichergestellt ist, kann die Europäische Kommission gem. Art. 34 Abs. 10 UZK, Art. 23 UZK-DVO den Erlass von verbindlichen Auskünften für diese Waren aussetzen.

Zudem kann die Kommission gem. Art. 34 Abs. 11 UZK Beschlüsse zum Widerruf von verbindlichen Auskünften durch die mitgliedstaatlichen Zollbehörden erlassen, um die Einheitlichkeit und Korrektheit der zolltariflichen Einreihung bzw. der Ursprungsbestimmung innerhalb der EU zu gewährleisten.

HINWEIS:

Soweit eine vZTA nur zur Bestimmung des nationalen Umsatzsteuersatzes begehrt wird, wird keine vZTA erteilt. In einem solchen Fall ist aber eine unverbindliche Auskunft möglich.

5. Warenkontrollen

Die Regelungen zur Warenkontrolle sind in Art. 46 – 50 UZK enthalten, wobei Art. 50 UZK eine Norm zur Übertragung von Durchführungsbefugnissen darstellt. B2073

Art. 46 Abs. 1 UAbs. 1 UZK stellt als Grundregelung die Maßgabe auf, dass die Zollbehörden alle **Zollkontrollen** durchführen können, die „ihres Erachtens" erforderlich sind. Art. 46 Abs. 1 UAbs. 2 UZK zählt daran anschließend einen Katalog von Maßnahmen auf, die „insbesondere" zu den Zollkontrollen gehören, nämlich die Warenprüfung, die Entnahme von Proben und Mustern, die Datenüberprüfung, die Unterlagenprüfung, die Prüfung der Buchführung, die Kontrolle von Beförderungsmitteln und Gepäck, die körperliche Durchsuchung und innerbehördliche Nachprüfungen. B2074

HINWEIS:

Zwar wird aus der Formulierung in Art. 46 Abs. 1 UAbs. 1 UZK deutlich, dass der Katalog der Zollkontrollen letztlich nicht abschließend gemeint ist. Gleichwohl ist zu beachten, dass die Zollverwaltung von dem ihr eingeräumten Ermessen pflichtgemäß Gebrauch zu machen hat (Witte, P./ Henke/Wemmer, UZK, Art. 46, Rn. 13 f.).

Gemäß Art. 46 Abs. 2 UZK stützen sich diese **Zollkontrollen** (außer bei Stichproben) auf eine **Risikoanalyse** unter Verwendung der elektronischen Datenverarbeitung. Gemäß Art. 46 Abs. 3 UZK werden die Zollkontrollen innerhalb eines gemeinsamen Rahmens für das Risikomanagement durchgeführt. Zum Risikomanagementverfahren gehören gem. Art. 46 Abs. 4 UZK etwa das Sammeln von Daten und Informationen, die Analyse und Bewertung von Risiken, das Vorschreiben und Umsetzen von Maßnahmen sowie die regelmäßige Überwachung und Überprüfung dieses Prozesses und seiner Ergebnisse. Legaldefinitionen zu den Begriffen „Zollkontrolle", „Risiko" und „Risikomanagement" finden sich in Art. 5 Nr. 3, 7 und 25 UZK. B2075

HINWEIS:

Die bisherige Durchführung von Zollkontrollen war der zentrale Kritikpunkt des Sonderberichts 19/2017 des Europäischen Rechnungshofs mit dem Titel „Einfuhrverfahren: Schwachstellen im Rechtsrahmen und unwirksame Umsetzung wirken sich auf die finanziellen Interessen der EU aus". Die Mitgliedstaaten hätten zwar Fortschritte bei der einheitlichen Anwendung der zollrechtlichen Vorschriften gemacht. Sie verfolgten jedoch unterschiedliche Ansätze bezüglich der Zollkontrollen zur Bekämpfung von Unterbewertung, falscher Angaben zum Ursprungsland und der falschen Einreihung von Waren sowie bezüglich der Verhängung von Zollsanktionen. Aufwendige Zollkontrollen könnten Auswirkungen darauf haben, welche Einfuhrzollstelle Wirtschaftsbeteiligte wählen, und Häfen und Flughäfen mit weniger Zollkontrollen zögen mehr Verkehr an. Insofern werde deutlich, dass es im Europäischen Zollrecht nicht nur um ein einheitliches Recht gehe, sondern in gleicher Weise um dessen einheitliche Anwendung innerhalb der EU, wobei es verbesserter, aber auch vergleichbarer risikobasierter Kontrollen bedürfe, die den Handel nicht unangemessen belasten (Witte, AW-Prax 2018, 1; ausführlich hierzu: Lux, AW-Prax 2018, 39 ff.).

Mit dem in der Verordnung (EU) 2021/444 (ABl. EU 2021 Nr. L 87/1) festgelegten Programm „Zoll", das der Finanzierung von Tätigkeiten im Bereich der Zusammenarbeit im Zollwesen dient, sollen die im Bericht Nr. 19/2017 enthaltenen Feststellungen und Empfehlungen umgesetzt werden. Mit der Verordnung (EU) 2021/1077 zur Schaffung des Instruments für finanzielle Hilfe für Zollkontrollausrüstung im Rahmen des Fonds für integrierte Grenzverwaltung (ABl. EU 2021 Nr. L 234/1) wird über ein neues Instrument für Zollkontrollausrüstung für den Zeitraum 2021-2027 den EU-Mitgliedstaaten 1 Mrd. EUR für den Kauf, die Aufrüstung und die Wartung modernster Zollkontrollausrüstungen wie Röntgenscanner, automatische Kennzeichenerfassungssysteme und andere nicht-intrusive Detektoren für Grenzübergangsstellen sowie eine Vielzahl von Laborausrüstungen für die Warenanalyse zur Verfügung gestellt (vgl. insoweit die Ankündigung der Generaldirektion für Steuern und Zölle v. 16.3.2021: https://ec.europa.eu/taxation_customs/news/commission-welcomes-provisional-political-agreement-new-%E2%82%AC1-billion-package-finance-customs-control-equipment-eu-member-states_de).

Gleichwohl hat der Europäische Rechnungshof seine bisherige Kritik mit dem Sonderbericht 04/2021 mit dem Titel „Zollkontrollen: Unzureichende Harmonisierung ist den finanziellen Interessen der EU abträglich" erneuert. Zwar seien zuletzt Schritte in die richtige Richtung unternommen worden, dennoch seien die EU-Vorschriften nicht geeignet, um ein einheitliches Vorgehen der Mitgliedstaaten bei den Zollkontrollen sicherzustellen. Tatsächlich setzten die Mitgliedstaaten die Vorschriften sehr unterschiedlich um. Dies könnten Unternehmen ausnutzen, um für die Verzollung gezielt EU-Staaten mit weniger scharfen Kontrollen auszuwählen. Die Prüfer kritisierten außerdem, dass einige Mitgliedstaaten die eigentlich vorgesehene Risikoanalyse nicht für alle Zollanmeldungen durchführten. Damit könnte eine vorrangige Kontrolle besonders risikobehafteter Einfuhren unterbleiben.

B2076 Die zentrale Regelung in Art. 47 Abs. 1 UZK ist die Festlegung einer **einzigen Anlaufstelle („one-stop-shop"):** Sind dieselben Waren **von anderen zuständigen Behörden als Zollbehörden** (z. B. Polizei, Bundespolizei, Veterinär- und Umweltschutzbehörden) anderen Kontrollen zu unterziehen, so streben die Zollbehörden in Zusammenarbeit mit diesen anderen Behörden an, dass die Kontrollen nach Möglichkeit **zur selben Zeit und am selben Ort** wie die Zollkontrollen stattfinden, **wobei den Zollbehörden die Aufgabe der Koordinierung obliegt.**

Im Rahmen von Art. 47 Abs. 2 UZK ist zudem festgelegt, dass die Zollbehörden und andere Behörden die zur Risikominimierung oder Betrugsbekämpfung erforderlichen Daten austauschen können. Der Austausch kann auch zwecks der Sicherstellung der ordnungsgemäßen Anwendung der EU-Zollvorschriften erfolgen.

Art. 48 UZK enthält die Grundvorschrift über **Zollprüfungen**. Die §§ 193 ff. AO werden B2077
hierdurch jedenfalls zum Teil überlagert. Gem. Art. 48 UZK können die Zollbehörden zum Zweck von Zollkontrollen die Richtigkeit und Vollständigkeit der etwa in der Zollanmeldung gemachten Angaben überprüfen und die Buchhaltung und andere Aufzeichnungen des Anmelders nach Überlassung der Waren prüfen. Im Vergleich zum bisherigen Recht sind nun auch die Anmeldung zur vorübergehenden Verwahrung, die summarische Eingangsanmeldung, die summarische Ausgangsanmeldung, die Wiederausfuhranmeldung und die Wiederausfuhrmitteilung vom Nachprüfungsumfang erfasst. Auch die Prüfung der Waren selbst und die Entnahme von Mustern und Proben sind umfasst. Die Kontrollen können bei allen in geschäftlicher Funktion unmittelbar oder mittelbar an diesen Vorgängen beteiligten Personen durchgeführt werden. Denkbar ist sowohl die Prüfung einzelner Zollanmeldungen als auch die Zusammenfassung mehrerer Prüfungsvorgänge zu einer umfassenden Einfuhr-/ Ausfuhrhandelsprüfung (Überblick hierzu bei: Damm, AW-Prax 2019, 455 ff.). Eine Sonderbestimmung für Überprüfungen im externen und internen Unionsversandverfahren findet sich in Art. 292 UZK-DVO.

Die Bestimmung in Art. 78 Abs. 3 ZK, wonach die Zollbehörden bei der nachträglichen B2078
Feststellung eines Fehlers in der Zollanmeldung „die erforderlichen Maßnahmen“ treffen, „um den Fall zu regeln“, wurde nicht übernommen, da sie zu dem Missverständnis geführt hatte, die Ergebnisse einer bei nachträglichen Kontrollen für falsch befundenen Zollanmeldung könnten in zollrechtlicher Hinsicht auch auf andere Weise korrigiert werden als durch eine nachträgliche buchmäßige Erfassung oder durch Erstattung/Erlass des Zolls (Lux, ZfZ 2014, 178 [188]). Stattdessen ist nun gem. Art. 173 Abs. 3 UZK eine Änderung der Zollanmeldung auf Antrag des Anmelders mit einer Rückwirkung von bis zu drei Jahren möglich.

HINWEIS:

Die nachträgliche Prüfung und Korrektur von Zollanmeldungen über den früheren Art. 78 Abs. 3 ZK bzw. nunmehr Art. 48, 173 Abs. 3 UZK war bereits mehrfach Gegenstand der Rechtsprechung des Europäischen Gerichtshofs und hat in der jüngeren Vergangenheit gerade in der EuGH-Rechtsprechung zum EU-Antidumpingrecht eine wichtige Rolle gespielt. Im Antidumpingrecht existieren regelmäßig verschiedene Antidumpingzollsätze für bestimmte Hersteller („unternehmensspezifische Antidumpingzollsätze“) und ein allgemeiner, „für alle übrigen Unternehmen“ geltender Antidumpingzollsatz (der im Regelfall höher ist als die unternehmensspezifischen Antidumpingzollsätze). Den Nachweis dafür, dass er einen für ihn günstigeren unternehmensspezifischen Antidumpingzollsatz in Anspruch nehmen darf, muss in der Regel der Einführer durch Vorlage einer sog. Handelsrechnung erbringen.

Streitig war hier lange Zeit, wie zu verfahren ist, wenn der Einführer zum Zeitpunkt der Annahme entweder eine fehlerhafte oder gar keine Handelsrechnung vorlegt. Der Europäische Gerichtshof hat hierzu in der Rechtssache C-156/16, „Tigers GmbH", ECLI:EU:C:2017:754, mit Urteil v. 12.10.2017 speziell für die Einfuhren von Keramikerzeugnissen aus China nach Maßgabe der Durchführungsverordnung (EU) Nr. 412/2013 (ABl. EU 2013 Nr. L 131/1) unter Berücksichtigung der Wertungen aus Art. 78 Abs. 3 ZK entschieden, dass die Vorlage einer gültigen Handelsrechnung erst auch nach Abgabe der Zollanmeldung möglich sein soll (Besprechung hierzu: AW-Prax 2017, 450). Übertragen auf das EU-Antidumpingrecht als Ganzes bedeutet dies, dass jedenfalls dann, wenn die entsprechende Antidumpingmaßnahme keinen expliziten Zeitpunkt zur Vorlage von Unterlagen vorsieht und alle übrigen Voraussetzungen zur Erlangung unternehmensspezifischer Antidumpingzollsätze erfüllt sind, die nachträgliche Vorlage von gültigen Handelsrechnungen bei der Zollstelle möglich ist. Bei Verpflichtungsrechnungen ist nach der Bewertung des EuGH eine nachträgliche Vorlage im Rahmen eines Erstattungsverfahrens hingegen nicht möglich (EuGH, Urteil v. 15.10.2020 - C-543/19, Jebsen & Jessen, ECLI:EU:C:2020:830, Ls. 2; Besprechung hierzu: AW-Prax 2021, 151).

B2079 Art. 49 UZK enthält die Grundbestimmung zu Zollkontrollen und -formalitäten in Bezug auf Handgepäck und aufgegebenes Gepäck von Personen auf einem Flug oder einer Seereise innerhalb der EU. Ergänzt wird Art. 49 UZK durch Art. 37 – 47 UZK-DVO.

6. Aufbewahrungsfristen, Gebühren/Kosten, Währungsumrechnung

B2080 **Art. 51 UZK** legt fest, dass die Beteiligten die in Art. 15 UZK genannten Unterlagen auf beliebigem Träger mindestens drei Kalenderjahre lang für Zollkontrollen **aufzubewahren** haben und nennt verschiedene Möglichkeiten für den Fristbeginn. Längere Fristen gelten gem. Art. 51 Abs. 2 UZK etwa für aufgrund strafbarer Handlungen entstandene Zollschulden oder im Rahmen von Rechtsbehelfs- und Gerichtsverfahren.

B2081–B2083 *(Einstweilen frei)*

B2084 In **Art. 52 Abs. 1 UZK** ist geregelt, dass grundsätzlich für Zollkontrollen oder sonstige in Anwendung zollrechtlicher Vorschriften durchgeführte Handlungen keine **Gebühren oder Kosten** entstehen. Als Ausnahme hierzu sind in Art. 52 Abs. 2 UZK bestimmte Ausnahmefälle enthalten, bei denen eine Gebührenerhebung dennoch möglich ist, etwa bei Anwesenheit der Zollbeamten außerhalb der amtlichen Öffnungszeiten oder an einem anderen Ort als den Zolldienststellen. Eine Sonderregelung zu Kosten ist in Art. 189 Abs. 1 S. 2 UZK enthalten, wonach der Anmelder die Kosten für die Beförderung der Waren zum Ort und Beschau und zum Ort der Entnahme von Mustern und Proben sowie für alle für die Beschau oder Entnahme erforderlichen Tätigkeiten trägt.

B2085 **Art. 53 UZK** ist die Grundnorm zu **Währungsumrechnungen**, nach der die Zollbehörden den bei Währungsumrechnungen erforderlichen Wechselkurs für Zollwert- und Zolltarifzwecke über das Internet zur Verfügung zu stellen haben. Weitere Einzelheiten sind in Art. 54 UZK i. V. m. Art. 48, 146 UZK-DVO geregelt.

HINWEIS:

Bei den Themen Sanktionen (Art. 42 UZK; s. hierzu nur Möller/Retemeyer, ZfZ 2016, 236 ff.) und Rechtsbehelfe (Art. 43 – 45 UZK; s. hierzu nur Schoenfeld, ZfZ 2017, 226 ff.) werden den Mitgliedstaaten einige Vorgaben zu diesen Themen gemacht, während sich die Ausgestaltung im Schwerpunkt nach mitgliedstaatlichem Recht richtet.

7. Fristen

Als Frist wird ein abgegrenzter oder abgrenzbarer Zeitraum bezeichnet, innerhalb dessen eine bestimmte Handlung vorgenommen werden muss oder ein Ereignis eintreten muss, um fristgerecht zu sein. Fristen sind notwendig, um ein ausreichendes Maß an Rechtsklarheit und Rechtssicherheit zu erreichen. Der Ablauf einer solchen Frist ohne die Vornahme einer solchen Handlung bzw. ohne den Eintritt dieses Ereignisses kann materiell-rechtliche oder auch verfahrensrechtliche Auswirkungen nach sich ziehen. B2086

Solche Gültigkeits- oder auch Verjährungsfristen, innerhalb derer bestimmte Handlungen seitens des Wirtschaftsbeteiligten vorgenommen werden müssen, finden sich an verschiedenen Stellen des UZK. So gibt es beispielsweise in Art. 33 Abs. 3 UKZ eine dreijährige Gültigkeitsfrist für verbindliche Zolltarifauskünfte. Nach Ablauf dieser Frist verliert die Zollauskunft ihre Bindungswirkung, der Inhaber der Entscheidung muss einen Antrag auf Neuerteilung stellen. Ein weiteres Beispiel ist Art. 103 Abs. 1 UKZ. Dieser bestimmt, dass eine Zollschuld dem Zollschuldner nach Ablauf einer Frist von drei Jahren nach dem Tag des Entstehens einer Zollschuld nicht mehr mitgeteilt werden darf. Auf diese Weise wird Rechtssicherheit für den Zollschuldner sichergestellt. Dieser muss nach Ablauf der Verjährungsfrist nicht mehr mit einer Zahlungsaufforderung rechnen. Die Zollschuld ist verjährt. B2087

a) Berechnung von Fristen

Bei der Berechnung jeder Frist sind der **Fristbeginn**, die **-dauer** und das **Fristende** entscheidend. Ausgangspunkt für die Berechnung von Fristbeginn sowie -ende ist die VO (EWG, Euratom) Nr. 1182/71 des Rates vom 3. Juni 1971 zur Festlegung der Regeln für die Fristen, Daten und Termine (Fristen-VO). Diese Verordnung ist eine Art allgemeines Verfahrensrecht auf europäischer Ebene. Bezüglich der Fristdauer kann die Fristen-VO keine Anhaltspunkte liefern. Je nachdem, was innerhalb einer solchen Frist passieren kann bzw. darf, unterscheidet sich natürlich die jeweilige Fristdauer. Diese folgt aus den entsprechenden Regelungen des UZK oder aus den jeweiligen nationalen Gesetzen. B2088

BEISPIEL B2089

Dieses Zusammenspiel der Regelungen soll an einem Beispiel verdeutlicht werden. So gibt es in Art. 22 Abs. 2 UZK eine Pflicht der Zollbehörden, spätestens innerhalb von 30 Tagen ab dem Eingang eines Antrags auf eine zollrechtliche Entscheidung zu prüfen, ob die Bedingungen für die Annahme des Antrags erfüllt sind. So wird sichergestellt, dass eine schnelle inhaltliche Entscheidung herbeigeführt werden kann. Diese 30 Tage sind die Fristdauer. Fristbeginn und Fristende werden nach der Fristen-VO berechnet.

Wird ein solcher Antrag nun beispielsweise am 20.6.2022 seitens eines Wirtschaftsbeteiligten gestellt, bedeutet dies folgendes für die Fristberechnung:

Der **Fristbeginn** ergibt sich aus Art. 3 Abs. 1, Abs. 2 Buchst. b Fristen-VO. Danach wird zur Berechnung von Ereignisfristen der jeweilige Ereignistag nicht mitgerechnet. Die Frist beginnt mithin erst am Folgetag um 0 h zu laufen, im konkreten Fall am 21.6.2022 um 0h. Die Fristdauer wird nun vom UZK bestimmt. Somit laufen ab diesem Zeitpunkt die in Art. 22 Abs. 2 UZK vorgesehenen 30 Tage.

Das **Fristende** wird wiederum mithilfe des allgemeinen Verfahrensrechts, nämlich nach Art. 3 Abs. 2 Buchst. b Fristen-VO bestimmt. Danach enden die 30 Tage mit Ablauf des letzten Tages der Frist ausgehend vom Fristbeginn. Im Beispielsfall endet die Frist also mit Ablauf des 20.7.2022. Dies ist ein bedeutender Unterschied zum deutschen Recht, bei dem sich das Fristende bei Ereignisfristen häufig ausgehend vom Tag des Ereignisses und nicht vom Tag des Fristbeginns errechnen lässt.

B2090 Auch bei der Berechnung von Verjährungsfristen kann es zu Unterschieden mit dem nationalen deutschen Recht kommen. Dies gilt insbesondere für die Frage, wie lange die Behörden eine Steuer nach deren Entstehen noch festsetzen können, also die Festsetzungsverjährung. Im deutschen Recht bestimmt sich der Beginn der Festsetzungsverjährung nach § 170 Abs. 1 AO. Danach beginnt die Verjährungsfrist mit Ablauf des Kalenderjahres, in dem die Steuer entstanden ist. Dies bedeutet, dass unabhängig vom konkreten Tag der Steuerentstehung immer der Ablauf des 31. 12. des jeweiligen Jahres als Fristbeginn gilt. Die Dauer der Festsetzungsverjährungsfrist findet sich in § 169 Abs. 2 AO und beträgt je nach Art der Steuer 1 Jahr bzw. 4 Jahre. Im Fall einer leichtfertigen Steuerverkürzung oder der Steuerhinterziehung kann sie sich auf 5 bzw. 10 Jahre verlängern. Unabhängig von der Dauer der Festsetzungsverjährung endet eine solche Frist immer mit Ablauf des 31.12. eines Jahres. Den Behörden stehen faktisch also mehr als die vorgeschriebenen 1, 4, 5 oder 10 Jahre zur Festsetzung der jeweiligen Steuer zu. Falls eine Steuer im konkreten Fall zu Anfang eines Jahres entstanden ist, bleibt den Behörden sogar fast ein ganzes Jahr zusätzlich, innerhalb dessen sie die Steuer festsetzen können.

B2091 Anders sieht dies im Zollrecht aus. Ein Beispiel dafür findet sich bei der Frist für die Mitteilung einer Zollschuld. Die Fristdauer für die Mitteilung einer Zollschuld ist in Art. 103 Abs. 1 UZK geregelt und beträgt drei Jahre. Da es sich beim UZK um europäisches Recht handelt, ist bezüglich des Fristbeginns und des Fristendes die europäische Fristen-VO anzuwenden. Das führt zu folgendem Ergebnis:

A meldet beispielsweise am 21.10.2021 abgabepflichtige Waren ein zur Überlassung in den zollrechtlich freien Verkehr an und bekommt diese sodann überlassen. Damit entsteht die Zollschuld gem. Art. 77 Abs. 1 Buchst. a, Abs. 2 UZK mit der Überlassung zum freien Verkehr am 21.10.2021. Der Beginn der Mitteilungsfrist ergibt sich aus Art. 3 Abs. 1, Abs. 2 Buchst. c Fristen-VO. Dies ist der Tag nach der Zollschuldentstehung, mithin der 22.10.2021. Die Dauer der Frist ergibt sich aus dem UZK, nämlich aus Art. 103 Abs. 1 und beträgt drei Jahre. Mithin endet diese Frist gem. Art. 3 Abs. 2 Buchst. c Fristen-VO ausgehend vom Tag des Fristbeginns mit Ablauf des 22.10.2024. Danach darf die Zollschuld nicht mehr buchmäßig erfasst und mitgeteilt werden. Anders als im deutschen Recht kommt es nicht etwa auf den Ablauf des Kalenderjahres an. Den Behörden bleibt also genau eine dreijährige Frist, die sich auch nicht faktisch verlängert.

Häufiger als die völlig fehlende Mittteilung kommt es in der Praxis vor, dass der Abgabenbescheid eine zu niedrige Zollschuld ausweist. Fällt dies im Rahmen einer späteren Außenprüfung mit, gilt bezüglich der Mitteilung des fehlenden Betrags auch die Frist des Art. 103 Abs. 1 UZK, berechnet mithilfe der Fristen-VO. Der Betrag darf nur dann noch mitgeteilt („nacherhoben“) werden, wenn seit dem Entstehen der Zollschuld weniger als drei Jahre und ein Tag vergangen sind. B2092

Parallelen zwischen dem nationalen Recht und der Fristen-VO gibt es insbesondere bei der Frage nach dem **Fristende**. So bestimmt Art. 3 Abs. 4 Fristen-VO, dass das nach der Fristen-VO zu berechnende Fristende nie an einem Sonnabend, Sonntag oder Feiertag fällt. An diese Stelle tritt der Ablauf des folgenden Arbeitstages, Art. 3 Abs. 4 Fristen-VO. Als Feiertage gelten jeweils die Tage, die im konkreten Mitgliedstaat, in dem die Handlung vorgenommen wird, als solche bestimmt sind. Eine inhaltsgleiche Regelung gibt es auch im deutschen Recht. B2093

Unabhängig davon kann der Fristbeginn unproblematisch auf einen Samstag, Sonntag oder einen Feiertag fallen. Dem stehen weder europäische noch nationale Vorschriften entgegen. B2094

BEISPIEL B2095

Wie nun konkret verhindert wird, dass ein Fristende auf einen Sonnabend, Sonntag oder Feiertag fällt, soll folgendes Beispiel zeigen: Ginge man im vorigen Fall von einer Zollschuldentstehung am 19.10.2021 aus, wäre die Mitteilungsfrist wie folgt zu berechnen:

Fristbeginn ist der auf das Ereignis folgende Tag, nämlich der 20.10.2021. Damit fällt das reguläre Fristende auf Sonntag, den 20.10.2024. Nun bestimmt Art. 3 Abs. 4 Fristen-VO, dass an die Stelle des Sonntags der folgende Arbeitstag tritt, hier der 21.10.2024. Die Mitteilung kann seitens der Zollbehörden in diesem Fall noch bis zum Ablauf des 21.10.2024 ergehen. Nach diesem Zeitpunkt darf keine buchmäßige Erfassung und keine Mitteilung der Zollschuld mehr erfolgen.

ABB. 7: Fristenberechnung

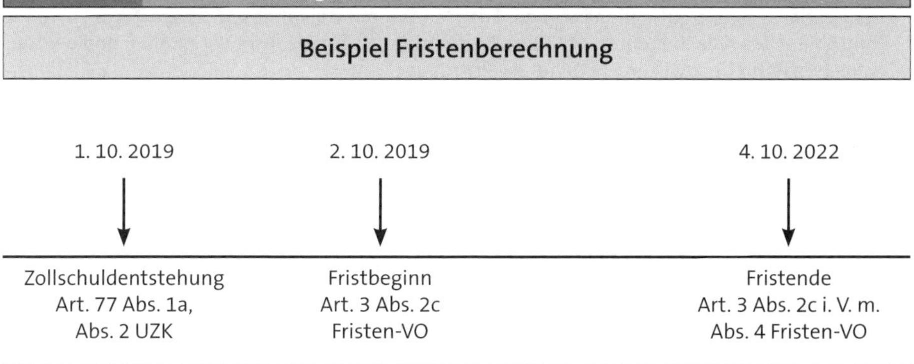

b) Verweis auf nationales Recht

B2096 Darüber hinaus gibt es Fälle, in denen der UZK selbst keine Fristdauer vorgibt. Vielmehr überlässt er diese Bestimmung dem nationalen Recht und verweist darauf. Dies geschieht etwa in bestimmt Art. 103 Abs. 2 UZK. Dieser besagt, dass sich die dreijährige Frist des Abs. 1 im Falle des Entstehens einer Zollschuld aufgrund einer strafbaren Handlung auf mindestens fünf und höchstens zehn Jahre gemäß dem einzelstaatlichen Recht verlängert. Die Mitgliedstaaten können also im Rahmen dieser Vorgabe eigene Bestimmungen schaffen. Dies ermöglicht vor allem eine etwaige Gleichbehandlung aller steuerrechtlichen Fälle in den einzelnen Mitgliedstaaten. Im deutschen Recht wird diese Fristdauer von 10 Jahren durch § 169 Abs. 2 Satz 2 AO ausgeschöpft. Gleichzeitig wird so auf nationaler Ebene sichergestellt, dass die Fristdauer bei der Steuerhinterziehung grundsätzlich gleich lang ist, unabhängig von der Art der Steuer, die im konkreten Fall hinterzogen wurde.

B2097 Konsequenterweise kann der Verweis in diesem Fall ausschließlich als Verweis bezüglich der Dauer der Frist gelten. Für den Fristbeginn und das -ende ist weiterhin auf die Fristen-VO zurückzugreifen. Sonst würde die tatsächliche Mitteilungsfrist im Fall einer strafbaren Handlung in einzelnen Fällen auf effektiv mehr als 10 Jahre ausgedehnt werden können. So kann es in Einzelfällen aufgrund des unterschiedlichen Fristbeginns tatsächlich dazu kommen, dass die Verjährungsfristen bei der Hinterziehung von allein nationalrechtlich geregelten Steuern tatsächlich länger sind als bei der Hinterziehung von Zöllen.

B2098 **WELCHE KONSEQUENZEN DIES IN DER PRAXIS HABEN KANN, ZEIGEN FOLGENDE ÜBERLEGUNGEN:**

Nach Art. 79 Abs. 2 Buchst. a) UZK entsteht die Zollschuld zu dem Zeitpunkt, zu dem Verpflichtung, deren Nichterfüllung die Zollschuld entstehen lässt, nicht oder nicht mehr erfüllt ist. Dies ist regelmäßig der Tag der Begehung der strafbaren Handlung. Für die folgenden Überlegungen sei von einer strafbaren Handlung am 15.10.2022 ausgegangen. Die Zollschuld entsteht somit an diesem Tag. Um nun herauszufinden, wie lange die Zollschuld noch festgesetzt werden kann, muss nun die Verjährungsfrist bestimmt werden, der Fristbeginn, die -dauer und das Fristende.

Nach Art. 3 Abs. 1 Fristen-VO beginnt die Frist am Folgetag zu laufen, am 16.10.2022. Die sich anschließende Fristdauer wird in diesem Fall aufgrund des Verweises aus Art. 103 Abs. 2 UZK aus dem nationalen Recht entnommen. Die deutsche Regelung findet sich in § 169 Abs. 2 S. 2 AO. Danach beträgt die Fristdauer 10 Jahre. Diese 10 Jahre beginnen am 16.10.2022 zu laufen und enden – wieder ausgehend von der Fristen-VO – mit Ablauf des 16.10.2032. Ein Fristende mit Ablauf des Kalenderjahres 2032 ist in der Fristen-VO gerade nicht vorgesehen und der Verweis beschränkt sich ausdrücklich auf die Fristdauer.

Für eine solche Berechnungsweise spricht auch die Vorgängerregelung des Art. 103 Abs. 2 im Modernisierten Zollkodex. Der sah nämlich eine einheitliche Zehnjahresfrist für die Mitteilungsverjährung vor, unabhängig von nationalstaatlichem Recht. Dann wären Fristbeginn, -dauer und Fristende einheitlich auf europäischer Ebene geregelt worden. Auf Drängen derjenigen Mitgliedstaaten, deren nationalrechtliche Festsetzungsverjährungsfristen kürzer als diese 10 Jahre sind, wurde im UZK ein Korridor von fünf bis zehn Jahren geschaffen. Dies kann in der Folge jedoch nicht bedeuten, dass auch bezüglich der Berechnung des Fristbeginns auf deutsches nationalstaatliches Recht zurückgegriffen werden kann.

Bei einer entsprechenden Anwendung der AO bedeutete dies nämlich gem. § 170 Abs. 1, dass die Frist erst mit Ablauf des Entstehungsjahres, mithin mit Ablauf des 31.12.2022 zu laufen begänne. Würde sich daran die Zehnjahresfrist des § 169 Abs. 2 S. 2 AO anschließen, liefe die

Verjährungsfrist bezüglich der Mitteilung bis zum Ablauf des 31.12.2032. Sie betrüge faktisch 10 Jahre und 2,5 Monate und überschritte die in Art. 103 Abs. 2 UKZ kodifizierte Höchstfrist von 10 Jahren. Folglich kann zusammenfassend festgehalten werden, dass Art. 103 Abs. 2 UZK nur bezüglich der Fristdauer auf die nationalstaatlichen Regeln der AO verweist, Fristbeginn und –ende sich weiter aus Art. 3 Fristen-VO bestimmen.

8. Vertretung

Wie in anderen Rechtsgebieten auch, handelt im Zollrecht grundsätzlich jeder Beteilig- B2099
te für sich selbst. Das bedeutet, dass die Rechtsfolgen des Handelns eben die handelnde Person treffen. Unter bestimmten Voraussetzungen ist es jedoch auch möglich, dass ein Zollbeteiligter sich vertreten lassen kann. Dann braucht er nicht selbst zu handeln, vielmehr kann er sich die Handlungen des Vertreters als eigene zurechnen lassen. So bestimmt Art. 18 Abs. 1 UA 1 UZK, dass jede Person einen Zollvertreter ernennen kann, sich demnach gegenüber den Zollbehörden vertreten lassen kann. Dabei handelt der Vertreter, er gibt eine eigene Willenserklärung ab. Die Wirkung dieser Willenserklärung treffen im Fall einer wirksamen Stellvertretung den Vertretenen. Dies ist gerade im Unternehmensalltag von großer Bedeutung. Denn in der Zeit des arbeitsteiligen Handelns gibt es viele Wirtschaftsbeteiligten, die aus zeitlichen Gründen oder auch wegen fehlenden Fachwissens nicht willens oder in der Lage sind, die erforderlichen zollrechtlichen Formalitäten selbst durchzuführen. Persönliches Handeln ist dann nicht zwingend notwendig. Arbeitsabläufe in Unternehmen können so vereinfacht werden.

Dabei ist das Vertretungsrecht nicht auf bestimmte Handlungen beschränkt. Es um- B2100
fasst neben dem häufigen Fall des Abgebens einer Zollanmeldung auch die Möglichkeit zur Einholung von Auskünften. Auch bei passiven Handlungen, wie etwa bei der Entgegennahme von Bescheiden, kann ein Vertreter handeln. Darüber hinaus sind auch geschäftsähnliche Handlungen, wie etwa die Möglichkeit, einen zu erstattenden Geldbetrag für den Vertretenen mit befreiender Wirkung entgegenzunehmen, von Art. 18 UZK erfasst. Nicht anwendbar sind diese Vorschriften bei Realakten wie beispielsweise der Anwesenheit bei der Beschau. Auch die gerichtliche Vertretung ist an dieser Stelle nicht geregelt.

(Einstweilen frei) B2101–B2103

a) Voraussetzungen der Zollvertretung

Damit eine wirksame Stellvertretung vorliegt, die Rechtsfolgen also den Vertretenen B2104
treffen, müssen die Voraussetzungen des Art. 18 UZK vorliegen. Auch wenn die Formulierung nicht mit den nationalrechtlichen Regeln des Vertretungsrechts übereinstimmt, bestehen systematisch große Ähnlichkeiten zwischen den Regelungen des BGB und denen der Art. 18, 19 UZK.

aa) Eigene Willenserklärung

Zuerst muss der Zollvertreter eine eigene Willenserklärung abgeben. Dies erkennt man B2105
daran, dass er über einen gewissen eigenen Entscheidungsspielraum verfügt. Er kann

die Willenserklärung somit inhaltlich gestalten. Wer explizit eine fremde Willenserklärung überbringt, handelt ausschließlich als Bote. Dies geschieht beispielsweise bei der Abgabe oder Weiterleitung einer bereits ausgefüllten Zollanmeldung.

(1) Handeln in fremdem oder im eigenen Namen

B2106 Der UZK unterscheidet bei der Zollvertretung zwischen direkter und indirekter Vertretung, Art. 18 Abs. 1 UZK. Beide Möglichkeiten stehen gleichberechtigt nebeneinander, der Vertretene kann die Art der Stellvertretung frei wählen.

B2107 Dabei ist die Vertretung direkt, wenn der Vertreter sowohl im Namen als auch auf Rechnung eines anderen handelt. Bei der indirekten Stellvertretung handelt der Vertreter hingegen in eigenem Namen, aber für Rechnung eines anderen. Die beiden Arten der Stellvertretung unterscheiden sich also nur in der Frage, in wessen Namen gehandelt wird.

B2108 Die direkte Vertretung gleicht dabei der deutschen Stellvertretung, wie sie in §§ 164 ff. BGB geregelt ist. Dabei kommt dem Merkmal „für Rechnung eines anderen" keine eigenständige Bedeutung zu. Denn derjenige, der in fremdem Namen handelt, macht dies erfahrungsgemäß auch auf dessen Rechnung. Folglich ist allein das Handeln in fremdem Namen entscheidend.

(2) Grundsatz der Offenkundigkeit

Der Grundsatz der Offenkundigkeit aus Art. 19 Abs. 1 Satz 1 UZK verlangt darüber hinaus, dass die Person des Vertretenen gegenüber den Zollbehörden benannt wird. Die Vertretung muss explizit offengelegt werden, eine diesbezügliche Vermutung reicht nicht aus. Die Zollbehörden haben nämlich ein Interesse, ihr Gegenüber zu kennen, da es bei zollrechtlichen Entscheidungen häufig auf die persönlichen Verhältnisse des Vertretenen ankommt. So können beispielsweise Waren zur aktiven Veredelung nur für denjenigen angemeldet werden, der im Besitz einer entsprechenden Bewilligung ist. Um dies nachvollziehen zu können, muss der Vertreter bei der **direkten Zollvertretung** den Namen des Vertretenen nennen. Darüber hinaus kann seitens der Zollbehörden ein schriftlicher Nachweis der Vollmacht gefordert werden, Art. 19 Abs. 2 UZK. Eine diesbezügliche Notwendigkeit besteht jedoch nicht.

B2109 Der **indirekte Zollvertreter** handelt hingegen im eigenen Namen. Hier kommt dem Handeln für fremde Rechnung besondere Bedeutung zu. Denn nur so ist den Zollbehörden erkennbar, dass der Vertreter überhaupt für einen anderen handelt. Auch hier müssen die Behörden erkennen können, wen die Rechtsfolgen des Handelns als Vertretenen treffen sollen. Indirekte Vertretung ist beispielsweise bei Kommissions- oder Speditionsgeschäften nach §§ 383, 407 Abs. 1 HGB üblich.

(3) Ansässigkeit im Zollgebiet der Union

B2110 Art. 18 Abs. 2 UZK legt fest, dass der Vertreter im Zollgebiet der Union ansässig sein muss. Ansässigkeit bedeutet bei natürlichen Personen, dass sie ihren Wohnsitz innerhalb des Zollgebiets der Union haben. Bei juristischen Personen und Personenvereinigungen ist der satzungsgemäße Sitz, die Hauptverwaltung oder die ständige Niederlassung gemeint. Eine Ausnahme kann dann gemacht werden, wenn der Zollvertreter für Personen handelt, die ihrerseits nicht im Zollgebiet der Union ansässig sein müssen. Dies ist namentlich dann der Fall, wenn die eine Anmeldung zum Versandverfahren oder zur vorübergehenden Verwahrung abgegeben wird. In einem solchen Fall wird nicht nur auf die Unionsansässigkeit des Vertretenen, sondern auch auf die des Vertreters verzichtet.

In vielen Mitgliedstaaten wurde das Recht auf direkte Stellvertretung auf wenige, in B2111 diesen Staaten ansässige Personengruppen beschränkt. So verfügten beispielsweise in Polen, Tschechien, Italien, Spanien und in den zuletzt beigetretenen Staaten lediglich professionelle Zollagenten über die Möglichkeit, als Zollvertreter handeln zu können. Diese stringente Einschränkung lockert Art. 18 Abs. 3 UZK für in anderen Mitgliedstaaten ansässige Personen, die die Kriterien nach Art. 39 Buchst. a bis d UZK erfüllen, also die Voraussetzungen des AEO C. Diese Personen müssen sich folglich nicht mehr eines Zollagenten bedienen, sondern können selbst als Zollvertreter auftreten. Praktisch wird es jedoch aus Beweisgründen darauf hinauslaufen, dass diese Personen nicht nur die AEO-Voraussetzungen erfüllen, sondern tatsächlich als AEO in einem anderen Mitgliedstaat zugelassen sind.

cc) Vertretungsmacht

Eine weitere Voraussetzung wirksamer Vertretung ist das Handeln mit Vertretungs- B2112 macht. Dabei lassen sich - wie im Zivilrecht - zwei Formen der Vertretungsmacht unterscheiden, die gesetzliche und die rechtsgeschäftliche Vertretungsmacht. Gesetzliche Regelungen finden sich etwa in § 5 Abs. 2 ZollVG. Danach ist die Deutsche Post AG befugt, für von ihr beförderte Waren, die nach Maßgabe des Zollkodex zu gestellen sind, Zollanmeldungen in Vertretung des Empfängers abzugeben.

Wesentlich häufiger liegt jedoch eine **rechtsgeschäftliche Vertretungsmacht** vor. Dies B2113 bedeutet, dass der Vertretene dem Vertreter eine entsprechende Vollmacht erteilen kann. Diese Erteilung kann sowohl gegenüber dem Vertretenen als Innenvollmacht als auch gegenüber den Zollbehörden als Außenvollmacht erteilt werden. Die Erteilung bedarf keiner besonderen Form und kann sowohl für den konkreten Fall als auch generell erteilt werden. Im Einzelfall ist auch eine konkludente Vollmachtserteilung durch schlüssiges Verhalten möglich. Erteilt beispielsweise der eine Importeur einem Spediteur den Auftrag zur Beförderung und Verzollung der zu transportierenden Waren und händigt ihm dabei die notwendigen Unterlagen aus, liegt darin eine konkludente Bevollmächtigung zur Überlassung der Waren in den zollrechtlich freien Verkehr. Eine rechtsgeschäftlich erteilte Vertretungsmacht kann seitens des Vertretenen jederzeit widerrufen werden. Darüber hinaus erlischt sie auch bei Zweckerreichung oder bei zeitlicher Begrenzung.

Den Zollbehörden steht es nach Art. 19 Abs. 2 UZK offen, einen **Nachweis** über die Ver- B2114 tretungsmacht zu fordern, müssen es aber nicht. Der Nachweis selbst bedarf keiner besonderen Form. Er begründet auch die Vertretungsmacht nicht, er dokumentiert sie ausschließlich. Nichtsdestotrotz dürfen die Zollbehörden bei fehlendem Nachweis auch von dem Fehlen der Vertretungsmacht ausgehen.

ABB. 8:	Voraussetzung der Stellvertretung

- Eigene Willenserklärung
- Art der Vertretung
  - Handeln in fremdem Namen (dir. Vertretung)
  - Handeln im eigenen Namen (indir. Vertretung)
- Offenkundigkeit der Vertretung
- Vertretungsmacht

b) Rechtsfolgen der Zollvertretung

B2115 Die Rechtsfolgen der wirksamen Zollvertretung sind - anders als im BGB - im UZK nicht explizit aufgeführt. Einen Hinweis auf die Rechtsfolgen findet sich jedoch in Art. 19 Abs. 1 UAbs. 2 UZK. Dort ist das sogenannte Eigengeschäft des unwirksam handelnden Vertreters geregelt. Wer danach ohne eine wirksame Vertretungsmacht handelt, wird so behandelt, als handele er für sich selbst. Die Rechtsfolgen treffen dann den „Vertreter" in eigener Person. Aus dem Umkehrschluss lassen sich die Folgen wirksamer Stellvertretung herleiten.

B2116 Die Rechtsfolgen der **indirekten Vertretung** hingegen sind immer davon abhängig, für welches konkrete Rechtsgeschäft die Vertretung erfolgt. Durch die Tatsache, dass der indirekte Vertreter im eigenen Namen handelt, ist auch er in das zollrechtliche Verfahren eingebunden.

B2117 Die wirksame **direkte Stellvertretung** hat zur Folge, dass das Handeln des Vertreters unmittelbar für und gegen den Vertretenen wirkt. Wie auch im deutschen Zivilrecht treffen die Rechtsfolgen des Vertreterhandelns allein den Vertretenen. Der Vertretene ist Inhaber des Zollverfahrens. Somit steht ihm beispielsweise ein zu erstattender Zollschuldbetrag zu, auf der anderen Seite wird er Zollschuldner. Der Vertreter hingegen wird weder berechtigt noch verpflichtet.

B2118 Demnach ist zu unterscheiden, ob der Vertretene selbst Inhaber eines Zollverfahrens ist oder ob es sich beispielsweise um eine Anmeldung zur Überlassung zum zollrechtlich freien Verkehr handelt. Im erstgenannten Fall gibt es keine Unterschiede zur direkten Vertretung. Der Vertretene und Inhaber des Verfahrens wird durch die wirksame Stellvertretung selbst berechtigt und verpflichtet, auch wenn der indirekte Vertreter als Anmelder anzusehen ist. Das bedeutet auch, dass der Vertretene die Voraussetzungen des jeweiligen Zollverfahrens in seiner eigenen Person erfüllen muss. Es ist also in diesem Fall allein auf den Vertretenen abzustellen. Ihn allein treffen die Rechtsfolgen des Zollverfahrens. Der Vertreter wird weder berechtigt noch verpflichtet.

B2119 Anders stellt sich die Situation beispielsweise bei der Anmeldung zur Überlassung zum zollrechtlich freien Verkehr dar. In diesem Fall wird der indirekte Vertreter als Anmelder selbst Zollschuldner, Art. 77 Abs. 3 UAbs. 1 Satz 1 UZK. Anders als im Fall der direkten Vertretung ist er mithin auch von den Rechtsfolgen seines Handels betroffen und haftet selbst. Daneben entfaltet die indirekte Stellvertretung in diesem Fall Rechtswirkungen für und gegen den Vertretenen. Nach Art. 77 Abs. 3 UAbs. 1 Satz. 2 UZK wird er ebenfalls zum Zollschuldner. Der Vertretene und der indirekte Vertreter sind nach Art. 84 UZK Gesamtschuldner.

c) Unwirksamkeit der Vertretung

Liegen die Voraussetzungen einer wirksamen Stellvertretung nicht vor, so treten auch deren Rechtsfolgen nicht ein. Der vermeintlich Vertretene wird durch eine unter diesen Umständen abgegebene Erklärung weder berechtigt, noch verpflichtet. Stattdessen treten die Rechtsfolgen möglicherweise in der Person des Vertreters ein. B2120

Art. 19 Abs. 1 UZK nennt zwei Fälle, in denen das Geschäft als **Eigengeschäft** des Vertreters behandelt wird. Ein solches liegt zum einen vor, wenn der Vertreter sein Handeln nicht offenkundig macht, also nicht darlegt, dass er als Vertreter und nicht für sich selbst auftritt. Er hat also Vertretungsmacht, lässt dies aber nicht erkennen. Art. 19 Abs. 1 UAbs. 2 UZK bestimmt, dass in diesem Fall die Rechtswirkungen des Handels ausschließlich den Vertreter treffen. Das Rechtsgeschäft wird als sein eigenes behandelt. Dies ist auch sachgerecht, da in diesem Fall gerade keine Kenntnis über das Vorliegen der zugrunde liegenden Vertretung hat. Sie geht davon aus, dass der Vertreter für sich handelt und behandelt ihn in der Folge genauso. B2121

Ein **zweiter Fall** des Eigengeschäfts liegt vor, wenn der Vertreter für die vorgenommene Rechtshandlung tatsächlich keine Vertretungsmacht besitzt. Auch dann treffen die Rechtsfolgen des Geschäfts ausschließlich den Handelnden, eine weitere Person wird nicht berechtigt oder verpflichtet. So wird beispielsweise bei der Überlassung zum zollrechtlich freien Verkehr alleine der Vertreter Zollschuldner, unabhängig von der Art der Vertretung. B2122

Eine **Ausnahme** vom Eigengeschäft ist jedoch dann anzunehmen, wenn über die abzugebende Willenserklärung hinaus besondere Voraussetzungen in der Person vorliegen müssen, die ein Zollverfahren beantragt. Dies ist beispielsweise bei dem Antrag auf Bewilligung eines Zolllagers gegeben. In diesem Fall erfüllt der Vertreter die notwendigen Voraussetzungen nicht in seiner Person, kann also gar nicht Zolllagerinhaber werden. Dann kann er aus dem Geschäft nicht verpflichtet werden, ihn treffen keine Rechtsfolgen. B2123

Zusammenfassend ist zu sagen, dass der Vertreter gem. Art. 19 Abs. 1 UAbs. 2 UZK immer dann in seiner eigenen Person berechtigt und verpflichtet wird, wenn über die Abgabe Willenserklärung hinaus keine weiteren persönlichen Voraussetzungen erfüllt werden müssen. In allen anderen Fällen hat die Unwirksamkeit der Vertretung auch die Unwirksamkeit der angestrebten Willenserklärung zur Folge. B2124

9. Kontrollfragen

		Rdnr.	
1.	Wo ist der Auftrag der Zollverwaltung geregelt und was besagt dieser?	B1000	☐
2.	Erläutern Sie den räumlichen Geltungsbereich des Unionszollkodex.	B1001	☐
3.	Wie muss die Übermittlung von Informationen gemäß der Regeln des Unionszollkodex grundsätzlich erfolgen?	B2003	☐
4.	Wie und spätestens bis wann soll die Entwicklung elektronischer Systeme EU-weit umgesetzt werden?	B2011	☐
5.	Stellen Sie den Inhalt des Zollgeheimnisses dar.	B2014	☐
6.	Können falsch erteilte unverbindliche Auskünfte negative Folgen für die Zollverwaltung nach sich ziehen?	B2015	☐
7.	Erläutern Sie die Mitwirkungspflichten des Wirtschaftsbeteiligten.	B2019	☐
8.	Definieren Sie den Begriff der zollrechtlichen Entscheidung.	B2025	☐
9.	Welche Zollbehörde ist grundsätzlich für den Erlass einer Entscheidung örtlich zuständig?	B2026	☐
10.	Bis wann muss eine zollrechtliche Entscheidung grundsätzlich ergehen?	B2029	☐
11.	Wie lange sind Entscheidungen grundsätzlich gültig?	B2033	☐
12.	Stellen Sie dar, wann rechtliches Gehör i. S. d. Art. 22 Abs. 6 UZK gewährt werden muss und wann nicht.	B2034	☐
13.	Ist die Wirkung von zollrechtlichen Entscheidungen nur auf einen Mitgliedstaat begrenzt?	B2037	☐
14.	Muss der Wirtschaftsbeteiligte sich an die Zollverwaltung wenden, wenn er Informationen erhält, die die Aufrechterhaltung einer zollrechtlichen Entscheidung beeinflussen können?	B2038	☐
15.	Wann ist eine Neubewertung, wann die Aussetzung einer zollrechtlichen Entscheidung möglich?	B2039	☐
16.	Benennen Sie die Voraussetzungen der Rücknahme gem. Art. 27 UZK.	B2048	☐
17.	Stellen Sie die Voraussetzungen von Widerruf/Änderung gem. Art. 28 UZK dar.	B2050	☐
18.	Was sind verbindliche Zolltarifauskünfte? Was sind verbindliche Ursprungsauskünfte? Gibt es über diese Auskünfte hinaus verbindliche Auskünfte?	B2054	☐
19.	Erläutern Sie den Begriff des „forum shopping“ und wie dieses vermieden werden kann.	B2059	☐
20.	Sind verbindliche Auskünfte nur für die Zollverwaltung verbindlich?	B2060	☐
21.	Wie lange sind verbindliche Auskünfte gültig?	B2064	☐
22.	Wer darf verbindliche Ursprungsauskünfte erteilen?	B2054	☐

23. Können verbindliche Auskünfte geändert werden? B2069 ☐
24. Erläutern Sie, wann eine ungültig gewordene verbindliche Auskunft noch weiter verwendet werden darf. B2071 ☐
25. Was kann die Europäische Kommission tun, um die Einheitlichkeit der zolltariflichen Einreihung und der Ursprungsbestimmung zu sichern? B2072 ☐
26. Worauf muss die Zollverwaltung bei der Anordnung von Kontrollmaßnahmen achten? B2074 ☐
27. Erläutern Sie den Begriff der „einzigen Anlaufstelle". B2076 ☐
28. Erklären Sie, was Gegenstand einer Zollprüfung sein kann. B2077 ☐
29. Wie lang muss der Wirtschaftsbeteiligte zollrechtlich relevante Unterlagen mindestens aufbewahren? B2080 ☐
30. Kann die Zollverwaltung für ihre Tätigkeiten die Zahlung von Gebühren oder die Erstattung von Kosten verlangen? B2084 ☐
31. Welche Funktion haben Fristen im Zollrecht? B 2086 ☐
32. Wie ist der Verweis auf nationales Recht in Art. 103 Abs. 2 UZK zu verstehen? B2096 ☐
33. Was sind die Voraussetzungen der Zollvertretung? B2112 ☐
34. Was sind die Folgen wirksamer Zollvertretung? B2115 ☐

III. Zugelassener Wirtschaftsbeteiligter (AEO)

Schrifttum:

Witte, Der zugelassene Wirtschaftsbeteiligte in: Witte, Praxishandbuch Zoll- und Exportmanagement, (Loseblatt) Teil 2, *Witte,* UZK – Der Zollkodex der Union, Art. 38, 39, *Witte,* Einhaltung der Vorschriften – Zur Auslegung des Art. 39 Buchst. a UZK, AW-Prax 2017, 241 ff., *Witte,* Der AEO setzt neue, verschärfte Maßstäbe, in: Summersberger, Merz, Jatzke, Achatz (Hrsg.): Außenwirtschaft, Verbrauchsteuern und Zoll im 21. Jahrhundert - Festschrift für Hans-Michael Wolffgang zum 65. Geburtstag -, 487 ff. *Witte,* EuGH zur Steuer-ID – Gerichtshof vom 16.1.2019 zur Zulässigkeit des Verlangens der Angabe von Finanzamt und Steuer-ID, AW-Prax 2019, 108 f., *Witte,* Art. 24 UZK-DVO geändert - Die EU-Kommission stellt klar, wie die Durchführungsregelungen zu Art. 39 Buchst. a UZK zu verstehen sind, AW-Prax 2021, 74 ff.

1. Ausgangslage

a) ZK-Reform 2005

Zu den wesentlichen Neuerungen der Reform des EU-Zollrechts im Jahre 2005 gehörte die Schaffung des Status eines so genannten zugelassenen Wirtschaftsbeteiligten. Zuverlässige, vorab besonders überprüfte Personen spielten und spielen im Sicherheitskonzept der EU und bei der Gewährung von Verfahrensvereinfachungen eine zentrale Rolle. B3000

Im Vordergrund steht das Bemühen, die vorhandenen Ressourcen besser einzusetzen und **gezielt und wirksam Zollkontrollen** durchzuführen. Dazu wird der Kreis der Wirtschaftsbeteiligten quasi vorsortiert. Losgelöst von konkreten Im- oder Exportvorgängen werden Unternehmen vorab u. a. auf ihre Zuverlässigkeit in Zoll- und Steuerangelegenheiten sowie die Einhaltung der Vorschriften im Rahmen ihrer Wirtschaftstätigkeit überprüft. Wird das bejaht, können die als zuverlässig zertifizierten Wirtschaftsbeteiligten in der Folgezeit bei konkreten Ein- und Ausfuhren sowie nachfolgenden Betriebsprüfungen weitgehend von Kontrollen freigestellt werden.

B3001 Daneben will man nur einem besonders zuverlässigen Personenkreis besondere **Verfahrenserleichterungen** zukommen lassen. So ist beispielsweise die Bewilligung einer Gesamtsicherheit für Zollschulden davon abhängig gemacht worden, dass die Unternehmen entweder AEO C sind oder dessen Bewilligungsvoraussetzungen erfüllen. Ganz gezielt wird an vielen Stellen des UZK auf die Vorschriften zum zugelassenen Wirtschaftsbeteiligten verwiesen.

B3002 Das Konzept ist lange Zeit nur anhand englischer Texte diskutiert worden. Deshalb hat sich im deutschsprachigen Raum die Abkürzung „AEO“ von **„Authorised Economic Operator“** als Abkürzung für den zugelassenen Wirtschaftsbeteiligten durchgesetzt.

b) Sicherheit der Lieferkette

B3003 Immer schon wurden und werden zuverlässigen Personen Vereinfachungen im Zollrecht gewährt. Seit den Ereignissen des 11. 9. 2001 in New York und Washington kommen Sicherungsaspekte hinzu. Politische Vorgabe ist die Sicherheit der internationalen Handelskette. Deshalb musste auf EU-Ebene ein System eingeführt werden, das internationalen Standards entspricht.

Über die Harmonisierung in den EU-Mitgliedsstaaten hinaus müssen letztlich weltweit annähernd gleiche Kontrollmaßstäbe umgesetzt werden, wenn etwa die Eingangszollstellen bei Importen aufgrund von Maßnahmen in Drittländern auf eigene Überprüfungen verzichten sollen. Es hat sich gezeigt, dass nach und nach durch entsprechende Arbeiten der WCO immer mehr Staaten den Status eines AEO einführen und somit die Zertifizierung international Anerkennung findet.

c) DEBBI

B3004 Der Status des AEO kann als Weiterentwicklung bereits bestehender verwaltungsinterner Bewertungen durch die Zollbehörden der Mitgliedsstaaten angesehen werden. Seit 2004 gibt es in Deutschland eine „Dezentrale Beteiligtenbewertung“ – DEBBI. Derartige Bewertungen sind einerseits Vorstufen und anderseits Übergangslösungen auf dem Weg zu einer EU-weiten Risikoanalyse und dürften sich als nationale Insellösungen spätestens dann überholt haben, wenn das Gesamtsystem auf EU-Ebene steht. Denn langfristig darf es schon aus Gründen der Gleichbehandlung im gesamten Zollgebiet der Union keine nationalen Abweichungen bei der Bewertung von Wirtschaftsbeteiligten geben.

d) AEO als Qualitätsmerkmal

Die Kommission betrachtet den Status des AEO als Qualitätsmerkmal gegenüber Kunden und Geschäftspartnern. Vor allem, wenn er über die Grenzen des Zollgebiets der Union hinaus auf Grund von bilateralen Absprachen oder internationalen Abkommen über die Zusammenarbeit im Zollbereich Berücksichtigung findet, werden Unternehmen nicht mehr ohne diese Bewilligung sinnvoll am internationalen Warenverkehr teilnehmen können. Nach und nach sind in den letzten Jahren bereits derartige Vereinbarungen geschlossen und in EU-Recht umgesetzt worden, etwa mit der Schweiz, Andorra, Norwegen, China, den USA, Japan und dem Vereinigten Königreich. B3005

e) Eine EU-weit geltende Bewilligung – zwei inhaltlich unterschiedliche Ausgestaltungen – drei Arten

Die AEO-Bewilligung wird in allen Mitgliedsstaaten anerkannt, Art. 26, 38 Abs. 4 UZK. Sie gilt also EU-weit. Es bedarf mithin nur eines Bewilligungsverfahrens für das gesamte Zollgebiet der Union. B3006

Die Bewilligung gibt es gem. Art. 38 Abs. 2 UZK entsprechend der unterschiedlichen geschichtlichen Herkunft in zwei verschiedenen Ausprägungen und deren Kombination:

- AEO C. Der englische Text spricht vom „economic operator for customs simplifications". Dem Inhaber werden bestimmte **zollrechtliche Vereinfachungen** gewährt.
- AEO S. „Economic operator for security and safety" lautet die englische Formulierung. Dem Inhaber werden **sicherheitsrelevante Vereinfachungen** gewährt.
- AEO F. Eine **kombinierte** Bewilligung – „full" – ist möglich (Art. 38 Abs. 3 UZK, Art. 33 UZK-DVO).

In der Praxis haben sich der AEO C und die Kombination AEO F durchgesetzt.

2. Bewilligungsvoraussetzungen

Die Zulassungskriterien ergeben sich aus Art. 38, 39 UZK und den Durchführungsrechtsakten Art. 24 ff. UZK-DVO. Ergänzt werden sie durch eigens für den AEO erstellte **Leitlinien der EU**. B3007

Die Voraussetzungen werden von den nationalen Zollbehörden geprüft. Eine externe Auditierung wie etwa bei einer ISO-Zertifizierung ist nicht gewollt. Gemäß Art. 29 Abs. 3 UZK-DVO können jedoch externe Gutachten bei der Bewilligungserteilung berücksichtigt werden.

Die Bewilligung des AEO kann grundsätzlich nur im Zollgebiet der Union ansässigen Wirtschaftsbeteiligten erteilt werden,

- die keine schwerwiegenden oder wiederholten Verstöße gegen die zoll- oder steuerrechtlichen Vorschriften sowie keine schweren Straftaten im Rahmen ihrer Wirtschaftstätigkeit begangen haben,

- die ein erhöhtes Maß an Kontrolle ihrer Tätigkeiten und Warenbewegungen mittels eines Systems der Führung der Geschäftsbücher und gegebenenfalls Beförderungsunterlagen nachweisen, das geeignete Zollkontrollen ermöglicht,
- die zahlungsfähig sind und
- die (beim AEO C) über praktische oder berufliche Befähigungen verfügen, die in unmittelbarem Zusammenhang mit der ausgeübten Tätigkeit stehen bzw.
- die (beim AEO S) über angemessene Sicherheitsstandards verfügen.

Bei Beurteilung dieser Voraussetzungen tragen die Zollbehörden den besonderen Merkmalen des Wirtschaftsbeteiligten, insbesondere der kleinen und mittleren Unternehmen, Rechnung (Art. 29 Abs. 4 UZK-DVO).

a) Wirtschaftsbeteiligter

B3008 Die Bewilligung kann gem. Art. 38 Abs. 1 UZK nur einem Wirtschaftsbeteiligten erteilt werden. Das ist gem. Art. 5 Nr. 5 UZK eine Person, die im Rahmen ihrer Geschäftstätigkeit mit Tätigkeiten befasst ist, die durch zollrechtliche Vorschriften abgedeckt sind.

aa) Person

B3009 Adressat ist anders als beim Ausfuhrverantwortlichen im Außenwirtschaftsrecht nicht eine einzelne natürliche Person in der Leitung oder Zollabteilung eines Unternehmens oder ein bestimmter besonders ausgewählter Mitarbeiter, sondern das Unternehmen selbst. Es geht um natürliche, juristische und gleichgestellte **Personen i. S. d. Art. 5 Nr. 4 UZK**. Deshalb kann sowohl der Einzelkaufmann die Bewilligung beantragen als auch die Unternehmen eines Konzerns und sonstige Einzelunternehmen. Für jede einzelne natürliche, juristische oder gleichgestellte Person ist die Bewilligung zu beantragen. Orientierungsmaßstab können dabei die EORI-, die Handelsregister- und die Umsatzsteueridentifikationsnummer sein, die einer Person zugeteilt wurde, um sich von anderen zu unterscheiden.

B3010 Die Beziehung zur Warenbewegung ist unerheblich. Da es bei der Risikoanalyse um die **Sicherheit der gesamten Lieferkette** geht, kommt es nicht nur auf die Zuverlässigkeit der eigentlichen Im- und Exporteure an. Unerheblich ist ebenso die Anmelderstellung. Auch **Frachtführer** und Spediteure können zugelassene Wirtschaftsbeteiligte werden. Als die für die Beförderung Verantwortlichen sind sie Teil der Risikoanalyse. Viele Fälle des Zigarettenschmuggels zeigen, dass selbst bei einem zuverlässigen Empfänger ein Schmuggelrisiko durch den Frachtführer besteht. Deshalb ist es im allseitigen Interesse auch die Beförderer vorab zu überprüfen und bei Vorliegen der Voraussetzungen als AEO S oder F zu zertifizieren.

B3011 Gleiches muss für **Zollvertreter** nach Art. 18 ff. UZK gelten. Da Vertretung bei Im- und Export in großem Umfang möglich ist und vielfach Zollanmeldungen von sachkundigen Zollvertretern für weniger kundige Wirtschaftsbeteiligte abgegeben werden, besteht ein weiteres Risiko beim Vertreterhandeln. Schon eine falsche Einreihung von Waren kann große und vielfältige Konsequenzen nach sich ziehen. Ebenso geht es auch für sie um Verfahrensvereinfachungen wie die Möglichkeit von reduzierten Gesamtsicherheiten. Folglich haben die Zollverwaltung und die am Wirtschaftsleben beteiligten Vertreter jeweils Interesse an vorheriger Zertifizierung.

Für den als **Dienstleister** handelnden direkten oder indirekten Zollvertreter kann die AEO-Bewilligung gleichsam als Gütesiegel ein großer Wettbewerbsvorteil sein. Wer in Zeiten von ATLAS und Outsourcing von Zolldienstleistungen am Markt mitgestalten will, muss zwingend AEO C, besser noch AEO F sein. B3012

Ein Dienstleister kann als **Zollvertreter** für den eigentlichen Auftraggeber handeln. Das gilt vor allem dann, wenn der Empfänger seine gesamte Importabwicklung dem Dienstleister übertragen hat, er sich also selbst nicht um Zollangelegenheiten kümmern will. Da er als Warenempfänger aber Teil der Lieferkette ist, ist auch seine Zuverlässigkeit bedeutsam, um allen Gliedern der Kette die Bewilligung zukommen zu lassen. B3013

Outsourcing der AEO-Bewilligung ist wegen der Personengebundenheit nicht möglich. B3014

Damit kommt auch eine **Zollzweckgemeinschaft** als Bewilligungsinhaber in Betracht, und zwar unabhängig davon, ob sie die Zollangelegenheiten im eigenen Namen erledigt oder als direkter Zollvertreter für andere tätig wird. B3015

(*Einstweilen frei*) B3016–B3018

bb) Tätigkeit im Zollbereich

Wichtig ist in allen Fällen, dass der Antragsteller **Wirtschaftsbeteiligter** i. S. d. Art. 5 Nr. 5 UZK ist. Er muss im Rahmen seiner Geschäftstätigkeit mit Tätigkeiten befasst sein, die durch zollrechtliche Vorschriften abgedeckt sind. Folglich muss er an Im- und Exporten in das bzw. aus dem Zollgebiet der Union beteiligt sein. Damit scheidet die Bewilligung für **Berater** oder **Privatpersonen** aus. B3019

b) Ansässigkeit

aa) Grundsatz

Zweite gemeinsame Bewilligungsvoraussetzung ist gem. Art. 38 Abs. 1 UZK die **Ansässigkeit** des Wirtschaftsbeteiligten **im Zollgebiet der Union** (Art. 5 Nr. 31 UZK). B3020

Natürliche Personen sind in der Union ansässig, wenn sie ihren gewöhnlichen Wohnsitz im Zollgebiet der Union gem. Art. 4 ZK haben. B3021

Bei **juristischen Personen und Personenvereinigungen** ist der satzungsmäßige Sitz, die Hauptverwaltung oder eine ständige Niederlassung im Zollgebiet der Union entscheidend. Da eine ständige Niederlassung gem. Art. 5 Nr. 32 UZK ausreichend ist, kann auch ein grundsätzlich im Drittland ansässiges Unternehmen in der EU AEO werden. Die Bewilligung bezieht sich dann auf die **ständige Niederlassung** und alle anderen Zweigniederlassungen und sonstigen Orte im Zollgebiet der Union. B3022

bb) Ausnahmen

B3023 Stellt man auf die Zuverlässigkeit der gesamten Lieferkette ab, muss über die außerhalb des Zollgebiets der Union ansässigen Wirtschaftsbeteiligten nachgedacht werden. Denn nur wenn auch sie als zuverlässig anerkannt worden sind, kann die Kette vollständig geschlossen sein. Art. 38 Abs. 7 UZK erlaubt deshalb Ausnahmen vom Ansässigkeitskriterium in **internationalen Vereinbarungen** zwischen der EU und einem Drittland. In diesen Fällen spezifiziert die internationale Vereinbarung die administrativen Vereinbarungen für die Durchführung der entsprechenden Kontrollen durch die Zollbehörden der Mitgliedstaaten. Vor allen diese Ausnahme vom Ansässigkeitserfordernis verdeutlicht, dass die EU grundsätzlich nicht selbst drittländischen Unternehmen Bewilligungen erteilen will. Gewollt ist vielmehr – Präferenznachweisen vergleichbar – die gegenseitige Anerkennung der jeweiligen Bewilligungen. Das wiederum verlangt gleiche Kriterien statt Insellösungen. Dabei spielt das WCO-Framework eine große Rolle, s. Rdnr. B3005.

c) Einhaltung der Vorschriften

B3024 Dritte gemeinsame Bewilligungsvoraussetzung ist gem. Art. 39 Buchst. a UZK, keine schwerwiegenden oder wiederholten Verstöße gegen die zoll- oder steuerrechtlichen Vorschriften und keine schweren Straftaten im Rahmen ihrer Wirtschaftstätigkeit begangen zu haben. Der Ende 2020 klarstellend geänderte Art. 24 UZK-DVO ergänzt die Regelung.

aa) Zoll- und steuerrechtliche Vorschriften im Zusammenhang mit der Wirtschaftstätigkeit

B3025 Die zoll- und steuerrechtlichen Vorschriften sind seit der klarstellenden Änderung des Art. 24 UZK-DVO **nicht** mehr **bezogen auf alle Lebensbereiche** zu verstehen. Sie betreffen nur die Zölle und Steuern im Zusammenhang mit der Wirtschaftstätigkeit des Antragstellers und der zu bewertenden Personen, s. Rdnr. B3028.

B3026 Das **Zollrecht** selbst ist gem. Art. 5 Nr. 2 UZK umfassend zu betrachten. Es umfasst damit auch sämtliche, teilweise noch nicht harmonisierten Verbote und Beschränkungen im grenzüberschreitenden Warenverkehr sowie die handelspolitischen Maßnahmen einschließlich des Exportkontrollrechts.

Beispielhaft nennen die Leitlinien der EU unter 2. I. 4 als Verstöße:

- Schmuggel,
- Betrug, wie z. B. bewusste falsche zolltarifliche Einreihung, zu geringe oder überhöhte Wertangabe oder falsche Ursprungsangabe zur Umgehung von Zöllen,
- Verstöße im Zusammenhang mit Rechten des geistigen Eigentums (IPR),
- Betrug im Zusammenhang mit Antidumping-Vorschriften,
- Zuwiderhandlungen im Zusammenhang mit Verboten und Beschränkungen,
- Fälschungen,
- sonstige Verletzungen zollrechtlicher Vorschriften.

Mit dem Unionszollkodex ist 2016 das Erfordernis einer allgemeinen **steuerrechtlichen Zuverlässigkeit** hinzugekommen. Auch hier geht es um das gesamte Recht und nicht nur um das mit Im- und Exporten verbundene zumeist nationale Steuerrecht. Damit werden alle Vorgänge im Binnenmarkt und im jeweiligen Mitgliedsstaat erfasst. B3027

Beispielhaft nennen die Leitlinien der EU unter 2. I. 4 als Verstöße:

- Steuerbetrug,
- Steuerhinterziehung,
- Straftaten im Zusammenhang mit Verbrauchsteuern, z. B. illegale Herstellung oder Raffination von Mineralöl und Entnahme,
- Mehrwertsteuerbetrug, einschließlich der innergemeinschaftlichen Verbringung von Waren.

Unerheblich ist dabei, wem die Steuern zustehen. Denn das ist zufällig und ganz unterschiedlich in den einzelnen Mitgliedsstaaten geregelt. Damit werden ebenso die Landes- und Gemeindesteuern erfasst, etwa die Gewerbesteuer und selbst die Hundesteuer, soweit sie im Zusammenhang mit der wirtschaftlichen Tätigkeit anfällt.

Die Verstöße gegen das Zoll- und Steuerrecht müssen **im Rahmen der Wirtschaftstätigkeit** begangen worden sein. Das ist einmal die konkrete Wirtschaftstätigkeit des Antragstellers. Hinzukommen bei den zu bewertenden Personen weitere frühere oder gleichzeitige wirtschaftliche Tätigkeiten bei anderen Unternehmen sowie als Selbständige innerhalb der zu bewertenden letzten drei Jahre. B3028

Umgekehrt entfallen Verstöße im privaten Bereich.

BEISPIEL:

Der Zollbeauftragte Z schmuggelt am Flughafenzollamt Zigaretten und macht falsche Angaben in seiner Steuererklärung gegenüber dem Finanzamt. Betrifft der Flug eine Urlaubsreise ist der Verstoß für die Beurteilung der zoll- und steuerrechtlichen Zuverlässigkeit unerheblich. Umgekehrt ist die Lage bei einer Reisetätigkeit für das Unternehmen. Ähnlich ist bei den Angaben in der Steueranmeldung zu unterscheiden. Betreffen sie die wirtschaftliche Tätigkeit des Z, etwa seine neben dem Hauptberuf erzielten weiteren Einkünfte, liegt ein Verstoß im Rahmen der Wirtschaftstätigkeit vor.

bb) Straftaten im Rahmen der Wirtschaftstätigkeit

Zudem dürfen keine schweren Straftaten im Rahmen der Wirtschaftstätigkeit des Antragstellers begangen worden sein. Damit ist das gesamte Strafrecht erfasst. B3029

Die GZD nennt als Beispiele für derartige schwere Straftaten:

- Korruption,
- Betrug,
- Umweltverbrechen,
- Cyber-Kriminalität,
- Geldwäsche.

Ergänzend ist den Leitlinien der Kommission unter 2. I. 4. zu entnehmen:

- Konkursbetrug (Insolvenzbetrug),
- jegliche Zuwiderhandlung gegen gesundheitsrechtliche Vorschriften, z. B. Inverkehrbringen unsicherer Waren,
- jegliche Zuwiderhandlung gegen umweltrechtliche Vorschriften, z. B. illegale grenzüberschreitende Verbringung gefährlicher Abfälle,
- Betrug im Zusammenhang mit der Dual-Use-Verordnung,
- Beteiligung an einer kriminellen Vereinigung,
- Bestechung und Korruption,
- Betrug,
- mittelbare oder unmittelbare Beteiligung an terroristischen Aktivitäten und
- mittelbare oder unmittelbare Beteiligung an der Förderung oder Unterstützung illegaler Migration in die EU.

B3030–B3032 (*Einstweilen frei*)

cc) Ex post-Betrachtung

B3033 **Bislang** muss der Antragsteller die Vorschriften eingehalten haben. Es wird mithin keine Zukunftsprognose abgegeben, sondern auf den Erfahrungen der Vergangenheit aufgebaut. In Art. 24 Abs. 1 UZK-DVO wird eine **Dreijahresfrist** genannt.

B3034 Wenn der Antragsteller **weniger als 3 Jahre** ansässig ist, erfolgt die Beurteilung anhand der Unterlagen und Informationen, die zur Verfügung stehen (Art. 24 Abs. 4 UZK-DVO). Dabei kann der gute Ruf anderer Personen fortwirken. Tritt ein Unternehmen die Rechtsnachfolge eines Wirtschaftsbeteiligten an und arbeitet mit denselben als zuverlässig bekannten natürlichen Personen weiter, so kann auf deren Zuverlässigkeit abgestellt werden. Gleiches gilt bei Umschichtungen innerhalb eines Konzerns. Wird etwa eine zentrale Zollabteilung zur selbständigen GmbH innerhalb eines Konzerns, kommt es auf die natürlichen Personen an, nicht auf die Rechtsform.

dd) Bewertete Personen

B3035 Zur Beurteilung der angemessenen Einhaltung der Zollvorschriften ist letztlich auf die persönliche Zuverlässigkeit und Vertrauenswürdigkeit von Menschen abzustellen. Drei Gruppen kommen gemäß Art. 24 Abs. 1 UZK-DVO in Betracht:

- Der Antragsteller selbst – auch soweit er eine natürliche Person ist,
- die Beschäftigten des Antragstellers, die für dessen Zollangelegenheiten zuständig sind, und
- Personen, die für das antragstellende Unternehmen verantwortlich sind oder die Kontrolle über seine Leitung ausüben.

Sämtliche Personen sind in einem Fragebogen zu nennen.

B3036 Die Einzelheiten dazu waren lange Zeit umstritten. Wiederholt hat die deutsche Zollverwaltung ihren nunmehr **Fragebogen zollrechtliche Bewilligungen** genannten Fragebogen geändert.

Nach der grundlegenden Entscheidung des EuGH v. 16.1.2019 - C-496/17 geht es bei den **Beschäftigten für Zollangelegenheiten** nicht um alle irgendwie in Zollangelegenheiten Tätigen. Es geht nicht um die Zollsachbearbeiter, sondern allein um die **Verantwortungsträger**. Vielfach sind sie im Organigramm des Unternehmens als Leitende der Zollabteilung beschrieben. Oftmals nennen sie sich Zollbeauftragte.

Bei den **für das Unternehmen verantwortlichen Personen** verlangt der Fragebogen nur die Angabe der operativ im Zollrecht tätigen Personen, also insbesondere der Vorstandsmitglieder oder Geschäftsführer. Die Prokuristen spielen regelmäßig bei den für das Unternehmen Verantwortlichen keine Rolle. Die Einhaltung der Vorschiften durch die Abteilungsleiter ist ebenfalls nicht zu prüfen – gegebenenfalls mit Ausnahme derjenigen, die für die Zollangelegenheiten des Antragstellers zuständig sind.

Kontrollausübende sind nach der vorstehenden EuGH-Entscheidung nicht die Mitglieder von Aufsichts- und Beiräten. Richterweise wird man auf die internen Kontrolleure abstellen, die **Innenrevision** und die **Compliance Manager**.

Häufig lassen sich Unternehmen von **Dienstleistern** vertreten, die ihrerseits zuverlässig B3037
die Vorschriften einhalten müssen. Gefragt wird nach ihnen an dieser Stelle jedoch nicht. Sie spielen erst bei der praktischen oder beruflichen Befähigung eine Rolle, s. Rdnr. B3057.

ee) Fiktion

Art. 24 Abs. 1 und 2 UZK-DVO sind als Fiktionen formuliert. Entscheidend ist zunächst, B3038
dass **keine Entscheidung einer Verwaltungs- oder Justizbehörde** vorliegt, gemäß der eine der zu bewertenden Personen in den letzten drei Jahren einen schwerwiegenden Verstoß oder wiederholte Verstöße gegen die zoll- oder steuerrechtlichen Vorschriften im Rahmen ihrer Wirtschaftstätigkeit begangen hat. M.E. ist bei den schweren Straftaten vergleichbar zu verfahren. Die Form und das Verfahren werden nicht thematisiert. Typischerweise geht es um Bußgeldbescheide, Strafbefehle und -urteile.

Positiv ausgedrückt bedeutet das, dass beim Fehlen einer solcher Entscheidung bei Antragstellung und im Laufe des Bewilligungsverfahrens nicht zu prüfen ist, ob die betreffenden Personen die Vorschriften eingehalten haben. Vielmehr gelten die Voraussetzungen nach Art. 39 Buchst. a UZK als erfüllt.

Liegt umgekehrt eine Entscheidung vor, greift die Fiktion nicht. Allerdings ist dann weiter zu prüfen, ob die Entscheidung einen schwerwiegenden Verstoß oder wiederholte Verstöße gegen die zoll- oder steuerrechtlichen Vorschriften bzw. eine schwere Straftat im Rahmen ihrer Wirtschaftstätigkeit zum Inhalt hat. Bußgelder können ebenso bei geringfügigen Zuwiderhandlungen verhängt werden.

Ergeben sich aus der Entscheidung schwerwiegende Verstöße, dürfte es an der Zuver- B3039
lässigkeit der Person und damit an der Voraussetzung gem. Art. 39 Buchst. a UZK fehlen.

Ergeben sich aus der Entscheidung wiederholte Verstöße, ist Art. 24 Abs. 2 UZK- DVO zu prüfen. Art. 24 Abs. 2 UZK-DVO fingiert die angemessene Einhaltung der Vorschriften, selbst wenn **Fehler** begangen worden sind. Wenn trotz wiederholter Verstöße die Zollbehörden diese als **geringfügig** angesehen haben und keinerlei Zweifel am guten Glauben des Antragstellers bestehen, ist die dritte Voraussetzung erfüllt.

Auf Fehlerfreiheit kommt es mithin nicht an. Häufiges Versagen gefährdet jedoch die Erleichterungen. Wirtschaftsbeteiligte, die dauernd die „Spielregeln" missachten und deshalb Bußgelder zahlen müssen, werden als nicht vertrauenswürdig eingeschätzt, selbst wenn die Verstöße nur gering sind. Permanente Ignoranz und penetrante Missachtung des Zollrechts zerstören den guten Ruf eines Wirtschaftsbeteiligten.

Dabei werden richtigerweise die üblichen im Wirtschaftsleben immer wieder vorkommenden Arbeitsfehler und Verstöße gegen die Vorschriften selbst bei Festsetzung von Bußgeldern nicht als Unzuverlässigkeit gewertet. Wo Menschen arbeiten, gibt es auch Fehler. Allerdings müssen die Wirtschaftsteilnehmer bei Häufung von Fehlern Gegenmaßnahmen ergreifen und diese der Zollverwaltung mitteilen. Denn Unzulänglichkeiten sind vom Antragsteller auszugleichen, nicht von den Zollbehörden.

Zuverlässigkeit bei Einhaltung der Vorschriften ist letztlich auch gegeben, wenn die Zollbehörden trotz negativer Beteiligtenbewertung außer Bußgeldfestsetzungen keine weiteren Konsequenzen gezogen haben und andere Bewilligungen einschränkungslos weiter gelten lassen. Damit wird durch das Verhalten der Behörden ein Vertrauensschutz für die lauteren Wirtschaftsbeteiligten aufgebaut.

B3040 In den Leitlinien (2. I. 2.) stellt die Kommission **Indikatoren für geringfügige Verstöße** dar:

- Es darf keine vorsätzliche Betrugsabsicht vorliegen.
- Verstöße sollten zwar kumulativ, aber doch im Verhältnis zum Gesamtvolumen der Geschäftstätigkeit betrachtet werden.
- Handelt es sich bei der Zuwiderhandlung um einen Einzelfall oder ein sporadisch auftretendes Problem einer einzelnen Person innerhalb der Gesamtorganisation des Unternehmens?
- Der Kontext der Zuwiderhandlung sollte stets mitberücksichtigt werden.
- Der Antragsteller sollte über funktionierende interne Kontrollsysteme verfügen; zu berücksichtigen ist auch, ob die Zuwiderhandlung vom Antragsteller selbst im Rahmen seiner internen Kontrollen aufgedeckt und den Zollbehörden unverzüglich mitgeteilt wurde.
- Hat der Antragsteller unverzüglich Maßnahmen eingeleitet, um diese Handlungen zu korrigieren bzw. in Zukunft zu vermeiden?
- Welche Art von Zuwiderhandlung wurde begangen?

Die Zollbehörden sollten Art und Umfang des Verstoßes berücksichtigen. Einige Verfehlungen können auch als „geringfügig" eingestuft werden, weil sie sich nicht auf den Betrag der zu entrichtenden Abgaben auswirken (z. B. eine falsche zolltarifliche Einreihung), wenn für beide Waren der gleiche Zollsatz gilt und auch hinsichtlich etwaiger sonstiger Maßnahmen (z. B. Verbote und Beschränkungen) kein Unterschied besteht. Andere Verstöße können sich zwar auf den Betrag der fälligen Abgaben auswirken, machen jedoch hinsichtlich der Anzahl und des Umfangs der Zollanmeldungen des betreffenden Wirtschaftsbeteiligten keinen nennenswerten Unterschied aus.

Besonders hingewiesen sei auf interne Kontrollsysteme, deren Vorhandensein für Geringfügigkeit spricht.

(*Einstweilen frei*) B3041–B3044

d) Zufriedenstellendes System der Führung der Geschäftsbücher und Beförderungsunterlagen

Vierte gemeinsame Voraussetzung für die AEO-Bewilligung ist gem. Art. 39 Buchst. b UZK der Nachweis eines erhöhten Maßes an Kontrolle der Tätigkeiten und Warenbewegungen mittels eines Systems der Führung der Geschäftsbücher und gegebenenfalls Beförderungsunterlagen, das geeignete Zollkontrollen ermöglicht, B3045

Die Einzelheiten sind in Art. 25 UZK-DVO und den sie interpretierenden Leitlinien niedergelegt.

aa) Zufriedenstellend

Zufriedenstellend muss laut Überschrift zu Art. 25 UZK-DVO das System der Geschäftsbücher und Beförderungsunterlagen sein, nicht fehlerfrei. Einzelne Ungereimtheiten stehen der Bewilligung nicht entgegenstehen. B3046

bb) Die einzelnen Prüfungspunkte

Gemäß Art. 25 UZK-DVO sind die nachfolgenden Punkte besonders zu prüfen. HZA-intern wird das vielfach durch das auf Prüfungen spezialisierte Sachgebiet erfolgen. Zugleich erlaubt Art. 29 Abs. 3 UZK-DVO den Zollbehörden die Berücksichtigung externer Gutachten. B3047

Im Einzelnen geht es beim Antragsteller um

- das Buchführungssystem,
- die Integration der Aufzeichnungen für Zollzwecke in das Buchführungssystem,
- den physischen und elektronischen Zugang der Zollbehörden zum Buchführungssystem, Geschäftsbüchern und den Unterlagen,
- ein Logistiksystem, das zwischen Unions- und Nicht-Unionswaren unterscheidet,
- das Vorhandensein eines entsprechenden Organisations- und internen Kontrollsystems,
- gegebenenfalls ein Verfahren zur Bearbeitung von Genehmigungen und Lizenzen für die Einfuhr und/oder Ausfuhr der Waren,
- Archivierung von Aufzeichnungen und Informationen und Schutz vor Verlust,
- Sicherheitsmaßnahmen zum Schutz der Computersysteme vor unbefugtem Eindringen und zur Sicherung der Dokumentationen.

Die Einzelheiten der vorzunehmenden Prüfungen ergeben sich unter Berücksichtigung des Fragebogens und der Leitlinien.

cc) Internes Kontrollsystem zur Sicherstellung der Unterrichtung der Zollbehörden

B3048 Überraschend ist unter dem Punkt Geschäftsbücher eine weitere inhaltlich abweichende Voraussetzung genannt. Der Antragsteller hat Sorge dafür zu tragen, dass das betreffende Personal angewiesen ist, die Zollbehörden zu unterrichten, wenn Schwierigkeiten bei der Einhaltung der Vorschriften festgestellt werden (Art. 25 Abs. 1 Buchst. i UZK-DVO). Ferner ist ein Verfahren zur Unterrichtung der Zollbehörden festzulegen.

Die Regelung erklärt sich aus Art. 23 Abs. 2 UZK und dem Monitoring der Zollbehörden nach Bewilligungserteilung gem. Art. 23 Abs. 5 UZK, Art. 35 UZK-DVO. Um seine Unterrichtungspflicht zu erfüllen, muss der AEO einen **Ansprechpartner** nebst Vertreter benennen, der festgestellte Unregelmäßigkeiten und andere Probleme, die sich auf die Aufrechterhaltung der Bewilligung auswirken können, mitzuteilen hat. Dieser wiederum muss intern über derartige Umstände informiert werden. Die Einzelheiten sind regelmäßig in Arbeits- und Organisationsanweisungen niederzulegen.

e) Zahlungsfähigkeit

B3049 Fünfte gemeinsame zentrale Bewilligungsvoraussetzung ist gem. Art. 39 Buchst. c UZK die Zahlungsfähigkeit des Antragstellers. Sie ist nicht neu, doch die Anforderungen an ihre Überprüfung sind gestiegen. Das gilt nicht zuletzt wegen der Vorteile des AEO. Da ein AEO C die Verringerung seiner Gesamtsicherheit für entstandene Abgaben auf 30 % ohne weitere Voraussetzungen beantragen kann und folgerichtig auch eine Reduzierung der Gesamtsicherheit für möglicherweise entstehende Abgaben bzw. eine Befreiung von der Sicherheit, wird seitens der HZÄ wegen der nunmehr größeren fiskalischen Relevanz eine vertiefte Prüfung der finanziellen Leistungsfähigkeit vorgenommen.

Auch hierbei soll ein Zeitraum von drei zurückliegenden Jahren betrachtet werden.

B3050 Es geht um eine ausreichende finanzielle Leistungsfähigkeit, um etwaigen **Zahlungsverpflichtungen** auch gegenüber den Zollstellen nachkommen zu können. Einzelheiten ergeben sich aus Art. 26 UZK-DVO und den ergänzenden Leitlinien.

Der Antragsteller muss in den letzten drei Jahren seinen Zahlungsverpflichtungen in Bezug auf Zölle, Steuern oder sonstigen Abgaben bei oder im Zusammenhang mit der Ein- oder Ausfuhr von Waren nachgekommen sein (Art. 26 Abs. 1 Buchst. b UZK-DVO). Zudem geht es um weitere Verpflichtungen in Bezug auf Art und Umfang der Geschäftstätigkeit. Das Nettovermögen darf nicht negativ sein, es sei denn, der Negativsaldo kann ausgeglichen werden.

B3051 Selbstverständlich darf gegen den Antragsteller **kein Insolvenzverfahren** laufen (Art. 26 Abs. 1 Buchst. a UZK-DVO).

B3052 Über die vorhandene Liquidität ist der **Nachweis** zu führen. Glaubhaftmachung reicht nicht aus. Dies bedingt, dass vom Antragsteller Bilanzen vorzulegen und diese insbesondere auf das Vorliegen eines möglichst positiven Nettovermögens zu überprüfen sind.

Art. 29 Abs. 3 UZK-DVO erlaubt den Zollbehörden die **Berücksichtigung externer Gutachten** wie Kreditzusagen der Hausbank. Möglich ist ebenfalls die Auswertung von Wirtschaftsprüfungsberichten. B3053

(*Einstweilen frei*) B3054–B3056

f) Praktische oder berufliche Befähigungen

Art. 39 Buchst. d UZK ist seit 2016 als sechste und letzte Voraussetzung ausschließlich für den AEO C zu prüfen. Er muss praktische oder berufliche Befähigungen haben, die in unmittelbarem Zusammenhang mit der ausgeübten Tätigkeit stehen. Die Einzelheiten dazu ergeben sich aus Art. 27 UZK-DVO. Ausreichend ist, dass eine der beiden Bedingungen erfüllt ist. B3057

Der Antragsteller oder die für seine Zollangelegenheiten zuständigen Personen, also Zollvertreter oder Mitarbeiter in der Zollabteilung müssen eine **mindestens dreijährige praktische Erfahrung im Zollbereich** nachweisen oder die Einhaltung einer von einer europäischen Normungsorganisation verabschiedeten Qualitätsnorm für den Zollbereich. Letztere liegen noch nicht vor. Wann und wie die Erfahrung gesammelt worden ist, legt Art. 27 UZK-DVO nicht fest. Auch der Umfang der im Zollbereich geleisteten Tätigkeit ist unerheblich. B3058

Alternativ haben diese Personen eine **abgeschlossene zollrechtliche Ausbildung** nachzuweisen, deren Umfang der Beteiligung dieser Personen an den zollrelevanten Tätigkeiten entspricht. Diese Ausbildung muss von der Zollbehörde selbst oder anerkannten Bildungseinrichtungen oder anerkannten oder akkreditierten Berufs- oder Wirtschaftsverbänden erteilt worden sein. Art. 27 UZK-DVO lässt offen, wann die Ausbildung stattgefunden hat. Sie kann zeitlich lange zurückliegen, etwa bei Zollbeamten, die nach ihrer Ausbildung nie im eigentlichen Zollbereich gearbeitet haben und später in die Wirtschaft wechseln. B3059

g) Sicherheitsstandards

Beim AEO S sind stattdessen als sechste und letzte Voraussetzung die Sicherheitsstandards des Antragstellers von Bedeutung. Sie müssen gem. Art. 39 Buchst. d UZK angemessen sein. Die Einzelheiten dazu ergeben sich aus Art. 28 UZK-DVO und den Fragen der dazu erlassenen Leitlinien. B3060

Auch bezüglich der Sicherheitsstandards erlaubt Art. 29 Abs. 3 UZK die **Berücksichtigung externer Gutachten**. Soweit der Antragsteller bereits **reglementierter Beauftragter** oder **anerkannter Versender** ist, bedarf es teilweise keiner weiteren Prüfung (Art. 28 Abs. 3 UZK-DVO). B3061

Zu prüfen sind gem. Art. 28 Abs. 1 Buchst. a) – c) UZK-DVO zum einen **warenbezogene Punkte**:

- Gebäudesicherheit: die Gebäude müssen aus Materialien hergestellt worden sein, die rechtswidriges Betreten verhindern und Schutz gegen unrechtmäßiges Eindringen bieten.

- Zugangskontrollmaßnahmen: Es müssen geeignete Zugangskontrollmaßnahmen existieren, um unbefugten Zutritt zu den Büroräumen, Versandbereichen, Verladerampen, Frachträumen und anderen einschlägigen Räumen zu verhindern.
- Schutz vor unerlaubtem Einbringen, Austausch, Verlust oder Manipulation bei der Behandlung von Waren und vor Manipulationen an den Ladeeinheiten.

B3062 Hinzu kommen gemäß Art. 28 Abs. 1 Buchst. d bis f UZK-DVO **Prüfungen der Handelspartner, Mitarbeiter** und **externen Dienstleister,** und zwar vor allem im Hinblick auf die Terroristenlisten. Dazu bedarf es:

- Maßnahmen für eine klare Identifizierung der Handelspartner zur Sicherung der internationalen Lieferkette
- Sicherheitsüberprüfung der Mitarbeiter, die in sensiblen Bereichen eingesetzt sind
- Sicherheitsverfahren für externe Dienstleister.

Die Mitarbeiter haben schließlich gem. Art. 28 Abs. 1 Buchst. g UZK-DVO aktiv an Programmen zur Förderung des Sicherheitsbewusstseins beteiligt zu werden.

B3063 Zudem ist eine **für Sicherheitsfragen zuständige Kontaktperson** nebst Vertreter zu benennen (Art. 28 Abs. 1 Buchst. h UZK-DVO). Sinnvollerweise sollte diese identisch sein mit dem für die Unterrichtungspflicht benannten Ansprechpartner, s. Rdnr. B3048.

B3064 Verfügt der Antragsteller über mehrere Standorte, die für zollrelevante Tätigkeiten von Belang sind, hat die Prüfung nach Art. 29 Abs. 1 UZK-DVO grds. alle Standorte zu umfassen. Gem. Art. 29 Abs. 1 UAbs. 2 UZK-DVO kann sich die Prüfung auf einen **repräsentativen Teil der Standorte** beschränken, wenn die Zollbehörden zur Überzeugung gelangt sind, dass der Antragsteller gemeinsame Sicherheitsstandards anwendet und die Bearbeitungsfrist ansonsten überschritten würde.

B3065–B3067 (*Einstweilen frei*)

3. Das Bewilligungsverfahren

B3068 Für die Erteilung der Bewilligung gelten grundsätzlich die Regelungen über zollrechtliche Entscheidungen gem. Art. 22 ff. UZK. Sie werden ergänzt durch Besonderheiten beim AEO.

a) Antrag

B3069 Die Bewilligung wird auf Antrag erteilt (Art. 22 Abs. 1, 38 Abs. 1 UZK).

Gem. Art. 26 UZK-DelVO hat die Zollbehörde den Antrag und einen Fragebogen zur Eigenkontrolle zur Verfügung zu stellen. In Deutschland geschieht das über die Homepage der Zollverwaltung, www.zoll.de.

b) Entscheidungsbefugte Zollbehörde

B3070 Zuständig für die Entgegennahme von Anträgen ist gem. Art. 22 Abs. 1 UAbs. 3 UZK regelmäßig die Zollbehörde an dem Ort, an dem die Hauptbuchhaltung für Zollzwecke des Antragstellers geführt wird oder zugänglich ist. Gem. Art. 12 UZK-DelVO ist andernfalls auf den Ort abzustellen, an dem die Aufzeichnungen und Unterlagen geführt werden, anhand derer die Zollbehörde die Entscheidung erlassen kann.

Um Unklarheiten zu vermeiden, haben die Mitgliedsstaaten der Kommission ein Verzeichnis der entsprechenden Zollstellen zu übermitteln und spätere Änderungen mitzuteilen (Art. 11 UZK-DVO).

c) Annahme des Antrags

Der eintreffende Antrag wird gem. Art. 22 Abs. 2 UAbs. 1 UZK unverzüglich und spätestens innerhalb von 30 Tagen auf seine Annahmefähigkeit hin überprüft. B3071

aa) Annahmebedingungen

Dabei sind folgende Bedingungen für die Annahme des Antrags zu erfüllen. B3072

Prüfungsschema Antragsannahme

- Vorlage eines Antrags mit allen benötigten Informationen (Art. 26 Abs. 1 UZK-DelVO, Art. 13 Abs. 2 UZK-DVO)
- Vorlage eines Fragebogens zur Eigenkontrolle mit allen benötigten Informationen (Art. 26 Abs. 1 UZK-DelVO, Art. 13 Abs. 2 UZK-DVO)
- Antragsteller ist gem. Art. 9 UZK registriert (Art. 11 Abs. 1 Buchst. a UZK-DelVO)
- Antragsteller ist im Zollgebiet der Union ansässig (Art. 11 Abs. 1 Buchst. b UZK-DelVO, Art. 38 Abs. 1 UZK)
- Entscheidungsbefugte Zollbehörde (Art. 11 Abs. 1 Buchst. c UZK-DelVO)
- Sperrfrist von drei Jahren bei Widerruf oder Rücknahme (Art. 11 Abs. 1 Buchst. d, Abs. 2 UZK-DelVO)

bb) Nachforderung von Informationen

Fehlende Informationen führen nicht sofort zur Nichtannahme. Sie sind vielmehr zunächst nachzufordern (Art. 12 Abs. 2 UZK-DVO). B3073

Die Zollbehörden sollten auch kundtun, ob sie die von Dritten gem. Art. 30 Abs. 3 UZK-DVO vorgelegten Schlussfolgerungen eines Sachverständigen akzeptieren oder anderweitige Nachweise vorzulegen sind.

cc) Annahmefiktion

Dem Antragsteller ist das Ergebnis der Prüfung mitzuteilen. Schweigt die Zollbehörde, gilt der Antrag mit Fristablauf als angenommen (Art. 12 Abs. 3 UZK-DVO). B3074

dd) Ablehnung

B3075 Ohne weitere materielle Prüfung der Voraussetzungen und Kriterien für die Erteilung der AEO-Bewilligung lehnen die Zollbehörden den Antrag bei fehlender Registrierung, fehlender Ansässigkeit, fehlender Zuständigkeit und Unvollständigkeit der Informationen trotz Nachforderung ab. Vorab ist rechtliches Gehör zu gewähren (Art. 22 Abs. 6 UZK). Selbstverständlich ist die Nichtannahme ein belastender Verwaltungsakt, gegen den Rechtsmittel möglich sind. Regelmäßig bietet sich jedoch ein neuer Antrag bei den zuständigen Zollbehörden mit vollständigen Angaben an.

Die Ablehnung des Antrags betrifft grundsätzlich keine andere den Antragsteller begünstigenden Entscheidungen, s.Art. 32 UZK-DVO.

ee) Annahme

B3076 Zumeist wird der Antrag angenommen. Als Annahmetag wird der Tag fingiert, an dem die Annahmevoraussetzungen erfüllt sind.

Damit ist die AEO-Bewilligung noch nicht erteilt, vielmehr nur der Startschuss für die Prüfung der eigentlichen materiellen Bewilligungsvoraussetzungen erfolgt.

d) Erlass der Entscheidung

B3077 Für den Erlass der Entscheidung gelten die Regeln des Art. 22 UZK nebst den Ergänzungen in Art. 29 UZK-DVO.

aa) Bearbeitungsfrist

B3078 Mit der Annahme des Antrags beginnt die Bearbeitungsfrist des Art. 22 Abs. 3 UZK von höchstens **120 Tagen**.

Sie kann bis zu 60 Tagen verlängert werden (Art. 28 Abs. 1 UZK-DelVO), wenn die Zollbehörden nicht in der Lage sind, diese einzuhalten. Art. 13 UZK-DelVO sieht eine weitere Verlängerungsmöglichkeit von höchstens 30 Tagen vor, wenn beim Antragsteller zusätzliche Informationen einzuholen sind, um die Entscheidung treffen zu können. Der Antragsteller ist jeweils über die **Fristverlängerung** zu unterrichten.

Schließlich können die Zollbehörden die Frist auch nach Art. 22 Abs. 3 UAbs. 3 UZK auf Antrag des Antragstellers verlängern. Das ist häufig dann gegeben, wenn dieser noch Anpassungen vornehmen will, um die Bedingungen und Voraussetzungen zu erfüllen. Beispielhaft sei das Nachbessern der Sicherheitsstandards genannt.

bb) Konsultation zwischen Zollbehörden

B3079 Die entscheidungsbefugte Zollstelle kann die Zollbehörden anderer Mitgliedstaaten konsultieren (Art. 31 Abs. 1 UZK-DVO). In bestimmten Fällen ist die Konsultation obligatorisch (Art. 14, 31 Abs. 2 UZK-DVO). Das ist regelmäßig der Fall, wenn die notwendigen Informationen – etwa Aufzeichnungen und Unterlagen – in anderen Mitgliedsstaaten aufbewahrt oder dort Lager betrieben oder anderen zollrelevante Tätigkeiten ausgeübt werden.

cc) Vor-Ort-Prüfungen

Um das System der Führung der Geschäftsbücher gem. Art. 39 Buchst. b UZK und die Sicherheitsstandards gem. Art. 39 Buchst. e UZK zu prüfen, sind vor Ort Überprüfungen in allen Räumen vorzunehmen, in denen zollrelevante Tätigkeiten des Antragstellers durchgeführt werden (Art. 29 Abs. 1 UAbs. 1 UZK-DVO). B3080

Ausnahmsweise reicht die Prüfung eines repräsentativen Teils dieser Räumlichkeiten aus (Art. 29 Abs. 1 UAbs. 2 UZK-DVO).

dd) Ergebnisse von Bewertungen oder Prüfungen

Bei der Prüfung aller Bewilligungsvoraussetzungen des Art. 39 UZK kann die entscheidungsbefugte Zollbehörde auf die Ergebnisse von Bewertungen oder Prüfungen zurückgreifen, die nach Unionsrecht durchgeführt wurden (Art. 29 Abs. 2 UZK-DVO). Damit können sowohl die eigenen Erkenntnisse der Zollbehörden verwertet werden als auch andere. Entscheidend ist allein, dass die Prüfungen auf Unionsrecht beruhen. Beispielhaft sei die Prüfung der Sicherheit in der zivilen Luftfahrt genannt, s. Rdnr. B3061. B3081

ee) Externe Gutachten

Die Zollbehörden können die **Ergebnisse externer, unabhängiger Fachleute** im Rahmen der Prüfung des Art. 39 Buchst. b, c und e UZK berücksichtigen. Sie betreffen das System der Führung der Geschäftsbücher, die Zahlungsfähigkeit und die Sicherheitsstandards. B3082

Als unabhängig gelten alle Sachverständigen, die nicht i. S. d. Art. 134 UZK-DVO mit dem Antragsteller verbunden sind.

BEISPIELE:

- Auskunft einer Bank hinsichtlich der Zahlungsfähigkeit.
- Stellungnahme von Wirtschaftsprüfern zum Buchführungssystem.
- Mitteilungen eines Sicherheitsunternehmens zur Gebäudesicherheit.
- Auskunft eines IT-Hauses zur Datensicherung, zum Schutz der Computersysteme vor unbefugtem Eindringen, zur Archivierung.

e) Ablehnung

Erfüllt der Antragsteller die materiellen Bewilligungsvoraussetzungen nicht, ist der Antrag abzulehnen. Dem Antragsteller sind die **Entscheidungsgründe mitzuteilen**. B3083

Sollte der Antragsteller AEO F werden wollen, also die Bewilligung in beiden Varianten beantragt haben, kann es zur Ablehnung einer der Möglichkeiten kommen, wenn nur deren Voraussetzungen nicht vorliegen.

Im Übrigen finden die allgemeinen Regeln des Art. 22 UZK Anwendung einschließlich der Pflicht, vorab rechtliches Gehör zu gewähren (Art. 22 Abs. 6 UZK).

Die Ablehnung der AEO-Bewilligung betrifft gem. Art. 32 UZK-DVO grundsätzlich keine anderen die Antragsteller begünstigenden Entscheidungen, die bereits nach den zollrechtlichen Vorschriften erlassen wurden.

Allerdings werden die Zollbehörden prüfen müssen, ob die Ablehnungsgründe nicht zu einer **Neubewertung bestehender Bewilligungen** Anlass bieten.

f) Erteilung

aa) Anspruch auf Begünstigung

B3084 Der Wirtschaftsbeteiligte hat gem. Art. 38 Abs. 1 UAbs. 2 UZK einen Anspruch auf Bewilligung. Wer die Voraussetzungen erfüllt, bekommt den Status eines zugelassenen Wirtschaftsbeteiligten bewilligt. Das ist ebenfalls im Interesse der Zollverwaltung, die auf diese Weise im Vorfeld konkreter Warenbewegungen Wirtschaftsbeteiligte gründlich prüfen kann.

Deshalb liegt es nicht im Ermessen der einzelnen nationalen Zollverwaltungen, ob sie die von den Zollstellen eines anderen Mitgliedstaates erteilte Bewilligung akzeptieren. Sie sind gem. Art. 26, 38 Abs. 4 UZK gebunden.

bb) Bewilligung

B3085 Die entscheidungsbefugte Zollbehörde erteilt die AEO-Bewilligung entsprechend der beantragten Alternativen AEO C, AEO S oder AEO F. Die Entscheidung entfaltet am fünften Tag nach ihrem Erlass Wirksamkeit (Art. 22 Abs. 4 UZK, Art. 29 UZK-DelVO).

cc) Informationsaustausch

B3086 Bei entsprechender Zustimmung wird die Bewilligungserteilung von der EU-Kommission in der AEO-Datenbank über das Internet öffentlich bekannt gegeben.

http://ec.europa.eu/taxation_customs/dds2/eos/aeo_consultation.jsp?Lang=de

4. Rechtswirkungen der AEO-Bewilligung

a) Geltungsdauer und unionsweite Geltung

B3087 Die Geltungsdauer der AEO-Bewilligung ist nicht befristet (Art. 22 Abs. 5 UZK).

Der AEO-Status hat unionsweite Geltung (Art. 26, 38 Abs. 4 UZK). Er wird in allen Mitgliedstaaten anerkannt. Zudem hat der AEO S und F Bedeutung in den Staaten, mit denen die Abkommen zur gegenseitigen Anerkennung bestehen, s. Rdnr. B 3005.

b) Unterrichtungspflicht

B3088 Der zugelassene Wirtschaftsbeteiligte hat die Zollbehörden über alle nach Bewilligungserteilung eintretenden Ereignisse zu unterrichten, die Auswirkungen auf die Aufrechterhaltung seiner AEO-Bewilligung oder ihren Inhalt haben können (Art. 23 Abs. 2 UZK). Dazu hatte der AEO als Bewilligungsvoraussetzung einen Ansprechpartner zu benennen (s. Rdnr. B 3048) und eine für Sicherheitsfragen zuständige Kontaktperson, s. Rdnr. B3063.

Auch zwischen den Zollbehörden der Mitgliedsstaaten werden sachdienliche Informationen über den AEO ausgetauscht (Art. 35 UZK-DVO).

c) Überwachung

Die Zollbehörden überwachen gem. Art. 23 Abs. 5 UZK wie bei allen Entscheidungen die Bedingungen und Voraussetzungen, die der AEO erfüllen muss. Dazu haben sie ein umfassendes Monitoringverfahren aufgebaut. Ergänzende Regelungen ergeben sich aus Art. 35 UZK-DVO. B3089

d) Neubewertung, Aussetzung, Widerruf und Rücknahme

Wie bei allen Entscheidungen kann es auch bei der AEO-Bewilligung zu einer Neubewertung, Aussetzung, Widerruf, Rücknahme oder Änderung kommen. Dabei gelten grundsätzlich die allgemeinen Regelungen gem. Art. 23 ff. UZK, s. Rdnr. B2038 ff. B3090

aa) Neubewertung

Bei wesentlichen Rechtsänderungen oder begründeten Hinweisen, dass der AEO die einschlägigen Bedingungen und Voraussetzungen nicht mehr erfüllt, ist eine Neubewertung vorzunehmen gem. Art. 23 Abs. 4 Buchst. a UZK, Art. 15 UZK-DelVO, s. Rdnr. B2039. Besonderheiten für den AEO gibt es nicht. B3091

bb) Aussetzung

Auch bei der Aussetzung gem. Art. 23 Abs. 4 Buchst. b UZK gelten zunächst die allgemeinen Regeln (Art. 16 – 18 UZK-DelVO). B3092

(1) Rechtswirkungen

Speziell für den AEO regelt Art. 30 UZK-DelVO Rechtswirkungen der Aussetzung. Drei Dinge sind dabei zu beachten: B3093

- Beim AEO F kann der Status auch nur teilweise ausgesetzt werden, wenn die besonderen Bewilligungsvoraussetzungen für den AEO C nach Art. 39 Buchst. d UZK oder für den AEO S nach Art. 39 Buchst. e UZK nicht erfüllt werden (Art. 30 Abs. 3 UZK-DelVO).
- Die Aussetzung einer Entscheidung, die die Anwendung der zollrechtlichen Vorschriften auf einen AEO betrifft, führt nicht automatisch zur Aussetzung der AEO-Bewilligung (Art. 30 Abs. 2 UZK-DelVO).
- Umgekehrt wirkt sich die Aussetzung einer AEO-Bewilligung wegen Nichterfüllung des Art. 39 UZK auf alle Entscheidungen in Bezug auf diesen AEO aus, die auf der AEO-Bewilligung im Allgemeinen oder auf einer der spezifischen Voraussetzungen beruhen (Art. 30 Abs. 2 UZK-DelVO).

(2) Gegenmaßnahmen

Die nunmehr zu ergreifenden Maßnahmen richten sich nach dem konkreten Grund der Aussetzung. B3094

BEISPIELE:

- Die angemessene **Einhaltung der Zoll- und Steuervorschriften** kann vielfach durch Schulungsmaßnahmen der entsprechenden Mitarbeiter oder Leitungsgremien wiederhergestellt werden.
- Mängel bei den **Geschäftsbüchern oder Beförderungsunterlagen** können durch Änderung der Verwaltungsorganisation, der Archivierung, des Schaffens einer Firewall, Änderungen bei der Zugangsgewährung usw. beseitigt werden. Auch hier bieten sich Schulungsmaßnahmen an.
- **Zahlungsfähigkeit** ist durch neue Bürgschaften, Umschuldungsmaßnahmen oder Auskünfte von Kreditgebern zu belegen.
- **Berufliche oder praktische Befähigungen** können durch Neueinstellungen oder Schulungsmaßnahmen geschaffen werden.
- **Sicherheitsstandards** sind durch Beseitigung der konkret genannten Mängel wiederherzustellen. Dazu können bauliche Veränderungen erforderlich sein. Fehlt einzelnen Mitarbeitern das Sicherheitsbewusstsein, bieten sich ebenfalls Schulungsmaßnahmen an.

cc) Widerruf und Änderung

B3095 Bei Widerruf und Änderung ist zunächst nach den allgemeinen Regeln zu verfahren (Art. 28 f. UZK, Art. 34 UZK-DVO, s. Rdnr. B2050 ff.).

- Die Besonderheiten für den AEO regelt Art. 34 UZK-DVO. Sie entsprechen denen bei der Aussetzung, s. Rdnr. B3090.
- Beim AEO F kann der Status auch teilweise widerrufen werden und als AEO C oder AEO S erhalten bleiben (Art. 34 Abs. 3 UZK-DVO).
- Widerruf oder Änderung anderer Entscheidungen betreffen nicht automatisch die AEO-Bewilligung (Art. 34 Abs. 2 UZK-DVO).

Umgekehrt wirkt sich der Widerruf einer AEO-Bewilligung auf alle Entscheidungen aus, für die der AEO-Status Bedingung war oder die auf einer der spezifischen Voraussetzungen beruhen (Art. 34 Abs. 2 UZK-DVO).

dd) Rücknahme

B3096 Die Rücknahme richtet sich nach Art. 27 UZK ohne AEO-spezifische Besonderheiten, s. Rdnr. B2048 f. In Anlehnung an die vorstehenden Regelungen zu Aussetzung und Widerruf sollte man auch bei der Rücknahme entsprechend Art. 30 UZK-DelVO (s. Rdnr. B3093) bzw. Art. 34 UZK-DVO (s. Rdnr. B3095) verfahren.

B3097–B3099 *(Einstweilen frei)*

5. Begünstigungen aufgrund der AEO-Bewilligung

a) Allgemeines

B3100 Dem AEO C werden gem. Art. 38 Abs. 2 Buchst. a UZK bestimmte zollrechtliche Vereinfachungen gewährt; dem AEO S sicherheitsrelevante Erleichterungen.

Jeder AEO genießt gem. Art. 38 Abs. 6 UZK gegenüber anderen Wirtschaftsbeteiligten Begünstigungen in Bezug auf Zollkontrollen. Dazu gehört, dass weniger häufig eine

Prüfung von Waren oder Unterlagen vorgenommen wird. Weitere Vereinfachungen, Erleichterungen und Begünstigungen sind in Art. 23 f. UZK-DelVO vorgesehen. Zudem sieht die Kommission indirekte Vorteile.

Der UZK selbst nimmt darüber hinaus an vielen Stellen Bezug auf den AEO C. Das geschieht auf dreierlei Art und Weise. Einzelne Vereinfachungen verlangen zwingend den Status des AEO C. Manche Bewilligungen sind davon abhängig, dass einzelne Voraussetzungen des AEO C nach Art. 39 UZK erfüllt werden. Verschiedentlich werden die Bewilligungsvoraussetzungen als erfüllt angesehen, wenn der Antragsteller bereits AEO C ist. B3101

b) Begünstigungen aller AEOs

Einzelne Begünstigungen werden allen AEOs gewährt. So regelt Art. 24 UZK-DelVO die nach Art. 38 Abs. 6 UZK mögliche **günstigere Behandlung bei der Risikobewertung und Kontrolle.** Die Abs. 1 und 3 bis 6 von Art. 24 UZK-DelVO betreffen jeden AEO. B3102

Sie werden gem. Art. 25 UZK-DelVO allerdings nicht angewendet bei Zollkontrollen mit einem besonderen Gefährdungsniveau oder bei Kontrollverpflichtungen aufgrund anderer Rechtsvorschriften der Union.

aa) Warenbeschau und Unterlagenprüfung

Die erste Begünstigung für alle AEOs betrifft die Warenbeschau und Unterlagenprüfung. Gem. Art. 24 Abs. 1 UZK-DelVO werden eine Warenschau und eine Prüfung der Unterlagen weniger häufig vorgenommen. Die geringere Kontrolldichte betrifft einmal die konkreten Im- und Exporte durch einen AEO. Gewollt sind ebenfalls weniger nachträgliche Prüfungen der Unterlagen und damit weniger **Außen- und Betriebsprüfungen**. B3103

bb) Vorabinformation über eine Warenbeschau

Die zweite Begünstigung für alle AEOs betrifft ebenfalls die Warenbeschau. Soll **bei Anmeldungen zur vorübergehenden Verwahrung oder bei einer Zollanmeldung** eine Warenschau stattfinden, ist dem AEO gem. Art. 24 Abs. 3 UZK-DelVO *vor* Gestellung der Waren darüber Mitteilung zu machen, dass seine Sendung ausgewählt wurde. B3104

So ist der AEO bereits vor Gestellung der Waren **über beabsichtigte Kontrollen informiert**. Er kann damit den weiteren Warenfluss gezielt steuern und dem Schweigen der Zollstelle entnehmen, dass keine Warenbeschau stattfinden wird.

Die Mitteilung erfolgt gem. Art. 24 Abs. 3 UAbs. 2 UZK-DelVO nicht, wenn sie die durchzuführenden Kontrollen oder deren Ergebnisse beeinträchtigen könnte.

Art. 24 Abs. 5 UZK-DelVO stellt klar, dass es hier nur um Mitteilungen von Zollkontrollen geht, die *vor* Gestellung der Waren veranlasst werden. Bei den regelmäßig erst auf Grundlage der Anmeldung zur vorübergehenden Verwahrung oder der Zollanmeldung nach Gestellung veranlassten Zollkontrollen besteht kein Anspruch auf eine Vorabinformation.

cc) Vorrang bei angeordneten Kontrollen

B3105 Der dritte Vorteil aller AEOs ist zeitlicher Art. Sollte der AEO ausnahmsweise kontrolliert werden und die angemeldete Sendung für eine Warenbeschau oder eine Prüfung von Unterlagen ausgewählt worden sein, hat die Kontrolle gem. Art. 24 Abs. 4 UAbs. 1 UZK-DelVO vorrangig zu geschehen.

Die dazu erforderlichen organisatorischen Voraussetzungen sollten zwischenzeitlich bei den Zollstellen geschaffen worden sein.

dd) Wahl des Kontrollorts durch den AEO

B3106 Die vierte gemeinsame Begünstigung bezieht sich auf den Kontrollort. Art. 24 Abs. 4 UAbs. 2 UZK-DelVO ermöglicht bei allen AEO-Bewilligungen auf Antrag des AEO Kontrollen an einem anderen Ort als dem der Gestellung der Waren vorzunehmen. Diese bislang schon auf Anordnung der Zollstellen bestehende Möglichkeit, etwa bei Festlegung des Beschauortes, ist damit zugunsten des AEO ausgedehnt worden.

c) Begünstigungen des AEO S

B3107 Neben den vorstehenden Begünstigungen aller AEOs sind weitere Vorteile für den AEO S und damit auch für den AEO F vorgesehen.

aa) Vorabinformation über eine Warenbeschau

B3108 Beim AEO S und damit auch beim AEO F sieht Art. 24 Abs. 2 UZK-DelVO Vorabmitteilungen der ersten Eingangszollstelle über beabsichtigte Warenbeschauen **im Zusammenhang mit einer summarischen Eingangsanmeldung** vor. Vor Ankunft der Waren im Zollgebiet der Union wird der AEO S darüber informiert, dass die Sendung ausgewählt wurde. Die Mitteilung wird gem. Art. 24 Abs. 2 UAbs. 2 UZK-DelVO auch dem Beförderer zur Verfügung gestellt.

Der AEO S sowie der Beförderer können damit den weiteren Warenfluss gezielt steuern und dem Schweigen der ersten Eingangszollstelle entnehmen, dass keine Warenbeschau im Zusammenhang mit der summarischen Eingangsanmeldung stattfinden wird.

Die Mitteilung erfolgt gem. Art. 24 Abs. 2 UAbs. 3 UZK-DelVO nicht, wenn sie die durchzuführenden Kontrollen oder deren Ergebnisse beeinträchtigen könnte. Gleiches gilt gem. Art. 25 UZK-DelVO bei Zollkontrollen mit einem besonderen Gefährdungsniveau oder bei Kontrollverpflichtungen aufgrund anderer Rechtsvorschriften der Union.

Art. 24 Abs. 5 UZK-DelVO stellt für diese Begünstigung klar, dass es hier nicht um Zollkontrollen geht, die erst auf Grundlage der Anmeldung zur vorübergehenden Verwahrung oder der Zollanmeldung *nach* Gestellung veranlasst werden. Bei ihnen besteht kein Anspruch auf eine Vorabinformation.

bb) Vorabanmeldung in Form einer Zollanmeldung oder Wiederausfuhranmeldung

Art. 23 Abs. 1 UZK-DelVO beinhaltet zugunsten des AEO S und damit auch des AEO F Begünstigungen im Zusammenhang mit dem Verbringen von Waren aus dem Zollgebiet der Union. Die dabei gem. Art. 263 Abs. 1 UZK erforderliche Vorabanmeldung kann gem. Art. 263 Abs. 3 UZK auf drei Arten erfolgen. Und zwar mittels B3109

- einer Zollanmeldung (Buchst. a)
- einer Wiederausfuhranmeldung (Buchst. b)
- der summarischen Ausgangsanmeldung (Buchst. c)

In den ersten beiden Fällen sind beim AEO S danach keine weiteren Angaben als die in den Anmeldungen verlangten Angaben erforderlich.

Gleiches gilt, wenn der AEO S oder AEO F als Zollvertreter für eine andere Person, die ebenfalls AEO S oder AEO F ist, derartige Anmeldungen abgibt.

d) Begünstigungen des AEO C

Neben den vorstehenden gemeinsamen Begünstigungen unter III. 5 b) (Rdnr. B3102 – B3106) sind auch für den AEO C und damit auch für den AEO F weitere Vorteile vorgesehen. B3110

aa) Exklusive Vorteile des AEO C

Bestimmte Vorteile verlangen zwingend den Status eines AEO C oder AEO F. B3111

- Reduzierte Gesamtsicherheit oder Absehen von der Sicherheit bei entstandenen Zollschulden (Art. 95 Abs. 3 UZK)
- Beförderung in der vorübergehenden Verwahrung (Art. 148 Abs. 5 Buchst. b UZK und Art. 148 Abs. 5 Buchst. c UZK i.V. m. Art. 118 UZK-DelVO)
- Zentrale Zollabwicklung (Art. 179 UZK)
- Anschreibung in der Buchführung des Anmelders (Art. 182 UZK)
- Eigenkontrolle (Art. 185 UZK)

bb) Unterstelltes Erfüllen der Voraussetzungen

Bei anderen Themen wird das Vorliegen von bestimmten Bewilligungsvoraussetzungen unterstellt, wenn der Antragsteller AEO C oder AEO F ist. B3112

- Praktische oder berufliche Befähigung des AEO (Art. 39 Buchst. d UZK, Art. 27 Abs. 2 UZK-DVO), wenn der Antragsteller eine unter Vertrag genommene Person einsetzt, die AEO C oder AEO F ist.
- Voraussetzungen für den Betrieb von Verwahrungslagern (Art. 148 Abs. 2 Buchst. b UZK)
- Aufzeichnungen für den Betrieb von Verwahrungslagern (Art. 148 Abs. 4 UAbs. 3 UZK)

- Bedingungen für die Bewilligung der regelmäßigen Inanspruchnahme vereinfachter Zollanmeldungen (Art. 166 Abs. 2 UZK, Art. 145 Abs. 2 UZK-DelVO)
- Gewähr für die ordnungsgemäße Durchführung der Vorgänge bei der Bewilligung besonderer Verfahren (Art. 211 Abs. 3 Buchst. b UZK)
- Aufzeichnungen bei besonderen Verfahren (Art. 214 Abs. 2 UZK)
- Ordnungsgemäße Durchführung des Verfahrens bei der Verwendung von Ersatzwaren im Rahmen besonderer Verfahren (Art. 223 Abs. 2 UAbs. 2 UZK)

cc) Abstellen auf Voraussetzungen des Art. 39 UZK

B3113 Schließlich gibt es Regelungen, die auf Art. 39 UZK und damit auf die Bewilligungsvoraussetzungen des AEO verweisen. Man braucht in diesen Fällen kein AEO zu sein, um die Bewilligung zu erhalten. Wer allerdings AEO ist, erfüllt die Voraussetzungen eo ipso.

- Zollvertretung (Art. 18 Abs. 3 UZK)
- Gesamtsicherheit (Art. 95 Abs. 1 UZK)
- Reduzierte Gesamtsicherheit oder Absehen von der Sicherheit bei möglichen Zollschulden (Art. 95 Abs. 2 UZK)

e) Indirekte Vorteile

B3114 Schließlich listen die Leitlinien der Kommission zum zugelassenen Wirtschaftsbeteiligten indirekte Vorteile auf: http://www.zoll.de/DE/Fachthemen/Zoelle/Zugelassener-Wirtschaftsbeteiligter-AEO/Antragsverfahren/Hinweise-Fragebogen-zollrechtliche-Bewilligungen/hinweise-fragebogen-zollrechtliche-bewilligungen_node.html

- Weniger Diebstahl und Verluste
- Weniger Verspätungen im Versand
- Bessere Planung
- Besserer Kundendienst
- Größeres Engagement der Mitarbeiter
- Weniger Sicherheitszwischenfälle
- Geringere Kosten für die Kontrolle der Lieferanten und bessere Zusammenarbeit
- Weniger Kriminalität und Vandalismus
- Mehr Sicherheit und Kommunikation der zwischen den Partnern der Lieferkette
- Anerkennung als sicherer Handelspartner
- Bessere Kontakte zu den Zollbehörden
- Bessere Kontakte und Anerkennung durch andere Behörden

6. Kontrollfragen

		Rdnr.	
1.	Welche drei Arten des AEO kennt der UZK?	B3006	☐
2.	Was versteht man unter einem Wirtschaftsbeteiligten?	B3008 ff.	☐
3.	Können auch drittländische Unternehmen AEO werden?	B3020 ff.	☐
4.	Welche Vorschriften muss ein AEO einhalten?	B3024 ff.	☐
5.	Auf welche Personen stellt man bei der Einhaltung der Vorschriften ab?	B3035 ff.	☐
6.	Welche Punkte beinhaltet ein zufriedenstellendes System der Führung der Geschäftsbücher?	B3045 ff.	☐
7.	Welche weiteren gemeinsamen Voraussetzungen müssen alle AEO erfüllen?	B3049	☐
8.	Was versteht man unter praktischer, was unter beruflicher Befähigung?	B3057 ff.	☐
9.	Welche Punkte umfasst die Prüfung der Sicherheitsstandards?	B3060 ff.	☐
10.	Welche Punkte sind für die Annahme des Bewilligungsantrags zu prüfen?	B3072	☐
11.	Welche Punkte sind vor Ort zu prüfen?	B 3080	☐
12.	Was ist Inhalt der Unterrichtungspflicht und welche Person hat sie gegenüber den Zollbehörden vorzunehmen?	B3088, B3048	☐
13.	Welche Besonderheiten gelten bei Aussetzung und Widerruf?	B3092 ff.	☐
14.	Welche Begünstigungen stehen jedem AEO zu?	B3102 ff., B3114	☐
15.	Welche zusätzlichen Vorteile hat der AEO S?	B3107 ff.	☐
16.	Welche zusätzlichen Vorteile hat der AEO C?	B3111 ff.	☐

IV. Präferenzielles und nicht-präferenzielles Warenursprungsrecht

Schrifttum:

Bernitt/Olarte, Zusätzliche Zollersparnisse durch erweiterte Nutzung von Allgemeinen Präferenzsystemen, AW-Prax 2016, Teil 1, 245 ff., Teil 2, 289 ff.; *Felderhoff,* Art. 24 ZK und „Made in Germany" - (k)ein schwieriges Verhältnis?, AW-Prax 2015, 371 ff.; *Felderhoff,* Der handelspolitische Warenursprung im Unionszollkodex, AW-Prax 2016, 284 ff.; *Felderhoff,* Verletzung der Nämlichkeit durch Vermischen von Waren gleichen Ursprungs?, AW-Prax 2017, 23 ff.; *Felderhoff,* CETA und REX, AW-Prax 2017, 200 ff.; *Felderhoff,* Die Ursprungsregeln im JEFTA-Abkommen, AW-Prax 2019, 131 ff.; *Felderhoff,* EU-Freihandelsabkommen, AW-Prax 2020, 5 ff.; *Felderhoff,* Kulturchampignons als deutsches Produkt, AW-Prax 2020, 39 ff.; *Felderhoff,* EuGH: Ursprungskennzeichnung israelischer Waren, AW-Prax 2020, 132 ff.; *Felderhoff,* Die Beweislastverteilung im handelspolitischen Ursprungsrecht, AW-Prax 2020, 259 ff.; *Felderhoff,* Freihandelsabkommen der EU mit Vietnam, AW-Prax 2020, 376 ff.; *Felderhoff,* Die Wirtschaftspartnerschaftsabkommen der Europäischen Union mit den afrikanischen, karibischen und pazifischen Ländern, ZfZ 2021, 130 ff.; *Frank-Fahle,* Made in

Germany - Herkunftsbezeichnung und Ursprungszeugnis im Lichte des Auslandsgeschäfts, RIW 2020, 12 ff.; *Hallmann/Rogmann,* Sonderbericht des Europäischen Rechnungshofs zu Präferenzhandelsregelungen, AW-Prax 2014, 373 ff.; *Hallmann,* Freihandel mit Südkorea und Kanada, AW-Prax 2016, 129 ff.; *Hannemann-Kacik,* Anwendung eines nicht mehr gültigen Präferenzzollsatzes, 84 ff.; *Harksen/Sieben,* Einfuhrabgabenentstehung bei Verstoß gegen das Drawback-Verbot, AW-Prax 2018, 179 ff.; *Killmann,* Grundsätzliches zu nachträglich, ersatzweise oder als Duplikate ausgestellten Ursprungszeugnissen, AW-Prax 2014, 378 ff.; *Lux,* Einführung in den Zollkodex der Union, ZfZ 2014, Teil 1, 178 ff.; *Lux/Pickett,* Nacherhebung von Antidumpingzöllen bei Waren, die mit einem anderen Ursprung angemeldet wurden, AW-Prax 2015, 250 ff.; *Lux/Pickett,* JEFTA für Zollbeteiligte, ZfZ 2019, 98 ff., 125 ff.; *Meltendorf,* EU-Freihandelsabkommen – Chancen und Herausforderungen, AW-Prax 2018, 479 ff.; *Rogmann,* Vom Mitgliedstaat zum Freihandelspartner, AW-Prax 2021, 55 ff.; *Pickett,* Fehlerhafte Präferenznachweise in der EuGH-Rechtsprechung, AW-Prax 2014, 267 ff.; *Sieben,* Lieferantenerklärungen, AW-Prax 2018, 345 ff., 388ff., 433 ff.; *Sieben/Wemmer,* Die Ursprungsregeln im Handels- und Kooperationsabkommen der EU mit dem Vereinigten Königreich, AW-Prax 2021, 62 ff.; *Stein/Voss,* EU-UK Handels- und Kooperationsabkommen: Eine erste Analyse, ZfZ 2021, 2 ff.; *Wolffgang/Felderhoff,* EU-Freihandelsabkommen, AW-Prax 2014, 3 ff.

1. Differenzierung zwischen präferenziellem und nicht-präferenziellem („handelspolitischem“) Warenursprung

B4000 Der Unionszollkodex (wie auch schon der Zollkodex) differenziert zwischen dem präferenziellen und dem nicht-präferenziellen Warenursprung. Der präferenzielle Warenursprung zielt darauf ab, Zollsatzermäßigungen zu gewähren, sofern aus bestimmten (gegebenenfalls einseitig) begünstigten Ländern importiert oder in bestimmte völkervertraglich begünstigte Länder exportiert wird (Überblick zu bereits bestehenden und künftigen Präferenzmaßnahmen bei Wolffgang/Felderhoff, AW-Prax 2014, 3 ff.; Meltendorf, AW-Prax 2018, 479 ff.). Der nicht-präferenzielle Warenursprung hat hingegen zum Ziel, die Anwendung von handelspolitischen Maßnahmen zu sichern, die an den Warenursprung anknüpfen. Praktisch von besonderer Relevanz sind hier handelspolitische Schutzmaßnahmen wie **Antidumpingzölle** (s. zum Zusammenhang von nicht-präferenziellem Warenursprung und Antidumpingzöllen gerade bei sog. Umgehungseinfuhren: Lux/Pickett, ZfZ 2014, 250 ff.).

Für den präferenziellen Ursprung ist zu beachten, dass die Präferenzabkommen jeweils Ursprungsprotokolle enthalten, die für die Bestimmung des Ursprungs in der jeweiligen Präferenzzone maßgeblich sind. Es gibt somit **keinen absoluten, für alle Präferenzregelungen geltenden Ursprung,** sondern immer nur den Ursprung im Sinne der jeweiligen Präferenzregelung. Ob eine konkrete Wareneinfuhr in die EU oder einen Drittstaat mit Zollvergünstigung möglich ist, lässt sich demzufolge nur nach Durchsicht der speziellen Regelungen bestimmen, die im Zweifel heranzuziehen sind.

Anders sieht es beim nicht-präferenziellen Warenursprung aus: Diese Form des Ursprungs ermöglicht es gerade, **jede beliebige Ware** der Volkswirtschaft eines konkreten Landes zuzuordnen. Anders als es die Terminologie „präferenziell“ und „nicht-präferenziell“ suggeriert, stehen beide Formen des Ursprungs nicht in einem Spezialitätsverhältnis zueinander, sondern verfolgen voneinander unabhängige Ziele. Insofern ist es sinnvoll, zur besseren Abgrenzung der Begriffe voneinander vom **handelspolitischen Warenursprung** zu sprechen, soweit der nicht-präferenzielle Warenursprung gemeint ist. Zum Teil wird in Bezug auf den handelspolitischen Warenursprung auch vom „IHK-Ursprung" gesprochen, da in Deutschland die Industrie- und Handelskammern für die Ausstellung von Ursprungszeugnissen verantwortlich sind (vgl. § 1 Abs. 3 IHK-Gesetz).

Nicht mit diesen beiden Formen des Ursprungs verwechselt werden sollte der sog. **„Made in"**-Ursprung (z. B. „Made in Germany"). Bei dieser bislang europaweit nicht einheitlich geregelten Form der Produktkennzeichnung (die somit nach deutschem Recht zu beurteilen ist) wurde in der Vergangenheit in der deutschen Rechtsprechung vereinzelt darauf abgestellt, dass das Vorliegen des handelspolitischen Ursprungs eine Indizwirkung für das Vorliegen des „Made in"-Ursprungs entfalte. Der Bundesgerichtshof aber entschied im Jahr 2014 zum Verhältnis der beiden Ursprungsformen, dass diese streng voneinander getrennt zu prüfen sind (BGH, Beschluss v. 27.11.2014, I ZR 16/14 = AW-Prax 2015, 371 ff.). Dies bedeutet umgekehrt, dass die Kennzeichnung „Made in Germany" auch keine Indizwirkung für den handelspolitischen Ursprung entfalten kann (s. hierzu Frank-Fahle, RIW 2020, 12 ff.).

ABB. 9: Ursprung

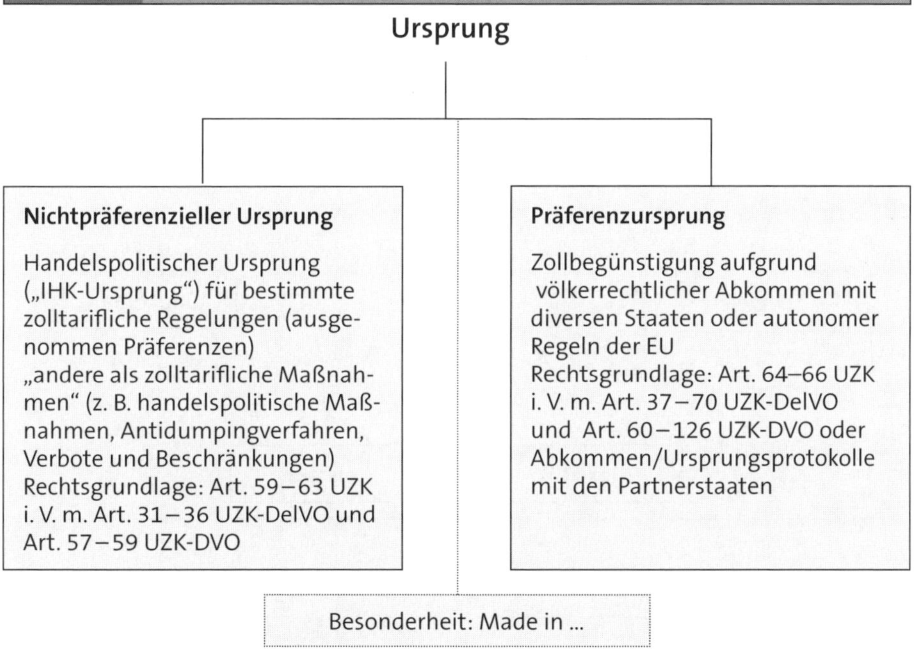

2. Der präferenzielle Warenursprung

a) Rechtsgrundlagen für den präferenziellen Warenursprung

Die autonomen oder vertraglichen Präferenzmaßnahmen der EU sind davon abhängig, B4001
dass die Waren ihren Ursprung in dem Land der jeweiligen Präferenzpartei haben, soweit nicht, wie im Rahmen der Zollunion der EU mit der Türkei, auf die Freiverkehrs-

eigenschaft der Ware abgestellt wird (s. hierzu Kapitel E.IV.). Unter welchen Bedingungen die Herstellung einer Ware dieser den Ursprung in einem Land verleiht, ergibt sich über **Art. 64 – 66 UZK** entweder aus der UZK-DelVO und der UZK-DVO (bei autonomen Präferenzmaßnahmen: Art. 37 – 70 UZK-DelVO in Bezug auf die materiellen Präferenzursprungsregeln und Art. 60 – 126 UZK-DVO in Bezug auf den Nachweis des präferenziellen Ursprungs) oder den **Präferenzabkommen** (bei vertraglichen Zollvergünstigungen). Darüber hinaus ist im UZK in Art. 67, 68 das Recht der Kommission begründet, in Fällen äußerster Dringlichkeit zur Sicherung einer einheitlichen und ordnungsgemäßen Anwendung der Ursprungsregeln bestimmte zur Erreichung dieses Ziels notwendige Durchführungsrechtsakte zu erlassen.

ABB. 10: Präferenzen/Ursprungspräferenz

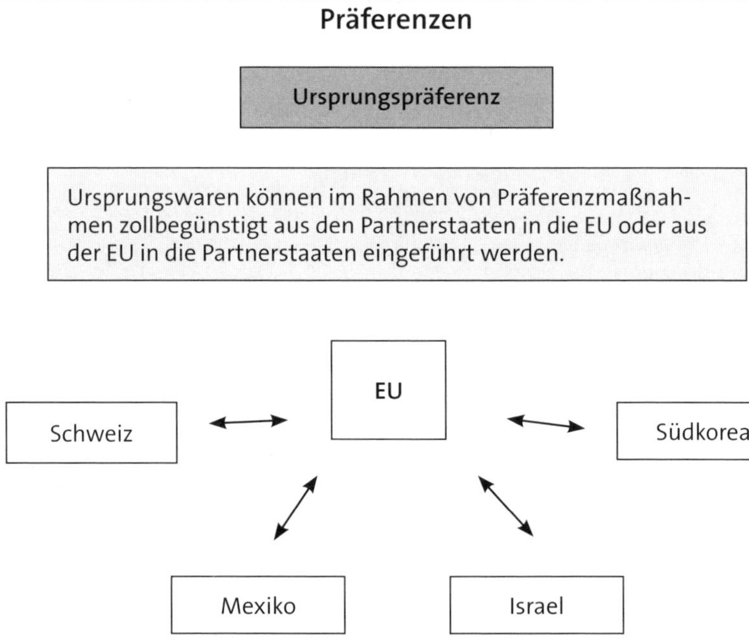

HINWEIS:

Eine Auflistung aller Präferenzregelungen mit den jeweiligen Bedingungen für den Ursprungserwerb ist auf der Homepage der deutschen Zollverwaltung eingestellt unter www.zoll.de.

Über die Funktion „Warenursprung und Präferenzen online" können die für konkrete Produkte geforderten ursprungsverleihenden Bedingungen ermittelt werden. Die Generaldirektion für Steuern und Zölle (TAXUD) hat zudem auf ihrer Homepage ein Guidance-Dokument zur Anwendung der Präferenzursprungsregeln veröffentlicht (Stand: Juni 2020; online erhältlich unter: https://ec.europa.eu/taxation_customs/system/files/2020-06/01_2019_guidance_preferential_origin.pdf).

b) Erwerb der Ursprungseigenschaft

Voraussetzung einer präferenziellen Vorzugsbehandlung ist, dass die jeweilige Ware ihren Ursprung in einer der zu der jeweiligen Präferenzzone gehörenden Präferenzpartei hat. Der Ursprung wird entweder durch die vollständige Erzeugung oder durch die ausreichende Be- oder Verarbeitung der Ware gewonnen. B4002

ABB. 11: Präferenzen/Ursprungskriterien

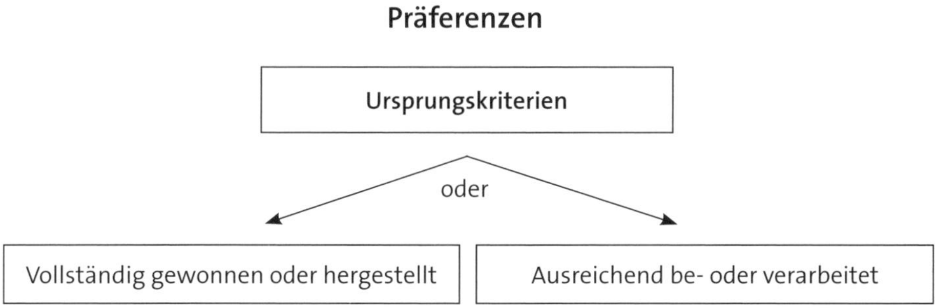

aa) Vollständige Erzeugung der Ware

Alle Präferenzzonen sehen vor, dass Waren dann ihren Ursprung in einer Präferenzpartei haben, wenn sie dort vollständig erzeugt („**naturalisiert**") worden sind. Die autonomen und vertraglichen Präferenzmaßnahmen sehen kasuistische Aufzählungen vor (z. B. Art. 44 UZK-DelVO, Art. 4 Anlage I zum Regionalen Übereinkommen über Ursprungsregeln [im Weiteren: RUE]). B4003

BEISPIELE:

- Gewinnung mineralischer Erzeugnisse aus dem Boden oder Meeresgrund
- Ernte pflanzlicher Erzeugnisse
- Jagdbeute, Fischfänge
- Sammlung von Altwaren zur Gewinnung von Rohstoffen
- Abfälle im Rahmen von Produktionstätigkeiten

bb) Ausreichende Be- oder Verarbeitung der Ware

Den größten und schwierigsten Anwendungsbereich des Ursprungserwerbs haben aufgrund der internationalen **arbeitsteiligen Produktion** die Vorschriften, die den Präferenzursprung in den Fällen bestimmen, in denen Waren unter **Verwendung von Teilen verschiedener Länder** hergestellt werden, z. B. Art. 45 UZK-DelVO, Art. 5 Anlage I RUE. Die Präferenzregeln setzen regelmäßig voraus, dass die bei der Produktion des Fertigerzeugnisses verwendeten Vormaterialien, die ihren Ursprung nicht in dem Herstellungsland des Fertigerzeugnisses haben, dort im Rahmen der Produktion ausreichend B4004 be- oder verarbeitet worden sein müssen. Die **Bearbeitung** zeichnet sich dadurch aus, dass die Ware als solche erhalten bleibt (z. B. Beschichten von Metallplatten), während die Ware bei der **Verarbeitung** neue Wesensmerkmale erhält (z. B. elektronische Bauteile zu einem Computer). Aufgrund der bei einigen Präferenzmaßnahmen bestehenden **Kumulierungsregeln** für Ursprungserzeugnisse der gesamten Präferenzzone müssen aber nur solche Vormaterialien ausreichend bearbeitet werden, die ihren Ursprung in keinem Land der gesamten Präferenzzone haben, nur solche gelten als **„Vormaterialien ohne Ursprungseigenschaft"**.

(1) Positionswechsel

B4005 Ältere autonome und vertragliche Präferenzmaßnahmen unterstellten eine ausreichende Be- oder Verarbeitung der Vormaterialien, wenn sämtliche bei der Herstellung verwendeten Vormaterialien, die ihren Ursprung nicht in dem Herstellungsland des Fertigerzeugnisses hatten, nach der Behandlung in eine andere Position des HS einzureihen waren. Der Hintergrund dieser Regel war, dass der Positionswechsel normalerweise einen intensiven Arbeits- und Kapitaleinsatz voraussetzt, der es rechtfertigt, das Erzeugnis der Wirtschaft des Landes zuzurechnen, in dem die Behandlung stattgefunden hat. Das Abstellen auf den Positionswechsel ist heute als Grundregel nicht mehr gängig, da dieses Kriterium aus Sicht einer geforderten Wertsteigerung für die Ursprungserlangung zu ungenau ist.

(2) Listenregeln

B4006 Die in den letzten Jahren reformierten oder erst abgeschlossenen Präferenzmaßnahmen wenden eine andere Methode an. Hintergrund ist, dass das Zolltarifschema nicht für die Ursprungsbestimmung geschaffen wurde. Zum einen gibt es Fälle, in denen erhebliche Be- oder Verarbeitungen vorgenommen worden sind, ohne dass ein Positionswechsel stattfindet, und zum anderen kann es zu einem Positionswechsel kommen, obwohl die Behandlung im Hinblick auf den Kapital- und Arbeitseinsatz nur als unwesentlich anzusehen ist. Daher sind die **modernen Präferenzmaßnahmen auf Listen umgestellt** worden. Sie weichen vom Positionswechsel als Grundsatz ab und verwenden **Gesamtwarenlisten** für alle Erzeugnisse. Diese Listen enthalten zu allen Waren eigenständige Regeln für die erforderliche Be- oder Verarbeitung von Vormaterialien ohne Ursprung **(drittländisches Vormaterial**). Manchmal bestehen die Regeln im Positionswechsel, in anderen Fällen in Wert- oder Produktionskriterien. Einem Fertigerzeugnis wird nach den Listenregeln nur dann der Ursprung des Herstellungslandes verliehen, wenn die in den Listen aufgeführten Bedingungen eingehalten werden. Eine Vielzahl von Waren wird in den Spalten 1 und 2 der Listen nach Position des HS und Warenbezeichnung aufgeführt, für die in Spalte 3 bzw. alternativ Spalte 4 ursprungsbegründende Kriterien (z. B. Positionswechsel, Wertklauseln oder Produktionsstufen) genannt werden.

HINWEIS:

Deutliche Ausnahmen von diesem Grundsatz stellen das sog. „Comprehensive and Economic Trade Agreement" (CETA), das zwischen der EU und Kanada ausgehandelt wurde, das sog. "Japan-EU Free Trade Agreement" (JEFTA) zwischen der EU und Japan sowie das Freihandelsabkommen zwischen der EU und Großbritannien („Trade and Cooperation Agreement", TCA) dar (zur Gegenüberstellung der Ursprungsregeln dieser komplexen Freihandelsabkommen: Felderhoff, AW-Prax 2020, 5 ff.; Sieben/Wemmer, AW-Prax 2021, 62 ff.). In diesen Abkommen sind nur zwei Spalten enthalten (jeweils durch Zusammenfassung der Inhalte der sonstigen Spalten 1 und 2 sowie 3 und 4) und in den Abkommen mit Singapur und Vietnam drei Spalten (jeweils durch Zusammenfassung der Inhalte der sonstigen Spalten 3 und 4).

Das CETA-Abkommen enthält auch zu vielen weiteren der nachfolgenden überblicksweise dargestellten Ursprungsregeln zum Teil abweichende Bestimmungen, worauf die deutsche Zollverwaltung u. a. mit einem eigenen Merkblatt zu den CETA-Ursprungsregeln reagiert hat (Überblick zum CETA-Abkommen bei Hallmann, AW-Prax 2016, 129 ff., Felderhoff, AW-Prax 2017, 200 ff. und der unter Zoll.de eingerichteten CETA-Informationsseite, die das CETA-Merkblatt, das Merkblatt zum Registrierten Ausführer sowie eine Verwaltungsabsprache zwischen der EU und Kanada zur Auslegung der CETA-Ursprungsregeln (Guidance on Rules of Origin) enthält: http://www.zoll.de/DE/Fachthemen/Warenursprung-Praeferenzen/Praeferenzen/Praeferenzraeume/CETA/ceta_node.html).

Ebenfalls mit einem eigenen Merkblatt hat die deutsche Zollverwaltung auf die besonders komplexen JEFTA-Ursprungsregeln reagiert (Überblick zum JEFTA-Abkommen bei Felderhoff, AW-Prax 2019, 131 ff.; Lux/Pickett, ZfZ 2020, 98 ff., 125 ff. und der unter Zoll.de eingerichteten JEFTA-Informationsseite, die das JEFTA-Merkblatt und das Merkblatt zum Registrierten Ausführer (REX) enthält: https://www.zoll.de/DE/Fachthemen/Warenursprung-Praeferenzen/Praeferenzen/Praeferenzraeume/EU-Japan-EPA/eu-japan-epa_node.html).

Mit einem weiteren Merkblatt hat die deutsche Zollverwaltung auf die komplexen TCA-Ursprungsregeln reagiert (Überblick zum TCA-Abkommen bei: Stein/Voss, ZfZ 2021, 2 ff.; Rogmann, AW-Prax 2021, 55 ff.; Sieben/Wemmer, AW-Prax 2021, 62 ff. und der unter Zoll.de eingerichteten TCA-Informationsseite, die das TCA-Merkblatt und das Merkblatt zum Registrierten Ausführer (REX) enthält: https://www.zoll.de/DE/Fachthemen/Warenursprung-Praeferenzen/Praeferenzen/Praeferenzraeume/TCA/tca_node.html).

BEISPIELE:

(1) Positionswechsel:

Die Vormaterialien drittländischen Ursprungs müssen ihre zolltariflichen Positionen (Viersteller nach dem HS) nach der Be- oder Verarbeitung gewechselt haben; d. h. das Fertigprodukt hat eine andere Position als die Vormaterialien (z. B. dürfen nur solche drittländischen Vormaterialien bei der Herstellung von Flecht- und Korbmacherwaren des Kap. 46 verwendet werden, die ihre HS-Position zum Endprodukt hin wechseln).

(2) Wertklausel:

Die Zollwerte der Vormaterialien drittländischen Ursprungs dürfen eine bestimmte Höchstgrenze des Ab-Werk-Preises des Fertigerzeugnisses nicht überschreiten (z. B. bei Kraftwagen aus dem Kap. 87 dürfen die drittländischen Vormaterialien nicht mehr als 40 % des Ab-Werk-Preises des Fertigproduktes ausmachen).

(3) Produktionsstufen:

Die Vormaterialien drittländischen Ursprungs müssen mehrere Produktionsstufen durchlaufen haben (z. B. bei Bekleidung des Kap. 61 nicht nur die Konfektionierung aus Geweben, sondern sogar die Herstellung aus Garnen).

HINWEIS:

Bei der Anwendung der Listen sind jeweils Erläuternde Bemerkungen zu beachten, die den Listen vorangestellt sind, z. B. UZK-DelVO Anhang 22-03, Ursprungs-Protokolle.

Einige Ursprungsprotokolle sehen eine **Toleranzklausel** für den Fall vor, dass bei der Produktion Drittlandsvormaterialien verwendet werden, die nach den Listenbedingungen ausgeschlossen sind. Werden sie z. B. nur bis zu **10 %** des Ab-Werk-Preises eingesetzt, ist die Verwendung ursprungsunschädlich (z. B. Art. 48 UZK-DelVO, Art. 5 Abs. 2 Anlage I RUE). Die insgesamt in den Listenbedingungen genannte Wertgrenze an Drittlandsvormaterialien darf dadurch aber nicht überschritten werden.

HINWEIS:

Für Textilien (Kap. 50 – 63 HS) gelten jedoch Sonderregeln, die sich in der Regel aus der Bemerkung 6 der Einleitenden Bemerkungen zu den Warenlisten der Ursprungsprotokolle ergeben.

(3) Minimalbehandlungen

B4007 Alle Präferenzmaßnahmen enthalten Regelungen darüber, welche Be- oder Verarbeitungen von Vormaterialien mit Drittlandsursprung als Minimalbehandlungen und damit für die Verleihung eines anderen Ursprungs als nicht ausreichend anzusehen sind, z. B. Art. 47 UZK-DelVO, Art. 6 Anlage I RUE.

BEISPIELE:

- Behandlungen zur Erhaltung der Ware während des Transports oder der Lagerung,
- Sieben, Aussondern, Einordnen, Sortieren,
- Waschen, Anstreichen,
- einfaches Abfüllen, einfaches Mischen oder einfaches Zusammenfügen,
- Anbringen von Etiketten,
- Schlachten von Tieren.

Ob eine Minimalbehandlung den Ursprungserwerb verhindert, ist nur dann zu prüfen, wenn die Produktionsvorgänge ausschließlich mit drittländischen Vormaterialien erfolgt sind. Wurden auch Vormaterialien mit Ursprung in der in Frage stehenden Präferenzzone verwendet, ist nur auf die Listenregeln abzustellen. Insofern ist eine **Gesamtbetrachtungsweise** vorzunehmen (so z. B. Art. 47 Abs. 3 UZK-DelVO, Art. 6 Abs. 2 Anlage I RUE).

(4) Neutrale Elemente

Alle Präferenzmaßnahmen sehen vor, dass bei der Ursprungsbestimmung eines Fertigerzeugnisses unbeachtet bleibt, welchen Ursprung bei der Produktion eingesetzte **Energie, Brennstoffe, Anlagen und Ausrüstung, Maschinen und Werkzeuge** haben, z. B. Art. 52 UZK-DelVO, Art. 10 Anlage I RUE. B4008

cc) Sonderfälle

(1) Territorialitätsprinzip

Alle Präferenzmaßnahmen enthalten eine Regelung, dass Ursprungswaren, die außerhalb des Gebiets der Präferenzparteien be- oder verarbeitet worden sind, dadurch ihren Anspruch auf die Präferenzbehandlung verlieren, z. B. Art. 42 UZK-DelVO, Art. 11 Anlage I RUE. Die Waren **gelten mit Verlassen der Präferenzzone als Erzeugnisse drittländischen Ursprungs**. Ausgenommen davon sind Rückwaren, die nach ihrer Ausfuhr wiedereingeführt werden und für die glaubhaft dargelegt wird, dass sie mit den ausgeführten Waren identisch sind und im Drittland nur eine auf die Erhaltung ihres Zustands gerichtete Behandlung erfahren haben. Mehrere EU-Präferenzmaßnahmen sehen zudem eine 10 %-Toleranzklausel vor, nach der Produktionsprozesse außerhalb der Präferenzzone ursprungsunschädlich durchgeführt werden dürfen, wenn diese Behandlungen diesen Prozentanteil nicht überschreiten (z. B. Art. 11 Anlage I RUE). B4009

Soweit Ursprungserzeugnisse eines Landes in ein anderes Land derselben Präferenzzone verbracht werden und dort keine oder nur eine minimale Behandlung erfahren, können sie zu Präferenzbedingungen in das erste Land **zurückgebracht** werden. Allerdings kann in diesen Fällen den Waren auch die Eigenschaft von **Rückwaren** mit der entsprechenden Vorzugsbehandlung zukommen, Art. 203 UZK. Soweit sie nicht als Rückwaren einzustufen sind, ist für sie ein Präferenznachweis auszustellen, der den Ursprung in dem ersten Land bescheinigt.

(2) Unmittelbare Beförderung

Die Eigenschaft als Ursprungserzeugnis eines Landes wird in den autonomen und vertraglichen Präferenzmaßnahmen regelmäßig nur bei unmittelbarer Beförderung des Erzeugnisses aus dem Ursprungsland in das Bestimmungsland anerkannt, z. B. Art. 12 Anlage I RUE. Eine solche liegt dann vor, wenn beim Transport **kein Drittlandsgebiet berührt** wird. B4010

In vielen Fällen ist diese Voraussetzung bereits aus geographischen Gründen nicht einzuhalten. Daher sehen die Präferenzregeln vor, dass eine Beförderung durch nicht zur Präferenzzone gehörende Länder unschädlich ist, wenn die Erzeugnisse im **Durchfuhrland unter zollamtlicher Überwachung** geblieben und dort nicht in den Handel oder freien Verkehr gelangt sind. Zulässig sind dabei zollamtlich überwachte Behandlungen wie Umladung, vorübergehende Einlagerung oder Erhaltungsmaßnahmen. Im Einfuhrland sind in solchen Fällen beweiskräftige Unterlagen vorzulegen wie durchgehende Frachtpapiere oder zollamtliche Bescheinigungen.

HINWEIS:

Im APS und einigen weiteren EU-Präferenzmaßnahmen ist die Regelung zur unmittelbaren Beförderung nicht wie oben dargestellt enthalten. Stattdessen wird in Art. 43 UZK-DelVO vermutet, dass die ausgeführten Erzeugnisse dieselben sind wie diejenigen, die bei der EU-Zollstelle zur Überführung in den freien Verkehr angemeldet werden. Hat der Zoll aber Zweifel am Ursprung der Erzeugnisse, so kann er weitere Nachweise anfordern (vgl. zu dieser Thematik EuGH, Urteil v. 7.4.2016 - C-294/14, ADM Hamburg, ECLI:EU:C:2016:210, ZfZ 2016, 174 ff. = AW-Prax 2017, 23 ff.).

(3) Kumulierungsregeln

B4011 In zahlreichen Präferenzmaßnahmen ist geregelt, dass Produktionsvorgänge, die in einem oder mehreren Ländern der Präferenzzone vorgenommen worden sind, beim Erwerb der Ursprungseigenschaft angerechnet bzw. mitgezählt („kumuliert“) werden. Zu unterscheiden ist dabei grundsätzlich zwischen der **vollen** und der **eingeschränkten** Kumulierung. Letztere wiederum ist in mehrere Unterarten aufgegliedert, wobei vor allem die **bilaterale** und die **diagonale** Kumulierung eine Rolle spielen.

(aa) Volle Kumulierung

B4012 Die volle Kumulierung zeichnet sich dadurch aus, dass **jeder (Teil-)Herstellungsvorgang** an Vormaterialien in der jeweiligen Präferenzzone bei der Bestimmung des Ursprungs des Endprodukts berücksichtigt wird, z. B. im EWR. Der Produktionsschritt muss also selbst noch nicht ursprungsbegründend sein. Der Ursprung entsteht dann erst bei der Weiterverarbeitung in einem anderen Land der Kumulierungszone.

BEISPIEL:

In Norwegen Herstellung von Gewebe (Pos. 5208) aus Garn, statt aus natürlichen Fasern. Weiterverarbeitung des Gewebes in der EU zu Bekleidung (Kap. 61).

Beide Produktionsstufen zusammen (Garn zu Gewebe, Gewebe zu Bekleidung) sind erst ursprungsbegründend, da Waren des Kap. 61 grundsätzlich zwei Produktionsstufen durchlaufen müssen. Es entsteht EWR -Ursprung.

(bb) Eingeschränkte Kumulierung

B4013 Bei der eingeschränkten Kumulierung werden nur solche Herstellungsvorgänge an Vormaterialien bei der Ursprungsbestimmung des Endprodukts angerechnet, die für die **Vormaterialien bereits ursprungsbegründend** waren.

Bei der **bilateralen** Kumulierung werden die Produktionsergebnisse, die an einer Ware in einem Land erzielt worden sind, dem Fertigungsprozess in **einem anderen** Land derselben Präferenzzone zugerechnet, wenn die Ware dort mehr als minimal weiter behandelt wird.

Bei der **multilateralen** bzw. **diagonalen** Kumulierung werden darüber hinaus auch Produktionsvorgänge mitgewertet, die weder in dem einen noch dem anderen, **sondern einem dritten Land** derselben Präferenzzone stattgefunden haben, z. B. CARIFORUM, Mittelmeerländer, westliche Balkanstaaten. Die diagonale Kumulierung stellt eine Weiterentwicklung der multilateralen Kumulierung dar: Während bei der multilateralen Kumulierung das hergestellte Ursprungserzeugnis in eine der am Produktionsprozess beteiligten Parteien geliefert werden musste, kann bei der diagonalen Kumulierung das hergestellte Ursprungserzeugnis in eine andere Vertragspartei, die nicht zwangsläufig mit Vorlieferungen beteiligt war, geliefert werden.

Besondere Bedeutung haben die multilaterale bzw. diagonale Kumulierung mit dem Entstehen eines großen paneuropäischen Produktionsraums gewonnen. Seit dem 1.1.1999 wurde von einer **Paneuropäischen Freihandelszone** gesprochen, bestehend aus: Bulgarien, Europäische Gemeinschaft, Estland, Island, Lettland, Liechtenstein, Litauen, Norwegen, Polen, Schweiz, Slowakische Republik, Slowenien, Tschechische Republik, Türkei, Ungarn (sog. **paneuropäische Kumulierungszone).** Mittlerweile sind bis auf die Schweiz, Liechtenstein, Norwegen, Island und die Türkei alle vorab genannten Staaten der Kumulierungszone der EU beigetreten. Somit hat die Bedeutung dieser Kumulierungszone für sich betrachtet abgenommen.

Die neuen Präferenzabkommen mit den Mittelmeerländern sehen aber eine Ausdehnung der paneuropäischen Kumulierung auf den mediteranen Raum vor (sog. **„Pan-Euro-Med-Zone“**). Die Mittelmeerländer (Ägypten, Algerien, Gaza/Westjordanland, Israel, Jordanien, Libanon, Marokko, Syrien, Tunesien), die EU, die Färöer und die Staaten der „Altzone“ bilden somit eine **Paneuromediterane Kumulierungszone**. Praktisch ist die Anwendung der neuen Kumulierungsregeln nicht einfach, was vor allem mit dem sog. **Prinzip der variablen Geometrie** zu tun hat. Demnach ist die PAN-EURO-MED-Kumulierung nur zulässig, wenn das Land der Endfertigung und das Endbestimmungsland mit allen am Erwerb der Ursprungseigenschaft beteiligten Ländern (also mit den Ländern, in denen die verwendeten Vormaterialien ihren Ursprung haben) Freihandelsabkommen mit denselben Ursprungsregeln geschlossen haben. Der Prozess der Anwendbarkeit der diagonalen Kumulierung zwischen diesen Staaten ist bislang nicht abgeschlossen worden.

Parallel dazu hat die EU auch mit den westlichen Balkanstaaten eine Kumulierungszone im Rahmen der Schaffung von Stabilisierungs- und Assoziierungsabkommen mit diesen Ländern entwickelt (sog. **„SAP-Zone“**). Teilnehmende Länder in dieser Zone sind neben der EU die Türkei, Serbien, Montenegro, Albanien und Mazedonien sowie Bosnien und Herzegowina. Das Prinzip der variablen Geometrie zwischen diesen Ländern ist mittlerweile vollständig erfüllt worden.

Mit dem **„Regionalen Übereinkommen über Ursprungsregeln“** (ABl. EU 2013 Nr. L 54/4) sollen die Pan-Euro-Med-Zone und die SAP-Zone zu einer einzigen Kumulierungszone verbunden werden, die die Anwendbarkeit der diagonalen Kumulierung zwischen allen vorab genannten Staaten erlauben würde. Erforderlich wäre abermals die Erfüllung des **Prinzips der variablen Geometrie**. Notwendig ist hierfür, dass das Ursprungsprotokoll im bisherigen Freihandelsabkommen zwischen den jeweiligen Staaten durch das Regionale Übereinkommen ersetzt wird. Fortschritte hat es in diesem Zusammenhang bereits vor allem zwischen den Staaten der ursprünglichen paneuropäischen Freihandelszone und den westlichen Balkanstaaten gegeben (s. hierzu auch Kapitel E.IV.). Die Europäische Kommission veröffentlicht in unregelmäßigen Abständen im Amtsblatt C eine aktuelle Matrix, in der die möglichen Länderkombinationen gekennzeichnet sind (derzeit ABl. EU 2020 Nr. C 322/3).

Im Allgemeinen Präferenzsystem der Entwicklungsländer wird die diagonale Kumulierung als **regionale Kumulierung** bezeichnet, Art. 55 UZK-DelVO (s. hierzu näher Bernitt/Olarte, AW-Prax 2016, Teil 1, 245 ff., Teil 2, 289 ff.).

BEISPIELE:

(1) Bilaterale Kumulierung

Nähmaschinen (Pos. 8452) werden aus Kenia in die EU eingeführt; Ab-Werk-Preis 100 €; für die kenianische Produktion sind aus der EU Teile im Wert von 80 € entgeltlich zugeliefert worden. Bei der Herstellung sind Vormaterialien der Position 8452 verwendet worden.

Nach der Wertregel des APS zu Pos. 8452 darf Vormaterial ohne kenianischen Ursprung nur bis zu 70 % (hier 70 €) des Ab-Werk-Preises verwendet werden, um kenianischen Ursprung zu erlangen. Aufgrund der bilateralen Kumulierung gelten die EU-Vormaterialien nicht als drittländische, sondern als kenianische Vormaterialien (Art. 55 UZK-DelVO). Damit erlangen die Nähmaschinen kenianischen Ursprung und können präferenzbegünstigt zum APS-Zollsatz in die EU eingeführt werden.

(2) Diagonale Kumulierung (Paneuropa)

Nähmaschinen (Pos. 8452) werden aus der Schweiz in die EU eingeführt; Ab-Werk-Preis 100 €; für die schweizerische Produktion sind folgende Zulieferungen erfolgt: aus der EU Teile im Wert von 20 €, aus China Teile im Wert von 30 €, aus Norwegen Teile im Wert von 15 €.

Nach der Listenbedingung in der Anlage I zum Regionalen Übereinkommen zu Pos. 8452 darf Vormaterial ohne schweizerischen Ursprung nur bis zu 40 % (hier 40 €) des Ab-Werk-Preises verwendet werden, um den Ursprung „Schweiz“ zu erlangen. Aufgrund der diagonalen Kumulierung gelten die EU-Vormaterialien nicht als drittländische, sondern als schweizerische Vormaterialien; Art. 3 Abs. 1 Anlage I RUE. Gleiches gilt wegen der paneuropäischen Präferenzzone auch für die Vormaterialien mit norwegischem Ursprung, Art. 3 Abs. 1 Anlage I RUE. Damit sind nur noch drittländische Vormaterialien aus China im Wert von 30 € verwendet worden; die Listenbedingung ist also eingehalten. Die Nähmaschinen haben den Ursprung „Schweiz“.

(3) Diagonale Kumulierung (Paneuromed)

Nähmaschinen (Pos. 8452) werden aus der Schweiz in die EU eingeführt; Ab-Werk-Preis 100 €; für die schweizerische Produktion sind folgende Zulieferungen erfolgt: aus der EU Teile im Wert von 20 €, aus China Teile im Wert von 30 €, aus Israel Teile im Wert von 15 €.

Nach der Listenbedingung der Anlage I zum Regionalen Übereinkommen zu Pos. 8452 darf Vormaterial ohne schweizerischen Ursprung nur bis zu 40 % (hier 40 €) des Ab-Werk-Preises verwendet werden, um den Ursprung „Schweiz“ zu erlangen. Aufgrund der diagonalen Kumulierung gelten die EU-Vormaterialien nicht als drittländische, sondern als schweizerische Vormaterialien; Art. 3 Abs. 1 Anlage I RUE. Gleiches gilt wegen der paneuromediterranen Präferenzzone auch für die Vormaterialien mit israelischem Ursprung, Art. 3 Abs. 2 Prot. Nr. 3 Israel. Damit sind nur noch drittländische Vormaterialien aus China im Wert von 30 € verwendet worden; die Listenbedingung ist also eingehalten. Die Nähmaschinen haben den Ursprung „Schweiz“.

Grundsätzlich gilt, dass in allen Fällen die Betrachtung der jeweiligen Präferenzzone maßgebend ist; bei der vollen und der (eingeschränkten) multilateralen bzw. diagonalen Kumulierung auf eine **Region** bezogen, bei der (eingeschränkten) bilateralen Kumulierung **länderbezogen**. Der wirtschaftliche Hintergrund ist, dass die jeweiligen Präferenzzonen als ein Wirtschaftsraum betrachtet werden, in dem Arbeits-, Material- und Kapitaleinsatz gesamt gesehen werden müssen.

ABB. 12: Kumulierungsarten in den Präferenzmaßnahmen der Gemeinschaft

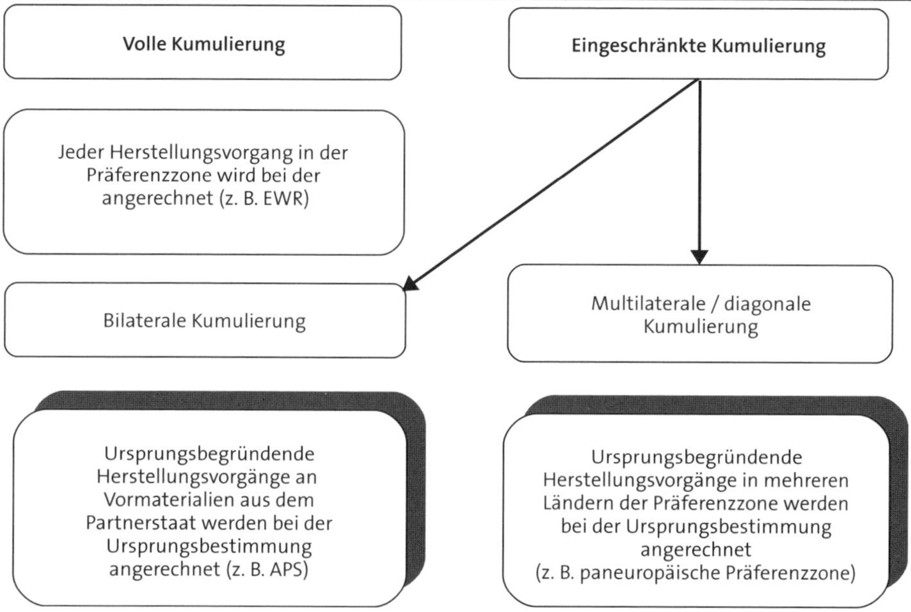

(4) Zubehör, Ersatzteile und Werkzeuge

Zubehör, Ersatzteile und Werkzeuge, die mit Maschinen, Geräten, Apparaten oder Fahr- B4014
zeugen geliefert werden, werden mit diesen zusammen als **Einheit** angesehen, wenn sie als **Bestandteil der Normalausrüstung** in deren Preis enthalten sind oder als zu ihnen gehörig betrachtet und nicht gesondert in Rechnung gestellt werden, z. B. Art. 50 UZK-DelVO, Art. 8 Anlage I RUE. Für diese Zusatzteile gilt deshalb eine unwiderlegbare Vermutung des Ursprungs, soweit die Hauptsache selbst Ursprungserzeugnis ist. Soweit bei der Ursprungsbestimmung eine Wertklausel zu beachten ist, fließt der Zollwert der Zusatzteile mit drittländischem Ursprung in den Wertanteil der Vormaterialien ohne Ursprungseigenschaft ein. Die Ursprungsvermutung entfällt, wenn die Verbindung der Zusatzteile zur Hauptsache aufgehoben wird.

(5) Warenzusammenstellungen

Bei Warenzusammenstellungen muss grundsätzlich jeder Bestandteil Ursprungser- B4015
zeugnis der jeweiligen Präferenzzone sein, z. B. Art. 51 UZK-DelVO, Art. 9 Anlage I RUE. Der Begriff „Warenzusammenstellung" bestimmt sich nach der **Allgemeinen Vorschrift 3 zum HS.** Ursprungsunschädlich ist für die Warenzusammenstellung allerdings, wenn Bestandteile drittländischen Ursprungs enthalten sind, deren Wert 15 % des Gesamtwerts der Warenzusammenstellung nicht überschreitet.

HINWEIS:

Die in den Präferenzmaßnahmen enthaltenen Regeln zu Warenzusammenstellungen finden dann keine Anwendung, wenn für die Warenzusammenstellung eine eigene Tarifposition besteht. Dann gelten die für diese Position maßgeblichen Ursprungskriterien.

(6) Umschließungen

B4016 Für Umschließungen besteht in den präferenziellen Ursprungsregeln ebenfalls eine Sonderbestimmung, z. B. Art. 49 Abs. 3 UZK-DelVO, Art. 7 Abs. 2 Anlage I RUE. Danach werden Umschließungen gem. der **Allgemeinen Vorschrift (AV) 5 zum Harmonisierten System** bei der Bestimmung des Ursprungs wie das darin enthaltene Erzeugnis behandelt, wenn sie wie das Erzeugnis eingereiht werden.

(7) Buchmäßige Trennung

B4017 Für den Nachweis der Ursprungseigenschaft hergestellter Waren im präferenzberechtigten Warenverkehr ist es im Allgemeinen erforderlich, dass Vorerzeugnisse mit Ursprungseigenschaft von solchen ohne Ursprungseigenschaft getrennt gelagert und getrennt be- oder verarbeitet werden. Wenn die physische Trennung jedoch mit unzumutbaren Kosten oder Schwierigkeiten verbunden ist, kann den Herstellern von Fertigwaren bewilligt werden, dass der Ursprung anhand der **Buchführung** bestimmt wird (Art. 20 Anlage I RUE). Die Anforderungen an die buchmäßige Trennung sind aber sehr hoch, da die Vormaterialien gleich und untereinander austauschbar sein müssen. Sie müssen hinsichtlich ihrer Handelsqualität, Art und Beschaffenheit sowie hinsichtlich der technischen und materiellen Eigenschaften gleich sein, wobei eine vollständige „Gleichartigkeit" nicht erforderlich ist (vgl. die Dienstvorschrift der Zollverwaltung VSF Z 42 17 Abs. 4).

c) Präferenznachweise

B4018 Wenn ein Einführer eine Verzollung zum Präferenzzollsatz begehrt, hat er der Zollanmeldung zur Überführung der Waren in den zollrechtlich freien Verkehr die für den Nachweis der Präferenzberechtigung erforderlichen Unterlagen nach Maßgabe des Unionsrechts oder soweit für die Zollkontrollen erforderlich den Zollbehörden vorzulegen, Art. 163 Abs. 2 UZK.

aa) Präferenznachweise und Befreiungen

(1) Präferenznachweise

B4019 Im Regelfall ist die Ursprungseigenschaft (Türkei: Freiverkehrseigenschaft) vom Anmelder durch einen förmlichen Präferenznachweis zu beweisen. In den verschiedenen Präferenzzonen werden unterschiedliche Zeugnisse verwendet:

Entwicklungsländer (APS)	Sonstige	Türkei
Formblatt A Ursprungserklärung auf Handelspapier (UE) (ggf. EUR. 1 oder UE für Zulieferungen aus der EU zur Kumulierung)	EUR. 1 EUR-MED Ursprungserklärung auf Handelspapier	A.TR. voraus-gefertigte A.TR.

In den **meisten Präferenzmaßnahmen** ist als förmlicher Präferenznachweis für Ursprungserzeugnisse grundsätzlich die Warenverkehrsbescheinigung **EUR. 1** vorgesehen (z. B. Art. 15 Abs. 1 Buchst. a Anlage I RUE).

Anstelle der EUR. 1 darf in den meisten Präferenzmaßnahmen ein vereinfachter Präferenznachweis in Form der **Ursprungserklärung auf einem Handelspapier**, im Regelfall der **Rechnung**, geführt werden (z. B. Art. 15 Abs. 1 Buchst. c Anlage I RUE, Musterformulierung in Anhang IVa zu Anlage I RUE). Überschreitet der Wert der jeweiligen Sendung von Ursprungserzeugnissen den Betrag von 6 000 €, darf die Ursprungserklärung nur von einem **„Ermächtigten Ausführer"** abgegeben werden (vgl. Art. 22 Anlage I RUE). Der bewilligungsbedürftige Status als ermächtigter Ausführer spielt gerade für die Freihandelsabkommen der EU mit Südkorea und Singapur eine entscheidende Rolle, da hier die Ursprungserklärung der **einzig mögliche Ursprungsnachweis** ist. Sofern also der Wert der Sendung mehr als 6 000 € beträgt, kommt das Ausstellen der Ursprungserklärung in der EU in beiden Abkommen nur durch einen Ermächtigten Ausführer in Betracht (im Fall von Südkorea gilt dies auch für die Ausfuhr in die EU).

HINWEIS:

Weitere Informationen zum Ermächtigten Ausführer können dem Merkblatt zum Ermächtigten Ausführer (Stand: 19.12.2019) entnommen werden: http://www.zoll.de/DE/Fachthemen/Warenursprung-Praeferenzen/Praeferenzen/Praeferenznachweise/Ausfertigung-nicht-foermlicher-Praeferenznachweise/Ermaechtigter-Ausfuehrer/ermaechtigter-ausfuehrer_node.html

Die Abschaffung amtlicher Dokumente zum Nachweis der Ursprungseigenschaft führt aber nicht nur zu bürokratischer Entlastung für die Unternehmen, die Präferenzzollsätze in Anspruch nehmen. Sie führt auch zu einer Risikoerhöhung, da die Vertrauensschutzregelung in Art. 119 Abs. 3 UZK nur bei behördlich ausgestellten Ursprungsnachweisen greift.

Auf lange Sicht ist für alle EU-Präferenzmaßnahmen die Abschaffung der amtlichen Nachweise geplant. Dies verdeutlicht auch der Bericht des Europäischen Rechnungshofs aus dem Jahr 2014 („Werden die Präferenzhandelsregelungen angemessen verwaltet?", online erhältlich unter: http://www.europarl.europa.eu/meetdocs/2014_2019/documents/inta/dv/qjab14002/qjab14002de.pdf; s. hierzu Hallmann/Rogmann, AW-Prax 2014, 373 ff.).

Die Ursprungserklärung ist neben Südkorea und Singapur auch in weiteren modernen Ursprungsregeln als einziger Ursprungsnachweis vorgesehen, nämlich in den Freihandelsabkommen mit Japan (JEFTA) und Kanada (CETA). Exportseitig ist die Ursprungserklärung auch der einzig mögliche Ursprungsnachweis im Freihandelsabkommen der EU mit Vietnam (s. hierzu Felderhoff, AW-Prax 2020, 376 ff.) sowie in den Wirtschaftspartnerschaftsabkommen der EU mit Côte d'Ivoire, Ghana und den ESA-Staaten ("Eastern and Southern Africa"; derzeit anwendbar auf den Warenverkehr mit Mauritius, Madagaskar, den Seychellen und den Komoren; s. hierzu Felderhoff, ZfZ 2021, 130 ff.). Allerdings kommt es hier nicht auf den Status als Ermächtigter Ausführer an, sondern auf den als Registrierter Ausführer (s. u.).

Im Rahmen der PAN-EURO-MED-Kumulierung ist ferner die Warenverkehrsbescheinigung EUR-MED eingeführt worden (z. B. Art. 15 Abs. 1 Buchst. b) Anlage I RUE). In den Präferenzabkommen ist das Verfahren zur Erstellung der EUR-MED parallel zur EUR.1 geregelt. So gibt es auch bei der EUR-MED die Möglichkeit, einen vereinfachten Ursprungsnachweis zu führen (im RUE bezeichnet als „Erklärung auf der Rechnung EUR-MED", Art. 15 Abs. 1 Buchst. c) Anlage I RUE; Musterformulierung in Anhang IVb Anlage I RUE). Ihre Notwendigkeit ergibt sich aus dem bereits genannten **Prinzip der variablen Geometrie** (s. o. Rdnr. B 4013): Eine Kumulierung soll nur mit Ursprungserzeugnissen eines Landes erfolgen, welches mit dem Bestimmungsland der Ware ein Präferenzabkommen mit gleichen Regeln abgeschlossen hat. Wird dieses spezielle Erfordernis nicht anhand der EUR-MED nachgewiesen, droht die Umgehung von Zöllen. Allerdings erweist sich der Umgang mit der EUR-MED praktisch als schwierig, da sie fallbezogen entweder fakultativ oder obligatorisch an die Stelle der ansonsten zu wählenden EUR.1 tritt.

ANMERKUNG:

Das noch nicht modernisierte Präferenzabkommen mit Syrien sieht als Vereinfachung die Verwendung des Formblatts EUR. 2 bei geringwertigen Sendungen auf dem ***Postweg*** **vor. Die EUR. 2 darf der Ausführer selbst ausstellen und unterschreiben.**

Im präferenzbegünstigten Handel mit der Türkei wird zum Nachweis der Freiverkehrseigenschaft die Warenverkehrsbescheinigung A.TR. verwendet, Art. 6 Beschluss Nr. 1/2006 des Ausschusses für Zusammenarbeit im Zollwesen EG-Türkei (ABl. EU 2006 Nr. L 265/18). Allerdings bestehen auch hier Vereinfachungsmöglichkeiten für Ermächtigte Ausführer. Mit zollamtlicher Bewilligung dürfen sie vorausgefertigte A.TR. verwenden, Art. 11 Beschluss Nr. 1/2006. Zu beachten ist zudem, dass die EG bzw. jetzt EU seit dem 1.1.1996 mit der Türkei eine Zollunion bildet. Das Freiverkehrsprinzip gilt nicht für landwirtschaftliche Waren und Montanerzeugnisse. Bei diesen setzt die Präferenzgewährung den Ursprung voraus; Nachweis ist die EUR. 1.

Im **APS** ist die Verwendung des **Formblatts A** grundsätzlich nicht mehr möglich. Allerdings kommt für in der Vergangenheit liegende Importe aus einzelnen ggfs. noch eine nachträgliche Ausstellung von Ursprungszeugnissen Form A in Betracht (vgl. Art. 74 Abs. 2 UZK-DVO).

Im Übrigen ist für die APS-Länder mittlerweile der Status als **registrierter Ausführer (REX)** zwingend vorgeschrieben, sodass für Importe aus diesen Ländern die **Erklärung zum Ursprung** als Nachweis zu nutzen ist. Gemäß Art. 79 Abs. 3 UZK-DVO fertigen Ausführer in einem begünstigten Land unabhängig davon, ob sie registriert sind oder nicht, ab dem Zeitpunkt, zu dem das begünstigte Land mit der Registrierung der Ausführer begonnen hat, Erklärungen zum Ursprung für versendete Ursprungserzeugnisse aus, wenn der Gesamtwert der Erzeugnisse 6.000 € nicht übersteigt. Dies bedeutet, dass grundsätzlich ab dem Zeitpunkt, zu dem ein Land mit der Nutzung des REX-Verfahrens begonnen hat, Ursprungsnachweise gemäß Formblatt A nicht mehr ausgestellt werden dürfen und nur noch Ursprungserklärungen genutzt werden können. Der Übergangszeitraum für die Umsetzung des REX-Systems ist zum Jahresende 2020 abgeschlossen worden. Gleichwohl haben nicht alle APS-Länder das REX-System bereits umgesetzt. Dies bedeutet, dass aus diesen APS-Ländern derzeit keine präferenzbegünstigten Importe in die EU möglich sind.

HINWEIS:

Die dafür maßgebenden Informationen, wann ein begünstigtes Land mit der Registrierung beginnt, das REX-System ordnungsgemäß anwendet und der Übergangszeitraum endet, ist auf der Homepage der Generaldirektion für Steuern und Zölle zu finden: https://ec.europa.eu/taxation_customs/business/calculation-customs-duties/rules-origin/general-aspects-preferential-origin/arrangements-list/generalised-system-preferences/the_register_exporter_system_en.

Bei einer Erklärung zum Ursprung eines registrierten Ausführers kann der Anmelder vor der Anmeldung der Waren zur Überlassung zum zollrechtlich freien Verkehr auf der Website der Europäischen Kommission zudem prüfen, ob für den Ausführer im REX-System eine gültige Registrierung vorliegt. Die Prüfung erfolgt über die Datenbank „REX number validation“ durch Eingabe der REX-Nummer: http://ec.europa.eu/taxation_customs/dds2/eos/rex_validation.jsp?Lang=de

Im Gegensatz zum Status des Ermächtigten Ausführers handelt es sich bei einem Registrierten Ausführer nicht um einen bewilligungsbedürftigen Status, sondern es genügt eine Registrierung im REX-System. Für die Registrierung als REX ist ein schriftlicher Antrag gem. Anhang 22-06A UZK-DVO bei dem Hauptzollamt zu stellen, in dessen Bezirk der Antragsteller die präferenzrechtliche Buchhaltung führt. Die Registrierung in den EU-Mitgliedstaaten als registrierter Ausführer und registrierter Wiederversender ist seit dem 1.1.2017 möglich. Die REX-Registrierung ist zudem im APS für EU-ansässige Personen für die Ausfuhren von Waren zu Kumulierungszwecken sowie für den Weiterversand von Warensendungen aus einem begünstigten Entwicklungsland erforderlich. Der Antrag gilt gleichzeitig sowohl für die Registrierung im Hinblick auf das APS als auch auf alle Freihandelsabkommen (s. o.), die das Verfahren vorsehen. Die nach der Registrierung erteilte REX-Nummer ist dementsprechend für das APS ebenso anwendbar wie für die betroffenen Freihandelsabkommen.

HINWEIS:

Weitere Informationen können dem Merkblatt „Registrierter Ausführer (REX) für Ausführer und Wiederversender in der EU" (Stand: 4.5.2021) entnommen werden: https://www.zoll.de/DE/Fachthemen/Warenursprung-Praeferenzen/Praeferenzen/Praeferenznachweise/Ausfertigung-nicht-foermlicher-Praeferenznachweise/Registrierter-Ausfuehrer/registrierter-ausfuehrer_node.html.

(2) Befreiungen

B4020 Im **Reiseverkehr** ist die Vorlage eines Ursprungsnachweises für die Präferenzgewährung regelmäßig nicht erforderlich, wenn die Waren sich im persönlichen Gepäck von Reisenden befinden und die Waren nur zum persönlichen Ge- oder Verbrauch durch die Reisenden bestimmt sind, z. B. Art. 97 UZK-DVO, Art. 26 Anlage I RUE. Entsprechendes gilt für **nichtkommerzielle Kleinsendungen von Privatpersonen an Privatpersonen**. Für beide Varianten gibt es Wertgrenzen: im Reiseverkehr regelmäßig bei 1.200 €, bei Kleinsendungen regelmäßig bei 500 €.

ABB. 13: Präferenznachweise

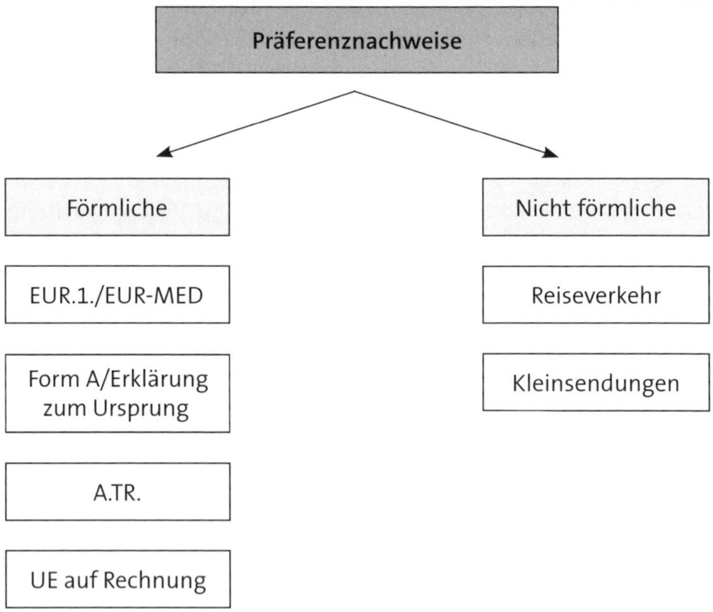

B4021–B4023 *(Einstweilen frei)*

bb) Ausstellung von Präferenznachweisen

(1) Verfahren

Präferenznachweise werden in der EU von den **Zollbehörden** ausgestellt, soweit der Ausführer nicht wie im vereinfachten Verfahren („ermächtigter Ausführer") den Präferenznachweis selber ausstellen darf. Erforderlich ist für die Ausstellung durch die Zollbehörden ein **Antrag** des Ausführers, die Verwendung eines **Formblatts** und die Vorlage aller für die Prüfung der Angaben nötigen **Unterlagen** (z. B. Art. 16 Anlage I RUE). B4024

(2) Anerkennung von Vorlieferungen

Die Verantwortung des Ausführers für die Richtigkeit der von ihm gemachten Angaben umfasst die für die Herstellung seines Erzeugnisses verwendeten Vormaterialien. Hat er diese nicht selber hergestellt, muss er sich von seinen Lieferanten Informationen über den Ursprung der Vormaterialien beschaffen. Soweit die Vormaterialien bereits aus einem Land derselben Präferenzzone eingeführt worden sind, in die das Fertigerzeugnis später (wieder-)eingeführt werden soll, wird der Ausführer den Nachweis über die für die Vormaterialien ausgestellten Präferenznachweise führen können. Stammen die Vormaterialien aus einem Mitgliedstaat der EU, kann der Ausführer **Lieferantenerklärungen** vorlegen, in denen die Ursprungseigenschaft der Vormaterialien dargelegt wird, vgl. Art. 61 ff. UZK-DVO (s. vertiefend hierzu: Sieben, AW-Prax 2018, 345 ff., 388 ff., 433 ff.; vgl. zudem die TAXUD-Leitlinien zur Nutzung von Lieferantenerklärungen (Stand: Mai 2018): https://ec.europa.eu/taxation_customs/system/files/2020-01/suppliers-declaration-may-2018_en.pdf). B4025

Sofern ein Lieferant einem bestimmten Abnehmer regelmäßig Waren zur Verfügung stellt, kann er eine **Langzeit-Lieferantenerklärung** gem. Art. 62 Abs. 1 UZK-DVO abgeben. Voraussetzung ist aber, dass die Be- oder Verarbeitung über einen längeren Zeitraum konstant bleibt. In einer Langzeit-Lieferantenerklärung sind das Datum der Ausfertigung der Erklärung (Ausfertigungsdatum), das Datum, ab dem die LLE gültig ist (Anfangsdatum) und das Datum, bis zu dem die LLE gültig ist (Ablaufdatum), anzugeben. Das Anfangsdatum darf dabei nicht länger als zwölf Monate vor oder sechs Monate nach dem Datum der Ausfertigung liegen, jedoch innerhalb dieses Zeitfensters frei gewählt werden. Das Ablaufdatum darf dann maximal 24 Monate nach dem Anfangsdatum liegen, aber ebenfalls innerhalb dieses Zeitfensters frei gewählt werden. Innerhalb der maximalen Geltungsdauer kann der konkrete Gültigkeitszeitraum einer Langzeit-Lieferantenerklärung unter „Diese Erklärung gilt für alle Sendungen dieser Waren im Zeitraum vom … bis …" festgelegt werden. Die Ausfertigung einer einzigen Langzeit-Lieferantenerklärung sowohl für bereits erfolgte als auch für künftige Lieferungen ist innerhalb des vorstehend beschriebenen Rahmens damit zulässig.

Bestehen Zweifel an der Echtheit der Lieferantenerklärung oder an der Richtigkeit der in ihr enthaltenen Angaben, kann die Zollstelle vom Ausführer die Vorlage eines Auskunftsblatts **INF 4** verlangen, das bei der Zollstelle des Lieferanten zu beantragen ist, Art. 64 UZK-DVO. Die Zollbehörden können auch von sich aus nachträglich die Prüfung veranlassen, Art. 66 UZK-DVO.

HINWEIS:

Vergleichbare Lieferantenerklärungen sind etwa auch für Vorlieferungen innerhalb der Präferenzzone EWR vorgesehen, Art. 27 Prot. Nr. 4 EWR. Im Rahmen der Zollunion mit der Türkei dürfen Lieferantenerklärungen begleitend zur A.TR abgegeben werden, um so den Ursprung und nicht nur die Freiverkehrseigenschaft zu belegen (Art. 45 des Beschlusses Nr. 1/2006 des Ausschusses für Zusammenarbeit im Zollwesen EG/Türkei).

ABB. 14: Präferenzen/Lieferantenerklärung

Präferenzen

Lieferantenerklärung

- Rechtsgrundlage: Art. 61 ff. UZK-DVO
- Ursprungsaussage des Vorlieferanten aus der EU
- Keine Formvorschrift, aber verbindlicher Wortlaut
- Einzel- oder Langzeit-Lieferantenerklärung
- Nachprüfung durch Auskunftsblatt INF 4

(3) draw-back

B4026 Mehrere Präferenzmaßnahmen (z. B. RUE, Mexiko, Singapur) sehen vor, dass Präferenznachweise für hergestellte Waren dann nicht ausgestellt oder ausgefüllt werden dürfen, wenn bei der Produktion Vormaterialien drittländischen Ursprungs verwendet worden sind, für die keine Einfuhrabgaben erhoben worden sind, weil sie nach der Be- oder Verarbeitung im Rahmen einer aktiven Veredelung wieder ausgeführt werden sollen (draw-back). Eventuell erhobene Einfuhrabgaben dürfen auch nicht erstattet oder vergütet worden sein; allerdings ist es unschädlich, wenn die Vormaterialien zollfrei oder zollbegünstigt im Rahmen von Zollaussetzungen oder Präferenzgewährungen in das Produktionsland eingeführt worden sind. Ein für in aktiver Veredelung befindliche Waren ausgefertigter Präferenznachweis wird allerdings nicht falsch; vielmehr sieht Art. 78 UZK für die Vormaterialien drittländischen Ursprungs einen (nachträglichen) Zollschuldentstehungstatbestand vor, s. hierzu Harksen/Sieben, AW-Prax 2018, 179 ff.

cc) Vorlage von Präferenznachweisen

B4027 Die präferenzielle Vorzugsbehandlung wird nur für Wareneinfuhren gewährt, bei denen die Präferenzberechtigung durch einen Präferenznachweis nach amtlichem Muster bewiesen wird.

Die Präferenznachweise müssen innerhalb einer Frist vorgelegt werden, die mit dem Zeitpunkt der Ausstellung der Unterlagen beginnt. Die Fristen sind für die verschiedenen Präferenzzonen unterschiedlich:

Kanada, Japan, Vereinigtes Königreich, Südkorea, Singapur, Vietnam, Andenstaaten, Zentralamerika, APS für Erklärung zum Ursprung, ÜLG	12 Monate
APS für Formblatt A bzw. Erklärung auf der Rechnung, CARIFORUM, MAR, ESA, Pazifikstaaten, SADC, Zentralafrika, Ghana, Côte d'Ivoire, Chile, Mexiko	10 Monate
Syrien	5 Monate
Sonstige	4 Monate

Bei **Überschreitung** der Fristen werden die vorgesehenen Vergünstigungen außer im Warenverkehr mit Kanada und Japan jedoch trotzdem gewährt, wenn die Waren vor Ablauf der Frist einer Zollstelle in der EU gestellt worden sind, wobei eine eindeutige Zuordnung der Waren möglich sein muss, **und darüber hinaus das Ausstellungsdatum des Präferenznachweises nicht länger als zwei Jahre zurück liegt** (vgl. Dienstvorschrift der Zollverwaltung in VSF Z 4212 Abs. 9).

dd) Anerkennung von Präferenznachweisen

Die Präferenzgewährung ist von der Vorlage eines Präferenznachweises abhängig. Insbesondere bei den vertraglichen Präferenzmaßnahmen gilt, dass die Behörden des Einfuhrstaates an die Daten im vorgelegten Präferenznachweis **gebunden** sind. Soweit im Einfuhrstaat keine Zweifel an der Echtheit und Richtigkeit des vorgelegten Nachweises bestehen, ist die Vorzugsbehandlung einzuräumen.

Neben der verbindlichen Tarifauskunft gibt es die **verbindliche Ursprungsauskunft**, Art. 33 ff. UZK. Damit eröffnen sich dem Einführer weitere Vertrauensschutzmöglichkeiten. Er kann sich vor einer tatsächlichen Einfuhr eine verbindliche Auskunft über den von den europäischen Zollbehörden für eine bestimmte Ware angenommenen Ursprung erteilen lassen. Die verfahrensmäßige Ausgestaltung der Auskunft ist allerdings relativ schwach.

Eine EUR. 1 kann aus **„formalen Gründen"** abgelehnt werden, wenn sie nicht vorschriftsgemäß ausgestellt wurde. In diesem Fall kann eine nachträglich ausgestellte Warenverkehrsbescheinigung nachgereicht werden.

BEISPIELE:

für eine Ablehnung aus formalen Gründen:

Die Warenverkehrsbescheinigung wurde nicht auf einem vorschriftsmäßigen Formblatt ausgestellt.

Auf der Warenverkehrsbescheinigung fehlt eine obligatorische Angabe oder der Stempel.

Die EUR. 1 trägt den Sichtvermerk einer nicht zuständigen Behörde.

Anstelle des Originals wird eine Fotokopie oder eine Abschrift der Warenverkehrsbescheinigung vorgelegt.

Die EUR. 1 bezieht sich in den Feldern 2 oder 5 auf Länder, die keine Vertragspartei der Präferenzzone sind.

Haben die Behörden des Importstaates begründete Zweifel wegen der Echtheit der Urkunde oder der Richtigkeit der in der Warenverkehrsbescheinigung enthaltenen Angaben, sehen alle Präferenzregeln **Nachprüfungsverfahren** vor. Die Behörden des Exportstaates werden dann förmlich ersucht, ausgestellte Bescheinigungen auf ihre Richtigkeit hin zu untersuchen.

BEISPIELE:

Begründete Zweifel können insbesondere vorliegen, wenn

- die (erforderliche) Unterschrift des Ausführers fehlt,
- die Unterschrift der Ausstellungsbehörde oder das Ausstellungsdatum fehlen,
- die Erzeugnisse, ihre Verpackungen oder Begleitpapiere auf einen anderen Ursprung als den bescheinigten hindeuten,
- aus den Angaben in der EUR. 1 hervorgeht, dass nur unzureichende Bearbeitungen erfolgt sind oder
- der für den Sichtvermerk verwendete Stempel von dem übermittelten Mustervordruck abweicht.

Ein Präferenznachweis darf grundsätzlich nicht ohne **nachträgliche Prüfung** zurückgewiesen werden. Das folgt bereits daraus, dass zumindest bei den vertraglich vereinbarten Präferenzmaßnahmen die Ursprungsbestimmung auf einer **Verteilung der Zuständigkeiten** zwischen den Zollbehörden des Einfuhrstaates und des Ausfuhrstaates beruht (s. hierzu etwa EuGH, Urteil v. 25.7.2018 - C-574/17 P, Kommission/Combaro, ECLI:EU:C:2018:598, ZfZ 2020, 313 ff.). Der Ursprung wird grundsätzlich von den Behörden des Ausfuhrstaates bestimmt und das Funktionieren dieser Regelung wird im Wege der Zusammenarbeit zwischen den auf beiden Seiten beteiligten Behörden kontrolliert. Daher muss die Zollverwaltung des Einfuhrstaates die von den Behörden des Ausfuhrstaates rechtmäßig vorgenommenen Beurteilungen anerkennen. Wenn jedoch offensichtlich oder unstreitig ist, dass die betreffende Ware die bescheinigte Ursprungseigenschaft nicht hat, ist eine Verweigerung der Vorzugsbehandlung im Einfuhrstaat ohne nachträgliche Prüfung durch die Zollbehörden des Ausfuhrstaates möglich (s. hierzu etwa EuGH, Urteil v. 9.2.2006 - C-23/04 u. C-25/04, Sfakianakis AEVE, ECLI:EU:C:2006:92, ZfZ 2006, 154 ff.; EuGH, Urteil v. 25.2.2010 - C-386/08, Brita GmbH, ECLI:EU:C:2010:91, ZfZ 2010, 104 ff.; EuGH, Urteil v. 15.12.2011 - C-409/10, Afasia Knits Deutschland, ECLI:EU:C:2011:843, ZfZ 2012, 79 ff.).

BEISPIELE:

für offensichtliche Fehler:

Die Waren, auf die sich die Warenverkehrsbescheinigung bezieht, sind nicht präferenzbegünstigt.

Die Warenbezeichnung fehlt oder bezieht sich auf andere als die gestellten Waren.

Der Ursprungsnachweis wurde von einem nichtpräferenzbegünstigten Land ausgestellt, selbst wenn er sich auf Erzeugnisse bezieht, die ihren Ursprung in einem präferenzbegünstigten Land haben.

Die EUR. 1 weist nichtbestätigte Rasuren oder Übermalungen in einem der verbindlich auszufüllenden Felder auf.

Die Geltungsdauer der EUR. 1 wird aus anderen Gründen als den rechtlich vorgesehenen Gründen überschritten.

Der Ursprungsnachweis wird nachträglich für Erzeugnisse vorgelegt, die zuvor unrechtmäßig eingeführt wurden.

Die EUR. 1 bezieht sich in Feld 4 auf ein Land, das keine Vertragspartei der Präferenzzone ist.

Wird ein Nachprüfungsverfahren für einen vorgelegten Präferenznachweis eingeleitet, ist die Gewährung des Präferenzzollsatzes davon abhängig, dass die Behörden des Ausfuhrstaates tatsächlich **Verwaltungshilfe** leisten. Die Zollbehörden des Einfuhrstaates dürfen in einem solchen Fall auch **sonstige Beweise** für den Ursprung einer Ware berücksichtigen.

Wie gerade durch die neuere EuGH-Rechtsprechung (EuGH, Urteil v. 24.10.2013 - C-175/12, Sandler, ECLI:EU:C:2013:681, ZfZ 2013, 320 ff. = AW-Prax 2014, 84 ff.; EuGH, Urteil v. 6.2.2014 - C-613/12, Helm Düngemittel, ECLI:EU:C:2014:52, ZfZ 2014, 94 ff. = AW-Prax 2014, 267 ff.) belegt wird, besteht hierbei auch durchaus Spielraum für atypische Fälle, sodass die Präferenzablehnung keinesfalls voreilig erfolgen sollte (Überblick zu den Sonderfällen bei nachträglich, ersatzweise oder als Duplikat ausgestellten Ursprungszeugnisse bei Killmann, AW-Prax 2014, 378 ff.).

Prüfungsschema Präferenzieller Warenursprung B4028

I. Vollständige Gewinnung oder Herstellung

(z. B. Ernten pflanzlicher Erzeugnisse, Gewinnung mineralischer Erzeugnisse)

II. Wenn Punkt I. (-), dann: Ausreichende Be- oder Verarbeitung?

1. Listenbedingungen

   Wechsel der Zolltarifposition, Wertklausel etc.

2. ggf. weitere Prüfungspunkte, z. B.

   a) Territorialitätsprinzip

   b) Allgemeine Toleranz

3. Keine Minimalbehandlung

   z. B. einfaches Zusammenfügen, einfaches Mischen etc.

4. bei paralleler Inanspruchnahme von Präferenzen und aktiver Veredelung: ggf. Prüfung des Drawback-Verbots

III. Wenn Punkt II. (-), dann: Ursprungskumulierung?

3. Der handelspolitische Warenursprung

a) Rechtsgrundlagen für den präferenziellen Warenursprung

Anders als beim präferenziellen Warenursprung sind die Rechtsgrundlagen für den handelspolitischen Warenursprung ausschließlich im Unionszollkodex (**Art. 59 – 63** B4029

UZK) bzw. den entsprechenden Durchführungsvorschriften (Art. 31 – 36 UZK-DelVO und Art. 57 – 59 UZK-DVO) enthalten. Art. 59 UZK legt den Anwendungsbereich des handelspolitischen Warenursprungs fest. Die Regeln über den materiellen Ursprungserwerb sind hierbei konkret in Art. 60, 62 UZK i. V. m. den UZK-DelVO-Vorschriften und die Regelungen über den Nachweis des handelspolitischen Warenursprungs in Art. 61, 63 UZK i. V. m. den UZK-DVO-Vorschriften enthalten (s. insgesamt zum Thema: Felderhoff, AW-Prax 2016, 284 ff.; TAXUD-Guideline zum handelspolitischen Ursprungsrecht (Stand: Dezember 2018): https://ec.europa.eu/taxation_customs/system/files/2018-12/guidance-on-non-preferential-rules-of-origin_en.pdf).

b) Anwendungsbereich des handelspolitischen Warenursprungs

B4030 Der Anwendungsbereich des handelspolitischen Warenursprungs erstreckt sich gem. Art. 59 UZK auf zolltarifliche, außenhandelsbezogene und „sonstige Unionsmaßnahmen im Zusammenhang mit dem Warenursprung". Der praktisch wichtigste Anwendungsfall solcher „Unionsmaßnahmen" sind Antidumpingzölle (s. hierzu bereits Rdnr. B 4000 sowie Kapitel B.V.).

Anders sieht es hingegen in Bezug auf die in der unternehmerischen Praxis äußerst relevante Produktkennzeichnung **„Made in Germany"** (s. hierzu bereits Rdnr. B4000) aus: Solange und soweit es keine Unionsvorschriften in Bezug auf die Angabe des Ursprungs bei der Produktkennzeichnung gibt, sind die Vorschriften des handelspolitischen Ursprungs auf „Made in Germany" nicht anwendbar (Lux, ZfZ 2014, S. 178 ff. [190]). Etwa in der **Lebensmittelinformationsverordnung** (Verordnung (EU) Nr. 1169/2011, ABl. EU 2011 Nr. L 304/18) wird für das Anbringen von Kennzeichnungen aber verbindlich auf den handelspolitischen Ursprung abgestellt, sodass dieser hier auch zu prüfen ist (vgl. hierzu EuGH, Urteil v. 4.9.2019 - C-686/17, Zentrale zur Bekämpfung unlauteren Wettbewerbs Frankfurt am Main, ECLI:EU:C:2019:659, AW-Prax 2020, 39 ff.; EuGH, Urteil v. 12.11.2019 - C-363/18, Organisation juive européenne und Vignoble Psagot, ECLI:EU:C:2019:954, AW-Prax 2020, 132 ff.).

ABB. 15: Anwendungsbereich Art. 59 UZK

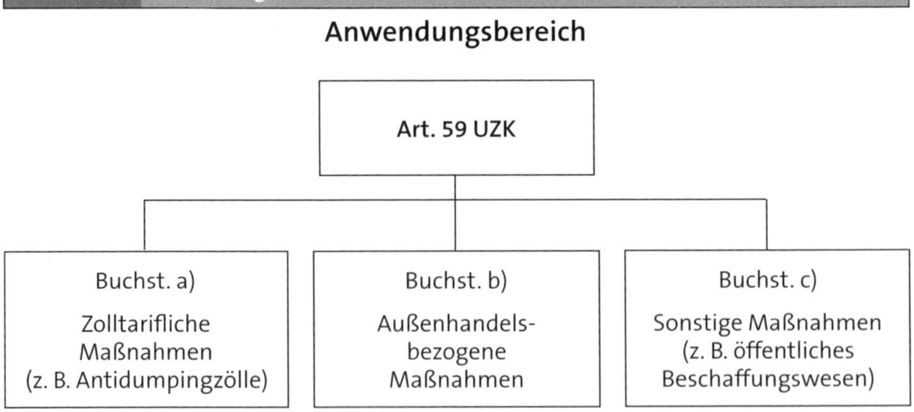

c) Erwerb des Ursprungs

Wie schon beim präferenziellen Ursprung wird auch im Rahmen von Art. 60 UZK („Ur- B4031
sprungserwerb") zwischen der Gewinnung in einem einzigen Land oder Gebiet („vollständige Gewinnung oder Herstellung", Abs. 1) und der Herstellung in mehr als einem Land („wesentliche Be- oder Verarbeitung", Abs. 2) differenziert.

aa) Vollständige Gewinnung oder Herstellung der Ware

Die vollständige Gewinnung oder Herstellung hat ihre Rechtsgrundlage in Art. 60 Abs. 1 B4032
UZK i. V. m. Art. 31 UZK-DelVO. Der Katalog der dort aufgeführten Ursprungserwerbsmöglichkeiten entspricht im Wesentlichen dem aus den Präferenzabkommen bekannten Katalog (Rdnr. B4003).

ABB. 16: Erwerb

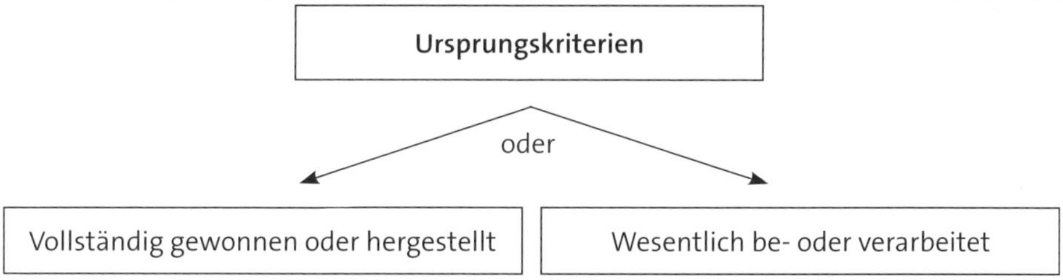

bb) Wesentliche Be- oder Verarbeitung

Bei der wesentlichen Be- oder Verarbeitung der Ware ergeben sich im Vergleich zum B4033
präferenziellen Ursprung gewisse Unterschiede. Anders als beim präferenziellen Ursprung gibt es nicht für sämtliche Waren verbindliche Listenkriterien. Vielmehr muss hier zwischen verbindlichen Listenkriterien für bestimmte Waren gem. Art. 60 Abs. 2 UZK i. V. m. Art. 32 UZK-DelVO i. V. m. Anhang 22-01 zur UZK-DelVO und der Generalklausel des Art. 60 Abs. 2 UZK differenziert werden.

ABB. 16: Erwerb

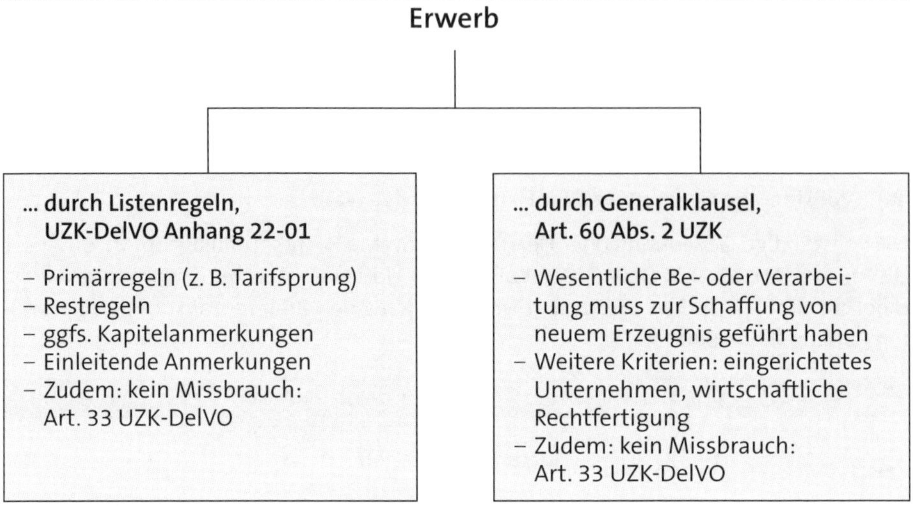

(1) Die Anwendung der Listenkriterien gem. Art. 60 Abs. 2 UZK i. V. m. Art. 32 UZK-DelVO i. V. m. Anhang 22-01 zur UZK-DelVO

B4034 Art. 32 UZK-DelVO legt fest, dass in Anhang 22-01 aufgeführte Waren dann als Waren gelten, die ihrer letzten wesentlichen Be- oder Verarbeitung unterzogen wurden, wenn die in diesem Anhang aufgeführten Regeln erfüllt sind. Diese Konzeption ähnelt der ausreichenden Be- oder Verarbeitung i. S. d. Präferenzrechts (vgl. Rdnr. B4006), unterscheidet sich aber insofern, als nur bestimmte Waren von den Listenregelungen umfasst sind.

Für folgende Kapitel des Harmonisierten Systems gibt es nun besondere Listenregelungen: Kapitel 2, 4, 9, 11, 14, 17, 20, 22, 34, 35, 42, 49–64, 69, 71–73, 82, 84, 85, 90, 91, 94.

Für die Anwendung der Listenregeln zu diesen jeweiligen Kapiteln ist zwischen den **einleitenden Anmerkungen** zu Beginn des Anhangs 22-01, sowie den **Primär- und Restregeln** sowie **Anmerkungen in den jeweiligen Kapiteln** zu unterscheiden.

Die **einleitenden Anmerkungen** enthalten vor allem Definitionen von Begriffen, die in den Kapitelregeln vorausgesetzt werden (z. B. „Ab-Werk-Preis", „Wertzuwachs-Regel", „aufgrund der Be- oder Verarbeitung erworbener Wert"). Die einleitenden Anmerkungen enthalten zudem auch Sonderregelungen für die Auslegung, nämlich einerseits in Bezug auf die Bestimmung des Ursprungslands durch ein „Lagerverwaltungsverfahren" bei der fehlenden Möglichkeit der getrennten Lagerung von Vormaterialien und andererseits in Bezug auf die fehlende Berücksichtigung von Vormaterialien, die 10 % des Ab-Werk-Preises der Ware nicht übersteigen. Beide Auslegungsregelungen entsprechen den bereits aus dem Zollpräferenzrecht bekannten Regelungen: Während die erste Regelung ein Pendant zur buchmäßigen Trennung (s. Rdnr. B4017) darstellt, findet die zweite Regel ihre Entsprechung in der allgemeinen Toleranz (s. Rdnr. B4006).

Die **Primärregeln** enthalten die konkreten Regelungen zur Bestimmung des Ursprungslands für die jeweilige Ware. Diese Regeln stellen etwa auf eine bestimmte Herstellungsweise (z. B. Position 5007: „Herstellen aus Garnen"), auf einen etwaigen Wertzuwachs (z. B. Position 6307 90: „Herstellen, bei dem der Wert aller verwendeten Vormaterialien 40 % des Ab-Werk-Preises der Ware nicht überschreitet") oder auf den Wechsel der zolltarifrechtlichen Position ab (z. B. Position 8205).

HINWEIS:

Die Anwendung des Kriteriums des Zolltarifpositionswechsels im handelspolitischen Ursprungsrecht war über längere Zeit hinweg umstritten. Dies hängt damit zusammen, dass die nunmehr in der UZK-DelVO enthaltenen spezifischen Listenregeln letzten Endes auf die sog. Interpretationsrichtlinien der Kommission zurückgehen, die wiederum Gegenstand der Verhandlungen über eine Gesamtbearbeitungsliste zur Ausgestaltung des handelspolitischen Ursprungs auf WTO-Ebene waren und nur im Internet auf der Homepage der Europäischen Kommission veröffentlicht sind (Online-Fundstelle: https://ec.europa.eu/taxation_customs/table-list-rules-applicable-products-following-classification-cn_en).

Die Anwendung dieser Interpretationsrichtlinien war sehr umstritten und auch Gegenstand von zwei Verfahren vor dem Europäischen Gerichtshof (EuGH, Urteil v. 10.12.2009 - C-260/08, Heko Industrieerzeugnisse, ECLI:EU:C:2009:768, ZfZ 2010, 16 ff.; EuGH, Urteil v. 11.2.2010 - C-373/08, Hoesch Metals & Alloys GmbH, ECLI:EU:C:2010:68, ZfZ 2010, 71 ff.). In diesen Verfahren entschied der EuGH damals, dass die Interpretationsrichtlinien nicht rechtsverbindlich seien und die Kriterien der Generalklausel aus Art. 24 ZK (nunmehr: Art. 60 Abs. 2 UZK) über Gebühr eingeschränkt würden, sofern für die Ursprungsbegründung isoliert auf den Wechsel der zolltarifrechtlichen Position bzw. Unterposition abgestellt würde. Da die UZK-DelVO nun aber rechtsverbindlich ist, stellt sich dieses Problem für die in der UZK-DelVO enthaltenen Regeln nicht mehr.

Im Einführungserlass des BMF zur Anwendung neuen Unionsrechts im Zollbereich ab dem 1.5.2016 (E-VSF-N 11 2016 Nr. 46 v. 11.3.2016) wird auf S. 7 ausgeführt, dass die bisher unverbindlichen Interpretationsrichtlinien der Europäischen Kommission nicht länger anzuwenden seien. Soweit für bestimmte Waren keine produktspezifischen Ursprungsregeln in Anhang 22-01 zur UZK-DelVO enthalten sind, ist nach hier vertretener Auffassung eine Anwendung der Interpretationsrichtlinien der Europäischen Kommission als Auslegungshilfe gleichwohl auch weiterhin möglich.

Die **Restregeln** zur Bestimmung des handelspolitischen Ursprungs variieren von Kapitel zu Kapitel und haben zum Ziel, in den Fällen, in denen die Primärregel nicht zu einer konkreten Ursprungsbestimmung zu verhelfen vermag, dennoch ein Ursprungsland zu bestimmen. In der Regel stellen die Restregeln hierbei auf den gemessen an Wert oder Gewicht größeren Teil der Vormaterialien ab, die später im Endprodukt aufgehen (z. B. Restregel zu Kapitel 73). **Besondere Kapitelanmerkungen** können neben den Restregeln zum Teil auch noch enthalten sein, um bestimmte Sonderregelungen für den Ursprungserwerb aufzustellen, die nur für Waren des jeweiligen Kapitels gelten (z. B. Anmerkung zu Kapitel 73: „Für die Zwecke der Position 7318 gilt die bloße Befestigung von Bestandteilen ohne Schleifen, Wärmebehandlung und Oberflächenbehandlung nicht als ursprungsbegründend.")

BEISPIEL ZUR ANWENDUNG VON LISTENREGELN:

Das Unternehmen A produziert zusammen mit einem chinesischen Partnerunternehmen Töpfe. Zunächst wird der Topf (Position: 7323) aus Stahlronden (Position: 7219) geformt. Der Topf wird dann in eine Fertigungsanlage nach Deutschland transportiert. Hier finden die Oberflächenbearbeitung, also das Fertigschleifen der Innen- und Außenseite des Topfes sowie das Anbringen der Seitengriffe statt. Zudem wird in Deutschland auch der zum Topf gehörende Deckel (Position: 7323) in Deutschland aus Stahlronden hergestellt.

Die Primärregel sieht für Waren der Position 7323 das Kriterium „CTH" (change of tariff heading, also Wechsel der Zolltarifposition) vor. Dieser Wechsel erfolgte hier durch die Verarbeitung der Stahlronden zum Topf. Der Topf hat damit seinen handelspolitischen Ursprung in China. Die weiteren Arbeitsvorgänge in Deutschland sind für die Ursprungsbegründung hingegen irrelevant.

Wäre die Primärregelung wiederum nicht erfüllt, so käme es nach der Restregel darauf an, ob der wertmäßig größte Teil der Vormaterialien aus China oder Deutschland stammt, was hier ebenfalls zu China als Ursprungsland führt.

(2) Die Anwendung der Generalklausel aus Art. 60 Abs. 2 UZK

B4035 Bei den Erzeugnissen, für die es keine Listenregeln gibt, kommt es (wie noch im ZK-Recht gem. Art. 24 ZK für sämtliche international arbeitsteilig hergestellten Waren) für die Bestimmung des Ursprungslands auf die Voraussetzungen der Generalklausel in Art. 60 Abs. 2 UZK, mithin darauf an, wo die Ware, an deren Herstellung mehr als ein Land oder Gebiet beteiligt war, ihrer letzten **wesentlichen**, wirtschaftlich gerechtfertigten **Be- oder Verarbeitung** unterzogen wurde, die in einem dazu eingerichteten Unternehmen vorgenommen wurde und zur Herstellung eines neuen Erzeugnisses geführt hat oder eine bedeutende Herstellungsstufe darstellte. Von praktischer Bedeutung war in der Rechtsprechung des EuGH und damit auch der deutschen Finanzgerichte bislang stets nur das Kriterium der wesentlichen Be- oder Verarbeitung. Alle anderen Tatbestandsmerkmale haben nur untergeordnete Bedeutung und dienen letztlich nur als Ergänzung für die Voraussetzungen der wesentlichen Be- oder Verarbeitung.

Von einer wesentlichen Be- oder Verarbeitung ist nach der EuGH-Rechtsprechung immer dann auszugehen, wenn die Ware nach der Behandlung besondere Eigenschaften besitzt und von einer spezifischen Beschaffenheit ist, die sie vor der Be- oder Verarbeitung nicht gehabt hat. Jedenfalls für die Variante der Verarbeitung (die ebenso wie die Bearbeitung genau wie im Präferenzrecht definiert wird, vgl. Rdnr. B4004) lässt sich diese Formel auf den Grundsatz reduzieren, dass es darauf ankommt, wo die Ware als solche entstanden ist. In der EuGH-Rechtsprechung wurde diese Formel im Laufe der Jahrzehnte immer weiter (insbesondere im Hinblick auf Montagevorgänge) konkretisiert, wobei die Grundformel aber stets erhalten blieb.

BEISPIEL ZUR ANWENDUNG DER GENERALKLAUSEL:

Das Unternehmen B importiert Zigarren (Position: 2402) in die EU. In Brasilien werden die Zigarren durch das Zusammenfügen von Deckblättern aus Brasilien (Position: 2401) und Wickeln aus Indonesien (Position: 2402) hergestellt.

Für das Kapitel 24 gibt es keine verbindlichen Listenregeln, sodass für die Lösung auf die Generalklausel zurückzugreifen ist. Erst durch den Arbeitsvorgang in Brasilien entstanden die Zigarren, sodass nach der Generalklausel Brasilien als das Ursprungsland der Zigarren anzusehen ist. Auf etwaige Wertanteile der Vormaterialien oder einen Wechsel der zolltarifrechtlichen Position kommt es hingegen für die Anwendung der Generalklausel nicht an.

HINWEIS:

Für die Anwendung der Produktkennzeichnung „Made in Germany" stellt die BGH-Rechtsprechung darauf ab, wo die Leistungen erbracht worden sind, durch die das zu produzierende Industrieerzeugnis seine aus Sicht des Verkehrs im Vordergrund stehenden qualitätsrelevanten Bestandteile oder wesentlichen produktspezifischen Eigenschaften erhalten hat (BGH, Beschluss v. 27.11.2014 - I ZR 16/14 = AW-Prax 2015, 371 ff.). Auch wenn der Maßstab insoweit der Verbraucherhorizont ist, kommt es auch für den „Made in"-Ursprung darauf an, wo die Ware erstmals als solche anzusehen war.

Jedenfalls in Verarbeitungskonstellationen dürfte dies im Regelfall dazu führen, dass die Ursprungsbegründung gem. Art. 60 Abs. 2 UZK und die Begründung des „Made in"-Ursprungs parallel laufen, so etwa im oberhalb gezeigten Beispielsfall der Herstellung von Zigarren in Brasilien. Auseinanderfallen können „Made in"-Ursprung und handelspolitischer Ursprung aber in Bearbeitungskonstellationen und bei Anwendung der verbindlichen Listenregeln des Anhangs 22-01 zur UZK-DelVO.

(3) Umgehungsabwehr

Zur Abwehr möglicher **Umgehungskonstellationen** bei der Ursprungsbegründung wurde in Art. 33 UZK-DelVO eine Klausel zum Umgang mit wirtschaftlich nicht gerechtfertigten Be- oder Verarbeitungen eingefügt. B4036

Gem. Art. 33 UAbs. 1 UZK-DelVO ist dann von einer Umgehung auszugehen, wenn „auf **der Grundlage der verfügbaren Tatsachen** feststeht, dass der **Zweck** dieser Be- oder Verarbeitung darin bestand, die Anwendung der Maßnahmen gem. Art. 59 UZK zu umgehen". Das Kernproblem bei der Anwendung dieser Bestimmung für die Zollbehörden dürfte darin liegen, die aufgrund des Tatbestandsmerkmals „Zweck" erforderliche Umgehungsabsicht deutlich herauszuarbeiten und nachzuweisen. Schließlich ist es dem Wirtschaftsteilnehmer ja grundsätzlich erlaubt, seine Abgabenlast zu reduzieren. Fraglich ist dann lediglich, ob dies in sachwidriger Weise geschah, das gegebenenfalls genutzte Gestaltungsmodell also ohne das Motiv der Abgabenreduzierung keinen Sinn ergäbe.

Art. 33 UAbs. 2 UZK-DelVO ergänzt die Grundregelung des UAbs. 1 insoweit, dass im Fall von Missbrauchskonstellationen im Rahmen der Anwendung der verbindlichen Listenregeln für die Ursprungsbestimmung auf die jeweiligen Restregeln abzustellen sein soll. Art. 33 UAbs. 3 UZK-DelVO ergänzt für die Anwendung der Generalklausel aus Art. 60 Abs. 2 UZK entsprechend, dass in derartigen Konstellationen das Land Ursprungsland sein soll, in dem gemessen am Wert der Vormaterialien der größere Teil der Vormaterialien den Ursprung hat.

cc) Ergänzende Regeln: Minimalbehandlungen, Zubehör, Ersatzteile, Werkzeuge, neutrale Elemente, Umschließungen

B4037 Die Art. 34 – 36 UZK-DelVO legen weitere ergänzende Regeln zum Erwerb des handelspolitischen Warenursprungs fest. Wie beim präferenziellen Warenursprung ist in Art. 34 UZK-DelVO ein Katalog mit Minimalbehandlungen enthalten, die bei der Ursprungsbestimmung unberücksichtigt bleiben. Der Katalog entspricht im Wesentlichen den aus dem Präferenzrecht bekannten Minimalbehandlungen (s. hierzu schon Rdnr. B4007). Ebenso sind den präferenzrechtlichen Bestimmungen entsprechende Regeln zu Zubehör, Ersatzteilen und Werkzeugen (s. Rdnr. B4014) in Art. 35 UZK-UZK-DelVO, zu neutralen Elementen (s. Rdnr. B4008) in Art. 36 Abs. 1 UZK-DelVO und zu Umschließungen (s. Rdnr. B4016) in Art. 36 Abs. 2 UZK-DelVO enthalten.

d) Nachweis des handelspolitischen Ursprungs

B4038 Die Bestimmungen zum Nachweis des handelspolitischen Ursprungs sind in Art. 61, 63 UZK i.V.m. Art. 57 – 59 UZK-DVO zu finden (s. zur Beweislastverteilung für die Geltendmachung eines bestimmten handelspolitischen Ursprungs: Felderhoff, AW-Prax 2020, 259 ff.).

ABB. 17: Nachweis

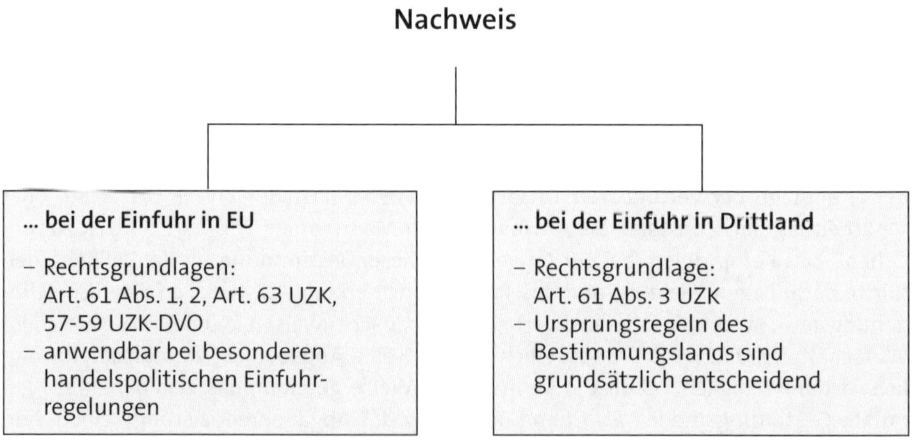

aa) Ursprungszeugnisse für die Einfuhr in die EU

Für **Ursprungszeugnisse zur Vorlage bei der Einfuhr in die EU** legt Art. 61 Abs. 1 UZK B4039
fest, dass die Zollbehörden vom Anmelder einen Ursprungsnachweis für die Waren verlangen können, wenn in der Zollanmeldung aufgrund zollrechtlicher Vorschriften ein Ursprung angegeben wird. Gem. Art. 61 Abs. 2 UZK können die Zollbehörden bei begründeten Zweifeln weitere Nachweise verlangen, die notwendig sind, um zu gewährleisten, dass die Ursprungsangaben den einschlägigen Unionsvorschriften entsprechen.

Art. 57 UZK-DVO ergänzt in diesem Zusammenhang, dass Ursprungszeugnisse für Erzeugnisse mit Ursprung in einem Drittland, für das besondere nichtpräferenzielle Einfuhrregelungen (z. B. im Zusammenhang mit Antidumpingzollregelungen) gelten, von den zuständigen Behörden des Drittlands oder einer besonders ermächtigten Stelle ausgestellt werden. Zu beachten ist in diesem Zusammenhang, dass es keine generelle Pflicht zur Vorlage von Ursprungszeugnissen gibt. Vielmehr muss diese speziell angeordnet werden. Sofern eine solche besondere Pflicht besteht, richtet sich die Ausstellung nach dem in Anhang 22-14 enthaltenen Muster zur UZK-DVO. Darauf aufbauend enthalten die Art. 58, 59 UZK-DVO besondere Regeln zu Verwaltungszusammenarbeit und zum Nachprüfungsverfahren, die sich an den bereits beim präferenziellen Warenursprung erörterten Verfahrensregeln orientieren.

bb) Ursprungszeugnisse für die Einfuhr in ein Drittland

Art. 61 Abs. 3 UZK sieht zudem Sonderregeln für **Ursprungszeugnisse zur Vorlage bei** B4040
der Einfuhr in ein Drittland vor. Soweit dies für Zwecke des Handels erforderlich ist, kann gemäß den im Bestimmungsland oder –gebiet geltenden Ursprungsregeln oder nach einer anderen Methode zur Feststellung des Landes, in dem die Waren vollständig gewonnen oder hergestellt oder ihrer letzten wesentlichen Be- oder Verarbeitung unterzogen wurden, ein Ursprungsnachweis in der EU ausgestellt werden. Da hierfür ggf. die drittländischen Ursprungsregeln maßgeblich sind, sind dazu keine Regeln in der UZK-DVO enthalten.

HINWEIS:

Die Regelung des Art. 59 UZK findet für den Warenexport keine Anwendung, da sie sich nur auf Unionsmaßnahmen bezieht, also importseitig gilt. Maßgeblich für die Bestimmung des Warenursprungs ist letztlich aber immer das nicht-präferenzielle Warenursprungsrecht des Bestimmungslands der Ware. Für Waren, die aus der EU exportiert werden, kommt es also entscheidend darauf an, wie im entsprechenden Drittland die Ursprungsbestimmung geregelt wird. Da im WTO-Übereinkommen zu Ursprungsregeln die Kriterien der vollständigen Gewinnung oder Herstellung bzw. der wesentlichen Be- oder Verarbeitung als weltweiter Standard anerkannt sind, wird auch in Art. 61 Abs. 3 UZK auf diese Kriterien als Standard für die Methodik der Ursprungsbegründung abgestellt.

Die in Deutschland für die Ausstellung von Ursprungszeugnissen zuständigen Industrie- und Handelskammern (IHKs) orientieren sich bei der Ausstellung von Ursprungszeugnissen primär an der Regelung des Art. 60 Abs. 2 UZK. Auf Antrag und soweit spezielle Ursprungsregeln vorhanden sind, können auch die Listenregeln des Anhangs 22-01 UZK-DelVO oder die Ursprungsregeln im Bestimmungsland für die Prüfung des handelspolitischen Ursprungs herangezogen werden. Weitere Einzelheiten lassen sich beispielhaft der Übersichtsseite der IHK Frankfurt am Main entnehmen: https://www.frankfurt-main.ihk.de/international/importexport/ursprungszeugnis/

B4041 **Prüfungsschema Nicht-präferenzieller Warenursprung**

I. Vorüberlegung: Liegt eine Unionsmaßnahme gem. Art. 59 UZK vor?

II. Vollständige Gewinnung oder Herstellung gem. Art. 60 Abs. 1 UZK i.V. m. Art. 31 UZK-DelVO

(z. B. Ernten pflanzlicher Erzeugnisse, Gewinnung mineralischer Erzeugnisse)

III. Wenn Punkt I. (-), dann: Wesentliche Be- oder Verarbeitung i. S. d. Art. 60 Abs. 2 UZK?

1. Wenn Listenbedingungen für die Ware existieren: Wesentliche Be- oder Verarbeitung gemäß den Listenbedingungen, Art. 60 Abs. 2 UZK i.V. m. Art. 32 UZK-DelVO i.V. m. Anhang 22-01 zur UZK-DelVO

   a) Prüfung der Primärregel: Wechsel der Zolltarifposition, Wertklausel etc.

   b) ggf. Prüfung der Restregeln

2. Wenn keine Listenbedingungen für die Ware existieren: Wesentliche Be- oder Verarbeitung i. S. d. Art. 60 Abs. 2 UZK?

   (Berücksichtigung der EuGH-Rechtsprechung, Interpretationsrichtlinien der Europäischen Kommission)

3. Neues Erzeugnis oder bedeutende Herstellungsstufe i. S. d. Art. 60 Abs. 2 UZK

4. Eingerichtetes Unternehmen gem. Art. 60 Abs. 2 UZK

4. Wirtschaftliche Rechtfertigung gem. Art. 60 Abs. 2 UZK/ Keine Umgehung i. S. d. Art. 33 UZK-DelVO

4. Keine Minimalbehandlung gem. Art. 34 UZK-DelVO

   z. B. einfaches Zusammenfügen, einfaches Mischen etc.

4. Kontrollfragen

		Rdnr.	
1.	Welche Arten des Warenursprungs lassen sich unterscheiden?	B4000	☐
2.	Wo sind die Rechtsgrundlagen für den präferenziellen Warenursprung zu finden?	B4001	☐
3.	Auf welche Weise kann der präferenzielle Warenursprung begründet werden?	B4002	☐
4.	Schildern Sie die Voraussetzungen der ausreichenden Be- oder Verarbeitung.	B4004 ff.	☐
5.	Definieren Sie den Begriff der Minimalbehandlung.	B4007	☐
6.	Was versteht man unter dem Territorialitätsprinzip?	B4009	☐
7.	Stellen Sie den Begriff der unmittelbaren Beförderung dar.	B4010	☐
8.	Welche Varianten der eingeschränkten Kumulierung lassen sich unterscheiden?	B4013	☐
9.	Erläutern Sie den Begriff der buchmäßigen Trennung.	B4017	☐
10.	Welche Arten von Ursprungsnachweisen kennen Sie?	B4019	☐
11.	Wie kann der Ursprung von Vorlieferungen nachgewiesen werden?	B4025	☐
12.	Erläutern Sie den Begriff des draw-back-Verbots.	B4026	☐
13.	Stellen Sie dar, unter welchen Voraussetzungen der geltend gemachte Ursprungserwerb abgelehnt werden kann.	B4027	☐
14.	Benennen Sie den Anwendungsbereich des handelspolitischen Warenursprungs.	B4030	☐
15.	Welche Varianten des Ursprungserwerbs kennt Art. 60 UZK?	B4031	☐
16.	Welche Varianten der wesentlichen Be- oder Verarbeitung i. S. d. Art. 60 Abs. 2 UZK sind denkbar?	B4033	☐
17.	Erläutern Sie die Unterscheidung in Primär- und Restregeln.	B4034	☐
18.	Stellen Sie die Voraussetzungen dar, unter denen gemäß der Generalklausel des Art. 60 Abs. 2 UZK von einer wesentlichen Be- oder Verarbeitung auszugehen ist.	B4035	☐
19.	Wann ist von einer Umgehung von Maßnahmen i. S. v. Art. 59 UZK auszugehen?	B4036	☐
20.	Welche Varianten von Nachweisen des handelspolitischen Ursprungs gibt es?	B4038 ff.	☐

V. Antidumpingzölle

Schrifttum:

Berrisch, Die zukünftige Behandlung Chinas in EU-Antidumpingverfahren, EuZW 2016, 881; *Brauneck*, Neues EU-Antidumpingrecht: Marktverzerrung statt Nicht-Marktwirtschaft, EWS 2018, 18 ff.; *Brauneck*, Kann ein neuer EU-Multilateralismus das WTO-Recht bestimmen?, EuZW 2019, 397 ff.;

Deimel, Teleologische Reduktion im Antidumpingzollrecht?, ZfZ 2014, 9 ff.; *Felderhoff*, Erstattung von Antidumpingzöllen gemäß Art. 11 Abs. 8 der Antidumping-Grundverordnung, AW-Prax 2014, 285 ff.; *Felderhoff*, Der Ursprung als Grundlage handelspolitischer Maßnahmen, AW-Prax 2015, 49 ff.; *Gellert*, Auswirkungen eines Nichtigkeitsurteils des EuGH auf die Frage des gesetzlich geschuldeten Betrages sowie einer Fristverlängerung nach Art. 236 ZK, AW-Prax 2016, 355 ff.; *Glöckle*, Nationale Sicherheitsinteressen in Russia-Traffic in Transit: Die erste Panel-Entscheidung zu Art. XXI GATT, EuZW 2019, 652 ff.; *Glöckle*, Section 232 – Rechtsgrundlage einer protektionistisch ausgerichteten Handelspolitik der USA, RIW 2019, 633 ff.; *Herrmann/Glöckle*, Der drohende transatlantische „Handelskrieg" um Stahlerzeugnisse und das handelspolitische „Waffenarsenal" der EU, EuZW 2018, 477 ff.; *Herrmann/Guilliard*, Handelskonflikte mit Nebenwirkungen, EuZW 2020, 699 ff.; *Herrmann/Müller*, Die Gewährung des „Marktwirtschaftsstatus" gegenüber China im Antidumpingrecht, EuZW 2017, 500 ff.; *Herrmann/Trapp*, Keine Strafe ohne Gesetz! Zu den europarechtlichen Grenzen der Strafverfolgung von Zollhinterziehung und Zollhehlerei in Antidumpingverfahren, EuR 2021, 329 ff.; *Hook*, Was lange währt wird endlich gut? Die neuen Änderungsverordnungen im Bereich der handelspolitischen Schutzinstrumente, EuZW 2019, 188 ff.; *Krüger*, Das Zolltarifrecht – ein sehr attraktives Mauerblümchen, DStR 2018, 1402 ff.; *Loets*, Die neue Verzerrungsregelung im EU-Antidumpingrecht, EuZW 2018, S. 309 ff.; *Lutz*, Die Verordnung zur Durchsetzung internationaler Handelsregeln, AW-Prax 2014, 214 ff.; *Lux/Scheel*, Antidumping: WTO-Recht kein Prüfungsmaßstab für die Normalwertberechnung bei ehemaligen Staatshandelsländern, AW-Prax 2015, 374 ff.; *Müller*, Chinas Beitrittsprotokoll zur WTO - eine Zwischenbilanz, EuZW 2016, 291 ff.; *Pickett*, Modernisierung der Handelsschutzinstrumente, AW-Prax 2014, 12 ff., 40 ff.; *Pickett*, Der Anwendungsbereich von Antidumpingverordnungen, AW-Prax 2014, 110 ff.; *Pickett*, Entering the EU market in the face of anti-dumping duties: new exporter reviews, World Customs Journal 2014, S. 137 ff., online erhältlich unter: http://worldcustomsjournal.org/archive/; *Pickett*, Die Erstattung von Antidumpingzöllen nach der Antidumpinggrundverordnung, ZfZ 2014, 257 ff.; *Pickett*, Der Steuerhinterziehungsvorwurf bei der Nacherhebung, AW-Prax 2014, 328 ff., 361 ff., 399 ff.; *Pickett/Lux*, The Justiciability of Claims under the GATT Security Clause, ZfZ 2019, 194 ff.; *Rinnert*, Strafzölle – ein Überblick, ZfZ 2018, 110 ff.; *Rogmann*, Auge um Auge – Zoll um Zoll, AW-Prax 2018, 315 ff.; *Rogmann*, Strafzölle im Steigflug, AW-Prax 2019, 437; *Sacher*, Neuer Kurs im Umgang mit China? Die Reformvorschläge zum EU-Antidumpingrecht und ihre Vereinbarkeit mit WTO-Recht, Heft 146, 2017, online erhältlich unter: http://telc.jura.uni-halle.de/sites/default/files/BeitraegeTWR/Heft%20146.pdf; *Schoenfeld*, Ausweitung des Antidumpingzolls auf Einfuhren gleichartiger Waren aus einem Drittland, AW-Prax 2015, 33 ff.; *Schoenfeld*, Keine Ausweitung des Antidumpingzolls auf Einfuhren nicht nachfüllbarer Taschenfeuerzeuge aus Vietnam, AW-Prax 2016, 101 ff.; *Schoenfeld*, Zinsen auf erstattete Abgaben bzw. verzögert ausbezahlte Erstattungen – neue Zweifelsfragen, AW-Prax 2020, 501 ff.; *Stein/Rummel*, Die Rechtmäßigkeit handelspolitischer Schutzmaßnahmen der Europäischen Union am Beispiel von Stahlzöllen, ZfZ 2020, 157 ff.; *Tauschinsky/Weiß*, Unionsinteresse und Bürgernähe in der Handelspolitik, EuR 2018, 3 ff.; *Tietje/Sacher*, Stahl und Whiskey – Transatlantischer Handelskrieg als Bedrohung der Welthandelsordnung, Policy Papers on Transnational Economic Law, No. 48, online erhältlich unter: http://tietje.jura.uni-halle.de/sites/default/files/PolicyPaper/PolicyPaper48.pdf; *Tietje/Sacher*, The New Anti-Dumping Methodology of the European Union – A Breach of WTO-Law?, Beiträge zum Transnationalen Wirtschaftsrecht, Heft 153, Mai 2018, online erhältlich unter: http://telc.jura.uni-halle.de/sites/default/files/BeitraegeTWR/Heft%20153.pdf; *Trapp*, Das Weißbuch der Kommission zur Gewährleistung fairer Wettbewerbsbedingungen bei Subventionen aus Drittstaaten, EuZW 2020, 964 ff.; *Weiß*, Umsetzung und Durchsetzung der EU-Handelspolitik: Neue Entwicklungen der "Open Strategic Autonomy", EuZW 2020, 787 ff.; *Wolf*, Die Zukunft der Antidumpingzölle auf Stahlprodukte aus China - Entscheidende Weichenstellungen für die europäische Stahlindustrie, ZfZ 2016, 166 ff.; *Wolffgang*, Der Marktwirtschaftsstatus von China: Läuft alles weiter wie gehabt?, AW-Prax 2017, 1.

1. Überblick zu den handelspolitischen Schutzinstrumenten der EU

Antidumpingmaßnahmen gehören ebenso wie **Antisubventionsmaßnahmen** und B5000
Schutzmaßnahmen zu den handelspolitischen Schutzinstrumenten der EU. Die völkerrechtlichen Grundlagen zu diesen handelspolitischen Schutzinstrumenten sind in den WTO-Übereinkommen zur Durchführung des Artikels VI des Allgemeinen Zoll- und Handelsabkommens (ABl. EG 1994 Nr. L 336/103), im Übereinkommen über Subventionen und Ausgleichsmaßnahmen (ABl. EG 1994 Nr. L 336/156) sowie im Übereinkommen über Schutzmaßnahmen (ABl. EG 1994 Nr. L 336/184) zu finden (s. hierzu im Überblick Tietje/Sacher, Policy Papers on Transnational Economic Law, No. 48).

HINWEIS:

Hiervon wiederum abzugrenzen sind Retorsionszölle, die aufgrund der Aussetzung von Zugeständnissen im Rahmen der WTO durch ein von Schutzmaßnahmen betroffenes Land erhoben werden. Die WTO-rechtliche Grundlage ist hier abermals das WTO-Übereinkommen über Schutzmaßnahmen, die EU-Rechtsgrundlage für eine solche Vorgehensweise ist in der Verordnung (EU) Nr. 654/2014 (ABl. EU 2014 Nr. L 189/50; Überblick hierzu bei Lutz, AW-Prax 2014, 214 ff.) enthalten. Die Verordnung (EU) Nr. 654/2014 wurde im Jahr 2021 grundlegend reformiert (vgl. hierzu die Verordnung (EU) 2021/167, ABl. EU 2021 Nr. L 49/1; Überblick zu den Änderungen bei: Weiß, EuZW 2020, 787 ff.).

Ein aktuelles Beispiel zu dieser Thematik bietet der andauernde Handelsstreit mit den USA (vgl. hierzu: Rinnert, ZfZ 2018, 110 ff.; Rogmann, AW-Prax 2018, 315 ff.; Herrmann/Glöckle, EuZW 2018, 477 ff.; Pickett/Lux, ZfZ 2019, 194 ff.; Brauneck, EuZW 2019, 397 ff.; Glöckle, EuZW 2019, 652 ff.; Glöckle, RIW 2019, 633 ff.; Herrmann/Guilliard, EuZW 2020, 699 ff.; Rogmann, AW-Prax 2019, 437), in dessen Rahmen die Durchführungsverordnungen (EU) 2018/724 (ABl. EU 2018 Nr. L 122/14), 2018/886 (ABl. EU 2018 Nr. L 158/5), 2020/502 (ABl. EU 2020 Nr. L 109/10), 2020/1646 (ABl. EU 2020 Nr. L 373/1), 2021/866 (ABl. EU 2021 Nr. L 190/94) und 2021/1123 (ABl. EU 2021 Nr. L 243/43) zur Verhängung bzw. zur späteren Aussetzung solcher Retorsionszölle erlassen wurden.

Antidumpingmaßnahmen sind das wohl am häufigsten genutzte Instrument gegen Einfuhren, die den europäischen Markt schädigen können. Gem. Art. 1 Abs. 1 der sog. Antidumping-Grundverordnung (Verordnung (EU) 2016/1036, ABl. EU 2016 Nr. L 176/21; im Weiteren: AntidumpingVO) kann ein Antidumpingzoll auf jede Ware eingeführt werden, die Gegenstand eines Dumpings ist und deren Überführung in den zollrechtlich freien Verkehr in der Union eine Schädigung verursacht. Der **Begriff des Dumpings** ist legaldefiniert in Art. 1 Abs. 2 AntidumpingVO und liegt dann vor, wenn der Preis einer Ware bei der Ausfuhr in die Union niedriger ist als der vergleichbare Preis einer zum Verbrauch im Ausfuhrland bestimmten gleichartigen Ware im normalen Handelsverkehr. Wie auch die Generalzolldirektion auf zoll.de ausführt, setzt das „Dumping" somit eine „Ausfuhr zu Schleuderpreisen" voraus.

HINWEIS:

Mit dem Sonderbericht 17/2020 „Handelspolitische Schutzinstrumente: Wirkungsvoller Schutz von EU-Unternehmen gegen gedumpte und subventionierte Einfuhren" hat der Europäische Rechnungshof den Bereich der handelspolitischen Schutzinstrumente erstmals geprüft (Online-Fundstelle hierzu: https://www.eca.europa.eu/de/Pages/DocItem.aspx?did=54349). Er gelangte zu dem Schluss, dass die Kommission die Handelsschutzpolitik erfolgreich durchgesetzt hat, deren Wirksamkeit jedoch verbessert werden könnte, insbesondere angesichts der wachsenden Spannungen in der Welthandelspolitik.

Die Prüfer stellten fest, dass die Komission die ihr zur Verfügung stehenden Instrumente aktiv nutzt, Untersuchungen ordnungsgemäß durchführt und gegebenenfalls eingeführte Maßnahmen gebührend begründet. In den meisten Fällen bezögen sich die Schutzmaßnahmen auf Industrieprodukte und nicht auf Konsumgüter, wobei (sowohl Elektro- als auch herkömmliche) Fahrräder eine bemerkenswerte Ausnahme darstellen. Bei der Prüfung habe sich bestätigt, dass sich die Handelsschutzmaßnahmen ganz eindeutig positiv auf den E-Bike-Sektor ausgewirkt hätten. Ohne sie wäre die Herstellung in Europa wahrscheinlich eingestellt worden. Außerdem bildeten die handelspolitischen Schutzinstrumente den Prüfern zufolge eine wichtige Stütze für die Stahlindustrie. Auf die Solarpaneelbranche traf dies hingegen in geringerem Maße zu.

Generell empfahlen die Prüfer der Kommission, die handelspolitischen Schutzinstrumente besser bekannt zu machen, da sie derzeit nur von wenigen Wirtschaftszweigen genutzt würden. So seien etwa die Stahl- und die Chemiebranche mit diesen Instrumenten bestens vertraut, für andere Branchen – insbesondere kleine und mittlere Unternehmen (KMU) – seien sie hingegen eher Neuland. Diese Branchen ersuchten daher möglicherweise nicht um Schutzmaßnahmen, wenn sie von Handelsverzerrungen betroffen seien.

Antisubventionsmaßnahmen haben ihre rechtliche Grundlage in der Antisubventions-Grundverordnung (Verordnung (EU) 2016/1037, ABl. EU 2016 Nr. L 176/55; im Weiteren: AntisubventionsVO) und werden seltener verhängt als Antidumpingmaßnahmen. Antisubventionsmaßnahmen („Ausgleichszölle") können gem. Art. 1 Abs. 1 AntisubventionsVO dann verhängt werden, wenn eine Subvention ausgeglichen werden muss, die mittelbar oder unmittelbar für die Herstellung, die Produktion, die Ausfuhr oder die Beförderung einer Ware gewährt wird, deren Überführung in den zollrechtlich freien Verkehr in der Union eine Schädigung verursacht. Eine **Subvention** kann gem. Art. 2 Buchst. a) AntisubventionsVO von der Regierung des Ursprungslands der eingeführten Ware oder von der Regierung eines Zwischenlands gewährt werden und kann gem. Art. 3 AntisubventionsVO vor allem in einer finanziellen Beihilfe bestehen, durch die dem Wirtschaftsbeteiligten ein Vorteil entsteht.

HINWEIS:

Zur Behandlung von Subventionen aus Drittstaaten hat die Europäische Kommission im Jahr 2020 ein „Weißbuch über die Gewährleistung fairer Wettbewerbsbedingungen bei Subventionen aus Drittstaaten" (https://ec.europa.eu/competition/international/overview/foreign_subsidies_white_paper_de.pdf) veröffentlicht, das auch die Abgrenzung der verschiedenen Abwehrmaßnahmen zueinander zum Gegenstand hat (Analyse hierzu bei: Trapp, EuZW 2020, 964 ff.).

Antidumping- und Antisubventionsmaßnahmen können auch parallel verhängt werden. Geschehen ist dies etwa bereits im Hinblick auf die Einfuhren von Rohren aus duktilem Gusseisen (auch bekannt als Gusseisen mit Kugelgrafit) aus Indien nach Maßgabe der Durchführungsverordnungen (EU) 2020/526 (ABl. EU 2020 Nr. L 118/1) und (EU) 2020/527 (ABl. EU 2020 Nr. L 118/14). Diese parallele Verhängung von Antidumping- und Ausgleichszöllen ist möglich, da Dumping und Subventionen den EU-Markt auf unterschiedliche Weise schädigen. Auf eine Ware dürfen aber gem. Art. 14 Abs. 1 UAbs. 2 AntidumpingVO nicht zugleich Antidumpingzölle und Ausgleichszölle erhoben werden, um ein und dieselbe Situation, die sich aus einem Dumping oder der Gewährung einer Ausfuhrsubvention ergibt, zu bereinigen.

Der Ablauf des Untersuchungsverfahrens ist in der AntidumpingVO und der AntisubventionsVO gleichwohl vergleichbar ausgestaltet. Im Weiteren wird daher zur Vereinfachung nur auf die Regelungen der AntidumpingVO eingegangen.

Grundsätzliche Hinweise zum Ablauf des Antidumpingverfahrens sind zudem auf der hierzu eingerichteten Themenseite der Generaldirektion Handel zu finden: http://ec.europa.eu/trade/policy/accessing-markets/trade-defence/actions-against-imports-into-the-eu/anti-dumping/

Darüber hinaus gibt es auch eine BMF-Dienstvorschrift, die gerade zu den zollrechtlichen Fragen praktische Hilfestellungen enthält (Neufassung der Dienstvorschrift „Antidumping- und Ausgleichszölle" (E-VSF ZT 06 15), E-VSF-N 29 2017 Nr. 123 v. 27.7.2017).

Schutzmaßnahmen sind das am seltensten eingesetzte Instrument zu Bekämpfung von Schädigungen des Unionsmarktes. Die Rechtsgrundlagen hierzu sind in den Verordnungen (EU) 2015/478 (ABl. EU 2015 Nr. L 83/16) und (EU) 2015/755 (ABl. EU 2015 Nr. L 123/33) zu finden. Schutzmaßnahmen dürfen dann erlassen werden, wenn es zu unvorhergesehen starken Anstiegen von Einfuhren kommt, die bei den Unionsherstellern vergleichbarer Waren zu Schädigungen führen. Die Schäden müssen schwerer sein, als wenn Antidumping- und Ausgleichszölle verhängt werden, da die Verhängung von Schutzmaßnahmen nicht von der Frage abhängt, ob der Handel fair oder unfair ist. Die Verfahrensvoraussetzungen sind ähnlich wie in der AntidumpingVO und der AntisubventionsVO geregelt. Die Schutzmaßnahmen richten sich jedoch nicht gegen Einfuhren aus bestimmten Ländern, sondern gegen Einfuhren aus allen Drittländern (erga omnes). Schutzmaßnahmen können durch Überwachungsmaßnahmen vorbereitet werden.

Ein aktuelles Beispiel für eine solche Überwachungsmaßnahme war in der Durchführungsverordnung (EU) 2016/670 zur Einführung einer vorherigen Überwachung der Einfuhren bestimmter Eisen- und Stahlerzeugnisse mit Ursprung in bestimmten Drittländern durch die Union (ABl. EU 2016 Nr. L 115/37), geändert durch die Durchführungsverordnung (EU) 2017/1092 (ABl. EU 2017 Nr. L 158/8), enthalten. Mittlerweile ist diese Überwachungsmaßnahme durch die Durchführungsverordnung (EU) 2019/159 zur Einführung endgültiger Schutzmaßnahmen gegenüber den Einfuhren bestimmter Stahlerzeugnisse (ABl. EU 2019 Nr. L 31/27), geändert durch die Durchführungsverordnung (EU) 2019/1590 (ABl. EU 2019 Nr. L 248/28), die Durchführungsverordnung (EU) 2020/894 (ABl. EU 2020 Nr. L 206/27), die Durchführungsverordnung (EU) 2021/1029 (ABl. EU 2021 Nr. L 225 I/1) und die Durchführungsverordnung (EU) 2021/1091 (ABl. EU 2021 Nr. L 236/47) abgelöst worden (s. speziell zu den Antidumpingzöllen und Schutzmaßnahmen auf Stahlprodukte: Wolf, ZfZ 2016, 166 ff.; Stein/Rummel, ZfZ 2019, 157 ff.).

HINWEIS:

Auch beim Verhältnis von Schutzmaßnahmen zu Antidumpingzöllen bzw. Ausgleichszöllen stellt sich das Problem der Überkompensation. Dem wurde seitens der EU in Bezug auf die betroffenen Stahlprodukte mit der Durchführungsverordnung (EU) 2019/1382 zur Änderung bestimmter Verordnungen zur Einführung von Antidumping- oder Antisubventionsmaßnahmen gegenüber bestimmten Stahlerzeugnissen, für die Schutzmaßnahmen gelten (ABl. EU 2019 Nr. L 227/1), geändert durch die Durchführungsverordnung (EU) 2020/1713 (ABl. EU 2020 Nr. L 384/6), begegnet, mit der die betreffenden Maßnahmen aufeinander abgestimmt werden.

Arten von handelspolitischen Schutzinstrumenten mit Rechtsgrundlagen

Arten von Schutzinstrumenten

Antidumpingzölle	Ausgleichszölle	Schutzmaßnahmen
VO (EU) 2016/1036	VO (EU) 2016/1037	VO (EU) 2015/478 VO (EU) 2015/755

2. Eröffnung des Anwendungsbereichs einer Antidumpingmaßnahme

Die Bundeszollverwaltung kommt dann praktisch mit Antidumpingmaßnahmen in Berührung, wenn es darum geht, die in ihnen festgelegten Antidumpingzölle zu erheben. Von entscheidender Bedeutung ist dann, wann der Anwendungsbereich einer Antidumpingmaßnahme eröffnet ist und wann nicht. B5001

Die Anwendbarkeit einer Antidumpingmaßnahme setzt nach ihrem Tatbestand neben dem Vorliegen einer Dumpingsituation drei Elemente voraus: die **zolltarifrechtliche Einreihung** der betreffenden Ware muss zu den Angaben in der betreffenden Antidumpingverordnung passen, der **nicht-präferenzielle Warenursprung** eines bestimmten Drittlandes (z. B. China) muss gegeben sein und die in der Antidumpingverordnung angegebene **Warenbeschreibung** muss auf die konkrete Ware passen. Passt eines dieser drei Elemente für die betreffende Einfuhrware nicht, so kann die Antidumpingmaßnahme in Bezug auf diese Einfuhrware auch keine Anwendung finden.

BEISPIEL:

Die Durchführungsverordnung (EU) 2018/330 (ABl. EU 2018 Nr. L 63/15) sieht endgültige Antidumpingzölle auf die Einfuhren bestimmter nahtloser Rohre aus rostfreiem Stahl mit Ursprung in China vor. Art. 1 Abs. 1 dieser Durchführungsverordnung regelt Folgendes: „Es wird ein endgültiger Antidumpingzoll eingeführt auf die Einfuhren **bestimmter nahtloser Rohre aus rostfreiem Stahl (ausgenommen mit Formstücken, Verschlussstücken oder Verbindungsstücken für Gas- oder Flüssigkeitsleitungen für zivile Luftfahrzeuge)** mit **Ursprung in der Volksrepublik China**, die derzeit **unter den KN-Codes 7304 11 00, 7304 22 00, 7304 24 00, ex 7304 41 00, 7304 49 10, ex 7304 49 93, ex 7304 49 95, ex 7304 49 99 und ex 7304 90 00** (TARIC-Codes 7304410090, 7304499390, 7304499590, 7304499990 und 7304900091) **eingereiht werden**".

HINWEIS:

Für die Durchführung von Antidumpingmaßnahmen werden regelmäßig eigene TARIC-Codes bzw. Codenummern geschaffen (z. B. Beschreibung der betroffenen Ware oder Ausweitung eines Antidumpingzolls auf ein Versandland). Waren, die in den Anwendungsbereich der betreffenden Verordnung fallen, sind unter diese Codenummern anzumelden (DV ZT 06 15, Abs. 5).

Vorläufige oder endgültige Antidumpingzölle werden gem. Art. 14 Abs. 1 UAbs. 1 AntidumpingVO durch Verordnung eingeführt und von den Mitgliedstaaten in der Form, zu dem Satz und nach den sonstigen Modalitäten erhoben, die in der Verordnung zur Einführung dieser Zölle festgelegt sind. Diese Zölle werden auch unabhängig von den Zöllen, Steuern und anderen normalerweise bei der Einfuhr geforderten Abgaben erhoben. Dies gilt auch dann, wenn der Drittlandszollsatz „frei" lautet oder eine Zollbegünstigung angewandt werden kann (VSF ZT 06 15 Abs. 6, UAbs. 1), wobei die Befreiungen nach der Zollbefreiungsverordnung (Verordnung (EG) Nr. 1186/2009, ABl. EU 2009 Nr. L 324/23) eine Ausnahme bilden. Hier ist die Erhebung von Antidumpingzöllen ausgeschlossen (VSF ZT 06 15 Abs. 6, UAbs. 3).

a) Die zolltarifrechtliche Einreihung

B5002 Im Hinblick auf die zolltarifrechtliche Einreihung sieht das Antidumpingrecht keine Besonderheiten vor. Hier kommen also die allgemeinen Regeln zur Anwendung, sodass auf die Ausführungen in Kapitel E.II. verwiesen werden kann. Zu beachten ist aber, dass der EuGH bereits entschieden hat, dass eine Bezugnahme auf die KN-Bestimmungen nicht immer ausreicht, um die von der Antidumpingregelung erfassten Waren genau bestimmen zu können, da es dem Wortlaut der KN-Bestimmungen an Genauigkeit fehlen kann. Eine Ware fällt also nur dann unter eine bestimmte Antidumpingmaßnahme, wenn sie in die entsprechende KN-Unterposition eingereiht wird, die in einer Antidumpingverordnung genannt ist, und zugleich alle Merkmale der betreffenden Ware aufweist, s. hierzu auch Krüger, DStR 2018, 1402 ff.

HINWEIS:

Bei Warenzusammenstellungen i. S. d. AV 3b), die sowohl antidumpingzollpflichtige als auch nicht-antidumpingzollpflichtige Waren enthalten, erfolgt die Einreihung nach dem charakterverleihenden Bestandteil. Eine Trennung der einzelnen Bestandteile ist nach Bewertung des BMF nicht möglich, sodass eine Warenzusammenstellung entweder in ihrer Gesamtheit dem Antidumpingzoll oder in der Gesamtheit keinem Antidumpingzoll unterliegt (VSF ZT 06 15 Abs. 8).

b) Der nicht-präferenzielle Warenursprung

B5003 Auch im Hinblick auf die Bestimmung des nicht-präferenziellen Warenursprungs finden grundsätzlich die bekannten zollrechtlichen Regeln Anwendung, sodass auf die Ausführungen in Kapitel B.IV. verwiesen werden kann. Zwar sieht Art. 14 Abs. 3 AntidumpingVO vor, dass besondere Bestimmungen über den Warenursprung für die Zwecke des Antidumpingrechts erlassen werden können (s. näher zum Verhältnis der Regeln des nicht-präferenziellen Ursprungs zu den Bestimmungen der AntidumpingVO: Felderhoff, AW-Prax 2015, 49 ff.). Allerdings ist von dieser Möglichkeit bislang kein Gebrauch gemacht worden.

Für die Bestimmung des materiellen nicht-präferenziellen Ursprungs bleiben damit die Regeln des UZK und der UZK-DelVO maßgeblich. Insbesondere ist zu beachten, dass Antidumpingmaßnahmen Unionsmaßnahmen i. S. d. Art. 59 UZK darstellen, die die Anwendung der Listenregeln des Anhangs 22-01 ermöglichen. Ist der Ursprung in dem betreffenden Land, für das Maßnahmen geschaffen wurden, aber nicht begründet, so kann die Antidumpingmaßnahme auf die betreffende Einfuhrware keine Anwendung finden. Gleiches gilt etwa, wenn bestehende Antidumpingmaßnahmen ausgeweitet werden sollen, zugleich aber in dem von der möglichen Ausweitung betroffenen Drittland die aus dem Land, für das schon Antidumpingmaßnahmen bestehen, exportierten Waren ursprungsbegründend be- oder verarbeitet wurden.

BEISPIEL:

Die Europäische Kommission untersuchte in den vergangenen Jahren, ob die Antidumpingmaßnahmen für in China hergestellte nahtlose Rohre aus nicht rostendem Stahl durch Umleitung der Rohre über Indien in die EU umgangen wurden. Maßgeblich für die Herstellung der nahtlosen Rohre aus nicht rostendem Stahl sind zwei Fertigungsschritte: die Warmumformung und die Kaltumformung der Rohre. Der Prozess der Warmumformung wurde in China und der Prozess der Kaltumformung in Indien durchgeführt. Da sich an den in China warmumgeformten Vorerzeugnissen durch die in Indien durchgeführte Kaltumformung die Abmessungen und die materiellen, mechanischen und metallurgischen Eigenschaften unumkehrbar änderten, kam die Europäische Kommission zu dem Ergebnis, dass in Indien eine wesentliche Be- oder Verarbeitung der Vorerzeugnisse erfolgt sei und daher die von Indien in die EU exportierten nahtlosen Rohre aus rostfreiem Stahl den nicht-präferenziellen Ursprung in Indien hatten. Mittels der Durchführungsverordnung (EU) 2017/2093 (ABl. EU 2017 Nr. L 299/1) wurde die Umgehungsuntersuchung daher eingestellt.

HINWEIS:

Bei Einfuhren im Rahmen der Zollunion mit der Türkei (Warenverkehrsbescheinigung A.TR) ist Antidumpingzoll zu erheben, sofern die Waren ihren nicht-präferenziellen Ursprung in einem Land haben, gegenüber dem ein Antidumpingzoll gilt, da das entsprechende Abkommen mit der Türkei die Erhebung von Antidumpingzöllen nicht abdeckt (VSF ZT 06 15 Abs. 6 UAbs. 2).

c) Die Warenbeschreibung

Auch die Warenbeschreibung in der betreffenden Antidumpingmaßnahme muss zu der konkreten Einfuhrmaßnahme passen. Die AntidumpingVO spricht in ihrem Art. 1 Abs. 4 insoweit von **gleichartigen Waren**. Von einer gleichartigen Ware ist nach dieser Bestimmung dann auszugehen, wenn es sich um eine Ware handelt, die mit der betreffenden Ware identisch ist, d. h., ihr in jeder Hinsicht gleicht, oder, wenn es eine solche Ware nicht gibt, eine andere Ware, die zwar der betreffenden Ware nicht in jeder Hinsicht gleicht, aber Merkmale aufweist, die denen der betreffenden Ware sehr ähnlich sind. B5004

In der Rechtssache „Steinel" entschied der EuGH, dass für die Frage, ob es sich bei der von der in der Antidumpingmaßnahme erfassten Ware und bei der konkreten Einfuhrware um unterschiedliche Waren handele, insbesondere zu prüfen sei, ob sie die gleichen technischen und physischen Merkmale, die gleichen grundlegenden Endverwendungen und das gleiche Verhältnis zwischen Qualität und Preis aufwiesen. Dabei seien auch die Austauschbarkeit und der Wettbewerb zwischen diesen Waren zu beurteilen. Entscheidend sei insoweit, dass **der Kontext und die Ziele** berücksichtigt würden, die mit der betreffenden Antidumpingregelung verfolgt werden (EuGH, Urteil v. 18.4.2013 - C-595/11, Rdnr. 37, 44, ECLI:EU:C:2013:251, ZfZ 2013, 244 ff.; Besprechungen zu diesem Urteil bei: Deimel, ZfZ 2014, 9 ff.; Pickett, AW-Prax 2014, 110 ff.).

HINWEIS:

im Jahr 2018 wurden durch die Verordnung (EU) 2018/825 (ABl. EU 2018 Nr. L 143/1) mehrere Verfahrensvorschriften in der Antidumping-Grundverordnung (wie auch in der Antisubventions-Grundverordnung) geändert, ergänzt oder neu eingefügt (s. zu einem frühen Reformvorschlag bereits Pickett, AW-Prax 2014, 12 ff., 40 ff.; Überblick zur finalen Verordnung bei: Hook, EuZW 2019, 188 ff.).

Geändert, ergänzt oder neu eingefügt wurden bei der Antidumping-Grundverordnung insgesamt folgende Vorschriften: Art. 4, Art. 5, Art. 6, Art. 7, Art. 8, Art. 9, Art. 11, Art. 13, Art. 14, Art. 14a, Art. 17, Art. 19a, Art. 21, Art. 23 und Art. 23a. Die neuen Regelungen gelten mit Wirkung ab dem 8.6.2018 für alle Untersuchungen, deren Einleitungsbekanntmachung nach dem Inkrafttreten der Verordnung (EU) 2018/825 im EU-Amtsblatt veröffentlicht wurde. In diesem Kapitel wird zur Vereinfachung nur auf die seit dem 8.6.2018 geltende Rechtslage eingegangen.

Die neu eingeführte Regelung des Art. 14a AntidumpingVO betrifft den räumlichen Anwendungsbereich von Antidumpingmaßnahmen. Gem. Art. 14a Abs. 1 S. 1 AntidumpingVO können Antidumpingzölle auch auf gedumpte Waren eingeführt werden, die in erheblichen Mengen auf eine künstliche Insel, eine feste oder schwimmende Einrichtung oder eine andere Struktur auf dem Festlandsockel eines Mitgliedstaats oder in der von einem Mitgliedstaat gemäß dem SRÜ ausgewiesenen ausschließlichen Wirtschaftszone verbracht werden, wenn hierdurch der Wirtschaftszweig der Union geschädigt würde. Gem. Art. 14a Abs. 1 S. 2 AntidumpingVO erlässt die Kommission Durchführungsrechtsakte, in denen die Bedingungen für die Entstehung dieser Zölle sowie die Verfahren für die Mitteilung und Anmeldung der betreffenden Waren und für die Zahlung dieser Zölle, einschließlich ihrer Erhebung, ihrer Erstattung und ihrem Erlass, festgelegt sind (Zollinstrument).

Gem. Art. 14a Abs. 2 S. 1 AntidumpingVO führt die Kommission erst ab dem Tag Zölle nach Art. 14a Abs. 1 AntidumpingVO ein, an dem das in Art. 14a Abs. 1 AntidumpingVO genannte Zollinstrument einsatzbereit ist. Gem. Art. 14a Abs. 2 S. 1 AntidumpingVO musste die Kommission allen Wirtschaftsbeteiligten im Wege einer gesonderten Veröffentlichung im EU-Amtsblatt mitteilen, dass das Zollinstrument einsatzbereit ist. Dieser Verpflichtung kam die EU mit der Schaffung der Durchführungsverordnung (EU) 2019/1131 (ABl. EU 2019 Nr. L 179/12) nach. Mit einer Mitteilung im EU-Amtsblatt vom 30.10.2019 (ABl. EU 2020 Nr. C 366/61) informierte die Kommission alle Wirtschaftsbeteiligten, dass das Zollinstrument ab dem 4.11.2019 einsatzbereit und in vollem Umfang anwendbar ist. Nur neue Untersuchungen oder Zwischenüberprüfungen bestehender Aktivitäten, die nach dem 3.11.2019 eingeleitet wurden, sind von der Änderung betroffen, wenn die in den Rechtsvorschriften festgelegten Bedingungen erfüllt sind.

Die deutsche Zollverwaltung reagierte hierauf mit einer Zoll-Fachmeldung vom 4.11.2019, die später durch eine weitere Zoll-Fachmeldung vom 5.2.2020 ergänzt wurde (https://www.zoll.de/SharedDocs/Fachmeldungen/Aktuelle-Einzelmeldungen/2020/azr_handelsschutzmassnahmen_durch_eu.html). Mit Geltungsbeginn des Zollinstruments am 4.11.2019 bestehe nun erstmals die Möglichkeit, dass eine entsprechende Ausweitung bestehender Maßnahmen oder eine neue Antidumping- und Antisubventionsmaßnahme durch die Wirtschaft beantragt werden könne. Mit dieser Erweiterung der handelspolitischen Maßnahmen würden verschiedene neue Verpflichtungen auf die betroffenen Wirtschaftsbeteiligten zukommen. Betroffen seien im Wesentlichen die sogenannten „Empfänger", also die Halter einer Lizenz oder einer Zulassung für die Ausübung einer geschäftlichen Tätigkeit auf dem Festlandsockel oder in der ausschließlichen Wirtschaftszone eines Mitgliedstaats. Erforderlich werde zum Beispiel die Abgabe einer Erklärung zum Erhalt der betroffenen Waren vergleichbar mit einer Zollanmeldung bei der Einfuhr. Aber auch die Ausführer entsprechender Waren seien von den neuen Regelungen betroffen, so müsse die Lieferung entsprechender Waren bei der Ausfuhr mit einer besonderen Ländercodierung, welche zu gegebener Zeit noch veröffentlicht werde, kenntlich gemacht werden. Bisher gehe die EU-Kommission davon aus, dass ein tatsächlicher Anwendungsfall noch nicht in Kürze eintreten werde. Eine Verpflichtung, für eine Ware, die auf den Festlandsockel oder die ausschließliche Wirtschaftszone geliefert werde, Zölle zu entrichten, bestehe somit derzeit nicht.

Der erste Anwendungsfall für die neue Regelung ist das derzeit noch laufende Antidumping-Untersuchungsverfahren zu Einfuhren von Windkrafttürmen aus Stahl mit Ursprung in China (vgl. zur Einleitung des Untersuchungsverfahrens: ABl. EU 2020 Nr. C 351/8 v. 21.10.2020 und die Zoll-Fachmeldung v. 1.12.2020, https://www.zoll.de/SharedDocs/Fachmeldungen/Aktuelle-Einzelmeldungen/2020/azr_antidumping_1.html).

3. Voraussetzungen für die Verhängung eines Antidumpingzolls

Gem. Art. 9 Abs. 4 AntidumpingVO ist für die Einführung eines endgültigen Antidumpingzolls erforderlich, dass Dumping und eine dadurch verursachte Schädigung vorliegen und im Unionsinteresse ein Eingreifen durch die Union erforderlich ist. B5005

a) Die Bestimmung der Dumpingspanne

Wie bereits ausgeführt wurde, gilt eine Ware gem. Art. 1 Abs. 2 AntidumpingVO als gedumpt, wenn ihr Preis bei der Ausfuhr in die Union niedriger ist als der vergleichbare Preis einer zum Verbrauch im Ausfuhrland bestimmten gleichartigen Ware im normalen Handelsverkehr. Entscheidend ist also das Verhältnis von **Ausfuhrpreis** und normalem Inlandspreis im Ausfuhrland, der als **Normalwert** bezeichnet wird. B5006

Der *Normalwert* stützt sich gem. Art. 2 Abs. 1 Satz 1 AntidumpingVO normalerweise auf die Preise, die im normalen Handelsverkehr von unabhängigen Abnehmern im Ausfuhrland gezahlt wurden oder zu zahlen sind. Weitere Details zur Bestimmung des Normalwerts sind in Art. 2 Abs. 1-6 AntidumpingVO enthalten. *Ausfuhrpreis* ist hingegen gem. Art. 2 Abs. 8 AntidumpingVO der tatsächlich gezahlte oder zu zahlende Preis der zur Ausfuhr aus dem Ausfuhrland in die Union verkauften Ware. Weitere Details zum Ausfuhrpreis sind in Art. 2 Abs. 9 AntidumpingVO geregelt. Unter den Voraussetzungen von Art. 2 Abs. 10, 11 AntidumpingVO wird sodann zwischen Normalwert und Ausfuhrpreis ein gerechter Vergleich durchgeführt. Die **Dumpingspanne** entspricht dann gem. Art. 2 Abs. 12 AntidumpingVO dem Betrag, um den der Normalwert den Ausfuhrpreis übersteigt. Bei unterschiedlichen Dumpingspannen kann eine gewogene durchschnittliche Dumpingspanne ermittelt werden.

In Antidumpinguntersuchungen im Verhältnis zu China stellte sich das Problem, dass der Normalwert gemäß Art. 2 Abs. 7 AntidumpingVO a. F. nach Art. 2 Abs. 1-6 AntidumpingVO ermittelt wurde, sofern auf der Grundlage ordnungsgemäß begründeter Anträge des oder der von der Untersuchung betroffenen Hersteller(s) nachgewiesen wurde, dass für diesen oder diese Hersteller bei der Fertigung und dem Verkauf der betreffenden gleichartigen Ware marktwirtschaftliche Bedingungen herrschten (sog. **„Marktwirtschaftsbehandlung"**). Die Vorschrift basierte auf der Prämisse, dass China keine Marktwirtschaft darstellt und war WTO-rechtlich insoweit zulässig, als in Abschnitt 15 des Beitrittsprotokolls von China zur WTO geregelt ist, dass eine Vergleichsmethodik angewendet werden darf, wenn die betroffenen chinesischen Hersteller nicht klar nachweisen können, dass in ihrem Wirtschaftszweig marktwirtschaftliche Bedingungen herrschen.

Diese Regelung des Beitrittsprotokolls war aber befristet bis zum 11.12.2016. Offen ist insoweit, welche Auswirkungen dies hat, etwa ob China nun als Marktwirtschaft anzuerkennen ist (s. zum Diskussionsstand Müller, EuZW 2016, 291 ff.). Die EU hat dies jedenfalls zum Anlass genommen, von ihrer bisherigen Methodik für alle Ausgangsuntersuchungen und Überprüfungen, die ab dem 20.12.2017 eingeleitet werden, Abstand zu nehmen und änderte die AntidumpingVO mit der Verordnung (EU) 2017/2321 (ABl. EU 2017 Nr. L 338/1), die für die Berechnung von Dumpingspannen bei Einfuhren aus China eine neue Methodik vorsieht, die im Falle erheblicher Marktverzerrungen oder einer umfassenden staatlichen Beeinflussung der Wirtschaft zur Anwendung kommen soll. Bei der Ermittlung von Verzerrungen sollen verschiedene Kriterien berücksichtigt werden, unter anderem staatliche Politik und Einflussnahme, ausgeprägte Präsenz staatseigener Betriebe, Diskriminierung zugunsten heimischer Unternehmen und mangelnde Unabhängigkeit des Finanzsektors. Die Kommission kann Berichte für Länder oder Wirtschaftszweige erstellen, in denen Verzerrungen aufgezeigt werden. Die in diesen Berichten gesammelten Belege stehen dann für künftige Untersuchungen zur Verfügung. Der Reformvorschlag ist durchaus umstritten (Berrisch, EuZW 2016, 881; Wolffgang, AW-Prax 2017, 1; Herrmann/Müller, EuZW 2017, 500; Sacher, Beiträge zum Transnationalen Wirtschaftsrecht, Heft 146, 2017; Brauneck, EWS 2018, 18 ff.; Loets, EuZW 2018, S. 309 ff.; Tietje/Sacher, Beiträge zum Transnationalen Wirtschaftsrecht, Heft 153, 2018; Hook, EuZW 2019, 188 ff.).

c) Schädigung eines Wirtschaftszweigs der Union

B5007 Der Begriff **„Schädigung"** bedeutet gem. Art. 3 Abs. 1 AntidumpingVO, dass ein Wirtschaftszweig der Union bedeutend geschädigt wird oder geschädigt zu werden droht oder dass die Errichtung eines Wirtschaftszweigs der Union erheblich verzögert wird. Die Feststellung einer Schädigung muss sich gem. Art. 3 Abs. 2 AntidumpingVO auf eindeutige Beweise stützen und erfordert eine objektive Prüfung des Volumens der gedumpten Einfuhren und ihrer Auswirkungen auf die Preise gleichartiger Waren auf dem Markt der Union und der Auswirkungen dieser Einfuhren auf den Wirtschaftszweig der Union. Art. 3 Abs. 3-9 AntidumpingVO enthalten weitere Einzelheiten zum Begriff der Schädigung. Insbesondere muss gem. Art. 3 Abs. 6 AntidumpingVO aus den vorgelegten Nachweisen hervorgehen, dass die gedumpten Einfuhren für die festgestellte Schädigung ursächlich sind.

Der Begriff „**Wirtschaftszweig der Union**" ist in Art. 4 AntidumpingVO geregelt und meint gem. Art. 4 Abs. 1 AntidumpingVO die Gesamtheit der Unionshersteller der gleichartigen Waren oder den Teil von ihnen, dessen Produktion insgesamt einen erheblichen Teil der gesamten Unionsproduktion dieser Waren ausmacht. Ausnahmen bestehen etwa dann, wenn Hersteller mit Ausführern oder Einführern geschäftlich verbunden oder selbst Einführer der angeblich gedumpten Ware sind. Für diesen Fall ist es zulässig, unter dem Begriff „Wirtschaftszweig der Union" nur die übrigen Hersteller zu verstehen. Unter außergewöhnlichen Umständen besteht zudem die Möglichkeit, das Gebiet der Union für die betreffende Produktion in zwei oder mehr Wettbewerbsmärkte aufzuteilen und die Hersteller auf jedem einzelnen Markt als eigenen Wirtschaftszweig anzusehen, wenn die Hersteller auf einem solchen Markt ihre gesamte oder nahezu ihre gesamte Produktion der betreffenden Ware verkaufen, und die Nachfrage auf diesem Markt nicht in erheblichem Maße von Herstellern der betreffenden Ware gedeckt wird, die ihren Standort in einer anderen Region der Union haben. Im Rahmen dieser Ausnahmekonstellationen kann eine Schädigung selbst dann festgestellt werden, wenn ein größerer Teil des gesamten Wirtschaftszweigs der Union nicht geschädigt wird, sofern sich die gedumpten Einfuhren auf einen solchen isolierten Markt konzentrieren und die Hersteller der gesamten oder nahezu gesamten Produktion auf diesem Markt schädigen. Art. 4 Abs. 2-4 AntidumpingVO enthalten weitere Einzelheiten.

d) Vorliegen des Unionsinteresses

Neben dem Vorliegen eines Dumpings sowie der Schädigung eines Wirtschaftszweigs B5008
der Union muss das Eingreifen mittels einer Antidumpingmaßnahme auch im **Unionsinteresse** liegen. Art. 21 Abs. 1 AntidumpingVO sieht hierzu vor, dass die Feststellung, ob das Unionsinteresse ein Eingreifen erfordert, sich auf eine Bewertung aller Interessen, einschließlich der Interessen des inländischen Wirtschaftszweigs, der Verwender und der Verbraucher stützt (s. vertiefend zum Begriff des Unionsinteresses: Tauschinsky/Weiß, EuR 2018, 3 ff.). Maßnahmen, die sich aus der Feststellung des Dumpings und der Schädigung ergeben, können nicht angewendet werden, wenn die Behörden auf der Grundlage aller vorgelegten Informationen eindeutig zu dem Ergebnis kommen können, dass die Anwendung dieser Maßnahmen nicht im Interesse der Union liegt. Art. 21 Abs. 2-7 AntidumpingVO enthalten weitere Einzelheiten.

Vorliegen einer Dumpingsituation

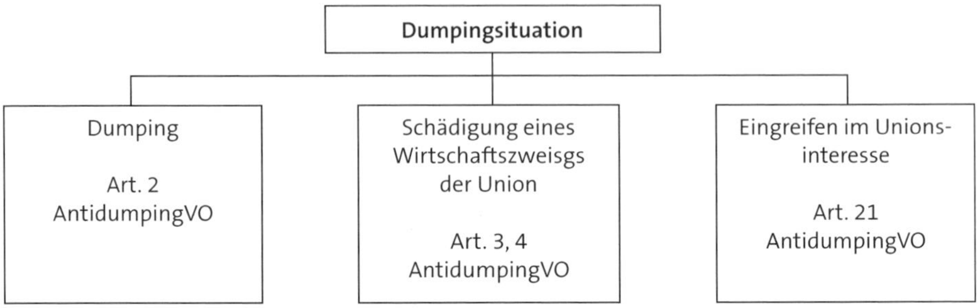

4. Das Antidumping-Untersuchungsverfahren und die Möglichkeiten der Einführung von Antidumpingzöllen

B5009 Auf Basis eines Antidumping-Untersuchungsverfahrens können endgültige Antidumpingzölle eingeführt werden. Unter bestimmten Voraussetzungen ist es möglich, bereits vorläufige Antidumpingzölle einzuführen oder sogar Antidumpingzölle rückwirkend anzuwenden. Ferner gibt es für vom Antidumpingzoll betroffene Ausführer die Möglichkeit, sog. Preisverpflichtungen einzugehen.

a) Einleitung und Ablauf des Antidumping-Untersuchungsverfahrens

B5010 Die Einleitung des Antidumping-Untersuchungsverfahrens richtet sich nach Art. 5 AntidumpingVO. Eine Untersuchung zur Feststellung des Vorliegens, des Umfangs und der Auswirkungen angeblicher Dumpingpraktiken wird gem. Art. 5 Abs. 1 AntidumpingVO auf einen schriftlichen Antrag eingeleitet, der von einer natürlichen oder juristischen Person oder einer Vereinigung ohne Rechtspersönlichkeit, die im Namen eines Wirtschaftszweigs der Union handelt, gestellt wird, wobei der Antrag gem. Art. 5 Abs. 1 UAbs. 3 AntidumpingVO an die Kommission oder einen Mitgliedstaat gerichtet werden kann, der ihn sodann an die Kommission weiterleitet. Gem. Art. 5 Abs. 1 UAbs. 2 AntidumpingVO können Anträge auch gemeinsam von einem Wirtschaftszweig der Union oder einer natürlichen oder juristischen Person oder einer Vereinigung ohne Rechtspersönlichkeit, die in deren Namen handelt, und Gewerkschaften gestellt oder von Gewerkschaften unterstützt werden; dies berührt nicht die für den Wirtschaftszweig der Union bestehende Möglichkeit, den Antrag zurückzuziehen.

Ein Antrag gem. Art. 5 Abs. 1 AntidumpingVO muss gem. Art. 5 Abs. 2 AntidumpingVO Beweise für das Vorliegen von Dumping und für eine Schädigung sowie für einen ursächlichen Zusammenhang zwischen den angeblich gedumpten Einfuhren und der angeblichen Schädigung enthalten. Weitere Einzelheiten hierzu sind in Art. 5 Abs. 2 Satz 2 Buchst. a)-d) AntidumpingVO enthalten. Eine Untersuchung wird gem. Art. 5 Abs. 4 AntidumpingVO nur dann eingeleitet, wenn geprüft wurde, in welchem Maße der Antrag von den Unionsherstellern der gleichartigen Ware unterstützt bzw. abgelehnt wird, und daraufhin festgestellt wurde, dass der Antrag von einem Wirtschaftszweig der Union oder in seinem Namen gestellt wurde.

Stellt sich heraus, dass genügend Beweise vorliegen, um die Einleitung eines Verfahrens zu rechtfertigen, so eröffnet die Kommission gem. Art. 5 Abs. 9 AntidumpingVO innerhalb von 45 Tagen nach dem Zeitpunkt der Antragstellung ein Verfahren und veröffentlicht eine entsprechende Bekanntmachung im EU-Amtsblatt. Gem. Art. 5 Abs. 10 AntidumpingVO kündigt die Bekanntmachung über die Einleitung des Verfahrens die Einleitung einer Untersuchung an, bezeichnet die betroffenen Waren und die betroffenen Länder, enthält eine Zusammenfassung der eingegangenen Informationen und den Hinweis, dass alle sachdienlichen Informationen der Kommission zu übermitteln sind. Darin werden die Fristen festgesetzt, innerhalb deren interessierte Parteien sich selbst melden, ihren Standpunkt schriftlich darlegen und Informationen unterbreiten können, wenn solche Standpunkte und Informationen während der Untersuchung berücksichtigt werden sollen.

BEISPIEL:

Am 11.8.2017 veröffentlichte die Europäische Kommission die Bekanntmachung der Einleitung eines Antidumpingverfahrens betreffend die Einfuhren neuer und runderneuerter Reifen für von der für Omnibusse und Kraftfahrzeuge für den Transport von Waren verwendeten Art mit Ursprung in der Volksrepublik China (ABl. EU 2017 Nr. C 264/14). Die Verfahrenseinleitung geht auf einen Antrag des Bündnisses gegen unfaire Reifeneinfuhren zurück, das Hersteller vertritt, auf die mehr als 45 % der gesamten Unionsproduktion der betroffenen Waren entfallen. Bei der von der Untersuchung betroffenen Ware handelt es sich um bestimmte Luftreifen aus Kautschuk, neu oder runderneuert, von der für Omnibusse und Kraftfahrzeuge für den Transport von Waren verwendeten Art, die unter den KN-Codes 4011 20 90 und 4012 12 00 eingereiht werden. Im Hinblick auf die Dumpingbehauptung stellte die Kommission dar, dass die ermittelten Dumpingspannen erheblich seien. Aus den vom Antragsteller vorgelegten Anscheinsbeweisen gehe zudem hervor, dass die Menge und die Preise der eingeführten untersuchten Ware unter anderem die Verkaufsmengen und den Marktanteil des Wirtschaftszweigs der Union negativ beeinflusst hätten, was wiederum die Gesamtergebnisse und die Beschäftigungslage des Wirtschaftszweigs der Union stark beeinträchtigt habe. Als Frist für Stellungnahmen, Anträge etc. von interessierten Parteien setzte die Kommission eine Frist von 37 Tagen ab Veröffentlichung der Bekanntmachung im EU-Amtsblatt fest.

Mittlerweile wurden mit der Durchführungsverordnung (EU) 2018/1579 (ABl. EU 2018 Nr. L 263/3) endgültige Antidumpingzölle auf die Einfuhren einer für Omnibusse und Kraftfahrzeuge für den Transport von Waren verwendeten Art bestimmter neuer oder runderneuerter Luftreifen aus Kautschuk mit einer Tragfähigkeitskennzahl von mehr als 121 eingeführt.

Gem. Art. 5 Abs. 12 AntidumpingVO steht eine Antidumpinguntersuchung der Zollabfertigung nicht entgegen.

Nach der Verfahrenseinleitung beginnt die Europäische Kommission gem. Art. 6 Abs. 1 AntidumpingVO in Zusammenarbeit mit den Mitgliedstaaten mit einer Untersuchung auf Unionsebene. Diese Untersuchung erstreckt sich sowohl auf das Dumping als auch auf die Schädigung, die gleichzeitig untersucht werden. Für die Zwecke einer repräsentativen Feststellung wird ein Untersuchungszeitraum gewählt, der normalerweise einen der Einleitung des Verfahrens unmittelbar vorangehenden Zeitraum von mindestens sechs Monaten umfasst, wobei Informationen, die für einen Zeitraum nach diesem Untersuchungszeitraum vorgelegt werden, normalerweise nicht berücksichtigt werden.

Antidumping-Untersuchungen, werden, wenn möglich, gem. Art. 6 Abs. 9 AntidumpingVO innerhalb eines Jahres abgeschlossen. In jedem Fall werden Antidumping-Untersuchungen innerhalb von 14 Monaten nach ihrer Einleitung abgeschlossen.

HINWEIS:

Entscheidend sind im Antidumpingverfahren die Beteiligungsmöglichkeiten für interessierte Parteien. Verweigert eine interessierte Partei den Zugang zu den erforderlichen Informationen oder erteilt sie nicht innerhalb der durch die AntidumpingVO gesetzten Fristen die erforderlichen Auskünfte oder behindert sie erheblich die Untersuchung, so können gem. Art. 18 Abs. 1 UAbs. 1 AntidumpingVO vorläufige oder endgültige positive oder negative Feststellungen auf der Grundlage der verfügbaren Fakten getroffen werden. Wird festgestellt, dass eine interessierte Partei unwahre oder irreführende Informationen vorgelegt hat, so werden gem. Art. 18 Abs. 1 UAbs. 2 AntidumpingVO diese Informationen nicht berücksichtigt, und die verfügbaren Informationen können zugrunde gelegt werden. Weitere Einzelheiten zur mangelnden Bereitschaft zur Mitarbeit sind in Art. 18 Abs. 2-6 AntidumpingVO festgelegt.

b) Einführung vorläufiger Antidumpingmaßnahmen

B5011 Vor der Einführung endgültiger Antidumpingmaßnahmen können gem. Art. 7 Abs. 1 S. 1 Buchst. a)-d) AntidumpingVO bereits **vorläufige Antidumpingzölle** auferlegt werden, wenn vorläufig festgestellt wurde, dass Dumping vorliegt, ein Wirtschaftszweig der Union dadurch geschädigt wird und das Unionsinteresse Maßnahmen zur Beseitigung dieser Schädigung erforderlich macht. Im Anschluss an die Unterrichtung der interessierten Parteien nach Art. 19a AntidumpingVO wird vier Wochen lang auf die Erhebung vorläufiger Zölle verzichtet (sog. **Vorunterrichtungszeitraum**). Die Unterrichtung greift einem etwaigen späteren entsprechenden Beschluss der Kommission nicht vor.

HINWEIS:

Im Hinblick auf die Einführung vorläufiger Zölle ist in Art. 19a Abs. 1 AntidumpingVO festgelegt, dass die in Antidumpinguntersuchungen beteiligten Parteien Auskünfte über die geplante Einführung vorläufiger Zölle anfordern können, die den betreffenden Parteien vier Wochen vor Einführung der vorläufigen Zölle erteilt werden. Falls beabsichtigt ist, keine vorläufigen Zölle einzuführen, die Untersuchung aber fortzuführen, werden die interessierten Parteien gem. Art. 19a Abs. 2 AntidumpingVO vier Wochen vor Ablauf der in Art. 7 Abs. 1 AntidumpingVO für die Einführung vorläufiger Zölle vorgesehenen Frist von der Nichteinführung der Zölle in Kenntnis gesetzt.

Die Dauer des Vorunterrichtungszeitraums betrug bei Einführung des Art. 19a AntidumpingVO lediglich drei Wochen, wurde aber später auf vier Wochen heraufgesetzt (vgl. die Delegierte Verordnung (EU) 2020/1173, ABl. EU 2020 Nr. L 259/1). Hintergrund für diese Rechtsänderung ist die Regelung in Art. 7 Abs. 1 UAbs. 4 AntidumpingVO. Gemäß dieser Regelung musste die Kommission bis zum 9.6.2020 überprüfen, ob es während des Vorunterrichtungszeitraums zu einem erheblichen Anstieg der Einfuhren gekommen ist, und, sollte dies der Fall sein, ob der Wirtschaftszweig der Union durch diesen Anstieg zusätzlich geschädigt wurde. Die Kommission musste dann gem. Art. 23a AntidumpingVO einen delegierten Rechtsakt erlassen, durch den der Vorunterrichtungszeitraum auf zwei Wochen verkürzt wird, wenn es zu einem erheblichen Anstieg der Einfuhren gekommen ist, durch den ein Wirtschaftszweig der Union zusätzlich geschädigt wurde, beziehungsweise auf vier Wochen verlängert wird, wenn dies nicht der Fall war.

Die vorläufigen Antidumpingzölle werden gem. Art. 7 Abs. 1 UAbs. 2 AntidumpingVO frühestens 60 Tage, im Normalfall spätestens sieben Monate, in jedem Fall jedoch spätestens acht Monate nach der Einleitung des Verfahrens eingeführt. Gem. Art. 7 Abs. 3 AntidumpingVO darf der Betrag des vorläufigen Antidumpingzolls die vorläufig ermittelte Dumpingspanne nicht übersteigen; er sollte jedoch niedriger sein als die Dumpingspanne, wenn ein niedrigerer Zoll ausreicht, um die Schädigung des Wirtschaftszweigs der Union zu beseitigen. Weitere Regelungen hierzu sind in Art. 7 Abs. 2a)–2d) AntidumpingVO enthalten. Die vorläufigen Antidumpingzölle sind gem. Art. 7 Abs. 3 AntidumpingVO in Form einer Sicherheitsleistung zu sichern, und die Überführung der betreffenden Waren in den freien Verkehr in der Union wird von der Leistung einer solchen Sicherheit abhängig gemacht.

HINWEIS:

Die zu leistende Sicherheit muss den Bestimmungen der Art. 89 ff. UZK und den Art. 147 ff. UZK-DVO entsprechen. Ein Verzicht von der Sicherheitsleistung ist, abweichend von Artikel 89 Abs. 9 UZK, bei vorläufigen Antidumpingzöllen nicht möglich (VSF ZT 06 15 Abs. 10 UAbs. 1, 2). Vorläufige Antidumpingzölle sind zunächst gemäß Art. 104 Abs. 1 UAbs. 2 i.V. m. Art. 102 Abs. 1 UAbs. 2 Buchst. a) UZK weder buchmäßig zu erfassen noch mitzuteilen (s. auch VSF ZT 06 15 Abs. 10 UAbs. 3).

Die Geltungsdauer vorläufiger Antidumpingzölle kann gem. Art. 7 Abs. 6 AntidumpingVO auf sechs Monate beschränkt und um weitere drei Monate verlängert werden oder aber neun Monate betragen. Sie darf jedoch nur verlängert werden oder neun Monate betragen, wenn die Ausführer, auf die ein erheblicher Prozentsatz des betreffenden Handels entfällt, dies beantragen oder nach Mitteilung durch die Kommission keine Einwände erheben.

BEISPIEL:

Mit der Durchführungsverordnung (EU) 2017/1444 (ABl. EU 2017 Nr. L 207/1), die am 10.8.2017 im EU-Amtsblatt veröffentlicht wurde, führte die Europäische Kommission vorläufige Antidumpingzölle auf die Einfuhren bestimmter korrosionsbeständiger Stähle mit Ursprung in China ein. Mit der Durchführungsverordnung (EU) 2018/186 (ABl. EU 2018 Nr. L 34/16), die am 8.2.2018 im EU-Amtsblatt veröffentlicht wurde, wurden endgültige Antidumpingzölle auf diese Waren eingeführt und die Sicherheitsleistungen für die vorläufigen Antidumpingzölle gemäß der Durchführungsverordnung (EU) 2017/1444 endgültig vereinnahmt. Die die endgültigen Zollsätze übersteigenden Sicherheitsleistungen wurden freigegeben.

c) Einführung endgültiger Antidumpingmaßnahmen

B5012 Stellt sich infolge des Untersuchungsverfahrens heraus, dass keine Schutzmaßnahmen notwendig sind, so wird die Untersuchung oder das Verfahren gem. Art. 9 Abs. 2 AntidumpingVO eingestellt.

Ergibt sich hingegen aus der endgültigen Feststellung des Sachverhalts, dass Dumping und eine dadurch verursachte Schädigung vorliegen und im Unionsinteresse ein Eingreifen erforderlich ist, so führt die Kommission gem. Art. 9 Abs. 4 AntidumpingVO **endgültige Antidumpingzölle** ein. Sind bereits vorläufige Antidumpingzölle in Kraft, werden die endgültigen Antidumpingzölle spätestens einen Monat vor Außerkrafttreten der vorläufigen Antidumpingzölle eingeführt. Auch hier darf der Antidumpingzoll die festgestellte Dumpingspanne nicht übersteigen; er sollte jedoch unter der Dumpingspanne liegen, wenn ein niedrigerer Zoll ausreicht, um die Schädigung des Wirtschaftszweigs der Union zu beseitigen. Art. 7 Abs. 2a)–2d) gelten hier entsprechend.

Ist der endgültige Antidumpingzoll höher als der vorläufige Zoll, so wird der Differenzbetrag gem. Art. 10 Abs. 3 AntidumpingVO nicht erhoben. Ist der endgültige Zoll hingegen niedriger als der vorläufige Zoll, so wird der Zoll neu berechnet. Im Fall einer negativen endgültigen Feststellung wird der vorläufige Zoll nicht bestätigt.

Art. 9 Abs. 6 i.V.m. 17 AntidumpingVO sehen ein System ausdifferenzierter Dumpingspannen vor. Gem. Art. 17 Abs. 1 AntidumpingVO kann in Fällen, in denen die Anzahl der Antragsteller, der Ausführer oder der Einführer, der Warentypen oder der Geschäftsvorgänge sehr groß ist, die Untersuchung auf eine vertretbare Anzahl von Parteien, Waren oder Geschäftsvorgängen durch **Stichproben**, die nach den normalen statistischen Verfahren auf der Grundlage der zum Zeitpunkt der Auswahl zur Verfügung stehenden Informationen gebildet werden, oder **auf das größte repräsentative Volumen** von Produktion, Verkäufen oder Ausfuhren beschränkt werden, die in angemessener Weise in der zur Verfügung stehenden Zeit untersucht werden können. Wenn die Kommission ihre Untersuchung gem. Art. 17 AntidumpingVO beschränkt hat, dürfen die Antidumpingzölle auf die Einfuhren von Ausführern oder Herstellern, die sich gemäß Art. 17 AntidumpingVO selbst gemeldet haben, aber gem. Art. 9 Abs. 6 UAbs. 1 AntidumpingVO nicht in die Untersuchung einbezogen wurden, die gewogene durchschnittliche Dumpingspanne nicht übersteigen, die für die in die Stichprobe einbezogenen Parteien ermittelt wurde. Auf Einfuhren von Ausführern oder Herstellern, denen gem. Art. 17 AntidumpingVO eine individuelle Behandlung gewährt wird, werden gem. Art. 9 Abs. 6 UAbs. 3 AntidumpingVO individuelle Zölle angewandt.

Dies führt regelmäßig zu drei verschiedenen Arten von Antidumpingspannen: (1) verschiedenen unternehmensspezifischen Antidumpingzollsätzen für einzelne Unternehmen, (2) einem durchschnittlichen Zollsatz für Hersteller, die sich im Antidumpingverfahren gemeldet haben, für die aber jeweils kein individueller Antidumpingzollsatz ermittelt wurde und (3) einem weiteren Zollsatz für alle übrigen Unternehmen.

BEISPIEL:

Mit der Durchführungsverordnung (EU) 2019/1198 (ABl. EU 2019 Nr. L 189/8) wurde gemäß ihrem Art. 1 Abs. 1 ein endgültiger Antidumpingzoll auf die Einfuhren von Geschirr und anderen Artikeln aus Keramik für den Tisch- oder Küchengebrauch mit Ursprung in China, die derzeit unter den KN-Codes ex 6911 10 00, ex 6912 00 21, ex 6912 00 23, ex 6912 00 25 und ex 6912 00 29 eingereiht werden, eingeführt. In Art. 1 Abs. 2 der Durchführungsverordnung (EU) 2019/1198 sind (1) unternehmensspezifische Antidumpingzollsätze für bestimmte einzelne Unternehmen zwischen 13,1% und 18,3%, (2) ein Zollsatz von 17,9% für in Anhang I aufgeführte Unternehmen (nicht in die Stichprobe einbezogene mitarbeitende ausführende Hersteller in China) und (3) ein weiterer Zollsatz für alle übrigen Unternehmen von 36,1% vorgesehen.

Gem. Art. 1 Abs. 3 der Durchführungsverordnung (EU) 2019/1198 ist für die Anwendung der für die in Absatz 2 genannten Unternehmen festgelegten unternehmensspezifischen Antidumpingzollsätze erforderlich, dass den Zollbehörden der Mitgliedstaaten eine gültige Handelsrechnung (nach bestimmten Vorgaben) vorgelegt wird (vgl. hierzu auch VSF ZT 06 15 Abs. 18 f. und Abs. 24 ff.). Wird keine solche Handelsrechnung vorgelegt, findet der für „alle übrigen Unternehmen“ geltende Zollsatz Anwendung (s. hierzu bereits Kapitel B.II., Rdnr. B 2078).

HINWEIS:

Die buchmäßige Erfassung des endgültig zu entrichtenden Antidumpingzolls erfolgt innerhalb von zwei Monaten nach dem Tag der Veröffentlichung der Verordnung zur Einführung des endgültigen Antidumpingzolls im EU-Amtsblatt (Art. 105 Abs. 2 UAbs. 2 UZK, vgl. auch VSF ZT 06 15 Abs. 12).

d) Verpflichtungen

Gem. Art. 9 Abs. 5 UAbs. 1 AnidumpingVO wird ein Antidumpingzoll jeweils in der an- B5013
gemessenen Höhe ohne Diskriminierung auf alle Einfuhren der Ware gleich welcher Herkunft eingeführt, sofern festgestellt wurde, dass sie gedumpt sind und eine Schädigung verursachen. Ausgenommen sind die Einfuhren von Parteien, von denen **Verpflichtungen** angenommen wurden.

Wurde im Rahmen der vorläufigen Sachaufklärung das Vorliegen von Dumping und Schädigung festgestellt, kann die Kommission gem. Art. 8 Abs. 1 AntidumpingVO zufriedenstellende freiwillige Verpflichtungsangebote annehmen, in denen sich ein Ausführer verpflichtet, seine Preise zu ändern oder die Ausfuhren zu Dumpingpreisen zu unterlassen, sofern die schädigenden Auswirkungen des Dumpings auf diese Weise beseitigt werden. In diesem Fall gelten von der Kommission eingeführte vorläufige bzw. endgültige Zölle während der Geltungsdauer dieser Verpflichtungen nicht für die Einfuhren der betroffenen Ware, die von den Unternehmen hergestellt werden, die im Beschluss der Kommission zur Annahme des Verpflichtungsangebots und etwaigen späteren Änderungen dieses Beschlusses aufgeführt sind. Preiserhöhungen aufgrund dieser Verpflichtungen dürfen nicht höher sein, als es zum Ausgleich der Dumpingspanne erforderlich ist; sie müssen niedriger als die Dumpingspanne sein, wenn diese Erhöhungen ausreichen, um die Schädigung des Wirtschaftszweigs der Union zu beseitigen. Art. 7 Abs. 2a)–2d) AntidumpingVO gelten hier entsprechend.

Verpflichtungen können gem. Art. 8 Abs. 2 UAbs. 1 AntidumpingVO von der Kommission vorgeschlagen werden, aber ein Ausführer ist nicht verpflichtet, derartige Verpflichtungen einzugehen, wobei die Tatsache, dass Ausführer solche Verpflichtungen nicht anbieten oder einer Aufforderung hierzu nicht nachkommen, sich nicht nachteilig auf die Prüfung des Falls auswirkt.

Verpflichtungsangebote brauchen gem. Art. 8 Abs. 3 S. 1 AntidumpingVO nicht angenommen zu werden, wenn ihre Annahme als nicht sinnvoll angesehen wird, beispielsweise weil die Zahl der tatsächlichen oder potentiellen Ausführer zu groß ist oder andere Gründe, einschließlich Erwägungen grundsätzlicher Art, zu denen insbesondere die Grundsätze und Verpflichtungen gehören, die sich aus multilateralen Umweltübereinkünften und den zugehörigen Protokollen, deren Vertragspartei die Union ist, sowie den in Anhang Ia dieser AntidumpingVO aufgeführten Übereinkommen der IAO ergeben, dagegensprechen.

Die Kommission verlangt gem. Art. 8 Abs. 7 AntidumpingVO von jedem Ausführer, von dem eine Verpflichtung angenommen wurde, dass er in regelmäßigen Abständen Informationen über die Einhaltung dieser Verpflichtung erteilt und die Überprüfung der diesbezüglichen Angaben gestattet. Kommt der Ausführer diesem Verlangen nicht nach, so wird dies als eine Verletzung der Verpflichtung angesehen.

Wird eine Verpflichtung von einer Partei verletzt oder zurückgenommen, oder widerruft die Kommission die Annahme der Verpflichtung, so wird die Annahme der Verpflichtung durch einen Beschluss der Kommission oder gegebenenfalls eine Verordnung der Kommission gem. Art. 8 Abs. 9 UAbs. 1 AntidumpingVO widerrufen, und es gilt automatisch der von der Kommission eingeführte vorläufige oder endgültige Zoll.

BEISPIEL:

Nach Maßgabe der Durchführungsverordnung (EU) 2015/82 (ABl. EU 2015 Nr. L 15/8) ist ein endgültiger Antidumpingzoll auf die Einfuhren von Zitronensäure mit Ursprung in China vorgesehen. Der Durchführungsbeschluss (EU) 2015/87 (ABl. EU 2015 Nr. L 15/75) in der Fassung der Durchführungsverordnung (EU) 2016/704 (ABl. EU 2016 Nr. L 122/19) enthält die Angaben dazu, von welchen chinesischen Herstellern von Zitronensäure Verpflichtungsangebote bereits angenommen worden sind.

Art. 2 Abs. 1 der Durchführungsverordnung (EU) 2015/82 sieht sodann vor, dass zur Überführung in den zollrechtlich freien Verkehr angemeldete Einfuhren, die von Unternehmen in Rechnung gestellt werden, deren Verpflichtungsangebote von der Kommission angenommen wurden und die namentlich in dem Durchführungsbeschluss (EU) 2015/87 genannt sind, von dem in Art. 1 der Durchführungsverordnung (EU) 2015/82 eingeführten Zoll befreit sind, sofern

a) sie von den genannten Unternehmen hergestellt, versandt und dem ersten unabhängigen Abnehmer in der Union direkt in Rechnung gestellt werden und
b) für diese Einfuhren eine Verpflichtungsrechnung vorgelegt wird (vgl. hierzu VSF ZT 06 15 Abs. 20 ff.), die den Angaben im Anhang der Durchführungsverordnung (EU) 2015/82 entspricht (s. hierzu bereits Kapitel B.II., Rdnr. B2078) und
c) die bei den Zollbehörden angemeldeten und gestellten Waren der Beschreibung auf der Verpflichtungsrechnung genau entsprechen.

e) Rückwirkung/ Zollamtliche Erfassung

B5014 Die **rückwirkende Geltung** von Antidumpingmaßnahmen ist nur unter engen Voraussetzungen möglich. Vorläufige und endgültige Antidumpingzölle werden nämlich gem. Art. 10 Abs. 1 AntidumpingVO grundsätzlich nur auf Waren angewendet, die nach dem

Zeitpunkt, zu dem die vorläufigen bzw. endgültigen Antidumpingzölle in Kraft getreten sind, in den zollrechtlich freien Verkehr übergeführt werden.

Ein endgültiger Antidumpingzoll kann aber gem. Art. 10 Abs. 4 AntidumpingVO auf Waren erhoben werden, die innerhalb von 90 Tagen vor dem Zeitpunkt der Anwendung der vorläufigen Maßnahmen, aber nicht vor der Einleitung der Untersuchung in den zollrechtlich freien Verkehr übergeführt wurden, sofern (1) die Einfuhren gemäß Art. 14 Abs. 5 AntidumpingVO zollamtlich erfasst wurden, (2) die betreffenden Einführer von der Kommission Gelegenheit zur Stellungnahme erhielten, (3) bei der betreffenden Ware schon früher Dumping über einen längeren Zeitraum vorlag oder der Einführer nach dem Ausmaß des Dumpings und der angeblichen oder festgestellten Schädigung von dem Dumping Kenntnis hatte oder hätte haben müssen und (4) zusätzlich zu der Höhe der Einfuhren, die die Schädigung im Untersuchungszeitraum verursachten, ein erheblicher Anstieg der Einfuhren verzeichnet wird, der in Anbetracht der Zeitspanne und des Volumens und sonstiger Umstände die Abhilfewirkung des anzuwendenden endgültigen Antidumpingzolls wahrscheinlich ernsthaft untergraben wird.

Die Kommission kann die Zollbehörden gem. Art. 14 Abs. 5 AntidumpingVO ab Einleitung der Untersuchung und nach rechtzeitiger Unterrichtung der Mitgliedstaaten zur **zollamtlichen Erfassung** der maßgeblichen Einfuhren anweisen, sodass in der Folge Maßnahmen gegenüber diesen Einfuhren vom Zeitpunkt dieser zollamtlichen Erfassung an eingeführt werden können. Die zollamtliche Erfassung wird durch eine Verordnung eingeführt, in der der Zweck dieser Erfassung und, soweit angemessen, der geschätzte Betrag der möglichen zukünftigen Zollschuld angegeben werden, wobei die Einfuhren nicht länger als neun Monate zollamtlich erfasst werden dürfen (vgl. hierzu auch VSF ZT 06 15 Abs. 29 ff.).

Sofern die Einfuhren gemäß Art. 14 Abs. 5 AntidumpingVO zollamtlich erfasst wurden, können endgültige Zölle gem. Art. 10 Abs. 5 AntidumpingVO auch im Fall der Verletzung oder Rücknahme von Verpflichtungen auf Waren erhoben werden, die innerhalb von 90 Tagen vor der Anwendung vorläufiger Maßnahmen in den zollrechtlich freien Verkehr übergeführt wurden, wobei eine solche rückwirkende Erhebung nicht für die Einfuhren gilt, die vor der Verletzung oder Kündigung der Verpflichtung in den zollrechtlich freien Verkehr überführt wurden.

BEISPIEL:

Mit der Durchführungsverordnung (EU) 2018/163 (ABl. EU 2018 Nr. L 30/12) wurde die zollamtliche Erfassung der Einfuhren neuer und runderneuerter Reifen von der für Omnibusse und Kraftfahrzeuge für den Transport von Waren verwendeten Art mit Ursprung in China angeordnet und begründet. Die zollamtliche Erfassung der Einfuhren begann am 3.2.2018 und endete am 22.10.2018 mit der Einführung der endgültigen Antidumpingzölle nach Maßgabe der Durchführungsverordnung (EU) 2018/1579 (ABl. EU 2018 Nr. L 263/3).

5. Möglichkeiten zur Überprüfung, Verlängerung und Erweiterung von Antidumpingmaßnahmen

Die AntidumpingVO sieht mehrere Möglichkeiten zur Änderung oder Verlängerung bestehender Antidumpingmaßnahmen vor, etwa durch Interimsüberprüfungen, Neuaus- B5015 führerüberprüfungen oder Auslaufüberprüfungen. Darüber hinaus besteht auch etwa die Möglichkeit, den Anwendungsbereich bestehender Antidumpingmaßnahmen infolge von Umgehungsuntersuchungen zu erweitern.

a) Interimsüberprüfungen („interim reviews")

B5016 Die Notwendigkeit der Aufrechterhaltung der Maßnahmen kann gem. Art. 11 Abs. 3 UAbs. 1 AntidumpingVO von der Kommission von Amts wegen oder auf Antrag eines Mitgliedstaats oder, sofern seit der Einführung der endgültigen Maßnahme eine angemessene Zeitspanne, mindestens aber ein Jahr vergangen ist, auf Antrag eines Ausführers oder Einführers oder der Unionshersteller überprüft werden, wenn dieser Antrag ausreichende Beweise für die Notwendigkeit einer solchen **Interimsüberprüfung** enthält. Bei Interimsüberprüfungen kann die Kommission unter anderem prüfen, ob sich die Umstände hinsichtlich des Dumpings und der Schädigung wesentlich verändert haben oder ob die geltenden Maßnahmen zum angestrebten Ergebnis führen und die Beseitigung der gemäß Art. 3 AntidumpingVO festgestellten Schädigung ermöglichen. Die Interimsüberprüfung kann sich etwa auch nur auf einzelne Aspekte der betreffenden Antidumpingmaßnahme, wie etwa die Warendefinition, beschränken.

Gem. Art. 11 Abs. 5 UAbs. 2 AntidumpingVO werden die Überprüfungen normalerweise innerhalb von 12 Monaten nach deren Einleitung und in jedem Fall innerhalb von 15 Monaten nach ihrer Einleitung abgeschlossen. Wird die Untersuchung nicht innerhalb dieser Frist abgeschlossen, so werden die betreffenden Antidumpingmaßnahmen gem. Art. 11 Abs. 5 UAbs. 5 AntidumpingVO unverändert aufrechterhalten.

BEISPIEL:

In der Ausgabe des EU-Amtsblatts vom 12.4.2017 veröffentlichte die Kommission eine Bekanntmachung der Einleitung einer teilweisen Interimsüberprüfung der Antidumpingmaßnahmen betreffend die Einfuhren von Geschirr und anderen Artikeln aus Keramik für den Tisch- oder Küchengebrauch mit Ursprung in China (ABl. EU 2017 Nr. C 117/12). Der Antragsteller forderte den Ausschluss von Hobeln, Reiben, Scheren, Schabern, Schärfern und Kaffeemühlen aus Keramik aus der damals noch geltenden Warendefinition. Der Antrag basierte auf vom Antragsteller vorgelegten Anscheinsbeweisen, aus denen hervorging, dass die grundlegenden materiellen, technischen und chemischen Eigenschaften, die Produktionsverfahren und die Endverwendungen der auszuschließenden Waren erheblich von denen der zu überprüfenden Ware abwichen.

Mit der Durchführungsverordnung (EU) 2017/1932 (ABl. EU 2017 Nr. L 273/4) wurde die Durchführungsverordnung (EU) Nr. 412/2013 (die Vorgängerregelung zur heutigen Durchführungsverordnung (EU) 2019/1198) dann entsprechend geändert. Der Ausschluss von Hobeln, Reiben, Scheren, Schabern, Schärfern und Kaffeemühlen aus Keramik wurde unverändert beibehalten.

b) Neuausführerüberprüfung („new exporter review")

B5017 Für Ausführer im betroffenen Ausfuhrland, die die Ware im Untersuchungszeitraum, auf den sich die Antidumpingmaßnahmen stützen, nicht exportiert haben, besteht ebenfalls gem. Art. 11 Abs. 4 UAbs. 1 AntidumpingVO die Möglichkeit einer Überprüfung zur Ermittlung von individuellen Dumpingspannen (sog. **„Neuausführerüberprü-**

fung"). Die Überprüfung wird gem. Art. 11 Abs. 4 UAbs. 2 AntidumpingVO eingeleitet, wenn ein neuer Ausführer oder Hersteller nachweisen kann, dass er mit keinem der Ausführer oder Hersteller in dem Ausfuhrland, deren Ware Gegenstand der Antidumpingmaßnahmen ist, geschäftlich verbunden ist, und wenn er nach dem Untersuchungszeitraum tatsächlich in die Union exportiert hat oder wenn er nachweisen kann, dass er eine unwiderrufliche vertragliche Verpflichtung zur Ausfuhr einer erheblichen Warenmenge in die Union eingegangen ist (s. hierzu ausführlich: Pickett, World Customs Journal 2014, S. 137 ff.).

Mit der Verordnung der Kommission zur Einleitung einer Überprüfung wird der geltende Zoll gegenüber dem betreffenden neuen Ausführer gem. Art. 11 Abs. 4 UAbs. 3 AntidumpingVO außer Kraft gesetzt und die Verordnung zur Einführung des Zolls entsprechend geändert sowie die zollamtliche Erfassung der Einfuhren gem. Art. 14 Abs. 5 AntidumpingVO vorgesehen, um zu gewährleisten, dass Antidumpingzölle rückwirkend vom Zeitpunkt der Einleitung der Überprüfung an erhoben werden können, wenn die Überprüfung zur Feststellung von Dumping bei diesem Ausführer führt.

Gem. Art. 11 Abs. 5 UAbs. 3 AntidumpingVO werden die Überprüfungen in jedem Fall innerhalb von neun Monaten nach ihrer Einleitung abgeschlossen. Wird die Untersuchung nicht innerhalb dieser Frist abgeschlossen, so werden die betreffenden Antidumpingmaßnahmen gem. Art. 11 Abs. 5 UAbs. 5 AntidumpingVO unverändert aufrechterhalten.

BEISPIEL:

Mit der Durchführungsverordnung (EU) 2017/777 (ABl. EU 2017 Nr. L 116/20) leitete die Kommission eine Überprüfung der Durchführungsverordnung (EU) Nr. 501/2013 des Rates (zur Ausweitung des endgültigen Antidumpingzolls auf die Einfuhren von Fahrrädern mit Ursprung in der Volksrepublik China auf aus Indonesien, Malaysia, Sri Lanka und Tunesien versandte Einfuhren von Fahrrädern, ob als Ursprungserzeugnisse Indonesiens, Malaysias, Sri Lankas oder Tunesiens angemeldet oder nicht) zwecks Prüfung der Möglichkeit der Befreiung eines tunesischen ausführenden Herstellers von diesen Maßnahmen, zur Außerkraftsetzung des Antidumpingzolls auf die von diesem ausführenden Hersteller stammenden Einfuhren und zur zollamtlichen Erfassung der letztgenannten Einfuhren ein.

Mit dieser Durchführungsverordnung wurden die Antidumpingzölle auf die von diesem ausführenden Hersteller stammenden Einfuhren ausgesetzt und die zollamtliche Erfassung der Einfuhren gem. Art. 14 Abs. 5 AntidumpingVO eingeleitet, die auf den betreffenden Hersteller zurückgingen.

Mit der Durchführungsverordnung (EU) 2018/49 (ABl. EU 2018 Nr. L 7/31) wurde der betreffende Ausführer sodann in die Liste der Unternehmen aufgenommen, die von dem mit der Durchführungsverordnung (EU) Nr. 501/2013 eingeführten Antidumpingzoll gemäß deren Art. 1 Abs. 1 befreit sind. Die Zollbehörden wurden zudem angewiesen, die zollamtliche Erfassung der Einfuhren nach der Durchführungsverordnung (EU) einzustellen. Auf die bereits zollamtlich erfassten Einfuhren wurde kein Antidumpingzoll erhoben.

Die Durchführungsverordnung (EU) Nr. 501/2013 (ABl. EU 2013 Nr. L 153/1) wurde zwar zwischenzeitlich durch den Europäischen Gerichtshof teilweise für ungültig erklärt, allerdings wurden die betreffenden Antidumpingzölle mittlerweile mittels der Durchführungsverordnungen (EU) 2018/28 (ABl. EU 2018 Nr. L 5/27) und (EU) 2020/1140 (ABl. EU 2020 Nr. L 248/5) wiedereingeführt.

c) Wiederaufnahme der Untersuchung wegen Absorption („anti-absorption re-investigation“)

B5018 Legt der Wirtschaftszweig der Union oder eine andere interessierte Partei normalerweise innerhalb von zwei Jahren nach Inkrafttreten der Maßnahmen ausreichende Informationen dafür vor, dass die Ausfuhrpreise nach dem ursprünglichen Untersuchungszeitraum und vor oder nach der Einführung der Maßnahmen zurückgegangen sind oder dass die Maßnahmen zu keiner oder nur zu einer unzureichenden Erhöhung der Weiterverkaufspreise oder der späteren Verkaufspreise der eingeführten Ware in der Union geführt haben, so kann die Kommission gem. Art. 12 Abs. 1 AntidumpingVO **die Untersuchung wiederaufnehmen**, um zu prüfen, ob die Maßnahmen sich auf die genannten Preise ausgewirkt haben.

Ist das Ergebnis der Wiederaufnahmeuntersuchung, dass die Maßnahme zu einer Erhöhung der Preise geführt haben sollte, um die zuvor gemäß Art. 3 AntidumpingVO festgestellte Schädigung zu beseitigen, werden die Ausfuhrpreise gemäß Art. 2 AntidumpingVO neu ermittelt und die Dumpingspannen zur Berücksichtigung der neu ermittelten Ausfuhrpreise neu berechnet. Wird angenommen, dass die Ausfuhrpreise nach dem ursprünglichen Untersuchungszeitraum und vor oder nach der Einführung der Maßnahmen zurückgegangen sind, so können die Dumpingspannen zur Berücksichtigung dieser niedrigeren Ausfuhrpreise gem. Art. 12 Abs. 2 AntidumpingVO neu berechnet werden. Wird bei der Wiederaufnahme der Untersuchung ein erhöhtes Dumping festgestellt, so können die geltenden Antidumpingmaßnahmen von der Kommission gem. Art. 12 Abs. 3 AntidumpingVO entsprechend den neuen Feststellungen zu den Ausfuhrpreisen geändert werden.

Gem. Art. 12 Abs. 4 UAbs. 1 AntidumpingVO wird die Überprüfung normalerweise innerhalb von sechs Monaten und spätestens innerhalb von neun Monaten nach der Wiederaufnahme der Untersuchung abgeschlossen. Wird die Überprüfung nicht innerhalb dieser Fristen abgeschlossen, so werden die Maßnahmen gem. Art. 12 Abs. 4 UAbs. 2 AntidumpingVO unverändert aufrechterhalten.

BEISPIEL:

In der Ausgabe des EU-Amtsblatts vom 19.12.2014 veröffentlichte die Kommission die Bekanntmachung der Wiederaufnahme der Antidumpinguntersuchung betreffend die Einfuhren einer bestimmten Art von Solarglas mit Ursprung in China (ABl. EU 2014 Nr. C 457/9). Der Antragsteller legte hinreichende Beweise dafür vor, dass nach dem Untersuchungszeitraum der Ausgangsuntersuchung sowie vor und nach der Einführung der Antidumpingzölle auf die Einfuhren der zu untersuchenden Ware die Ausfuhrpreise gesunken seien und dass nur eine unzureichende Veränderung der Weiterverkaufspreise oder der späteren Verkaufspreise in der Union festzustellen gewesen seien. Dies habe zu einer Vergrößerung der Dumpingspanne geführt und die beabsichtigte Abhilfewirkung der geltenden Maßnahmen untergraben. Das Beweismaterial im Antrag deutete darauf hin, dass sich der Preisrückgang nicht mit Veränderungen der Rohstoffpreise oder des Produktmixes erklären ließ. Der Antragsteller legte ferner Beweise dafür vor, dass die zu untersuchende Ware nach wie vor in erheblichen Mengen in die Union eingeführt wurde.

Mit der Durchführungsverordnung (EU) 2015/1394 (ABl. EU 2015 Nr. L 215/42, veröffentlicht in der Ausgabe des EU-Amtsblatts vom 14.8.2015) gelangte die Kommission zu dem Schluss, dass die ausführenden Hersteller in der Stichprobe die geltenden Antidumpingzölle absorbiert hatten. In der Folge wurden die Antidumpingzölle auf die Einfuhren von Solarglas mit Ursprung in China nach Art. 12 Abs. 3 AntidumpingVO geändert. Für den Ausführer Xinyi PV Products (Anhui) Holdings Ltd. etwa erhöhte sich der Antidumpingzollsatz infolge der Untersuchung von 36,1 % auf 75,4 % und für alle übrigen Unternehmen von 25,0 % auf 67,1 %.

Die Durchführungsverordnung (EU) 2015/1394 ist zwar nicht länger in Kraft. Mit der Durchführungsverordnung (EU) 2020/1080 (ABl. EU 2020 Nr. L 238/1) wurde der bisherige Antidumpingzoll aber erneuert. Die bisherigen Antidumpingzollsätze wurden beibehalten.

d) Umgehungsuntersuchung („circumvention investigation")

Sofern eine **Umgehung** der geltenden Maßnahmen stattfindet, können die eingeführten Antidumpingzölle auch gem. Art. 13 Abs. 1 AntidumpingVO auf die Einfuhren der gleichartigen Ware aus Drittländern, geringfügig verändert oder nicht, auf die Einfuhren der geringfügig veränderten gleichartigen Ware aus dem von Maßnahmen betroffenen Land oder auf die Einfuhren von Teilen dieser Ware ausgeweitet werden. B5019

Die Umgehung wird gem. Art. 13 Abs. 1 UAbs. 3 AntidumpingVO als eine Veränderung des Handelsgefüges zwischen den Drittländern und der Union oder zwischen einzelnen Unternehmen in dem von Maßnahmen betroffenen Land und der Union definiert, (1) die sich aus einer Praxis, einem Fertigungsprozess oder einer Arbeit ergibt, für die es außer der Einführung des Zolls keine hinreichende Begründung oder wirtschaftliche Rechtfertigung gibt, (2) und wenn Beweise für eine Schädigung oder dafür vorliegen, dass die Abhilfewirkung des Zolls im Hinblick auf die Preise und/oder Mengen der gleichartigen Ware untergraben wird, (3) und wenn erforderlichenfalls im Einklang mit Art. 2 AntidumpingVO ermittelte Beweise für Dumping im Verhältnis zu den Normalwerten, die für die gleichartige Ware vorher festgestellt wurden, vorliegen (s. näher zum Begriff der Umgehung gem. Art. 13 Abs. 1 AntidumpingVO: EuGH, Urteil v. 4.9.2014 - C-21/13, Simon, Evers & Co. GmbH, ECLI:EU:C:2014:2154, ZfZ 2015, 38 ff. = AW-Prax 2015, 33 ff.; EuGH, Urteil v. 17.12.2015 - C-371/14, APEX GmbH, ECLI:EU:C:2015:828, ZfZ 2016, 131 ff. = AW-Prax 2016, 101 ff.).

Als **Praxis, Fertigungsprozess oder Arbeit** gem. Art. 13 Abs. 1 UAbs. 3 AntidumpingVO gelten unter anderem (1) geringfügige Veränderungen der betroffenen Ware, so dass sie unter Zollcodes fällt, für die die Maßnahmen normalerweise nicht gelten, sofern die Veränderungen ihre wesentlichen Eigenschaften nicht berühren, (2) der Versand der von Maßnahmen betroffenen Ware über Drittländer, (3) die Neuorganisation der Vertriebsmuster und -kanäle durch die Ausführer oder Hersteller in dem von Maßnahmen betroffenen Land, so dass sie ihre Waren letztlich über Hersteller in die Union ausführen können, für die ein niedrigerer unternehmensspezifischer Zoll gilt als für die Waren der Ausführer, und (4) unter den in Art. 13 Abs. 2 AntidumpingVO genannten Umständen die Montage von Teilen durch einen Montagevorgang in der Union oder einem Drittland.

Ein **Montagevorgang in der Union oder in einem Drittland** wird gem. Art. 13 Abs. 2 AntidumpingVO als Umgehung der geltenden Maßnahmen angesehen, wenn (1) die Montage seit oder kurz vor der Einleitung der Antidumpinguntersuchung begonnen hat oder erheblich ausgeweitet wurde und die verwendeten Teile ihren Ursprung in dem Land haben, für das Maßnahmen gelten, (2) der Wert dieser Teile 60 % oder mehr des Gesamtwerts der Teile der montierten Ware ausmacht (als Umgehung gilt jedoch nicht der Fall, in dem der Wert, der während der Montage oder Fertigstellung den verwendeten eingeführten Teilen hinzugefügt wurde, mehr als 25 % der Herstellkosten beträgt) und (3) die Abhilfewirkung des Zolls durch die Preise und/oder Mengen der montierten gleichartigen Ware untergraben wird und Beweise für Dumping im Verhältnis zu den Normalwerten vorliegen, die für gleichartige oder ähnliche Waren früher festgestellt wurden.

Sofern ausreichende Beweise vorliegen, wird eine Umgehungsuntersuchung gem. Art. 13 Abs. 3 UAbs. 1 AntidumpingVO eingeleitet. Die Einleitung erfolgt durch eine Verordnung der Kommission, in der gleichzeitig den Zollbehörden die Anweisung gegeben wird, die Einfuhren gem. Art. 14 Abs. 5 AntidumpingVO zollamtlich zu erfassen oder Sicherheitsleistungen zu verlangen.

Die Untersuchungen werden gem. Art. 13 Abs. 3 UAbs. 2 AntidumpingVO von der Kommission durchgeführt und innerhalb von neun Monaten abgeschlossen.

Die Ausweitung der Antidumpingmaßnahmen gilt gem. Art. 13 Abs. 3 UAbs. 3 AntidumpingVO ab dem Zeitpunkt, zu dem die Einfuhren gem. Art. 14 Abs. 5 AntidumpingVO zollamtlich erfasst wurden oder zu dem Sicherheiten verlangt wurden.

Waren, die von Unternehmen eingeführt werden, für die Befreiungen gelten, werden gem. Art. 13 Abs. 4 AntidumpingVO nicht gem. Art. 14 Abs. 5 AntidumpingVO zollamtlich erfasst und nicht mit Zöllen belegt. Diese Befreiungen werden durch einen Beschluss der Kommission gewährt und gelten für den in dem entsprechenden Beschluss festgelegten Zeitraum und zu den dort genannten Bedingungen. Sind die Voraussetzungen des Art. 11 Abs. 4 AntidumpingVO erfüllt, so können Befreiungen auch nach Abschluss der Untersuchung, die zur Ausweitung der Maßnahmen geführt hat, gewährt werden.

Sofern seit der Ausweitung der Maßnahmen mindestens ein Jahr vergangen ist, kann die Kommission in dem Fall, dass eine bedeutende Anzahl von Parteien eine Befreiung beantragt oder beantragen könnte, beschließen, eine Überprüfung der Ausweitung der Maßnahmen einzuleiten. Jede derartige Überprüfung wird im Einklang mit den für Überprüfungen gemäß Art. 11 Abs. 3 AntidumpingVO geltenden Bestimmungen des Art. 11 Abs. 5 AntidumpingVO durchgeführt.

Gem. Art. 13 Abs. 5 AntidumpingVO steht die Vorschrift des Art. 13 AntidumpingVO der normalen Anwendung der geltenden Zollbestimmungen nicht entgegen.

BEISPIEL:

Mit der Durchführungsverordnung (EU) 2019/464 (ABl. EU 2019 Nr. L 80/18) leitete die Europäische Kommission eine Untersuchung betreffend die mutmaßliche Umgehung der mit der Durchführungsverordnung (EU) Nr. 412/2013 des Rates eingeführten Antidumpingmaßnahmen gegenüber den Einfuhren von Geschirr und anderen Artikeln aus Keramik für den Tisch- oder Küchengebrauch mit Ursprung in der Volksrepublik China und zur zollamtlichen Erfassung dieser Einfuhren ein. Gem. Art. 2 der Durchführungsverordnung (EU) 2019/464 wurden die entsprechenden Einfuhren zollamtlich erfasst.

Mit der Durchführungsverordnung (EU) 2019/2131 (ABl. EU 2019 Nr. L 321/139) weitete die Kommission den mit der Durchführungsverordnung (EU) 2019/1198 eingeführten endgültigen Antidumpingzoll auf Einfuhren verschiedener weiterer Unternehmen mit Wirkung ab dem 23.3.2019 aus. Die Ausfuhren einiger chinesischer Unternehmen waren in den letzten fünf Jahren (2014-2018) zuvor stark angestiegen. Die Untersuchung bestätigte, dass die chinesischen Unternehmen die Antidumpingzölle von rund 36 % umgingen, indem sie ihre Keramikausfuhren über andere Unternehmen leiteten, für die niedrigere Antidumpingzölle von rund 18% galten. Die chinesischen Unternehmen – insgesamt mehr als 30 –, die den Untersuchungsergebnissen zufolge zur Umgehung der Zölle beigetragen hatten, unterlagen ab dann demzufolge ebenfalls dem höheren Zollsatz von rund 36 % (vgl. hierzu die Pressmeldung der GD Handel v. 12.12.2019: https://trade.ec.europa.eu/doclib/press/index.cfm?id=2092&title=Commission-sanctions-Chinese-tableware-exporters-evading-EU-anti-dumping-duties).

HINWEIS:

Für das Kriterium „versandt aus" ist nach Bewertung des BMF auf den Ort des tatsächlichen Beginns des Versandes in die EU abzustellen. Ein Anhaltspunkt kann sein, welches Versandland sich aus den dem Transport zugrundeliegenden Dokumenten ergibt. Als Nachweis des Versand- und Bestimmungslandes können z. B. die Angaben zum „Port of loading/Airport of loading" bzw. „Port of discharge/Airport of discharge" in den Frachtbriefen (Bill of Lading und Airwaybill) herangezogen werden. Auch Transporte von Waren aus dem ausgeweiteten Versandland über weitere Drittländer in die EU sind von der Definition „versandt aus" erfasst. Waren, deren Versand nachweislich in einem Drittland beginnt und die das Ausweitungsland nur aufgrund von nachvollziehbaren Gründen – etwa aufgrund von Schiffsrouten – berühren, unterliegen nicht dem ausgeweiteten Antidumpingzoll. Dies gilt auch, wenn Waren in dem Ausweitungsland nachweislich nur umgeladen werden (VSF ZT 06 15 Abs. 16).

e) Auslaufüberprüfung („expiry review")

Gem. Art. 11 Abs. 1 AntidumpingVO soll eine Antidumpingmaßnahme nur so lange B5020
und in dem Umfang in Kraft bleiben, wie dies notwendig ist, um das schädigende Dumping unwirksam zu machen. Eine endgültige Antidumpingmaßnahme tritt daher grundsätzlich gem. Art. 11 Abs. 2 UAbs. 1 AntidumpingVO **fünf Jahre nach ihrer Einführung oder fünf Jahre nach dem Datum des Abschlusses der letzten Überprüfung** außer Kraft, die sowohl das Dumping als auch die Schädigung betraf.

Dies gilt aber dann nicht, wenn in einer **Auslaufüberprüfung** festgestellt wird, dass das Dumping und die Schädigung bei einem Auslaufen der Maßnahme wahrscheinlich anhalten oder erneut auftreten würden. Die betreffende Antidumpingmaßnahme bleibt bis zum Abschluss der Überprüfung in Kraft. Eine Überprüfung bei Auslaufen der Maßnahme wird eingeleitet, wenn beispielsweise Beweise für ein Anhalten des Dumpings und der Schädigung aufgezeigt werden oder Beweise dafür, dass die Beseitigung der Schädigung teilweise oder ausschließlich auf die geltenden Maßnahmen zurückzuführen ist, oder Beweise dafür, dass die Umstände der Ausführer oder die Marktbedingungen darauf hindeuten, dass das schädigende Dumping wahrscheinlich anhalten wird.

Eine Bekanntmachung über das bevorstehende Auslaufen der betreffenden Antidumpingmaßnahme wird im EU-Amtsblatt gem. Art. 11 Abs. 2 UAbs. 4 AntidumpingVO zu einem geeigneten Zeitpunkt im letzten Jahr der Geltungsdauer der betreffenden Maßnahme veröffentlicht. Danach sind die Unionshersteller bis spätestens drei Monate vor Ablauf des Fünfjahreszeitraums berechtigt, einen Antrag auf die Auslaufüberprüfung zu stellen.

Ferner wird, sofern kein entsprechender Antrag gestellt wird, eine Bekanntmachung über das tatsächliche Auslaufen der betreffenden Maßnahme veröffentlicht.

Gem. Art. 11 Abs. 5 UAbs. 2 AntidumpingVO werden die Überprüfungen normalerweise innerhalb von 12 Monaten nach deren Einleitung und in jedem Fall innerhalb von 15 Monaten nach ihrer Einleitung abgeschlossen. Wird die Untersuchung nicht innerhalb dieser Frist abgeschlossen, so treten die betreffenden Antidumpingmaßnahmen gem. Art. 11 Abs. 5 UAbs. 5 AntidumpingVO außer Kraft.

BEISPIEL:

Mit der Durchführungsverordnung (EU) Nr. 1331/2011 (ABl. EU 2011 Nr. L 336/6, veröffentlicht in der Ausgabe des EU-Amtsblatts vom 20.12.2011) wurden endgültige Antidumpingzölle auf die Einfuhren nahtloser Rohre aus nicht rostendem Stahl eingeführt.

In der Ausgabe des EU-Amtsblatts vom 2.4.2016 informierte die Kommission über das bevorstehende Außerkrafttreten dieser Antidumpingmaßnahmen und wies auf die Frist zur Stellungnahme gem. Art. 11 Abs. 2 AntidumpingVO hin (ABl. EU 2016 Nr. C 117/10).

In der Folge ging bei der Kommission ein Antrag auf die Durchführung einer Auslaufüberprüfung ein. Der Antrag wurde damit begründet, dass bei einem Auslaufen der Maßnahmen mit einem erneuten Auftreten des Dumpings und der Schädigung des Wirtschaftszweigs der Union zu rechnen sei.

Die Kommission gab sodann in der Ausgabe des EU-Amtsblatts vom 10.12.2016 die Bekanntmachung der Einleitung einer Überprüfung wegen des bevorstehenden Außerkrafttretens der Antidumpingmaßnahmen gegenüber den Einfuhren bestimmter nahtloser Rohre aus rostfreiem Stahl mit Ursprung in China bekannt (ABl. EU 2016 Nr. C 461/12).

Mit der Durchführungsverordnung (EU) 2018/330 (ABl. EU 2018 Nr. L 63/15, veröffentlicht in der Ausgabe des EU-Amtsblatts vom 6.3.2018) wurden sodann im Anschluss an die Auslaufüberprüfung erneut endgültige Antidumpingzölle auf die Einfuhren nahtloser Rohre aus nicht rostendem Stahl eingeführt.

BEISPIEL:

Zuletzt waren mit der Durchführungsverordnung (EU) 2017/367 (ABl. EU 2017 Nr. L 56/131) Antidumpingzölle auf die Einfuhren von Fotovoltaikmodulen aus kristallinem Silicium und Schlüsselkomponenten davon (Zellen) mit Ursprung in oder versandt aus China verhängt worden. Das Niveau der Maßnahmen sank im Laufe der Zeit allmählich, um eine schrittweise Anpassung der Preise der Einfuhren in die EU an die Weltmarktpreise zu ermöglichen. Die Kommission war daher der Auffassung, dass eine weitere Anwendung der Maßnahmen über den Zeitraum von 18 Monaten hinaus nicht gerechtfertigt sei, da die Marktsituation sich nicht in einem Ausmaß geändert habe, dass eine solche Verlängerung gerechtfertigt wäre. Ein Antrag der EU-Industrie auf eine Auslaufüberprüfung wurde daher zurückgewiesen (vgl. Meldung der GD Handel v. 31.8.2018: http://trade.ec.europa.eu/doclib/press/index.cfm?id=1904). In der Ausgabe des EU-Amtsblatts v. 3.9.2018 wurde daher das Außerkrafttreten der Durchführungsverordnung (EU) 2017/367 an diesem Tag bekannt gegeben (ABl. EU 2018 Nr. C 310/4).

6. Möglichkeiten des rechtlichen Vorgehens gegen Antidumpingzölle

B5021 Ein rechtliches Vorgehen gegen Antidumpingzölle ist etwa im Rahmen von Erstattungsverfahren oder im Einspruchs- bzw. Klageverfahren möglich.

a) Möglichkeiten des rechtlichen Vorgehens gem. Art. 116 ff. UZK

Ein Erstattungsanspruch gegenüber den Zollbehörden kann etwa auf die Art. 116 ff. UZK gestützt werden, dabei insbesondere auf Art. 117 UZK mit der Begründung, dass die betreffende Antidumpingmaßnahme zu Unrecht auf die konkrete Einfuhrware angewendet worden sei. Zu beachten ist in diesem Zusammenhang aber, dass die infolge einer Entscheidung des EuGH erwiesene Rechtswidrigkeit einer Antidumpingmaßnahme keine höhere Gewalt oder ein unvorhersehbares Ereignis i. S. d. Art. 121 Abs 1 UAbs. 2 UZK darstellt und, sofern die Rechtswidrigkeit einer Antidumpingmaßnahme nur in Bezug auf bestimmte, einzelne Hersteller festgestellt wurde, diese dann nicht bezüglich der von anderen Herstellern exportierten Waren geltend gemacht werden kann. Soweit die entsprechende Antidumpingmaßnahme nicht von dem Organ der Europäischen Union, das sie erlassen hat, zurückgenommen, vom Richter der Europäischen Union für nichtig erklärt oder vom Gerichtshof der Europäischen Union für ungültig erklärt worden ist und soweit auf die Waren der anderen ausführenden Hersteller weiterhin Antidumpingzölle erhoben werden, bleiben diese Antidumpingzölle gesetzlich geschuldet i. S. d. Art. 117 Abs. 1 UZK (EuGH, Urteil v. 4.2.2016 - C-659/13 und C-34/14, C & J Clark International u. a., ECLI:EU:C:2016:74, ZfZ 2016, 212 ff. = AW-Prax 2016, 355 ff.). Vor den europäischen Gerichten werden sich Unternehmen zudem nur mit Schwierigkeiten auf eine etwaige WTO-Rechtswidrigkeit berufen können, da das WTO-Recht nur in engen Grenzen direkt als Prüfungsmaßstab für EU-Rechtsakte genutzt werden kann (EuGH, Urteil v. 16.7.2015 - C-21/14 P, Rusal Armenal, ECLI:EU:C:2015:494, ZfZ 2015, 231 ff. = AW-Prax 2015, 374 ff.; EuGH, Urteil v. 18.10.2018, C-207/17, Blaas, ECLI:EU:C:2018:840, ZfZ 2019, 15 ff.; EuGH, Urteil v. 9.7.2020, C-104/19, Donex Shipping and Forwarding, ECLI:EU:C:2020:539, ZfZ 2021, 205 f.). B5022

b) Möglichkeit des rechtlichen Vorgehens gem. Art. 11 Abs. 8 AntidumpingVO

Eine besondere Erstattungsregelung speziell für das Antidumpingrecht ist in Art. 11 Abs. 8 AntidumpingVO zu finden. Gem. Art. 11 Abs. 8 UAbs. 1 AntidumpingVO kann ein Einführer die Erstattung der erhobenen Zölle beantragen, wenn nachgewiesen wird, dass die Dumpingspanne, auf deren Grundlage die Zölle entrichtet wurden, beseitigt oder soweit verringert worden ist, dass sie niedriger als der geltende Zoll ist (vgl. zu diesem Erstattungsverfahren auch VSF ZT 06 15 Abs. 34 ff.). B5023

Zur Erstattung der Antidumpingzölle stellt der Einführer gem. Art. 11 Abs. 8 UAbs. 2 Satz 1 AntidumpingVO einen Antrag an die Kommission. Der Antrag muss innerhalb von sechs Monaten nach der Erhebung des betreffenden Antidumpingzollbetrags gestellt werden und wird durch den Mitgliedstaat übermittelt, in dessen Gebiet die Waren in den zollrechtlich freien Verkehr übergeführt wurden.

HINWEIS:

Im Deutschland ist für die Entgegennahme von Erstattungsanträgen gem. Art. 11 Abs. 8 AntidumpingVO das Bundesministerium für Wirtschaft und Technologie, Referat V A 5, Spezielle Fragen der Handelspolitik, Zollpolitik, Antidumping, Subventionen zuständig. Anders als beim üblichen zollrechtlichen Erstattungsverfahren sind also nicht die Zollbehörden für die Entgegennahme dieser speziellen Erstattungsanträge zuständig.

Eine Liste mit den zuständigen Behörden in allen Mitgliedstaaten ist auf der Homepage der Generaldirektion Handel erhältlich: http://trade.ec.europa.eu/doclib/docs/2014/november/tradoc_152898.pdf

Zur Begründung des Erstattungsantrags ist es gem. Art. 11 Abs. 8 UAbs. 3 AntidumpingVO erforderlich, genaue Angaben über den Betrag der beantragten Erstattung von Antidumpingzöllen und alle Zollbelege für die Berechnung und Entrichtung dieses Betrags zu liefern. Hierzu gehören auch Nachweise zu den Normalwerten und den Preisen bei der Ausfuhr in die Union während eines repräsentativen Zeitraums für die Ausführer oder Hersteller, für die die Zölle gelten. Jedenfalls muss der Antrag eine Erklärung des Ausführers oder des Herstellers enthalten, wonach die Dumpingspanne nach Maßgabe dieses Artikels verringert oder beseitigt worden ist, und es müssen der Kommission einschlägige Nachweise übermittelt werden. Werden diese Nachweise von dem Ausführer oder dem Hersteller nicht innerhalb einer angemessenen Frist übermittelt, so wird der Antrag abgelehnt.

Die Kommission entscheidet gem. Art. 11 Abs. 8 UAbs. 4 AntidumpingVO sodann, ob und inwieweit dem Antrag stattgegeben werden sollte und kann auch beschließen, eine Interimsprüfung einzuleiten, deren Ergebnisse sie dann der Erstattungsentscheidung zugrunde legt.

Die Erstattung von Zöllen erfolgt normalerweise innerhalb von zwölf Monaten und in keinem Fall später als 18 Monate nach dem Zeitpunkt, zu dem der hinreichend begründete Erstattungsantrag gestellt wurde. Die Erstattung wird normalerweise von den Mitgliedstaaten innerhalb von 90 Tagen nach der Entscheidung der Kommission gezahlt, Art. 11 Abs. 8 UAbs. 5, 6 AntidumpingVO.

HINWEIS:

Weitere Einzelheiten zum Erstattungsverfahren sind in der Bekanntmachung der Kommission über die Erstattung von Antidumpingzöllen enthalten (ABl. EU 2021 Nr. C 118/59; s. auch Pickett, ZfZ 2014, 257 ff.; Felderhoff, AW-Prax 2014, 285 ff.).

Insgesamt ist die Frist des Art. 11 Abs. 8 AntidumpingVO im Vergleich zu Art. 121 Abs. 1 Buchst. a) UZK nur kurz bemessen. Die inhaltlichen Anforderungen an die Begründung des Antrags sind hoch, zumal anders als bei dem Erstattungsverfahren gem. Art. 116 ff. UZK die Kooperation des drittländischen Herstellers erforderlich ist. Insbesondere ist es anders als gem. Art. 117 UZK nicht möglich, damit zu argumentieren, dass die konkrete

Einfuhrware nicht in den Anwendungsbereich der betreffenden Antidumpingmaßnahme fällt, da es bei der Erstattungsmöglichkeit gem. Art. 11 Abs. 8 AntidumpingVO nur um eine Verringerung der Antidumpingspanne geht. Insofern sollte, sofern dies nach der Faktenlage möglich erscheint, vorrangig der Weg der Erstattung über die Art. 116 ff. UZK versucht werden.

---

c) Möglichkeiten des Vorgehens im Einspruchs- bzw. Klageverfahren

Neben den Erstattungsmöglichkeiten stehen dem EU-Importeur das Vorgehen im Einspruchsverfahren und, gesetzt den Fall von dessen Erfolglosigkeit, das finanzgerichtliche Klageverfahren zur Verfügung. Insofern gelten in Deutschland die Art. 43 ff. UZK i. V. m. den Vorschriften von AO und ggf. FGO. B5024

7. Sanktionsmöglichkeiten bei Umgehung von Antidumpingmaßnahmen

Sofern im Hinblick auf Dumpingwaren durch den EU-Importeur gegenüber den Zollbehörden bewusst falsche Angaben gemacht werden (insbesondere durch Angabe eines falschen Ursprungslandes, das in Wirklichkeit nur im Rahmen einer Umgehungseinfuhr für die Umverschiffung der Waren genutzt wurde), kommt vor allem eine Strafbarkeit gem. § 370 AO (Steuerhinterziehung) in Betracht (s. hierzu ausführlich Pickett, AW-Prax 2014, 328 ff., 361 ff., 399 ff.; speziell zu Verpflichtungserklärungen: Herrmann/Trapp, EuR 2021, 329 ff.). B5025

8. Erstattungszinsen

Mit der Entscheidung „Wortmann" (EuGH, Urteil v. 16.1.2017 - C-365/15, Wortmann, ECLI:EU:C:2017:19, ZfZ , 42 ff. = AW-Prax 2017, 98 ff.) klärte der EuGH, dass im Fall der Erstattung einer von einem EU-Mitgliedstaat rechtswidrig erhobenen Abgabe dem Abgabenpflichtigen eine angemessene Entschädigung für die Einbußen, die er durch die zu Unrecht gezahlte Abgabe erlitten habe, nicht vorenthalten werden dürfe. Von einer solchen Vorenthaltung sei dann schon auszugehen, wenn die einzelstaatliche Zinsregelung eine Berechnung nicht schon ab dem Tag der zu Unrecht erfolgten Zahlung vorsehe. Das seinerzeit in Art. 241 S. 1 ZK (heute: Art. 116 Abs. 6 UAbs. 1 UZK) geregelte Verzinsungsverbot finde keine Anwendung. Das klagende Unternehmen hatte Antidumpingzölle auf Basis einer Antidumpingverordnung entrichtet, die später für rechtswidrig erklärt wurde. Dies bedeutete für den konkreten Fall, dass dem Unternehmen Erstattungszinsen ab dem Zeitpunkt der Entrichtung der zu Unrecht geleisteten Antidumpingzölle zustanden. Die Berechnung der Zinsen richtet sich dann nach nationalem Recht, wobei in Deutschland die Regelung des § 238 AO gilt, wonach ein Jahreszinssatz von 6 % zugrunde zu legen ist (BFH, Beschluss v. 5.12.2017 - VII B 85/17, ZfZ 2018, 102 f.). In der Folge ging die Kommission dazu über, in ihre Durchführungsverordnungen zur Einführung von Handelsschutzmaßnahmen (Antidumping-, Ausgleichs- und B5026

Schutzmaßnahmen) Bestimmungen zum anwendbaren Zinssatz aufzunehmen. Hierbei orientierte sie sich zunächst an Art. 112 Abs. 2 UZK und setzte den im Falle einer Rückerstattung infolge einer rechtskräftigen Entscheidung des EuGH zu zahlenden Zinssatz in Höhe des von der Europäischen Zentralbank auf ihre Hauptrefinanzierungsgeschäfte angewandten Zinssatzes, zuzüglich eines Prozentpunkts, fest.

B5027 Mit einer Bekanntmachung vom 4.7.2019 (ABl. EU 2019 Nr. C 224/2) wies die Kommission auf die am 2.8.2018 in Kraft getretene Verordnung (EU, Euratom) 2018/1046 (ABl. EU 2018 Nr. L 193/1) über die Haushaltsordnung für den Gesamthaushaltsplan der Union und dessen Art. 109 hin, der Folgendes vorsieht: „wenn ein Betrag infolge einer Entscheidung des Gerichtshofes der Europäischen Union […] erstattet werden muss, [wird] der von der Europäischen Zentralbank für ihre Hauptrefinanzierungsgeschäfte zugrunde gelegte und am ersten Kalendertag jedes Monats geltende Zinssatz angewandt, der im Amtsblatt der Europäischen Union, Reihe C, veröffentlicht wird. Der Zinssatz darf nicht negativ sein. Die Zinsen fallen vom Tag der Zahlung des zurückzuerstattenden Betrags bis zu dem Tag an, an dem die Rückerstattung fällig ist. In den Fällen, in denen der Gesamtzinssatz negativ wäre, wird er auf null Prozent festgesetzt." Die Kommission zieht in der Bekanntmachung vom 4.7.2019 den Schluss, dass sie nicht länger befugt sei, im Zusammenhang mit Handelsschutzinstrumenten in den einschlägigen Erwägungsgründen oder im verfügenden Teil der Verordnungen zur Einführung von Antidumping-, Ausgleichs- oder Schutzmaßnahmen den anwendbaren Zinssatz anzugeben. Entsprechend seien die betreffenden Bestimmungen in allen auf der Grundlage der Verordnungen (EU) 2016/1036, (EU) 2016/1037, (EU) 2015/478 und (EU) 2015/755 erlassenen Durchführungsverordnungen seit dem 2.8.2018 nicht mehr anwendbar; stattdessen gelte Art. 109 der Verordnung (EU, Euratom) 2018/1046. Für ab dem 2.8.2018 zur Überführung in den zollrechtlich freien Verkehr abgefertigte Einfuhren gelte, dass, wenn ein Betrag infolge einer rechtskräftigen Entscheidung des Gerichtshofs der Europäischen Union erstattet werden müsse, der von der Europäischen Zentralbank für ihre Hauptrefinanzierungsgeschäfte zugrunde gelegte und am ersten Kalendertag des jeweiligen Monats geltende Zinssatz anzuwenden sei, der im Amtsblatt der Europäischen Union, Reihe C, veröffentlicht werde. Art. 109 der Verordnung (EU, Euratom) 2018/1046 gelte nicht für Einfuhren, die vor dem 2.8.2018 zur Überführung in den zollrechtlich freien Verkehr abgefertigt worden seien. Somit finde, soweit angegeben, auf solche Einfuhren der in der jeweiligen Durchführungsverordnung genannte Zinssatz Anwendung.

HINWEIS:

Über das Antidumpingzollrecht hinaus ist derzeit streitig, ob bzw. inwieweit der in der „Wortmann"-Entscheidung begründete Verzinsungsanspruch auf andere Fallkonstellationen, insbesondere die Behandlung von Rechtsanwendungsfehlern im Europäischen Zollrecht, übertragbar ist. Das FG Hamburg hat diese Fragestellung an den Europäischen Gerichtshof gerichtet (Besprechung zu den Vorlagebeschlüssen bei: Schoenfeld, AW-Prax 2020, 501 ff.).

9. Kontrollfragen

		Rdnr.	
1.	Erläutern Sie die verschiedenen Arten handelspolitischer Schutzinstrumente im Recht der Europäischen Union und gehen Sie auf die Unterschiede zwischen ihnen ein.	B5000	☐
2.	Welche Voraussetzungen müssen erfüllt sein, damit der Anwendungsbereich einer Antidumpingmaßnahme eröffnet ist?	B5001	☐
3.	Stellen Sie dar, in welchem Verhältnis das EU-Antidumpingrecht und das nicht-präferenzielle Warenursprungsrecht zueinander stehen.	B5003	☐
4.	Kommt der Warenbeschreibung in einer Antidumpingmaßnahme eine eigenständige Bedeutung zu und wenn ja, inwieweit?	B5004	☐
5.	Erläutern Sie das Verhältnis der Begriffe „Dumpingspanne“, “Normalwert“ und “Ausfuhrpreis“ zueinander.	B5006	☐
6.	Was ist mit den Begriffen “Schädigung“ und “Wirtschaftszweig der Union“ gemeint?	B5007	☐
7.	Was ist erforderlich, damit ein Antidumping-Untersuchungsverfahren eingeleitet werden kann?	B5010	☐
8.	Stellen Sie den Ablauf eines Antidumping-Untersuchungsverfahrens in den Grundzügen dar.	B5010	☐
9.	Unter welchen Voraussetzungen können vorläufige Antidumpingzölle eingeführt werden?	B5011	☐
10.	Unter welchen Voraussetzungen können endgültige Antidumpingzölle eingeführt werden?	B5012	☐
11.	Erläutern Sie die Voraussetzungen für die Annahme von Verpflichtungen.	B5013	☐
12.	Können Antidumpingzölle auf einen Zeitpunkt vor ihrer Einführung angewendet werden? Wenn ja, unter welchen Voraussetzungen?	B5014	☐
13.	Erläutern Sie, was Interimsüberprüfungen sind.	B5016	☐
14.	Stellen Sie die Voraussetzungen von Neuausführerüberprüfungen dar.	B5017	☐
15.	Wann ist die Wiederaufnahme eines Antidumpinguntersuchungsverfahrens möglich?	B5018	☐
16.	Erläutern Sie die Voraussetzungen einer Umgehungsuntersuchung.	B5019	☐
17.	Was ist eine Auslaufüberprüfung?	B5020	☐
18.	Sind bei Erstattungsanträgen gem. Art. 116ff. UZK im Fall von Antidumpingzöllen Besonderheiten zu beachten?	B5022	☐
19.	Erläutern Sie den Ablauf eines Erstattungsverfahrens gem. Art. 11 Abs. 8 AntidumpingVO.	B5023	☐
20.	Wie können Verstöße gegen Antidumpingmaßnahmen sanktioniert werden?	B5025	☐

C. Erfassung des Warenverkehrs

Schrifttum:

Böhne, in Witte, Praxishandbuch Zoll- und Exportmanagement, (Loseblatt) Teil 3 A1 *Verbringen von Waren in das Zollgebiet der Union; Lux,* Einführung in den Zollkodex der Union (UZK), ZfZ 2017 Nrn. 7, 9, 10, 12; *Preis,* Körperliche Durchsuchung und Untersuchung durch die Zollverwaltung, AW-Prax 2011, 423, AW-Prax 2012, 28; *Reuter/Fuchs,* EU/ZR, Titel IV Einbringen von Waren; *Witte/Schulmeister,* UZK Art. 127 – 133, 135 –- 143; *Witte/Hoffmann, UZK* Art. 134 Rz. 31 ff; *Witte/Witte, UZK* Art. 144 –149; *Witte,* Das Verwahrungslager – Eine systematische Einführung, AW-Prax 2018, 399.

I. Einführung

Gegenstand der Darstellung dieses Kapitels ist das Verbringen von Waren in das Zollgebiet der Union aus Drittländern sowie die damit verbundenen Maßnahmen zur Regulierung des Warenverkehrs. Eine mittelbare Form der Überwachung beginnt bereits vor dem körperlichen Eingang der Waren, nämlich mit der grds. zu übermittelnden summarischen Eingangsanmeldung (Art. 137 UZK, Art. 5 Nr. 9 UZK). Dadurch soll erreicht werden, dass bereits vor dem körperlichen Eingang der Waren in das Zollgebiet der Union (Art. 4 ZK) eine Risikoanalyse im Rahmen des Risikomanagements (Art. 128, 5 Nr. 7, 25 UZK) durchgeführt werden kann. Weitere Überwachungsinstrumente, wie die Ankunftsmeldung (Art. 133 UZK) und die Gestellung der Waren (Art. 139 UZK) schließen sich an, bevor die in das Zollgebiet verbrachten Waren schließlich im Stadium der vorübergehenden Verwahrung (Art. 144 ff. UZK) vorerst zur Ruhe kommen, um später in ein Zollverfahren überführt zu werden. C1000

Da die zollrechtlichen Vorschriften (Art. 5 Nr. 2 UZK) weitestgehend harmonisiert sind, bleibt nur noch wenig Raum für nationales Zollrecht. Dementsprechend sind die im ZollVG und der ZollV getroffenen ergänzenden Regelungen zum UZK hauptsächlich verwaltungsorganisatorischer bzw. konkretisierender Art. C1001

(Einstweilen frei) C1002–C1009

II. Von der summarischen Eingangsanmeldung bis zur Gestellung, Art. 127 – 143 UZK

1. Summarische Eingangsanmeldung, Art. 127 – 132 UZK

Am 15. März 2021 hat die Europäische Union ein neues EU-Zollprogramm mit Warenvoranmeldung für die Sicherheit und Gefahrenabwehr eingeführt, das durch ein Informationssystem namens ICS 2 (Einfuhrkontrollsystem 2) unterstützt wird. ICS 2 ist ein Fracht-Vorabinformationssystem über das für alle in das Zollgebiet der Union eingeführte Waren bereits Daten erhoben werden, bevor diese die EU-Außengrenzen der EU erreichen. Die Wirtschaftsbeteiligten müssen im Rahmen von ICS 2 mithilfe der summarischen Eingangsanmeldung für die Sicherheit und Gefahrenabwehr relevante Daten angeben. C2000

Die Umsetzung des ICS2 erfolgt in 3 Phasen: 1.Phase: 15. März 2021; 2. Phase: 1. März 2023; 3. Phase: 1. März 2024.

Mit der Abgabe der summarischen Eingangsanmeldung für Waren, die sich noch in einem Drittland befinden und die in die EU eingeführt werden sollen, beginnt das sog. „Verbringen in das Zollgebiet der Union".

Auf Basis der abgegebenen summarischen Eingangsanmeldung sollen Risikoanalysen aufgrund eines systematischen Risikomanagements (Art. 5 Nr. 25 UZK) innerhalb der gesamten Union durchgeführt werden, um im Zusammenhang mit dem internationalen Terrorismus den grenzüberschreitenden Warenverkehr effektiver zu überwachen (Art. 128 UZK). Diese Analysen betreffen nicht nur die Waren selbst und die ggf. aus ihnen resultierenden Gefahren, sondern sie sollen auch weitergehende Gefahren für die Sicherheit von Staaten und Bürgern der Union abwehren helfen, insbesondere durch das Gewinnen von Informationen aus dem Umfeld des Warentransfers. Dazu ist vor allem ein funktionsfähiges System zum elektronischen Datenaustausch zwischen den EU-Mitgliedstaaten erforderlich.

Um die erforderlichen Risikoanalysen effektiv durchführen zu können, müssen die erforderlichen Daten der ersten Eingangszollstelle rechtzeitig vor dem Eingang der Waren vorliegen.

BEISPIEL

Im Mai 01 sollen Waren in den USA für einen Käufer in Deutschland im Container zum Seetransport nach Hamburg verladen werden. Die Reederei gibt bereits vor dem Verladen der Container im amerikanischen Hafen eine summarische Eingangsanmeldung gegenüber der ersten Eingangszollstelle in Hamburg ab, damit im Rahmen der Risikoanalyse ggf. noch ein Verladeverbot ausgesprochen werden kann. Erst im Juli 01 gelangt der Container körperlichen in das Zollgebiet der Union.

a) Waren

C2001 Eine Legaldefinition des Warenbegriffs fehlt. Bei der Frage, was eine Ware im Sinne der zollrechtlichen Vorschriften ist, kann auf die Verordnung (EWG) Nr. 2658/87 des Rates vom 23.7.1987 über die zolltarifliche und statistische Nomenklatur sowie den Gemeinsamen Zolltarifüber (nachfolgend VO-KN) zurückgegriffen werden. Nach Art. 1 Abs. 1 der VO-KN wird von der Kommission eine Warennomenklatur, die „Kombinierte Nomenklatur" oder abgekürzt „KN", eingeführt, die den Erfordernissen des Gemeinsamen Zolltarifs, der Statistik des Außenhandels der Union sowie anderer Unionspolitiken auf dem Gebiet der Wareneinfuhr oder -ausfuhr genügt. Nach Art. 1 Abs. 3 der VO-KN ist die Kombinierte Nomenklatur im Anhang I der Verordnung enthalten. Damit sind alle im Anhang I der VO-KN aufgeführten Gegenstände des Handels Waren i. S. d. zollrechtlichen Vorschriften; als einzige nicht-gegenständliche Ware ist auch der elektrische Strom, der von der Position 2716 der KN erfasst wird, eine Ware i. S. d. zollrechtlichen Vorschriften (vgl. auch die Definition in der Dienstvorschrift Z 0601 Abs. 101). Software, die sich nicht auf einem Datenträger (CD, USB-Stick oder Festplatte) befindet, sondern über das Internet down geloadet wird, ist keine Ware i. S. d. zollrechtlichen Vorschriften.

Waren treten im Wesentlichen in den Aggregatzuständen fest, flüssig und gasförmig auf, wobei Substanzen der beiden letztgenannten Erscheinungsformen regelmäßig erst durch Einfüllen in Behältnisse Warencharakter erlangen. Die durch Registrierung zivilrechtlich den Immobilien gleichgestellten Schiffe sind als bewegliche Handelsgüter Waren. Sog. freie Güter (z. B. Meer, Luft) sind keine Waren, ebenso wenig wie Immobilien, Rechte und Dienstleistungen.

Auch Menschen, sowie dauerhaft und fest mit diesen verbundene Teile, wie z. B. Implantate, sind keine Waren. Dagegen sind z. B. menschliche Organe, die z. B. zu Implantationszwecken separat eingeführt werden, Waren i. S. der zollrechtlichen Vorschriften.

Zu beachten ist, dass die „Güter"- Definition nach den außenwirtschaftsrechtlichen Vorschriften, wie z. B. der dual-use VO oder dem AWG weiter gefasst ist, als der zollrechtliche „Waren"-Begriff. Nach § 2 Abs. 13 AWG bzw. Art. 2 Nr. 1 dual-use VO umfasst der Begriff „Güter" neben den gegenständlichen Waren (s. § 2 Abs. 22 AWG) auch Datenverarbeitungsprogramme (Software) und Technologie.

Die umsatzsteuerrechtlichen Vorschriften verwenden statt des Begriffs „Ware" den Begriff „Gegenstand" (vgl. § 1 Abs. 1 Nr. 4 UStG). Nach der Dienstvorschrift Einfuhrumsatzsteuer (vgl. DV VSF Z8101 Abs. 5) sind beide Begriffe inhaltlich deckungsgleich.

Eine Differenzierung bzgl. des zollrechtlichen Status der Waren (Nicht-Unionsware bzw. Unionsware) ist in diesem Stadium der Erfassung des Warenverkehrs noch nicht erforderlich.

b) Zollgebiet der Union

Gemäß Art. 127 Abs. 1 UZK sind Waren betroffen, die in das Zollgebiet der Union verbracht werden. C2002 Das Zollgebiet der Union ist vereinfacht als Summe des europäischen Teils der nationalen Hoheitsgebiete der EU-Mitgliedstaaten zu verstehen (Art. 4 UZK); alle Länder oder Gebiete außerhalb des Zollgebiets der Union sind „Drittland" (Art. 1 Nr. 11 UZK-DelVO).

c) Verbringen/ Verbringer

Die Verpflichtung des Art. 127 Abs. 1 UZK betrifft Waren, die in das Zollgebiet der Union verbracht werden. C2003 Sowohl im Hinblick auf den Begriff des Verbringens, als auch den des Verbringers, fehlt es an einer Definition. Der UZK versteht unter dem Verbringen den Zeitraum von der Abgabe der summarischen Eingangsanmeldung (Art. 127 Abs. 1 UZK) bis zur Beendigung der vorübergehenden Verwahrung nach Art. 149 UZK. Der eigentliche Realakt, durch den Waren physisch in das Zollgebiet der Union gelangen, wird als „Eingang" bezeichnet (vgl. insbesondere den Wortlaut des Art. 134 Abs. 1 UZK).

Begriffslogisch ist für das Verbringen immer ein Verbringer maßgebend. Nach der Dienstvorschrift Z0601 (103) ist der Verbringer in jedem Falle eine natürliche Person (s. Rdnr. C2042).

BEISPIELE

- Die geladene Handelsware wird vom Lkw-Fahrer durch Überfahren der Grenze in die Union verbracht.
- Die im Langholz verborgenen Zigaretten (Schmuggelware) werden vom Lkw-Fahrer (in Unkenntnis) in die Union verbracht.

Ein Verbringen ohne Verbringer (also ein reines „Gelangen") kommt danach nicht in Betracht.

BEISPIEL

Infolge eines Sturmes verliert ein Schiff auf dem Atlantik einen Container mit Chemikalien. Gebinde der Chemikalien werden an die Strände deutscher Nordseeinseln gespült. Die Gebinde sind in das Zollgebiet gelangt, aber nicht verbracht worden. Um auch diese Waren dem Zollrecht zu unterwerfen, wird in diesem Fall der Finder den Verbringerpflichten unterworfen.

d) Ausnahmen, Art. 127 Abs. 2 UZK, 136 UZK

C2004 Ausnahmen von der Verpflichtung zur Abgabe einer summarischen Eingangsanmeldung finden sich in Art. 127 Abs. 2 UZK sowie in Art. 136 UZK

aa)

Nach Art. 127 Abs. 2 Buchst. a) ist eine summarische Eingangsanmeldung nicht erforderlich für Beförderungsmittel und die darauf beförderten Waren, die die Gewässer oder den Luftraum der Union ohne Zwischenstopp durchqueren.

BEISPIEL

Ein Flugzeug aus den USA mit Destination Russland überfliegt den Luftraum der Union.

bb)

Art. 127 Abs. 2 Buchst b) UZK erfasst zwei Fallgruppen, in denen auf eine summarische Eingangsanmeldung verzichtet werden kann.

Auf der Grundlage des Art. 128 Buchst. a) UZK hat die Kommission diese Fälle im Fallkatalog des Art. 104 UZK-DelVO geregelt.

BEISPIEL

- Für Briefsendungen nach Art. 1 Nr. 26 UZK-DelVO muss keine summarische Eingangsanmeldung abgegeben werden (Art. 104 Abs. 1 Buchst. c) UZK-DelVO).
- Für Waren im persönlichen Gepäck von Reisenden ist nach Art. 104 Buchst. g) UZK-DelVO die Abgabe einer summarischen Eingangsanmeldung nicht erforderlich.

Mit delegierter Verordnung (EU) 2020/877 der Kommission vom 3. April 2020 wurde Art. 104 UZK-DelVO dahingehend geändert, dass sich Luftverkehrs- und Postbetreiber (Art. 1 Nr. 25 UZK-DelVO) sowie Expressbeförderer (Art. 1 Nr. 47 UZK-DelVO) seit der Inbetriebnahme von ICS 2 Release 1 (15. März 2021) an das System anbinden müssen. Sie sind allerdings nur verpflichtet, den Mindestdatensatz einer summarischen Eingangsanmeldung für Waren in Postsendungen (Art. 1 Nr. 24 UZK-DelVO), welche die Union als endgültiges Bestimmungsziel haben, und für Waren in Expresssendungen (Art. 1 Nr. 46 UZK-DelVO) anzugeben. Ebenso ist mit der Inbetriebnahme von Release 1 die Befreiung für Waren mit einem Wert von bis zu 22 € in Expressgutsendungen, die auf dem Luftweg befördert werden, entfallen.

Hinsichtlich der weiteren, teilweise zeitlich gestaffelten Sonderregelungen und Befreiungen siehe Art. 104 UZK-DelVO, insbesondere Absätze 2 und 4.

Ferner erübrigt sich die Abgabe einer summarischen Eingangsanmeldung beim Verbringen aus Ländern, sofern aufgrund entsprechender Übereinkommen mit diesen Ländern die Anerkennung der Sicherheitskontrollen im jeweiligen Ausfuhrland vereinbart wurde.

BEISPIEL

Aufgrund internationaler Übereinkünfte bzgl. der Anerkennung von Sicherheitsmaßnahmen entfällt im Falle der Einfuhr von Waren aus der Schweiz, einschließlich Liechtenstein (ABl. L 199 vom 31.7.2009, S. 24), Norwegen (ABl. L 232 vom 3.9.2009, S. 40) und Andorra (ABl. L 36 vom 10.2.2011, S. 3) die Abgabe einer summarischen Eingangsanmeldung.

cc) vorübergehende Auslandsbeförderung Art. 136 UZK

Die Vorschriften über die summarische Eingangsanmeldung (Art. 127-130 UZK) sowie die Ankunftsmeldung (Art. 133 UZK); s. nachfolgend Rdnr. C2010, finden keine Anwendung in den in Art. 136 UZK geregelten Fällen.

Es handelt sich um verschiedenen Fallkonstellationen des Luft- und Seeverkehrs, in denen Waren vorübergehend das Zollgebiet verlassen haben und ohne Zwischenstopp auf direktem Weg in das Zollgebiet der Union zurückkehren.

BEISPIELE

- Nicht- Unionswaren werden per Linienflug von Mailand nach München über die Schweiz transportiert (Art. 136 Abs. 1 UZK).
- Unionswaren werden im Seeverkehr von Helsinki nach Travemünde befördert. Nach Art. 153 Abs. 2 UZK, Art. 119 Abs. 3 Buchst. a) UZK-DelVO können die Waren, auch wenn das Zollgebiet der Union vorübergehend verlassen wird, ohne Überführung in ein Zollverfahren, befördert werden, sofern der zollrechtliche Status Unionsware nach Art. 199 ff. UZK-DVO nachgewiesen ist, z. B. durch ein Warenmanifest mit MRN nach Art. 206 UZK-DVO.

e) Frist

Die summarische Eingangsanmeldung ist nach Art. 127 Abs. 3 UZK innerhalb einer bestimmten Frist vor dem Verbringen in das Zollgebiet der Union abzugeben. C2005

Nach Maßgabe der Beförderungsart werden unterschiedliche zeitliche Vorgaben (Fristen) geregelt (Art. 131 Buchst. b) UZK, Art. 105 – 111 UZK-DelVO).

BEISPIELE

- Containerfracht wird im Seeverkehr von China nach Deutschland befördert. Die summarische Eingangsanmeldung ist spätestens 24 Stunden vor dem Verladen des Containers im Abgangshafen Shanghai abzugeben (Art. 105 Buchst. a) UZK-DelVO).
- Im Straßenverkehr werden Waren aus der Türkei nach Deutschland befördert. Die summarische Eingangsanmeldung ist spätestens 1 Stunde vor Ankunft der Waren an der ersten Eingangszollstelle der Union in Bulgarien abzugeben (Art. 108 UZK-DelVO).
- Für Waren, die von Postbetreibern oder Expressbeförderern auf dem Luftweg befördert werden, finden in Abhängigkeit vom Zeitpunkt der Inbetriebnahmen des jeweiligen ICS 2-Releases besondere Fristen Anwendung (Art. 106 Absätze 2 - 4 UZK-DelVO).

f) Ort der Abgabe der summarischen Eingangsanmeldung

C2006 Die summarische Eingangsanmeldung ist gem. Art. 127 Abs. 3 S. 1 UZK grds. bei der ersten Eingangszollstelle abzugeben; das ist nach Art. 1 Nr. 15 UZK-DelVO die Zollstelle, die für die zollamtliche Überwachung am Ort des Eintreffens des Beförderungsmittels zuständig ist. So soll realisiert werden, dass bereits an der Außengrenze der Union durch eine rechtzeitige Risikoanalyse die erforderlichen Maßnahmen getroffen werden können.

BEISPIEL

Containerfracht wird im Seeverkehr von China nach Deutschland befördert. Der Hafen von Valetta (Malta) ist der erste Hafen im Zollgebiet, der angelaufen wird. Die erste Eingangszollstelle im Zollgebiet, der die summarische Eingangsanmeldung zu übermitteln ist, ist die Zollstelle in Valetta.

Sofern die Zollbehörden dies zulassen, kann die summarische Eingangsanmeldung auch bei einer anderen Zollstelle abgegeben werden, sofern diese die Daten der ersten Eingangszollstelle unverzüglich elektronisch übermittelt oder zugänglich macht. (Art. 127 Abs. 3 Satz 2 UZK). Von dieser Möglichkeit wird in Deutschland zurzeit kein Gebrauch gemacht.

BEISPIEL

Für eine im Seeverkehr aus den USA in die Union verbrachte Einfuhrsendung könnte die summarische Eingangsanmeldung ggf. bei einer Binnenzollstelle abgegeben werden, sofern diese die Daten der summarischen Eingangsanmeldung an die erste Eingangszollstelle, z. B. das Zollamt Bremerhaven, übermitteln kann. Dies können die bestehenden IT-Systeme in vielen Mitgliedstaaten zurzeit allerdings nicht leisten.

g) Verpflichteter

C2007 Nach Art. 127 Abs. 4 Satz 1 UZK trifft die Verpflichtung zur Abgabe einer summarischen Eingangsanmeldung grds. den Beförderer. Beförderer ist nach Art. 5 Nr. 40 Buchst. a) UZK entweder der Verbringer (s. Rdnr. C 2003) oder die Person, die für die Verbringung verantwortlich ist.

BEISPIELE

- Der LKW Fahrer ist für die von ihm beförderte Ladung als Verbringer zur Abgabe der summarischen Eingangsanmeldung verpflichtet.
- Die Reederei ist für die Verbringung der im Seeverkehr beförderten Waren verantwortlich.

Nach Art. 127 Abs. 4 Satz 2 UZK kann die summarische Eingangsanmeldung auch von einer anderen Person als dem Beförderer, z. B. dem Empfänger der Waren oder jeder anderen Person, die in der Lage ist, die Waren zu gestellen, abgegeben werden.

Mit der Inbetriebnahme des ICS 2 besteht nach Art. 127 Abs. 6 UZK, Art. 183 UZK-DVO grds. die Möglichkeit des sog. „multiple-filing“. Das bedeutet, dass die Angaben der summarischen Eingangsanmeldung in mehr als nur einem Datensatz übermittelt werden können. Damit können andere als die in Art. 127 Abs. 4 UZK genannten Personen verpflichtet werden, in der summarischen Eingangsanmeldung fehlende Angaben nachzureichen, wenn sie über diese Angaben verfügen. Die unvollständige summarische Eingangsanmeldung muss allerdings einen Mindestdatensatz beinhalten.

h) Form und Inhalt der summarischen Eingangsanmeldung

Die summarische Eingangsanmeldung ist gem. Art. 6 UZK mit Mitteln der elektronischen Datenverarbeitung abzugeben. Hierzu stellen die Mitgliedstaaten ein elektronisches System zur Verfügung (Art. 16 UZK, Art. 182 UZK-DVO). Die Datensätze werden im System unter einer Hauptbezugsnummer (Master Reference Number – MRN) nach Art. 1 Nr. 22 UZK-DelVO registriert. C2008

Die Zollbehörden können akzeptieren, dass unter bestimmten Voraussetzungen auch Handels-, Hafen oder Verkehrsinformationssysteme für die Abgabe der summarischen Eingangsanmeldung verwendet werden (Art. 127 Abs. 7 UZK). Als Inhalt der summarischen Eingangsanmeldung ist der Datensatz erforderlich, der eine zweckgerechte Risikoanalyse ermöglicht (Art. 127 Abs. 5 UZK). Die entsprechenden Datenanforderungen ergeben sich nach Art. 2 Abs. 2 UZK-DelVO aus Anhang B Spalten F1a bis F5; bzgl. der Datenanforderungen hat der Gesetzgeber eine feine Differenzierung zwischen den unterschiedlichen Verkehrsträgern vorgenommen.

h) Zollanmeldung und Anmeldung zur vorübergehenden Verwahrung statt summarische Eingangsanmeldung

Art. 130 UZK sieht vor, dass auf die Abgabe einer summarischen Eingangsanmeldung verzichtet werden kann (Art. 130 Abs. 1 UZK), wenn innerhalb der Fristen für die Abgabe der summarischen Eingangsanmeldung eine Zollanmeldung nach Art. 158 UZK (siehe Kap. D II. 2. „Zollanmeldung“) oder eine Anmeldung zur vorübergehenden Verwahrung nach Art. 145 UZK (siehe Rdnr. C3002) abgegeben wird (Art. 130 Abs. 2 UZK), die alle sicherheitsrelevanten Daten enthält. Voraussetzung ist auch hier, dass die bestehenden IT-Systeme (Art. 16 UZK, Art. 182 UZK-DVO) dies leisten können. C2009

BEISPIEL

Waren aus der Ukraine werden an der polnischen Eingangszollstelle zum externen Unionsversandverfahren mit Bestimmung Deutschland angemeldet. Sofern die abgegebene Zollanmeldung zum Versandverfahren mindestens die für die summarische Eingangsanmeldung erforderlichen Angaben enthält, kann auf die Abgabe einer gesonderten summarischen Eingangsanmeldung nach Art. 130 Abs. 1 UZK verzichtet werden.

2. Ankunftsmeldung, Art. 133 UZK

Sobald im See- und Luftverkehr das Beförderungsmittel mit den in der summarischen Eingangsanmeldung bezeichneten Waren bei der ersten Eingangszollstelle eintrifft, hat der Betreiber des Beförderungsmittels (z. B. die Reederei) die Eingangszollstelle über die (unmittelbar bevorstehende) Ankunft durch eine Ankunftsmeldung nach Art. 133 UZK zu unterrichten. Die entsprechenden Datenanforderungen der Ankunftsmeldung ergeben sich nach Art. 2 Abs. 2 UZK-DelVO aus Anhang B Spalte G2. C2010

In der Ankunftsmeldung ist auf die Hauptbezugsnummer (MRN) der summarischen Eingangsanmeldung zu referenzieren. Ankunftsmeldungen werden im System der Zollverwaltung ebenfalls unter einer Hauptbezugsnummer (MRN) registriert.

(Einstweilen frei) C2011–C2020

3. Zollamtliche Überwachung der in das Zollgebiet der Union verbrachte Waren, Art. 134 UZK

C2021 Ab dem Zeitpunkt des tatsächlichen körperlichen Eingangs in das Zollgebiet unterliegen die Waren der zollamtlichen Überwachung (Art. 134 Abs. 1 Satz 1 UZK) und können Zollkontrollen unterzogen werden (Art. 134 Abs. 1 Satz 1, Art. 5 Nrn. 3 und 27 UZK). Wesentliche Gründe der zollamtlichen Überwachung des Warenverkehrs über die Grenze sind:

- die Sicherung der Erhebung der Einfuhrabgaben und
- die Beachtung der Verbote und Beschränkungen sowie der handelspolitischen Maßnahmen.

Während der UZK unter Einfuhrabgaben gem. Art. 5 Nr. 20 die Zölle versteht, geht das deutsche ZollVG über diesen Rahmen hinaus. Nach der Definition des § 1 Abs. 1 Satz 3 ZollVG sind Einfuhrabgaben im Sinne des ZollVG die im UZK geregelten Abgaben sowie die Einfuhrumsatzsteuer und die anderen für eingeführte Waren zu erhebenden Verbrauchsteuern.

C2022 Art. 134 Abs. 1 UZK enthält eine Aufzählung der Schutzgüter, die Verboten und Beschränkungen (VuB) unterliegen könnten; es handelt sich im Wesentlichen um nichtwirtschaftliche Rechtsgüter, wie den Schutz der Umwelt oder der Gesundheit von Menschen, Tieren oder Pflanzen. Im Weiteren, insbesondere in Art. 194 UZK erfolgt dann eine Differenzierung zwischen Verboten einerseits und Beschränkungen andererseits. Im Falle eines Verbots wird der Eingang in das Zollgebiet grds. untersagt, während die Beschränkungen im Vergleich zu den Verboten Auffangcharakter haben. Im Falle von Beschränkungen kommen ggf. auch Befreiungstatbestände in Betracht oder eine Genehmigung bzw. Lizenz kann vorab bei den zuständigen Behörden beantragt werden, um einen legalen Eingang in die Union zu ermöglichen. VuB-Vorschriften können entweder durch Unionsrecht, z. B. die EG- Artenschutzverordnung 338/97, oder aber auch durch nationale Vorschriften, z. B. das Arzneimittelgesetz oder das Waffengesetz, geregelt sein.

BEISPIELE

- Nach § 73 Abs. 1b Arzneimittelgesetz ist es verboten, gefälschte Arzneimittel oder gefälschte Wirkstoffe in den Geltungsbereich dieses Gesetzes zu verbringen.
- Nach Artikel 4 Abs. 1 VO 338/97 (ArtenschutzVO) sind bei der Einfuhr von Exemplaren der Arten des Anhangs A in die Gemeinschaft die erforderlichen Überprüfungen vorzunehmen und ist der Einfuhrzollstelle zuvor eine Einfuhrgenehmigung einer Vollzugsbehörde des Bestimmungsmitgliedstaats vorzulegen.

C2023 Abzugrenzen von den Verboten und Beschränkungen nicht wirtschaftlicher Art sind die handelspolitischen Maßnahmen (Art. 5 Nr. 36 UZK). Hierunter versteht der UZK nichttarifäre Maßnahmen der gemeinsamen Handelspolitik, die auf Unionsvorschriften beruhen. Die gemeinsame Handelspolitik ist nach Art. 3 Abs. 1 Buchst. e) AEUV eine ausschließliche Zuständigkeit der Union und beruht auf der Ermächtigung des Art. 207 AEUV (alte Fassung: Art. 133 EG-Vertrag). Die handelspolitischen Maßnahmen können daher auch als das EU-Außenwirtschaftsrecht bezeichnet werden

BEISPIEL

Nach Art. 4c der Iran Embargo Verordnung (Verordnung (EU) 267/2012) ist es verboten, die in Anhang III aufgeführten Güter und Technologien mit oder ohne Ursprung in Iran unmittelbar oder mittelbar aus Iran zu erwerben, einzuführen oder zu befördern.

a) Beginn der zollamtlichen Überwachung, Art. 134 Abs. 1 1. UA UZK

Mit dem Realakt des Eingangs in das Zollgebiet der Union beginnt die zollamtliche Überwachung (Art. 5 Nr. 27 UZK). Ab diesem Zeitpunkt ist den Zollbehörden die konkrete Möglichkeit eröffnet, durch geeignete Maßnahmen, wie z. B. Zollkontrollen (Art. 5 Nr. 3 UZK) die Einhaltung der zollrechtlichen Vorschriften, z. B. über die Verbote und Beschränkungen, zu gewährleisten (Art. 134 Abs. 1 Satz 2 UZK). C2024

b) Ende der zollamtlichen Überwachung, Art. 134 Abs. 1 2. – 4. UA UZK

Die Waren bleiben in jedem Fall so lange unter zollamtlicher Überwachung, bis die Zollbehörden den zollrechtlichen Status ermittelt haben; ein Entfernen aus der zollamtlichen Überwachung ohne Erlaubnis der Zollbehörden ist nicht zulässig (Art. 134 Abs. 1 2. UA UZK) und führt regelmäßig zum Entstehen der Einfuhrzollschuld nach Art. 79 Abs. 1 Buchst. a) UZK. C2025

Der zollrechtliche Status (Art. 5 Nr. 22 UZK) ist der Status als Unionsware oder als Nicht-Unionsware (siehe hierzu Zollglossar Kapitel H).

Beim Verbringen von Unionswaren endet die zollamtliche Überwachung bereits mit Ermittlung ihres zollrechtlichen Status (Art. 134 Abs. 1 3. Unterabsatz UZK).

BEISPIEL

- Waren werden im internen Versand nach Art. 227 Abs. 1 UZK von Italien über die Schweiz nach Deutschland befördert. Bei Beförderung im internen Versand bleibt der Status „Unionsware" erhalten. Mit Feststellung des Status „Unionsware" durch die Bestimmungszollstelle in Deutschland endet die zollamtliche Überwachung der Waren.

Im Falle der Endverwendung greift allerdings der Vorbehalt nach Art. 254 UZK; danach endet die zollamtliche Überwachung nicht bereits mit Statuswechsel, sondern erst in den Fällen nach Art. 254 Abs. 4 UZK, z. B. mit Erreichen des besonderen begünstigten Zwecks (Art. 134 Abs. 1 3. Unterabsatz UZK).

BEISPIEL

Bremsen der Pos. 8708 zur industriellen Montage von LKW werden unter Erhebung des ermäßigten Zollsatzes von 3 % in die Endverwendung nach Art. 254 UZK überführt. Bis zum Erreichen des begünstigten Zwecks bleiben die Bremsen unter zollamtlicher Überwachung, obwohl sie den Status von Unionswaren haben (Art. 254 Abs. 4 Buchst. a) UZK).

Im Falle von eingeführten Nicht- Unionswaren endet die zollamtliche Überwachung nicht bereits mit der Feststellung ihres zollrechtlichen Status, sondern erst mit dem Statuswechsel zur Unionsware.

Nicht-Unionswaren werden aus einem Drittland eingeführt; die zollamtliche Überwachung endet erst mit dem Statuswechsel zur Unionsware durch die Überlassung zum zollrechtlich freien Verkehr (Art. 201 Abs. 3 UZK), dem Verbringen aus dem Zollgebiet der Union oder mit der Zerstörung der Waren (Art. 134 Abs. 1 4. Unterabsatz UZK).

BEISPIELE

- PKWs der Pos. 8703 des Gemeinsamen Zolltarifs werden in die EU verbracht und am Zollamt Bremerhaven nach ordnungsgemäßer Zollabfertigung in das Zollverfahren „Überlassung zum zollrechtlich freien Verkehr" (Art. 5 Nr. 16 Buchst. a), Art. 201 Abs. 1 UZK) überführt. Mit der Überführung in die Überlassung zum zollrechtlich freien Verkehr wechselt der zollrechtliche Status von Nicht-Unionswaren zu Unionswaren (Art. 201 Abs. 3 UZK). Damit endet die zollamtliche Überwachung.
- Eingeführte verdorbene Lebensmittel, die weder zum menschlichen Verzehr noch zu einem anderen Zweck wirtschaftlich sinnvoll verwendet werden können, können nach Art. 197 UZK zerstört werden. Damit endet die zollamtliche Überwachung für diese Waren.

c) Zollkontrollen

C2026 Auf der Grundlage des Art. 46 UZK können die Zollbehörden alle Waren bezogenen Zollkontrollen durchführen, die sie für erforderlich erachten.

Neben der Kontrolle von Beförderungsmitteln zählen hierzu auch die Kontrolle des Gepäcks oder sonstiger Waren, die von Personen oder an Personen mitgeführt werden. Sofern es sich nicht um Stichprobenkontrollen handelt, müssen die Kontrollen auf Basis einer edv-gestützten Risikoanalyse durchgeführt werden (Art. 46 Abs. 2 UZK). Der nationale deutsche Gesetzgeber hat mit § 10 ZollVG eine Norm geschaffen, die in den Absätzen 1 bis 5 Differenzierungen und Konkretisierungen bezüglich der Intensität der Kontrollen durch die deutsche Zollverwaltung vornimmt.

aa) Prüfung im grenznahen Raum (§ 10 Abs. 1 ZollVG)

C2027 Im grenznahen Raum (nach § 14 Abs. 1 ZollVG eine 30-km-Zone entlang der deutschen Landgrenze des Zollgebiets der Union bzw. eine 50-km-Zone an der seewärtigen Grenze des deutschen Teils des Zollgebiets der Union) können auf Verlangen des Zolls Gepäck, Beförderungsmittel und Ladung zur Feststellung der Einhaltung von Zollvorschriften am betreffenden Ort geprüft werden. Das gilt auch für die Zollflugplätze, die durch Rechtsverordnung gem. § 14 Abs. 1 Satz 2 ZollVG auch der Grenzaufsicht unterworfen werden können (s. § 14 Abs. 4 Satz 2 ZollVG).

BEISPIEL

Eine Kontrolleinheit Verkehrswege der deutschen Zollverwaltung hält an einem Autobahnrastplatz an der deutsch-schweizer. Grenze einen Pkw an und fordert den Fahrer auf, sich auszuweisen und den Kofferraum zu öffnen. Der Beamte fordert den Fahrer auf, für die im Kofferraum befindlichen Nicht-Unionswaren den „zollredlichen Besitz" nachzuweisen. Der Warenbesitzer ist dabei gem. § 10 Abs. 1 Satz 6 ZollVG zur Hilfeleistung (Darlegung) und Duldung einer Probenentnahme verpflichtet.

bb) Durchsuchung am Körper (§ 10 Abs. 3 ZollVG)

Mit dem Recht zur körperlichen Durchsuchung gem. § 10 Abs. 3 Satz 1 ZollVG besteht eine weitgehende Befugnis quasi als letztes Hilfsmittel, um der am häufigsten anzutreffenden Schmuggelform ohne Erfüllung strafprozessualer Bedingungen begegnen zu können. § 10 Abs. 3 ZollVG sieht vor, dass Personen bei **Vorliegen zureichender tatsächlicher Anhaltspunkte**, Waren, die der zollamtlichen Überwachung unterliegen, mit sich zu führen, angehalten oder körperlich durchsucht werden können. C2028

In Anbetracht der erhöhten Gewaltbereitschaft krimineller Täter dürfen hier aus Gründen des Selbstschutzes die Anforderungen eher niedrig angesetzt werden. Der Gedanke der Eigensicherung steht im Vordergrund. In einer Notwehrsituation sind natürlich auch hier die zur Abwehr erforderlichen Maßnahmen anzuwenden.

Wesentliche Voraussetzung ist damit nicht das Vorliegen eines konkreten Schmuggelverdachtes. Der hier im ZollVG verwendete Begriff der „zureichenden tatsächlichen Anhaltspunkte entspricht zwar der bekannten Verdachtsdefinition (vgl. z. B. 203 StPO), weil bei Einschlägigkeit der strafprozessualen Voraussetzungen (Anfangsverdacht) aber ohne weiteres die Einleitung eines Ermittlungsverfahrens nach § 160 StPO notwendig wird, müssen die Einstiegsvoraussetzungen des § 10 Abs. 3 ZollVG niedriger anzusetzen sein. Andernfalls käme dieser Bestimmung keine eigenständige Bedeutung zu. Es kann daher die Tatsache genügen, dass der Betroffene schon früher bei vergleichbaren Schmuggelhandlungen angetroffen worden ist. In folgenden Beispielen dürfte unter Zugrundelegung der vorgenannten Argumente ein Eingreifen nach § 10 Abs. 3 ZollVG möglich sein:

BEISPIEL

- Es ist erkennbar, dass der Betroffene Gegenstände unter/in seiner Kleidung verbirgt.
- Der Betroffene lässt typische körperliche Symptome eines Rauschmittelabhängigen erkennen.
- Der Betroffene versucht, sich der Überprüfung zu entziehen.

Liegen die Voraussetzungen vor, kann die Kleidung des Verdächtigen auf entsprechende versteckte Waren untersucht werden. Darüber hinaus kann auch festgestellt werden, ob der Verdächtige Waren am Körper befestigt hat, z. B. mit Klebestreifen. In beiden Fällen ist das Ablegen der Kleidung erforderlich. Diese Maßnahme soll in dafür vorgesehenen Räumlichkeiten, für gewöhnlich bei der nächsten Dienststelle, unter der Aufsicht von geschulten Beamten erfolgen, wobei die Menschenwürde, Schicklichkeit und Hygiene zu beachten sind und auch die Geschlechtszugehörigkeit der Betroffenen Berücksichtigung finden muss.

cc) Körperliche Untersuchung (§ 81a StPO)

Die Zollverwaltung hat jedoch keine eigenen Rechte, wenn es sich um die Feststellung von Waren handelt, die in Körperöffnungen bzw. im Körperinneren vermutet werden. In diesen Fällen ist eine körperliche Untersuchung erforderlich. Es handelt sich dabei um eine ärztliche Maßnahme, für die grds. eine richterliche Anordnung nach strafprozessualen Voraussetzungen erforderlich ist (§ 81a StPO). C2029

dd) Durchsuchung von Wohnraum (§ 10 Abs. 5 ZollVG)

C2030 Bei der Durchsuchung von Wohnräumen, z. B. Wohnwagen, Wohnteil-Reisemobilien oder Schiffskabinen, ist das Grundrecht aus Art. 13 GG eingeschränkt (s. § 10 Abs. 5 ZollVG). Damit ist bei Gefahr im Verzuge oder Einwilligung eine richterliche Anordnung nicht erforderlich.

ee) Zollkontrollen außerhalb des grenznahen Raums (§ 10 Abs. 2 ZollVG)

C2031 Die klassischen, unmittelbar warenbezogenen Überwachungsrechte gem. § 10 Abs. 1 ZollVG (z. B. Anhalte- und Zugangsrechte, siehe oben Rdnrn. C 2027–C 2028) gelten im gesamten deutschen Zuständigkeitsbereich, also auch außerhalb des grenznahen Raums, sofern **Grund zur Annahme** besteht, dass zollamtlich überwachte Waren durch Personen oder in Beförderungsmittel mitgeführt werden. **Grund zur Annahme** erfordert keinen Verdacht und keine zureichenden tatsächlichen Anhaltspunkte im Sinne des § 10 Abs. 3 ZollVG, sondern knüpft an Erfahrungswerte der Zollpraxis an. Die Kontrollen durch mobile Kontrolleinheiten der Zollverwaltung (z. B. KEV) dürfen allerdings nur örtlich und zeitlich begrenzter Art sein.

BEISPIELE

- Angehörige einer Kontrolleinheit Verkehrswege des zuständigen HZA halten an der Autobahn nahe Osnabrück einen ukrainischen Lkw an, der ohne TIR-Tafel fährt. Der Lkw selbst ist eine Ware unter zollamtlicher Überwachung, der sich im Zollverfahren der vorübergehenden Verwendung befindet. Zudem ist von einem Warentransport auszugehen, z. B. unter einem Versandverfahren nach dem TIR-Übereinkommen.
- In der Nähe der niederländisch- deutschen Grenze kontrolliert eine KEV der deutschen Zollverwaltung in Deutschland zugelassene Personenwagen, die aus den Niederlanden zurückkommen, im Hinblick auf mitgeführte Betäubungsmittel (siehe § 1 Abs. 3 ZollVG). Aufgrund langjähriger zöllnerischer Erfahrung werden auf diesem Autobahnabschnitt häufig Betäubungsmittel aus den Niederlanden mitgeführt.

C2032–C2040 *(Einstweilen frei)*

4. „Beförderungspflichten" nach Art. 135 UZK

C2041 Nach Art. 135 Abs. 1 UZK sind die in das Zollgebiet der Union verbrachten Waren nach ihrem Eingang in das Zollgebiet unverzüglich auf bestimmten Wegen sowie nach Maßgabe festgelegter Einzelheiten entweder zu einer zuständigen Zollstelle oder einem anderen von den Zollbehörden bezeichneten oder zugelassenen Ort oder in eine Freizone zu befördern.

a) Verbringer als „Pflichteninhaber"

C2042 Die Person, die Waren körperlich in das Zollgebiet verbringt, ist der Verbringer. Eine gesetzliche Definition fehlt. Es handelt sich dabei grds. um eine natürliche Person, die eine Ware über die Grenze des Zollgebiets der Union in das Zollgebiet verbracht hat (s. Rdnr. C2003).

BEISPIELE

- Der PKW Fahrer ist Verbringer des PKW sowie der darin befindlichen Waren.
- Bei einem Bustransport kommen neben dem Busfahrer für den Bus auch die Reisenden für die von ihnen mitgeführten Gepäckstücke als Verbringer in Betracht.

Auf den Willen des Verbringers, die Waren in das Zollgebiet zu verbringen – also den Realakt des Eingangs zu bewirken – kommt es nicht an. Es muss aber einen von einer natürlichen Person ausgehenden natürlichen Verbringungswillen geben.

BEISPIELE

- Der Schmuggler versteckt das Schmuggelgut im Lkw. Der Fahrer bringt die Schmuggelware als „gutgläubiges Werkzeug" in die EU. Der Lkw-Fahrer ist der Verbringer.
- Auf die Plane des Lkw fallen im Drittland unbemerkt Früchte. Der Fahrer verbringt diese in die EU.

Im ersten Fall liegt ein reales Verbringen, gekoppelt an einen konkreten Verbringungswillen vor, im zweiten Fall zumindest natürlicher Verbringungswille des Fahrers, der willentlich mit dem Lkw Waren verbringt.

Sofern Waren lediglich in die EU gelangt sind, können sie erst als verbracht gelten, sobald ein Finder Besitzwillen äußert.

BEISPIEL

Der Inselbewohner findet angespültes Strandgut und nimmt es an sich, um es zu behalten.

In diesem Falle müssen die Waren durch die Manifestation des Willens, sie in der Union zu behalten, als verbracht gelten, weil sie andernfalls nicht unter zollamtliche Überwachung gelangten und sie damit ggf. auch nicht einfuhrabgabenpflichtig wären.

Den Verbringer, Übernehmer oder Finder der Waren treffen die nachfolgend dargestellten „Beförderungspflichten" und zu einem späteren Zeitpunkt auch die Verpflichtung, die Waren zu gestellen (s. dazu auch Rdnr. C2061).

b) Unverzügliche Beförderung

Gemäß Art. 135 Abs. 1 UZK muss die Beförderung unverzüglich, d. h. ohne schuldhaftes Verzögern, erfolgen. Dieser nicht näher in den zollrechtlichen Vorschriften definierte unbestimmte Rechtsbegriff bleibt inhaltlich grds. an § 121 Abs. 1 BGB angelehnt; es entscheidet der Einzelfall. (s. dazu auch Rdnr. C2054). C2043

c) Nach festgelegten Einzelheiten

Eine „von den Zollbehörden festgelegte Einzelheit" ist der sog. „Öffnungszeitenzwang" gem. §§ 3, 18 ZollVG. Die Formulierung **„nach Maßgabe festgelegter Einzelheiten"** deutet auf geringere formelle Anforderungen hin, die für diese Regelungen zu erfüllen sind. So müssen diese Bestimmungen nicht grds. durch ein formelles Gesetz oder Rechtsverordnung festgelegt werden; es genügt ggf. auch eine Dienstvorschrift. Hinsichtlich der Öffnungszeiten sind die bezeichneten Ermächtigungen aber durch die §§ 3, 18 ZollVG ausgefüllt worden. C2044

d) Beförderung auf bezeichneten Verkehrswegen

C2045 Aus Gründen der zollamtlichen Überwachung (Kanalisierung des Warenstroms) dürfen Waren nur auf bestimmten Verkehrswegen in oder aus dem Zollgebiet verbracht werden. Dabei sind Straßen- sowie Wasserfahrzeuge an bestimmte Zollstraßen gebunden (§§ 2 Abs. 1, 4 ZollVG; §§ 2–4 ZollV). Für Wasserfahrzeuge sind darüber hinaus bestimmte Landungsplätze, an denen Schiffe anlanden (anlegen) können, vorgesehen (§ 2 Abs. 3 ZollVG, § 4 ZollV). Die in Deutschland auf dem Landweg einzuhaltenden Zollstraßen sind auf Grund von § 2 Abs. 4 des ZollVG i. V. m. § 2 ZollV vom Bundesministerium der Finanzen mit Bekanntmachung vom 20.12.2012 veröffentlicht worden (vgl. DV VSF Z0611). Der Luftverkehr ist an bestimmte Zollflugplätze bzw. besondere Landeplätze (weniger zollrelevanten Flugbewegungen als Zollflugplätze) gebunden (§ 2 Abs. 2 ZollVG, § 3 ZollV).

Für den schienengebundenen Verkehr scheidet eine Zollstraßendefinition aus naheliegenden Gründen aus.

Nach § 2 Abs. 5 ZollVG kann das Bundesministerium der Finanzen durch Rechtsverordnung, soweit Verbote und Beschränkungen nicht entgegenstehen, zur Erleichterung des Verkehrs Ausnahmen von den Absätzen 1, 2 und 3 zulassen und dabei bestimmen, dass in Einzelfällen Ausnahmen auch im Verwaltungswege zugelassen werden können.

BEISPIELE

- Ein aus England einfliegendes Sportflugzeug landet auf dem besonderen Landeplatz Westerland auf Sylt (s. EVSF Z0613-2).
- Ein aus der Schweiz einfahrender LKW reist über die Autobahn A5 (einzuhaltende Zollstraße, s. EVSF Z0611) über das Zollamt Weil am Rhein-Autobahn in die Union ein.

e) Beförderung zur bezeichneten Zollstelle bzw. einem anderen Ort

C2046 Die verbrachten Waren müssen auch zur zuständigen Zollstelle oder einem von den Zollbehörden bestimmten Ort befördert werden, um dort später gestellt zu werden. Welche Zollstellen in Deutschland hierfür, den Verkehrsarten entsprechend, in Betracht kommen, ist gem. § 17 ZollVG, § 7 ZollV i. V. m. der Bekanntmachung des Bundesministeriums der Finanzen vom 20.12.2012 (vgl. DV VSF Z0611) geregelt.

f) Übernahme nach Verbringen, Art. 135 Abs. 3 UZK

C2047 Werden die in das Zollgebiet verbrachten Waren nach Grenzübertritt von einer anderen Person übernommen, die danach auch die Verantwortung für die Beförderung übernimmt, so erfolgt auch ein Übergang der ggf. noch zu erfüllenden „Beförderungspflichten“ auf den Übernehmer der Waren.

BEISPIEL

Für aus der Schweiz körperlich in das Zollgebiet der Union verbrachte Waren erfolgt unmittelbar nach Grenzübertritt, noch bevor die Waren bei der ersten an der Zollstraße gelegenen Zollstelle eintreffen, ein Fahrerwechsel.

g) Waren außerhalb des Zollgebiets, Art. 135 Abs. 4 UZK

Für Waren, die sich außerhalb des Zollgebiets der Union bei deutschen Zollstellen befinden, bestimmt Art. 135 Abs. 4 UZK deren Gleichstellung mit Waren innerhalb des EU-Zollgebietes (z. B. Deutsches Zollamt Basel). Das hoheitliche deutsche Tätigwerden auf fremdem Territorium beruht auf entsprechenden völkerrechtlichen Abkommen. C2048

h) Besondere Regeln nach Art. 135 Abs. 5 UZK

Art. 135 Abs. 5 UZK sieht vor, dass für bestimmte Verkehrsarten Sonderregelungen möglich sind, sofern hieraus nicht eine Beeinträchtigung der Zollbelange resultiert. Diese Sonderregelungen können sich zum einen aus unionsrechtlichen Vorschriften, aber auch aus nationalen Vorschriften ergeben. C2049

Hinsichtlich der Sonderregelungen ist zu unterscheiden zwischen solchen Regelungen, die

- zu einer vollständigen Befreiung von allen Beförderungspflichten nach Art. 135 Abs. 5 UZK i. V. m. § 5 ZollV führen und solchen, die
- nur zu einer Befreiung von den Verkehrswegen nach § 2 Abs. 5, 6 ZollVG („Zollstraßenzwang", „Zolllandungsplatzzwang", „Zollflugplatzzwang") führen.

BEISPIELE

- Ein deutscher Mountainbiker kehrt von einer Fahrradtour aus der Schweiz nach Deutschland zurück. Bis auf das Fahrrad und die Kleidung (Rückwaren) werden keine Waren verbracht. Hier liegt eine vollständige Befreiung von den Beförderungspflichten nach § 5 (1) Nr. 1 a) bzw. c) ZollV vor.
- Ein aus einem Drittland einfliegendes privates Sportflugzeug landet auf einem nicht bekanntgegebenen Zollflugplatz. Das zuständige Hauptzollamt hat in diesem Fall eine Befreiung vom Zollflugplatzzwang gewährt (§§ 3 Abs. 4, 2 Abs. 3 ZollV). Die beförderten Waren und das Sportflugzeug sind allerdings nicht von allen Beförderungspflichten des Art. 135 Abs. 1 UZK befreit; vielmehr sind die beförderten Waren nach der Landung unverzüglich zu einer zuständigen Zollstelle oder einem bezeichneten oder zugelassenen Ort zu befördern.

Problematisch ist in diesem Kontext, dass § 5 ZollV hinsichtlich der Bezugnahmen noch nicht an die aktuelle Rechtslage angepasst worden ist; es erfolgen noch Bezugnahmen auf den „alten" Zollkodex sowie die „alte" Zollbefreiungsverordnung (Verordnung (EWG) Nr. 918/83), die durch die Verordnung (EG) Nr. 1186/2009 abgelöst wurde.

aa) in Grenzgebieten beförderte Waren

Gemeint ist vor allem der sog. „kleine Grenzverkehr", in zollrechtlicher Hinsicht noch bedeutsam an der deutsch-schweizerischen Grenze (siehe auch § 3 EF-VO). Darunter fallen z. B. Regelungen für „Warenein- und -ausfuhren" der Berufspendler. Daneben sind auch bestimmte Fälle des § 5 ZollV betroffen, z. B. der „grenzdurchschnittene" landwirtschaftliche Betrieb, dessen warenbezogene Bewirtschaftung vereinfacht werden kann (§ 5 Abs. 1 Nr. 1 Buchst. e ZollV). C2050

bb) in Rohrleitungen und Kabeln beförderte Waren

C2051 **BEISPIELE**

- Erdgas in einer Pipeline aus Russland
- Strom in Hochspannungsleitungen aus Osteuropa.

cc) wirtschaftlich unbedeutender Verkehr (Briefsendungen, Reiseverkehr)

C2052 Art. 135 Abs. 5 UZK nennt beispielhaft Briefe, Postkarten, Drucksachen (Briefsendungen nach Art. 1 Nr. 26 UZK-DelVO) oder deren elektronische Entsprechung auf Datenträgern. Eine Einschränkung auf Postsendungen (Art. 1 Nrn. 24, 25 UZK-DelVO), die von der Deutschen Post AG nach den Regelungen des Weltpostvertrages befördert werden, lässt sich dieser Regelung nicht entnehmen. Derartige Sendungen sind gem. § 5 Abs. 1 Nr. 2 ZollV unter Beachtung der dort getroffenen Einschränkungen von der Beförderungspflicht nach Art. 135 Abs. 1 UZK befreit.

Auch für von Reisenden mitgeführte Waren sind prinzipiell Abweichungen nach Art. 135 Abs. 1 i.V.m. Abs. 5 UZK möglich. Den Rahmen hierfür bildet § 5 Abs. 1 Nr. 1 Buchst. a) - c) ZollV.

Hierunter fallen im Wesentlichen Waren zu nichtkommerziellen Zwecke (Art. 1 Nr. 21 Buchst. b) UZK-DelVO) im persönlichen Gepäck (Art. 1 Nr. 5 UZK-DelVO) von Reisenden (Art. 1 Nr. 40 UZK-DelVO), die einfuhrabgabenfrei (z. B. nach der Zollbefreiungsverordnung und der nationalen Einreise – Freimengen – Verordnung (EF-VO)) sind.

BEISPIELE

- Die vom Reisenden mitgeführte Kleidung sowie Toilettengegenstände.
- Im Rahmen einer Reise im Drittland erworbene Geschenke und Reisemitbringsel unter Beachtung der Freimengen.
- Das Mountainbike mit dem der deutsche Reisende von seiner Fahrradtour in der Schweiz in die Union zurückkehrt.

Im Hinblick auf die spätere Überführung dieser Waren in den zollrechtlich freien Verkehr muss in diesen Fällen die ordnungsgemäße Beförderung i. S. d. Art. 135 Abs. 1 UZK fingiert werden; eine derartige Fiktion enthält Art. 218 Buchst. a) UZK-DVO.

Sofern die Voraussetzungen (Waren zu nichtkommerziellen Zwecken, im persönlichen Gepäck von Reisenden, Einfuhrabgabenfreiheit) vorliegen, werden von der Sonderregelung auch die Fälle erfasst, in denen Waren zielgerichtet im Rahmen einer sog. „Einkaufsfahrt" im Drittland erworben werden und anschließend in die Union verbracht werden.

i) Ausnahmeregelungen, Art. 135 Abs. 6 UZK

C2053 Die Pflichten aus Art. 135 Abs. 1 UZK gelten nicht für Waren, die sich in Schiffen oder Luftfahrzeugen befinden, die die Lufträume oder Küstenmeere der Mitgliedstaaten durchqueren, ohne dort zu landen (Art. 135 Abs. 6 UZK). Weil sowohl der Luftraum, als auch die Küstenmeere der Mitgliedstaaten zum Zollgebiet gehören, liegt zwar ein Verbringen vor; aber abgesehen von der allgemeinen zollamtlichen Überwachung, die immer besteht, sind keine besonderen Pflichten zu erfüllen.

BEISPIELE

- Ein Flugzeug durchquert nonstop – von Boston (USA) kommend – das Zollgebiet der Union auf dem Flug nach Moskau (Russland).
- Ein Schiff aus Oslo (Norwegen) durchquert nonstop das Zollgebiet der Union auf der Fahrt nach St. Petersburg (Russland).

j) Besondere Umstände, Art. 137 UZK

Art. 137 UZK regelt Ausnahmen vom Grundsatz des Art. 135 Abs. 1 UZK bei Vorliegen unvorhersehbarer Ereignisse bzw. höherer Gewalt. C2054

BEISPIELE

- Die Beförderung muss infolge eines unvermutet zwischen Verbringungsort und Zollamt eingetretenen Motorschadens unterbrochen werden. Unmittelbar nach Behebung des Schadens werden die Waren gestellt.
- Die Zollstraße ist durch einen Bergrutsch verlegt.
- Ein die Union überfliegendes Kleinflugzeug muss infolge eines Triebwerkschadens auf einem nicht zugelassenen Zollflugplatz notlanden.

In diesen Fällen ist die zuständige Zollbehörde unverzüglich über den Vorfall zu unterrichten.

k) Zollschuld im Falle von Verstößen

Verstöße gegen die „Beförderungspflichten" des Art. 135 UZK führen regelmäßig zur Entstehung einer Einfuhrzollschuld nach Art. 79 Abs. 1 Buchst. a) UZK, da eine in den zollrechtlichen Vorschriften festgelegte Verpflichtung in Bezug auf das Verbringen von Nicht-Unionswaren in das Zollgebiet der Union nicht erfüllt worden ist (Einzelheiten zur Zollschuld siehe Kap. E. I. „Zollschuld"). C2055

(Einstweilen frei) C2056–C2060

5. Gestellung, Entladung und Beschau der Waren, Art. 139–143 UZK

Die Bestimmungen über die Gestellung der Waren (Art. 139 – 143, Art. 5 Nr. 33 ZK) stellen nach der summarischen Eingangsanmeldung und der Ankunftsmeldung die nächste Station im Prozess des Verbringens von Waren in das Zollgebiet dar. Während die Bestimmungen des Art. 135 UZK vorrangig ordnenden Charakter haben, erhält die Zollstelle durch die Gestellung zum ersten Mal die Möglichkeit, die Ware in verschiedener Hinsicht zu erfassen und konkrete Zollkontrollen vorzunehmen. C2061

a) Gestellungsverpflichtung

Aus Art. 139 Abs. 1 UZK ergibt sich die Verpflichtung, Waren, die in das Zollgebiet verbracht worden sind, unverzüglich zu gestellen. C2062

Zu beachten ist, dass die Gestellungspflicht an einer Bestimmungszollstelle im Binnenland, bei der Waren im Anschluss an ein Versandverfahren gestellt werden, nicht aus Art. 139 UZK abgeleitet werden kann. Hier gelten vielmehr die spezialgesetzlichen Vorschriften des Versandverfahrens, wie z. B. Art. 226 Abs. 3 Buchst. a) UZK i.V. m. Art. 306 Abs. 1 UZK-DelVO bei einer Beförderung im externen Unionsversand.

b) Begriffsbestimmung

C2063 Gestellung ist die Mitteilung, dass sich Waren bei der zuständigen Zollstelle oder einem anderen bezeichneten oder zugelassenen Ort befinden (Art. 5 Nr. 33 UZK). Die Gestellungsmitteilung ist der zuständigen Zollstelle in Deutschland aufgrund der Vorgaben des Art. 6 UZK nach amtlich vorgeschriebenem Datensatz elektronisch im IT-Verfahren ATLAS zu übermitteln. Die entsprechenden Datenanforderungen ergeben sich nach Art. 2 Abs. 2 UZK-DelVO aus Anhang B Spalte G3 UZK-DelVO. Nach Art. 139 Abs. 4 UZK ist dabei grds. auf die Hauptbezugsnummer (MRN) der ggf. vorher abgegebenen summarischen Eingangsanmeldung zu verweisen.

BEISPIEL

Die Spedition Müller importiert laufend Wodka aus Russland. Die Gestellungsmitteilung wird in elektronischer Form im IT-System ATLAS übermittelt. Der Datensatz erhält in Deutschland eine AT B 15 - Registriernummer. Auf die MRN der summarischen Eingangsanmeldung ist in der Gestellungsmitteilung zu referenzieren.

Die Zollbehörden können nach Art. 190 UZK-DVO zulassen, dass für die Gestellung Hafen- oder Flughafensysteme oder andere verfügbare Methoden der Informationsübermittlung verwendet werden.

c) Gestellungspflichtiger

C2064 Der zur Gestellung verpflichtete Personenkreis ergibt sich aus Art. 139 Abs. 1 UZK. Alternativ kommen die unter den Buchstaben a) bis c) genannten Personen in Betracht. Das ist nach

Buchst. a) die natürliche Person, die die Waren in das Zollgebiet verbracht hat (s. Rdnr. C2003, 2042),

BEISPIEL

- Der bei der Spedition S-GmbH beschäftigte LKW-Fahrer F ist als Verbringer zur Gestellung der von ihm in das Zollgebiet verbrachten Waren verpflichtet.
- Da der LKW-Fahrer F allerdings nicht über die Möglichkeit verfügt, die für die Gestellung der Waren erforderlichen Daten elektronisch an die Zollstelle zu übermitteln, ist in diesem Fall auch die Spedition S als Verbringer anzusehen, da sie die Datenhoheit über die zu übermittelnden Daten hat (DV VSF Z0901 Abs. 340).

Buchst. b) die Person, in deren Namen oder in deren Auftrag der Verbringer handelt.

BEISPIEL

Die Spedition S, in deren Auftrag der LKW-Fahrer gehandelt hat, ist ebenfalls zur Gestellung verpflichtet.

Buchst. c) die Person, die die Verantwortung für die Beförderung der Waren nach dem Verbringen in das Zollgebiet übernommen hat (s. Art. 135 Abs. 3 UZK).

BEISPIELE

- Unmittelbar nach Übertritt der Grenze des Zollgebiets, noch vor Erreichen der ersten an der Zollstraße gelegenen Zollstelle, findet ein Fahrerwechsel statt. Der Übernehmer der Waren hat nunmehr die Verpflichtungen nach Art. 135 Abs. 1 UZK (s. o. Rdnr. C2047) und ist dementsprechend auch zur Gestellung verpflichtet.
- Im Seeverkehr beförderte Container werden nach Abladen vom Schiff durch den Betreiber des Containerterminals im deutschen Seehafen, der die Verantwortung für diese Waren von der Reederei übernommen hat, gestellt.

d) Ort der Gestellung

Die in der Gestellungsmitteilung bezeichneten Waren müssen sich entweder am Amts- C2065
platz der Zollstelle (§§ 4 Abs. 1, 18 ZollVG) oder einem anderen von den Zollbehörden „bezeichneten oder zugelassenen Ort" befinden. Die Zulassung eines anderen Gestellungsortes kann unter den Voraussetzungen des Art. 115 Abs. 1 UZK-DelVO erfolgen. In Sonderfällen kann die Gestellung auch an von den Zollbehörden „bezeichneten" Orten, die nicht nach Art. 115 UZK-DelVO zugelassen sind, erfolgen.

BEISPIELE

- Im Seeverkehr beförderte Container mit Nicht- Unionswaren müssen nach Abladen vom Schiff nicht am Amtsplatz der ersten Eingangszollstelle gestellt werden, sofern das Gelände des Containerterminals als Gestellungsort nach Art. 115 UZK-DelVO zugelassen ist.
- Der Amtsplatz der ersten Eingangszollstelle an der deutsch- schweizerischen Grenze ist aufgrund von Bauarbeiten vorübergehend für größere LKW nur eingeschränkt zu nutzen. Daher kann das Zollamt z. B. einen nahegelegenen Autobahnparkplatz als Gestellungsort bezeichnen.

e) Besondere Regelungen

Grundsätzlich ist eine zollrechtliche Behandlung der Ware ohne Gestellung nicht mög- C2066
lich. Die zöllnerische Tätigkeit beruht im Wesentlichen auf der konkreten Auseinandersetzung mit der Ware. In bestimmten Ausnahmefällen, in denen die zollamtliche Überwachung auch anders gesichert erscheint, finden ggf. Sonderregelung Anwendung, die zur Verfahrensvereinfachung beitragen und ggf. den Ablauf beschleunigen sollen.

aa) Fälle nach Art. 139 Abs. 6 UZK

Unter den Voraussetzungen des Art. 139 Abs. 6 UZK kommen Sonderregelungen in Be- C2067
zug auf die Gestellungspflicht in Betracht, sofern die zollamtliche Überwachung sowie die Möglichkeiten einer Zollkontrolle nicht beeinträchtigt werden. Art. 139 Abs. 6 UZK knüpft dabei an die Sonderregelungen bzgl. der „Beförderungspflichten" nach Art. 135 Abs. 5 UZK an, siehe Rdnr. C2049–C2052.

BEISPIELE

- An der deutsch-schweizerischen Grenze befinden sich auf Schweizer Seite eine Kiesgrube und auf deutscher Seite ein Betonwerk. Für eine Kieseinfuhr mit Gestellung nach Benutzung der Zollstraße müssten kostenintensive Umwege in Kauf genommen werden. Beide Betriebe sind durch eine kurze befestigte Straße miteinander verbunden.
- Der deutsche Radwanderer überquert bei seiner Rückkehr nach Deutschland die deutsch-schweizerische Grenze auf einem Waldweg.
- Der Schweizer Radwanderer reist über einen Feldweg nach Deutschland ein.
- Per Post werden aus den USA Briefe privaten Inhalts eingeführt.

In den obigen Fällen kann die Zollanmeldung zur Überlassung zum zollrechtlich freien Verkehr grds. durch Vornahme einer besonderen Handlung, z. B. durch das einfache Überschreiten der Grenze des Zollgebiets, fernab einer Zollstraße, abgegeben werden (Art. 141 UZK-DelVO). Ebenso wie die Gestellung wird in diesen Fällen auch die Annahme der Zollanmeldung fingiert (Art. 218 Buchst. a) und c) UZK-DVO). Einzelheiten zur Zollanmeldung s. Kapitel D III. 1. „Zollanmeldung".

bb) Gestellungsbefreiung nach Art. 182 Abs. 3 UZK

C2068 Die zollrechtlichen Vorschriften sehen eine Befreiung von der Gestellungspflicht nur im Falle des Art. 182 Abs. 3 UZK vor. Nach Art. 182 Abs. 1 UZK besteht die Möglichkeit, dass die Zollanmeldung zur Überführung in ein Zollverfahren vereinfacht durch eine Anschreibung in der Buchführung des Anmelders abgegeben werden kann. Im Rahmen dieser Vereinfachung kann unter den Voraussetzungen des Art. 182 Abs. 3 UZK auch eine Befreiung von der Gestellungspflicht bewilligt werden; Einzelheiten hierzu siehe Kapitel D II. 2. c) dd) „Kombination mit Anschreibung in der Buchführung".

f) Entfernung vom Gestellungsort, Art. 139 Abs. 7 UZK; Entladung und Beschau, Art. 140 UZK

C2069 Nach Art. 139 Abs. 7 UZK dürfen die gestellten Waren nur mit Zustimmung der Zollbehörden vom Gestellungsort entfernt werden.

Nach Art. 140 Abs. 1 UZK dürfen die gestellten Waren grds. nur mit Bewilligung der Zollbehörde vom Beförderungsmittel ab- oder umgeladen werden. Die Zollbehörden haben das Recht, Waren abladen und auspacken zu lassen, Art. 140 Abs. 2 UZK.

Sind Waren gestellt worden, so ergibt sich für den Beteiligten häufig das Erfordernis einer Prüfung im Hinblick auf die Wahl des Zollverfahrens, dem die Waren zugeführt werden sollen (Art. 150 UZK). Sofern die Zollbehörde zustimmt, kann der Besitzer von Waren unter zollamtlicher Überwachung jederzeit eine „Beschau" der Waren vornehmen und ggf. zur Ermittlung der stofflichen Beschaffenheit auch Muster und Proben entnehmen, Art. 134 Abs. 2 UZK. Auch für die entnommenen Muster oder Proben ist später eine Zollanmeldung abzugeben, damit diese in ein Zollverfahren überführt werden können. Ggf. dürfen die gestellten Waren nach Art. 139 Abs. 7 UZK mit Zustimmung des Zolls vom Ort der Gestellung entfernt werden.

BEISPIEL

Der Warenempfänger möchte gestellte Stahlbleche im betriebseigenen Labor auf ihre chemische Zusammensetzung hin untersuchen lassen; hierzu ist es erforderlich, dass ein Blech als Probe vom LKW abgeladen wird und vom Amtsplatz zum Betrieb befördert wird.

Die spätere Probeentnahme im Rahmen der Überprüfung der Zollanmeldung durch die Zollbehörde (Art. 188 Buchst. d), 189 UZK) wird hierdurch grds. nicht berührt.

Die Beschau durch den Besitzer ist grundsätzlich nach Anweisung durch die Zollstelle vorzunehmen und von ihr zu kontrollieren.

g) Zollkontrollen

Nach Art. 46 Abs. 1 UZK i.V.m. Art. 140 Abs. 2 UZK können die Zollbehörden zur Über- C2070
prüfung, ob die Gestellungsmitteilung richtig und vollständig abgegeben worden ist, eine Zollkontrolle durchführen. Die Zollkontrolle ist in diesem Stadium der Zollabfertigung, nicht auf die konkrete Menge und Beschaffenheit der Waren gerichtet. Diese Feststellungen bleiben der Zollbeschau nach Art. 188 – 190 UZK vorbehalten, die ggf. später zur Überprüfung der angenommenen Zollanmeldung durchgeführt wird.

Konkretisierende Regelungen zur Zollkontrolle in diesem Stadium der Zollabfertigung hat der nationale Gesetzgeber in § 10 Abs. 3a ZollVG getroffen. Im Rahmen der Erfassung des Warenverkehrs kann danach durch die sog. „Überholung" am Ort der Gestellung geprüft werden, ob Nicht- Unionswaren eingeführt worden sind oder ob der Gestellungspflicht vollständig genügt worden ist.

Die Kontrollmaßnahme zur Überprüfung der ordnungsgemäßen Gestellung ist eine belastende Entscheidung nach Art. 5 Nr. 39 UZK und steht im Ermessen der Zollstelle.

BEISPIEL

Aufgrund eines Schmuggelhinweises wird das Fahrzeug durch die Röntgenanlage beim HZA Hamburg-Hafen geleitet.

Wesentliche Bedeutung hat die „Überholung" zur Feststellung der vollständigen Gestellung der Waren. Das ist unproblematisch, soweit es sich um Waren und Packstücke auf Lkw-Ladeflächen und in Pkw-Kofferräumen handelt. Die „Überholung" zielt in diesem Stadium des Abfertigungsverfahrens letztlich darauf ab, Nicht- Unionswaren zu entdecken, die von der abgegebenen Gestellungsmitteilung nicht erfasst werden und zu diesem Zweck mit mehr oder weniger großem Aufwand in Beförderungsmitteln oder Packstücken versteckt oder durch Anbringen besonderer Vorrichtungen verheimlicht worden sind. Damit dient die Kontrolle insbesondere der Bekämpfung von Einfuhrschmuggel (Steuerhinterziehung, § 370 AO) und Bannbruch (Verstoß gegen Verbote und Beschränkungen, § 372 AO).

Konkret können im Rahmen dieser Zollkontrolle nach pflichtgemäßem Ermessen Fahrzeuge demontiert, Packstücke auseinandergenommen und lose mitgeführte Kleidungsstücke untersucht werden (vgl. Art. 140 Abs. 2 UZK).

Bei der Entschließung zur Kontrolle der Gestellungsmitteilung ist ein verhältnismäßig weiter Ermessensspielraum gegeben, wodurch auch Routinekontrollen möglich werden

(z. B. jeder 50. Pkw wird überholt zur Eindämmung des Rauschgift-Kleinschmuggels). Bei der Überholung von Caravans ist der Kernbereich das Grundrecht der Unverletzlichkeit der Wohnung, Art. 13 GG, zu berücksichtigen (siehe aber § 10 Abs. 5 ZollVG, Rdnr. C2030).

Die Kontrolle ist vom Gestellungspflichtigen nicht nur zu dulden, es besteht auch die Pflicht zur zumutbaren Hilfeleistung (§ 10 Abs. 3a ZollVG). Gegebenenfalls wird die Kontrolle gegen Kosten erzwungen:

BEISPIEL

Der Gestellungspflichtige weigert sich, den verschlossenen Kofferraum seines Pkw zu öffnen. Ein Kfz-Mechaniker wird auf Kosten des Hilfspflichtigen hinzugezogen.

h) Zollschuld im Falle von Verstößen

C2071 Ebenso wie Verstöße gegen die „Beförderungspflichten“ nach Art. 135 Abs. 1 UZK (s. Rdnr. C2041), können auch Verstöße gegen die Gestellungsverpflichtung des Art. 139 Abs. 1 UZK zu einer Zollschuldentstehung nach Art. 79 Abs. 1 Buchst. a) UZK führen, da eine zollrechtliche Verpflichtung in Bezug auf das Verbringen von Nicht-Unionswaren in das Zollgebiet nicht erfüllt worden ist (Einzelheiten hierzu siehe Kap. E. I. „Zollschuld“).

C2072–C2080 *(Einstweilen frei)*

III. Vorübergehende Verwahrung, Art. 144–152 UZK

C3000 Vom Zeitpunkt der Gestellung bis zur zollamtlichen Überlassung zum beantragten Zollverfahren befinden sich die Nicht- Unionswaren im Stadium der vorübergehenden Verwahrung, Art. 144, Art. 5 Nr. 17 UZK. Dabei ist Folgendes zu beachten:

Hinsichtlich der Waren, die sich in vorübergehender Verwahrung befinden, sind besondere Pflichten und Förmlichkeiten zu beachten, die sich insbesondere aus den Art. 147, 148, 149 UZK i. V. m. Art. 115 – 118 UZK-DelVO und Art. 190 – 192 UZK-DVO ergeben.

Diese Pflichten obliegen entweder dem Bewilligungsinhaber des Verwahrungslagers nach Art. 148 UZK (s. Rdnr. C3007) oder in anderen Fällen demjenigen, in dessen Besitz sich die vorübergehend verwahrten Waren befinden, s. Rdnr. C3010.

1. Beginn der vorübergehenden Verwahrung

C3001 Das vorübergehende Lagern von Nicht- Unionswaren unter zollamtlicher Überwachung im Zeitraum zwischen ihrer Gestellung und ihrer Überführung in eine Zollverfahren oder ihrer Wiederausfuhr wird als „vorübergehende Verwahrung“ bezeichnet (Art. 5 Nr. 17 UZK). Die „vorübergehende Verwahrung“ beginnt nach Art. 144 UZK mit der Gestellung (Art. 139 UZK) und endet mit der Überlassung zu einem Zollverfahren nach Art. 194 UZK.

Auf Unionswaren, die z. B. im Rahmen des internen Versandverfahrens in das Zollgebiet verbracht worden sind, finden die Vorschriften über die vorübergehende Verwahrung keine Anwendung, da sich Art. 144 UZK ausdrücklich nur auf Nicht – Unionswaren bezieht.

BEISPIEL

Unionswaren werden im Rahmen eines internen Unionsversandverfahrens nach Art. 227 Abs. 1 UZK von Italien über die Schweiz nach Deutschland befördert und an der Bestimmungszollstelle in Deutschland ordnungsgemäß gestellt. Hier schließt sich an die Gestellung zur Beendigung des Versandverfahrens für die Unionswaren keine vorübergehende Verwahrung an.

2. Anmeldung zur vorübergehenden Verwahrung

Gem. Art. 145 Abs. 1 und Abs. 3 UZK muss **spätestens im Zeitpunkt der Gestellung** eine Anmeldung zur vorübergehenden Verwahrung (Art. 5 Nr. 11 UZK) vorliegen, die grds. mittels Angabe einer MRN auf eine summarische Eingangsanmeldung referenziert (Art. 145 Abs. 4 UZK). Das bedeutet, dass die Anmeldung zur vorübergehenden Verwahrung regelmäßig vor der Gestellung der Waren abzugeben ist; letztmöglicher Zeitpunkt für die Abgabe der Anmeldung zur vorübergehenden Verwahrung wäre eine Abgabe im Zeitpunkt der Gestellung. C3002

aa) Form der Anmeldung zur vorübergehenden Verwahrung

Nach Art. 5 Nr. 11 UZK ist die Anmeldung zur vorübergehenden Verwahrung in der vorgeschriebenen Art und Weise abzugeben; aufgrund der Verpflichtung des Art. 6 UZK in jedem Fall in elektronischer Form. In Deutschland ist für die Anmeldung zur vorübergehenden Verwahrung das IT-Verfahren ATLAS zu verwenden; Anmeldungen zur vorübergehenden Verwahrung werden im ATLAS-System unter einer AT B 15 – Registriernummer erfasst und gespeichert. Die entsprechenden Datenanforderungen ergeben sich nach Art. 2 Abs. 2 UZK-DelVO aus Anhang B Spalte G4 UZK-DelVO. C3003

Art. 145 Abs. 5 UZK eröffnet den Zollbehörden grundsätzlich die Möglichkeit, Vereinfachungen bei der Abgabe der Anmeldung zur vorübergehenden Verwahrung zuzulassen. So kann die Anmeldung zur vorübergehenden Verwahrung nach Art. 145 Abs. 5 Buchst. a) UZK entweder durch eine Bezugnahme auf die Hauptbezugsnummer (MRN) der summarischen Eingangsanmeldung zuzüglich ergänzender Angaben erfolgen oder nach Art. 145 Abs. 5 Buchst. b) UZK in Form eines Beförderungsdokuments einschließlich einer Bezugnahme auf die summarische Eingangsanmeldung. Von diesen Vereinfachungen wird in Deutschland zurzeit allerdings kein Gebrauch gemacht.

bb) „qualifizierte Gestellungsmitteilung"

Darüber hinaus eröffnet Art. 145 Abs. 8 UZK die Möglichkeit zur Nutzung von „Synergieeffekten" bei der Abgabe der Anmeldung zur vorübergehenden Verwahrung: C3004

Nach Art. 145 Abs. 8 Buchst. a) UZK kann die Anmeldung zur vorübergehenden Verwahrung im Luft- und Seeverkehr als Ankunftsmeldung nach Art. 133 UZK verwendet werden, siehe Rdnr. C2010.

Nach Art. 145 Abs. 8 Buchst. b) UZK kann die Anmeldung zur vorübergehenden Verwahrung darüber hinaus die Funktion einer Gestellungsmitteilung (Art. 139 UZK) übernehmen. Die Anmeldung zur vorübergehenden Verwahrung ist daher gleichzeitig Gestellungsmitteilung nach Art. 5 Nr. 33 UZK (siehe hierzu auch Dienstvorschrift VSF Z 0601 (401)); der Inhalt der Gestellungsmitteilung ist in diesen Fällen deckungsgleich mit dem Inhalt der Anmeldung zur vorübergehenden Verwahrung. Diese Verfahrensweise ist in Deutschland der Standard.

Man spricht in diesem Fall von der sog. „qualifizierten Gestellungsmitteilung"; die Datenanforderungen an eine Gestellungsmitteilung sind im Vergleich zur Anmeldung zur vorübergehenden Verwahrung gering. So sind z. B. in einer Gestellungsmitteilung weder Angaben zur Warenart oder Warenbeschaffenheit noch zur Packstückzahl oder zur Eigen- oder Rohmasse erforderlich (vgl. Datenanforderungstabelle Anhang B des UZK-DelVO Spalten G3 und G4).

BEISPIEL

Vor Ankunft eines Lkw aus der Schweiz wird mittels ATLAS an die zuständige deutsche Eingangszollstelle (Zollamt Weil am Rhein-Autobahn) eine Anmeldung zur vorübergehenden Verwahrung übermittelt. Die Anmeldung zur vorübergehenden Verwahrung dient in diesem Fall als Gestellungsmitteilung (Art. 145 Abs. 8 Buchst. b) UZK).

Sofern die Zollanmeldung (Art. 5 Nr. 12 UZK) vor der Gestellung abgegeben wird (Art. 171 UZK), kann die Zollanmeldung nach Art. 192 UZK-DVO als Anmeldung zur vorübergehenden Verwahrung behandelt werden. Voraussetzung ist allerdings, dass entsprechende elektronische System zur Verfügung stehen, die derartige Vereinfachungen zulassen.

BEISPIEL

Unmittelbar bei Ankunft eines Schiffes aus den USA wird eine Zollanmeldung mittels ATLAS an die zuständige Eingangszollstelle (Zollamt Hamburg-Hafen) übermittelt. Die Zollanmeldung dient in diesem Fall als Anmeldung zur vorübergehenden Verwahrung (Art. 192 UZK-DVO), zudem als Ankunftsmeldung (Art. 145 Abs. 8 Buchst. a) UZK) und zugleich als Gestellungsmitteilung (Art. 145 Abs. 8 Buchst. b) UZK).

cc) Änderung bzw. Ungültigerklärung der Anmeldung zur vorübergehenden Verwahrung Art. 146 UZK

C3005 Auf Antrag des Anmelders kann eine Änderung bzw. Ungültigerklärung einer Anmeldung zur vorübergehenden Verwahrung im Rahmen des Art. 146 UZK bewilligt werden.

BEISPIELE

Der Anmelder hat in der Anmeldung zur vorübergehenden Verwahrung aufgrund eines Arbeitsfehlers versehentlich eine falsche Gewichtsangabe angemeldet. Auf Antrag des Anmelders kann die fehlerhafte Angabe berichtigt werden.

Die Zollbehörden haben eine Beschau der gestellten Sendung angeordnet; eine Änderung der Anmeldung zur vorübergehenden Verwahrung ist aufgrund der Einschränkung nach Art. 146 Abs. 1 Buchst. a) UZK nicht mehr möglich.

dd) Zollschuld bei unzutreffender Anmeldung zur vorübergehenden Verwahrung

Wird in der Anmeldung zur vorübergehenden Verwahrung, die, wie oben dargestellt, C3006
regelmäßig identisch mit der Gestellungsmitteilung ist, die Ware im Kern nicht richtig angemeldet, d. h., es wird eine andere Ware als die tatsächlich am Ort der Gestellung vorhandene Ware angemeldet (das ist die sog. aliud-Ware; Aliud ist der lateinische Ausdruck für „etwas anderes"), so entsteht grds. eine Zollschuld nach Art. 79 Abs. 1 Buchst. a) UZK. Es liegt ein Verstoß gegen Art. 139 Abs. 1, 5 Nr. 33 UZK vor und damit wurde eine der Verpflichtungen in Bezug auf das Verbringen von Nicht- Unionswaren in das Zollgebiet nicht erfüllt (s. EuGH-Urteil v. 3.3.2005 - C-195/03, Papismedov). Zur Situation nach Versand s. Rdnr. C 4005.

Gleiches gilt, wenn Waren in der Anmeldung zur vorübergehenden Verwahrung entweder überhaupt nicht angemeldet werden oder mit einer zu geringen Warenmenge.

BEISPIELE

- In der Anmeldung zur vorübergehenden Verwahrung werden „Kfz-Teile" statt „Elektromotoren für Scheibenwischer" angemeldet. Hier liegt keine „aliud"- Bezeichnung vor, da die Ware im Kern noch als richtig angemeldet betrachtet werden kann.
- Es werden in der Anmeldung zur vorübergehenden Verwahrung „Sportschuhe" angemeldet; tatsächlich befinden sich im Container „Computerteile". In diesem Fall ist die Ware falsch angemeldet.
- In der Anmeldung zur vorübergehenden Verwahrung werden „5 Tonnen Tomaten" angemeldet; tatsächlich befinden sich auf dem Beförderungsmittel „6 Tonnen Tomaten". Für eine Tonne Tomaten wurde damit keine Anmeldung zur vorübergehenden Verwahrung abgegeben; damit wurde diese eine Tonne auch nicht gestellt.

Zur Zollschuldentstehung in diesen Fällen s. Rdnr. E1065 - 1068.

3. Verwahrungslager

Regelmäßig werden die Waren im Anschluss an die Gestellung physisch nicht bei der C3007
Zollstelle gelagert. Nur wenige Zollstellen verfügen über ausreichende Lagerkapazitäten, in denen größere Warenmengen gelagert werden können. Zudem erfordern viele Waren besondere Lagerbedingungen, für die eine Lagerung am Zollamt nicht in Betracht kommt, z. B. Kühlhauslagerung. Viele Waren bedürfen auch einer bestimmten Pflege während der Lagerung, die von den Zollbehörden nicht garantiert werden kann. Waren in vorübergehender Verwahrung sollen grundsätzlich in Verwahrungslagern (Art. 148 UZK) gelagert werden (Art. 147 Abs. 1 UZK). Der Betrieb eines Verwahrungslagers bedarf einer zollamtlichen Bewilligung (Art. 148 Abs. 1 UZK).

aa) Beantragung des Verwahrungslagers

Die Bewilligung eines Verwahrungslagers muss bei dem Hauptzollamt beantragt wer- C3008
den, in dessen Bezirk die Hauptbuchhaltung für Zollzwecke des Antragstellers geführt wird (Art. 22 Abs. 1 UZK, § 24 ZollV). Hierzu stellt die deutsche Zollverwaltung im Internetportal den Vordruck 0392 „Antrag auf Erteilung der Bewilligung für den Betrieb von Verwahrungslagern" zur Verfügung. Eine elektronische Antragstellung ist bis zur vollständigen Inbetriebnahme des EU-Zollentscheidungssystems vorerst nicht möglich.

Ein Verwahrungslager kann mehrere Lagerstätten (Verwahrungsorte) umfassen (vgl. Art. 148 Abs. 5 UZK). Die Zulassung verschiedener Lagerstätten ist vom Bewilligungsinhaber mittels Vordruck 0394 „Antrag auf Zulassung von Verwahrungsorten" bei dem Zollamt zu stellen, in dessen Bezirk sich die Lagerstätte befindet; im Antrag ist die Bewilligungsnummer des Verwahrungslagers anzugeben. In der ATLAS-Anwendung „SumA-spezifische Stammdaten" werden die zugelassenen Verwahrungsorte von der Zahlstelle erfasst.

Die Bewilligungsvoraussetzungen ergeben sich aus Art. 148 Abs. 2 – 6 UZK; teilweise wird auf die Bewilligungsvoraussetzungen des zugelassenen Wirtschaftsbeteiligten nach Art. 39 UZK referenziert (s. Rdnr. B3007 – B 3064):

- der Antragsteller muss in der Union ansässig sein (Art. 148 Abs. 2 Buchst. a), Art. 5 Nr. 31 UZK),
- der Wirtschaftsbeteiligte muss die Gewähr für die ordnungsgemäße Lagerung bieten (Art. 148 Abs. 2 Buchst. b) UZK),
- eine Sicherheit ist zu leisten (Art. 148 Abs. 2 Buchst. c) UZK).
- der mit der zollamtlichen Überwachung des Verwahrungslagers verbundene Verwaltungsaufwand darf nicht in einem Missverhältnis zum Nutzen für den Beteiligten stehen (Art. 148 Abs. 3 UZK),
- der Bewilligungsinhaber muss geeignete Aufzeichnungen entsprechend Art. 148 Abs. 4 UZK i. V. m. Art. 116 UZK-DelVO führen,
- die „zolltechnische Durchführbarkeit" muss gegeben sein, d. h., dass die zollamtliche Überwachung der vorübergehenden Verwahrung nicht beeinträchtigt werden darf. So kann das Verwahrungslager bei konkretem wirtschaftlichem Bedürfnis (z. B. ökonomische Nutzung des Verwahrungslagers bei limitierten Lagerkapazitäten) auf Antrag (Art. 148 Abs. 6 UZK) auch für die Lagerung von Unionswaren genutzt werden. Anhand der Aufzeichnungen nach Art. 148 Abs. 4 UZK muss allerdings eine zollamtliche Überwachung der Warenbewegungen und des Lagerbestandes möglich sein. Die im Verwahrungslager lagernden Unionswaren werden nicht als Waren in der vorübergehenden Verwahrung betrachtet (Art. 148 Abs. 6 UZK).
- Das Verwahrungslager darf in keinem Fall für Einzelverkaufszwecke verwendet werden (Art. 117 Buchst. a) UZK-DelVO).

Damit müssen bei der Bewilligung eines Verwahrungslagers de facto die Bewilligungsvoraussetzungen für den AEO-C erfüllt sein; der AEO-C setzt damit Standards für die Bewilligung eines Verwahrungslagers.

bb) Sicherheitsleistung

C3009 Da im Verwahrungslager unverzollte Waren lagern, lässt sich die Zollverwaltung das Risiko eines möglichen Einfuhrabgabenausfalls, z. B. durch Diebstahl aus dem Verwahrungslager, durch eine Sicherheitsleistung absichern. Die Einzelheiten der Sicherheitsleistung finden sich in Art. 89 ff. UZK. Das Zollrecht unterscheidet dabei zwischen Sicherheitsleistungen für „möglicherweise entstehende Zollschulden" sowie für bereits „entstandene Zollschulden". Da im Zeitpunkt der Einlagerung der Nicht-Unionswaren in das Verwahrungslager noch keine Zollschuld entstanden ist, geht es hier um die Abgabensicherung für „möglicherweise entstehende Zollschulden".

Das Zollrecht differenziert im Bereich der Sicherheitsleistung zwischen der „Einzelsicherheit" und der „Gesamtsicherheit". Durch eine Einzelsicherheit wird grundsätzlich nur die Abgabenlast für einen Vorgang abgesichert.

BEISPIEL

Am 10.4. wird eine Sendung mit Kfz-Teilen aus den USA in das Verwahrungslager aufgenommen; die auf den Geräten lastende Abgabenbelastung beträgt 10.000 €. Im Falle einer Einzelsicherheit muss dieser Betrag durch die Sicherheit abgedeckt werden.

Am 11.4. wird eine weitere Sendung mit einer möglichen Abgabenbelastung von 15.000 € in das Verwahrungslager aufgenommen. Dementsprechend müsste eine weitere Einzelsicherheit i. H. v. 15.000 € geleistet werden.

Eine derartige Verfahrensweise mit immer neuen Einzelsicherheiten wäre sowohl für den Wirtschaftsbeteiligten als auch für die Zollverwaltung nicht praktikabel. Daher wird in der Praxis grundsätzlich mit der „Gesamtsicherheit" gearbeitet.

Eine Gesamtsicherheit dient der Sicherung der Zollschuld für zwei oder mehrere Vorgänge.

Ebenso wie die Bewilligung eines Verwahrungslagers muss die Leistung einer Gesamtsicherheit schriftlich beantragt werden (Vordruck 0597). Im Bewilligungsantrag sind insbesondere die folgenden Angaben erforderlich, auf deren Basis der sog. „Referenzbetrag" ermittelt wird:

- die Zahl der Einfuhrsendungen in den letzten 12 Monaten,
- die durchschnittliche Lagerdauer,
- den im letzten Zwölfmonatszeitraum anzuwendenden Höchstbetrag der Zölle sowie
- die Art der Sicherheitsleistung (regelmäßig die Verpflichtungserklärung eines Bürgen).

In Höhe des ermittelten Referenzbetrages ist dann grds. Sicherheit zu leisten. Die Zollstelle der Sicherheitsleistung prüft den Referenzbetrag von sich aus oder auf Antrag der Person, die zur Leistung der Sicherheit verpflichtet ist, und passt diesen ggf. an (Art. 155 Abs. 5 UZK-DVO).

Unter den Voraussetzungen des Art. 95 Abs. 2 UZK i. V. m. Art. 39 Buchst. b) und c) UZK kommt ggf. auch eine Reduzierung der Sicherheit auf 50 % bzw. 30 % oder eine Befreiung von der Sicherheitsleistung in Betracht. Einzelheiten hierzu s. Rdnr. E1278 – 1280.

Für die Einfuhrumsatzsteuer kann auf die Leistung einer Sicherheit nach Art. 89 Abs. 2 letzter Satz UZK i. V. m. § 21 Abs. 3 UStG i. V. m. DV VSF Z 8101 Abs. 13 unter der Voraussetzung verzichtet werden, dass diese als Vorsteuer abgezogen werden kann.

cc) Bewilligung des Verwahrungslagers

Sofern alle Voraussetzungen für die Bewilligungserteilung vorliegen, wird diese vom Hauptzollamt auf dem Vordruck 0598 „Bewilligung einer Gesamtsicherheit einschließlich einer möglichen Verringerung oder Befreiung" erteilt.

Nach Art. 23 Abs. 2 UZK hat der Bewilligungsinhaber die Verpflichtung, die Zollbehörden unverzüglich über alle nach dem Erlass der Entscheidung eintretenden Ereignisse, die Auswirkungen auf die Aufrechterhaltung der Bewilligung oder ihren Inhalt haben könnten (z. B. die Zahl der Einfuhrsendungen oder die Lagerdauer), zu unterrichten.

dd) andere von den Zollbehörden bezeichnete oder zugelassene Lagerorte

C3010 Unter der Voraussetzung, dass gestellte Waren spätestens am Tag nach ihrer Gestellung zu einem Zollverfahren angemeldet werden, sieht Art. 115 Abs. 2 UZK-DelVO prinzipiell die Möglichkeit vor, dass abweichend von Art. 148 UZK, die Waren nicht in einem bewilligten Verwahrungslager, sondern stattdessen an einem „zugelassenen Ort" lagern können; in diesem Fall entfallen die Voraussetzungen nach Art. 148 Abs. 4 UZK (Aufzeichnungspflichten). Die Zulassung dieser Verwahrungsorte ist bei dem Zollamt zu beantragen, in dessen Bezirk sich der Verwahrungsort befindet. Allerdings müssen auch in diesen Fällen die Bewilligungsvoraussetzungen des Art. 148 (2) und (3) erfüllt sein. Da die Koordination dieser Verfahrensweise sowie die Überwachung der zugelassenen Verwahrungsorte für die bewilligende Zollstelle einen unverhältnismäßig hohen Verwaltungsaufwand darstellen, hat die deutsche Zollverwaltung entschieden, dass derartige Zulassungen auf absolute Einzelfälle beschränkt werden sollten.

4. Behandlung von Waren in vorübergehender Verwahrung

C3011 Sofern während der Lagerung Behandlungen an den Waren vorgenommen werden, sind ausschließlich Erhaltungsbehandlungen der Waren gem. Art. 147 Abs. 2 UZK zulässig. Hierunter sind Behandlungen zu verstehen, die der Erhaltung der Nicht-Unionswaren in gutem Zustand während der Lagerung dienen. Es sollen Schäden an der Ware oder gar ihr Untergang vermieden werden. Behandlungen, durch die die Aufmachung einer Ware oder deren technische Merkmale verändert werden, sind nicht zulässig. Die genannten Erhaltungsbehandlungen sind ohne zollamtliche Bewilligung möglich; weitergehende Behandlungen sind nicht bewilligungsfähig.

BEISPIELE

- Tiefkühlkost wird während der Verwahrung weiterhin gekühlt.
- Lebende Tiere werden gefüttert und Pflanzen gewässert.
- Das Neuverpacken bzw. Umpacken im Verwahrungslager wäre dagegen eine unzulässige Behandlung, da hierdurch die Aufmachung der Waren verändert wird.

Die Erhaltungsbehandlungen im Verwahrungslager dürfen nicht mit den üblichen Behandlungen nach Art. 220 UZK, 180 UZK-DelVO verwechselt werden, denen Nicht-Unionswaren beispielsweise in einem Zolllager unterzogen werden dürfen. Zahlreiche dieser in Anhang 71-03 UZK-DelVO aufgelisteten üblichen Behandlungen gehen über die Erhaltung einer Ware hinaus und wären daher im Verwahrungslager nicht zulässig.

BEISPIELE

- Behandlung von Textilien gegen Elektrostatik, Glätten und Bügeln von Textilien (Anhang 71-03 lfd. Nr. 9)
- Aufteilen oder Zuschneiden von Waren, sofern es sich um einfache Vorgänge handelt (Anhang 71-03 lfd. Nr. 17)

Da einzelne übliche Behandlungen des Anhangs 71-03 auch dem Erhalt der Ware dienen, dürfen diese auch im Verwahrungslager durchgeführt werden, wie z. B. das einfache Lüften oder Trocknen zum Erhalt einer Ware (Anhang 71-03 lfd. Nr. 1) oder die Schädlingsbekämpfung von befallenen Pflanzen (Anhang 71-03 lfd. Nr. 6).

5. Beförderung in vorübergehender Verwahrung

Sofern kein erhöhtes Betrugsrisiko besteht, können die Zollbehörden dem Bewilligungs- C3012
inhaber eines Verwahrungslagers die Beförderung von Waren in vorübergehender Verwahrung zwischen zwei Lagerstätten bewilligen. Für den Bewilligungsinhaber besteht der Vorteil darin, dass in den Fällen, in denen die Beförderung nach Art. 148 Abs. 5 UZK in Betracht kommt, die Überführung in ein externes Versandverfahren nach Art. 226 UZK und der damit verbundene Verwaltungsaufwand entfallen.

Art. 148 Abs. 5 UZK unterscheidet hier zwischen 3 möglichen Fallgruppen der Beförderung:

Fallgruppe 1:

Nach Art. 148 Abs. 5 Buchst. a) UZK kann die Beförderung bewilligt werden, wenn der Beförderungsvorgang unter der Verantwortung ein und derselben Zollbehörde, d. h. innerhalb eines Mitgliedstaates erfolgt.

BEISPIEL

Waren in vorübergehender Verwahrung werden von einem Verwahrungslager in Münster zu einem Verwahrungslager in Dortmund befördert.

Fallgruppe 2:

Dem Inhaber einer AEO-C- Bewilligung kann die Beförderung zwischen Lagerstätten in der Verwahrung im Rahmen seiner AEO-Bewilligung mitbewilligt werden (Art. 148 Abs. 5 Buchst. b) UZK); hiervon erfasst werden auch Lagerstätten in unterschiedlichen Mitgliedstaaten.

BEISPIEL

Waren in vorübergehender Verwahrung werden von einem Verwahrungslager in Münster (Bewilligungsinhaber ist die Firma A, die zugleich Inhaber einer AEO-C Bewilligung ist) zu einem Verwahrungslager in Wien befördert (Bewilligungsinhaber der Lagerstätte in Wien ist ebenfalls die Firma A).

Fallgruppe 3:

Andere Fälle der Beförderung nach Art. 148 Abs. 5 Buchst. c) UZK sind in Art. 118 UZK-DelVO geregelt.

Diese Fallgruppe stellt eine Erweiterung der 2. Fallgruppe dar. Waren können zwischen den Verwahrungslagern von unterschiedlichen AEO-C Bewilligungsinhabern befördert werden; auch hier können die Lagerstätten in unterschiedlichen HZA- Bezirken oder in unterschiedlichen Mitgliedstaaten liegen.

BEISPIEL

Waren in vorübergehender Verwahrung werden von einem Verwahrungslager (Bewilligungsinhaber ist die Firma A, zugleich AEO-C) in Münster zu einem Verwahrungslager der Firma B (AEO-C Bewilligungsinhaber) in Frankreich befördert.

Einzelheiten zur Überwachung der Beförderung, insbesondere damit verbundene Unterrichtungs- und Aufzeichnungspflichten des Bewilligungsinhabers, finden sich in Art. 193 UZK-DVO.

Beförderungen werden nach Art. 148 Abs. 5 UZK in Deutschland zurzeit nicht bewilligt (vgl. DV VSF Z0514 Abs. 3544). Die Zollstelle lässt ausnahmsweise zu, dass vorübergehend verwahrte Waren, ohne dass es eines Versandverfahrens bedarf, in ein anderes Verwahrungslager im Bezirk der gleichen Zollstelle umgelagert werden, wenn dies durch besondere Verhältnisse geboten ist. Dabei kann es auch zu einem Wechsel in der Person des Verwahrers kommen (vgl. DV VSF Z0601 Abs. 413).

BEISPIEL

Waren in vorübergehender Verwahrung, die im Verwahrungslager am Containerterminal eines deutschen Seehafens lagern, können hiernach in ein Verwahrungslager, das sich im Bezirk einer angrenzenden Binnenzollstelle befindet, befördert werden.

6. Ende der vorübergehenden Verwahrung

C3013 Innerhalb von 90 Tagen sind die vorübergehend verwahrten Nicht- Unionswaren entweder in ein Zollverfahren nach Art. 5 Nr. 16 Buchst. a) oder b) UZK zu überführen oder wiederauszuführen (Art. 149 UZK). Da der Anmelder keinen Einfluss auf die Prüfungsdauer seitens der Zollverwaltung hat, ist es für die Fristwahrung ausreichend, dass innerhalb der 90 Tage angemeldet wird. Damit ist es unschädlich, wann die Überlassung nach Art. 194 UZK erfolgt.

Alternativ zur Überführung in ein Zollverfahren kommt für die Nicht- Unionswaren die Wiederausfuhr in Betracht; aus Gründen der Risikoanalyse ist hierfür eine summarische Ausgangsanmeldung nach Art. 271 UZK oder in Ausnahmefällen eine Wiederausfuhrmitteilung nach Art. 274 UZK abzugeben.

Die zollrechtlichen Vorschriften sehen keine Möglichkeit vor, diese Frist zu verlängern.

Kommt der Beteiligte seiner Verpflichtung nach Art. 149 UZK nicht fristgerecht nach, führt dies regelmäßig zur Zollschuldentstehung nach Art. 79 Abs. 1 Buchst. a) UZK, da eine zollrechtliche Verpflichtung in Bezug auf die vorübergehende Verwahrung nicht erfüllt worden ist (siehe Kap. E. I. 1. Zollschuld).

7. Maßnahmen der Zollbehörden

C3014 Soweit der Beteiligte seine Obliegenheiten für die Überführung der Waren in ein Zollverfahren oder die Wiederausfuhr nicht rechtzeitig einleitet, muss die Zollverwaltung durch erforderliche Maßnahmen für die Realisierung der Abgabenschuld Sorge tragen (Art. 147 Abs. 4 UZK). In Betracht kommt unter anderem die Zerstörung der Waren (Art. 197 UZK), die Einziehung oder Veräußerung (Art. 198 UZK) oder ggf. die Aufgabe zugunsten der Staatskasse (Art. 199 UZK). Einzelheiten hierzu werden von der Kommission in delegierten Rechtsakten festgelegt (Art. 200 UZK).

Die Kosten dieser Maßnahmen trägt der Beteiligte, Art. 198 Abs. 3 UZK.

8. Zollschuld im Falle von Verstößen

Werden zollrechtliche Verpflichtungen aus der vorübergehenden Verwahrung nicht erfüllt, so führt dies regelmäßig zur Entstehung einer Zollschuld nach Art. 79 Abs. 1 Buchst. a) UZK. C3015

Im Einzelnen führen die folgenden Verfehlungen regelmäßig zu einer Zollschuldentstehung:

- das nicht zugelassene Ab- oder Umladen vom Beförderungsmittel, Art. 140 Abs. 1 UZK,
- das unerlaubte Entfernen der Waren vom Amtsplatz, Art. 139 Abs. 7 UZK,
- die Verwahrung von Waren an anderen Orten als dem bewilligten Verwahrungslager bzw. an anderen als den zugelassenen Orten, Art. 147 Abs. 1 UZK,
- die nicht zugelassene Behandlung der Waren in vorübergehender Verwahrung, Art. 147 Abs. 2 UZK,
- die unterlassene bzw. nicht fristgerechte Abgabe der Zollanmeldung, Art. 149 UZK,
- die unterlassene bzw. nicht fristgerechte Wiederausfuhr, Art. 149 UZK.

Verletzungen der obigen Pflichten können zudem ggf. ein Bußgeld- oder Strafverfahren nach sich ziehen (siehe z. B. §§ 30 ZollV, 370 AO).

9. Überblick über die wichtigsten Stationen im Rahmen der Erfassung des Warenverkehrs

C3016

1. summarische Eingangsanmeldung Art. 127-132 UZK Art. 104 - 113 UZK-DelVO, Art. 182 - 188 UZK-DVO	1a. Befreiung von der summarischen Eingangsanmeldung Art. 127 Abs. 2 UZK, Art. 104 UZK-DelVO ► Durchfuhr (Luft/See) ► Katalogfälle“ (Art. 104 UZK-DelVO) ► internationale Abkommen (CH, LIE, NO, AD)
	1b. Verzicht auf die summarische Eingangsanmeldung bei fristgerechter Abgabe der Anmeldung zur vorübergehenden Verwahrung oder der Zollanmeldung mit den Daten der summarischen Eingangsanmeldung Art. 130 Abs. 1, Abs. 2 UZK

2. Ankunftsmeldung beim Eintreffen im See- und Luftverkehr; Referenz auf die summarische Eingangsanmeldung Art. 133 UZK Art. 188 UZK-DVO	2a. Verzicht bei vorliegenden Informationen Art. 133 Abs. 1 UA 2 UZK
	2b. Anmeldung zur vorübergehenden Verwahrung als Ankunftsmeldung Art. 145 Abs. 8 Buchst. a) UZK
3. Anmeldung zur vorübergehenden Verwahrung (Art. 145 Abs. 1, 3, Art. 5 Nr. 11 UZK) spätestens bei Gestellung; Referenz auf summarische Eingangsanmeldung Art. 145 Abs. 4 UZK	3a. Anmeldung zur vorübergehenden Verwahrung als Ankunftsmeldung Art. 145 Abs. 8 Buchst. a) UZK
	3b. Anmeldung zur vorübergehenden Verwahrung als Gestellungsmitteilung „qualifizierte Gestellungsmitteilung" Art. 145 Abs. 8 Buchst. b) UZK
	3c. Behandlung der vorzeiten Zollanmeldung als Anmeldung zur vorübergehenden Verwahrung Art. 171 UZK, Art. 192 UZK-DVO
4. Gestellung Art. 139, 5 Nr. 33 UZK; Referenz auf die summarische Eingangsanmeldung Art. 139 Abs. 4 UZK; ggf. Nachholung der summarischen Eingangsanmeldung Art. 139 Abs. 5 UZK	4a. Beginn der vorübergehenden Verwahrung Art. 144 UZK 4b. Lagerung im Verwahrungslager Art. 148 UZK

C3017–C3020 *(Einstweilen frei)*

IV. Warenbeförderung im Versand, Art. 141 UZK

C4000 Art. 141 UZK trifft Sonderregelungen zur Anwendbarkeit der Regelungen des Titels IV Kap. 2 „Ankunft der Waren" (Art. 133 – 152 UZK) für Waren in folgenden Situationen:

- Waren werden in einem Versandverfahren aus einem Drittland in das Zollgebiet der Union verbracht (Art. 141 Abs. 1 UZK),
- Nicht- Unionswaren werden einer Bestimmungszollstelle im Zollgebiet im Anschluss an ein Versandverfahren nach den Vorschriften des jeweiligen Versandverfahrens gestellt (Art. 141 Abs. 2 UZK).

1. Verbringen in das Zollgebiet im Versand, Art. 141 Abs. 1 UZK

Gem. Art. 141 Abs. 1 UZK finden die Vorschriften über die Beförderung (Art. 135 Abs. 2 – 6 UZK), die Gestellung (Art. 139 UZK) und die vorübergehende Verwahrung (Art. 144 – 149 UZK) grds. keine Anwendung bei Waren, die sich im Zeitpunkt ihres Verbringens in das Zollgebiet der Union bereits in einem Versandverfahren befinden. Mangels einer Bezugnahme in Art. 141 Abs. 1 UZK auf die Art. 127 – 134 UZK (summarische Eingangsanmeldung, Ankunftsmeldung) und Art. 135 Abs. 1 UZK („Beförderungspflichten") finden diese Vorschriften allerdings uneingeschränkt Anwendung. C4001

aa) externer Unionsversand

Art. 141 Abs. 1 gilt zum einen für das externe Unionsversandverfahren nach Art. 226 Abs. 2 Buchst. a) UZK i. V. m. Art. 234 UZK (siehe Kap. D. IV. Versandverfahren). C4002

BEISPIEL

Zolllagerwaren (Nicht- Unionswaren) aus Turin werden per Lkw im externen Unionsversandverfahren (T1) durch die Schweiz über das Zollamt Weil am Rhein nach Stuttgart befördert.

Das Verbringen aus der Schweiz erfolgt auf der Zollstraße über die versandrechtliche Durchgangszollstelle (Art. 1 Nr. 13 Buchst. b) UZK-DVO), dem Zollamt Weil a. Rh.-Autobahn, bis zur Bestimmungszollstelle in Stuttgart. Die im externen Unionsversandverfahren nach Art. 226 Abs. 1, Abs. 2 Buchst. a) UZK zwischen zwei Orten im Zollgebiet beförderten Waren unterliegen beim Verbringen aus der Schweiz in das Zollgebiet der Union der Beförderungspflicht nach Art. 135 Abs. 1 UZK. Es besteht allerdings beim Zollamt Weil a. Rh.-Autobahn keine Gestellungspflicht nach Art. 139 UZK und damit entfällt auch die Verpflichtung zur Abgabe einer Anmeldung zur vorübergehenden Verwahrung nach Art. 145 UZK. Allerdings ergibt sich aus den spezialgesetzlichen Vorschriften des Versandrechts die Verpflichtung, die Sendung bei der Durchgangszollstelle nach Art. 304 Abs. 1 UZK-DVO vorzuführen.

Weil bei Einfuhren aus der Schweiz die dortigen Export-Sicherheitskontrollen dem EU-Standard entsprechen, kann beim Verbringen aus der Schweiz kraft des bestehenden Abkommens auf die Abgabe eine summarischen Eingangsanmeldung verzichtet werden (siehe Art. 127 Abs. 2 Buchst. b) UZK, DV VSF Z0601 Abs. 206). Daher muss in diesem Fall keine summarische Eingangsanmeldung abgegeben werden.

bb) gemeinsames Versandverfahren aufgrund des Übereinkommens EWG-EFTA

Art. 141 Abs. 1 UZK gilt auch für Waren, die nach den Vorschriften des Übereinkommens „Gemeinsames Versandverfahren" (Beschluss des Rates vom 15.6.1987, ABl. L 226 vom 13.8.1987, S. 2) zwischen der Union und den anderen Vertragsparteien des Übereinkommens (Schweiz, Norwegen, Island, Liechtenstein sowie Türkei, Serbien, Nordmazedonien und das Vereinigte Königreich) befördert werden. Zwar ist das gemeinsame Versandverfahren kein Versandverfahren nach den Vorschriften des UZK (Art. 226, 227 UZK), weil keine Beförderung zwischen zwei Orten in der EU stattfindet. Die Waren gelten aber für die Beförderungsstrecke in der Union als im Unionsversand befördert Art. 293 Abs. 1 S. 2 UZK-DVO i. V. m. Art. 1 Abs. 2 Versand-Übereinkommen (siehe Kap. D. IV. Versandverfahren). C4003

BEISPIEL

- Waren aus Zürich (Schweiz) werden per Lkw im gemeinsamen Versandverfahren (T1) über Weil a. Rh. nach Münster befördert. Der Versand im gemeinsamen Versandverfahren beginnt bereits in Zürich und endet in Münster.
- Waren aus Manchester (Vereinigtes Königreich) werden per Schiff und Lkw im gemeinsamen Versandverfahren (T1) über Frankreich, Belgien und die Niederlande nach Dortmund befördert. Der Versand im gemeinsamen Versandverfahren (T1) beginnt in Manchester und endet in Dortmund.

In beiden Fällen befinden sich die Waren im Zeitpunkt des Verbringens in das Zollgebiet bereits in einem Versandverfahren, dem gemeinsamen Versandverfahren; die im gemeinsamen Versandverfahren (T1) beförderten Waren gelten mit ihrem Eingang in das Zollgebiet der Union als in das externe Unionsversandverfahren nach Art. 226 Abs. 1, 3 Buchst. a) UZK überführt.

Das Unionsversandverfahren bzw. das gemeinsame Versandverfahren sind grds. nicht vom Erfordernis der Abgabe einer summarischen Eingangsanmeldung ausgenommen. Art. 127 UZK stellt ausdrücklich auf das Verbringen in das Zollgebiet der Union ab, eine Ausnahme für den Versand ist dabei nicht vorgesehen. Somit ist in dem oben beschriebenen Beispiel des Versandverfahrens aus dem Vereinigten Königreich vor dem Eingang in das Zollgebiet eine summarische Eingangsanmeldung abzugeben.

cc) Versand nach dem TIR-Übereinkommen

C4004 Auf Warenbeförderungen mit Carnet TIR (Art. 226 Abs. 3 Buchst. b) i) UZK) findet dagegen Art. 141 Abs. 1 UZK keine Anwendung, denn das Verfahren nach dem TIR-Übereinkommen vereinfacht lediglich die ggf. aneinandergereihten Versandverfahren in den jeweiligen Zollgebieten. Im Gegensatz zum Unionsversand oder dem gemeinsamen Versandverfahren mit den EFTA-Staaten ist der Versand nach dem TIR-Übereinkommen kein einheitliches durchgehendes Versandverfahren. Das Versandverfahren wird erst an der EU-Außengrenze als externer Versand nach Art. 226 Abs. 3 Buchst. b) i) UZK eröffnet. Damit finden die Vorschriften bezüglich des Verbringens in das Zollgebiet (Art. 127 – 152 UZK) uneingeschränkt Anwendung.

BEISPIEL

Waren aus Kasachstan werden über Russland und die Ukraine mit Carnet TIR nach Köln befördert. Der Eingang in die EU findet in Polen statt. An der polnischen Eingangszollstelle sind die Daten vom Inhaber des Carnet TIR-Verfahrens für den TIR-Versand im Zollgebiet einzureichen (Art. 276 Abs. 1 UZK-DVO), d. h. eine Zollanmeldung zum externen Versandverfahren ist abzugeben.

Im obigen Beispiel muss mit dem Verbringen in das Zollgebiet nach Art. 127 Abs. 1 UZK innerhalb der Frist des Art. 108 UZK-DelVO bei der ersten Eingangszollstelle in Polen grds. eine summarische Eingangsanmeldung abgegeben werden. Aufgrund der Sonderregelung des Art. 130 Abs. 1 UZK können die sicherheitsrelevanten Daten der summarischen Eingangsanmeldung gemeinsam mit dem Datensatz der Zollanmeldung zum Versandverfahren an die polnische Eingangszollstelle/Abgangszollstelle im Versandverfahren übermittelt werden; in diesen Fällen wird dann auf Antrag des Carnet-Inhabers ein Versandbegleitdokument/Sicherheit ausgestellt (Art. 276 Abs. 4 UZK-DVO).

2. Gestellung bei der Bestimmungszollstelle nach Versandverfahren, Art. 141 Abs. 2 UZK

Art. 141 Abs. 2 UZK regelt, dass für Nicht- Unionswaren, die bei der Bestimmungszollstelle nach den Vorschriften des jeweiligen Versandverfahrens gestellt werden, also nicht auf der Grundlage des Art. 139 UZK, der nur für die Gestellung an der EU-Außengrenze Anwendung findet, die Vorschriften über die Entladung und Beschau (Art. 140 UZK) sowie über die vorübergehende Verwahrung (Art. 144 – 146 UZK) Anwendung finden. C4005

Gem. Art. 233 Abs. 2 UZK ist das Unionsversandverfahren beendet, wenn die im Verfahren befindlichen Waren und die erforderlichen Angaben entsprechend den zollrechtlichen Vorschriften bei der Bestimmungszollstelle zur Verfügung stehen. Dies geschieht regelmäßig durch Gestellung am Amtsplatz der Zollstelle oder einem anderen bezeichneten oder zugelassenen Ort (Art. 306 Abs. 1 UZK-DVO). Danach befinden sich die Waren in der vorübergehenden Verwahrung (Art. 144 UZK). C4006

BEISPIELE

- Nach Beförderung im Seeverkehr von den USA nach Belgien, werden in Antwerpen Maschinenteile (Nicht-Unionswaren) in das externe Unionsversandverfahren (Art. 226 Abs. 1, Abs. 3 Buchst. a) UZK) mit Bestimmung Münster überführt. Nach Beendigung des Versandverfahrens durch die Gestellung bei der Bestimmungszollstelle (Art. 1 Nr. 14 UZK-DelVO) in Münster nach Art. Art. 233 Abs. 1, 2 UZK i.V. m. Art. 306 Abs. 1 UZK-DVO) schließen sich die Art. 140 sowie 144 – 149 UZK an.
- Waren aus Kasachstan werden über Russland und die Ukraine mit Carnet TIR nach Köln befördert. Der Eingang in die Union findet in Polen statt. An der polnischen Eingangszollstelle werden die Waren in den externen Versand nach dem TIR-Übereinkommen (Art. 226 Abs. 1, Abs. 3 Buchst. b) i) UZK mit Bestimmungszollstelle in Dortmund überführt. Die Waren sind bei der Bestimmungszollstelle zur Beendigung des Versandverfahrens nach Art. 278 UZK-DVO zu gestellen; auch in diesem Fall finden die Vorschriften über die vorübergehende Verwahrung im Anschluss an die Gestellung in Dortmund Anwendung.

Die Versanddaten, die im System NCTS (ATLAS-Versand) gespeichert sind, werden in diesem Fall als Anmeldung zur vorübergehenden Verwahrung angesehen (Art. 145 Abs. 11 UZK). Im deutschen ATLAS-System wird in diesen Fällen automatisiert aus den Versanddaten eine Anmeldung zur vorübergehenden Verwahrung generiert (s. Verfahrensanweisung ATLAS Nr. 4.5.3.4 Abs. 1).

V. Kontrollfragen

		Rdn.
1.	Im Warenverkehr mit welchen Ländern wird auf die Abgabe einer summarischen Eingangsanmeldung verzichtet?	C2004
2.	In welchen Fällen ist eine Ankunftsmeldung abzugeben?	C2010
3.	Wodurch endet die zollamtliche Überwachung?	C2025
4.	Was sind „Zolllandungsplätze"?	C2045
5.	Unter welchen Voraussetzungen dürfen Zollbedienstete im grenznahen Raum Zollkontrollen durchführen?	C2027

6. Wer ist Verbringer im Sinne der zollrechtlichen Vorschriften? C2042
7. Was versteht der UZK unter dem Begriff „Gestellung“? C2063
8. Wer ist zur Gestellung verpflichtet? C2064
9. Wann beginnt die vorübergehende Verwahrung? C3001
10. Was versteht man unter einer „qualifizierten“ Gestellungsmitteilung? C3004
11. Dürfen Waren in vorübergehender Verwahrung Behandlungen unterzogen werden? C3011
12. Nach welchem Zeitraum muss die vorübergehende Verwahrung maximal beendet werden? C3013
13. Sind Warenbeförderungen im Rahmen der vorübergehenden Verwahrung zulässig? C3012
14. Muss für Waren, die in einem Versandverfahren in das Zollgebiet verbracht werden, eine summarische Eingangsanmeldung abgegeben werden? C4001

D. Zollverfahren

I. Allgemeines

Art. 5 Nr. 16 UZK regelt kurz und knapp, dass Waren in drei **Zollverfahren** übergeführt werden können. Sie lauten D1000

a) Überlassung zum zollrechtlich freien Verkehr

b) besondere Verfahren

c) Ausfuhr

ABB. 18: Zollverfahren nach Art. 5 Nr. 16 UZK

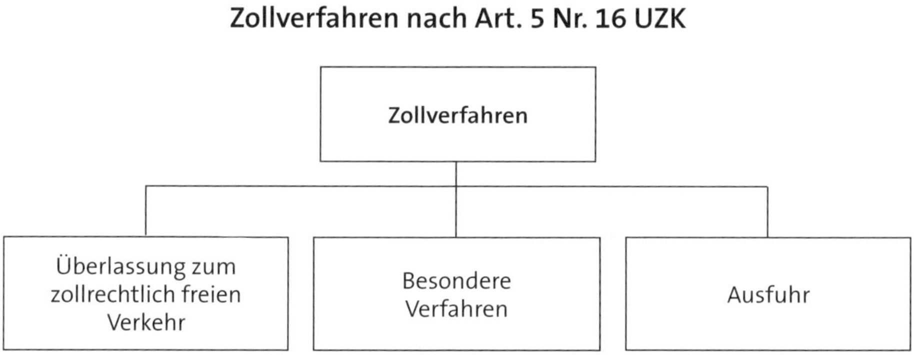

Die frühere Bezeichnung **zollrechtliche Bestimmungen** ist ersatzlos weggefallen. Gleichwohl gibt es neben den Zollverfahren weitere Möglichkeiten. Deutlich wird das in Art. 215 UZK. Danach können besondere Verfahren sowohl durch ein anschließendes Zollverfahren erledigt werden als auch dadurch, dass D1001

- Waren aus dem Zollgebiet der Union verbracht werden,
- zerstört werden und kein Abfall übrig bleibt oder
- zugunsten der Staatskasse aufgegeben werden.

Damit wurden die früheren zollrechtlichen Bestimmungen weitgehend beibehalten und in Deutschland um die Aufgabe von Waren zugunsten der Staatskasse erweitert. Diese Möglichkeit ist seit 2016 im gesamten Zollgebiet der Union möglich.

Bei der Überlassung in ein Zollverfahren geht es erstens um die ordnungsgemäß in das Zollgebiet der Union verbrachten und gestellten **Nicht-Unionswaren**. Sie müssen gem. Art. 149 UZK regelmäßig innerhalb von 90 Tagen nach der Gestellung aus der vorübergehenden Verwahrung zur Überführung in ein Zollverfahren angemeldet oder wiederausgeführt werden. In vielen Fällen suchen die Wirtschaftsbeteiligten dabei Wege und Möglichkeiten, Einfuhrabgaben nicht oder noch nicht zahlen zu müssen. Denn diese werden nur erhoben, wenn die Nicht-Unionswaren unmittelbar in den Wirtschaftskreislauf eingehen. D1002

Zweitens legt Art. 5 Nr. 16 UZK die Zollverfahren fest, die im Zollgebiet der Union befindliche **Unionswaren** erhalten können und müssen, wenn sie zeitweise oder endgültig aus dem Zollgebiet der Union verbracht werden sollen.

D1003 Schließlich und endlich ist durch den bereits erwähnten Art. 215 UZK die Möglichkeit eröffnet, dass sich an **besondere Verfahren** weitere Zollverfahren und sonstige Möglichkeiten anschließen und dadurch vorausgehende Zollverfahren **erledigt** werden können.

D1004 Vor der ausführlichen Darstellung der einzelnen Möglichkeiten soll ein Gesamtüberblick über sämtliche Verfahren gegeben werden. Dabei geht es vor allem um den etwas sperrigen Begriff **besondere Verfahren**. Diese werden in Art. 210 UZK näher beschrieben und greifen inhaltlich die früheren **Nichterhebungsverfahren** und **Zollverfahren mit wirtschaftlicher Bedeutung** auf. Auch diese Begriffe verwendet der Unionszollkodex nicht mehr. Stattdessen teilt er die besonderen Verfahren in vier Arten mit jeweils zwei Unterarten ein. Damit sind zehn Konstellationen von Zollverfahren zu unterscheiden.

D1005 Die Zulässigkeit der Zollverfahren oder sonstigen Möglichkeiten hängt zum einen vom **Status der Ware** ab. So können z. B. nur Nicht-Unionswaren zum zollrechtlich freien Verkehr überlassen oder wiederausgeführt werden. Demgegenüber sind die passive Veredelung und die Ausfuhr fast ausschließlich den Unionswaren vorbehalten.

D1006 Ferner können sich Einschränkungen aus den absoluten oder relativen **Verboten und Beschränkungen** für den Warenverkehr über die Grenze ergeben. Gründe der öffentlichen Sittlichkeit, Ordnung oder Sicherheit, Vorschriften zum Schutze der Gesundheit und des Lebens von Menschen, Tieren oder Pflanzen, des nationalen Kulturgutes von künstlerischem, geschichtlichem oder archäologischem Wert oder des gewerblichen und kommerziellen Eigentums können jeglichen oder einzelnen zollrechtlichen Bestimmungen entgegenstehen. Dazu gehören auch die handelspolitischen Maßnahmen, z. B. die Regelungen des sog. Außenwirtschaftsrechts.

1. Überführung in ein Zollverfahren

D1007 Für Waren, die in ein Zollverfahren übergeführt werden sollen, bedarf es regelmäßig einer Zollanmeldung (Art. 158 Abs. 1 UZK). Das gilt unabhängig davon, ob die Ware erstmals in ein Zollverfahren übergeführt wird oder sich ein weiteres Zollverfahren an ein vorausgegangenes anschließt. Unerheblich ist ebenfalls der Ort, an dem sich die Ware befindet. Das kann eine Zollstelle sein, aber ebenso jeder andere von den Zollstellen bezeichnete oder zugelassene Ort. Der Zollkodex geht immer vom gleichen Grundprinzip aus:

Zur Überführung von Waren in ein Zollverfahren
bedarf es grundsätzlich der Zollanmeldung.

Demgegenüber ist bei den anderen Möglichkeiten grundsätzlich keine Zollanmeldung abzugeben.

a) Zollanmeldung

Mit der Zollanmeldung gem. Art. 5 Nr. 12 UZK bestimmt der Anmelder, in welches Zollverfahren eine Ware übergeführt werden soll. Die Zollanmeldung ist eine Handlung, die eine Absicht bekundet, und damit eine **Willenserklärung**. Gleichzeitig wird Wissen über die Ware mitgeteilt. Die Zollanmeldung ist mithin zugleich eine **Wissenserklärung**. D1008

aa) Form

Im Unionsollkodex ist die **elektronische Anmeldung** der gesetzlich vorgeschriebene Regelfall. Das ergibt sich aus Art. 6 UZK. Danach sind grundsätzlich alle Informationen mit Mitteln der elektronischen Datenverarbeitung auszutauschen, soweit elektronische Systeme vorliegen. Soweit noch keine elektronischen Systeme bestehen, kann weiter schriftlich kommuniziert werden. Art. 278 UZK sieht eine Übergangsfrist bis längstens zum 31.12.2025 vor. D1009

In Deutschland ist dafür **ATLAS** geschaffen worden. Mit dem **A**utomatisierten **T**arif- und **L**okales Zoll**a**bwicklungs**s**ystem soll eine automatisierte Abfertigung und Überwachung des grenzüberschreitenden Warenverkehrs gewährleistet werden. Soweit ATLAS Zollanmeldungen in elektronischer Form ermöglicht, sind diese nach Art. 6 UZK grundsätzlich zu nutzen. D1010

In bestimmten Fällen kann gem. Art. 158 Abs. 2 UZK eine Zollanmeldung mit anderen Mitteln abgegeben werden. Zu nennen sind D1011

- die papiergestützte Zollanmeldung,
- die mündliche Zollanmeldung und
- die Zollanmeldung durch konkludente, als Zollanmeldung geltende Handlungen etwa durch Benutzen des grünen Ausgangs „Anmeldefreie Waren" am Flughafen (Art. 135 ff. UZK-DelVO).

bb) Standard-Zollanmeldungen und vereinfachte Zollanmeldungen

Art. 162 ff. UZK kennen zunächst die Standardzollanmeldung und vereinfachte Zollanmeldung. Zudem gibt es ab Art. 177 UZK sonstige Vereinfachungen wie die D1012

- zentrale Zollabwicklung, s. Rdnr. D090 ff.,
- die Anschreibung in der Buchführung des Anmelders (s. Rdnr. D2084 ff.) und
- die Eigenkontrolle, s. Rdnr. D2093 f.

Standardzollanmeldungen gem. Art. 162 UZK sind dadurch gekennzeichnet, dass sie alle Angaben enthalten müssen, die zur Anwendung der Vorschriften über das Zollverfahren, zu dem die Waren angemeldet werden, erforderlich sind. Ferner müssen gem. Art. 163 UZK alle Unterlagen über das angemeldete Zollverfahren zum Zeitpunkt der Abgabe der Zollanmeldung im Besitz des Anmelders sein und für die Zollbehörden bereitgehalten werden. D1013

Vereinfachte Zollanmeldungen gem. Art. 166 UZK zeichnen sich dadurch aus, dass auf Angaben oder Unterlagen verzichtet wird. D1014

Das kann im Einzelfall geschehen (Art. 166 UZK). Die meisten Wirtschaftsbeteiligten nutzen diese Möglichkeit regelmäßig und bedürfen dafür eine vorherige Bewilligung (Art. 166 Abs. 2 UZK). In allen Fällen hat der Anmelder die erforderlichen Unterlagen in seinem Besitz zu haben und bereit zu halten und später grundsätzlich ergänzende Zollanmeldungen abzugeben.

cc) Annahme der Zollanmeldung

D1015 Zollanmeldungen, die den gesetzlichen Anforderungen entsprechen, sind unverzüglich anzunehmen, sofern die betreffenden Waren den Zollbehörden gestellt wurden (Art. 172 UZK).

Der Annahme liegt eine eigene Entscheidung der Zollbehörde zugrunde und ist von der zeitlich davor liegenden tatsächlichen Entgegennahme der Zollanmeldung zu unterscheiden.

b) Überprüfung und Überlassung

D1016 Angenommene Zollanmeldungen können gem. Art. 188 UZK **überprüft** werden. Zu diesem Zweck können die Zollanmeldung als solche und die Unterlagen geprüft, weitere Unterlagen verlangt, eine Beschau vorgenommen sowie Muster und Proben zur Analyse oder eingehenden Prüfung entnommen werden.

D1017 Nach der Überprüfung oder ohne Überprüfung sind die Waren von den Zollbehörden dem Anmelder zu **überlassen**, sofern die Voraussetzungen für die Überführung in das betreffende Zollverfahren erfüllt sind, etwaige Beschränkungen angewandt wurden und keine Verbote entgegenstehen (Art. 194 UZK).

Entsteht durch die Überführung von Waren in ein Zollverfahren eine **Zollschuld**, so ist diese vorab zu entrichten oder Sicherheit zu leisten (Art. 195 UZK).

D1018–D1020 *(Einstweilen frei)*

2. Zollverfahren

a) Überlassung zum zollrechtlich freien Verkehr

D1021 Das erste Zollverfahren gem. Art. 5 Nr. 16 Buchst. a UZK ist die Überlassung zum zollrechtlich freien Verkehr gem. Art. 201. UZK. Sie verleiht einer Nicht-Unionsware den zollrechtlichen Status der Unionsware (Art. 201 Abs. 3 ZK). Durch diesen mit der Überlassung herbeigeführten Statuswechsel steht die Ware den inländischen Waren gleich. Dieses Zollverfahren kommt mithin vor allem dann in Betracht, wenn die Ware endgültig im Zollgebiet der Union verbleiben und dort als Wirtschaftsgut am Güterumsatz und der Preisbildung teilnehmen soll.

Dabei entstehen regelmäßig eine Einfuhrzollschuld gem. Art. 77 UZK sowie die nationalen Verbrauchsteuerschulden einschließlich der Einfuhrumsatzsteuerschuld. Rechtsnormen sind dafür die nationalen Verbrauchsteuergesetze. Handelspolitische Maßnahmen sowie Verbote und Beschränkungen sind zu beachten. Überwiegend unterliegt die Ware nach der Überlassung keiner weiteren zollamtlichen Überwachung mehr. Sie ist also frei verfügbar.

Nur bei der **Endverwendung** (s. Rdnr. D 1039 f.) unterliegen die Unionswaren weiterhin der zollamtlichen Überwachung (Art. 134 Abs. 1 UAbs. 3 UZK). D1022

ABB. 19: Überlassung zum zollrechtlich freien Verkehr

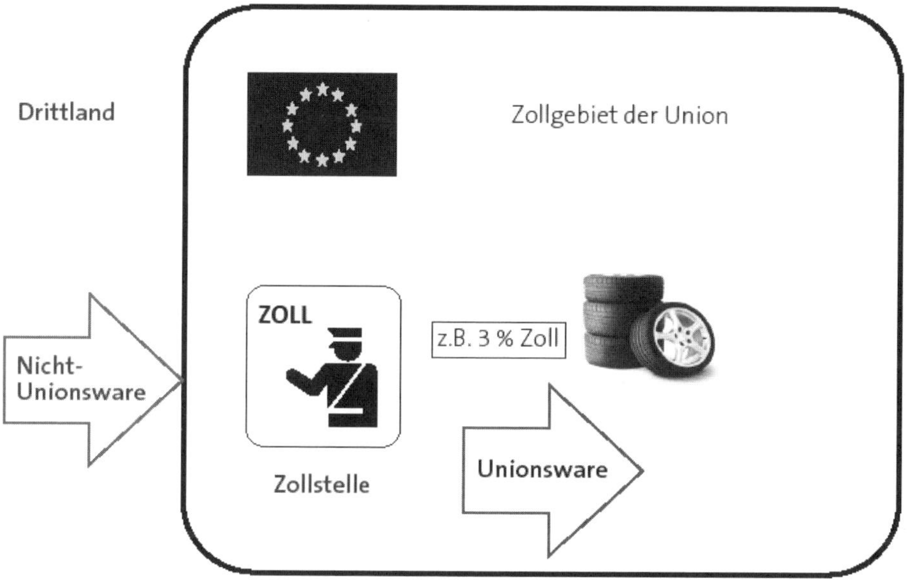

BEISPIELE:

Japanische Autoreifen werden von einem deutschen Großhändler importiert. Sie können nach Überlassung zum zollrechtlich freien Verkehr ohne weitere zollamtliche Überwachung an Käufer (Endverbraucher) veräußert und ausgeliefert werden.

Möglich ist auch die überwachte Endverwendung durch Aufziehen auf Felgen bei der Produktion von Autos, s. Rdnr. D1039.

b) Besondere Verfahren

D1023 Art. 210 UZK unterscheidet vier Arten von besonderen Verfahren mit jeweils zwei Unterarten.

ABB. 20: Besondere Verfahren nach Art. 5 Nr. 16 UZK

Besondere Verfahren nach Art. 5 Nr. 16 UZK

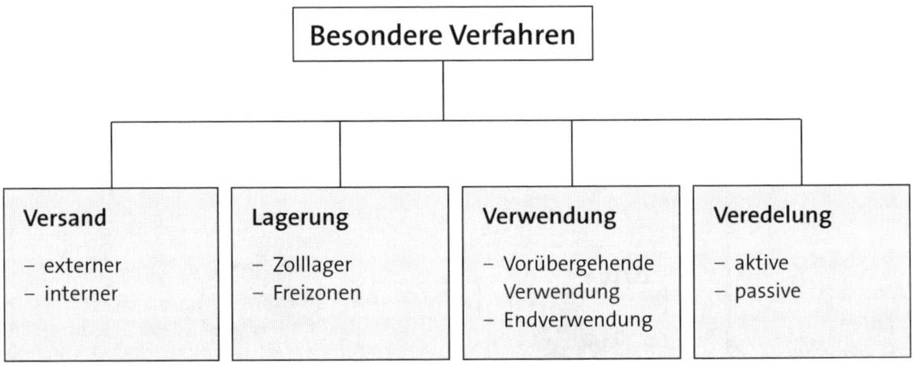

D1024 Die Zusammenfassung dieser Verfahren ist eher gesetzestechnischer Art. In den Art. 211 ff. UZK sind **allgemeine Vorschriften** zusammengestellt, die häufig alle, zumindest aber mehrere der besonderen Verfahren betreffen. Damit will der Gesetzgeber Wiederholungen vermeiden. Inhaltlich geht es um

- Bewilligung (Art. 211 UZK)
- Aufzeichnungen (Art. 214 UZK)
- Erledigung (Art. 215 UZK)
- Übertragung von Rechten und Pflichten (Art. 217 UZK)
- Beförderung von Waren (Art. 219 UZK)
- Übliche Behandlungen (Art. 220 UZK)
- Ersatzwaren (Art. 223 UZK)

aa) Versand

ABB. 21: Externes Versandverfahren

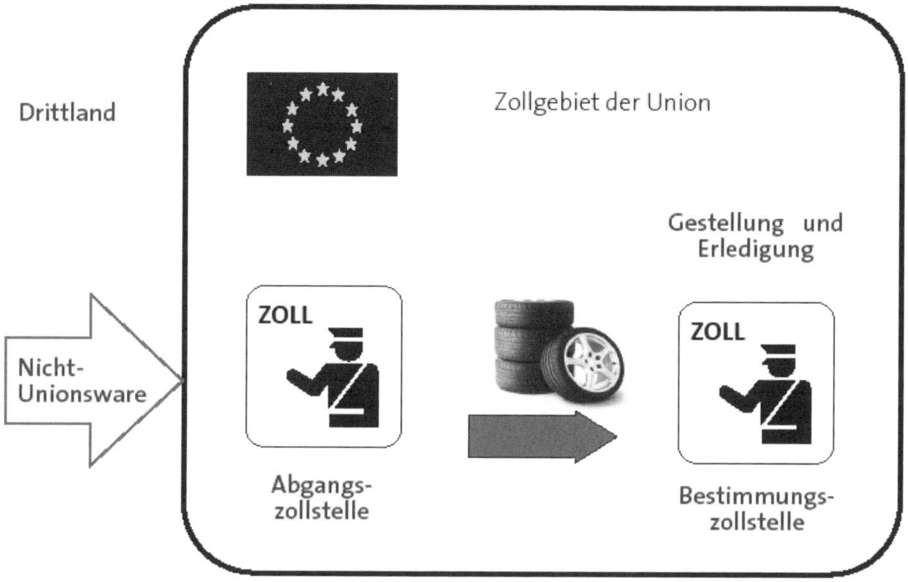

Versandverfahren gem. Art. 226 ff. UZK ermöglichen die Beförderung von Waren zwischen zwei innerhalb des Zollgebietes der Union gelegenen Orten (Art. 226 f. UZK). So kann es nach dem Verbringen von Waren ins Zollgebiet der Union sinnvoll sein, die Ware nicht sofort an der ersten Eingangszollstelle in das endgültig gewünschte Zollverfahren zu überführen, sondern sie zunächst zu einer Zollstelle im Innern des Zollgebiets der Union am Geschäftssitz des Wirtschaftsbeteiligten oder gar auf sein Firmengelände zu befördern. Grund dafür kann einmal das Interesse des Empfängers sein, die Ware vor Abnahme zu begutachten. Da häufig umfangreiche Zollformalitäten zu erfüllen sind, kann die Überführung in das letztlich gewollte Zollverfahren auch aus Zeitgründen von der Grenze ins Landesinnere verlagert werden. Schließlich werden die Waren wegen der unterschiedlichen Verbrauchsteuern und statistischen Erfordernisse mangels vollständiger Harmonisierung im Binnenmarkt erst im Mitgliedstaat des endgültigen Verbleibs zur Überlassung zum zoll- und steuerrechtlich freien Verkehr angemeldet. Das Versandverfahren endet mit der Gestellung und wird alsdann von den Zollbehörden erledigt (Art. 215 Abs. 2 UZK). D1025

Daneben kommen Versandverfahren in Betracht, wenn unverzollte Nicht-Unionswaren durch das Zollgebiet der Union oder innerhalb des Zollgebiets befördert werden sollen. D1026

BEISPIEL:

- In Portugal eingeführte Waren werden mittels externen Unionsversandverfahrens nach Münster befördert.
- Nicht-Unionswaren werden vom Bremerhavener Freihafen im Versandverfahren zur weißrussischen Grenze transportiert.

D1027 Es gibt verschiedene Arten von Versandverfahren. Das wichtigste ist das **externe Unionsversandverfahren** T 1 für Nicht-Unionswaren (Art. 233 ff. UZK). Es kann sich an ein anderes besonderes Verfahren anschließen. So kann etwa im Anschluss an ein Zolllagerverfahren oder an eine aktive Veredelung die Nicht-Unionsware zu anderen Orten innerhalb des Zollgebiets der Union befördert werden.

BEISPIEL:

Nach aktiver Veredelung werden die Veredelungserzeugnisse im externen Unionsversandverfahren nach Bremerhaven zwecks anschließender Wiederausfuhr befördert.

D1028 Unionswaren unterliegen im Binnenmarkt nur in Sonderfällen der zollamtlichen Überwachung. Sollen sie über ein Drittland ohne Änderung ihres zollrechtlichen Status befördert werden, so ist das **interne Versandverfahren** gem. Art. 227 Abs. 2 Buchst. a UZK zu wählen.

ABB. 22: Internes Versandverfahren

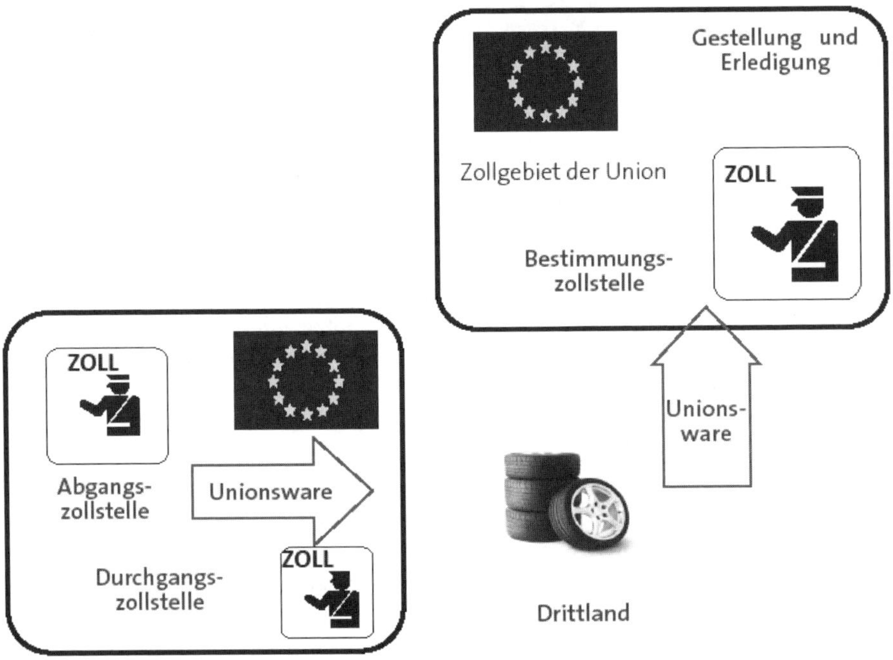

Bedeutung hat dieses Zollverfahren vor allem im Warenverkehr mit Italien über die Schweiz sowie beim Passieren von Norwegen mit Unionswaren.

bb) Lagerung

D1029 Die Lagerung kann in einem Zolllager oder einer Freizone erfolgen (Art. 210 Buchst. b UZK) **ohne** dass die Waren **Einfuhrabgaben und sonstigen Abgaben** unterliegen. Die Waren werden vielmehr gelagert und später entweder wiederausgeführt (Transitlagerung) oder einem anderen Zollverfahren mit etwaiger Einfuhrabgabenerhebung zugeführt (Kreditlagerung). Das entspricht dem Gedanken des Wirtschaftszolls. Danach soll die Abgabenbelastung eine Ware erst dann treffen, wenn sie tatsächlich am wirtschaftlichen Wettbewerb im Zollgebiet der Union teilnimmt. Allein das Vorhandensein im Zollgebiet der Union reicht für die Beteiligung am Inlandsmarkt nicht aus.

Gemäß Art. 237 Abs. 1 Buchst. c UZK unterliegen die Einfuhrwaren folgerichtig auch **keinerlei handelspolitischen Maßnahmen**, soweit diese nicht an den körperlichen Eingang, das Verbringen von Waren in das Zollgebiet der Union anknüpfen. D1030

(1) Zolllager

Das Zolllager gem. Art. 240 ff. UZK ist eine Unterart des besonderen Verfahrens, in das Nicht-Unionswaren übergeführt werden können, ohne dass Einfuhrabgaben und sonstige Abgaben entstehen (Art. 237 UZK). Rein tatsächlich handelt es sich um eine Räumlichkeit oder eine sonstige Stätte (auch Lagerstätte genannt), die von den Zollbehörden für die Lagerung zugelassen worden ist. D1031

Wegen der vielfältigen Kombinierbarkeit der Zollverfahren untereinander kommt das Zolllager auch **im Anschluss an andere besondere Verfahren** in Betracht (Art. 215 UZK). So kann es nach einer aktiven Veredelung dazu beitragen, die Entstehung von Einfuhrabgaben dadurch zu verhindern, dass es sich innerhalb der Erledigungsfrist anschließt, die aktive Veredelung mithin durch das Zolllager zeitgerecht erledigt wird. D1032

ABB. 23: Zolllager

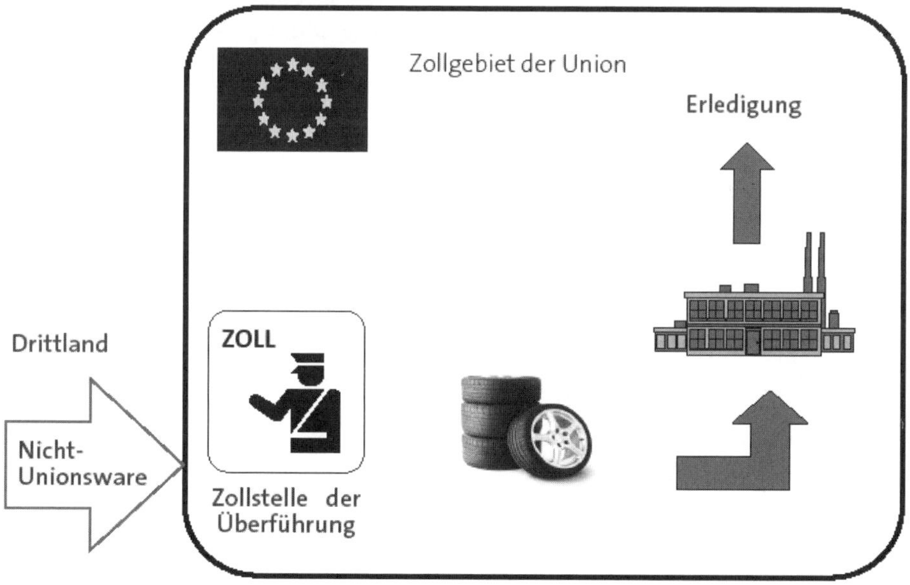

BEISPIEL:

Eingeführte Ersatzteile amerikanischer Automobile können in einem Zolllager zeitlich unbegrenzt abgabenfrei im Zollgebiet der Union gelagert werden. Werden sie dann im Zollgebiet eingesetzt, sind sie vorab zum zollrechtlich freien Verkehr mit einer Einfuhrzollschuldenstehung zu überlassen (Kreditlagerung). Möglich ist aber auch eine Wiederausfuhr in Drittländer ohne Abgabenerhebung zum Gebrauch in diesen Ländern (Transitlagerung).

(2) Freizonen

D1033 Das Verbringen von Waren in eine Freizone ist eine zweite Unterart der Lagerung gem. Art. 243 ff. UZK. Freizonen sind fiktive Freigebiete im Zollgebiet der Union, die zu Freizonen erklärt worden sind. In Deutschland bestehen noch zwei Freizonen und zwar in Form von **Freihäfen** in **Bremerhaven** und **Cuxhafen**.

D1034 Das Verbringen in eine Freizone kann **direkt nach Einfuhr** erfolgen, aber auch **im Anschluss an andere besondere Verfahren**. Die Freizonen werden mittels Umzäunung mit festgelegten Ein- und Ausgängen überwacht.

cc) Verwendung

D1035 Die Verwendung umfasst die vorübergehende Verwendung und die Endverwendung von Waren (Art. 210 Buchst. c UZK). Die beiden Arten verbindet praktisch nur der Begriff Verwendung.

(1) Vorübergehende Verwendung

D1036 In die vorübergehende Verwendung gem. Art. 250 ff. UZK können Waren übergeführt werden, die nach dem Verbringen in das Zollgebiet der Union **nicht endgültig in den Wirtschaftskreislauf eingehen** sollen, sondern nur zeitlich begrenzt genutzt und nach vorübergehendem Gebrauch unverändert wiederausgeführt werden sollen. Die Art der Ware, des Gebrauchs und die tatsächliche Dauer der Verwendung sind für den Umfang der Begünstigung ausschlaggebend. Unter Beachtung der zu schützenden Wirtschaftsinteressen kann es zur vollständigen oder teilweisen Befreiung von Einfuhrabgaben und sonstigen Abgaben kommen.

D1037 Die **vollständige Befreiung von Einfuhrabgaben** ist zunächst bei vorübergehender Verwendung von Paletten, Containern und anderen Beförderungsmitteln vorgesehen. Hinzu kommen die Verwendung persönlicher Gebrauchsgegenstände, von Waren zu Sportzwecken, von Tieren, von Berufsausrüstung, von Waren zur Durchführung von Testen und Testwaren, von Waren für Messen, von Mustern und viele andere Verwendungszwecke.

ABB. 24: Vorübergehende Verwendung

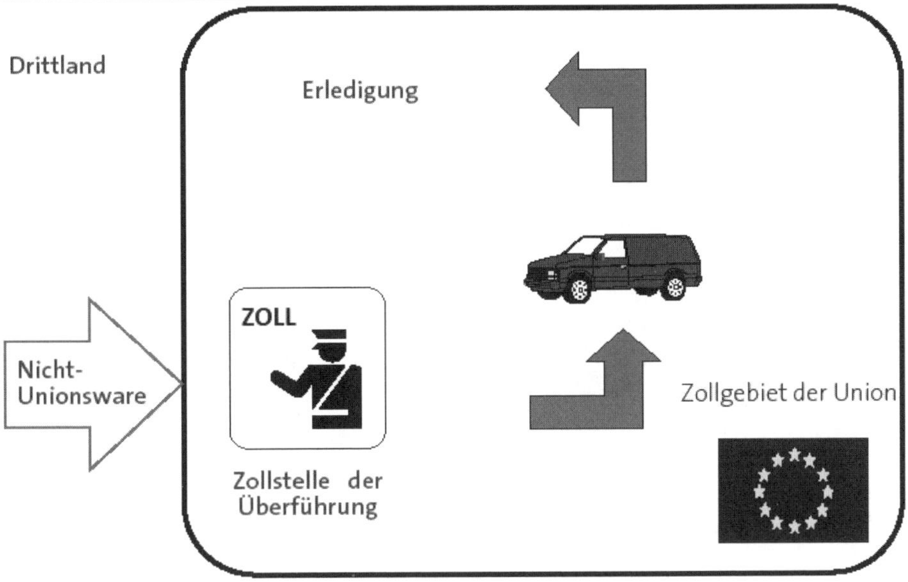

BEISPIELE:

- Berufsausrüstung, die von außerhalb des Zollgebiets der Union ansässigen Personen im Zollgebiet der Union vorübergehend verwendet wird;
- Waren, die auf Messen, Ausstellungen, Kongressen zeitweilig im Zollgebiet ausgestellt oder verwendet werden;
- persönliche Gebrauchsgegenstände des japanischen Urlaubers.

Liegt keiner der abschließend geregelten Befreiungstatbestände vor, ist regelmäßig eine **Teilverzollung** vorgesehen (Art. 206 UZK-DelVO). So wird etwa bei vorübergehend verwendeten Baumaschinen der Tatsache Rechnung getragen, dass sie zeitweilig am Wirtschaftskreislauf teilnehmen und den Herstellern gleicher Waren im Zollgebiet der Union Konkurrenz gemacht wird. Derartige Waren sind wie folgt zu verzollen: pro angefangener Monat 3 % des Abgabenbetrags, der bei Überlassung der Waren zum zollrechtlich freien Verkehr zu erheben wäre (Art. 252 Abs. 1 UZK). Klarstellend sei darauf hingewiesen, dass bei der EUSt und den anderen Verbrauchsteuern keine Teilversteuerung vorgesehen ist. D1038

ABB. 25: Vorübergehende Verwendung mit Teilverzollung

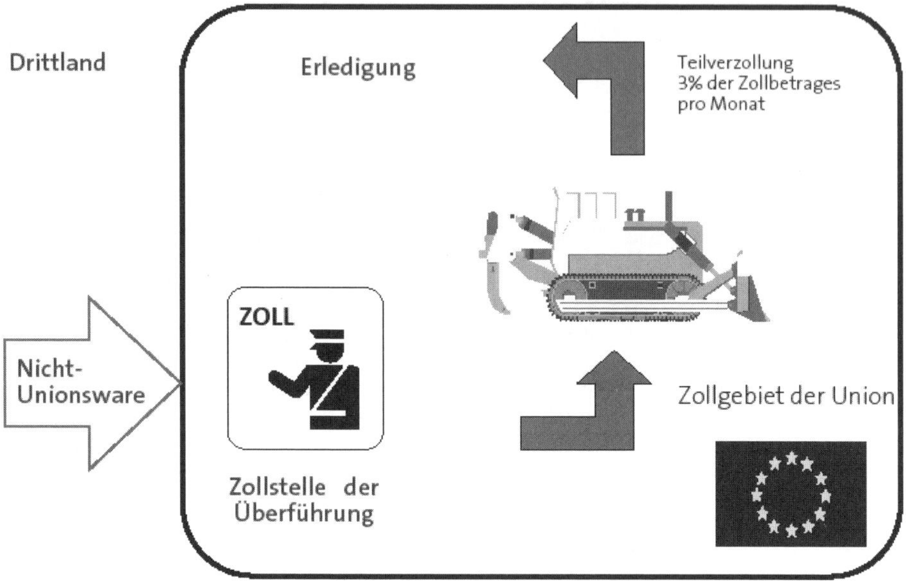

BEISPIEL:

Wird ein Bagger fünfeinhalb Monate lang vorübergehend verwendet und wäre bei Überlassung zum zollrechtlich freien Verkehr eine Zollschuld in Höhe von 10 000 € entstanden, so ist nunmehr 6 x 3 % = 18 % von 10 000 € = 1 800 € Einfuhrzoll zu zahlen.

(2) Endverwendung

D1039 Im Rahmen der Endverwendung können Waren aufgrund des besonderen Zwecks **abgabenfrei oder zu einem ermäßigten Abgabensatz zum zollrechtlich freien Verkehr überlassen** werden (Art. 254 UZK). Die Gründe für die Begünstigung können sich aus dem Gemeinsamen Zolltarif, der ZollbefrVO oder sonstigen, auch nationalen Vorschriften ergeben. Der UZK sieht darin nicht nur einen Fall der Überlassung zum zollrechtlich freien Verkehr, sondern eine Unterart des besonderen Verfahrens Verwendung, nämlich die Endverwendung.

Trotz Überlassung zum zollrechtlich freien Verkehr unterliegen diese Waren nach dem Statuswechsel noch einer **zollamtlichen Überwachung** (Art. 134 Abs. 1 UAbs. 4 UZK). Alsdann wird eine konkrete Endverwendung so lange überwacht, wie die Abgabenbegünstigung von ihr abhängt.

ABB. 26: Endverwendung

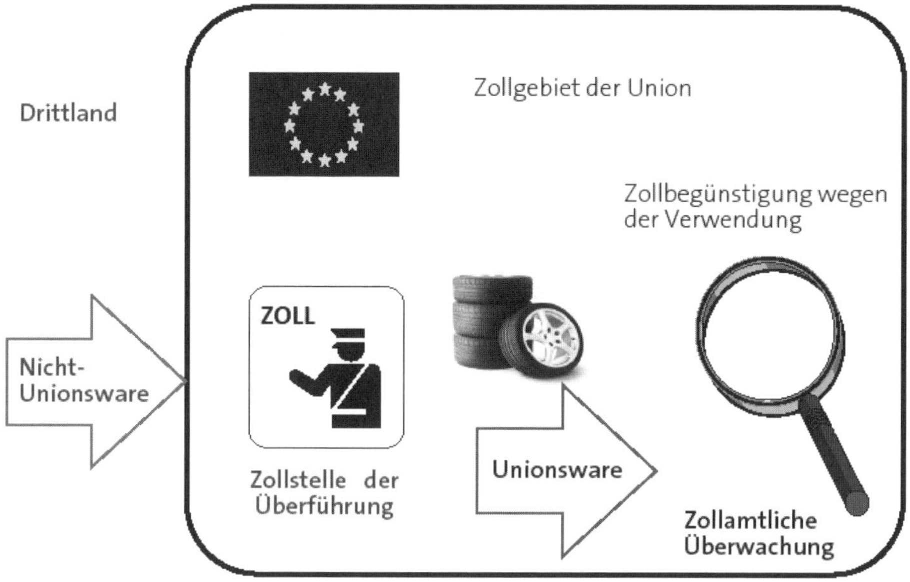

Folglich gibt es den zollrechtlich freien Verkehr in zwei Formen: als nicht überwachtes und als überwachtes Zollverfahren Endverwendung. D1040

BEISPIEL:

- Gelbflossenthunfisch (0302 3210 00 0) zur industriellen Herstellung von Waren der Position 1604 (Fische zubereitet oder haltbar gemacht) unter zollamtlicher Überwachung ist zollfrei. Bei anderweitiger Endverwendung oder ohne zollamtliche Überwachung beträgt der Zollsatz (Drittländer) 22 %.
- Kraftfahrzeuge können als Übersiedlungsgut und Heiratsgut nach Art. 3 ff. bzw. Art. 12 ff. ZollbefrVO einfuhrabgabenbefreit in die Endverwendung übergeführt werden. Sie dürfen alsdann jedoch nicht vor Ablauf einer Frist von zwölf Monaten (Art. 7 bzw. Art. 16 ZollbefreiungsVO) verliehen, verpfändet, vermietet, veräußert oder anderweitig anderen Personen überlassen werden.
- Gemäß den Bestimmungen der ZollV können Mund- und Schiffsvorrat (§ 14 ZollV), Speisewagenvorräte (§ 15 ZollV) und Bordvorräte für Luftfahrzeuge (§ 16 ZollV) einfuhrabgabenbefreit zum zollrechtlich freien Verkehr überlassen und entsprechend verwendet werden.

dd) Veredelung

Unter der Veredelung fasst der UZK die aktive und die passive Veredelung zusammen (Art. 210 Buchst. d UZK). Als allgemeine Vorschrift ist dabei die Ausbeuteregelung des Art. 255 UZK vor die Klammer gezogen. Der Begriff **Ausbeute** ist in Art. 5 Nr. 38 UZK definiert. D1041

D1042 Zudem beschreibt Art. 5 Nr. 30 UZK die **Veredelungserzeugnisse**. Sie sind die in die Veredelung übergeführten Waren, die (bewilligten) Veredelungsvorgängen unterzogen wurden. Art. 5 Nr. 37 UZK nennt die möglichen **Veredelungsvorgänge**:

- Bearbeitung von Waren einschließlich der Montage, der Zusammensetzung und des Anbringens an andere Waren
- Verarbeitung von Waren
- Zerstörung (oder Vernichtung) von Waren
- Ausbesserung von Waren einschließlich ihrer Instandsetzung und Regulierung
- Verwendung von Waren, die nicht in die Veredelungserzeugnisse eingehen, sondern die Herstellung der Veredelungserzeugnisse ermöglichen oder erleichtern, selbst wenn sie hierbei vollständig oder teilweise verbraucht werden (Produktionshilfsmittel)

(1) Aktive Veredelung

D1043 Bei der aktiven Veredelung gem. Art. 256 UZK werden Nicht-Unionswaren in das Zollgebiet der Union verbracht, um hier **Veredelungsvorgängen** gem. Art. 5 Nr. 37 UZK unterzogen zu werden.

ABB. 27: Aktive Veredelung

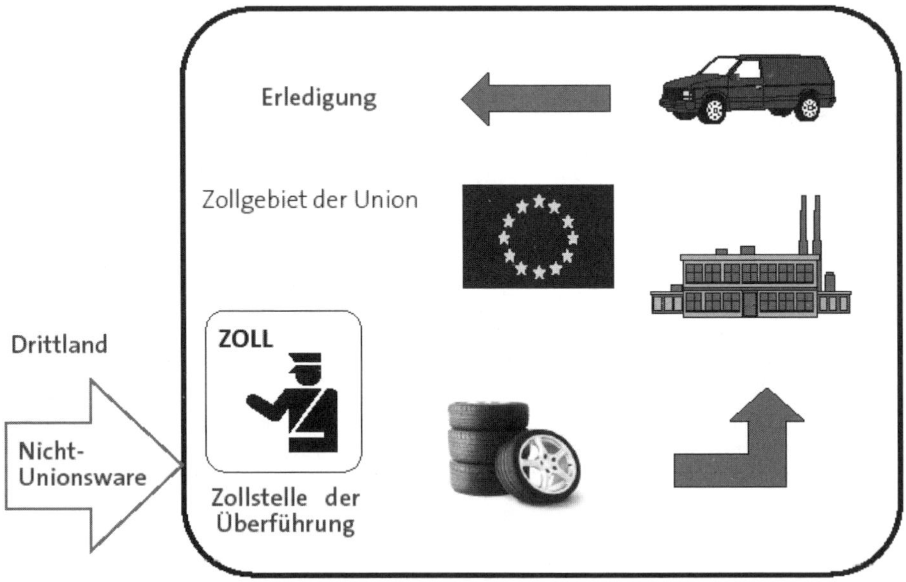

BEISPIEL:

- Im Rahmen der aktiven Veredelung werden Gewebe aus Asien im Zollgebiet der Union gefärbt, bearbeitet und alsdann exportiert.
- Importierter Hopfen und Malz werden verarbeitet, zu Bier gebraut.
- Exportierte Fahrzeuge kommen zu Wartungsarbeiten oder Ausbesserungszwecken vorübergehend ins Zollgebiet der Union zurück.

Die aktive Veredelung erfolgt, **ohne** dass **Einfuhrabgaben oder sonstige Abgaben** erhoben und handelspolitische Maßnahmen angewendet werden, soweit diese nicht den Eingang von Waren in das Zollgebiet der Union untersagen (Art. 256 Abs. 1 UZK). D1044

Das frühere **Zollrückvergütungsverfahren** ist ersatzlos entfallen.

Eine **Wiederausfuhrabsicht** ist seit 2016 nicht mehr erforderlich. D1045

Aus diesem Grunde konnte das frühere **Umwandlungsverfahren** ein Unterfall der aktiven Veredelung werden. Auch dabei geht es um die Be- oder Verarbeitung von importierten Waren im Zollgebiet der Union, allerdings mit dem Unterschied, dass die „umgewandelten" Waren – heute Veredelungserzeugnisse – nicht wiederausgeführt werden sollen. Eingeführte Nicht-Unionswaren sollen vielmehr nicht in ihrer ursprünglichen Form, sondern erst nach Änderung ihrer Beschaffenheit, des Charakters, Zustands und/oder Werts zum zollrechtlich freien Verkehr überlassen werden. Dabei werden die Einfuhrabgaben ausgehend von den entstandenen Veredelungserzeugnissen erhoben. Das ist wirtschaftlich sinnvoll, wenn dadurch eine günstigere Zollbehandlung erzielt und folglich Einfuhrabgaben gespart werden. Demgemäß war das Ziel der Umwandlung häufig, die **Einfuhrwaren auf eine tariflich niedrigere Produktionsstufe abzusenken, um von dem damit verbundenen niedrigeren Zollsatz zu profitieren.** Möglich ist aber auch die Verringerung des Wertes oder der Menge. Gesamtwirtschaftlich wurde durch das Umwandlungsverfahren verhindert, dass die Be- oder Verarbeitungen außerhalb des Zollgebiets der Union stattfinden und erst die Umwandlungserzeugnisse eingeführt werden. D1046

Ziel des Verfahrens kann aber auch die **Beseitigung von Einfuhrverboten oder -beschränkungen** vor Überlassung der Waren zum zollrechtlich freien Verkehr sein.

BEISPIELE:

- Aussondern beschädigter Teile,
- Denaturierung von Waren,
- Recycling zurückgenommener Waren,
- Entrippen von Rohtabak,
- Anbringen von Steuerzeichen.

Das alles kann nunmehr im Rahmen der aktiven Veredelung erfolgen. Art. 85 UZK wendet bei der Zollschuldentstehung die Bemessungsgrundlagen im Zeitpunkt des Entstehens der Zollschuld an. Wird kein Zusatzantrag nach Art. 86 Abs. 3 UZK gestellt, werden diese entstandenen Waren als Veredelungserzeugnisse verzollt. D1047

Ähnlich ist die Situation bei der **Zerstörung**. Sie passt zwar begrifflich kaum zur Veredelung, kann aber verfahrensmäßig in der aktiven Veredelung überwacht werden. Etwaig anfallende Reste sind als Veredelungserzeugnisse gem. Art. 215 UZK zu erledigen. Die **Vernichtung** ist als Begriff entfallen. Sie wurde 2016 zur Zerstörung ohne Reste. D1048

Soweit die Veredelungserzeugnisse in der aktiven Veredelung wertvoller geworden sind, kann die nach Art. 77 UZK entstehende Zollschuld bei Überlassung zum zollrechtlich freien Verkehr gem. Art. 86 Abs. 3 UZK auf Basis der in die aktive Veredelung übergeführten Waren bemessen werden. Damit kommt es faktisch zur Nachverzollung. D1049

D1050 Mit dem UZK ist die in diesen Fällen früher bestehende Pflicht, **Ausgleichszinsen** zu zahlen ersatzlos entfallen.

(2) Passive Veredelung

D1051 ABB. 28: Passive Veredelung

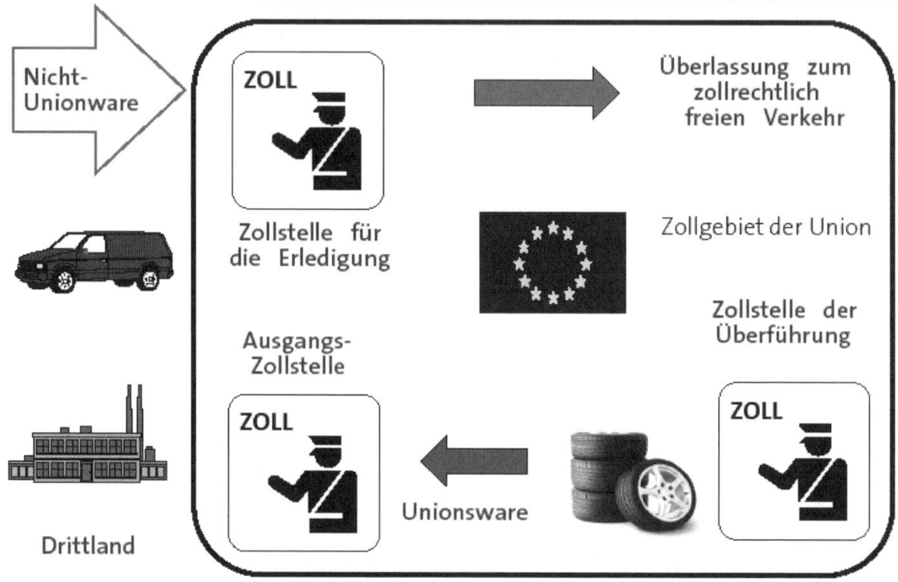

D1052 Wirtschaftlich gesehen ist die passive Veredelung Spiegelbild zur aktiven Veredelung. Unionswaren werden zur Durchführung von Veredelungsvorgängen (Art. 5 Nr. 37 UZK) vorübergehend aus dem Zollgebiet der Union ausgeführt und nach Veredelung wieder eingeführt (Art. 259 UZK). Die zu veredelnden Waren stammen aus dem zollrechtlich freien Verkehr der Union. Die Güterproduktion findet im Rahmen der grenzüberschreitenden Arbeitsteilung in Drittländern statt. Damit wird es ermöglicht Kapazitäten der Verarbeiter in anderen Staaten zu nutzen und zwar unter Ausnutzung der zumeist niedrigeren Lohnkosten. Die dabei produzierten Waren, Veredelungserzeugnisse (Art. 5 Nr. 30 UZK), können unter vollständiger oder teilweiser Befreiung von Einfuhrabgaben zum zollrechtlich freien Verkehr überlassen werden.

D1053 Die bei der Überlassung zum zollrechtlich freien Verkehr entstehenden Zollschulden sind nach der **Mehrwertmethode** zu berechnen (Art. 86 Abs. 5 UZK). Vereinfacht gesagt erfolgt die Verzollung auf Grundlage der Kosten für den außerhalb des Zollgebiets der Union vorgenommenen Veredelungsvorgang. Der Wert der Vorprodukte aus der Union bleibt also unberücksichtigt.

D1054 Bei der passiven Veredelung handelt es sich jedoch zunächst um ein **Verfahren zur Ausfuhr von Unionswaren**. Da kein Zwang zur Wiedereinfuhr besteht, kann es zu einem endgültigen Verlassen des Zollgebietes der Union kommen. Folglich sind bei der vorübergehenden Ausfuhr etwaige Ausfuhrabgaben zu erheben (Art. 81 UZK) und die handelspolitischen Maßnahmen und sonstigen Ausfuhrverbote und -beschränkungen anzuwenden. Der Verfahrensablauf entspricht dem des Ausfuhrverfahrens.

BEISPIELE:

- Eine Firma lässt in Südostasien Schurwollgewebe aus der Union zu Mänteln verarbeiten. Die Gewebe werden im Zollverfahren der passiven Veredelung vorübergehend ausgeführt. Bei der Überlassung zum zollrechtlich freien Verkehr nach Veredelung wird der geschaffene Mehrwert verzollt.
- Ein Motor aus Deutschland soll im Rahmen einer passiven Veredelung in den USA in einen Geländewagen eingebaut, der Geländewagen anschließend in das Zollgebiet der Union verbracht werden. Im Rahmen der Überführung in die passive Veredelung ist auch die Zulässigkeit der vorübergehenden Ausfuhr zu prüfen.

c) Ausfuhr

ABB. 29: Ausfuhr

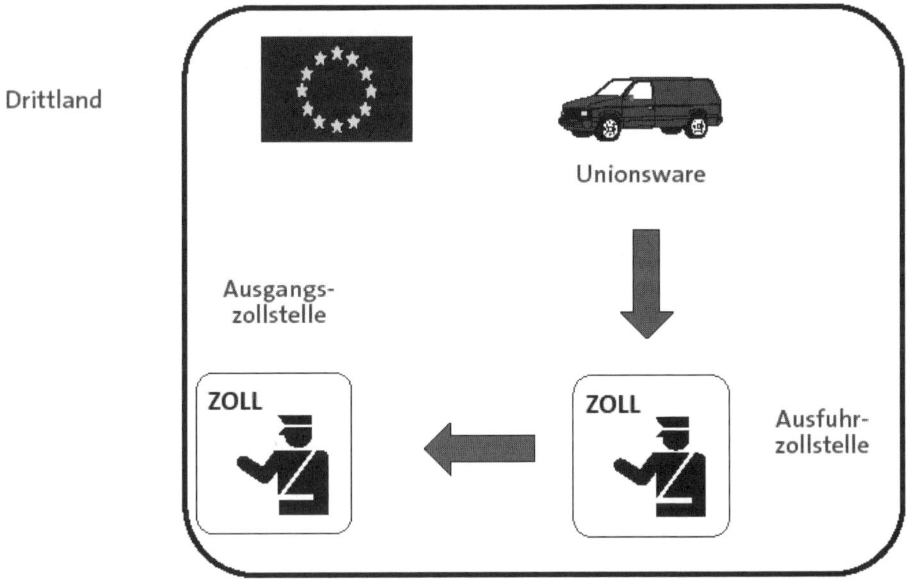

Die Ausfuhr von Unionswaren erfolgt im Ausfuhrverfahren gem. Art. 269 ZK. Bei der Ausfuhrzollstelle (Art. 1 Nr. 16 UZK-DelVO) ist zu diesem Zweck eine Ausfuhranmeldung abzugeben. Danach wird die Zulässigkeit der Ausfuhr geprüft. Gegebenenfalls werden Ausfuhrabgaben erhoben. Das tatsächliche Verbringen der Waren aus dem Zollgebiet der Union hat schließlich über die Ausgangszollstelle irgendwo an der Zollgrenze der Union oder über Flughäfen zu erfolgen. Da von der Union praktisch keine Ausfuhrabgaben erhoben werden, wird durch das Ausfuhrverfahren vor allem die Einhaltung der **Ausfuhrverbote und -beschränkungen sowie handelspolitischer Maßnahmen** überwacht. D1055

BEISPIELE:

- Die Ausfuhr von Hartweizen und anderer Waren des landwirtschaftlichen Bereichs aus dem Zollgebiet der Union unterliegt zeitweise Ausfuhrabgaben.
- Die Ausfuhr von Kunstwerken zu Ausstellungszwecken in Japan bedarf ggf. der Genehmigung durch das Bundesinnenministerium.

3. Wiederausfuhr

D1056 Die Wiederausfuhr ist eine Möglichkeit, Nicht-Unionswaren ordnungsgemäß aus dem Zollgebiet der Union zu verbringen (Art. 270 UZK). Mittels ihrer können besondere Verfahren erledigt werden (Art. 215 UZK). Die Überwachung gewährleistet u. a., dass die unverzollten Waren nicht ohne Beachtung von Verboten oder Beschränkungen und von handelspolitischen Maßnahmen (Art. 267 Abs. 3 Buchst. e UZK) exportiert werden.

D1057 Verfahrensmäßig orientiert sich die Wiederausfuhr an den Regeln der Ausfuhr. Regelmäßig ist eine **Wiederausfuhranmeldung** abzugeben (Art. 270 UZK).

D1058 Im Einzelfall, etwa beim Export aus der vorübergehenden Verwahrung oder der Freizone, kann zur Durchführung einer Risikoanalyse die **Abgabe einer summarischen Ausgangsanmeldung** (Art. 271 UZK) oder eine **Wiederausfuhrmitteilung** ausreichen (Art. 274 UZK).

4. Zerstörung von Waren

D1059 Die nächste Möglichkeit zur **Verwertung der Waren** ist die gem. Art. 197 UZK mögliche Zerstörung. Sie ist zu unterscheiden von der Zerstörung im Rahmen der aktiven Veredelung. Diese ist als Veredelungsvorgang gem. Art. 5 Nr. 37 UZK ebenfalls möglich.

D1060 Der Begriff **Vernichtung** wird nicht mehr verwendet. Vernichtung ist die Beseitigung oder völlige Entwertung einer Ware. Die vernichtete Ware ist wirtschaftlich nicht mehr sinnvoll erfassbar.

D1061 Nunmehr gibt es nur noch eine **Zerstörung ohne Reste oder mit Resten**. Die verbleibenden Reste müssen noch in ein Zollverfahren übergeführt, wiederausgeführt oder anderweitig verwertet werden.

BEISPIELE:

- Verbrennen von Holz, Wegschütten von Flüssigkeit.
- Zu Schrott gefahrener Pkw, Verschrottung von Maschinen, Zerschlagen von Glas zu Scherben, Zerschlagen von Möbeln zu Brennholz.

D1062 *(Einstweilen frei)*

5. Aufgabe

D1063 Als letzte Möglichkeit regelt Art. 215 Abs. 1 UZK die Aufgabe von Nicht-Unionswaren und von Unionswaren, die sich in der Endverwendung befinden, zugunsten der Staatskasse (Art. 199 UZK). Diese Möglichkeit zur Verwertung der Waren besteht seit 2016 einheitlich im gesamten Zollgebiet der Union. Damit kann der **Wirtschaftsbeteiligte auf die Waren verzichten** und sie dem Staat zukommen lassen. Die dabei zu beachtenden Negativvoraussetzungen ergeben sich aus Art. 249 UZK-DVO. Die Zollbehörden können die Aufgabe *ablehnen*, wenn die

- Waren im Zollgebiet der Union unverkäuflich sind oder
- Kosten der Veräußerung in keinem angemessenen Verhältnis zum Warenwert stünden oder
- Waren zerstört werden müssen

Die **Zollbehörden** können ihrerseits den Eigentümer öffentlich auffordern, sich zu melden. Nach 90 Tagen ohne Antwort ist die Ware faktisch zugunsten der Staatskasse aufgegeben (Art. 249 Abs. 2 UZK-DVO). D1064

6. Kontrollfragen

		Rdnr.	
1.	Benennen Sie die Zollverfahren.	D1000	☐
2.	Welche sonstigen Möglichkeiten bestehen?	D1001	☐
3.	Woraus können sich Einschränkungen bei der Wahl eines Zollverfahrens ergeben?	D1005 f.	☐
4.	Was ist eine Zollanmeldung?	D1008	☐
5.	Welche Formen sind bei der Zollanmeldung möglich?	D1009 ff.	☐
6.	Welche Arten der Zollanmeldung gibt es?	D1012 ff.	☐
7.	Wie geht es nach Abgabe der Zollanmeldung weiter?	D1015 ff.	☐
8.	Was ist Inhalt der Überlassung zum zollrechtlich freien Verkehr?	D1021 f.	☐
9.	Welche Arten und Unterarten der besonderen Verfahren gibt es?	D1023	☐
10.	Welche allgemeinen Regelungen stehen vor der Klammer?	D1024	☐
11.	Was ist ein externes Versandverfahren?	D1025 ff.	☐
12.	Was ist ein internes Versandverfahren?	D1028	☐
13.	Beschreiben Sie das Zolllager.	D1031	☐
14.	Was versteht man unter Freizonen?	D1033	☐
15.	Was versteht man unter vorübergehender Verwendung?	D1036 ff.	☐
16.	Welche beiden Fälle sind dabei zu unterscheiden?	D1037 f.	☐
17.	Was versteht man unter Endverwendung?	D1039 f.	☐
18.	Benennen Sie die Veredelungsvorgänge.	D1042	☐
19.	Wie läuft die aktive Veredelung ab?	D1043 ff.	☐
20.	Wie funktioniert die passive Veredelung?	D1052 ff.	☐
21.	Was ist Ausfuhr?	D1055	☐

22.	Wie können Nicht-Unionswaren exportiert werden?	D1056 ff.	☐
23.	Was meint Zerstörung von Waren?	D1059 ff.	☐
24.	Was versteht man unter Aufgabe von Waren zugunsten der Staatskasse?	D1063	☐

II. Überführung von Waren in ein Zollverfahren

Schrifttum:

Böhne, Ausfuhr von Waren nach dem UZK, AW-Prax 2014, 343; *Böhne/Rüter,* Postverkehr im Zollrecht – Ein Überblick über den Im- und Export auf Grundlage des UZK, AW-Prax 2019, 172, 326; *Felderhoff,* Antidumpingrecht: Unternehmensspezifische Zollsätze und Handelsrechnungen, EuGH erlaubt das Nachreichen von gültigen Handelsrechnungen, AW-Prax 217, 450; *Felderhoff,* EuGH erlaubt nachträgliche Änderung des zollrechtlichen Anmelders, AW-Prax 2021, 40; *Görtz,* Nämlichkeitssicherung im TIR-Verfahren, BDZ 2009, F 63; *Harings/Loets,* Fehlende und fehlerhafte Handelsrechnungen für Antidumpingzoll-Begünstigungen, ZfZ 2016, 230; *Henke/Witte,* Praxishandbuch Lagerung im Zoll- und Steuerrecht, 2. Aufl. 2019; *Hiebl,* SASP bringt wesentliche Erleichterungen, AW-Prax 2008, 299; *Kock,* Die Annahme der Zollanmeldung, AW-Prax 2012, 106; *Kock/Focke/Schulte,* Allgemeines Zollrecht – Prüfungsschemata, 5. Aufl. 2018; *Kopidura,* Risiken beim Anschreibeverfahren, AW-Prax 2015, 389; *Kurt/Sieben,* Neues zum („zugelassenen") Ausführer – oder die dunkle Seite des UZK, AW-Prax 2017, 127; *Lux,* Die Automatisierung der Einfuhrabwicklung – rechtliche und IT-Aspekte, AW-Prax 2009, 217; *Lux,* Die Anwendung des UZK und der IT-Verfahren, AW-Prax 2018, 491; *Lux,* Zentrale Zollabwicklung (Art. 179 UZK), in: *Summersberger/Merz/Jatzke/Achatz,* Außenwirtschaft, Verbrauchsteuern und Zoll im 21. Jahrhundert, Festschrift für Hans-Michael Wolffgang, 2018, S. 301; *Schoenfeld,* Die weitere Zollbeschau nach Art. 190 Abs. 1 UAbs. 2 UZK, AW-Prax 2019, 331; *Rogmann/Kopidura,* Schwierige Vereinfachungen, AW-Prax 2015, 189, 227; *Witte/Henke/Kammerzell,* Der Unionszollkodex (UZK), 3. Aufl., Köln 2017; *Zimmermann,* Die elektronische Unterschrift im IT-Verfahren ATLAS, AW-Prax 2004, 13.

1. Einführung

D2000 Thematisch geht es um den förmlichen Weg, den eine Ware aus der vorübergehenden Verwahrung herausnehmen muss, um von der Zollstelle zu dem gewünschten Zollverfahren überlassen zu werden (vgl. Art. 149, 158 UZK). Gemäß Art. 150 UZK gilt der **Grundsatz der Wahlfreiheit.** Die Vorschrift ist vom liberalen Gedankengut eines weltweit grds. freien Warenverkehrs beherrscht. Das GATT im Rahmen der WTO (z. B. Präambel) und Art. 28 ff. AEUV (Freier Warenverkehr und Zollunion) haben die Formulierung beeinflusst. Dementsprechend gilt das Antragsprinzip. Unter der Regie des Anmelders können für Waren beliebige, d. h. wirtschaftlich gewünschte Zollverfahren i. S. von Art. 5 Nr. 16 UZK angesteuert werden. „Herr des Verfahrens" ist nicht etwa die Zollbehörde, sondern der Anmelder, der das Zollrecht durch öffentlich-rechtliche Willenserklärungen für seine Zwecke nutzbar machen kann.

D2001 Einige Zollverfahren lassen die Überführung von Waren allerdings nur zu, wenn eine **Bewilligung** vorliegt. Das gilt gem. Art. 211 Abs. 1 Buchst. a UZK für die Inanspruchnahme der aktiven und passiven Veredelung, der vorübergehenden Verwendung und der Endverwendung. Im Vergleich zu Art. 5 Nr. 16 und Art. 210 UZK bleiben folglich ausgeschlossen die Überlassung zum zollrechtlich freien Verkehr, der Versand und die Ausfuhr. Für die letztgenannten Zollverfahren gelten vielfältige verfahrensrechtliche Besonderheiten, die eine Herausnahme aus dem Anwendungsbereich der bewilligungspflichtigen Zollverfahren rechtfertigen. Eine Besonderheit gilt für das Zolllager: Gem. Art. 211 Abs. 1 Buchst. b UZK bedarf nicht die Inanspruchnahme des Zollverfahrens, sondern der Betrieb der Lagerstätten der Bewilligung der Zollbehörden (zu Einzelheiten vgl. Rdnr. D 5059).

Die Beweggründe für eine vorauslaufende Bewilligung sind bei den bewilligungspflich- D2002
tigen Zollverfahren darin zu suchen, dass mit der Überlassung von Waren in diese Verfahren – trotz fortdauernder zollamtlicher Überwachung gem. Art. 134 Abs. 1 UAbs. 1, 4 UZK – die Zollbehörden sich regelmäßig für eine gewisse Zeit von der Ware trennen und zumindest bei den Zollverfahren mit Nichterhebungswirkung (vgl. z. B. Art. 237 Abs. 1, Art. 256 Abs. 1 UZK – Lagerung, aktive Veredelung) im Rahmen des sog. Suspensiveffekts auf die Realisierung der Einfuhrabgaben und sonstigen Abgaben (EUSt, VSt) verzichten bzw. die Aussetzung handelspolitischer Maßnahmen gewähren. Zwischenzeitlich trägt der Inhaber der Bewilligung die Verantwortung für eine ordnungsgemäße Abwicklung des Zollverfahrens.

2. Zollanmeldung

Gemäß Art. 150 UZK darf die Freiheit bei der Wahl einer zollrechtlichen Bestimmung in D2003
mehrfacher Hinsicht nicht behindert werden: **Erstens** trägt die Vorschrift dem Grundsatz der Lückenlosigkeit des Zolltarifs Rechnung, nach dem eine exakte Einreihung bei jeder Ware möglich sein muss und sich folglich aus der Beschaffenheit der Ware keine Einschränkungen der Wahlfreiheit ergeben dürfen. **Zweitens** gilt das Gleiche für die Warenmenge. Im sekundären EU-Recht wird mithin der Grundsatz des Verbots mengenmäßiger Beschränkungen aus Art. 34 AEUV für den konkreten Fall der Überlassung zu Zollverfahren aufgegriffen. **Drittens** dürfen weder Ursprung noch Herkunft der Waren zu einer Einschränkung der Wahlfreiheit führen. Die Wahl des Zollverfahrens soll unabhängig davon sein dürfen, in welcher geographischen Region die Waren vollständig gewonnen oder hergestellt wurden (nichtpräferentieller Ursprung, Art. 60 UZK), als auch davon, ob sie aufgrund ggf. anderer Herkunft einen Präferenzursprung erhalten haben (Art. 64 UZK). Schließlich ist es **viertens** unerheblich, an welchen Bestimmungsort die Waren geliefert werden sollen. Dieser darf in der EU, aber auch überall außerhalb liegen. Auf die dahinterstehenden Handelsgeschäfte will das Zollrecht folglich keinen wirtschaftspolitisch lenkenden Einfluss nehmen.

Indes sind alle Zollverfahren, an teilweise komplexe Zugangs- und Verfahrensvoraus- D2004
setzungen geknüpft. Die zöllnerische Handlungsfreiheit des Wirtschaftsbeteiligten ist selbstverständlich durch derartige Verfahrensordnungen begrenzt. Als gewollte Grenzen der Wahlfreiheit lassen sich nach dem natürlichen Ablauf der Dinge folgende Regelungskreise unterscheiden: Vorschriften der Erfassung und Kontrolle des Warenverkehrs beim Verbringen in das bzw. aus dem Zollgebiet der EU (vgl. Rdnr. C 1000 ff.), Vorschriften über die Bewilligung der Zollverfahren (vgl. Rdnr. D 2098 ff.), Vorschriften über die Anmeldung von Waren zu einem und die Überlassung von Waren in ein Zollverfahren, wie sie im Folgenden darzustellen sind, Vorschriften über die Durchführung des

jeweiligen Zollverfahrens im Einzelnen und schließlich Vorschriften über die Erledigung eines Zollverfahrens (vgl. z. B. für das Zolllagerverfahren Rdnr. D 5113 ff., D 5167 ff.).

D2005 Die Freiheit der Wahl der Zollverfahren steht darüber hinaus unter dem Vorbehalt der Beseitigung dieses Rechts durch das Gesetz. Verkehrsbeschränkungen können sich etwa aus der Anwendung handelspolitischer Maßnahmen, z. B. außenwirtschaftliche Im- und Exportbeschränkungen oder marktordnungsrechtliche Lizenzregelungen, ergeben. Eine weitere Schranke stellen gem. Art. 150 i.V. m. Art. 134 Abs. 1 UAbs. 1 und Art. 194 Abs. 1 UZK die sog. Verbote und Beschränkungen für den Warenverkehr über die Grenze dar (vgl. auch Art. 3 Buchst. c UZK; dazu Henke/Rogmann, VuB, Rdnr. 1 ff.).

D2006 Der Begriff „Zollanmeldung" ist grds. für den Bereich der Überführung von Waren in ein Zollverfahren reserviert. Alle Waren, die in ein Zollverfahren übergeführt werden sollen, sind unabhängig von ihrem Status als Unions- oder Nicht-Unionswaren zu dem betreffenden Verfahren anzumelden (Art. 158 Abs. 1 UZK). Nach der Legaldefinition des Art. 5 Nr. 12 UZK ist Zollanmeldung die Handlung, mit der eine Person in der vorgeschriebenen Art und Weise die Absicht bekundet, eine Ware in ein bestimmtes Zollverfahren überführen zu lassen. Mithin ist die Zollanmeldung eine (öffentlich-rechtliche) Willenserklärung des Anmelders (Art. 5 Nr. 15 UZK) zur Ausübung seines Wahl- und Gestaltungsrechts in Richtung auf die wirtschaftliche Nutzung der Zollverfahren.

a) Formen der Standard-Zollanmeldung

aa) Ausgangspunkt

D2007 Der Unionszollkodex legt sich in Art. 6 Abs. 1, Art. 162 f. grundsätzlich auf die Abgabe von Zollanmeldungen mit Mitteln der elektronischen Datenverarbeitung fest. Die sog. **Standard-Zollanmeldung** verlangt dabei die Übermittlung aller von den Zollvorschriften für notwendig erachteten Angaben (Art. 162 UZK) sowie das Bereithalten aller erforderlichen Unterlagen (Art. 163 Abs. 1 UZK).

D2008 Auf dem Weg vom Zollkodex 1994 zur Modernisierung des Zollkodex durch den Unionszollkodex ist ein **Paradigmenwechsel** erfolgt: Das Europäische Parlament und der RAT hatten am 15.01.2008 die Entscheidung über ein papierloses Arbeitsumfeld für Zoll und Handel gebilligt (Nr. 2008/70/EG, ABl EG 2008 Nr. L 23 S. 21). Mit der von der Kommission initiierten Entscheidung sollte ein Instrument zur Einführung interoperabler und leicht zugänglicher elektronischer Zollsysteme vor allem im Rahmen des modernisierten Zollrechts geschaffen werden. Eine wesentliche Neuerung im Unionszollkodex ist es deshalb, dass Zollanmeldungen grundsätzlich unter Anwendung eines Datenverarbeitungsverfahrens abzugeben sind und auch erforderliche Dokumente auf diesem Weg übermittelt oder zur Verfügung gestellt werden. Schriftliche, mündliche und konkludente Anmeldungen können im Wege delegierter Rechtsakte zugelassen werden (vgl. Art. 6 Abs. 3 a, Art. 7 Buchst. b, Art. 158 Abs. 2 UZK), bilden also die Ausnahme zum Grundfall der Zollabwicklung mittels IT.

bb) Standard-Zollanmeldung mit Mitteln der Datenverarbeitung / ATLAS

Zielsetzung einer Zollanmeldung mit Mitteln der elektronischen Datenverarbeitung ist der Verzicht auf jegliche Form der Schriftlichkeit einschließlich des Verzichts auf schriftliche Unterlagen, wie z. B. Rechnungen, Beförderungspapiere, Präferenzbescheinigungen. Die im Anhang B von UZK-DelVO und UZK-DVO vorgesehenen Angaben (Liste der bei Zollanmeldungen auszufüllenden Datenfelder) werden dadurch erbracht, dass die Angaben in Form von Codes oder in einer anderen festgelegten Form zum Zwecke der datentechnischen Verarbeitung übermittelt werden, vgl. Art. 2 Abs. 2 UZK-DelVO und Art. 2 Abs. 2 UZK-DVO. D2009

(1) Angaben gemäß Art. 162 UZK

Die Inhalte der Zollanmeldung, d. h. die für das jeweilige Zollverfahren verlangten Angaben (Art. 162 UZK), werden in einer (fakultativen) Maximal- und in einer (zwingenden) Minimalliste aufbereitet (Anhang B UZK-DelVO und Anhang B UZK-DVO). Die zuständigen Zollbehörden der Mitgliedstaaten können die verlangten Angaben um die fakultativen Datenfelder „verdichten". Hintergrund ist vor allem der Wunsch nach einer umfassenden Berücksichtigung der Außenhandelsstatistik. D2010

Für die meisten Felder steht wenig Raum zur Verfügung. Deshalb müssen viele Angaben codiert werden. Das wiederum erleichtert die datentechnische Verarbeitung der Informationen. Die beim Ausfüllen der Vordrucke verwendeten Codes sind in Anhang B UZK-DelVO und Anhang B UZK-DVO aufgeführt. So wird z. B. im Datenfeld 1 der innergemeinschaftliche Warenverkehr mit Unionswaren mit **CO** gekennzeichnet, eine Ausfuhr in Drittländer mit **EX** und die zollrechtliche Bestimmung von Nicht-Unionswaren nach Eingang mit **IM**. D2011

Eine Besonderheit weist der Warenverkehr mit den **EFTA-Staaten** auf. Zentrale Rechtsquelle ist der Ratsbeschluss vom 28.4.1987 (VSF Z 32 05), durch den ein entsprechendes Übereinkommen zur Vereinfachung von Förmlichkeiten zwischen der EU und den einzelnen EFTA-Staaten für den EU-Rechtskreis verbindlich wurde. Die Kennzeichnung der EU/EFTA-Warenverkehre (für Ein- und Ausfuhr von Unions- und Nicht-Unionswaren) lautet immer **EU**. Der Raum für die Codierung „EU" wurde zwischenzeitlich erweitert: Vertragsparteien des Übereinkommens über ein gemeinsames Versandverfahren und des Übereinkommens zur Vereinfachung der Förmlichkeiten im Warenverkehr sind aktuell Island, Nordmazedonien, Norwegen, die Schweiz (einschließlich Liechtenstein), Serbien, die Türkei und – nach dem Austritt aus der EU – das Vereinigte Königsreich. D2012

Bei mehreren Positionen einer Sendung können **Ergänzungsinformationen** verwendet werden. Sie sind mit CO/c, EX/c, IM/c bzw. EU/c zu bezeichnen. Werden allerdings auf diese Art mehrere Warenpositionen angemeldet, so gelten im Sinne des Unionszollkodex die Angaben für jede Warenposition als gesonderte Zollanmeldung (Art. 190 Abs. 2, Art. 194 Abs. 2 UZK, Art. 222 UZK-DVO). Die mit elektronischen Zollanmeldungen zu übermittelnden Codes sind für die Praxis im **„Merkblatt zu Zollanmeldungen, summarischen Anmeldungen und Wiederausfuhrmitteilungen"** zusammengestellt. Das Merkblatt wird jährlich aktualisiert und ist in der VSF unter der Kennung Z 3455 oder unter http://www.zoll.de aufzurufen. D2013

(2) Unterlagen gemäß Art. 163 UZK

D2014 Mit der Zollanmeldung sind alle erforderlichen Unterlagen codiert anzumelden und im Unternehmen für eine etwaige Kontrolle bereit zu halten (vgl. Art. 163 Abs. 1 UZK). Erforderlich sind z. B. je nach Ausgangsfall und Zollverfahren Rechnungen, Präferenznachweis, Beförderungsdokumentation, Liste der Packstücke, Einfuhrgenehmigung usw.

(3) Verfahren mit Mitteln der elektronischen Datenverarbeitung

D2015 Zulassungsvoraussetzungen für die Zollanmeldung im Informatikverfahren werden vom EU-Recht nur ansatzweise geregelt; Voraussetzung ist aber z. B. die Registrierung mit einem **EORI-Eintrag** und die Vergabe einer entsprechenden EORI-Nummer (**E**conomic **O**perators **R**egistration and **I**dentification – die eindeutige „Zollnummer" eines Zollakteurs auf europäischer Ebene, Art. 9 UZK, Art. 1 Nr. 18, Art. 3 ff. UZK-DelVO, Art. 6 ff. UZK-DVO).

D2016 In Deutschland ist das **IT-Gesamtkonzept ATLAS** (**A**utomatisiertes **T**arif- und **L**okales Zoll- **A**bwicklungs-**S**ystem; engl.: **A**utomated customs **t**ariff and **l**ocal processing **a**pplication-**s**ystem) so ausgestaltet, dass Rechnereinheiten vom PC bis zum Großrechner mit der Zollverwaltung – ggf. per Internet – vernetzt werden können. Ein vorauslaufendes Zulassungsverfahren erübrigt sich dann, wenn der Zollanmelder die Daten am Amtsplatz der Zollstelle im Wege der sog. **Benutzereingabe** in dort vom Zoll installierte Systeme eingibt bzw. vom Zoll eingeben lässt; die Benutzerkennung ermöglicht in diesen Fällen den Zugang. Diese Variante wird es allerdings nur noch für eine Übergangszeit geben; in den Bereichen summarische Eingangs- und Ausgangsanmeldungen (EAS) sowie Unionsversand- und Ausfuhrverfahren (NCTS, AES) sind bereits heute nur noch elektronische Zollanmeldungen „von zu Hause aus" zulässig (Einzelheiten bei Witte/Henke, UZK, Art. 162 Rz. 3 ff.). Will der Zollanmelder vom Ort des Unternehmens aus tätig werden, steht die Gestattung dieser Anmeldeform – die sog. **Teilnehmereingabe** – unter dem Vorbehalt einer Anmeldung bei einer zuständigen Stelle der Verwaltung. Der Teilnehmer ist verpflichtet, die in der vom BMF herausgegebenen **ATLAS-Verfahrensanweisung** (VSF Z 2650; http://www.zoll.de) und im sog. Implementierungshandbuch festgelegten Kriterien und IT-technische Modalitäten einzuhalten. Wegen der grundsätzlichen Verpflichtung der Zollanmelder zur Zollanmeldung mittels Datenverarbeitung und weil es sich bei der Teilnahme am Informatikverfahren für sich allein um keine Vergünstigung handelt, bedarf diese keiner förmlichen Bewilligung. Die Anmeldung des Teilnehmers dient allein dazu, den Interessenten zu registrieren und die technischen Voraussetzungen für einen reibungslosen Nachrichtenaustausch herzustellen und zu testen, vgl. auch § 8a ZollV. Das **Zertifizierungsverfahren** sieht die Prüfung der zu zertifizierenden Software anhand vorgegebener Testszenarien vor. Die Teilnehmersoftware muss in der Lage sein, unterschiedliche Testfälle innerhalb eines breiten fachlichen Spektrums zu verarbeiten. Bei erfolgreichem Testverlauf erhält der IT-Dienstleister ein Zertifikat, mit dem der Teilnehmersoftware die Fähigkeit zum Austausch von Nachrichten im IT-Verfahren ATLAS bescheinigt wird. In diesem Zertifikat sind die Version der geprüften Software, die bedienbaren Nachrichtengruppen und Nachrichtenversionen gem. Implementierungshandbuch aufgeführt.

Ordnungsprinzip für das ATLAS-System ist die seit 2012 verpflichtende, EU-weit gültige und einer Person nur einmal erteilte EORI (vgl. Art. 5 Nr. 4 UZK i. V. m. Art. 7 Abs. 2 UZK-DVO). Hinter der EORI werden unternehmensspezifische Daten – z. B. auch die Zertifizierung des Beteiligten als Zugelassener Wirtschaftsbeteiligter (ZWB/AEO) – hinterlegt und in ATLAS plausibilisiert. Sowohl die Beantragung einer EORI als auch die Anzeige von Änderungen seit der Beantragung erfolgen beim sog. „Stammdatenmanagement" der Generalzolldirektion am Dienstort Dresden über das Bürger- und Geschäftskundenportal – BuG. D2017

Auf der Grundlage der EU-rechtlichen Vorgaben sind die Modalitäten festzulegen, unter denen die handschriftliche **Unterzeichnung** durch ein anderes technisches Verfahren ersetzt wird, das auf der Verwendung eines Codes beruht. Im IT-Verfahren ATLAS wird für die eindeutige Identifizierung des Nachrichtensenders eine **Beteiligten-Identifikations-Nummer (BIN)** benötigt. Die BIN dient zur Prüfung der Zugangsberechtigung und ist für den elektronischen Datenaustausch mit der Zollverwaltung erforderlich; sie ersetzt sozusagen die handschriftliche Unterschrift. Die Softwareanbieter haben für jeden Kunden ein Logbuch zu führen, welches die eindeutige Zuordnung der gesendeten Nachricht zu einem Benutzer gewährleistet. D2018

Art. 2 Abs. 2 i. V. m. Anhang B UZK-DelVO, Art. 2 Abs. 2 i. V. m. Anhang B und Art. 3 – 5 UZK-DVO enthalten die einschlägigen Ermächtigungen zur IT-technischen Umsetzung aller zollrechtlichen Institute, wie z. B. summarische Eingangsanmeldung (ESumA), Ankunftsmeldung, Anmeldung zur vorübergehenden Verwahrung (VVAM), Zollanmeldung, Annahme der Anmeldung, Überlassung. Ergänzend kann gem. § 29b ZollV der Einfuhr- oder Ausfuhrabgabenbetrag dem Zollschuldner mit Mitteln der elektronischen Datenverarbeitung mitgeteilt werden. Abgerundet wird das ganzheitliche IT-Konzept des Unionszollkodex und seiner Durchführungsbestimmungen durch die seitens Art. 6 Abs. 1 UZK eröffnete Möglichkeit, auch die **Bewilligung** von Zollverfahren und der korrespondierenden Vereinfachungen sowie Korrekturen im Rahmen von Nacherhebung, Erlass oder Erstattung im Informatikverfahren abzuwickeln. Sämtliche Dienststellen der deutschen Zollverwaltung sind mit den für ihre Aufgabenbereiche erforderlichen ATLAS-Fachverfahren ausgestattet. D2019

Mit Art. 163 Abs. 1 UZK wird die Möglichkeit eröffnet, dass die nach den Vorschriften über das jeweilige Zollverfahren, zu dem die Waren angemeldet werden, erforderlichen Unterlagen, nicht vorgelegt werden, sondern dass es im Falle einer Standard-Zollanmeldung mittels Datenverarbeitung ausreicht, die **Dokumente zur Verfügung der Zollbehörden bereit zu halten.** Der Gesetzgeber ist der Auffassung, dass die Existenz der Unterlagen im Unternehmen – gepaart mit den allgemeinen Pflichten zur Archivierung von Unterlagen gem. Art. 51 Abs. 1 UZK – ausreichend ist, die nachträgliche Kontrolle dieser Unterlagen zu gewährleisten. Die ATLAS-Verfahrensanweisung unterscheidet zudem zwischen solchen Unterlagen, auf deren Vorlage grundsätzlich verzichtet werden kann, z. B. Handelsdokumente oder Präferenznachweise, Unterlagen, die einmal pro Monat oder aufgrund spezieller Vereinbarung vorzulegen sind, z. B. nichtpräferenzielle Ursprungszeugnisse, Einfuhrgenehmigungen oder Einfuhrlizenzen, und Unterlagen, die grundsätzlich vorgelegt werden müssen, wie z. B. artenschutzrechtliche, abfallrechtliche oder betäubungsmittelrechtliche Genehmigungen. D2020

D2021–D2023 *(Einstweilen frei)*

D2024 Die **Anmeldedaten** werden auf **Zollseite** an zentraler Stelle für 10 Jahre – beginnend mit dem Ablauf des Kalenderjahrs, in dem die Daten erstmals gespeichert wurden – **archiviert** und unter Einhaltung der Datenschutzrichtlinien der Zentralstelle für Risikoanalyse (Zoll) im Referat Risikomanagement des Zollkriminalamtes dem Statistischen Bundesamt, dem Bundesamt für Wirtschaft und Ausfuhrkontrolle, der Bundesanstalt für Landwirtschaft und Ernährung, den Prüfungsdiensten, Zollfahndungsämtern und Landesfinanzverwaltungen – diesen im System OZEAN – zur Verfügung gestellt.

D2025 Auf **Beteiligtenseite** sind die mit der Zollverwaltung ausgetauschten digitalen Nachrichten ebenfalls **10 Jahre** lang aufzubewahren. Die Frist beginnt mit Ablauf des Kalenderjahrs, in dem die Nachrichten versandt oder empfangen wurden (vgl. Art. 51 Abs. 1 UAbs. 2 – 4 UZK). Die für die Zollabfertigung erforderlichen **Unterlagen,** sind vom Anmelder gem. Art. 51 Abs. 1, 2 UZK, § 147 Abs. 1 Nr. 4a i. V. m. Abs. 3 AO entsprechend 10 Jahre aufzubewahren. Der Beginn der Aufbewahrungsfrist richtet sich nach § 147 Abs. 4 AO.

D2026 Im Einzelnen sollen mit dem ATLAS-Konzept folgende **(wirtschafts-)politischen Zielvorgaben** erreicht werden:

- Bereitstellung des Elektronischen Zolltarifs (EZT),
- automatisierte Zollabfertigung und Zollsachbearbeitung,
- Minimierung der Verwendung von Papier,
- Steigerung der Arbeitsqualität und Schnelligkeit,
- dezentrale Datenverarbeitung,
- zentrale Archivierung, Software- und Stammdatenpflege,
- einheitlicher und zeitgemäßer Informationsaustausch mit der am Außenhandel teilnehmenden Wirtschaft,
- Bereitstellung der Daten für Risikoanalyse, Prüfungsdienste, Zollfahndung und Landesfinanzverwaltung,
- Berücksichtigung und Integration internationaler IT-Projekte,
- Offenheit für die Zusammenarbeit mit den Zollverwaltungen anderer Mitgliedstaaten.

D2027 Im Rahmen der Teilnehmereingabe, werden gem. der Verfahrensanweisung ATLAS Zollanmeldungen vom Anmelder elektronisch erfasst, der Zollstelle elektronisch übermittelt und dort entsprechend bearbeitet. Der Anmelder erhält die Entscheidung der Zollstelle und den Bescheid über Einfuhrabgaben anschließend ebenfalls auf elektronischem Weg.

D2028 Zu ATLAS gehören u. a. folgende Funktionen:

- **Elektronischer Zolltarif – EZT.** Kern des EZT ist die TARIC-Datenbank der EU, ergänzt um deutsche Unterpositionen und Maßnahmen (EUSt und Verbrauchsteuern), die Einfuhrliste, die Warenliste Ausfuhr und Hinweise z. B. auf VuB.
- **Summarische Eingangs- und Ausgangsanmeldung – EAS.** In diesem Modul werden durch Vorabeingangs- und Vorabausgangsanmeldungen sicherheitsrelevante Daten

erhoben und einer Sicherheitsrisikoanalyse unterworfen. Das System der „Predeclaration" dient in erster Linie der Terrorismusbekämpfung und der Abwehr anderer schwerwiegender Gefahren wie z. B. Betäubungsmittel- oder Umweltkriminalität.

- **Anmeldung zur vorübergehenden Verwahrung – VVAM**. Die Anwendung dient – auch nach Beendigung eines Unionsversandverfahrens – der Überwachung der 90-tägigen Frist, die Waren in ein Zollverfahren zu überführen oder wiederauszuführen; für den weiteren Zollabfertigungsprozess aus der vorübergehenden Verwahrung heraus ist die Anwendung stets Voraussetzung.
- **Internetzollanmeldung – IZA.** Mit der IZA besteht die Möglichkeit, summarische Eingangs- und Ausgangsanmeldungen **(Internetimportanmeldung – IIA),** Zollanmeldungen zur Überlassung zum zoll- und steuerrechtlich freien Verkehr, in das Unionsversandverfahren **(Internetversandanmeldung – IVA)** und in das Ausfuhrverfahren **(Internetausfuhranmeldung – IAA Plus)** über ein öffentliches Internet-Portal, www.internetzollanmeldung.de, zu übermitteln. Anders als Zollanmeldungen, die per Teilnehmereingabe verschickt wurden, sind diese Zollanmeldungen erst rechtlich wirksam, wenn sie ausgedruckt und unterschrieben bei der zuständigen Zollstelle vorgelegt wurden. Anschließend übernimmt der Benutzer, die Daten in ATLAS und bedient sich bei der Zollbehandlung dieses Systems. Mit der IAA Plus ist allerdings seit Mai 2009 auch die Nutzung des sog. ELSTER-Zertifikats, also die Nutzung einer elektronischen Unterschrift wie im Bereich der Landesfinanzverwaltungen, verknüpft.
- **Bewilligung.** Die Anwendung dient der Erstellung, der Änderung und dem Widerruf von Bewilligungen durch das zuständige HZA. Darüber hinaus haben alle Zollstellen die Möglichkeit, die erfassten Bewilligungen einzusehen.
- **Überwachung der Sicherheiten.** Die Anwendung überwacht die Einhaltung der Regeln hinsichtlich aller in Betracht kommender Sicherheiten. Die Überwachung erfolgt mit Hilfe der Vergabe einer **Guarantee Reference Number – GRN.** Bei der Verwendung einer Gesamtbürgschaft oder bei Befreiung von der Sicherheitsleistung wird der Referenzbetrag bei Überlassung zum Verfahren um den angemeldeten oder in der Bewilligung festgelegten Sicherheitsbetrag belastet (vgl. dazu auch Rdnr. D 4074 ff.).
- **Schnittstelle** zu **Systemen anderer Behörden**, z. B. Statistisches Bundesamt (StBA), Bundesamt für Wirtschaft und Ausfuhrkontrolle (BAFA), Bundesamt für Landwirtschaft und Ernährung (BLE), Landesfinanzverwaltungen (Finanzämter über das System OZEAN).

Aus dem **„Merkblatt für Zollanmeldungen"** (Rdnr. D 2013) ergeben sich die in Deutsch- D2029
land für Zollanmeldungen, Wiederausfuhranmeldungen, summarische Ein- und Ausgangsanmeldungen, Wiederausfuhrmitteilungen sowie Anmeldungen zur vorübergehenden Verwahrung erforderlichen Angaben. In den Titeln II, IV und V werden die einzelnen Datenelemente erläutert.

Für elektronische Anmeldungen gelten zusätzlich die Verfahrensanweisung ATLAS (Rdnr. D 2016), die aufgrund von § 8a ZollV für die Zollverwaltung (Benutzer) und die

Beteiligten (Teilnehmer) verpflichtend ist, das Merkblatt für Teilnehmer und das EDI-Implementierungshandbuch.

Die Verwendung des **Einheitspapiers** ist nur noch in den Fällen vorgesehen, in denen die Daten nicht elektronisch an die zuständigen Zollstellen übermittelt werden können (Notfallverfahren bzw. Ausfallkonzept). Einzelheiten hierzu regelt die Verfahrensanweisung ATLAS auf der Basis von Art. 6 Abs. 3 Buchst. b UZK. Zudem können Reisende für mitgeführte Waren eine papiergestützte Zollanmeldung abgeben (Art. 6 Abs. 3 Buchst. a, Art. 158 Abs. 2 UZK, Art. 143 i. V. m. Art. 1 Nr. 40 UZK-DelVO).

cc) Mündliche oder durch andere Willensäußerungen bekundete Zollanmeldung

D2030 Darüber hinaus wird für wirtschaftlich weniger bedeutsame Anwendungsfälle und vor dem Hintergrund internationaler Übereinkommen die Möglichkeit eröffnet, eine Zollanmeldung mündlich abzugeben (Art. 6 Abs. 3 Buchst. a, 158 Abs. 2 UZK; Art. 135 – 137 UZK-DelVO) oder die Zollanmeldung durch andere Formen der Willensäußerung, z. B. durch konkludentes Handeln, zu bewirken („Waren, die als angemeldet gelten", Art. 6 Abs. 3 Buchst. a, 158 Abs. 2 UZK; Art. 138 – 141 UZK-DelVO).

(1) Mündliche Zollanmeldung

D2031 Die mündliche Zollanmeldung ist auf die in Art. 135 – 137 UZK-DelVO erwähnten Fälle der Überlassung zum zollrechtlich freien Verkehr, des Ausfuhrverfahrens und der vorübergehenden Verwendung abschließend beschränkt. Darüber hinaus wird der Anwendungsbereich durch Art. 142 UZK-DelVO gesperrt für Waren, die **Verboten und Beschränkungen** oder anderen vergleichbaren Förmlichkeiten, z. B. des Außenwirtschafts- oder Marktordnungsrechts (Einfuhrgenehmigungen, Lizenzen, Ausfuhrerstattung), unterliegen. Ein Wechsel in die elektronische Anmeldeform wird allerdings nur dann von Art. 142 UZK-DelVO ausgelöst, wenn die Zollstelle aufgrund der vorgeschriebenen Förmlichkeiten **konkrete Handlungen** vornehmen muss, wie Abschreibungen tätigen, die Abfertigung dokumentieren, Meldungen fertigen usw. Das bloße Vorzeigen und Prüfen einer Waffenbesitzkarte bei Mitnahme einer Jagdwaffe oder einer tierärztlichen Bescheinigung bei Mitnahme eines Haustiers führt nicht zu einer konkreten förmlichen Tätigkeit der Zollstelle, weshalb in diesen Fällen eine mündliche Zollanmeldung möglich bleibt (dazu DV VSF Z 07 01 Abs. 24 UAbs. 2, DV VSF SV 01 01 Abs. 9 und Henke/Witte, VuB, Rdnr. 103 ff.). Die mündliche Anmeldung verlangt eine körperlich geäußerte, ausgesprochene Willenserklärung; Schweigen und konkludente Verhaltensweisen gehören nicht dazu. Gemäß Art. 135 Abs. 1 UZK-DelVO können zur Überlassung zum **zollrechtlich freien Verkehr** mündlich folgende Waren angemeldet werden: **Waren zu nichtkommerziellen Zwecken** (Art. 1 Nr. 21, Art. 135 Abs. 1 Buchst. a) UZK-DelVO) – jeweils unabhängig von den Freimengen und Freigrenzen der ZollbefreiungsVO. **Waren zu kommerziellen Zwecken** kommen für eine mündliche Zollanmeldung nur bei geringer wirtschaftlicher Bedeutung in Betracht. Gemäß Art. 135 Abs. 1 Buchst. b UZK-DelVO sind dies z. B. Waren im persönlichen Gepäck von Reisenden (vgl. Art. 1 Nr. 40 UZK-DelVO, Art. 1 Abs. 2 Nr. 1, 3 UZK-DVO), sofern die Waren einen Wert von 1 000 EUR sowie zugleich eine Eigenmasse von 1 000 kg nicht überschreiten, und als Rückwaren einfuhrabgabenfreie **Beförderungsmittel** (Art. 135 Abs. 2 i. V. m. Art. 136 Abs. 1 Buchst a UZK-

DelVO). Ähnlich ist der Warenkreis ausgestaltet, hinsichtlich dessen Anmeldungen zur Überführung in das **Ausfuhrverfahren** und die **vorübergehende Verwendung** mündlich abgegeben werden dürfen (Art. 136, 137 UZK-DelVO).

(2) Zollanmeldung durch andere Formen der Willensbekundung

Die Zollanmeldung durch andere Formen der Willensbekundung, bei der die Waren als angemeldet gelten, ist ebenfalls auf besondere Fälle der Überlassung zum zollrechtlich freien Verkehr, des Ausfuhrverfahrens und der vorübergehenden Verwendung beschränkt. Es handelt sich dabei ausschließlich um einfuhrabgabenfreie Waren. Im Unterschied zur mündlichen Zollanmeldung wird allerdings auf eine ausgesprochene Willensäußerung verzichtet – diese wird durch konkludente Verhaltensweisen oder gesetzliche Fiktionen ersetzt. Dazu gehören gem. Art. 141 Abs. 1 Buchst. a, b UZK-DelVO das **Benutzen des grünen Ausgangs „Anmeldefreie Waren“**, z. B. das auf Flughäfen übliche „rot/grün-Kanal-Verfahren“, und das **Passieren einer Zollstelle** ohne getrennte Kontrollausgänge, z. B. im Wege des schlichten Vorbeifahrens, ohne spontan eine Zollanmeldung abzugeben. In bestimmten Fällen der Ausfuhr oder Wiederausfuhr stellt auch das **einfache Überschreiten der Grenze des Zollgebiets** der EU eine Willensbekundung dar, bei der die Waren als angemeldet gelten (Art. 141 Abs. 1 Buchst. d UZK-DelVO). D2032

Sobald die **Wirkungen der konkludenten oder gesetzlich fingierten Willensäußerung** eingetreten sind, gelten die betreffenden Waren als gemäß Art. 135, 139 bzw. Art. 267 UZK befördert und gestellt, die Zollanmeldung gemäß Art. 172 UZK als angenommen und die Waren i. S. von Art. 194 UZK als überlassen (Art. 218 UZK-DVO). Art. 219 UZK-DVO fingiert, dass **die Zollanmeldung als nicht abgegeben gilt,** wenn sich bei einer Kontrolle auf der Grundlage von Art. 46 Abs. 1 UZK herausstellen sollte, dass die Willensäußerung i. S. v. Art. 141 UZK-DelVO erfolgt ist, ohne dass die angemeldeten Waren zum privilegierten Warenkreis der Art. 138 – 140 UZK-DelVO gehören. Das ist etwa der Fall, wenn die Voraussetzungen für deren Einfuhrabgabenfreiheit nicht vorliegen, z. B. weil die Freimengen oder Freigrenzen der ZollbefreiungsVO für Waren zu nichtkommerziellen Zwecken im persönlichen Gepäck von Reisenden überschritten werden (vgl. auch Rdnr. F 1000 ff.). **Rechtsfolge** ist eine **Zollschuldentstehung** gemäß Art. 79 Abs. 1 Buchst. a UZK, da eine Verpflichtung in Bezug auf das Verbringen von Nicht-Unionswaren in das Zollgebiet der Union nicht erfüllt ist. Denn die Fiktion der Gestellung gem. Art. 218 Buchst. b UZK-DVO entfällt hier; auch ist in der Tatsache des bloßen Erscheinens am Amtsplatz keine konkludente Gestellung zu sehen, denn dieser Bereich ist gerade kein Bereich der „Amtsstelle“ an dem – im Übrigen grds. in elektronischer Form – Gestellungsmitteilungen abgegeben werden (vgl. auch die Definition der Gestellung in Art. 5 Nr. 33 UZK). Ohne Gestellung gelangt die Ware aber nicht in die vorübergehende Verwahrung und es liegt somit ein vorschriftswidriges Verbringen vor. D2033

b) Grundregeln zur Zollanmeldung

aa) Zollanmelder

Nicht jedermann kann eine Zollanmeldung abgeben. Nur wer in der Lage ist, eine Ware bei der zuständigen Zollstelle zu gestellen oder gestellen zu lassen und sämtliche erfor- D2034 derlichen Informationen (Angaben, Unterlagen) beizubringen, die für die Anwendung der Vorschriften über das gewünschte Zollverfahren erforderlich sind, kommt überhaupt als Zollanmelder in Betracht (Art. 170 Abs. 1 UZK). Auf die **Eigentumsverhältnisse** kommt es folglich nicht an, so dass selbst der Dieb Anmelder sein kann. Die Zollstellen brauchen die bürgerlich-rechtlichen Beziehungen zur Ware nicht festzustellen. Artikel 5 Nr. 15 UZK verengt den **gesetzlichen Anmelderbegriff** jedoch auf Personen, die im eigenen Namen eine Zollanmeldung abgeben oder in deren Namen eine Zollanmeldung abgegeben wird. Dementsprechend ist nicht auf die Abgabehandlung, sondern auf das dahinterstehende **Vertretungsverhältnis** abzustellen.

D2035 Jedermann kann hinsichtlich der zollrechtsrelevanten Handlungen gemäß Art. 18 Abs. 1 Satz 1 UZK einen Zollvertreter benennen. Das macht deutlich, dass er sich als Anmelder vertreten lassen kann. Dies kann in den Formen der **direkten** und für den deutschen Rechtskreis ungewöhnlichen **indirekten Stellvertretung** geschehen. Die Vertretung ist direkt, wenn der Vertreter im Namen und für Rechnung eines anderen handelt (z. B. beim im Zollbereich üblichen „Spediteurvertrag"). In diesen Fällen ist das Vertretungsverhältnis im Datenfeld „Anmelder / Vertreter" entsprechend zu codieren. Die Vertretung ist indirekt, wenn der Vertreter in eigenem Namen, aber für Rechnung eines anderen handelt. Gemäß Art. 5 Nr. 15 UZK wird somit der Vertreter zum Zollanmelder. Der dies deutlich machende Code ist in der Zollanmeldung ebenfalls anzugeben. In beiden Fällen muss die Vertretung also offen deklariert werden (Art. 19 Abs. 1 UAbs. 1 UZK); ein Vertreter ohne Vertretungsmacht gilt folglich als im eigenen Namen und in eigener Verantwortung handelnd (Art. 19 Abs. 1 UAbs. 2 UZK). Im Falle der indirekten Stellvertretung werden sowohl der Anmelder (z. B. der Spediteur) als auch der Vertretene, für dessen Rechnung gehandelt wurde (z. B. der Einführer der Ware), gesamtschuldnerisch zu Zollschuldnern (Art. 77 Abs. 3 Satz 2, Art. 84 UZK). So lässt sich mit der indirekten Stellvertretung unter bestimmten Umständen die fehlende Ansässigkeit drittländischer Unternehmen in der EU durch einen ansässigen Vertreter kompensieren (Art. 170 Abs. 2 i. V. m. Art. 18 Abs. 2 UAbs. 1 UZK). In der Praxis findet sich die Konstellation der indirekten Vertretung vor allem, wenn Waren mit der Lieferklausel DDP (Delivered Duty paid = geliefert verzollt) in die EU verkauft wurden, der drittländische Verkäufer aber die versprochene Zollbehandlung mangels Ansässigkeit nicht anstoßen kann.

D2036 Vielfältige Besonderheiten bestehen im **Postverkehr** (vgl. Art. 141 Abs. 2 – 4, Art. 144 UZK-DelVO, Art. 220 UZK-DVO i. V. m. § 5 Abs. 1 Nr. 2 ZollV und Witte/Henke, UZK, Art. 158 Rz. 30 ff.). So gelten Briefsendungen (Art. 1 Nr. 26 UZK-DelVO) bei ihrer Ankunft im Zollgebiet als zur Überlassung zum freien Verkehr angemeldet; ebenso gelten sie beim Ausgang aus dem Zollgebiet der Union als zur Ausfuhr oder Wiederausfuhr angemeldet (Art. 141 Abs. 2 UZK-DelVO). Bestimmte einfuhrabgabenfreie Waren in Postsendungen (Art. 1 Nr. 24 UZK-DelVO) gelten unter engen Voraussetzungen und nur für eine Übergangszeit durch ihre Gestellung beim Zoll gemäß Art. 139 UZK als zur Überlassung zum freien Verkehr angemeldet (Art. 141 Abs. 3 UZK-DelVO). Und Waren in Postsendungen bis zu einem Höchstwert von 1 000 € können vom Postbetreiber (Art. 1 Nr. 25 UZK-DelVO) mit einem reduzierten Datensatz zur Überlassung zum freien Verkehr angemeldet werden (Art. 144 UZK-DelVO).

Weitere Einschränkungen hinsichtlich der Figur des Zollanmelders ergeben sich aus Art. 170 Abs. 1 UAbs. 2 UZK. Vor allem bei bewilligungsbedürftigen Zollverfahren, z. B. Zolllagerverfahren in der Variante des privaten Zolllagers, aktive Veredelung, darf nur der **Bewilligungsinhaber** oder sein Vertreter eine Anmeldung auf Überführung in das Zollverfahren abgeben. Darüber hinaus wird gem. Art. 170 Abs. 2 UZK vom Zollanmelder ebenso wie gem. Art. 18 Abs. 2 UZK von seinem Vertreter grds. **Ansässigkeit im Zollgebiet der EU verlangt.** D2037

bb) Weg der Zollanmeldung bis zur Annahme

Zur Vorbereitung der Zollanmeldung und der Ausübung des sich aus Art. 150 UZK ergebenden Wahlrechts ist eine **Vorbesichtigung** der gestellten Waren möglich (Art. 134 Abs. 2 UZK). Die Waren können also vom verfügungsberechtigten Besitzer, d. h. in der Regel dem künftigen Zollanmelder oder in seinem Auftrag, dahingehend beschaut und überprüft werden, ob sie den Vertragsbedingungen entsprechen. Es geht vor allem um die immer wichtiger werdende Qualitätskontrolle. Muster und Proben dürfen vom Besitzer entnommen werden, vgl. Rdnr. C2069. D2038

Eine Zollanmeldung kann bereits **vor der voraussichtlichen Gestellung** der Waren abgegeben werden. Werden die Waren nicht innerhalb von 30 Tagen nach Abgabe der Zollanmeldung gestellt, so gilt die Zollanmeldung als nicht abgegeben (Art. 171 UZK). In der Praxis kommt es häufig vor, dass die anzumeldenden Angaben und die ergänzenden Unterlagen der zuständigen Zollstelle bereits zur Verfügung stehen, während die Ware sich noch auf dem Transportweg befindet. D2039

BEISPIEL:

Im automatisierten Abfertigungsverfahren ATLAS stehen die elektronisch anzumeldenden Angaben den Zollbehörden bereits vor der Gestellung der Ware zur Verfügung; die Ware befindet sich erst noch per Schiff oder Flugzeug auf dem Beförderungsweg (ATLAS-Registriernummer „AT A").

Die Zollanmeldung ist innerhalb der durch die vorübergehende Verwahrung und die Anmeldung zur vorübergehenden Verwahrung (vgl. Rdnr. C 1092) ausgelösten **Abgabefrist** des Art. 149 UZK bei der zuständigen Zollstelle abzugeben. Ist in einer etwaigen Verfahrensbewilligung nichts anderes bestimmt, ist die nach § 7 ZollV für die Gestellung zuständige Zollstelle auch zur **Entgegennahme der Zollanmeldung** befugt (Art. 159 Abs. 3 UZK). Die Frist beträgt – unabhängig vom gewählten Verkehrsträger – 90 Tage. Die Frist beginnt im Zeitpunkt der Gestellung; das ist regelmäßig der Zeitpunkt der Abgabe der Anmeldung zur vorübergehenden Verwahrung (Art. 145 Abs. 8 UZK). Die Frist berechnet sich nach der FristenVO (Art. 55 Abs. 2 UZK); sie kann nicht verlängert werden (Art. 55 Abs. 1, Art. 149 UZK). Wird eine fristgerechte Abgabe der Zollanmeldung versäumt, entsteht die **Zollschuld** nach Art. 79 Abs. 1 Buchst. a UZK wegen der Nichterfüllung einer Verpflichtung in Bezug auf die vorübergehende Verwahrung (vgl. auch DV VSF Z 09 01 Abs. 327). D2040

(Einstweilen frei) D2041–D2043

D2044 Art. 172 Abs. 1 UZK vermittelt einen öffentlich-rechtlichen Anspruch des Zollanmelders auf die **Annahme der Anmeldung** durch die Zollbehörden, wenn für gestellte Ware eine rechtskonforme Anmeldung vorliegt. Die Rechtswirkungen der Annahme der Zollanmeldung gem. Art. 172 Abs. 2 UZK treten bei vorzeitiger Abgabe erst im Zeitpunkt der Gestellung (zugleich Abgabe der Anmeldung zur vorübergehenden Verwahrung) ein, Rdnr. D2039.

D2045 Über den engeren Anwendungsbereich hinaus lässt sich aus Art. 172 Abs. 1 UZK eine **allgemeine Gestellungsverpflichtung** auch für den Übergang von einem Zollverfahren zum nächsten herauslesen. Im Vorfeld einer jeglichen Zollanmeldung sind die Waren grds. zu gestellen, d. h. ihr Aufenthalt an vorgeschriebenen Orten ist den Zollbehörden grds. elektronisch mitzuteilen, um diesen effiziente Kontrollen zu ermöglichen (Art. 5 Nr. 33 UZK).

D2046 Die Annahme einer Zollanmeldung ist **zwingend** abzulehnen, wenn die Zollstelle sachlich nicht zuständig ist (z. B. Fehlen der VuB-rechtlichen Abfertigungsbefugnis), wenn die Voraussetzungen für das angemeldete Zollverfahren nicht vorliegen (z. B. Fehlen der Bewilligung eines besonderen Verfahrens oder anderer für das Verfahren bedeutsamer Unterlagen) oder wenn VuB entgegenstehen (z. B. Fehlen der Einfuhrfähigkeit genussuntauglicher Lebensmittel) – **absolute Nichtannahmegründe**. Die Zollstelle **kann** die Annahme der Anmeldung ablehnen, wenn sie örtlich nicht zuständig ist oder die Regelungen über den Amtsplatz bzw. die Öffnungszeiten nicht beachtet werden – **relative Nichtannahmegründe** (vgl. § 7 ZollVG).

D2047 Mit Ausnahme der Korrektur offensichtlicher Schreib- oder Übertragungsfehler ist eine **Änderung der Zollanmeldung** nur auf Antrag des Anmelders und nicht von Amts wegen zulässig. Die Berichtigung unterliegt bis zum Zeitpunkt der Annahme der Zollanmeldung keinerlei Beschränkung. Danach richtet sie sich nach Art. 173 UZK. Allerdings ist die Berichtigung bei **Falschanmeldung** per se ausgeschlossen. Ist eine gestellte Ware unter keinem Gesichtspunkt unter die angemeldete Ware subsumierbar (z. B. bei der Anmeldung von unbearbeitetem Tropenholz als Möbel, Zigaretten als Kochgerät oder von Kirschen als Äpfel, Art. 173 Abs. 1 Satz 2 UZK), kann dies wegen vorschriftswidrigen Verbringens die **Zollschuld** gem. Art. 79 Abs. 1 Buchst. a UZK wegen einer Nichterfüllung einer Verpflichtung in Bezug auf das Verbringen von Nicht-Unionswaren in das Zollgebiet der Union auslösen, wenn bereits in der Anmeldung zur vorübergehenden Verwahrung – im Sinne eines „aliud" – eine völlig falsche Gestellungsmitteilung steckte (vgl. DV VSF Z 09 01 Abs. 301 ff.); entsprechendes gilt für Mengen- und Gewichtsangaben, die sich als „Fehlmengen" herausstellen sollten. Weitere Ausschlussgründe für eine Berichtigung ergeben sich aus Art. 173 Abs. 2 Buchst. a – c UZK.

D2048 Gem. Art. 173 Abs. 3 UZK kann die Änderung auf Antrag des Anmelders – auch nach der Überlassung – innerhalb von drei Jahren nach Annahme der Zollanmeldung gestattet werden, damit der Anmelder seine Pflichten aus der Überführung der Waren in das betreffende Zollverfahren erfüllen kann. Dieses Recht beinhaltet u. U. sogar die nachträgliche Änderung der Person des zollrechtlichen Anmelders.

BEISPIELE:

Der Anmelder stellt fest, dass Nicht-Unionswaren mit einer irreführenden Verfahrenscodierung, z. B. 10 00 (Ausfuhr von Unionswaren) statt 31 71 (Wiederausfuhr von Nicht-Unionswaren nach Zolllagerung) exportiert wurden. Der Anmelder stellt fest, dass Nicht-Unionswaren mit einer irreführenden Codierung im Unionsversandverfahren (z. B. T2 statt T1) befördert wurden.

Aufgrund eines Missverständnisses tritt ein Zollvertreter entgegen einer Bevollmächtigung zur (direkten) Vertretung in der Zollanmeldung im eigenen Namen auf, was ihn zum Anmelder macht (Art. 5 Nr. 15 1. Alt. UZK). Dieses Missgeschick kann durch Änderung der Zollanmeldung auch noch nach der Überlassung korrigiert werden mit der Folge, dass der Vollmachtgeber nachträglich zum Anmelder wird (vgl. EuGH v. 16.7.2020- C-47/19 „Pfeiffer & Langen"; Felderhoff, AW-Prax 2021, 40 ff.).

Mit der Änderung der Anmeldung durch den Anmelder kann dieser u. a. erreichen, dass die für das Erlöschen der Zollschuld notwendige Bereinigung der Situation erfolgt (vgl. Art. 124 Abs. 1 Buchst. h ii UZK).

Unter bestimmten Voraussetzungen kann eine Zollanmeldung auf Antrag oder von Amts wegen von den Zollbehörden für ungültig erklärt werden (Art. 174 UZK). Anders als bei der Änderung löst die **Ungültigerklärung** den Anmelder und die Zollbehörde aus den durch die Annahme erzeugten rechtlichen Bindungen. Wurden die Einfuhrabgaben bereits entrichtet, führt die Ungültigerklärung ggf. zu einem Erstattungsfall (Art. 116 Abs. 1 UAbs. 2 UZK, Art. 148 UZK-DelVO; Einzelheiten bei Witte/Henke, UZK, Art. 174 Rz. 1 ff.). D2049

Die **Annahme der Zollanmeldung** durch die Zollbehörde bildet neben der Überlassung (Art. 194 UZK) einen wichtigen Bezugspunkt für das Zollrecht. Vorbehaltlich anderer Bestimmungen ist für die Anwendung des Zollrechts (z. B. bei Änderung des Zolltarifs oder einer Zollverfahrensordnung) grds. auf diesen Zeitpunkt abzustellen (Art. 172 Abs. 2 UZK). Die wohl bedeutendste Ausprägung dieses Grundgedankens findet sich im Zollschuldrecht, das bei der Überlassung von Waren zum zollrechtlich freien Verkehr und in die vorübergehende Verwendung unter teilweiser Befreiung von den Einfuhrabgaben die Zollschuld im Zeitpunkt der Annahme der Zollanmeldung entstehen lässt (Art. 77 Abs. 2 UZK). Entsprechend sind die in diesem Zeitpunkt gültigen Bemessungsgrundlagen für die Bestimmung des Abgabenbetrags entscheidend („maßgebender Zeitpunkt" Art. 85 Abs. 1 UZK). D2050

Der Zollbehörde muss zugestanden werden, gewisse **Vorprüfungen**, z. B. eine summarische Plausibilitätskontrolle der Zollanmeldung, vor deren Annahme durchzuführen, um dem o. a. Prinzip der Nichtannahme der Anmeldung Rechnung tragen zu können. Andererseits darf der Zeitpunkt der Annahme der Zollanmeldung nach dem Wortlaut des Art. 188 UZK nicht hinter die förmliche Überprüfung der Anmeldung und die Anordnung der Zollbeschau zurückverlagert werden. Wird die Zollanmeldung ohne Prüfung angenommen, ist auf ihre Entgegennahme abzustellen. In jedem Fall sichert die Dokumentation des Annahmedatums im ATLAS-System die Publizität der Annahme für das weitere Verwaltungs- und ggf. Gerichtsverfahren. D2051

cc) Überprüfung der Zollanmeldung

D2052 Der Zollbehörde kommt hinsichtlich angenommener Zollanmeldungen **keine Prüfungspflicht** zu (vgl. Art. 194 Abs. 1 UAbs. 1 UZK). Vor allem bei der Nutzung vereinfachter Zollanmeldungen gem. Art. 166 Abs. 2 UZK wird in der Praxis auf eine Überprüfung der Zollanmeldung regelmäßig verzichtet und die Überlassung auf die (ungeprüfte) Übermittlung der ggf. zunächst noch unvollständigen Zollanmeldung durch den Anmelder geknüpft (s. Rdnr. D2076). Die in der Anmeldung enthaltenen Angaben werden insoweit für die weitere Zollbehandlung zugrunde gelegt (Art. 191 Abs. 2 UZK). In diesen Fällen kommt der **nachträglichen Prüfung** der Anmeldung gem. Art. 48 UZK besondere Bedeutung zu. Diese Vorschrift sichert die Außenprüfung ex post – nach der Überlassung der Ware – mit Hilfe der Prüfung der Buchführung und der Geschäftsunterlagen im Unternehmen des Zollanmelders, aber auch bei allen anderen in geschäftlicher Funktion unmittelbar oder mittelbar an diesen Vorgängen beteiligten Personen ab.

D2053 Neben der Prüfung der Standard-Zollanmeldung und der dieser zugehörigen Unterlagen ist die **Zollbeschau** das Kernstück der in Art. 188 UZK geregelten Überprüfung. Über ihre Anordnung ist im Einzelfall nach dem Ermessen der Zollbehörde zu entscheiden (DV VSF Z 07 01 Abs. 38 ff.). Bei augenscheinlich vollständiger, in sich schlüssiger Anmeldung und keinerlei Bedenken hinsichtlich außenwirtschaftsrechtlicher oder sonstiger Verbote und Beschränkungen kann von der Beschau auch im normalen Abfertigungsverfahren abgesehen werden. Allerdings ist durch unvermutete Beschau der notwendige Unsicherheitsfaktor zu erhalten.

D2054 Verzichtet die Zollbehörde im Rahmen des ihr zustehenden Entscheidungsermessens auf Überprüfungsmaßnahmen, so hat dies weit reichende Auswirkungen für den **Vertrauensschutz** auf Seiten des Beteiligten: Denn ein **Irrtum der Zollbehörde** i. S. von Art. 116 Abs. 1 Buchst. c, Art. 119 Abs. 1 UZK, der ggf. zum Erlass bzw. zur Erstattung der Einfuhrabgaben führen kann, ist nur anzunehmen, wenn **aktives Verhalten** der Behörde vorliegt. Spielt die Zollbehörde nur eine passive Rolle, kann das keinen Irrtum auslösen, weil die Behörde in einem solchen Fall nicht wirklich für den Fehler verantwortlich ist. Danach liegt ein Irrtum insbesondere dann vor, wenn und soweit die Angaben in der Zollanmeldung tatsächlich geprüft wurden und das Ergebnis der Prüfung der Abgabenfestsetzung zugrunde gelegt wurde. Ein Irrtum und damit ein Grund für Vertrauensschutz liegen aber nicht vor, wenn Angaben in der Zollanmeldung lediglich hingenommen, d. h. ungeprüft und unbeanstandet der Abgabenfestsetzung zugrunde gelegt wurden.

D2055 Die Zollbeschau umfasst die **Mengen- und die Beschaffenheitsbeschau.** Sie kann diesbezüglich zusammen (Gesamtbeschau) oder jeweils für sich allein (Einzelbeschau) vorgenommen werden. Dabei kann sie sich auf sämtliche Waren der Anmeldung beziehen (volle Beschau) oder nur bei einem Teil der Sendung durchgeführt werden (stichprobenweise Beschau). Proben und Muster können entnommen werden, wenn die Beschaffenheitsmerkmale einer Ware nicht an Ort und Stelle geklärt werden können (Einzelheiten bei DV VSF Z 0701 Abs. 39 ff.; Witte/Henke, UZK, Art. 188 und Art. 189).

D2056 Neben dem in Art. 189 Abs. 2 UZK verbrieften Recht des Zollanmelders oder seines Vertreters, bei der Zollbeschau zugegen sein zu dürfen, hat dieser eine Reihe von Obliegenheiten im Zusammenhang mit der Zollbeschau zu erfüllen. So muss der Zollanmelder in angemessenem Umfang Unterstützung leisten. Insbesondere kommt dem Zollanmelder eine **Mitwirkungspflicht** derart zu, dass er auf seine Kosten und Gefahr Waren von Beförderungsmitteln zu entladen sowie ggf. aus Umschließungen oder Verpackungen zu entnehmen hat. Den Zollbediensteten ist i. d. R. schon aus Haftungsgründen nicht gestattet, die Waren selbst auszupacken und zu den erforderlichen Untersuchungshandlungen herzurichten (DV VSF Z 07 01 Abs. 44). Aus diesem Grunde kann die Anwesenheit des Anmelders oder seines Vertreters jederzeit verlangt werden, eine Weigerung hat unter Umständen weit reichende rechtliche Konsequenzen (Art. 189 Abs. 2 Satz 2, Art. 198 Abs. 1 Buchst. b i UZK, Art. 238 ff. UZK-DVO). Wird eine **angeordnete Beschau** dadurch **vereitelt**, dass der Beteiligte die Waren nach der Annahme einer Zollanmeldung zur Überlassung zum freien Verkehr aber noch vor Durchführung der Beschau vom Verwahrungsort entfernt und ist deshalb ein Zugriff seitens des Zolls auf die Waren und eine Kontrolle nicht mehr möglich, führt das zur **Zollschuldentstehung** wegen der Nichterfüllung einer Verpflichtung in Bezug auf das Entziehen der Waren aus der zollamtlichen Überwachung gem. Art. 79 Abs. 1 Buchst. a UZK. Da es hier nicht zur Überlassung der Waren zum freien Verkehr kommt, kann die Zollschuld nicht mehr nach Art. 77 Abs. 1 Buchst. a UZK entstehen; die Annahme der Zollanmeldung ist insoweit unerheblich (vgl. FG Bremen, Vorlagebeschluss v. 2.2.1999, ZfZ 1999, 161 ff.; EuGH, Entscheidung. v. 1.2.2001, ZfZ 2001, 121 „Wandel").

Bei einer vollen Gesamtbeschau wird deren Ergebnis der weiteren Zollbehandlung und der Anwendung der Vorschriften über das Zollverfahren, zu dem die Waren angemeldet worden sind, zugrunde gelegt (Art. 191 Abs. 1 UZK). Ansonsten gelten **gesetzliche Fiktionen**. Sie gehen grds. dahin, dass die nicht zollamtlich festgestellten Merkmale den Angaben in der Zollanmeldung zu entnehmen sind. Das gilt also vor allem, wenn auf eine Kontrolle verzichtet wird; der Zollanmelder wird insoweit beim Wort genommen. Jedoch wird bei stichprobenweiser Zollbeschau vermutet, dass der nicht geprüfte Teil dem beschauten Teil entspricht (Art. 190 Abs. 1 UZK). Werden allerdings mit einer Anmeldung **mehrere Warenpositionen** angemeldet, so gelten die Angaben für jede Warenposition als gesonderte Zollanmeldung (Art. 190 Abs. 2, Art. 194 Abs. 2 UZK, Art. 222 UZK-DVO). Die Wirkung der gesetzlichen Fiktionen kann nur durch den Gegenbeweis seitens des Zollanmelders beseitigt werden (Art. 190 Abs. 1 UAbs. 2 UZK). D2057

Der **Zollbefund**, d. h. die anlässlich der Prüfung der Unterlagen oder der Zollbeschau gefundenen Ergebnisse der Überprüfung der Zollanmeldung, ist im ATLAS-System zu dokumentieren (Art. 243 UZK-DVO). Hintergrund der Befundregelung ist die rechtliche Bedeutung der Überprüfung der Anmeldung einschließlich der daran anknüpfenden gesetzlichen Fiktionen für das weitere Abfertigungs- und ggf. sich anschließende Rechtsbehelfsverfahren. Der Zollbefund muss deshalb auch für Personen außerhalb der Zollverwaltung verständlich und aussagekräftig sein. Pauschalen Feststellungen, wie „o. w. B." (ohne wertmäßige Besonderheiten) oder „VuB beachtet" (Verbote und Beschränkungen für den Warenverkehr beachtet), dürfte im Streitfall keine nennenswerte Beweiskraft zukommen. Stattdessen sollten abfertigungsrelevante Tatsachen, die im Rahmen der Zollbeschau konkret wahrgenommen worden sind, in den Zollbefund aufgenommen werden, z. B. „In Karton Nr. X festgestellt", „Material offensichtlich aus Ge- D2058 wirken“ oder „Gewebe laut Etikett bestehend aus Baumwolle“. Denn aus dem Befund muss ersichtlich sein, was im Einzelnen ermittelt, geschätzt oder aufgrund der Vermutung angenommen worden ist (vgl. Art. 191 Abs. 1, 3 UZK, Art. 243 UZK-DVO).

D2059 Eine „neue Kontrollqualität“ wird schließlich über die mit dem IT-Verfahren ATLAS verzahnte **Risikoanalyse** angestrebt. Für die Abgabenerhebung oder die Einhaltung der VuB werden bestehende Risiken hier in Form von Risikoindikatoren definiert und in das ATLAS-System eingegeben (vgl. auch Art. 5 Nr. 7 UZK). Jede Zollanmeldung kann dann automatisiert mit den eingegebenen Parametern abgeglichen und so auf Übereinstimmung geprüft werden. Stimmt eine Zollanmeldung mit den Parametern eines Risikoprofils überein, erfolgt eine Treffermeldung auf dem Bildschirm; eine physische Warenbeschau kann dann gezielt durchgeführt werden, während im Übrigen noch häufiger auf die Überprüfung von Zollanmeldungen verzichtet und die Wirtschaft dadurch entlastet werden kann (dazu eingehend Witte/Henke/Wemmer, UZK, Art. 46 Rz. 20 ff.).

dd) Sicherung der zollamtlichen Überwachung

D2060 Im Vorfeld der Überlassung der angemeldeten Waren zum jeweiligen Zollverfahren kommt es u. U. darauf an, besondere Maßnahmen der zollamtlichen Überwachung zu ergreifen. Dazu gehört in erster Linie die sog. **Nämlichkeitssicherung**, (Art. 192 UZK). Das Zollrecht geht grds. davon aus, dass – mit Ausnahme des nicht überwachten freien Verkehrs – die Waren am Ende des Abfertigungsverfahrens dem Zollanmelder unter Verhängung eines Veränderungsverbots übergeben oder zur zugelassenen Nutzung einschließlich der Veredelung überlassen werden (z. B. Zolllagerverfahren, Art. 194, 240 UZK; vorübergehende Verwendung, Art. 194, 250 UZK; aktive Veredelung, Art. 194, 256 UZK). Bildlich gesprochen zieht sich die Zollbehörde anschließend für eine mehr oder weniger lange Zeit von der Ware zurück. Durch Nämlichkeitssicherung muss dann je nach der Ausgestaltung des Zollverfahrens sichergestellt werden, dass die Waren in der Zwischenzeit nicht unbemerkt vertauscht, verwechselt oder unzulässig verändert werden.

D2061–D2063 *(Einstweilen frei)*

D2064 Die technische Möglichkeit einer Nämlichkeitssicherung ist bei folgenden besonderen Verfahren bereits vorab in der Phase der Bewilligungserteilung zu prüfen: aktive und passive Veredelung, vorübergehende Verwendung und Endverwendung sowie beim Betrieb von Lagerstätten zur Zolllagerung von Waren (Art. 211 Abs. 1 Buchst. a, b, Abs. 4 Buchst. a UZK). Es handelt sich insoweit um **zolltechnische Bewilligungsvoraussetzungen**. Dabei kann es beim sog. **Äquivalenzprinzip,** also im Rahmen der Verwendung von **Ersatzwaren** – etwa bei aktiver oder passiver Veredelung oder im Rahmen der Zolllagerung – auch ausreichend sein, dass die Ersatzwaren die gleiche Qualität und Beschaffenheit aufweisen wie die Einfuhrwaren bzw. die Waren der vorübergehenden Ausfuhr (Art. 223 Abs. 1 UAbs. 3 UZK). Dem Äquivalenzprinzip verpflichtet ist auch der **Standardaustausch** bei der passiven Veredelung (Art. 261 UZK).

D2065 Das älteste, sicherste, aber auch aufwändigste Nämlichkeitsmittel ist die zollamtliche **Bewachung oder Begleitung**. Eine eher zeitgemäße, aber auch von der Ware losgelöste und letztlich risikoreiche Form der Nämlichkeitssicherung ist die **buchmäßige Überwachung**. Sie zählt dann zu den geeigneten Maßnahmen, wenn hinsichtlich der Person des Zollanmelders keine Zweifel an seiner Gewähr und Zuverlässigkeit bestehen (vgl. Art. 214 UZK i.V.m. Art. 178 UZK-DelVO). Bei dieser Form wird der Versuch unternommen, anhand der Betriebsbuchführung, z.B. mittels Kaufvertrags, Rechnung, Beförderungspapier, Wareneingangs-/Warenausgangsbeleg, Zahlungsbeleg, Kontoauszug usw., den Verbleib einer Ware nachzuvollziehen. Die gebräuchlichsten Nämlichkeitsmittel sind **Zollverschlüsse** (Zollplomben), selbstschließende besondere Verschlüsse, Siegel, Stempel, selbstklebende Plaketten (z.B. für Glas- und Porzellanwaren sowie Kunstgegenstände), Muster, Ablichtungen, Beschreibungen, Fahrgestell- und Serialnummern usw. (vgl. § 8 ZollVG; DV VSF Z 0701 Abs. 57 ff.). Auch die Auflistung in Art. 302 UZK-DVO für das Unionsversandverfahren ist hinsichtlich der technischen Sicherungsmittel nicht abschließend. Die Art der Nämlichkeitssicherung bestimmt die für die Bewilligung zuständige Zollstelle bzw. die Zollstelle der Überführung in das Zollverfahren, wobei sie auf die Besonderheiten der Ware Rücksicht zu nehmen hat (z.B. kein Zollstempel auf Kunstgegenstand).

ee) Überlassung

Nach Art. 5 Nr. 26 UZK ist unter der Überlassung einer Ware eine Handlung zu verstehen, durch die die Zollbehörden Waren für das Zollverfahren zur Verfügung stellen, in das die betreffenden Waren übergeführt werden. Die Überlassung beendet die vorübergehende Verwahrung und eröffnet die Anwendung der Verfahrensordnung des jeweiligen Zollverfahrens, zu dem die Waren überlassen werden. Da gem. Art. 5 Nr. 16 Buchst. a UZK auch die Überlassung zum zollrechtlich freien Verkehr ein Zollverfahren ist, verdrängt der Begriff der Überlassung den der Freigabe. Art. 194 UZK knüpft die Überlassung allerdings an die Voraussetzung, dass **keine Verbote und Beschränkungen entgegenstehen**. Insoweit konkretisiert die Vorschrift den Grundgedanken der allgemeinen zollamtlichen Überwachung aus Art. 134 Abs. 1 UZK. Und in den Fällen einer Überlassung in den zollrechtlich freien Verkehr dürfen die Waren dem Anmelder erst überlassen werden, wenn der Zollschuldbetrag entrichtet oder eine **Sicherheit** geleistet worden ist (Art. 195 Abs. 1 UZK). Auch die Nutzung anderer Zollverfahren als die Überlassung zum zollrechtlich freien Verkehr ist regelmäßig von einer Sicherheitsleistung für möglicherweise entstehende Zollschulden abhängig (vgl. Art. 211 Abs. 3 Buchst. c i.V.m. Art. 89 UZK). D2066

Die Überlassung der Waren durch die Zollbehörden gehört ebenso wie die Zollanmeldung und ihre Annahme zu den Förmlichkeiten, die für die Einfuhr einer Ware vorgesehen sind und die erfüllt sein müssen, damit eine Nicht-Unionsware, die zur Überführung in den zollrechtlich freien Verkehr angemeldet worden ist, den zollrechtlichen Status einer Unionsware erhält. Ist die betreffende Ware – ohne Überlassung – nicht ordnungsgemäß in den freien Verkehr übergeführt worden, fehlt es am Entstehungstatbestand der Zollschuld gemäß Art. 77 Abs. 1 Buchst. a UZK, so dass auf der Grundlage dieser Bestimmung keine Zollschuld entstehen kann (EuGH, Urteil v. 1.2.2001 - C-66/99 „Wandel", AW-Prax 2001, ZfZ 2001, 121 ff., EuGHE 2001 I S. 873 ff.). Stattdessen muss hier – wenn z.B. eine Ware nach Annahme der Zollanmeldung aber noch vor der Überlassung abhandenkommt – an eine Zollschuldentstehung wegen Nichterfüllung einer Verpflichtung in Bezug auf das Entziehen aus der zollamtlichen Überwachung gem. Art. 79 Abs. 1 Buchst. a UZK gedacht werden (vgl. DV VSF Z 09 01 Abs. 317). D2067

c) Vereinfachte Zollanmeldung

aa) Wirtschaftliche Bedeutung und Systematik

D2068 In den Erwägungsgründen zum Unionszollkodex wird an vielen Stellen gefordert, das Zollrecht müsse vereinfacht und Zollförmlichkeiten müssten möglichst vermieden, zumindest aber in geringstmöglichem Umfang gehalten werden (vgl. z. B. 5. Erwägungsgrund). Effiziente Vereinfachungsmöglichkeiten bieten sich vor allem **im Bereich des Rechts der Zollanmeldung** an. Denn dieses Thema wird sowohl bei der Überführung von Waren in Zollverfahren einschließlich der Überlassung zum zollrechtlich freien Verkehr zwangsläufig betreten als auch häufig bei deren Erledigung (vgl. Art. 215 Abs. 1 UZK). Die in Art. 162 f. UZK geregelte „Standard-Zollanmeldung" ist verhältnismäßig aufwändig für den Wirtschaftsbeteiligten und kontrollintensiv für die Zollbehörden – trotz der sich aus Art. 6 Abs. 1 UZK ergebenden Verpflichtung zur Nutzung der Mittel elektronischer Datenverarbeitung. Folglich besteht ein Interesse daran, das Anmeldeverfahren mit den klassischen Stationen „Abgabe und Annahme der Zollanmeldung, Überprüfung, Überlassung" zu komprimieren, teilweise auf den Zollanmelder zu verlagern und die Plausibilität der vereinfachten Abwicklung gezielt – im Nachhinein, z. B. durch Außenprüfungen – zu kontrollieren. So können Importeure von Zollformalitäten entlastet werden; darüber hinaus können sie schneller über die eingeführten Waren verfügen. Gleichzeitig können die Zollbehörden ihre Mitwirkung wesentlich einschränken, ohne an Effizienz einzubüßen.

D2069 Der Unionszollkodex stellt deshalb der Standard-Zollanmeldung die Möglichkeit der vereinfachten Zollanmeldung zur Seite (Art. 166 f. UZK).

D2070 Die Vereinfachung besteht im Kern darin, dass bei der Zollanmeldung zunächst auf die von Art. 162 UZK verlangten **Angaben in der ATLAS-Zollanmeldung** und/oder auf die in Art. 163 Abs. 1 UZK genannten **Unterlagen verzichtet** wird. Diese Erleichterung kann ggf. mit einer Anschreibung der Zollanmeldedaten in der Buchführung des Anmelders und mit einer Gestellungsbefreiung verknüpft werden (Art. 182 UZK; vgl. Rdnr. D2084 ff.).

D2071 Grundsätzlich ist eine ergänzende Anmeldung nachzureichen, die auch periodisch und zusammenfassender Art sein kann (Art. 167 Abs. 1 UZK; vgl. auch DV VSF Z 0514 Abs. 3210).

D2072 Selbstredend ist gem. Art. 6 Abs. 1 UZK die Inanspruchnahme der vereinfachten Zollanmeldung davon abhängig, dass für die Abwicklung Informatikverfahren (in Deutschland ATLAS) genutzt werden.

bb) Vereinfachte Zollanmeldung im Einzelfall

D2073 Der wirtschaftliche und verwaltungsökonomische Nutzen einer vereinfachten Zollanmeldung ist darin zu sehen, dass eine Annahme erfolgen kann, obwohl einige der in Anhang B UZK-DelVO bzw. Anhang B UZK-DVO geforderten **Angaben** oder **Unterlagen fehlen** (Art. 166 Abs. 1 UZK i. V. m. Art. 2 UZK-DelVO und Art. 2 UZK-DVO). Das gilt allerdings nur, wenn mindestens die für das Zollverfahren **erforderlichen Angaben** enthalten sind. So ist z. B. die Angabe der **Warennummer** des Elektronischen Zolltarifs – unter

Beachtung der sicherheitsrelevanten Aspekte – verzichtbar, wenn die Zollstelle aufgrund der Warenbezeichnung feststellen kann, zu welcher Position oder Unterposition der Kombinierten Nomenklatur die Waren gehören. Und bei wertzollpflichtigen Waren ist ein vorläufiger – letztlich unverbindlicher – Hinweis auf den **Zollwert** ausreichend. Zu den erforderlichen, unverzichtbaren Angaben gehört allerdings eine verbindliche **Wahl des Zollverfahrens** und die **Angabe des Zollanmelders.**

Hinsichtlich des Verzichts auf **erforderliche Unterlagen** (z. B. aus den VuB-Bereichen Artenschutz, Abfall, Betäubungsmittel) gilt grundsätzlich, dass diese noch vor der Überlassung der Waren dem Zoll zur Verfügung zu stellen sind (Art. 163 Abs. 2, Art. 167 Abs. 1 UAbs. 2 UZK, Art. 224 UZK-DVO). Ausnahmsweise kann zugelassen werden, dass anstelle der Unterlagen ein Nachweis der Existenz und Gültigkeit, z. B. durch Fotokopie oder Bestätigung einer Genehmigungsbehörde, ausreichend sein kann. Dies ist allerdings nur möglich, wenn die Unterlagen ohne Verschulden des Anmelders nicht vorgelegt werden können und eine Verzögerung der Annahme der Anmeldung zur Folge hätte, dass ein höherer Abgabensatz zur Anwendung käme. Eine derartige Situation könnte sich z. B. bei der Vorlage von Einfuhrgenehmigungen oder Lizenzbescheinigungen einstellen. D2074

Zur Nachreichung der fehlenden Angaben oder Unterlagen setzt die Zollbehörde eine Frist, die grds. 10 Tage nach der Überlassung nicht überschreiten darf (Art. 146 UZK-DelVO). In dieser Regelung ist die **ergänzende Anmeldung** i. S. von Art. 167 Abs. 1 UAbs. 1, 2 UZK zu sehen, die allerdings im Gegensatz zur regelmäßigen Inanspruchnahme der vereinfachten Zollanmeldung (s. unten cc)) lediglich Einzelfallcharakter hat. D2075

cc) Vereinfachte Zollanmeldung bei regelmäßiger Inanspruchnahme

Die regelmäßige Inanspruchnahme der vereinfachten Zollanmeldung bedarf gem. Art. 166 Abs. 2 UZK einer vorauslaufenden **Bewilligung**, in der vor allem Form, Inhalt und der berechtigte Warenkreis für die vereinfachte Anmeldung festzulegen sind. Ausgangspunkt des Bewilligungsverfahrens ist ein **Antrag**, der dem **Muster des Anhangs A UZK-DelVO** bzw. **Anhang A UZK-DVO** entsprechen muss (Art. 2 UZK-DelVO und Art. 2 UZK-DVO). Das weitere **Bewilligungsverfahren** richten sich nach Art. 22 UZK, Art. 11 UZK-DelVO. Der Antragsteller benötigt eine EORI-Registrierung gemäß Art. 9 UZK, muss im Zollgebiet der Union ansässig sein, hat den Antrag bei der gemäß Art. 22 Abs. 1 UAbs. 3 UZK zuständigen Zollbehörde am Ort seiner Hauptbuchhaltung (Art. 12 UZK-DelVO) zu stellen und muss eine „Sperrfrist“ von einem Jahr bei Zurücknahme oder Widerruf einer selben Bewilligung beachten. Die **materiellen Bewilligungsvoraussetzungen** ergeben sich aus Art. 145 UZK-DelVO. Die Bewilligung der regelmäßigen Inanspruchnahme der vereinfachten Zollanmeldung wird dem Antragsteller praktisch erteilt, wenn die Voraussetzungen und Kriterien für den Erwerb des AEO-Zertifikats „Zollrechtliche Vereinfachungen“ – Ansässigkeit, Einhaltung der Zollvorschriften, Ordnungsgemäße Führung der Geschäftsbücher und interne Kontrollverfahren – vom Wirtschaftsbeteiligten erfüllt werden. Ist der Antragsteller Inhaber eines AEO-Zertifikats gemäß Art. 38 Abs. 2 Buchst. a, Abs. 3 UZK (AEO Typ C oder F), so erteilt die zuständige Zollbehörde die Bewilligung, sobald der erforderliche Informationsaustausch erfolgt ist. D2076

Alle Voraussetzungen und Kriterien gelten dann als erfüllt (Art. 145 Abs. 2 UZK-DelVO; vgl. auch DV VSF Z 0514 Abs. 3210 ff.).

D2077 Das **Abwicklungsprogramm** der regelmäßig in Anspruch genommenen vereinfachten Zollanmeldung geht grds. von der **Gestellung der Waren bei der Abfertigungszollstelle**, d. h. der Zollstelle der Überlassung in das Zollverfahren aus. Die bei einer Standard-Zollanmeldung möglichen Überprüfungen der Zollanmeldung, insbesondere die Zollbeschau (Art. 188 UZK), werden bei vereinfachter Zollanmeldung unter den gleichen Bedingungen durchgeführt. Dadurch bleibt der Zugriff der Zollbehörden auf die angemeldeten Waren gegenüber der Erweiterung durch Kombination mit der gestellungsbefreiten Anschreibung in der Buchführung (dazu siehe Rdnr. D2084 ff.) möglich.

D2078 Die vereinfachte Zollanmeldung lässt sich aber auch mit einer **Gestellung außerhalb des Amtsplatzes** – auf dem Betriebsgelände – kombinieren (vgl. Art. 5 Nr. 33 UZK; zur Ausfuhranmeldung zudem § 12 Abs. 4 AWV). Insbesondere dann, wenn sich die anzumeldenden Waren bereits im Betrieb befinden, z. B. weil sie zuvor im externen Unionsversandverfahren beim zugelassenen Empfänger angeliefert wurden oder sich zuvor schon im Zolllager aufhielten, ist eine Erweiterung der Bewilligung der vereinfachten Zollanmeldung um diese Variante von erheblicher praktischer Bedeutung: Der Anmelder wird unabhängig von der Gestellung bei teilweise weit entfernt gelegenen Zollämtern und – bei entsprechender Zulassung – sogar von den Öffnungszeiten der Zollämter (vgl. aber Art. 159 Abs. 2 UZK).

D2079 Werden die vereinfacht angemeldeten Waren – wie in der Praxis regelmäßig – bereits vor Abgabe der ergänzenden Zollanmeldung zum zollrechtlich freien Verkehr überlassen, eröffnet Art. 111 Abs. 6 UAbs. 2 UZK auf Antrag und gegen Sicherheitsleistung die Möglichkeit des **Zahlungsaufschubs**. Wird Zahlungsaufschub gewährt, so ist (bei grundsätzlich monatlicher Abrechnung und entsprechend globalisierter ergänzender Zollanmeldung, Art. 146 Abs. 2 UZK-DelVO) das Ende der Zahlungsfrist auf den 16. Tag des auf den Abrechnungszeitraum folgenden Kalendermonats festzusetzen (vgl. DV VSF Z 12 10 Abs. 283).

D2080 **Regelmäßige Inanspruchnahme der vereinfachten Zollanmeldung – Verfahrensablauf**

- **Antragstellung** beim Hauptzollamt am Ort der Hauptbuchhaltung des Antragstellers
- **Bewilligung** der regelmäßigen Inanspruchnahme der vereinfachten Zollanmeldung, ggf. integriert mit der Bewilligung eines besonderen Verfahrens
- **Gestellung** der Waren bei einer **Zollstelle,** ggf. Verlagerung der Gestellung in den Betrieb
- Übermittlung eines **Datensatzes** durch den Zollanmelder oder seinen Vertreter; dabei weitgehender **Verzicht auf Angaben** und/oder **Unterlagen** möglich (in ATLAS Übersendung eines Mindestdatenkranzes)
- **Prüfung und Annahme** der Zollanmeldung
- **Überlassung** z. B. zum zollrechtlich freien Verkehr oder zum Zolllagerverfahren
- Monatliche Abgabe einer ergänzenden, **zusammenfassenden Anmeldung** grds. am 10. Tag nach Ablauf des Abrechnungszeitraums bei der in der Bewilligung be-

nannten Abrechnungszollstelle (Hauptzollamt Sachgebiet B). Ggf. Abgabenentrichtung nach **Zahlungsaufschub** am 16. Tag des auf den Abrechnungszeitraum folgenden Monats (Art. 167 Abs. 1 UAbs. 3, Art. 111 Abs. 6 UAbs. 2 UZK, Art. 146 Abs. 2 UZK-DelVO). In diesem Zusammenhang kommt auch eine Selbstberechnung der Einfuhrabgaben als Vereinfachung im Rahmen der **Eigenkontrolle** in Betracht (Art. 185 Abs. 1 UZK i.V.m. Art. 225, 237 UZK-DVO und Art. 101 (2), 102 (2) UZK; dazu auch Rdnr. D2093 f.).

(Einstweilen frei) D2081–D2083

dd) Kombination mit der Anschreibung in der Buchführung

Die Zollbehörden können einer Person auf Antrag bewilligen, dass eine Zollanmeldung, einschließlich einer vereinfachten Zollanmeldung, als Anschreibung in der Buchführung des Anmelders vorgenommen wird (Art. 182 Abs. 1 UZK; vgl. auch DV VSF Z 0514 Abs. 3230 ff.). Die besondere ökonomische Leistungsfähigkeit einer Anschreibung in der Buchführung ist vor allem darin zu sehen, dass der Zollanmelder die Überführung und Überlassung von Waren in Zollverfahren durch Anschreibung in der betrieblichen Buchführung selbst bewirken kann; einer „klassischen" Anmeldung mit Datenübermittlung bedarf es dabei zunächst nicht. Denn die Zollanmeldung gilt bereits zu dem Zeitpunkt, zu dem die Anschreibung der Daten in der Unternehmensbuchführung erfolgt, als angenommen (Art. 182 Abs. 2 UZK). Allerdings ist die Bewilligung u. a. davon abhängig, dass die Angaben (und wohl auch Unterlagen) in der durch Anschreibung getätigten Zollanmeldung für die Zollbehörden im elektronischen System des Anmelders zu dem Zeitpunkt bereitgehalten werden, zu dem die Anschreibung vorgenommen wird (Art. 182 Abs. 1 UZK, Art. 234 Abs. 1 Buchst. c UZK-DVO). D2084

Üblich ist es, die Bewilligung der Anschreibung in der Buchführung mit einer **Fristsetzung zur Überlassung** zu verknüpfen. Genau genommen handelt es sich um eine Frist innerhalb derer der Zoll Kontrollen zur getätigten Zollanmeldung gegenüber dem Anmelder anordnen kann. Die Waren gelten bei Ablauf dieser Frist, z. B. nach 30 Minuten oder 2 Stunden, als überlassen (Art. 235 UZK-DVO). In der deutschen Verwaltungspraxis setzt dieses Verfahren voraus, dass die Zollstelle durch eine „Anzeige der Anschreibung/Aufzeichnungsanzeige" auf elektronischem Wege von dieser Kenntnis erhält (vgl. DV VSF Z 1210 Abs. 292). D2085

Im Kontext mit der Bewilligung der Anschreibung in der Buchführung des Anmelders können die Zollbehörden – quasi auf einer weiteren Vereinfachungsstufe – auch **von der Verpflichtung zur Gestellung der Waren befreien** (Art. 182 Abs. 3 Satz 1 UZK). Diese Variante ist nicht mit der oben beschriebenen Verlagerung der Gestellung in die Betriebsstätte des Anmelders zu verwechseln. Da im Falle der Gestellungsbefreiung die Waren als zum Zeitpunkt ihrer Anschreibung bereits als überlassen gelten (Art. 182 Abs. 3 Satz 2 UZK), kommt eine derartige Bewilligung nur unter besonderen Voraussetzungen in Betracht. So muss der Anmelder AEO C sein, bedarf es des Nachweises einer Rechtfertigung des Verwaltungs- und Überwachungsaufwandes, müssen die notwendigen Informationen dem Zoll stets *zugänglich* sein und dürfen die Waren grds. keinen Verboten und Beschränkungen unterliegen (Art. 182 Abs. 3 UAbs. 2 UZK). Darüber hinaus regelt Art. 150 Abs. 3 – 6 UZK-DelVO weitere Einschränkungen: So wird die Bewil- D2086 ligung z. B. bei Ausfuhr oder Wiederausfuhr nur erteilt, wenn es sich um Waren handelt, für die die Verpflichtung zur Abgabe von risikoorientierten Vorabanmeldungen nicht gilt. Damit beschränkt sich hier der Anwendungsbereich auf elektrische Energie, persönliches Gepäck, Briefsendungen usw. (Art. 150 Abs. 4 Buchst. a UZK-DelVO i. V. m. Art. 263 Abs. 2 UZK, Art. 245 UZK-DelVO; vgl. auch DV VSF Z 0514 Abs. 3237).

D2087 Besondere Bedeutung kommt bei einer Bewilligung der Anschreibung in der Buchführung der **Aufstellung der in die Bewilligung einbezogenen Waren** zu, da die Zollstelle diese im Rahmen der Abfertigung regelmäßig nicht zu Gesicht bekommt. Die Waren sind deshalb in der Bewilligung so genau zu bezeichnen, wie es für die zollamtliche Behandlung erforderlich ist (z. B. Einreihung in den EZT, VuB, Marktordnungen). Außerdem sind die nach dem Warenerfassungssystem des Anmelders vorgesehenen Merkmale, z. B. Artikel-Nr., und in der Regel der achtstellige KN-Code anzugeben. Diese Anforderung kann durch Verweise auf betriebliche Warenaufstellungen erleichtert werden; Änderungen der Warenaufstellung sind der Abrechnungszollstelle unverzüglich mitzuteilen (vgl. DV VSF Z 12 10 Abs. 210).

D2088 Die **Bewilligung** einer Anschreibung in der Buchführung wird dem Antragsteller erteilt, wenn die Voraussetzungen und Kriterien gemäß Art. 150 Abs. 1 UZK-DelVO erfüllt sind. Das bedeutet, dass die Voraussetzungen und Kriterien für den Erwerb des AEO-Zertifikats „Zollrechtliche Vereinfachungen" vom Wirtschaftsbeteiligten erfüllt werden müssen. Ist der Antragsteller Inhaber eines AEO-Zertifikats gemäß Art. 38 Abs. 2 Buchst. a UZK, so erteilt die zuständige Zollbehörde die Bewilligung, sobald der erforderliche Informationsaustausch erfolgt ist. Alle Voraussetzungen und Kriterien gelten dann praktisch als erfüllt.

ee) Gemeinsame Regeln für vereinfachte Zollanmeldung und die Anschreibung in der Buchführung

D2089 Fraglich ist, ob diese Varianten der Vereinfachung von Zollanmeldungen als Begünstigungen grds. nur dem Anmelder gewährt werden können, d. h. Personen, die im eigenen Namen Anmeldungen abgeben oder in deren Namen Anmeldungen abgegeben werden (Art. 5 Nr. 15 UZK), oder ob etwa auch ein **Dienstleister,** z. B. ein Spediteur, in den Genuss einer Bewilligung kommen kann. Dem Wortlaut von Art. 166 und 182 UZK ist zu entnehmen, dass die entsprechenden Bewilligungen nicht nur dem Zollanmelder, sondern jeder Person, die die Voraussetzungen erfüllt, erteilt werden können. Damit ist klargestellt, dass auch Spediteure, Logistiker und andere Zolldienstleister im eigenen Namen oder als Vertreter i. S. v. Art. 18 Abs. 1 UZK in den Genuss derartiger Erleichterungen kommen können und ihren Kunden einen entsprechenden Abfertigungsservice anbieten können.

ff) Zentrale Zollabwicklung

D2090 Art. 179 Abs. 1 UZK erlaubt es zu gestatten, die Zollanmeldung bei einer anderen Zollstelle abzugeben als der, bei der die Waren gestellt wurden. Das Anliegen der **„zentralen Zollabwicklung"** ist die Entkoppelung des Ortes der Abgabe der Zollanmeldung (in der Regel die Zollstelle am Ort der Hauptbuchhaltung des Anmelders) vom Ort des Aufenthalts und der Gestellung der Waren, etwa an der Außengrenze des Zollgebiets aber auch am Bestimmungsort eines Versandverfahrens in einem anderen Mitgliedstaat. Grundidee ist dabei, dass der Wirtschaftsbeteiligte alle Abfertigungsprozesse import- und exportseitig nur noch in Kommunikation mit seiner „Heimatzollstelle" vor Ort in seinem Mitgliedstaat steuert. Die fiskalische und verfahrensrechtliche Verantwortlichkeit einschließlich der Überlassungsentscheidung und Erhebung der Abgaben liegt bei der Zollstelle der Anmeldung (Art. 179 Abs. 3, 6 UZK). Sie hat quasi die Federführung. Während die Verantwortlichkeit für die Sicherheits- und VuB-Kontrollen vorrangig bei der Zollstelle am Ort der Gestellung der Waren liegt (Art. 179 Abs. 5 UZK). Ggf. kann diese Zollstelle – regelmäßig die Grenzzollstelle – von der Binnenzollstelle entsprechend angewiesen werden, wenn etwa das Ergebnis der Risikoanalyse nach konkreten Warenkontrollen verlangt. Das so skizzierte Zusammenspiel der Zollstellen zeigt, dass das Funktionieren der zentralen Zollabwicklung von intelligenten IT-Strukturen abhängig ist, die es gemäß Art. 278 Abs. 3 Buchst. d UZK bis spätestens zum 31.12.2025 erst noch zu entwickeln und implementieren gilt. Vor diesem Hintergrund hat die zentrale Zollabwicklung aktuell nur begrenzte praktische Bedeutung (vgl. insbesondere die Einschränkungen in der DV VSF Z 0514 Abs. 3220).

Die Inanspruchnahme der zentralen Zollabwicklung durch die Wirtschaftsbeteiligten D2091
ist gem. Art. 179 Abs. 1 UZK von einer **Bewilligung** abhängig. Weitere Einzelheiten regelt Art. 149 Abs. 1 UZK-DelVO. Art. 179 Abs. 2 UZK gibt allerdings bereits vor, dass bei Berührung mehrerer Mitgliedstaaten – also im Regelfall – der Antragsteller AEO für zollrechtliche Vereinfachungen (Typ C) sein muss.

Aber auch im derzeit geltenden Zollrecht gibt es schon einen „Platzhalter" für die Idee D2092
der zentralen Zollabwicklung: Im Rahmen einer **einzigen – binnengrenzüberschreitenden – Bewilligung** von vereinfachten Zollanmeldungen ist es möglich, eine Ware z. B. in Deutschland zum freien Verkehr abfertigen zu lassen, die in den Niederlanden gestellt wurde und dort in den Wirtschaftskreislauf eintreten soll (Single Authorisation for Simplified Procedures = SASP). Für die einzige Bewilligung bedarf es der vorherigen Durchführung eines Konsultationsverfahrens mit den anderen beteiligten Mitgliedstaaten (Art. 14 UZK-DVO; vgl. auch Rdnr. D 2116). Die Erteilung dieser Bewilligung erfolgt grundsätzlich innerhalb von 120 Tagen nach der Annahme des Antrags und kann nur nach vorheriger Abstimmung zwischen den Zollverwaltungen der beteiligten EU-Mitgliedstaaten erteilt werden. Dafür ist in Deutschland als zentrale Stelle das **HZA Nürnberg – Kontaktstelle Konsultationsverfahren –** zuständig. Im Fall des Antrages auf mitgliedstaatenübergreifende Bewilligung wird der Bewilligungsantrag bereits elektronisch über das EU-Trader Portal – EU-TP – gestellt (vgl. aber noch Rdnr. D2100). Für die zusätzlichen Angaben ist das "Zusatzblatt nationale Angaben" zu verwenden. Dieses Zusatzblatt und die entsprechenden Teile des Fragebogens übermittelt der Beteiligte dem zuständigen HZA unter Bezugnahme auf die durch das EU-TP generierte Antragsnummer.

gg) Eigenkontrolle

Eine auf den ersten Blick ungewöhnliche Regelung verbirgt sich hinter Art. 185 UZK, der D2093
auf Drängen einiger Mitgliedstaaten (vor allem Niederlande und Schweden) und auf

Initiative des Rates eingefügt wurde. Die politische Forderung bestand darin, dass die durch die Sicherheitsinitiative eingeführten Restriktionen für besonders zuverlässige Wirtschaftsbeteiligte kompensiert werden müssten. Nun können die Zollbehörden weitere Vereinfachungen der Zollförmlichkeiten, aber auch der Zollkontrollen zulassen, die über die gängigen Vereinfachungen hinausgehen – im Sinne von **„Self-Assessment"**. Dabei sollen die Verantwortlichkeiten der Zollverwaltung auf ein Minimum beschränkt werden; an die Stelle tritt die Ausrichtung an den vorhandenen Systemen des Beteiligten. Eingeführt wird quasi eine „Privatisierung der Zollabfertigung". Die in Art. 185 Abs. 1 UZK angelegten „Super-Vereinfachungen" versetzt den Wirtschaftsbeteiligten etwa in die Lage, den von ihm geschuldeten Betrag der gesetzlichen Einfuhrabgaben selbst zu ermitteln und zu entrichten und die entsprechenden Kontrollen eigenständig durchzuführen. Bei der sog. „Eigenkontrolle" handelt es sich um quasi-hoheitliche Tätigkeiten, die die Wirtschaftsbeteiligten an Stelle der Zollverwaltung durchführen dürfen. Grds. erfasst werden auch die Kontrollen unter zollamtlicher Überwachung, was praktisch bedeuten könnte, dass auch die Entnahme von Mustern und Proben im Rahmen einer Warenbeschau zur Sache des Wirtschaftsbeteiligten werden kann.

D2094 Die gemäß Art. 185 Abs. 2 UZK für die Eigenkontrolle erforderliche **Bewilligung** steht allerdings nur Zugelassenen Wirtschaftsbeteiligten der Zertifikatstypen C und F zu. Zudem wurde die im UZK angelegte Leistungsfähigkeit des Instituts in den Durchführungsbestimmungen erheblich eingeschränkt: Zunächst ist weitere Voraussetzung, dass der Beteiligte zugleich auch Inhaber der Bewilligung einer Anschreibung in der Buchführung ist (Art. 151 UZK-DelVO; dazu Rdnr. D 2084 ff.). Darüber hinaus wurden die Erleichterungen auf die Selbstberechnung der Einfuhrabgaben und bestimmte Kontrollen im Bereich der Überwachung der VuB eingeschränkt (Art. 152 UZK-DelVO und Art. 237 UZK-DVO). Die Verwaltungspraxis in Deutschland schränkt darüber hinaus noch weiter ein: Die Bewilligung der Eigenkontrolle wird aktuell gar nicht erteilt (vgl. DV VSF Z 0514 Abs. 3240).

3. Nachträgliche Überprüfung der Zollanmeldung

D2095 Durch Art. 48 UZK wird den Zollbehörden ein Anspruch auf umfassende Prüfung des zollrechtlichen Geschehens auch noch nach der Überlassung der Waren eingeräumt. Die Überprüfung muss aber auch auf Antrag des Anmelders erfolgen; er hat zumindest einen Anspruch auf einen rechtsmittelfähigen Bescheid der Zollbehörde, wenn sich nach der Überlassung Gründe für eine Wiederaufnahme oder Korrektur der Zollanmeldung finden. Geregelt ist das in Art. 173 Abs. 3 UZK (vgl. auch EuGH v. 5.12.2002 - C-379/00, Rz. 21; v. 20.10.2005 C-468/04, Rz. 64; v. 16.7.2020 - C-97/19, Pfeifer & Langen, dazu Felderhoff, AW-Prax 2021, 40 ff.). Gleichzeitig wird deutlich, dass auch nach der Überlassung der Waren zu einem Zollverfahren die (öffentlich-rechtliche) Beziehung zwischen der Zollbehörde und dem Zollanmelder bzw. anderen zumindest mittelbar Beteiligten nicht endet. Allerdings läuft auch bei der Überlassung zum zollrechtlich freien Verkehr die Rechtsbeziehung zwischen der Zollbehörde und den Beteiligten regelmäßig drei Jahre nach Entstehen der Zollschuld bzw. nach Mitteilung des Abgabenbetrags aus (Art. 103 Abs. 1 UZK). Liegen keine strafbaren Handlungen vor (dazu

Art. 103 Abs. 2 UZK), wird durch diese **Verjährungsregelungen** der Anwendungsbereich der Art. 48 und 173 Abs. 3 UZK begrenzt.

Wird die Überprüfung von Amts wegen durchgeführt, lässt sich Art. 48 UZK als EU-rechtliche Grundlegung der betrieblichen **Außenprüfung** ansprechen. Die §§ 193 ff. AO werden damit zumindest teilweise überlagert. Denkbar ist sowohl die Prüfung einzelner Zollanmeldungen als auch die Zusammenfassung mehrerer Prüfungsvorgänge zu einer umfassenden Einfuhr-/Ausfuhrhandelsprüfung. Aus verwaltungsökonomischen Gründen bieten sich im gewerblichen Bereich periodische Prüfungen der zuständigen Außenprüfungsdienste der Hauptzollämter zumindest im „Drei-Jahres-Rhythmus" an (vgl. zu den Modalitäten einer Außenprüfung, insbesondere zu deren Anordnung, Umfang und Ort Witte/Henke/Wemmer, UZK, Art. 48 Rz. 7 ff.). Abweichend hiervon wirkt sich der Status AEO risikomindernd aus, sofern keine sonstigen Anhaltspunkte über eine Gefährdung der Einfuhrabgaben oder nicht-fiskalische Restriktionen vorliegen (Art. 38 Abs. 6 UZK; vgl. dazu die AEO-DV VSF Z 05 20 Abs. 402). D2096

Prüfungen und Kontrollen, die keine konkreten Anmeldungen – einschließlich summarischer Anmeldungen und Anmeldungen zur vorübergehenden Verwahrung – betreffen, wie etwa die Kontrollen im Rahmen der vorgelagerten allgemeinen zollamtlichen Überwachung, werden hingegen nicht von Art. 48 UZK erfasst. Für sie gilt neben den Vorschriften des Art. 46 UZK die spezielle Regel aus Art. 134 UZK i. V. m. Art. 5 Nr. 3 UZK. Hierzu gehören z. B. auch Prüfungsmaßnahmen nach § 10 ZollVG, wie die „Unterwegskontrollen" der Kontrolleinheiten Verkehrswege – KEV. D2097

4. Bewilligung

Die meisten besonderen Verfahren – aktive und passive Veredelung, vorübergehende Verwendung und Endverwendung sowie der Betrieb von Lagerstätten zur Zolllagerung – bedürfen vor ihrer Inanspruchnahme einer Bewilligung (Art. 211 Abs. 1 UZK). Ohne Bewilligung ist folglich eine entsprechende Zollanmeldung mangels Vorliegens der Voraussetzungen nicht anzunehmen (Art. 170 Abs. 1 UAbs. 2, Art. 172 Abs. 1 UZK). Das Bewilligungsverfahren wird für die besonderen Verfahren in Art. 211 Abs. 2 – 6 i. V. m. Art. 22 f. UZK und Art. 8 ff. UZK-DelVO einheitlich geregelt. Dabei wird zwischen einem **normalen Verfahren,** bei dem die zuständigen Zollbehörden den Antrag und die Voraussetzungen vorab, d. h. vor der ersten zollamtlichen Abfertigung prüfen, und einem **vereinfachten Verfahren,** bei dem es zu einer Verzahnung von Bewilligungs- und Abfertigungsverfahren kommt, unterschieden. D2098

a) Bewilligung – normales Verfahren

aa) Bewilligungsantrag

Ausgangspunkt des normalen Bewilligungsverfahrens ist jeweils ein **elektronisch gestellter Antrag,** der dem **Muster des Anhangs A** zur UZK-DelVO bzw. zur UZK-DVO entsprechen muss (Art. 2 UZK-DelVO und Art. 2 UZK-DVO; DV VSF Z 0514 Abs. 3101 ff.). D2099

D2100 In der sich aus Art. 278 Abs. 1 UZK ergebenden Übergangsfrist bis zum 31.12.2020 konnten die Mitgliedstaaten noch schriftliche Anträge und schriftliche Bewilligungen zulassen bzw. erteilen. In Deutschland wird aktuell (Stand Mai 2021) immer noch der generelle (Papier)Vordruck für den Betrieb von Lagerstätten zur Zolllagerung, die aktive Veredelung und die passive Veredelung eingesetzt und um sog. **Zusatzblätter,** die inhaltlich ebenfalls von Anhang A vorgegeben werden, ergänzt. Gleichzeitig sind dem Antrag alle zur Prüfung erforderlichen Unterlagen beizugeben. Beim Ausfüllen der Antragsvordrucke des Anhangs A hat der Antragsteller die Anmerkungen des **Merkblatts** zu beachten, vgl. aber Rdnr. D2092.

Sobald das **Bürger- und Geschäftskundenportal (BuG)** die Möglichkeit der Beantragung, Erteilung und Verwaltung (Änderung, Widerruf, Rücknahme) von Bewilligungen bietet, ist dieses grundsätzlich zu nutzen. Das **EU-Trader Portal (EU-TP)** ist derzeit nur für die Beantragung mitgliedstaatenübergreifender Bewilligungen oder deren Änderung vorgesehen (DV VSF Z 0514 Abs. 3310).

D2101–D2103 *(Einstweilen frei)*

D2104 Im Folgenden werden die wichtigsten Daten-Felder eines Bewilligungsantrags vorgestellt:

D2105 **Datenfeld „Besonderes Verfahren":** Hier wählt der Antragsteller das gewünschte bewilligungspflichtige Zollverfahren. Der Antragsteller kann auch mehrere Zollverfahren mit einem Bewilligungsvordruck beantragen, z. B. weil er eine aktive Veredelung mit dem Zolllagerverfahren kombinieren möchte. Darüber hinaus lässt sich die Bewilligung eines besonderen Verfahrens mit der vereinfachten Zollanmeldung oder mit der Anschreibung in der Buchführung des Anmelders beim Zu- oder Abgang kombinieren. Diese Möglichkeit wird als **integrierte Bewilligung** bezeichnet.

D2106 **Datenfeld „Ort und Art der Buchhaltung":** Voraussetzung für die Bewilligung eines besonderen Verfahrens ist, dass der Beteiligte Aufzeichnungen i. S. von Art. 214 UZK, Art. 178 UZK-DelVO führt. Das sind Unterlagen (gleich auf welchem Träger), die alle von den Zollbehörden für die Kontrolle und Überwachung des Verfahrens benötigten Angaben enthalten. Dabei soll möglichst auf die bestehende Geschäftsbuchhaltung als Aufzeichnung zurückgegriffen werden; eine eigens für Zollzwecke geschaffene „Zusatzbuchhaltung" darf grundsätzlich nicht verlangt werden. Die Mindestinhalte für die Aufzeichnungen ergeben sich aus Art. 178 UZK-DelVO. Die Aufzeichnungen sind nach den Grundsätzen ordnungsgemäßer Buchführung zu führen, sie müssen bestandsgenau sein, sie müssen z. B. bei der aktiven Veredelung den jeweiligen Verarbeitungszustand jederzeit einem sachkundigen Dritten in vertretbarer Zeit sichtbar machen, und die Bestandsgenauigkeit muss durch geeignete interne Kontrollmaßnahmen gesichert werden. Wo die für Zollzwecke anzusprechende Buchhaltung eines Unternehmens überwiegend erfolgt, wird im Zollrecht auch vom **Ort der „Hauptbuchhaltung"** gesprochen (vgl. Art. 22 Abs. 1 UAbs. 2 UZK, Art. 12 UZK-DelVO). Im Datenfeld sind der genaue Ort bzw. die genaue Art der Buchhaltung/Aufzeichnung anzugeben, also regelmäßig der Ort, an dem sich die Geschäfts-, Steuer- oder sonstige Buchführung des Antragstellers befindet und insbesondere die für seine Rechnung geführten Bücher geprüft werden können. Zu den Angaben gehören auch etwaige IT-technische Besonderheiten und Verfahren.

Datenfeld „Geltungsdauer": Mit Ausnahme bestimmter Fälle der Rückwirkung wird die Bewilligung grundsätzlich mit dem **Tag ihrer Erteilung** wirksam (Art. 22 Abs. 4 UZK); soll im Einzelfall ein späterer Zeitpunkt gewählt werden, kann dies beantragt werden (Art. 14 Abs. 1 UZK-DelVO). In Abweichung zum Grundsatz aus Art. 22 Abs. 5 UZK regelt Art. 173 Abs. 1 UZK-DelVO, dass die Geltungsdauer für die aktive Veredelung, die passive Veredelung, die vorübergehende Verwendung und die Endverwendung auf fünf Jahre befristet werden muss. Die Überführung von Waren in das Verfahren kommt nur während der Geltungsdauer der Bewilligung in Betracht (vgl. diesbezüglich auch Art. 55 Abs. 1 UZK). Für die Bewilligung von Lagerstätten zur Zolllagerung wird keine Geltungsdauer festgesetzt. D2107

Datenfeld „Warenkreis": Der Antragsteller hat hier grundsätzlich KN-Code (8 Stellen), **Warenbezeichnung,** Menge und Wert der in das Zollverfahren überzuführenden Waren anzugeben. Da diese Anforderung in vielen Fällen nicht praktikabel ist, wird im Merkblatt zwischen den verschiede Zollverfahren bzw. Verfahrensvarianten differenziert: So darf etwa bei der Beantragung von Lagerstätten für den Betrieb eines Zolllagers anstelle der KN-Codes unterschiedlicher Waren „Verschiedene" eingetragen werden; Angaben zur Menge und zum Zollwert sind hier nicht erforderlich. Demgegenüber ist z. B. immer der 8-stellige KN-Code anzugeben, wenn gem. Art. 223 UZK Ersatzwaren eingesetzt werden sollen. D2108

Datenfeld „Geplante Vorgänge": Wille des Gesetzgebers ist es, alle nur denkbaren Vorgänge rund um die Abwicklung und das Handling der Zollverfahren miteinander zu verzahnen, aufeinander abzustimmen und zu optimieren. Dazu bedarf es allerdings wichtiger Informationen über das geplante **Ablaufprogramm,** die der Antragsteller in diesem Datenfeld der Bewilligungsbehörde zur Verfügung stellen muss. So gehört etwa zu den Einzelheiten der geplanten Vorgänge anzugeben, wo und ggf. unter Zuhilfenahme welcher Vereinfachungen die Waren in das Verfahren übergeführt werden sollen, wie die Beförderung organisiert werden soll, wie der Übergang zwischen zwei oder mehr Zollverfahren organisiert werden soll, welche Mitgliedstaaten bei einer einzigen Bewilligung berührt werden und wie sich der Beteiligte die Erledigung vorstellt. D2109

Datenfeld „Wirtschaftliche Voraussetzungen": Art. 211 Abs. 4 Buchst. b und Abs. 6 UZK bestimmen für die Bewilligung der aktiven und passiven Veredelung, dass diese nicht erteilt werden darf, wenn Nachweise dafür vorliegen, dass wesentliche Wirtschaftsinteressen der EU beeinträchtigt werden. In der Regel **gelten diese Voraussetzungen jedoch de jure als erfüllt** (vgl. Art. 211 Abs. 5 UZK). Im Übrigen hat der Antragsteller das Vorliegen der wirtschaftlichen Voraussetzungen zu begründen und zwar insbesondere bei Inanspruchnahme einer Bewilligung für die Einrichtung von Lagerstätten für die Zolllagerung, indem er nachweist, dass ein wirtschaftliches Bedürfnis für die Lagerung, das über die schlichte Behandlung der Waren im Zolllager und einen max. 90-tägigen Aufenthalt im Verwahrungslager hinausgeht, besteht. Bei der vorübergehenden Verwendung ist es erforderlich aber auch ausreichend, die Rechtsgrundlagen anzugeben, aufgrund deren die Bewilligung erteilt werden soll (z. B. Art. 208 ff. UZK-DelVO). D2110

D2111 **Datenfeld „Nämlichkeitsmittel":** Die Zollverfahren sind im Grundfall „Nämlichkeitsverfahren", was so viel bedeutet als dass für jene Waren, die physisch in das Verfahren übergeführt wurden, auch die fristgerechte Erledigung des Verfahrens erfolgen muss. Die vom Antragsteller vorgesehenen **Nämlichkeitsmittel und -methoden** sind im Datenfeld in codierter Form anzugeben. Wird in Abkehr vom Nämlichkeitsprinzip ein Äquivalenzverkehr bzw. der Standardaustausch mit **Ersatzwaren** in Anspruch genommen (Art. 223, 261 UZK), sind einschlägige Angaben in den jeweiligen Zusatzblättern vorgesehen.

D2112 **Datenfeld „Vereinfachte Zollanmeldung":** Zu einer wirklich integrierten und ganzheitlichen Bewilligung gehört auch, dass etwaige Vereinfachungen der Zollanmeldung bei der Überführung und der Erledigung des Verfahrens rechtzeitig „mitgedacht" werden. Vor diesem Hintergrund hat der Antragsteller in entsprechenden Datenfeldern anzugeben, ob er bei Zu- oder Abgang die vereinfachte Zollanmeldung nutzten oder die Anschreibung in der Buchführung des Anmelders in Anspruch nehmen möchte. Die in diesen Bereichen spezialgesetzlich vorgeschriebenen Bewilligungen werden dann im Idealfall mit der Bewilligung des gewünschten Zollverfahrens gemeinsam erteilt.

D2113 **Datenfeld „Beförderungen":** Soweit es sich bei in Zollverfahren übergeführten Waren bzw. bei Veredelungserzeugnissen um Nicht-Unionswaren handelt, setzt die Beförderung solcher Waren zwischen zwei Orten in der EU ein **externes Versandverfahren** voraus (Art. 226 UZK). Allerdings können die in ein besonderes Verfahren übergeführten Waren zwischen verschiedenen Orten innerhalb des Zollgebiets auch ohne Versandverfahren befördert werden (Art. 219 UZK, Art. 267 UZK-DVO). Im Datenfeld hat der Antragsteller vor allem anzugeben, auf welchen Verkehrsrelationen er ohne Förmlichkeiten, d. h. ohne förmliches Versandverfahren Waren im Zollverfahren befördern will. Im Wesentlichen stehen gem. Art. 179 DelVO folgende **Beförderungsvarianten** zur Wahl: zwischen verschiedenen in der beantragten Bewilligung angegebenen Orten, z. B. Zolllager- oder Veredelungsstätten, von der Zollstelle der Überführung in das Verfahren zum Betrieb bzw. zum Zolllager des Antragstellers, zur Ausgangszollstelle im Hinblick auf die Wiederausfuhr und von einem Bewilligungsinhaber zu einem anderen (ohne Erledigung des Verfahrens; vgl. auch unter Rdnr. D2150 f.).

D2114 **Datenfeld „Sicherheitsleistung":** Gemäß Art. 211 Abs. 3 Buchst. c i.V. m. Art. 89 UZK ist die Nutzung der bewilligungsbedürftigen besonderen Verfahren obligatorisch von der Leistung einer Sicherheit abhängig. Hier kann der Antragsteller z. B. der Bewilligungsbehörde seine Vorstellungen von Umfang und Art der **Sicherheitsleistung** mitteilen. Möglich ist auch der Hinweis auf eine bereits existierende **Gesamtsicherheit** i. S. v. Art. 95 UZK (vgl. auch Görtz, ZfZ 2001, 182, 188).

D2115 Die **sachliche und örtliche Zuständigkeit** für die Entgegennahme und Bearbeitung des Bewilligungsantrags ist in Art. 22 Abs. 1 UAbs. 2 UZK, Art. 11 Abs. 1 Buchst. c UZK-DelVO einheitlich geregelt; abzustellen ist grds. auf den **Ort der Hauptbuchhaltung** (vgl. Rdnr. B2026).

bb) Einzige Bewilligung

Das Institut der sog. einzigen Bewilligung wird begrifflich wie folgt verstanden: eine Bewilligung, die jeweils verschiedene Zollverwaltungen (mindestens zweier Mitgliedstaaten) berührt und zwar in Zusammenhang mit der Überführung, Durchführung und/oder Erledigung eines Zollverfahrens sowie in Zusammenhang mit der Abwicklung einer vereinfachten Zollanmeldung. Eine einzige Bewilligung ist also bereits dann gegeben, wenn bei der Abwicklung eines Zollverfahrens lediglich eine Zollstelle in einem anderen Mitgliedstaat als demjenigen liegt, in dem gelagert, veredelt oder verwendet wird. Eine einzige Bewilligung liegt aber auch dann vor, wenn eine in einem Mitgliedstaat gestellte Ware in einem anderen Mitgliedstaat zum zollrechtlich freien Verkehr überlassen wird. D2116

BEISPIELE:

Die X-GmbH beantragt die Bewilligung für die Einrichtung mehrerer Lagerstätten zur Zolllagerung in Deutschland. Ein Teil der Waren soll bereits an der polnischen Außengrenze des Zollgebiets in das Zolllagerverfahren überlassen werden. D2117

Die Y-AG beabsichtigt, sich eine aktive Veredelung mit Betriebsstätten in Frankreich und Deutschland bewilligen zu lassen. Bei jeder Betriebsstätte soll eine Zollstelle für die Erledigung des Verfahrens zuständig sein.

Die Z-OHG denkt über die Bewilligung einer vorübergehenden Verwendung nach. Die Verwendung soll neben Deutschland auch in Belgien, den Niederlanden und Luxemburg stattfinden. Zollstellen für die Überführung und Erledigung soll es nur in Deutschland geben.

Waren, die sich körperlich in den Niederlanden befinden und den dortigen Zollbehörden gestellt werden, werden in Deutschland im Rahmen einer entsprechenden Bewilligung in der Buchführung der XY-GmbH zum zollrechtlich freien Verkehr angeschrieben.

Wird eine einzige Bewilligung beantragt, so ist die Zustimmung der beteiligten Zollbehörden nach dem in Art. 14 UZK-DVO beschriebenen **Verfahren** wie folgt einzuholen: Der **Antrag** auf Bewilligung ist im Grundfall bei der Zollbehörde zu stellen, die erstens für den Ort der Hauptbuchhaltung des Antragstellers, und zugleich zweitens für mindestens einen Ort der jeweils bezweckten Aktivität (Lagerung, Veredelung, vorübergehende Ausfuhr) zuständig ist; bei der vorübergehenden Verwendung wird der Antrag bei der Zollbehörde gestellt, die für den Ort der ersten Verwendung zuständig ist (zum Verfahren mittels des EU-TP auch Rdnr. D2092). D2118

Die gem. Art. 14 UZK-DVO federführende Zollbehörde prüft den Antrag für ihren Zuständigkeitsbereich und fertigt bereits einen **Bewilligungsentwurf.** Antrag und Bewilligungsentwurf werden den Zollbehörden der anderen Mitgliedstaaten übersandt. Die federführende Behörde muss innerhalb von 30 Tagen den Bewilligungsentwurf abgesetzt haben. Innerhalb von 15 Tagen nach Eingang des Antrags und des Bewilligungsentwurfs haben die beteiligten Zollbehörden der anderen Mitgliedstaaten der federführenden Zollbehörde das Empfangsdatum zu bestätigen; etwaige **Einwendungen** sind binnen 30 Tagen nach Eingang des Bewilligungsentwurfs mitzuteilen. D2119

Die federführende Zollbehörde kann die Bewilligung erteilen, wenn sie innerhalb der Einwendungsfrist von 30 Tagen keine Gegenvorstellungen zu ihrem Bewilligungsentwurf erhalten hat oder der **Verzicht auf Einwendungen** vorher erklärt wurde und übermittelt allen Zollbehörden eine Durchschrift der einvernehmlich erteilten Bewilligung. D2120

Werden Einwendungen fristgerecht erhoben und wird keine Einigung erzielt, so ist der Antrag in dem Umfang abzulehnen, in dem Einwendungen erhoben wurden (vgl. Art. 14 Abs. 3 UZK-DVO).

D2121–D2123 *(Einstweilen frei)*

cc) Entscheidung über eine Bewilligung

D2124 Die Bewilligung eines besonderen Verfahrens wird im normalen Verfahren grundsätzlich elektronisch gemäß Anhang A zur UZK-DelVO bzw. zur UZK-DVO erteilt (Art. 2 UZK-DelVO, Art. 2 UZK-DVO). Die Bewilligung ist eine (begünstigende) Entscheidung i. S. von Art. 5 Nr. 39, Art. 22 f. UZK, die nur unter den Bedingungen der Art. 27 und 28 UZK durch **Widerruf** oder **Rücknahme** korrigiert werden kann. Im Vorfeld solcher Korrekturen muss – orientiert am Verhältnismäßigkeitsgrundsatz – zunächst an die (stets befristete) **Aussetzung** der Entscheidung gem. Art. 23 Abs. 4 Buchst. b UZK gedacht werden, z. B. bei eher geringfügiger Nichterfüllung von Bedingungen oder Pflichten. Regelmäßig werden in einer Bewilligung mehrere Überführungen in das jeweilige Zollverfahren zugelassen.

D2125 Der Erlass einer Entscheidung und deren Mitteilung erfolgt gemäß Art. 22 Abs. 3 UAbs. 1 UZK „…unverzüglich, spätestens jedoch innerhalb von 120 Tagen nach der Annahme des Antrags,…“. Der Annahme des Antrags vorausgegangen ist eine maximal 30-tägige Vorprüfung, die sicherstellen soll, dass die Bedingungen des jeweiligen Antrags erfüllt sind (Art. 22 Abs. 2 UAbs. 1 UZK). Nur wenn die Zollbehörden nicht in der Lage sind, die Bearbeitungsfrist einzuhalten, kann sie unter bestimmten engen Voraussetzungen verlängert werden. Dabei dürften „Bagatellbegründungen“ nicht ausreichend sein; willkürliche Verlängerungen dieser Frist sind rechtswidrig (vgl. Art. 55 Abs. 1 UZK). Da eine etwaige Verlängerung dem Antragsteller unter Angabe der Gründe und der zusätzlichen Frist rechtzeitig – wohl vor Ablauf der Bearbeitungsfrist – mitgeteilt werden muss (Art. 22 Abs. 3 UAbs. 2 UZK), eröffnet sich dem Beteiligten im Streitfall der außergerichtliche und gerichtliche Rechtsschutz wegen „Untätigkeit“. Dieses Recht verbürgt nunmehr ausdrücklich Art. 44 Abs. 1 UAbs. 2 UZK.

D2126 Zu den im UZK-Gesetzgebungsverfahren besonders heftig diskutierten Regelungen gehört die Gewährung des **rechtlichen Gehörs** (Art. 22 Abs. 6 UZK). Das rechtliche Gehör stellt einen allgemeinen Rechtsgrundsatz für eine „gute Verwaltung“ dar, der auch im Unionsrecht anerkannt ist (vgl. etwa Art. 41 Abs. 2 der Charta der Grundrechte). Es geht um das Recht einer jeden Person, gehört zu werden, bevor ihr gegenüber eine für sie nachteilige Maßnahme, z. B. die Ablehnung der beantragten Bewilligung, getroffen wird. Mit dem von Art. 22 Abs. 6 UZK für das gesamte Zollrecht eingeführte Prinzip des rechtlichen Gehörs wird ein wichtiger Schritt in Richtung Transparenz zugunsten der Wirtschaft getan (vgl. dazu auch die Verpflichtung zum Dialog gem. Art. 14 Abs. 2 UZK). Rechtzeitige Vorabinformationen über die von der Zollverwaltung beabsichtigten Schritte helfen, Unklarheiten und Missverständnisse zu verhindern bzw. zu beseitigen. Damit kann das rechtliche Gehör zur Vermeidung unnötiger Rechtsbehelfe führen.

D2127 Sofern speziellere Vorschriften nichts anderes vorsehen oder keine beschränkte Geltung beantragt wurde, sind Zoll-Verwaltungsakte aller Art, wie z. B. Abgabenbescheide,

Entscheidungen über den Erlass oder die Erstattung von Abgaben, Entscheidungen über die Reduzierung oder die Befreiung von der Sicherheitsleistung usw., EU-weit gültig (Art. 26 UZK). Die Vorschrift gibt allen Beteiligten, Wirtschaft wie Verwaltung, die nötige Handlungssicherheit. Etwaige praktische Schwierigkeiten, die sich z. B. aus Übersetzungsproblemen oder den nach wie vor unterschiedlichen Verfahren bei der Erhebung von Abgaben in den Mitgliedstaaten ergeben können, treten gegenüber den Vorteilen der **unionsweiten Geltung** von Entscheidungen in den Hintergrund.

In Deutschland ist seit 2005 eine flächendeckende Dokumentation, Verwaltung und **Archivierung aller Bewilligungen unter ATLAS** erfolgt. Das bedeutet, dass jede deutsche Zollstelle tagesaktuell lesenden Zugriff auf Verfahrensbewilligungen aber auch auf Bewilligungen vereinfachter Zollanmeldungen und der Anschreibung in der Buchführung des Anmelders wie auf Bewilligungen von Vereinfachungen im Versandverfahren (ZV/ZE) hat. Diese ATLAS-Funktion hat insofern zu einer Liberalisierung der Bewilligungspraxis geführt, als alle Zollstellen grundsätzlich unter Inanspruchnahme der bewilligten Verfahren für Abfertigungen zuständig sind (vgl. Verfahrensanweisung ATLAS Nr. 4.4, VSF Z 2650). D2128

dd) Rückwirkende Bewilligung

Die Ausweitung des Anwendungsbereichs rückwirkender Bewilligungen ist ein besonderes Anliegen des Unionszollkodex. Es soll damit einer **flexibleren Gestaltung der Verfahrensvorschriften** Vorschub geleistet werden. Art. 211 Abs. 2 UZK und Art. 172 UZK-DelVO regeln das liberale Rückwirkungssystem, das allerdings für den Betrieb von Lagerstätten nicht gilt (Art. 211 Abs. 2 Buchst. g UZK), in **drei Stufen:** D2129

(1) Den Grundsatz enthält **Art. 172 Abs. 1 UZK-DelVO:** Während die Bewilligung im Standardfall mit ihrer Erteilung wirksam wird, hat der Antragsteller ohne weitere Begründung einen Anspruch darauf, dass die Bewilligung vom Zeitpunkt der Einreichung des Bewilligungsantrags bei der zuständigen Behörde an in Kraft gesetzt wird. In der deutschen Verwaltungspraxis werden die Zollstellen für die Überführung in das Verfahren deshalb vom Bewilligungshauptzollamt vorab formlos über die beantragte Bewilligung unterrichtet. Abfertigungen zum gewünschten Verfahren können dann bereits im beantragten Umfang zugelassen werden. In diesen Fällen ist im entsprechenden ATLAS-Datenfeld ein Hinweis auf die Vorab-Bewilligungssituation gem. Art. 172 Abs. 1 UZK-DelVO zu geben, vgl. auch DV VSF Z 15 02 Abs. 15 zur Praxis bei aktiver Veredelung. Das Risiko, dass dem Antrag später nicht oder nicht in dem gewünschten Umfang entsprochen wird, trägt allerdings der Antragsteller allein (vgl. auch Görtz, ZfZ 2001, 182, 184).

(2) **Des Weiteren** erlaubt Art. 211 Abs. 2 Buchst. h UZK i. V. m. Art. 172 Abs. 3 UAbs. 1 UZK-DelVO eine **„lückenschließende" Rückwirkung:** Ausgangspunkt sind Fälle, in denen die Geltungsdauer einer erteilten Bewilligung abgelaufen ist, dieser Umstand jedoch weder vom Beteiligten noch von der Zollstelle erkannt wurde, also Waren ohne Bewilligung in ein Zollverfahren übergeführt wurden. Derartige Vorgänge lösen grundsätzlich die Zollschuld gem. Art. 79 Abs. 1 Buchst. c UZK aus. Regelmäßig lassen sich derartige Konflikte jedoch durch die rückwirkende Erneuerung der Bewilligung lösen. Auch nach den Dienstvorschriften des BMF ist in Deutschland mit diesen Fällen „großzügig D2130

zu verfahren“, z. B. DV VSF Z 15 02 Abs. 15 zur aktiven Veredelung. Allerdings bedarf es zur Inanspruchnahme dieser Variante der Rückwirkung einer gewissen Nachhaltigkeit der Nutzung des entsprechenden Zollverfahrens; kann diese dargetan werden, ist die Rückwirkung bei Art. 211 Abs. 2 Buchst. h UZK mit Blick auf die Verjährungsregel aus Art. 103 Abs. 1 UZK auf maximal drei Jahre befristet.

ABGRENZUNGSBEISPIEL:

D2131 Die Geltungsdauer der Bewilligung einer aktiven Veredelung, die von der X-GmbH regelmäßig in Anspruch genommen wurde, ist am 30.6.01 ausgelaufen. Zugleich sind die Abfertigungen zur Veredelung zum Erliegen gekommen. Erst im Mai 02 nimmt die Firma die Veredelungsvorgänge im vormals bewilligten Umfang wieder auf. Der geschilderte Fall ist kein Fall für die lückenschließende Rückwirkung i. S. von Art. 211 Abs. 2 Buchst. h UZK i. V. m. Art. 172 Abs. 3 UZK-DelVO, da es an der Nachhaltigkeit und fortgesetzten Inanspruchnahme des Verfahrens im Rahmen der ursprünglichen Bewilligung fehlt.

D2132 (3) Art. 211 Abs. 2 UAbs. 1 UZK erlaubt es schließlich, die **Rückwirkung der Bewilligungsentscheidung erstmalig vor den Zeitpunkt der Antragstellung** auszudehnen, ohne dass der Beteiligte bereits zuvor im Besitz einer entsprechenden Bewilligung war (Art. 172 Abs. 2 UZK-DelVO). Die Zollbehörden können eine rückwirkende Bewilligung sogar auch dann erteilen, wenn die Waren, die in ein Zollverfahren übergeführt wurden, zum Zeitpunkt der Annahme des Antrags auf eine derartige Bewilligung nicht mehr verfügbar sind (Art. 211 Abs. 2 UAbs. 2 UZK). Diese Regelung führt in der Praxis zu einer Neubewertung einer Vielzahl zollrechtlicher Konfliktfälle und stellt insoweit eine wichtige wirtschaftliche Gestaltungsmöglichkeit dar:

BEISPIEL:

D2133 (passive Veredelung):

Die X-AG hat einen Großteil ihrer Maschinenproduktion nach Israel verlagert. Mit Blick auf die präferenzrechtlichen Gestaltungsmöglichkeiten hat die Firma allerdings auf eine Abwicklung im Rahmen der passiven Veredelung verzichtet; die in Israel aus EU-Vorerzeugnissen hergestellten Werkzeugmaschinen werden mit Präferenzbescheinigung EUR 1 zum Präferenzzollsatz „frei“ in die Europäische Union zurückgebracht. Diese Präferenzbescheinigungen stellen sich später infolge einer Missdeutung der Ursprungsregeln als falsch heraus.

BEISPIEL:

D2134 (aktive Veredelung):

Die Y-AG kauft in Kanada Vorerzeugnisse für die Produktion von Brennstoffzellen in Deutschland. Da die umweltfreundlichen Energieerzeuger auf dem Binnenmarkt abgesetzt werden sollen, werden die Vorerzeugnisse in die Überlassung zum zollrechtlich freien Verkehr übergeführt. Nach Fertigstellung der Brennstoffzellen stellt sich heraus, dass sich in der EU wider Erwarten keine Abnehmer finden. Ein potenzieller Käufer sitzt allerdings in Japan.

D2135 In den Beispielsfällen kommt eine rückwirkende Bewilligung des jeweils wirtschaftlich sinnvollen Verfahrens (passive Veredelung, aktive Veredelung) gem. Art. 211 Abs. 1 UZK grundsätzlich in Betracht. Weitere Anwendungsfälle, insbesondere bei vorübergehender Verwendung und Endverwendung, sind denkbar. Allerdings müssen die folgenden **Voraussetzungen** erfüllt sein:

D2136 **Erstens** darf die Vorschrift nicht generell, sondern nur in Ausnahmefällen, also unter **außergewöhnlichen Umständen** angewandt werden, vorausgesetzt, es wurde eine **wirtschaftliche Notwendigkeit** nachgewiesen (Art. 211 Abs. 2 Buchst. a UZK). Wann diese Voraussetzung vorliegt, ist Sache des Einzelfalls (dazu erstmals EuGH v. 9.7.2020 - C-391/19, Unipack). In der deutschen Zollverwaltung wird die Auffassung vertreten, dass eine wirtschaftliche Notwendigkeit in der Person des Beteiligten z. B. dann entfallen ist, wenn die Abgabenlast bereits kalkulatorisch auf den Abnehmer der Waren abgewälzt werden konnte und der Beteiligte damit „nicht mehr in Not" ist (vgl. DV VSF Z 10 10 Abs. 19). Darüber hinaus sind unzählige Fallgestaltungen denkbar, die eine wirtschaftliche Notwendigkeit auslösen können, wie z. B. Konkurs, Unfall, höhere Gewalt, Streik, Dissens über Vertragsinhalte usw. (dazu auch Görtz, ZfZ 2001, 182, 185). Keinen außergewöhnlichen Umstand stellt es indes dar, wenn sich die zolltarifliche Nomenklatur ändert und in der Folge eine vZTA unwirksam wird (EuGH v. 9.7.2020, a. a. O.).

Zweitens darf die Anwendung dieser Bestimmung in keinem Zusammenhang mit **betrügerischen Absichten** stehen (Art. 211 Abs. 2 Buchst. b UZK). Fahrlässigkeit, auch offensichtliche Fahrlässigkeit, schließen eine rückwirkende Bewilligung also grundsätzlich nicht aus. Diese Einschränkung ist dem Zollschuldrecht entlehnt und darf mittlerweile als Handlungsmaxime für das gesamte Zollrecht angesehen werden (vgl. zum vergleichbaren Begriff des Täuschungsversuchs auch DV VSF Z 0901 Abs. 106). D2137

Drittens müssen **alle für das Zollverfahren geltenden Voraussetzungen** auf Grundlage der Buchführung des Antragstellers als erfüllt gelten, muss die Nämlichkeit der Waren für den betreffenden Rückwirkungszeitraum festgestellt werden können und muss die zollamtliche Prüfung des Verfahrens (ex post) möglich sein (Art. 211 Abs. 2 Buchst. c UZK). Diesbezüglich dürfen jedoch keine überzogenen Anforderungen gestellt werden, da das Institut der Rückwirkung in Sonderfällen dann praktisch leerlaufen würde. D2138

Viertens schließlich sind die ursprünglichen Zollanmeldungen (i. d. R. zur Überlassung zum zollrechtlich freien Verkehr) gem. Art. 148 Abs. 4 Buchst. d UZK-DelVO auf Antrag für ungültig zu erklären. Des Weiteren sind vom Beteiligten neue Zollanmeldungen zum rückwirkend bewilligten Zollverfahren abzugeben (Art. 211 Abs. 2 Buchst. d UZK). Das ursprünglich gewählte Verfahren wird somit gänzlich rückabgewickelt, während das neue Verfahren auch hinsichtlich aller notwendigen Förmlichkeiten im Nachhinein „über die tatsächlichen Vorgänge gelegt" wird. D2139

Die Rückabwicklung der abgabenrechtlichen Seite einschließlich der **Rückzahlung bereits erhobener Einfuhrabgaben** richtet sich nach dem jeweiligen Stadium des Einzelfalls. Die gem. Art. 148 Abs. 4 Buchst. d UZK-DelVO ausgesprochene Ungültigerklärung führt grundsätzlich zum Erlöschen der Zollschuld (Art. 124 Abs. 1 Buchst. d UZK). Wurden die Abgaben bereits entrichtet, kommt Erstattung auf der Grundlage von Art. 116 Abs. 1 UAbs. 2 i. V. m. Art. 174 UZK in Betracht. In Fällen, in denen es nicht zu einer Ungültigerklärung der ursprünglichen Zollanmeldung kommt bzw. kommen muss, ist die Erstattung des Minderungsbetrags auf Art. 116 Abs. 1 Buchst. a i. V. m. Art. 117 Abs. 1 1. Alt. UZK zu stützen. D2140

(Einstweilen frei) D2141–D2143

b) Bewilligung – vereinfachtes Verfahren

D2144 Die Effizienz dieses Instituts ergibt sich gem. Art. 163 Abs. 1 UZK-DelVO daraus, dass der Antrag auf Bewilligung und die Bewilligungsentscheidung mit der Zollanmeldung und ihrer zollamtlichen Annahme verschmolzen werden. Die Zollstelle der Überführung in das Verfahren wird insoweit gleichzeitig zur bewilligenden Zollstelle. Diese Vereinfachung kann bei **vorübergehender Verwendung, Endverwendung, aktiver Veredelung** und **passiver Veredelung** genutzt werden. Bei diesen besonderen Verfahren kann praktisch jeder Vorgang mit Waren des gewerblichen Sektors – mit Ausnahme der Äquivalenzverkehre, Art. 223 UZK, 163 Abs. 2 Buchst. e UZK-DelVO – im vereinfachten Verfahren bewilligt werden (vgl. auch DV VSF Z 0514 Abs. 3325; Görtz, ZfZ 2001, 182 f.). Für das **Zolllagerverfahren** besteht die Möglichkeit eines vereinfachten Bewilligungsverfahrens nicht.

D2145 Voraussetzung für die Durchführung eines vereinfachten Bewilligungsverfahrens ist gem. Art. 163 Abs. 1, 2 Buchst. a UZK-DelVO im Grundfall eine **Standard-Zollanmeldung,** die mit Mitteln der Datenverarbeitung im ATLAS-System abgegeben wird. Weitere Anwendungsbereiche finden sich in den Fällen mündlicher Zollanmeldung (Art. 163 Abs. 4 UZK-DelVO) und bei der Vorlage von Carnets ATA und CPD (Art. 163 Abs. 5 UZK-DelVO). Sollen jedoch Vereinfachungen bei der Zollanmeldung zum Zuge kommen wie z. B. die vereinfachte Zollanmeldung, die Anschreibung in der Buchführung oder die zentrale Zollabwicklung, bedarf es der Bewilligung des jeweiligen besonderen Verfahrens im normalen Verfahren. Anträge auf Erteilung einer einzigen, grenzüberschreitenden Bewilligung, sind ebenfalls stets im normalen Verfahren zu stellen (Art. 163 Abs. 2 Buchst. a, b, c, d UZK-DelVO). Darüber hinaus ist eine Bewilligung im vereinfachten Verfahren ausgeschlossen, wenn die zuständige Zollstelle den Anmelder davon unterrichtet, dass eine Prüfung wirtschaftlicher Voraussetzungen gemäß Art. 211 Abs. 6 UZK erforderlich ist, bestimmte „sensible Waren“ (z. B. Tabak- oder Agrarwaren) des Anhangs 71-02 betroffen sind oder in bestimmten Fällen rückwirkender Bewilligung gemäß Art. 211 Abs. 2 UZK (Art. 163 Abs. 1 Buchst. c, d, g, Abs. 2 Buchst. f, h UZK-DelVO).

5. Bewilligungsvoraussetzungen

D2146 Die Bewilligungsvoraussetzungen ergeben sich einheitlich für alle besonderen Verfahren aus Art. 192, Art. 211 Abs. 3 – 6, Art. 214 UZK, und zwar in den Varianten der **persönlichen Voraussetzungen** (Ansässigkeit, Gewähr, Sicherheitsleistung), der **sachlichen Voraussetzungen** (verhältnismäßiger Verwaltungsaufwand, wirtschaftliche Voraussetzungen) und **zolltechnischen Voraussetzungen** (Nämlichkeit/Äquivalenz, Aufzeichnungen; vgl. die Systematisierung bei Kock/Focke/Schulte, Allgemeines Zollrecht – Prüfungsschemata, 5. Aufl. 2018, S. 218 ff. am Beispiel der aktiven Veredelung; auch DV VSF Z 0514 Abs. 3410 ff.).

D2147 Die Prüfung der **wirtschaftlichen Voraussetzungen** im Rahmen der Bewilligung besonderer Verfahren wurden im Unionszollkodex erheblich liberalisiert: Das Vorliegen wirtschaftlicher Voraussetzungen wird solange fingiert, als keine Nachweise für die Beeinträchtigung wirtschaftlicher Interessen von Herstellern in der EU vorliegen (Art. 211

Abs. 4 Buchst. b, Abs. 5, 6 UZK). Nur wenn kein Fall der Fiktion wirtschaftlicher Voraussetzungen nach diesen Vorschriften gegeben ist, greifen die „Prüfungsleitlinien" der Art. 166, 167 UZK-DelVO, die wiederum für die aktive und die passive Veredelung eigenständige Prüfkriterien wie z. B. Nichtverfügbarkeit der Vorerzeugnisse in der EU, gravierende Preisunterschiede oder vertragliche Verpflichtungen vorhalten (DV VSF Z 0514 Abs. 3443 f.; vgl. die Einzelheiten bei der Darstellung der jeweiligen Zollverfahren).

Unter bestimmten Voraussetzungen können am Ende die wirtschaftlichen Voraussetzungen auch noch unter Beteiligung der Kommission geprüft werden (Art. 211 Abs. 6 UZK i. V. m. Art. 259 UZK-DVO). D2148

6. Besondere Inhalte der Bewilligung

a) Zollstellen

Zu den Inhalten der Bewilligung gehören auch Angaben zu Zollstellen für die Überführung in das Verfahren (Art. 1 Nr. 17 UZK-DelVO) und zu Zollstellen für die Erledigung des Verfahrens. Diese werden neben der Überwachungszollstelle (Art. 1 Nr. 36 UZK-DelVO) im entsprechenden Datenfeld der Bewilligung gem. Anhang A zur UZK-DelVO benannt. Selbstredend können die **Zollstellen für die Überführung, die Überwachung und Erledigung** in einer konkreten Dienststelle zusammenfallen. Praxis ist jedoch, dass mehrere Zollstellen den logistischen und abwicklungstechnischen Gegebenheiten entsprechend in die Bewilligung einbezogen werden. Dabei können vor allem die Zollstellen der Überführung schon an den (Außen)Grenzen des Zollgebiets der EU, an Häfen oder Flughäfen eingerichtet werden; liegen sie in einem anderen Mitgliedstaat, handelt es sich um eine einzige Bewilligung (vgl. DV VSF Z 0514 Abs. 3532 ff.). D2149

b) Beförderungen

Meist handelt es sich bei in besondere Verfahren übergeführte Waren bzw. bei Veredelungserzeugnissen um Nicht-Unionswaren. Sollen diese zwischen zwei Orten in der EU befördert werden, setzt das gem. Art. 226 UZK ein **externes Unionsversandverfahren** voraus. Ein Versandverfahren ist nach Art. 219 UZK allerdings nicht erforderlich, sofern die Vorschriften über die besonderen Verfahren etwas Abweichendes vorsehen (DV VSF Z 0514 Abs. 3540 ff.). Der insoweit einschlägige Art. 179 UZK-DelVO deckt die ganze Bandbreite von denkbaren Beförderungsrelationen im Zusammenhang mit der Abwicklung von Zollverfahren ab, **ohne dass das Verfahren zwischenzeitlich beendet wird.** D2150

Art. 179 UZK-DelVO erlaubt grundsätzlich folgende Beförderungen unter Verzicht auf die Förmlichkeiten des Versandverfahrens: D2151

- die Beförderung von der Zollstelle für die Überführung in das Verfahren zum Betrieb des Inhabers. Dabei kann es sich je nach Art des Verfahrens um eine Lagerstätte zur Zolllagerung, eine Veredelungsstätte oder einen Verwendungsort handeln.
- die Beförderung zwischen zwei in der Bewilligung bezeichneten Orten ohne jegliche Begleitpapiere, z. B. zwischen zwei Lager- oder Veredelungsstätten. Die zollamtliche

Überwachung wird hier mit Hilfe der von Art. 214 UZK vorgesehenen Aufzeichnungen sichergestellt.

- die Beförderung vom Betrieb des Inhabers der Bewilligung zur Zollstelle für die Erledigung des Verfahrens.
- die Beförderung zur Ausgangszollstelle im Hinblick auf die Wiederausfuhr, z. B. von der Ausfuhrzollstelle am Ort der Lager- oder der Veredelungsstätte zur Grenze. In dieser Variante sind die Förmlichkeiten zur Wiederausfuhr entsprechend dem zweistufigen Ausfuhrverfahren bereits bei der Zollstelle für die Erledigung des Verfahrens, die zugleich Ausfuhrzollstelle ist, zu erfüllen (vgl. Art. 270 UZK). Hier findet insbesondere die Exportkontrolle statt. Das Verfahren ist jedoch erst erledigt, wenn die zur Wiederausfuhr angemeldeten Waren das Zollgebiet der EU auch tatsächlich (körperlich) verlassen haben (Art. 215 Abs. 1 UZK, Art. 267 Abs. 5 UZK-DVO; vgl. auch Görtz, ZfZ 2001, 182, 187). Der Nachweis hat im elektronischen Ausfuhrverfahren zu erfolgen (vgl. Art. 334 f. UZK-DVO).

7. Inhaber der Bewilligung

D2152 Der Unionszollkodex unterscheidet begrifflich zwischen dem **Inhaber des Verfahrens** und dem **Inhaber der Bewilligung** (vgl. Art. 5 Nr. 35 ZK). Inhaber des Verfahrens wird grundsätzlich die Person, in deren Namen bzw. Auftrag die Zollanmeldung auf Überführung einer Ware in das betreffende Zollverfahren abgegeben worden ist (Art. 5 Nr. 15 UZK). Inhaber des Zollverfahrens kann auch die Person werden, die Rechte und Pflichten von einem anderen Inhaber des Zollverfahrens übernommen hat (Art. 218 UZK; DV VSF Z 0514 Abs. 3550 ff.). Grundsätzlich müssen in der Person des Inhabers des Verfahrens etwaige Bewilligungen und sonstige Voraussetzungen vorliegen, d. h. der Inhaber des Verfahrens muss zugleich Inhaber der Bewilligung sein. Ausnahmen ergeben sich allerdings beim Zolllagerverfahren. Beim öffentlichen Zolllager des Typs I oder II (Art. 240 Abs. 2, Art. 242 Abs. 2 UZK i. V. m. Art. 1 Nr. 32, 33 UZK-DelVO) ist Inhaber der Bewilligung der sog. Lagerhalter, während Einlagerer und zugleich Inhaber des Verfahrens jede andere Person sein kann, die durch die Zollanmeldung gebunden ist, also jene Person, in deren Namen bzw. für deren Rechnung die Zollanmeldung abgegeben wurde. Hier kommt es folglich zu einem Auseinanderfallen der beiden Personengruppen (vgl. zur Nutzung von Bewilligungen durch **Zollvertreter** DV VSF Z 0514 Abs. 3510 ff.).

8. Kontrollfragen

		Rdnr.	
1.	Wie lässt sich die Funktion und Bedeutung einer Zollanmeldung beschreiben?	D2006	☐
2.	Was zeichnet eine Standard-Zollanmeldung aus?	D2009 ff..	☐
3.	Was verbirgt sich hinter dem Kürzel „EORI“ und welche Bedeutung ist damit verbunden?	D2015, D2017	☐

4.	Was unterscheidet in ATLAS die sog. Benutzereingabe von der Teilnehmereingabe?	D2016	☐
5.	Was verbirgt sich hinter dem Kürzel „BIN“ und welche Bedeutung ist damit verbunden?	D2018	☐
6.	Wie lange sind die Daten der Zollanmeldung auf Seiten des Beteiligten und der Zollverwaltung zu archivieren?	D2024f.	☐
7.	Bei welchen Zollverfahren kommt eine mündliche Zollanmeldung in Betracht?	D2031	☐
8.	Welchen Verhaltensweisen können dazu führen, dass Waren „als angemeldet gelten“?	D2032 f.	☐
9.	Kann eine Zollanmeldung auch schon vor der Gestellung der Ware abgegeben werden?	D2039	☐
10.	Wann ist die Annahme der Zollanmeldung zwingend abzulehnen?	D2046	☐
11.	Welche Aspekte sind Gegenstand einer Überprüfung der Zollanmeldung?	D2052 ff.	☐
12.	Was unterscheidet eine Mengen- von der Beschaffenheitsbeschau?	D2055	☐
13.	Welche Folgen hat es, wenn auf die Überprüfung der Zollanmeldung verzichtet wird?	D2057	☐
14.	Welches sind die Voraussetzungen für die Überlassung der Ware?	D2066 f.	☐
15.	Welche Vorteile bietet dem Beteiligten eine vereinfachte Zollanmeldung?	D2068 ff.	☐
16.	Wann bedarf es für die Inanspruchnahme einer vereinfachten Zollanmeldung einer Bewilligung?	D2076 ff.	☐
17.	Worin sind für den Beteiligten die Vorteile einer „Anschreibung in der Buchführung“ zu sehen?	D2084 ff.	☐
18.	Was ist eine „Einzige Bewilligung“?	D2116 ff.	☐
19.	Wie lässt sich das Prinzip der „Eigenkontrolle“ beschreiben?	D2093 f.	☐
20.	Wie lange kommt eine nachträgliche Überprüfung der Zollanmeldung in Betracht?	D2095	☐
21.	Welche Zollverfahren bedürfen für ihre Inanspruchnahme einer Bewilligung?	D2098	☐
22.	Sind bei der Entscheidung über den Antrag auf eine Bewilligung Bearbeitungsfristen zu beachten?	D2124 f.	☐

III. Überlassung zum zollrechtlich freien Verkehr

Schrifttum:

Schrömbges, *Zollrechtlich freier Verkehr und einfuhrumsatzsteuerrechtliche Einfuhr, ZfZ 2017, 106; Schäfer, Kontrollen des Grenzüberschreitenden Wirtschaftsverkehrs an den EU-Aussengrenzen im Lichte des Brexit, EuR 2020, 165; Wemmer, Zollrechtliche Auswirkungen eines harten Brexit, BB 2019, 2401; Schulmeister* in Witte, UZK, 7. Auflage, Art. 201; *Lux* Einführung in den Zollkodex der Union (UZK), ZfZ 2014, S. 178–190, S. 243–253; S. 270–278, S. 314–326; *Witte*, Der Unionszollkodex, AW Prax 2013, S. 373-379; *Carsten Weerth*, Das Arbeitsprogramm UZK, AW Prax 2015, 235-238;

D3000 Die Überlassung zum zollrechtlich freien Verkehr ist eines der wirtschaftlich bedeutendsten Zollverfahren, das der Zollbeteiligte in Anspruch nehmen kann. Dabei werden die Zollverfahren in Art. 5 Nr. 16 UZK aufgezählt. Neben der Überführung zur Überlassung zum zollrechtlich freien Verkehr gibt es noch die Besonderen Verfahren gem. Art. 5 Nr. 16 Buchst. b UZK und die Ausfuhr (Art. 5 Nr. 16 Buchst. c UZK). Durch die Überlassung zum zollrechtlich freien Verkehr bewirkt der Zollbeteiligte, dass er frei über die von ihm in das Zollgebiet der Union eingeführten Waren verfügen kann. Sie gehen damit in den Wirtschaftskreislauf der Union ein. Dies geschieht durch die Verzollung der Ware. Das heißt, der Einführer hat Zölle, Verbrauchsteuern bzw. die Einfuhrumsatzsteuer zu entrichten. Durch die Überlassung zum zollrechtlich freien Verkehr erhalten Nicht-Unionswaren den zollrechtlichen Status von Unionswaren (Art. 201 Abs. 3 UZK). Die Definition der Unions- bzw. Nichtunionsware findet sich in Art. 5 Nr. 23 bzw. 24 UZK.

1. Zollanmeldung

D3001 Für das Zollverfahren zur Überlassung in den freien Verkehr ist nach der Norm des Art. 211 UZK, in der alle Verfahren abschließend aufgeführt werden, die einer Bewilligung bedürfen, keine Bewilligung erforderlich. Die Überlassung zum zollrechtlich freien Verkehr setzt allerdings – wie alle anderen Zollverfahren – eine Zollanmeldung gemäß Art. 158 UZK voraus. Grundsätzlich kommt eine Standardzollanmeldung nach Art. 162 UZK in Betracht, für die die Übermittlung aller von den Zollvorschriften für notwendig erachteten Angaben (Art. 162 UZK) sowie das Bereithalten aller Unterlagen (Art. 163 UZK) vorgesehen ist.

D3002 Daneben kann noch auf die Vereinfachte Zollanmeldung zurückgegriffen werden, bei der einige der geforderten Daten oder Unterlagen fehlen. Bei regelmäßiger Inanspruchnahme einer vereinfachten Zollanmeldung ist eine vorauslaufende Bewilligung erforderlich. Weiterhin existiert noch das Modell der Anschreibung in der Buchführung, wonach dem Antragsteller bewilligt werden kann, dass die Abgabe der Zollanmeldung durch Anschreibung in der Buchführung des Anmelders erfolgt (Art. 182 UZK). Der Anmelder kann daneben noch auf die Zentrale Zollabwicklung gem. Art. 179 UZK sowie auf die Eigenkontrolle gem. Art. 185 UZK zurückgreifen. Die in den Vorschriften der Art. 179 bis Art. 181 UZK geregelte Zentrale Zollabwicklung zeichnet sich dadurch aus, dass die Zollanmeldung zum Verfahren an einem anderen Ort als dem Ort, an dem die

Ware gestellt wird, abgegeben werden kann. Eine technische Realisierung wird allerdings nicht vor dem 1.10.2020 möglich sein. Bei der in Art. 185 UZK normierten Eigenkontrolle werden den Zollbehörden obliegende Formalitäten an den Wirtschaftsbeteiligten übertragen. (Siehe zu den einzelnen Möglichkeiten der Abgabe der Zollanmeldung Kapitel D Zollverfahren II. a)).

Für die **Standardzollanmeldung** gilt gemäß Art. 6 Abs. 1 UZK, dass diese grundsätzlich in elektronischer Form abzugeben ist. In Deutschland ist die Zollanmeldung gemäß Art. 16 Abs. 1 UZK in Verbindung mit der ATLAS Verfahrensanweisung (VSF Z 2650) gemäß dem System ATLAS vorzunehmen. Allerdings sieht Art 158 Abs. 2 UZK bestimmte Fälle vor, in denen Zollanmeldungen mit anderen Mitteln abgegeben werden können. D3003

Mit **anderen Mitteln heißt** in diesem Fall, dass die Zollanmeldung sowohl mündlich, konkludent als auch schriftlich abgegeben werden kann. Wann und unter welchen Voraussetzungen man sich dieser alternativen Formen bedienen kann, regeln die Vorschriften der Art. 135 UZK-DelVO ff. Dabei kommt für die Überlassung zum zollrechtlich freien Verkehr neben der elektronischen Form noch die mündliche, konkludente sowie schriftliche Abgabe der Zollanmeldung in Betracht. D3004

Mündliche Zollanmeldungen zur Überlassung zum zollrechtlich freien Verkehr können u. a. nach Art. 135 UZK-DelVO abgegeben werden D3005

- wenn nach Art. 135 Abs. 1 UZK-DelVO Waren zu nichtkommerziellen Zwecken (vgl. die Definition in Art. 1 Nr. 21 UZK-DelVO) vorhanden sind, wobei es auf den Zollwert der einzuführenden Waren dann gerade nicht ankommt oder
- wenn Waren zu kommerziellen Zwecken im persönlichen Gepäck von Reisenden vorhanden sind, sofern die Waren einen Wert von 1000 € bzw. eine Eigenmasse von 1000 kg nicht überschreiten (Art. 1 Nr. 40 DA).

Weiterhin werden noch Ausnahmen für landwirtschaftliche Erzeugnisse aufgeführt.

Außerdem können sämtliche in Art. 136 Abs. 1 UZK-DelVO aufgeführte Waren mündlich zur Überlassung zum zollrechtlich freien Verkehr angemeldet werden, wenn sie als Rückwaren von den Einfuhrabgaben befreit sind (Art. 135 Abs. 2 UZK-DelVO).

Die **Abgabe konkludenter Zollanmeldungen** („Abgabe von Zollanmeldungen in anderer Form“) sieht insoweit Art. 141 UZK-DelVO vor. Diese Norm bestimmt für die in Art. 138 Buchst. a bis d und h UZK-DelVO in Bezug auf die Überlassung zum zollrechtlich freien Verkehr genannten Fälle, folgende als Zollanmeldung geltende Handlungen: D3006

(a) Benutzen des Grünen Ausgangs „Anmeldefreie Waren“, sofern bei der betreffenden Zollstelle getrennte Zollausgänge vorhanden sind; D3007

(b) Passieren einer Zollstelle ohne getrennte Kontrollausgänge;

(c) Anbringen einer Zollanmeldungsvignette oder eines Aufklebers „Anmeldefreie Waren“ an der Windschutzscheibe von Personenwagen, sofern dies in den einzelstaatlichen Vorschriften vorgesehen ist.

(d) Das Einfache Überschreiten der Grenze des Zollgebiets der Union in einer der folgenden Situationen:

i) wenn ein Verzicht auf das Befördern zum zugelassenen Ort gem. den besonderen Vorschriften in Art. 135 Abs. 5 UZK gilt;

ii) ... (für die Überlassung zur Überführung zum zollrechtlich freien Verkehr nicht von Relevanz);

iii) ... (für die Überlassung zur Überführung zum zollrechtlich freien Verkehr nicht von Relevanz);

iv) ... (für die Überlassung zur Überführung zum zollrechtlich freien Verkehr nicht von Relevanz).

v) **wenn Beförderungsmittel aus Nicht-Unionsländern, die die Bedingungen von Art. 203 UZK erfüllen, gemäß Art. 138 Buchst. c UZK-DelVO in das Zollgebiet der Union verbracht werden.**

D3008 Nach **Abs. 2** dieser Norm gelten unter anderem Briefsendungen bei ihrer Ankunft im Zollgebiet der Union als zur Überlassung zum zollrechtlich freien Verkehr angemeldet.

D3009 In **Abs. 3** werden dann noch Besonderheiten für die Zollanmeldung in anderer Form bei Postsendungen festgelegt. Waren in Postsendungen können durch ihre Gestellung beim Zoll gem. Art. 139 des Zollkodex als zur Überlassung zum zollrechtlich freien Verkehr angemeldet werden, sofern die gemäß Abs. 3 Buchst a bis d genannten Voraussetzungen erfüllt sind.

Abs. 5 trifft für Warensendungen, deren Einzelwert 22 € nicht übersteigt, eine zu Abs. 3 vergleichbare Regelung. Diese Regelung gilt allerdings nur begrenzt bis zur Einführung der Erfassung der Einfuhrumsatzsteuer ab dem 1. Eurocent nach Art. 4 Abs. 1 UA 4 der RL (EU) 2017/2455 des Rates.

Abs. 6 und **Abs. 7** betreffen Spezialregelungen für militärische Aktivitäten.

Abs. 8 sieht eine Anmeldung durch Gestellung gem. Art. 139 UZK für Abfälle von Schiffen vor.

D3010 Neu ist in diesem Zusammenhang, dass der Gesetzgeber die Lücke für die Abgabe einer **konkludenten Zollanmeldung** durch das bloße Passieren der Zollstelle für als Rückwaren zur Überlassung zum zollrechtlich freien Verkehr eingeführte Beförderungsmittel geschlossen hat durch eine entsprechende Anpassung des Gesetzestextes gem. Art. 141 Abs. 1 Buchst. d ii) v UZK-DelVO. Kann also die Zollanmeldung für Beförderungsmittel, die die Voraussetzungen des Art. 138 Buchst. c UZK-DelVO erfüllen, in anderer Form abgegeben werden, so gilt die Beförderungspflicht als eingehalten sowie die Ware als gestellt (Art. 218 UZK-DVO). Ein als Rückware ordnungsgemäß eingeführter PKW kann also ohne Einhaltung des Zollstraßenzwangs in das Zollgebiet der Union befördert werden.

D3011 **Die materiellen Voraussetzungen,** das heißt den Warenkreis dafür, dass Waren zur Überlassung zum zollrechtlich freien Verkehr konkludent angemeldet werden können, bestimmt die Vorschrift des Art. 138 UZK-DelVO.

Danach können Waren, sofern sie nicht mit anderen Mitteln angemeldet werden, als zur Überlassung zum zollrechtlich freien Verkehr gemäß Art. 141 UZK-DelVO angemeldet werden und zwar:

(a) Waren ohne gewerblichen Charakter im persönlichen Gepäck von Reisenden, die gemäß Art. 41 der Verordnung(EG) Nr. 1186/2009 oder als Rückwaren von den Einfuhrabgaben befreit sind;

(b) Waren gemäß Art. 135 Abs 1 Buchst. c und d;

(c) Beförderungsmittel, die als Rückwaren gemäß Art. 203 UZK von den Einfuhrabgaben befreit sind;

(d) Tragbare Musikinstrumente, die von Reisenden wiedereingeführt werden und als Rückwaren gemäß Art. 203 UZK von den Einfuhrabgaben befreit sind;

(e) Briefsendungen;

(f) Waren in Postsendungen, die gemäß den Art. 23 Abs. 1 oder Art. 25 Abs. 1 der Verordnung (EG) Nr. 1186/2009 von den Einfuhrabgaben befreit sind;

(g) Bis zur Einführung der Erfassung der Einfuhrumsatzsteuer ab dem 1. Eurocent gemäß Art. 4 Abs. 1 UA 4 RL (EU) 2017/2455 Waren, deren Einzelwert 22 Euro nicht übersteigt;

(h) Weist eine Sonderregelung für eingeführte Organe sowie menschliches Blut auf, das in Notfällen für Transplantationen, Implantationen oder Transfusionen geeignet ist;

(i) Und (j) betreffen militärische Güter sowie Schiffsabfälle.

Diese Aufzählung ist als **abschließend zu betrachten.** Unter der in der Praxis am häufigsten vorkommenden Situation des Buchst. a sind die Waren zu verstehen, die sich im persönlichen Gepäck (Art. 1 Nr. 5 UZK-DelVO) des Reisenden (Art. 1 Nr. 40 UZK-DelVO) befinden, für die gem. Art. 41 der Zollbefreiungsverordnung eine Einfuhrabgabenbefreiung nach der EF-VO Z 0181 gilt und die keinen gewerblichen Charakter (vgl. Art. 1 Nr. 21 UZK-DelVO) aufweisen. (Nähere Ausführungen zu dieser Thematik finden sich beim Reiseverkehr) D3012

Mündliche und konkludente Zollanmeldungen sind allerdings dann nicht möglich, wenn die **Ausnahmeregelung des Art. 142 UZK-DelVO,** dort insbesondere Buchst. c, greift. Allerdings kann darunter nicht zu verstehen sein, dass generell immer dann ein Verbot für die Abgabe einer konkludenten bzw. mündlichen Zollanmeldung vorliegt, wenn die Ware Verboten bzw. Beschränkungen unterliegt. Insoweit ist zu differenzieren. Die elektronische Form der Zollanmeldung ist nur dann zwingend vorgeschrieben, wenn aufgrund von Förmlichkeiten konkrete Handlungen vorzunehmen sind, beispielsweise wenn konkrete Abschreibungen oder Meldungen gemacht werden müssen. Wird eine Jagdwaffe beispielsweise unter Mitführen der Waffenbesitzkarte in das Zollgebiet der Union eingeführt, bzw. soll ein Haustier in das Zollgebiet der Union mit dem Impfausweis verbracht werden, bzw. sollen Medikamente zum privaten Bedarf mitgeführt werden, so ist durchaus eine Zollanmeldung in anderer Form das heißt in konkludenter bzw. mündlicher Form möglich (vgl. dazu Z 0701 Abs. 24 UAbs. 2; Henke/Witte, VUB, Rz 103 ff.). D3013

D3014 **Schriftliche Zollanmeldungen** stellen dagegen nur noch die absolute Ausnahme dar und sind im Fall des Art. 143 UZK-DelVO vorgesehen. Danach können Reisende noch für mitgeführte Waren eine papiergestützte Anmeldung abgeben.

Art. 143a UZK-DelVO ermöglicht Zollanmeldungen zur Überlassung zum zollrechtlich freien Verkehr ab dem in Art. 4 Abs. 1 UA 4 RL (EU) 2017/2455 genannten Datum der Erfassung der EuSt ab dem 1. Eurocent durch den spezifischen Datensatz gemäß Anhang B UZK-DelVO. Die Sendung muss dann gemäß Art. 23 Abs. 1 oder Art. 25 Abs. 1 der VO (EG) 1186/2009 von den Eingangsabgaben befreit sein und darf keinen Verboten und Beschränkungen unterliegen. Dabei gelten die gemäß Abs. 2 der Norm aufgeführten Einschränkungen. Damit löst die Regelung des Art. 143 a UZK-DelVO die Vorgängerregelung der Anmeldung in anderer Form gemäß Art. 138 Buchst. g, 141 Abs. 5 UZK-DelVO ab.

D3015 Gemäß Art. 163 Abs. 1 UZK müssen alle für das Zollverfahren erforderlichen Unterlagen, zu dem die Waren angemeldet werden, zum Zeitpunkt der Abgabe der Zollanmeldung im Besitz des Zollanmelders sein und für die Zollbehörden bereitgehalten werden. Gemäß Abs. 2 dieser Vorschrift sind die Unterlagen nach Maßgabe des Unionsrechts oder soweit für die Zollkontrollen erforderlich den Zollbehörden vorzulegen. Zu den Aufbewahrungspflichten für die Unterlagen trifft Art. 51 UZK entsprechende Regelungen.

Das heißt aber nicht, dass die Unterlagen immer zusammen mit der Zollanmeldung eingereicht werden müssen.

D3016 Zwar ist nach Art. 165 UZK eigentlich vorgesehen, dass die Verfahrensregeln zur Vorlage der Unterlagen gemäß Art. 163 Abs. 1 UZK im Wege von Durchführungsrechtsakten durch die Kommission geregelt werden. Allerdings hat die Kommission keine Verfahrensregeln dazu erlassen. Im Prinzip sind die Mitgliedstaaten dafür zuständig, für die Durchführung verbindlicher Rechtsakte bestimmte Durchführungsbestimmungen zu erlassen. Nach Art. 291 AEUV kann aber der Erlass von Durchführungsbestimmungen auf die Kommission bzw. den Rat übertragen werden zur Sicherstellung der Einheitlichkeit der Durchführung verbindlicher Rechtsakte. Es ist davon auszugehen, dass in den Fällen, in denen die Kommission von der Durchführungsbefugnis keinen Gebrauch gemacht hat, auf die Bestimmungen des nationalen Gesetzgebers zurückgegriffen werden kann.

Die genaue Regelung zur Vorlage der Unterlagen bei der Zollstelle bei elektronischer Abgabe der Zollanmeldung ergibt sich aus Punkt 3.1.2 der Verfahrensanweisung ATLAS (VSF Z 2650). Zwar ist diese zum ZK ergangen, es ist aber davon auszugehen, dass diese Dienstvorschrift auch für den UZK mangels gegenteiliger Regelung nach wie vor zur Anwendung kommt.

Danach sind drei Fälle zu unterscheiden:

- Verzicht auf die Vorlage der Unterlagen
- Vorlage mindestens einmal im Monat bzw. nach spezieller Vereinbarung mit der Zollstelle
- Zwingende Vorlage

Auf die Vorlage aller Handelsdokumente wie z. B. Handels- und Frachtrechnungen etc. und auch auf die Vorlage aller Präferenznachweise wird grundsätzlich verzichtet. Die vom BAFA ausgestellten Einfuhrdokumente wie Überwachungsdokumente oder Einfuhrgenehmigungen werden elektronisch abgeschrieben, so dass eine Vorlage bei der Zollstelle zum Zwecke der Abschreibung ebenfalls nicht mehr erforderlich ist. Mindestens einmal pro Monat bzw. nach spezieller Vereinbarung mit der Zollstelle sind z. B. Einfuhrlizenzen nach Marktordnungsrecht oder nichtpräferenzielle Ursprungszeugnisse vorzulegen. Eine zwingende Vorlage von Unterlagen im Zeitpunkt der Annahme der Zollanmeldung ist bei Genehmigungen und Bescheinigungen aufgrund von Verboten und Beschränkungen (z. B. CITES, Genehmigungen nach Kriegswaffenkontrollrecht, Betäubungsmittelrecht etc.) vorgesehen. D3017

Die der Zollanmeldung beizufügenden Unterlagen bestehen gem. Art. 163 Abs. 1 UZK i. V. m. Art. 145 UZK-DVO aus der Rechnung als Beleg für den angemeldeten Transaktionswert. Darüber hinaus sind alle weiteren Unterlagen, die erforderlich sind, beizubringen. Das sind z. B. Genehmigungen oder Unterlagen, die zur Anwendung einer Präferenzregelung oder einer anderen Sonderregelung führen. Beförderungspapiere oder Unterlagen betreffend das vorangegangene Zollverfahren können von der Zollstelle verlangt werden (Art. 163 Abs. 2 UZK). D3018

2. Überführung

Nach Abgabe der Zollanmeldung wird diese, wenn die entsprechenden Voraussetzungen vorliegen, von den Zollbehörden unverzüglich angenommen nach Art. 172 UZK. Danach ist neben einer erfolgten Gestellung, wobei Art. 172 UZK wohl eine eigenständige Gestellungsverpflichtung der Ware begründet, zunächst erforderlich, dass die Anforderungen des Kapitels 2 des UZK, Überführung in ein Zollverfahren, erfüllt sind. Es muss also eine Zollanmeldung bei der zuständigen Zollstelle abgegeben worden sein nach Art. 158 UZK, die Angaben, die zur Anwendung der Vorschriften über das Zollverfahren erforderlich sind, müssen gemacht worden sein, die entsprechenden Unterlagen müssen vorgelegt oder bereitgehalten werden (Art. 163 UZK) und die Person muss befugt gewesen sein nach Art. 170 UZK, die Zollanmeldung abzugeben. Es ist auch davon auszugehen, dass eine Zollanmeldung niemals angenommen werden darf, wenn Verbote und Beschränkungen entgegenstehen, Art. 134 Abs. 1 UAbs. 2 UZK. Insoweit besteht die zollamtliche Überwachung (Art. 134 Abs. 1 UAbs. 2 UZK) so lange fort, bis die NUW ihren Status zur Unionsware wechselt (Art. 201 Abs. 3 UZK). D3019

Nach der **Annahme der Zollanmeldung** stehen den Zollbehörden die in Art. 188 UZK vorgesehen Befugnisse zu. Danach können die Zollanmeldung und die Unterlagen überprüft werden bzw. vom Anmelder verlangt werden, dass er weitere Unterlagen beibringt, die Beschau der Ware kann vorgenommen werden bzw. Muster und Proben zur Analyse oder eingehenden Prüfung entnommen werden. D3020

Entschließt sich die Behörde zur Überprüfung der Zollanmeldung so müssen die Ergebnisse dieser Überprüfung für die Anwendung der Vorschriften über das Zollverfahren verwendet werden, in das die Waren übergeführt werden. Das heißt, ist eine andere

Ware in der Sendung vorhanden als die in der Zollanmeldung angegebene und wird dies in der Beschau festgestellt, dann wird die tatsächlich vorhandene Ware der weiteren Behandlung zu Grunde gelegt (Art. 191 Abs. 1 UZK). Das Ergebnis der Überprüfung oder Beschau hat überall im Zollgebiet der Union die gleiche Beweiskraft nach Art. 191 Abs. 3 UZK.

3. Überlassung zum zollrechtlich freien Verkehr

Die Überlassung zum zollrechtlich freien Verkehr umfasst zunächst

a) Erhebung der fälligen Einfuhrabgaben, Art. 201 Abs. 2 Buchst. a UZK

D3021 Darunter fallen die Einfuhrabgaben i. S. d. Art. 5 Nr. 20 UZK. Damit sind nur die Zölle gemeint. Die nationalen Abgaben (Einfuhrumsatzsteuer und die anderen für eingeführte Waren zu erhebenden Verbrauchsteuern) sind in Art. 201 Abs. 2 Buchst. b UZK erwähnt. Denn dort heißt es: „gegebenenfalls die Erhebung sonstiger Abgaben nach den einschlägigen Vorschriften für die Erhebung dieser Abgaben".

Die Erhebung dieser Einfuhrzollschuld setzt zunächst deren Entstehung voraus. Die Zollschuld entsteht nach Art. 77 UZK durch Überführung zur Überlassung einer „einfuhrabgabenpflichtigen" Nichtunionsware in den zollrechtlich freien Verkehr.

Eine einfuhrabgabenpflichtige Nicht- Unionsware liegt vor, wenn der Zollsatz für die Ware **größer als 0** ist und **keine außertarifliche** Befreiung gegeben ist. Diese Definition ergibt sich aus der Dienstvorschrift Z 0901 Abs. 5. Es ist, da noch keine neue Regelung erlassen worden ist, davon auszugehen, dass diese Definition auch weiterhin im UZK gelten soll. Der anzuwendende Einfuhrabgabensatz ergibt sich aus dem Gemeinsamen Zolltarif (Art. 56 UZK).

In Einzelfällen können statt der tariflichen Sätze zur Vereinfachung der Zollbehandlung pauschalierte Abgabensätze erhoben werden. Rechtsgrundlage für die Zölle und anderen EG-Abgaben ist die VO 2658/87/EWG des Rates, geändert durch VO 866/97/EG v. 12.5.1997, über die zolltarifliche Nomenklatur sowie den Gemeinsamen Zolltarif. Ein pauschaler Zollsatz von 2,5 % des Wertes der Waren wird danach unter bestimmten in § 29 ZollV festgelegten Voraussetzungen angewendet (siehe näheres dazu im Reiseverkehr).

Eine außertarifliche Befreiung kann beispielsweise gemäß Art. 203 UZK für Rückwaren in Betracht kommen. Des Weiteren kommt als außertarifliche Befreiung beispielsweise Art. 5 Nr. 2 Buchst. c UZK in Verbindung mit der ZollbefreiungsVO in Verbindung etwa mit der Einreise-Freimengen-Verordnung – EF-VO (VSF Z 0181) oder der Kleinsendungs-Einfuhrfreimengen-VO KF-VO (VSF Z 0182) in Betracht. Der Anmelder hat einen Rechtsanspruch auf Prüfung der Vorzugsbehandlung.

(Eine nähere Darstellung der Voraussetzungen für die Zollschuldentstehung findet sich unter dem Punkt der Zollschuldentstehung gemäß Art. 77 UZK. Dort finden sich auch

Einzelheiten zur Einfuhrabgabenschuld (Entstehungstatbestände, Entstehungszeitpunkt, Zollschuldner, Erhebung des Zollschuldbetrages, Erlöschen der Zollschuld). Die Erörterung der Vorzugsbehandlungen als außertariflicher Befreiung von den unionsrechtlichen Einfuhrabgaben findet sich ebenfalls im Teil der Zollschuldentstehung.

Entsteht durch Überführung von Waren in ein Zollverfahren eine Zollschuld, so werden die Waren dem Anmelder erst überlassen, wenn der Einfuhr- oder Ausfuhrabgabenbetrag entrichtet wurde oder eine diesem Betrag entsprechende Sicherheit geleistet wurde (Art. 195 Abs. 1 UZK). D3022

b) Erhebung sonstiger Abgaben nach den einschlägigen geltenden Vorschriften

Zur Erhebung der Einfuhrumsatzsteuerschuld bzw. der Verbrauchsteuerschulden schreiben die nationalen Verbrauchsteuergesetze die sinngemäße Anwendung der Zollvorschriften vor (vgl. § 21 Abs. 2 UStG für die Einfuhrumsatzsteuer oder z. B. § 21 TabStG für die Tabaksteuer). Es handelt sich insoweit um dynamische Verweisungen.

c) Handelspolitische Maßnahmen

Die Überführung in den zollrechtlich freien Verkehr umfasst auch die Anwendung der handelspolitischen Maßnahmen (Art. 201 Abs. 2 Buchst. c UZK). „Handelspolitische Maßnahmen“ sind als Teil der gemeinsamen Handelspolitik in Form von Unionsvorschriften über den internationalen Handel mit Waren festgelegte nichttarifäre Maßnahmen z. B. Verbote aufgrund von Embargovorschriften, mengenmäßige Beschränkungen oder Lizenzpflichten bei Marktordnungswaren (Art. 5 Nr. 36 UZK). Nichttarifäre Maßnahmen können unterschiedliche Bereiche betreffen. Sie umfassen neben politischen Sanktionen wie den Embargo-Vereinbarungen gegen bestimmte Staaten, Gebiete und Personengruppen auch rein wirtschaftlich motivierte Regelungen. Insbesondere im Bereich der gemeinsamen Agrarpolitik oder zugunsten der unionsrechtlichen Stahl- und Textilindustrie ist die EU in der Vergangenheit tätig geworden. D3023

Daneben können auch andere produktbezogene Abkommen, zu denen früher beispielsweise das Internationale Abkommen über Kaffee gehörte, handelspolitische Maßnahmen rechtfertigen. Auch die Vergabe von Einfuhr- bzw. Ausfuhrlizenzen zur mengenmäßigen Begrenzung des grenzüberschreitenden Warenverkehrs zählen dazu.

Diese handelspolitischen Maßnahmen sind bei der Überlassung zum zollrechtlich freien Verkehr zu beachten, sofern sie nicht zu einem früheren Zeitpunkt angewendet wurden.

d) Erfüllung der anderen Formalitäten hinsichtlich der Wareneinfuhr

Mit der Erfüllung der Einfuhrformalitäten ist u. a. etwa die Abgabe der Zollanmeldung bzw. die Überlassung der Waren gemeint (vgl. Art. 5 Nr. 8 UZK). Ob die Überlassung der Waren nach Art. 195 UZK als Förmlichkeit für die Überführung zur Überlassung in den D3024 zollrechtlich freien Verkehr betrachtet werden muss, ist nach wie vor umstritten. Nach der Rechtsprechung des EuGH in seiner Wandel Entscheidung (EuGH vom 1.2.2001 - C-66/99; ZfZ 2001, 121) wird diese vorausgesetzt. Man könnte sich insoweit hier auch von der Begrifflichkeit täuschen lassen. Denn das Verfahren zur Überführung zur Überlassung zum zollrechtlich freien Verkehr führt ja den Begriff der Überlassung sogar im Namen. Gleichwohl setzt Art. 195 UZK für die Überlassung eine entstandene Zollschuld und damit eine Überführung in den zollrechtlich freien Verkehr gerade voraus, so dass die Überlassung weiterhin gesetzlich Voraussetzung der Überführung zur Überlassung in den zollrechtlich freien Verkehr ist. Nimmt man die Definition gem. Art. 5 Nr. 25 UZK, so gehört die Überlassung ebenfalls zur Überführung in das Verfahren.

4. Unionswareneigenschaft gem. Art. 201 Abs. 3 UZK

D3025 Das Ergebnis der Überlassung zum zollrechtlich freien Verkehr ist ein Statuswechsel: Aus einer Nicht-Unionsware wird eine Unionsware (Art. 201 Abs. 3 UZK). Dieser Status geht in den Fällen des Art. 154 Abs. 1 UZK wieder verloren. Wird die Zollanmeldung zum zollrechtlich freien Verkehr nach Überlassung der Waren gem. Buchst. d) für ungültig erklärt, dann werden Unionswaren zu Nicht-Unionswaren. Zu Nicht-Unionswaren werden die Unionswaren auch dann, wenn nach Buchst. a dieser Vorschrift die Waren aus dem Zollgebiet der Union verbracht werden, sofern nicht die Vorschriften über den internen Versand Anwendung finden, wenn sie nach Buchst. b in das externe Versandverfahren, die Lagerung oder die Aktive Veredelung übergeführt werden oder wenn Unionswaren nach Buchst. c zur Überführung in die Endverwendung entweder zugunsten der Staatskasse aufgegeben oder zerstört werden oder Abfall übrig bleibt (nähere Ausführungen zur Art. 154 Abs. 1 UZK bei der entsprechenden Darstellung der Verfahren).

IV. Versandverfahren

Schrifttum

Bernstorff, von, Die Sicherheitsleistung im Zollrecht, RIW 2011, 657*; Gellert*, Fehler in Versandverfahren, AW-Prax 2008, 345; *Harksen*, Zoll und Einfuhrumsatzsteuer in der Praxis, BB 2013, 2144; *Kampf*, Das Versandverfahren mit Carnet TIR, ZfZ 2002, 182; *Kampf*, Zugelassener Versender und zugelassener Empfänger, bdz-magazin 2011, F25; *Kampf*, Beendigung des Versandverfahrens beim zugelassenen Empfänger, AW-Prax 2010, 320; *Kampf*, Der zugelassene Empfänger, AW-Prax 2010, 372; *Kampf*, Entziehen aus Verwahrung oder Versand?, AW-Prax 2014, 288; *Kampf*, Zollschuld bei Fristüberschreitung im Versand, AW-Prax 2014, 356; *Kampf*, Versandrecht nach dem Unionszollkodex, bdz-magazin 2015, F 48; *Kampf*, Der „Zugelassene Empfänger" nach neuem Recht, bdz-magazin 2017, F 41; Kampf, der „Zugelassene Empfänger" - Entwicklung einer praxisrelevanten Vereinfachung des Versandrechts, ZfZ 2017, 289; *Montag/Köthe*, Entzug einer zum Versand angemeldeten, aber nicht versandten Ware aus der zollamtlichen Überwachung, ZfZ 2013, 219; 116; *Rinnert*, Beschlagnahme von Generika im Transit, GRUR Int 2011, 901; *Rüsken*, Wann sind Waren dem Zollversand „entzogen"?, Festgabe für H. List zum 100. Geburtstag, 2015, 178; *Witte*, Erhalt einer zollrechtlichen Bestimmung, AW-Prax 2014, 23; *Witte*, Versand ohne Ware, AW-Prax 2014, 55., *Kampf*, Zollschuldner und Bürge nach TIR-Versand, AW-Prax 2014, 205;

1. Einführung

a) Geschichtliche Entwicklung des zollrechtlichen Versandverfahrens

Waren, die in das Zollgebiet der Union verbracht werden, unterliegen ab ihrem Eingang der zollamtlichen Überwachung (Art. 134 UZK). Ziel der zollamtlichen Überwachung ist es, die Einhaltung der zollrechtlichen Vorschriften und gegebenenfalls der sonstigen Vorschriften zu gewährleisten, die für Waren gelten, die solchen Maßnahmen unterliegen (Art. 5 Nr. 27 UZK). Zu den vorgenannten zollrechtlichen Vorschriften (Art. 5 Nr. 2 UZK) gehören auch die Vorschriften zur Zollschuldentstehung. D4000

Historisch betrachtet war die Entstehung von Einfuhrabgaben häufig bereits an den Grenzübertritt in ein Zollgebiet gekoppelt. Mit dem Überschreiten einer Landes- oder Zollgrenze entstanden Zollabgaben, welche i. d. R. auch sofort, d. h. bei den an der Grenze befindlichen Zollstellen, zu begleichen waren. D4001

Diese grenzbezogene Erhebung von Einfuhrabgaben erwies sich jedoch dann als problematisch, wenn die in ein Zollgebiet verbrachten Waren eigentlich für ein anderes Land bestimmt waren und das betroffene Land oder Gebiet lediglich durchqueren sollten (Transitwaren). Sind bei einem Transport mehrere Länder oder Gebiete zu durchfahren, so wiederholen sich ggf. Abgabenerhebung und die zugehörigen Verwaltungsförmlichkeiten. Ohne entsprechende Regelungen, die einen abgabenfreien Transport durch oder in Länder bzw. Zollgebiete ermöglichen, summieren sich Einfuhrabgaben und Verwaltungsförmlichkeiten und stellen ein ökonomisch nicht vertretbares Handelshemmnis dar. D4002

Die wirtschaftliche Notwendigkeit eines abgabenfreien Gütertransportes durch und in Zollgebiete führte im Jahr 1949 zum Abschluss eines ersten TIR-Abkommens, mit dem es möglich wurde, Straßengüterbeförderungen in Europa ohne Abgabenerhebung und mit gemeinsamen Verwaltungsförmlichkeiten durchzuführen. Nach dem Abschluss eines zweiten TIR-Übereinkommens im Jahr 1959 und einer Überarbeitung im Jahr 1975 hatte das TIR-Übereinkommen im Jahr 2016 insgesamt 69 Vertragsstaaten. D4003

Parallel zum internationalen TIR-Abkommen entwickelte sich nach der Gründung der Europäischen Gemeinschaft im Jahr 1957 (Gründungsmitglieder: Deutschland, Frankreich, Italien, Belgien, die Niederlande und Luxemburg) in Europa ein eigenes Versandrecht. Im Jahr 1968 wurde das gemeinschaftliche Versandverfahren zur Beförderung von Nicht-Gemeinschaftswaren (Bezeichnung T1) und Gemeinschaftswaren (Bezeichnung T2) in der Europäischen Gemeinschaft eingeführt. D4004

Schnell wurde klar, dass die Transitländer Österreich und die Schweiz für einen reibungslosen Nord-Süd-Verkehr in das gemeinschaftliche Versandsystem mit einbezogen werden mussten. Hierzu wurde 1972 mit den EFTA-Ländern Österreich und der Schweiz ein Übereinkommen über ein gemeinsames Versandverfahren abgeschlossen. Zwischenzeitlich sind weitere Staaten diesem Abkommen beigetreten. Aktuelle Vertragsparteien des Übereinkommens über ein gemeinsames Versandverfahren (künftig: Übereinkommen) sind neben der Europäischen Union die Länder Island, Nordmazedonien, Norwegen, die Schweiz (einschließlich Liechtenstein), Serbien, Türkei und das Vereinigte Königreich. Das Vereinigte Königreich ist mit Ablauf des Brexit-Übergangszeit- D4005 raums zum 31.12.2020 dem Übereinkommen über ein gemeinsames Versandverfahren als eigenständige Vertragspartei beigetreten.

D4006 Transporte, die ausschließlich im Zollgebiet der Union stattfinden, kann die Europäische Union in eigener Zuständigkeit regeln. Die Regelungen zu Versandverfahren in der Europäischen Union finden sich seit dem Inkrafttreten im Jahr 2016 im Zollkodex der Union (UZK), in der Durchführungsverordnung (UZK-DVO) und in der Delegierten Verordnung (UZK-DelVO).

D4007 Das zollrechtliche Versandverfahren ist im UZK als besonderes (Zoll)Verfahren klassifiziert (Art. 5 Nr. 16 Buchst. b i. V. m. Art. 210 Buchst. a UZK). Entsprechend dieser Einordnung finden sich die Rechtsgrundlagen zum Versandrecht in Titel VII, Kapitel 2 des UZK.

b) Versandverfahren als Maßnahme der zollamtlichen Überwachung

D4008 Waren, die in das Unionsversandverfahren/gemeinsame Versandverfahren übergeführt werden, können ohne die Erhebung von Zöllen und anderen Abgaben befördert werden. Zentrale Aufgabe des zollrechtlichen Versandverfahrens ist es, die zollamtliche Überwachung bei diesen Beförderungen von Waren zu gewährleisten.

Diese Aufgabe bedingt, dass im Versandrecht drei wesentliche Komponenten eines Versandverfahrens normiert werden.

D4009 Erstens: die Beförderung hat grds. zwischen zwei überwachenden Zollstellen, konkret der Abgangszollstelle und der Bestimmungszollstelle, stattzufinden. Abgangszollstelle ist die Zollstelle, die die Zollanmeldung für die Überführung der Waren in ein Versandverfahren annimmt (Art. 1 Nr. 13 UZK-DelVO, Art. 3 Buchst. g Anlage I Übereinkommen). Bestimmungszollstelle ist die Zollstelle, der die in ein Versandverfahren übergeführten Waren zur Beendigung des Verfahrens gestellt werden (Art. 1 Nr. 14 UZK-DelVO, Art. 3 Buchstabe i Anlage I Übereinkommen). Zur Gewährleistung der zollamtlichen Überwachung tauschen beide Zollstellen (elektronische) Nachrichten aus. So übermittelt die Abgangszollstelle eine Vorabmitteilung des avisierten Transports an die Bestimmungszollstelle (Art. 303 Abs. 2 UZK-DVO, Art. 40 Abs. 2 Anlage I Übereinkommen), die ihrerseits die Kontrollergebnisse bei Abschluss des Versandverfahrens an die Abgangszollstelle zurückmeldet (Art. 309 UZK-DVO, Art. 47 Abs. 1 Anlage I Übereinkommen).

D4010 Zweitens: Zur Gewährleistung, dass die bei der Abgangszollstelle in das Verfahren überführten Waren als nämliche Waren bei der Bestimmungszollstelle ankommen, ist für das Versandverfahren zwingend eine Nämlichkeitssicherung (z. B. ein Raumverschluss) vorgeschrieben (Art. 192 UZK, Art. 299-303 UZK-DVO, Art. 11 Übereinkommen, Art. 36-39 Anlage I Übereinkommen).

D4011 Drittens: Das Versandverfahren muss innerhalb einer von der Abgangszollstelle nach Maßgabe des Beförderungsweges, des Beförderungsmittels sowie der Verkehrsvorschriften und anderer Rechtsvorschriften gesetzten Frist zur Wiedergestellung durchgeführt werden (Art. 233 Abs. 1 Buchst. a UZK, Art. 297 UZK-DVO, Art. 34 Anlage I Übereinkommen). Die Notwendigkeit dieser Fristsetzung ist u. a. der Tatsache geschuldet, dass die Zollverwaltungen während der Beförderung nur bedingt Zugriff auf die Ware haben, ein Entziehen der Ware aus der zollamtlichen Überwachung daher nur durch eine Fristsetzung zur Wiedergestellung zeitnah überprüfbar wird.

MERKE:

Das zollrechtliche Versandverfahren dient der zollamtlichen Überwachung von Waren während einer Beförderung im Zollgebiet der Union. D4012

2. Ausprägungen des Versandverfahrens

a) Externer und interner Versand

Im Zollkodex der Union wird zwischen einem externen Versandverfahren mit T1-Versandanmeldung und einem internen Versandverfahren mit T2-Anmeldung unterschieden (Art. 226, Art. 227 UZK). Das Übereinkommen über ein gemeinsames Versandverfahren nutzt hierfür die Bezeichnungen T1-Verfahren und T2-Verfahren (Art. 2 Abs. 2 Übereinkommen). D4013

Das externe Versandverfahren mit T1-Versandanmeldung ist für die Beförderung von Nicht-Unionswaren (Art. 5 Nr. 24 UZK) vorgesehen (Art. 226 Abs. 1 UZK, Art. 2 Abs. 2 Übereinkommen). D4014

Wird eine Beförderung von Unionswaren (Art. 5 Nr. 23 UZK) unter zollamtlicher Überwachung notwendig, so kann das interne Versandverfahren mit T2-Anmeldung zur Anwendung kommen (Art. 227 Abs. 1 UZK, Art. 2 Abs. 3 Übereinkommen). D4015

Abweichend von dieser grundsätzlichen Regelung werden in bestimmten Fällen auch Unionswaren in das externe Versandverfahren übergeführt (Art. 226 Abs. 2 UZK). D4016

b) Unionsversandverfahren und gemeinsames Versandverfahren

Ob eine Beförderung im externen oder internen Versandverfahren auf der Grundlage des Zollkodex der Union, auf der Grundlage des Übereinkommens über ein gemeinsames Versandverfahren oder auf der Grundlage anderer Regelungen durchgeführt werden kann, ist davon abhängig, wo die Beförderung der Waren beginnt und endet, ob die Beförderung ausschließlich im Zollgebiet der Union stattfindet oder das Gebiet eines Drittlands berührt, welche Waren befördert werden und welche Beförderungsmittel dabei genutzt werden. D4017

aa) Unionsversandverfahren

Beginnt und endet die Beförderung im Zollgebiet der Union und findet der Transportvorgang ausschließlich im Zollgebiet der Union (Art. 4 UZK) statt, so kommt vorrangig das Unionsversandverfahren zur Anwendung. D4018

BEISPIEL:

Nicht-Unionswaren sollen mittels eines durchgängigen Versandverfahrens von Hamburg (Deutschland) auf direktem Weg zu einem Empfänger nach Hannover (Deutschland) befördert werden. Die Beförderung findet ausschließlich im Zollgebiet der Union statt. Es kommt daher das Unionsversandverfahren zur Anwendung.

D4019 Wird bei der Beförderung das Gebiet eines Drittlands berührt, so ist zu bedenken, dass die Transportabschnitte im Drittland nicht dem Geltungsbereich des UZK unterliegen und auch nicht von den europäischen Zollverwaltungen überwacht werden können. Ein Unionsversandverfahren ist bei Warenbeförderungen durch ein nicht zum Zollgebiet der Union gehörendes Land oder Gebiet daher nur dann zulässig, wenn diese Möglichkeit in einer internationalen Übereinkunft, z. B. dem Übereinkommen über ein gemeinsames Versandverfahren, vorgesehen ist und hierdurch eine durchgängige Überwachung gewährleistet wird (Art. 234 Abs. 1 Buchst. a UZK). Besteht eine solche Übereinkunft mit dem zu durchfahrenden Land nicht, so ist es in besonderen Fällen auch möglich, ein Unionsversandverfahren auszusetzen, solange sich Waren außerhalb des Zollgebiets der Union befinden (Art. 234 Abs. 1 Buchst. b, Abs. 2 UZK). Im Rahmen der Zollunion mit Andorra und San Marino findet das Unionsversandverfahren für bestimmte Waren auch bei der Beförderung zwischen der Europäischen Union und Andorra und San Marino Anwendung.

bb) Gemeinsames Versandverfahren

D4020 Beginnt oder endet die Beförderung in einem Drittland, so ist zur Abwicklung des Transports im Rahmen eines durchgängigen Versandverfahrens auf internationales Versandrecht zurückzugreifen.

D4021 Für Beförderungen von Waren zwischen der Europäischen Union und den Vertragsparteien über ein gemeinsames Versandverfahren (Vertragsparteien: Island, Nordmazedonien, Norwegen, die Schweiz (einschließlich Liechtenstein), Serbien, Türkei und das Vereinigte Königreich) sowie zwischen den Vertragsparteien des Übereinkommens über ein gemeinsamen Versandverfahrens untereinander kommt das Übereinkommen über ein gemeinsames Versandverfahren zur Anwendung (Art. 1 Abs. 1 Übereinkommen).

BEISPIEL:

Nicht-Unionswaren sollen mittels eines durchgängigen Versandverfahrens von Hamburg (Deutschland) zu einem Empfänger nach Zürich (Schweiz) befördert werden. Die Beförderung findet zwischen einem Mitgliedsstaat der Europäischen Union und einer Vertragspartei des Übereinkommens über ein gemeinsames Versandverfahren statt. Es kommt daher das gemeinsame Versandverfahren zur Anwendung.

c) Externes Unionsversandverfahren

aa) Anwendungsbereich

D4022 Für die Beförderung von Nicht-Unionswaren zwischen zwei Orten im Zollgebiet der Union ergibt sich aus der Kombination von externem Versand und Unionsversandverfahren grds. das externe Unionsversandverfahren (Art. 226 Abs. 1 und Abs. 3 Buchst. a UZK).

Bei ordnungsgemäßer Durchführung des externen Unionsversandverfahrens unterliegen die beförderten Waren weder Einfuhrabgaben, sonstigen Abgaben nach anderen geltenden Vorschriften oder handelspolitischen Maßnahmen, soweit diese nicht den Eingang oder den Ausgang von Waren in das oder aus dem Zollgebiet der Union untersagen (Art. 226 Abs. 1 UZK). D4023

Nur ausnahmsweise müssen zur Gewährleistung einer zollamtlichen Überwachung auch Unionswaren in das externe Versandverfahren übergeführt werden, z. B. bei Erstattungen im Rahmen der gemeinsamen Agrarpolitik oder bei dem Erlass oder Erstattung von Einfuhrabgaben (Art. 226 Abs. 2 UZK, Art. 189 UZK-DelVO). D4024

In folgenden Fällen ist das externe Unionsversandverfahren zwingend anzuwenden: D4025

BEISPIELE:

Fernsehgeräte aus Japan (Nicht-Unionsware) werden per Schiff nach Hamburg (Deutschland) befördert. Die Überlassung zum zollrechtlich freien Verkehr soll beim Käufer der Geräte in München (Deutschland) erfolgen. Die Fernseher sollen per Lkw im Versandverfahren von Hamburg nach München befördert werden.

Ersatzteile für amerikanische Motorräder (Nicht-Unionswaren) werden per Luftfracht nach Frankfurt am Main (Deutschland) befördert. Von dort sollen sie per LKW im Versandverfahren nach Hannover (Deutschland) befördert werden, um in Hannover in ein Zolllagerverfahren übergeführt zu werden.

Chinesische Notebooks (Nicht-Unionsware), die sich in Kassel (Deutschland) in einem Zolllagerverfahren befinden, sollen per Lkw im Versandverfahren auf direktem Weg nach Warschau (Polen) befördert und dort in den zollrechtlich freien Verkehr übergeführt werden.

Den vorgenannten Beispielen ist Folgendes gemein:

- Die Waren haben den zollrechtlichen Status von Nicht-Unionswaren (Art. 5 Nr. 24 UZK).
- Die Beförderung erfolgt per LKW ohne Drittlandsberührung zwischen zwei Orten im Zollgebiet der Union.

Für die in den vorgenannten Beispielen aufgeführten Fälle der Beförderung von Nicht-Unionswaren im Zollgebiet der Union ist gem. Art. 226 Abs. 1 UZK das externe Versandverfahren vorgesehen. Bei der Prüfung der alternativen Versandarten nach Art. 226 Abs. 3 UZK können die Buchst. c bis f ausgeschlossen werden. Auch die Voraussetzungen für die Anwendung eines TIR-Verfahrens nach Buchst. b sind nicht gegeben, weil die geplanten Versandverfahren nicht außerhalb des Zollgebiets der Union beginnen oder enden sollen und auch nicht über das Gebiet eines nicht zum Zollgebiet der Union gehörenden Landes oder Gebiets erfolgen. Folglich haben die Beförderungen im externen Unionsversandverfahren nach Art. 226 Abs. 3 Buchst. a UZK zu erfolgen.

MERKE:

Werden Nicht-Unionswaren zwischen zwei Orten im Zollgebiet der Union ohne Drittlandsberührung befördert und fallen Beförderer und/oder Ware nicht in den Anwendungsbereich der Beförderungsarten nach Art. 226 Abs. 3 Buchst. b - f UZK, so hat die Beförderung im externen Unionsversandverfahren stattzufinden (Art. 226 Abs. 3 Buchst a UZK). D4026

bb) Beförderungen mit Drittlandsberührung

D4027 Die Anwendbarkeit des externen Unionsversandverfahrens unterliegt Einschränkungen.

Die Beförderung im externen Unionsversandverfahren durch ein nicht zum Zollgebiet der Union gehörendes Land oder Gebiet ist nur dann zulässig, wenn diese Möglichkeit in einer internationalen Übereinkunft vorgesehen ist (Art. 234 Abs. 1 Buchst. a UZK), oder mit einem im Zollgebiet der Union ausgestellten einzigen Beförderungsdokument durchgeführt wird (Art. 234 Abs. 1 Buchst. b UZK).

D4028 Eine internationale Übereinkunft i. S. von Art. 234 Abs. 1 Buchst. a UZK stellt das Übereinkommen über ein gemeinsames Versandverfahren dar.

BEISPIEL:

Nicht-Unionswaren, die in Stuttgart (Deutschland) in einem Zolllager lagern, sollen per Lkw über die Schweiz nach Mailand (Italien) befördert werden. Gem. Art. 234 Abs. 1 Buchst. a UZK kann das externe Unionsversandverfahren bei Beförderungen durch die Schweiz angewendet werden, weil diese Möglichkeit in einer internationalen Übereinkunft, hier dem Übereinkommen über ein gemeinsames Versandverfahren, vorgesehen ist.

D4029 Beförderungen durch Drittländer, die nicht Vertragsstaaten des Übereinkommens über ein gemeinsames Versandverfahren sind, können nur dann im externen Unionsversandverfahren stattfinden, wenn sie mit einem im Zollgebiet der Union ausgestellten einzigen Beförderungsdokument durchgeführt werden (Art. 234 Abs. 1 Buchst. b UZK).

BEISPIEL:

In einem in Griechenland gelegenen Zolllager befindliche Nicht-Unionsware soll per Lkw über die Drittländer Albanien, Montenegro sowie Bosnien und Herzegowina nach Deutschland befördert und dort in den zollrechtlich freien Verkehr übergeführt werden.

Albanien, Montenegro sowie Bosnien und Herzegowina sind keine Vertragsstaaten des Übereinkommens über ein gemeinsames Versandverfahren. Ein externes Unionsversandverfahren kann daher nur dann zur Anwendung kommen, wenn es mit einem im Zollgebiet der Union ausgestellten einzigen Beförderungsdokument durchgeführt wird. Ein solches Beförderungsdokument ist z. B. der „CMR"-Frachtbrief im LKW-Verkehr oder der „CIM"-Frachtbrief im Eisenbahnverkehr. Bei Beförderungen im Rahmen des Art. 234 Abs. 1 Buchst. b UZK wird das Unionsversandverfahren nach dem UZK solange ausgesetzt, solange die Waren sich außerhalb des Zollgebiets der Union befinden (Art. 234 Abs. 2 UZK).

D4030 Während die Beförderungsart (Straße, Wasserstraße, Schiene) grds. keine Bedeutung für die Anwendung des externen Unionsversandverfahrens hat, ist bei Beförderung im Luftverkehr, auf dem Seeweg oder bei Rohrleitungen das externe Unionsversandverfahren nur bei Erfüllung bestimmter Voraussetzungen anzuwenden (Art. 295, 321 UZK-DVO).

D4031–D4040 *(Einstweilen frei)*

d) Internes Unionsversandverfahren

aa) Anwendungsbereich

Dem Grundsatz des Binnenmarktes entsprechend können Unionswaren grds. ohne zollamtliche Überwachung innerhalb des Zollgebiets der Union befördert werden. Eines Versandverfahrens bedarf es hierzu nicht. D4041

Erfolgt die Beförderung von Unionswaren zwischen zwei Orten im Zollgebiet der Union jedoch über das Gebiet eines Drittlands, so ergibt sich die Problematik, dass die Waren ggf. ihren Status als Unionswaren verlieren, sofern nicht die Vorschriften über den internen Versand Anwendung finden (Art. 154 Buchst. a UZK). D4042

Nach Art. 227 Abs. 2 Buchst. a UZK kann eine Beförderung von Unionswaren zwischen zwei innerhalb des Zollgebiets der Union gelegenen Orten ohne Änderung ihres zollrechtlichen Status über ein anderes, außerhalb des Zollgebiets gelegenes Land oder Gebiet im internen Unionsversandverfahren erfolgen, sofern diese Möglichkeit in einer internationalen Übereinkunft vorgesehen ist. Ein solches internationales Übereinkommen ist das Übereinkommen über ein gemeinsames Versandverfahren. Vertragsparteien des Übereinkommens über ein gemeinsames Versandverfahren sind neben der Europäischen Union, die Länder Island, Nordmazedonien, Norwegen, die Schweiz (einschließlich Liechtenstein), Serbien, Türkei und das Vereinigte Königreich. D4043

BEISPIEL:

Unionswaren werden auf dem Landweg von Deutschland über das Gebiet der Schweiz nach Italien befördert.

Aus der Kombination von internem Versand und Unionsversandverfahren ergibt sich das interne Unionsversandverfahren (Art. 227 Abs. 2 Buchst. a UZK). D4044

Das interne Versandverfahren kommt auch bei der Beförderung von Unionswaren zwischen der Union und den Drittländern San Marino und Andorra zu Anwendung, wenn die beförderten Waren unter die Übereinkommen über eine Zollunion fallen (siehe hierzu E-VSF Z 35 01 Abs. 7). D4045

Für das interne Versandverfahren gelten grds. dieselben Verfahrensabläufe wie für das externe Versandverfahren. Dies gilt im Hinblick auf die Abläufe bei den beteiligten Zollstellen (u. a. Fristsetzung und Nämlichkeitssicherung), aber auch für die Erhebung einer Sicherheitsleistung. D4046

Das interne Unionsversandverfahren ist für den Inhaber des Verfahrens mit zwei Vorteilen verbunden. Beim Eintritt des Transports in einen Vertragsstaat des Übereinkommens über ein gemeinsames Versandverfahren ist bei der Grenzzollstelle keine Erfassung des Warenverkehrs notwendig und kein gesondertes Versandverfahren nach dem jeweiligen nationalen Recht des zu durchfahrenden Vertragsstaates zu eröffnen. Stattdessen ist die Sendung lediglich bei den Durchgangszollstellen (Eingangszollstelle des jeweiligen Vertragsstaates) vorzuführen. Darüber hinaus behält die beförderte Ware den Status einer Unionsware, sodass die zollamtliche Überwachung nach Beendigung des Versandverfahrens bei der Bestimmungszollstelle, vorbehaltlich des Art. 254 UZK, endet (Art. 134 Abs. 1 UZK). D4047

D4048 Bei der Beförderung von Unionswaren über Drittlandsgebiete sind weiterhin (insbesondere bei Beförderungen im See- und Luftverkehr) die Regelungen des Art. 155 Abs. 2 UZK i.V.m. Art. 199 UZK-DVO (zollrechtlicher Status von Unionswaren) zu beachten.

BEISPIEL:

Unionswaren werden per Lkw von Deutschland über Bosnien und Herzegowina, Montenegro und Albanien nach Griechenland befördert.

Bei dieser Fallgestaltung scheitert die Anwendung des internen Unionsversandverfahrens an der Tatsache, dass zwischen der Europäischen Union und Bosnien und Herzegowina, Montenegro sowie Albanien bislang keine Übereinkommen i. S. des Art. 227 Abs. 2 Buchst. a UZK geschlossen wurden. Die Beförderung der Unionswaren kann nicht durchgehend im Unionsversandverfahren stattfinden, sondern es muss eine andere Beförderungsart nach Art. 227 Abs. 2 UZK gewählt werden, ggf. das TIR-Verfahren (siehe dazu Rdnr. D4401 ff.). Alternativ kann auch auf ein Versandverfahren innerhalb des Zollgebiets der Union bis an die Grenze von Bosnien und Herzegowina verzichtet werden. Dann müssten aber in Bosnien und Herzegowina, Montenegro und Albanien die für den Versand durch diese Drittländer erforderlichen Formalitäten (einschließlich der Sicherheitsleistung) erledigt werden. Zur Anerkennung des Unionsstatus der Waren in Griechenland wäre darüber hinaus ein förmlicher Nachweis, durch T2L, erforderlich (Art. 155 Abs. 2 UZK, Art. 119 Abs. 1 Buchst. b UZK-DVO). Würde der Transport hingegen über Österreich und Italien und von dort per Fähre im zugelassenem Linienverkehr nach Griechenland stattfinden, so bedürfte es grds. keines Versandverfahrens (Art. 155 Abs. 2 UZK, Art. 119 Abs. 2 Buchst. b UZK-DVO, siehe dazu Rdnr. D4376).

MERKE:

D4049 Werden Unionswaren bei ihrer Beförderung zwischen zwei Orten im Zollgebiet der Union durch einen oder mehrere Vertragsstaaten des Übereinkommens über ein gemeinsames Versandverfahren hindurchbefördert und fallen Beförderer und/oder Ware nicht in den Anwendungsbereich der Beförderungsarten nach Art. 227 Abs. 2 Buchst. b - f UZK, so werden die Waren, mit Ausnahme von Unionswaren, die ausschließlich auf dem See- oder Luftweg befördert werden, in das interne Unionsversandverfahren übergeführt (Art. 227 Abs. 2 Buchst. a UZK, Art. 293 Abs. 2 UZK-DVO).

bb) Steuerliche Sondergebiete

D4050 Steuerliche Sondergebiete sind Teile des Zollgebiets der Union, in denen die Bestimmungen der Richtlinie 2006/112/EG des Rates vom 28. November 2006 über das gemeinsame Mehrwertsteuersystem oder der Richtlinie 2008/118/EG vom 16. Dezember 2008 über das allgemeine Verbrauchsteuersystem keine Anwendung finden (Art. 1 Abs. 3 UZK, Art. 188 UZK-DelVO). Zu den steuerlichen Sondergebieten gehören die Åland-Inseln, der Berg Athos, die Kanalinseln, die Kanarische Inseln und folgende französische Gebiete: Französisch-Guayana, Martinique, Mayotte, Guadeloupe und La Réunion. Werden Unionswaren aus, nach oder zwischen steuerlichen Sondergebieten befördert, so kommt das interne Unionsversandverfahren als „T2-F“-Verfahren zur Anwendung (Art. 47, 50 52 u. 53 UZK-ÜDelVO).

(Einstweilen frei) D4051–D4060

e) Externes gemeinsames Versandverfahren

D4061 Für Beförderungen von Nicht-Unionswaren zwischen der Europäischen Union und den Vertragsparteien des Übereinkommens über ein gemeinsames Versandverfahren (Island, Nordmazedonien, Norwegen, die Schweiz (einschließlich Liechtenstein), Serbien, Türkei und das Vereinigte Königreich) sowie für Beförderungen zwischen den Vertragsparteien des Übereinkommens über ein gemeinsames Versandverfahren untereinander ergibt sich aus der Kombination von Nicht-Unionsware und gemeinsamen Versandverfahren das externe gemeinsame Versandverfahren, im Abkommen als „T1-Verfahren“ bezeichnet (Art. 2 Abs. 2 Übereinkommen).

MERKE:

D4062 Werden Nicht-Unionswaren aus dem Zollgebiet der Europäischen Union in Vertragsstaaten des Übereinkommens über ein gemeinsames Versandverfahren befördert oder von Vertragsstaaten des Übereinkommens über ein gemeinsames Versandverfahren in das Zollgebiet der Union oder zwischen den Vertragsstaaten des Übereinkommens über ein gemeinsames Versandverfahren untereinander, so kommt das externe gemeinsame Versandverfahren zu Anwendung (Art. 1, Art. 2 Abs. 2 Übereinkommen). Entsprechend der Eintragung in Feld Nr. 1 der Versandanmeldung wird dieses Verfahren auch als „T1-Verfahren“ bezeichnet.

f) Internes gemeinsames Versandverfahren

D4063 Das interne gemeinsame Versandverfahren, im Abkommen als „T2-Verrfahren“ bezeichnet, kommt bei der Beförderung von Unionswaren aus dem Zollgebiet der Union in eine Vertragspartei des Übereinkommens über ein gemeinsames Versandverfahren (Island, Nordmazedonien, Norwegen, die Schweiz (einschließlich Liechtenstein), Serbien, Türkei und das Vereinigte Königreich) zur Anwendung (Art. 2 Abs. 3 Übereinkommen).

D4064 Erfolgt die Beförderung aus einer Vertragspartei des Übereinkommens über ein gemeinsames Versandverfahren in das Zollgebiet der Union, so kann das interne gemeinsame Versandverfahren nur dann genutzt werden, wenn die zu befördernde Ware zuvor aus der Union im internen gemeinsamen Versandverfahren dort eingetroffen ist und die übrigen Voraussetzungen für die Anwendung beachtet werden (Art. 9 Übereinkommen).

MERKE:

D4065 Werden Unionswaren aus dem Zollgebiet der Europäischen Union in Vertragsstaaten des Übereinkommens über ein gemeinsames Versandverfahren befördert oder nach der vorgenannten Beförderung von Vertragsstaaten des Übereinkommens über ein gemeinsames Versandverfahren unter zollamtlicher Überwachung unmittelbar weiter in das Zollgebiet der Union versandt, so kommt das interne gemeinsame Versandverfahren zu Anwendung. Entsprechend der Eintragung in Feld Nr. 1 der Versandanmeldung wird dieses Verfahren auch als „T2-Verfahren" bezeichnet.

g) Sonstige Versandverfahren

D4066 Beförderungen, die außerhalb des Zollgebiets der Union in einem Vertragsstaat des TIR-Übereinkommens begonnen haben oder enden sollen, sowie Beförderungen, die zwischen zwei innerhalb des Zollgebiets der Union gelegenen Orten über das Gebiet eines Vertragsstaates des TIR-Übereinkommens erfolgen, können, sofern Teile im Straßengüterverkehr stattfinden, auf der Grundlage des TIR-Übereinkommens durchgeführt werden (Art. 226 Abs. 3 Buchst. b UZK und Art. 227 Abs. 2 Buchst. b UZK, Art. 2 TIR-Übereinkommen) (Verfahren mit Carnet TIR, dazu Rdnr. D4401 ff.).

D4067 Für bestimmte Arten von Waren (Waren in der vorübergehenden Verwahrung, Postsendungen), besondere Beförderungswege (Rheinwasserstraßen) sowie für festgelegte Beförderer (Streitkräfte der NATO) existieren darüber hinaus weitere Arten von Versandverfahren.

D4068 Nach dem ATA-Übereinkommen/Übereinkommen von Istanbul können Waren im Rahmen der vorübergehenden Verwendung befördert werden, sofern die Beförderung als Versand durchgeführt wird (Carnet-ATA-Verfahren, dazu Rdnr. D4441 ff.).

D4069 Beförderungen auf dem Rhein und den Rheinwasserstraßen (alle mit dem Rhein verbundenen Wasserstraßen der EU) können aufgrund des Rheinmanifestes durchgeführt werden (Art. 9 der revidierten Rheinschifffahrtsakte, dazu Rdnr. D4451 ff.).

D4070 Mit dem Vordruck 302 nach dem am 19. Juni 1951 in London unterzeichneten Abkommen zwischen den Parteien des Nordatlantikvertrags über die Rechtsstellung ihrer Streitkräfte (sog. NATO-Versandschein, dazu Rdnr. D4461 ff.) können militärische Waren, die unter das NATO-Truppenstatut fallen, unter gesonderten Konditionen befördert werden.

D4071 Beförderungen von Postsendungen nach Weltpostvertrag können nach den einschlägigen Vorschriften des Weltpostvereins vorgenommen werden, sofern sie von oder für Rechnung von Inhabern der aus diesen Vorschriften erwachsenden Rechte und Pflichten durchgeführt werden (dazu Rdnr. D4471 ff.).

D4072–D4080 *(Einstweilen frei)*

3. Sicherheitsleistung – Unionsversandverfahren/gemeinsames Versandverfahren

Die Überführung von Waren in ein Versandverfahren ist grds. davon abhängig, dass eine Sicherheit für ggf. entstehende Abgaben geleistet wird. Sofern nichts Gegenteiliges geregelt ist, gilt diese Bedingung gleichermaßen für externe (T1-Verfahren) wie für interne Versandverfahren (T2-Verfahren) (Art. 89 UZK, Art. 10 Abs. 1 Übereinkommen). D4081

Die Verpflichtung zur Leistung einer Sicherheit obliegt dem Inhaber des Verfahrens (Art. 233 Abs. 1 Buchst. c UZK, Art. 8 Abs. 1 Buchst. c u. Art. 10 Abs. 1 Anlage I Übereinkommen). D4082

Die rechtlichen Grundlagen zur Form und der Höhe der Sicherheitsleistung finden sich für das Unionsversandverfahren in Titel III, Kapitel 2 des UZK sowie für das gemeinsame Versandverfahren in Art. 9-13 u. Art. 74-80 Anlage I Übereinkommen. D4083

a) Umfang der Sicherheitsleistung

Der Betrag der Sicherheitsleistung hat den gesamten Betrag der möglicherweise entstehenden Abgabenschuld (Zölle, Einfuhrumsatzsteuer und sonstige Verbrauchsteuern) abzudecken (Art. 89 Abs. 2 UZK, Art. 10 Abs. 1 Anlage I Übereinkommen). Die Berechnung der potentiellen Abgabenschuld erfolgt auf der Grundlage der höchsten für die Ware möglichen Abgabensätze im Abgangsland (Art. 90 UZK, Art. 148 u. 155 UZK-DVO, Art. 18 u. 74 Anlage I Übereinkommen). Die Höhe der Sicherheitsleistung richtet sich bei einer deutschen Abgangszollstelle somit nach der potentiellen, maximalen Abgabenschuld im Sinne von § 1 Abs. 1 ZollVG und muss diese in vollem Umfang abdecken. Mögliche Begünstigungen wie z. B. Präferenzzollsätze oder Quoten sind nicht zu berücksichtigen. D4084

Bei der Berechnung des Betrags der Sicherheitsleistung ergab bis zum Mai 2021 die Schwierigkeit, dass die Angabe der Warennummer in der Anmeldung zum Versandverfahren nur dann erforderlich war, wenn die Versandanmeldung von derselben Person zusammen mit oder im Anschluss an eine Zollanmeldung erstellt wird, in der die Warennummer angegeben ist. Seit dem Mai 2021 ist nunmehr die Angabe der achtstelligen Warennummer der Kombinierten Nomenklatur erforderlich. Die Angabe eines Zollwerts ist in der Anmeldung kein Pflichtfeld (Titel II, Abschnitt II des Merkblatts zu Zollanmeldungen, summarischen Anmeldungen und Wiederausfuhrmitteilungen). D4085

Ist der Zollwert der angemeldeten Waren nicht bekannt und ist eine Ermittlung durch das zuständige Hauptzollamt oder die Abgangszollstelle nicht möglich oder zweckmäßig, so muss die Höhe der Sicherheitsleistung geschätzt werden. Bei dieser Schätzung muss gewährleistet sein, dass die Sicherheit den gesamten Betrag der möglicherweise entstehenden Abgabenschuld abdeckt. Ist der Warenwert bekannt, so kann bei einer Schätzung in Deutschland von einem Betrag der möglicherweise entstehenden Abgabenschuld in Höhe von 25 Prozent des Warenwertes ausgegangen werden. D4086

D4087 Ist auch eine Schätzung nicht möglich und liegen keine anderen Erkenntnisse vor, kann ein Betrag vom 10.000 € als Sicherheitsleistung angenommen werden (Art. 155 Abs. 3 UZK-DVO, Art. 74 Abs. 2 Anlage I Übereinkommen).

b) Einzelsicherheit

D4088 Die Sicherheit kann als Einzelsicherheit geleistet werden. Eine Einzelsicherheit sichert die mögliche Abgabenschuld für ein einzelnes Versandverfahren (Art. 148 UZK-DVO, Art. 18 Anlage I Übereinkommen). Hinsichtlich der Erbringung der Einzelsicherheit sind folgende Formen möglich:

aa) Barsicherheit

D4089 Eine Einzelsicherheit kann durch den Inhaber des Unionsversandverfahrens/gemeinsamen Versandverfahrens in der Form einer Barsicherheit geleistet werden (Art. 150 UZK-DVO, Art. 19 Anlage I Übereinkommen). Hierzu wird bei der Abgangszollstelle eine Bareinlage oder eine Einlage eines gleichwertigen Zahlungsmittels nach Maßgabe des im Abgangsland geltenden Rechts geleistet. Die Rückzahlung einer Barsicherheit erfolgt durch die Abgangszollstelle, z. B. mittels Banküberweisung, sobald das Versandverfahren erledigt worden ist. Die Zollbehörden leisten keine Zinszahlungen für geleistete Sicherheitsbeträge. Überweisungsgebühren hat der Inhaber des Verfahrens zu tragen.

MERKE:

D4090 Die Einzelsicherheit in Form einer Barsicherheit gilt für ein einziges Versandverfahren. Der Betrag der zu leistenden Sicherheit ist als Bareinlage oder durch Einlage eines gleichwertigen Zahlungsmittels zu leisten und hat die mögliche Abgabenschuld (Zölle und sonstige Abgaben) zu 100 % abzudecken. Die Sicherheitsleistung ist in allen Vertragsparteien gültig. Nach der Erledigung des Versandverfahrens erfolgt die Rückzahlung des Betrags.

bb) Einzelsicherheit durch Bürgschaftsleistung

D4091 Eine Einzelsicherheit kann in der Form einer Einzelbürgschaft geleistet werden (Art. 151, 152 UZK-DVO, Art. 20 Anlage I Übereinkommen). Bei der Einzelbürgschaft verpflichtet sich ein Bürge zur Leistung des für ein einzelnes Versandverfahren festgelegten Sicherheitsbetrags. Die Annahme der Verpflichtungserklärung (Muster in Anhang C1 Anlage II Übereinkommen, Anhang 32-01 UZK-DVO, in Deutschland der Vordruck 0345) erfolgt in Deutschland durch das für die Abgangszollstelle zuständige Hauptzollamt (Zollstelle der Sicherheitsleistung). Die Sicherheitsleistung durch Einzelbürgschaft wird in Deutschland vom Hauptzollamt in der ATLAS-Fachanwendung „Verwalten von Sicherheiten" bearbeitet. Nach Prüfung und Annahme der Verpflichtungserklärung des Bürgens erteilt das zuständige Hauptzollamt eine Sicherheits-Referenznummer (GRN) mit Zugriffscode, die der Inhaber des Verfahrens als Nachweis des Vorhandenseins der Einzelbürgschaft bei der Abgangszollstelle angeben muss.

MERKE:

Die Einzelsicherheit durch Verpflichtungserklärung eines Bürgens gilt für ein einziges Versandverfahren. Der Betrag der zu leistenden Sicherheit hat 100 % der möglichen Abgabenschuld (Zölle und sonstige Abgaben) abzudecken. Beschränkungen des räumlichen Geltungsbereichs sind möglich. Der Nachweis der Sicherheitsleistung erfolgt durch Angabe einer Sicherheits-Referenznummer (GRN) mit Zugriffscode. D4092

cc) Einzelsicherheit in Form von Sicherheitstiteln

Neben den vorgenannten Formen kann eine Einzelsicherheit auch durch einen oder mehrere Sicherheitstitel geleistet werden (Art. 160 UZK-DVO, Art. 21 Anlage I Übereinkommen). Die Sicherheitstitel werden von Bürgen ausgestellt und an potenzielle Inhaber von Unionsversandverfahren/gemeinsame Versandverfahren ausgegeben. Jeder Sicherheitstitel deckt einen Betrag von 10.000 € ab und gilt für ein Jahr ab dem Zeitpunkt der Ausstellung (Art. 160 Abs. 1 UZK-DVO, Art. 21 Abs. 2 Anlage I Übereinkommen). Für die Bearbeitung der Verpflichtungserklärungen zur Ausstellung von Sicherheitstiteln ist in Deutschland die Generalzolldirektion zuständig. Bei der Ausgabe von Sicherheitstiteln (Bescheinigung TC32, Muster in Anhang C3 Anlage III Übereinkommen, Anhang 32-06 UZK-DVO) handelt es sich um ein Dienstleistungsgeschäft, das vorrangig von Banken durchgeführt wird. Der Bürge (die Bank) verpflichtet sich dabei, für mögliche Abgabenschulden noch nicht näher bezeichneter Zollbeteiligter in Höhe der Sicherheitstitel von je 10.000 € einzutreten. Der Anmelder legt bei der Abgangszollstelle die Anzahl von Sicherheitstiteln vor, die ausreicht den potentiellen Abgabenbetrag abzudecken. D4093

BEISPIEL:

Für eine potentielle Abgabenschuld in Höhe 28.000 € werden drei Sicherheitstitel benötigt.

MERKE:

Die Einzelsicherheit durch Nutzung von Sicherheitstiteln gilt für ein einziges Versandverfahren. Der Betrag der zu leistenden Sicherheit hat 100 % der möglichen Abgabenschuld (Zölle und sonstige Abgaben) abzudecken. Die Sicherheitsleistung ist in allen Vertragsparteien gültig. Die Gültigkeitsdauer ist auf ein Jahr ab dem Datum der Ausstellung beschränkt. Der Nachweis der Sicherheitsleistung erfolgt durch die Bescheinigung TC32 bzw. die Angabe einer Sicherheits-Referenznummer (GRN) mit Zugriffscode. D4094

c) Gesamtsicherheit

Die Nutzung von Einzelsicherheiten ist für einen Anmelder aufwendig und bei Durchführung einer Vielzahl von Unionsversandverfahren/gemeinsamen Versandverfahren nicht praktikabel. In der Praxis kommt daher überwiegend die Form der Gesamtsicher- D4095 heit (Art. 89 Abs. 5 UZK, Art. 95 UZK, Art. 55 Abs. 1 Buchst. a Anlage I Übereinkommen) zur Anwendung. Die Form der Gesamtsicherheit ermöglicht es, mehrerer Versandverfahren mit einer Sicherheitsleistung durchzuführen.

aa) Bewilligung

D4096 Die Gesamtsicherheit stellt eine zollrechtliche Vereinfachung dar. Die Inanspruchnahme der Vereinfachung einer Gesamtsicherheit bedarf einer Bewilligung durch das Hauptzollamt, in dessen Bezirk die Hauptbuchhaltung des Antragsstellers für Zollzwecke erfolgt oder zugänglich ist und an dem zumindest ein Teil der von der Entscheidung erfassten Vorgänge durchgeführt wird.

D4097 Der Antragssteller hat folgende Bewilligungsvoraussetzungen zu erfüllen (Art. 95 Abs. 1 UZK, Art. 57 Abs. 1 Anlage I Übereinkommen):

- a) Er muss im Zollgebiet der Union ansässig sein,
- b) er muss die in Art. 39 Buchst. a UZK festgelegten Kriterien erfüllen, d. h. er darf keine schwerwiegenden oder wiederholten Verstöße gegen die zoll- oder steuerrechtlichen Vorschriften und keine schweren Straftaten im Rahmen seiner Wirtschaftstätigkeit begangen haben und
- c) er muss das Versandverfahren regelmäßig in Anspruch nehmen oder ein Verwahrungslager betreiben oder über praktische oder berufliche Befähigungen verfügen, die in unmittelbarem Zusammenhang mit der ausgeübten Tätigkeit stehen (Art. 39 Buchst. d UZK).

D4098 Bei Erteilung der Bewilligung einer Gesamtsicherheit stellt das bewilligende Hauptzollamt dem Inhaber der Bewilligung eine Gesamtsicherheitsbescheinigung (TC31) oder eine Bescheinigung über die Befreiung von der Sicherheitsleistung (TC33) aus. Die Bescheinigung gilt für zwei Jahre. Die Geltungsdauer kann einmalig um zwei weitere Jahre verlängert werden. Die Sicherheitsleistung durch Gesamtsicherheit wird in Deutschland vom zuständigen Hauptzollamt in der ATLAS-Fachanwendung „Verwaltung von Sicherheiten" bearbeitet. Der Antragsteller erhält eine Sicherheits-Referenznummer (GRN) und einen Zugriffscode zur Verwendung im elektronischen Abfertigungssystem ATLAS „Versand" (Art. 154 Abs. 2 UZK-DVO).

D4099 Die Bescheinigung und die Referenznummer sind grundsätzlich in allen Mitgliedsstaaten der EU gültig, sofern nicht einzelne Staaten in der Bewilligung von einer Inanspruchnahme ausgenommen sind.

bb) Referenzbetrag

D4100 Die Gesamtsicherheit muss jederzeit die ggf. festzusetzenden Abgabenschulden für alle mit dieser Sicherheit aktiv genutzten Versandverfahren abdecken (Art. 89 Abs. 4, 5, Art. 90, Art. 91 UZK, Art. 74 Anlage I Übereinkommen). Dazu wird vom bewilligenden Hauptzollamt in Zusammenarbeit mit dem Antragssteller unter Schätzung des voraussichtlichen Umfangs der gleichzeitig durchgeführten Versandverfahren sowie unter Berücksichtigung aller Verfahren in den letzten zwölf Monaten ein Referenzbetrag festgelegt (Art. 155 UZK-DVO, Art. 74 Anlage I Übereinkommen). Bei der Festlegung des Referenzbetrages gelten die höchsten Abgabensätze, die im Mitgliedsstaat der bewilligenden Zollstelle zur Anwendung kommen. Der Referenzbetrag ist mit äußerster Sorgfalt zu berechnen. Alle Unwägbarkeiten, z. B. die Anzahl der Beförderungen in Spitzenzeiten oder von besonders wertigen Waren, sind zu berücksichtigen. Können bei der Berechnung die in Betracht kommenden Abgabensätze nicht oder nur mit unverhältnismäßig hohem Aufwand ermittelt werden, so kann in Deutschland von einer durchschnittlichen Abgabenbelastung von 25 Prozent des Warenwertes ausgegangen werden. Wenn auch die Warenwerte nicht verfügbar sind, wird pro Versandverfahren ein Betrag von 10.000 € festgesetzt.

BEISPIEL:

Ein Antragssteller führt maximal 10 Versandverfahren gleichzeitig durch. Der Warenwert pro Versandverfahren beträgt 40.000 €. *Es liegt im Interesse des Bewilligungsinhabers die Höhe des Referenzbetrages ausreichend zu bemessen, da bei einer Überziehung des Referenzbetrages das elektronische Abfertigungsverfahrens ATLAS die Überlassung in das Verfahren verhindert.*

Der Referenzbetrag berechnet sich somit wie folgt:

10 Verfahren x 40.000 € = 400.000 €

Der Referenzbetrag ist grds. zu 100 % durch Bürgschaftsleistung abzusichern. Unter bestimmten Voraussetzungen kann die Bürgschaftsleistung auf 50 % oder 30 % des Referenzbetrages reduziert werden (Art. 95 Abs. 2 UZK, Art. 84 UZK-DelVO, Art. 158 UZK-DVO, Art. 75 Anlage I Übereinkommen) oder es kommt eine Befreiung von der Sicherheitsleistung in Betracht, dazu Rdnr. D4109. D4101

Der Referenzbetrag wird bei der Eröffnung eines Versandverfahrens mit dem angemeldeten Betrag der Abgaben belastet, die für das eröffnete Versandverfahren entstehen können. Nach Erledigung des Versandverfahrens wird der Betrag dem Referenzbetrag wieder gutgeschrieben (Art. 74 Abs. 6 Anlage I Übereinkommen, ATLAS-VA Kap. 4.8.2). D4102

BEISPIEL:

Ein Referenzbetrag in Höhe von 250.000 € wird mit der Summe der angemeldeten Abgaben für ein zu eröffnendes Versandverfahren belastet:

250.000 € – 25.000 € = 225.000 €

Der unbelastete Betrag in Höhe von 225.000 € steht als Sicherheitsleistung für weitere Versandverfahren zur Verfügung.

Der Inhaber der Bewilligung ist verpflichtet, die ausreichende Höhe des Referenzbetrags zu überwachen (Art. 156 u. 157 UZK-DVO, Art. 74 Abs. 5 Anlage I Übereinkommen). Das bedeutet, dass er ein Unionsversandverfahren/gemeinsames Versandverfahren grundsätzlich nur dann eröffnen darf, wenn und solange der Referenzbetrag durch die gleichzeitig genutzten Versandverfahren noch nicht überschritten wurde. D4103

In ATLAS „Versand" erfolgt, auf der Grundlage der vom Anmelder in der Anmeldung angegebenen Sicherheits-Referenznummer (GRN) und des Zugriffscodes, eine automatische Überprüfung der aktuellen Auslastung des Referenzbetrags (Art. 157 Abs. 2 UZK-DVO, Art. 74 Abs. 6 Anlage I Übereinkommen). Bei Überschreiten des Referenzbetrags wird die Eröffnung des Versandverfahrens vom System unterbunden. D4104

MERKE:

D4105 Die Vereinfachung der Gesamtsicherheit bedarf einer Bewilligung. Die bewilligte Gesamtsicherheit kann für mehrere Unionsversandverfahren/gemeinsame Versandverfahren genutzt werden. Zur Abdeckung der möglichen Abgabenschuld wird durch die bewilligende Stelle ein Referenzbetrag bestimmt, der durch Verpflichtungserklärung eines Bürgens abgesichert sein muss. Die Höhe der Bürgschaftssumme kann unter bestimmten Voraussetzungen reduziert werden. Beschränkungen des räumlichen Geltungsbereichs sind möglich. Der Nachweis der Sicherheitsleistung erfolgt durch eine Gesamtsicherheitsbescheinigung TC31 bzw. durch Angabe einer Sicherheits-Referenznummer (GRN) mit Zugriffscode in der elektronischen Anmeldung.

d) Befreiung von der Sicherheitsleistung

D4106 In bestimmten Fällen kann auf die Erbringung einer Sicherheitsleistung verzichtet werden.

aa) Gesetzliche Befreiung

D4107 Staaten, regionale Behörden und Behörden der kommunalen Selbstverwaltung sowie andere öffentlich-rechtliche Einrichtungen sind unter bestimmten Voraussetzungen von der Sicherheitsleistung befreit (Art. 89 Abs. 7 UZK).

D4108 Weitere gesetzliche Befreiungen sind für Warenbeförderung auf dem Rhein, den Rheinwasserstraßen, auf der Donau oder den Donauwasserstraßen, in fest installierten Transporteinrichtungen oder in bestimmten Fällen der Beförderung auf dem See- oder Luftweg vorgesehen (Art. 89 Abs. 8-9 UZK, Art. 13 Anlage I Übereinkommen).

bb) Befreiung durch Bewilligung

D4109 Bei Verwendung einer Gesamtsicherheit kann die Befreiung von der Sicherheitsleistung bewilligt werden (Art. 84 UZK-DelVO, Art. 158 UZK-DVO, Art. 75 Abs. 2 Anlage I Übereinkommen). Dazu muss der Antragsteller besondere Voraussetzungen erfüllen (Art. 84 Abs. 3 UZK-DelVO, Art. 75 Abs. 2 Buchst. c Anlage I Übereinkommen). Der Nachweis der Befreiung von der Sicherheitsleistung erfolgt durch Bescheinigung über die Befreiung von der Sicherheitsleistung (TC 33) bzw. in ATLAS „Versand“ durch eine Sicherheits-Referenznummer (GRN) mit Zugriffscode.

e) Überwachung der Sicherheitsleistung

D4110 Die Sicherheits-Referenznummer (GRN) und der zugehörige Zugriffscode sind in der Anmeldung zum Unionsversandverfahren/gemeinsamen Versandverfahren anzugeben. Mittels der Sicherheits-Referenznummer (GRN) hat die Abgangszollstelle sowie das bewilligende Hauptzollamt die Möglichkeit die Sicherheiten zu überwachen. Wird der Betrag der geleisteten Sicherheit durch ein einzelnes oder die Summe aller eröffneten

Versandverfahren überschritten, so wird die elektronische Anmeldung durch das elektronische System systemseitig abgewiesen. Dazu werden Sicherheitsbeträge bei bewilligten Gesamtsicherheiten kontiert. Hierzu wird bei der Überführung in das Versandverfahren der Referenzbetrag um den angemeldeten Sicherheitsbetrag belastet und bei der Erledigung des Verfahrens entlastet.

BEISPIEL:

Der Referenzbetrag beträgt 100.000 €. Die angemeldete Abgabenbelastung für das zu eröffnende Versandverfahren beträgt 150.000 €. Der angemeldete Sicherheitsbetrag übersteigt den Referenzbetrag. Die Anmeldung wird von ATLAS abgewiesen.

(Einstweilen frei) D4111–D4120

4. Überführung – Unionsversandverfahren/gemeinsames Versandverfahren

a) Anmeldeverpflichtung

Die Überführung von Waren in ein Unionsversandverfahren (Art. 5 Nr. 16 Buchst. b i. V. m. Art. 210 Buchst. a UZK) erfolgt, ebenso wie die Überführung in das gemeinsame Versandverfahren, durch Abgabe einer Zollanmeldung zu dem betreffenden Verfahren (Art. 5 Nr. 12 UZK, Art. 158 Abs. 1 UZK, Art. 3 Buchst. c Anlage I Übereinkommen). Eine Bewilligung ist für die Inanspruchnahme eines Versandverfahrens grds. nicht erforderlich (vgl. Art. 211 Abs. 1 UZK). D4121

Bei der Erstellung der Anmeldung ist zu beachten, dass eine Versandanmeldung jeweils nur solche Waren umfassen kann, die auf einem einzigen Beförderungsmittel von derselben Abgangszollstelle zu derselben Bestimmungszollstelle befördert werden sollen (Art. 296 UZK-DVO, Art. 24 Anlage I Übereinkommen). Straßenfahrzeuge mit einem oder mehreren Anhängern, ein Zug mit mehreren Wagons oder Schiffe, die eine Einheit bilden, gelten dabei als ein einziges Beförderungsmittel. D4122

Werden Sendungen auf zwei oder mehr Beförderungsmittel verteilt oder bei verschiedenen Abgangszollstellen zugeladen, so ist für jedes Beförderungsmittel sowie für jede bei einer Abgangszollstelle verladene Ware eine eigene Versandanmeldung abzugeben. D4123

Die Versandanmeldung muss alle vorgeschriebenen Angaben enthalten. Hinsichtlich der erforderlichen Datenelemente einer Versandanmeldung ist in Deutschland der Titel II, Abschnitt II, des Merkblatts zu Zollanmeldungen, summarischen Anmeldungen und Wiederausfuhrmitteilungen maßgeblich (Art. 162 UZK). D4124

b) New Computerized Transit System (NCTS)

Die Übermittlung der Anmeldedaten, die Antwortnachrichten sowie der Austausch der Nachrichten zwischen den beteiligten Zollstellen erfolgt sowohl beim Unionsversandverfahren als auch beim gemeinsamen Versandverfahren seit 2005 grds. elektronisch unter Berücksichtigung der Vorgaben des EU/EFTA-Projekts **N**ew **C**omputerized **T**ransit **S**ystem (NCTS) (Art. 6 UZK). D4125

D4126 In Deutschland wurden die Vorgaben des NCTS im IT-System „ATLAS“ im Verfahrensbereich „Versand“ umgesetzt (ATLAS-VA Kap. 4.8 ff.)

D4127 Der ATLAS-Verfahrensbereich „Versand“ umfasst (ATLAS-VA Kap. 4.8 (1)):

- die Überführung von Waren in das Versandverfahren (inkl. TIR-Verfahren),
- die Behandlung von Versandverfahren an den ggf. beteiligten Durchgangszollstellen (ohne TIR-Verfahren),
- die Erfassung von Ereignissen während eines Versandverfahrens,
- die Beendigung von Versandverfahren (inkl. TIR-Verfahren) bei der Bestimmungszollstelle sowie
- die Überwachung (Erledigung) bei der Abgangszollstelle (inkl. TIR Verfahren).

Neben den vorgenannten Bereichen ist im ATLAS-Verfahrensbereich „Versand“ auch die Verwaltung von Sicherheiten in der ATLAS-Anwendung „Verwaltung von Sicherheiten“ integriert.

D4128 Hinsichtlich der Nachrichtengruppen beim elektronischen Datenaustausch werden zwei Gruppen von Nachrichten unterschieden:

Die sog. „E“-Nachrichten („E“ für „External Domain) kommen beim Nachrichtenaustausch zwischen den nationalen Zollverwaltungen und den Teilnehmern (Zollbeteiligten) zur Anwendung.

Die „C“-Nachrichten („C“ für „Common Domain“) sind für den Nachrichtenaustausch zwischen den nationalen Zollverwaltungen vorgesehen.

D4129 Eine schriftliche Versandanmeldung unter Verwendung des Einheitspapiers (OTS: Old Transit System) kommt nur noch im sog. Betriebskontinuitätsverfahren bei IT-Ausfall (Art. 6 Abs. 3 Buchst. b UZK i.V. m Art. 291 UZK-DVO, ATLAS-VA Kap. 8.2.4.1, siehe auch Rdnr. D4291ff.) und ggf. im Reiseverkehr in Betracht (Art. 158 Abs. 2 UZK, Art. 143 UZK-DelVO, siehe auch E-VSF Z 35 10 Abs. 9).

D4130 Neben der elektronischen Übermittlung mittels Teilnehmersoftware wird für Anmelder, die über keine Teilnehmersoftware verfügen, eine Internet-Versandanmeldung angeboten (ATLAS-VA Kap. 4.8.1.1.3):

http://www.zoll.de/DE/Fachthemen/Zoelle/ATLAS/Internetzollanmeldungen/internet-zollanmeldungen_node.html

HINWEIS:

D4131 **Die Abwicklung des elektronischen Anmeldeverfahrens erfolgt unter Berücksichtigung der Vorgaben des EU/EFTA-Projekts New Computerized Transit System (NCTS). In Deutschland wurden die Vorgaben des NCTS im IT-System ATLAS im Verfahrensbereich „Versand“ umgesetzt. Die Nutzung von ATLAS erfolgt unter Beachtung der Regelungen der ATLAS-Verfahrensanweisung (ATLAS-VA). Diese ist gem. § 8a ZollV für Teilnehmer, Beteiligte, Clearingcenter und Benutzer bindend.**

D4132–D4140 *(Einstweilen frei)*

c) Annahme und Überprüfung der Anmeldung

Der Anmelder, der direkte Vertreter oder ein technischer Nachrichtenübermittler übersendet die Daten der Versandanmeldung in elektronischer Form an die Abgangszollstelle. D4141

ATLAS überprüft automatisiert, ob alle erforderlichen Pflichtfelder in der vorgeschriebenen Form übermittelt wurden und ob eine gültige elektronische Beteiligten-Identifikations-Nummer (BIN) als elektronische Form der eigenhändigen Unterschrift enthalten ist (Art. 170 Abs. 4 UZK, ATLAS-VA Kap. 4.1 (3)). Fehlerhafte oder unvollständige Versandanmeldungen werden von ATLAS nicht entgegengenommen. Der Teilnehmer erhält eine Fehlernachricht. Ist die Versandanmeldung hingegen fehlerfrei, so wird dem Teilnehmer die Entgegennahme der Anmeldung elektronisch mitgeteilt. D4142

Mit der Einführung des Release ATLAS 9.1 (März 2021) wird bei der Entgegennahme von elektronischen Versandanmeldungen in ATLAS eine Anpassung an die Vorgaben aus dem UZK vorgenommen. Die bis dahin bei der elektronischen Entgegennahme vergebene Arbeitsnummer (Kennbuchstabe „A") wird durch die verpflichtende Angabe einer LRN (Local Reference Number) ersetzt. Mit der vom Teilnehmer vergebenen LRN wird der Bezug zu dem Ordnungskriterium des Teilnehmers hergestellt, unter dem dieser seine Informationen abgelegt oder gespeichert hat. Die LRN darf pro Teilnehmer daher nur einmal verwendet werden (ATLAS-VA Kap. 4.8.1.1.1 (1)). D4143

Wird nach der Entgegennahme der Anmeldung zum Versandverfahren innerhalb von einem Monat keine Entscheidung über die Annahme getroffen, so erfolgt in ATLAS automatisiert eine Nichtannahme der Anmeldung (ATLAS-VA Kap. 4.8.1.1.1 (3)). D4144

Nach der Übermittlung der Anmeldedaten ist die angemeldete Ware unter Angabe der LRN bei der Abgangszollstelle zu gestellen. Werden die Waren innerhalb von 30 Tagen nach der Abgabe der Anmeldung nicht gestellt, so gilt die Anmeldung als nicht abgegeben (Art. 171 UZK) D4145

Die Abgangszollstelle (Art. 1 Nr. 13 UZK-DelVO, Art. 3 Buchst. g Anlage I Übereinkommen) entscheidet nach der Gestellung über die Annahme der Anmeldung. Die Annahme der Anmeldung (Art. 172 UZK) erfolgt unter Berücksichtigung der Anforderungen der Art. 90, 150, 162, ggf. Art. 30 Anlage I Übereinkommen. Notwendige Voraussetzungen für eine Annahme der Anmeldung sind, neben der Gestellung der Waren, dass die Anmeldung alle Angaben enthält, die nach den Vorschriften für eine Anmeldung zum Versandverfahren notwendig sind (siehe hierzu das Merkblatt zu Zollanmeldungen, summarischen Anmeldungen und Wiederausfuhrmitteilungen) und alle erforderlichen Unterlagen sich im Zeitpunkt der Abgabe der Anmeldung im Besitz des Anmelders befinden bzw. vorgelegt wurden. Die Abgangszollstelle prüft, zusätzlich zur bereits erfolgten elektronischen Prüfung, siehe Rdnr. D4142, die Anmeldedaten auf Schlüssigkeit und Vollständigkeit und gleicht sie mit ggf. vorgelegten Unterlagen ab. D4146

Erforderliche Unterlagen sind insbesondere die Transportdokumente (z. B. der CMR-Frachtbrief), die in der Anmeldung mit entsprechender Codierung angegeben werden müssen (siehe E-VSF Z 35 10 Abs. 9). D4147

D4148 Mit der Dokumentation der Annahme der Anmeldung in ATLAS (der Bearbeitungszustand in ATLAS wechselt auf „angenommen") wird vom System automatisiert eine Registriernummer für die elektronische Versandanmeldung vergeben, die an die Stelle der LRN tritt und den Versandvorgang im weiteren Verlauf eindeutig kennzeichnet.

D4149 Bei dieser Registriernummer handelt es sich um eine MRN (**M**aster **R**eference **N**umber, Art. 1 Nr. 22 UZK-DelVO). Die MRN ist 18-stellig und in Deutschland in sechs Felder unterteilt (ATLAS-VA Kap. 9.1.4). Die ersten beiden Stellen geben die letzten beiden Stellen der aktuellen Jahreszahl an. Im zweiten Unterfeld wird die Länderkennzeichnung angegeben. Es folgt die vierstellige Dienstellennummer und eine 8-stellige laufende Nummer. Nach der laufenden Nummer wird das Kennzeichen der Versandanmeldung mittels eines Buchstabens vergeben, gefolgt durch eine Prüfziffer.

BEISPIEL FÜR EINE BEI EINER DEUTSCHEN ABGANGSZOLLSTELLE VERGEBENE MRN:

21DE810300000111J3

D4150 Mit Umstellung auf das Release ATLAS 9.1 wird das an der 17. Stelle der Registriernummer angegebene Kennzeichen auf die Anforderungen des Anhang B der UZK-DVO umgestellt.

Danach werden folgende Kennzeichen vergeben:

- „J" bei einer Versandanmeldung, welche auch die TIR-Versandanmeldung umfasst,
- „K" bei einer Versandanmeldung, die zugleich die Daten einer summarischen Ausgangsanmeldung enthält,
- „L" bei einer Versandanmeldung, die zugleich die Daten einer summarischen Eingangsanmeldung enthält und
- „M" bei einer Versandanmeldung, die zugleich die Daten einer summarischen Eingangs- und Ausgangsanmeldung enthält.

Mit der Annahme der Versandanmeldung erhält der Teilnehmer hierüber eine elektronische Nachricht mit der ihm auch die MRN mitgeteilt wird.

D4151 Nach der Annahme der Anmeldung zum Versandverfahren erfolgt die vertiefte Überprüfung der Anmeldedaten durch die Abgangszollstelle. Die Abgangszollstelle kann zur inhaltlichen Prüfung der Anmeldedaten weitere Unterlagen verlangen oder eine Beschau der gestellten Waren durchführen (Art. 188 UZK, Art. 238, 239 UZK-DVO, Art. 35 Anlage I Übereinkommen).

D4152 Im Rahmen der Überprüfung der Anmeldedaten achten die Abfertigungsbeamten der Abgangszollstelle auf die Richtigkeit der Höhe des vom Anmelder in der Anmeldung angegeben Sicherheitsbetrags, sofern dieser nicht bereits bei der Annahme der Anmeldung überprüft wurde. Entspricht der angemeldete Betrag der Sicherheitsleistung dem möglicherweise entstehenden Abgabenbetrag, so wird die Sicherheitsleistung in dieser Höhe festgesetzt und gebucht.

D4153 Bestehen Zweifel, ob der angemeldete Betrag ausreichend ist, so fordern die Abfertigungsbeamten vom Anmelder weitere Unterlagen an.

D4154 Kann der genaue Betrag der Sicherheitsleistung auch nach der Prüfung nicht bemessen werden, so wird die Sicherheitsleistung auf der Grundlage des durch die Abfertigungsbeamten geschätzten Höchstbetrags festgesetzt. Fehlen auch die für eine Schätzung erforderlichen Informationen und liegen keine anderen Erkenntnisse vor, so wird als zu leistende Sicherheit der Betrag von 10.000 € zu Grunde gelegt (Z 3510 Abs. 16).

Bei Barzahlung der Sicherheit sind die Zahlungsmittel bei der zuständigen Stelle (Zollzahlstelle, Nebenzollzahlstelle oder Geldannahmestelle) einzuzahlen. Die Abgangszollstelle druckt hierzu einen Kassenzettel zur Weiterleitung an die Zahlstelle aus. Der Einzahlende erhält über die eingezahlte Summe eine Quittung. D4155

Erfolgt die Leistung der Sicherheit mittels Gesamtsicherheit, so führt ATLAS einen Abgleich des angemeldeten Betrags der Sicherheitsleistung mit dem vom Hauptzollamt im Rahmen der Bewilligung festgesetzten Referenzbetrags durch (Art. 157 UZK-DVO). Übersteigt der für ein einzelnes Versandverfahren angemeldete Betrag den Referenzbetrag, so wird der Vorgang systemseitig von ATLAS gestoppt. Ein Überschreiten des Referenzbetrags durch den Summenwert mehrerer gleichzeitig durchgeführter Versandverfahren ist mit Wirkung vom 10. Juni 2018 nicht mehr zulässig und wird ab diesem Zeitpunkt systemseitig ebenfalls gestoppt (Wegfall der Option „Überziehung zulässig“). D4156

d) Verbindliche Beförderungsroute

Grundsätzlich sind die in ein Versandverfahren übergeführten Waren auf einer wirtschaftlich sinnvollen Route zur Bestimmungszollstelle zu befördern (Art. 298 Abs. 1 UZK-DVO, Art. 33 Abs. 1 Anlage I Übereinkommen). D4157

Erachtet die Abgangszollstelle oder der Anmelder es für notwendig, so legt die Abgangszollstelle, unter Berücksichtigung aller sachdienlichen Informationen des Anmelders, eine Beförderungsroute für die Beförderung der Waren fest. D4158

Bei der Dokumentation der Beförderungsroute trägt die Zollstelle in ATLAS zumindest die zu durchfahrenden Mitgliedstaaten im Feld „Verbindliche Beförderungsroute“ mittels Ländercodes ein (Art. 298 Abs. 2 UZK-DVO, Art. 33 Abs. 2 Anlage I Übereinkommen). D4159

e) Fristsetzung

Die Abgangszollstelle setzt eine Frist für die (Wieder-)Gestellung der Waren bei der Bestimmungszollstelle (Art. 297 UZK-DVO, Art. 34 Anlage I Übereinkommen). Bei der Fristsetzung berücksichtigt die Abgangszollstelle die Beförderungsroute, das Beförderungsmittel, Vorschriften, die sich auf die Fristsetzung auswirken (z. B. Verkehrsvorschriften), sowie alle vom Anmelder übermittelten sachdienlichen Informationen. D4160

Setzt die Abgangszollstelle eine Frist fest, so ist diese für die Zollbehörden der Mitgliedstaaten, in deren Hoheitsgebiet die Waren während eines Versandverfahrens verbracht werden, verbindlich und darf von ihnen nicht geändert werden (Art. 297 Abs. 2 UZK-DVO, Art. 34 Abs. 2 Anlage I Übereinkommen). D4161

f) Nämlichkeitssicherung

D4162 Die Zollbehörden oder gegebenenfalls die Wirtschaftsbeteiligten, die von den Zollbehörden dazu ermächtigt wurden, treffen die notwendigen Maßnahmen, um die Nämlichkeit der Waren zu sichern, wenn eine solche Nämlichkeitssicherung erforderlich ist, um zu gewährleisten, dass die Vorschriften für das Zollverfahren, zu dem diese Waren angemeldet wurden, erfüllt sind (Art. 192 Abs. 1 UZK, Art. 11 Abs. 2 Übereinkommen, Art. 36-39 Anlage I Übereinkommen).

D4163 Für die Durchführung von Versandverfahren ist eine Nämlichkeitssicherung erforderlich, um sicherzustellen, dass die bei der Abgangszollstelle in das Verfahren überführten Waren als nämliche Waren bei der Bestimmungszollstelle ankommen und hierdurch die zollamtliche Überwachung gewährleistet ist.

D4164 Die Nämlichkeitssicherung kann im Versandverfahren durch Raumverschluss, Packstückverschluss oder durch andere Maßnahmen zur Sicherung (z. B. durch Warenbeschreibung) erfolgen (Art. 299 - 302 UZK-DVO, Art. 36-39 Anlage I Übereinkommen).

D4165 Die vorrangige Form der Nämlichkeitssicherung ist der Raumverschluss, d. h. der Verschluss des gesamten Transportraums (Art. 299 Abs. 1 Buchst. a UZK-DVO, Art. 11 Abs. 1 Übereinkommen, siehe auch E-VSF Z 35 10 Abs. 21). Voraussetzung für die Nutzung des Raumverschlusses ist, dass das Beförderungsmittel oder der Behälter als verschlusssicher anerkannt werden kann.

D4166 Die Anforderungen an eine Verschlusssicherheit ergeben sich aus den Art. 300 Abs. 1 UZK-DVO sowie Art. 37 Anlage I Übereinkommen. Beförderungsmittel oder Behälter gelten danach als verschlusssicher, wenn

a) Zollverschlüsse einfach und wirksam angebracht werden können,

b) sie so gebaut sind, dass keine Waren entnommen oder hinzugefügt werden können, ohne sichtbare Spuren des Aufbrechens zu hinterlassen oder den Zollverschluss zu verletzen,

c) sie keine Verstecke enthalten, in denen Waren verborgen werden können und

d) alle Laderäume für die Zollbehörden leicht zugänglich sind.

D4167 Neben dem Raumverschluss besteht alternativ die Möglichkeit, jedes einzelne Packstück zu verschließen (Packstückverschluss) (Art. 299 Abs. 1 Buchst. b UZK-DVO, Art. 11 Abs. 2 Buchst. b Übereinkommen).

Die Anforderungen an die bei Raum- oder Packstückverschluss anzulegenden Zollverschlüsse ergeben sich aus Art. 301 UZK-DVO und Art. 38 Anlage I Übereinkommen.

D4168 Ist ein Raum- oder Packstückverschluss nicht möglich, z. B. mangels Verschlussfähigkeit des Beförderungsmittels oder bei Sammelsendungen an unterschiedliche zugelassene Empfänger, so ist auf andere Maßnahmen der Nämlichkeitssicherung, hier insbesondere die Nämlichkeitssicherung durch Warenbeschreibung, zurückzugreifen (Art. 302 UZK-DVO, Art. 39 Anlage I Übereinkommen). Voraussetzung für die Nämlichkeitssicherung durch Warenbeschreibung ist, dass die Beschreibung so genau ist, dass die Waren leicht identifiziert werden können und dass sie Angaben zur Menge und Art sowie zu besonderen Merkmalen wie z. B. den Seriennummern der Waren enthält.

g) Dokumentation der Abfertigungshandlungen

Die von den abfertigenden Zollbeamten der Abgangszollstelle vorgenommenen Abfertigungshandlungen sind von diesen zu dokumentieren. D4169

Die Dokumentationspflicht gilt gleichermaßen für das Ergebnis einer Überprüfung der vorgelegten Unterlagen wie für die im Rahmen einer Beschau getroffenen Feststellungen (Art. 243 UZK-DVO). D4170

Wenn eine Warenbeschau (vollständig oder teilweise) durchgeführt wurde und keine Unregelmäßigkeiten aufgetreten sind, so wird zusätzlich zur Dokumentation der Beschauergebnisse in ATLAS der Kontrollergebniscode „A1 – konform" eingetragen (siehe E-VSF Z 3510 Abs. 24). D4171

Sind bei der Beschau Unstimmigkeiten festgestellt worden, so prüft die Abgangszollstelle, ob diese Unstimmigkeiten dazu führen, dass sich die Anmeldung auf eine andere als die gestellte Ware bezieht. D4172

Wenn sich die Anmeldung auf die gestellte Ware bezieht, so teilt die Abgangszollstelle dem Anmelder die Unstimmigkeiten mit und nimmt, im Einvernehmen mit dem Anmelder, im Rahmen des Art. 173 Abs. 1 UZK, entsprechende Änderungen an den Anmeldedaten vor, so dass die Waren in das Versandverfahren übergeführt werden können. D4173

Bezieht sich die Anmeldung hingegen auf eine andere als die gestellte Ware, so vermerkt die Abgangszollstelle das Beschauergebnis und erklärt die Anmeldung für ungültig (Art. 173 Abs. 1 Satz 2 UZK). Nach der elektronischen Übermittlung der Ungültigkeitserklärung bleibt es dem Anmelder unbenommen, eine neue korrekte Anmeldung zu erstellen und an die Abgangszollstelle zu übermitteln. D4174

Werden Waren ohne Kontrollen in das Versandverfahren überlassen oder bezog sich die Überprüfung ausschließlich auf Unterlagen (keine Warenbeschau) und wurden dabei keine Unregelmäßigkeiten festgestellt, so trägt die Abgangszollstelle den Kontrollergebniscode „A2 - als konform betrachtet" in ATLAS ein (siehe E-VSF Z 3510 Abs. 24). D4175

Neben den Ergebnissen der Überprüfung sind weiterhin folgende Punkte zu dokumentieren: D4176

Die von der Abgangszollstelle vorgenommenen Maßnahmen zur Nämlichkeitssicherung bei Raum- und Packstückverschluss (Anzahl und Kennnummern der Zollverschlüsse) werden in den dafür in den in ATLAS vorgesehenen Feldern dokumentiert (Art. 299 Abs. 2 UZK-DVO).

Die Frist zur Gestellung der Waren bei der Bestimmungszollstelle wird in ATLAS vermerkt (Art. 297 UZK-DVO).

Wird eine verbindliche Beförderungsroute festgelegt, so werden von der Abgangszollstelle die zu durchfahrenden Staaten in ATLAS vermerkt (Art. 298 Abs. 2 UZK-DVO). D4177

h) Überlassung in das Verfahren

Stehen einer Überlassung keine Hinderungsgründe entgegen und wurden alle Abfertigungshandlungen in ATLAS dokumentiert, so überlässt die Abgangszollstelle die an- D4178 gemeldeten Waren in das Versandverfahren (Art. 5 Nr. 26 UZK, Art. 194 UZK, Art. 40 u. 41 Anlage I Übereinkommen). Mit der Dokumentation der Überlassung in ATLAS wechselt der Bearbeitungszustand in ATLAS auf „überlassen". Die Überlassung der Waren in das Verfahren wird dem Teilnehmer mit einer elektronischen Überlassungsnachricht mitgeteilt.

D4179 Die Überlassung der Waren wird darüber hinaus allen angemeldeten Durchgangszollstellen (D4194–D4202) mit einer Vorab-Durchgangsanzeige sowie der angemeldeten Bestimmungszollstelle mit einer Vorab-Ankunftsanzeige automatisiert mitgeteilt (Art. 303 Abs. 2 UZK-DVO, Art. 40 Abs. 2 Anlage 1 Übereinkommen, ATLAS-VA Kap. 4.8.1.4 Abs. 2).

D4180 Mit der Überlassung wird in ATLAS der Papier-Ausdruck eines Versandbegleitdokuments (VBD/VBD-S) erzeugt. Das Versandbegleitdokument enthält alle wichtigen Informationen über die im Versandverfahren befindlichen Waren, einschließlich der MRN, und ermöglicht somit Kontrollen während des Beförderungsvorgangs.

D4181 Bis zur Anpassung der EDV-Systeme hat das Versandbegleitdokument die Waren zu begleiten (Art. 184 UZK-DelVO, Art. 41 Anlage 1 Übereinkommen).

i) Inhaber des Verfahrens

D4182 Inhaber eines Versandverfahrens wird die Person, die die Zollanmeldung zum Verfahren abgibt oder die Person, in deren Auftrag die Anmeldung abgegeben wird (Art. 5 Nr. 35 Buchst. a UZK), somit also der Anmelder. Der Anmelder eines Zollverfahrens bestimmt sich nach Art. 5 Nr. 15 UZK. Anmelder ist danach die Person, die in eigenem Namen eine Zollanmeldung abgibt oder die Person, in deren Namen diese Anmeldung abgegeben wird. Die Ansässigkeit des Anmelders im Zollgebiet der Union wird bei der Abgabe einer Anmeldung zum Versandverfahren nicht gefordert (Art. 170 Abs. 3 Buchst. a UZK).

D4183 Den Inhaber des Verfahrens treffen die aus dem Verfahren erwachsenden Verpflichtungen (Art. 233 Abs. 1 UZK, Art. 8 Anlage I Übereinkommen).

Er hat:

a) die unveränderten Waren und die erforderlichen Angaben bei der Bestimmungszollstelle innerhalb der vorgeschriebenen Frist unter Einhaltung der von den Zollbehörden zur Nämlichkeitssicherung getroffenen Maßnahmen zu gestellen bzw. zu machen,

b) die zollrechtlichen Vorschriften des Verfahrens zu beachten,

c) eine Sicherheit für den der Zollschuld entsprechenden Betrag von Einfuhr- oder Ausfuhrabgaben oder für etwaige andere Abgaben nach anderen geltenden Vorschriften zu leisten, sofern die zollrechtlichen Vorschriften nichts anderes vorsehen.

D4184 Die Verpflichtungen des Inhabers des Verfahrens sind erfüllt und das Unionsversandverfahren endet, wenn die in dem Verfahren befindlichen Waren und die erforderlichen Angaben entsprechend den zollrechtlichen Vorschriften bei der Bestimmungszollstelle zur Verfügung stehen (Art. 233 Abs. 2 UZK).

MERKE:

Die Überführung in das Versandverfahren umfasst die Entscheidung über die Annahme der Versandanmeldung, die Überprüfung der Anmeldung sowie die Dokumentation aller notwendigen Abfertigungshandlungen. Zentrale Abfertigungshandlungen sind die Überprüfung der Richtigkeit der Höhe der vom Anmelder angemeldeten Sicherheitsleistung und deren Verbuchung, die Vornahme der Maßnahmen zur Nämlichkeitssicherung, ggf. die Festlegung einer verbindlichen Beförderungsroute sowie die Festsetzung einer Frist zur Gestellung der Waren bei der Bestimmungszollstelle. Die Überführung endet mit der Überlassung der Waren in das angemeldete Verfahren. Der Anmelder wird zum Inhaber des Verfahrens und ist für die Einhaltung der Verfahrenspflichten verantwortlich. D4185

(Einstweilen frei) D4186–D4190

5. Ereignisse und Förmlichkeiten während der Beförderung

a) Ereignisse während der Beförderung

Während des Beförderungsvorgangs von Waren im Unionsversandverfahren/gemeinsamen Versandverfahren können Ereignisse eintreten, die sich auf die Durchführung des Versandverfahrens auswirken. Relevante Ereignisse werden in Art. 305 Abs. 1 UZK-DVO bzw. in Art. 44 Anlage I Übereinkommen aufgeführt. Z. B. können Zollverschlüsse vom Beförderer versehentlich verletzt werden. Des Weiteren kann durch einen Unfall oder einen technischen Defekt die Notwendigkeit bestehen, die Ware auf ein anderes Beförderungsmittel umzuladen oder die vorgegebene Beförderungsroute kann aus vom Beförderer nicht zu vertretenden Gründen nicht einzuhalten sein. Bei allen Vorfällen während der Beförderung ist zu beachten, dass die zollamtliche Überwachung der beförderten Waren durchgängig gewährleistet sein muss. D4191

Zur Gewährleistung der zollamtlichen Überwachung hat der Beförderer bei einem Eintritt eines der in Art. 305 Abs. 1 UZK-DVO bzw. in Art. 44 Anlage I Übereinkommen genannten Ereignisses unverzüglich die nächstgelegene Zollstelle zu informieren und dieser ggf. die Waren unter Angabe der MRN zu gestellen. Die nächstgelegene Zollstelle entscheidet in der Folge darüber, ob das Versandverfahren fortgesetzt werden darf oder nicht. D4192

Kann das Versandverfahren fortgesetzt werden, so überwacht die Zollstelle alle notwendigen Maßnahmen (z. B. Umladungen) und dokumentiert das Ereignis sowie ggf. von der Zollstelle vorgenommene Verschlussänderungen handschriftlich im Versandbegleitdokument (VBD/VBD-S) (Art. 305 Abs. 6 UZK-DVO, Art. 44 Anlage I Übereinkommen, siehe auch ATLAS-VA Kap. 4.8.3.1). D4193

Mit der Umsetzung der NCTS Phase 5 soll die aktuell handschriftlich auf dem Versandbegleitdokument vorgenommene Dokumentation von Ereignissen während der Beförderung künftig in elektronischer Form erfolgen. Hierzu werden die nationalen Versandanwendungen europaweit bis (voraussichtlich) zum Dezember 2023 umgestellt.

b) Durchgangszollstellen

D4194 Erfolgt der Transport über ein Gebiet außerhalb des Zollgebiets der Union, so sind die beförderten Waren jeder Durchgangszollstelle unter Angabe der MRN vorzuführen (Art. 304 Abs. 1 UZK-DVO, Art. 43 Anlage I Übereinkommen).

D4195 Die Definition einer Zollstelle als Durchgangszollstelle ist davon abhängig, ob der Transport das Gebiet einer Vertragspartei des Übereinkommens über ein gemeinsames Versandverfahren oder das Gebiet eines Drittlandes, das nicht Vertragspartei des Übereinkommens über ein gemeinsames Versandverfahren ist, berührt.

D4196 Berührt der Transport im Versandverfahren das Gebiet eines Drittlandes, das kein Vertragsstaat des Übereinkommens über ein gemeinsames Versandverfahren ist, so ist Durchgangszollstelle die Zollstelle, die für den Ausgangsort aus dem Zollgebiet der Union zuständig ist (Art. 1 Nr. 13 Buchst. a UZK-DVO) (letzte Zollstelle vor dem Verlassen des Zollgebiets der Union). Darüber hinaus ist Durchgangszollstelle die Zollstelle, die für den Eingangsort in das Zollgebiet der Union beim Wiedereingang zuständig ist (Art. 1 Nr. 13 Buchst. b UZK-DVO) (erste Zollstelle beim Wiedereintritt in das Zollgebiet der Union).

D4197 Führt der Transport im Versandverfahren über oder in das Gebiet eines Vertragsstaates des Übereinkommens über ein gemeinsames Versandverfahren so ist Durchgangszollstelle, die Zollstelle, die für den jeweiligen Eingangsort in das Zollgebiet der Vertragspartei zuständig ist (erste Eingangszollstelle der jeweiligen Vertragspartei) (Art. 3 Buchst. h Anlage I Übereinkommen).

D4198 Die im Unionsversandverfahren/gemeinsamen Versandverfahren beförderten Waren sind jeder Durchgangszollstelle zusammen mit dem Versandbegleitdokument unter Angabe der MRN vorzuführen. Die jeweilige Durchgangszollstelle erfasst den Grenzübergang der Waren in der elektronischen Versandanwendung und unterrichtet die Abgangszollstelle automatisiert in elektronischer Form vom Grenzübertritt (Grenzübergangsanzeige) (Art. 304 Abs. 3 UZK-DVO, Art. 43 Abs. 2 Anlage I Übereinkommen).

D4199 Werden Waren über eine andere als die angemeldete Durchgangszollstelle befördert, so fordert die tatsächliche Durchgangszollstelle die Angaben des Unionsversandverfahrens/gemeinsamen Versandverfahrens von der Abgangszollstelle an und unterrichtet die Abgangszollstelle vom Grenzübertritt der Waren (Art. 304 Abs. 4 UZK-DVO, Art. 43 Abs. 4 Anlage I Übereinkommen).

D4200 Die Durchgangszollstelle prüft risikoorientiert die Nämlichkeitssicherung. Sie kann bei Bedarf eine Warenbeschau durchführen. Die Warenbeschau erfolgt anhand der Angaben, die von der Abgangszollstelle übermittelt wurden (Art. 304 Abs. 5 UZK-DVO, Art. 43 Abs. 3 Anlage I Übereinkommen). Stellt die Durchgangszollstelle Zuwiderhandlungen oder Unstimmigkeiten fest, die zur Entstehung einer Zollschuld führen, so beendet sie das Versandverfahren und unterrichtet die Abgangszollstelle mittels einer entsprechenden Kontrollergebnisnachricht.

Auf der Grundlage der Dokumentation der Grenzübertritte durch die Durchgangszollstellen kann im Bedarfsfall der Ort einer Zollschuldentstehung bestimmt werden. D4201

MERKE:

Ereignisse während der Beförderung dürfen nicht dazu führen, dass die zollamtliche Überwachung beeinträchtigt wird. Der Beförderer ist daher grds. verpflichtet, bei Eintritt eines Ereignisses die Ware unter Angabe der MRN der nächstgelegenen Zollstelle zu gestellen. Diese Zollstelle trifft alle erforderlichen Maßnahmen und entscheidet, ob das betroffene Versandverfahren fortgesetzt werden kann. D4202

Erfolgt der Transport über ein Gebiet außerhalb des Zollgebiets der Union so sind die beförderten Waren jeder Durchgangszollstelle unter Angabe der MRN vorzuführen. Die Durchgangszollstellen erfassen den Grenzübertritt und führen risikoorientierte Kontrollen durch.

(Einstweilen frei) D4203–D4210

6. Beendigung – Unionsversandverfahren/gemeinsames Versandverfahren

a) Gestellung bei der Bestimmungszollstelle

Die Verpflichtungen des Inhabers des Verfahrens sind erfüllt und der Versand endet, wenn die in dem Verfahren befindlichen Waren und die erforderlichen Angaben entsprechend den zollrechtlichen Vorschriften bei der Bestimmungszollstelle zur Verfügung stehen (Art. 233 Abs. 2 UZK, Art. 8 und 48 Anlage I Übereinkommen). D4211

Die im Unionsversandverfahren/gemeinsamen Versandverfahren beförderten Waren sind der Zollstelle, bei der das Versandverfahren enden soll, hierzu unter Angabe der MRN zu gestellen (Art. 233 Abs. 1 Buchst. a UZK, Art. 306 Abs. 1 UZK-DVO, Art. 45 Anlage I Übereinkommen). D4212

Neben dem Inhaber des Verfahrens sind auch der Beförderer und der Warenempfänger, der die Waren annimmt und weiß, dass sie im Unionsversandverfahren/gemeinsamen Versandverfahren befördert werden, verpflichtet, sie innerhalb der vorgeschriebenen Frist unter Einhaltung der von den Zollbehörden zur Nämlichkeitssicherung getroffenen Maßnahmen unverändert der Bestimmungszollstelle zu gestellen (Art. 233 Abs. 3 UZK, Art. 8 Abs. 2 Anlage I Übereinkommen). D4213

Die Zollstelle, bei der die in ein Versandverfahren übergeführten Waren zur Beendigung des Verfahrens gestellt werden, wird durch die Gestellung zur Bestimmungszollstelle (Art. 1 Nr. 14 UZK-DelVO, Art. 3 Buchst. i) Anlage I Übereinkommen). D4214

Die tatsächliche Bestimmungszollstelle muss dabei nicht zwingend die in der Anmeldung als Bestimmungszollstelle angegebene Zollstelle sein. Das Unionsversandverfahren/gemeinsame Versandverfahren kann auch bei einer anderen als der in der Anmel- D4215 dung angegebenen Zollstelle durch Gestellung beendet werden. Diese Zollstelle gilt dann als Bestimmungszollstelle (Art. 306 Abs. 4 UZK-DVO, Art. 47 Abs. 2 Anlage I Übereinkommen).

D4216 Mittels der MRN kann die Bestimmungszollstelle die in ATLAS von der Abgangszollstelle übermittelten Daten aufrufen oder, bei einer abweichenden Bestimmungszollstelle, anfordern. Nach dem Aufruf der Daten und der Dokumentation der Gestellung in ATLAS setzt die Bestimmungszollstelle die Abgangszollstelle automatisiert von der Gestellung der Waren unter Angabe der MRN der Versandanmeldung in Kenntnis (Art. 307 UZK-DVO, Art. 47 Abs. 1 Anlage I Übereinkommen).

b) Kontrollen und Dokumentation der Abfertigungshandlungen

D4217 Nach der Gestellung überprüft die Bestimmungszollstelle, ob das Versandverfahren gemäß den zollrechtlichen Vorschriften durchgeführt wurde (Art. 308 Abs. 1 UZK-DVO, Art. 45 Abs. 3 Anlage I Übereinkommen).

D4218 Die Bestimmungszollstelle prüft zum einen, ob die Frist für die (Wieder-)Gestellung der Waren eingehalten wurde.

D4219 Zum anderen prüft sie, ob die Nämlichkeitssicherung gewahrt wurde und die Waren in vollständiger Anzahl (Vollständigkeitsprüfung) bei der Bestimmungszollstelle angekommen sind. Hierzu kann die Bestimmungszollstelle eine Warenbeschau (Art. 308 Abs. 1 UZK-DVO) durchführen.

D4220 Das Ergebnis der Überprüfung (Kontrollergebnis) wird von der Bestimmungszollstelle dokumentiert und der Abgangszollstelle spätestens am dritten Tag nach der Gestellung der Waren übermittelt (Art. 309 Abs. 1 UZK-DVO, Art. 47 Abs. 4 Anlage I Übereinkommen). In Ausnahmefällen kann diese Frist bis auf sechs Tage verlängert werden.

D4221 Hält die Bestimmungszollstelle eine Beschau für nicht erforderlich und werden bei einer ggf. vorgenommenen Prüfung von Unterlagen sowie der Verschlüsse keine Unregelmäßigkeiten festgestellt, so vermerkt sie in ATLAS den Code „A2 - als konform betrachtet“ (ATLAS-VA Kap. 4.8.4.1).

D4222 Entscheidet sich die Bestimmungszollstelle für eine Zollkontrolle (vollständige oder teilweise Warenbeschau) und werden im Rahmen der Beschau keine Unregelmäßigkeiten an der Ware oder an den Verschlüssen festgestellt, so vermerkt sie in ATLAS den Code „A1 - konform“.

c) Ausstellen einer Eingangsbescheinigung und/oder eines Alternativnachweises

D4223 Auf Antrag der Person, die der Bestimmungszollstelle im Versandverfahren beförderte Waren gestellt und das Versandbegleitdokument vorlegt, versieht die Bestimmungszollstelle eine vom Antragssteller ausgefüllte TC11-Eingangsbescheinigung (Anhang 72-03 UZK-DVO, Anhang B10 der Anlage III Übereinkommen, (Vordruck 0336)) mit einem Sichtvermerk (Stempelabdruck) (Art. 306 Abs. 5 UZK-DVO, Art. 46 Anlage I Übereinkommen).

Mit Hilfe der Eingangsbescheinigung kann der Inhaber des Versandverfahrens überwachen, dass der Beförderer (z. B. der LKW-Fahrer) die Waren bei der Bestimmungszollstelle gestellt hat und im Falle eines Suchverfahrens, bei ausbleibender elektronischer Rückmeldung der Bestimmungszollstelle an die Abgangszollstelle, den Nachweis der Beendigung des Versandverfahrens führen. Die Bescheinigung ist nicht als Alternativnachweis für die Beendigung des Unionsversandverfahrens im Sinne des Art. 312 UZK-DVO zu verwenden. D4224

Wird das Versandverfahren beendet, ohne dass die Bestimmungszollstelle Unregelmäßigkeiten festgestellt hat, versieht diese Zollstelle das Versandbegleitdokument oder das Versandbegleitdokument/Sicherheit auf Ersuchen des Inhabers des Verfahrens für die Zwecke der Erbringung eines Alternativnachweises gemäß Art. 312 UZK-DVO mit einem Sichtvermerk. Der Sichtvermerk besteht aus dem Stempel der Zollstelle, der Unterschrift des Bediensteten, dem Datum und dem folgenden Vermerk: „Alternativnachweis — 99202" (Art. 308 Abs. 2 UZK-DVO, Art. 45 Abs. 4 Anlage I Übereinkommen). D4225

d) Unregelmäßigkeiten

Bei der Durchführung eines zollrechtlichen Versandverfahrens kann es zu Unregelmäßigkeiten unterschiedlichster Art kommen. Einige dieser möglichen Unregelmäßigkeiten sollen im Nachfolgenden thematisiert werden. D4226

aa) Gestellung der Waren nach Fristablauf

Werden Waren unter Vorlage des Versandbegleitdokuments nach Ablauf der von der Abgangszollstelle gesetzten Frist bei der Bestimmungszollstelle gestellt, so wird dem Inhaber des Verfahrens die Möglichkeit eingeräumt nachzuweisen, dass er für die Verspätung nicht verantwortlich ist. Mögliche Nachweise sind eine Bescheinigung der Polizei (z. B. bei einem stattgefundenen Unfall), die Bescheinigung eines Pannendienstes (bei einer notwendig gewordenen Reparatur) sowie jegliche Nachweise für Verzögerungen infolge von Streiks, ungünstiger Wetterbedingungen oder anderer unvorhersehbarer Ereignisse. D4227

Kann der Inhaber des Verfahrens oder der Beförderer gegenüber der Bestimmungszollstelle nachweisen, dass er nicht für die Verspätung verantwortlich ist, so gilt die Frist zur (Wieder-)Gestellung als eingehalten (Art. 306 Abs. 3 UZK-DVO, Art. 45 Abs. 2 Anlage I Übereinkommen). Die Bestimmungszollstelle vermerkt in ATLAS den Code „A5-Abweichungen". Mit dem Code „A5-Abweichungen" gekennzeichnete Abweichungen gelten nicht als Pflichtverletzung und führen nicht zu einer Zollschuldentstehung im Versandverfahren. D4228

bb) Feststellung von Mehr oder Mindermengen

D4229 Werden bei der Beendigung des Versandverfahrens Mehrmengen festgestellt, d. h. Waren, die zwar mit dem im Verfahren befindlichen Waren befördert, aber selbst nicht zum Versandverfahren angemeldet, und nicht in dieses übergeführt worden sind und bei denen auch kein Status als Unionsware festgestellt werden kann, so sind diese Mengenabweichungen in ATLAS zu dokumentieren.

D4230 Da eine Mehrmenge das durchgeführte Versandverfahren grundsätzlich nicht berührt, kann dieses Versandverfahren beendet und in ATLAS mit dem Code „A5-Abweichungen" versehen werden. Hinsichtlich der zollschuldrechtlichen Beurteilung von Mehrmengen, siehe Rdnr. D4265 und D4278.

D4231 Werden bei der Beendigung des Versandverfahrens Mindermengen festgestellt, so ist zu prüfen, ob sich die Abweichung zwischen der gestellten Warenmenge und der in den Anmeldedaten aufgeführten Warenmenge ggf. aufklären lässt. Dabei ist zu prüfen, ob die Mindermenge mit einer Verschlussverletzung einhergeht.

cc) Verschlussverletzungen

D4232 Stellt die Bestimmungszollstelle im Rahmen ihrer Kontrollen fest, dass Verschlüsse fehlen oder Anzeichen auf unerlaubte Änderungen an Verschlüssen vorliegen führt sie zur weiteren Ermittlung eine Warenbeschau durch. Wird im Rahmen der Beschau festgestellt, dass Waren aus dem Verfahren und damit aus der zollamtlichen Überwachung entzogen wurden, vermerkt sie ihre Feststellungen in den für eine Dokumentation von Unstimmigkeiten vorgesehenen Feldern in ATLAS und wählt dabei den Code „B1 - nicht konform". Der Code „B1" zeigt Feststellungen an, bei denen durch eine Pflichtverletzung im Versandverfahren eine Zollschuld entstanden ist. Hinsichtlich der zollschuldrechtlichen Beurteilung von aus der zollamtlichen Überwachung entzogenen Waren, siehe Rdnr. D4263 ff. Die Verschlussverletzung kann darüber hinaus bußgeldrechtliche (ZollV) oder strafrechtliche Folgen (Siegelbruch nach dem § 136 StGB) nach sich ziehen.

e) Vorübergehende Verwahrung nach Beendigung des Versandverfahrens

D4233 Die im externen Unionsversandverfahren/externen gemeinsamen Versandverfahren beförderten Waren haben den Status von Nicht-Unionswaren. Nicht-Unionswaren verbleiben nach der Beendigung des Versandverfahrens weiterhin unter zollamtlicher Überwachung. Gem. Art. 141 Abs. 2 UZK finden die Art. 140 und 144 bis 149 UZK auf Nicht-Unionswaren, die im Rahmen eines Versandverfahrens befördert wurden, Anwendung, sobald diese Waren einer Bestimmungszollstelle im Zollgebiet der Union nach den einschlägigen Vorschriften für das Versandverfahren gestellt worden sind.

In der Konsequenz befinden sich die nach der Durchführung des externen Versandverfahrens gestellten Waren vom Zeitpunkt ihrer Gestellung an in der vorübergehenden Verwahrung (Art. 144 UZK).

Hinsichtlich der Verpflichtung zur Abgabe einer Anmeldung zur vorübergehenden Verwahrung für die gestellten Nicht-Unionswaren ist die Regelung des Art. 145 Abs. 11 UZK zu beachten. Werden Nicht-Unionswaren, die im Rahmen eines Versandverfahrens befördert wurden, bei einer Bestimmungszollstelle im Zollgebiet der Union gestellt, so sind die Angaben zu dem betreffenden Versandverfahren als Anmeldung zur vorübergehenden Verwahrung anzusehen, sofern sie den diesbezüglichen Anforderungen genügen (Art. 145 Abs. 11 UZK). Für die Übergabe der Daten besteht in Deutschland eine elektronische Schnittstelle zwischen dem ATLAS-Verfahrensteil „Versand“ und dem ATLAS-Verfahrensteil „Summarische Anmeldung (SumA)“. Nach Beendigung eines Versandverfahrens im ATLAS Verfahrensteil „Versand“ werden die Daten automatisiert an den ATLAS-Verfahrensteil „Summarische Anmeldung (SumA)“ übergeben und es wird eine Registriernummer erzeugt. Die Registriernummer wird automatisiert an den Verfahrensteil „Versand“ zurückgegeben und im zugehörigen Datensatz vermerkt (ATLAS-VA Kap. 4.5.3.4 Abs. 1). D4234

Alternativ zur elektronischen Weitergabe der Daten per Schnittstelle, kann der Besitzer der Waren am Ende des Versandverfahrens auch eine gesonderte Anmeldung zur vorübergehenden Verwahrung abgeben.

MERKE:

Das Versandverfahren endet, wenn die im Verfahren befindlichen Waren und die erforderlichen Angaben entsprechend den zollrechtlichen Vorschriften bei der Bestimmungszollstelle zur Verfügung stehen. Die Bestimmungszollstelle prüft, ob das Versandverfahren gemäß den zollrechtlichen Vorschriften durchgeführt wurde. Das Ergebnis dieser Überprüfung (Kontrollergebnis) wird von der Bestimmungszollstelle dokumentiert und spätestens am dritten Tag nach der Gestellung an die Abgangszollstelle übermittelt. Auf Antrag des Beteiligten stellt die Bestimmungszollstelle eine Eingangsbescheinigung und ggf. einen Alternativnachweis für die Beendigung aus. D4235

(Einstweilen frei) D4236–D4240

7. Erledigung – Unionsversandverfahren/gemeinsames Versandverfahren

Das Versandverfahren wird durch die Zollbehörden erledigt, wenn durch einen Vergleich der bei der Abgangszollstelle vorliegenden Daten mit den bei der Bestimmungszollstelle vorliegenden Daten festgestellt werden konnte, dass das Verfahren ordnungsgemäß beendet wurde (Art. 215 Abs. 2 UZK, Art. 48 Abs. 2 Anlage I Übereinkommen). D4241

a) Erledigung durch die Abgangszollstelle

Die Erledigung des Versandverfahrens erfolgt, sofern keine Unregelmäßigkeiten (Kontrollergebniscodes A1, A2 und A5) festgestellt wurden, grundsätzlich durch die Ab- D4242 gangszollstelle. Sofern darüber hinaus keine Einzelsicherheit geleistet wurde, wird die Erledigung in ATLAS automatisiert vermerkt (ATLAS-VA Kap. 4.8.5.1.1) und der Inhaber des Verfahrens mit einer „Erledigungsmitteilung“ unterrichtet.

D4243 Wurden von der Bestimmungszollstelle festgestellte Unregelmäßigkeiten mittels entsprechendem Kontrollergebniscode „B1 -nicht konform“ (bzw. „B1 – Unstimmigkeiten“) an die Abgangszollstelle übermittelt, so versucht die Abgangszollstelle zunächst die Unstimmigkeiten in enger Abstimmung mit dem Inhaber des Versandverfahrens aufzuklären.

D4244 Für die Aufklärung der Unregelmäßigkeit wird der Abgangszollstelle ein Zeitraum von 13 Tagen eingeräumt. Nach Ablauf von 13 Tagen werden die Daten automatisiert dem zuständigen Hauptzollamt „Such- und Erhebungsverfahren (SEV)“ zur weiteren Bearbeitung zugeordnet.

D4245 Sind die 13 Tage zur Aufklärung nicht ausreichend und ist bei der Abgangszollstelle absehbar, dass eine Aufklärung zeitnah nach dem Ablauf der vorgenannten Frist möglich ist, kann die Abgangszollstelle die automatische Zuordnung an das Hauptzollamt in ATLAS deaktivieren. Die Abgangszollstelle ist in diesen Fällen für die Einhaltung von Fristen für die Bearbeitung zuständig.

D4246 Lassen sich die Unstimmigkeiten durch die Abgangszollstelle aufklären und ist keine Zollschuld entstanden, so ist das Versandverfahren durch die Abgangszollstelle manuell zu erledigen.

D4247 Sollte sich nach Deaktivierung der automatischen Zuordnung herausstellen, dass eine Aufklärung der Unstimmigkeiten, entgegen der zunächst vorgenommenen Einschätzung, nicht möglich ist, so weist die Abgangszollstelle den betreffenden Datensatz in ATLAS unverzüglich dem zuständigen Hauptzollamt (SEV) zu.

b) Erledigung durch das Hauptzollamt (SEV)

aa) Erledigung nach Übermittlung der Daten durch die Abgangszollstelle

D4248 Können die von der Bestimmungszollstelle festgestellten und mittels entsprechendem Kontrollergebniscode an die Abgangszollstelle übermittelten Unregelmäßigkeiten von der Abgangszollstelle nicht aufgeklärt werden und/oder hat die Abgangszollstelle bei ihren Ermittlungen die Entstehung einer Zollschuld festgestellt, so übermittelt die Abgangszollstelle den Vorgang an die für die weitere Bearbeitung zuständige Zollstelle. In Deutschland wurde die Bearbeitung dieser Vorgänge bei den Hauptzollämtern zentralisiert, die in den Dienstvorschriften und der ATLAS-VA mit der Kurzbezeichnung „HZA-(SEV)“ (Such- und Erhebungsverfahren) bezeichnet werden.

bb) Einleitung Suchverfahren

D4249 Geht bei der Abgangszollstelle innerhalb von sechs Tagen nach Ablauf der Frist für die Gestellung der Waren bei der Bestimmungszollstelle keine „Ankunftsanzeige“ oder innerhalb von sechs Tagen nach Eingang der „Ankunftsanzeige“ kein Kontrollergebnis ein, so startet (spätestens sieben Tage nach Ablauf der vorgenannten Fristen) ein sog.

Suchverfahren (Art. 310 Abs. 1 u. 2 UZK-DVO, Art. 49 Abs. 1 Anlage I Übereinkommen). Im Rahmen dieses Suchverfahrens soll der Grund für das Ausbleiben der Nachrichten aufgeklärt werden. Hierzu wird entweder eine Nachfrage an den Inhaber des Verfahrens oder eine „Suchanzeige" an die angemeldete Bestimmungszollstelle übersandt.

Für die Einleitung des Suchverfahrens ist grds. die Zollbehörde des Abgangsstaates zu- D4250
ständig. In Deutschland erfolgt die Durchführung bei den HZA-(SEV).

Der Inhaber des Unionsversandverfahrens/gemeinsamen Versandverfahrens kann ggf. D4251
Alternativnachweise für die ordnungsgemäße Beendigung vorlegen (Art. 312 UZK-DVO).

Lässt sich eine ordnungsgemäße Beendigung des Versandverfahrens abschließend D4252
nicht ermitteln, so prüft das HZA-(SEV) unter welchen Umständen ggf. eine Zollschuld entstanden ist, wer als Zollschuldner zu identifizieren ist und welche Behörde für die Erhebung der Zollschuld zuständig ist.

Sofern der Ort der Zollschuldentstehung in einem anderen Mitgliedstaat liegt, werden die Daten dorthin übermittelt (Art. 311 UZK-DVO).

MERKE:

Versandverfahren werden durch die Zollbehörden erledigt, wenn durch einen Vergleich D4253
der bei der Abgangszollstelle vorliegenden Daten mit den bei der Bestimmungszollstelle vorliegenden Daten festgestellt werden kann, dass das Verfahren ordnungsgemäß beendet wurde.

Wurde das Verfahren ohne Unregelmäßigkeiten durchgeführt, so erfolgt die Erledigung durch die Abgangszollstelle. Bei festgestellten Unregelmäßigkeiten, die von der Abgangszollstelle nicht aufgeklärt werden konnten, oder bei Entstehung einer Zollschuld übermittelt die Abgangszollstelle den Vorgang zur weiteren Bearbeitung an die zuständige Zollstelle (in Deutschland das hierfür zuständige Hauptzollamt-SEV).

Geht bei der Abgangszollstelle innerhalb von sechs Tagen nach Ablauf der Frist für die Gestellung der Waren bei der Bestimmungszollstelle keine Ankunftsanzeige ein oder innerhalb von sechs Tagen nach Eingang der Ankunftsanzeige kein Kontrollergebnis, so startet ein sog. Suchverfahren, in dem der Grund für das Ausbleiben der Nachricht aufgeklärt werden soll.

(Einstweilen frei) D4254–D4260

8. Abgabenschuld

Die Inanspruchnahme eines Versandverfahrens ist grundsätzlich nicht mit der Entste- D4261
hung von Abgaben verbunden (Art. 226 Abs. 1 Buchst. a, b UZK).

Zu einer Entstehung von Abgaben kommt es nur dann, wenn es bei der Eröffnung, D4262
Durchführung oder Beendigung zu Unregelmäßigkeiten kommt (Art. 79 Abs. 1 UZK).

Dabei sind insbesondere zwei Formen von Unregelmäßigkeiten relevant. Zum einen die Nichterfüllung der Verpflichtung in Bezug auf das Entziehen von im Versandverfahren befindlichen, einfuhrabgabenpflichtigen Waren aus der zollamtlichen Überwachung. Zum anderen die Nichterfüllung der Verpflichtungen in Bezug auf die Beförderung.

a) Entziehen aus der zollamtlichen Überwachung

D4263 Eine einfuhrabgabenpflichtige Ware wird der zollamtlichen Überwachung (Art. 5 Nr. 27, Art. 134 UZK) entzogen, wenn eine ohne Zustimmung der Zollbehörden innerhalb des Zollgebiets erfolgte Handlung oder Unterlassung dazu führt, dass Zollkontrollen (Art. 5 Nr. 3 UZK) an der Ware nicht mehr vorgenommen werden können (siehe E-VSF Z 0901 Abs. 317).

D4264 Eine solche Handlung liegt unstrittig dann vor, wenn einfuhrabgabenpflichtige Waren während der Durchführung des Versandverfahrens von einem Dieb gestohlen werden (siehe auch E-VSF Z 09 01 Abs. 320).

D4265 Neben der klassischen Entziehungshandlung in der Form eines Diebstahls existieren noch weitere Handlungen, die ebenfalls als Entziehungshandlung zu werten sind. Häufig sind hierbei die Fälle, in denen versehentlich oder vorsätzlich andere als die gestellten Waren zum Versand angemeldet werden (sog. Aliud-Waren). Dabei wird die beförderte Ware bei Verlassen des Amtsplatzes der zollamtlichen Überwachung entzogen. Das gilt auch für nicht angemeldete Mehrmengen. In diesen Fällen ist jedoch zu prüfen, ob eine Zollschuld nicht bereits durch vorschriftswidriges Verbringen (Nichtgestellung) entstanden ist, ggf. durch Vorlage einer inhaltlich unrichtigen summarischen Eingangsanmeldung („Papismedov").

D4266 Die Überführung von Nicht-Unionswaren in ein internes Versandverfahren durch einen zugelassenen Versender ist ebenfalls als Entziehungshandlung zu werten (siehe E-VSF Z 09 01 Abs. 320).

D4267 Die Auffassung, ein zeitweiliges Entfernen des Versandbegleitdokuments von der Ware als Entziehungshandlung zu betrachten, da ohne die Informationen aus dem Versandschein während des Transports keine Kontrollen, z. B. durch mobile Kontrolleinheiten, vorgenommen werden können, ist seit der Einführung des elektronischen Versandverfahrens grundsätzlich überholt. Sofern die Ware unter Verwendung des elektronischen Verfahrens befördert wird, ist es ausreichend, wenn der Beförderer bei Kontrollen die MRN benennen kann. Anhand der MRN können die Zollbehörden Zugriff auf die für Kontrollen notwendigen Daten erlangen (Hinweis auf das EuGH-Urteil vom 29.4.2004 - C-222/01 - (BAT Manufacturing BC)).

D4268 Wird eine im Versandverfahren befindliche Ware bei einer Person abgeladen, die nicht zugelassener Empfänger ist, gilt dies dann nicht als Entziehungshandlung, wenn der Empfänger die örtlich zuständige Bestimmungszollstelle unverzüglich darüber informiert und dieser die Versandbegleitdokumente vorlegt (siehe E- VSF Z 09 01 Abs. 318).

HINWEIS:

Fraglich ist, ob die vorgenannten Entziehungshandlungen bei der Durchführung eines Versandverfahrens auch zu einer Zollschuldentstehung nach Art. 79 Abs. 1 Buchst. a (2. Alt.) UZK führen. Nach dem Wortlaut des Art. 79 Abs. 1 UZK ist nicht allein das Entziehen, sondern der Verstoß gegen eine festgelegte Verpflichtung in Bezug auf das Entziehen, relevant. Folgt man der Auffassung, dass der Gesetzgeber solche Pflichten nur beim Zolllager und bei der vorübergehenden Verwahrung gesetzlich geregelt hat, nicht aber beim Versand, so ist die Entstehung einer Zollschuld nach der 3. Alt. (Pflichtverstöße in Bezug auf die Beförderung) zu begründen. D4269

b) Pflichtverstöße in Bezug auf die Beförderung

Zu den Pflichtverstößen in Bezug auf die Beförderung gehören die Pflichtverletzungen bei der Durchführung des Versandverfahrens. Hierbei ist insbesondere die nicht fristgerechte Wiedergestellung der Waren bei der Bestimmungszollstelle zu nennen (Art. 233 Abs. 1 Buchst. a UZK, Art. 297 UZK-DVO). Bei der Beurteilung ob eine solche Pflichtverletzung in Bezug auf die Wiedergestellungsfrist vorliegt, ist die gesetzliche Fiktion des Art. 306 Abs. 3 UZK-DVO zu beachten. Danach gilt die Frist zur Wiedergestellung trotz eines Überschreitens des Enddatums der Frist als eingehalten, wenn der Inhaber des Verfahrens oder der Beförderer der Bestimmungszollstelle gegenüber nachweist, dass er nicht für die Verspätung verantwortlich ist (Art. 306 Abs. 3 UZK-DVO, siehe auch Rdnr. D4227-D4228). D4270

Auch Verstöße gegen die zur Nämlichkeitssicherung getroffenen Maßnahmen stellen einen Pflichtverstoß in Bezug auf die Beförderung dar. Dies gilt insbesondere für das vorsätzliche Entfernen von Verschlüssen im Versandverfahren (siehe E-VSF Z 09 01 Abs. 324). D4271

c) Ort der Zuwiderhandlung

Bei der Entstehung einer Zollschuld im Rahmen eines Versandverfahrens ist es oft schwierig, den Ort der Zuwiderhandlung und damit die für die Festsetzung zuständige Behörde zu bestimmen. Gem. Art. 87 Abs. 1 Unterabs. 2 UZK entsteht die Zollschuld grds. am Ort der Zuwiderhandlung. Befindet sich dieser Ort in einem anderen Mitgliedsstaat als dem Abgangsmitgliedsstaat, so übermittelt letzterer der für den Ort der Zollschuldentstehung zuständigen Zollverwaltung sachdienliche Unterlagen (Art. 311 UZK-DVO). Wenn dieser Ort nicht bekannt ist, wird auf den Ort der Abgangszollstelle abgestellt (Art. 87 Abs. 2 UZK). D4272

d) Erlöschen der Zollschuld

Gem. Nr. 38 der Erwägungsgründe zum UZK hält es der Gesetzgeber für angebracht, dem guten Glauben des Beteiligten in den Fällen, in denen eine Zollschuld auf einer D4273

Nichteinhaltung zollrechtlicher Vorschriften beruht, Rechnung zu tragen und die Folgen fahrlässigen Verhaltens des Zollschuldners auf ein Mindestmaß abzumildern.

D4274 Entsprechend finden sich umfangreiche Tatbestände in Bezug auf das Erlöschen einer Zollschuld in Art. 124 UZK.

D4275 Nach Art. 124 Abs. 1 Buchst. h UZK erlischt eine Zollschuld nach Art. 79 UZK insbesondere dann, wenn die folgenden Voraussetzungen erfüllt sind:

i) Der Verstoß, durch den die Zollschuld entstanden ist, hatte keine erheblichen Auswirkungen auf die ordnungsgemäße Abwicklung des betreffenden Zollverfahrens und war kein Täuschungsversuch,

ii) nachträglich werden alle notwendigen Formalitäten erfüllt, um die Situation der Waren zu bereinigen.

D4276 Welche Verstöße sich nicht wesentlich auf die Abwicklung eines Verfahrens auswirken wird abschließend in Art. 103 UZK-DelVO geregelt. Für das Versandverfahren sind hierbei insbesondere die Buchst. b und c von Interesse.

D4277 Gem. Art. 124 Abs. 1 Buchst. h i. V. m. Art. 103 Buchst. b UZK-DelVO gilt ein Verstoß als nicht wesentlich für die ordnungsgemäße Abwicklung eines Zollverfahrens, wenn die im Verfahren befindlichen Waren, für die gem. Art. 79 Abs. 1 Buchst. a oder c UZK eine Zollschuld entstanden ist, anschließend zum zollrechtlich freien Verkehr überlassen wurden.

D4278 Weiterhin erlischt eine Zollschuld nach Art. 124 Abs. 1 Buchst. h i. V. m. Art. 103 Buchst. c UZK-DelVO dann, wenn Nicht-Unionswaren nicht ordnungsgemäß in ein Versandverfahren übergeführt wurden, jedoch nachweislich andere Waren begleitet haben, welche ihrerseits ordnungsgemäß in das Versandverfahren übergeführt wurden. Dies können z. B. im Versandverfahren festgestellte Mehrmengen oder Aliud-Waren sein (siehe E-VSF Z 09 01 Abs. 412).

D4279 Entgegen der naheliegenden Vermutung, dass der Art. 103 Buchst. a UZK-DelVO vom Beförderer zu verantwortende Fristüberschreitungen bei der Wiedergestellung von Waren im Versandverfahren erfasst, gilt dies nicht, da eine Fristverlängerung im Versand nicht vorgesehen ist (siehe E-VSF Z 09 01 Abs. 410).

D4280–D4290 *(Einstweilen frei)*

9. Betriebskontinuitätsverfahren

a) Anwendungsbereich

D4291 In den Fällen, in denen eine IT-gestützte Versandanmeldung aus technischen Gründen von einem Teilnehmer nicht an die Abgangszollstelle übermittelt werden kann oder von dieser nicht verarbeitet werden kann, kommt das sog. Betriebskontinuitätsverfahren (Ausfallverfahren) zu Anwendung (Art. 6 Abs. 3 UZK, Art. 291 UZK-DVO, Art 26 Anlage I Übereinkommen, ATLAS-VA Kap. 8.2.4).

Voraussetzung für die Inanspruchnahme des Betriebskontinuitätsverfahren ist, dass der Teilnehmer oder die Zollstelle die technische Störung und ggf. die Ursache hierfür dem für die Fehlererfassung zuständigen Service Desk mitgeteilt hat und die Störung vom Service Desk mittels Vergabe einer Ticket-Nummer bestätigt wurde (ATLAS-VA Kap. 8.2.4.1 (2)). D4292

Mangels elektronischer Daten wird das Versandverfahren im Betriebskontinuitätsverfahren auf der Grundlage einer papiergestützten Anmeldung eröffnet. Mittels papiergestützter Anmeldungen eröffnete Versandverfahren werden in der Folge auch papiergestützt beendet und erledigt. Eine parallele oder nachträgliche elektronische Abwicklung ist nicht vorgesehen. Ggf. schon in ATLAS erfasste Daten sind bei der Nutzung des Betriebskontinuitätsverfahren für ungültig zu erklären. D4293

b) Ablauf

Für eine papiergestützte Anmeldung sind die ordnungsgemäß ausgefüllten Exemplare Nr. 1,4 und 5 des Einheitspapiers (EP) (Vordruck 0735) sowie ggf. vorgesehene Ergänzungsvordrucke (Vordruck 0736) zu verwenden und der Abgangszollstelle bei der Gestellung der Waren vorzulegen (ATLAS-VA Kap. 8.2.4.1). D4294

Die beim Betriebskontinuitätsverfahren genutzte papiergestützte Versandanmeldung muss für alle beteiligten Parteien, insbesondere für Durchgangszollstellen und die Bestimmungszollstelle/n, als solche erkennbar sein. Papiergestützte Versandanmeldungen sind im Betriebskontinuitätsverfahren in Feld 1 mit einem Stempelabdruck in roter Farbe (Dimension 26 mm x 59 mm) durch den Inhaber des Versandverfahrens/ Zollvertreter oder die Abgangszollstelle zu kennzeichnen (ATLAS-VA Kap. 8.2.4.1 (3)). D4295

Die Abfertigungshandlungen (Annahme, Überprüfung, Überlassung) entsprechen denen der Abfertigung im Regelverfahren mit ATLAS. Der Anmelder hat den Nachweis der geleisteten Sicherheit sowie die zugehörige Unterschriftenberechtigung gesondert zu erbringen. Die Dokumentation der Abfertigungshandlungen erfolgt durch die Abgangszollstelle auf dem vorgelegten Einheitspapier. D4296

Das Exemplar 1 des Einheitspapiers verbleibt bei der Abgangszollstelle. Exemplare 4 und 5 des Einheitspapiers begleiten die Ware. D4297

Zur Beendigung des Versandverfahrens sind die Waren zusammen mit den Exemplaren 4 u. 5 des Einheitspapiers bei der Bestimmungszollstelle zu gestellen. Die Bestimmungszollstelle führt ihre Kontrollen auf der Basis der im Einheitspapier enthaltenen Informationen durch. Die Dokumentation der Kontrollergebnisse (Nämlichkeits- und ggf. Vollständigkeitsprüfung) einschließlich des Kontrollergebniscodes erfolgt auf dem Einheitspapier. D4298

Nach erfolgter Beendigung übersendet die Bestimmungszollstelle das Exemplar Nr. 5 des Einheitspapiers an die Abgangszollstelle zurück. Dazu werden die Registriernummer und der Tag der Rücksendung von der Bestimmungszollstelle im Exemplar 4 und 5 des Einheitspapiers vermerkt und mit Unterschrift, Datum und Dienststempelabdruck bestätigt. D4299

(Einstweilen frei) D4300–D4310

10. Vereinfachungen

a) Gemeinsame Voraussetzungen für Vereinfachungen

D4311 Die mit der Eröffnung und der Beendigung eines Unionsversandverfahrens/gemeinsamen Versandverfahrens zusammenhängenden Formalitäten bei der Abgangs- und der Bestimmungszollstelle sind für den Anmelder zum Teil mit einem erheblichen Aufwand verbunden und werden den ökonomischen Notwendigkeiten nicht immer gerecht. Dies gilt vor allem für die Verpflichtung zur Gestellung der Waren bei der Abgangs- und der Bestimmungszollstelle. Diese Verpflichtung bedingt z. T. erhebliche Anfahrtswege zum Amtsplatz der zuständigen Zollstelle. Darüber hinaus hat die Gestellung während der Öffnungszeiten der Zollstelle zu erfolgen, was eine Überführung in das Versandverfahren ggf. zeitlich sehr einschränkt.

D4312 Um den Bedürfnissen der Wirtschaft im Hinblick auf eine reibungslose und unbürokratische Abwicklung von Versandverfahren gerecht zu werden, sieht das Versandrecht eine Reihe von Vereinfachungen vor, die auf Antrag bewilligt werden können.

D4313 Die Zollbehörden können auf Antrag u. a. folgende Vereinfachungen im Zusammenhang mit der Durchführung von Versandverfahren bewilligen (Art. 233 Abs. 4 UZK, siehe auch Art. 55 Anlage I Übereinkommen):

a) den Status eines zugelassenen Versenders, wonach der Inhaber der Bewilligung Waren in das Unionsversandverfahren/gemeinsame Versandverfahren überführen kann, ohne sie bei der Abgangszollstelle zu gestellen, dazu Rdnr. D 4315–D 4328,

b) den Status eines zugelassenen Empfängers, wonach der Inhaber der Bewilligung Waren, die im Rahmen des Unionsversandverfahrens/gemeinsamen Versandverfahrens befördert werden, an einem zugelassenen Ort empfangen kann, womit der Versand gemäß Art. 233 Abs. 2 UZK endet, dazu Rdnr. D 4329–D 4345,

c) die Verwendung besonderer Verschlüsse, sofern das Anbringen von Verschlüssen zur Nämlichkeitssicherung der in das Unionsversandverfahren/gemeinsame Versandverfahren übergeführten Waren erforderlich ist, dazu Rdnr. D4346–D4350,

d) die Verwendung einer Zollanmeldung mit verringerten Datenanforderungen für die Überführung von Waren in das Unionsversandverfahren/gemeinsame Versandverfahren,

e) die Verwendung eines elektronischen Beförderungsdokuments als Zollanmeldung für die Überführung von Waren in das Unionsversandverfahren/gemeinsame Versandverfahren, sofern es die entsprechenden Angaben einer solchen Anmeldung enthält und die Angaben der Abgangs- wie auch der Bestimmungszollstelle vorliegen, um die zollamtliche Überwachung der Waren und die Erledigung des Verfahrens zu ermöglichen.

D4314 Die Vereinfachungen nach Art. 233 Abs. 4 UZK/Art. 55 Anlage I Übereinkommen werden auf Antrag bewilligt. Die materiellen Bewilligungsvoraussetzungen sind in Art. 191 UZK-DelVO und in Art. 57 Anlage I Übereinkommen normiert:

- Ansässigkeit im Zollgebiet.
- Regelmäßige Inanspruchnahme des Unionversandverfahrens.

- Einhaltung der Vorschriften (Art. 39 Buchst. a UZK).
- Kontrollmöglichkeiten (Art. 39 Buchst. b UZK).
- Praktische oder berufliche Befähigung (Art. 39 Buchst. d UZK).
- Kein unverhältnismäßig hoher Verwaltungsaufwand.

Die in Art. 39 Buchst. a, b und d aufgeführten Voraussetzungen werden durch einen zugelassenen Wirtschaftsbeteiligten/AEO erfüllt.

b) Zugelassener Versender (ZV)

Die Vereinfachung des Status eines „zugelassenen Versenders wird auf Antrag bewilligt " (Art. 233 Abs. 4 Buchst. a UZK, Art. 55 Abs. 1 Buchst. c Anlage I Übereinkommen). Zuständig für die Bearbeitung des Antrags (in Deutschland das Formular „0356") ist das Hauptzollamt, in dessen Bezirk die Hauptbuchhaltung für Zollzwecke geführt wird (siehe auch Art. 192 UZK-DelVO). D4315

Neben den für alle Formen der Vereinfachung geltenden materiellen Bewilligungsvoraussetzungen (Art. 191 UZK-DelVO, Art. 57 Abs. 2 Anlage I Übereinkommen) ist es als zusätzliche Bewilligungsvoraussetzung notwendig, dass der Antragssteller zur Leistung einer Gesamtsicherheit zugelassen ist oder er von der Sicherheitsleistung befreit wurde (Art. 193 UZK-DelVO, Art. 84 Anlage I Übereinkommen). D4316

Im Rahmen der Bewilligungserteilung werden folgende Regelungen getroffen: D4317

- Die Festlegung der vom Antragssteller beantragten Gestellungsorte, bei denen die Waren in das Unionsversandverfahren/gemeinsame Versandverfahren überführt werden können (z. B. Orte auf dem Betriebsgelände).
- Die Festlegung der an die zuständige Abgangszollstelle zu übermittelnden Daten und die hierbei einzuhaltenden Fristen.
- Die zur Nämlichkeitssicherung zu treffenden Maßnahmen. Die vom Bewilligungsinhaber bei Raum- oder Packstückverschluss anzulegenden Verschlüsse müssen den Vorgaben des Art. 317 i. V. m. Art. 301 UZK-DVO bzw. Art. 82 Anlage I Übereinkommen entsprechen. Wenn die Warenbezeichnung in der Anmeldung es zulässt, dass sich die Waren, die Menge, die Art der Waren sowie ggf. vorhandene besondere Merkmale (z. B. Fahrgestellnummern, Seriennummern) leicht ermitteln lassen, so kann der zugelassene Versender von einer Nämlichkeitssicherung durch Verschluss absehen.
- Die Festlegung der von der Nutzung der ausgeschlossenen Warenverkehre und Warenarten.

Die Inanspruchnahme der Bewilligung setzt in Deutschland voraus, dass der Bewilligungsinhaber als Teilnehmer am elektronischen Verfahren ATLAS zugelassen ist. D4318

Der Ablauf der Überführung von Waren in das Versandverfahren durch einen zugelassenen Versender sowie die dabei in ATLAS an die Abgangszollstelle zu übermittelnden Informationen ergeben sich aus Art. 314 UZK-DVO. D4319

D4320 Der zugelassene Versender, der direkte Vertreter oder der technische Nachrichtenübermittler sendet die Daten der Versandanmeldung als Teilnehmer der für den in der Bewilligung zugelassenen Gestellungsort zuständigen Abgangszollstelle.

D4321 ATLAS überprüft die Anmeldedaten. Werden bei der Authentizitätsprüfung oder der Plausibilitätsprüfung Fehler festgestellt, so erhält der Teilnehmer eine Fehlernachricht. Wurde die Bewilligung ausgesetzt oder widerrufen, wird der Teilnehmer mittels Rückweisungsnachricht über die Nichtannahme der Versandanmeldung informiert.

D4322 Sofern keine Fehler aufgetreten sind, wird die elektronische Versandanmeldung in ATLAS automatisiert entgegengenommen und angenommen und der Teilnehmer erhält hierüber eine Statusnachricht.

D4323 Nach der Annahme überprüft ATLAS, ob die Sicherheit gültig und für das angemeldete Verfahren ausreichend ist. Ist die Sicherheit ungültig oder nicht ausreichend, wird die angemeldete Ware nicht in das Versandverfahren überlassen und der Teilnehmer wird mit einer elektronischen Nachricht hierüber informiert.

D4324 Bei einer ausreichenden und gültigen Sicherheit wird, bei der Inanspruchnahme einer Gesamtsicherheit, der Referenzbetrag mit dem angemeldeten Sicherheitsbetrag belastet.

D4325 Die Waren werden, je nach Bewilligung, sofort oder nach Ablauf einer Wartezeit automatisiert oder manuell durch die Abgangszollstelle überlassen. Die Überlassung wird dem Teilnehmer mit einer elektronischen Nachricht mitgeteilt.

D4326 Nach Mitteilung der Überlassung druckt der Teilnehmer das Versandbegleitdokument (VBD/VBD-S) aus (Art. 314 Abs. 3 UZK-DVO, Art. 86 Anlage I Übereinkommen).

D4327 Im Betriebskontinuitätsverfahren kann dem zugelassenen Versender genehmigt werden, ein vorab von der Abgangszollstelle gestempeltes oder mit zugelassenem Sonderstempel versehenes Einheitspapier, den Ausdruck des Einheitspapiers oder das Versandbegleitdokument als Versandanmeldung zu verwenden.

MERKE:

D4328 Die Bewilligung des Status eines „zugelassenen Versenders" ermöglicht es dem Bewilligungsinhaber ein Unionsversandverfahren/gemeinsames Versandverfahren eigenständig auch außerhalb der Öffnungszeiten der Abgangszollstelle an den in der Bewilligung zugelassenen Orten zu eröffnen. Die Abfertigungs- und Kontrollpflichten der Abgangszollstelle gehen auf den Bewilligungsinhaber über. Durch Einstellung einer Wartezeit in ATLAS kann die Abgangszollstelle in den sonst automatisierten Prozess der Nachrichtenübermittlung eingreifen.

Der KODEX-BOGEN

Struktur und Systematik des Zollkodex der Union nebst Delegierter- und Durchführungsverordnung

Auflage 2021

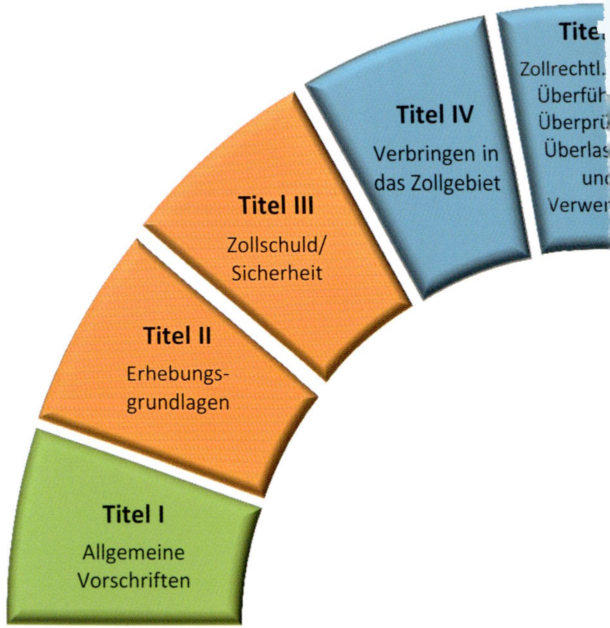

Allgemeine Regeln

Allgemeine Vorschriften – Titel I

Kap. 1
Geltungsbereich/ Begriffsbestimmungen
Art. 1-5 UZK, Art. 1 DVO, Art. 1 DelVO

Kap. 2
Rechte und Pflichten Art. 6-52 UZK, Art. 2-47 DVO

Formelles Zollrecht – Ve

Verbringen in das Zollge

Kap. 1 – **Summarische Eingangsmeldung**
Art. 127-132 UZK, Art. 182-188 DVO, Art. 104-113a DelVO

Eingang der Waren
Art. 133-138 UZK, Art. 189 DVO, Art. 114 DelVO

Status, Überführung, Überprüfung, Übe

Kap. 1 – **Zollrechtlicher Status –** Art. 153-157 UZK

Kap. 2 – **Überführung von Waren in ein Zollverfahren –** Art

Art. 2-30 DelVO

Kap. 3
Währungsumrechnung und Fristen
Art. 53-55 UZK, Art. 48 DVO

Schlussbestimmungen – Titel IX

Kap. 1
Entwicklung elektronischer Systeme
Art. 278-281 UZK

Kap. 2 – **Vereinfachungen**
Art. 282-283 UZK

Kap. 3
Befugnisübertragung/ Ausschussverfahren
Art. 284-285 UZK

Kap. 4
Schlussbestimmungen
Art. 286-288 UZK, Art. 345-350 DVO, Art. 250-256 DelVO

Allgemeine Vorschriften und Vorschriften für alle Zollanmeldungen – Art. 158-161 UZK

Standard Zollanmeldungen – Art. 162 -165 UZK

Vereinfa

Sonstige Vereinfachungen – Art. 177-187 UZK,

Verschiedene Unterpositionen
Art. 177 UZK, Art. 228 DVO

Zentrale Zollabwicklung
Art. 179 UZK, Art. 229-232 DVO, Art. 149-DelVO

Ansc
Art. 182 U

Kap. 3 – **Überprüfung und Überlassung**
Art. 188-193 UZK und Art. 194-196 UZK,
Art. 238-245 DVO und Art. 246-247 DVO, Art. 153-154 DelVO

Zerstöru
Art. 197 UZK, Art

Überlassung zum freien Verkehr – Titel V

Besondere Verfahren

Kap. 1 – **Allgemeine Vorschriften** – Art. 210-225 U

Kap. 2 – **Versand**

Externer/Interner
Art. 226-232 UZK, Art. 272-290 DVO, Art. 184-187 DelVO

Unionsversand
Art. 233-236 UZK, Art. 291-321 DVO, Art. 188-200 DelVO

Kap. 3 – **Lagerung**

Gemeinsame Vorschriften
Art. 237-239 UZK

Zolllager
Art. 240-242 UZK, Art. 201-203 DelVO

Freizonen – Art. 243-249 UZK

Verbringen aus dem Zollg

Kap. 1 – **Formalitäten vor dem Ausgang**
Art. 263-266 UZK, Art. 326-328 DVO, Art. 244-245 DelVO

Kap. 3 – Art. 336-340 DVO, Art. 248-249 DelVO

Ausfuhr – Art. 269 UZK

Wiederausfuhr – Art. 270 UZK

Kap. 4 – **Summ**
Art. 271-

c) Zugelassener Empfänger (ZE)

Die Vereinfachung des Status eines „zugelassenen Empfängers" wird auf Antrag bewilligt (Art. 233 Abs. 4 Buchst. b UZK, Art. 55 Abs. 1 Buchst. d Anlage I Übereinkommen). Zuständig für die Bearbeitung des Antrags (in Deutschland das Formular „0358") ist das Hauptzollamt, in dessen Bezirk die Hauptbuchhaltung für Zollzwecke geführt wird (siehe auch Art. 194 UZK-DelVO). D4329

Neben den für alle Formen der Vereinfachung geltenden materiellen Bewilligungsvoraussetzungen gem. Art. 191 UZK-DelVO, Art. 57 Abs. 2 Anlage I Übereinkommen ist es als weitere Bewilligungsvoraussetzung notwendig, dass der Antragssteller erklärt, dass er regelmäßig Waren in Empfang nimmt, die in ein Versandverfahren übergeführt wurden (Art. 195 UZK-DelVO, Art. 87 Anlage I Übereinkommen). D4330

Im Rahmen der Bewilligungserteilung werden folgende Regelungen getroffen: D4331

- Die Festlegung der vom Antragssteller beantragten Gestellungsorte, bei denen die Unionsversandverfahren/gemeinsamen Versandverfahren beendet werden sollen (z. B. Orte auf dem Betriebsgelände).
- Die Festlegung der an die zuständige Bestimmungszollstelle zu übermittelnden Daten und der hierbei einzuhaltenden Fristen.
- Die Festlegung der von der Nutzung ausgeschlossenen Warenverkehre und Warenarten.
- Die sonstigen Pflichten, wie z. B. die Festlegung der Vermerke über den Zeitpunkt des Eingangs oder den Zustand der Verschlüsse.

Die Inanspruchnahme der Bewilligung setzt in Deutschland voraus, dass der Bewilligungsinhaber als Teilnehmer am elektronischen Verfahren ATLAS zugelassen ist. D4332

Die Verpflichtungen des Inhabers des Verfahrens gelten als erfüllt und das Versandverfahren gilt als beendet, wenn die Waren dem zugelassenen Empfänger unverändert gem. Art. 233 Abs. 4 Buchst. b UZK an den in der Bewilligung zugelassenen Orten innerhalb der Frist gem. Art. 297 Abs. 1 UZK-DVO gestellt wurden (Art. 316 Abs. 1 UZK-DVO). D4333

Die Pflichten des zugelassenen Empfängers sowie die an die Bestimmungszollstelle zu übermittelnden Informationen ergeben sich aus Art. 315 UZK-DVO bzw. Art. 88 Anlage I Übereinkommen. D4334

Der zugelassene Empfänger/technische Nachrichtenübermittler hat der zuständigen Bestimmungszollstelle das Eintreffen der Waren mittels Übermittlung einer elektronischen Ankunftsanzeige mitzuteilen. Bei offensichtlichen Verschlussverletzungen und/oder sonstigen bereits bei der Ankunft festgestellten Unregelmäßigkeiten (z. B. Ablauf der Frist zur Wiedergestellung) lehnt der zugelassene Empfänger die Annahme der Waren ab und unterrichtet die Bestimmungszollstelle (ATLAS-VA Kap. 4.8.4.2.1). Die Bestimmungszollstelle entscheidet über das weitere Vorgehen. Eine Ankunftsanzeige ist in diesen Fällen nur zu übermitteln, wenn die Bestimmungszollstelle die Fortsetzung des vereinfachten Verfahrens zugelassen hat. D4335

D4336 Ist die Übermittlung der Ankunftsanzeige zulässig und wurde diese Übermittlung vorgenommen, so überprüft ATLAS die übermittelten Daten und meldet festgestellte Fehler an den zugelassenen Empfänger/technischen Nachrichtenübermittler zurück.

D4337 Werden keine Fehler bei der Ankunftsanzeige festgestellt und ist die Bewilligung des zugelassenen Empfängers gültig, so übermittelt ATLAS dem zugelassenen Empfänger/technischen Nachrichtenübermittler automatisiert und je nach eingestellter Wartezeit die Entladeerlaubnis. Die Entladeerlaubnis enthält die Daten der Versandanmeldung. Auf der Grundlage dieser Daten hat der zugelassene Empfänger den Zustand ggf. angelegter Verschlüsse zu kontrollieren und die Waren auf Vollständigkeit und Konformität zu überprüfen.

D4338 Die Wartezeit zur Übermittlung der Entladeerlaubnis ist grds. auf „0 Std./0 Min." gesetzt. Beabsichtigen die Abfertigungsbeamten der Bestimmungszollstelle bei der Entladung der Waren zugegen zu sein, so können sie in ATLAS eine Wartezeit größer Null einstellen und die automatisierte Übermittlung der Entladeerlaubnis in der Folge mittels eines Benutzereingriffs unterbinden.

D4339 Das Ergebnis der Überprüfung übermittelt der zugelassene Empfänger/technische Nachrichtenübermittler mit dem Entladekommentar. Der Entladekommentar ist der Bestimmungszollstelle spätestens am dritten Tag nach Erhalt der Entladeerlaubnis zu übermitteln (ATLAS-VA Kap. 4.8.4.2.3 (2)). Das Versandbegleitdokument ist der Bestimmungszollstelle nicht vorzulegen, es sei denn, dass auf dem Dokument Ereignisse während der Beförderung vermerkt wurden oder die Vorlage aus anderen versandrechtlichen Gründen notwendig ist.

D4340 Auf der Grundlage des Entladekommentars wird das Versandverfahren beendet und über eine Schnittstelle die Daten der Versandanmeldung an die ATLAS-Anwendung „Summarische Anmeldung (SumA)" übergeben und dort ein Datensatz zur Überwachung der vorübergehenden Verwahrung angelegt oder auf einen bereits angelegten Vorgang verwiesen. Der zugelassene Empfänger/technische Nachrichtenübermittler bekommt von ATLAS eine entsprechende Nachricht mit den Daten der Verwahrungsmitteilung übermittelt.

D4341 Die gestellten Waren befinden sich nach der Beendigung des Versandverfahrens in der vorübergehenden Verwahrung (Art. 144 UZK, Art. 145 Abs. 1, 3 u. 11 UZK). Beträgt der Zeitraum der vorübergehenden Verwahrung beim zugelassenen Empfänger mehr als einen Tag, so benötigt der zugelassene Empfänger ein gemäß Art. 148 UZK bewilligtes Verwahrungslager.

D4342 Wird mit dem Entladekommentar mindestens eine Unstimmigkeit mitgeteilt, ist eine manuelle Bearbeitung durch die Bestimmungszollstelle notwendig, bevor die Daten an die ATLAS-Anwendung „Summarische Anmeldung (SumA)" übergeben werden.

D4343 Nach dem Abschluss der Beendigung des Versandvorgangs erhält der zugelassene Empfänger/technische Nachrichtenübermittler hierüber eine Nachricht.

D4344 Auf der Grundlage der vom zugelassenen Empfänger/technischen Nachrichtenübermittler übermittelten Daten unterrichtet die Bestimmungszollstelle die Abgangszollstelle vom Eintreffen der Waren und übermittelt ihr die Kontrollergebnisse (Art. 315 Abs. 2 u. 3 UZK-DVO).

MERKE:

Die Bewilligung des Status eines „zugelassenen Empfängers" ermöglicht es dem Bewilligungsinhaber, Versandverfahren eigenständig auch außerhalb der Öffnungszeiten der Bestimmungszollstelle an den in der Bewilligung zugelassenen Orten zu beenden. Die Verpflichtungen des Inhabers des Verfahrens gelten als erfüllt und das Versandverfahren gilt als beendet, wenn die Waren dem zugelassenen Empfänger unverändert innerhalb der von der Abgangszollstelle festgesetzten Frist an den in der Bewilligung zugelassenen Orten gestellt wurden. Die Abfertigungs- und Kontrollpflichten der Bestimmungszollstelle gehen auf den Bewilligungsinhaber über. Durch Einstellung einer Wartezeit in ATLAS kann die Bestimmungszollstelle in den sonst automatisierten Prozess der Nachrichtenübermittlung eingreifen. D4345

d) Verwendung besonderer Verschlüsse

Wurde bei der Erteilung einer Bewilligung des Status eines „zugelassenen Versenders" vorgeschrieben, dass der Bewilligungsinhaber für die selbst vorzunehmende Nämlichkeitssicherung besondere, selbstschließende Verschlüsse zu verwenden hat, so muss der Bewilligungsinhaber zusätzlich Inhaber einer Bewilligung zur Verwendung besonderer Verschlüsse sein (Art. 233 Abs. 4 Buchst. c UZK, Art. 55 Abs. 1 Buchst. b) Anlage I Übereinkommen). D4346

Die Bewilligung der Verwendung besonderer Verschlüsse wird auf Antrag erteilt. Zuständig für die Bearbeitung des Antrags (in Deutschland das Formular „0353") ist das Hauptzollamt, in dessen Bezirk die Hauptbuchhaltung für Zollzwecke geführt wird. D4347

Neben den für alle Formen der Vereinfachung geltenden materiellen Bewilligungsvoraussetzungen gem. Art. 191 UZK-DelVO, Art. 57 Abs. 2 Anlage I Übereinkommen ist es als weitere Bewilligungsvoraussetzung notwendig, dass die im Bewilligungsantrag genannten Verschlüsse von den Zollbehörden zugelassen wurden (Art. 197 UZK-DelVO, Art. 81 Anlage I Übereinkommen). D4348

Eine solche Zulassung erfolgt nur dann, wenn die besonderen Verschlüsse den Anforderungen der Art. 301 Abs. 1 und Art. 317 UZK-DVO bzw. Art. 38 Abs. 1 und Art. 82 Anlage I Übereinkommen entsprechen. D4349

HINWEIS:

In Deutschland werden zugelassene Verschlüsse in einem Verzeichnis der verwendeten besonderen Verschlüsse aufgeführt, das auf der Homepage der deutschen Zollverwaltung einsehbar ist: https://www.zoll.de/DE/Fachthemen/Zoelle/Zollverfahren/Versandverfahren/Unions-gemeinsames-Versandverfahren/Vereinfachungen/Verwendung-besonderer-Verschluesse/Verzeichnis-verwendeten-besonderen-Verschluesse/verzeichnis-verwendeten-besonderen-verschluesse_node.html

D4350 In der Bewilligung zur Verwendung besonderer Verschlüsse werden die Formen der besonderen Verschlüsse festgelegt, die der Bewilligungsinhaber verwenden darf. Um eine Zuordnung der Verschlüsse zum Bewilligungsinhaber zu gewährleisten, wird für jeden Bewilligungsinhaber eine eigene Codierung vergeben, die auf jedem Verschluss angebracht sein muss. In Deutschland besteht die Codierung aus der Länderkennung „DE" sowie einer bundesweit fortlaufenden vierstelligen Nummer. Der Bewilligungsinhaber teilt diese Codierung dem Hersteller der Verschlüsse mit, so dass die Verschlüsse ab Werk mit der Codierung versehen sind.

D4351–D4360 *(Einstweilen frei)*

e) Warenbeförderung im Schienenverkehr

D4361 Für Versandverfahren bei Warenbeförderung im Eisenbahnverkehr ist grundsätzlich das Standardverfahren in ATLAS (NCTS) anzuwenden. Ggf. kann eine Bewilligung gemäß Art. 233 Abs. 4 Buchst. d UZK zur Verwendung einer Versandanmeldung mit verringerten Datenanforderungen gewährt werden (Art. 233 Abs. 4 Buchst. d UZK, Art. 198 UZK-DelVO).

D4362 Gem. Art. 24 ÜDelVO kann bis zu den Zeitpunkten der Verbesserung des NCTS das papiergestützte Versandverfahren für Eisenbahnunternehmen nach Maßgabe der Art. 25 und 29 bis 51 ÜDelVO weiter angewendet werden (siehe dazu E-VSF Z 3715-1 (Papiergestütztes vereinfachtes grenzüberschreitendes Eisenbahnverfahren (vEVV)) und E-VSF Z 3715-2 (Papiergestütztes vereinfachtes nationales Eisenbahnverfahren (nEVV)). In Deutschland läuft die Übergangsfrist für die Annahme papiergestützter Anmeldungen zum 01. August 2022 aus.

D4363 Die Beförderungen müssen nach den „Einheitlichen Rechtsvorschriften für den Vertrag über internationale Eisenbahnbeförderungen von Gütern (CIM)" mit einem Internationalen Frachtbrief CIM durchgeführt zu werden. Der Frachtbrief CIM gilt als Versandanmeldung (Art. 30 ÜDelVO).

D4364 Die Durchführung des Verfahrens ist mit vielen Vereinfachungen verbunden. So finden bei der/den Durchgangszollstellen keine Grenzaufenthalte statt (Art. 304 Abs. 6 UZK-DVO), von den Eisenbahnunternehmen getroffene Nämlichkeitssicherungen werden durch die Zollverwaltungen anerkannt und auf eine Rückmeldung von der Bestimmungszollstelle an die Abgangszollstelle („Rückschein") wird verzichtet (Art. 91 – 107 Anlage I Übereinkommen).

f) Warenbeförderung auf dem Luftweg

D4365 Gem. Art. 295 Buchst. a UZK-DVO ist das Unionsversandverfahren für auf dem Luftweg beförderte Nicht-Unionswaren verbindlich, wenn diese auf einem Unionsflughafen verladen oder umgeladen werden.

Unionswaren hingegen können, unter Beibehalt ihres zollrechtlichen Status, ohne ein Versandverfahren zwischen zwei innerhalb des Zollgebiets der Union gelegenen Orten über ein Drittland befördert werden, wenn die Waren auf dem Luftweg befördert und auf einem Flughafen der Union für den Versand zu einem anderen Flughafen der Union verladen oder umgeladen werden, sofern für sie ein in einem Mitgliedstaat ausgestelltes einziges Beförderungspapier vorliegt (Art. 155 Abs. 2 UZK, Art. 119 Abs. 2 Buchst. a UZK-DelVO). Wird ihr zollrechtlicher Status als Unionsware nachgewiesen, können Unionswaren bei einer Beförderung im Luftverkehr zwischen zwei innerhalb des Zollgebiets der Union gelegenen Orten dieses, ohne Änderung ihres zollrechtlichen Status, ebenfalls vorübergehend verlassen (Art. 155 Abs. 2 UZK, Art. 119 Abs. 3 Buchst. a UZK-DelVO). Da Unionswaren in den vorgenannten Fällen ihren zollrechtlichen Status behalten, müssen sie im Zielflughafen nicht zollrechtlich behandelt werden. D4366

Gem. Art. 24 Abs 1 ÜDelVO kann das papiergestützte Unionsversandverfahren im Luftverkehr bis zu den Zeitpunkten der Verbesserung des NCTS weiter gemäß den Art. 26 und 29, 46-48 ÜDelVO angewendet werden (Verfahren Stufe 1) sowie nach Art. 24 Abs. 2 ÜDelVO das Versandverfahren auf der Basis eines elektronischen Manifests gemäß den Art. 27, 29, u. 52 ÜDelVO (Verfahren Stufe 2). Im Hinblick auf Vereinfachungen für Warenbeförderungen auf dem Luftweg gilt in Deutschland die Dienstvorschrift E-VSF Z 37 20. D4367

Die Bewilligungsvoraussetzungen für die Inanspruchnahme des papiergestützten Unionsversandverfahrens (Stufe 1) für auf dem Luftweg beförderte Waren werden in Art. 26, 29 ÜDelVO geregelt. Voraussetzung ist danach, dass das Warenmanifest inhaltlich dem Vordruck in Anhang 9 Anlage 3 des am 7. Dezember 1944 in Chicago geschlossenen Abkommens über die internationale Zivilluftfahrt entspricht (Art. 46 ÜDelVO, Art. 108 Anlage I Übereinkommen). D4368

Werden Nicht-Unionswaren im externen Versandverfahren befördert, so ist das Manifest oder die betroffene Position mit „T1“ zu kennzeichnen. Bei Beförderungen von Unionswaren in Gebiete, die zwar zum Zollgebiet gehören, nicht aber zum Mehrwertsteuergebiet der Union, ist die Kennzeichnung „T2F“ einzutragen. Die vorgenannten sowie die weiteren Anforderungen an die Angaben im Manifest ergeben sich aus Art. 47 ÜDelVO. D4369

Das Manifest ist dem Abflughafen in zweifacher Ausfertigung vorzulegen. Ergeben sich aus dem Manifest Informationen für das Vorliegen von Verboten und Beschränkungen, so führt die Abgangszollstelle nach pflichtgemäßem Ermessen eine Beschau durch. Nach Registrierung wird eine Ausfertigung an die Fluggesellschaft zurückgegeben und begleitet den Flug. Bei der Beendigung des Versandverfahrens ist dieses Exemplar der Bestimmungszollstelle (Bestimmungsflughafen) vorzulegen. D4370

Darüber hinaus ist die Fluggesellschaft verpflichtet, monatlich jedem Bestimmungsflughafen eine Auflistung der vorgelegten Manifeste vorzulegen (Art. 48 ÜDelVO). Der Bestimmungsflughafen übermittelt diese Liste zu Kontrollzwecken an den Abflughafen. D4371

D4372 Die Bewilligungsvoraussetzungen für die Inanspruchnahme des Unionsversandverfahrens auf Basis eines elektronischen Manifests für auf dem Luftweg beförderte Waren (Stufe 2) werden in Art. 27, 29 ÜDelVO geregelt.

D4373 Die Vorgaben an die Verwendung eines elektronischen Manifests als Versandanmeldung für die Inanspruchnahme des Unionsversandverfahren für auf dem Luftweg beförderte Waren ergibt sich aus Art. 52 ÜDelVO. Abweichend zum papiermäßigen Verfahren erfolgt der Austausch der Dokumente zwischen der Luftverkehrsgesellschaft und den Zollbehörden in elektronischer Form.

g) Warenbeförderung auf dem Seeweg

D4374 Gem. Art. 295 Buchst. b UZK-DelVO ist das Unionsversandverfahren für auf dem Seeweg beförderte Nicht-Unionswaren, die im Rahmen eines gemäß Artikel 120 UZK-DelVO zugelassenen Linienverkehrs befördert werden, verbindlich.

D4375 Die Bedingungen für die Einrichtung sowie die Abwicklung eines Linienverkehrs für Warenbeförderungen auf dem Seeweg ergeben sich aus Art. 120 bis Art. 122a UZK-DelVO und Art. 195 bis 198 UZK-DVO. Für Warenbeförderungen im zugelassenen Linienverkehr gilt in Deutschland die Dienstvorschrift E-VSF Z 37 22.

D4376 Unionswaren können zwischen zwei innerhalb des Zollgebiets der Union gelegenen Orten ohne Änderung ihres zollrechtlichen Status vorübergehend auch außerhalb dieses Zollgebiets befördert werden, ohne einem Versandverfahren zu unterliegen, wenn die Waren auf dem Seeweg in einem gemäß Art. 120 UZK-DelVO zugelassenen Linienverkehr zwischen Häfen der Union befördert werden (Art. 155 Abs. 2 UZK, Art. 119 Abs. 2 Buchst. b UZK-DelVO). Da Unionswaren, die im bewilligten Linienverkehr transportiert werden, ihren zollrechtlichen Status behalten, müssen sie im Zielhafen nicht zollrechtlich behandelt werden. Außerhalb des Linienverkehrs gilt für Unionswaren die Regelung der Art. 155 Abs. 2 UZK, Art. 119 Abs. 3 Buchst. a UZK-DelVO.

D4377 Gem. Art. 24 Abs 1 ÜDelVO kann das papiergestützte Unionsversandverfahren im Seeverkehr bis zu den Zeitpunkten der Verbesserung des NCTS weiter gemäß den Art. 26 und 29, 49-51 ÜDelVO angewendet werden sowie nach Art. 24 Abs. 2 ÜDelVO das Versandverfahren auf der Basis eines elektronischen Manifests gemäß den Art. 28, 29 u. 53 ÜDelVO.

D4378 Die Bewilligungsvoraussetzungen für die Inanspruchnahme des papiergestützten Unionsversandverfahren für auf dem Seeverkehr beförderte Waren werden in Art. 26, 29 ÜDelVO geregelt.

D4379 Werden Nicht-Unionswaren im externen Versandverfahren befördert, so ist das Manifest oder die betroffene Position mit „T1“ zu kennzeichnen. Bei Beförderungen von Unionswaren in Gebiete, die zwar zum Zollgebiet gehören, nicht aber zum Mehrwertsteuergebiet der Union, ist die Kennzeichnung „T2F“ einzutragen. Die vorgenannten sowie die weiteren Anforderungen an die Angaben im Manifest ergeben sich aus Art. 50 ÜDelVO.

Das Manifest ist dem Abgangshafen mindestens in zweifacher Ausfertigung vorzulegen (Art. 50 Abs. 4 ÜDelVO). Nach Registrierung wird eine Ausfertigung an die Schifffahrtsgesellschaft zurückgegeben und begleitet die Ware. Bei der Beendigung des Versandverfahrens ist dieses Exemplar der Bestimmungszollstelle (Bestimmungshafen) vorzulegen. D4380

Darüber hinaus ist die Schifffahrtsgesellschaft verpflichtet, monatlich jedem Bestimmungshafen eine Auflistung der vorgelegten Manifeste vorzulegen (Art. 51 ÜDelVO). Der Bestimmungshafen übermittelt diese Liste zu Kontrollzwecken an den Abgangshafen. D4381

Die Bewilligungsvoraussetzungen für die Inanspruchnahme des Unionsversandverfahrens auf Basis eines elektronischen Manifests für auf dem Seeverkehr beförderte Waren werden in Art. 28, 29 ÜDelVO geregelt. D4382

Die Vorgaben an die Verwendung eines elektronischen Manifests als Versandanmeldung für die Inanspruchnahme des Unionsversandverfahrens für auf dem Seeweg beförderte Waren ergibt sich aus Art. 53 ÜDelVO. Abweichend zum papiermäßigen Verfahren erfolgt der Austausch der Dokumente zwischen den Schifffahrtsunternehmen und den Zollbehörden in elektronischer Form. D4383

Die Art. 49, 50, 51 und 53 ÜDelVO können nicht in Anspruch genommen werden, wenn die Beförderung im Seeverkehr im Nichtlinienverkehr stattfindet. D4384

h) Beförderung durch festinstallierte Transporteinrichtungen (Rohrleitungen)

Flüssige oder gasförmige Nicht-Unionswaren werden üblicherweise in Pipelines befördert. Findet der Eingang von Waren in das Zollgebiet der Union mittels einer Pipeline statt, so findet an der EU-Grenze keine Erfassung bzw. Behandlung der Waren statt. D4385

Werden die Waren durch eine festinstallierte Transporteinrichtung in das Zollgebiet der Union verbracht, so gelten sie beim Eingang in das Zollgebiet als in das Unionsversandverfahren übergeführt (Art. 321 Abs. 1 UZK-DVO). D4386

Das Gleiche gilt gem. Art. 321 Abs. 2 UZK-DVO für Nicht-Unionswaren, die im Zollgebiet der Union in eine festinstallierte Transporteinrichtung eingespeist werden. Das Ende des Unionsversandverfahrens wird in diesen Fällen gem. Art. 321 Abs. 5 UZK-DVO ebenfalls fingiert. D4387

(Einstweilen frei) D4388–D4400

11. Weitere Versandverfahren innerhalb der Europäischen Union

a) Verfahren mit Carnet TIR

Das bedeutendste Übereinkommen im internationalen Versandrecht ist das Zollübereinkommen über den internationalen Warentransport mit Carnet TIR (TIR = Transports Internationaux Routiers). D4401

D4402 Der TIR-Versand wurde bereits kurz nach dem 2. Weltkrieg als Wirtschaftsförderungsmaßnahme für das zerstörte Nachkriegseuropa entwickelt. Nach einer ersten TIR-Vereinbarung im Jahr 1949 folgte ein erstes TIR-Übereinkommen im Jahre 1959, welches in der Folge im Jahr 1975 durch das geltende Zollübereinkommen über den internationalen Warentransport mit Carnet TIR (TIR-Übereinkommen) ersetzt wurde.

D4403 Der TIR-Versand kommt bei Warenbeförderungen zwischen den Vertragsparteien des TIR-Übereinkommens zur Anwendung, wenn die Warenbeförderung zumindest auf einem Teilstück im Straßenverkehr erfolgt (Art. 2 TIR-Übereinkommen). Im Jahr 2016 hatte das TIR-Übereinkommen 69 Vertragsstaaten. Nicht alle Vertragsstaaten des Übereinkommens verfügen jedoch über einen zugelassenen bürgenden Verband, so dass das Versandverfahren mit Carnet TIR im Jahr 2016 nur in 58 Vertragsstaaten durchführbar war.

D4404 Obwohl jeder EU-Mitgliedstaat Vertragspartei des TIR-Übereinkommens ist, wird die Europäische Union für die Zwecke des TIR-Verfahrens als ein einziges Gebiet angesehen (Art. 228 UZK). Regelungen zur Abwicklung des Versandverfahrens mit Carnet TIR in der Union finden sich in Art. 163, 164, 167, 168 und Art. 274-282 UZK-DVO und Art. 184, 186 und 187 UZK-DelVO.

D4405 In der Union kann der TIR-Versand nur zu Anwendung kommen, wenn eine Beförderung von Nicht-Unionswaren außerhalb des Zollgebiets der Union begonnen hat oder enden soll, oder zwischen zwei innerhalb des Zollgebiets der Union gelegenen Orten über das Gebiet eines nicht zum Zollgebiet der Union gehörenden Landes oder Gebiets erfolgt (Art. 226 Abs. 3 Buchst. b UZK).

BEISPIEL:

Teppiche werden auf dem Landweg aus der Islamischen Republik Iran über die Russische Föderation, die Ukraine, nach Deutschland befördert. Ohne ein durchgängiges Versandverfahren müssten in der Russische Föderation, der Ukraine und in der EU die für die jeweiligen Zollgebiete vorgesehenen Versandverfahren bei den Eingangszollstellen eröffnet, anschließend durchgeführt und bei den Ausgangszollstellen (bzw. der Bestimmungszollstelle in Deutschland) beendet werden.

D4406 Für den internen Versand nach Art. 227 Abs. 1 UZK, d. h. die Beförderung von Unionswaren zwischen zwei innerhalb des Zollgebiets der Union gelegenen Orten ohne Änderung ihres zollrechtlichen Status über ein anderes außerhalb des Zollgebiets gelegenes Land oder Gebiet, ist eine Beförderung im TIR-Versand grundsätzlich möglich (Art. 227 Abs. 2 Buchst. b UZK).

aa) Voraussetzungen

Der TIR-Versand erfolgt unter den nachfolgenden Voraussetzungen.

D4407 **Nutzung eines Carnet TIR (Heft)**

Waren, die im TIR-Verfahren befördert werden sollen, müssen mit einem international anerkannten Zolldokument (Carnet TIR) angemeldet und von diesem während des Transports begleitet werden. Das Carnet TIR (Heft) wird von der in Genf ansässigen Internationalen Straßentransportunion (IRU-International Road Transport Union bzw. Union Internationale des Transports Routiers) an die angeschlossenen nationalen Verbände ausgegeben. Diese wiederum, sofern von den nationalen Zollbehörden dazu zugelassen, geben das Carnet TIR an die (End-)Nutzer des Verfahrens (Carnet TIR-Inhaber) aus. In der Bundesrepublik Deutschland erfolgt die Abgabe von Carnets TIR über die Landesorganisationen des Bundesverbandes Güterkraftverkehr, Logistik und Entsorgung (BGL) e.V. in Frankfurt am Main und die Arbeitsgemeinschaft zur Förderung und Entwicklung des internationalen Straßenverkehrs (AIST) e.V. in Berlin.

Der bürgende Verband setzt eine Gültigkeitsdauer für das Carnet TIR fest und bestimmt dabei den letzten Gültigkeitstag, nach dem das Carnet TIR der Abgangszollstelle nicht mehr zur Annahme vorgelegt werden kann (Art. 9 Abs. 1 TIR-Übereinkommen). D4408

Internationale Bürgschaftskette

Jede Vertragspartei des Übereinkommens kann Verbänden die Bewilligung erteilen, entweder selbst oder durch die mit ihnen in Verbindung stehenden Verbände Carnets TIR auszugeben und die Bürgschaft zu übernehmen, solange die in Anlage 9 Teil I des TIR-Übereinkommens niedergelegten Mindestvoraussetzungen und -erfordernisse erfüllt werden (Art. 6 Abs. 1 TIR-Übereinkommen). D4409

Die bürgenden Verbände (Art. 1 Buchst. q TIR-Übereinkommen) verpflichten sich, die fälligen Einfuhrabgaben zuzüglich etwaiger Verzugszinsen zu entrichten, die nach den Zollgesetzen und anderen Zollvorschriften des Landes zu entrichten sind, in dem eine Unregelmäßigkeit im Zusammenhang mit einem TIR-Versand festgestellt worden ist (Art. 8 Abs. 1 TIR-Übereinkommen). Die bürgenden Verbände haften mit den Personen, die die vorgenannten Beträge schulden, gesamtschuldnerisch für die Entrichtung der Abgaben. D4410

Ein Verband wird in einem Land nur zugelassen, wenn sich seine Bürgschaft auch auf die in diesem Land entstehenden Verbindlichkeiten aus Warentransporten mit Carnets TIR erstreckt, die von ausländischen Verbänden ausgegeben worden sind, die derselben internationalen Organisation wie der bürgende Verband angehören (Art. 6 Abs. 2 TIR-Übereinkommen). D4411

In der Bundesrepublik Deutschland haben der Bundesverband Güterkraftverkehr Logistik und Entsorgung (BGL) e.V. und die Arbeitsgemeinschaft zur Förderung und Entwicklung des internationalen Straßenverkehrs (AIST) e.V. eine Sicherheit in Form einer selbstschuldnerischen Bürgschaft gegenüber der Bundesrepublik Deutschland geleistet. Die Bürgschaftssumme für ein einzelnes Carnet TIR ist dabei auf 100.000 € beschränkt (Art. 163 UZK-DVO). Ausgenommen von der Deckung sind, aufgrund häufiger Betrugsfälle, Alkoholerzeugnisse mit HS-Code 2207.10 und 2208 sowie Tabakerzeugnisse mit HS-Code 2402.10, 2402.20, 2403.11 u. 2403.19 (siehe Z 3615 (13)). D4412

Zulassung der Inhaber eines Carnet TIR

Ein Verband gibt Carnets TIR nur an Personen aus, denen die Zulassung zum TIR-Verfahren von den zuständigen Behörden der Vertragsparteien, in deren Hoheitsgebiet sie ihren Wohnsitz oder Geschäftssitz haben, nicht verweigert worden ist (Art. 6 Abs. 3 TIR-Übereinkommen). Die Zulassungsvoraussetzungen ergeben sich aus Anlage 9 Teil II des TIR-Übereinkommens (Art. 6 Abs. 4 TIR-Übereinkommen). D4413

D4414 Diejenige Person, für die ein Carnet TIR gemäß den einschlägigen Bestimmungen des Übereinkommens ausgestellt und in deren Namen eine Zollanmeldung in Form eines Carnet TIR vorgenommen worden ist, wird zum Inhaber eines Carnet TIR (Art. 1 Buchst. o TIR-Übereinkommen).

D4415 Der Inhaber eines Carnet TIR ist verantwortlich für die Vorführung des Straßenfahrzeugs, des Lastzugs oder des Behälters zusammen mit der Ladung und dem zugehörigen Carnet TIR bei der Abgangszollstelle, der Durchgangszollstelle und der Bestimmungszollstelle sowie für die Einhaltung der anderen einschlägigen Bestimmungen des Übereinkommens (Art. 1 Buchst. o TIR-Übereinkommen).

D4416 Inhaber, die sich einer schweren Zuwiderhandlung gegen die für den internationalen Warentransport geltenden oder sonstigen Zollvorschriften schuldig gemacht haben, können dauerhaft oder vorübergehend von der Nutzung des Carnet TIR ausgeschlossen werden (Art. 38 TIR-Übereinkommen). Entscheiden die Zollbehörden eines Mitgliedstaats, eine Person von TIR-Transporten auszuschließen, so gilt diese Entscheidung für das gesamte Zollgebiet der Union. Der jeweilige Mitgliedstaat teilt seine Entscheidung über den Ausschluss zusammen mit dem Datum des Geltungsbeginns den anderen Mitgliedstaaten und der Kommission mit (Art. 229 UZK).

Verwendung sicherer Fahrzeuge oder Behälter

D4417 Die Durchführung des TIR-Versands ist ausschließlich mit verschlusssicheren und durch eine Zollbehörde zugelassenen Straßenfahrzeugen und Behältern zulässig (Art. 3 TIR-Übereinkommen). Im Rahmen der Zulassung wird eine amtliche Verschlussanerkenntnis erteilt, die während des Transports mitzuführen ist (in Deutschland der Vordruck 0490, Art. 12 TIR-Übereinkommen). Darüber hinaus sind die Straßenfahrzeuge an der Vorder- und der Rückseite mit gut sichtbaren rechteckigen blauen Tafeln mit der weißen Aufschrift „TIR“ auszustatten. Werden die Straßenfahrzeuge außerhalb des TIR-Versands genutzt, so sind die Tafeln abzunehmen oder abzudecken.

Gegenseitige Anerkennung der Zollkontrollen

D4418 Die Zollkontrollen, die bei der Abgangszollstelle im Abgangsland durchgeführt wurden, müssen in allen Transit- und Bestimmungsländern anerkannt werden. In der Folge werden im TIR-Versand beförderte Waren in der Regel bei den Durchgangszollstellen keinen Kontrollen unterzogen.

bb) Durchführung

D4419 Eine Zollanmeldung auf der Grundlage eines Carnet TIR (Heft) gilt jeweils nur für eine TIR-Beförderung (Art. 17 Abs. 2 TIR-Übereinkommen). Für jedes Straßenfahrzeug oder jeden Behälter ist grundsätzlich ein gesondertes Carnet TIR auszufertigen. Das Carnet TIR (Heft) besteht aus zwei Umschlagblättern. Darin eingeheftet sind gelbe Blätter und eine für den Transport ausreichende Anzahl an weißen und grünen Trennabschnitten (Blätter für Abgangs- und Bestimmungsland, jedes Durchgangsland und für weitere Abgangs- und Bestimmungszollstellen). Die Trennabschnitte werden im Laufe des Transportes von den beteiligten Zollstellen zur Überwachung des Transports entnommen, wobei der untere Teil des Trennabschnitts jeweils als Stammblatt im Carnet TIR

(Heft) verbleibt. Zu beachten ist, dass die Gesamtzahl der Abgangs- und Bestimmungszollstellen vier nicht überschreiten darf (Art. 18 TIR-Übereinkommen).

Werden Unionswaren mit Carnet TIR in einen anderen Mitgliedsstaat über das Gebiet eines Drittlandes befördert, kann der Inhaber des Carnets TIR den Nachweis des zollrechtlichen Status durch Eintragung der Kurzbezeichnung „T2L" bzw. „T2LF" vornehmen (Art. 207 UZK-DVO). D4420

Die Waren und das Straßenfahrzeug, der Lastzug oder der Behälter sind bei der Abgangszollstelle (Art. 1 Buchst. k TIR-Übereinkommen) mit dem Carnet TIR vorzuführen (Art. 19 TIR-Übereinkommen). D4421

Für die Beförderungstrecke im Zollgebiet der Union ist zu beachten, dass der Inhaber des Carnet TIR seit dem 1.1.2009 die Daten der Anmeldung beim TIR-Versand parallel zu den Eintragungen im Carnet TIR (Heft) auch in elektronischer Form an die Abgangszollstelle zu übermitteln hat (Art. 273 UZK-DVO). Die Übermittlung der Daten erfolgt dabei mittels Teilnehmereingabe oder mit Hilfe einer Internet-Versandanmeldung „TIR". Der Vorteil der Nutzung des elektronischen Verfahrens im Zollgebiet der Union besteht insbesondere darin, dass Nachrichten zwischen den Abgangs- bzw. Eingangszollstellen und den Bestimmungs- bzw. Ausgangszollstellen (z. B. die Nachricht über die Beendigung des TIR-Verfahrens) in elektronischer Form und damit beschleunigt ausgetauscht werden können. D4422

Bei der Gestellung der Waren hat der Anmelder der Abgangszollstelle/Eingangszollstelle die vom elektronischen System erfasste LRN (Local Reference Number (Bezugsnummer des Beteiligten)) mitzuteilen sowie als Nachweis der Sicherheitsleistung das Carnet TIR (Heft) vorzulegen (ATLAS-VA Kap. 4.8.6.1). Die Abgangszollstelle überprüft die Übereinstimmung der in ATLAS übermittelten Daten mit den Eintragungen im Carnet TIR (Heft). D4423

Die Abfertigungshandlungen der Abgangszollstelle/Eingangszollstelle beim TIR-Versand entsprechen grundsätzlich denen einer Abgangszollstelle im Unionsversandverfahren bzw. im gemeinsamen Versandverfahren. Beim TIR-Versand ist die Nämlichkeitssicherung grundsätzlich mit Zollverschluss (Ausnahme: außergewöhnlich schwere oder sperrige Waren nach Art. 29 TIR-Übereinkommen) vorzunehmen. Im Weiteren erfolgt die Fristsetzung für die Gestellung bei der Bestimmungszollstelle und ggf. die Festlegung einer vorgeschriebenen Fahrtstrecke (Art. 275 UZK-DVO, Art. 19 u. 20 TIR-Übereinkommen). D4424

Die Abgangszollstelle/Eingangszollstelle dokumentiert die Annahme, die Abfertigungshandlungen und Überlassung im elektronischen System (in Deutschland ist dies ATLAS) und erzeugt eine Druckausgabe des TIR-Versandbegleitdokuments (TIR-VBD/VBD-S). D4425

Bei der in ATLAS für ein TIR-Verfahren vergebenen Registriernummer handelt es sich um eine sog. MRN (Master Reference Number, Art. 1 Nr. 22 UZK-DelVO). Die MRN im TIR-Versand ist 18-stellig und setzt sich in Deutschland gemäß der ATLAS-VA Kap. 9.1.4 beispielhaft wie folgt zusammen: D4426

MRN: 21DE810300000112J4

Bis zum ATLAS-Release 9.1 war der (vorletzte) Buchstabe der Registriernummer ein „T".

D4427 Das TIR-VBD/VBD-S wird mit dem Trennabschnitt 2 fest verbunden und begleitet zusammen mit dem Carnet TIR (Heft) die Waren während der Beförderung (ATLAS-VA Kap. 4.8.7). Darüber hinaus trägt die Abgangszollstelle/Eingangszollstelle die MRN des TIR-Verfahrens in das Carnet TIR ein (Art. 276 Abs. 4 UZK-DVO). Bei der Überlassung ins Verfahren übermittelt ATLAS eine Vorab-Ankunftsanzeige an die Bestimmungszollstelle. Der Trennabschnitt 1 des Carnet TIR wird aus dem Carnet TIR herausgetrennt und verbleibt bei der Abgangszollstelle.

D4428 Zum Abschluss des Versandverfahrens mit Carnet TIR werden die Waren, das Fahrzeug, das Carnet TIR mit dem TIR-Versandbegleitdokument (TIR-VBD/VBD-S) und die von ATLAS vergebene MRN bei der Bestimmungszollstelle (Art. 1 Buchst. l TIR-Übereinkommen) gestellt (Art. 278 UZK-DVO). Die angegebene Bestimmungszollstelle kann durch eine andere Bestimmungszollstelle ersetzt werden (Art. 27 TIR-Übereinkommen).

D4429 Die Abfertigungshandlungen der Bestimmungszollstelle beim TIR-Versand entsprechen grundsätzlich denen einer Bestimmungszollstelle im Unionsversandverfahren bzw. im gemeinsamen Versandverfahren einschließlich der Eintragungen in ATLAS (Art. 278, 279 UZK-DVO).

D4430 Die Bestimmungszollstelle/Ausgangszollstelle teilt der Abgangs- oder Eingangszollstelle die Kontrollergebnisse spätestens am dritten Tag nach dem Tag der Gestellung der Waren bei der Bestimmungs- oder Ausgangszollstelle oder an einem anderen Ort gemäß mit. In Ausnahmefällen kann diese Frist auf bis zu sechs Tage verlängert werden (Art. 279 Abs. 3 UZK-DVO).

D4431 Wenn die Voraussetzungen vorliegen beendet die Bestimmungszollstelle/Ausgangszollstelle das TIR-Verfahren gemäß Art. 1 Buchst. d und Art. 28 Abs. 1 des TIR-Übereinkommens. Sie füllt den Stammabschnitt Nr. 2 des Carnet TIR aus und behält den Trennabschnitt Nr. 2 des Carnet TIR für die eigene Belegsammlung. Das Carnet TIR wird nach Vornahme aller Eintragungen dem Inhaber oder seinem Vertreter zurückgegeben (Art. 279 Abs. 4 UZK-DVO).

D4432 Ordnungsgemäß beendete Versandverfahren mit Carnet TIR sind unverzüglich zu erledigen (Art. 10 Abs. 1 TIR-Übereinkommen). Die Bestätigung der ordnungsgemäßen Beendigung eines Versandverfahrens mit Carnet TIR führt zu Erledigung des Verfahrens (Art. 215 Abs. 2 UZK, Art. 1 Buchst. e TIR-Übereinkommen).

D4433 Zur Erfassung, Übermittlung und Einsichtnahme von TIR-Beendigungsdaten existiert ein eigenständiges, internetbasiertes TIR-Zollportal (Anhang 10 TIR-Übereinkommen). Die Bestimmungszollstelle stellt sicher, dass alle Beendigungsdaten noch am Tage der Beendigung in das System eingegeben werden.

D4434 Suchverfahren beim Warenverkehr im TIR-Verfahren richten sich nach Art. 280 UZK-DVO.

cc) TIR und ZE

D4435 Das Versandverfahren mit Carnet TIR kann bei entsprechender Bewilligung auch von einem zugelassenen Empfänger (Verfahren ZE/TIR) beendet werden (Art. 230 UZK, Art. 186, 187 UZK-DelVO). Die vom zugelassenen Empfänger zu beachtenden Pflichten und Abläufe ergeben sich aus Art. 282 UZK-DVO. Nach der elektronischen Übermittlung der Beendigungsnachrichten durch den Zugelassenen Empfänger sorgt dieser dafür, dass das Carnet TIR zusammen mit der MRN innerhalb der in der Bewilligung festgesetzten Frist für die Zwecke der Beendigung bei der Bestimmungszollstelle vorgelegt wird (Art. 282 Abs. 5 UZK-DVO).

MERKE:

Das Versandverfahren nach dem TIR-Übereinkommen kommt im Zollgebiet der Union für Beförderung zur Anwendung, die außerhalb des Zollgebiets der Union in einem Vertragsstaat des TIR-Übereinkommens beginnen oder enden sollen, oder bei Beförderungen zwischen zwei innerhalb des Zollgebiets der Union gelegenen Orten über das Gebiet eines Drittlandes, das Vertragsstaat des TIR-Übereinkommens ist. Voraussetzung für ein Versandverfahren nach dem TIR-Übereinkommen ist, dass zumindest Teile des Transports im Straßengüterverkehr stattfinden. Die Durchführung und Überwachung erfolgt mittels eines Carnet TIR (Hefts), das die Beförderung begleitet und den betroffenen Zollstellen vorzulegen ist. Für den Streckenanteil im Zollgebiet der Union ist neben dem Carnet TIR ein elektronischer Datensatz bei der Abgangszollstelle/Eingangszollstelle einzuspielen. D4436

(Einstweilen frei) D4437–D4440

b) Verfahren mit Carnet ATA (vorübergehende Verwendung)

Das Carnet ATA (Admission Temporaire/Temporary Admission) dient grundsätzlich der vorübergehenden abgabenfreien Verwendung von Gebrauchsgütern (z. B. für Ausstellungsgut auf Handelsmessen, Berufsausrüstung, Warenmuster, Waren für wissenschaftliche Zwecke oder Verwendungen zu sportlichen Zwecken). Hierzu wird ein Carnet ATA (Heft) genutzt, welches für die Einfuhr, Ausfuhr und Durchfuhr sowie die Wiedereinfuhr in die jeweiligen Vertragsstaaten genutzt werden kann. Durch eine internationale Bürgenkette ist die Leistung einer Sicherheit in allen Vertragsstaaten gewährleistet. D4441

Neben der Abwicklung und Überwachung der vorübergehenden Verwendung kann das Carnet ATA auch als Versandpapier für die Beförderung der vorgenannten Waren im externen und internen Versandverfahren genutzt werden. D4442

Soll eine Nicht-Unionsware von der Eingangszollstelle bis zur Zollstelle der Überführung in die vorübergehende Verwendung befördert werden, oder von der Zollstelle der Beendigung der vorübergehenden Verwendung bis zur Ausgangszollstelle oder durch das Zollgebiet der Union, so kann die Beförderung als Versand nach dem ATA-Übereinkommen erfolgen (Art. 226 Abs. 3 Buchst. c UZK). Bei der Nutzung des Carnet ATA im Zollgebiet der Union gilt die Union als ein einziges Gebiet. D4443

Beim Versand trennt die Abgangszollstelle das hierfür vorgesehene Versand-/Transitblatt Nr. 1 (blau gefärbte Blätter) ab, füllt den Stammabschnitt aus und vermerkt in D4444

Versand-/Transitblatt Nr. 2 den Namen und die vollständige Anschrift der Abgangszollstelle für die Rücksendung. Bei der Beendigung des Versands trennt die Bestimmungszollstelle das Transitblatt Nr. 2 ab, trägt dort die Beendigungsvermerke ein, füllt den Stammabschnitt aus und sendet das Transitblatt Nr. 2 als Erledigungsbestätigung an die Abgangszollstelle.

D4445–D4450 *(Einstweilen frei)*

c) Verfahren mit Rheinmanifest

D4451 Eine besondere Form des Versandverfahrens im Schiffsverkehr stellt die Beförderung auf der Grundlage des Rheinmanifestes dar (Art. 226 Abs. 3 Buchst. d, Art. 227 Abs. 2 Buchst. d UZK). Rechtsgrundlage ist Art. 9 der Revidierten Mannheimer Rheinschifffahrtsakte von 1968, ein Abkommen, das Warenbeförderung mit Binnenschiffen auf dem Rhein als internationale Wasserstraße regelt. Das Übereinkommen betrifft die Rheinanliegerstaaten: Niederlande, Belgien, Frankreich, Deutschland und die Schweiz.

D4452 Das Versandverfahren mit Rheinmanifest wurde eingeführt, um den Schifffahrtsverkehr auf dem Rhein und seinen Nebenflüssen zu vereinfachen. Die Durchführung erfolgt mit einem vereinbarten Zollpapier, dem sog. Rheinmanifest. Das Rheinmanifest gilt als Zollanmeldung zum Versandverfahren und ist bei jeder vom Transport betroffenen Zollstelle vorzulegen.

D4453 Die Vorteile der Beförderung mit dem Rheinmanifest bestehen darin, dass bei dem Transport auf Zollkontrollen und eine Sicherheitsleistung verzichtet wird, wenn das Schiff den Geltungsbereich des Abkommens ohne Änderung der Ladung durchfährt.

D4454 Das Verfahren mit Rheinmanifest hat in der Praxis seit der Einführung des elektronischen Versandverfahrens an Bedeutung verloren und wird in der Regel von diesem ersetzt.

D4455–D4460 *(Einstweilen frei)*

d) Verfahren für NATO-Beförderungen

D4461 Der Vordruck 302 ermöglicht es NATO-Streitkräften (NATO-Truppen) für Militärmaterial (einschließlich Verpflegung) ein gesondertes Versandverfahren nach dem NATO-Truppenstatut von 1951 zu nutzen (Art. 226 Abs. 3 Buchst. e UZK). Die Einzelheiten der Durchführung regeln die Art. 286 bis 287a UZK-DVO sowie die truppenzollrechtlichen Vorschriften.

D4462 Der Vordruck 302 bescheinigt, dass es sich bei den dort aufgeführten Waren um Waren der NATO-Streitkräfte handelt und ist bei der Einfuhr, der Ausfuhr und auch der Durchfuhr der Waren vorzulegen. Bei der Beförderung der Waren kann der Vordruck als Anmeldung zum Versandverfahren genutzt werden. Bei der Durchfuhr kommt der Vordruck 302 auch zur Anwendung, wenn die Waren nicht durch die Streitkräfte befördert werden.

D4463–D4470 *(Einstweilen frei)*

e) Verfahren für Postsendungen

Das Versandverfahren im Rahmen des Postsystems basiert auf den einschlägigen Vorschriften des Weltpostvereins und wird bei Beförderungen von Postsendungen nach dem Weltpostvertrag innerhalb des Zollgebiets der Union angewandt. Unter Postsendungen fallen dabei Briefsendungen, d. h. Briefe, Postkarten, Blindenpost und Drucksachen, die nicht einfuhr- oder ausfuhrabgabenpflichtig sind (Art. 1 Nr. 26 UZK-DelVO), sowie Waren in „Postsendungen", d. h. andere Waren als Briefsendungen, die in einem Paket oder Päckchen enthalten sind und unter Verantwortung eines Postbetreibers oder durch einen Postbetreiber gemäß den Vorschriften des am 10. Juli 1984 unter der Schirmherrschaft der Vereinten Nationen angenommenen Weltpostvertrags befördert werden (Art. 1 Nr. 24 UZK-DelVO). D4471

In Deutschland darf nur die Deutsche Post AG ("Deutsche Post DHL") das vereinfachte Verfahren für Postsendungen anwenden. D4472

Der Postversand wird in Art. 226 Abs. 3 Buchst. f, Art. 227 Abs. 2 Buchst. f u. Art. 228 UZK sowie Art. 288 bis 290 UZK-DVO geregelt. Die Überführung in das Verfahren für Postsendung erfolgt formlos. Werden Nicht-Unionswaren im externen Versandverfahren gemäß Artikel 226 Absatz 3 Buchst. f UZK befördert, tragen die Postsendung und alle Begleitdokumente einen Klebezettel gemäß Anhang 72-01 UZK-DVO. Zur Beendigung sind die Sendungen unter Vorlage der erforderlichen Dokumente der Bestimmungszollstelle zu gestellen. Hierdurch endet das formlose Postversandverfahren. D4473

(Einstweilen frei) D4474–D4480

12. Statusnachweise

a) Anwendungsbereich

Beim zollrechtlichen Status von Waren wird in den Status von Unionswaren und Nicht-Unionswaren unterschieden (Art. 5 Nr. 22 UZK). D4481

Für alle im Zollgebiet der Union befindlichen Waren gilt die grundsätzliche Vermutung, dass es sich um Unionswaren handelt, sofern nicht festgestellt wird, dass sie nicht Unionswaren sind (Art. 153 Abs. 1 UZK). D4482

In bestimmten Fällen gilt diese Vermutung jedoch nicht und der zollrechtliche Status von Unionswaren muss nachgewiesen werden (Art. 153 Abs. 2 UZK). Waren, für die die Vermutung des zollrechtlichen Status von Unionswaren nicht gilt, werden in Art. 119 Abs. 1 UZK-DelVO aufgeführt. D4483

Gemäß Art. 119 Abs. 1 Buchst. a) UZK-DelVO gilt die Vermutung des zollrechtlichen Status von Unionswaren nicht für in das Zollgebiet der Union verbrachte Waren, die zur Ermittlung ihres zollrechtlichen Status der zollamtlichen Überwachung unterliegen. Diese Ausnahme von der Vermutung des zollrechtlichen Status von Unionswaren ist der Tatsache geschuldet, dass aus einem Drittland in das Zollgebiet der Union verbrachte Ware entweder die Bedingungen des Art. 5 Nr. 23 UZK nicht erfüllen oder diese D4484

Ware ggf. ihren zollrechtlichen Status als Unionswaren durch ein Verbringen aus dem Zollgebiet der Union verloren haben (Art. 154 Buchst. a) UZK).

D4485 Erfolgt die Beförderung im internen Unionsversandverfahren gem. Art. 227 Abs. 2 Buchst. a UZK über eine Vertragspartei des Übereinkommens über ein gemeinsames Versandverfahren, so geht der Status der Unionsware durch Verlassen des Zollgebiets der Union nicht verloren. In den in Artikel 227 Abs. 2 Buchst. b bis f UZK genannten Fällen behalten die Waren ihren zollrechtlichen Status als Unionswaren nur, wenn dieser Status unter bestimmten Voraussetzungen und mit den in den zollrechtlichen Vorschriften vorgesehenen Mitteln nachgewiesen wird (Art. 155 Abs. 1 UZK).

D4486 *(Einstweilen frei)*

b) Ausprägungen

D4487 In bestimmten Fällen können Unionswaren zwischen zwei innerhalb des Zollgebiets der Union gelegenen Orten vorübergehend auch außerhalb dieses Zollgebiets ohne Änderung ihres zollrechtlichen Status befördert werden, ohne einem Zollverfahren zu unterliegen (Art. 155 Abs. 2 UZK, Art. 119 Abs. 2 UZK-DelVO):

a) wenn die Waren auf dem Luftweg befördert und auf einem Flughafen der Union für den Versand zu einem anderen Flughafen der Union verladen oder umgeladen werden, sofern für sie ein in einem Mitgliedstaat ausgestelltes einziges Beförderungspapier vorliegt;

b) wenn die Waren auf dem Seeweg in einem gemäß Art. 120 UZK-DelVO zugelassenen Linienverkehr zwischen Häfen der Union befördert werden;

c) wenn die Waren auf der Schiene mit einem in einem Mitgliedstaat ausgestellten einzigen Beförderungspapier durch ein Drittland, das Vertragspartei des Übereinkommens über ein gemeinsames Versandverfahren ist, befördert werden und diese Möglichkeit in einem internationalen Abkommen vorgesehen ist.

D4488 Mit einem Nachweis des zollrechtlichen Status als Unionsware, können darüber hinaus in folgenden Fällen Unionswaren zwischen zwei innerhalb des Zollgebiets der Union gelegenen Orten ohne Änderung ihres zollrechtlichen Status vorübergehend auch außerhalb dieses Zollgebiets befördert werden, ohne einem Zollverfahren zu unterliegen (Art. 155 Abs. 2 UZK, Art. 119 Abs. 3 UZK-DelVO):

a) wenn die Waren zwischen zwei innerhalb des Zollgebiets der Union gelegenen Orten befördert werden und dieses Zollgebiet vorübergehend auf dem See- oder Luftweg verlassen;

b) wenn die Waren mit einem in einem Mitgliedstaat ausgestellten einzigen Beförderungspapier zwischen zwei innerhalb des Zollgebiets der Union gelegenen Orten durch ein Gebiet außerhalb des Zollgebiets der Union ohne Umladung befördert werden;

c) wenn die Waren zwischen zwei innerhalb des Zollgebiets der Union gelegenen Orten durch ein Gebiet außerhalb des Zollgebiets der Union befördert und außerhalb des Zollgebiets der Union auf ein anderes Beförderungsmittel als jenes, auf das sie ursprünglich verladen wurden, umgeladen werden und dabei ein neues Beförderungspapier für die Beförderung aus dem Gebiet außerhalb des Zollgebiets der Union ausgestellt wird, sofern neben dem neuen Beförderungspapier eine Kopie des ursprünglichen einzigen Beförderungspapiers vorliegt;

d) wenn in einem Mitgliedstaat zugelassene Straßenkraftfahrzeuge vorübergehend das Zollgebiet der Union verlassen haben und wieder in dieses verbracht werden;

e) wenn Verpackungen, Paletten und ähnliche Gegenstände, ausgenommen Container, die einer im Zollgebiet der Union ansässigen Person gehören, zur Beförderung von Waren verwendet werden, die das Zollgebiet der Union vorübergehend verlassen haben und wieder in dieses verbracht werden;

f) wenn es sich um Waren im Gepäck von Reisenden handelt, die nicht für gewerbliche Zwecke bestimmt sind und die das Zollgebiet der Union vorübergehend verlassen haben und wieder in dieses verbracht werden.

Der Nachweis des zollrechtlichen Status von Unionswaren ist durch eines der nachstehenden Mittel zu erbringen (Art. 199 Abs. 1 UZK-DVO): D4489

a) durch die Daten der Versandanmeldung von in den internen Versand übergeführten Waren. In diesem Fall findet Artikel 119 Abs. 3 UZK-DelVO keine Anwendung;

b) durch die T2L- oder T2LF-Daten gemäß Art. 205 UZK-DVO;

c) durch das Warenmanifest gemäß Art. 206 UZK-DVO;

d) durch die Rechnung oder das Beförderungspapier gemäß Art. 211 UZK-DVO;

e) durch die Daten des Fischereilogbuchs, der Anlandeerklärung, der Umladeerklärung und des Schiffsüberwachungssystems gemäß Art. 213 UZK-DVO;

f) durch einen Nachweis gemäß den Art. 207 bis 210 UZK-DVO;

g) durch die Daten der Verbrauchsteueranmeldung gemäß Artikel 34 der Richtlinie 2008/118/EG des Rates;

h) durch den Klebezettel gemäß Art. 290 UZK-DVO.

Besonderheiten und Abweichungen von den vorgenannten Nachweisen ergeben sich aus Art. 199 Abs. 2 bis 6 UZK-DVO.

(Einstweilen frei) D4490–D4500

13. Kontrollfragen

		Rdnr.	
1.	Wozu dient das zollrechtliche Versandverfahren?	D4008-D4012	☐
2.	In welchen Fällen kommen das Unionsversandverfahren und wann das gemeinsame Versandverfahren zur Anwendung?	D4017-D4021	☐
3.	Wie lautet der Anwendungsbereich für das externe Unionsversandverfahren?	D4022-D4030	☐

4.	Wie lautet der Anwendungsbereich für das interne Unionsversandverfahren	D4041-D4050	☐
5.	In welchen Formen kann eine Sicherheitsleistung für ein Unionsversandverfahren/gemeinsames Versandverfahren erbracht werden?	D4088-D4099	☐
6.	Wie berechnet sich der Referenzbetrag bei der Bewilligung einer Gesamtsicherheit?	D4100-D4104	☐
7.	Welche Formen der Befreiung von der Sicherheitsleistung sind gesetzlich normiert?	D4106-D4109	☐
8.	Wie gestalten sich die Abläufe bei der Annahme und Überprüfung einer Anmeldung zum Unionsversandverfahren/gemeinsamen Versandverfahren	D4141-D4156	☐
9.	Welchen Aufbau hat eine Master Reference Number bei der Eröffnung eines Unionsversandverfahren/gemeinsamen Versandverfahrens in Deutschland?	D4148-D4150	☐
10.	Wann ist eine verbindlichen Beförderungsroute festzulegen und wie ist die Dokumentation vorzunehmen?	D4157-D4159	☐
11.	Nach welchen Kriterien wird die Frist zur (Wieder-)Gestellung bei der Bestimmungszollstelle festgelegt?	D4160-D4161	☐
12.	Ist für das Unionversandverfahren/gemeinsame Versandverfahren eine Nämlichkeitssicherung erforderlich und welche Formen der Nämlichkeitssicherung kommen zur Anwendung?	D4162-D4168	☐
13.	Wie lauten die möglichen Kontrollergebniscodes bei der Überführung in das Versandverfahren und wann kommt welcher Code zur Anwendung?	D4169-D4177	☐
14.	Wer wird zum Inhaber des Versandverfahrens und welche Verpflichtungen treffen den Inhaber?	D4182-D4185	☐
15.	Welche für das Versandverfahren relevanten Ereignisse können während der Beförderung eintreten und wie ist in diesen Fällen zu verfahren?	D4191-D4193	☐
16.	Welche Zollstellen werden zu Durchgangszollstellen und welche Aufgaben haben Durchgangszollstellen?	D4194-D4202	☐
17.	Wo endet das Versandverfahren und was sind die Aufgaben dieser Zollstelle?	D4211-D4222	☐
18.	Wie lauten die möglichen Kontrollergebniscodes bei der Beendigung von Versandverfahren und wann kommt welcher Code zur Anwendung?	D4221-D4222	☐
19.	In welcher Rechtsstellung befinden sich Nicht-Unionswaren nach der Beendigung eines Versandverfahrens?	D4233-D4235	☐
20.	Bei welcher Zollstelle erfolgt die Erledigung eines Versandverfahrens?	D4241-D4252	☐

21.	Welche zwei Formen von Unregelmäßigkeiten sind hinsichtlich einer Zollschuldentstehung bei der Durchführung eines Versandverfahrens relevant?	D4261-D4271	☐
22.	In welchen Fällen kommt das Betriebskontinuitätsverfahren zur Anwendung und wie gestalten sich die Abläufe?	D4291-D4299	☐
23.	Was ist ein Zugelassener Versender (ZV)? Wie kann der ZV ein Unionsversandverfahren/gemeinsames Versandverfahren eröffnen?	D4315-D4328	☐
24.	Was ist ein Zugelassener Empfänger (ZE) und welche elektronischen Nachrichten werden zwischen dem ZE und der zuständigen Zollbehörde ausgetauscht?	D4329-D4345	☐
25.	Welchen Anforderungen werden an besondere Verschlüsse im Versandverfahren gestellt?	D4346-D4350	☐
26.	Welche Besonderheiten sind bei Warenbeförderungen im Schienenverkehr zu beachten?	D4361-D4364	☐
27.	Wie gestaltet sich die Abwicklung von Versandverfahren bei Beförderung von Waren auf dem Luftweg?	D4365-D4373	☐
28.	Wie gestaltet sich die Abwicklung von Versandverfahren bei Beförderung von Waren auf dem Seeweg?	D4374-D4384	☐
29.	Wann kommt eine Versandverfahren nach dem TIR-Übereinkommen zur Anwendung und wie lauten die Voraussetzungen für eine Durchführung	D4401-D4418	☐
30.	Wie gestaltet sich die Durchführung eines Versandverfahrens nach dem TIR-Übereinkommen und welche Besonderheiten sind zu beachten?	D4419-D4434	☐
31.	Kann ein Versandverfahren mit Carnet TIR auch bei einem zugelassenen Empfänger beendet werden?	D4435	☐
32.	Wann kommt das Versandverfahren mit Carnet ATA zur Anwendung?	D4441-D4444	☐
33.	Wann kommt das Versandverfahren mit dem Rheinmanifest zu Anwendung?	D4451-D4454	☐
34.	Welche Besonderheiten ergeben sich für Beförderung von Militärmaterial durch NATO-Streitkräfte?	D4461 D4462	☐
35.	Welche Güter fallen unter den Anwendungsbereich der Beförderung von Postsendungen nach dem Weltpostvertrag?	D4471-D4473	☐
36.	In welchen Fällen können Unionswaren zwischen zwei innerhalb des Zollgebiets gelegen Orten über das Gebiet eines Drittlands befördert werden ohne ihren Status zu verlieren?	D4485 D4488	☐
37.	Wie ist nach Beförderungen durch Drittländer der Status von Unionswaren beim Wiedereingang in das Zollgebiet der Union zu erbringen?	D4489	☐

V. Lagerung

Schrifttum:

Bendlinger, Lagerung und Verwahrung im Abgabenrecht, News und Highlights vom Außenwirtschaftsrechtstag 2019, AW-Prax, 2020, 107; *Böhne,* Ausfuhr von Waren nach dem UZK, AW-Prax 2014, 343; *Dierks,* Das Zolllager und seine Haftungssicherung, AW-Prax 2010, 398; *Gellert,* Zollschuld bei Beschlagnahme und Einziehung einer Ware, AW-Prax 2011, 239; *Görtz,* Übliche Behandlung und ihre Auswirkungen im Zolllagerrecht, BDZ 2010, F 57; *Henke/Witte*, Praxishandbuch Lagerung im Zoll- und Steuerrecht, 2. Aufl. 2019; *Klaiber*, Fallstudie: Einrichtung einer zollrechtlichen Sonderzone in Deutschland, MwStR 2016, 746; *Korf/Peterka*, Gestaltungen bei der Wareneinfuhr an der Schnittstelle von Zoll und Umsatzsteuer, UVR 2017, 26, 51; *Looks/Menzel*, Einfuhrumsatzsteuer und Vorsteuerabzug, MwStR 2016, 169; *Lux/Scheller/Zaczek*, Lagerverfahren im Zoll-, Mehrwert- und Verbrauchsteuerrecht, RIW 2016, 654; *Möller,* Umsatzsteuerlager in Deutschland, AW-Prax 2004, 219; *Ovie,* Das Europäische Zollrecht, AW-Prax 2007, 343; *Summersberger,* Entziehen aus der zollamtlichen Überwachung im Zolllager, AW-Prax 2009, 163; *Tervooren/Müller-Lee*, Das Zolllagerverfahren, UStB 2006, 276; *Witte/Henke/Kammerzell*, Der Unionszollkodex (UZK) – Neufassung des Modernisierten Zollkodex, 3. Aufl. Köln 2017; *Rinnert,* Schutz geistigen Eigentums bei Waren im Versand- oder Lagerverfahren, AW-Prax 2012, 23; *dies.*, Der Unionszollkodex und seine Durchführungsbestimmungen, ZfZ 2015, 142 ff.; *dies.*, Das neue Zolllager und seine zollwertrechtlichen Gestaltungsmöglichkeiten, ZfZ 2016, 149.

1. Wirtschaftliche Bedeutung der Lagerung

D5000 Das besondere Verfahren „Lagerung" umfasst gem. Art. 210 Buchst. b UZK zwei Unterarten von Verfahren: das **Zolllager und Freizonen.** Die für diese zwei Institute geltenden Gemeinsamkeiten werden in Art. 237 – 239 UZK zusammengefasst: So gilt für beide hinsichtlich **Nicht-Unionswaren** ein genereller „Suspensiveffekt" für Einfuhr- und Ausfuhrabgaben (hierzu zuletzt EuGH v. 10.7.2019 – C-26/18 – FedEx, ECLI:EU:C:2019:579, ZfZ 2019, 231). Neu ist, dass die nicht zum Begriff der Zollabgaben zählende Einfuhrumsatzsteuer und die besonderen Verbrauchsteuern nunmehr eigens in Art. 237 Abs. 1 Buchst. b UZK als **sonstige Abgaben** angesprochen werden – eine Klarstellung, die den zu diesen Steuerarten ergangenen EU-Richtlinien systematisch entspricht. So sieht Art. 61 i. V. m. Art. 156 Abs. 1 Buchst. b, c MwStSystRL vor, dass Gegenstände umsatzsteuerrechtlich noch gar nicht eingeführt sind, solange sie sich in einem Zolllager oder in einer Freizone unter zollamtlicher Überwachung befinden; insoweit liegt noch kein steuerbarer Umsatz vor (vgl. auch § 1 Abs. 1 Nr. 4 UStG). Auch unterliegen in allen Varianten der Lagerung die Waren nicht den handelspolitischen Maßnahmen (Art. 5 Nr. 36 UZK), es sei denn, diese knüpfen wie etwa Embargomaßnahmen unmittelbar an den Eingang oder Ausgang an. Etwas anderes gilt für die Verbote und Beschränkungen i. S. v. Art. 134 Abs. 1 UZK, da diese aus Gründen des Schutzes hochrangiger Rechtsgüter – wie etwa das Waffen-, Abfall- oder Veterinärrecht zeigen – auch dann zu beachten sind, wenn Waren im Zollgebiet nur gelagert werden.

Unionswaren können gem. Art. 237 Abs. 2 UZK unter besonderen Voraussetzungen, etwa auf der Grundlage speziellen Marktordnungsrechts oder im Zusammenhang mit Maßnahmen der Erstattung oder des Erlasses (z. B. Art. 118 Abs. 4 UZK), in das Zolllager oder die Freizone übergeführt werden. Sie wechseln damit jedoch ihren zollrechtlichen Status hin zur Nicht-Unionsware (Art. 154 Buchst. b UZK). D5001

Das Institut des **Zolllagers** hat im deutschen Zollrecht von Anbeginn an einen festen Platz. Bereits das Vereinszollgesetz von 1869 kannte das Institut „von den Niederlagen unverzollter Waren" unter der Regie der Zollverwaltung, aber auch „in Privaträumen unter oder ohne Mitverschluss der Zollbehörden" (§ 108). Die wirtschaftliche Bedeutung wurde zum einen in der Transitlagerung gesehen, d. h. in der zollfreien Lagerung solcher Waren, die für die Wiederausfuhr bestimmt sind, und zum anderen in der Nutzung des Lagers als Kreditlager, wobei Waren – vorerst zollfrei – auf Vorrat gelagert werden, die für den Absatz im Inland bestimmt sind. D5002

Die wirtschaftlichen Motive für die Schaffung eines modernen, für die EU verbindlichen Zolllagerrechts lassen sich mittelbar aus den Erwägungsgründen zum Unionszollkodex ablesen. Das Zolllagerrecht darf als **wesentliches Instrument der Handelspolitik** der EU bezeichnet werden, das zur Förderung der außenhandelsbezogenen Tätigkeit und zur notwendigen Warenumverteilung innerhalb und außerhalb der EU beitragen kann. Neben dem Interesse der Wirtschaftsbeteiligten, Einfuhrabgaben nicht oder vorerst nicht entrichten zu müssen, soll das Zolllagerverfahren auch dazu dienen, handelspolitische Maßnahmen unter bestimmten Umständen aussetzen zu können. Für die Auslegung der einzelnen Bestimmungen über das Zolllager lässt sich aus den Erwägungsgründen grds. eine großzügige und wirtschaftsfreundliche Tendenz ablesen. D5003

a) Distributions- und Logistikfunktion

In der arbeitsteiligen Weltwirtschaft kommt einer effizienten, d. h. möglichst zügigen und kostenneutralen Abwicklung der Warenumverteilung und Zuordnung der Warenströme aus betriebs- und volkswirtschaftlicher Sicht eine existentielle Bedeutung zu. Aus dem Grundsatz „time is money" wurde deshalb zumindest in der Theorie das Prinzip „Rollender Lagerhäuser" und die „Just-in-sequenz"-Logistik entwickelt. U. a. im Bereich der Automobilindustrie kann schon seit langem ein produktionsnaher Liefertakt beobachtet werden. Doch kann aufgrund unterschiedlichster Faktoren in den meisten Branchen auf die Lagerhaltung der Vor- oder Fertigerzeugnisse nicht gänzlich verzichtet werden. Deshalb dürfte es in der Praxis des Zolllagerrechts auch in Zukunft weniger um die Vermeidung der Lagerung als solcher gehen, als vielmehr um eine vereinfachte Handhabung und zügige Abwicklung des Zolllagerverfahrens durch Zollbehörden und Wirtschaftskreise. D5004

b) Motive für die Lagerung von Waren mit Überführung in das Zolllagerverfahren

D5005 Die dem Zolllagerverfahren eigenen wirtschaftlichen Vorteile können nur für solche Waren in Anspruch genommen werden, die förmlich – also mit einer Zollanmeldung i. S. v. Art. 158 Abs. 1 UZK – in das Zolllagerverfahren übergeführt werden. Darüber hinaus lässt sich das Zolllager in vielfältiger Weise ohne Überführung in das Zolllagerverfahren quasi mittelbar nutzen (zu den Besonderheiten der Freizonenregelung vgl. Rdnr. D5047 ff.).

aa) Kreditfunktion

D5006 Im Mittelpunkt der klassischen Lagerungsmotive steht nach wie vor die sog. Kreditlagerung (Art. 237 Abs. 1 Buchst. a, b UZK). Gegenüber dem früheren deutschen Zollgesetz, das grds. nur eine Lagerungsdauer von 5 Jahren vorsah, eröffnet Art. 238 Abs. 1 UZK einen zeitlich nicht begrenzten Verbleib der Waren im Zolllager und -verfahren. Lediglich in besonderen Ausnahmefällen, z. B. bei Waren, die eine Gefahr darstellen, kann eine begrenzte Lagerdauer festgelegt werden (Art. 238 Abs. 2 UZK).

BEISPIEL:

Edelhölzer oder lagerfähige Rotweine werden in das Zolllagerverfahren übergeführt, um nach etwa 10 Jahren – bei „voller Reife" – zu Möbeln verarbeitet bzw. meistbietend versteigert zu werden.

bb) Transitfunktion

D5007 Werden Nicht-Unionswaren im Anschluss an die Überführung in das Zolllagerverfahren nicht zum zollrechtlich freien Verkehr überlassen, sondern wiederausgeführt, kann das Zolllagerverfahren ebenfalls in Anspruch genommen werden, ohne dass die Waren Einfuhrabgaben und solchen handelspolitischen Maßnahmen unterliegen, die erst an die Überlassung zum zollrechtlich freien Verkehr anknüpfen. Allerdings ist darauf zu achten, dass durch die Transitlagerung andere Zollverfahren nicht unterlaufen werden. So muss etwa die Bewilligung für den Betrieb von Lagerstätten versagt bleiben, wenn Bier in Fässern eingeführt wird, um sofort auf Flaschen abgefüllt und in dieser Form wieder ausgeführt zu werden. Wenn eine Lagerung in derartigen Fällen zu keinem Zeitpunkt bezweckt ist, die Ware also gar nicht „zur Ruhe kommen" soll, fehlt es an einem wirtschaftlichen Bedürfnis für die Bewilligung des Betriebs von Lagerstätten (vgl. auch den Wortlaut des Art. 240 Abs. 1 UZK; siehe aber die Abgrenzungsbeispiele dazu unter Rdnr. D5076); in Betracht kommt hier jedoch eine aktive Veredelung gem. Art. 256 ff. UZK (vgl. auch DV VSF Z 13 01 Abs. 223).

BEISPIEL:

Hingegen bietet sich eine Transitlagerung wirtschaftlich an, wenn ein Autoimporteur im großen Umfang Pkw auf dem japanischen Markt einkauft, um sie nach und nach von Deutschland aus auf europäischen Märkten außerhalb des Zollgebiets der EU abzusetzen.

cc) Funktion der Steuerung handelspolitischer Maßnahmen

Gemäß Art. 237 Abs. 1 Buchst. c UZK sollen, soweit nichts anderes bestimmt ist, in das Zolllagerverfahren übergeführte Nicht-Unionswaren von handelspolitischen Maßnahmen freigestellt sein. D5008

Eine Legaldefinition dieses Begriffs findet sich in Art. 5 Nr. 36 UZK: Dabei handelt es sich um nichttarifäre Maßnahmen, die im Rahmen der gemeinsamen Handelspolitik durch EU-Vorschriften über die Regelungen für die Ein- und Ausfuhr von Waren getroffen worden sind, wie Überwachungs- oder Schutzmaßnahmen, mengenmäßige Beschränkungen, Höchstmengen sowie Ein- und Ausfuhrverbote (s. auch Witte, UZK, 7. Aufl. Art. 134, Anhang I (ABC der VuB).

Art. 237 Abs. 1 Buchst. c UZK trifft folgerichtig eine differenzierte Entscheidung, die für die Steuerung handelspolitischer Maßnahmen durch Inanspruchnahme des Zolllagerverfahrens von erheblicher Bedeutung ist: Sind die Maßnahmen erklärtermaßen oder nach ihrer Zielrichtung bei Überlassung von Waren in den zollrechtlich freien Verkehr zu beachten, so sind sie bei der Überführung der Waren in das Zolllagerverfahren sowie während der gesamten Dauer ihrer Lagerung nicht anwendbar. Sind sie dagegen auf den Zeitpunkt des Eingangs in das Zollgebiet der EU bezogen (vgl. Art. 134 Abs. 1 UZK) und betreffen mithin bereits das Verbringen in das EU-Zollgebiet und jegliche Teilhabe am Wirtschaftsleben, so sind sie spätestens bei der Überführung der Waren in das Zolllagerverfahren zu beachten; eine Überlassung kommt nicht in Betracht (vgl. auch Art. 194 Abs. 1 UZK; vgl. auch DV VSF SV 0101 Abs. 15 ff.). D5009

(1) Außenwirtschaftsrecht

Vor dem Hintergrund dieser vergleichsweise klaren Regelung ist u. E. die weitverbreitete und wirtschaftlich durchaus sinnvolle Praxis einer außenwirtschaftsrechtlichen **„Vorwegabfertigung“** anlässlich der Überführung der Waren in das Zolllagerverfahren oder während der Lagerung nicht zulässig. D5010

BEISPIEL:

Im Oktober werden einfuhrgenehmigungspflichtige Textilien in das Zolllagerverfahren übergeführt. Entsprechende, bei der Überführung in die Überlassung zum zollrechtlich freien Verkehr benötigte Einfuhrgenehmigungen liegen zu diesem Zeitpunkt nicht vor. Im Januar des Folgejahres werden die Genehmigungen erteilt. Die Waren können nicht zur Wahrung der Ansprüche aus den Genehmigungen außenwirtschaftsrechtlich in den freien Verkehr übergeführt werden und ansonsten zollrechtlich noch im Zolllagerverfahren verbleiben. Vielmehr muss zur gleichen Zeit außenwirtschafts- und zollrechtlich abgefertigt werden.

Art. 237 Abs. 1 Buchst. c UZK muss als ein Verbot einer Vorwegabfertigung unter handelspolitischen Gesichtspunkten interpretiert werden. Denn es handelt sich bei den Regelungen über die Importkontrolle ganz überwiegend um Maßnahmen im Rahmen der gemeinsamen Handelspolitik der EU, die erst mit der Überlassung in den zollrechtlich freien Verkehr ausgelöst werden. D5011

Andererseits lässt sich ein Antrag auf Bewilligung eines Zolllagers schon allein darauf stützen, dass Nicht-Unionswaren handelspolitischen Maßnahmen unterliegen. Ein wirtschaftliches Bedürfnis für die Bewilligung eines Zolllagers wird also selbst dann anerkannt, wenn die Einfuhrwaren tariflich oder außertariflich zollfrei sind und deshalb D5012 der Kreditierungsgedanke nicht zum Tragen kommt. Dasselbe gilt für Waren, die (lediglich) solchen Verboten und Beschränkungen unterliegen, die an die Überführung in den freien Verkehr anknüpfen (DV VSF SV 0101, Abs. 28).

(2) Verbote und Beschränkungen

D5013 Auch für die Handhabung der sog. nicht-wirtschaftlichen Verbote und Beschränkungen kommt es darauf an, ob sie an den Eingang in das Zollgebiet der EU oder an die Überlassung zum zollrechtlichen freien Verkehr anknüpfen. Die durch Richtlinien oder Verordnungen harmonisierten Regelungen zum **Schutz bedeutender Rechtsgüter,** wie öffentliche Sicherheit und Ordnung, menschliche, tierische und pflanzliche Gesundheit, gewerbliches und kommerzielles Eigentum, müssen entsprechend den handelspolitischen Maßnahmen im Rahmen der gemeinsamen Handelspolitik der EU betrachtet werden. Somit kommt zumindest bei absoluten, d. h. ausnahmslosen Verbringungsverboten eine Überlassung von Waren zum Zolllagerverfahren nicht in Betracht (z. B. Einfuhrverbot für zum Genuss von Menschen vorgesehenes Fleisch von Hunden, Katzen, Dachsen und Affen, dazu Henke/Rogmann, VuB, Rz. 5 ff.; Witte/Hoffmann, Unionszollkodex, Art. 134 Rz. 37 ff.). Auf der anderen Seite haben die sog. Beschränkungen, z. B. in Form von Deklarierungs- und Etikettierungsvorschriften, vor allem den Verbraucherschutz im Auge. Solche Maßnahmen knüpfen nach ihrer Zielrichtung an die Integration der Waren in den Wirtschaftskreislauf an und sind folglich erst im Zeitpunkt der Erledigung des Zolllagerverfahrens in Richtung auf den zollrechtlich freien Verkehr beachtlich. Demgemäß können während der Lagerung fehlende Etikettierungen sogar als übliche Lagerbehandlungen nachgeholt werden (dazu unten Rdnr. D5120 ff.).

dd) (Wieder-)Ausfuhrfunktion

D5014 Als besondere Variante der Transitlagerung können schließlich Nicht-Unionswaren mit dem Ziel der Erledigung eines vorangegangenen Zollverfahrens in das Zolllagerverfahren übergeführt werden. Dieser Weg eröffnet sich über Art. 215 UZK z. B. i. V. m. Art. 256 Abs. 1 oder Art. 250 Abs. 1 UZK. Denn die Zollverfahren der aktiven Veredelung und der vorübergehenden Verwendung definieren sich als besondere Verfahren mit einem einfuhrabgabenrechtlichen Suspensiveffekt für Nicht-Unionswaren im Kern immer noch durch eine spätere Wiederausfuhr der Veredelungserzeugnisse bzw. des Verwendungsguts.

D5015 Es kann sich zur Wahrung der Wiederausfuhr- bzw. der Verwendungsfrist anbieten, ein Zolllagerverfahren „zwischenzuschalten". Vom Zeitpunkt der Überführung dieser Nicht-Unionswaren in das Zolllagerverfahren an teilen sie grds. das Schicksal des Zolllagerverfahrens. Allerdings sind Besonderheiten hinsichtlich der Bemessung der Zollschuld zu beachten, wenn das Zolllagerverfahren danach nicht – wie zunächst vorgesehen – durch eine spätere Wiederausfuhr, sondern etwa durch die Überlassung zum zollrechtlich freien Verkehr erledigt wird (vgl. z. B. Art. 86 Abs. 3 UZK).

ee) Erstattungslagerung

Einen Sonderfall der wirtschaftlichen Nutzung des Zolllagerverfahrens stellt die sog. Erstattungslagerung dar. Bei der **Erstattung bzw. beim Erlass von Einfuhrabgaben** gem. Art. 116 Abs. 1 Buchst. b, Art. 118 UZK besteht der Anspruch auf die Erstattungsleistung bzw. auf den Erlass bereits ab dem Zeitpunkt der Überlassung in das Zolllagerverfahren mit dem Ziel der späteren Wiederausfuhr. Die zuvor zur Überlassung zum freien Verkehr abgefertigten Waren gelten von da ab aus Überwachungsgründen (erneut) als Nicht-Unionswaren (Art. 118 Abs. 4, Art. 154 Buchst. b UZK). D5016

Darüber hinaus können in der EU gewonnene oder hergestellte landwirtschaftliche Erzeugnisse (Unionswaren) in das Zolllagerverfahren übergeführt werden. Das Marktordnungsrecht kann damit im Wege der Vorfinanzierung bereits Erstattungsmaßnahmen verbinden, die grds. erst an eine Ausfuhr anknüpfen (Art. 237 Abs. 2 UZK). Zur Vermeidung von ungerechtfertigten Wettbewerbsvorteilen muss allerdings ausdrücklich in einer EU-Regelung vorgesehen sein, dass bei ihrer Überführung in das Zolllagerverfahren die Maßnahmen anwendbar sein können, die grundsätzlich an die Ausfuhr anknüpfen. (vgl. Witte, Unionszollkodex, Art. 237 Rz. 24). Aktuell sind allerdings keine Ausfuhrerstattungen vorgesehen. D5017

ff) Lagerfiktion

Eine außergewöhnliche Funktion des Zolllagerverfahrens ergibt sich aus Art. 198 Abs. 2 UZK. Zum Beispiel bei einer Beschau oder Kontrolle beschlagnahmte oder eingezogene, aber auch zugunsten der Staatskasse aufgegebene Nicht-Unionswaren gelten hiernach als in ein Zolllagerverfahren übergeführt, sofern nicht bereits vorher eine Zollschuld entstanden ist. Mit der Regelung soll in diesen Fällen das Stadium der vorübergehenden Verwahrung beendet und die Abwicklung der Vorgänge erleichtert werden. Wegen der gesetzlichen Fiktion bedarf es keiner Bewilligung des Zolllagers und keiner Förmlichkeiten bei der Überführung in das Verfahren. In seiner Dienstvorschrift hat das BMF die Zollbehörden angewiesen, erforderlichenfalls die Vorschriften zum privaten Zolllager entsprechend anzuwenden (DV VSF Z 13 01 Abs. 111; dazu auch ausführlich Gellert, AW-Prax 2011, 239 ff.). D5018

c) Motive für die Inanspruchnahme des Zolllagers ohne Überführung der Waren in das Zolllagerverfahren

aa) Lagerung von Unionswaren

Sofern ein wirtschaftliches Bedürfnis besteht, kann die Zollbehörde gem. Art. 237 Abs. 3 UZK zulassen, dass andere Unionswaren als die oben (siehe Rdnr. D5017) genannten in den Räumlichkeiten des Zolllagers gelagert werden, z. B. weil Autoradios (Unionswaren) im Zuge einer üblichen Behandlung in gelagerte Kraftfahrzeuge (Nicht-Unionswaren) eingebaut werden sollen. Einer Überführung der Unionsware in das Zolllagerverfahren bedarf es dazu nicht (Art. 237 Abs. 3 Satz 2 UZK). Hierbei gilt es, die Bemessungsregel des Art. 86 Abs. 1 UZK zu beachten. Die „Zusammenlagerung" bzw. „gemeinsame Lage- D5019 rung" kann von entscheidender Bedeutung für die Wirkweise des Zolllagers und des Zolllagerverfahrens sein (siehe Rdnr. D5116 ff.).

bb) Durchführung der aktiven Veredelung und Endverwendung

D5020 Eine Besonderheit stellt die durch Art. 241 Abs. 1 UZK eröffnete Möglichkeit dar, Nicht-Unionswaren in den Räumlichkeiten des Zolllagers aktiv veredeln oder der Endverwendung zuführen zu können. Da die entsprechenden Waren zu diesem Zweck in die genannten Zollverfahren überzuführen sind, befinden sie sich nicht gleichzeitig im Zolllagerverfahren (Art. 241 Abs. 2 UZK), sondern nur in den Räumlichkeiten. Für erleichterte Übergänge bei in Reihe geschalteten Vorgängen, wie z. B. Zolllagerverfahren/aktive Veredelung/Zolllagerverfahren, in einer einzigen Lagerräumlichkeit können vereinfachte Zollanmeldungen, ggf. kombiniert mit der Anschreibung in der Buchführung sorgen (Art. 166, 167, 182 UZK).

D5021–D5023 *(Einstweilen frei)*

cc) Verwahrungslager

D5024 Art. 144, 149 UZK bestimmen, dass Waren vom Zeitpunkt der Gestellung bis zur Überführung in ein Zollverfahren bzw. bis zur Wiederausfuhr die Rechtsstellung vorübergehend verwahrter Waren haben. Gemäß Art. 147 Abs. 1 UZK kommt die vorübergehende Verwahrung grundsätzlich nur in bewilligungspflichtigen Verwahrungslagern in Betracht (vgl. auch Art. 148 UZK). In diesem Zusammenhang eröffnet sich die Möglichkeit, im Falle des bereits bewilligten Betriebs eines Zolllagers, dessen Räumlichkeiten und das bestehende Kontrollsystem als Verwahrungslager für vorübergehend verwahrte Waren bis zur Beendigung der vorübergehenden Verwahrung gem. Art. 149 UZK zu nutzen. Eine Überführung dieser Waren in das Zolllagerverfahren findet dabei nicht statt. Allerdings sind die jeweiligen vorübergehend verwahrten Waren in der Bestandsaufzeichnung des Zolllagers auszuweisen und zu dokumentieren (vgl. Art. 148 Abs. 4 UZK, Art. 116, Art. 178 UZK-DelVO, DV VSF Z 13 01 Abs. 170).

d) Exkurs: Umsatzsteuerlager

D5025 Mit Inkrafttreten des Steueränderungsgesetzes 2004 zum 1.1.2004 wurde § 4 Nr. 4a UStG eingefügt, der das Umsatzsteuerlager im Rahmen der Steuerbefreiungen für Deutschland verbindlich regelt. Steuerfrei sind danach Lieferungen der in Anlage 1 zum UStG bezeichneten Gegenstände an einen Unternehmer für sein Unternehmen, wenn der Gegenstand der Lieferung im Zusammenhang mit der Lieferung in ein Umsatzsteuerlager eingelagert wird oder sich in einem Umsatzsteuerlager befindet. Die Steuerbefreiung entfällt mit der Auslagerung für die der Auslagerung vorangegangene Lieferung bzw. Einfuhr. Umsatzsteuerlager kann jedes Grundstück oder Grundstücksteil im Inland sein; es kann mehrere Lagerorte umfassen. Das Umsatzsteuerlager bedarf der Bewilligung des zuständigen Finanzamts. Die Bewilligung ist zu erteilen, wenn ein wirtschaftliches Bedürfnis für den Betrieb des Umsatzsteuerlagers besteht und der Lagerhalter die Gewähr für dessen ordnungsgemäße Verwaltung bietet (§ 4 Nr. 4a UStG).

Laut Anlage 1 zum UStG kommen abschließend folgende **Warenkreise** für eine Lagerung in Umsatzsteuerlagern in Betracht: Kartoffeln, Oliven, Schalenfrüchte der HS-Pos. 0801, 0802, Kaffee, Tee, Getreide, Rohreis, Ölsamen und ölhaltige Früchte der HS-Pos. 1201 bis 1207, Pflanzliche Fette und Öle, Rohrzucker, Kakaobohnen, Mineralöle, Erzeugnisse der chemischen Industrie der HS-Kap. 28, 29, Kautschuk, Chemische Halbstoffe aus Holz, Wolle, Gold, Silber, Platin, Eisen- und Stahlerzeugnisse, Kupfer, Nickel, Aluminium, Blei, Zink und Nichteisenmetalle, ausgenommen Waren daraus und Abfälle und Schrott (weitere Details zu den Warenkreisen in Anlage 1 zum UStG). D5026

Ebenfalls nach § 4 Nr. 4a Buchst. b UStG steuerfrei sind Leistungen, die mit der Lagerung, der Erhaltung, der Verbesserung der Aufmachung und Handelsgüte oder der **Vorbereitung des Vertriebs oder des Weiterverkaufs** der eingelagerten Gegenstände unmittelbar zusammenhängen. Nicht zuletzt an dieser Regelung lässt sich ablesen, dass das deutsche Umsatzsteuerlager den zollrechtlichen Regelungen des Zolllagerverfahrens nachempfunden wurde (vgl. etwa Art. 220 UZK). D5027

2. Regelungssystematik, Anwendungsbereich und Grundbegriffe

a) Regelungssystematik

Die aus dem Zollkodex bekannten Nichterhebungsverfahren bzw. Zollverfahren mit wirtschaftlicher Bedeutung haben im UZK eine grundlegende Neugestaltung erfahren. Gem. Art. 5 Nr. 16 UZK arbeitet das neue europäische Zollrecht nunmehr mit drei Zollverfahren, der Überlassung zum zollrechtlich freien Verkehr (Art. 5 Nr. 16 Buchst. a UZK), den Besonderen Verfahren (Art. 5 Nr. 16 Buchst. b UZK) und der Ausfuhr (Art. 5 Nr. 16 Buchst. c UZK). Dabei werden in Art. 5 UZK die Besonderen Verfahren nicht weiter beschrieben. In den Durchführungsrechtsakten finden sich hierzu ebenfalls keine Ausführungen. Allerdings erfahren die Besonderen Verfahren im Titel VII des UZK eine Regelung und in Art. 210 UZK werden die verschiedenen Arten der Besonderen Verfahren aufgeführt. Nach Art. 210 Buchst. b UZK umfasst das Besondere Verfahren „Lagerung“ das Zolllager und Freizonen. Neben den Allgemeinen Vorschriften zu den Besonderen Verfahren gem. Art. 210 bis Art. 225 UZK unterliegt die Lagerung insgesamt den Gemeinsamen Vorschriften in den Art. 237 bis 239 UZK; das Zolllager ist in den Art. 240 bis 242 UZK geregelt, die Freizonen in Art. 243 bis 249 UZK. Auch hier findet sich die für den Unionszollkodex typische Regelungssystematik vom Allgemeinen zum Besonderen. Die Regelungen in den Durchführungsrechtsakten finden sich entsprechend für die Allgemeinen Vorschriften zu den Besonderen Verfahren in den Art. 161 bis 183 UZK-DelVO und den Art. 258 – 271 UZK-DVO, die Gemeinsamen Vorschriften zur Lagerung finden sich in Art. 201 bis 203 UZK-DelVO. Die Übergangsvorschriften zum Zolllager finden sich in den Titeln IX von UZK-DelVO und UZK-DVO, respektive zur (allgemeinen Regelung) der Fortgeltung von Bewilligungen in Art. 251 Abs. 1 Buchst. b, Art. 254 UZK-DelVO i.V.m. Anhang 90 und in Art. 349 Abs. 1 und Abs. 2 UZK-DVO mit speziellen und unterschiedlichen Regelungen für Waren, die vor dem 1. Mai 2016 in verschiedene Lagertypen überführt wurden. Für Waren in einer Freizone des Kontrolltyps II oder eines Freilagers gilt zum Stichtag 1. Mai 2016, dass diese als in ein Zolllagerverfahren gemäß den Bestimmungen des UZK überführt gelten. D5028

	UZK	UZK-DelVO	UZK-DVO	Anhang UZK-DelVO
TITEL VII BESONDERE VERFAHREN				
KAPITEL 1 *Allgemeine Vorschriften*	210 – 225	161 – 183, 252, 254	258 – 271	Anhang 90
KAPITEL 3 *Lagerung*	237 – 249			
Abschnitt 1 Gemeinsame Vorschriften	237 – 239			
Abschnitt 2 Zolllager	240 – 242	201 – 203	349	
Abschnitt 3 Freizonen	243 – 249		349	

Hinweis: Grau unterlegte Normen kennzeichnen die Übergangsbestimmungen.

b) Anwendungsbereich Lagerung: Zolllager und Freizonen

D5029 Die Lagerung umfasst gem. Art. 210 Buchst. b UZK fortan das Zolllager und Freizonen. Für beide Besonderen Verfahren ist in Art. 237 Abs. 1 UZK aus den Gemeinsamen Vorschriften festgehalten, dass für eine Lagerung von Nicht-Unionswaren im Zollgebiet der sog. Suspensiveffekt gilt, d. h. während der Lagerung unterliegen die Nicht-Unionswaren keinen Einfuhrabgaben und sonstigen Abgaben nach anderen geltenden Vorschriften. Damit werden erstmals im europäischen Zollrecht neben der Einfuhrabgabe Zoll auch die Einfuhrumsatzsteuer (siehe hierzu auch FG Hamburg vom 29.04.2020 4 V 27/20) und die Verbrauchsteuer als „sonstige Abgaben" erfasst, vgl. Art. 237 Abs. 1 Buchst. b UZK (bisher nur in § 1 Abs. 1 S. 3 ZollVG).

In der Lagerung unterliegen die Nicht-Unionswaren auch keinen handelspolitischen Maßnahmen (Definition in Art. 5 Nr. 35 UZK), soweit diese nicht den Eingang oder den Ausgang von Waren in das oder aus dem Zollgebiet der Union untersagen (z. B. bei Embargomaßnahmen oder sog. „absoluten" Verboten und Beschränkungen, vgl. beispielsweise für das absolute Verbot der Ausfuhr von Abfällen zur Beseitigung in nicht-autorisierte Staaten Art. 34 Abs. 1 VO (EG) Nr. 1013/2006, sog. AbfallverbringungsVO).

c) Grundregeln und -begriffe der Lagerung

D5030 Die Lagerung ist nach dem UZK **zeitlich unbegrenzt** möglich, Art. 238 Abs. 1 UZK, allerdings können die Zollbehörden unter außergewöhnlichen Umständen eine Frist für die Erledigung der Lagerung setzen, insbesondere wenn die Waren nach ihrer Beschaffenheit und Art bei langfristiger Lagerung zu einer Bedrohung für die Gesundheit von Menschen, Tieren, oder Pflanzen oder für die Umwelt darstellen, Art. 238 Abs. 2 UZK. Für diese Regelung ist eine nähere Ausgestaltung in den Durchführungsrechtsakten nicht vorgesehen worden.

Die bekannten Begrifflichkeiten zum alten Lagerrecht werden im UZK im Sinne einer Harmonisierung sämtlicher Besonderer Verfahren angepasst: Der bisherige „Lagerhalter“ wird zum „**Bewilligungsinhaber**“, weil die Bewilligung zukünftig nur noch den Ort der Lagerung erfasst, vgl. Art. 211 Abs. 1 Buchst. b UZK. Der bisherige „Einlagerer“ als dem Nutzer des Zolllagerverfahrens wird zukünftig der „**Inhaber des Verfahrens**“, wie in Art. 5 Nr. 35 UZK definiert.

d) Zolllager

Die Ausgestaltung des Zolllagers ist grundlegend gegenüber der alten Rechtslage verändert worden. Gem. Art. 211 Abs. 1 Buchst. b UZK ist eine Bewilligung **nur** für den Betrieb von Lagerstätten zur Zolllagerung erforderlich, nicht mehr für das Zolllagerverfahren als besonderes Verfahren. Zum anderen ist die Unterscheidung der verschiedenen privaten Zollläger entfallen. Auch das Erfordernis einer Bewilligung von üblichen Behandlungen ist weggefallen, allerdings ist nunmehr die (bewilligungsbedürftige) Nutzung von Ersatzwaren (die zuvor dem Veredelungsverkehr vorbehalten war) auch in der Lagerung möglich. Zu den veränderten rechtlichen Parametern und Begrifflichkeiten im Einzelnen: D5031

aa) Das Zolllager als Räumlichkeit oder sonstige Stätte

Die Unterscheidung zwischen dem Zolllager als Ort der Lagerung und dem Zolllagerverfahren ist mit dem UZK zwar nicht aufgegeben worden, allerdings ist nach Art. 211 Abs. 1 Buchst. b UZK ist nur noch der **Betrieb von Lagerstätten** zur Zolllagerung bewilligungspflichtig, das Zolllager als besonderes Verfahren gem. Art. 210 Buchst. b UZK hingegen nicht. Das Zolllager als Örtlichkeit wird in Art. 240 Abs. 1 UZK weiter verstanden als bisher, es kann sich um „durch die Zollbehörden zugelassene Räumlichkeiten oder sonstige Stätten“ handeln. Eine nähere rechtliche Ausgestaltung der Lagerräumlichkeiten oder -stätten erfolgt in den Durchführungsbestimmungen nicht. Es ist davon auszugehen, dass die Zollbehörden bei der Bewilligung der Lagerräumlichkeiten oder -stätten großzügig verfahren werden, um die von den Wirtschaftsbeteiligten geschätzte Flexibilität bei der Ausgestaltung der Lagerung im bisherigen Typ E zur erhalten. In der Vergangenheit war es beispielsweise möglich, ein Schiff, einen LKW oder ein Firmengelände insgesamt als Lagerort zu bestimmen. Auch nach dem UZK muss gem. Art. 178 Abs. 1 e) UZK-DelVO der Ort, an dem sich die Waren befinden, aus den gem. Art. 214 Abs. 1 UZK zu führenden Aufzeichnungen ersichtlich sein. D5032

bb) Öffentliche und private Zolllager

Auch im UZK bleibt die Unterteilung in öffentliche und private Zolllager erhalten, Art. 240 Abs. 2 UZK. Wie bisher können **Öffentliche Zolllager** von jedermann zur Zolllagerung von Waren benutzt werden, hingegen sind **Private Zolllager** auf die Lagerung durch den Inhaber der Zolllagerbewilligung beschränkt. D5033

Die verschiedenen Zolllager erfahren eine weitere Regelung in Art. 203 UZK-DelVO, wonach die **Öffentlichen Zolllager** unterteilt werden in Typ I (Art. 203 Buchst. a UZK-DelVO) und Typ II (Art. 203 Buchst. b UZK-DelVO). Eine Definition der verschiedenen Typen D5034 öffentlicher Zolllager erfolgt in Art. 1 Nr. 32 und 33 UZK-DelVO. Danach ist ein „Öffentliches Zolllager des Typs I“ ein Zolllager, bei dem die Verantwortlichkeiten gemäß Art. 242 Abs. 1 UZK dem Bewilligungsinhaber und dem Inhaber des Verfahrens obliegen und ein „Öffentliches Zolllager des Typs II“ ist ein Zolllager, bei dem die Verantwortlichkeiten gemäß Art. 242 Abs. 2 UZK dem Inhaber des Verfahrens obliegen. Allerdings wird ein öffentliches Zolllager Typ II, bei dem die Verantwortlichkeit gem. Art. 242 Abs. 2 UZK beim Inhaber des Verfahrens liegt, in Deutschland nicht bewilligt (DV VSF Z 0514, Abs. 3270 S. 1). Bei den in Bezug genommenen Verantwortlichkeiten handelt es sich gem. Art. 242 Abs. 1 UZK um die Verhinderung, dass die Waren im Zolllagerverfahren der zollamtlichen Überwachung entzogen werden und die Erfüllung der Pflichten, die sich aus der Lagerung der Waren im Zolllagerverfahren ergeben. Art. 242 Abs. 2 UZK sieht aber auch vor, dass abweichend von dieser grundsätzlichen Ausgestaltung in der Bewilligung für ein öffentliches Zolllager vorgesehen werden kann, dass die genannten Verantwortlichkeiten ausschließlich dem Inhaber des Verfahrens obliegen.

D5035 Darüberhinaus wird ein Zolllager, das von den Zollbehörden betrieben wird, als „Öffentliches Zolllager des Typs III“ bezeichnet (Art. 1 Nr. 11 UZK-DVO). Die Zollverwaltung in Deutschland betreibt kein öffentliches Zolllager Typ III (DV VSF Z 0514, Abs. 3270 S. 2).

D5036 Das **Private Zolllager** wird nicht näher ausgestaltet; eine Unterteilung in verschiedene Typen unterbleibt. Allerdings ist der Unionszollkodex hinsichtlich der Lagerorte flexibel und sieht in Art. 240 Abs. UZK als Zolllager „zugelassene Räumlichkeiten oder sonstige Stätten“ vor. Danach ist entscheidend, dass der Ort der Ware zuverlässig ermittelt werden kann, Art. 178 Abs. 1 Buchst. e UZK-DelVO. Private Zolllager werden im Regelfall als nicht verschlossene Lager bewilligt. Die Bewilligung eines verschlossenen Lagers ist nur zulässig, wenn der Ressourcenaufwand für die Zollstelle im Vergleich zum wirtschaftlichen Bedürfnis des Antragstellers in einem angemessenen Verhältnis steht. Ein solches wirtschaftliches Bedürfnis kann auch vorliegen, wenn VuB-rechtliche Vorschriften den Verschluss erfordern (DV VSF Z 0514, Abs. 3271).

D5037 Nach dem einheitlichen Grundtyp des Privaten Zolllagers im UZK ist der maßgebliche Zeitpunkt für die Bemessung der Höhe der Zollschuld der Zeitpunkt des Entstehens der Zollschuld und damit die Annahme der Zollanmeldung (Art. 85 Abs. 1 i.V.m. Art. 77 Abs. 2 UZK), also der Zeitpunkt der **Auslagerung** der Ware.

D5038 Allerdings enthält der UZK spezielle Bemessungsregelungen für die Lagerung, klarstellenderweise als „Besondere Vorschriften für die Bemessung“ in Art. 86 Abs. 1, 2 UZK als Ausnahme zum Bemessungszeitpunkt des Art. 85 UZK (Entstehen der Zollschuld = Annahme der Zollanmeldung). Danach werden zwar die Bemessungsgrundlagen Zollwert, Menge, Beschaffenheit und Ursprung zum Zeitpunkt der Auslagerung zugrunde gelegt, Art. 86 Abs. 1, 2. UA UZK. Allerdings können gem. Art. 86 Abs. 1 UZK die Kosten oder der sich ergebende Wertzuwachs aus der Lagerung oder einer üblichen Behandlung bei der Bemessung des Einfuhrabgabenbetrags unberücksichtigt bleiben, wenn der Anmelder einen zufriedenstellenden Nachweis für diese Kosten vorlegt und diese im tatsächlich gezahlten oder zu zahlenden Preis enthalten sind (typischerweise nur im Anwendungsbereich des Art. 128 Abs. 2 UZK-DVO). Außerdem kann auf Antrag die zolltarifliche Einreihung im Zeitpunkt der Überführung in die Lagerung zugrunde gelegt werden, wenn sich diese aufgrund üblicher Behandlungen ändert, Art. 86 Abs. 2 UZK.

Eine weitere Besonderheit für das Zolllager folgt aus einer Regelung im Zusammenhang mit dem Wegfall der Nutzungsmöglichkeit von Vorwerberpreisen bei der Ermittlung des Zollwerts in Art. 128 UZK-DVO. Im Falle einer Einlagerung einer Ware ohne einen vorhergehenden Verkauf zur Ausfuhr (also beispielsweise, wenn noch nicht klar ist, ob die Ware im EU-Zollgebiet vertrieben werden soll oder ein Abnehmer in einem Drittland gesucht wird) ist gem. Art. 128 Abs. 2 UZK-DVO der Transaktionswert aufgrund des Verkaufsvorgangs heranzuziehen, der während der Lagerung stattgefunden hat. In der Zusammenschau mit dem Regelungsziel des Art. 128 Abs. 1 UZK-DVO (also dem unmittelbar vor dem Verbringen erfolgten Verkaufsvorgang als Grundlage des Transaktionswerts), kann Art. 128 Abs. 2 UZK-DVO so verstanden werden, dass auch hierbei auf den im unmittelbaren Zusammenhang mit dem Verbringen stehenden Verkauf zur Ausfuhr, also das erste Verkaufsgeschäft im Lager, abzustellen ist, so auch DV VSF Z 5101 Abs. 120.

Die Zolllagertypen nach neuem Recht D5039

(Art. 240 Abs. 2 UZK, Art. 203 UZK-DelVO)

Öffentliche Zolllager				Privates Zolllager
Typ I	**Typ II***	**Typ III***		
Verantwortlichkeiten gemäß Art. 242 Abs. 1 UZK obliegen dem Bewilligungsinhaber und dem Inhaber des Verfahrens	Verantwortlichkeiten gemäß Art. 242 Abs. 2 UZK obliegen dem Inhaber des Verfahrens	Betrieb durch Zollbehörde		Bewilligungsinhaber = Inhaber des Verfahrens Bemessung im Zeitpunkt der Auslagerung, vgl. Art. 85 Abs. 1 UZK Besonderheiten: ► Kosten/Wertzuwachs aufgrund Lagerung oder üblicher Behandlung können bei Nachweis unberücksichtigt bleiben. ► Zolltarifliche Einreihung im Zeitpunkt der Überführung in das Verfahren (= Einlagerung) kann auf Antrag zugrunde gelegt werden, wenn sich aufgrund der üblichen Behandlungen die zolltarifliche Einreihung ändert. ► Zollwert auf der Basis des ersten Verkaufsgeschäfts in der Lagerung, wenn bei Einlagerung noch kein Verkauf zur Ausfuhr gegeben.
Nutzung durch jedermann				**Nutzung nur durch Bewilligungsinhaber**

* Der Zolllagertyp II wird in Deutschland nicht bewilligt und die Zollverwaltung betreibt kein öffentliche Zolllager Typ III (DV VSF Z 0514, Abs. 3270).

D5040 Zolllager werden auch in Zukunft grenzüberschreitend genutzt werden können. Dies sollte besonders vereinfacht im Rahmen der in Art. 179 UZK vorgesehenen **Zentralen Zollabwicklung** stattfinden. Allerdings ist die IT-technische Umsetzung der Zentralen Zollabwicklung noch nicht erfolgt. Entsprechend ist in der neuen DV zu Bewilligungen geregelt, dass bis zur Inbetriebnahme der erforderlichen IT-Systeme zum elektronischen Datenaustausch Bewilligungen der zentralen Zollabwicklung bei der Standardzollanmeldung zur Überführung von Waren in das Zolllagerverfahren ebenso wenig erteilt werden wie für die vereinfachten Zollanmeldung / Anschreibung in der Buchführung des Anmelders zur Überführung von Waren in den zollrechtlich freien Verkehr zur Erledigung des Zolllagerverfahrens (DV VSF Z 0514, Abs. 3223). Bis dahin wird weiterhin das aktuell erfolgreiche System einer sog. **Einzigen Bewilligung** zur Anwendung kommen, vgl. Art. 260 UZK-DVO.

D5041–D5043 *(Einstweilen frei)*

cc) Ersatzwaren im Zolllager

D5044 Im Unionszollkodex ist der Anwendungsbereich der Nutzung von Ersatzwaren ausgedehnt worden und umfasst nunmehr nicht nur den Veredelungsverkehr, sondern ist auch im Rahmen der Lagerung möglich, Art. 223 (1) UZK. Diese Erweiterung der rechtlichen Gestaltungsmöglichkeiten bedeutet, dass – falls die Bewilligung dahingehend erteilt wurde – Unionswaren anstelle von Nicht-Unionswaren eingelagert werden können und die Nicht-Unionswaren im Austausch mit den Unionswaren ohne Abgabenentrichtung in den freien Verkehr gelangen. In der Praxis bedeutet dies, dass z. B. ein Automobilhersteller (ggf. teure) Autositze als Nicht-Unionsware in ein Zolllager überführen kann und anschließend diese dort über die Nutzung des Instituts von Ersatzwaren gegen (ggf. günstige) Autositze, die im Zollgebiet hergestellt wurden und deshalb den Status von Unionswaren haben, austauschen kann. Damit wäre die zollfreie Einfuhr von Nicht-Unionswaren möglich, wenn die im Zollgebiet hergestellten Waren später ausgeführt würden. Voraussetzung für die Nutzung von Ersatzwaren ist allerdings, dass die Ersatzwaren demselben achtstelligen KN-Code zugewiesen sind und dieselbe Handelsqualität sowie technischen Merkmale aufweisen wie die Waren, die sie ersetzen, Nr. 223 Abs. 1 UA 3 UZK. Der Statuswechsel bei Ersatzwaren ist in den Art. 154 Buchst. b UZK und Art. 269 Abs. 1 UZK-DVO geregelt. Danach verlieren nach genereller Regelung gem. Art. 154 Buchst. b UZK Unionswaren bei Überführung in die Lagerung ihren Status und werden zu Nicht-Unionswaren. Diese Regelung wird gem. Art. 269 Abs. 1 UZK-DVO konkretisiert für Ersatzwaren dahingehend, dass die Ersatzwaren zu Nicht-Unionswaren und die Waren, die sie ersetzen, zu Unionswaren werden und zwar zum Zeitpunkt, zu dem sie in das anschließende Zollverfahren, mit dem das Zolllager erledigt wird, übergeführt werden, oder wenn die Ersatzwaren das Zollgebiet verlassen haben. Es handelt sich bei Art. 269 Abs. 1 UZK-DVO also hinsichtlich des Zeitpunkts des Statuswechsels um eine speziellere Vorschrift als Art. 154 b) UZK. Der „Austausch" der Waren ist ohne die Förmlichkeiten für eine Überführung in ein besonderes Verfahren abzuwickeln, vgl. Art. 268 Abs. 1, 269 Abs. 1 UZK-DVO. Außerdem dürfen gem. Art. 268 Abs. 2 UZK-DVO auch Ersatzwaren zusammen mit Unionswaren oder

Nicht-Unionswaren gelagert werden, wobei in der Bewilligung bestimmte Methoden zur Feststellung der Nämlichkeit vorgesehen werden können. Zu den besonderen Vorschriften zu Ersatzwaren im Agrarbereich siehe Anhang 71-04 UZK-DelVO.

dd) Übergangsbestimmungen zum Zolllager

Die materiellrechtlichen Übergangsbestimmungen zur Lagerung finden sich in den jeweiligen Titeln IX („Schlussbestimmungen") von UZK-DelVO und UZK-DVO mit den jeweiligen Anhängen, insbesondere Anhang 90 UZK-DelVO. D5045

Für sämtliche Waren, die sich am 01.05.2016 noch im Zolllager Typ C und E nach altem Recht befanden, sieht Art. 349 Abs. 1 b) UZK-DVO im Grundsatz vor, dass das Lagerverfahren nach neuem Recht erledigt wird. Für Waren, die sich am 1.6.2016 noch im Zolllager Typ D befanden, hält Art. 349 Abs. 2 a) UZK-DVO eine Sonderregelung bereit, wonach für die sich im Typ-D-Verfahren befindlichen Waren eine Erledigung des Verfahrens nach altem Recht vorgenommen wird, allerdings nur bis spätestens 31.12.2018. Seit dem 1.1.2019 wird das Zolllagerverfahren Typ D nach neuem Recht erledigt. D5046

e) Freizonen

Bei Freizonen handelt es sich um Teile des Zollgebiets, in denen Waren vom sog. Suspensiveffekt profitieren, d. h. weder Abgaben noch handelspolitischen Maßnahmen unterliegen, soweit letztere nicht absolut wirken, also an den Eingang und Ausgang der Waren in das Zollgebiet der Union anknüpfen. Der Anwendungsbereich der Freizonen ist mit dem Unionszollkodex weiter eingeschränkt worden. Die Unterscheidung zwischen Freizonen und Freilagern ist aufgegeben worden, Art. 243 UZK. Auch ist die Freizone des Kontrolltyps II – also der Kontrolltyp, bei dem keine Kontrolle an den Ein- und Ausgängen stattfindet und eine Umzäunung nicht vorgesehen ist – im UZK nicht mehr vorhanden. Dies hat keinen Einfluss auf die Zukunft der bisherigen Freizonen des Kontrolltyps I, z. B. Bremerhaven und Cuxhaven. Sie entsprechen dem zukünftig einzig zulässigen Freizonentyp, der über einen Zaun und zollamtlich überwachte Ein- und Ausgänge verfügen muss, Art. 243 Abs. 3 UZK. Die bisherigen Freizonen des Kontrolltyps II – die Freihäfen Deggendorf und Duisburg – hingegen hätten an die neue Rechtslage angepasst werden müssen. Die Freizonen des Kontrolltyps II müssen entweder in Zolllagerstätten umgewandelt werden oder die Einzäunung muss wieder in Betrieb genommen werden. Aktuell sind Freizonen in Deutschland nur die Freihäfen Bremerhaven und Cuxhaven. Im Einzelnen: D5047

aa) Anforderungen an die UZK-Freizone

Die Errichtung einer UZK-Freizone erfolgt seitens der Mitgliedstaaten durch Bestimmung eines Teils des Zollgebiets, Art. 243 Abs. 1 UZK. In Deutschland werden Freizonen durch Gesetz errichtet, § 20 Abs. 1 S. 2 ZollVG, in dem die geografischen Begrenzungen sowie die Ein- und Ausgänge festgelegt werden, Art. 243 Abs. 3 UZK. Die Errichtung von D5048

Gebäuden in einer Freizone bedarf der vorherigen Zustimmung durch die Zollbehörden, Art. 244 Abs. 1 UZK. Obwohl die Freizone dem Besonderen Verfahren Lagerung zugeordnet wurde, ist die Freizone damit auch in Zukunft nicht bewilligungsbedürftig. Weiterhin ist es möglich, dass nach vorheriger Mitteilung an den Zoll alle industriellen und gewerblichen Tätigkeiten sowie alle Dienstleistungen in einer Freizone durchgeführt werden, soweit diese nicht aus Sicherheitsgründen und zur Gefahrenabwehr untersagt bwz. beschränkt werden müssen, Art. 244 Abs. 2, 3 UZK. Eine weitergehende Regelung in den Durchführungsakten ist nicht erfolgt.

bb) Überführung von Waren in eine Freizone

D5049 In eine Freizonen können sowohl Nicht-Unionswaren als auch Unionswaren verbracht werden, Art. 237 Abs. 2 i.V.m. Art. 247, 246 UZK. Im Falle von Nicht-Unionswaren gelten gem. Art. 237 ff. UZK die Gemeinsamen Vorschriften für die Lagerung, d.h. Nicht-Unionswaren können unter Inanspruchnahme des sog. „Suspensiveffekts" in der Freizone gelagert werden.

D5050 Unionswaren können in eine Freizone verbracht werden und dort gelagert, befördert, verwendet, verarbeitet und verbraucht werden und gelten in diesen Fällen als nicht in das Freizonenverfahren übergeführt, Art. 246 Abs. 1 UZK. Auf Antrag können die Zollbehörden den Status dieser Waren als Unionswaren feststellen, Art. 246 Abs. 2 UZK.

D5051 Wenn Waren von außerhalb des Zollgebiets in eine Freizone verbracht werden oder sie sich in einem Zollverfahren befinden, dass mit der Überführung in eine Freizone erledigt werden soll, so sind die in eine Freizone verbrachten Waren zu gestellen und es sind für sie die vorgeschriebenen Zollformalitäten zu erfüllen, d.h. auch die Abgabe einer Summarischen Eingangsmeldung gem. Art. 127 Abs. 1 UZK. Dasselbe gilt bei Überführung von Waren in die Freizone aufgrund einer Erlass- oder Erstattungsentscheidung, Art. 245 Abs. 1 Buchst. c UZK.

D5052 In allen anderen Fällen – also in Fällen, in denen sich die Waren bereits in einem anderen Zollverfahren befinden, das nicht durch das Verbringen in eine Freizone erledigt werden soll – ist eine Gestellung entbehrlich, Art. 246 Abs. 1, Art. 245 Abs. 2 UZK. Der Ein- und Ausgang der Waren unterliegt der zollamtlichen Überwachung, d.h. die Waren können beim Eingang in eine Freizone auch kontrolliert werden.

Für die Überführung einer Ware in das Freizonenverfahren ist in Abweichung vom Anmeldegrundsatz des Art. 158 Abs. 1 UZK eine Zollanmeldung nicht erforderlich; entscheidend ist der Eingang der Ware in die Freizone, Art. 245 Abs. 3 UZK.

cc) Verfahren in der Freizone

D5053 Der Verbleib von Waren in der Freizone ist zeitlich nicht begrenzt, außer wenn die Lagerung eine Bedrohung für Mensch oder Natur darstellt, Art. 238 UZK.

Während des Verbleibs von Waren in einer Freizone sind – nach Maßgabe der allgemeinen Vorschriften zu den Besonderen Verfahren – Aufzeichnungen zu führen (Art. 214 UZK i.V.m. Art. 178 UZK-DelVO), es können (bewilligungsfrei) übliche Behandlungen im Rahmen des Anhangs 71-03 durchgeführt werden und die Nutzung von Ersatzwaren ist möglich. Letzteres ist allerdings auch in der Freizone bewilligungsbedürftig. Die Verwendung von Ersatzwaren nach Art. 223 UZK bedarf einer formlosen Zulassung, DV VSF Z 0514, Abs. 3290.

Nicht-Unionswaren in einer Freizone können zum zollrechtlich freien Verkehr nach den allgemeinen Regelungen einschließlich der Vereinfachungen überlassen werden oder auch in die aktive Veredelung, die vorübergehende Verwendung oder die Endverwendung übergeführt werden und gelten dann als nicht in das Freizonenverfahren übergeführt, Art. 247 Abs. 1, 2 UZK. D5054

dd) Verbringen von Waren aus einer Freizone

Waren können unter Berücksichtigung der allgemeinen Vorschriften (z. B. außenwirtschaftsrechtlicher Regelungen, Verbote und Beschränkungen, handelspolitische Maßnahmen) aus einer Freizone aus dem Zollgebiet der Union ausgeführt oder wiederausgeführt werden oder in das übrige Zollgebiet verbracht werden. Sollen die Waren aus einer Freizone in das übrige Zollgebiet verbracht werden, so gelten gem. Art. 248 Abs. 2 UZK die allgemeinen Regeln der Art. 134 bis 149 UZK, also Gestellungspflicht, Vorübergehende Verwahrung, Abgabe einer Anmeldung zur Vorübergehenden Verwahrung, Überführung in ein Zollverfahren innerhalb von 90 Tagen. Bei Unionswaren genügt der entsprechende – zuvor ggf. gem. Art. 246 Abs. 2 UZK festgestellte – Status, sie unterliegen nicht mehr der zollamtlichen Überwachung, sobald diese Feststellung getroffen wurde, Art. 134 Abs. 1 UA 3 UZK. D5055

ee) Zollschuld

Die Zollschuldentstehung richtet sich in jeder Hinsicht nach den allgemeinen Bestimmungen, also Art. 77 UZK bei Überlassung zum zollrechtlich freien Verkehr bzw. Art. 79 UZK bei Verstoß gegen Verpflichtungen aus der „Lagerung“, wozu die Freizonen ebenfalls zählen. D5056

ff) Übergangsbestimmungen zur Freizone

Die materiell-rechtlichen Übergangsbestimmungen zur Freizone finden sich in den jeweiligen Titeln IX („Schlussbestimmungen“) von UZK-DelVO und UZK-DVO mit den jeweiligen Anhängen, insbesondere mit Anhang 90 UZK-DelVO. Danach wird eine Bewilligung für eine Freizonen des Kontrolltyps I als Bewilligung für Freizone behandelt, hingegen unterliegen Bewilligungen für Freizonen des Kontrolltyps II und Freilager der Entscheidung der Zollbehörden, mit welchem Typ Zolllager diese Freizonen/-lager als äquivalent betrachtet werden. Nach der Neuregelung gibt es in Deutschland nur noch die Freizonen Cuxhaven und Bremerhaven, weil nur diese beiden dem Erfordernis der Umzäunung Rechnung tragen können. D5057

Die in einer Freizone des Kontrolltyps II oder in einem Freilager am 1.5.2016 befindlichen Waren, die noch keiner zollrechtlichen Bestimmung zugeführt wurden, gelten als in ein Zolllagerverfahren übergeführt, Art. 349 Abs. 3 UZK-DVO. D5058

3. Bewilligung

D5059 Bei dem Erfordernis einer Bewilligung wird in Art. 211 UZK zwischen den verschiedenen Besonderen Verfahren differenziert: Zukünftig bedarf die Inanspruchnahme der Zolllagerung **keiner** Bewilligung mehr, die Bewilligung eines Lagerverfahrens – wie nach dem ZK erforderlich – entfällt also. Allerdings ist weiterhin eine Bewilligung erforderlich für den **Betrieb einer Lagerstätte zur Zolllagerun**g, Art. 211 Abs. 1 Buchst. b UZK. Statt zwei Bewilligungen ist zukünftig nur eine Bewilligung nötig. Davon ausgenommen ist eine von den Zollbehörden selbst betriebene Lagerstätte (die es aber in Deutschland nicht gibt). Auch für die Nutzung einer **Freizone** ist keine Bewilligung erforderlich; die Bestimmung eines Teiles des Zollgebiets als Freizone erfolgt durch die Mitgliedstaaten, Art. 243 Abs. 1 UZK.

a) Antrag

D5060 Die Bewilligung bedarf eines Antrags gem. Art. 22 Abs. 1 UZK i. V. m. Art. 2 und Anhang A.

D5061–D5063 *(Einstweilen frei)*

aa) Form

D5064 Der Antrag ist grundsätzlich elektronisch zu stellen, Art. 6 Abs. 1 UZK, erfolgt aber – wie die Erteilung von Bewilligungen – derzeit grundsätzlich schriftlich und auf förmlichen Antrag, Sobald das Bürger- und Geschäftskundenportal die Möglichkeit der Beantragung, Erteilung und Verwaltung (Änderung, Widerruf, Rücknahme) von Bewilligungen bietet, ist dieses grundsätzlich zu nutzen, DV VSF Z 0514, Abs. 3310. Bis dahin ist Antrag auf Bewilligung für den Betrieb von Lagerstätten zur Zolllagerung von Waren auf dem Formular 0290 zu stellen und es sind die Teile I bis III und V des „Fragebogens zollrechtliche Bewilligung“ auszufüllen.

Das EU-Trader Portal ist nur für die Beantragung mitgliedstaatenübergreifender Bewilligungen oder deren Änderung vorgesehen. Die im Antragsformular geforderten Zusatzangaben werden allerdings nicht im EU-Trader Portal hochgeladen. Für die zusätzlichen Angaben ist das “Zusatzblatt nationale Angaben“ zu verwenden. Dieses Zusatzblatt und die entsprechenden Teile des Fragebogens übermittelt der Beteiligte dem zuständigen Hauptzollamt unter Bezugnahme auf die durch das EU-Trader Portal generierte Antragsnummer auf direktem Wege.

Der Antrag kann einen von der Grundregel des Art. 214 Abs. 1 UZK i. V. m. Art. 178 UZK-DelVO abweichend gestalteten Inhalt der Aufzeichnungen vorsehen, vgl. Art. 178 Abs. 3 UZK-DelVO.

bb) Inhalt

D5065 Das Formular 0290 bestimmt damit bis zur Schaffung einer elektronischen Umgebung auch weiterhin den Inhalt des Antrages. Im Wesentlichen handelt es sich um die Angaben, die auch bei den anderen Besonderen Verfahren erforderlich sind. Hinzukommen im **Zusatzblatt** spezielle Angaben für die Zolllagerstätte, in Zukunft also auch:

Name und Sitz des Antragstellers (Nr. 1), Art und Ort der Aufzeichnung (Nr. 8 a, b), Art der Lagerstätte (Nr. 2), Ort und Einzelheiten des Lagers (Nr. 9), Hinzu kommen Angaben zu Punkten, die für den Betrieb einer Lagerstätte von Bedeutung sein können und dann ebenfalls vom Bewilligungsantrag umfasst sein müssen: Lagerung von nicht in das Zolllagerverfahren übergeführten Unionswaren (Nr. 10) gem. Art. 177 UZK-DelVO; Nutzung von Ersatzwaren (Nr. 15) gem. Art. 223 Abs. 2 UZK, vorübergehendes Entfernen von Waren, Art. 240 Abs. 3 UZK (Nr. 21).

Nicht mehr bewilligungsbedürftig bzw. -fähig sind übliche Lagerbehandlungen (die zukünftig im Zolllagerverfahren ohne Bewilligung im Umfang des Anhangs 71-03 UZK-DelVO möglich sind). Allerdings sollen im Antrag unter der Nr. 16 Einzelheiten der „geplanten Aktivitäten" genannt werden. Dies bedeutet allerdings nicht, dass die in Anhang 71-03 UZK-DelVO gelisteten Behandlung einer förmlichen Bewilligung bedürfen.

cc) Zuständige Zollbehörde

Zuständig für die Erteilung der Bewilligung ist gem. Art. 22 Abs. 1 UAbs. 2 UZK i.V.m. § 24 Abs. 4 ZollV das HZA, in dessen Bezirk die **Hauptbuchhaltung für Zollzwecke** des Inhabers der Bewilligung geführt wird oder zugänglich ist und an dem wenigstens ein Teil der Zolllagerung durchgeführt wird. D5066

Wird eine **einzige Bewilligung** beantragt, weil mehrere Mitgliedstaaten von der Abwicklung des Zolllagerverfahrens berührt werden, kommt Art. 260 UZK-DVO mit den Regeln zur Durchführung eines Konsultationsverfahrens einschließlich der Übergangsregelungen im UZK-TDA bis zu Schaffung der elektronischen Systeme zur Anwendung, Art, 11, 15 UZK-DVO. D5067

dd) Frist für den Erlass einer Entscheidung über einen Bewilligungsantrag

Wenn nur ein Mitgliedstaat von der Bewilligung betroffen ist, beträgt die Frist für den Erlass einer Entscheidung über einen Bewilligungsantrag in Abweichung von der Grundregel des Art. 22 Abs. 3 UZK gem. Art. 171 Abs. 1 UA 2 UZK-DelVO 60 Tage nach Annahme des Antrags. Sind im Rahmen einer einzigen Bewilligung mehrere Mitgliedstaaten betroffen, gelten die Fristen unter Berücksichtigung der Fristen des Konsultationsverfahrens gem. Art. 260, 11, 15 UZK-DVO. D5068

ee) Dauer der Bewilligung

Die Geltungsdauer einer Bewilligung für den Betrieb einer Lagerstätte ist unbeschränkt, vgl. Art. 173 UZK-DelVO im Umkehrschluss. Allerdings unterliegt die Bewilligung dem Monitoring (Art. 23 Abs. 2 UZK) und ggf. der Neubewertung (Art. 23 Abs. 4 UZK). D5069

ff) Sicherheitsleistung

Voraussetzung für die Erteilung einer Bewilligung ist die Leistung einer Sicherheit, Art. 211 Abs. 3 Buchst. c) UZK. D5070

b) Materielle Bewilligungsvoraussetzungen

D5071 Die Voraussetzungen für die Bewilligung des Betriebs einer Zolllagerstätte ergeben sich aus den Allgemeinen Vorschriften, die für alle Besonderen Verfahren gelten, Art. 211 Abs. 3, 4 UZK. Weitere – speziell die Lagerung betreffende Voraussetzungen – ergeben sich aus Art. 240 Abs. 3 und Art. 241 UZK und den Durchführungsbestimmungen, Art. 161 ff. und Art. 201 ff. UZK-DelVO. Hierzu im Einzelnen DV VSF Z 0514, Abs. 3101 ff. Folgende Voraussetzungen müssen erfüllt sein:

aa) Persönliche Voraussetzungen

(1) Im Zollgebiet der Union ansässige Person

D5072 Die Erteilung der Bewilligung einer Zolllagerstätte ist auf Personen beschränkt, die im Zollgebiet der Union ansässig sind (Art. 211 Abs. 3 Buchst. a UZK). Eine „im Zollgebiet der Union ansässige Person" ist gem. Art. 5 Nr. 31 Buchst. b UZK eine juristische Person oder Personenvereinigung, die ihren eingetragenen Sitz, ihren Hauptsitz oder ihre ständige Niederlassung im Zollgebiet der Union hat. Ergänzend hierzu wird in Art. 5 Nr. 32 UZK der Begriff der „ständigen Niederlassung" definiert als „eine dauerhafte Niederlassung, in der die erforderlichen Personal- und Sachmittel ständig vorhanden sind und über die die zollrelevanten Vorgänge einer Person vollständig oder teilweise abgewickelt werden". Die antragstellende Person muss als Wirtschaftsbeteiligter (Art. 5 Nr. 5 UZK) gemäß Art. 9 Abs. 2 UZK in Verbindung mit Art. 5 Abs. 1 Buchst. a UZK-DelVO registriert sein. Bei Personen, die keine Wirtschaftsbeteiligten sind, ist eine Registrierung gemäß Art. 9 Abs. 3 UZK in Verbindung mit Art. 6 Abs. 2 UZK-DA entbehrlich.

(2) Erforderliche Gewähr

D5073 Der Antragsteller muss die erforderliche Gewähr für die ordnungsgemäße Durchführung der Vorgänge bieten, Art. 211 Abs. 3 Buchst. b UZK. Die erforderliche Gewähr für die ordnungsgemäße Durchführung der Vorgänge ist grundsätzlich mit dem Maßstab der Kriterien gemäß Art. 39 Buchstn. a), b) und d) UZK zu beurteilen. Voraussetzungen sind also:

- die Einhaltung grundsätzlich aller Regelungen des Zoll- und Steuerrechts,
- ein geeignetes System der Buchführung,
- praktische oder berufliche Befähigung im Zusammenhang mit dem Betrieb eines Zolllagers.

D5074 Etwas anderes gilt nur dann, wenn es sich bei dem Antragsteller nicht um einen Wirtschaftsbeteiligten gemäß Art. 5 Nr. 5 UZK handelt. Da es sich bei dem Kriterium Gewähr um einen unbestimmten Rechtsbegriff mit Beurteilungsspielraum der Zollbehörden handelt, kann weiterhin auf die allgemeine Vertrauenswürdigkeit des Antragstellers abgestellt werden. Dabei sind Erkenntnisse aus anderen Vorgängen, etwa der Abwicklung von anderen Zollverfahren, heranzuziehen, denn die Gewähr gilt gleichermaßen für alle Zollverfahren.

D5075 Ist der Antragsteller bereits **zugelassener Wirtschaftsbeteiligter für zollrechtliche Vereinfachungen („AEO-C")**, so wird davon ausgegangen, dass er diese Voraussetzungen erfüllt, sofern der Tätigkeit der Lagerung bei der Zulassung als AEO Rechnung getragen wurde, Art. 211 Abs. 3 Buchst. b UZK.

bb) Wirtschaftliches Bedürfnis

Das wirtschaftliche Bedürfnis für die Bewilligung eines Besonderen Verfahrens wird in Art. 211 Abs. 6 UZK vorausgesetzt, für die Lagerung aber nicht näher konkretisiert und ist daher nur im Ausnahmefall relevant. Ein wirtschaftliches Bedürfnis für die Lagerung fehlt ausnahmsweise dann, wenn andere zollrechtlich erhebliche Maßnahmen im Vordergrund stehen, z. B. Veredelungsvorgänge. Dies gilt allerdings nicht, wenn die Veredelung z. B. zur Einhaltung von Fristen mit einem Lagerverfahren kombiniert werden und in einem Zolllager durchgeführt werden soll. Ein wirtschaftliches Bedürfnis ergibt sich auch aufgrund des Wegfalls des Bewilligungserfordernisses (vgl. Art. 220 UZK) für die üblichen Behandlungen. Eine Lagerstätte ist also auch dann bewilligungsfähig ist, wenn die Lagerung ausschließlich dazu dient, z. B. eingeführte Sportschuhe vor ihrer Auslieferung an die Einzelhändler im Zolllager umzupacken und zu etikettieren. Ebenso kann es in Zukunft auch alleiniger Zweck eines Zolllagers sein, Waren neu zu kombinieren (z. B. als Warenzusammenstellung), um neue Vertriebswege zu erschließen. Ein anderes Zollverfahren steht für derartige Tätigkeiten nicht zur Verfügung, insbesondere sind übliche Behandlungen auch in Zukunft nicht im Rahmen der vorübergehenden Verwahrung möglich. Entsprechend dieser Verschiebung der rechtlichen Parameter zu Gunsten einer größeren Gestaltungsfreiheit des Zolllagers entfällt auch die Beachtung einer minimalen Lagerdauer, die sich aus der 90-Tages-Frist der vorübergehenden Verwahrung ergeben könnte (Art. 149 UZK). D5076

Auch die Möglichkeit eines **Zahlungsaufschubs** lässt das Lagerbedürfnis nicht entfallen, weil der Inhaber der Bewilligung einer Zolllagerstätte sich auch kurzfristig zur Durchführung üblicher Behandlungen entscheiden könnte. Diese Flexibilität erlaubt der UZK und sie darf dem Wirtschaftsbeteiligten nicht durch den Verweis auf einen Zahlungsaufschub genommen werden.

cc) Zolltechnische Durchführbarkeit

Ferner müssen die erforderlichen Überwachungs- und Kontrollmaßnahmen durchgeführt werden können (Art. 211 Abs. 4 a) UZK). Die zolltechnische Durchführbarkeit wird durch die genaue Bestimmung des Inhalts der Bestandsaufzeichnungen gewährleistet, Art. 178 UZK-DelVO. D5077

dd) Verhältnismäßigkeit des Verwaltungsaufwands

Der mit der Überwachung verbundene Verwaltungsaufwand darf bei sämtlichen Besonderen Verfahren nicht außer Verhältnis zum wirtschaftlichen Bedürfnis für die Lagerung stehen (Art. 211 Abs. 4 Buchst. a UZK). Es ist eine **Kosten-/Nutzen-Analyse** vorzunehmen. Bei der Prüfung der Verhältnismäßigkeit ist zu berücksichtigen, dass es ein Ziel des Unionszollkodex ist, dem Wirtschaftsbeteiligten die Auswahl des richtigen besonderen Verfahrens zu erleichtern, vgl. Erwägungsgrund 47, und einfache, schnelle, standardisierte Zollverfahren anzubieten, vgl. Erwägungsgrund 15. D5078

D5079 Bei verbrauchsteuerpflichtigen Nicht-Unionswaren, die keinem Zoll unterliegen, ist außerdem zu prüfen, ob den berechtigten Bedürfnissen des Antragstellers nicht durch ein **Steuerlager** entsprochen werden kann.

D5080 Soweit der Verwaltungsaufwand nur einzelne Modalitäten der Abwicklung betrifft, ist die Bewilligung ggf. in einschränkender Form zu erteilen.

D5081–D5083 *(Einstweilen frei)*

ee) Kein Einzelhandelsverkauf

D5084 Der Einzelhandelsverkauf könnte die Funktionsweise eines Zolllagers gefährden und ist deswegen grundsätzlich untersagt. Gemäß Art. 201 UZK-DelVO werden Bewilligungen nicht erteilt, wenn die Lagerstätten für den Einzelverkauf (gemeint ist wohl der Einzel*handels*verkauf) genutzt werden. Es ist also eine räumliche Trennung von Verkaufsraum und zugelassenen Räumlichkeiten oder sonstigen Stätten erforderlich, wobei im Zolllager keine Ware präsentiert oder Kaufverträge angebahnt werden dürfen.

Hiervon ausgenommen ist wie bisher der Reiseverkehr, einfuhrabgabenfreier Verkauf an Mitglieder internationaler Organisationen, NATO-Streitkräfte und im Rahmen diplomatischer oder konsularischer Abkommen. Als neue Ausnahme ist der Fernverkauf über das Internet aufgenommen worden (Art. 201 Buchst. e UZK-DelVO). Hierbei muss allerdings die Ware dem Käufer außerhalb des Zolllagers übergeben werden.

D5085 Zur Vorbereitung des Verkaufs an den Endkunden kann der Bewilligungsinhaber Musterstücke in den zollrechtlich freien Verkehr überführen und im Verkaufsraum bereithalten. Daneben kommt das vorübergehende Entfernen einzelner Waren aus der Zolllagerstätte in Betracht, Art. 240 Abs. 3 UZK.

D5086 Beachtet der Bewilligungsinhaber dieses Verbot nicht, kann dies zu einer Neubewertung oder Aussetzung der Bewilligung gem. Art. 23 Abs. 4 UZK oder einem Widerruf gem. Art. 28 Abs. 1 UZK führen.

c) Zolllagerbewilligung

D5087 Die Voraussetzungen für den Betrieb von Lagerstätten werden in der Bewilligung festgelegt (Art. 211 Abs. 1 UA 2 UZK).

D5088 Zuständig für die Erteilung der Bewilligung ist gem. Art. 22 Abs. 1 UA 2 UZK i.V.m. § 24 Abs. 4 ZollV das HZA, in dessen Bezirk die **Hauptbuchhaltung für Zollzwecke** des Inhabers der Bewilligung geführt wird oder zugänglich ist und an dem wenigstens ein Teil der Zolllagerung durchgeführt wird.

aa) Form und Wirksamwerden

D5089 Die Bewilligung ist zukünftig gem. Art. 6 Abs. 1 UZK mit Mitteln der elektronischen Datenverarbeitung zu erteilen. Die Erteilung von Bewilligungen erfolgt derzeit grundsätzlich schriftlich, solange bis das Bürger- und Geschäftskundenportal die Möglichkeit der Beantragung, Erteilung und Verwaltung (Änderung, Widerruf, Rücknahme) von Bewilligungen bietet (DV VSF Z 0514, Abs. 3310).

Die Entscheidung über den Bewilligungsantrag hat – in Abweichung von der Grundregel des Art. 22 Abs. 3 UZK – gem. Art. 171 Abs. 1 UA 2 UZK-DelVO 60 Tage nach Annahme des Antrags zu erfolgen. Sind mehrere Mitgliedstaaten im Rahmen einer einzigen Bewilligung betroffen, werden die Fristen unter Berücksichtigung der Fristen des Konsultationsverfahrens gem. Art. 260, 11, 15 UZK-DVO verlängert.

Nach DV VSF Z 0514, Abs. 1200 ff. wird die Entscheidung gemäß Art. 22 Abs. 4 UZK grundsätzlich an dem Tag **wirksam**, an dem sie dem Antragsteller zugestellt wird bzw. als ihm zugestellt gilt. Zur Ermittlung des Tages der Zustellung ist § 122 Abs. 2 bis 5 AO heranzuziehen (vgl. AO-DV Zoll Nr. 1 zu § 124). Erfolgt die Bekanntgabe der Entscheidung durch Bereitstellung zum Datenabruf, gilt die Entscheidung am dritten Tag nach Absendung der elektronischen Benachrichtigung über die Bereitstellung der Daten an die abrufberechtigte Person als bekanntgegeben (vgl. § 122a Abs. 4 AO. Die Regelungen des § 122 Abs. 1 S. 2 und Abs. 6 AO (Bekanntgabe des Verwaltungsakts an Bevollmächtigte und mehrere Vertreter) sind anwendbar. D5090

Eine rückwirkende Bewilligung für die Zolllagerstätte ist gem. Art. 211 Abs. 2 Buchst. g UZK **nicht** möglich. D5091

Die Bewilligung wird in ATLAS eingestellt und damit den Zollstellen zugänglich gemacht.

bb) Die wesentlichen Inhalte

Die Bewilligung regelt den Betrieb einer Zolllagerstätte. Die wichtigsten Angaben sind dem Formular 0290 zu entnehmen. Sie werden ergänzt durch nationale Besonderheiten. D5092

In der Bewilligung sind der Name und die Anschrift des Bewilligungsinhabers (ggf. nebst EORI-Nummer), die Überwachungszollstelle, die Zollstellen der Überführung in das Verfahren und der Erledigung des Verfahrens, die Zolllagerstätte und die Sicherheit zu nennen. Hinzu kommen Verfahrensregelungen für die Überführung in das Zolllager, die Beförderung der Waren im Zolllager, die Aufzeichnungen und den zollrechtliche Status der Waren, die in der Zolllagerstätte gelagert werden dürfen, ggf. deren buchmäßige Trennung gem. Art. 177 UZK-DelVO, Regelungen zum vorübergehenden Entfernen einschließlich Zweck und Behandlungen und zum Umfang der Aufzeichnungen gem. Art. 178 UZK-DelVO. Die Nutzung des Zolllagers für die aktive Veredelung oder Endverwendung (Art. 241 UZK) bedarf keiner Bewilligung, jedoch enthält die Bewilligung hierzu regelmäßig Angaben.

(1) Besondere Bedingungen

Die Bewilligung kann gem. Art. 202 UZK-DelVO die Auflage enthalten, dass **Waren, die eine Gefahr darstellen**, andere Waren schädigen können oder aus anderen Gründen besondere Einrichtungen benötigen, in besonders ausgestatteten Lagerstätten gelagert werden. Dazu gehören gesundheitsschädliche und umweltgefährdende Waren, leicht entzündbare Stoffe, aber auch übelriechende und leicht verderbliche Waren. D5093

(2) Überwachungszollstelle

D5094 Die Überwachungszollstelle ist festzulegen. Regelmäßig ist das bewilligende HZA Überwachungszollstelle (DV VSF Z 0514 Abs. 3531). Liegen die Zolllagerstätten in mehreren Bezirken, so ist als überwachende Zollstelle das HZA zu bestimmen, in dessen Bezirk der gesamte Lagervorgang über eine betriebliche Zentralstelle im Unternehmen des Bewilligungsinhabers abgewickelt wird.

(3) Sicherheit

D5095 Gemäß Art. 211 Abs. 3 Buchst. c UZK ist bei allen Besonderen Verfahren die Leistung einer Sicherheit vorgesehen, wenn für die Waren eine Zollschuld oder andere Abgaben entstehen können. Die Einzelheiten zur Sicherheit ergeben sich aus Art. 89 ff. UZK. Nach DV VSF Z 0514, Abs. 6100 ff. sind abzusichernde Abgaben Drittlandszölle, einschließlich der Agrarzölle nach marktordnungsrechtlichen Vorschriften. Wenn bei einer nationalen Bewilligung der Anmelder/Bewilligungsinhaber zum Vorsteuerabzug berechtigt ist, wird die Einfuhrumsatzsteuer grundsätzlich nicht berücksichtigt (siehe hierzu auch DV VSF Z 81 01 Abs. 13, Art. 89 Abs. 2 UAbs. 2 UZK). Bei der Berechnung der Höhe der Sicherheitsleistung ist der für die Ware geltende Drittlandszollsatz heranzuziehen. Etwaige Befreiungen (z. B. Übersiedlungsgut) oder Reduzierungen (z. B. wegen einer möglicherweise bei der Überführung in den freien Verkehr zu gewährenden Präferenz) können nur bei entstandenen Zollschulden berücksichtigt werden. Die Sicherheitsleistung ist spätestens vor der Überführung der Waren in das Zolllager zu leisten (Art. 211 Abs. 3 Buchst. c) i. V. m. 195 Abs. 1 UAbs. 3 UZK).

D5096 Soll dem Bewilligungsinhaber für die zollrechtliche Abwicklung die Anschreibung in der Buchführung bewilligt werden, so sind deren Voraussetzungen gem. Art. 150 UZK-DelVO ebenfalls zu erfüllen. Die Bewilligung Anschreibung in der Buchführung des Anmelders darf ausschließlich dem Bewilligungsinhaber für den Betrieb von Lagerstätten zur Zolllagerung von Waren (CW1) für die eigene Nutzung oder für die Nutzung als Indirekter Vertreter oder dem Inhaber des Verfahrens für die eigene Nutzung bewilligt werden (DV VSF Z 0514 Abs. 3235).

d) Ablehnung, Änderung, Rücknahme und Widerruf

D5097 Liegt eine der Voraussetzungen für die Erteilung der Bewilligung nicht vor, so lehnt die Zollbehörde den Antrag gem. Art. 171 Abs. 1 UA 2 UZK-DelVO ebenfalls innerhalb von 60 Tage nach Annahme des Antrags ab.

D5098 Auf Antrag des Bewilligungsinhabers kann die Bewilligung geändert, ergänzt und widerrufen werden. Sie ist eine begünstigende Entscheidung, die unter den Voraussetzungen der Art. 23 Abs. 4 Buchstabe b), 27 oder 28 UZK ausgesetzt, zurückgenommen, widerrufen oder geändert werden kann. Ändern sich die Voraussetzungen, unter denen die Bewilligung erteilt wurde, hat der Bewilligungsinhaber Mitteilung zu machen (Art. 23 Abs. 2 UZK). Die Bewilligung ist einer Neubewertung gem. Art. 24 Abs. 4 a) UZK zu unterziehen, ggf. ist die Entscheidung auszusetzen (Art. 23 Abs. 4 Buchst. b UZK) oder es erfolgt eine Rücknahme (Art. 27 UZK), ein Widerruf oder eine Änderung (Art. 28 UZK).

e) Vereinfachungen beim Antrag auf Bewilligung und Erteilung

Ein vereinfachter Bewilligungsantrag auf der Grundlage einer Zollanmeldung gem. Art. 163 UZK-DelVO ist für die Bewilligung einer Zolllagerstätte nicht vorgesehen. D5099

f) Geltungsdauer der Bewilligung

Es gilt der Grundsatz der unbefristeten Gültigkeit, Art. 22 Abs. 5 UZK, der in Bezug auf das Zolllager nicht durch die Sonderregelungen für besondere Verfahren (Art. 173 UZK-DelVO) überlagert wird, d. h. die Bewilligung eines Zolllagers ist unbefristet. D5100

(Einstweilen frei) D5101–D5103

4. Überführung von Waren in das Zolllagerverfahren

a) Ausgangslage

Den wirtschaftlichen Bedürfnissen entsprechend, kann die Überführung von Waren in das Zolllagerverfahren unterschiedliche Ausgangspunkte haben: So kommt bei **Nicht-Unionswaren** die Überführung unmittelbar nach dem Eingang und dem Verbringen in das Zollgebiet der EU – ggf. nach Zwischenschaltung eines externen Versandverfahrens – ebenso in Betracht wie aus einer vorübergehenden Verwahrung heraus. Darüber hinaus kann bei Nicht-Unionswaren die Überführung in das Zolllagerverfahren im Anschluss an das Verbringen aus einer Freizone (Art. 248 UZK) oder zur Erledigung eines vorangegangenen besonderen Verfahrens erfolgen (vgl. 215 Abs. 1 UZK). Hier bieten sich vielfältige Gestaltungsmöglichkeiten bei der Ablaufgestaltung verschiedener Zollverfahren an, z. B. zunächst die Lagerung, dann aV, anschließend wieder Lagerung und abschließend die Endverwendung. D5104

Entsprechend vielfältig kann sich die Lage bei der Überführung von **Unionswaren** in das Zolllagerverfahren gestalten. Auch erfüllen solche Waren die Voraussetzungen des Art. 237 Abs. 2 UZK, hinsichtlich derer dem Antrag auf Erstattung oder Erlass von Einfuhrabgaben stattgegeben worden ist (Art. 116 Abs. 1 Buchst. b, Art. 118 Abs. 4 i. V. m. Art. 154 Buchst. b UZK). Die Erstattungslagerung für landwirtschaftliche Erzeugnisse kommt mangels aktueller Regelungen zu Ausfuhrerstattungen momentan nicht in Betracht. D5105

b) Standardzollanmeldung

D5106 Die für die Überführung in das Zolllagerverfahren vorgesehenen Waren sind grds. bei der Zollstelle für die Überführung in das Verfahren zu gestellen und anzumelden (Art. 162, 163 UZK). Die Waren sind gestellt, wenn der Zollstelle ihr Eintreffen am Amtsplatz oder an einem anderen zugelassenen Ort mitgeteilt worden ist und die Waren für Kontrollen zur Verfügung stehen (Art. 5 Nr. 33 UZK). Mit der Standardzollanmeldung werden im zeitlichen Zusammenhang mit der Gestellung alle erforderlichen Angaben elektronisch übermittelt und die entsprechenden Unterlagen bereitgehalten.

D5107 Bei der Zollschuldentstehung im Zolllagerverfahren gem. Art. 77 Abs. 1 Buchst. a, Art. 79 Abs. 1 Buchst. a UZK wird **grundsätzlich** hinsichtlich aller Bemessungsgrundlagen (Zollwert, Menge, Beschaffenheit und Ursprung gem. Art. 86 Abs. 1 UAbs. 2 UZK, Zollsatz gem. Art. 57 Abs. 1 und Abs. 3 UZK) auf den **Auslagerungszeitpunkt** abgestellt. Daher bedarf es – außer im Fall des Art. 86 Abs. 2 UZK (Änderung der zolltariflichen Einreihung aufgrund üblicher Behandlung, vgl. Rz. D5156) keiner Feststellung der Bemessungskriterien bei der Überführung in das Verfahren (Art. 85 Abs. 1 UZK).

D5108 Am Ende der Abfertigung steht die Überlassung zum Zolllagerverfahren (Art. 194 UZK). Mit der Überlassung ist die Rechtswirkung der Überführung in das Verfahren verknüpft. Die notwendige Beförderung der überlassenen Waren zum Ort der Lagerung erfolgt ggf. bereits im Zolllagerverfahren, wodurch ein Versandverfahren verzichtbar ist (Art. 219 UZK, Art. 179 Abs. 3 UZK-DelVO).

D5109 Die Pflicht, die Waren nunmehr körperlich an die Örtlichkeiten des Zolllagers zu verbringen, ergibt sich mittelbar aus Art. 237 Abs. 1, Art. 240 Abs. 1, Art. 242 Abs. 1 UZK. Der Inhaber der Bewilligung/Inhaber des Verfahrens verletzt eine Pflicht in Bezug auf die Lagerung, wenn von diesem Schritt abgesehen wird. Dies hat regelmäßig die Zollschuldentstehung gem. Art. 79 Abs. 1 Buchst. a UZK zur Folge.

c) Vereinfachte Zollanmeldung

D5110 Aus Art. 166 UZK lässt sich entnehmen, dass vereinfachte Zollanmeldungen in Richtung auf alle Zollverfahren, also auch bzgl. des Zolllagerverfahrens, in Betracht kommen.

D5111 Eine Besonderheit ist, dass beim Zolllagerverfahren gem. Art. 167 Abs. 2 Buchst. a UZK keine ergänzende Anmeldung gem. Art. 167 Abs. 1 UZK abzugeben ist. Das bedeutet, dass die zuständige Zollbehörde im Rahmen dieser Vereinfachung keine Vervollständigung der ggf. zunächst noch unvollständigen Anmeldung bzw. kein „Spiegelbild" der Vorgänge erhält. Rechtfertigen lässt sich diese für die Nutzer des Zolllagerverfahrens weitreichende Zusatzvereinfachung mit der im Zolllagerrecht normierten strengen Bestandsaufzeichnungspflicht des Inhabers der Bewilligung (Art. 214 UZK, Art. 178 UZK-DelVO). Im Zeitpunkt der körperlichen Aufnahme in das Zolllager sind die Waren vollständig mit allen maßgebenden Merkmalen in der Bestandsaufzeichnung zu erfassen. Über dieses Prinzip hat die überwachende Zollstelle eine ausreichende Kontroll- und Zugriffsmöglichkeit. Allerdings wird in der Praxis das Bestandsverzeichnis über ein monatliches „Verzeichnis der Lagerbestände“ (BA) zur ergänzenden Zollanmeldung „umzufunktioniert“ (vgl. die ATLAS-Verfahrensanweisung Nr. 4.7).

d) Anschreibung in der Buchführung des Anmelders

Sowohl die Standardzollanmeldung als auch die vereinfachte Zollanmeldung lassen sich mit der (bewilligungsbedürftigen) Anschreibung in der Buchführung des Anmelders gem. Art. 182 UZK verknüpfen. Voraussetzung ist, dass die einschlägigen Informationen im elektronischen System des Anmelders im Zeitpunkt der Anschreibung für die Zollbehörden bereitgehalten werden. In diesem Fall gilt die Zollanmeldung gem. Art. 182 Abs. 2 UZK im Zeitpunkt der Anschreibung als angenommen – mit all den damit verbundenen Rechtsfolgen. D5112

Die Bewilligung Anschreibung in der Buchführung des Anmelders darf ausschließlich dem Bewilligungsinhaber für den Betrieb von Lagerstätten zur Zolllagerung von Waren (CW1) für die eigene Nutzung oder für die Nutzung als Indirekter Vertreter oder dem Inhaber des Verfahrens für die eigene Nutzung bewilligt werden (DV VSF Z 0514 Abs. 3235).

5. Funktionsweise des Zolllagers und des Zolllagerverfahrens

a) Bestandsaufzeichnungen

Ein wesentliches Instrument zur Gewährleistung der in Art. 5 Nr. 27 UZK geregelten zollamtlichen Überwachung ist die Verpflichtung zum Führen von Aufzeichnungen (Art. 214 UZK, Art. 178 UZK-DelVO). Dafür ist mit Ausnahme der öffentlichen Zolllager des Typs II (Verantwortlichkeit allein beim Inhaber des Verfahrens, wird in Deutschland nicht bewilligt, DV VSF Z 0514 Abs. 3270) der Inhaber der Bewilligung verantwortlich; beim öffentlichen Zolllager des Typs I teilen sich der Inhaber der Bewilligung und der Inhaber des Verfahrens die Verantwortung (Art. 214, Art. 242 Abs. 1 Buchst. b, Abs. 2 UZK). Im Falle von zolleigenen öffentlichen Lagern des Typs III müsste die zuständige Zollstelle Aufzeichnungen führen, allerdings betreibt die Zollverwaltung aktuell kein öffentliches Zolllager Typ III, vgl. DV VSF Z 0514 Abs. 3270. D5113

Aufzeichnungen sind laut DV VSF Z 0514 Abs. 3520 nach den Grundsätzen ordnungsgemäßer Buchführung zu führen. Sie müssen bestandsgenau sein und den Zustand der Ware jederzeit einem sachkundigen Dritten in vertretbarer Zeit sichtbar machen. Die Bestandsgenauigkeit muss durch geeignete interne Kontrollmaßnahmen gesichert sein und die Aufzeichnungen müssen sämtliche Unterlagen das Verfahren betreffend enthalten. Nach DV VSF Z 0514 Abs. 3521 erfolgt die Genehmigung von Art und Form der zu führenden Aufzeichnungen nach Art. 214 UZK i. V. m. Art 178 UZK-DelV in der Zulassung (gemeint ist hier wohl die Bewilligung). Werden mehrere zugelassene Räumlichkeiten oder sonstige Stätten als Zolllager bewilligt, können bei den einzelnen Orten zusätzlich zu den Aufzeichnungen gem. Art. 178 UZK-DelVO mindestens einfache Aufzeichnungen über die tatsächlichen Warenbewegungen gefordert werden, soweit die Angaben nicht bereits betrieblich zu Verfügung stehen (z. B. durch EDV), DV VSF Z 0514 D5114

Abs. 3526. Eine Vorlage der Aufzeichnungen durch den Bewilligungsinhaber hat einmal jährlich zu erfolgen, DV VSF Z 0514 Abs. 3527.

Bei Zugelassenen Wirtschaftsbeteiligten mit der Zertifizierung AEO C/F wird davon ausgegangen, dass seine Aufzeichnungen dementsprechend geeignet sind (Art. 214 Abs. 2 UZK).

D5115 Die wichtigsten **Inhalte der Bestandsaufzeichnungen** ergeben sich aus Art. 178 UZK-DelVO. Dazu gehören: Status, Gewicht, Menge und übliche Handelsbezeichnung der Waren, die Verknüpfung mit vorangegangenen Zollverfahren, Angaben zur Überführung in das Zolllagerverfahren bzw. zu dessen Erledigung, Vermerke zum Übergang der Waren von einem Zolllager in ein anderes, Angaben über durchgeführte übliche Behandlungen usw. Schließlich fordert die DV des BMF, die Bestandsaufzeichnungen noch um folgende Daten zu erweitern (VSF Z 13 01 Abs. 421): Zuordnung der Abgänge zu den jeweils am längsten lagernden Waren („first in – first out", Art. 264 Abs. 1 UZK-DVO), Nicht-Unionswaren im Rahmen einer mit dem Zolllager „verzahnten" aktiven Veredelung (vgl. Art. 241 UZK), unwiederbringlich verlorengegangene Warenmengen, Fehlmengen, Mehrmengen, sonstige Unstimmigkeiten usw.

Ein Verstoß gegen die Regelungen zur Führung von Aufzeichnungen stellt eine Verletzung der Pflichten des Bewilligungsinhabers dar.
Dies gilt auch, sofern andere Personen im Sinne von Art. 214 UZK an der Lagerung beteiligt sind. Eine eigene Aufzeichnungspflicht nach Art. 214 UZK mit der möglichen Konsequenz einer Zollschuldnerschaft nach Art. 79 UZK entsteht für andere Personen nur dann, wenn diese sich gegenüber dem Bewilligungsinhaber zum Führen der Aufzeichnungen schriftlich verpflichtet haben, vgl. DV VSF Z 0514 Abs. 3522.

b) Lagerung von Waren mit unterschiedlichem zollrechtlichen Status

D5116 Es wurde bereits darauf hingewiesen, dass es zu den Motiven für die Inanspruchnahme eines Zolllagers ohne Überführung der Waren in das Zolllagerverfahren gehören kann, andere als die in Art. 237 Abs. 2 UZK genannten Unionswaren in den Räumlichkeiten des Zolllagers zu lagern. Eine derartige Nutzung bedarf gem. Art. 237 Abs. 3 UZK einer besonderen Zulassung, die bei wirtschaftlichem Bedürfnis und gewährleisteter Überwachung zu erteilen ist. Neben der Lagerung von Waren, die im Rahmen einer zugelassenen üblichen Behandlung den Nicht-Unionswaren zugeführt werden sollen (z. B. Verpackungsmaterial, Autoradios, Betriebsanleitungen usw.), besteht ein wirtschaftliches Bedürfnis für die Zulassung der **Zusammenlagerung,** wenn das Zolllagerverfahren z. B. praktisch ohne Mitwirkung der Zollbehörde durch Anschreibung in der Buchführung, gekoppelt mit einer Gestellungsbefreiung und der Überlassung zum freien Verkehr im Zeitpunkt der Anschreibung erledigt wird und die nach dem Statuswechsel als Unionswaren anzusprechenden Waren nicht unverzüglich aus dem Zolllager entfernt werden sollen (Art. 182 Abs. 3 UZK). Die Verwaltungspraxis hat in der Vergangenheit ein wirtschaftliches Bedürfnis aber auch anerkannt, wenn die Zusammenlagerung lediglich der Ausnutzung von Lagerkapazitäten dienen soll (vgl. DV alt VSF Z 13 01 Abs. 340).

Werden Unionswaren zusammen mit Nicht-Unionswaren in einem Zolllager gelagert und ist es unmöglich oder nur mit erheblichem Aufwand möglich, jederzeit die Nämlichkeit jeder Warenart zu sichern, so wird in der Bewilligung ggf. eine **buchmäßige Trennung** nach Warenart, zollrechtlichem Status und ggf. Warenursprung vorgeschrieben (Art. 177 UZK-DelVO, Art. 268 Abs. 2 UZK-DVO). Die Lagerung von Unionswaren zusammen mit Nicht-Unionwaren gem. Art. 177 UZK-DelVO darf nur dann bewilligt werden, wenn die Waren zu demselben achtstelligen KN-Code gehören sowie dieselbe Handelsqualität und dieselben technischen Merkmale aufweisen und die o. a. anderweitigen Regelungen nicht entgegenstehen (vgl. DV VSF Z 0514 Abs. 3591). D5117

Hat die Zusammenlagerung, z. B. bei Schüttgütern oder in Tanks bzw. Silos aber auch in großen Hochregallagern zur Abwicklung von Massengeschäften, zur Folge, dass der zollrechtliche Status jeder einzelnen Ware nicht jederzeit oder nur mit erheblichem Aufwand festgestellt werden kann, kommt auch der (ebenfalls bewilligungsbedürftige) Einsatz von Ersatzwaren gem. 223 UZK, Art. 268 UZK-DVO beim Zolllager in Betracht. Art. 223 Abs. 1 UAbs. 3 UZK verlangt von den Ersatzwaren dann die gleiche Handelsqualität und die gleichen technischen Merkmale sowie die Zugehörigkeit zur gleichen Unterposition der Kombinierten Nomenklatur (achtstelliger KN-Code) wie bei den Einfuhrwaren. Bei der Erledigung des Zolllagerverfahrens gelten die Waren bis zur Menge der eingelagerten Unionswaren nach Wahl der Beteiligten entweder als Unions- oder Nicht-Unionswaren (Art. 269 UZK-DVO). Gegebenenfalls vorhandene Wertunterschiede dürften sich dabei im Lauf der Zeit ausgleichen. Wirtschaftsbeteiligte erhalten durch diese Verfahrensvariante erhebliche logistische Gestaltungsspielräume. D5118

Gleichartige **Nicht-Unionswaren** dürfen grundsätzlich ohne besondere Zulassung vermischt, vermengt oder nichtpostenweise (z. B. artikelweise) gelagert werden. Gleichartig sind Waren, wenn sie zu demselben achtstelligen KN-Code gehören sowie dieselbe Handelsqualität und dieselben technischen Merkmale besitzen. Soweit die Nicht-Unionswaren nicht gleichartig in diesem Sinne sind, müssen sie getrennt voneinander (z. B. postenweise) gelagert werden. Eine getrennte Lagerung (z. B. postenweise) kann auch bei gleichartigen Nicht-Unionswaren aufgrund anderweitiger Regelungen (z. B. aus VuB-rechtlichen, präferenzrechtlichen, marktordnungsrechtlichen oder aus außenwirtschaftsrechtlichen Gründen) erforderlich sein (DV VSF Z 0514 Abs. 3590). D5119

c) Übliche Behandlungen

Zu den wirtschaftlich wichtigsten Aspekten des Zolllagerverfahrens gehören die üblichen Behandlungen der eingelagerten Waren gem. Art. 220 UZK. Zwar dient das Zolllager hauptsächlich der Lagerung von Waren, doch können die in das Zolllagerverfahren – als Besonderes Verfahren – übergeführten Einfuhrwaren gem. Art. 220 UZK in dreierlei Hinsicht behandelt werden: D5120

Erhaltung: (einfache) Vorgänge, die sicherstellen, dass die Qualität der Einfuhrwaren erhalten bleibt.

Verbesserung der Aufmachung oder Handelsgüte: (einfache) Behandlungen, die die Absatzmöglichkeit oder die Qualität der Einfuhrwaren selbst verbessern oder erhöhen.

Vorbereitung des Vertriebs oder Weiterverkaufs: (einfache) Behandlungen, die die Merkmale verändern, ohne notwendigerweise die Qualität der Einfuhrwaren selbst zu verändern.

D5121–D5123 *(Einstweilen frei)*

D5124 Sämtliche Behandlungen im Zolllager bedürfen nach dem Wortlaut des Art. 220 UZK **keiner vorherigen Bewilligung** der Zollbehörde. Die in Art. 180 UZK-DelVO i.V.m. dem **Anhang 71-03 UZK-DelVO** aufgelisteten Vorgänge sind quasi „allgemein bewilligt". Es gehört also zur Risikosphäre des Inhabers der Bewilligung und ggf. des Inhabers des Verfahrens, dass nur zugelassene Vorgänge während der Lagerung durchgeführt werden. Andernfalls droht für die betroffenen Waren die Zollschuld gem. Art. 79 Abs. 1 Buchst. a UZK zu entstehen. Allerdings können Anträge auf übliche Behandlungen, die nicht vom ausdrücklichen Wortlaut des Anhangs 71-03 erfasst werden, bei vergleichender Betrachtung aber als solche in Betracht kommen können, bewilligt werden. Besondere Regelungen aus den Bereichen VuB, Präferenz-, Marktordnungs- oder dem Außenwirtschaftsrecht können einzelne Behandlungsmaßnahmen oder die Behandlung insgesamt ausschließen bzw. von der Einhaltung spezieller Vorschriften abhängig machen (DV VSF Z 0514 Abs. 3592).

aa) Lagerhandling

D5125 Die üblichen Behandlungen sind abzugrenzen von normalen, ebenfalls bewilligungsfreien Lagervorgängen, dem sog. Lagerhandling. Dazu gehören: Lagerung der Einfuhrwaren, Entladen und Beladen des Beförderungsmittels, Transportvorgänge und Umlagerungen in den Lagerräumlichkeiten, Bestandsaufnahme, Probenahmen, Wiegen usw. Diese Vorgänge sind weniger als übliche Behandlungen und auch ohne Erwähnung im Anhang 71-03 UZK-DelVO zulässig.

bb) Inhalt der üblichen Behandlungen

D5126 Die vorgesehenen üblichen Behandlungen werden in Anhang 71-03 UZK-DelVO aufgelistet:

D5127 Vorbehaltlich abweichender Bestimmungen darf keine der nachfolgenden Behandlungen dazu führen, dass ein anderer **achtstelliger KN-Code** anzuwenden ist.

D5128 **Nr. 1:** Lüften, Ausbreiten, Trocknen, Entstauben, einfache Reinigungsvorgänge, Ausbessern von Verpackungen, Ausbessern nach Transport- und Lagerschäden, sofern es sich um einfache Maßnahmen handelt, Aufbringen und Entfernen einer schützenden Umhüllung für den Transport.

BEISPIELE:

- Entwachsen von Autos, einfache Reinigung von beim Transport verschmutzten Waren.

D5129 **Nr. 2:** Zusammensetzen der Waren nach dem Transport.

BEISPIEL:

- Aufbau eines Regals, Schrankes.

Nr. 3: Einlagerung, Probenahme, Sieben, mechanisches Klären und Wiegen. D5130

Nr. 4: Entfernen von beschädigten und kontaminierten Bestandteilen. D5131

Nr. 5: Konservieren durch Pasteurisieren, Sterilisieren, Bestrahlen oder Zusatz von Konservierungsmitteln. D5132

BEISPIEL:

- Sterilisieren von medizinischen Geräten und Apparaten.

Nr. 6: Schädlingsbekämpfung. D5133

BEISPIEL:

- Tabak wird mit Mitteln zur Schädlingsbekämpfung behandelt.

Nr. 7: Rostschutzbehandlung. D5134

BEISPIEL:

- Anbringen von Unterbodenschutz und die Hohlraumkonservierung.

Nr. 8: Behandlung … D5135

durch einfaches Erhöhen der Temperatur, ohne weitere Behandlung, auch wenn diese Maßnahme zu einem anderen achtstelligen KN-Code führt.

BEISPIEL:

- Um Wachs zu befördern, wird es vor Auslagerung erhitzt und damit verflüssigt und alsdann in das Beförderungsmittel gepumpt.

durch einfache Temperatursenkung, auch wenn diese Behandlung zu einem anderen achtstelligen KN-Code führt.

Nr. 9: Behandlung von Textilien gegen Elektrostatik, Glätten und Bügeln von Textilien. D5136

BEISPIEL:

- Kleidung wird nach dem Transport in Kisten ausgepackt und aufgebügelt. Dabei spielt es keine Rolle, ob die Waren vorher schon gebügelt waren oder erstmals dieser Behandlung unterzogen werden. Insoweit ist die letzte Produktionsstufe im Zolllager möglich.

Nr. 10: Behandlungen, die folgende Tätigkeiten umfassen: D5137

Entstielen und/oder Entsteinen von Früchten, Zerkleinern und Zerschlagen von getrockneten Früchten und Gemüse, Rehydratation von Früchten; oder

Dehydratisierung von Früchten, auch wenn diese Behandlung zu einem anderen achtstelligen KN-Code führt.

BEISPIEL:

- Entzug von Wasser aus Früchten.

Nr. 11: Entsalzen, Waschen und Crouponieren. D5138

BEISPIEL:

- Crouponieren ist das Abschneiden der Bauchteile und der Halspartie vom wertvollen Rückenteil der Rindshaut. Die sich anschließenden Gerbvorgänge sind nicht mehr von den üblichen Lagerbehandlungen umfasst.

Nr. 12: Hinzufügen von Waren beziehungsweise Hinzufügen oder Austauschen von Zubehörteilen, sofern dieses Hinzufügen oder Austauschen ein relativ unerheblicher Vor- D5139 gang ist oder dazu dient, die Übereinstimmung mit technischen Normen zu gewährleisten, und die Art der ursprünglichen Waren nicht verändert und deren Leistung nicht verbessert wird, auch wenn diese Behandlung dazu führt, dass für die hinzugefügten oder ausgetauschten Waren ein anderer achtstelliger KN-Code angewendet wird.

BEISPIELE:

- Beimischung von Kerosin zu Schweröl zur Verbesserung der Winterfestigkeit und Dieselfähigkeit. Einbau eines Autoradios. Austausch von Batterien, um die Leistungsfähigkeit einer Maschine zu erhalten. Hinzufügen von Fruchtfleisch, Ölen oder Aromastoffen von Orangen zu Orangensaft.

D5140 **Nr. 13:** Verdünnen oder Konzentrieren von Flüssigkeiten ohne weitere Behandlung, auch wenn dies mit einem physikalischen Abtrennungsprozess verbunden ist und diese Behandlung zu einem anderen achtstelligen KN-Code führt.

D5141–D5143 *(Einstweilen frei)*

BEISPIEL:

- Verdünnen von Saftkonzentraten.

D5144 **Nr. 14:** Vermischen von verschiedenartigen Waren unterschiedlicher Qualität, um eine gleichbleibende Qualität oder eine vom Käufer verlangte Qualität herzustellen, sofern dies die Art der Waren nicht verändert.

BEISPIEL:

- Teemischung zwecks Erzielung bestimmter Qualität.

D5145 **Nr. 15:** Vermischen von Gas- oder Heizölen, die keinen Biodiesel enthalten, mit Biodiesel enthaltenden Gas- oder Heizölen, die beide zu Kapitel 27 der KN gehören, um eine gleichbleibende oder eine vom Käufer verlangte Qualität herzustellen, sofern dies die Art der Waren nicht verändert, auch wenn diese Behandlung zu einem anderen achtstelligen KN-Code führt.

D5146 Nr. 16: Vermischen von Gas- oder Heizöl mit Biodiesel, wobei die gewonnene Mischung weniger als 0,5 Volumenprozent Biodiesel enthält, und Vermischen von Biodiesel mit Gas- oder Heizöl, wobei die gewonnene Mischung weniger als 0,5 Volumenprozent Gas- oder Heizöl enthält.

D5147 **Nr. 17:** Aufteilen oder Zuschneiden von Waren, sofern es sich um einfache Vorgänge handelt.

BEISPIEL:

- Einfaches Zuschneiden von Stoffen. Diese Behandlung ist abzugrenzen von Produktionsvorgängen unter Einsatz von computergesteuerten Zuschneidemaschinen.

D5148 **Nr. 18:** Verpacken, Auspacken, Umpacken, Umfüllen und einfaches Umladen in Behälter, auch wenn diese Behandlungen dazu führen, dass ein anderer achtstelliger KN-Code anzuwenden ist; Anbringen, Entfernen und Ändern von Marken, Siegeln, Etiketten, Preisschildern oder anderen ähnlichen Unterscheidungsmerkmalen.

BEISPIELE:

- Abfüllen auf Flaschen. Umfüllen in handelsübliche Kleinverpackungen (Dosen, Beutel, Gläser).

Nr. 19: Testen, Einstellen und Herstellen der Betriebsfertigkeit von Maschinen, Apparaten und Fahrzeugen, insbesondere zur Kontrolle der Übereinstimmung mit technischen Normen, sofern es sich um einfache Vorgänge handelt. D5149

BEISPIELE:

- Anpassung an die in bestimmten Ländern geltenden technischen Normen, dazu gehört nach Ansicht des BMF auch das Bedrucken von Rechnertastaturen mit Zeichen unter Verwendung eines Laserdruckers sowie die Schulung von Personen an Maschinen, die zur Wiederausfuhr bestimmt sind.

Nr. 20: Mattieren von Rohrformstücken zur Vorbereitung der Waren für bestimmte Märkte. D5150

BEISPIEL:

- Glanzbeseitigung bei Rohren.

Nr. 21: Denaturierung, auch wenn diese Behandlung zu einem anderen achtstelligen KN-Code führt. D5151

Nr. 22: andere als die in Nr. 1 bis 18 genannten üblichen Behandlungen, die darauf gerichtet sind, das Ansehen oder die Absetzbarkeit der Einfuhrwaren zu verbessern oder sie für den Vertrieb oder Weiterverkauf vorzubereiten, sofern diese Vorgänge weder die Art der ursprünglichen Waren verändern noch ihre Leistung verbessern. D5152

Mit dieser pauschalen Regelung ist der Bereich üblicher Behandlungen flexibler ausgestaltet worden. Allerdings darf die Nr. 22 nicht als schrankenloser Auffangtatbestand verstanden werden, der die in den anderen Nummern gesetzten Grenzen aushebelt. Die Nr. 22 darf nur angewendet werden in den Grenzen, die von den anderen Fallgruppen gezogen werden. Z.B. kann ein technisch aufwendiges Reinigungsverfahren, das den Rahmen der Nr. 1 überschreitet, nicht im Rahmen der Nr. 22 als zulässig angesehen werden.

Gemäß Art. 178 Abs. 1 Buchst. g UZK-DelVO ist in der Bestandsaufzeichnung sichtbar zu machen, wann und welche üblichen Behandlungen durchgeführt wurden. D5153

cc) Abgrenzung zur Produktion

Schließlich sind die zulässigen üblichen Lagerbehandlungen von der Produktion neuer Waren abzugrenzen. Herstellung ist ausschließlich der aktiven Veredelung gem. Art. 5 Nr. 37 UZK bzw. dem zollrechtlich freien Verkehr vorbehalten. Grundsätzlich darf aus der üblichen Behandlung keine neue Ware hervorgehen und die Waren müssen ihre Identität behalten. Entsprechend ist in der Vorbemerkung zur Liste in Anhang 71-03 UZK-DelVO klargestellt, dass vorbehaltlich abweichender Bestimmungen (vgl. z. B. Nr. 8, 10, 15 des Anhangs 71-03 UZK-DelVO) keine der aufgeführten Behandlungen dazu führen darf, dass auf die Einfuhrwaren ein anderer achtstelliger KN-Code anzuwenden ist. D5154

dd) Auswirkungen auf die Bemessungsgrundlagen

Übliche Behandlungen können Auswirkungen auf die Bemessungsgrundlagen bei etwaig entstehenden Zollschulden haben. Ausgangspunkt der Problemstellung ist Art. 85 Abs. 1 UZK. D5155

D5156 Danach wird regelmäßig bei den Bemessungsgrundlagen einer Abgabenschuld auf den Entstehungszeitpunkt abgestellt, also typischerweise die Überführung in den zollrechtlich freien Verkehr („Auslagerung“) oder die zur Zollschuldentstehung führende Pflichtverletzung. Die Einfuhrwaren werden also grds. im behandelten Zustand bewertet. Das bedeutet im Ergebnis gelegentlich die Einbeziehung der Kosten üblicher Behandlungen und ggf. der dadurch bewirkten Wertsteigerung in den Zollwert. Nach der Ausnahmeregelung des Art. 86 Abs. 1, 2 UZK dürfen übliche Behandlungen, aber auch Wertsteigerungen allein aufgrund von Lagerung den Zollwert der Einfuhrwaren nicht erhöhen.

Gemäß **Art. 86 Abs. 1 UAbs. 1 UZK** sind die Kosten für Lagerung und die üblichen Behandlungen der Waren, wenn sie im Kaufpreis enthalten sind, nicht in den Zollwert einzubeziehen sind, sofern sie getrennt ausgewiesen worden sind. Dazu muss der Anmelder die Kosten der Maßnahmen geltend machen und nachweisen können. Dieser Nachweis über die Art und Höhe kann grds. durch jede Art von Geschäftsunterlagen geführt werden. Allerdings sind die Kosten bzw. Wertsteigerungen aufgrund üblicher Behandlungen typischerweise nur dann im Kaufpreis enthalten, wenn die Ware nicht bereits im Zusammenhang mit dem Verbringen zum Gegenstand eines Kaufgeschäfts gemacht wurde (also der Fall des Art. 128 Abs. 1 UZK-DVO), sondern wenn die Waren erst im Lager zur Ausfuhr verkauft wurden (Art. 128 Abs. 2 UZK).

Ändert sich aufgrund üblicher Behandlungen die zolltarifliche Einreihung der in das Zolllagerverfahren übergeführten Waren (vgl. z. B. Nr. 8, 10, 15 des Anhangs 71-03 UZK-DelVO), so kann auf Antrag des Anmelders die ursprüngliche zolltarifliche Einreihung der in das Verfahren übergeführten Waren zugrunde gelegt werden (Art. 86 Abs. 2 UZK).

d) Vorübergehendes Entfernen

D5157 Es bedarf – außer bei höherer Gewalt – der **vorherigen Bewilligung**, wenn die in das Zolllagerverfahren übergeführten Waren vorübergehend aus dem Zolllager entfernt werden (Art. 240 Abs. 3 UZK). Der Antrag sollte möglichst mit dem Antrag auf Bewilligung zum Führen eines Zolllagers abgegeben werden; u. U. kommt jedoch auch eine Bewilligung von Fall zu Fall in Betracht. Mit dem Antrag müssen rechtfertigende Umstände und die Einzelheiten zu den vorgesehenen Vorgängen dargetan werden. Die Bewilligung kann z. B. erteilt werden, wenn aus technischen Gründen übliche Behandlungen nur außerhalb der Räumlichkeiten des Zolllagers durchgeführt werden können. Aber auch zur Anbahnung von Geschäften und zu Vorführzwecken kommt ein vorübergehendes Entfernen in Betracht (z. B. Vorführen von Teppichen, Musikanlagen, Probefahrten mit Kraftfahrzeugen, Versenden von Mustern). Die verlängerbare Entfernungsfrist soll drei Monate nicht überschreiten. Gemäß Art. 178 Abs. 1 Buchst. e UZK-DelVO ist in der Bestandsaufzeichnung sichtbar zu machen, dass die Waren nur vorübergehend entfernt sind.

D5158 Wichtig ist, dass sich die Waren trotz des Entfernens aus dem Zolllager nach wie vor im Zolllagerverfahren befinden. Werden sie während dieser Zeit z. B. am Zoll vorbei veräußert oder gestohlen, entsteht die Zollschuld und zwar gem. Art. 79 Abs. 1 Bucht. a

UZK wegen der Nichterfüllung einer Verpflichtung in Bezug auf das Entziehen aus der zollamtlichen Überwachung (vgl. auch Art. 242 Abs. 1 Buchst. a UZK). Zur Zollschuldentstehung im Zolllager wegen Entfernens aus dem Lager nach neuem Recht siehe FG Hamburg v. 26.6.2017 4 V 52/17 mit Anmerkung Witte in AW-Prax 2018, 31.

e) Verbringen in ein anderes Zolllager

Ohne das Zolllagerverfahren zu beenden, können die Einfuhrwaren in ein Zolllager ei- D5159
nes anderen Inhabers der Bewilligung ohne weitere Förmlichkeiten befördert werden (Art. 219 UZK i.V.m. Art. 179 Abs. 3 Buchst. c UZK-DelVO und Art. 267 Abs. 4 UZK-DVO). Gemäß Art. 178 Abs. 1 Buchst. e UZK-DelVO ist in der Bestandsaufzeichnung anzuschreiben, dass die Waren im Zolllagerverfahren befördert werden.

Die **Umlagerung** von Waren zwischen zwei Orten eines Zolllagers desselben Bewil- D5160
ligungsinhabers ist gem. Art. 219 UZK, Art. 179 Abs. 3 Buchst. a UZK-DelVO ebenfalls möglich; auch sie ist in der Bestandsaufzeichnung zu dokumentieren.

(Einstweilen frei) D5161–D5163

f) Unstimmigkeiten während der Lagerung

Weitere Punkte bezüglich der Funktionsweise eines Zolllagerverfahrens sind im Zoll- D5164
recht nicht geregelt. Erfahrungsgemäß kommt es jedoch nicht selten zu Untergang, Zerstörung und Vernichtung von Waren, Fehl- oder Mehrmengen.

Bei **Mehrmengen** handelt es sich zumeist um Fehler in der Bestandsaufzeichnung. Folg- D5165
lich ist diese zu berichtigen, ggf. durch die Behandlung der Mehrmenge als Zugang.

Fehlmengen sprechen dagegen für ein Entziehen mit der Folge der Zollschuldentste- D5166
hung gem. Art. 79 Abs. 1 Buchst. a UZK. Ausnahmsweise kommt es bei Fehlmengen dagegen nicht zur Entstehung einer Zollschuld. Das ist der Fall, wenn die Waren nachweislich aus in ihrer Natur liegenden Gründen oder durch Zufall oder infolge höherer Gewalt vollständig zerstört oder unwiederbringlich verloren gegangen sind (Art. 124 Abs. 1 Buchst. g UZK). Dann liegt kein Entziehen, aber im Zusammenhang mit dem Erlöschen der Zollschuld auch keine andere Nichterfüllung einer Verpflichtung einer sich aus den Zollvorschriften ergebenden Verpflichtung vor. Auch kommt ein Erlöschen der Zollschuld gem. Art. 124 Abs. 1 Buchst. k UZK durch Verbringen der Ware in ein Drittland in Betracht, wenn die übrigen Voraussetzungen hierfür gegeben sind.

6. Erledigung des Zolllagerverfahrens

a) Grundlagen

Neben der Überlassung zum zollrechtlich freien Verkehr kommt jedes andere für Nicht- D5167
Unionswaren zulässige Zollverfahren als Schlusspunkt für das Zolllagerverfahren in Betracht (Art. 215 Abs. 1 UZK). Als für die Praxis bedeutsame Fälle sind insbes. zu nennen: der externe Versand, die aktive Veredelung und die Wiederausfuhr (kein Zollverfahren).

Entscheidend ist, dass von einer Erledigung des Zolllagerverfahrens gem. Art. 215 UZK erst gesprochen werden kann, wenn die Waren in das neue Verfahren übergeführt wurden, d. h. sie zollamtlich dementsprechend überlassen wurden oder mittels einer Anschreibung in der Buchführung des Anmelders gem. Art. 182 Abs. 3 UZK eine vergleichbare Rechtswirkung eingetreten ist. Die Regelungen der Überführung richten sich grds. nach der jeweiligen Verfahrensordnung (insbes. Art. 158 Abs. 1, Art. 226, 256, 270 UZK).

D5168 Die Zollanmeldung mit dem Ziel der Erledigung des Zolllagerverfahrens kann der Inhaber der Bewilligung/Inhaber des Verfahrens, grds. aber auch jede andere Person erwirken, die dazu befugt ist (vgl. insbes. Art. 170 Abs. 1 UZK).

D5169 Hinsichtlich der **Wiederausfuhr** ist zu beachten, dass es sich beim Zolllagerverfahren gem. Art. 219 UZK, 179 Abs. 3 Buchst. c UZK-DelVO auch um ein den Warentransport überwachendes Zollverfahren handelt. Zwar ist gem. Art. 270 Abs. 1, 2 UZK zur Erledigung des Zolllagerverfahrens eine Wiederausfuhranmeldung nach den Regeln des Ausfuhrverfahrens abzugeben, aber dadurch erfolgt keine Überwachung der Beförderung. Folglich muss die Ware zwischen der Ausfuhrzollstelle, bei der über die Zulässigkeit der Wiederausfuhr befunden wird, und der Ausgangszollstelle, an der der tatsächliche Export erfolgt, im Zolllagerverfahren oder im Versandverfahren befördert werden. Wählt der Exporteur die Beförderung im Zolllagerverfahren, so ist gem. Art. 267 Abs. 5 UZK-DVO das Verfahren erst erledigt, nachdem die zur Wiederausfuhr angemeldeten Waren das Zollgebiet der EU tatsächlich verlassen haben. Das ist regelmäßig mit dem sog. „Ausgangsvermerk" im elektronischen Ausfuhrverfahren zu belegen (vgl. Art. 334 UZK-DVO).

b) Standardzollanmeldung

D5170 Da das normale Verfahren der Überführung von Waren in ein Zollverfahren oder der Wiederausfuhr nach vorangegangenem Zolllagerverfahren mit Standardzollanmeldung im UZK vor die Klammer gezogen einheitlich geregelt wurde, darf insoweit auf die einschlägigen Ausführungen verwiesen werden (siehe Rdnr. D2003 ff.). Im Zentrum steht hier die elektronische Zollanmeldung und das „klassische" Abfertigungsverfahren auf der Grundlage der Art. 158 – 194 UZK.

c) Vereinfachte Zollanmeldung

D5171 Entsprechendes gilt für die Abgabe vereinfachter Zollanmeldungen, ergänzender Zollanmeldungen oder für die Nutzung der Anschreibung in der Buchführung des Anmelders zur Erledigung des Zolllagerverfahrens (siehe Rdnr. D2068 ff.).

7. Kontrollfragen

		Rdnr.	
1.	Welche Unterarten gehören zum besonderen Verfahren der Lagerung?	D5000	☐
2.	Welche wirtschaftlichen Motive sprechen für die Überführung von Nicht-Unionswaren in das Zolllagerverfahren?	D5005 ff.	☐
3.	Unter welchen Umständen können Waren, die Verboten und Beschränkungen unterliegen, im Zolllager gelagert werden?	D5013	☐
4.	Was versteht man unter einer „Lagerfiktion" im Sinne des UZK?	D5018	☐
5.	Wie lassen sich Verwahrungslager und Umsatzsteuerlager vom Zolllager abgrenzen?	D5024 ff.	☐
6.	Was unterscheidet öffentliche und private Zolllager?	D5033 ff.	☐
7.	Wie muss man sich die Nutzung von Ersatzwaren im Zolllager praktisch vorstellen?	D5044	☐
8.	Was sind Freizonen und in welchem Verhältnis stehen sie zum Zolllager?	D5047 ff.	☐
9.	Was muss bei der Lagerung durch die Zollbehörden bewilligt werden?	D5059	☐
10.	Welche Bedeutung haben Bestandsaufzeichnungen im Zolllager?	D5113 ff.	☐
11.	Unter welchen Umständen dürfen Waren mit unterschiedlichem zollrechtlichem Status im Zolllager zusammen gelagert werden?	D5116 ff.	☐
12.	Was ist Sinn und Zweck üblicher Behandlungen im Zolllager?	D5120 ff.	☐
13.	Wirken sich wertsteigernde Maßnahmen im Rahmen von üblichen Behandlungen zollwertrechtlich aus?	D5155 f.	☐
14.	Wann kommt ein vorübergehendes Entfernen von Waren aus dem Zolllager in Betracht?	D5157 ff.	☐

VI. Verwendung

1. Vorübergehende Verwendung

Schrifttum:

Anton, Bewilligungsvoraussetzungen für die vorübergehende Verwendung bei vollständiger Abgabenbefreiung (ohne Beförderungsmittel), BDZ 2001, F 67; *Glaß/Weiß*, Das Carnet A.T.A, AW-Prax 2004, 443; *Görtz*, Vorübergehende Verwendung gewerblich genutzter Straßenfahrzeuge. Eine systematische Darstellung, AW-Prax 1999, 463; *ders.*, Eine reparaturbedürftige Reparaturvorschrift – Reparaturen bei Beförderungsmitteln in vorübergehender Verwendung, ZfZ 2000, 31; *ders.*, Verwendung oder Veredelung?, BDZ 2013, F 49, F 55; *Harksen*, Vorübergehende Verwendung von Paletten und Containern, AW-Prax 2006, 61; *Henke/Witte* (Hrsg.), Praxishandbuch Lagerung im Zoll- und Steuerrecht, 2. Aufl. 2019; *Hölzle*, Ausgewählte Fragestellungen im Zusammenhang mit der vorübergehenden Verwendung von Kraftfahrzeugen, ZfZ 2020, 90; *Lux*, Einführung in den Zollkodex der Union (UZK), ZfZ 2014, 178, 243, 270, 314; *Ovie*, Das Europäische Zollrecht, AW-Prax 2007, 343; *dies.*, Unzulässige vorübergehende Verwendung eines drittländischen Straßenfahrzeugs im Binnenverkehr, AW-Prax 2012, 54; *Schulmeister*, Stradivari jetzt im Grünen Kanal, AW-Prax 2014, 38; *Witte*, Besondere Verfahren nach dem Unionszollkodex, AW-Prax Service-Guide 2016, 32; *Witte*, Besondere Verfahren nach dem Unionszollkodex, AW-Prax 2015, 77; *Witte/Henke/Kammerzell*, Der Unionszollkodex (UZK), 3. Aufl., Köln 2017.

a) Wirtschaftliche Bedeutung und Hintergründe

D6000 Der das EU-Zollrecht prägende Gedanke des **Gebiets- oder Wirtschaftszolls** erlaubt die Verzollung von in das Zollgebiet der EU verbrachten Waren nur, wenn diese in den Wirtschaftskreislauf der EU eingehen. Die Erhebung von Einfuhrabgaben ist danach vom Grundsatz her nicht gerechtfertigt, wenn die eingeführten Waren nach vorübergehendem Gebrauch im Zollgebiet der EU, d. h. nach lediglich zweckgerechter Nutzung, wiederausgeführt werden.

D6001 Dieses Prinzip gilt z. B. für Berufsausrüstung, Gerätschaften für Presse, Rundfunk und Fernsehen, Ausstellungsgut, pädagogisches Material, Ausrüstung für Katastropheneinsätze, Beförderungsmittel einschließlich der Container usw. Die zollrechtliche Privilegierung derartiger Gegenstände ist häufig bereits in multilateralen Übereinkommen geregelt und verlangt nach einer einheitlichen Umsetzung in der EU. Herzstück der völkerrechtlichen Regelungen auf dem Gebiet der vorübergehenden Verwendung ist das **Istanbuler Übereinkommen** v. 26.6.1990, BGBl 1993 II S. 2214, das im Rahmen des Rates für die Zusammenarbeit auf dem Gebiet des Zollwesens (RZZ/WCO) ausgearbeitet worden ist.

BEISPIELE:

Eine in Russland ansässige Person führt neben einem in Moskau zugelassenen Pkw persönliche Habe, d. h. Kleidungsstücke und andere persönliche Gebrauchsgegenstände, während einer zweiwöchigen Urlaubsreise durch den Schwarzwald mit sich.

Aus den USA stammende Großcomputer werden auf der einwöchigen Hannover-Messe „CEBIT" ausgestellt.

D6002 Voraussetzung für die vollständige Einfuhrabgabenbefreiung derartiger Gegenstände ist u. a., dass die Wiederausfuhr – abgesehen von der normalen Wertminderung – in unverändertem Zustand erfolgt und insbes. keine Be- oder Verarbeitung bzw. Ausbesserung oder Reparatur bezweckt ist (Art. 250 Abs. 2 Buchst. a UZK). Andernfalls muss an eine Überführung in die aktive Veredelung gedacht werden. Jedoch sind alle Maßnahmen, die üblicherweise zur **Instandsetzung und Pflege** eines Wirtschaftsguts gehören, auch während der vorübergehenden Verwendung zugelassen (Art. 204 UAbs. 2, vgl. auch Art. 213, 235 UZK-DelVO). Allerdings wird dabei vorausgesetzt, dass sich die Waren bereits in der vorübergehenden Verwendung befinden und nicht ausschließlich mit dem Ziel der Reparatur, Instandsetzung oder Instandhaltung eingeführt worden sind (vgl. FG Hamburg, ZfZ 2003, 132 ff.; Görtz, ZfZ 2000; 31 ff.; Hölzle, ZfZ 2020, 90). **Fahrzeuge z. B.**, die sich bereits in der vorübergehenden Verwendung befinden, dürfen werterhaltend repariert werden. Nach dem Wortlaut der Art. 204, 235 UZK-DelVO können jedoch auch **Wartungen** im Verfahren der vorübergehenden Verwendung durchgeführt werden. Eine Wartung erfolgt immer geplant, somit ist nicht die subjektive Willensentscheidung (Planung des Werkstattbesuchs oder spontan wegen eines Unfalls oder Defekts) entscheidend. Geplante Reparaturen und Wartungen drittländischer **Fahrzeuge** in deutschen Werkstätten können daher im Rahmen der vorübergehenden Verwendung erfolgen und verpflichten nicht zur Nutzung der aktiven Veredelung (DV VSF Z 19 01 Abs. 3, Z 0515 Abs. 4124).

Vor diesem Hintergrund hat die deutsche Zollverwaltung auf ihrer Homepage zoll.de (Stand Januar 2021) ein „Informationsschreiben zur Einfuhr von Fahrzeugen, die bestimmten Tätigkeiten in der EU unterzogen werden" veröffentlicht. Das Dokument dient der **Abgrenzung der Zollverfahren aktive Veredelung und vorübergehende Verwendung.** Als Hilfestellung sind in einer Anlage einige häufig vorkommende Tätigkeiten gelistet und dem jeweils zulässigen bzw. erforderlichen Zollverfahren zugeordnet (z. B. Austausch des serienmäßig montierten Auspuffs durch einen Sportauspuff = aktive Veredelung; Einbau eines gleichwertigen Austauschmotors = vorübergehende Verwendung). Die Beispiele orientieren sich zwar explizit an Kraftfahrzeugen, die hier zu entnehmenden Strukturen für eine Abgrenzung sind jedoch auf alle Beförderungsmittel, aber auch auf alle anderen Verwendungsgüter wie z. B. Berufsausrüstung, Ausstellungsgut oder wissenschaftliche Geräte übertragbar. Im Kern gilt: **(1.)** Reparatur- und regelmäßige Wartungsarbeiten, die nur auf den Erhalt der Ware ausgerichtet sind, **(2.)** Arbeiten, die nach den jeweiligen Betriebsvorschriften empfohlen oder vorgeschrieben sind und **(3.)** Arbeiten, die die weitere bestimmungsmäßige Nutzung ermöglichen, laufen auf das Zollverfahren der vorübergehenden Verwendung hinaus. Während **(1.)** dauerhafte Veränderungen der Waren z. B. durch festen Einbau, **(2.)** dauerhafte Leistungssteigerungen und **(3.)** beträchtliche Wertsteigerungen das Zollverfahren der aktiven Veredelung indizieren. Die Abgrenzung ist praktisch wichtig, weil die Bewilligungs- und Abwicklungsvoraussetzungen beider Zollverfahren höchst unterschiedlich sind. So ist die vorübergehende Verwendung vielfach dadurch privilegiert, dass **Zollanmeldungen** mündlich oder konkludent abgegeben und die notwenigen **Verfahrensbewilligungen** entsprechend generiert werden können, vgl. D2031, D2144. Und auf die bei den meisten Zollverfahren obligatorische **Sicherheitsleistung** wird bei der vorübergehenden Verwendung grds. verzichtet.

Indes muss vermieden werden, dass die Überführung von Waren in die vorübergehende Verwendung die Hersteller ähnlicher Waren in der EU oder die Verwender von zum zollrechtlich freien Verkehr abgefertigten ehemaligen Nicht-Unionswaren wirtschaftlich benachteiligt. D6003

BEISPIELE:

- Der im obigen Beispiel genannte Reisende aus Russland trinkt auf der Fahrt in den Schwarzwald seinen Wodka.
- Zur Dekoration einer Kongresshalle werden große Mengen frische Schnittblumen eingeführt.
- Für die Textil- bzw. Druckindustrie werden Schablonen, Matrizen oder Matern vorübergehend ins Zollgebiet verbracht, um hier zweckgerecht für die Textil- bzw. Buchproduktion verwendet zu werden. Die **ausgedienten** Einfuhrwaren werden schließlich im Rahmen eines Recycling-Vorgangs in Drittländer wiederausgeführt.

- Ein weißrussischer Schaufelbagger soll vorübergehend für ein halbes Jahr auf einer Baustelle in Deutschland eingesetzt werden. Ein deutscher Unternehmer mit einem entsprechenden Gerät aus dem zollrechtlich freien Verkehr der EU kommt deshalb nicht zum Zuge.

D6004 Auch unter dem Gesichtspunkt des Wirtschaftszollgedankens scheint es gerechtfertigt, zur Vermeidung von Wettbewerbsverzerrungen bestimmte verzehrbare und verbrauchbare Güter von der vorübergehenden Verwendung auszuschließen (erstes und zweites Beispiel, Art. 206 Abs. 2 UZK-DelVO), die Verwendung von zusätzlichen Voraussetzungen abhängig zu machen (drittes Beispiel, Art. 229 UZK-DelVO) und in bestimmten Fällen eine teilweise Erhebung von Einfuhrabgaben vorzusehen (viertes Beispiel, Art. 252 UZK, 206 Abs. 1 UZK-DelVO).

b) Rechtsgrundlagen

D6005 Die vorübergehende Verwendung wird gemeinsam mit der Endverwendung (dazu Teil D. VI. 2.) als **besonderes Verfahren** gem. Art. 5 Nr. 16 Buchst. b, Art. 210 Buchst. c, Art. 250 – 253 UZK ausgestaltet. Darüber hinaus sind aus systematischen Gründen einschlägige Vorschriften auch außerhalb dieses Bereichs im Unionszollkodex aufzusuchen. Dies gilt z. B. für folgende Vorschriften: Art. 158 – 196 UZK (Zollanmeldung, Abfertigung, Überlassung), Art. 211 – 225 UZK (Bewilligung und Erledigung des Zollverfahrens) und Art. 77 Abs. 1 Buchst. b UZK (Zollschuld bei Teilverzollung). Des Weiteren räumen UZK-DelVO und UZK-DVO dem Verfahren – seiner Bedeutung entsprechend – Raum ein (Art. 204 – 236 UZK-DelVO, 322, 323 UZK-DVO). Und sogar außerhalb dieser Spezialvorschriften wird das Schicksal der vorübergehenden Verwendung maßgeblich beeinflusst, etwa bei Art. 136, 139 UZK-DelVO, Art. 258 UZK-DVO (mündliche bzw. konkludente Anmeldung bei Überführung und Erledigung) oder bei Art. 163, 165 UZK-DelVO, Art. 262 UZK-DVO (vereinfachte Bewilligung).

c) Grundbegriffe

D6006 Die Bestimmung zur **Wiederausfuhr** der Einfuhrwaren aus dem Zollgebiet der EU ist zunächst Grundbedingung des Zollverfahrens; die Motive des Beteiligten müssen darauf gerichtet sein, das Verwendungsgut nach dessen zweckgerechtem Gebrauch als Nicht-Unionsware mit Wiederausfuhranmeldung wiederauszuführen (Art. 270 UZK). Wird von vornherein wirtschaftlich eine Überlassung zum zollrechtlich freien Verkehr angestrebt, ist die Bewilligung der vorübergehenden Verwendung nicht zuletzt unter verwaltungsökonomischen Gesichtspunkten grds. zu versagen. Dem steht jedoch nicht der Umstand entgegen, dass sich im Verlauf der Verwendung die wirtschaftlichen Motive ändern können oder die Wiederausfuhr nach vorübergehendem Gebrauch wirtschaftlich nicht mehr sinnvoll ist.

BEISPIELE:

- Für Ausstellungsgut findet sich in der EU ein Käufer.
- Eine zweckgerecht verwendete Berufsausrüstung ist irreparabel defekt.

Diesen Fällen wird Art. 215 Abs. 1 UZK gerecht, der auch für die vorübergehende Verwendung ohne besondere Zulassung eine ordnungsgemäße Erledigung immer dann vorsieht, wenn die in das Verfahren übergeführten Waren in ein anschließendes Zollverfahren (einschließlich der Überlassung zum zollrechtlich freien Verkehr) übergeführt werden. D6007

Quasi als **Ausnahmebestimmungen** gibt es einige Tatbestände der vollständigen Einfuhrabgabenbefreiung, bei denen das Motiv der Wiederausfuhr nur eine untergeordnete Rolle spielt. Stattdessen wird letztlich der Verbleib der Waren im Zollgebiet der EU bezweckt. Dazu gehören **Gebrauchtwaren**, die im Zollgebiet der EU versteigert werden sollen, bestimmte **Kunstgegenstände für Verkaufsausstellungen** und **Warensendungen zur Ansicht** (Art. 234 Abs. 2, 3 UZK-DelVO). D6008

Einen Sonderfall bilden bestimmte Waren, die auf einer Veranstaltung ausgestellt oder vorgeführt werden sollen oder damit im Zusammenhang stehen (sog. **Veranstaltungs- oder Ausstellungsgut**). Ihr Verbrauch, ihre Zerstörung oder eine angemessene und unentgeltliche Verteilung an das Publikum stehen einer ordnungsgemäßen, abgabenneutralen Erledigung der vorübergehenden Verwendung nicht entgegen; sie werden (fiktiv) als wiederausgeführt angesehen. Das gilt nicht für Waren, die der EU-Verbrauchsteuersystemrichtlinie unterliegen, also vor allem für alkoholische Getränke, Tabakwaren und Treibstoffe (Art. 323 UZK-DVO i. V. m. Art. 234 Abs. 1 UZK-DelVO). D6009

Im Rahmen der vorübergehenden Verwendung gewonnene oder hergestellte Erzeugnisse, z. B. die Eier und Küken der auf einer Landwirtschaftsschau gezeigten Hühner, sind als **„geborene" Nicht-Unionswaren** verfahrensrechtlich der vorübergehenden Verwendung des Ausstellungsguts zuzurechnen. Über Art. 153 Abs. 3 UZK wurde dieser Grundsatz u. a. auf alle einschlägigen Warengruppen der vorübergehenden Verwendung unter Einschluss der teilweisen Befreiung von den Einfuhrabgaben ausgedehnt. Auch im Verfahren **geborene Tiere** werden ihrerseits als Nicht-Unionswaren und in das Verfahren der vorübergehenden Verwendung übergeführt angesehen, es sei denn, sie haben keinen nennenswerten Handelswert. Gem. Art. 182 UZK-DelVO gelten in einem besonderen Verfahren geborene Tiere ab einem Gesamtwert von 100 € als Nicht-Unionswaren, die demselben Verfahren zugehören wie die „Muttertiere". Hintergrund dieser auf den ersten Blick eigenwilligen Regelung ist, dass andernfalls im Zollgebiet der EU geborene Tiere gem. Art. 60 Abs. 1, Art. 153 Abs. 1 UZK als Ursprungswaren/Unionswaren einer Verzollung nicht unterworfen werden könnten. So sind Fälle bekannt geworden, in denen trächtige Zuchtstuten kurz vor der Geburt ihrer wertvollen Fohlen gezielt in die vorübergehende Verwendung abgefertigt wurden, um die Jungtiere auf diese Weise der Verzollung und Versteuerung in der EU vorzuenthalten. D6010

Handelspolitische Maßnahmen i. S. von Art. 207 AEUV, Art. 5 Nr. 36 UZK bleiben gem. Art. 250 Abs. 1 Buchst. b UZK in der vorübergehenden Verwendung grds. ausgesetzt. Allerdings trifft Art. 250 Abs. 1 Buchst. b UZK folgende differenzierende Regelung: Maßnahmen, die an die Überlassung zum zollrechtlich freien Verkehr anknüpfen, sind erst bei der Erledigung der vorübergehenden Verwendung in Richtung auf den freien Verkehr anzuwenden. Dies gilt z. B. für die meisten außenwirtschaftsrechtlichen Vorschriften. Knüpfen hingegen die handelspolitischen Maßnahmen an das Verbringen in das Zollgebiet der EU an, z. B. hinsichtlich der Einfuhr bestimmter Vernichtungswaffen oder D6011 bei Embargobestimmungen, sind die Maßnahmen vor der Überlassung zum Zollverfahren zu beachten. Diese Regelung steht zur Grundidee des Art. 250 UZK nicht in Widerspruch, da die Waren zum maßgebenden Zeitpunkt noch nicht zum Zollverfahren überlassen sind.

D6012 Nicht zu den handelspolitischen Maßnahmen zählen die **Verbote und Beschränkungen** (VuB), die u. a. zum Schutz der menschlichen Gesundheit, des Lebens von Menschen, Tieren oder Pflanzen oder aus ordnungspolitischen Gründen erlassen worden sind. Anders verhält es sich nur, wenn die Regelungen ausdrücklich auch auf Art. 207 AEUV gestützt werden (z. B. Produktsicherheitsvorschriften). Der Weg VuB-trächtiger Waren in die vorübergehende Verwendung wird ggf. über Art. 134 Abs. 1, Art. 194 Abs. 1 UAbs. 1 UZK versperrt (Henke, VuB, Rdnr. 2 ff.).

D6013 Der in Art. 250 Abs. 1 UZK angesprochene **Dualismus von vollständiger und teilweiser Einfuhrabgabenbefreiung** ist darauf zurückzuführen, dass gewisse Vorgänge der vorübergehenden Verwendung z. B. im Rahmen der Weltzollorganisation WCO – etwa auf der Grundlage des Istanbuler Übereinkommens – nach dem Prinzip der Gegenseitigkeit bereits völkerrechtlich verbindlich bevorzugt werden oder der EU-Wirtschaft dienlich sein können.

BEISPIELE:

Vorübergehende Verwendung von Beförderungsmitteln einschließlich der Container, von Berufsausrüstungsgegenständen, Messegütern und wissenschaftlichen Gerätschaften.

D6014 In diesen Fällen ist eine **vollständige Einfuhrabgabenbefreiung** zwingend vorzusehen oder zumindest wirtschaftlich wünschenswert. Die Gegenstände der vollständigen Befreiung werden durch die Befugnisübertragung in Art. 253 Buchst. a UZK i.V. m. der UZK-DelVO im Sinne einer Kasuistik abschließend festgelegt (Art. 207 ff. UZK-DelVO; s. unten Rdnr. D6034 ff.).

D6015 Vom Prinzip der sog. **„Teilverzollung“** werden grds. alle anderen Waren erfasst. Die Erhebung eines an der Verwendungsdauer orientierten Teilbetrags der Einfuhrabgaben soll verhindern, dass die EU-Wirtschaft durch den Einsatz vorübergehend verwendeter Produktivgüter geschädigt wird, und einen Ausgleich schaffen für die faktische (Teil-)Integration dieser Waren in den Wirtschaftskreislauf der EU (s. unten Rdnr. D6059 ff.).

d) Bewilligung

aa) Verfahren und Voraussetzungen

(1) Normales Verfahren

D6016 Als besonderes Verfahren bedarf die vorübergehende Verwendung gem. Art. 211 Abs. 1 Buchst. a UZK der zollamtlichen Bewilligung. Im normalen Verfahren ist diese als **„Vorabbewilligung“** seitens der Hauptzollämter ausgestaltet (Art. 22 Abs. 1 UZK, Art. 11 UZK-DelVO, § 24 Abs. 6 ZollV). Das normale Verfahren ist immer dann zu beschreiten, wenn vereinfachte Bewilligungsverfahren einschließlich der Vorlage eines Carnet A.T.A. nicht in Anspruch genommen werden können. Wichtigster Anwendungsfall für das normale Verfahren ist der einer Koppelung mit der vereinfachten Zollanmeldung oder der

Anschreibung in der Buchführung des Anmelders gem. Art. 166 f., 182 UZK. Des Weiteren ist das normale Bewilligungsverfahren erforderlich, wenn eine rückwirkende Bewilligung beantragt wird (vgl. Art. 163 Abs. 2 UZK-DelVO; DV Z 19 01 Abs. 75).

Das normale Verfahren basiert auf dem Grundprinzip, dass die Person, der die Bewilligung gem. Art. 211 Abs. 3 UZK erteilt werden kann, vor der ersten Anmeldung einer Einfuhrware zur vorübergehenden Verwendung einen **Antrag in elektronischer Form** bei der zuständigen Zollbehörde stellen muss (Einzelheiten bei Rdnr. D2099 ff.). D6017

Während für die übrigen besonderen Verfahren gilt, dass auch **einzige Bewilligungen unter Berührung mehrerer Mitgliedstaaten** immer im normalen Verfahren zu erfolgen haben, können diese bei der vorübergehenden Verwendung auch im vereinfachten Verfahren mit der Annahme einer schriftlichen, mündlichen oder konkludenten Zollanmeldung erteilt werden (Art. 163 Abs. 2 Buchst. d UZK-DelVO). In Deutschland darf die einzige Bewilligung in einem erleichterten Konsultationsverfahren gem. Art. 15, 261 UZK-DVO nur mit Zustimmung des **HZA Nürnberg – Kontaktstelle Konsultationsverfahren –** erteilt werden (DV VSF Z 19 01 Abs. 80, Z 0515 Abs. 4115, Z 0514 Abs. 3330 ff.; vgl. auch Rdnr. D2092). D6018

(2) Vereinfachtes Verfahren

Das vereinfachte Verfahren der Bewilligungserteilung bildet bei der vorübergehenden Verwendung den Regelfall. Sein Wesensmerkmal ist die Einbindung des Bewilligungsverfahrens in das Anmelde-, Abfertigungs- und Überlassungsverfahren bei der Zollstelle der Gestellung der Waren. Der praktisch wichtigste Fall eines vereinfachten Bewilligungsverfahrens folgt aus Art. 163 Abs. 1 Buchst. a UZK-DelVO. Danach gilt die Abgabe einer IT-technisch im ATLAS-Verfahren erstellten (nicht vereinfachten) **Standard-Zollanmeldung** auf Überführung in die vorübergehende Verwendung gleichzeitig als Bewilligungsantrag. Die Überlassung zur vorübergehenden Verwendung hat dann die Wirkung der Bewilligung (Art. 262 UZK-DVO). Hier wird die Prüfung der Bewilligungsvoraussetzungen auf die Zollstelle der Überführung in das Zollverfahren verlagert. Um insoweit eine sachgerechte Prüfung „vor Ort" zu ermöglichen, ist der Anmelder/Antragsteller gem. Art. 163 Abs. 1 i. V. m. Anhang A UZK-DelVO verpflichtet, mit der Zollanmeldung **schriftlich zusätzliche Angaben** zu machen, z. B. über die Art der gewünschten Verwendung, die voraussichtliche Dauer des Verbleibs der Einfuhrwaren, den Verwendungsort usw. In der Praxis wird dazu derzeit noch – bis zur Einführung einer entsprechenden elektronischen Information der Zollstelle – der Vordruck 0278 verwendet (DV VSF Z 19 01 Abs. 86, Z 0514 Abs. 3324 f.; vgl. Rdnr. D2144 ff.). D6019

Ein vereinfachtes Bewilligungsverfahren ist in bestimmten Fällen auch bei **mündlicher und konkludenter Zollanmeldung** von Waren zur vorübergehenden Verwendung vorgesehen (Art. 163 Abs. 4 UZK-DelVO i. V. m. Art. 136, 139 UZK-DelVO). Es handelt sich hier um bestimmte Ausstellungsgüter, pädagogisch-wissenschaftliches Material, medizinisch-chirurgisches Material, Ausrüstung für Katastropheneinsätze, lebende Tiere für Ausstellungen, tragbare Musikinstrumente von Reisenden und tragbare Berufsausrüstung. Dabei müssen keine zusätzlichen Datenelemente gem. Art. 163 Abs. 1 i. V. m. Anhang A UZK-DelVO geliefert werden (Art. 163 Abs. 4 Buchst. b, c UZK-DelVO). D6020

D6021–D6023 *(Einstweilen frei)*

D6024 Eine weitere Vereinfachung des Bewilligungsverfahrens stellt die Vorlage eines **Carnet A.T.A.** bei einer Zollstelle zwecks Inanspruchnahme des Verfahrens der vorübergehenden Verwendung dar (**A** dmission **T** emporaire – **T** emporary **A** dmission). Rechtsgrundlage ist das „Zollübereinkommen über das Carnet A.T.A. für die vorübergehende Einfuhr von Waren" von 1961, das faktisch in das Istanbuler Übereinkommen integriert worden ist. Auch hier gilt die Vorlage als Antrag auf Bewilligung und die Überlassung (auf Basis des Carnet-Abschnitts „vorübergehenden Verwendung") als Bewilligung des Verfahrens (vgl. Art. 163 Abs. 5 UZK-DelVO, Art. 262 UZK-DVO). Die Waren für die die Verwendung mit Carnet A.T.A. bewilligt werden können, wurden u. a. von der Kommission in den Leitlinien zur Umsetzung der besonderen Verfahren veröffentlicht (VSF Z 02 30).

BEISPIELE:

Ausrüstung für Katastropheneinsätze (Art. 221 UZK-DelVO), Berufsausrüstung (Art. 226 UZK-DelVO), pädagogisches und wissenschaftliches Material (Art. 227 UZK-DelVO), Veranstaltungs-/Ausstellungsgut (Art. 234 Abs. 1 UZK-DelVO) usw. Letztlich werden die wichtigsten Tatbestände der vorübergehenden Verwendung unter vollständiger Befreiung von den Einfuhrabgaben von der Carnet-A.T.A.-Regelung erfasst.

D6025 Der Zollanmelder hat allerdings nur dann einen Anspruch auf ein vereinfachtes Bewilligungsverfahren mit Carnet A.T.A., wenn die Voraussetzungen des Art. 163 Abs. 5 Buchst. a – d UZK-DelVO erfüllt sind. Dazu gehören die Ausstellung in einem Land, das Vertragspartei des A.T.A.-Übereinkommens oder des Istanbuler Übereinkommens ist, die Gültigkeit des Carnets für das gesamte Zollgebiet der EU und die Bescheinigung über die Sicherheitsleistung (vgl. auch die DV des BMF VSF Z 19 03 zur formalen Abwicklung des Carnet-A.T.A.-Verfahrens in Deutschland und DV VSF Z 0514 Abs. 6201).

D6026 Vergleichbare Regeln wie für die vereinfachte Bewilligung der vorübergehenden Verwendung mit Carnet A.T.A. gelten bei Vorlage von **„Carnet de Passage en Douane – CPD"** (vgl. Art. 163 Abs. 5 UZK-DelVO). Das CPD ist ebenfalls ein Grenzdokument, ein „Zollpassierscheinheft", das die vorübergehende zollfreie Einfuhr von **Land- und Wasserfahrzeugen** in bestimmte Länder erlaubt. Es ist für mehrere Länder gültig und berechtigt zu mehreren Fahrten desselben Fahrzeugs in der Hand desselben Fahrers (weitere Einzelheiten bei Witte/Henke, UZK, Art. 250 Rz. 39a).

(3) Persönliche Voraussetzungen

D6027 Neben der **Person**, die die Waren selbst verwendet, kann die Bewilligung auch demjenigen erteilt werden, der eine Ware verwenden lässt. Der Bewilligungsinhaber muss die Ware folglich nicht „eigenhändig" zu dem zugelassenen Zweck benutzen. Er darf sich dazu auch anderer Personen bedienen, vorausgesetzt, dass diese unter seiner Verantwortung handeln.

D6028 Gemäß Art. 211 Abs. 3 Buchst. b UZK wird die Bewilligung nur erteilt, wenn die betreffenden Personen, z. B. der Bewilligungsinhaber und der Verwender, die **erforderliche Gewähr** für den ordnungsgemäßen Ablauf des Verfahrens bieten. Maßstab ist in erster Linie die persönliche Zuverlässigkeit und Vertrauenswürdigkeit des Antragstellers und ggf. die ordnungsgemäße Organisation seines Unternehmens. Herangezogen werden hierbei die entsprechenden Kriterien für die Zertifizierung des Beteiligten als AEO C (vgl. Art. 39 Buchst. a UZK).

Bei der vorübergehenden Verwendung ist der Nutznießer des Zollverfahrens i. d. R. nicht im Zollgebiet der EU ansässig. Folglich wird die **Ansässigkeit** nicht als persönliche Voraussetzung verlangt, sondern im Gegenteil von der grundsätzlichen Ansässigkeit der Bewilligungsinhaber außerhalb des Zollgebiets ausgegangen (Art. 250 Abs. 2 Buchst. c UZK; vgl. auch Art. 170 Abs. 3 Buchst. a UZK). In bestimmten Fällen der vollständigen Einfuhrabgabenbefreiung ist sogar Bewilligungsvoraussetzung, dass die Waren **Eigentum einer außerhalb des Zollgebiets der EU ansässigen Person** bleiben, so z. B. bei Berufsausrüstung gem. Art. 226 Abs. 1 Buchst. a UZK-DelVO. Eine Überprüfung der Eigentumsverhältnisse dürfte allerdings in der Praxis schwierig sein, zumal hier nicht auf die Dogmatik des BGB, sondern nur auf die wirtschaftliche Verfügungsmacht abgestellt werden darf; die Eigentumsvoraussetzung muss letztlich bei der Überführung in die vorübergehende Verwendung als gegeben unterstellt werden. Ein ausdrückliches Erfordernis zur **Ansässigkeit außerhalb des Zollgebiets** ergibt sich z. B. aus Art. 212 (3), 226 UZK-DelVO. Ausdrückliche **Ausnahmen** vom Ansässigkeitserfordernis ergeben sich aus einem zuletzt stark erweiterten Katalog gem. Art. 207, 214, 220-224, 229-236 UZK-DelVO. Im Übrigen – soweit explizit nichts zur persönlichen Voraussetzung der Ansässigkeit bestimmt ist – ist die Bewilligung der vorübergehenden Verwendung unabhängig von der Frage der Ansässigkeit grundsätzlich möglich, argumentum ex Art. 206 UZK-DelVO (vgl. auch DV VSF Z 0515 Abs. 4125). D6029

(4) Zolltechnische Voraussetzungen

Vom Grundsatz her ist die vorübergehende Verwendung ein **„Nämlichkeitsverfahren"**, d. h. es muss unabhängig von den sich als Nämlichkeitsmittel anbietenden technischen Varianten sichergestellt sein, dass die Einfuhrware während der Dauer des Zollverfahrens nicht unbemerkt vertauscht, verwechselt oder unzulässig verändert werden kann (Art. 250 Abs. 2 Buchst. b UZK). Für Art und Umfang der durch die Zollstelle der Überführung in das Verfahren zu treffenden Nämlichkeitsmaßnahmen gelten die Grundbestimmungen des Art. 192 UZK i. V. m. § 8 ZollVG (vgl. auch DV VSF Z 19 01 Abs. 92 ff. und Witte/Henke, UZK, Art. 192 Rz. 4 ff.). D6030

(5) Angemessener Verwaltungsaufwand

Gemäß Art. 211 Abs. 4 Buchst. a UZK muss die **Verhältnismäßigkeit** zwischen dem zollamtlichen Überwachungsaufwand bei der Durchführung der vorübergehenden Verwendung und dem wirtschaftlichen Nutzen auf Seiten des Bewilligungsinhabers gewahrt bleiben. Die Vorschrift ist als „ultima ratio" des Bewilligungsrechts zu verstehen und ermöglicht es z. B., eine Bewilligung zu versagen, wenn die Einfuhrwaren über eine Vielzahl von Zollstellen wiederausgeführt werden sollen und dadurch letztlich die notwendigen zollamtlichen Prüfungen vereitelt werden können (vgl. auch Rdnr. D2146 und DV VSF Z 19 01 Abs. 2). D6031

Darüber hinaus wird der Verhältnismäßigkeitsgrundsatz in der deutschen Verwaltungspraxis auch dann bemüht, wenn die zur Verwendung bestimmten Waren nach D6032 anderen Vorschriften **frei von Einfuhrabgaben** i. S. des § 1 Abs. 1 ZollVG in den **zollrechtlich freien Verkehr** überlassen werden können. Das ist insbesondere auf der Grundlage der ZollbefreiungsVO bei Mustern, Art. 86, Ausstellungsgut, Art. 90 ff., Werbematerial, Art. 108, und Informationsträgern, Art. 104 Buchst. h, denkbar (DV VSF Z 19 01 Abs. 2 UAbs. 2; Z 0514 Abs. 3441). Bei Einfuhrabgaben i. S. von § 1 Abs. 1 ZollVG in Höhe bis zu 25 € je Verwendungsfall wird ebenfalls keine Bewilligung erteilt. Dabei bleiben die EUSt-Beträge, die im Rahmen des Vorsteuerabzugs geltend gemacht werden können, außer Betracht (DV VSF Z 19 01 Abs. 2 UAbs. 3).

(6) Wirtschaftliche Voraussetzungen

D6033 Die Bewilligung eines besonderen Verfahrens bedarf grundsätzlich der Prüfung der wirtschaftlichen Voraussetzungen. Allerdings wurde der Grundsatz mit dem Unionszollkodex erheblich liberalisiert: Für die vorübergehende Verwendung gilt insoweit Art. 211 Abs. 6 UZK. Nur wenn es Nachweise dafür geben sollte, dass wesentliche Interessen von Wirtschaftsakteuren in der EU durch das Verfahren beeinträchtigt werden, sind die wirtschaftlichen Voraussetzungen – dann allerdings auf Unionsebene seitens der Kommission im Verfahren des Art. 259 UZK-DVO – zu prüfen. In der DV VSF Z 0514 Abs. 3443 beschränkt die deutsche Zollverwaltung allerdings die Verpflichtung zur Prüfung wirtschaftlicher Voraussetzungen explizit auf die aktive und passive Veredelung. Mit der Erfüllung der Tatbestandsvoraussetzungen für die jeweilige vollständige oder teilweise Befreiung von den Einfuhrabgaben werden also zugleich auch die wirtschaftlichen Voraussetzungen erfüllt. Liegen die im Folgenden darzustellenden Voraussetzungen für eine vollständige Einfuhrabgabenbefreiung nicht vor, ist die Bewilligung insoweit zwingend abzulehnen; gleichzeitig kann sich jedoch der Weg in die teilweise Befreiung von den Einfuhrabgaben eröffnen (Art. 252 UZK, Art. 206 Abs. 1 UZK-DelVO).

Wird das Verfahren der vorübergehenden Verwendung bereits (faktisch) in Anspruch genommen ohne dass die tatbestandlichen Voraussetzungen gegeben sind und es also an einer ordnungsgemäßen Überlassung fehlt, führt das wegen eines **Pflichtverstoßes** in Bezug auf die vorübergehende Verwendung oder im Kontext mit konkludenten Verhaltensweisen bei der Einfuhr in das EU-Zollgebiet wegen vorschriftswidrigen Verbringens grundsätzlich zur **Zollschuld** (s. Art. 218 f. UZK-DVO und FG Hbg. v. 24.9.2019 4 K 3/17; FG Ba-Wü v. 22.10.2019 11 K 2256/17 und 11 K 2049/17; zur Steuerbarkeit bzgl. der Einfuhrumsatzsteuer vgl. unten Rdnr. D6068, D6089 f.).

bb) Gegenstände der vollständigen Einfuhrabgabenbefreiung

D6034 Die vollständige Einfuhrabgabenbefreiung in der vorübergehenden Verwendung ruht faktisch auf **zwei Säulen:** den Beförderungsmitteln, einschließlich der Paletten und Container, und anderen Waren. Die Differenzierung bietet sich an, da das Recht der vorübergehenden Verwendung von Beförderungsmitteln zwangsläufig besonderen Gesetzen gehorchen muss. Denn für Beförderungsmittel, deren Aufgabe häufig gerade der wiederkehrende oder gar regelmäßige grenzüberschreitende Verkehr ist, gilt es, in materieller und verfahrensrechtlicher Hinsicht besonders leichtgängige Lösungen zu schaffen.

Sowohl bei den Beförderungsmitteln als auch bei den anderen Waren verfolgt die UZK-DelVO in den Art. 207 ff. das Prinzip einer abschließenden Auflistung der Befreiungstatbestände. Dabei werden verschiedene Waren zu Warenkreisen oder Fallgruppen zusammengefasst. Hinzu tritt als Anwendungshilfe bei mehreren Fallgruppen ein **(erläuterndes) Listensystem** in den sog. **Leitlinien der Kommission** (abgedruckt in der VSF Z 02 30, ergangen noch zum 2016 ersetzten ZK), mit dessen Hilfe eine genauere Ansprache der privilegierten Waren ermöglicht wird, z. B. bei Berufsausrüstungsgegenständen, pädagogischem Material und persönlichen Gebrauchsgegenständen oder Sportartikeln. Zwischenzeitig wurden diese Leitlinien vollständig überarbeitet, an den UZK angepasst und als **„Besondere Verfahren – Titel VII UZK / Leitfaden für Mitgliedstaaten und Handel“** veröffentlicht (zuletzt v. 26.2.2020. Dok. TAXUD/A2/SPE/2016/001-Rev 14-EN; noch nicht in der VSF). In Anh. VII finden sich die für die Praxis so bedeutsamen und aktualisierten „Erläuternden Listen“ für Waren, die nach Art. 219 ff. UZK-DelVO unter vollständiger Befreiung in die vorübergehende Verwendung übergeführt werden können; dazu DV VSF Z 0515 Abs. 4112. D6035

Im Falle der vermeintlichen Konkurrenz zwischen verschiedenen Befreiungstatbeständen ist die **tatsächliche Verwendung** der Ware maßgebend, z. B. wenn Beförderungsmittel nicht zur Beförderung von Personen oder Waren (als Beförderungsmittel), sondern für eine Automobilausstellung (als „Ausstellungsgut“) eingeführt werden. D6036

(1) Beförderungsmittel

Nach dem weiten Anwendungsbereich der Art. 207 – 218 UZK-DelVO gehören hierzu die folgenden Waren, sofern sie überwiegend der **Beförderung von Personen oder Gütern** dienen (vgl. auch DV VSF Z 1901 Abs. 7, Z 0515 Abs. 4123); dabei ist es erst einmal unerheblich, ob die Beförderungsmittel durch eigenen Antrieb / auf eigener Achse oder auf andere Weise in das Zollgebiet der EU befördert und eingeführt werden: D6037

- Straßenbeförderungsmittel einschließlich der Reit- und Zugtiere sowie der Gespanne
- Schienenbeförderungsmittel
- Beförderungsmittel des Luftverkehrs
- Beförderungsmittel der See- und Binnenschifffahrt
- Paletten
- Container
- mitgeführte normale Ersatzteile, Zubehör und Ausrüstung

Nicht als Beförderungsmittel sind demnach solche Waren anzusehen, die zum Beispiel als **Arbeitsgeräte** verwendet werden sollen. D6038

BEISPIELE:

Bagger und Planierraupen, Dampfwalzen, Kran- oder Müllwagen, für bestimmte Zwecke gebaute oder besonders hergerichtete Fahrzeuge, wie bewegliche Prüfeinheiten, fahrbare Werkstätten oder Laboratorien. Letztere können allerdings u.U. als Berufsausrüstungsgegenstände vollständig von den Einfuhrabgaben befreit sein.

D6039 Ebenfalls nicht als Beförderungsmittel sind die in diesen enthaltenen oder in tragbaren Behältern mitgeführten **Treib- und Schmierstoffe** anzusehen. Dabei handelt es sich insbesondere nicht um Zubehörteile oder übliche Ausstattung i. S. von Art. 212 Abs. 1, Art. 213 UZK-DelVO, da verbrauchbare Waren vorliegen, die schon systematisch der vorübergehenden Verwendung nicht zugänglich sind. Diese können allerdings unter bestimmten Umständen gem. Art. 5 Nr. 2 Buchst. c UZK i. V. m. Art. 107 ff. Zollbefreiungs-VO einfuhrabgabenbefreit in den freien Verkehr zur Endverwendung übergeführt werden (DV VSF Z 19 01 Abs. 8 UAbs. 2, vgl. auch Z 0515 Abs. 4111).

D6040 Für Beförderungsmittel kommt entweder eine **gewerbliche** oder auch eine private Verwendung, ein sog. **eigener Gebrauch** in Betracht (vgl. Art. 215 Abs. 1 – 4, Art. 217 Buchst. c UZK-DelVO). Für die vollständige Befreiung müssen dabei jeweils folgende zwei Voraussetzungen vorliegen: Die Beförderungsmittel werden **außerhalb des Zollgebiets der EU** auf den Namen einer außerhalb dieses Gebiets ansässigen Person **zugelassen** und sie werden von **außerhalb des Zollgebiets ansässigen Personen** – ggf. auf Grundlage einer Ermächtigung durch den Bewilligungsinhaber – verwendet (Art. 212 Abs. 2, 3 UZK-DelVO).

D6041–D6042 *(Einstweilen frei)*

D6043 Grundsätzlich unterliegen Beförderungsmittel während der vorübergehenden Verwendung einem weitgehenden **Verfügungsverbot**, d. h. sie dürfen weder verliehen, vermietet, verpfändet oder abgegeben noch einer in der EU ansässigen Person zur Verfügung gestellt werden. Die abschließend geregelten Ausnahmen von diesem Verbot, z. B. für den Bereich der Dienst- und Mietfahrzeuge, finden sich in Art. 214 – 216 UZK-DelVO.

(2) Andere Waren als Beförderungsmittel

D6044 Es handelt sich um Befreiungstatbestände für folgende Waren:

- Persönliche Gebrauchsgegenstände von Reisenden (Art. 219 UZK-DelVO – mit erläuternder Liste)
- Zu Sportzwecken verwendete Waren (Art. 219 UZK-DelVO – mit erläuternder Liste)
- Betreuungsgut für Seeleute (Art. 220 UZK-DelVO – mit erläuternder Liste)
- Material für Katastropheneinsätze (Art. 221 UZK-DelVO)
- Medizinisches Material (Art. 222 UZK-DelVO)
- Tiere (Art. 223 UZK-DelVO – mit erläuternder Liste)
- Ausrüstung in Grenzzonen (Art. 224 Buchst. a UZK-DelVO)
- Infrastrukturgüter für Grenzgebiete (Art. 224 Buchst. b UZK-DelVO)
- Ton-, Bild-, Datenträger zu Vorführ- und Werbezwecken (Art. 225 UZK-DelVO)
- Berufsausrüstung (Art. 226 UZK-DelVO – mit erläuternder Liste)
- Pädagogisches Material (Art. 227 UZK-DelVO – mit erläuternder Liste)
- Wissenschaftliches Gerät (Art. 227 UZK-DelVO)
- Umschließungen (Art. 228 UZK-DelVO)
- Formen, Matrizen, Klischees, Zeichnungen, Modelle (Art. 229 UZK-DelVO)
- Spezialwerkzeuge und -instrumente (Art. 230 UZK-DelVO)

- Testwaren, Analyse- und Messgeräte (Art. 231 Buchst. a, c UZK-DelVO)
- Erprobungswaren (Art. 231 Buchst. b UZK-DelVO)
- Warenmuster (Art. 232 UZK-DelVO)
- Austauschproduktionsmittel (Art. 233 UZK-DelVO)
- Veranstaltungsgut / Ausstellungsgut (Art. 234 Abs. 1 UZK-DelVO)
- Zur Ansicht übersandte Waren (Art. 234 Abs. 2 UZK-DelVO)
- Kunstgegenstände für Verkaufsausstellungen (Art. 234 Abs. 3 Buchst. a UZK-DelVO)
- Gebrauchtwaren als Versteigerungsgut (Art. 234 Abs. 3 Buchst. b UZK-DelVO)
- Ersatzteile, Zubehör und Ausrüstung (Art. 235 UZK-DelVO)
- Im Rahmen militärischer Aktivitäten zu befördernde oder zu verwendende Waren (Art. 235a UZK-DelVO)
- Andere Waren, insbes. Waren in besonderen Situationen ohne wirtschaftliche Auswirkungen (Art. 236 UZK-DelVO)

Exemplarisch sollen im Folgenden vier dieser Warengruppen näher betrachtet werden (vgl. zu den übrigen Fällen die Kommentierung bei Witte/Henke, UZK, Art. 250 Rz. 81 ff.).

(a) Persönliche Gebrauchsgegenstände und zu Sportzwecken verwendete Waren

Es handelt sich zunächst um **persönliche Gebrauchsgegenstände** von Reisenden. Das sind alle neuen oder gebrauchten Gegenstände, die ein **Reisender** (Art. 1 Nr. 40 UZK-DelVO) unter Berücksichtigung aller Umstände auf seiner Reise in angemessenem Umfang zum persönlichen Gebrauch benötigt. Die Einfuhrabgabenbefreiung ergibt sich insoweit – gemeinsam mit den zu Sportzwecken eingeführten Waren – aus Art. 219 UZK-DelVO. Nach der **erläuternden Liste** in den Leitlinien der Kommission (VSF Z 02 30) gehören z. B. dazu: Kleidungsstücke, Toilettenartikel, persönlicher Schmuck, Fotoausrüstung, Musikinstrumente, Notebooks, tragbare Fernseher, Kinderwagen, Rollstühle für Behinderte, tragbare Dialyseapparate sowie ähnliche medizinische Apparate usw. Der Umstand, dass Gegenstände auch beruflich verwendet werden (z. B. Notebooks oder Tablet-PCs) steht einem persönlichen Gebrauch nicht entgegen. Dagegen liegt bei ausschließlich beruflicher Nutzung kein persönlicher Gebrauch vor (DV VSF Z 19 01 Abs. 46). Zu verbrauchende Waren, wie z. B. Lebensmittel oder Kosmetika, fallen aus dem Anwendungsbereich heraus; für derartige Waren kommt u. U. eine Einfuhrabgabenbefreiung gem. Art. 41 ZollbefreiungsVO in Betracht. Ebenfalls ausgeschlossen bleiben alle Waren, die i. S. des Umkehrschlusses aus Art. 1 Nr. 21 Buchst. b UZK-DelVO zu gewerblichen und Handelszwecken eingeführt werden. Hingegen ist es unschädlich, wenn die Waren aus transporttechnischen Gründen dem Reisenden voraus- oder nachgesandt werden. Selbstverständlich sind die betreffenden Gegenstände wieder aus dem Zollgebiet auszuführen, wenn der Reisende dieses Gebiet verlässt (vgl. Art. 136 Abs. 2 UZK-DelVO). D6045

Zu Sportzwecken verwendete Waren sind im Gegensatz zum früher geltenden Recht nunmehr ausdrücklich privilegiert und müssen nicht mittelbar als Ausstellungsgut oder persönliche Habe behandelt werden. Darin kommt der Wille der EU zur Förderung D6046 internationaler Sportveranstaltungen zum Ausdruck. Zum Warenkreis gehören Sportartikel und andere Gegenstände, die ein **Reisender** (Art. 1 Nr. 40 UZK-DelVO) bei sportlichen Wettkämpfen oder Darbietungen sowie zum Training im Zollgebiet der EU benötigt (siehe die **erläuternde Liste** in den Leitlinien zu Art. 219 Buchst. b UZK-DelVO bei VSF Z 02 30). Dazu gehören Ausrüstungsgegenstände aller Art für Leichtathletik, Ballspiele, Wintersport, Wassersport, Motorsport, Pferde für den Pferdesport einschließlich der Sportkleidung und unterstützender Gegenstände, wie z. B. Mess- und Anzeigegeräte sowie Apparate für Blut- und Urinuntersuchungen zur Doping-Kontrolle oder Instrumente zur Überwachung der Vitalfunktionen von Sportlern.

D6047 Persönliche Gebrauchsgegenstände und zu Sportzwecken verwendete Waren werden grds. ohne schriftliche bzw. mündliche Zollanmeldung oder Bewilligung durch sonstige Willensäußerungen, die als Zollanmeldung gelten, insbes. konkludentes Verhalten auf Seiten des Einführers und der Zollstelle, zum Verfahren der vorübergehenden Verwendung angemeldet und überlassen. Auf dieselbe Weise wird die Bewilligung beantragt und erteilt (Art. 139 Abs. 1, Art. 136 Abs. 1 Buchst. b, Art. 141, Art. 163 Abs. 4 UZK-DelVO; Art. 262 UZK-DVO).

(b) Berufsausrüstung

D6048 Die völkerrechtlichen Vorgaben sind dem **Zollübereinkommen über das Carnet A.T.A. für die vorübergehende Einfuhr von Waren** vom 6.12.1961 und dem **Istanbuler Übereinkommen** vom 26.6.1990 zu entnehmen. Die Einfuhrabgabenbefreiung ergibt sich aus Art. 226 UZK-DelVO. Begrifflich erfasst werden grds. Geräte und ihr Zubehör, die eine außerhalb der EU ansässige Person, die sich zur Ausführung einer bestimmten Aufgabe in der EU aufhält, zur Ausübung ihres **Gewerbes oder Berufs** benötigt. Dabei muss die Berufsausrüstung gem. Art. 226 Abs. 1 Buchst. a UZK-DelVO Eigentum einer außerhalb der EU ansässigen natürlichen oder juristischen Person – nicht unbedingt des Beteiligten – sein und während der Verwendung bleiben. Nicht nur die Person des Bewilligungsinhabers und die des Eigentümers der Einfuhrware muss ihren **Wohnsitz außerhalb der EU** haben, sondern auch die Verwendung der Einfuhrware muss ausschließlich durch den ausländischen Inhaber der Bewilligung, unter seiner persönlichen Aufsicht oder zumindest unter seiner Verantwortung und Regie erfolgen. Ausgeschlossen ist neben einem Verkauf des Verwendungsguts folglich auch die Vermietung oder Verpachtung, da hier der Inhaber der Bewilligung seinen rechtlichen Einfluss und damit seine Verantwortlichkeit verliert. Die Voraussetzungen für eine Befreiung liegen jedoch auch dann vor, wenn der Beteiligte (Bewilligungsinhaber/Verwender) im Zollgebiet der EU seinen Sitz hat, aber wirtschaftlich ein Unternehmen vertritt, das im Ausland ansässig ist (Art. 226 Abs. 1 Buchst. b UZK-DelVO). Eine weitere Ausnahme für Gemeinschaftsprogramme bei Film und Fernsehen ergibt sich aus Art. 226 Abs. 1 Buchst. c UZK-DelVO.

D6049 Die Berufsausrüstungsgegenstände werden in der UZK-DelVO nicht abschließend aufgelistet. Es handelt sich aufgrund der völkerrechtlichen Vorgaben jedoch **erstens** um Ausrüstung für Presse, Rundfunk und Fernsehen, wenn ausländische Vertreter dieser Sparten entsprechende Geräte für ihre Berichterstattung oder für Aufnahmen oder Sendungen benötigen. Unter den gleichen Voraussetzungen werden **zweitens** Ausrüstungsgegenstände für Filmaufnahmen, sog. kinematographische Ausrüstungsgegenstände, einbezogen. **Drittens** kann grds. jede andere Berufsausrüstung privilegiert sein, mit der praktisch sehr bedeutsamen Ausnahme folgender Ausrüstungen: Gegenstände, die der industriellen Herstellung, Fertigung und Verpackung dienen, Geräte zur Ausbeutung von Bodenschätzen, für die Errichtung, Instandsetzung oder Instandhaltung von Gebäuden und zur Durchführung von Erdarbeiten, soweit es sich nicht lediglich um Handwerkszeug handelt (Art. 226 Abs. 3 UZK-DelVO).

BEISPIELE:

Typische Berufsausrüstungsgegenstände mit vollständiger Befreiung von den Einfuhrabgaben sind z. B. Werkzeuge, Messgeräte, Personal Computer, Bohrausrüstungen; Ausrüstungen für Ärzte, Archäologen, Schauspieler, Orchester, Fotografen usw.; bewegliche Prüfeinheiten, fahrbare Werkstätten und fahrbare Laboratorien.

Keine Berufsausrüstungsgegenstände mit vollständiger Befreiung von den Einfuhrabgaben sind z. B. Produktionsmaschinen, Produktionsanlagen, Industrieroboter, Verpackungsanlagen; zur Steuerung von Produktionsanlagen eingesetzte Computer; Bagger, Krane, Planierraupen usw.

Der Ausschluss dieser zuletzt genannten Ausrüstungsgegenstände eröffnet der vorübergehenden Verwendung unter teilweise Befreiung von den Einfuhrabgaben wirtschaftlich wichtige Anwendungsbereiche (vgl. unten Rdnr. D6059 ff.).

In den Leitlinien der Kommission (VSF Z 02 30) findet sich eine sog. **„erläuternde Liste"**, D6050
die umfangreiche Beispiele für Berufsausrüstung aufzählt. Dadurch werden Zweifelsfragen bei der Einreihung bestimmter Dinge geklärt. Die Liste hat jedoch keinen abschließenden Charakter. Zudem hat die EU-Kommission ihre Erläuterungen zwischenzeitlich unter dem UZK relativiert und vertritt aktuell die Auffassung, eine erläuternde Liste erübrige sich hier, da sich Art. 226 Abs. 1 UZK-DelVO „auf jegliche Berufsausrüstung" beziehe (Anh. VII der Leitlinien „Besondere Verfahren – Titel VII UZK / Leitfaden für Mitgliedstaaten und Handel" veröffentlicht unter dem 26.2.2020, dazu Rdnr. D6035).

Das jeweilige Hilfsgerät und **Zubehör**, das der Unterstützung der Hauptanwendung D6051
dient, wird vom Anwendungsbereich des jeweiligen Befreiungstatbestandes miterfasst. Gleiches gilt für die jeweiligen Ersatzteile, die zur Ausbesserung einer vorübergehend eingeführten Berufsausrüstung später eingeführt werden (Art. 235 UZK-DelVO; vgl. aber auch DV VSF Z 19 01 Abs. 3).

Tragbare Berufsausrüstung wird in der Praxis insoweit privilegiert, als das BMF hier im D6052
Gegensatz zur übrigen Berufsausrüstung eine **mündliche Zollanmeldung** zulässt (vgl. aber Art. 136 Abs. 1 Buchst. i UZK-DelVO, der nur für **tragbare Musikinstrumente** als Berufsausrüstung gilt; hingegen DV VSF Z 19 01 Abs. 85 f.).

(c) Veranstaltungsgut/Ausstellungsgut

Die völkerrechtlichen Vorgaben sind dem **Zollübereinkommen über das Carnet A.T.A.** D6053
für die vorübergehende Einfuhr von Waren und dem **Istanbuler Übereinkommen** vom 26.6.1990 zu entnehmen. Die Einfuhrabgabenbefreiung ergibt sich aus Art. 234 Abs. 1 UZK-DelVO. Neben Waren aller Art einschließlich Tieren, die auf einer Veranstaltung

ausgestellt oder vorgeführt werden sollen, gehören auch die unterstützenden Gerätschaften zum Begriff des Ausstellungsguts.

BEISPIELE:

Zur Vorführung benötigte Maschinen oder Apparate, Konstruktions- und Ausstattungsmaterial für die Stände, Dolmetschereinrichtungen, Werbe- und Veranschauungsmaterial, selbst wenn es in angemessenem Rahmen kostenlos an das Publikum verteilt werden soll (Art. 323 UZK-DVO).

D6054 Sogar die **Erzeugnisse**, die im Verlauf einer Veranstaltung aus Einfuhrwaren, wie Maschinen, Geräten oder Tieren, anfallen, werden als „geborene" Nicht-Unionswaren von der vollständigen Zollbefreiung umfasst (Art. 234 Abs. 1 UAbs. 1 UZK-DelVO; vgl. auch Art. 153 Abs. 3 UZK). Ihre angemessene und unentgeltliche Verteilung an das Publikum ist als ordnungsgemäßer Erledigungstatbestand für die vorübergehende Verwendung anerkannt und führt nicht zum Entstehen einer Zollschuld (Art. 323 UZK-DVO; weitere Einzelheiten bei Rdnr. D6010).

BEISPIEL:

Milch, Eier oder Wolle von auf der „Grünen Woche" in Berlin ausgestellten russischen Schafen und Hühnern.

D6055 Als **Veranstaltungen** gelten mit sehr weitem Anwendungsbereich Ausstellungen, Messen, Leistungsschauen von Handel, Handwerk, Industrie und Landwirtschaft, karitative und kulturelle Veranstaltungen aller Art, Treffen von Vertretern internationaler Organisationen, offizielle Gedächtnisfeiern usw. Veranstaltungen müssen öffentlich zugänglich sein. Ausgenommen sind lediglich Ausstellungen privatwirtschaftlicher Natur, die in Geschäften primär mit dem Ziel des Verkaufs der Einfuhrwaren durchgeführt werden (vgl. Art. 234 Abs. 1 UZK-DelVO).

BEISPIELE:

Verkaufsausstellungen in Kaufhäusern, wie etwa „Russische Woche", „Woche des amerikanischen Weines" usw.

D6056 Aber auch für Verkaufsveranstaltungen können die Zollbehörden in Ausnahmefällen die vorübergehende Verwendung mit vollständiger Befreiung bewilligen (Art. 234 Abs. 1 UAbs. 2 UZK-DelVO). Nicht selten kommt es vor, dass sog. „Messegut" Im Rahmen der Ausstellung/Veranstaltung verkauft und zum zollrechtlich freien Verkehr überlassen wird. Wird die vorübergehende Verwendung auf diese Weise erledigt, sind zollschuldrechtliche Regelungen zu beachten (dazu unten Rdnr. D6080 ff.).

(d) Andere Waren in besonderen Situationen

D6057 Im Einzelfall dürfte es Situationen geben, die trotz der Vielfalt der enumerativ in Art. 207 – 235a UZK-DelVO aufgeführten Befreiungstatbestände nicht erfasst werden, obwohl sie von der wirtschaftlichen Lage her mit den geregelten Fällen der vollständigen Einfuhrabgabenbefreiung vergleichbar sind. Entweder wurden Waren noch gar nicht berücksichtigt oder die Voraussetzungen der Befreiungstatbestände liegen nicht vor. Dafür hält Art. 236 UZK-DelVO unter bestimmten Voraussetzungen einen EU-rechtlichen Auffangtatbestand bereit. Die vorübergehende Verwendung von **gelegentlich und für längstens 3 Monate** in das Zollgebiet der EU eingeführten Waren gilt – fiktiv – als eine derartige Situation (Art. 236 Buchst. a UZK-DelVO). Eine Verlängerung der Verwendungsfrist über den Dreimonatszeitraum hinaus führt – auch für die zurückliegende Zeit – grundsätzlich zum Wegfall der vollständigen Befreiung von den Einfuhrabgaben. In Betracht kommt allerdings immer noch ein Wechsel in das Verfahren unter teilweiser Befreiung gem. Art. 250 Abs. 1, Art. 252 UZK. Darüber hinaus kommt die vorübergehende Verwendung unter vollständiger Befreiung von den Einfuhrabgaben auch bei der Einfuhr von Waren in **besonderen Situationen ohne wirtschaftliche Auswirkungen** – unabhängig von der Gelegentlichkeit und der Befristung – in Betracht (Art. 236 Buchst. b UZK-DelVO). Solche besonderen Situationen liegen nach der DV des BMF regelmäßig vor:

bei Waren zum ungewissen Verkauf oder in vergleichbaren Situationen (vgl. aber auch Art. 232, Art. 234 Abs. 2 UZK-DelVO),

bei Waren zu nicht kommerziellen Zwecken und

in Fällen, in denen die Einfuhrabgaben im Sinne des § 1 Abs. 1 ZollVG (Zoll und EUSt) bei einer Überlassung zum zollrechtlich freien Verkehr 10 000 € nicht übersteigen. Über diese Wertgrenze hinaus kann in Deutschland die Entscheidung nur von der Generalzolldirektion getroffen werden (VSF Z 19 01 Abs. 70, Z 0515 Abs. 4113).

Damit die Zollbehörden eine Prüfung dieser Voraussetzung durchführen können, können sie gem. Art. 163 Abs. 1 Buchst. a UZK-DelVO abweichend von der grundsätzlichen Möglichkeit der vereinfachten Bewilligung bei vorübergehender Verwendung (vgl. Rdnr. 740 ff.) ein **normales Bewilligungsverfahren** verlangen, dazu Rdnr. D6016. D6058

cc) Gegenstände der teilweisen Einfuhrabgabenbefreiung

(1) Systematik und Anwendungsbereich

Bei den Gegenständen der teilweisen Befreiung von den Einfuhrabgaben handelt es sich ebenfalls um vorübergehend in das Zollgebiet der EU eingeführte Waren (Art. 250 Abs. 1 2. Alt., Art. 252 UZK). Es wird jedoch – orientiert an der Verwendungsdauer – ein gewisser Teilbetrag der bei Überlassung in den zollrechtlich freien Verkehr zu erhebenden Einfuhrabgaben realisiert, um einen wirtschaftlichen Ausgleich für die Produktivität der Waren während ihres zweckgerechten Gebrauchs zu schaffen. Viele Wirtschaftsgüter, wie z. B. Fertigungsmaschinen, Baumaschinen, Großcomputer, sind als Nicht-Unionswaren auch während einer kürzeren Verwendungsfrist im Rahmen des zweckgerechten Gebrauchs in der Lage, das wirtschaftliche Gleichgewicht des gemeinsamen Marktes zu stören. Folglich bedürfen die Hersteller bzw. Eigner gleichartiger Waren in der EU eines effizienten Schutzes. Auch das Institut der teilweisen Befreiung von den Einfuhrabgaben ist durch das **Istanbuler Übereinkommen** völkerrechtlich vorgeprägt. Die Einzelheiten werden in der **Anlage E** des Übereinkommens weitgehend ausgeregelt und vom Unionszollkodex übernommen. D6059

Der vorübergehenden Verwendung unter teilweiser Befreiung von den Einfuhrabgaben zugänglich sind nicht nur Waren, die von der Kasuistik der Art. 207 – 236 UZK-DelVO nicht erfasst werden, sondern auch dort genannte Waren, die die Voraussetzung für eine vollständige Privilegierung nicht erfüllen, z. B. weil die teils eng bemessene Ver- D6060 wendungsfrist nicht eingehalten werden kann. Vor diesem Hintergrund können auch Beförderungsmittel in den Genuss der Partialverzollung kommen (vgl. Art. 206 Abs. 1 UZK-DelVO).

D6061–D6063 *(Einstweilen frei)*

(2) Besondere Voraussetzungen

D6064 Die oben dargestellten persönlichen, zolltechnischen und verwaltungsökonomischen Voraussetzungen gelten (in Art. 211 Abs. 3, Art. 250 UZK vor die Klammer gezogen geregelt) für die Bewilligung aller Formen der vorübergehenden Verwendung. Hinsichtlich der vorübergehenden Verwendung bei teilweiser Befreiung von den Einfuhrabgaben treten besondere wirtschaftliche Voraussetzungen hinzu. Denn die grundsätzliche Öffnung der vorübergehenden Verwendung allen Waren gegenüber hat ihre Grenze dort, wo die EU-Wirtschaft geschädigt würde. Gem. Art. 206 Abs. 2 UZK-DelVO sind alle verzehrbaren und verbrauchbaren Waren auch von der vorübergehenden Verwendung bei teilweiser Befreiung von den Einfuhrabgaben ausgeschlossen.

BEISPIELE:

Lebensmittel, Spirituosen, Tabakwaren; frische Schnittblumen; Kosmetika, Toilettenartikel; Lacke, Leime, Farben; Baustoffe usw.

(3) Einfuhrabgaben

D6065 Die **Höhe der Einfuhrabgaben** i. S. v. Art. 5 Nr. 20 UZK bei teilweiser Befreiung ist gem. Art. 252 UZK für jeden angefangenen Monat, in dem sich die Einfuhrwaren im Zollverfahren der vorübergehenden Verwendung unter teilweiser Befreiung von den Einfuhrabgaben befinden, auf 3 % des Abgabenbetrags festgesetzt, der auf diese Waren erhoben worden wäre, wenn sie anstatt in die vorübergehende Verwendung zum zollrechtlich freien Verkehr überlassen worden wären. Da die Verbleibdauer der Waren gem. Art. 251 Abs. 2 UZK grds. auf 24 Monate beschränkt ist, können in der vorübergehenden Verwendung max. nur 72 % der Einfuhrabgaben anfallen, die bei einer entsprechenden Überlassung zum freien Verkehr entstanden wären. Mangels eines gesetzlichen Hinweises, dass Bezugszeitraum ein Kalendermonat sein soll, hat die Berechnung nach Art. 3 Abs. 1, 2 Buchst. c FristenVO zu erfolgen (vgl. auch Art. 55 Abs. 2 UZK). Dabei werden auch bereits angefangene Monate mit 3 % des regulären Abgabenbetrags einbezogen (Art. 252 Abs. 1 UAbs. 2 UZK).

BEISPIELE:

Annahme der Zollanmeldung zur vorübergehenden Verwendung am 25.2.01, Beginn der Verwendungsfrist am 26.2.01., Erledigung der Verwendung am 13.7.01 = 5 Monate Verwendungsdauer = 15 % des regulären Zollbetrags;

Annahme der Zollanmeldung zur vorübergehenden Verwendung am 25.2.01, Beginn der Verwendungsfrist am 26.2.01., Erledigung der Verwendung am 23.3.01 = 1 Monat Verwendungsdauer = 3 % des regulären Zollbetrags.

D6066 Als **Tatbestand für die Entstehung** der Einfuhrabgaben wurde spezialgesetzlich Art. 77 Abs. 1 Buchst. b UZK geschaffen. Hinsichtlich des Bemessungszeitpunkts ist auf den Zeitpunkt der Zollschuldentstehung, d. h. auf den Zeitpunkt der Annahme der Zollanmeldung zur Überführung der Waren in das Verfahren der vorübergehenden Verwendung abzustellen (Art. 85 Abs. 1 i. V. m. Art. 77 Abs. 2 UZK). Menge, Zollwert, tarifliche Beschaffenheit, Zollsatz und Ursprung (vgl. Art. 86 Abs. 1 UAbs. 2 UZK) sind auf diesen Zeitpunkt zu beziehen.

Was die **Fälligkeit** des zu erhebenden „Teilzollbetrags" betrifft, besteht das Problem, dass im Überführungszeitpunkt die tatsächliche Verwendungsdauer noch nicht feststeht. Zwar muss der Antrag auf Bewilligung der vorübergehenden Verwendung grds. Angaben zur Verbleibdauer enthalten, und die bewilligende Zollbehörde muss eine „Erledigungsfrist" festsetzen (Art. 215 Abs. 4, Art. 251 UZK). Jedoch wird in der Praxis häufig entweder die Verwendung vorher erledigt oder gem. Art. 251 Abs. 3 UZK Fristverlängerung beantragt. Dieser Ausgangslage wird Art. 206 Abs. 3 UZK-DelVO gerecht, der für die vorübergehende Verwendung unter teilweiser Befreiung vorsieht, dass der geschuldete Einfuhrabgabenbetrag erst bei Erledigung des Verfahrens zu zahlen ist, wenn also der betreffende Betrag berechnet werden kann. Das entspricht zudem dem Grundgedanken des Art. 102 Abs. 3 UAbs. 1 UZK. D6067

Dem **Einfuhrumsatzsteuerrecht** ist das Prinzip der teilweisen Befreiung von Abgaben fremd. In den zollrechtlichen Fällen der vorübergehenden Verwendung unter teilweiser Befreiung von den Einfuhrabgaben handelt es sich folglich einfuhrumsatzsteuerrechtlich um eine Einfuhr durch Überlassung zum steuerrechtlich freien Verkehr. Im Gegensatz zu den Gegenständen der vollständigen Einfuhrabgabenbefreiung ist insoweit die volle Steuer zu erheben (vgl. § 5 Abs. 2 Nr. 5 UStG, § 1 Abs. 2 EUStBV). Begründen lässt sich das mit der bei den Gegenständen der teilweisen Befreiung typischer Weise erfolgenden Integration in den Wirtschaftskreislauf der EU (dazu EuGH v. 2.6.2016 - C-226/14 und C-228/14, Eurogate und DHL Hub Leipzig; v. 18.5.2017 - C-154/16, Latvijhs Dzelzcels; v. 1.7.2017 - C-571/15, Wallenborn Transports; v. 10.7.2019 - C-26/18, Federal Express; vgl. auch Rdnr. D6089 ff.). Für die EUSt-Schuldentstehung und -bemessung ist maßgebend der Zeitpunkt der Annahme der Zollanmeldung auf Überführung in die vorübergehende Verwendung (§ 21 Abs. 2 UStG i. V. m. Art. 77 Abs. 1 Buchst. b, Abs. 2, Art. 85 Abs. 1 UZK – jedoch ohne den Aspekt der „Partialversteuerung"; hinsichtlich der Einbeziehung des Zollbetrags über § 11 Abs. 3 Nr. 2 UStG in die Bemessungsgrundlage der EUSt vgl. DV VSF Z 81 01 Abs. 32, 48 ff.). D6068

e) Überführung und Überlassung

aa) Überführungsverfahren

Vom Verfahren der Beantragung und Bewilligung der vorübergehenden Verwendung ist das Überführungsverfahren zu unterscheiden. Es wird mit der Abgabe der Zollanmeldung bei der Zollstelle der Überführung in das Verfahren eröffnet und endet mit der Überlassung der Einfuhrwaren zum Zollverfahren der vorübergehenden Verwendung. Der in Art. 162, 163 und Art. 166, 167 UZK angelegte **Dualismus von Standard-Zollanmeldung und vereinfachter Zollanmeldung** gilt grundsätzlich auch für die vorübergehende Verwendung. D6069

bb) Frist für die Erledigung des Verfahrens

D6070 Abgesehen von den Fällen der konkludenten Überlassung zum Verfahren (Art. 139 UZK-DelVO) muss spätestens im Überführungsverfahren eine Entscheidung über die Frist für die Erledigung getroffen werden (Art. 251 Abs. 1 UZK, Art. 217, 218, 237 UZK-DelVO). Die Frist muss so bemessen sein, dass der Nutznießer der vorübergehenden Verwendung die Ziele des Zollverfahrens erreichen kann.

BEISPIELE:

Vorführung von Messegut einschließlich Auf- und Abbau des Messestandes sowie An- und Abtransport; Durchführung von Erdarbeiten durch Baumaschinen im Rahmen eines Werkvertrags.

D6071 Gemäß Art. 251 Abs. 2 UZK ist grds. als **Regelfrist** eine 24-monatige Verbleibdauer der Einfuhrwaren zu bewilligen. Nur im Einvernehmen mit dem Beteiligten können im Einzelfall kürzere Fristen festgesetzt werden. In bestimmten Fällen der vollständigen Einfuhrabgabenbefreiung werden allerdings durch die UZK-DelVO kürzere Verwendungsfristen festgelegt. Sie gilt es gem. Art. 251 Abs. 2 UZK zu beachten.

BEISPIELE:

Beförderungsmittel (Art. 217 UZK-DelVO – 6, 12, 18 Monate), Waren zur Durchführung von Tests (Art. 231 Buchst. c UZK-DelVO – 6 Monate), zur Ansicht übersandte Waren (Art. 234 Abs. 2 UZK-DelVO – 6 Monate), Tiere (Art. 223 UZK-DelVO – mindestens 12 Monate), Waren, die im Rahmen militärischer Aktivitäten mit einem NATO- oder EU-Vordruck 302 verwendet werden (Art. 235a UZK-DelVO – 24 Monate, es sei denn, in internationalen Abkommen ist eine längere Frist vorgesehen), Waren in besonderen Situationen ohne wirtschaftliche Auswirkungen (Art. 236 Buchst. a UZK-DelVO – 3 Monate).

D6072 Bei Vorliegen außergewöhnlicher Umstände ist eine Fristverlängerung durch die zuständige Zollbehörde auf Antrag des Beteiligten möglich; auch bei Fristverlängerung dürfen die (kumulierten) Fristen 10 Jahre nicht überschreiten – außer im Fall eines „unvorhergesehenen Ereignisses“ (Art. 251 Abs. 3, 4 UZK; vgl. im Einzelnen dazu DV VSF Z 19 01 Abs. 90, Z 0515 Abs. 4114).

cc) Sicherheitsleistung

D6073 Die Inanspruchnahme der vorübergehenden Verwendung ist als besonderes Verfahren mit „Suspensiveffekt“ für die Einfuhrabgaben von einer Sicherheitsleistung abhängig zu machen (Art. 211 Abs. 3 Buchst. c UZK). In diesen Fällen ist Sicherheit in voller Höhe zu erheben (DV VSF Z 19 01 Abs. 96, Z 0514 Abs. 6102). Es gibt jedoch eine große Zahl **privilegierter Fälle**, in denen von einer Sicherheit Abstand zu nehmen ist. Denn zum einen kann auf die Erhebung einer Sicherheit in den Fällen der mündlichen oder konkludenten Zollanmeldung verzichtet werden (Art. 81 Buchst. a UZK-DelVO).

BEISPIELE:

Vorübergehende Verwendung von Beförderungsmitteln, Umschließungen, Berufsausrüstung von Ärzten und Musikern, persönlichen Gebrauchsgegenständen und Sportgeräten von Reisenden, Betreuungsgut für Seeleute, aber auch medizinische Ausrüstungsgegenstände bei dringendem Bedarf, Ausrüstungsgüter für Katastropheneinsätze (vgl. Art. 136, 139, 141 UZK-DelVO).

Zum anderen sind auch bei elektronischer oder schriftlicher Zollanmeldung die in Art. 81 Buchst. b UZK-DelVO aufgelisteten Fälle von der Sicherheitsleistung freigestellt. D6074

BEISPIELE:

Vorübergehende Verwendung von Materialien, die zur Ausübung des internationalen Luft-, See-, Eisenbahn- oder Postverkehrs benötigt werden und durch Erkennungsmerkmale individualisierbar sind.

Werden Einfuhrwaren im Rahmen einer **einzigen Bewilligung** in verschiedenen Mitgliedstaaten verwendet (dazu Rdnr. D 2116), hat die Sicherheit das Risiko **aller** in Betracht kommenden Einfuhrabgaben abzudecken. Im Übrigen bleibt das völkerrechtlich vereinbarte Garantiesystem im Rahmen des Carnet A.T.A.-/CPD-Übereinkommens von den EU-Vorschriften über die Sicherheitsleistung unberührt (Art. 86 UZK-DelVO). D6075

f) Erledigung

Als Erledigungstatbestände für die vorübergehende Verwendung kommen gem. Art. 215 Abs. 1 UZK grds. alle Zollverfahren und die Wiederausfuhr in Betracht. Für den Übergang sind die jeweiligen, das „Zielzollverfahren" betreffenden Vorschriften maßgebend (z. B. Art. 237 UZK bei sich anschließender Lagerung; Art. 270 UZK bei Wiederausfuhr des Verwendungsguts). Dabei kommen ggf. auch vereinfachte Zollanmeldungen gem. Art. 166 UZK in Betracht. D6076

Werden Waren zur Erledigung der vorübergehenden Verwendung in die aktive Veredelung oder das Zolllagerverfahren übergeführt oder in eine Freizone verbracht, ist in der diesbezüglichen Zollanmeldung der Vermerk „V.V. Waren" anzubringen. Die Vorschrift soll im Rahmen der **Zusammenarbeit der Verwaltungen** eine Rückverfolgung der zollrechtlichen Vorgänge ermöglichen und sicherstellen, dass ggf. in der vorübergehenden Verwendung entstandene Einfuhrabgaben noch auf dieses Verfahren bezogen realisiert werden (z. B. Art. 252 UZK). D6077

Bei Reparatur- oder Wartungsarbeiten **ausgetauschte schadhafte Teile** sind ihrerseits einer zulässigen Bestimmung im Rahmen der Erledigung zuzuführen (vgl. auch Art. 153 Abs. 3 UZK). Daraus folgt, dass sie als Nicht-Unionswaren keinen fiktiven Statuswechsel durchlaufen. Allerdings geht die Praxis teilweise systemwidrig davon aus, dass **wertlose** Altteile, die bei Reparatur- oder Wartungsarbeiten anfallen, als in den zollrechtlich freien Verkehr überlassen gelten. Bedenkt man, dass selbst bei einer zielgerichteten Zerstörung i. S. von Art. 5 Nr. 37 Buchst. c UZK im Rahmen eines (aktiven) Veredelungsvorgangs verbleibende Reste ein zollrechtliches Schicksal erhalten müssen, wenn sie zolltariflich und wirtschaftlich noch ansprechbar sind, so muss dies erst recht nach dem Austausch schadhafter Teile im Rahmen der vorübergehenden Verwendung gelten. Anders verhält es sich mit der Erledigung des Verfahrens bei **Ersatzteilen, Zubehör und Ausrüstungsgegenständen,** die gem. Art. 235 UZK-DelVO häufig unabhängig und getrennt von ihren „Hauptwaren" in die vorübergehende Verwendung übergeführt werden. Das Verfahren ist für die Ersatz- und Zubehörteile erledigt, sobald solche Teile in Zusammenhang mit einer Ausbesserung, Wartung, Überholung usw. z. B. durch Einbau Teil einer anderen Ware in der vorübergehenden Verwendung geworden sind. Der Erle- D6078 digungsnachweis ist spätestens bei der Wiederausfuhr der Hauptware zu erbringen (DV VSF Z 19 01 Abs. 101 UAbs. 2, Z 0515 Abs. 4332).

D6079 Für **Schienenbeförderungsmittel, Paletten und Container** ist die vorübergehende Verwendung auch erledigt, wenn „äquivalente" Waren gleicher Art oder gleichen Wertes als Unionswaren aus dem Zollgebiet der EU verbracht werden (Art. 322 UZK-DVO). Diese Erleichterung beruht auf Art. 223 UZK, der es grundsätzlich zulässt, in besonderen Verfahren sog. **Ersatzwaren anstelle von Nicht-Unionswaren** einzusetzen (vgl. auch Art. 169 Abs. 8 UZK-DelVO).

aa) Zollschuld und Bemessung

(1) Teilweise Befreiung

D6080 In den Fällen der teilweisen Befreiung von den Einfuhrabgaben kann neben der Zollschuldentstehung gem. Art. 77 Abs. 1 Buchst. b UZK im Verlauf der Verwendung oder bei deren Erledigung eine (weitere) Zollschuld – aus anderen Gründen – entstehen. Das ist denkbar in den Fällen, in denen Einfuhrwaren **zum zollrechtlich freien Verkehr** überlassen, aus der zollamtlichen Überwachung des Zollverfahrens **entzogen** oder **pflichtwidrig** behandelt werden (Art. 77 Abs. 1 Buchst. a, Art. 79 Abs. 1 Buchst. a UZK). Hinsichtlich der Bemessungsgrundlagen ist in diesen Fällen Art. 85 Abs. 1 UZK zu beachten. Abzustellen ist hinsichtlich aller Bemessungsgrundlagen, also Menge, Zollwert, Beschaffenheit, Zollsatz und Ursprung (vgl. Art. 86 Abs. 1 UAbs. 2 UZK) auf den maßgebenden Zeitpunkt des Entstehens der Zollschuld gem. Art. 77 Abs. 2 bzw. 79 Abs. 2 Buchst. a UZK.

BEISPIEL:

Der russische Schaufelbagger (s. obiges Beispiel) wird nach einer Verwendungszeit von vier Monaten an einen deutschen Bauunternehmer verkauft bzw. von einem Dieb gestohlen.

D6081–D6083 *(Einstweilen frei)*

D6084 Art. 252 Abs. 2 UZK verdeutlicht noch einmal, dass neben der Zollschuldentstehung gem. Art. 77 Abs. 1 Buchst. b UZK wegen teilweiser Befreiung von den Einfuhrabgaben im Verlauf der Verwendung oder bei deren Erledigung eine (weitere) Zollschuld auch aus anderen Gründen entstehen kann. In diesen Fällen einer **Kumulierung zweier Zollschuldentstehungstatbestände** bei einer Einfuhrware wird – dem Wirtschaftszollgedanken entsprechend – der Gesamtbetrag der Einfuhrabgaben durch die Höhe des zuletzt entstandenen Zollschuldbetrags begrenzt. Für die Regeln über die Erhebung der Zollschuldbeträge (Mitteilung, buchmäßige Erfassung, Fälligkeit, Aufschub) ist es so, dass die jeweiligen Teilbeträge den ursprünglichen Entstehungstatbeständen zugeordnet bleiben. In diesem Kontext ist zudem Art. 80 Abs. 2 UZK zu sehen: Die Vorschrift sieht vor, dass ein auf Grundlage von Art. 77 Abs. 1 Buchst. b UZK *entrichteter* Einfuhrabgabenbetrag von einem nach Art. 79 Abs. 1 Buchst. a UZK entstandenen Betrag abzuziehen ist. Mit dem „argumentum a maiore ad minus" dürfte das erst recht auch gelten, wenn die vorübergehende Verwendung unter teilweiser Befreiung durch die Überlassung zum freien Verkehr erledigt wurde und hierbei eine Zollschuld gem. Art. 77 Abs. 1 Buchst. a UZK entstanden ist.

(2) Vollständige Befreiung

Hinsichtlich der in Art. 207 – 236 UZK-DelVO aufgeführten Gegenstände der vollständigen Befreiung ist ebenfalls der in Art. 85 Abs. 1 definierte maßgebende Zeitpunkt entscheidend. Das heißt, dass die Gegenstände der vollständigen Befreiung bei der Überlassung zum zollrechtlich freien Verkehr aber auch bei Unregelmäßigkeiten und Verstößen i. S. v. Art. 79 Abs. 1 Buchst. a UZK bezogen auf den **Entstehungszeitpunkt der Zollschuld** zu bemessen sind. In der Regel dürfte das zu wirtschaftsfreundlichen Ergebnissen führen. So kann z. B. das auf einer Messe stark strapazierte Ausstellungsgut ohne weitere Nachweise oder Begründungen nach eigenem (gemindertem) Wert und ggf. eigener Beschaffenheit in den zollrechtlich freien Verkehr überlassen werden, wenn eine Wiederausfuhr etwa aus Gründen der Transportkosten unrentabel geworden ist. D6085

bb) Ausgleichszinsen

Mit dem Unionszollkodex ist die frühere Regelung über die Erhebung von Ausgleichszinsen auf in der vorübergehenden Verwendung entstandene Einfuhrabgaben ersatzlos entfallen. D6086

g) Beförderung von Waren in der vorübergehenden Verwendung

Werden die Einfuhrwaren an den Außengrenzen der EU zur vorübergehenden Verwendung überlassen, und soll der zweckgerechte Gebrauch im Binnenland der EU stattfinden, bedarf es grds. einer zollamtlichen Überwachung des Beförderungsweges. Notfalls ist ein externes Versandverfahren zwischenzuschalten, wenn nicht besondere Bestimmungen vorrangig Geltung haben (Art. 226 Abs. 1, 3 UZK). D6087

Kern des **(vereinfachten) Beförderungsverfahrens** ist es, dass es bereits mit der Bewilligung des Verfahrens zugelassen ist, dass die Beförderung der Waren von der Zollstelle der Überführung in das Verfahren zum Ort der Verwendung, zu weiteren Verwendungsorten und von dort zur Zollstelle der Erledigung des Verfahrens ohne zwischenzeitige Erledigung und ohne besondere Zollförmlichkeiten durchgeführt werden darf (Art. 219 UZK, Art. 179 UZK-DelVO, Art. 267 UZK-DVO). Durch dieses Vorgehen wird das externe Versandverfahren ersetzt. In den Fällen einer vereinfachten Bewilligungserteilung gem. Art. 163 UZK-DelVO aber auch bei mündlicher oder konkludenter Zollanmeldung, ist ebenfalls davon auszugehen, dass aufgrund der in Art. 219 UZK angelegten Systematik auch die o. a. Beförderungsverfahren zugelassen sind (DV VSF Z 19 01 Abs. 98, Z 0515 Abs. 3542 f.). D6088

h) Einfuhrumsatzsteuerrecht

Während im Rahmen der vorübergehenden Verwendung unter vollständiger Befreiung von den Einfuhrabgaben grundsätzlich auch keine Einfuhrumsatzsteuer erhoben wird (vgl. § 5 Abs. 2 Nr. 5 UStG i. V. m. § 1 Abs. 2, § 11 EUStBV), ist das Prinzip der teilweisen Befreiung von den Abgaben dem Einfuhrumsatzsteuerrecht grundsätzlich fremd. D6089

Weil **in den Fällen der teilweisen Befreiung** die Gegenstände mit Ge- bzw. Verbrauchscharakter in den EU-Wirtschaftskreislauf eingehen, handelt es sich unter umsatzsteuerrechtlichen Gesichtspunkten um Einfuhren i. S. v. § 1 Abs. 1 Nr. 4 UStG. Das UStG regelt zwar selbst nicht, unter welchen Voraussetzungen von einer steuerbaren „Einfuhr" auszugehen ist. Der Begriff lässt sich jedoch anhand von Art. 30 MwStSystRL bestimmen. Danach gilt zunächst als Einfuhr die Verbringung eines Gegenstandes, der sich nicht im freien Verkehr befindet, in die EU. Nach der Rechtsprechung des EuGH reicht es für die Verwirklichung des Einfuhrtatbestandes allerdings nicht aus, dass Gegenstände (körperlich) in das EU-Gebiet gelangen. Vielmehr setzt eine Einfuhr i. S. v. Art. 2 Abs. 1 Buchst. d und Art. 30 MwStSystRL weiter voraus, dass der in das Gebiet der Union verbrachte Gegenstand **in den Wirtschaftskreislauf der Union eingeht** und einem Verbrauch, d. h. einem mit Mehrwertsteuer belasteten Vorgang, zugeführt werden kann (EuGH v. 2.6.2016 - C-226/14 und C-228/14, Eurogate und DHL Hub Leipzig; v. 18.5.2017 - C-154/16, Latvijhs Dzelzcels; v. 1.7.2017 - C-571/15, Wallenborn Transports; v. 10.7.2019 - C-26/18,Federal Express). Diese Sicht lässt in den Fällen der vorübergehenden Verwendung mit teilweiser Befreiung – abweichend vom zollrechtlichen Schicksal – grds. die Einfuhrumsatzsteuer in voller Höhe entstehen, da die Einfuhr steuerbar und steuerpflichtig ist.

Missverständlich ist in diesem Zusammenhang § 1 Abs. 2 EUStBV. Die ordnungsgemäße Überführung von Waren in die vorübergehende Verwendung **unter vollständiger Befreiung** von den Einfuhrabgaben lässt schon aus systematischen Gründen keine EUSt-Entstehung zu, da der Suspensiveffekt des besonderen Verfahrens die EUSt in sinngemäßer Anwendung der Zollvorschriften über § 21 Abs. 2 UStG mit erfasst; die vorübergehende Verwendung von Waren im Zollgebiet der EU ist folglich kein Thema der EUSt-Befreiung. Die vorübergehende Verwendung steht diesbezüglich nicht anders da als die anderen besonderen Verfahren unter Aussetzung der Einfuhrabgaben. Die (deklaratorische) Vorschrift des § 1 Abs. 2 EUStBV will offenbar nur darauf hinweisen, dass die EUSt keine Partialversteuerung kennt, vgl. auch Rdnr. D6068.

D6090 Allerdings sind in den Fällen der vorübergehenden Verwendung unter vollständiger Befreiung von den Einfuhrabgaben **einfuhrumsatzsteuerrechtliche Modalitäten** zu beachten, die sich – systemwidrig – ebenfalls in der EUStBV finden, und besser in § 21 UStG geregelt würden: Gemäß § 11 Abs. 1 EUStBV wird etwa bei der vorübergehenden Verwendung von sog. Produktionshilfsmitteln wie Formen, Matrizen usw. gem. Art. 229 UZK-DelVO der Suspensiveffekt für die EUSt davon abhängig gemacht, dass alle unter Verwendung der Hilfsmittel hergestellten Waren aus dem Zollgebiet der EU ausgeführt werden. Und bei Einfuhren ohne wirtschaftliche Auswirkungen von nicht zum Vorsteuerabzug berechtigten Verwendern (vgl. Art. 236 Buchst. b UZK-DVO; § 1 Abs. 2 Nr. 2 EUStBV) wird das steuerliche Privileg des Suspensiveffekts nur gewährt, wenn die Verwendungsfrist 6 Monate nicht übersteigt (§ 11 Abs. 2 EUStBV). Weitere Regelungen betreffen den EUSt-Wert von Versteigerungsgut (§ 11 Abs. 3 EUStBV; dazu DV Z 8101 Abs. 107) und die Sicherheitsleistung für die EUSt bei vorübergehender Verwendung (§ 11 Abs. 4 EUStBV).

2. Endverwendung nach Art. 254 UZK

Literatur: Witte/Schulmeister, UZK, Art. 254

a) Vorbemerkungen

Systematisch wird die Endverwendung jetzt neben dem Verfahren der Vorübergehenden Verwendung als besonderem Zollverfahren unter der Rubrik der Verwendung in Art. 210 Buchst. c UZK aufgeführt. Bei der Endverwendung geht es letztlich um eine abgabenbegünstigte oder abgabenbefreite „Sonderform" der Überlassung zum zollrechtlich freien Verkehr, wobei die Ware nach der Überführung in das Verfahren weiterhin unter zollamtlicher Überwachung steht (Art. 134 Abs. 1 UA 3, Art. 254 Abs. 4 UZK). Motiv für die Aufführung der Endverwendung neben der Vorübergehenden Verwendung im Rahmen des Art. 210 UZK ist wohl die Vereinheitlichung der Bewilligungsvoraussetzungen. Diese wurden früher für die tarifliche Besondere Verwendung gesondert geregelt. Jetzt gelten die für die Besonderen Verfahren vorgesehenen Allgemeinen Bewilligungsvoraussetzungen sowohl für die tarifliche als auch für die aussertarifliche Endverwendung.

Die Höhe des Zollsatzes ergibt sich grundsätzlich aus dem Zolltarif (Art. 56 UZK). Dabei ist es generell bedeutungslos, welcher Verwendung die eingeführten Nicht-Unionswaren zugeführt werden. In einigen Fällen jedoch, die als volkswirtschaftlich förderungswürdig eingeschätzt werden, wird der reguläre Zollsatz als zu hoch eingestuft. Dies gilt beispielsweise für die Einfuhr von Teilen zum Bau ziviler Luftfahrzeuge und zum Bau von Schiffen, aber auch für Waren zur Verwendung in der wissenschaftlichen Forschung. Gleiches gilt auch für die industrielle Herstellung von Thunfisch. Hier wird entweder ein niedrigerer als der reguläre Zollsatz erhoben oder es wird gänzlich auf die Zollerhebung verzichtet. Für diese Fälle hat man das Verfahren der tariflichen Endverwendung geschaffen.

Die Rechtsgrundlagen für eine derartige Zollbegünstigung sind mit einigen Ausnahmen D6091 dem Unionsrecht zu entnehmen. Sie ergeben sich zu einem großen Teil aus dem Zolltarif der Europäischen Union (hier zeigt sich die Zollbegünstigung in einem ermäßigten Zollsatz, teilweise auch in Zollfreiheit). In diesem Fall spricht man dann von der **tariflichen Endverwendung, denn die Begünstigung ergibt sich eben aus dem Tarif (Maßnahmenschlüssel 105- Nichtpräferenzieller Zollsatz bei Endverwendung.** Daneben existiert noch die **aussertarifliche Endverwendung.** Zu nennen ist hier insbesondere Art. 5 Nr. 2 Buchst. c ZUK in Verbindung mit der ZollbefreiungsVO (Z 0210). Hier besteht die Zollbegünstigung stets in einer Zollfreiheit.

Um sicherzustellen, dass die Waren tatsächlich **dem begünstigten Zweck** zugeführt D6092 werden, ist eine zollamtliche Überwachung der Waren erforderlich, und zwar nachdem die NUW zur Endverwendung überlassen worden sind und damit den Status einer UW erlangt haben (Art. 254 Abs. 4 UZK). Wird die Ware nicht der vorgesehenen Verwendung zugeführt, kommt es zu einer Zollschuldentstehung für die Waren in voller Höhe (Art. 79 Abs. 1 Buchst. b UZK durch Nichterfüllung einer Verpflichtung in Bezug auf die Endverwendung). Liegen von Anfang an die Bedingungen für die Überführung in die Endverwendung nicht vor, entsteht die Zollschuld nach Art. 79 Abs. 1 Buchst. c UZK aufgrund Fehlens einer Voraussetzung für die Gewährung der vollständigen oder teilweisen Befreiung von den Einfuhrabgaben aufgrund der Endverwendung der Waren.

b) Tarifliche Einfuhrabgabenbegünstigung

Einleitung

D6093 Der Gemeinsame Zolltarif (Art. 56 Abs. 2 Buchst. g UZK) sieht bei einigen Unterpositionen einen niedrigeren Zollsatz oder sogar eine Zollfreiheit vor, wenn die Waren „unter zollamtlicher Überwachung“ zu einem bestimmten Zweck verwendet werden.

BEISPIEL:

D6094 Unterposition 0302 3210: Gelbflossenthunfisch zum industriellen Herstellen von Waren der Pos. 1604 (zubereitetem oder haltbar gemachtem Fisch) unter zollamtlicher Überwachung.

Einfuhrmaßnahmen

Historie	ZC	Gebietscode	MN-Schl.	Maßnahmeart	Maßnahmen	Beginn	Ende	Weitere Informationen
Historie	-		**105**	**nicht präferenzieller Zollsatz bei Endverwendung**	**Frei**	**1. 1. 2017**	-	**Bedingungen Fussnoten**
Historie	-	1011	105	nicht präferenzieller Zollsatz bei besonderer Verwendung	Frei	1. 1. 2007	-	Bedingungen Fußnoten
Historie	-	SM	106	In der Zollunion anwendbarer Zollsatz	Frei	1. 1. 2006	-	Präferenzpapier
Historie	-	XC	141	Präferentielle Aussetzung	Frei	26. 6. 2004	-	Präferenzpapier
Historie	-	XL	141	Präferentielle Aussetzung	Frei	26. 6. 2004	-	Präferenzpapier
Historie	-	1032	142	Zollpräferenz	Frei	1. 1. 2008	-	Präferenzpapier
Historie	-	2005	142	Zollpräferenz	Frei	1. 1. 2009	31. 12. 2011	Länderausschluss Präferenzpapier
Historie	-	2027	142	Zollpräferenz	Frei	1. 1. 2009	31. 12. 2011	Präferenzpapier
Historie	-	2080	142	Zollpräferenz	Frei	27. 4. 2005	31. 12. 2011	Präferenzpapier
Historie	-	AD	142	Zollpräferenz	Frei	1. 7. 1991	-	Präferenzpapier

BEISPIEL:

Unterposition 0302 3290: Anderer Gelbflossenthunfisch.

Einfuhrmaßnahmen

Historie	ZC	Gebiets-code	MN-Schl.	Maßnahmeart	Maßnahmen	Beginn	Ende	Weitere Informationen
Historie	-	1011	103	Drittlandszollsatz	22	1. 1. 1990	-	-
Historie	-	SM	106	In der Zollunion anwendbarer Zollsatz	Frei	1. 1. 2006	-	Präferenzpapier
Historie	-	XC	141	Präferentielle Aussetzung	Frei	26. 6. 2004	-	Präferenzpapier
Historie	-	XL	141	Präferentielle Aussetzung	Frei	26. 6. 2004	-	Präferenzpapier
Historie	-	1032	142	Zollpräferenz	Frei	1. 1. 2008	-	Präferenzpapier
Historie	-	2005	142	Zollpräferenz	Frei	1. 1. 2009	31. 12. 2011	Länderausschluss Präferenzpapier
Historie	-	2012	142	Zollpräferenz	6,6	1. 1. 1997	-	Präferenzpapier
Historie	-	2020	142	Zollpräferenz	18,5	1. 1. 2009	31. 12. 2011	Präferenzpapier
Historie	-	2027	142	Zollpräferenz	frei	1. 1. 2009	31. 12. 2011	Präferenzpapier
Historie	-	2080	142	Zollpräferenz	Frei	27. 4. 2005	31. 12. 2011	Präferenzpapier
Historie	-	AD	142	Zollpräferenz	Frei	1. 7. 1991	-	Präferenzpapier

Die Codenummer 0302 3210 00 0 sieht bei Einfuhren aus Drittländern für die industrielle Herstellung von Waren der Pos. 1604 eine Zollfreiheit vor, sofern die Verwendung unter zollamtlicher Überwachung zu diesem Zweck erfolgt. Die anderweitige, nicht begünstigte Verwendung des Gelbflossenthunfischs belegt der Zolltarif bei Einfuhren aus Drittländern mit einem Zollsatz von 22 % (Codenummer 0302 3290 00 0).

Für derartige Waren kommt Art. 254 Abs. 1 UZK in Betracht. In der Endverwendung können Waren aufgrund ihres besonderen Zwecks abgabenfrei oder zu einem ermäßigten Abgabensatz zum zollrechtlich freien Verkehr überlassen werden. Bis zum Erreichen des in der Endverwendung vorgesehenen Zwecks bleiben die Waren unter zollamtlicher Überwachung (Art. 254 Abs. 4 Buchst. a UZK). Das heißt, dass der Zoll Kontrollmaßnahmen an den Waren durchführen kann, um sicherzustellen, dass der besondere Zweck des Verfahrens erreicht wird. D6095

aa) Begünstigte Waren

D6096 Die Endverwendung kommt für alle Nicht-Unionswaren in Betracht, für die im Zolltarif eine Abgabenbegünstigung in Form einer Einfuhrabgabenfreiheit oder auch nur eine Einfuhrabgabenermäßigung unter zollamtlicher Überwachung vorgesehen ist.

D6097 Eine Überführung zur Überlassung in den zollrechtlich freien Verkehr unter Einfuhrabgabenbegünstigung aufgrund Endverwendung ist als Verfahren aber nur dann in Erwägung zu ziehen, wenn sich im Ergebnis tatsächlich eine Begünstigung ergibt. Ist der im Rahmen der Endverwendung vorgesehene Zollsatz nicht niedriger als der Zollsatz, der ohne Endverwendung anwendbar wäre, kann die Ware in die nicht überwachte Überlassung zum freien Verkehr (Art. 5 Nr. 16 Buchst. a UZK) übergeführt werden.

bb) Einfuhrabgaben

D6098 Zum Begriff der „Einfuhrabgaben" siehe die nähere Definition in Art. 5 Nr. 20 UZK. Unter den Einfuhrabgaben im Sinne dieser Norm versteht man nur die Zölle. Die Einfuhrumsatzsteuer sowie sonstige Verbrauchsteuern werden davon nicht umfasst.

D6099 Für die Einfuhrumsatzsteuer kommt eine Überführung in den überwachten steuerrechtlich freien Verkehr in den Fällen der tariflich begünstigten Endverwendung nicht in Betracht. Der Steuertarif (§ 12 UStG) kennt nur die Steuersätze i. H. von 19 % und 7 %. Die Waren sind einfuhrumsatzsteuerrechtlich zur Überlassung zum nicht überwachten steuerrechtlich freien Verkehr abzufertigen (§ 21 Abs. 2 UStG i. V. m. Art. 77 UZK). Es findet in diesen Fällen eine Integration in den Wirtschaftskreislauf statt, die nach der Rechtsprechung des EuGH zur Auslegung der Mehrwertsteuersystemrichtlinie (EuGH v. 2. 6. 2016 C-226/14 und C-228/14, EU:C:2016:405) Voraussetzung für den steuerbaren Umsatz gemäß § 1 Abs. 1 Nr. 4 UStG ist. Die Waren sind auch umsatzsteuerpflichtig, da gemäß § 5 Abs. 2 UStG keine Befreiung, insbesondere nicht in Verbindung mit der EuStBV (Z 8051), vorgesehen ist. Es kann sich allerdings eine weitere Einfuhrumsatzsteuerschuld gem. § 21 Abs. 4 UStG ergeben. Diese bemisst sich dann auf der Grundlage des gem. Art. 79 Abs. 1 Buchst. b UZK ermittelten Zollschuldbetrages. Für die außertarifliche Endverwendung entsteht die EUSt-Schuld zunächst nicht, da trotz steuerbaren Umsatzes gem. § 1 Abs. 1 UStG die Befreiungsnorm des § 5 Abs. 2 UStG, die i. V. m. den Tatbeständen der EUStBV die sinngemäße Entstehung entfallen lässt (vgl. zu den außertariflichen Fällen die ZollbefreiungsVO).

cc) Bewilligung

D6100 Grundsätzlich bedarf die Endverwendung einer Bewilligung gemäß Art. 211 Abs. 1 Buchst. a UZK. Damit ist die Bewilligung der Endverwendung an die allgemeinen Bewilligungsvoraussetzungen, die für alle Besonderen Verfahren gelten, angepasst worden. Insbesondere ist die Unterscheidung zwischen der tariflich und aussertariflich begünstigten Endverwendung in Bezug auf die Bewilligung entfallen. In den Fällen der aussertariflichen Abgabenbegünstigung oder de facto Befreiung wird allerdings der Antrag auf Erteilung der Bewilligung im Regelfall mit der Abgabe der Zollanmeldung gemäß Art. 163 Abs. 1 Buchst. b UZK-DA zusammenfallen, so dass dann mit Überlassung der

Waren zum Verfahren die Bewilligung gemäß Art. 262 UZK-IA erteilt wird. Es handelt sich dann begrifflich um das sogenannte Vereinfachte Bewillligungsverfahren.

Im Normalverfahren, im Regelfall der tariflichen Endverwendung, **wird die Bewilligung vorab,** das heißt vor Abgabe der Zollanmeldung zum Verfahren der Endverwendung, beantragt. Hier ist allerdings die vereinfachte Bewilligung auch dann möglich, wenn nach Art. 163 Abs. 1 Buchst. b, Abs. 2 DA der Antragsteller sämtliche Waren der Endverwendung zuzuführen beabsichtigt und die zusätzlichen Datenelemente gemäß Anhang A UZK-DelVO beigefügt werden. D6101

Art. 163 Abs. 2 UZK-DelVO nennt dann Ausnahmen, in denen trotz Vorliegens der Voraussetzungen des Art. 163 Abs. 1 Buchst. b UZK-DelVO keine Vereinfachte Bewilligung möglich ist. Beispielhaft sei an dieser Stelle die Rückwirkende Bewilligungserteilung bzw. die geplante Verwendung von Ersatzwaren (Art. 223 UZK) genannt.

Zunächst sind die Formellen Bewilligungsvoraussetzungen zu prüfen:

aaa) Antragsteller der Bewilligung

(Bewilligung als zollrechtliche Entscheidung nach Art. 5 Nr. 39 UZK) ist die Person, die eine Bewilligung der Endverwendung beantragt (vgl. in diesem Zusammenhang auch die Definition der Person gemäß Art. 5 Nr. 4 UZK).

bbb) Antrag

Gemäß Art. 6 Abs. 1 UZK ist der Antrag auf Erteilung einer Entscheidung (Art. 5 Nr. 39 UZK) grundsätzlich **in elektronischer Form** zu stellen. Dabei sind die gemeinsamen Datenanforderungen gemäß Art. 6 Abs. 2 UZK i.V.m. Art. 2 Abs. 1 UZK-DA, Anhang A einzuhalten. Sofern die Bewilligung für die Endverwendung ausschließlich einen Mitgliedstaat betrifft, ist der Antrag über das Bürgerportal zu stellen (Z 0514 (7100)). Ein elektronisches System steht bis 2020 noch nicht zu Verfügung. Sind am Verfahren der Endverwendung mehrere Mitgliedstaaten beteiligt, so ist seit dem 2. 10. 2017 der Bewilligungsantrag zwingend über das EU-Trader Portal in elektronischer Form zu stellen. D6102

ccc) Annahme des Antrags

Art. 22 Abs. 2 UZK erfordert die **Annahme des Antrags** durch die zuständige Zollbehörde. Die Voraussetzungen für die Annahme des Antrags auf eine Entscheidung sind in Art. 11 ZUK-DelVO geregelt: D6103

Nach Buchst. a ist die Registrierung des Antragstellers nach Art. 9 UZK (EORI Nummer vgl. Art. 1 Nr. 18 UZK-DelVO) erforderlich

Gemäß Buchst. b ist die **Ansässigkeit des Antragstellers** im Zollgebiet der Union grundsätzlich erforderlich (Art. 211 Abs. 3 Buchst. a UZK). In Einzelfällen besteht für die Zollbehörden die Möglichkeit, von diesem Ansässigkeitserfordernis auch für das Verfahren der Endverwendung abzuweichen. Dies setzt nach Art. 161 UZK-DelVO voraus, dass die Behörden die Abweichung für gerechtfertigt halten. D6104

Nach Buchst. c ist der Antrag **bei der zuständigen Zollstelle** zu stellen (Art. 22 Abs. UAbs. 3 UZK). Zuständig ist danach die Zollstelle an dem Ort, an dem der Antragsteller seine D6105

Hauptbuchhaltung führt. Ist eine Feststellung dieses Ortes nicht möglich, wird die Entscheidung der örtlichen Zuständigkeit hilfsweise gemäß Art. 12 UZK-DelVO getroffen.

D6106 Buchst. d sieht einen Ausschluss für die Erteilung der Entscheidung in den Fällen vor, in denen eine **frühere gleiche Entscheidung** innerhalb des letzten Jahres zurückgenommen oder widerrufen worden ist. Gemeint ist hier der Ausschluss der Bewilligungserteilung, falls innerhalb des letzten Jahres eben die Bewilligung einer Endverwendung zurückgenommen oder widerrufen worden ist. Ein Widerruf oder eine Rücknahme von Bewilligungen für andere Verfahren führen dagegen wohl nicht zu einem Ausschluss der Bewilligungserteilung im Hinblick auf die Endverwendung.

D6107 In **materieller Hinsicht** müssen zunächst die persönlichen Voraussetzungen gemäß Art. 211 Abs. 3 UZK erfüllt sein. Dazu zählen zum einen die Ansässigkeit (Buchst. a), die erforderliche Gewähr für die Durchführung des Verfahrens (Buchst. b), nach Buchst. c die erforderliche Sicherheitsleistung sowie die Eigenschaft des Antragstellers als Herr des Verfahrens (Buchst. d). Die Ansässigkeit wird verlangt, um in den Fällen einer Zollschuldentstehung, etwa dadurch, dass die Ware nicht zweckgerecht verwendet wird (vgl. Zollschuldentstehung in der Endverwendung gemäß Art. 79 Abs. 1 Buchst. b UZK mit den dortigen Ausführungen) die Möglichkeit zu schaffen, die entstandene Zollschuld auch tatsächlich gegenüber einem im Zollgebiet der Union ansässigen Zollschuldner realisieren zu können. Die erforderliche Gewähr für die ordnungsgemäße Durchführung des Verfahrens wird nur dann geprüft, wenn der Antragsteller nicht bereits AEO C oder F ist. Die Sicherheitsleistung erfolgt gemäß Art. 211 Abs. 3 UZK, Art. 89 ff. UZK. Der Antragsteller hat die Möglichkeit, eine Sicherheitsleistung in Form einer Gesamtsicherheit für mehrere Verfahren zu erbringen (vgl. Art. 95 Abs. 1 UZK), (Z0514 (7100)).

Daneben sind materiell die sachlichen Voraussetzungen der Bewilligung zu prüfen.

D6108 Zunächst muss die **Verhältnismäßigkeit des Verwaltungsaufwands** gemäß Art. 211 Abs. 4 Buchst. a UZK gegeben sein. Das heißt, dass der Aufwand, das Verfahren zollamtlich zu überwachen, nicht ausser Verhältnis zu dem wirtschaftlichen Bedürfnis des Zollbeteiligten stehen darf. Ausser Verhältnis würde der Verwaltungsaufwand im Besonderen Verfahren der Endverwendung nur dann stehen, wenn der Zollbeteiligte die NUW ohnehin zum Zollsatz 0 % zur Überlassung zum zollrechtlich freien Verkehr überführen könnte.

D6109 *(Einstweilen frei)*

D6110 Ausserdem sind noch die **zolltechnischen Voraussetzungen** einzuhalten. Das heißt u. a., dass der Zollbeteiligte dazu verpflichtet ist, geeignete Aufzeichnungen zu führen gemäß Art. 214 Abs. 1 UZK, Art. 178 UZK-DelVO. Bei einem AEO-C bzw. F ist davon auszugehen, dass er die Voraussetzungen erfüllt, sofern die Aufzeichnungen auch für die Zwecke der Endverwendung geeignet sind.

D6111 Zuletzt ist noch die **Sicherung der Nämlichkeit** erforderlich. Diese erfolgt gemäß Art. 192 Abs. 1 UZK. Kommen Ersatzwaren zum Einsatz ist die Regelung des Art. 268 Abs. 3 UZK-DVO zu beachten. Dabei werden in dieser Norm die Fälle aufgezählt, in denen die zollamtliche Überwachung für die Waren, die durch Ersatzwaren ersetzt werden, in der Endverwendung endet.

Zum einen zählt dazu der Fall der **Verwendung der Ersatzware zu** den Zwecken, die Grund für die Abgabenbefreiung bzw. Ermäßigung gewesen sind. Zum anderen endet die zollamtliche Überwachung auch für die Ersatzware, wenn sie ausgeführt, zerstört oder zugunsten der Staatskasse aufgegeben worden ist. Die zollamtliche Überwachung endet aber auch dann, wenn die Ersatzware nicht dem begünstigten Zweck zugeführt worden ist, allerdings die entsprechenden sich dann gemäß Art. 79 Abs. 1 Buchst. b UZK ergebenden Abgaben entrichtet worden sind. D6112

dd) Überführung in das Zollverfahren

Für die Überführung in das Zollverfahren sind die Ausführungen zur Überführung zur Überlassung in den zollrechtlich freien Verkehr zu beachten. Die Zollanmeldung ist im Verfahren der Endverwendung grundsätzlich in elektronischer Form gemäß Art. 6 Abs. 2 UZK abzugeben. Ausnahmen gemäß Art. 6 Abs. 3, Art. 158 Abs. 2 UZK, Art. 135 ff. UZK-DelVO, wonach die Zollanmeldung mündlich, konkludent oder schriftlich abgegeben werden könnte, existieren in Bezug auf die Endverwendung nicht. Der Besonderheiten in Bezug auf die Überlassung zum zollrechtlich freien Verkehr kann sich der Zollbeteiligte demnach nicht bedienen. Denn die Endverwendung ist zwar in das Verfahren der Überlassung zum zollrechtlich freien Verkehr irgendwie noch eingebettet, allerdings handelt es sich um ein eigenständiges Besonderes Zollverfahren. D6113

Als Anmelder kann nur der Bewilligungsinhaber auftreten (Art. 170 Abs. 1 UAbs. 2 UZK). Er kann sich dabei vertreten lassen (Art. 18 UZK). D6114

Die Überführung in das Verfahren bewirkt, dass aus einer Nicht-Unionsware eine Unionsware wird (Art. 201 Abs. 3 UZK). Als Zeitpunkt des Statuswechsels ist die Überlassung der Waren anzusehen. Trotzdem bleiben die Waren weiterhin unter zollamtlicher Überwachung gemäß Art. 134 UAbs. 3, 254 Abs. 4 UZK. D6115

ee) Pflichten in der Endverwendung

Die Waren sind der vorgesehenen Endverwendung zuzuführen. Dies hat innerhalb der **festgelegten Zuführungsfrist** zu erfolgen (Art. 1 Nr. 21 UZK-DelVO). Die Ware muss nach Art. 239 Abs. 1 Buchst. a UZK-DelVO zu den Zwecken verwendet werden, die für die Anwendung der Abgabenfreiheit oder des ermäßigten Abgabensatzes maßgeblich waren. D6116

ff) Übertragung dieser Pflichten

Die Endverwendung der in das Zollverfahren übergeführten Waren darf innerhalb der Union auf andere Personen übertragen werden (Art. 239 Abs. 1 Buchst. b UZK-DelVO). Eine Übertragung ist jedoch nur möglich, wenn der Übernehmer im Besitz einer gültigen Bewilligung ist. Dies ist wohl mit den von den Zollbehörden festgelegten Bedingungen gemeint. Ist dies der Fall, so übernimmt der Übernehmer die Verpflichtungen aus den Vorschriften über die Endverwendung. D6117

gg) Beförderung im Verfahren

Die Beförderung im Verfahren erfolgt gemäß Art. 219 UZK, Art. 179 Abs. 1 Buchst. a UZK-DelVO, Art. 267 Abs. 3, Abs. 5 UZK-DelVO. Dabei kann der Transport der Ware von D6118 der Zollstelle der Überführung in das Verfahren bis zum Ort der Verwendung, und vom Ort der Verwendung entsprechend bis zur Ausgangszollstelle erfolgen, ohne dass Zollförmlichkeiten eingehalten werden müssen. Entsprechende Aufzeichnungen sind allerdings gemäß Art. 178 Abs. 1 Buchst. e UZK-DelVO zu führen. Im Hinblick auf den Transport zur Ausgangszollstelle gilt dann die Besonderheit gemäß Art. 267 Abs. 3 UZK-DVO. Für die Beförderung der Waren vom Ort der Verwendung bis zur Ausgangszollstelle im Verfahren der Endverwendung sind die Bestimmungen des Ausfuhrverfahrens für sie anzuwenden. Die Waren verbleiben dann gemäß Abs. 5 dieser Vorschrift auch so lange in dem Verfahren der Endverwendung, bis sie aus dem Zollgebiet der Union verbracht worden sind.

hh) Beendigung der zollamtlichen Überwachung

D6119 Betrachtet man die Zielsetzung der Endverwendung, so muss eine Beendigungsform im Vordergrund stehen: Nämlich die Erreichung des begünstigten Zwecks.

D6120 Artikel 254 Abs. 4 Buchst. a UZK sieht deshalb das Ende der zollamtlichen Überwachung grundsätzlich in dem Zeitpunkt vor, in dem die Waren zu den Zwecken verwendet wurden, die maßgeblich für die Anwendung der Abgabenfreiheit oder des ermäßigten Einfuhrabgabensatzes waren.

D6121 Dies ist erreicht, wenn die Waren erstmals der vorgeschriebenen Endverwendung innerhalb der Zuführungsfrist (Art. 1 Nr. 21 UZK-DelVO) zugeführt wurden. Die Zuführungsfrist wird in der Bewilligung festgelegt. Bei der Verwendung anfallende Abfälle oder Überreste sowie Verluste aufgrund natürlichen Schwundes gelten dabei ebenfalls als der Endverwendung zugeführt, so dass für diese die zollamtliche Überwachung genauso entfällt wie für die zweckgerecht verwendete Ware (Art. 254 Abs. 6 UZK).

BEISPIEL:

Kasein wird in die Endverwendung übergeführt, um daraus künstliche Spinnstoffe (Codenummer 3501 1010 00 0) herzustellen. Im Rahmen dieser Produktion entstandene Abfälle gelten ebenfalls als der Endverwendung zugeführt, so dass die zollamtliche Überwachung auch für diese endet.

D6122 Art. 254 Abs. 3 UZK sieht eine besondere Regelung der Fortdauer der zollamtlichen Überwachung für Waren vor, die wiederholt verwendet werden können. Bei diesen können die Zollbehörden, wenn sie es für erforderlich halten, um einen Missbrauch zu verhindern, eine über die erste Zuführung hinausgehende zollamtliche Überwachung von zwei Jahren vorsehen.

BEISPIEL:

Räder für die industrielle Montage an Kraftfahrzeugen sind wiederholt verwendbare Waren. Sie können angebracht (= erste Verwendung), abmontiert und z. B. für den nicht begünstigten Ersatzteilverkauf vorgesehen werden. Die Gefahr des Missbrauchs besteht bei derartigen Waren, da sie ohne großen Aufwand wieder in ihren ursprünglichen Zustand zurückversetzt werden können. Jetzt können die Behörden eine Frist von zwei Jahren für eine zollamtliche Überwachung ab dem Zeitpunkt der ersten Zuführung vorsehen.

D6123 Als weitere **Beendigungsform** kommen nach Art. 254 Abs. 4 Buchst. b UZK die Verbringung der Ware aus dem Zollgebiet der Union, die Zerstörung oder die Aufgabe zugunsten der Staatskasse in Betracht.

Bei der Verbringung der Ware aus dem Zollgebiet der Union verliert die Ware ihren Status als Unionsware und wird zur Nicht- Unionsware nach Art. 154 Abs. 1 Buchst. a UZK, sofern nicht die Vorschriften über den internen Versand angewendet werden.

Bei einer Zerstörung, die gleichfalls die zollamtliche Überwachung beendet, wird eine Ware gewollt derart verändert, dass nur noch verwertbare Reste oder Abfälle übrig bleiben, wie etwa beim Verschrotten eines Fahrzeugs.

Fallen Abfälle oder Reste bei der Zerstörung von Waren in der Endverwendung an, gelten diese als in das Zolllagerverfahren übergeführt (Art. 254 Abs. 7 UZK).

Die Aufgabe zugunsten der Staatskasse wird ebenfalls als Option zur Beendigung der zollamtlichen Überwachung genannt (Art. 199 UZK).

Die zollamtliche Überwachung endet darüber hinaus auch in den Fällen gemäß Art. 254 Abs. 4 Buchst. c UZK, in denen die Waren zu anderen Zwecken als denen die maßgeblich für die Anwendung der Abgabenfreiheit oder des ermäßigten Einfuhrabgabensatzes waren, verwendet und die anwendbaren Einfuhrabgaben entrichtet wurden.

ii) Zollschuldentstehung

Überführung in die Endverwendung: D6124

Die Überführung in das Verfahren führt zu einer Zollschuldentstehung nach Art. 77 Abs. 1 Buchst. a UZK unter Zugrundelegung des ermäßigten Einfuhrabgabensatzes (Art. 56 Abs. 2 Buchst. g, Abs. 3 UZK). Sämtliche Regelungen des Art. 77 UZK gelten auch bei der Zollschuldentstehung in der Endverwendung. Besteht statt der tariflichen Ermäßigung ein Zollsatz von Null im Rahmen der tariflich begünstigten Endverwendung (Art. 56 Abs. 2 Buchst. g, Abs. 3), so entsteht demzufolge keine Zollschuld gemäß Art. 77 Abs. 1 Buchst. a UZK. Dafür muss dann ein entsprechender Antrag gestellt und die Ware ordnungsgemäß in die bewilligte Endverwendung übergeführt worden sein. Denn dann fehlt es bereits am Tatbestandsmerkmal der einfuhrabgabenpflichtigen Nichtunionsware. Im Rahmen der außertariflichen Endverwendung wird es im Regelfall nicht zu einer Zollschuldentstehung nach Art. 77 Abs. 1 Buchst. a UZK kommen. Denn in diesen Fällen scheitert die Einfuhrabgabenpflichtigkeit der Nichtunionsware an den dann vorliegenden aussertariflichen Befreiungen (vgl. Art. 5 Nr. 2 Buchst. c UZK in Verbindung mit speziellen Tatbeständen der Zollbefreiungsverordnung (vgl. Z 0210).

Ist demgegenüber bei der Überführung von Nicht-Unionswaren in die Endverwendung D6125
eine **Voraussetzung für die Gewährung der vollständigen oder teilweisen Befreiung** von den Einfuhrabgaben nicht gegeben (etwa weil die angemeldete Ware nicht zum begünstigten Warenkreis gehört oder die erforderliche Bewilligung nicht oder nicht mehr vorliegt), so entsteht eine Einfuhrzollschuld in voller Höhe nach Art. 79 Abs. 1 Buchst. c UZK.

Entsteht die Zollschuld gemäß Art. 79 Abs. 1 Buchst. a UZK, etwa weil Fristen in der Vo- D6126
rübergehenden Verwahrung nicht eingehalten worden sind oder aber eine weitergehende Maßnahme als die Erhaltungsbehandlung vorgenommen worden ist, so entsteht die Zollschuld **gemäß Art. 86 Abs. 6 UZK** im Zeitpunkt der Überführung in die Endverwendung in begünstigter Höhe. Das heißt, die zolltarifliche Abgabenbegünstigung

im Rahmen der Endverwendung findet über Art. 86 Abs. 6 UZK auch auf das Verfahren der Endverwendung Anwendung. Dabei müssen sämtliche Voraussetzungen der ordnungsgemäßen Überführung in die Endverwendung nebst den anderen, in Art. 86 Abs. 6 UZK aufgeführten Bedingungen vorliegen. Nach Überführung in die Endverwendung, wenn also die Zollschuld nach Art. 79 Abs. 1 Buchst. b UZK entsprechend entsteht, ist für die Anwendbarkeit des Art. 86 Abs. 6 UZK kein Raum.

Nach Überführung der Waren in die Endverwendung können folgende Zollschuldsituationen auftreten:

D6127 Werden die Unionswaren nach ihrer Überführung in die Endverwendung nicht dem bewilligten sondern einem anderen Zweck zugeführt, entsteht für die Unionswaren eine Zollschuld in voller Höhe nach Art. 79 Abs. 1 Buchst. b UZK. Denn dann ist eine der in den zollrechtlichen Vorschriften festgelegten Verpflichtungen in Bezug auf die Endverwendung von Waren innerhalb des Zollgebiets der Union nicht erfüllt, und zwar die Verpflichtung, die Ware dem bewilligten Zweck zuzuführen (Art. 239 Buchst. a UZK-DelVO). Dies gilt unabhängig davon, ob die Zollbehörde der abweichenden Nutzung zugestimmt hat oder nicht. Gleiches gilt auch für die Fälle, in denen die Ware, ohne sie vorher der Verwendung zugeführt zu haben, **aus dem Zollgebiet der Union verbracht** wird, ob mit oder ohne Zustimmung der Zollbehörden. Zwar handelt es sich hier eigentlich um im Rahmen des Art. 215 UZK aufgeführte und damit an sich zulässige Erledigungsmöglichkeiten für alle Besonderen Verfahren. Die Endverwendung zählt ja grundsätzlich zu diesen Besonderen Verfahren und die Erledigungsmöglichkeiten des Art. 215 UZK sind auch neben den Beendigungsmöglichkeiten, die in Art. 254 Abs. 4 UZK aufgeführt werden möglich (vgl. die Formulierung in Art. 215 UZK „unbeschadet des Art. 254“). Allerdings wird auch in dieser Situation der ursprünglich begünstigte Zweck verfehlt so dass sich auch hier eine Nichterfüllung der sich aus Art. 239 Abs. 1 Buchst. a UZK-DelVO resultierenden Pflicht ergibt. Die gleiche rechtliche Beurteilung erfährt auch der Fall der nicht fristgerechten Nutzung der Ware zum bewilligten Zweck. Ist die Zuführungsfrist abgelaufen und die Frist gemäß Art. 1 Nr. 21 UZK-DelVO nicht verlängerbar (was grundsätzlich gemäß Art. 174 UZK-DelVO für alle Besonderen Verfahren möglich ist), so entsteht auch hier die Zollschuld.

D6128 Zu beachten ist zum **Verhältnis der Zollschuldentstehungstatbestände** des Art. 79 Abs. 1 Buchst. a und b UZK noch folgendes. Auch wenn etwa eine Ausfuhr der Ware ohne Zustimmung der Zollbehörden im Rahmen der Endverwendung eine Nichterfüllung einer Verpflichtung im Hinblick auf das Entziehen aus der zollamtlichen Überwachung gemäß Art. 79 Abs. 1 Buchst. a, Art. 134 Abs. 1, Uabs. 2 UZK begründen könnte, so ist Art. 79 Abs. 1 Buchst. b UZK **als lex specialis im Rahmen der Endverwendung** anzusehen. Dass hier auch nach Überführung der NUW in das Verfahren der Endverwendung eine einfuhrabgabenpflichtige Ware vorliegen muss, ergibt sich aus der Struktur der Tatbestände. Würde man nach Überführung der Ware in die Endverwendung und entsprechender Zollschuldentstehung nach Art. 77 Abs. 1 Buchst. a UZK die Einfuhrabgabenpflichtigkeit verneinen, dann hätte die Regelung des Art. 79 Abs. 1 Buchst. b ZUK keinen Anwendungsbereich. Ausserdem kann die Einfuhrabgabenpflichtigkeit noch aus dem Argument abgeleitet werden, dass gemäß Art. 77 Abs. 1 Buchst. a

UZK die Zollschuld nur in ermäßigter Höhe entstanden ist und jetzt der Regelzollsatz über die Prüfung gemäß Art. 79 Abs. 1 Buchst. b UZK eingreifen wird.

(Einstweilen frei) D6129–D6130

Ist das **Verschwinden einer Ware** oder die Nichterfüllung der zollrechtlichen Verpflichtungen darauf zurückzuführen, dass die betreffenden Waren aufgrund ihrer Beschaffenheit, infolge von unvorhersehbaren Ereignissen oder höherer Gewalt oder auf Anweisung der Zollbehörden vollständig zerstört oder unwiederbringlich verloren gegangen sind und aus diesem Grund die zollrechtlichen Verpflichtungen in der Endverwendung nicht mehr erfüllt werden können, greift ebenfalls die Regelung der Zollschuldentstehung nach Art. 79 Abs. 1 Buchst. b UZK. D6131

Im Rahmen des **Erlöschens gemäß** Art. 124 UZK sind folgende Besonderheiten zu berücksichtigen: Wird die Ware mit Zustimmung der Zollbehörden aus dem Zollgebiet ausgeführt, ohne dem bewilligten Zweck zugeführt worden zu sein, so ergibt sich das Erlöschen gemäß Art. 124 Abs. 1 Buchst. i UZK. Es erlischt dann die durch die Ausfuhr aufgrund zweckwidriger Verwendung entstandene Zollschuld nach Art. 79 Abs. 1 Buchst. b UZK. Allerdings könnte man hier zusätzlich auch das Erlöschen der ursprünglich gemäß Art. 77 Abs. 1 Buchst. a UZK durch Überführung in die Endverwendung in ermäßigter Höhe entstandene Zollschuld in Erwägung ziehen. Denn die Ware ist ja de facto nie in den Wirtschaftskreislauf der Union gelangt und stand von Beginn an ununterbrochen unter zollamtlicher Überwachung. Dann würde quasi der ursprünglich gezahlte Eintrittszoll, wenn man bereits von einer erfolgten Zahlung ausginge, nach Art. 117 1. Alternative UZK erstattet. D6132

Erfolgt **die Ausfuhr ohne Zustimmung** der Zollbehörden, so ist in jedem Fall der Anwendungsbereich des Erlöschenstatbestands des Art. 124 Abs. 1 Buchst. k UZK eröffnet. Dann bedingt das Erlöschen, dass nachgewiesen wird, dass die Ware, ohne vorher verwendet worden zu sein, körperlich aus dem Zollgebiet der Union verbracht worden ist. D6133

Wird die Ware **abweichend vom ursprünglich festgelegten** Verwendungszweck genutzt oder ist die ursprüngliche Verwendungsfrist ohne Verlängerungsmöglichkeit abgelaufen, so kommt als Erlöschenstatbestand Art. 124 Abs. 1 h) UZK in Betracht. Allerdings verlangt Art. 124 Abs. 1 Buchst. h) ii) ZUK u. a., dass nachträglich alle notwendigen Formalitäten erfüllt sind, um die Situation der Ware zu bereinigen. Unabhängig davon, ob eventuell die Voraussetzungen gemäß Art. 124 Abs. 1 Buchst. h i), Art. 103 UZK-DelVO erfüllt sind, so können niemals die Formalitäten nachträglich erfüllt werden, um die Situation der Ware zu bereinigen. Eine Bereinigung könnte hier, denn bei anderweitiger nicht begünstigter Verwendung käme ja nur die Überlassung zum zollrechtlich freien Verkehr in Betracht, nur durch die Abgabe einer Zollanmeldung zu diesem Verfahren erfolgen. Diese ist aber nicht möglich, da die Ware bereits den Status einer Unionsware hat. Eine Ungültigerklärung der ursprünglich zur Endverwendung abgegebenen Zollanmeldung ist auch nicht möglich, denn die Ungültigerklärung der Zollanmeldung nach Überlassung ist gemäß Art. 174 UZK, Art. 148 UZK-DelVO abschließend normiert. Keine der dort genannten Möglichkeiten wäre hier einschlägig. D6134

Insoweit scheitert ein Erlöschen der Zollschuld durch abweichende Verwendung grundsätzlich an der Anforderung des Art. 124 Abs. 1 Buchst. h ii UZK.

Dieses Ergebnis ist auch tragfähig. Immer, wenn Waren zu nicht begünstigten Zwecken verwendet werden, entsteht die Zollschuld in voller Höhe durch Überlassung zum zollrechtlich freien Verkehr. Aus diesem Grund endet auch die zollamtliche Überwachung gemäß Art. 254 Abs. 4 Buchst. c UZK bei anderweitiger Verwendung erst nach Entrichtung der entsprechenden Einfuhrabgaben.

D6135 Entsteht die Zollschuld nach Überführung in die Endverwendung gemäß Art. 79 Abs. 1 Buchst. b UZK und kommt es nicht zum Erlöschen so ist die Regelung des **Art. 80 UZK** zu berücksichtigen.

D6136 Nach **Art. 80 Abs. 1 UZK** ist der im ersten Zeitpunkt gemäß Art. 77 Abs. 1 Buchst. a UZK in ermäßigter Höhe entstandene und gezahlte Einfuhrabgabenbetrag von dem Zollschuldbetrag abzuziehen, der sich auf der Grundlage der Zollschuldentstehung gemäß Art. 79 Abs. 1 Buchst. b UZK dann zum zweiten Zeitpunkt ergibt. Der Gesetzgeber hat hier bewusst, was den Zeitpunkt nach Überführung in die Endverwendung anbelangt, nur auf den Zollschuldentstehungstatbestand des Art. 79 Abs. 1 UZK Bezug genommen, denn eine weitere Zollschuldentstehung nach Art. 77 Abs. 1 ZUK durch Überführung in die Überlassung zum zollrechtlich freien Verkehr wäre nicht möglich. Ausserdem kommt es hier nach der Regelung des Art. 80 Abs. 1 UZK darauf an, dass die entstandenen Einfuhrabgaben bereits entrichtet worden sind. Das heißt, dass die Abzugsfähigkeit **grundsätzlich an die Zahlung** anknüpft. Damit will die Union den Erhalt der ihr zustehenden Abgaben sicherstellen. Insoweit ist eine Abweichung zur Vorgängerregelung zu erkennen, die die Abzugsfähigkeit der entstandenen aber nicht gezahlten Einfuhrabgaben ermöglichte.

jj) Weitere Einfuhrumsatzsteuer-Schuld

D6137 Entsteht in den vorstehend genannten Fällen eine weitere Zollschuld gemäß Art. 79 Abs. 1 Buchst. b UZK, so stellt sich auch die Frage nach einer weiteren EUSt-Schuld. Obwohl die Ware einfuhrumsatzsteuerrechtlich unmittelbar zum freien – nicht überwachten – Verkehr abgefertigt wurde, enthält die Bemessungsgrundlage (EUSt-Wert) wegen der zollrechtlichen Begünstigung keinen oder nicht den vollen Zollbetrag (§ 11 Abs. 3 Nr. 2 UStG).

D6138 § 21 Abs. 4 UStG sieht deshalb eine EUSt-Schuld-Entstehung für die Waren bezogen auf die neu entstandene Zollschuld vor. Bemessungsgrundlage ist dann der nach Art. 79 Abs. 1 Buchst. b UZK entstandene Zollschuldbetrag. Diese Wirkung tritt jedoch nicht ein, wenn der Zollschuldner hinsichtlich der eingeführten Waren zum vollen Vorsteuerabzug berechtigt ist (§ 21 Abs. 4 Satz 5 UStG).

c) Einfuhrabgabenbefreiung aufgrund außertariflicher Vorschriften

aa) Fälle der Zollbefreiungsverordnung

D6139 Es ist davon auszugehen, dass die Fälle der außertariflichen Einfuhrabgabenbegünstigung, die in der Zollbefreiungsverordnung geregelt werden, nach dem UZK anzuwenden sind (Art. 5 Nr. 2 Buchst. c UZK).

Die VO (EG) Nr. 1186/2009 (ZollbefreiungsVO–Z 0210) sieht für bestimmte Fälle eine Befreiung von den Einfuhrabgaben vor. Für diese Waren ist eine Überführung in den zollrechtlich freien Verkehr erforderlich (Art. 1 ZollbefreiungsVO). Überwiegend sind diese Waren in den – unbeschränkten – zollrechtlich freien Verkehr zu überführen. Dies widerspricht allerdings jetzt der VSF Z 0801 (5), nach dem die außertarifliche Befreiung dem Verfahren der Endverwendung und nicht mehr der Überführung in den zollrechtlich freien Verkehr zuzuordnen ist.

In einer Reihe von Fällen sind die Zollbefreiungen aber an eine besondere Zweckbindung geknüpft. Die hierher gehörenden Waren sind deshalb in den überwachten zollrechtlich freien Verkehr (Überführung in den freien Verkehr zur Endverwendung) zu überführen. Die Gewährung der Einfuhrabgabenfreiheit obliegt den Zollstellen der einzelnen Mitgliedstaaten (Art. 123 ZollbefreiungsVO). Es sind geeignete Maßnahmen zu treffen, damit die Einhaltung der Zweckbindung überprüft werden kann, insbesondere dass bei Nichtbeachtung der Zweckbindung die Einfuhrabgaben erhoben werden (Art. 124 ZollbefreiungsVO). Die erforderlichen Maßnahmen ergeben sich dabei aus Art. 254 UZK (zollamtliche Überwachung der Endverwendung). D6140

Die zur Endverwendung bestimmten Waren sind in verschiedenen Kapiteln im Titel II der ZollbefreiungsVO enthalten (s. a. VSF Z 0801 Abs. 8, dies gilt auch jetzt nach dem UZK): D6141

- Übersiedlungsgut – Art. 3 ff. ZollbefreiungsVO
- Heiratsgut – Art. 12 ff. ZollbefreiungsVO
- Ausrüstung verlegter Betriebe – Art. 28 ff. ZollbefreiungsVO
- Gegenstände erzieherischen, wissenschaftlichen und kulturellen Charakters – Art. 42 ff. ZollbefreiungsVO
- Instrumente und Apparate zur medizinischen Forschung, Diagnose und Behandlung – Art. 57 ff. ZollbefreiungsVO
- Waren für Organisationen der Wohlfahrtspflege – Art. 61 ff. ZollbefreiungsVO
- Gegenstände für Blinde und andere Behinderte – Art. 66 ff. ZollbefreiungsVO
- Waren für Katastrophenopfer – Art. 74 ff. ZollbefreiungsVO
- Erprobungswaren – Art. 95 ff. ZollbefreiungsVO
- Treibstoffe im Straßenverkehr – Art. 107 ff. ZollbefreiungsVO

bb) Fälle der Zollverordnung

Die ZollV sieht für verschiedene Waren bei der Endverwendung eine außertarifliche Einfuhrabgabenfreiheit vor. Das Verfahren richtet sich auch hier nach den Vorschriften des Art. 254 UZK. Es ist davon auszugehen, dass die Vorschriften, auch wenn sie noch zum alten ZK ergangen sind, jetzt auch auf die Fälle des UZK anzuwenden sind. Danach werden auch diese Waren in den überwachten freien Verkehr jetzt in die Endverwendung übergeführt: D6142

D6143 Es handelt sich um folgende Fälle (s. a. VSF Z 0801 Abs. 8):

- Mund- und Schiffsvorrat (§ 14 ZollV)
- Speisewagenvorräte (§ 15 ZollV)
- Bordvorräte der Luftfahrzeuge (§ 16 ZollV)
- Diplomaten- und Konsulargut (§ 17 ZollV)
- Ausstattung drittländischer Dienststellen (§ 18 ZollV)
- Betriebsstoffe für Schienenfahrzeuge (§ 19 ZollV)
- Betriebsstoffe für Schiffe (§ 20 ZollV)
- Betriebsstoffe für Luftfahrzeuge (§ 21 Abs. 2 ZollV).

D6144 *(Einstweilen frei)*

3. Kontrollfragen

		Rdnr.	
1.	Wie lassen sich die wirtschaftlichen und zollpolitischen Hintergründe des besonderen Verfahrens „vorübergehende Verwendung“ beschreiben?	D6000 ff.	☐
2.	Sind Maßnahmen zur Wartung und Pflege des Verwendungsguts im Verfahren zulässig?	D6002	☐
3.	Wie reagiert das Verfahren der vorübergehenden Verwendung auf „verbrauchbare Güter“?	D6003 f.	☐
4.	Wie reagiert das Verfahren der vorübergehenden Verwendung auf auf Veranstaltungen und Ausstellungen gewonnene Erzeugnisse, z. B. die Eier und Küken der auf einer Landwirtschaftsschau gezeigten Hühner?	D6010	☐
5.	In welchen Fällen ergibt sich bei vorübergehender Verwendung eine „teilweise Befreiung“ von den Einfuhrabgaben?	D6013 f.	☐
6.	Was bedeutet bei vorübergehender Verwendung eine Bewilligung im „vereinfachten Verfahren“?	D6019 f.	☐
7.	Was verbirgt sich hinter dem Kürzel „Carnet A.T.A.“?	D6024 f.	☐
8.	Wo finden Sie einen Überblick über die Gegenstände der vollständigen Befreiung von den Einfuhrabgaben?	D6034 ff.	☐
9.	Wie berechnen sich die Einfuhrabgaben in den Fällen der „teilweisen Befreiung von den Einfuhrabgaben“?	D6065	☐
10.	Kennt die Einfuhrumsatzsteuer das Prinzip der teilweisen Befreiung im Rahmen der vorübergehenden Verwendung?	D6068, D6069 f.	☐
11.	Welches ist die maximale Frist / Regelfrist für die Erledigung des Verfahrens?	D6071	☐
12.	In welchen Fällen kommt bei der vorübergehenden Verwendung der Einsatz von Ersatzwaren in Betracht?	D6079	☐

13.	Wie werden in der vorübergehenden Verwendung die notwendigen Beförderungen zollrechtlich abgewickelt?	D6087 f.	☐
14.	Neben welchem anderen Verfahren wird die Endverwendung jetzt aufgeführt?	D6090	☐
15.	Wohin gehört die Endverwendung eigentlich?	D6090	☐
16.	Warum hat man die Endverwendung jetzt neben der Vorübergehenden Verwendung aufgeführt?	D6090	☐
17.	Welche Bereiche umfasst die Endverwendung?	D6091	☐
18.	Nach welcher Vorschrift entsteht die Zollschuld bei Überführung der Waren in den zollrechtlich freien Verkehr zur Endverwendung?	D6124	☐
19.	Nennen Sie Beispiele für die tarifliche Endverwendung	D6093	☐
20.	Nennen Sie Beispiele für die außertarifliche Befreiung?	D6139	☐

VII. Veredelung

1. Allgemeines

a) Inhalt und Bedeutung

Die Veredelung ist wie der Versand, die Lagerung und die Verwendung eine Art des **Zollverfahrens besondere Verfahren,** Art. 210 UZK. Als Unterarten gibt es die aktive Veredelung gem. Art. 256 – 258 UZK und die passive Veredelung gem. Art. 259 – 262 UZK. In beiden Fällen werden Waren einzelnen oder mehreren Veredelungsvorgängen gem. Art. 5 Nr. 37 UZK unterzogen. Es entstehen daraus einzelne oder mehrere Veredlungserzeugnisse (Art. 5 Nr. 30 UZK). D7000

Werden die Veredelungsvorgänge innerhalb des Zollgebiets der Union durchgeführt spricht man von aktiver Veredelung, englisch **inward processing**. Im umgekehrten Fall, bei Durchführung der Veredelungsvorgänge außerhalb des Zollgebiets der Union, nennt sich das Verfahren passive Veredelung, englisch **outward processing**. D7001

aa) Aktive Veredelung

Im Rahmen der internationalen Arbeitsteilung verwenden immer mehr Wirtschaftsbeteiligte in das Zollgebiet der Union importierte Nicht-Unionswaren zur Herstellung von Erzeugnissen, die häufig zum Export bestimmt sind. Rohstoffe, Halbfertigprodukte oder Teilfertigfabrikate werden dazu als Vorprodukte eingeführt. Um diese Wirtschaftsbeteiligten hinsichtlich der Versorgung den Unternehmen in Drittländern gleichzustellen, die die gleichen Endprodukte herstellen, muss den Unionsfabrikanten die Möglichkeit geschaffen werden, die Ausgangserzeugnisse zu den gleichen Bedingungen zu erwerben wie die Drittlandsunternehmen. Das geschieht mittels Zollbegünstigung im Rahmen der aktiven Veredelung, vgl. Abb. Rdnr. D1043. D7002

BEISPIEL:

Stahl, Leder, Multimediaeinheiten, Reifen, Lampen, Bremsen usw. werden als Vorprodukte, Zubehörteile und Bestandteile bei der Produktion von Kfz aus Drittländern importiert, die fertigen Autos danach exportiert.

D7003 Die historische Grundidee der aktiven Veredelung ist, auf die Belastung mit Einfuhrabgaben gem. Art. 5 Nr. 20 UZK und sonstigen Abgaben zu verzichten, Art. 256 Abs. 1 Buchst. a und b UZK. Dieser **Verzicht auf Zölle und sonstige Abgaben**, gemeint sind Verbrauchsteuern und die EUSt, ist vor dem Hintergrund des Wirtschaftszollgedankens gerechtfertigt. Die Einfuhrwaren sind regelmäßig nicht zum endgültigen Verbleib im Zollgebiet der Union bestimmt, sondern sollen als Veredelungserzeugnisse wiederausgeführt werden. Deshalb werden bei der Überführung der Nicht-Unionswaren in die aktive Veredelung keine Einfuhrabgaben erhoben.

Die aktive Veredelung ist im Unionszollkodex nur noch als Nichterhebungsverfahren ausgestaltet. Das frühere **Zollrückvergütungsverfahren** ist ersatzlos weggefallen.

D7004 Allerdings dürfen bei der Gleichstellung von Unionsunternehmen mit Unternehmen in Drittländern die **Interessen derjenigen Hersteller in der Union nicht außer Acht gelassen werden, die gleiche Ausgangsprodukte herstellen**. Ihren Interessen kann es zuwiderlaufen, wenn die für die Produktion benötigten Vorprodukte abgabenfrei eingeführt werden dürfen, obwohl die Waren ohne Beeinträchtigung der Ausfuhrmöglichkeiten im Zollgebiet der Union erworben werden könnten. Deshalb kann die Befreiung von Einfuhrabgaben nur gewährt werden, wenn dadurch keine wesentlichen Interessen dieser Unionsunternehmen beeinträchtigt werden (Art. 211 Abs. 4 Buchst. b UZK).

D7005 Neben den Einfuhrabgaben können **handelspolitische Maßnahmen**, z. B. in Form von Einfuhrgenehmigungspflichten oder Kontingenten, die Einfuhr der Vorprodukte erschweren oder gar unmöglich machen. Diese Maßnahmen sind bei der aktiven Veredelung ebenfalls nicht anzuwenden, soweit sie nicht den Eingang oder den Ausgang von Waren in das oder aus dem Zollgebiet der Union untersagen (Art. 256 Abs. 1 Buchst. c UZK).

D7006 Mit dem Unionszollkodex ist das frühere **sog. Umwandlungsverfahren** Bestandteil der aktiven Veredelung geworden. Erreicht wurde das dadurch, dass die Absicht der Wiederausfuhr nunmehr nicht mehr erforderlich ist, s. Erwägungsgrund Nr. 50 UZK.

Eingeführte Nicht-Unionswaren sollen in diesen Fällen nicht sofort und nicht in ihrer ursprünglichen Form, sondern erst später nach Änderung ihrer Beschaffenheit zum zollrechtlich freien Verkehr überlassen werden. Alsdann werden die Einfuhrabgaben nicht für die eingeführten Waren erhoben, sondern für die bei der aktiven Veredelung entstandenen Veredelungserzeugnisse. Sinnvoll ist das Verfahren insbesondere immer dann, wenn durch die Veredelungsvorgänge eine günstigere Abgabenbelastung erreicht wird, Einfuhrabgaben gespart werden. Ziel der Veredelung ist in diesen Fällen zumeist, die Einfuhrwaren auf eine niedrigere Produktionsstufe abzusenken, um von dem damit regelmäßig verbundenen niedrigeren Zollsatz zu profitieren.

Denkbar sind aber auch andere Fallkonstellationen. Ebenso kann das Verfahren angewendet werden, um die Anwendung handelspolitischer Maßnahmen sowie von Verboten und Beschränkungen auf die Einfuhrwaren zu vermeiden. Erst bei Überlassung der Veredlungserzeugnisse zum zollrechtlich freien Verkehr kommen diese dann ggf. zur Anwendung.

Durch diese Möglichkeit der aktiven Veredelung wird verhindert, dass die Veredelungsvorgänge außerhalb des Zollgebiets der Union stattfinden und erst die Erzeugnisse eingeführt werden. Mithin werden Arbeitsplätze in der Union gesichert. D7007

BEISPIELE:

- Veredelung von Tapeten in Einzelmuster oder Musterkollektionen; das Herstellen der Tapetenbücher; Musterkollektionen von Geweben, Tüllen, Spitzen, Stickereien oder Gewirken.
- Verarbeitung zu Abfällen und Reste oder Zerstörung: Umwandlung von Papier und Pappe zu Papier- und Pappabfällen; Umwandlung von Ausschusswaren, Neuabfällen und ähnlichen Erzeugnissen aus Spinnstoffen in Lumpen.
- Wiedergewinnung von Teilen und Bestandteilen: Verarbeitung von isolierten Drähten, Kabeln und dergleichen, auch mit Aluminium- oder Bleimantel, in Rohkupfer und Kupferschrott, Aluminium- und Bleischrott.

Der Unionszollkodex hat die aktive Veredelung um noch einen Fall erweitert. Die aktive Veredelung soll auch für die **Zerstörung** gelten, soweit sie nicht vom Zoll oder unter dessen Überwachung vorgenommen wird. Damit kommt der Begriff Veredelung zumindest sprachlich an seine Grenzen. Es liegt allenfalls eine **Negativveredelung** vor. Eine Umbenennung des Verfahrens und Übersetzung des englischen Begriffs processing mit Verarbeitung ist nie ernsthaft erwogen worden. D7008

(Einstweilen frei) D7009–D7011

bb) Passive Veredelung

Die Liberalisierung des Handels führt in vielen Fällen ebenso zu Vorgängen in umgekehrter Richtung. Im Rahmen internationaler Arbeitsteilung werden häufig Herstellungshandlungen in Ländern vorgenommen, in denen die Arbeiten besonders kostengünstig erfolgen (**Niedriglohnländer**). Auch aus Qualitätsgründen werden Arbeiten in ein Drittland verlagert. D7012

Vielfach können die dort hergestellten Waren im Rahmen von **Zollpräferenzabkommen** zollfrei im Zollgebiet der Union zum zollrechtlich freien Verkehr überlassen werden. Sofern aber die Ursprungsregeln im Rahmen des Präferenzabkommens für die Waren nicht eingehalten werden oder mit dem Herstellungsland kein Präferenzabkommen besteht, müsste hingegen der volle Drittlandszoll bei der Überlassung dieser Produkte zum zollrechtlich freien Verkehr der Union entrichtet werden. Denn es liegen nach der Veredelung keine unveränderten Waren und damit keine zollfreien Rückwaren gem. Art. 203 UZK vor. Sofern in derartigen Fällen bei der Einfuhr der im Drittland hergestellten Waren nicht der volle Zollbetrag gezahlt werden soll, besteht die Möglichkeit, das Zollverfahren der passiven Veredelung in Anspruch zu nehmen, wenn Unionswaren bei der Produktion verwendet wurden. D7013

Die passive Veredelung ist wirtschaftlich also das **Spiegelbild der aktiven Veredelung**: Aus dem Zollgebiet der Union wird eine Unionsware ausgeführt, um nach Veredelung wieder eingeführt zu werden. Bei der Verzollung der „wieder" eingeführten Ware soll gebührend berücksichtigt werden, dass darin aus dem Zollgebiet der Union stammen- D7014 de Ware enthalten ist, für die aus wirtschaftlichen Gründen kein Zoll erhoben werden soll, vgl. hierzu Abb. auf Rdnr. D1052.

D7015 Die grundsätzliche Aussage zum passiven Veredelungsverkehr enthält Art. 259 Abs. 1 UZK. Danach läuft dieses Zollverfahren in drei Phasen ab:

- Unionswaren werden vorübergehend aus dem Zollgebiet der Union ausgeführt,
- um dort bewilligten Veredelungsvorgängen unterzogen zu werden und
- nach Wiedereinfuhr bei vollständiger oder teilweiser Befreiung von den Einfuhrabgaben zum zollrechtlich freien Verkehr überlassen zu werden.

b) Grundbegriffe

D7016 Art. 5 UZK listet wichtige Grundbegriffe der Veredelung auf. Der Definitionskatalog wird ergänzt von Art. 1 UZK-DVO und Art. 1 UZK-DelVO. Diese Grundbegriffe stehen vor der Klammer und gelten für beide Formen der Veredelung.

aa) Veredelungsvorgänge

D7017 **Fünf Arten** von Veredelungsvorgängen sind in der Veredelung möglich (Art. 5 Abs. 37 UZK). Sie beziehen sich bei der aktiven Veredelung auf die Nicht-Unionswaren, bei der passiven Veredelung auf die Unionswaren, derentwegen das Verfahren gewählt worden ist.

D7018 Dabei ist es **nicht erforderlich, dass sämtliche Vorerzeugnisse erfasst werden**, die zur Herstellung der Veredelungserzeugnisse erforderlich sind. Ob und in welchem Umfang neben den in die Veredelung übergeführten Waren noch weitere Waren zur Produktion eingesetzt werden, ist völlig unerheblich. Selbst wenn nur ein Vorprodukt veredelt werden soll, kommt eine aktive oder passive Veredelung in Betracht. Typisch ist die Situation bei Reparaturen. Dann ist die defekte Ware Gegenstand der Veredelung.

D7019 **Vier typische Arten** von Veredelungsvorgängen sind zu unterscheiden. Hinzu kommt der Einsatz von sog. **Produktionshilfsmitteln.**

(1) Bearbeitung von Waren

D7020 Kennzeichnend für die Bearbeitung von Waren (Art. 5 Nr. 37 Buchst. a UZK) ist, dass die Vorprodukte gegenständlich individuell mit ihren wesentlichen Merkmalen erhalten bleiben. Nur Aussehen oder Eigenschaften werden verändert.

BEISPIELE:

Färben von Geweben, Mästen von Vieh, Beizen von Möbeln, Schleifen und Bemalen von Rohlingen, Bügeln von Textilien. Auch das Abpacken und Abfüllen von Waren gehört hierzu.

D7021 **Montage** ist ein Spezialfall der Bearbeitung. Ebenso wie bei der **Zusammensetzung** und dem **Anbringen** an andere Waren wird darin ein der Bearbeitung gleichgestellter Fall gesehen.

BEISPIELE:

Erstellen einer neuen Ware aus vielen Einzelteilen: Aufbau einer Produktionsstraße, Zusammenbau eines Computers, Aufziehen von Autoreifen, Umstellung der Spannung bei Elektrogeräten.

(2) Verarbeitung von Waren

Bei der Verarbeitung von Waren (Art. 5 Nr. 37 Buchst. b UZK) findet eine weitgehende Umgestaltung statt. Die Ware bleibt nur substanziell, nicht jedoch individuell erhalten. D7022

BEISPIELE:

Verbacken von Mehl zu Brot, Mahlen von Getreide, Herstellen von Bier aus Hopfen und Malz, Verarbeitung von Zucker zu Bonbons, Verspinnen von Garnen zu Wolle, Herstellung von Kunststoff aus Rohöl, Verarbeitung von Tabak zu Tabakpuder, Entrippen von Tabakblättern.

(3) Zerstörung von Waren

Die Zerstörung ist im Unionszollkodex erstmals ein Veredelungsvorgang geworden. Anders als die Vorgängerregelungen wird sie sprachlich nicht mehr von der Vernichtung unterschieden. Es gibt nur noch die Zerstörung mit Resten und die Zerstörung ohne Reste, die bisherige Vernichtung. D7023

Bei der Zerstörung von Waren (Art. 5 Nr. 37 Buchst. c UZK) wird deren Beschaffenheit „negativ" verändert. Dabei bleiben vielfach Reste als Veredelungserzeugnisse. Möglicherweise kommt es auch zur vollständigen Vernichtung. D7024

BEISPIELE:

- Verschrottung von Maschinen,
- Zerschlagen von Glas zu Scherben,
- Wegschütten von Flüssigkeit.

(4) Ausbesserung von Waren

Das Wiederherstellen abgenutzter oder schadhaft gewordener Waren sowie die Beseitigung von Sachmängeln durch Nachbessern fehlerhaft produzierter Waren einschließlich des Auswechselns von Teilen wird von der vierten Möglichkeit der Veredelungsvorgänge, der Ausbesserung (Art. 5 Nr. 37 Buchst. d UZK) erfasst. Es wird ein ehemals vorhandener Zustand wiederhergestellt. D7025

BEISPIELE:

Wartungsdienste, Inspektion bei Fahrzeugen, Reparatur von Uhren, Reinigung verschmutzter Kleidung.

(5) Verwendung von Produktionshilfsmitteln

Produktionshilfsmittel sind Waren, die zwar nicht körperlich in die Veredelungserzeugnisse eingehen, jedoch deren Herstellung ermöglichen oder erleichtern, selbst wenn sie hierbei vollständig oder teilweise verbraucht werden (Art. 5 Nr. 37 Buchst. e UZK). Dazu gehören Gussformen, Abdeckfolien, Katalysatoren, Beschleuniger oder Verzögerer chemischer Reaktionen usw. Die Möglichkeiten sind vielfältig. D7026

D7027 Art. 240 Abs. 2 UZK-DelVO schließt jedoch von der Bewilligung der **aktiven Veredelung** als Produktionshilfsmittel aus:

- Bestimmte Treibstoffe und Energiequellen
- bestimmte Schmiermittel
- Ausrüstung und Werkzeuge

D7028 Allerdings ist eine **aktive Veredelung** mit

- Treibstoffen, die zur Erprobung der Veredelungserzeugnisse oder zur Feststellung von Defekten bei der Instandsetzung bestimmter Einfuhrwaren benötigt werden und ferner von
- Schmiermitteln zur Erprobung oder für das Prüfen, Kalibrieren, Regulieren oder Ausformen der Veredelungserzeugnisse

doch wieder **zulässig**.

Diese sind mithin als Produktionshilfsmittel einsetzbar.

D7029 Im Zusammenhang mit der **passiven Veredelung** anderer Unionswaren können Produktionshilfsmittel selbst nicht in die passive Veredelung übergeführt werden. Denn mit ihnen und nicht an ihnen sollen Veredelungsvorgänge durchgeführt werden. Sie sind vielmehr in ein **Ausfuhrverfahren** zu überführen. Nach Verwendung im Drittland können sie als **Rückwaren** wieder zollfrei zur Überlassung zum zollrechtlich freien Verkehr abgefertigt werden.

D7030–D7031 *(Einstweilen frei)*

bb) Veredelungserzeugnisse

D7032 Alle Erzeugnisse, die aus Veredelungsvorgängen entstanden sind, werden als Veredelungserzeugnisse bezeichnet (Art. 5 Nr. 30 UZK). Da die Veredelung der Bewilligung bedarf, sind nur die **aus bewilligten Veredelungsvorgängen** entstandenen Erzeugnisse gemeint.

D7033 Folgerichtig definiert Art. 1 Abs. 2 Nr. 7 UZK-DVO als **Hauptveredelungserzeugnisse** solche, für deren Herstellung die Veredelung bewilligt worden ist.

D7034 Alle anderen Erzeugnisse, die zwangsläufig beim bewilligten Veredelungsvorgang anfallen, sind **Nebenveredelungserzeugnisse** gem. Art. 1 Abs. 2 Nr. 9 UZK-DVO. Dazu zählen typischerweise **Reste und Abfälle**, Art. 1 Nr. 41 Buchst. b UZK-DelVO. In Betracht kommen ebenfalls wertvolle Produkte. So fallen bei der Verarbeitung von Mais zu Grieß, Maismehl und Maiskeime an.

cc) Ausbeute – Verlust

D7035 Die **Ausbeute** ist die Menge oder der Prozentsatz der Veredelungserzeugnisse, die bzw. der bei der Veredelung einer bestimmten Menge von in ein Veredelungsverfahren übergeführten Waren gewonnen wird (Art. 255 UZK).

BEISPIELE:

Für die Produktion eines Kfz benötigt man vier oder fünf Reifen, einen, zwei oder drei Scheibenwischer.

Der Teil der Waren, der im Verlauf des Veredelungsvorgangs untergeht, insbesondere durch Verdunsten, Austrocknen, Entweichen in Form von Gas oder Abfließen in das Abwasser, wird als **Verlust** bezeichnet. D7036

dd) Ersatzwaren

Anstelle der in die **aktive Veredelung** übergeführten Waren können unter den Voraussetzungen des Art. 223 Abs. 1 UAbs. 1 UZK **Unionswaren** zur Herstellung der Veredelungserzeugnisse verwendet werden. Sie werden als Ersatzwaren bezeichnet. D7037

Bei der **passiven Veredelung** sind Ersatzwaren **Nicht-Unionswaren**, die anstelle der in die passive Veredelung übergeführten Unionswaren veredelt werden (Art. 223 Abs. 1 UAbs. 2 UZK). D7038

Ersatzwaren müssen grundsätzlich demselben **achtstelligen KN-Code** zugewiesen sein und dieselbe **Handelsqualität** sowie dieselben **technischen Merkmale** aufweisen wie die Ware, die sie ersetzen. Ersatzwaren müssen „äquivalent" sein, weshalb bei Verwendung von Ersatzwaren von einem „Äquivalenzverkehr" gesprochen wird. D7039

ee) Vorzeitige Ausfuhr – vorzeitige Einfuhr

Die Verwendung von Ersatzwaren kann in Kombination mit vorzeitiger Ausfuhr bzw. Einfuhr bewilligt werden. D7040

Bei der **aktiven Veredelung** geht es um die einfuhrabgabenfreie Wiederbeschaffung. Dabei wird der ansonsten übliche Verfahrensablauf umgekehrt. Zunächst werden aus äquivalenten Unionswaren (Ersatzwaren) hergestellte Veredelungserzeugnisse exportiert, danach den Vorprodukten entsprechende Nicht-Unionswaren einfuhrabgabenfrei in die aktive Veredelung übergeführt (Art. 223 Abs. 2 Buchst. c UZK). D7041

Bei der **passiven Veredelung** findet umgekehrt die Einfuhr der aus Ersatzwaren hergestellten Veredelungserzeugnisse vor der Ausfuhr der Waren statt, die sie ersetzen (Art. 223 Abs. 2 Buchst. d UZK). D7042

(Einstweilen frei) D7043–D7044

2. Aktive Veredelung

Trotz der vielen identischen Begriffe und vergleichbaren Situationen soll im Folgenden zunächst nur die aktive Veredelung dargestellt werden. Das erleichtert das Grundverständnis und erfordert nicht ein ständiges Springen zwischen spiegelbildlichen Verfahren. D7045

a) Bewilligung

Um eine missbräuchliche Inanspruchnahme der Zollvergünstigungen zu verhindern, muss losgelöst vom konkreten Einfuhrvorgang vorab geprüft werden, ob und unter welchen Bedingungen die Begünstigung gewährt werden kann. Die Inanspruchnahme der aktiven Veredelung bedarf gem. Art. 211 Abs. 1 Buchst. a UZK der Bewilligung. D7046

aa) Antrag

D7047 Die Bewilligung ist eine zollrechtliche Entscheidung gem. Art. 22 ff. UZK. Sie muss beantragt werden. Dabei ergeben sich die gemeinsamen Datenanforderungen aus Art. 6 Abs. 2 UZK i.V. m. Art. 2 und Anh. A UZK-DelVO.

Die deutsche Zollverwaltung hat dafür das Formular 0281 entwickelt. Als Unterlagen verlangt sie die Teile I-III und V des Fragebogens zollrechtliche Bewilligungen.

D7048 Zuständig ist die Zollbehörde an dem Ort, an dem die **Hauptbuchhaltung für Zollzwecke** des Antragstellers geführt wird (Art. 22 Abs. 1 UAbs. 2 UZK i.V. m. Art. 12 UZK-DelVO, § 24 Abs. 4 ZollVO).

D7049 Die **Annahme des Antrages** regelt sich nach Art. 22 Abs. 2 UAbs. 1 UZK. Sie hat unverzüglich und spätestens innerhalb von 30 Tagen ab dem Antragseingang zu erfolgen.

Dabei prüft die Zollbehörde zum einen die *Vollständigkeit der Angaben* im Antrag und den vorgelegten Unterlagen. Dazu gehören die Angaben zur Sicherheitsleistung, s. Rdnr. D7100.

Des Weiteren prüft sie gem. Art. 11 Abs. 1 UZK-DelVO

- die Registrierung des Antragstellers,
- die Ansässigkeit,
- die Zuständigkeit und
- die Sperrfrist von einem Jahr.

Mit der Annahme des Antrags gem. Art. 12 UZK-DVO beginnt die eigentliche Bearbeitungsfrist für den Erlass der Entscheidung. Als Annahmetag wird der Tag fingiert, an dem die Annahmevoraussetzungen erfüllt sind, den Zollbehörden alle benötigten Informationen vorliegen.

D7050 Anders als in Art. 22 Abs. 3 UZK vorgesehen, beträgt die **Frist für die Entscheidung über die Bewilligung** grundsätzlich nur 30 Tage (Art. 171 Abs. 1 UAbs. 1 UZK-DelVO).

D7051 **Anträge auf Verlängerung oder Änderung der Bewilligung** können schriftlich eingereicht werden, sofern die Zollbehörden dies zulassen (Art. 164 UZK-DelVO).

D7052 Im Einzelfall kann gem. Art. 163 Abs. 1 Buchst. c UZK-DelVO eine **Zollanmeldung** als Antrag auf eine Bewilligung gelten. Dabei sind zusätzliche Datenelemente gem. Anh. A UZK-DelVO beizufügen. Dieser Weg wird oft beschritten, wenn es um die Ausbesserung, Reparatur von Nicht-Unionswaren geht.

D7053–D7054 *(Einstweilen frei)*

bb) Bewilligungsvoraussetzungen

D7055 Art. 211 ff. UZK und Art. 226 ff. UZK enthalten die wesentlichen Bewilligungsvoraussetzungen für die aktive Veredelung. Sie entsprechen weitgehend den allgemeinen Voraussetzungen für besondere Verfahren. Vier Punkte sind jeweils von Bedeutung:

- persönliche,
- zolltechnische und
- wirtschaftliche Voraussetzungen sowie
- eine Verhältnismäßigkeitsprüfung.

(1) Persönliche Bewilligungsvoraussetzungen

Art. 211 Abs. 3 Buchst. a UZK verlangt zunächst die **Ansässigkeit** des Antragstellers im Zollgebiet der Union, Art. 5 Nr. 31 UZK. Die Vorteile der zollbegünstigten Einfuhr sollen nur Personen gewährt werden, die innerhalb der durch den Zoll geschützten Volkswirtschaften ihre Unternehmen betreiben und produzieren. D7056

Abweichend davon können die Zollbehörden in Einzelfällen, sofern sie dies für gerechtfertigt halten, Personen, die nicht im Zollgebiet der Union ansässig sind eine Bewilligung der aktiven Veredelung erteilen (Art. 161 UZK-DelVO). Bei Waren zu nichtkommerziellen Zwecken (Art. 1 Nr. 21 UZK-DelVO) war das früher schon der Fall (Art. 117 Buchst. a Satz 2 ZK). Nunmehr sind die Möglichkeiten deutlich erweitert. D7057

BEISPIEL

- Ein Schweizer Busunternehmen lässt seine Fahrzeuge regelmäßig in der Werkstatt des Verkäufers warten. Soweit es um die übliche Inspektion geht, kann das im Rahmen der vorübergehenden Verwendung der Fahrzeuge geschehen.
- Sollen dagegen weitergehende Maßnahmen stattfinden und ein neuer Motor eingebaut oder Winterreifen aufgezogen werden, bedarf es der aktiven Veredelung. Diese könnte die Werkstatt beantragen als ansässiges Unternehmen. In Betracht kommt aber auch eine Bewilligung für den im Drittland ansässigen Busunternehmer.

Art. 211 Abs. 3 Buchst. b UZK verlangt weiter, dass der Antragsteller die **erforderliche Gewähr** für die ordnungsgemäße Durchführung der Vorgänge bietet. Bei Antragstellern, die bereits AEO C oder F sind, ist davon auszugehen, dass die Voraussetzung erfüllt ist, soweit im Rahmen der AEO-Bewilligung der Tätigkeit, die die aktive Veredelung betrifft, Rechnung getragen wurde. D7058

In Deutschland wird die erforderliche Gewähr grundsätzlich mit dem Maßstab der Kriterien gem. Art. 39 Buchst. a), b) und d) UZK unter Auswertung der vorgelegten Teile des Fragebogens zollrechtliche Bewilligungen beurteilt (DV VSF Z 0514 (3431)).

Schließlich ist gem. Art. 211 Abs. 3 Buchst. d UZK erforderlich, dass der Antragsteller die Waren selbst veredelt oder die Veredelung veranlasst. Er muss quasi **Herr des Verfahrens** sein. Verlangt wird die wirtschaftliche Herrschaft über das Verfahren. D7059

(2) Zolltechnische Voraussetzungen

(a) Nämlichkeit – Äquivalenz

Art. 240 Abs. 1 Buchst. a UZK-DelVO verlangt, dass festgestellt werden kann, dass die Waren, mit Ausnahme der Produktionshilfsmittel, in den Veredelungserzeugnissen enthalten sind. Identität ist erforderlich, die **Nämlichkeit** muss gesichert werden können (Art. 192 UZK). D7060

Ist der **Einsatz von Ersatzwaren** gem. Art. 223 UZK erlaubt, muss nachgeprüft werden können, ob diese die Äquivalenzvoraussetzungen erfüllen (Art. 240 Abs. 1 Buchst. b UZK-DelVO). D7061

(b) Keine Rückveredelung

D7062 Zudem muss gesichert sein, dass **keine Rückveredelung** stattfinden kann (Art. 240 Abs. 3 Buchst. a UZK-DelVO). Der Schutz der EU-Wirtschaft soll nicht dadurch umgangen werden können, dass nach Überlassung der Veredelungserzeugnisse zum zollrechtlich freien Verkehr der Zustand der Waren zum Zeitpunkt ihrer Überführung in die aktive Veredelung wiederhergestellt wird. Ausreichend ist eine wirtschaftliche Unmöglichkeit. Das Wiederherstellen der Einfuhrwaren darf sich nicht lohnen.

(c) Sicherheitsleistung

D7063 Der Antragsteller hat gem. Art. 211 Abs. 3 Buchst. c UZK Sicherheit zu leisten. Die Einzelheiten ergeben sich aus den Art. 89 ff. UZK. Dabei braucht und sollte nach der Konzeption des UZK nicht speziell für die aktive Veredelung Sicherheit geleistet werden, sondern eine Gesamtsicherheit gem. Art. 89 Abs. 5, 95 Abs. 1 UZK für mehrere Zollverfahren. Das ist in Deutschland bis auf Weiteres ausgeschlossen (DV VSF Z 0514 (7200). Vielmehr ist spartenweise Sicherheit zu leisten, also speziell für die aktive Veredelung. Regelmäßig kann diese nach Art. 95 Abs. 2 UZK i. V. m. Art. 84 UZK-DelVO reduziert werden.

(d) Aufzeichnungen

D7064 Schließlich muss der Antragsteller Aufzeichnungen gem. Art. 214 UZK i. V. m. Art. 178 UZK-DelVO führen, die ein Überwachen der Vorgänge ermöglichen. Dabei wird gem. Art. 214 Abs. 2 UZK davon ausgegangen, dass ein AEO C oder F diese Verpflichtung erfüllt.

(3) Wirtschaftliche Voraussetzungen

D7065 Die aktive Veredelung muss dazu beitragen, günstige Voraussetzungen für die Wiederausfuhr der Veredelungserzeugnisse bzw. deren Überlassung zum zollrechtlich freien Verkehr zu schaffen.

Weiterhin ist abzuwägen zwischen den Interessen der exportierenden Veredelungsunternehmen und dem Schutzinteresse der Hersteller in der Union, die den Einfuhrwaren entsprechende Vorprodukte produzieren (Art. 211 Abs. 4 Buchst. b UZK). Die Einzelheiten dazu regelt Art. 166 UZK-DelVO. Zudem beschreibt Art. 167 UZK-DelVO die vielen Fälle, in denen die wirtschaftlichen Voraussetzungen als erfüllt gelten.

(4) Verhältnismäßigkeit

D7066 Schließlich darf gem. Art. 211 Abs. 4 Buchst. a UZK der Verwaltungsaufwand bezüglich der Überwachung und zollamtlichen Prüfung der aktiven Veredelung nicht außer Verhältnis zu dem wirtschaftlichen Bedürfnis des Antragstellers stehen.

Das ist nach Ansicht der deutschen Zollverwaltung grundsätzlich zu unterstellen. Ein wirtschaftliches Bedürfnis kann selbst bei einfuhrabgabenfreien Waren vorliegen, wenn handelspolitische Maßnahmen oder VuB im Rahmen der aktiven Veredelung keine Anwendung finden (DV VSF Z 0514 (3440)).

cc) Erteilen der Bewilligung

Wie bereits dargelegt, beträgt anders als in Art. 22 Abs. 3 UAbs. 1UZK vorgesehen, die Frist für die Entscheidung über die Bewilligung grundsätzlich nur 30 Tage, Art. 171 Abs. 1 UAbs. 1 UZK-DelVO. Das ist extrem knapp, zumal wenn der Antragsteller vollständige Unterlagen vorlegt und die Bearbeitungsfrist mit Eingang des Antrags beginnt (Art. 12 Abs. 1 UZK-DVO). D7067

Die Verlängerungsfrist von 30 Tagen kommt ggfs. hinzu (Art. 22 Abs. 3 UAbs. 2 UZK).

(1) Formen, Wirksamkeit und Geltungsdauer

Soweit die Bewilligung noch nicht elektronisch erteilt wird, kann sie schriftlich mit einem **Muster nach Anh. 12 UZK-ÜDelVO** erteilt werden. Dabei ist auch das Zusatzblatt für die aktive Veredelung zu verwenden. D7068

Es wird eine förmliche Bewilligung auf einem Unions-einheitlichen Papier, ergänzt um nationale Besonderheiten, erteilt. Die förmlichen Bewilligungen werden zudem in ATLAS eingestellt und können somit von den Zollstellen bundesweit eingesehen werden.

Wurde ein Bewilligungsantrag auf Grundlage einer Zollanmeldung gestellt (s. Rdnr. D7052), wird die Bewilligung durch **Überlassung der Waren zur aktiven Veredelung** erteilt (Art. 262 UZK-DVO). D7069

Die Bewilligung wird mit dem Tag ihrer **Zustellung** wirksam (Art. 22 Abs. 4 UZK), sofern in der Bewilligung nichts anderes bestimmt ist. Ihre **Geltungsdauer** ist entgegen Art. 22 Abs. 5 UZK nicht unbefristet, sondern wird auf längstens fünf Jahre ab dem Zeitpunkt ihres Wirksamwerdens befristet (Art. 173 Abs. 1 UZK-DelVO). Für Waren des Anh. 71-02 UZK-DelVO sind nicht mehr als drei Jahre Geltungsdauer vorgesehen (Art. 173 Abs. 2 UZK-DelVO). D7070

Die Befristung ist insofern überraschend, da auch die aktive Veredelung der permanenten Überwachung durch die Zollbehörden gem. Art. 23 Abs. 4 UZK unterliegt und es einer regelmäßigen Neubewertung nicht bedurft hätte.

(Einstweilen frei) D7071

(2) Rückwirkende Bewilligung

Art. 211 Abs. 2 UZK erlaubt die rückwirkende Bewilligungserteilung bei der aktiven Veredelung. Dabei sind die Voraussetzungen und die Rückwirkungszeitpunkte zu unterscheiden. D7072

(a) Voraussetzungen

Neben den vorstehend beschriebenen normalen Bewilligungsvoraussetzungen verlangt Art. 211 Abs. 2 UZK D7073

- wirtschaftliche Notwendigkeit,
- keine betrügerische Absicht des Antragstellers,

- Nachweise mittels Aufzeichnungen, dass
  - alle Voraussetzungen erfüllt sind,
  - die Nämlichkeit festgestellt werden kann,
  - die zollamtliche Prüfung der aktiven Veredelung möglich ist,
  - den Formalitäten Rechnung getragen werden kann,
- keine rückwirkende Bewilligung einer aktiven Veredelung in den letzten drei Jahren.

(b) Zeitpunkte

D7074 Nunmehr kommen drei Zeitpunkte für die Rückwirkung in Betracht.

(aa) Rückwirkung bis zum Zeitpunkt der Annahme des Antrags

D7075 Art. 211 Abs. 2 UZK gestattet die Erteilung einer rückwirkenden Bewilligung. Gem. Art. 172 Abs. 1 UZK-DelVO wird sie frühestens ab dem Datum der Annahme, nicht Vorlage des Antrags auf Bewilligung wirksam.

(bb) Rückwirkung bis zu einem Jahr vor Annahme des Antrags

D7076 Unter außergewöhnlichen Umständen kann die Rückwirkung bis zu einem Jahr vor dem Zeitpunkt der Annahme des Antrags erfolgen (s. Art. 172 Abs. 2 UZK-DelVO).

(cc) Rückwirkung bis zum Zeitpunkt der Unwirksamkeit der vorausgegangenen Bewilligung

D7077 Nach Art. 172 Abs. 3 UZK-DelVO kann bei der Erneuerung einer für denselben Vorgang und dieselben Waren bereits erteilten Bewilligung eine Rückwirkung bis zum Zeitpunkt, an dem die vorausgegangene Bewilligung unwirksam wurde, erteilt werden.

BEISPIEL:

Die Bewilligung für die aktive Veredelung war bis zum 31.12.2020 befristet. Eine Verlängerung wurde nicht beantragt. Zollstelle und früherer Bewilligungsinhaber überführen trotzdem weiterhin Waren in die aktive Veredelung, da sie den Ablauf der Bewilligung nicht bemerken. Wird der Ablauf z. B. im März 2022 festgestellt und die Erneuerung der Bewilligung rückwirkend beantragt, kann diese bis zum 1.1.2021, also dem Ablauf der ursprünglichen Bewilligung zurückdatiert werden.

D7078 Folglich liegt in diesen Fällen keine Zollschuldentstehung für die Überführung der ohne Bewilligung überlassenen Waren mehr vor, die nach Art. 79 Abs. 1 Buchst. c UZK zunächst gegeben ist. Das Fehlen der Voraussetzung für die Überführung der Waren in die aktive Veredelung ist durch die rückwirkende Bewilligung entfallen. Es liegt eine „Quasi-Heilungsmöglichkeit" der Zollschuldentstehung vor.

dd) Inhalt der Bewilligung

D7079 In der Bewilligung sind die Einzelheiten des Verfahrens festzulegen. Orientierungsmaßstab kann dabei das Muster in Anh. 12 UZK-ÜDelVO sein.

(1) Bewilligungsinhaber

Name oder Firma und Anschrift des Bewilligungsinhabers sind zu nennen. Werden Arbeiten bei anderen Wirtschaftsbeteiligten (Veredelern) durchgeführt, sind diese bei den Veredelungsvorgängen ebenfalls zu benennen. D7080

(2) Angaben über Ort und Art der Aufzeichnungen

Nach Art. 214 UZK i.V.m. Art. 178 UZK-DelVO sind vom Inhaber der Bewilligung Aufzeichnungen in der von den Zollbehörden genehmigten Form zu führen. Die Form der Aufzeichnungen wird mitbewilligt. D7081

(3) Geltungsdauer

Die Geltungsdauer der Bewilligung gem. Art. 173 UZK-DelVO von längstens für 5 Jahren ist anzugeben. D7082

(4) Waren, die in das Verfahren übergeführt werden sollen

Mit handelsüblicher und/oder technischer Bezeichnung sowie mit Angaben über die Einreihung in die Kombinierte Nomenklatur (vierstelliger Code reicht zumeist aus) sind die zur Veredelung bestimmten Waren zu benennen. D7083

(5) Veredelungserzeugnisse

Die Veredelungserzeugnisse sind mit handelsüblicher und/oder technischer Bezeichnung zu benennen. Zusätzlich sind Angaben über ihre Einreihung zu machen. Hauptveredelungs- und Nebenveredelungserzeugnisse sind zu unterscheiden. D7084

(6) Ausbeute

Der voraussichtliche Ausbeutesatz oder die Methode der Berechnung der Ausbeute sind anzugeben (s. Art. 255 UZK). D7085

(7) Einzelheiten der geplanten Vorgänge

Die **Veredelungsvorgänge** (Art. 5 Nr. 37 UZK) sind zu beschreiben. Nur die im so bezeichneten Produktionsprozess hergestellten Produkte sind Veredelungserzeugnisse. D7086

Der **Ort**, an dem die Veredelungsarbeiten durchzuführen sind, ist zwecks Überwachungsmöglichkeit des Verfahrens ebenfalls zu nennen. Das kann der Betrieb des Bewilligungsinhabers sein, aber auch jeder fremde Betrieb eines anderen Verdelers. D7087

Soweit im Rahmen der aktiven Veredelung **übliche Behandlungen** nach Art. 220 UZK i.V.m. Art. 180 und Anh. 71-03 UZK-DelVO vorgenommen werden, bedarf es dazu keiner Bewilligung. Mithin müssen und sollten Einzelheiten nicht beschrieben werden. Die spätere Dokumentation in den Aufzeichnungen reicht aus. D7088

(8) Zollstellen

D7089 Drei Zollstellen sind aufzuführen:

- die **Überwachungszollstelle** zwecks Überwachung des Verfahrens gem. Art. 1 Nr. 36 Buchst. a UZK-DelVO,
- die **Zollstellen der Überführung** in das Zollverfahren gem. Art. 1 Nr. 17 UZK-DelVO für die Annahme der Zollanmeldungen zur Überführung der Waren in die aktive Veredelung und
- die **Zollstellen der Erledigung** des Verfahrens für die Annahme von Anmeldungen, mit denen Waren bei Erledigung der aktiven Veredelung in ein neues Zollverfahren übergeführt oder zur Wiederausfuhr überlassen werden können.

(9) Nämlichkeitsmittel und Angaben zu Ersatzwaren

D7090 Zu nennen sind etwaige Nämlichkeitsmittel und Angaben zu Ersatzwaren gem. Art. 223 UZK. KN-Code sowie die handelsübliche und/oder technische Bezeichnung der Ersatzwaren sind anzugeben. Regelungen über vorzeitige Ausfuhren sind zu treffen.

(10) Frist für die Erledigung

D7091 Es ist gem. Art. 257 Abs. 1 UAbs. 1 UZK die Frist zu benennen, innerhalb der die aktive Veredelung gem. Art. 215 UZK zu erledigen ist.

D7092 **Fristbeginn** ist gem. Art. 257 Abs. 1 UAbs. 2 UZK der Zeitpunkt der Überführung der Nicht-Unionswaren in das Verfahren. Damit ist gem. Art. 172 UZK der Zeitpunkt der Annahme der Zollanmeldung zur aktiven Veredelung entscheidend.

D7093 Das **Fristende** berechnet sich nach den Regelungen der FristenVO (ABl. 1971 Nr. L 124 S. 1, u. a. E – VSF Z 0208).

D7094 **Fristverlängerung** ist gem. Art. 257 Abs. 2 UAbs. 1 UZK bei begründetem Antrag möglich. Eine rückwirkende Fristverlängerung ist gem. Art. 174 Abs. 1 UZK-DelVO bei rechtfertigenden Umständen zulässig.

D7095 In der Praxis werden die **Fristen** für die Erledigung des Verfahrens, zumeist vereinfacht, global bestimmt. Gemäß Art. 257 Abs. 2 UAbs. 2 UZK können Fristen, die während eines Monats, Vierteljahres oder Halbjahres beginnen, so festgesetzt werden, dass sie am letzten Tag *eines* darauffolgenden Monats, Vierteljahres oder Halbjahres ablaufen. Von dieser **Globalisierung** wird Gebrauch gemacht, wenn damit zu rechnen ist, dass Einfuhrwaren mit mehreren Zollanmeldungen in die aktive Veredelung übergeführt werden. Die Vereinfachung besteht folglich darin, dass Einfuhren mit unterschiedlichem Fristbeginn auf einen Tag bezogen abgerechnet werden können.

D7096 Die Globalisierung bezogen auf das Vierteljahr, die sog. „**Vierteljährliche Globalisierung**" ist dabei der in Deutschland übliche Regelfall, der bei vielen förmlichen Bewilligungen angewendet wird. Alle im Laufe eines bestimmten Vierteljahres beginnenden Fristen enden am letzten Tag eines darauffolgenden Vierteljahres. Das ist z. B. das Ende des unmittelbar folgenden Vierteljahres, wenn die erforderliche Frist für die Erledigung des Verfahrens höchstens drei Monate beträgt. Bei längerer Frist ist auf das Ende des jeweiligen nächsten Vierteljahres abzustellen oder gleich auf die Halbjahresfrist.

BEISPIEL:

Alle Waren, die in den Monaten Juli bis September in die aktive Veredelung übergeführt worden sind und bei denen die Frist für die Erledigung des Verfahrens (Produktion und Absatz) fünf Monate beträgt, sind bei vierteljährlicher Globalisierung spätestens Ende März des Folgejahres abzurechnen. Denn für eine Einfuhrware, die am 30. 9. in die aktive Veredelung übergeführt wird, wäre bei fünfmonatiger Frist Ende Februar das Veredelungsverfahren zu beenden. Das Vierteljahr endet jedoch erst einen Monat später. Folglich ist das Fristende auf Ende März, das Ende des übernächsten Quartals, festzulegen.

Bei **vereinfachten Bewilligungen** mit Überlassung zur aktiven Veredelung gem. Art. 262 UZK-DVO ist die Frist für die Erledigung des Verfahrens Tag genau festzulegen. Eine Globalisierung kommt in diesen Fällen nicht in Betracht. D7097

Falls eine **vorzeitige Ausfuhr** bewilligt worden ist, ist die Frist für die Überführung der Nicht-Unionswaren in das Verfahren der aktiven Veredelung festzusetzen (Art. 257 Abs. 3 UAbs. 1 UZK). Dabei ist der erforderliche Zeitaufwand für die Beschaffung der Einfuhrwaren und deren Beförderung in das Zollgebiet der Union zu beachten. Diese Frist ist in Monaten anzugeben und beträgt höchstens sechs Monate. D7098

(11) Beförderung

Die Beförderung nach Art. 219 UZK i.V.m. Art. 179 UZK-DelVO bedarf keiner Bewilligung. D7099

(12) Sicherheitsleistung

Die Bewilligung wird gem. Art. 211 Abs. 3 Buchst. c UZK nur erteilt, wenn Sicherheit geleistet wird. Soweit bereits anderweitig Regelungen getroffen wurden, sind sie in der Bewilligung vorzusehen. D7100

Oftmals ist jedoch neben der Bewilligung der aktiven Veredelung eine eigene Bewilligung für eine zumeist reduzierte Gesamtsicherheit zu beantragen. Da deren Bearbeitungsfrist nicht auf 30 Tage verkürzt ist (s. Rdnr. D 7050) und ohne Sicherheitsleistung regelmäßig gem. Art. 211 Abs. 3 Buchst. c UZK keine Bewilligung für die aktive Veredelung erteilt werden darf, kann es zu einer längeren Entscheidungsdauer kommen.

(13) Überlassung zum zollrechtlich freien Verkehr ohne Zollanmeldung

In der Bewilligung kann vorgesehen und damit erlaubt werden, dass die Veredelungserzeugnisse oder die in die aktive Veredelung übergeführten Waren als zum zollrechtlich freien Verkehr überlassen gelten (Art. 325 UZK-DVO). D7101

ee) Überwachung, Neubewertung, Aussetzung, Rücknahme, Widerruf oder Änderung

Entsprechend der Systematik des Unionszollkodex sind Überwachung, Neubewertung, Aussetzung, Rücknahme, Widerruf oder Änderung der Bewilligung im Titel I, Allgemeine Vorschriften, geregelt. Die Einzelheiten ergeben sich aus den Art. 23 – 28 UZK. D7102

(Einstweilen frei) D7103–D7105

b) Durchführung der aktiven Veredelung

D7106 Vereinfacht gesagt findet auch die aktive Veredelung in drei Phasen statt.

- Überführung in die aktive Veredelung
- Durchführung der Veredelungsvorgänge
- Erledigung

aa) Überführung in die aktive Veredelung

D7107 Für die Überführung der Vorprodukte in die aktive Veredelung gelten die allgemeinen Regeln zur Überführung von Waren in ein Zollverfahren (Art. 158 ff. UZK). Zuständig für die Überführung in die aktive Veredelung sind die in der Bewilligung genannten **Zollstellen der Überführung in das Verfahren** (Art. 1 Nr. 17 UZK-DelVO). Es können sowohl die erste Eingangszollstelle gem. Art. 1 Nr. 15 UZK-DelVO, also auch jede andere Zollstelle sein.

D7108 Da die Waren regelmäßig noch nicht am Ort der Veredelung eingetroffen sind, bedarf es nach der Überlassung noch der **Beförderung** zu den in der Bewilligung genannten Orten. Die Beförderung ist gem. Art. 219 UZK ohne Bewilligung möglich (Art. 179 Abs. 1 UZK-DelVO).

D7109 Erforderlich ist gem. Art. 267 Abs. 4 UZK-DVO allein das Führen von **Aufzeichnungen** gem. Art. 214 UZK.

bb) Veredelungsvorgänge

D7110 Zur Durchführung der aktiven Veredelung gehört die Haupttätigkeit, die **Veredelung der Einfuhrwaren**. Wer veredelt, muss sich im Rahmen der Bewilligung halten. Es dürfen nur die (bewilligten) Veredelungserzeugnisse hergestellt werden. Die Produktion anderer Waren bedeutet eine Pflichtverletzung. Die Veredelungsvorgänge dürfen nur **an den in der Bewilligung genannten Orten** durchgeführt werden.

D7111 Eine **Pflicht zur Veredelung** besteht **nicht**. Art. 215 UZK erlaubt die Erledigung sowohl mit den in das Verfahren übergeführten Waren als auch mit den Veredelungserzeugnissen.

D7112 Die **Aufzeichnungen** sind entsprechend zu pflegen (Art. 178 UZK-DelVO).

cc) Erledigung der aktiven Veredelung

(1) Grundsatz

D7113 Gemäß Art. 215 UZK ist die aktive Veredelung erledigt, wenn die **Veredelungserzeugnisse** oder die **unveränderten Waren**

- in ein anschließendes Zollverfahren übergeführt werden,
- aus dem Zollgebiet der Union verbracht werden,
- zerstört werden und kein Abfall übrig bleibt oder
- zugunsten der Staatskasse aufgegeben werden.

Dazu reicht es wie bei der vorübergehenden Verwahrung aus, dass fristgerecht die entsprechende Zollanmeldung, Wiederausfuhranmeldung usw. abgegeben wird.

Dabei ist die **Erledigungsfrist** gem. Art. 257 Abs. 1 UZK zu beachten, s. Rdnr. D7091 ff. D7114

Die **Ausfuhr scheidet** wegen des Status der Waren als Nicht-Unionswaren **aus**. D7115

Die **passive Veredelung** ist dagegen gem. Art. 258 UZK möglich. D7116

Selbstverständlich kann sich auch eine **erneute aktive Veredelung** anschließen. D7117

Art. 324 UZK-DVO nennt **weitere, der Wiederausfuhr gleichgestellte Möglichkeiten** wie D7118

- Lieferung von Veredelungserzeugnissen an Diplomaten,
- Lieferung von Veredelungserzeugnissen an im Gebiet eines Mitgliedstaats stationierte Truppen anderer Länder,
- Lieferung von Luftfahrzeugen oder von Raumfahrzeugen nebst Ausrüstung,
- Lieferung von Hauptveredelungserzeugnissen, für die der Erga-ommes-Einfuhrzollsatz mit „frei" angegeben ist oder für die eine Luftfahrtauglichkeitsbescheinigung ausgestellt wurde.

Die **Zollanmeldung** zur Überführung in ein neues Zollverfahren ist grds. bei den in der Bewilligung genannten **Zollstellen der Erledigung** der aktiven Veredelung abzugeben. Dabei muss die Bezeichnung der Veredelungserzeugnisse oder der unveränderten Waren den Angaben in der Bewilligung entsprechen. Art. 241 UZK-DelVO nennt besondere Angaben für die Zollanmeldung zum Folgeverfahren. D7119

(2) Überlassung zum zollrechtlich freien Verkehr

Gemäß Art. 215 UZK kann die aktive Veredelung durch Überlassung zum zollrechtlich freien Verkehr erledigt werden. Dafür gelten zunächst die **allgemeinen Regeln** für die Überführung in ein Zollverfahren. D7120

Zusätzlich sieht Art. 325 UZK-DVO weitere **Vereinfachungen für die Überlassung zum zollrechtlich freien Verkehr** vor. Gem. Art. 325 Abs. 1 UZK-DVO kann in der Bewilligung geregelt werden, dass die Veredelungserzeugnisse oder die in die aktive Veredelung übergeführten Waren als zum zollrechtlich freien Verkehr überlassen gelten, wenn sie nicht innerhalb der Erledigungsfrist anderweitig erledigt werden. D7121

Gelangen die Waren innerhalb dieser Frist in den Wirtschaftskreislauf, werden sie zu Unionswaren, Art. 325 Abs. 2 UZK-DVO. Das kann durch Veräußerung, Verwendung oder jedes andere Verhalten mit gleicher Aussagekraft geschehen. Sie unterliegen keinerlei zollamtlicher Überwachung mehr.

Zudem gilt nach Art. 325 Abs. 1 UZK-DVO die **Zollanmeldung** zur Überlassung zum zollrechtlich freien Verkehr zum Zeitpunkt des Ablaufes der Frist für die Erledigung des Verfahrens als abgeben und angenommen und die Überlassung als erfolgt. Die Waren sind also ohne weiteres Zutun zu Unionswaren geworden. D7122

Die **Zollschuld** für die Waren entsteht folglich gem. Art. 77 Abs. 1 Buchst. a UZK durch die Überlassung zum zollrechtlich freien Verkehr im Zeitpunkt des Ablaufes der Frist für die Erledigung des Verfahrens, also dem letzten Tag dieser Frist. D7123

(Einstweilen frei) D7124

c) Zollschuld

aa) Abrechnung des Verfahrens

D7125 Um den Überblick über die sich in der aktiven Veredelung befindenden Waren und Veredelungserzeugnisse zu erleichtern und festzustellen, ob und in welcher Höhe eine Einfuhrzollschuld entstanden ist, muss der Bewilligungsinhaber der Überwachungszollstelle spätestens 30 Tage nach Ablauf der Frist für die Erledigung des Verfahrens eine Abrechnung vorlegen (Art. 175 Abs. 1 UZK-DelVO).

(1) Inhalt der Abrechnung

D7126 Der Inhalt der Abrechnung ergibt sich aus **Anh. 71-06 UZK-DelVO**.

In der Abrechnung erfolgt vereinfacht gesagt eine Gegenüberstellung der Menge von Waren, für die die Frist für die Erledigung des Verfahrens abgelaufen ist, und der Veredelungserzeugnisse sowie unveränderten Waren, die die aktive Veredelung anderweitig erlegt worden sind. Unter Beachtung des Ausbeutesatzes werden Veredelungserzeugnisse und unveränderte Waren mit den Einfuhrwaren bzw. den aus ihnen maximal herzustellenden Veredelungserzeugnissen verglichen. Ergibt sich ein Mehr auf der Einfuhrwarenseite bzw. bei den maximal herzustellenden Veredelungserzeugnissen, liegt eine Fehlmenge vor. Die Zollschuld ist entstanden. Überwiegen dagegen die Veredelungserzeugnisse und unveränderten Waren, die anderweitig erledigt worden sind, ist die aktive Veredelung ordnungsgemäß erledigt worden.

(2) Folge der Nichtabgabe oder verspäteten Abgabe der Abrechnung

D7127 Ein verschuldetes Überschreiten der Abrechnungsfrist oder die Nichtabgabe der Abrechnung wird häufig nur im Zusammenhang mit Ordnungswidrigkeiten bzw. mit der Möglichkeit eines Widerrufs (Art. 28 UZK) der Bewilligung aufgrund nicht mehr vorhandener persönlicher Voraussetzungen des Inhabers in Bezug auf seine erforderliche Gewähr nach Art. 211 Abs. 3 Buchst. b UZK betrachtet.

D7128 Die Nichtabgabe oder die verspätete Vorlage der Abrechnung durch den Inhaber stellt zudem die Nichterfüllung einer Pflicht aus der Inanspruchnahme der aktiven Veredelung dar. Sie führt somit zu einer Zollschuldentstehung nach Art. 79 Abs. 1 Buchst. a UZK, EuGH v. 8.10.2020 - C-476/19, Combinova.

D7129 Die weitreichende Konsequenz dieser Zollschuld ist, dass sie für alle abzurechnenden Waren entsteht, selbst wenn diese tatsächlich wiederausgeführt worden sind. Gerechtfertigt ist diese Zollschuld durch die Tatsache, dass der Überwachungszollstelle aufgrund der fehlenden Abrechnung kein Nachweis über die ordnungsgemäße Erledigung der aktiven Veredelung für die abzurechnenden Einfuhrwaren erbracht worden ist. Die Überwachungszollstelle muss folglich, da sie keine Unterlagen zu sammeln braucht, von einer nicht ordnungsgemäßen Erledigung der aktiven Veredelung ausgehen.

D7130 Nach Art. 175 Abs. 2 UZK-DelVO kann der Zeitraum für die Abrechnung auf 60 Tage verlängert werden und zwar in außergewöhnlichen Fällen auch rückwirkend nach Ablauf der ursprünglichen Frist. Wird die Vorlagefrist rückwirkend verlängert, liegt keine

Pflichtverletzung (mehr) vor. Es kommt nicht zu einer Zollschuldentstehung nach Art. 79 Abs. 1 Buchst. a UZK.

Damit braucht nicht mehr über ein Erlöschen der Zollschud gem. Art. 124 Abs. 1 Buchst. h UZK i.V.m. Art. 103 Buchst. a UZK-DelVO oder Art. 124 Abs. 1 Buchst. k UZK nachgedacht zu werden. D7131

Nur wenn keine Verlängerung gewährt wird, weil kein außergewöhnlicher Fall vorliegt, kann ein Erlöschen in Betracht kommen, wenn der Inhaber der Bewilligung nachträglich eine Abrechnung vorlegt oder die Waren aus dem Zollgebiet der Union verbracht worden sind, s. vgl. EuGH v. 8.10.2020 - C-476/19, Combinova und Rdnr. E1251 ff. und E1262 ff.

bb) Abgabenerhebung

Das Ergebnis der Abrechnung wird in den meisten Fällen die Feststellung sein, dass die aktive Veredelung ordnungsgemäß erledigt worden ist. Soweit die Waren zum zollrechtlich freien Verkehr überlassen worden sind, entsteht damit zumeist eine Einfuhrzollschuld gem. Art. 77 ZK. Sie ist zu erheben. D7132

Eine Zollschuld entsteht auch, wenn die Waren nicht fristgerecht wiederausgeführt oder anderweitig erledigt worden sind (Art. 79 Abs. 1 Buchst. a UZK). D7133

(Einstweilen frei) D7134–D7136

cc) Bemessung der Zollschuld

(1) Art. 85 UZK

Die Zollschuld wird bemessen im Zeitpunkt ihrer Entstehung. Das ist immer dann wirtschaftlich sinnvoll, wenn die Veredelungsvorgänge zu Waren geführt haben, die abgabenmäßig geringer belastet sind als die in die aktive Veredelung übergeführten Waren. D7137

Typisch ist die Situation für die früheren Fälle der Umwandlung, die Zerstörung und die als Nebenveredelungserzeugnisse entstandenen Abfälle und Reste.

(2) Art. 86 Abs. 3 UZK

Art. 86 Abs. 3 UZK erlaubt auch die Veredelungserzeugnisse anhand D7138

- der zolltariflichen Einreihung,
- des Zollwerts,
- der Menge,
- der Beschaffenheit und
- des Ursprungs

der in die aktive Veredelung übergeführten Waren zum Zeitpunkt der Annahme der Zollanmeldung dieser Waren zur aktiven Veredelung zu bemessen. Damit werden diese Waren faktisch nachverzollt, jedoch ohne wie bis zum 30.4.2016 Ausgleichszinsen entrichten zu müssen.

D7139 Art. 86 Abs. 3 UZK verlangt einen entsprechenden **Antrag**, der nur vom Anmelder gestellt werden kann. Da es um die Zollschuld für die Veredelungserzeugnisse geht, ist die Anmeldung dieser Erzeugnisse gemeint, also die **Zollschuld nach Art. 77 UZK**.

D7140 Bei **Zollschulden nach Art. 79 UZK** kann im Einzelfall auch eine dann zumeist fehlerhafte Anmeldung vorliegen. In dieser könnte auch der Antrag gestellt worden sein. Im Regelfall aber scheidet bei einer Zollschuld nach Art. 79 UZK die Anwendung von Art. 86 Abs. 3 UZK aus.

D7141 Bei Anwendung des Art. 86 Abs. 3 UZK sind nach den in Art. 72 UZK-DelVO festgelegten Berechnungsverfahren nach dem **Mengenschlüssel** oder dem **Wertschlüssel** die in den Veredelungserzeugnissen als enthalten erachtete Mengen der in die aktive Veredelung übergeführten Waren zu berechnen, für die eine Zollschuld entstanden ist.

(3) Art. 86 Abs. 4 UZK

D7142 Art. 86 Abs. 4 UZK regelt die **Anwendung des Abs. 3 von Amts** wegen in den besonderen Fällen des Art. 168 Abs. 1 UZK-DelVO.

D7143–D7145 *(Einstweilen frei)*

3. Passive Veredelung

a) Bewilligung

D7146 Die passive Veredelung bedarf gem. Art. 211 Abs. 1 Buchst. a UZK der Bewilligung. Dabei gelten grundsätzlich dieselben Regelungen wie bei der aktiven Veredelung.

Die deutsche Zollverwaltung hat dafür das Formular 0266 entwickelt. Als Unterlagen verlangt sie die Teile I-III und V des Fragebogens zollrechtliche Bewilligungen.

aa) Antrag

(1) Grundsatz

D7147 Die Bewilligung ist eine **zollrechtliche Entscheidung** gem. Art. 22 ff. UZK. Sie muss **beantragt** werden. Dabei ergeben sich die gemeinsamen Datenanforderungen aus Art. 6 Abs. 2 UZK i. V. m. Art. 2 und Anh. A UZK-DelVO.

D7148 **Zuständig** ist die Zollbehörde an dem Ort, an dem die Hauptbuchhaltung für Zollzwecke des Antragstellers geführt wird (Art. 22 Abs. 1 UAbs. 2 UZK i. V. m. Art. 11 UZK-DVO, Art. 12 UZK-DelVO, § 24 Abs. 4 ZollV).

D7149 Die **Annahme des Antrages** regelt sich nach Art. 22 Abs. 2 UAbs. 1 UZK. Sie hat spätestens innerhalb von 30 Tagen ab dem Antragseingang zu erfolgen. Dabei prüft die Zollbehörde neben der *Vollständigkeit der Angaben* die Punkte von Art. 11 Abs. 1 UZK-DelVO, s. Rdnr. D 7049.

D7150 Mit der **Annahme des Antrags** gem. Art. 12 UZK-DVO beginnt die Bearbeitungsfrist für den Erlass der Entscheidung.

(2) Verlängerung oder Änderung

Anträge auf Verlängerung oder Änderung der Bewilligung können schriftlich eingereicht werden, sofern die Zollbehörden dies zulassen (Art. 164 UZK-DelVO). D7151

(3) Bewilligungsantrag auf Grundlage einer Zollanmeldung

Im Einzelfall kann gem. Art. 163 Abs. 1 Buchst. d UZK-DelVO auch eine **Zollanmeldung als Antrag** auf eine Bewilligung gelten. Dabei sind zusätzliche Datenelemente gem. Anh. A UZK-DelVO beizufügen. Diese Antragstellung ist grds. mit der Zollanmeldung zur passiven Veredelung abzugeben, also beim **Start**. D7152

Art. 163 Abs. 1 Buchst. f UZK-DelVO dehnt diese Möglichkeit bei Waren zu nichtkommerziellen Zwecken (Art. 1 Nr. 28 UZK-DelVO) auf den Zeitpunkt der Anmeldung zur Überlassung zum zollrechtlich freien Verkehr aus. Man kann dann quasi nachträglich, also am **Ende**, noch die Bewilligung der passiven Veredelung beantragen. D7153

bb) Bewilligungsvoraussetzungen

Art. 211 ff. UZK und Art. 259 ff. UZK enthalten die wesentlichen Bewilligungsvoraussetzungen für die passive Veredelung. Vier Punkte sind jeweils von Bedeutung: D7154

- persönliche,
- zolltechnische und
- wirtschaftliche Voraussetzungen sowie
- eine Verhältnismäßigkeitsprüfung.

(1) Persönliche Bewilligungsvoraussetzungen

Art. 211 Abs. 3 Buchst. a UZK verlangt zunächst die **Ansässigkeit** des Antragstellers im Zollgebiet der Union (Art. 5 Nr. 31 UZK). D7155

Abweichend davon können die Zollbehörden in Einzelfällen, sofern sie dies für gerechtfertigt halten, Personen, die **nicht im Zollgebiet der Union ansässig** sind, eine Bewilligung der passiven Veredelung erteilen (Art. 161 UZK-DelVO).

Art. 211 Abs. 3 Buchst. b UZK verlangt weiter, dass der Antragsteller die **erforderliche Gewähr** für die ordnungsgemäße Durchführung der Vorgänge bietet. Bei Antragstellern, die bereits AEO C oder F sind, ist davon auszugehen, dass die Voraussetzung erfüllt ist, soweit im Rahmen der AEO-Bewilligung der Tätigkeit, die die passive Veredelung betrifft, Rechnung getragen wurde. D7156

In Deutschland wird die erforderliche Gewähr grundsätzlich mit dem Maßstab der Kriterien gem. Art. 39 Buchst. a), b) und d) UZK unter Auswertung der vorgelegten Teile des Fragebogens zollrechtliche Bewilligungen beurteilt (DV VSF Z 0514 (3431)).

(2) Zolltechnische Voraussetzungen

(a) Nämlichkeit – Äquivalenz

D7157 Art. 240 Abs. 1 Buchst. a UZK-DelVO verlangt, dass festgestellt werden kann, dass die Waren, mit Ausnahme der Produktionshilfsmittel, in den Veredelungserzeugnissen enthalten sind. Identität ist erforderlich, die **Nämlichkeit** muss gesichert werden können (Art. 192 UZK).

D7158 Ist der **Einsatz von Ersatzwaren** gem. Art. 223 UZK erlaubt, muss nachgeprüft werden können, ob diese die Äquivalenzvoraussetzungen erfüllen (Art. 240 Abs. 1 Buchst. b UZK-DelVO).

(b) Besonderheiten bei Reparatur

D7159 Wird die passive Veredelung für Reparaturzwecke beantragt, verlangt Art. 243 UZK-DelVO, dass die Waren **zur Reparatur geeignet** sind.

D7160 Zudem darf es **nicht** zu einer **Verbesserung der Leistungsfähigkeit** der Waren kommen.

(c) Sicherheitsleistung

D7161 Der Antragsteller hat regelmäßig **keine Sicherheit** zu leisten, da die Waren grundsätzlich Unionswaren sind und damit keine Zollschulden beim Export entstehen (s. Art. 211 Abs. 3 Buchst. c UZK).

Ausnahmen können sich jedoch im Spezialfall des Art. 258 UZK ergeben.

(d) Aufzeichnungen

D7162 Schließlich muss der Antragsteller Aufzeichnungen gem. Art. 214 UZK i.V.m. Art. 178 UZK-DelVO führen, die ein Überwachen der Vorgänge ermöglichen. Sie sind von den Zollbehörden vorab zu genehmigen.

Dabei wird gem. Art. 214 Abs. 2 UZK davon ausgegangen, dass ein AEO C oder F diese Voraussetzung erfüllt.

(3) Wirtschaftliche Voraussetzungen

D7163 Die passive Veredelung darf keine **Schutzinteressen der Unionshersteller** beeinträchtigen (Art. 211 Abs. 4 Buchst. b UZK). Gem. Art. 166 Abs. 4 UZK-DelVO gilt diese Voraussetzung nur für Waren des Anh. 71-02 UZK-DelVO, wenn konkrete Nachweise vorliegen und die Waren nicht nur ausgebessert werden.

(4) Verhältnismäßigkeit

D7164 Schließlich darf gem. Art. 211 Abs. 4 Buchst. a UZK der **Verwaltungsaufwand** bezüglich der Überwachung und zollamtlichen Prüfung der passiven Veredelung nicht außer Verhältnis zu dem **wirtschaftlichen Bedürfnis** des Antragstellers stehen. Dies ist beispielsweise der Fall, wenn die Waren tariflich frei von Einfuhrabgaben zum zollrechtlich freien Verkehr überlassen werden können.

Soweit sich aus Präferenzregelungen ein Zollsatz frei ergibt, reicht das nicht aus, da bei Bewilligungserteilung unklar ist, ob die Voraussetzungen im Einzelfall vorliegen. D7165

cc) Erteilen der Bewilligung

Die Frist für die Entscheidung über die Bewilligung beträgt grundsätzlich nur 30 Tage, Art. 171 Abs. 1 UAbs. 1 UZK-DelVO. Die Verlängerungsfrist von 30 Tagen kommt ggfs. hinzu, (Art. 22 Abs. 3 UAbs. 2 UZK). Das ist extrem knapp, zumal wenn der Antragsteller vollständige Unterlagen vorlegt und die Bearbeitungsfrist mit Eingang des Antrags beginnt (Art. 12 Abs. 1 UZK-DVO). D7166

(1) Formen, Wirksamkeit und Geltungsdauer

Soweit die Bewilligung noch nicht elektronisch erteilt wird, kann sie schriftlich mit einem **Muster nach Anh. 12 UZK-ÜDelVO** erteilt werden. Dabei ist auch das Zusatzblatt für die passive Veredelung zu verwenden. D7167

Wurde ein Bewilligungsantrag auf **Grundlage einer Zollanmeldung** gem. Art. 163 Abs. 1 Buchst. d UZK-DelVO gestellt, wird die Bewilligung durch **Überlassung der Waren zur passiven Veredelung** erteilt (Art. 262 UZK-DVO). Bei Anträgen gem. Art. 163 Abs. 1 Buchst. 7 UZK-DelVO ist folglich die Überlassung zum zollrechtlich freien Verkehr entscheidend. D7168

Die Bewilligung wird mit dem Tag ihrer **Zustellung** wirksam (Art. 22 Abs. 4 UZK), sofern in der Bewilligung nichts anderes bestimmt ist. D7169

Ihre **Geltungsdauer** wird auf längstens fünf Jahre ab dem Zeitpunkt ihres Wirksamwerdens befristet (Art. 173 Abs. 1 UZK-DelVO). Für Waren des Anh. 71-02 UZK-DelVO sind nicht mehr als drei Jahre Geltungsdauer vorgesehen, Art. 173 Abs. 2 UZK-DelVO. D7170

Die Befristung ist insofern überraschend, da auch die passive Veredelung der permanenten Überwachung durch die Zollbehörden gem. Art. 23 Abs. 4 UZK unterliegt und es einer regelmäßigen Neubewertung nicht bedurft hätte.

(Einstweilen frei) D7171

(2) Rückwirkende Bewilligung

Art. 211 Abs. 2 UZK erlaubt auch bei der passiven Veredelung die rückwirkende Bewilligung, vgl. Rdnr. D 7072. D7172

dd) Inhalt der Bewilligung

Der Inhalt der Bewilligung umfasst alle für das Verfahren maßgeblichen Punkte wie die Waren, die in das Verfahren übergeführt werden dürfen, die zulässigen Veredelungserzeugnisse, die Einzelheiten der Veredelungsvorgänge, die Zollstellen für die Überführung der Waren in das Verfahren, die Erledigung und die Überwachung des Verfahrens, die Nämlichkeitsmittel oder die Kriterien für die Äquivalenz, die Frist für die Erledigung des Verfahrens. D7173

b) Durchführung der passiven Veredelung

aa) Überführung in die passive Veredelung

D7174 Zur Durchführung des Verfahrens müssen die zur Veredelung außerhalb des Zollgebiets der Union bestimmten Waren in das Verfahren der passiven Veredelung übergeführt werden.

D7175 Dazu ist grds. eine **Zollanmeldung** zur passiven Veredelung bei der in der Bewilligung bestimmten **Zollstelle der Überführung in das Verfahren** (Art. 1 Nr. 17 UZK-DelVO) abzugeben. Dies ist in allen Fällen die zuständige Ausfuhrzollstelle nach Art. 1 Nr. 16 UZK-DelVO.

D7176 Die Zollanmeldung ist hinsichtlich des anzumeldenden Verfahrens mit **„2100" (= Überführung in die passive Veredelung)** und nicht mit „1000" (= Überführung in das Ausfuhrverfahren) zu codieren. Die Zollstelle prüft die Zulässigkeit der Ausfuhr. Sie sichert die Nämlichkeit der Waren bzw. wendet unterstützende Maßnahmen an, um die Äquivalenz der Waren nachweisen zu können.

D7177 Für die Einfuhr der Veredelungserzeugnisse (Art. 5 Nr. 37 UZK) setzt die Zollstelle eine **Frist für die Erledigung** des Verfahrens (Art. 259 Abs. 3 UZK).

D7178 Die Waren haben noch bis zur tatsächlichen Ausfuhr aus dem Zollgebiet der Union den zollrechtlichen **Status von Unionswaren.**

D7179 Eine zusätzliche Behandlung der Waren durch eine **Ausgangszollstelle** hinsichtlich der passiven Veredelung ist nicht erforderlich. Die Ausgangszollstelle bestätigt lediglich den körperlichen Ausgang der Waren aus dem Zollgebiet der Union.

D7180–D7182 *(Einstweilen frei)*

bb) Veredelung im Drittland

D7183 Die Veredelungsvorgänge an den in die passive Veredelung übergeführten Waren finden außerhalb des Zollgebiets der Union statt. Es dürfen die in der Bewilligung vorgesehenen Arbeiten ausgeführt werden.

D7184 Nur die in zugelassener Weise veredelten Waren können bei Wiedereinfuhr als Veredelungserzeugnisse angesehen werden und nur diese Waren können in den Genuss der Zollvergünstigung (Art. 259 Abs. 1 UZK) kommen.

cc) Überlassung der Veredelungserzeugnisse zum zollrechtlich freien Verkehr

(1) Zollrechtlich freier Verkehr

D7185 Für die Veredelungserzeugnisse kommt nur die Überlassung zum zollrechtlich freien Verkehr in Betracht, sofern eine Abgabenbegünstigung im Rahmen der passiven Veredlung in Anspruch genommen werden soll (Art. 259 Abs. 1 ZK). Andere Zollverfahren sind für die Veredelungserzeugnisse zwar ebenfalls möglich, allerdings ohne Abgabenbegünstigung aus der passiven Veredelung.

(2) Berechtigter

Die Zollanmeldung ist dabei grundsätzlich vom **Inhaber der Bewilligung** abzugeben (Art. 259 Abs. 1 UZK). D7186

Mit dessen Zustimmung kann sie auch **von jeder anderen** im Zollgebiet der Union ansässigen **Person** abgegeben werden.

Durch die Angabe des entsprechenden Verfahrenscodes (6121) in der Zollanmeldung wird aufgezeigt, dass eine Abgabenbegünstigung nach passiver Veredelung begehrt wird. Auf die Bewilligung der passiven Veredelung ist zudem hinzuweisen. D7187

(3) Ordnungsgemäße Abwicklung

(a) Grundsatz

Die Gewährung der Zollvergünstigung setzt jedoch unabhängig von der Form der Zollanmeldung voraus, dass sämtliche dafür erforderlichen Voraussetzungen erfüllt sind. Es handelt sich um folgende Voraussetzungen: D7188

- Vorhandensein einer Bewilligung der passiven Veredelung
- Überführung in die passive Veredelung bei der in der Bewilligung festgelegten Zollstelle der Überführung in das Verfahren;
- Veredelung in zugelassener Weise entsprechend der Bewilligung
- Einhaltung der Frist für die Erledigung des Verfahrens
- Beachtung der zur Nämlichkeitssicherung oder dem Nachweis der Äquivalenz getroffenen Maßnahmen
- Zollanmeldung zur Überlassung zum zollrechtlich freien Verkehr nach passiver Veredelung
  - durch den Inhaber der Bewilligung oder mit dessen Einverständnis durch jede andere im Zollgebiet der Union ansässige Person
  - bei der in der Bewilligung bestimmten Zollstelle der Erledigung des Verfahrens.

(b) Folge von Verstößen

Bei Fehlen einer Voraussetzung kann grds. die Zollvergünstigung nicht gewährt werden. D7189

Bis zum 30.4.2016 erlaubte Art. 150 Abs. 2 ZK gleichwohl die Vorteile der passiven Veredelung zu gewähren, wenn festgestellt werden konnte, dass die Verstöße ohne wirkliche Folgen für das reibungslose Funktionieren des Verfahrens geblieben sind. Derartiges sieht der Unionszollkodex überraschenderweise nicht mehr vor.

Zur Regelung solcher Fälle bieten sich folgende Lösungen an: D7190

Rückwirkende Bewilligungen der Vorgänge durch Änderung der bestehenden Bewilligung zur passiven Veredelung (Art. 221 Abs. 2 UZK).

Vorherige **Verlängerung der Erledigungsfrist** ggf. nur im Einzelfall gem. Art. 259 Abs. 3 UZK.

Änderung der Zollanmeldung gem. Art. 173 Abs. 3 UZK und Erstattung der entstandenen Zollschuld nach Art. 116 Abs. 1 UAbs. 2 UZK.

D7191 Denkbar wäre auch die **analoge Anwendung des Art. 86 Abs. 6 UZK** mittel Erst-Recht-Schlusses. Wenn schon beim pflichtwidrigen Verhalten und Zollschulden nach Art. 79 UZK bis hin zur Grenze des Täuschungsversuchs Art. 86 Abs. 6 UZK Anwendung findet, muss diese Norm erst recht bei Zollschulden gem. Art. 77 UZK gelten, wenn das pflichtwidrige Verhalten zwar nicht zu einer Zollschuld nach Art. 79 führt, sondern nur nach Art. 77 UZK und damit den Weg zu Art. 86 Abs. 6 UZK dem Wortlaut nach aushebelt.

c) Einfuhrabgaben

D7192 Die Zollschuld entsteht mit der Überlassung zum zollrechtlich freien Verkehr (Art. 77 Abs. 1 Buchst. a UZK).

D7193 Die **Bemessung** der Zollschuld erfolgt gem. Art. 85 UZK im Zeitpunkt der Annahme der Zollanmeldung der Veredelungserzeugnisse zum zollrechtlich freien Verkehr, Art. 77 Abs. 2 UZK.

D7194 Die Überlassung zum zollrechtlich freien Verkehr führt zu einer **Abgabenbegünstigung**. Im Regelfall ergibt sich eine Zollermäßigung. Dabei kommt die **Mehrwertverzollung** nach Art. 86 Abs. 5 UZK zur Anwendung.

aa) Mehrwertverzollung

D7195 Art. 86 Abs. 5 UZK schreibt, dass die Einfuhrabgaben auf Grundlage der Kosten für den außerhalb des Zollgebiets der Union vorgenommenen Veredelungsvorgang zu bemessen sind.

Einzelheiten dazu sieht Art. 75 UZK-DelVO allein für besondere Einfuhrabgaben vor, etwa bei Gewichtszöllen.

(1) Berechnung

D7196 In Anlehnung an die Vorgängerregelung des Art. 591 UAbs. 3 DVO sind **Grundlage für die Mehrwertverzollung die Veredelungskosten**, die regelmäßig aus dem Veredelungslohn und den vom Veredeler zugekauften Zutaten bestehen.

D7197 Auf diesen Betrag finden die **Art. 70 – 74 UZK** Anwendung, allerdings **ohne Berücksichtigung der zur passiven Veredelung übergeführten Waren**. Anders ausgedrückt müssen

- etwaige im Veredelungsentgelt enthaltene Kosten für die in die passive Veredelung übergeführten Unionswaren herausgerechnet,
- alle Zuschläge nach Art. 71 UZK außer dem Zuschlag für die im Rahmen der passiven Veredelung vorgelieferten Unionswaren nach Art. 71 Abs. 1 Buchst. b, i UZK vorgenommen und
- alle Abzüge nach Art. 72 UZK in Ansatz gebracht werden.

(2) Kostenlos ausgebesserte Waren

Der UZK sieht in Art. 260 UZK nur noch Besonderheiten bei kostenloser Ausbesserung vor. Bei **entgeltlicher Ausbesserung** gibt es keine Sonderregelungen mehr. D7198

Werden die Ausbesserungsarbeiten aufgrund einer vertraglichen oder gesetzlichen Garantiepflicht oder wegen eines Fabrikationsfehlers **kostenlos** durchgeführt und dies z. B. mittels eines Garantiescheins oder durch Vertragsunterlagen nachgewiesen, so ist bei der Überlassung zum zollrechtlich freien Verkehr kein Zoll zu erheben (Art. 260 Abs. 1 UZK). D7199

Wurde der **Sachmangel** jedoch bei der ersten Überlassung zum zollrechtlich freien Verkehr **bereits wertmindernd berücksichtigt** (s. dazu Art. 132 UZK-DVO), kommt für die Überlassung zum zollrechtlich freien Verkehr nach Ausbesserung keine Zollfreiheit mehr in Betracht (Art. 260 Abs. 2 UZK). D7200

In diesen Fällen findet die Mehrwertmethode ganz normal Anwendung.

bb) Bemessungsgrundlage für die Einfuhrumsatzsteuer

Für die Veredelungserzeugnisse **entsteht** die Einfuhrumsatzsteuerschuld gem. Art. 77 Abs. 1 Buchst. a UZK i. V. m. § 21 Abs. 2 UStG in sinngemäßer Anwendung der Zollvorschriften durch deren Überlassung zum steuerrechtlich freien Verkehr im Zeitpunkt der Annahme der Zollanmeldung (Art. 77 Abs. 2 UZK i. V. m. § 21 Abs. 2 UStG). D7201

Die **Bemessungsgrundlagen** für die Einfuhr sind im Zeitpunkt der Entstehung der Zollschuld zu ermitteln (Art. 85 Abs. 1 UZK i. V. m. § 21 Abs. 2 UStG). Von der sinngemäßen Anwendung der Zollvorschriften in § 21 Abs. 2 UStG sind die Vorschriften über die passive Veredelung, also insbesondere die Art. 259 ff. UZK, ausgeschlossen. Dies ist jedoch nicht nachteilig, da ein dem Zollrecht wirtschaftlich entsprechendes Ergebnis im Umsatzsteuerrecht über die Ermittlung des Einfuhrumsatzsteuerwertes nach § 11 UStG erzielt wird. D7202

§ 11 UStG sieht bei erfolgter Veredelung unabhängig davon, ob zollrechtlich eine Bewilligung vorliegt, eine Besonderheit für den Einfuhrumsatzsteuerwert vor. Es ist anders als üblich nicht nach § 11 Abs. 1 UStG vom Zollwert auszugehen, sondern nach **§ 11 Abs. 2 UStG** nach dem für die Veredelung zu zahlenden **Entgelt**. Wird ein solches Entgelt nicht gezahlt, ist die durch die Veredelung eingetretene Wertsteigerung die Grundlage. D7203

Veredelungsentgelt gem. § 11 Abs. 2 UStG ist der Veredelungslohn zuzüglich des Wertes von Zutaten sowie der Kosten der Umschließungen und des Verpackens. Die Kosten der Umschließungen gehören jedoch nicht zum Veredelungsentgelt, wenn die Umschließungen vom Ausführer zur Verfügung gestellt worden sind (DVSF Z 81 01 Abs. 43). D7204

Dem Veredelungsentgelt/der Wertsteigerung sind die **Beträge aus § 11 Abs. 3 UStG hinzuzurechnen**. Hierbei ist insbesondere darauf zu achten, dass stets die gesamten Beförderungskosten bis zum ersten Bestimmungsort in der EU einzubeziehen sind, sofern sie noch nicht im Veredelungsentgelt enthalten sind. Da hier kein Zollwert zugrunde D7205 gelegt wird, wäre es nicht ausreichend, nur die Beförderungskosten ab dem Ort des Verbringens in das Zollgebiet der Union hinzuzurechnen.

D7206 Für die **kostenlose Ausbesserung** wird mangels Wertsteigerung keine Einfuhrumsatzsteuer erhoben (DVSF Z 81 01 Abs. 45).

D7207–D7209 *(Einstweilen frei)*

4. Standardaustausch

D7210 Die passive Veredelung ging früher grundsätzlich vom **Nämlichkeitsprinzip** und nur ausnahmsweise vom Äquivalenzprinzip bei Vorliegen bestimmter Voraussetzungen aus.

D7211 Als abweichender **Sonderfall** war immer schon das Verfahren des Standardaustauschs vorgesehen. Dieses Verfahren wird in den Art. 261 UZK geregelt. Danach ist es möglich, dass an die Stelle eines Veredelungserzeugnisses ein **Ersatzerzeugnis** tritt.

Anders als bei den Ersatzwaren nach Art. 223 UZK, die anstelle der Vorprodukte veredelt werden, wird beim Standardaustausch das Veredelungserzeugnis ersetzt.

D7212 Das Verfahren des Standardaustauschs wird von den Zollstellen nur bewilligt, wenn es sich bei den Veredelungsvorgängen um eine **Ausbesserung von Unionswaren** handelt (Art. 261 Abs. 2 UZK).

BEISPIEL:

Ein defekter Motor wird zur Ausbesserung ausgeführt. Zurück kommt ein anderer, ebenfalls gebrauchter Motor.

Der ausgetauschte Motor ist das Ersatzerzeugnis. Er nimmt die Stelle des ausgeführten Motors ein, und zwar in dem Zustand, in dem dieser sich befunden hätte, wenn an ihm die Ausbesserung vorgenommen worden wäre.

D7213 Wurden die schadhaften Waren vor der Ausfuhr gebraucht, dürfen Ersatzerzeugnisse keine Neuwaren sein. Art. 261 Abs. 4 UAbs. 1 UZK.

D7214 Wenn es sich jedoch um eine **kostenlose Ersatzlieferung** aufgrund einer **Garantiepflicht** oder eines Fabrikationsfehlers handelt, dürfen als Ersatzwaren ausnahmsweise auch Neuwaren eingeführt werden (Art. 261 Abs. 2 UAbs. 2 UZK).

VARIANTE ZUM VORIGEM BEISPIEL:

Der ausländische Veredeler liefert im Rahmen seiner Gewährleistungspflicht einen neuen Motor des gleichen Typs.

D7215 Sofern zuerst das Ersatzerzeugnis also schon vor der Ausfuhr der Ware der vorübergehenden Ausfuhr eingeführt wird, handelt es sich um einen **Standardaustausch mit vorzeitiger Einfuhr**, Art. 261 Abs. 5 i. V. m. Art. 262 Abs. 2 UZK.

BEISPIEL:

Der Motor einer Maschine soll in Japan gewartet werden. Damit die Maschine auch während der Wartungsphase genutzt werden kann, wird zuerst ein äquivalenter Ersatzmotor eingeführt und der zu wartende Motor erst anschließend ausgeführt und gewartet.

Da beim Standardaustausch mit vorzeitiger Einfuhr sichergestellt werden muss, dass D7216
die auszubessernde Ware ausgeführt wird, wird nach Art. 262 Abs. 2 UZK eine zweimonatige Frist für die Ausfuhr der schadhaften Waren gesetzt und das Verfahren zudem von der Leistung einer Sicherheit in Höhe des Betrages der Einfuhrabgaben nach Art. 262 Abs. 1 UAbs. 2 UZK abhängig gemacht.

5. Kontrollfragen

		Rdnr.	
1.	Wo finden bei der Veredelung die Veredelungsvorgänge statt?	D7000 f.	☐
2.	Beschreiben Sie die aktive Veredelung.	D7002 ff.	☐
3.	Wie ist die Zerstörung einzuordnen?	D7008	☐
4.	Beschreiben Sie die passive Veredelung.	D7013 ff.	☐
5.	Was sind Veredelungsvorgänge?	D7017 ff.	☐
6.	Was sind Veredelungserzeugnisse?	D7032 ff.	☐
7.	Was sind Ersatzwaren?	D7037 ff.	☐
8.	Stellen Sie den Ablauf bei der Bewilligungsbeantragung dar.	D7046 ff.	☐
9.	Benennen Sie die persönlichen Bewilligungsvoraussetzungen.	D7056 ff.	☐
10.	Was beinhaltet die zolltechnische Durchführbarkeit?	D7060 ff.	☐
11.	Welche weiteren Voraussetzungen sind zu beachten?	D7065 f.	☐
12.	Stellen Sie die Erteilung und das Wirksamwerden einer Bewilligung dar.	D7067 ff.	☐
13.	Erläutern Sie die rückwirkende Bewilligung.	D7072 ff.	☐
14.	Stellen Sie die wichtigsten Bewilligungsinhalte dar.	D7079 ff.	☐
15.	Aus welchen Normen ergeben sich Überwachung, Neubewertung usw.?	D7102	☐
16.	Beschreiben Sie die Durchführung der aktiven Veredelung.	D7106 ff.	☐
17.	Wie wird die aktive Veredelung erledigt?	D7123 ff.	☐
18.	Stellen Sie die Globalisierung der Fristen dar.	D7095 ff.	☐
19.	Wie funktioniert die Überlassung zum zollrechtlich freien Verkehr nach Art. 325 UZK-DVO?	D7120 ff.	☐
20.	Was ist bei der Abrechnung der aktiven Veredelung zu beachten?	D7125 ff.	☐
21.	Wie sind Zollschulden bei der aktiven Veredelung zu bemessen?	D7137 f.	☐
22.	Stellen Sie das Antragsverfahren für die Bewilligung der passiven Veredelung dar.	D7147 ff.	☐
23.	Welche Besonderheiten ergeben sich beim Antrag mittels Zollanmeldung?	D7152 f	☐
24.	Was sind die Bewilligungsvoraussetzungen?	D7154 ff.	☐
25.	Was ist bei Reparaturen zu beachten?	D7159 f.	☐

26.	Wie wird die Bewilligung erteilt?	D7167 ff.	☐
27.	Wie geschieht die Überführung in die passive Veredelung?	D7174 ff.	☐
28.	Was ist bei der Veredelung im Drittland zu beachten?	D7183 f.	☐
29.	Was ist bei der Überlassung zum freien Verkehr zu beachten?	D7185 ff.	☐
30.	Welche Folgen hat eine nicht ordnungsgemäße Abwicklung der passiven Veredelung	D7189 f.	☐
31.	Wie berechnet man die Einfuhrabgaben?	D7192 ff.	☐
32.	Wie sehen die Regelungen bei Ausbesserungsfällen vor?	D7198 ff.	☐
33.	Stellen Sie die Bemessungsgrundlagen bei der Einfuhrumsatzsteuer dar.	D7201 ff.	☐
34.	Erläutern Sie den Standardaustausch.	D7210 ff.	☐

VIII. Ausfuhr

Schrifttum:

Harksen, Die neuen Nachweispflichten in der Umsatzsteuer, AW-Prax Service Guide, 2013, 42 ff.; *Böhne,* Ausfuhr von Waren nach dem UZK, AW-Prax 2014, 343 ff.; *Lux,* Einführung in den Zollkodex der Union (UZK) – Teil IV, ZfZ 2014, 314 ff.; *Pohl,* Der Ausführerbegriff nach dem Unionszollkodex, AW-Prax 2016, 117 ff.; *Kurt/Sieben,* Neues zum (zugelassenen) Ausführer - oder die dunkle Seite des UZK, AW-Prax 2017, 127 ff.; *Rüttler/Gries/Stößel,* Der Ausführerbegriff im Zoll- und Mehrwertsteuerrecht - Praxisprobleme durch die Neuregelung des Unionszollkodex, DStR 2017, 2193 ff.; *Harksen/Sieben,* Die Ausfuhr aus dem Blickwinkel des Zoll- und Umsatzsteuerrechts, UStB 2017, 117 ff., 155 ff.; *Waldhecker/Eßer,* Neues zum Ausführerbegriff, Der Zollprofi! 2019/12, 2 ff., 2020/1, 2 ff.; *Werder/Krickow,* Ausführerbegriff im Außenwirtschaftsrecht und Zollrecht, AW-Prax 2020, 67 ff.; *Voss/Gerharz,* Neues zum außenwirtschaftsrechtlichen Ausführer?, AW-Prax 2020, 72 ff., 114 ff.; *Pohl,* Neufassung der zollrechtlichen Ausführerbestimmung im europäischen Kontext, AW-Prax Service-Guide, 2020, 25 ff.

1. Anwendungsbereich

D8000 Das Ausfuhrverfahren gehört gem. Art. 5 Nr. 16 Buchst. c UZK zu den Zollverfahren. Insofern gelten die allgemeinen Verfahrensgrundsätze des Unionszollkodexes und der Durchführungsvorschriften (z. B. Titel I „Allgemeine Vorschriften" Art. 1 – 55 UZK, Titel V „Allgemeine Vorschriften über den zollrechtlichen Status, die Überführung von Waren in ein Zollverfahren sowie die Überprüfung, Überlassung und Verwertung von Waren Art. 153 – 200 UZK) auch für die Ausfuhr, sofern hier keine Sonderregelungen bestehen. Das Verbringen aus dem Zollgebiet der EU ist im UZK in Titel VIII – Art. 263 – 277 geregelt. Ergänzende Vorschriften finden sich in den Art. 244 – 249 UZK-DelVO sowie Art. 326 – 344 UZK-DVO.

D8001 Das Verfahren hat das Ziel, den Warenverkehr beim Verlassen der Union zu überwachen, insbes. im Hinblick auf die Entrichtung evtl. Ausfuhrabgaben und die Einhaltung von Ausfuhrbeschränkungen (Art. 267 Abs. 3 UZK). Insofern gilt der in Art. 158 Abs. 3 und Art. 267 Abs. 1 UZK niedergelegte Grundsatz, dass Waren, die aus dem EU-Zollgebiet verbracht werden, der zollamtlichen Überwachung unterliegen.

Das zollrechtliche Ausfuhrverfahren richtet sich somit nach den Vorschriften des UZK. Daneben lässt der UZK das nationale Außenwirtschaftsrecht bezüglich der Ausfuhrbeschränkungen und der Verpflichtung zur Beantragung und Vorlage von Ausfuhrgenehmigungen unberührt (§§ 21 ff. AWV). Bei **ausfuhrrelevanten Tatbeständen** sind mithin verschiedene Rechtskreise zu trennen: D8002

- Ausfuhrbeschränkungen richten sich nach dem materiellen Außenwirtschaftsrecht, das nur noch teilweise national geregelt wird. Zu beachten sind vor allem die EU-rechtlichen Embargobestimmungen und Beschränkungen bei Gütern mit doppeltem Verwendungszweck (Dual Use-Güter; Verordnung (EG) Nr. 428/2009); an diese Stelle tritt mit Wirkung vom 9.9.2021 die Verordnung (EU) 2021/821; Bezugnahmen auf einzelne Normen beziehen sich im Folgenden auf die bis zum Redaktionsschluss noch anwendbare Vorgängerfassung.
- Das Genehmigungsverfahren bei genehmigungspflichtigen Warenausfuhren bestimmt sich grundsätzlich nach dem nationalen Außenwirtschaftsrecht (s. dazu §§ 21 – 26 AWV). Es wird allerdings durch einige Vorgaben des EU-Rechts, die sich aus der Dual Use-VO ergeben, überlagert.
- Der Vorgang des Verbringens der Waren aus dem EU-Zollgebiet (Ausfuhrverfahren) ist EU-rechtlich geregelt und unterliegt den Vorgaben des UZK.

Unionswaren (Art. 5 Nr. 23 UZK), die das Zollgebiet der EU verlassen, sind grds. in das Verfahren der Ausfuhr zu überführen (Art. 269 Abs. 1 UZK). Zu diesem Zweck ist eine Ausfuhranmeldung abzugeben (Art. 269 Abs. 1 i. V. m. Art. 158 Abs. 1 UZK). Für Nicht-Unionswaren (Art. 5 Nr. 24 UZK) ist eine Wiederausfuhranmeldung (Art. 5 Nr. 13 UZK) abzugeben (Art. 270 UZK). Die Wiederausfuhr ist kein Zollverfahren (vgl. Art. 5 Nr. 16 UZK). Dies liegt darin begründet, dass der Gesetzgeber vermeiden möchte, dass sich eine Ware zeitgleich in zwei verschiedenen Verfahren befinden kann. Werden Nicht-Unionswaren beispielsweise nach aktiver Veredelung wiederausgeführt, muss die Beförderung zur Ausgangszollstelle entweder im externen Versandverfahren (Art. 226 Abs. 3 Buchst. a UZK) oder dem Verfahren der aktiven Veredelung (Art. 219 UZK) durchgeführt werden. Zusätzlich ist die Wiederausfuhranmeldung abzugeben, sodass zwei Verfahren gleichzeitig laufen würden. Bei der Wiederausfuhr handelt es sich aber gerade nicht um ein Zollverfahren, sondern vielmehr um einen Realakt. Die grundsätzlichen Regeln für die Überführung von Waren in ein Zollverfahren sowie die Überprüfung und Überlassung finden aber auch bei der Wiederausfuhr Anwendung (Art. 270 Abs. 2 UZK). D8003

Die Zollanmeldung ist grundsätzlich mit Mitteln der elektronischen Datenverarbeitung abzugeben (Art. 6 Abs. 1 UZK). In bestimmten Fällen darf von der elektronischen Anmeldepflicht abgewichen werden, z. B. zugunsten der **mündlichen** oder **konkludenten Anmeldung** (Art. 158 Abs. 2 UZK). Art. 6 Abs. 3 Buchst. a i. V. m. Art. 7 Buchst. b UZK sieht die Möglichkeit vor, weitere dauerhafte Ausnahmen vom elektronischen Datenaustausch über delegierte Rechtsakte festzulegen. Für die Ausfuhr wurde davon in den Art. 246, 247 und 249 UZK-DelVO Gebrauch gemacht. Gem. Art. 246 UZK-DelVO können bei der Gestellung von Waren bei der Ausgangszollstelle für die Ermittlung der Ausfuhranmeldung und die Mitteilung über Abweichungen zwischen angemeldeten und gestellten Waren **andere als elektronische Datenverarbeitungssysteme** verwendet werden. Auch die Bestätigung des Ausgangs der Waren an die Ausfuhrzollstelle könnte mit D8004 anderen als elektronischen Mitteln erfolgen. Schließlich sieht Art. 249 UZK-DelVO vor, dass eine rückwirkende Ausfuhr- oder Wiederausfuhranmeldung nicht auf elektronischem Wege abgegeben werden muss.

D8005 Vorübergehend darf von der elektronischen Anmeldung abgesehen werden, wenn die **Computersysteme** der Zollbehörden oder des Wirtschaftsbeteiligten **ausfallen** (Art. 6 Abs. 3 Buchst. b UZK).

D8006 In bestimmten Fällen, in denen die Pflicht zur Abgabe einer Ausfuhranmeldung oder Wiederausfuhranmeldung nicht greift, kann die Abgabe einer summarischen Ausgangsanmeldung (Art. 271 UZK) oder einer Wiederausfuhrmitteilung (Art. 274 UZK) erforderlich sein.

2. Prüfungsumfang

D8007 Gem. Art. 267 Abs. 1 UZK unterliegen Waren, die aus dem Zollgebiet verbracht werden, der zollamtlichen Überwachung und können Zollkontrollen unterzogen werden. Die Zollbehörden können sogar den Weg bestimmen, über den die Waren aus dem Zollgebiet zu verbringen sind und hierfür einzuhaltende Fristen bestimmen (Art. 267 Abs. 1 UZK).

D8008 Das Ausfuhrverfahren dient dazu, die Einhaltung aller ausfuhrbezogenen Vorschriften sicherzustellen. Art. 267 Abs. 3 UZK stellt klar, dass Waren, die aus dem Zollgebiet verbracht werden, ggf. Folgendem unterliegen:

a) der Erstattung/ dem Erlass von Einfuhrabgaben,

b) der Zahlung von Ausfuhrerstattung,

c) der Erhebung von Ausfuhrabgaben,

d) aufgrund sonstiger Abgaben vorgeschriebenen Formalitäten,

e) der Anwendung von Verboten und Beschränkungen.

D8009 Die Erhebung von Ausfuhrabgaben ist wegen des großen Exportinteresses der EU selten; sie kam bisher nur im subventionierten Agrarsektor zum Tragen.

D8010 In Art. 267 Abs. 3 Buchst. e UZK werden nicht abschließende Gründe für Verbote und Beschränkungen aufgezählt, u. a. auch handelspolitische Maßnahmen. Bei den **handelspolitischen Maßnahmen** handelt es sich um die nichttarifären Maßnahmen, die im Rahmen der gemeinsamen Handelspolitik durch Unionsvorschriften über den internationalen Handel festgelegt sind (vgl. Legaldefinition in Art. 5 Nr. 36 UZK). Zu ihnen zählen nicht nur die **wirtschaftspolitisch** motivierten Ausfuhrverbote oder -beschränkungen, sondern auch **außen- und sicherheitspolitisch** veranlasste Embargovorschriften. Allerdings ist Voraussetzung, dass die Maßnahmen auf **Unionsrecht** beruhen; dann ist die Anwendung des Ausfuhrverfahrens unproblematisch (z. B. Art. 3, 4 Dual Use-VO). Die Ausfuhrbeschränkungen, die nur auf **nationalen Vorgaben** (in Deutschland z. B. § 8 AWV – Rüstungsgüter, § 9 AWV – kerntechnische Verwendung von Dual Use-Gütern in sensitiven Ländern) beruhen, fallen vom Wortlaut nicht unter den Begriff der handelspolitischen Maßnahmen. Die Aufzählung der Gründe für Verbote und Beschränkungen in Art. 267 Abs. 3 Buchst. e UZK besitzt allerdings auch keinen abschließenden Charakter. Im deutschen Recht bieten außerdem § 27 Abs. 5 AWG über die **Zuständigkeitszuweisung** an die Zollbehörden und § 1 Abs. 3 ZollVG, wonach die zollamtliche Überwachung die Einhaltung aller **Verbote und Beschränkungen** (VuB) sichert, die Möglichkeit, die nationalen Ausfuhrkontrollregelungen im unionsrechtlich geregelten zollrechtlichen Ausfuhrverfahren zu überwachen.

Eine weitere Verpflichtung besteht darin, die Waren in demselben Zustand aus dem Zollgebiet zu verbringen, in dem sie sich bei der Annahme der Ausfuhranmeldung/Wiederausfuhranmeldung bzw. der Abgabe der summarischen Ausgangsanmeldung befanden (Art. 267 Abs. 4 UZK). D8011

Zum Zwecke der Prüfung der o. g. Pflichten, können die Zollbehörden nach Unionsrecht alle **Zollkontrollen** durchführen, die ihres Erachtens erforderlich sind. Dazu gehören insbesondere die **Beschau** der Waren, die Entnahme von **Proben und Mustern**, die Überprüfung der Richtigkeit und Vollständigkeit der in einer Anmeldung oder Mitteilung gemachten **Angaben**, die Kontrolle des **Vorhandenseins**, der **Echtheit, Richtigkeit und Gültigkeit von Unterlagen** (z. B. Ausfuhrgenehmigungen), die **Prüfung der Buchführung** der Wirtschaftsbeteiligten und der sonstigen Aufzeichnungen, die **Kontrolle der Beförderungsmittel** sowie die Durchführung von **behördlichen Nachforschungen** (Art. 46 Abs. 1 UZK). Die Kontrollen sollen zwar auch im Rahmen von Stichproben durchgeführt werden, um eine gewisse Unberechenbarkeit zu gewährleisten, in erster Linie sollen die Kontrollen allerdings auf der Basis einer **Risikoanalyse** mit Mitteln der elektronischen Datenverarbeitung erfolgen (Art. 46 Abs. 2 UZK). Art. 188 UZK spezifiziert die Prüfungsmöglichkeiten bei einer Zollanmeldung. Um die Richtigkeit der Angaben in einer angenommenen Zollanmeldung überprüfen zu können, können die Zollbehörden die Zollanmeldung und die Unterlagen prüfen, die **Vorlage weiterer Unterlagen** vom Anmelder verlangen, eine Beschau durchführen und Muster und Proben zur Analyse oder eingehenden Prüfung entnehmen. D8012

3. Verfahrensablauf

a) Vorabanmeldung

Art. 263 Abs. 1 UZK bestimmt, dass Waren, die aus dem Zollgebiet der Union (Art. 4 UZK) verbracht werden, innerhalb eines bestimmten Zeitraums vor dem Verbringen aus dem Zollgebiet durch eine Vorabanmeldung bei der zuständigen Zollstelle anzuzeigen sind. Die Vorabanmeldung erfolgt gem. Art. 263 Abs. 3 UZK mittels einer **Zollanmeldung** (Art. 162 ff. UZK), einer **Wiederausfuhranmeldung** (Art. 270 UZK) oder einer **summarischen Ausgangsanmeldung** (Art. 271 UZK). D8013

Die unterschiedlichen **Fristen** zur Abgabe der Vorabanmeldung sind in Art. 244 UZK-DelVO geregelt (z. B. 24 h vor Verladen im Containerverkehr mit bestimmten Ausnahmen, im Luftverkehr 30 Minuten vor Abflug, im Straßenverkehr 1 h vor Verlassen des Zollgebiets). D8014

D8015 Diese Anzeigepflicht dient insbesondere der Durchführung eines effektiven **Risikomanagements** (Art. 264 UZK). Wird eine Ware nicht vorab angemeldet und liegt auch kein Fall eines Verzichts auf dieses Erfordernis vor, so darf die Ware die EU nicht verlassen (Art. 327 UZK-DVO).

D8016 Sofern die Ausfuhr- bzw. die Wiederausfuhranmeldung die risikorelevanten Informationen bereits enthält, ist keine gesonderte Vorabanmeldung in Form der summarischen Ausgangsanmeldung abzugeben. Sofern die Ausfuhr- bzw. die Wiederausfuhranmeldung allerdings nicht die risikorelevanten Informationen enthält oder nicht innerhalb der Frist für die Vorabanmeldung abgegeben wird, ist zusätzlich die Abgabe einer summarischen Ausgangsanmeldung erforderlich, um eine Sicherheitsrisikoanalyse zu ermöglichen.

D8017 Art. 263 Abs. 2 UZK sieht Fälle vor, in denen auf die Abgabe einer Vorabanmeldung verzichtet wird. Ein Verzicht erfolgt zum einen für Beförderungsmittel und den darauf beförderten Waren, die die Gewässer oder den Luftraum des Zollgebiets lediglich **ohne Zwischenstopp durchqueren** (Art. 263 Abs. 2 Buchst. a UZK). Gem. Art. 263 Abs. 2 Buchst. b UZK kann jedoch auch in anderen Fällen auf die Abgabe einer Vorabanmeldung verzichtet werden, diese Fälle sind gemäß der Ermächtigung in Art. 265 Buchst. b UZK in Art. 245 UZK-DelVO festgelegt.

D8018 Art. 245 UZK-DelVO zählt Fälle auf, in denen auf die Abgabe der Vorabanmeldung verzichtet wird. Allerdings hat der Verzicht auf die Vorabanmeldung für die in Art. 245 Abs. 1 UZK-DelVO genannten Waren keinen Einfluss auf die Verpflichtung zur Abgabe einer Zollanmeldung gem. Art. 158 Abs. 1 UZK (d. h. bei der Überführung von Waren in ein Zollverfahren) bzw. einer Wiederausfuhranmeldung gem. Art. 270 Abs. 1 UZK. Die Abgabe einer Ausfuhr- oder Wiederausfuhranmeldung kann in diesen Fällen also weiterhin erforderlich sein.

D8019 Beispielhaft wird gem. Art. 245 Abs. 1 UZK-DelVO in folgenden Fällen auf die Abgabe einer Vorabanmeldung verzichtet:

- elektrische Energie,
- durch Rohrleitungen verbrachte Waren,
- Briefsendungen,
- nach den Vorschriften des Weltpostvereins beförderte Waren,
- Waren im **persönlichen Gepäck** von Reisenden,
- Bestimmte Waren, die **konkludent** angemeldet werden können (Art. 140 Abs. 1 UZK-DelVO),
- Waren mit Carnet ATA und Carnet CPD,
- Bestimmte direkt zu **Offshore-Anlagen** verbrachte Waren,
- Waren, die zum Einbau als **Teile von oder Zubehör zu Schiffen oder Luftfahrzeugen** und für den Betrieb von Motoren, Maschinen und sonstigen Geräten von Schiffen oder Luftfahrzeugen geliefert werden, sowie Lebensmittel und andere Gegenstände zum Verbrauch oder Verkauf an Bord.

D8020 Art. 245 Abs. 2 UZK-DelVO sieht weitere Fälle vor, in denen auf die Abgabe einer Vorabanmeldung verzichtet wird. Beispielhaft werden hier folgende Fälle aufgeführt:

- Ein Schiff befördert Waren zwischen zwei Häfen der Union, läuft allerdings einen Hafen außerhalb des Zollgebiets an, die Waren sollen jedoch an Bord des Schiffes verbleiben,
- ein Flugzeug befördert Waren zwischen zwei Flughäfen der Union, landet allerdings auf einem Flughafen außerhalb des Zollgebiets, die Waren sollen jedoch an Bord des Flugzeugs verbleiben,
- Waren werden das Zollgebiet der EU von einem Hafen oder Flughafen aus direkt wieder verlassen, ohne von dem Beförderungsmittel abgeladen worden zu sein, das sie in das Zollgebiet verbracht hat,
- Waren, die unter bestimmten weiteren Voraussetzungen direkt aus einer Freizone oder einem **Verwahrungslager** wiederausgeführt werden.

(Einstweilen frei) D8021–D8023

b) Normalverfahren

Das Ausfuhrverfahren ist grds. zweistufig angelegt. D8024

1. Stufe: Die Ausfuhranmeldung ist bei der Ausfuhrzollstelle abzugeben und die Ware zu gestellen.

2. Stufe: Die zur Ausfuhr bestimmten Waren sind unverändert bei der Ausgangszollstelle zu gestellen; von ihr wird das tatsächliche Verbringen aus dem Zollgebiet überwacht.

aa) Anmelder/Ausführer

Die Ausfuhranmeldung kann grds. von jeder Person abgegeben werden, die in der Lage D8025 ist, die Ware zu gestellen oder gestellen zu lassen und sämtliche Informationen beizubringen, die für die Anwendung der Vorschriften über das Ausfuhrverfahren erforderlich sind (Art. 170 Abs. 1 UAbs. 1 UZK). Art. 170 Abs. 1 UAbs. 2 UZK bestimmt, dass wenn die Annahme einer Zollanmeldung für eine bestimmte Person besondere Verpflichtungen mit sich bringt, die Anmeldung von dieser Person oder ihrem Vertreter abzugeben ist. Die Annahme einer Ausfuhranmeldung gem. Art. 267 Abs. 4 UZK bringt die Verpflichtung mit sich, die Ware in dem Zustand aus dem EU-Zollgebiet zu verbringen, in dem sie sich zum Zeitpunkt der Annahme der Anmeldung befunden hat. Allerdings wird hier nicht ausgeführt, wer diese Verpflichtung einzuhalten hat. Es kann sowohl der Anmelder als auch der Ausführer gemeint sein. Auch national bestimmt § 12 Abs. 2 AWV lediglich, dass die Ausfuhr-/Wiederausfuhranmeldung durch den Ausführer **oder** den Anmelder abzugeben ist. Lediglich im Rahmen der rückwirkenden Abgabe der Ausfuhranmeldung wird eindeutig bestimmt, dass diese durch den Ausführer abzugeben ist (Art. 337 UZK-DVO). Dies ist erforderlich, wenn eine Ware ohne Ausfuhranmeldung ausgeführt wurde, obwohl eine Verpflichtung dazu bestanden hat. Es ist daher davon auszugehen, dass der Wille des Gesetzgebers dahin geht, dass die Einschränkung nach Art. 170 Abs. 1 UAbs. 2 UZK auch bei der „normalen“ Ausfuhranmeldung gelten soll. Die Ausfuhranmeldung kann daher vom **Ausführer** selbst, seinem **direkten Vertreter** oder auch nur für seine Rechnung **(indirekte Vertretung)** abgegeben werden (zur Vertretung

s. Art. 18 UZK). **Anmelder** ist gem. Art. 5 Nr. 15 UZK die Person, die in eigenem Namen eine Zollanmeldung abgibt oder in deren Namen diese Anmeldung abgegeben wird. Der Anmelder muss darüber hinaus grds. in der EU ansässig sein (Art. 170 Abs. 2 UZK). Daraus folgt:

- Gibt der Ausführer die Anmeldung im eigenen Namen ab, ist er auch Anmelder.
- Lässt sich der Ausführer bei der Anmeldung direkt vertreten, d. h. handelt der Vertreter im Namen und für Rechnung des Ausführers, so ist die vertretene Person auch Anmelder.
- Der UZK sieht in Art. 18 Abs. 1 UAbs. 2 2. Alternative die Möglichkeit der mittelbaren (= indirekten) Stellvertretung bei der Abgabe von Zollanmeldungen vor. Art. 170 Abs. 1 UAbs. 2 UZK bestimmt lediglich, dass die Anmeldung vom Ausführer oder seinem Vertreter abzugeben ist, es erfolgt keine Einschränkung hinsichtlich der Vertretungsart. Insofern kann sich der Ausführer auch indirekt vertreten lassen. Der Vertreter würde also die Ausfuhranmeldung im eigenen Namen aber für Rechnung des Ausführers abgeben. Der Vertreter würde damit Anmelder werden.

D8026 Die Differenzierung zwischen Anmelder und Ausführer ist für die Zuordnung der unterschiedlichen Verpflichtungen von Bedeutung.

D8027 Mit Wirkung vom 31.7.2018 wurde die Ausführerdefinition geändert und lautet in Art. 1 Nr. 19 UZK-DelVO seitdem folgendermaßen:

‚Ausführer' ist

a) eine Privatperson, die Waren aus dem Zollgebiet der Union befördert, wenn sich diese Waren im persönlichen Gepäck der Privatperson befinden;

b) in anderen Fällen, in denen Buchstabe a nicht gilt:

   i) eine im Zollgebiet der Union ansässige Person, die befugt ist, über das Verbringen der Waren aus dem Zollgebiet der Union zu bestimmen, und dies bestimmt hat;

   ii) wenn i) keine Anwendung findet, eine im Zollgebiet der Union ansässige Person, die Partei des Vertrags über das Verbringen von Waren aus diesem Zollgebiet ist.

D8028 Mit Ausnahme der Ausfuhr durch Privatpersonen wird immer vorausgesetzt, dass der Ausführer in der EU **ansässig** sein muss. Der Begriff der Ansässigkeit ist in Art. 5 Nr. 30 UZK definiert. Hier reicht auch eine ständige Niederlassung aus (Art. 5 Nr. 32 UZK). Trotz der in der Legaldefinition geforderten Ansässigkeit wird in den Fällen, in denen auch beim Anmelder auf das Ansässigkeitserfordernis verzichtet wird (vgl. Art. 170 Abs. 3 UZK) sowie bei der Wiederausfuhr von Nicht-Unionswaren im Anschluss an ein besonderes Verfahren auf diese Anforderung verzichtet (vgl. E-VSF A 0610 Abs. 117 S. 8).

Die zollrechtliche Ausführerdefinition ist nicht identisch mit der exportkontrollrechtlichen Ausführerdefinition in Art. 2 Nr. 3 Dual Use-VO oder § 2 Abs. 2 AWG. Zum 21.4.2020 wurde über § 12 Abs. 3 S. 3 AWV deshalb das Erfordernis eingeführt, in den Fällen, in denen der exportkontrollrechtliche Ausführer vom zollrechtlichen Ausführer abweicht, beide in der Ausfuhranmeldung zu benennen. Diese Verpflichtung gilt unabhängig davon, ob genehmigungspflichtige Waren ausgeführt werden oder nicht.

HINWEIS:

Die einzelnen Tatbestandsmerkmale der o. g. Definition sind weitestgehend nicht legal definiert und daher auslegungsbedürftig. Wie diese auszulegen sind, wird in den Mitgliedstaaten unterschiedlich gesehen. Die EU-Kommission hat deshalb zur Sicherstellung einer einheitlichen Anwendung ein Leitdokument zur Interpretation des Ausführerbegriffs veröffentlicht. https://ec.europa.eu/taxation_customs/business/union-customs-code/ucc-guidance-documents_en D8029

Die Auffassung der deutschen Zollverwaltung kann der Dienstvorschrift E-VSF A 0610 entnommen werden. Einige Praxisbeispiele mit Lösungen hat die deutsche Zollverwaltung auf ihrer Homepage veröffentlicht. https://ec.europa.eu/taxation_customs/business/union-customs-code/ucc-guidance-documents_en

In der vorrangig zu prüfenden Variante der Ziffer i. von Art. 1 Nr. 19 Buchst. b UZK-DelVO ist neben der Ansässigkeit weitere Voraussetzung für die Ausführereigenschaft, dass eine Befugnis zum Bestimmen über das Verbringen vorliegt und diese Bestimmung auch ausgeübt wurde. D8030

Zur Auslegung dieser Tatbestandsmerkmale hat die deutsche Zollverwaltung Folgendes in ihrer Dienstvorschrift E-VSF A 0610 Abs. 117 S. 28 ff. veröffentlicht (Hervorhebung durch Verfasser):

> *„Die als Ausführer auftretende Person „bestimmt“ über das Verbringen der Ware aus dem Zollgebiet der Union und übt diese Befugnis tatsächlich aus. Über das Verbringen bestimmt derjenige, der über die Ausfuhr verantwortlich entscheidet und hierfür die wesentlichen Dispositionen trifft (**Transportvorgang steuern und Ausfuhranmeldung abgeben** oder den Auftrag zur Abgabe einer Ausfuhranmeldung erteilen). Das Steuern des Transportvorgangs bedeutet, **über das „Wie“ des Transports aus dem Zollgebiet der Union zu entscheiden** und hierfür die Verantwortung zu tragen. Das „Wie“ umfasst das Recht, **alles Notwendige für den grenzüberschreitenden Transport zu organisieren und zu entscheiden**. In den Fällen, in denen die Ware vom zollrechtlichen Ausführer nicht selbst transportiert wird, genügt es, wenn der Ausführer den Speditions- oder Transportvertrag über das Verbringen im eigenen Namen und für eigene Rechnung abschließt. Dabei sind Vorgaben des Auftraggebers z. B. zur beauftragten Spedition/Frachtführer oder zum Transporttermin unschädlich. Die **Befugnis**, über das Verbringen zu bestimmen, **kann** grundsätzlich **übertragen werden**, um den Wirtschaftsbeteiligten eine größere Flexibilität bei der Vereinbarung des zollrechtlichen Ausführers zu bieten. So kann z. B. auch ein Spediteur als Ausführer auftreten, **wenn er dem Verfahren zustimmt**.“*

Die deutsche Zollverwaltung erachtet demnach folgende zwei Punkte als maßgeblich für das Bestimmen über das Verbringen und dessen Ausüben:

1. Das Steuern des Transportvorgangs und
2. die Abgabe der Ausfuhranmeldung (bzw. deren Beauftragung).

D8031 Die so ermittelte Verbringungsbefugnis kann grundsätzlich auf eine andere Person übertragen werden.

Zur Übertragung wird in der Dienstvorschrift E-VSF A 06 10 Abs. 117 S. 36 ff. ausgeführt (Hervorhebung durch Verfasser):

> *„Zur Übertragung der Befugnis hat der Unionsfremde mit dem Unionsansässigen eine* ***Vereinbarung zu treffen****, mit der bestimmt wird, dass der Unionsansässige* ***als zollrechtlicher Ausführer auftreten soll und ihm hierzu die Verantwortung für das Verbringen übertragen wird.*** *Durch die Vereinbarung wird der Unionsansässige in die Lage versetzt, über die Ausfuhr verantwortlich zu entscheiden und als Ausführer nach Artikel 1 Nr. 19 Buchstabe b) i) UZK-DA aufzutreten. Tritt der Unionsansässige dann als zollrechtlicher Ausführer gegenüber der Zollverwaltung auf, so handelt er im eigenen Namen und für eigene Rechnung. Anders als beim Zollanmelder (Artikel 5 Nr. 15 UZK) fehlt es im Artikel 1 Nr. 19 Buchstabe b) i) UZK-DA an einer gesetzlichen Regelung, dass das Handeln in eigenem Namen zur Qualifizierung als Ausführer genügt."*

D8032 Sofern die Voraussetzungen der vorrangig zu prüfenden Variante der Ziffer i. von Art. 1 Nr. 19 Buchst b) UZK-DelVO nicht erfüllt sind, ist die zweite Variante nach Art. 1 Nr. 19 Buchst b) Ziff. ii. UZK-DelVO als Auffangtatbestand heranzuziehen.

Hiernach müsste die in der EU ansässige Person *„Partei des Vertrags über das Verbringen von Waren aus diesem Zollgebiet"* sein.

Zur Auslegung dieses Tatbestandsmerkmals hat die deutsche Zollverwaltung Folgendes in ihrer Dienstvorschrift E-VSF A 0610 Abs. 117 S. 48 ff. veröffentlicht (Hervorhebung durch Verfasser):

> *„Als „Vertrag, nach dem die Waren aus dem Zollgebiet verbracht werden sollen", kommt in erster Linie der* ***Ausfuhrvertrag****,* ***nachrangig*** *aber auch der* ***Speditionsvertrag oder der Frachtvertrag*** *in Betracht. Ein Lagervertrag oder ein Vertrag allein über die Durchführung der zollrechtlichen Ausfuhrabfertigung ist kein Vertrag über das Verbringen."*

Die Dienstvorschrift erläutert weiter in Abs. 114 S. 1, was unter einem „Ausfuhrvertrag" zu verstehen ist:

> *„Ein Ausfuhrvertrag ist dadurch gekennzeichnet, dass eine grenzüberschreitende Warenbewegung ausgelöst wird und eine Partei des Vertrages unionsansässig ist."*

Weiter heißt es in der Dienstvorschrift in Abs. 114 S. 3 f.:

> *„Schließen zwei Nicht-Unionsansässige einen Vertrag, der zu einer grenzüberschreitenden Warenbewegung führt, so handelt es sich nicht um einen Ausfuhrvertrag. Relevant ist derjenige (Ausfuhr-)Vertrag, in dessen Erfüllung die grenzüberschreitende Warenbewegung erfolgt."*

bb) Ausfuhranmeldung/ Wiederausfuhranmeldung

(1) Abgabe und Verpflichteter

D8033 Waren, die in ein Zollverfahren übergeführt werden sollen, sind dazu grds. anzumelden (Art. 158 Abs. 1 UZK). Da es sich bei der Ausfuhr um ein Zollverfahren i. S. v. Art. 5 Nr. 16

UZK handelt, ist eine Anmeldung grds. erforderlich. Dasselbe gilt für die Wiederausfuhr. Zwar handelt es sich dabei nicht um ein Zollverfahren, über den Verweis in Art. 270 Abs. 2 UZK gilt die Verpflichtung hier jedoch entsprechend. Mit der Abgabe der Ausfuhranmeldung bzw. der Wiederausfuhranmeldung kann gleichzeitig die Pflicht zur Abgabe einer **Vorabanmeldung** gem. Art. 263 UZK erledigt werden.

Sollen Waren in mehreren Sendungen aus dem Zollgebiet der Union verbracht werden, muss für jede einzelne Sendung eine Ausfuhr- oder Wiederausfuhranmeldung abgegeben werden (Art. 336 UZK-DVO). Für Unionswaren ist eine **Ausfuhranmeldung** (Art. 269 UZK), für Nicht-Unionswaren eine **Wiederausfuhranmeldung** (Art. 270 UZK) abzugeben. Die Art. 158 – 195 UZK zur Überführung von Waren in ein Zollverfahren und die Überprüfung und Überlassung von Waren gelten auch für die Wiederausfuhranmeldung (Art. 270 Abs. 2 UZK). D8034

Abweichend von der grundsätzlichen Pflicht, Unionswaren beim Verbringen aus dem EU-Zollgebiet in das Ausfuhrverfahren zu überführen, sieht Art. 269 Abs. 2 UZK Sonderregelungen vor. Sie zeichnen sich u. a. dadurch aus, dass sie die Fälle erfassen, in denen Unionswaren nur vorübergehend das EU-Zollgebiet verlassen, letztlich aber zum Verbleib innerhalb der EU bestimmt sind. Soweit die zollamtliche Überwachung in anderen zollrechtlichen Verfahren gewährleistet ist, bedarf es insoweit keines Ausfuhrverfahrens. D8035

Art. 269 Abs. 2 UZK sieht folgende Ausnahmen vor: D8036

a) Werden Waren in das besondere Verfahren der passiven Veredelung (Art. 259 ff. UZK) übergeführt, ist das Ausfuhrverfahren nicht erforderlich. Dies ist gerechtfertigt, da die Förmlichkeiten im Hinblick auf die Ausfuhranmeldung hier entsprechend gelten (Art. 269 Abs. 3 UZK).

b) Waren, die nach Überführung in die Endverwendung aus dem Zollgebiet verbracht werden, sind ebenfalls nicht in das Ausfuhrverfahren zu überführen. Auch hier sind jedoch dieselben Formalitäten wie im Ausfuhrverfahren hinsichtlich der Abgabe einer Ausfuhranmeldung einzuhalten (Art. 269 Abs. 3 UZK).

c) Im Falle, dass Waren mehrwertsteuer- oder verbrauchsteuerfrei zur Bevorratung von Flugzeugen oder Schiffen geliefert werden, wird auf das Ausfuhrverfahren verzichtet, allerdings ebenfalls unter Anwendung der für die Ausfuhranmeldung geltenden Förmlichkeiten (Art. 269 Abs. 3 UZK).

d) Waren, die im internen Versandverfahren befördert werden, sind ebenfalls nicht zur Ausfuhr anzumelden. Der interne Versand (Art. 227 UZK) kennzeichnet sich dadurch, dass Unionswaren zwischen zwei im Zollgebiet der Union gelegenen Orten befördert werden, dabei aber das Zollgebiet der Union verlassen und dennoch nicht den Status der Unionsware verlieren. Aufgrund der Tatsache, dass ohnehin eine Zollanmeldung zum Versandverfahren abzugeben ist (Art. 158 Abs. 1 UZK), kann auf die Abgabe einer Ausfuhranmeldung verzichtet werden.

e) Auch Waren, die das Zollgebiet der Union nach Art. 155 UZK vorübergehend verlassen, sind nicht zur Ausfuhr anzumelden. Art. 155 Abs. 1 UZK verweist auf bestimmte in Art. 227 Abs. 2 Buchst. b bis f UZK genannte Fälle. Hier werden bestimmte Arten des internen Versands (TIR, ATA, Rheinmanifest, Nato Versandschein, Post) genannt. Gem. Art. 155 Abs. 2 UZK können Unionswaren zwischen zwei Orten in der Union auch in bestimmten anderen Fällen ohne Änderung ihres zollrechtlichen Status und ohne einem Zollverfahren zu unterliegen, vorübergehend außerhalb des Zollgebiets befördert werden. Diese Fälle sind in Art. 119 Abs. 2 UZK-DelVO genannt (Ladung oder Umladung von Luftfracht, die zwischen Flughäfen der Union befördert wird; zugelassener Linienverkehr zwischen Häfen der Union; Schienenverkehr über ein Drittland, mit dem das gemeinsame Versandverfahren anwendbar ist).

D8037 Die Ausfuhr erfolgt im Normalverfahren mittels der **Standardzollanmeldung** gem. Art. 162 UZK. Alle für das Ausfuhrverfahren erforderlichen Unterlagen sind bereitzuhalten und falls Kontrollen erforderlich sind, vorzulegen (Art. 163 UZK). Die für die Ausfuhranmeldung erforderlichen **Daten** ergeben sich aus Anhang B UZK-DelVO (übergangsweise sind die Datenanforderungen Anhang 9 UZK-Ü-DelVO zu entnehmen, Art. 2 Abs. 4 UZK-DelVO).

D8038 Wurden Waren ohne eine Ausfuhr- oder Wiederausfuhranmeldung aus dem Zollgebiet verbracht, obwohl eine Anmeldung erforderlich gewesen wäre, muss der Ausführer eine **rückwirkende Anmeldung** abgeben (Art. 337 Abs. 1 UZK-DVO). Zuständig ist die Zollstelle, die für den Ort zuständig ist, an dem der Ausführer ansässig ist. Diese Zollstelle bescheinigt dem Ausführer sodann auch den Ausgang der Waren, unter der Voraussetzung, dass die Überlassung auch genehmigt worden wäre, wenn eine Anmeldung abgegeben worden wäre und ein Nachweis über den tatsächlichen Ausgang vorliegt. Die rückwirkende Anmeldung kann auch mit anderen Mitteln als der elektronischen Datenverarbeitung abgegeben werden (Art. 249 UZK-DelVO).

D8039 Sind Waren ausgeführt worden mit der Absicht, diese anschließend wieder einzuführen und besteht diese Absicht nicht mehr, kann ebenfalls eine rückwirkende Ausfuhranmeldung durch den Ausführer abgegeben werden, die die ursprüngliche Anmeldung ersetzt (Art. 337 Abs. 2 UZK-DVO). Die Zollstelle bescheinigt dem Ausführer sodann auch den Ausgang der Waren. Im Falle einer vorübergehenden Ausfuhr mit Carnet ATA oder Carnet CPD erfolgt die Ausfuhrbestätigung allerdings nur, sofern das Wiedereinfuhrstammblatt und der Wiedereinfuhrabschnitt des Carnet ATA/CPD für ungültig erklärt werden.

(2) Änderung und Ungültigerklärung

D8040 Für die Änderung und Ungültigerklärung von Ausfuhr- und Wiederausfuhranmeldungen gelten dieselben Vorschriften wie für andere Zollanmeldungen in Art. 173 und 174 UZK.

D8041 Auf Antrag kann dem Anmelder gestattet werden, nach Annahme der Zollanmeldung noch Angaben zu ändern. Die Änderung darf jedoch nicht zur Folge haben, dass sich die Anmeldung auf andere als die ursprünglich angemeldeten Waren bezieht (Art. 173 Abs. 1 UZK).

D8032 Eine Änderung ist des Weiteren grds. nicht mehr möglich, wenn eine Beschau angekündigt ist, die Unrichtigkeit von Angaben seitens der Zollbehörde bereits festgestellt wurde oder die Waren überlassen sind (Art. 173 Abs. 2 UZK). Allerdings ist eine Änderung

nach Überlassung noch möglich, wenn der Anmelder dies innerhalb von 3 Jahren nach Annahme der Anmeldung beantragt und er damit seine Pflichten aus der Überführung der Waren in das betreffende Zollverfahren erfüllen kann. Art. 176 Buchst. c UZK sieht zwar eine Ermächtigung vor, im Wege von Durchführungsrechtsakten Verfahrensregeln für diese Fälle festzulegen, von dieser Ermächtigung wurde in der UZK-DVO bisher allerdings kein Gebrauch gemacht.

BEISPIEL:

Nicht-Unionswaren, die das Zollgebiet nach Lagerung im Zolllager verlassen sollen, werden versehentlich mit dem Verfahrenscode 10 00 zur Ausfuhr statt mit dem Verfahrenscode 31 71 zur Wiederausfuhr angemeldet. Die Wiederausfuhr ist zwar kein Zollverfahren (Art. 5 Nr. 16 UZK), über den Verweis in Art. 270 Abs. 2 UZK gilt Art. 173 Abs. 3 UZK jedoch auch hier und es kann auf Antrag eine Änderung der Zollanmeldung erfolgen.

Der Anmelder kann auch die **Ungültigerklärung** einer Zollanmeldung beantragen (Art. 174 Abs. 1 UZK). Die Zollbehörden kommen dem nach, wenn sie davon überzeugt sind, dass die Waren unverzüglich in ein anderes Zollverfahren übergeführt werden müssen oder wenn sie davon überzeugt sind, dass die Überführung der Waren in das angemeldete Verfahren aufgrund besonderer Umstände nicht mehr gerechtfertigt ist. Sofern bereits eine Beschau angekündigt wurde, kann der Antrag auf Ungültigerklärung erst nach der Beschau angenommen werden (Art. 174 Abs. 1 UZK). Eine Ungültigerklärung darf nicht mehr nach der Überlassung erfolgen, sofern nichts anderes bestimmt ist (Art. 174 Abs. 2 UZK). D8043

Für die Ausfuhr ist etwas anderes in Art. 248 UZK-DelVO bestimmt. Eine Ungültigerklärung erfolgt demnach auch nach Überlassung, wenn bei der Ausgangszollstelle eine **andere Warenbeschaffenheit** als bei der angemeldeten Ware festgestellt wird oder wenn auch **150 Tage** nach der Überlassung der Waren zur Ausfuhr/Wiederausfuhr kein Nachweis über den tatsächlichen Ausgang der Waren vorliegt. D8044

Weitere Fälle, in denen auch nach der Überlassung noch eine Ungültigerklärung erfolgen kann, werden in Art. 148 UZK-DelVO beschrieben. Die Absätze 1 – 2 des Art. 148 UZK-DelVO beziehen sich auf Fälle der irrtümlichen Zollschuldentstehung, Abs. 3 auf Fernabsatzverträge. Praktisch im Rahmen der Ausfuhr häufiger vorkommende Fälle sind in Art. 148 Abs. 4 UZK-DelVO zu finden. Erforderlich ist ein **begründeter Antrag des Anmelders**. Eine Ungültigerklärung kann z. B. erfolgen, wenn die Waren **das Zollgebiet doch nicht verlassen** haben oder eine Ware **irrtümlicherweise mit mehr als einer Zollanmeldung angemeldet** wurde (Art. 148 Abs. 4 Buchst. a & c UZK-DelVO). Für Waren, die Ausfuhrabgaben unterliegen, Gegenstand eines Antrags auf Erstattung von Einfuhr- oder Ausfuhrabgaben, Ausfuhrerstattungen oder sonstiger Beträge oder anderen besonderen Maßnahmen bei der Ausfuhr sind, ist die Ungültigerklärung im Falle, dass die Waren die EU doch nicht verlassen haben, von weiteren Voraussetzungen abhängig, die in Art. 148 Abs. 5 UZK-DelVO genannt werden. Es besteht je nachdem, wann der Entschluss gefasst wird, dass die Waren die EU doch nicht verlassen sollen, eine **Unterrichtungspflicht** seitens des Anmelders gegenüber der Ausfuhrzollstelle bzw. seitens des Beförderers gegenüber der Ausgangszollstelle (Art. 340 Abs. 1 u. 2 UZK-DVO). D8045

cc) Summarische Ausgangsanmeldung

(1) Abgabe und Verpflichteter

D8046 Die Abgabe einer summarischen Ausgangsanmeldung kommt insbesondere in Betracht, wenn **keine Zollanmeldung oder Wiederausfuhranmeldung** abzugeben ist (Art. 271 Abs. 1 UZK). Mit der Abgabe der summarischen Ausgangsanmeldung wird die Pflicht zur Abgabe einer **Vorabanmeldung** gem. Art. 263 UZK erledigt.

Auch hier gilt der Grundsatz der elektronischen Übermittlung (Art. 6 Abs. 1 UZK).

D8047 In Art. 269 Abs. 2 UZK sind Fälle genannt, in denen Unionswaren nicht in das Verfahren der Ausfuhr zu überführen sind, das heißt aber nicht, dass auch keine Zollanmeldung abzugeben ist (z. B. im Falle der Überführung in die passive Veredelung oder den internen Versand). Fälle von summarischen Ausgangsanmeldungen bei Unionswaren sind theoretisch denkbar, wenn die Zollanmeldung nicht innerhalb der in Art. 244 UZK-DelVO genannten Frist abgegeben wird oder nicht die risikorelevanten Daten enthält.

D8048 Die Fälle, in denen auf die **Wiederausfuhranmeldung verzichtet** wird, sind in Art. 270 Abs. 3 UZK geregelt. In diesen Fällen ist somit eine summarische Ausgangsanmeldung grds. erforderlich. Auf die Wiederausfuhranmeldung wird in folgenden Fällen verzichtet:

a) Waren im externen Versandverfahren, die das Zollgebiet lediglich durchqueren,

b) Waren, die in einer Freizone umgeladen oder direkt aus einer Freizone wiederausgeführt werden,

c) Waren in vorübergehender Verwahrung, die unmittelbar aus einem Verwahrungslager wiederausgeführt werden.

BEISPIELE:

Waren werden im externen Versandverfahren nach dem TIR-Übereinkommen durch das Zollgebiet der EU befördert (Art. 226 Abs. 3 Buchst. b UZK). Die Beförderung beginnt in der Ukraine und führt durch Polen, Tschechien, Deutschland und die Niederlande, wo die Waren über den Hafen in Rotterdam die EU verlassen.

Waren werden in die Freizone (Art. 243 UZK ff.) Bremerhaven verbracht und verlassen die EU nach 20 Tagen wieder in Richtung Norwegen.

Waren werden in einem Verwahrungslager (Art. 147 Abs. 1, Art. 148 UZK) im Hamburger Hafen zwischenlagert. Die Waren verlassen nach 60 Tagen wieder die EU in Richtung Schweiz.

D8049 Die summarische Ausgangsanmeldung ist bei der **Ausgangszollstelle** abzugeben (Art. 271 Abs. 1 UAbs. 1 UZK). Mit Zustimmung der Zollbehörden kann sie aber auch bei einer anderen Zollstelle abgegeben werden, sofern diese Zollstelle der Ausgangszollstelle die Angaben unverzüglich übermittelt oder zugänglich macht (Art. 271 Abs. 1 UAbs. 2 UZK).

D8050 Die summarische Ausgangsanmeldung ist grds. vom **Beförderer** (Art. 5 Nr. 40 UZK) abzugeben, kann aber auch von folgenden Personen abgegeben werden (Art. 271 Abs. 2 UZK):

a) vom Ausführer, Versender oder einer anderen Person, in deren Namen oder für deren Rechnung der Beförderer handelt,

b) jeder Person, die in der Lage ist, die betreffenden Waren zu gestellen oder gestellen zu lassen.

Für die summarische Ausgangsanmeldung können auch bestehende **Handels-, Hafen- oder Verkehrsinformationssysteme** verwendet werden (z. B. ZAPP in Hamburg oder BHT in Bremerhaven; Art. 271 Abs. 3 UZK). D8051

Die Zollbehörden können sogar auf die summarische Ausgangsanmeldung verzichten, wenn sie eine Mitteilung erhalten und einen eigenen **Zugriff auf die Daten im Computersystem** des Wirtschaftsbeteiligten besitzen (Art. 271 Abs. 4 UZK).

Die Daten für die summarische Ausgangsanmeldung können Anhang B UZK-DelVO (übergangsweise Anhang 9 UZK-Ü-DelVO, Art. 2 Abs. 4 UZK-DelVO) entnommen werden.

Die Zollstelle, bei der die Anmeldung abgegeben wird, registriert diese, erteilt dem Anmelder eine Hauptbezugsnummer - Master Reference Number (MRN, Art. 1 Nr. 22 UZK-DelVO) und überlässt die Waren ggf. zum Ausgang (Art. 341 UZK-DVO).

(2) Änderung und Ungültigerklärung

Auf Antrag können Angaben in der summarischen Ausgangsanmeldung nach deren Abgabe geändert werden. Eine Änderung ist jedoch nicht mehr möglich, wenn bereits eine Beschau angekündigt wurde, die Zollbehörden festgestellt haben, dass Angaben unrichtig oder unvollständig sind oder die Waren zum Ausgang bereits überlassen wurden (Art. 272 Abs. 1 UZK). D8052

Sofern die Waren das Zollgebiet doch nicht verlassen, wird die summarische Ausgangsanmeldung entweder auf **Antrag** des Anmelders oder spätestens **150 Tage** nach Abgabe für **ungültig** erklärt (Art. 272 Abs. 2 UZK). In dem Fall besteht seitens des Beförderers eine **Unterrichtungspflicht** gegenüber der Ausgangszollstelle (Art. 342 UZK-DVO).

dd) Wiederausfuhrmitteilung

(1) Abgabe und Verpflichteter

Art. 270 Abs. 3 Buchst. b und c UZK enthält Fälle, in denen Nicht-Unionswaren wiederausgeführt werden können, ohne dass eine Wiederausfuhranmeldung abzugeben ist (Umladung oder Wiederausfuhr aus einer Freizone, Wiederausfuhr aus einem Verwahrungslager). Grundsätzlich ist in diesen Fällen eine summarische Ausgangsanmeldung abzugeben, aber auch diese Verpflichtung gilt nicht für alle Fälle. **Wird auf die summarische Ausgangsanmeldung verzichtet, so ist eine Wiederausfuhrmitteilung (Art. 5 Nr. 14 UZK) abzugeben.** Auch hier gilt der Grundsatz der elektronischen Übermittlung (Art. 6 Abs. 1 UZK). D8053

In Art. 245 UZK-DelVO sind Fälle aufgeführt, in denen auf eine Vorabanmeldung und damit auch auf die summarische Ausgangsanmeldung verzichtet wird. Da Artikel 274 Abs. 1 UZK für die Abgabe von Wiederausfuhrmitteilungen explizit auf die Fälle in Art. 270 Abs. 3 Buchst. b und c UZK verweist (Freizone bzw. Verwahrungslager), kommt lediglich der in Art. 245 Abs. 2 Buchst. e UZK-DelVO genannte Fall für die Abgabe einer Wiederausfuhrmitteilung in Betracht. D8054

D8055 Art. 245 Abs. 2 Buchst. e UZK-DelVO sieht den **Verzicht auf die Abgabe einer Vorabanmeldung** vor, wenn Waren in vorübergehender Verwahrung oder in einer Freizone von dem Beförderungsmittel, mit dem sie dorthin gelangt sind, auf ein Schiff, ein Flugzeug oder eine Eisenbahn umgeladen werden, welche(s) sie aus dem Zollgebiet verbringt und zusätzlich folgende Bedingungen erfüllt sind:

- Die Umladung muss innerhalb von **14 Tagen** nach der Gestellung zur vorübergehenden Verwahrung (Art. 144 UZK) bzw. zur Freizone (Art. 245 Abs. 1 UZK) erfolgen (in Ausnahmefällen können längere Fristen bewilligt werden);
- den Zollbehörden müssen Angaben über die Waren zur Verfügung stehen;
- der **Bestimmungsort** und der **Empfänger** der Waren dürfen sich nach Kenntnis des Beförderers nicht geändert haben.

Sind diese Voraussetzungen erfüllt, ist zwar keine Vorabanmeldung aber eine Wiederausfuhrmitteilung abzugeben.

BEISPIEL:

Waren werden aus Kanada per Luftfracht zum Flughafen Frankfurt am Main befördert. Die Waren lagern dort im Verwahrungslager des Beförderers. Innerhalb von 3 Tagen werden die Waren in ein anderes Flugzeug verladen und verlassen die EU planmäßig (ohne Änderung von Bestimmungsort oder Empfänger) in Richtung Ukraine.

D8056 Die Wiederausfuhrmitteilung ist bei der **Ausgangszollstelle** abzugeben. **Pflichtiger** ist die Person, die die Waren aus dem Zollgebiet verbringt, die Person, in deren Namen oder für deren Rechnung der Verbringer handelt oder die Person, die die Verantwortung für die Beförderung der Waren vor ihrem Ausgang übernimmt (Art. 274 Abs. 2 UZK).

D8057 Auch hier können die Zollbehörden gestatten, dass **Handels-, Hafen- oder Verkehrsinformationssysteme** für die Abgabe der Mitteilung verwendet werden (z. B. ZAPP in Hamburg oder BHT in Bremerhaven; Art. 274 Abs. 3 UAbs. 2 UZK).

Die Zollbehörden können auf die Wiederausfuhrmitteilung verzichten, wenn sie eine Mitteilung erhalten und einen eigenen **Zugriff auf die Daten im Computersystem** des Wirtschaftsbeteiligten besitzen (Art. 274 Abs. 4 UZK).

Die Wiederausfuhrmitteilung muss die Angaben enthalten, die für die Erledigung des Freizonenverfahrens bzw. die Beendigung der vorübergehenden Verwahrung erforderlich sind (Art. 274 Abs. 3 UAbs. 1 UZK) und können Anhang B UZK-DelVO entnommen werden.

Die Ausgangszollstelle, bei der die Mitteilung abgegeben wird, registriert diese, erteilt dem Anmelder eine Hauptbezugsnummer - Master Reference Number (MRN, Art. 1 Nr. 22 UZK-DelVO) und überlässt die Waren ggf. zum Ausgang (Art. 343 UZK-DVO).

(2) Änderung und Ungültigerklärung

D8058 Auf Antrag können Angaben in der Wiederausfuhrmitteilung nach deren Abgabe geändert werden. Eine Änderung ist jedoch nicht mehr möglich, wenn bereits eine Beschau angekündigt wurde, die Zollbehörden festgestellt haben, dass Angaben unrichtig oder unvollständig sind oder die Waren zum Ausgang bereits überlassen wurden (Art. 275 Abs. 1 UZK).

Sofern die Waren das Zollgebiet doch nicht verlassen, wird die Wiederausfuhrmitteilung entweder auf **Antrag** des Anmelders oder spätestens **150 Tage** nach Abgabe für **ungültig** erklärt (Art. 275 Abs. 2 UZK). In dem Fall besteht seitens des Beförderers eine **Unterrichtungspflicht** gegenüber der Ausgangszollstelle (Art. 344 UZK-DVO).

ee) Ausfuhrzollstelle

Die Zollstelle, bei der die Ausfuhranmeldung im Regelfall abzugeben ist, wird **Ausfuhr-** D8059
zollstelle genannt (Art. 1 Nr. 16 UZK-DelVO). Die ordnungsgemäße **Gestellung** bei dieser ist Voraussetzung für die Annahme der Zollanmeldung (Art. 172 Abs. 1 UZK).

Sofern nichts anderes bestimmt ist, ist eine Zollanmeldung bei der Zollstelle abzuge- D8060
ben, die für den Ort zuständig ist, an dem die Waren gestellt werden (Art. 159 Abs. 3 UZK). Gestellungsort und Anmeldeort sind also im Regelfall identisch. Für die Ausfuhr bestimmt Art. 221 Abs. 2 UZK-DVO allerdings etwas anderes. Die Ausfuhranmeldung muss grds. demnach bei der Zollstelle abgegeben werden, die für den Ort zuständig ist, an dem der **Ausführer ansässig** ist oder bei der Zollstelle, die für den Ort zuständig ist, an dem die Waren **zur Ausfuhr verpackt oder verladen** werden. In Ausnahmefällen kann auch eine andere Zollstelle zuständig sein, wenn dies administrative Hintergründe hat.

(Einstweilen frei) D8061–D8063

Sollte ein **Subunternehmer** (Unterauftragnehmer) involviert sein, kann die Überfüh- D8064
rung in das Ausfuhrverfahren auch bei der für ihn zuständigen Zollstelle abgegeben werden (Art. 221 Abs. 2 UAbs. 3 UZK-DVO). Als Subunternehmer kommt z. B. eine Person in Betracht, bei der der Ausführer die zur Ausfuhr bestimmten Waren erst noch beschafft und von ihr direkt aus dem EU-Zollgebiet verbringen lässt.

BEISPIEL:

Firma A mit Sitz in Hamburg schließt mit einer Firma in der Ukraine einen Vertrag über die Lieferung von Büromöbeln. Die Möbel beschafft sich A bei der Firma F in Frankfurt/Oder. F wird beauftragt, die Ware direkt in die Ukraine zu verbringen. A ist zollrechtlicher Ausführer (Annahme), F ist Subunternehmer.

Über diese grundsätzlichen Zuständigkeitsregeln hinaus, kann in Einzelfällen auch eine D8065
Zollstelle gewählt werden, die **für die Gestellung besser geeignet** ist (Art. 221 Abs. 2 UAbs. 4 UZK-DVO).

HINWEIS:

Wann ein solcher Fall vorliegt, ist in der Dienstvorschrift der deutschen Zollverwaltung E-VSF A 0610 in den Absätzen 204 ff. näher beschrieben.

BEISPIEL:

Befindet sich die für die Kontrolle des Geschäftssitzes des Ausführers zuständige Zollstelle in einer solchen Entfernung vom Geschäftssitz und in einer solchen Richtung, dass die Anmeldung und Gestellung dort unwirtschaftlich wäre, so kann die Anmeldung von der ersten Zollstelle angenommen werden, die am Weg vom Geschäftssitz zu dem Ort liegt, an dem die Waren das Zollgebiet der Union verlassen.

Dort finden sich auch Beispielsfälle, wann kein begründeter Fall vorliegen soll.

BEISPIEL:

Die Tatsache, dass die zuständige Zollstelle zum Zeitpunkt der Abfahrt der Waren geschlossen ist, stellt keinen ordnungsgemäß gerechtfertigten Grund dar. Der Ausführer muss bei seiner Planung die normalen Dienststunden der Zollbehörde berücksichtigen.

Insbesondere ist ein begründeter Fall immer dann gegeben, wenn infolge unvorhersehbarer Umstände die Anwendung der allgemeinen Zuständigkeitsregeln vom Ausführer wirtschaftlich unvernünftige Anstrengungen verlangen würde. Die Beispielsfälle stellen daher auch keinen abschließenden Katalog dar.

D8066 In Deutschland schreibt § 12 Abs. 1 Satz 1 AWV ergänzend vor, dass jede Ausfuhrsendung vom Anmelder bei der Ausfuhrzollstelle zu gestellen ist. „Gestellung" ist die Mitteilung an die Zollbehörden, dass Waren bei der Zollstelle oder an einem anderen von den Zollbehörden zugelassenen Ort eingetroffen sind und für Zollkontrollen zur Verfügung stehen (Art. 5 Nr. 33 UZK). Gestellung bedeutet also nicht zwingend das Verbringen an den Amtsplatz. § 12 Abs. 1 Satz 1 AWV ist so zu verstehen, dass die auszuführenden Waren für die ordnungsgemäße Überführung in das Ausfuhrverfahren grds. an den Amtsplatz der Ausfuhrzollstelle zu verbringen sind. Bei Einverständnis der Zollbehörden kann sich die Ausfuhrsendung zur Überführung in das Ausfuhrverfahren aber auch an einem anderen Ort als dem Amtsplatz befinden. Insofern ist es konsequent, dass die Ausfuhrzollstelle als „Gestellungsort" auch irgendeinen Ort in ihrem Bezirk zulassen kann (vgl. § 12 Abs. 4 AWV).

D8067 Auch die weiteren Voraussetzungen der Art. 158 – 187 UZK, insbesondere die ordnungsgemäße Anmeldung (Art. 162 UZK) und das Bereithalten aller Unterlagen (Art. 163 UZK) sind **für die Annahme** der Anmeldung einzuhalten.

D8068 Anmelde- und Gestellungsort können auch auseinanderfallen. Dies ist insbesondere im Fall der **zentralen Zollabwicklung** gem. Art. 179 UZK möglich [Rdnr. D8118].

D8069 Die Überlassung der Waren zur Ausfuhr erfolgt, wenn alle Voraussetzungen für die Überführung in das Verfahren erfüllt worden sind, sofern etwaige Beschränkungen angewandt wurden und die Waren keinen Verboten unterliegen. Vor der Überlassung ist eine **Risikoanalyse** durchzuführen (Art. 328 UZK-DVO). Die Überlassung erfolgt, sobald die Angaben in der Zollanmeldung überprüft wurden oder ohne Überprüfung angenommen wurden (Art. 194 Abs. 1 UAbs. 1 UZK). Eine Überlassung erfolgt beispielsweise auch, wenn Proben genommen wurden, die noch analysiert werden müssen, dies aber nicht innerhalb einer angemessenen Frist abgeschlossen werden kann. Die restlichen Waren werden in diesem Fall nicht mehr benötigt und können grds. zur Ausfuhr überlassen werden (Art. 194 Abs. 1 UAbs. 2 UZK).

D8070 Wenn die Waren durch die Ausfuhrzollstelle überlassen werden, übermittelt diese der angegebenen Ausgangszollstelle die Angaben der Ausfuhranmeldung.

D8071 Die Ausfuhrzollstelle hat auch Funktionen bei der Erledigung des Ausfuhrverfahrens. Sie bescheinigt dem Ausführer oder Anmelder den **körperlichen Ausgang**, nachdem sie von der Ausgangszollstelle über den Ausgang der Waren unterrichtet wurde, selbst die Ausgangszollstelle ist oder vom Anmelder im Rahmen des **Suchverfahrens** ein geeigneter alternativer Nachweis über die erfolgte Ausfuhr beigebracht wurde (Art. 334 UZK-

DVO). In Deutschland erfolgt dies im Regelfall durch Übersendung des sog. **Ausgangsvermerks**.

HINWEIS:

Die Ausfuhrbestätigung wird dem Anmelder im IT-System ATLAS mittels PDF-Dokument als „Ausgangsvermerk" bzw. im Falle eines Alternativnachweises als „Alternativ-Ausgangsvermerk" übersandt. Neben der zollrechtlichen Wirkung dient der Vermerk auch als umsatzsteuerlicher Ausfuhrnachweis (vgl. § 8 ff. UStDV). Weitere Voraussetzung für die Umsatzsteuerfreiheit bei der Ausfuhr ist der ordnungsgemäße Buchnachweis für die Ausfuhrlieferung.

Der Ausgangsvermerk kann auch im Falle eines späteren Re-Imports zum Nachweis der D8072
Rückwareneigenschaft genutzt werden (Art. 253 Abs. 2 UZK-DVO).

Die **Erledigung von besonderen Verfahren** (außer Versand) kann u. a. durch das Verbrin- D8073
gen aus dem Zollgebiet erfolgen (Art. 215 Abs. 1 UZK). Für Nicht-Unionswaren ist in diesem Fall eine Wiederausfuhranmeldung abzugeben (Art. 270 Abs. 1 UZK). Der Transport zur Ausgangszollstelle kann jedoch im besonderen Verfahren erfolgen. Dies gilt z. B. im Falle der aktiven Veredelung, der vorübergehenden Verwendung oder dem Zolllager (Art. 219 UZK i. V. m. Art. 179 Abs. 1 & 3 UZK-DelVO). Es sind in diesem Fall lediglich Aufzeichnungen über den Ort, an dem sich die Waren befinden sowie deren Beförderung zu führen (Art. 178 Abs. 1 Buchst. e UZK-DelVO). Auch hier dient der Ausgangsvermerk dem Nachweis des tatsächlichen Ausgangs und damit der Erledigung des besonderen Verfahrens.

Sind die zur Ausfuhr überlassenen Waren nicht mehr dazu bestimmt, aus dem Zoll- D8074
gebiet verbracht zu werden, hat der **Anmelder** die Ausfuhrzollstelle darüber unverzüglich **in Kenntnis zu setzen**. Wurden die Waren bereits bei der Ausgangszollstelle gestellt, ist diese vom **Beförderer** zu unterrichten, damit kein Ausgangsvermerk für eine Ware existiert, die die EU nicht verlassen hat (Art. 340 UZK-DVO). Dies ist insbesondere wichtig, da der Ausgangsvermerk auch als Nachweis für eine umsatzsteuerfreie Ausfuhrlieferung dient, welche davon abhängt, dass die Waren das Zollgebiet verlassen haben. Die Ausfuhranmeldung und eventuell bereits erteilte Ausgangsvermerke werden in diesen Fällen für **ungültig** erklärt (Art. 148 Abs. 4 Buchst. a, Art. 248 Abs. 3 UZK-DelVO). Eine Ungültigerklärung erfolgt auch, wenn festgestellt wird, dass die **Warenbeschaffenheit** der bei der Ausgangszollstelle gestellten Ware von der angemeldeten Ware abweicht (Art. 248 Abs. 1 UZK-DelVO). Die Ausfuhrzollstelle teilt die Ungültigerklärung dem Anmelder und der Ausgangszollstelle mit (Art. 340 Abs. 4 UZK-DVO).

Wurde die Ausfuhrzollstelle **90 Tage** nach der Überlassung der Waren zur Ausfuhr nicht D8075
über den Ausgang der Waren unterrichtet, kann sie den Anmelder auffordern, anzugeben, an welchem Datum und von welcher Ausgangszollstelle aus die Waren das Zollgebiet verlassen haben (Art. 335 Abs. 1 UZK-DVO). Dieses **Suchverfahren** erfolgt in Deutschland durch die Einleitung des Nachforschungsersuchens. Der Anmelder kann die Ausfuhrzollstelle auch von sich aus darüber unterrichten, wann und bei welcher Ausgangszollstelle die Waren das Zollgebiet verlassen haben. Die Ausfuhrzollstelle for-

dert sodann Informationen zu diesem Vorgang von der Ausgangszollstelle an. Wird der Ausgang nicht bestätigt, kann der Anmelder einen **alternativen Nachweis** erbringen, dass die Waren das Zollgebiet verlassen haben. Welche Nachweise anerkannt werden können, kann einer nicht abschließenden Aufzählung in Art. 335 Abs. 4 UZK-DVO entnommen werden. Ist **150 Tage** nach Überlassung der Waren zur Ausfuhr kein Nachweis über den tatsächlichen Ausgang bei der Ausfuhrzollstelle eingegangen, erklärt diese Zollstelle die betreffende Anmeldung für **ungültig** (Art. 248 Abs. 2 UZK-DelVO).

D8076 Der Nachweis zur Bestätigung des Ausgangs der Waren kann der Ausfuhrzollstelle mit anderen Mitteln als der elektronischen Datenverarbeitung erbracht werden (Art. 247 UZK-DelVO)

ff) Ausgangszollstelle

D8077 Die Verarbeitung und der Austausch von Informationen über den Ausgang von Waren aus dem Zollgebiet hat grds. mit einem **elektronischen System** zu erfolgen (Art. 326 UZK-DVO). Die Nachrichten zwischen der Ausfuhrzollstelle und der Ausgangszollstelle sowie die Unterrichtung des Beteiligten haben grds. also in elektronischer Form zu erfolgen.

D8078 Waren sind beim Ausgang aus dem Zollgebiet der EU zu gestellen (Art. 267 Abs. 2 UZK). Die **Pflicht zur Gestellung** tragen mehrere Personen, nämlich:

a) der Verbringer,

b) derjenige, in dessen Namen und für dessen Rechnung der Verbringer handelt,

c) derjenige, der für die Beförderung der Waren vor ihrem Ausgang verantwortlich ist.

D8079 Bei der Gestellung sind folgende **Angaben** zu machen (Art. 331 Abs. 1 UZK-DVO):

a) Master Reference Number (MRN, Art. 1 Nr. 22 UZK-DelVO),

b) Abweichungen zwischen angemeldeten und gestellten Waren, einschließlich Verpackungsänderungen,

c) Menge der tatsächlich gestellten Waren, falls nur ein Teil der unter eine Ausfuhranmeldung fallenden Waren gestellt werden (Packstückanzahl oder Containernummer reicht aus).

D8080 Bereits bei Abgabe der Ausfuhranmeldung muss die **voraussichtliche Ausgangszollstelle** eingetragen werden. Sofern die tatsächliche Ausgangszollstelle von dieser abweicht, darf auch hier die Gestellung erfolgen. Eine Korrektur der Ausfuhranmeldung ist nicht erforderlich. Sofern die tatsächliche Ausgangszollstelle in einem anderen Mitgliedstaat liegt als die ursprünglich angemeldete, fordert die tatsächliche Zollstelle die Daten der Ausfuhranmeldung bei der Ausfuhrzollstelle an (Art. 331 Abs. 2 UZK-DVO).

D8081–D8083 *(Einstweilen frei)*

D8084 Gem. Art. 246 UZK-DelVO können für die Gestellung bei der Ausgangszollstelle andere Mittel als die der elektronischen Datenverarbeitung verwendet werden zur Ermittlung der Ausfuhranmeldung und der Mitteilung über Abweichungen zwischen den angemeldeten/überlassenen und den gestellten Waren.

(1) Zuständigkeit

Grundsätzlich ist Ausgangszollstelle die Zollstelle, die für den Ort zuständig ist, von dem aus die Waren aus dem Zollgebiet der Union an einen Bestimmungsort außerhalb dieses Zollgebiets verbracht werden. Gemeint ist damit die letzte Zollstelle innerhalb des EU-Zollgebiets, also die **Grenzzollstelle** (Art. 329 Abs. 1 UZK-DVO). Für bestimmte Verkehrszweige gibt es jedoch **Sonderregelungen**. Bei Waren, die das Zollgebiet in festen Transporteinrichtungen (z. B. elektrische Energie, Waren in Rohrleitungen, vgl. Art. 1 Abs. 2 Nr. 12 UZK-DVO) verlassen, ist die Ausfuhrzollstelle gleichzeitig die Ausgangszollstelle (Art. 329 Abs. 2 UZK-DVO). Bei Transport mittels Schiff oder Flugzeug ist Ausgangszollstelle, die Zollstelle, die für den Verladeort zuständig ist (Art. 329 Abs. 3, 4 UZK-DVO). Im Bahn-, Post-, Luft- oder Schifffahrtsverkehr wird auf Antrag die für den Ort der Übernahme durch den Beförderer zuständige Zollstelle zur Ausgangszollstelle (Art. 329 Abs. 7 UZK-DVO). D8085

Ist beim Ausgang lediglich eine Wiederausfuhrmitteilung abzugeben (Art. 174 UZK), ist die zuständige Ausgangszollstelle die, die für den Ort zuständig ist, an dem sich die Ware in der Freizone oder in vorübergehender Verwahrung befindet (Art. 329 Abs. 9 UZK-DVO). D8086

„Gestellung" bedeutet hier wie bei der Ausfuhrzollstelle nicht zwingend „Verbringen zum Amtsplatz". Vielmehr hat auch die Ausgangszollstelle Ermessen, den „Gestellungsort" zu bestimmen. D8087

(2) Aufgabe

Die Ausgangszollstelle überwacht den **ordnungsgemäßen Ausgang** von Waren aus dem Zollgebiet der Union, nimmt im Falle von angeordneten Zollkontrollen eine **Warenbeschau** aufgrund der Angaben der Ausfuhrzollstelle vor und **unterrichtet** die Ausfuhrzollstelle über angemeldete aber fehlende Waren (Art. 332 Abs. 1 & 2 UZK-DVO). Die Ausgangszollstelle überprüft also, ob die angemeldeten Waren auch tatsächlich mit den gestellten Waren übereinstimmen. D8088

Der Beförderer unterrichtet die Ausgangszollstelle über den Ausgang der Waren durch die Übermittlung verschiedener Informationen, insbesondere durch Mitteilung der MRN (Art. 332 Abs. 5 UZK-DVO). Diese Informationspflicht besteht nicht, wenn die entsprechenden Daten über bestehende **Handels-, Hafen- oder Beförderungsinformationssysteme** zur Verfügung stehen (Art. 332 Abs. 5 UZK-DVO). Um der Informationspflicht nachkommen zu können, müssen diese Daten zunächst an den Beförderer übermittelt werden. Die Verpflichtung dafür trägt die Person, die die Waren an den Beförderer übergibt. Erst wenn diese Informationen vorliegen, darf der Beförderer die Waren verladen (Art. 332 Abs. 6 UZK-DVO). D8089

Stellt die Ausgangszollstelle Mehrmengen oder eine andere Warenbeschaffenheit als bei den angemeldeten Waren fest, **untersagt** sie **den Ausgang**, bis eine Ausfuhranmeldung abgegeben wurde und unterrichtet darüber die Ausfuhrzollstelle. Diese Ausfuhranmeldung kann bei der Ausgangszollstelle abgegeben werden (Art. 332 Abs. 3 u. 4 UZK-DVO). D8090

D8091 Die Ausgangszollstelle überlässt die Waren sodann zum Ausgang und überwacht diesen (Art. 333 Abs. 1 UZK-DVO). Sofern die Ausgangszollstelle nicht auch gleichzeitig die Ausfuhrzollstelle ist, unterrichtet die Ausgangszollstelle spätestens **am ersten Arbeitstag** nach dem Verlassen der Waren des Zollgebiets die Ausfuhrzollstelle über den Ausgang. Entsprechende Fristen bestehen auch in den Sonderfällen gem. Art. 329 Abs. 3 – 7 UZK-DVO, wenn die Ausgangszollstelle nicht zwingend auch die Grenzzollstelle ist (Art. 333 Abs. 2 UAbs. 2, Abs. 7 UZK-DVO). Dieselbe Unterrichtungsfrist gilt auch, wenn die Ausgangszollstelle den Ausgang der Waren verweigert (Art. 333 Abs. 3 UZK-DVO).

D8092 Die Ausfuhrzollstelle bescheinigt bei ordnungsgemäßer Ausfuhr nach Mitteilung der Ausgangszollstelle dem Anmelder oder Ausführer den Ausgang. Dies erfolgt in Deutschland durch Übermittlung des **Ausgangsvermerks** (Art. 334 UZK-DVO).

(3) Carnet ATA/ Carnet CPD/ Versandverfahren

D8093 Werden Waren mit **Carnet ATA oder CPD** wiederausgeführt, ist die dafür zuständige Zollstelle gleichzeitig auch Ausgangszollstelle (Art. 338 UZK-DVO).

D8094 Sollen Waren mit **Carnet ATA oder CPD** aus dem Zollgebiet verbracht werden, so gilt das Carnet grds. als Ausfuhranmeldung (Art. 339 Abs. 1 UZK-DVO). Ausnahmen davon sind beispielsweise für Waren vorgesehen, für die eine Ausfuhrerstattung gewährt wird, bei denen der Erlass oder die Erstattung von Einfuhrabgaben davon abhängig ist, dass diese Waren ausgeführt werden oder eine Beförderung von verbrauchsteuerpflichtigen Waren im Steueraussetzungsverfahren stattfindet (Art. 339 Abs. 2 UZK-DVO). Die zu erledigenden Förmlichkeiten der Ausfuhrzollstelle und der Ausgangszollstelle sind in Art. 339 Abs. 3 – 5 UZK-DVO genauer beschrieben.

D8095 Werden Waren nach ihrer Überlassung zum Ausfuhrverfahren in ein externes **Versandverfahren** übergeführt, ist Ausgangszollstelle die **Abgangszollstelle** des Versandverfahrens (Art. 329 Abs. 5 UZK-DVO). Dasselbe gilt auch für Versandverfahren, die in einem Land enden, mit dem das gemeinsame Versandverfahren zulässig ist (Art. 329 Abs. 6 Buchst. a UZK-DVO). Gem. Art. 329 Abs. 6 Buchst. b UZK-DVO ist die Abgangszollstelle ebenfalls Ausgangszollstelle, wenn die Bestimmungszollstelle sich an der Grenze des EU-Zollgebiets befindet und die Waren zuvor ein außerhalb des Zollgebiets gelegenes Land oder Gebiet berührt haben (z. B. Beginn der Ausfuhr in Deutschland, Beförderung über die Schweiz nach Italien und Ausgang in Italien).

gg) Ausfuhrgenehmigung/Ausfuhrlizenz

D8096 Sofern die Ausfuhr aufgrund unionsrechtlicher oder deutscher Beschränkungen nur mit Ausfuhrgenehmigung zulässig ist, muss der Anmelder in der elektronischen Ausfuhranmeldung eine entsprechende **Codierung** vornehmen (§ 23 Abs. 2 AWV). Die Vorlage der Genehmigung bei der Ausfuhrzollstelle ist im elektronischen Ausfuhrverfahren nicht erforderlich (§ 23 Abs. 1 AWV).

D8097 Die Ausfuhrzollstelle und Ausgangszollstelle prüfen die **Zulässigkeit** der Ausfuhr (§ 14 AWV). Zu diesem Zweck können sie weitere Angaben und Beweismittel z. B. über die Beschaffenheit, die Zusammensetzung oder den Verwendungszweck der Ware vom Anmelder verlangen bzw. eine Untersuchung der Waren im Rahmen einer Zollbeschau vornehmen (Art. 188 UZK). Bei nicht offensichtlich lösbaren Unklarheiten bezüglich der Genehmigungsbedürftigkeit der Warenausfuhr kann die Zollstelle auch die Vorlage einer entsprechenden Bescheinigung der Genehmigungsbehörde (Bundesamt für Wirtschaft und Ausfuhrkontrolle – BAFA) verlangen.

HINWEIS:

Diese Bescheinigungen können sein: D8098

- **Ausfuhrgenehmigung (bei Genehmigungspflicht des Ausfuhrvorhabens);**
- **Auskunft zur Güterliste (technisches Gutachten zur Listung eines konkreten Gutes);**
- **Nullbescheid (Bestätigung der Genehmigungsfreiheit des konkreten Ausfuhrvorhabens).**

Für den Bereich der Güter mit doppeltem Verwendungszweck sieht die Dual Use-VO in Art. 16 Abs. 1 ausdrücklich vor, dass der Ausführer den Zollstellen gegenüber den Nachweis ordnungsgemäßer Genehmigung der Ausfuhr erbringen muss. Vom Ausführer kann die Übersetzung aller Belege in die Amtssprache des Mitgliedstaates verlangt werden, in dem die Ausfuhranmeldung vorgelegt wird (Art. 16 Abs. 2 Dual Use-VO).

HINWEIS:

Die Dual Use-VO räumt den Mitgliedstaaten im Falle der genehmigungspflichtigen Ausfuhr Verfahrensrechte ein, die über die Kontrollmöglichkeiten des zollrechtlichen Ausfuhrverfahrens hinausgehen. So darf ein Mitgliedstaat eine Ausfuhr aus seinem Hoheitsgebiet gem. Art. 16 Abs. 3 Dual Use-VO für bis zu zehn Arbeitstage (im Ausnahmefall bis zu 30 Arbeitstage) aussetzen oder verhindern, wenn seine Verwaltungsbehörden die begründete Annahme haben, dass bei der Erteilung der Genehmigung sachdienliche Informationen nicht berücksichtigt wurden oder die Lage sich seit Erteilung der Genehmigung wesentlich geändert hat. In diesem Fall sind die Behörden des Staates, der die Genehmigung erteilt hat, unverzüglich zu konsultieren (Art. 16 Abs. 4 Dual Use-VO). Von diesen hängt das weitere Verfahren ab. Bestätigen sie die Genehmigung oder antworten sie nicht innerhalb der regulären Zehntagesfrist, ist die Ware zur Ausfuhr freizugeben. Den Behörden des Genehmigungsstaates werden im Ausnahmefall bis zu 30 Arbeitstage Bearbeitungsfrist zugestanden. Letztlich ist die Zulässigkeit der Ausfuhr von den Behörden des Genehmigungsstaates abhängig. Der Staat, von dessen Hoheitsgebiet aus die Ausfuhr tatsächlich erfolgt, hat sich nach den Behörden des Genehmigungsstaates zu richten; er kann die Verbringung aus dem Zollgebiet der Union über sein Hoheitsgebiet verzögern, aber nicht verhindern. D8099

c) Vereinfachungen

Der UZK sieht bestimmte Vereinfachungsmöglichkeiten vor, die u. a. das Verfahren der Ausfuhr vereinfachen sollen. Des Weiteren existieren Sonderregelungen für Kleinsen- D8100 dungen. Ihr gemeinsames Merkmal ist, dass sie die Förmlichkeiten des Verfahrens erleichtern sollen.

D8101–D8103 *(Einstweilen frei)*

aa) Einstufiges Verfahren

D8104 Soweit die Ausfuhr keinen Verboten oder Beschränkungen unterliegt und der **Warenwert** bei der Ausfuhr pro Sendung und Anmelder **3 000 €** nicht übersteigt, braucht das Verfahren bei der Ausfuhrzollstelle nicht durchgeführt zu werden, die Überführung in das Verfahren kann direkt bei der Ausgangszollstelle erfolgen (Art. 221 Abs. 2 UAbs. 2 UZK-DVO).

bb) Vereinfachte Zollanmeldung

D8105 Das Verfahren der vereinfachten Zollanmeldung sieht vor, dass bei der Anmeldung grds. auf bestimmte in Art. 162 UZK genannte **Angaben** sowie in Art. 163 UZK genannte **Unterlagen** verzichtet werden kann (Art. 166 Abs. 1 UZK). Soll das Verfahren regelmäßig in Anspruch genommen werden, ist eine **Bewilligung** erforderlich (Art. 166 Abs. 2 UZK).

D8106 Die Bewilligungsvoraussetzungen sind in Art. 145 Abs. 1 UZK-DelVO aufgeführt. Folgende Voraussetzungen müssen erfüllt werden:

a) der Antragsteller darf keine schwerwiegenden oder wiederholten Verstöße gegen die zoll- oder steuerrechtlichen Vorschriften und keine schweren Straftaten im Rahmen seiner Wirtschaftstätigkeit begangen haben;

b) der Antragsteller muss ggf. über ausreichende Verfahren für die Bearbeitung von Lizenzen und Genehmigungen im Zusammenhang mit handelspolitischen Maßnahmen oder mit dem Handel mit landwirtschaftlichen Erzeugnissen verfügen;

c) der Antragsteller muss dafür Sorge tragen, dass sein Personal angewiesen ist, die Zollbehörden zu unterrichten, wenn Schwierigkeiten bei der Einhaltung der Vorschriften festgestellt werden, und legt Verfahren für diese Unterrichtung fest;

d) der Antragsteller verfügt ggf. über ausreichende Verfahren für die Bearbeitung von Einfuhr- und Ausfuhrgenehmigungen im Zusammenhang mit Verboten und Beschränkungen und der Gewährleistung der Einhaltung dieser VuB.

D8107 Bei einem AEOC wird davon ausgegangen, dass er die unter den Buchstaben b-d genannten Voraussetzungen erfüllt, sofern seine Aufzeichnungen für diese Zwecke geeignet sind (Art. 145 Abs. 2 UZK-DelVO). Die Voraussetzung nach Art. 145 Abs. 1 Buchst. a UZK-DelVO erfüllt der AEOC ohnehin, da es sich um eine unmittelbare Voraussetzung für die AEO-Bewilligung handelt.

D8108 Die Verwendung der vereinfachten Ausfuhranmeldung ist vor allem für **Subunternehmer** (Art. 221 Abs. 2 UAbs. 3 UZK-DVO) interessant, die nicht über alle für die Ausfuhr erforderlichen Daten verfügen. Die vereinfachte Ausfuhranmeldung muss lediglich die Mindestdaten enthalten, die in Anhang B UZK-DelVO (übergangsweise Anhang 9 UZK-Ü-DelVO, Art. 2 Abs. 4 UZK-DelVO) genannt sind.

Gem. Art. 224 UZK-DVO sind die Unterlagen gem. Art. 163 Abs. 2 UZK auch bei der vereinfachten Zollanmeldung bereitzuhalten. In Art. 163 Abs. 2 UZK wird jedoch nur auf die Vorlagepflicht hingewiesen. Wahrscheinlich sollte auf Art. 163 Abs. 1 UZK verwiesen werden, wonach alle für ein Zollverfahren erforderlichen Unterlagen zum Zeitpunkt der Abgabe der Zollanmeldung im Besitz des Anmelders sein und bereitgehalten werden müssen. Insbesondere **Ausfuhrgenehmigungen** müssen zum Zeitpunkt der Beantragung der Ausfuhrabfertigung beim Ausführer oder seinem Vertreter vorhanden sein (§ 23 Abs. 1 Satz 2 AWV). D8109

Die fehlenden Angaben sind mittels einer **ergänzenden Zollanmeldung** innerhalb einer bestimmten Frist nachzureichen, die fehlenden Unterlagen müssen sich ebenfalls innerhalb einer bestimmten Frist im Besitz des Anmelders befinden und vorgehalten werden. Die ergänzende Anmeldung kann **globaler, periodischer oder zusammenfassender Art** sein (Art. 167 Abs. 1 UZK). D8110

Die ergänzende Zollanmeldung ist grds. innerhalb von **10 Tagen** nach der Überlassung der Waren einzureichen. Im Falle von ergänzenden Anmeldungen globaler, periodischer oder zusammenfassender Art beträgt der Zeitraum, auf den sich die ergänzende Zollanmeldung bezieht, höchstens **einen Kalendermonat**; in diesem Fall ist die ergänzende Zollanmeldung innerhalb der von den Zollbehörden festgelegten Frist, die maximal 10 Tage ab dem Ende dieses Zeitraums betragen darf, abzugeben (Art. 146 UZK-DelVO). Längere Fristen i. H.v. **30 Tagen** und in hinreichend begründeten Fällen bis **120 Tagen** ab dem Tag der Überlassung sind denkbar (Art. 146 Abs. 3, 3a UZK-DelVO). Die fehlenden Unterlagen müssen innerhalb derselben Frist im Besitz des Anmelders sein (Art. 147 Abs. 1 UZK-DelVO). D8111

Ein **Verzicht auf die Abgabe der ergänzenden Zollanmeldung** kommt bei der Ausfuhr lediglich unter den Voraussetzungen des Art. 167 Abs. 3 UZK in Betracht. Demnach könnten die Zollbehörden auf die Abgabe der ergänzenden Anmeldung verzichten, wenn die Menge und der Wert der Sendung unter dem statistischen Schwellenwert liegen, die vereinfachte Zollanmeldung bereits alle Informationen für das Verfahren enthält **und** die Anmeldung nicht mittels Anschreibung in der Buchführung erfolgt. Unabhängig von der gesetzlichen Formulierung, dass diese drei Voraussetzungen kumulativ zu erfüllen sind, lässt die deutsche Zollverwaltung den Verzicht auf die ergänzende Zollanmeldung bei der Ausfuhr regelmäßig bereits zu, wenn lediglich die zweite Voraussetzung, nämlich die Abgabe einer bereits vereinfachten Zollanmeldung mit vollständigem Datensatz, erfüllt ist (vgl. Merkblatt über die Unterschiede der Verfahrensvereinfachungen bei der Überführung von Waren in das Ausfuhrverfahren nach dem Unionszollkodex, Stand Mai 2016). D8112

Die vereinfachte und die ergänzende Zollanmeldung gelten zusammen als eine **untrennbare Willenserklärung** (Art. 167 Abs. 4 UZK). D8113

cc) Anschreibung in der Buchführung

Sowohl die Standardzollanmeldung als auch die vereinfachte Zollanmeldung können als Anschreibung in der Buchführung des Anmelders vorgenommen werden (Art. 182 Abs. 1 UZK). Die Zollanmeldung gilt in dem Fall zum Zeitpunkt der Anschreibung als D8114 angenommen, nicht jedoch als überlassen. Diese Vereinfachung ist ebenfalls bewilligungsbedürftig.

D8115 Gem. Art. 150 Abs. 4 UZK-DelVO wird eine solche Bewilligung für die Ausfuhr oder Wiederausfuhr jedoch nur erteilt, wenn:

a) Die Verpflichtung zur Abgabe einer Vorabanmeldung nicht gilt und

b) Ausfuhr- und Ausgangszollstelle identisch sind oder Vorkehrungen getroffen sind, damit die Waren beim Ausgang unter zollamtlicher Überwachung stehen.

Auf die Abgabe einer Vorabanmeldung wird gem. Art. 263 Abs. 2 UZK einerseits verzichtet, wenn es sich um Beförderungsmittel oder darauf beförderte Waren handelt, die die Gewässer oder den Luftraum des Zollgebiets lediglich ohne Zwischenstopp durchqueren. Andererseits können durch delegierte Rechtsakte weitere Fälle festgelegt werden, in denen auf die Vorabanmeldung verzichtet wird (Art. 263 Abs. 2 Buchst. b i. V. m. Art. 265 Buchst. b UZK).

D8116 Art. 245 Abs. 1 UZK-DelVO **zählt Fälle auf, in denen auf die Abgabe der Vorabanmeldung vorbehaltlich der Abgabe einer Zollanmeldung oder Wiederausfuhranmeldung verzichtet** wird. Auf die Vorabanmeldung wird beispielsweise verzichtet bei elektrischer Energie, Waren in Rohrleitungen, Briefsendungen, Waren im persönlichen Gepäck von Reisenden und zahlreichen weiteren Fällen. Der Normalfall der Ausfuhr ist von den genannten Sonderfällen allerdings nicht erfasst, sodass im Regelfall eine Anschreibung in der Buchführung bei der Ausfuhr oder Wiederausfuhr nicht in Betracht kommt.

D8117 Sofern eine Anschreibung in der Buchführung möglich ist, kann als zusätzliche Vereinfachung eine **Gestellungsbefreiung** bewilligt werden. In diesem Fall gelten die Waren als zum Zeitpunkt der Anschreibung in der Buchführung des Anmelders als **überlassen** (Art. 182 Abs. 3 UAbs. 1 UZK). Voraussetzung für die Gestellungsbefreiung ist u. a. eine **Bewilligung als AEOC** (Art. 182 Abs. 3 Buchst. a UZK).

dd) Zentrale Zollabwicklung

D8118 Eine von der Wirtschaft seit langem geforderte Vereinfachung ist die **zentrale Zollabwicklung**. Gem. Art. 179 Abs. 1 UZK kann eine Zollanmeldung bei einer Zollstelle abgegeben werden, die nicht für den Gestellungsort zuständig ist. **Gestellungsort und Anmeldeort können also auseinanderfallen.**

D8119 Diese Vereinfachung ist **bewilligungsbedürftig** und ausschließlich den Unternehmen vorbehalten, die im Besitz einer **AEOC-Bewilligung** sind (Art. 179 Abs. 2 UZK). Auf eine Bewilligung kann allerdings verzichtet werden, wenn beide Zollstellen der Verantwortung derselben Zollbehörde unterstehen. Die zentrale Zollabwicklung kann u. a. für die **Ausfuhr und die Wiederausfuhr** genutzt werden (Art. 149 Abs. 1 Buchst. g und h UZK-DelVO). Darüber hinaus ist grds. auch eine Kombination mit einer **Anschreibung in der Buchführung** des Anmelders möglich, was im Rahmen der Ausfuhr aus o. g. Gründen regelmäßig nicht in Betracht kommt. Die Überführung in das Verfahren erfolgt mittels Standardzollanmeldung oder vereinfachter Zollanmeldung (Art. 231 Abs. 1 UZK-DVO).

D8120 Die Abfertigung erfolgt unter der **Federführung** der Zollstelle, bei der die Anmeldung abgegeben wird. Diese Zollstelle kann Angaben und Unterlagen prüfen, weitere Unterlagen verlangen, die Gestellungszollstelle ersuchen, eine Beschau durchzuführen oder Muster und Proben zu ziehen und überlässt die Waren unter Berücksichtigung der Kontrollergebnisse (Art. 179 Abs. 3 und 6 UZK). Die Gestellungszollstelle ist insbesondere für die Überprüfung nationaler VuB verantwortlich (Art. 231 Abs. 5 und 6 UZK-DVO). Zwischen den Zollstellen muss ein **Informationsaustausch** stattfinden, da das Verfahren ansonsten nicht durchführbar wäre (Art. 179 Abs. 4 UZK).

(Einstweilen frei) D8121–D8123

HINWEIS:

Das derzeitige Problem der zentralen Zollabwicklung ist der notwendige Informationsaustausch zwischen den Zollstellen. Da jeder Mitgliedstaat seine eigene Zoll-Software unterhält und diese nicht ausreichend miteinander kompatibel sind, scheitert die zentrale Zollabwicklung derzeit häufig noch an der notwendigen IT-Struktur. D8124

Der Durchführungsbeschluss der Kommission vom 13.12.2019 zur Erstellung eines Arbeitsprogramms für die Entwicklung und Inbetriebnahme der elektronischen Systeme zum Zollkodex der Union (ABl. L 325/168 vom 16.12.2019) sieht für die Inbetriebnahme der zentralen Zollabwicklung bei der Ausfuhr frühestens den **1.3.2021** vor.

In der Übergangsphase sind die Regelungen der UZK-Ü-DelVO zu beachten. Art. 18 UZK-Ü-DelVO legt fest, dass die betroffenen Zollbehörden Vereinbarungen zu treffen haben, um einen entsprechenden Informationsaustausch zu gewährleisten. Zum Zwecke des Informationsaustauschs zwischen den Zollbehörden und dem Wirtschaftsbeteiligten können in der Übergangsphase andere Mittel als solche der elektronischen Datenverarbeitung genutzt werden. Gem. Art. 20 UZK-Ü-DelVO **können die Zollbehörden Anträge für die zentrale Zollabwicklung ablehnen, wenn die Bewilligung einen unverhältnismäßigen Verwaltungsaufwand mit sich bringen würde.**

ee) Eigenkontrolle

Eine weitere auf den ersten Blick tiefgreifende Vereinfachung stellt die Eigenkontrolle gem. Art. 185 UZK dar. Danach können die Zollbehörden dem Wirtschaftsbeteiligten auf Antrag **bewilligen**, bestimmte den Zollbehörden obliegende **Zollformalitäten** zu erledigen, die **Höhe der zu entrichtenden Einfuhr- und Ausfuhrabgaben zu ermitteln** und bestimmte **Kontrollen unter zollamtlicher Überwachung** durchzuführen. D8125

Die Bewilligung ist ebenfalls dem **AEOC** vorbehalten (Art. 185 Abs. 2 UZK).

Art. 151 UZK-DelVO legt die Bedingungen für die Bewilligung der Eigenkontrolle fest. Eine **Bewilligungsvoraussetzung** ist, dass der Antragsteller bereits im Besitz einer Bewilligung für die Anschreibung in der Buchführung ist. Da eine Anschreibung in der Buchführung für die Ausfuhr/ Wiederausfuhr lediglich in Sonderfällen in Betracht kommt (siehe Rdnr. D 8114 ff.), ist der Anwendungsbereich der Eigenkontrolle bei der Ausfuhr/ Wiederausfuhr äußerst gering. D8126

D8127 Sollte ein solcher Sonderfall jedoch vorliegen, legt Art. 152 UZK-DelVO sodann die Zollförmlichkeiten und -kontrollen fest, die im Rahmen der Eigenkontrolle durchgeführt werden können. Demnach ist im Rahmen der Eigenkontrolle ausschließlich die Einhaltung von in der Bewilligung festgelegten **Verboten und Beschränkungen** vorgesehen.

d) Befreiungen

D8128 Gem. Art. 158 Abs. 2 UZK dürfen Zollanmeldungen in bestimmten Fällen mit **anderen Mitteln als der elektronischen Datenverarbeitung** abgegeben werden. Art. 160 UZK enthält die Befugnis, diese Fälle in delegierten Rechtsakten festzulegen. Von dieser Ermächtigung wurde für die Ausfuhr in Form von Art. 137 UZK-DelVO (mündliche Ausfuhranmeldung) und Art. 140 UZK-DelVO (konkludente Zollanmeldung) Gebrauch gemacht.

HINWEIS:

Die nachfolgenden Befreiungen gelten nicht für Waren, für die Erstattungen im Marktordnungsbereich vorgesehen sind oder die besonderen Förmlichkeiten (Verboten und Beschränkungen, handelspolitischen Maßnahmen, insbesondere Ausfuhrgenehmigungspflichten) unterliegen (Art. 142 UZK-DelVO).

aa) Mündliche Anmeldungen

D8129 Art. 137 UZK-DelVO zählt die Fälle auf, in denen eine mündliche Zollanmeldung zulässig ist:

a) Waren zu nichtkommerziellen Zwecken;

b) Waren zu kommerziellen Zwecken, sofern sie einen Wert von 1 000 € bzw. eine Eigenmasse von 1 000 kg nicht überschreiten;

c) Beförderungsmittel, die im Zollgebiet der Union zugelassen sind und wiedereingeführt werden sollen, sowie Ersatzteile, Zubehör und Ausrüstungen für diese Fahrzeuge;

d) Bestimmte Waren der Zollbefreiungsverordnung im Bereich der Landwirtschaft

D8130 *(Einstweilen frei)*

D8131 Ebenfalls mündlich zur Ausfuhr können die Waren angemeldet werden, die in Art. 136 Abs. 1 UZK-DelVO genannt werden, sofern die Waren wiedereingeführt werden sollen (Art. 137 Abs. 2 UZK-DelVO). Art. 136 Abs. 1 UZK-DelVO beinhaltet die Waren, die mündlich zur vorübergehenden Verwendung angemeldet werden können (z. B. Beförderungsmittel, Waren für Sportzwecke, tragbare Musikinstrumente). Interessant ist hier Art. 136 Abs. 1 Buchst. l UZK-DelVO, der eine Öffnungsklausel für nationale Besonderheiten beinhaltet. Danach können die Zollbehörden auch andere Fälle der mündlichen Anmeldung zulassen. Für die Ausfuhr hat die deutsche Zollverwaltung in ihrer Dienstvorschrift zum Ausfuhrverfahren (E-VSF A 0610 Abs. 339) von dieser Möglichkeit Gebrauch gemacht und 37 Fälle aufgeführt.

bb) Konkludente Anmeldungen

Art. 140 UZK-DelVO **zählt die Fälle auf, in denen Waren konkludent**, d. h. durch bestimmte in Art. 141 UZK-DelVO genannte Handlungen, zur Ausfuhr angemeldet werden können. Eine konkludente Zollanmeldung kommt für folgende Fälle in Betracht: D8132

a) alle Fälle des Art. 137 UZK-DelVO, in denen auch mündlich angemeldet werden kann;

b) tragbare Musikinstrumente von Reisenden;

c) Briefsendungen;

d) Waren in Post- oder Expressgutsendungen, deren Wert 1.000 € nicht übersteigt und die nicht ausfuhrabgabenpflichtig sind;

e) Organe und anderes menschliches oder tierisches Gewebe oder menschliches Blut, das/die für eine Transplantation, Implantation oder Transfusion geeignet ist/sind, in Notfällen;

f) Waren, für die ein NATO-Vordruck 302 oder ein EU-Vordruck 302 vorliegt.

Nach der Insel **Helgoland** versandte Waren gelten ebenfalls konkludent als zur Ausfuhr angemeldet (Art. 140 Abs. 2 UZK-DelVO). D8133

Als Zollanmeldung gilt gem. Art. 141 Abs. 1 Buchst. d UZK-DelVO das **einfache Überschreiten der Grenze des Zollgebiets der Union**, was der Regelfall der konkludenten Ausfuhranmeldung ist. Ebenfalls gilt das Passieren einer Zollstelle ohne getrennte Kontrollausgänge oder das Benutzen des grünen Ausgangs „anmeldefreie Waren" (Art. 141 Abs. 1 Buchst. a und b UZK-DelVO) als konkludente Zollanmeldung. Sofern einzelstaatliches Recht dies vorsieht, kann auch das Anbringen einer Zollanmeldungsvignette oder eines Aufklebers „Anmeldefreie Waren" an der Windschutzscheibe von Personenwagen als konkludente Zollanmeldung gelten (Art. 141 Abs. 1 Buchst. c UZK-DelVO). D8134

Briefsendungen gelten beim Ausgang aus dem Zollgebiet der Union ebenfalls als zur Ausfuhr oder Wiederausfuhr angemeldet (Art. 141 Abs. 2 UAbs. 2 UZK-DelVO). Auch für **Postsendungen** ist eine Vereinfachung vorgesehen. Diese gelten beim Ausgang aus dem Zollgebiet als angemeldet, wenn sie nicht ausfuhrabgabenpflichtig sind und einen Wert von **1 000 €** nicht überschreiten (Art. 141 Abs. 4, UZK-DelVO). Für **Expressgutsendungen** sind zusätzlich die Gestellung bei der Ausgangszollstelle sowie bestimmte Angaben im Beförderungsdokument erforderlich (Art. 141 Abs. 4a UZK-DelVO). D8135

HINWEIS:

Art. 140 Abs. 1 Buchst. a UZK-DelVO erscheint überraschend. Alle Waren, die mündlich angemeldet werden können, können auch konkludent zur Ausfuhr angemeldet werden. Der Anwendungsbereich der mündlichen Ausfuhranmeldung ist damit sehr eingeschränkt. Weshalb sollte man etwas mündlich anmelden, wenn man auch ohne Förm- D8136 lichkeiten ausführen kann? Ein Grund könnte sein, dass bei einer konkludenten Anmeldung der Nachweis der Rückwareneigenschaft oder umsatzsteuerfreien Ausfuhrlieferung schwieriger werden kann.

D8137 *(Einstweilen frei)*

4. Übergangsvorschriften

D8138 Übergangsvorschriften für die Zeit ab dem 1.5.2016 enthält der **Titel IX** der UZK-DelVO sowie der UZK-DVO. Übergangsvorschriften für die IT können der UZK-Ü-DelVO entnommen werden. Hier werden Übergangsmaßnahmen für den Austausch und die Aufbewahrung von Daten geregelt.

D8139 Darüber hinaus setzt das Arbeitsprogramm für die Entwicklung und Inbetriebnahme der elektronischen Systeme zum Zollkodex der Union (ABl. L 325/168 vom 16.12.2019) bestimmte Fristen für die Inbetriebnahme von IT-Systemen fest.

D8140 Die im Rahmen der Ausfuhr am Häufigsten erteilte Bewilligung nach dem bis zum 1.5.2016 gültigen Zollrecht war der **Zugelassene Ausführer** (Art. 283 ZK-DVO). Da die Bewilligung zeitlich nicht befristet war, musste diese gem. Art. 250 Abs. 1 UZK-DelVO **neu bewertet** werden. Bis zur Neubewertung blieb die Bewilligung als Zugelassener Ausführer damit gültig (Art. 251 Abs. 1 Buchst. b UZK-DelVO).

Der Beschluss infolge der Neubewertung einer Bewilligung musste bis zum **1.5.2019** gefasst sein (Art. 345 Abs. 1 UZK-DVO). Mit diesen Beschlüssen mussten die neu bewerteten Bewilligungen aufgehoben und ggf. neue Bewilligungen erteilt werden.

D8141–D8143 *(Einstweilen frei)*

D8144 Gemäß Art. 254 UZK-DelVO wurden Bewilligungen, die gem. Art. 251 UZK-DelVO nach dem 1.5.2016 gültig blieben, unter den Bedingungen angewendet, die in den entsprechenden Bestimmungen des UZK, der UZK-DVO und der UZK-DelVO sowie der **Entsprechungstabelle in Anhang 90 UZK-DelVO** festgelegt sind.

D8145 Da der Zugelassene Ausführer im alten Recht unter den **Anschreibeverfahren** (Art. 283 ZK-DVO) angesiedelt war, dieses im UZK bei der Ausfuhr allerdings lediglich in Ausnahmefällen zur Anwendung kommt, wird der Zugelassene Ausführer nun im Rahmen der **vereinfachten Zollanmeldung** gem. Art. 166, 167 UZK, Art. 145 – 147 UZK-DelVO, Art. 223 – 225 UZK-DVO angesiedelt (vgl. Anhang 90 Nr. 5 und 6 UZK-DelVO). Für die deutsche Exportwirtschaft so wesentliche Vereinfachungen wie die i. d. R. sofortige und automatische Überlassung auch außerhalb der Öffnungszeiten der Zollstellen wurden hier übernommen. Bezugnahmen auf den alten ZK bzw. die ZK-DVO in der Bewilligung als Zugelassener Ausführer waren in der Übergangsphase als Bezugnahmen auf die entsprechenden Vorschriften von UZK, UZK-DelVO und UZK-DVO gem. Anhang 90 UZK-DelVO zu verstehen (Art. 345 Abs. 3 UZK-DVO).

5. Kontrollfragen

		Rdnr.	
1.	Auf welche Arten kann eine Vorabanmeldung abgegeben werden?	D8013	☐
2.	Was ist Zweck der Abgabe der Vorabanmeldung?	D8015	☐
3.	Was ist die Konsequenz, wenn eine Vorabanmeldung nicht abgegeben wird?	D8015	☐
4.	In welchen Fällen wird auf die Abgabe einer Vorabanmeldung verzichtet?	D8017–D8020	☐
5.	Wie ist die Person des Ausführers definiert?	D8027-D8032	☐
6.	Wann ist eine Ausfuhranmeldung, wann eine Wiederausfuhranmeldung abzugeben?	D8034	☐
7.	Was ist zu tun, wenn Waren ohne Abgabe einer Ausfuhranmeldung das Zollgebiet verlassen haben?	D8038	☐
8.	In welchen Fällen kann eine Ausfuhranmeldung nachträglich noch geändert werden?	D8041 D8042	☐
9.	Was ist zu tun, wenn Waren zur Ausfuhr angemeldet und überlassen wurden, diese das Zollgebiet der Union dann aber doch nicht mehr verlassen sollen?	D8045, D8074	☐
10.	Welche Fälle kommen in Betracht, in denen eine summarische Ausgangsanmeldung erforderlich ist?	D8046–D8048	☐
11.	In welchen Fällen ist eine Wiederausfuhrmitteilung erforderlich?	D8053–D8055	☐
12.	Wonach bestimmt sich die Zuständigkeit der Ausfuhrzollstelle?	D8060–D8065	☐
13.	Was passiert, wenn nicht nachgewiesen werden kann, dass eine zur Ausfuhr angemeldete Ware die EU auch verlassen hat?	D8075	☐
14.	Wer ist verantwortlich für die Gestellung der Ware bei der Ausgangszollstelle?	D8078	☐
15.	Was passiert, wenn die Ausgangszollstelle entdeckt, dass andere Waren die EU verlassen sollen, als diejenigen, die angemeldet und überlassen wurden?	D8090	☐
16.	Kann eine Ausfuhr auch erfolgen, wenn noch nicht alle für die Ausfuhr erforderlichen Daten oder Unterlagen zur Verfügung stehen?	D8105	☐
17.	In welchen Fällen kann eine Ware mündlich oder konkludent zur Ausfuhr angemeldet werden?	D8129-D8135	☐

E. Grundlagen der Abgabenerhebung

Schrifttum:

Witte, UZK – Der Zollkodex der Union, 8. Aufl. München 2021

Harden/Herschbach, Zum Verhältnis von delegierter Verordnung und Grundverordnung im Europarecht – Dargestellt am Beispiel der Befugnisübertragung des Art. 126 UZK und seiner Aiusgestaltung in Art. 103 UZL-DA, ZfZ 2021, 70

Harksen/Sieben, Einfuhrabgabenentstehung bei Verstoß gegen das Drawback-Verbot, AW-Prax 2018, 179

Titel III des UZK regelt das **Entstehen**, die **Erhebung**, das **Erlöschen** und den **Erlass** sowie die **Erstattung** von Zollschulden und ihre Absicherung durch Sicherheitsleistung. E0001

Im Vordergrund der Ein- und Ausfuhrabgaben stehen die Zölle. Sie werden in Art. 5 Nr. 20, 21 UZK nicht näher definiert. Der Sache nach sind sie Abgaben, die zumeist an den unmittelbaren Eingang einer Ware in den Wirtschaftskreislauf (Einfuhrzoll) oder an das Verlassen des Wirtschaftskreislaufes (Ausfuhrzoll) anknüpfen. Neben diesen **Wirtschaftszöllen** gibt es Zölle, die allein aufgrund von **Verfehlungen** entstehen. E0002

Gemäß Art. 5 Nr. 18 UZK begründet die Zollschuld eine **persönliche Zahlungspflicht** des Zollschuldners (Art. 5 Nr. 19 UZK), einer Person i. S. d. Art. 5 Nr. 5 UZK. Sie ist aus seinem Vermögen zu erfüllen und unterscheidet sich dadurch von der dinglichen Haftung der Ware nach den einzelstaatlichen Vorschriften. E0003

Art. 5 Nr. 20 UZK fasst unter **Einfuhrabgaben** die Zölle und anderen Abgaben zusammen, die nach EU-Recht zu entrichten sind. Diese können auch Abgaben mit gleicher Wirkung sein. E0004

BEISPIELE:

Gebühren für systematische Kontrollen beim Verbringen von Waren, für Einfuhrgenehmigungen oder für Gesundheitszeugnisse.

Art. 5 Nr. 1 UZK fasst unter **Ausfuhrabgaben** die Zölle und sonstigen Abgaben nach dem EU-Recht zusammen. Momentan entstehen regelmäßig nur im Zusammenhang mit der Einfuhr Zollschulden. E0005

Ausnahmen gibt es jedoch immer wieder im landwirtschaftlichen Bereich etwa beim Export von Hart- und Weichweizen. E0006

Der UZK ist deshalb so aufgebaut, dass andere Konstellationen erfasst werden können. Auch für **ausfuhrabgabenpflichtige Waren** kann eine Ausfuhrzollschuld entstehen. Damit kann der Abfluss wichtiger Güter aus dem Zollgebiet der Union und die Verknappung des Angebotes im Zollgebiet der Union verhindert werden. Ausfuhrabgaben wurden in den letzten Jahren nur ganz vereinzelt und zeitlich begrenzt erhoben.

BEISPIELE:

Ausfuhrzölle für Hartweizen, Weichweizen, Gerste.

Die zur Sicherheit geleistete **Bürgschaft** begründet keine Zollschuld. Der Bürge muss sich gem. Art. 94 UZK vertraglich verpflichten, den zu sichernden Betrag einer fremden Zollschuld bei Fälligkeit der Zollschuld zu entrichten. E0007

Der Bürge **haftet gesamtschuldnerisch mit dem Zollschuldner**, ohne selbst Zollschuldner zu werden.

E0008 Auch die Abgaben nationaler Art, wie die **Einfuhrumsatzsteuer** und besonderen **Verbrauchsteuern auf Bier, Branntwein, Energie, Schaumwein, Kaffee und Tabak,** gehören nicht zu den Zollschulden. Denn sie sollen die inländischen und ausländischen Waren gleichstellen.

E0009 Ebenso wenig gehören die **Gebühren** für die Inanspruchnahme konkreter Gegenleistungen der (Zoll-)Verwaltung dazu. Aus Praktikabilitätsgründen wird jedoch bei Einfuhren in das Zollgebiet der Union und bei Ausfuhren aus diesem in den Steuergesetzen zumeist auf das Zollrecht verwiesen. Dadurch sind viele Regelungen des Unionszollkodex im grenzüberschreitenden Warenverkehr bei Abgaben nationaler Art anwendbar.

E0010 Ausgenommen sind immer die Bestimmung des **Steuergegenstandes**, der **Steuerfreiheiten** und des **Steuertarifs**. Sie regeln sich ausschließlich nach den nationalen **Steuergesetzen**.

BEISPIELE:

§ 21 Abs. 2 UStG, § 18 BierStG, § 15 KaffeeStG, § 19b EnergieStG, § 18 SchaumwZwStG, § 21 TabStG.

E0011 Neben die Zollschuld können **Haftungstatbestände** treten. Der Unionszollkodex regelt das Einstehen für fremde Schulden nur unter dem Aspekt der Sicherheitsleistung. Das hindert die Mitgliedstaaten nicht, weitere Instrumentarien zur Absicherung der Zollschuld zu schaffen. Damit ist der Rückgriff auf die Haftungstatbestände der AO und sonstigen deutschen Gesetze, etwa des Handelsgesetzbuchs, immer dann möglich, wenn die darin genannten Personen nicht bereits Zollschuldner geworden sind.

I. Zollschuld

1. Entstehen

a) Allgemeines

aa) Schema der Tatbestände

E1000 Die Entstehungstatbestände bei Ein- und Ausfuhrzollschulden sind nach einem **einheitlichen Schema** aufgebaut:

Entstehen	Zeitpunkt	Zollschuldner
Absatz 1	Absatz 2	Absatz 3/4

bb) Abgabenpflicht

E1001 Eine Zollschuld kann nur für **abgabenpflichtige Waren** entstehen. Immer dann, wenn ein **Regelzollsatz** vorgesehen ist, sind die Waren grundsätzlich abgabenpflichtig.

E1002 Im konkreten Einzelfall kann allerdings aus **präferenzrechtlichen Aspekten oder nach außertariflichen Regelungen** eine Abgabenbefreiung gegeben sein. Da derartige Abgabenbegünstigungen – vorbehaltlich des Art. 86 Abs. 6 UZK – an die ordnungsgemäße

Überlassung zum zollrechtlich freien Verkehr anknüpfen, ist die Ware als solche nicht abgabenfrei. Vielmehr hängt die Abgabenfreiheit von besonderen Voraussetzungen ab.

Vereinfacht lässt sich damit feststellen: E1003

MERKE:

Abgabenpflichtig ist eine Ware immer dann, wenn tariflich Zölle vorgesehen sind und im konkreten Einzelfall keinerlei außertarifliche Abgabenbefreiungen vorliegen.

cc) Systematisierung der Zollschuldner

Gemeinsam ist den meisten Tatbeständen ebenfalls die Systematisierung der Zoll- E1004
schuldner. Die Zollschuldner sind **gesamtschuldnerisch** verpflichtet (Art. 84 UZK). Sie stehen nebeneinander und schließen sich nicht gegenseitig aus. Vielmehr können die Zollbehörden die Leistung von jedem Schuldner ganz oder zu einem Teil fordern. Bis zur Bewirkung der ganzen Zollschuld bleiben sämtliche Schuldner verpflichtet.

Die **Beweislast** für die Zollschuldnerstellung obliegt den Zollbehörden.

Die Zollstellen müssen bei der Erhebung des Abgabenbetrages auswählen, ob (**Ent-** E1005
schließungsermessen) und in welcher Höhe (**Auswahlermessen**) sie einen oder mehrere Zollschuldner in Anspruch nehmen wollen.

Gesamtschuldnerisch verpflichtete Zollschuldner

Anmelder/ Pflichteninhaber	Vertreter/ Teilnehmer	Erwerber/ Besitzer	Vertretene Person/ Angabenlieferant

Zunächst wird bei ordnungsgemäßem Verhalten grundsätzlich der **Anmelder** Zoll- E1006
schuldner. Er hat durch die Abgabe der Zollanmeldung die Ursache für die Zollschuldentstehung gesetzt.

Bei Verfehlungen kommt der **Pflichteninhaber** ins Spiel. Ausreichend ist allein die ob- E1007
jektive Pflichtenstellung. Da es nicht um Strafbarkeit geht, sondern um Verantwortlichkeiten, kann jemand auch ohne persönliche Pflichtverletzungen als Zollschuldner in Anspruch genommen werden. Er hat dafür einzustehen, dass bei Waren, die sich in seinem Verantwortungsbereich befanden, Pflichten verletzt worden sind.

Daneben kann bei Verstößen auf **Vertreter** und **Teilnehmer** zurückgegriffen werden, E1008
die an der Pflichtverletzung im Zusammenhang mit dem Verbringen, dem Entziehen, dem Verbrauch oder der Verwendung der Waren usw. beteiligt waren.

Dazu muss neben der **objektiven Beteiligung** an der Verwirklichung des Tatbestandes E1009
ein **subjektives Element** hinzukommen. Dieses liegt vor, wenn der Vertreter bzw. Teilnehmer im Zeitpunkt der Beteiligung wusste oder hätte (vernünftigerweise, billigerweise) wissen müssen, dass eine zollrechtliche Verpflichtung nicht erfüllt war.

Wissen bedeutet Kenntnis der objektiven Tatumstände. **Wissen müssen** ist grob fahr- E1010
lässige Unkenntnis. Das ist nach den Umständen des Einzelfalles zu beurteilen. Eines Unrechtsbewusstseins bedarf es nicht. Auf die persönlichen Fähigkeiten und Kenntnis-

se des Beteiligten kommt es nicht an. Denn der Unionszollkodex stellt bei den einzelnen Tatbeständen allein darauf ab, ob vernünftigerweise Wissen anzunehmen ist. Folglich ist auf die Sicht des Durchschnittsbeteiligten abzustellen. Persönliche Unkenntnisse und Unfähigkeiten vermögen nicht gutgläubig zu machen.

E1011 Ferner kommen Personen als Zollschuldner in Betracht, welche die betreffenden **Waren erworben** oder **in Besitz gehabt** haben, obwohl sie zu diesem Zeitpunkt die Hintergründe der Zollschuldentstehung, die Nichterfüllung der zollrechtlichen Verpflichtung also, kannten oder billigerweise hätten kennen können. Hierbei ist ebenfalls eine objektivierte Bewertung der Gutgläubigkeit vorzunehmen. Die Beweislast obliegt den Zollbehörden.

E1012 Schließlich kommen bei indirekter Zollvertretung gem. Art. 77 Abs. 3 UZK die **Vertretenen** als Zollschuldner in Betracht.

E1013 Zudem ist bei Zollanmeldungen im Rahmen des Art. 77 Abs. 3 UAbs. 2 UZK der **Angabenlieferant** möglicher Zollschuldner, wenn seine Angaben dazu geführt haben, dass die Zollschuld zu niedrig festgesetzt worden ist. Zudem müssen subjektive Voraussetzungen im Zeitpunkt der Lieferung der Angaben erfüllt sein.

E1014–E1016 *(Einstweilen frei)*

b) Einfuhrzollschuld nach Art. 77 UZK

aa) Entstehen

E1017 Art. 77 Abs. 1 UZK regelt zwei verschiedene Fälle der Einfuhrzollschuldentstehung. Für einfuhrabgabenpflichtige Nicht-Unionswaren entsteht sie:

- bei deren Überlassung zum zollrechtlich freien Verkehr sowie
- bei vorübergehender Verwendung unter teilweiser Befreiung von Einfuhrabgaben.

Beiden Tatbeständen gemeinsam ist die **grundsätzlich ordnungsgemäße Überführung** in das jeweilige Zollverfahren.

Verfehlungen werden von Art. 79 UZK aufgegriffen.

E1018 Dabei ist der **Grundsatz vom einmaligen Entstehen der Zollschuld** zu beachten.

MERKE:

Das bedeutet, dass es zur Zollschuldentstehung nach Art. 77 UZK nur kommen kann, wenn nicht bereits vorher eine Zollschuld nach Art. 79 UZK entstanden und diese nicht erloschen ist.

(1) Überlassung zum zollrechtlich freien Verkehr

E1019 Die Überlassung von Nicht-Unionswaren zum zollrechtlich freien Verkehr ist Thema der Art. 201 ff. UZK. Ziel dieses Zollverfahrens ist es, Nicht-Unionswaren den **Status von**

Unionswaren zu verleihen. Dazu bedarf es regelmäßig der Erhebung der gesetzlich geschuldeten Einfuhrabgaben, s. Rdnr. D3021 ff.

Für die Zollschuldentstehung gem. Art. 77 Abs. 1 Buchst. a UZK spielt es dabei keine Rolle, ob die Überlassung unmittelbar nach dem Verbringen der Waren ins Zollgebiet der Union stattfindet oder im Anschluss an ein anderes Zollverfahren, etwa ein Zolllager oder die aktive Veredelung. E1020

Ohne Bedeutung ist auch, ob eine Zollanmeldung als **Standardzollanmeldung** (Art. 162 ff. UZK) abgegeben worden ist oder eine **vereinfachte Zollanmeldung** (Art. 166 UZK) vorliegt. E1021

Auch die **Form** der Zollanmeldung ist unerheblich. Für die Zollanmeldung mit Mitteln der elektronischen Datenverarbeitung etwa mittels ATLAS gelten die gleichen Zollschuldentstehungstatbestände wie für die papiergestützten oder mündlichen Anmeldungen. Ausreichend, aber auch notwendig ist die Beachtung der jeweiligen Verfahrensvorschriften. E1022

BEACHTE:

Bei Zollanmeldungen mittels als Zollanmeldungen geltender Handlungen gem. Art. 141 UZK-DelVO kann es nicht zu einer Zollschuld nach Art. 77 UZK kommen. Nach Art. 138 UZK-DelVO sind diese Handlungen nur möglich bei einfuhrabgabenfreien Waren.

Schließlich ist es für die Zollschuldentstehung unerheblich, ob die Überlassung zum zollrechtlich freien Verkehr **ohne jegliche zollamtliche Überwachung** stattfindet oder wegen der Verwendung der Waren zu besonderen Zwecken und einer damit verbundenen Abgabenermäßigung oder -freiheit zur **Endverwendung** gem. Art. 254 UZK und die zollamtliche Überwachung gem. Art. 134 Abs. 1 UAbs. 3 UZK zumindest zeitweilig andauert, s. Rdnr. D6091 ff. E1023

Unterschiede ergeben sich erst bei der **Höhe**. E1024

BEISPIELE:

Die Überführung von Thunfisch in die Endverwendung findet an der Eingangszollstelle unmittelbar nach dem Verbringen ins Zollgebiet der Union statt. Dabei ist es ohne Bedeutung für die Einfuhrzollschuldentstehung, ob die Zollanmeldung als Standardanmeldung gem. Art. 162 UZK abgegeben worden ist oder vereinfacht gem. Art. 166 UZK. Ebenso wenig spielt es eine Rolle, dass die weitere Verwendung der Ware in Rahmen der Endverwendung überwacht wird, um festzustellen, ob der Fisch innerhalb eines Jahres industriell verarbeitet worden ist.

Im Anschluss an ein Versandverfahren wird vereinfacht beim zugelassenen Empfänger eine Ware zum zollrechtlich freien Verkehr überlassen.

Zur Erledigung einer aktiven Veredelung wird die Überlassung der Veredelungserzeugnisse zum zollrechtlich freien Verkehr gem. Art. 325 Abs. 2 UZK-DVO fingiert.

Die Zollschuld entsteht nach Ansicht des EuGH nur, wenn es zu einer **Überlassung der Waren** zum zollrechtlich freien Verkehr gem. Art. 201 UZK kommt. E1025

Da Voraussetzung für die Überlassung gem. Art. 195 UZK die Zahlung oder Absicherung der Abgaben ist, muss die Zollschuld zwingend vor der Überlassung der Waren zum freien Verkehr entstehen. Richtigerweise wird man auf den **Zeitpunkt der Überlas-** E1026

sungsreife abstellen müssen. Die Zollschuld entsteht nicht schon mit Annahme der Zollanmeldung und nicht erst mit vollendeter Überlassung zum zollrechtlich freien Verkehr, sondern bereits dann, wenn die Zollstelle sämtliche Überprüfungen vorgenommen hat und es zur Überlassung nur noch der Abgabenentrichtung bedarf.

E1027–E1028 *(Einstweilen frei)*

E1029

Prüfungsschema Einfuhrzollschuld bei Überlassung zum zollrechtlich freien Verkehr
A. Zollschuld **I. Zollschuldentstehung gem. Art. 77 Abs. 1 Buchst. a UZK** 1. Ware = jeder bewegliche körperliche Gegenstand (einschließlich des elektrischen Stroms)
2. Nicht-Unionsware, Art. 5 Nr. 24 UZK
3. Einfuhrabgabenpflicht a) Zolltarif, Art. 56 UZK aa) Drittlandszollsatz bb) Präferenzzollsatz b) Keine außertarifliche Abgabenbefreiung im Einzelfall aa) Rückwaren gem. Art. 203 – 207 UZK bb) Seefischerei und Meereserzeugnisse gem. Art. 208 f. UZK cc) Fälle nach der ZollbefrVO, Art. 5 Nr. 2 Buchst. c UZK
4. Überlassung zum zollrechtlich freien Verkehr, Art. 201 UZK a) Abgabe (Art. 158 UZK) und Annahme (Art. 172 UZK) einer Zollanmeldung zur Überlassung zum zollrechtlich freien Verkehr b) Überlassungsreife, Art. 194 UZK. Da die Überlassung gem. Art. 195 UZK erst nach Entrichtung der Zollschuld oder Leistung einer Sicherheit erfolgen darf, muss die Zollschuld logisch zwingend vorher entstanden sein.
II. Entstehungszeitpunkt gem. Art. 77 Abs. 2 UZK Annahme der Zollanmeldung, Art. 172 UZK
III. Zollschuldner gem. Art. 77 Abs. 3 UZK 1. Anmelder, Art. 5 Nr. 15 UZK
2. Zollvertretener bei indirekter Zollvertretung gem. Art. 18 Abs. 1 UAbs. 2 UZK
3. Angabenlieferant a) Zollanmeldung liegen falsche Angaben zugrunde b) Einfuhrabgaben werden deshalb nicht erhoben c) Wissen oder Wissen müssen bezogen auf die Unrichtigkeit der Angaben
4. Mehrere Zollschuldner sind nebeneinander als Gesamtschuldner verpflichtet, Art. 84 UZK

(2) Vorübergehende Verwendung

Die vorübergehende Verwendung von Waren gem. Art. 230 ff. UZK führt regelmäßig **nicht** zu einer Einfuhrzollschuld. So können gem. Art. 207 ff. UZK-DelVO Paletten, Container und Beförderungsmittel, Berufsausrüstung, Ausstellungsgegenstände, pädagogisches Material und wissenschaftliches Gerät, persönliche Gebrauchsgegenstände und Sportartikel sowie viele andere Waren vollständig einfuhrabgabenfrei vorübergehend im Zollgebiet der Union verwendet werden. E1030

Nur für den seltenen Fall der nur **teilweisen Befreiung** von Einfuhrabgaben entsteht gem. Art. 77 Abs. 1 Buchst. b UZK bei Überführung in dieses Zollverfahren eine Einfuhrzollschuld, s. Rdnr. D6059 ff. E1031

Gemäß Art. 252 Abs. 1 UZK soll mittels des **monatlichen Betrages von 3 % des vollen Zollbetrages** der in den Wirtschaftskreislauf eingehende Warenwert verzollt werden. Auch hier ist die Überlassungsreife entscheidend. E1032

BEISPIEL:

Zur Herstellung eines großen Gebäudekomplexes werden von einer europäischen Firma vorübergehend aus den USA eingeführte Baumaschinen verwendet.

Nach 18 Monaten sind die Arbeiten beendet. Die Maschinen werden wiederausgeführt. Für diesen Zeitraum sind 18 x 3 % = 54 % des vollen Zollbetrages zu zahlen.

(Einstweilen frei) E1033–E1035

Prüfungsschema Einfuhrzollschuld bei Überlassung zur vorübergehenden Verwendung
A. Zollschuld **I. Zollschuldentstehung gem. Art. 77 Abs. 1 Buchst. b UZK** 1. Ware = jeder bewegliche körperliche Gegenstand (einschließlich des elektrischen Stroms)
2. Nicht-Unionsware, Art. 5 Nr. 24 UZK
3. Einfuhrabgabenpflicht a) Zolltarif, Art. 56 UZK aa) Drittlandszollsatz bb) Hinweis: Präferenzzollsätze scheiden bei vorübergehender Verwendung aus. b) Kein Fall der vollständigen Befreiung von Einfuhrabgaben
4. Vorübergehende Verwendung unter teilweiser Befreiung von den Einfuhrabgaben, Art. 250 UZK a) Abgabe (Art. 158 UZK) und Annahme (Art. 172 UZK) einer Zollanmeldung zur vorübergehenden Verwendung b) Überlassungsreife, Art. 194 UZK. Da die Überlassung gem. Art. 195 UZK erst nach Entrichtung der Zollschuld oder Leistung einer Sicherheit erfolgen darf, muss die Zollschuld logisch zwingend vorher entstanden sein.

II.	**Entstehungszeitpunkt gem. Art. 77 Abs. 2 UZK** Annahme der Zollanmeldung, Art. 172 UZK
III.	**Zollschuldner gem. Art. 77 Abs. 3 UZK** 1. Anmelder, Art. 5 Nr. 15 UZK
	2. Vertretener bei indirekter Zollvertretung gem. Art. 18 Abs. 1 UAbs. 2 UZK
	3. Angabenlieferant a) Zollanmeldung liegen falsche Angaben zugrunde b) Einfuhrabgaben werden deshalb nicht erhoben c) Wissen oder Wissen müssen bezogen auf die Unrichtigkeit der Angaben
	4. Mehrere Zollschuldner sind nebeneinander als Gesamtschuldner verpflichtet, Art. 84 UZK

bb) Zeitpunkt

E1036 Die Zollschuld entsteht im Moment der Überlassungsreife. Dabei wird jedoch gem. Art. 85 UZK wegen ihrer Höhe auf den Zeitpunkt der Annahme der Zollanmeldung (Art. 77 Abs. 2 UZK) Bezug genommen.

Allein für die Bemessung kommt es also, wie auch vom EuGH festgestellt, auf den Annahmezeitpunkt an.

cc) Zollschuldner

E1037 Der **Anmelder** gem. Art. 5 Nr. 15 UZK wird Zollschuldner gem. Art. 77 Abs. 3 UAbs. 1 S. 1 UZK.

E1038 Bei **indirekter Zollvertretung** gem. Art. 18 Abs. 1 UAbs. 2 UZK ist der im eigenen Namen handelnde **Zollvertreter** gem. Art. 5 Nr. 15 UZK Anmelder und damit Zollschuldner.

E1039 Gesamtschuldnerisch kommt als weiterer Zollschuldner der indirekt Vertretene, der **Hintermann**, hinzu. Das ist die Person, für deren Rechnung (nicht Auftrag) die Zollanmeldung abgegeben worden ist (Art. 77 Abs. 3 UAbs. 1 Satz 2 UZK). Vertreter ohne Vertretungsmacht gelten gem. Art. 19 Abs. 1 UAbs. 2 UZK als im eigenen Namen handelnd und sind somit als Anmelder Zollschuldner.

E1040 Mit dem UZK ist im gesamten Zollgebiet der Union gem. Art. 77 Abs. 3 UAbs. 2 UZK auch der **Lieferant falscher Angaben** zum Zollschuldner geworden, wenn er die Unrichtigkeit der Angaben kannte oder vernünftigerweise hätte kennen können. Dabei ist eine objektivierte Bewertung der Gutgläubigkeit vorzunehmen. Die Beweislast obliegt den Zollbehörden.

BEISPIELE:

Der drittländische Exporteur stellt falsche, unterfakturierte Rechnungen und falsche Präferenznachweise aus. Der Dienstleister meldet basierend auf diesen Unterlagen falsche Daten in der Zollanmeldung zur Überlassung zum zollrechtlich freien Verkehr an. In beiden Fällen entsteht eine Zollschuld nach Art. 77 UZK und zwar mit dem Exporteur und dem Dienstleister als gesamtschuldnerisch verantwortlichen Zollschuldnern.

E1041–E1043 *(Einstweilen frei)*

c) Einfuhrzollschuld nach Art. 78 UZK

aa) Entstehen

Beim Warenverkehr zwischen der EU und anderen Staaten kann es aufgrund von Präferenzabkommen zur Gewährung von Zollbegünstigungen bei der Überlassung der Waren zum zollrechtlich freien Verkehr im Drittland kommen. E1044

Werden zur Herstellung der präferenzbegünstigten Waren Nicht-Unionswaren verwendet, müssen letztere zuvor im Zollgebiet der Union ein- und zumeist in ein besonderes Verfahren übergeführt worden sein. Das kann beispielsweise die Überführung in die aktive Veredelung oder das Zolllager sein. E1045

Viele Präferenzabkommen sehen nun vor, dass in derartigen Fällen die Zollpräferenzen beim Export nur gewährt werden, wenn für die verwendeten Nicht-Unionswaren zuvor Einfuhrabgaben entrichtet werden, sie damit wirtschaftlich Unionswaren werden.

Für diesen Fall entsteht eine Einfuhrzollschuld gem. Art. 78 Abs. 1 UZK. Angeknüpft wird für die Zollschuldentstehung an die **Ausfertigung des Präferenznachweises.** E1046

BEISPIELE:

Aus den USA werden Uhrwerke für die Herstellung von Schwarzwälder Uhren eingeführt und in die aktive Veredelung übergeführt. Einige der Uhren sollen mit Präferenznachweis EUR. 1 in die Schweiz verbracht werden. Entsprechend dem Abkommen mit den EFTA-Staaten müssen die Uhrwerke bei Ausstellung des Präferenznachweises verzollt werden. Entstehungstatbestand ist Art. 78 UZK.

Entsprechendes ist im **Warenverkehr mit der Türkei** geregelt. Gem. Beschluss 1/2006/EG Art. 4 des Ausschusses für Zusammenarbeit im Zollwesen EG-Türkei (ABl. EG 2006 L 265 S. 18) entsteht innerhalb der Zollunion bei aktiver Veredelung eine Zollschuld für die aus Drittländern importierten Vorprodukte. E1047

Im Präferenzabkommen mit **Südkorea** ist derartiges nicht geregelt. Es kommt folglich nicht zur Zollschuldentstehung nach Art. 78 UZK.

bb) Zeitpunkt

Die Einfuhrzollschuld entsteht gem. Art. 78 Abs. 3 UZK allerdings nicht im Zeitpunkt der Erstellung des Präferenznachweises, sondern im Zeitpunkt der Annahme der Anmeldung zur Wiederausfuhr der Veredelungserzeugnisse. E1048

cc) Zollschuldner

Zollschuldner wird gem. Art. 78 Abs. 3 UZK E1049

- der Anmelder,
- bei indirekter Zollvertretung zusätzlich auch der Vertretene.
- Durch den Verweis auf Art. 77 Abs. 2 und 3 UZK kommt auch der **Angabenlieferant** als Zollschuldner in Betracht.

dd) Höhe

E1050 Entsteht eine Zollschuld nach Art. 78 Abs. 1 UZK, so wird der Einfuhrabgabenbetrag nach Art. 78 Abs. 2 UZK festgesetzt und zwar unabhängig davon, in welchem Zollverfahren sich die Nicht-Unionswaren vorher befunden haben. Es wird Bezug genommen auf die Bemessung einer Zollschuld nach aktiver Veredelung gem. Art. 85, 86 UZK. Gefragt wird, welcher Abgabenbetrag entstehen würde, wenn die bei der Herstellung der betreffenden Erzeugnisse verwendeten Nichtursprungswaren zum zollrechtlich freien Verkehr für die Erledigung (nicht Beendigung) der aktiven Veredelung überlassen würden.

E1051–E1053 *(Einstweilen frei)*

d) Einfuhrzollschuld nach Art. 79 UZK

aa) Entstehen

E1054 Die Einfuhrzollschuld nach Art. 79 Abs. 1 UZK entsteht bei Verstößen und zwar in drei Fällen:

- Verpflichtungen im Zusammenhang mit Nicht-Unionswaren werden verletzt (Buchst. a), s. Rdnr. E1056 ff.),
- Verpflichtungen im Zusammenhang mit der Endverwendung von Unionswaren werden verletzt (Buchst. b), s. Rdnr. E1102 ff.),
- Voraussetzungen für die Überführung von Nicht-Unionswaren in ein Zollverfahren oder die Gewährung von vollständiger oder teilweiser Einfuhrabgabenbefreiung bei Unionswaren in der Endverwendung liegen nicht vor (Buchst. c), s. Rdnr. E1110 ff.).

E1055 **Weitere Entstehungstatbestände** sieht der UZK nicht vor. Damit bedarf es bei Verstößen grundsätzlich keiner Abgrenzung zwischen konkurrierenden Entstehungstatbeständen. Wegen der unterschiedlichen Zollschuldnerstellung kommt es weiterhin im Einzelfall auf den genauen Pflichtverstoß an.

(1) Pflichtverletzungen im Zusammenhang mit Nicht-Unionswaren

E1056 Art. 79 Abs. 1 Buchst. a UZK wiederum fasst selbst vielfältige Verstöße unter einer einzigen Norm zusammen. Der Gesetzgeber hat sich dabei am Wortlaut der Vorgängerregelungen Art. 202 bis 204 ZK orientiert, um keinen der bisherigen Fälle zu übersehen. Es sollen umfassend alle Pflichtverletzungen in Bezug auf Nicht-Unionswaren erfasst werden und zu einer Zollschuldentstehung führen. Damit erübrigt sich auch hier grundsätzlich die punktgenaue Abgrenzung zwischen den einzelnen Möglichkeiten.

E1057 Wichtig kann der konkrete **Rechtsverstoß** allerdings im Hinblick auf den **Zollschuldner** werden. Da gem. Art. 79 Abs. 3 Buchst. a UZK der Pflichtige zum Zollschuldner wird, muss bei unterschiedlichen Pflichtigen geklärt werden, welche Pflichten konkret verletzt wurden.

E1058 Nach dem **Grundsatz der einmaligen Entstehung** der Zollschuld ist an die **erste Verfehlung** anzuknüpfen.

(a) Vorschriftswidriges Verbringen

Die zeitlich erste Tathandlung gem. Art. 79 Abs. 1 Buchst. a 1. Alt. UZK erfasst den sog. **Einfuhrschmuggel**, das Verletzen von Verpflichtungen in Bezug auf das **Verbringen von Nicht-Unionswaren in das Zollgebiet der Union.** Es geht um das vorschriftswidrige Verhalten zwischen dem Überqueren der Grenze des Zollgebiets der Union und der Gestellung der Waren. E1059

Entscheidend ist das **objektive Handeln**. Auf die Vorstellungen des Verbringers kommt es nicht an. Selbst wenn der Fahrer ihm unbekannte Beiladungen befördert kann, ein vorschriftswidriges Verbringen gegeben sein. E1060

Die beim Verbringen zu beachtenden Pflichten, durch deren objektive Verletzung der Tatbestand des Art. 79 Abs. 1 Buchst. a UZK verwirklicht wird, ergeben sich insbes. aus Art. 133 bis Art. 145 UZK. Typische Verstöße liegen bei **Missachtung der Verkehrswege** vor. E1061

BEISPIELE:

Verbringen über die grüne Grenze, meerseitiges Verbringen, Verlassen der Zollstraßen vor Erreichen des Zollamtes, Landungen außerhalb von Zollflugplätzen.

Allerdings treffen den Verbringer schon vor dem tatsächlichen Verbringen der Waren erste Pflichten. Es sind regelmäßig eine summarische Eingangsanmeldung nach Art. 127 UZK sowie bei Seeschiffen und Luftfahrzeugen eine Ankunftsanmeldung nach Art. 133 UZK abzugeben. Fehler in diesen Anmeldungen führen jedoch (noch) nicht zur Zollschuldentstehung nach Art. 79 Abs. 1 Buchst. a UZK. In beiden Fällen sind die Waren zumeist noch nicht im Zollgebiet der Union. Ohne Ware kann aber keine Zollschuld entstehen. Selbst wenn im Einzelfall bei Abgabe der Ankunftsmeldung die Waren bereits im Zollgebiet der Union sein sollten, wäre der Verbringensvorgang noch nicht konkret genug. So brauchen bei Beförderungen im See- und Luftverkehr die Waren nicht zwingend entladen zu werden. Erst danach wird aber klar, was zur Zollstelle verbracht werden muss. E1062

Zollschuldrechtliche Relevanz ergibt sich damit erst im Zusammenhang mit der Anmeldung der Waren zur vorübergehenden Verwahrung und der Gestellung. Das schließt Bußgelder oder andere Sanktionen wegen falscher summarischer Eingangsanmeldung oder falscher Ankunftsmeldung nicht aus. E1063

BEISPIEL:

Gegenstand der ESumA sind Waren in 6000 Containern. Tatsächlich sind 6500 Container geladen. Über die in den 500 Containern befindlichen Waren liegen keine summarischen Eingangsanmeldungen und in der Folge auch keine Ankunftsmeldungen vor. Werden nun alle 6500 Container abgeladen, kann es zur Zollschuldentstehung kommen, wenn die Waren in den 500 Containern nicht zur vorübergehenden Verwahrung angemeldet und damit nicht gestellt wurden.

Die körperlich zur Zollbehörde verbrachten Waren sind alsdann zu gestellen (Art. 139 UZK). Das geschieht durch die Mitteilung, dass die Waren bei der Zollstelle oder einem anderen zugelassenen Ort eingetroffen sind und für Zollkontrollen zur Verfügung stehen (Art. 5 Nr. 33 UZK). Zudem ist spätestens jetzt bei der **Gestellung** eine Anmeldung E1064 zur vorübergehenden Verwahrung abzugeben (Art. 145 Abs. 3 UZK). In der Zollpraxis wird regelmäßig mittels dieser Anmeldung zur vorübergehenden Verwahrung gestellt.

E1065 Durch das EuGH-Urteil v. 3.3.2005 – C-195/03, **Papismedov**, ist klargestellt, dass bei Fehlerhaftigkeit der Anmeldung zur vorübergehenden Verwahrung Einfuhrschmuggel vorliegen kann. Im konkreten Fall waren nur die als Tarnladung verwendeten Kochtöpfe angemeldet worden, nicht jedoch die dahinter versteckten Zigaretten. Für die nicht zur vorübergehenden Verwahrung angemeldeten Zigaretten ist die Zollschuld wegen fehlender Gestellung entstanden.

BEISPIELE:

- Der Lkw-Fahrer teilt bei Gestellung unter Bezugnahme auf die Abmeldung zur vorübergehenden Verwahrung mit, Waschmaschinen geladen zu haben. Tatsächlich befinden sich Wäschetrockner auf dem Lkw. Es liegt ein vorschriftswidriges Verbringen bezogen auf die Wäschetrockner vor, da der Zollbehörde beim Eintreffen diese Waren nicht gestellt wurden. Für die angemeldeten Waschmaschinen entsteht keine Zollschuld, da sich derartige Waren überhaupt nicht im Zollgebiet der Union befinden.
- In einem Container sind 100 Fahrräder geladen. Gegenstand der Anmeldung zur vorübergehenden Verwahrung sind 80 Fahrräder. Diese werden damit ordnungsgemäß gestellt. Für die nicht angemeldeten 20 Fahrräder entsteht eine Zollschuld wegen vorschriftswidrigen Verbringens.
- Soweit jedoch den Zollstellen anderweitig das Eintreffen der Waren mitgeteilt worden ist, liegt kein vorschriftswidriges Verbringen vor.

E1066 Verstöße ergeben sich auch, wenn behauptet wird, keine Waren dabei zu haben und wenn versteckte oder durch besonders angebrachte Vorrichtungen verheimlichte Waren nicht mittels Anmeldung zur vorübergehenden Verwahrung ausdrücklich mitgeteilt und damit nicht gestellt werden.

E1067 Allerdings führt nicht jeder Fehler in der Anmeldung zur vorübergehenden Verwahrung zur Zollschuldentstehung nach Art. 79 Abs. 1 Buchst. a UZK. Ganz deutlich ist die Rechtslage bei angemeldeten Mehrmengen.

BEISPIELE:

Der Lkw-Fahrer teilt bei Gestellung unter Bezugnahme auf die summarische Anmeldung zur vorübergehenden Verwahrung mit, acht Pkw geladen zu haben. Tatsächlich befinden sich nur sechs Pkw auf dem Lkw. Es liegt kein vorschriftswidriges Verbringen vor, da der Zollbehörde die sechs Pkw trotz Angabe der falschen Menge ordnungsgemäß gestellt wurden. Für die weiter angemeldeten zwei Pkw entsteht keine Zollschuld, da diese sich überhaupt nicht im Zollgebiet befinden.

Allerdings ist in derartigen Fällen zunächst immer die Sachlage aufzuklären. Passen auf den Autotransporter nur sechs Pkw, ist die Lage eindeutig. Ist Platz für weitere zwei Pkw spricht der erste Anschein dafür, dass tatsächlich acht Pkw ins Zollgebiet der Union verbracht worden sind.

E1068 Die Zollschuldentstehung ist unabhängig vom Entdecken des Fehlers zu beurteilen. Häufig werden die Waren zeitnah zu einem Zollverfahren angemeldet und von den Zollstellen überlassen. Alsdann kommt es vielfach erst beim späteren Empfänger zur Feststellung der Fehlerhaftigkeit. Dann ist der **Fall rückabzuwickeln**, soweit diese Zollschuld nicht gem. Art. 124 UZK erloschen ist.

Da die erste Zollschuld spätere verdrängt, kann der Empfänger möglicherweise Erlass/Erstattung von Zollschulden bei Überlassung zum zollrechtlich freien Verkehr beantragen, wenn vor ihm bereits aus anderem Anlass andere Personen Zollschuldner geworden sind.

(Einstweilen frei) E1069–E1071

(b) Entziehen von Nicht-Unionswaren aus der zollamtlichen Überwachung

Art. 79 Abs. 1 Buchst. a 2. Alt. UZK lässt die Einfuhrzollschuld zweitens auch bei **Verletzung von Verpflichtungen in Bezug auf das Entziehen** einfuhrabgabenpflichtiger Nicht-Unionswaren aus der zollamtlichen Überwachung entstehen. Nicht allein das Entziehen ist wie im früheren Art. 203 ZK zollschuldbegründend, sondern erst der Verstoß gegen die ausdrückliche Verpflichtung. E1072

So regelt etwa Art. 242 Abs. 1 Buchst. a UZK die Verpflichtung des Bewilligungsinhabers eines Zolllagers oder des Inhabers des Zolllagerverfahrens, dass die Waren im Zolllagerverfahren nicht der zollamtlichen Überwachung entzogen werden.

(aa) Zollamtliche Überwachung

Gemäß Art. 134 Abs. 1 Satz 1 UZK unterliegen Waren vom Zeitpunkt des Verbringens ins Zollgebiet der Union an der zollamtlichen Überwachung. Sie setzt sich über den Zeitraum der vorübergehenden Verwahrung hinaus fort und dauert grds. auch nach Überlassung in ein Zollverfahren an. Die zollamtliche Überwachung von Nicht-Unionswaren endet gem. Art. 134 Abs. 1 UZK erst E1073

- mit dem Wechsel des zollrechtlichen Status,
- mit dem Verbringen aus dem Zollgebiet der Union oder
- mit der Zerstörung.

(bb) Entziehen

Ein Entziehen liegt nach gefestigter Rechtsprechung immer dann vor, **wenn ein Tun oder Unterlassen die Folge hat, dass konkret begonnene zollamtliche Überwachungsmaßnahmen nicht mehr durchgeführt werden können.** Den Zollstellen wird der zunächst mögliche Zugriff auf die Ware im Nachhinein wieder unmöglich gemacht. E1074

Demgemäß kommt ein Entziehen erst in Betracht, wenn konkrete Überwachungsmaßnahmen der Zollbehörden begonnen haben. Das ist regelmäßig erst **ab Gestellung** der Fall. E1075

Es genügt dabei, dass den Zollbehörden auch nur **vorübergehend** die Möglichkeit genommen wird, auf die Waren zuzugreifen. Zeitnahes Wiederauftauchen der Waren bei den Zollbehörden kann jedoch zu Erlass/Erstattung der Zollschulden oder deren Erlöschen gem. Art. 124 UZK führen. Die Vorstellungen des Handelnden über das Entziehen der Waren sind für die Zollschuldentstehung unerheblich. E1076

BEISPIELE:

Diebstahl, Unterschlagung, Entfernen von Waren ohne Bewilligung der Zollstellen aus dem Verwahrungslager.

Verarbeiten der Waren, Vermischen mit anderen Waren, Vernichten oder Zerstören im Zolllager.

(cc) Pflichtverletzung

E1077 Wie dargelegt, reicht allein das Entziehen nicht für die Zollschuldentstehung aus. Es muss vielmehr eine ausdrücklich bestehende Pflicht verletzt worden sein. Seltsamerweise sieht der UZK nur an zwei Stellen Pflichten im Zusammenhang mit dem Entziehen vor.

E1078 Neben in dem bereits erwähnten Art. 242 Abs. 1 Buchst. a UZK beim Zolllager ist eine entsprechende Pflicht bei der vorübergehenden Verwahrung angesprochen. Gem. Art. 147 Abs. 3 Buchst. a UZK hat der Bewilligungsinhaber eines Verwahrungslagers oder die Person, die die Waren an anderen von den Zollstellen bezeichneten Orten verwahrt, sicher zu stellen, dass die in der vorübergehenden Verwahrung befindlichen Waren nicht der zollamtlichen Überwachung entzogen werden. Nur in diesen beiden Fällen spielt das Entziehen eine Rolle. Nur insoweit kann es deswegen zur Zollschuld nach Art. 79 Abs. 1 Buchst. a 2. Alt. UZK kommen.

E1079 Es überrascht schon, warum der Gesetzgeber, derartige Pflichten nur in zwei Fällen festgelegt hat. Ähnliche Regelungen hätten sich **bei allen besonderen Verfahren** aufgedrängt. Da es daran fehlt, kommt es beim Entziehen mangels Pflichtverletzung nicht zur Zollschuld nach dieser 2. Alt. Vielmehr kann die Zollschuld nach der 3. Alt. entstanden sein, s. Rdnr. E1084.

E1080 Nicht gefolgt werden kann dem **FG Hbg,** das aus **Art. 134 UZK** eine jedermann treffende Pflicht entnimmt, Waren nicht der zollamtlichen Überwachung zu entziehen. Die Norm regelt allenfalls Pflichten bei Ankunft der Waren. Zudem fehlt es an einer Zuordnung zu einem konkreten Pflichtigen wie in Art. 242 Abs. 1 und Art. 147 Abs. 3 Buchst. a) UZK vorgesehen ist, s. *Witte*, Räumung eines Zolllagers – FG Hamburg zur Zollschuldnerschaft im Rahmen des Art. 79 UZK, AW-Prax 2018, 32.

E1081–E1083 *(Einstweilen frei)*

(c) Sonstige Verfehlungen

E1084 Der dritte Fall des Art. 79 Abs. 1 Buchst. a 3. Alt. UZK regelt ähnlich dem früheren Art. 204 ZK die Einfuhrzollschuldentstehung bei Verfehlungen. Die zu beachtenden Pflichten können sich ergeben aus den Regelungen

- der vorübergehenden Verwahrung,
- der besonderen (Zoll)Verfahren mit Ausnahme der Endverwendung und
- der Verwertung von Waren.

(aa) Vorübergehende Verwahrung

E1085 Die in der vorübergehenden Verwahrung zwischen Gestellung und Überlassung zu einem Zollverfahren geltenden Pflichten sind vornehmlich den Art. 139 – 149 UZK zu entnehmen. Es geht um Pflichten, deren Erfüllung mit der Situation der vorübergehenden

Verwahrung zusammenhängen. Dazu gehören insbesondere soweit nicht, wie Art. 145 Abs. 3 UZK verlangt, bereits vor oder im Zusammenhang mit der Gestellung geschehen

- die Abgabe einer Anmeldung zur vorübergehenden Verwahrung (Art. 145 Abs. 1 UZK),
- das Einholen einer Zustimmung der Zollbehörden bei Ab- und Umladen der Waren sowie beim Entfernen der Waren vom ursprünglichen Verbringungsort (Art. 140 UZK),
- die Verpflichtung, die vorübergehende Verwahrung innerhalb einer Frist von 90 Tagen (Art. 149 UZK) zu beenden, und schließlich
- das Beachten der in Art. 147 ff. UZK festgelegten Einzelheiten beim Lagern, Behandeln und Befördern der vorübergehend verwahrten Waren.

BEISPIELE:

Die Zollschuld entsteht gem. Art. 79 Abs. 1 Buchst. a UZK, wenn keine Zollanmeldung innerhalb von 90 Tagen nach Gestellung abgegeben wird (Art. 149 UZK) oder wenn mehr als Erhaltungsmaßnahmen an den Waren vorgenommen werden (Art. 147 Abs. 2 UZK).

Demgegenüber ist die Verletzung von anderen **Pflichten während der vorübergehenden Verwahrung** nicht von der 3. Alt. erfasst. Keine Pflichten aus der dem Institut der vorübergehenden Verwahrung sind Pflichten im Zusammenhang mit der Erfüllung der Förmlichkeiten, die erforderlich sind, damit die Ware in ein Zollverfahren überlassen werden kann. Eine Zollanmeldung, die die Voraussetzungen des Art. 162 UZK nicht erfüllt, führt deshalb ebenso wenig zur Entstehung einer Zollschuld nach Art. 79 Abs. 1 Buchst. a UZK wie eine fehlerhafte Zollanmeldung, die berichtigt werden kann. Wird etwa die Ware in der Zollanmeldung zur Beendigung der vorübergehenden Verwahrung richtig beschrieben, jedoch mit einer falschen Warennummer, einem falschen Zollwert oder ähnlichen Fehlern angemeldet, liegt keine Zollschuld nach Art. 79 Abs. 1 Buchst. a UZK vor (DV E-VSF Z 09 01 Abs. 328). E1086

(Einstweilen frei) E1087–E1089

(bb) Zollverfahren

Die bei der Inanspruchnahme von Zollverfahren einzuhaltenden Pflichten ergeben sich zumeist aus den Bewilligungen (Art. 211 ff. UZK). In ihnen wird oft detailliert festgeschrieben, was der Bewilligungsinhaber zu beachten hat. Zudem sind die gesetzlichen Verfahrensregelungen zu beachten, die nicht Gegenstand einer Bewilligung sein können. Dazu zählen etwa die nicht bewilligungsbedürftigen üblichen Behandlungen bei Lagerung und Veredelung gem. Art. 220 UZK und die Beförderung von Waren (Art. 219 UZK). Schließlich geht es um die sonstigen sich aus den zollrechtlichen Vorschriften ergebenden Pflichten. E1090

BEISPIELE:

Fristüberschreitungen:

- Waren im Versand werden nicht rechtzeitig bei der Bestimmungszollstelle gestellt.
- Waren in anderen Zollverfahren werden nicht rechtzeitig in ein anschließendes Zollverfahren übergeführt oder anderweitig gem. Art. 215 UZK erledigt. Das kann dadurch geschehen, dass Verwendungsfristen überschritten, die Veredelungserzeugnisse nicht fristgerecht wieder ausgeführt werden.

Unerlaubte Behandlungen:

- Behandlungen im Zolllager, die den Rahmen der im Anhang 71-03 UZK-DelVO beschriebenen Möglichkeiten überschreiten,
- in der aktiven oder passiven Veredelung nicht zugelassene Be- oder Verarbeitungen.

Sonstige Pflichtverletzungen:

- Entfernen von Zollverschlüssen, Nämlichkeitsmitteln im Versandverfahren.

E1091 Nach der Rechtsprechung des EuGH können auch **Verfehlungen nach Erledigung eines Zollverfahrens** gem. Art. 215 UZK zu Zollschuld nach Art. 79 Abs. 1 Buchst. a UZK führen.

BEISPIELE:

Verspätete Vorlage der Abrechnung in der aktiven Veredelung. Fehlende Aktualisierung der Aufzeichnungen im Zolllager nach Überführung der Zolllagerwaren in ein Versandverfahren.

E1092 Wie vorstehend unter Rdnr. E1086 dargestellt, ist die Verletzung von anderen **Pflichten während eines Zollverfahrens** nicht von der 3. Alt. erfasst. Keine Pflichten aus dem vorliegenden Zollverfahren sind Pflichten im Zusammenhang mit der Erfüllung der Förmlichkeiten, die erforderlich sind, damit das bestehende besondere Verfahren gem. Art. 215 UZK erledigt und die Nicht-Unionsware in ein nachfolgendes Zollverfahren überlassen werden kann. Wird dazu eine Zollanmeldung abgeben, die die Voraussetzungen des Art. 162 UZK nicht erfüllt, führt deshalb ebenso wenig zur Entstehung einer Zollschuld nach Art. 79 Abs. 1 Buchst. a UZK wie eine fehlerhafte Zollanmeldung, die berichtigt werden kann. Wird die Nicht-Unionsware in der Zollanmeldung richtig beschrieben, jedoch mit einer falschen Warennummer, einem falschen Zollwert oder ähnlichen Fehlern angemeldet, liegt ebenfalls keine Zollschuld nach Art. 79 Abs. 1 Buchst. a UZK vor.

E1093 Da eine Zollschuld grundsätzlich nur einmal entstehen kann, sieht Art. 80 Abs. 2 UZK eine Abzugsmöglichkeit bei Waren vor, die zunächst ordnungsgemäß unter teilweiser Befreiung von Einfuhrabgaben in die vorübergehende Verwendung übergeführt worden sind. Die bereits entrichteten Beträge können von der später entstehenden Zollschuld nach Art. 79 Abs. 1 UZK abgezogen werden.

E1094–E1095 *(Einstweilen frei)*

(cc) Verwertung von Waren

E1096 Die Art. 197 – 200 UZK regeln die Verwertung von Waren durch **Zerstörung** (Art. 197 UZK) oder **Aufgabe** (Art. 199 UZK) der Waren zugunsten der Staatskasse. Kommt der Besitzer der Waren dem Verlangen, gestellte Waren zu zerstören, nicht nach, liegt eine Pflichtverletzung vor.

(d) Zollschuld im Zusammenhang mit als Zollanmeldung geltenden Handlungen

E1097 Bei der Abgabe einer Zollanmeldung durch als Zollanmeldung geltende Handlungen (Art. 141 UZK-DelVO) werden bei ordnungsgemäßem Verhalten Gestellung, Annahme der Zollanmeldung und Überlassung der Waren fingiert (Art. 218 UZK-DVO). Damit konkret bezeichnete Handlungen gem. Art. 141 UZK-DelVO als Zollanmeldung gelten, müssen bestimmte Voraussetzungen gem. Art. 138 – 140 UZK-DelVO erfüllt sein. Sie hängen davon ab, ob es um die Überlassung zum zollrechtlich freien Verkehr geht, die vorübergehende Verwendung, die Ausfuhr oder Wiederausfuhr.

Wenn die Voraussetzungen nicht erfüllt sind, gilt die Zollanmeldung für diese Waren als nicht abgegeben (Art. 219 UZK-DVO). Dann fehlt es beim Verbringen der Waren ins Zollgebiet der Union regelmäßig bereits an der Gestellung. Die Waren sind quasi eingeschmuggelt. Die Zollschuld ist nach Art. 79 Abs. 1 Buchst. a 1. Alt. UZK entstanden. E1098

Hauptanwendungsfälle sind das Benutzen des grünen Ausgangs „Anmeldefreie Waren" an Flughäfen sowie das Passieren einer Zollstelle. Wegen weiterer Einzelheiten siehe Rdnr. D3001, F4013 ff. E1099

BEISPIEL:

Ein Reisender bringt von seinem Flug nach Amerika u. a. Jacken, Jeans und T-Shirts mit. Er benutzt am Flughafen den grünen Ausgang. Bei der anschließenden Kontrolle wird festgestellt, dass die Waren für insgesamt 900 $ eingekauft worden waren. Damit ist für einige Waren eine Zollschuld gem. Art. 79 Abs. 1 Buchst. a 1. Alt. UZK entstanden.

Die Gegenstände, die aus dem Zollgebiet der Union stammen, Bekleidung usw., gelten als Rückwaren gem. Art. 203 UZK einfuhrabgabenfrei als zum zollrechtlich freien Verkehr überlassen. Die Voraussetzungen für die Benutzung des grünen Ausgangs lagen gem. Art. 138 Buchst. a UZK-DelVO vor. Gleiches gilt für die neu erworbenen Kleidungsstücke innerhalb der wertmäßig bestimmten Freimenge bis zu 430 € gem. Art. 41 ZollbefreiungsVO i. V. m. § 2 EF-VO.

Die restliche Kleidung wurde vorschriftswidrig verbracht, gleichsam eingeschmuggelt.

(Einstweilen frei) E1100

E1101

Prüfungsschema Einfuhrzollschuld bei Verstößen gem. Art. 79 Abs. 1 Buchst. a UZK
A. Zollschuld **I. Zollschuldentstehung gem. Art. 79 Abs. 1 Buchst. a UZK** 1. Ware = jeder bewegliche körperliche Gegenstand (einschließlich des elektrischen Stroms)
2. Nicht-Unionsware, Art. 5 Nr. 24 UZK
3. Einfuhrabgabenpflicht a) Zolltarif, Art. 56 UZK b) Keine außertarifliche Abgabenbefreiung im Einzelfall Hinweis: liegt nicht vor, da zumeist eine Befreiung regelmäßig an die Überlassung zum zollrechtlich freien Verkehr anknüpft
4. Pflichtverletzungen a) in Bezug auf das Verbringen, Art. 135 – 145 UZK b) in Bezug auf das Entziehen aa) zollamtliche Überwachung bb) Entziehen cc) Pflichtverletzung z. B. Art. 147 Abs. 3 Buchst. a, 242 Abs. 1 Buchst. a UZK c) in Bezug auf sonstige Situationen aa) vorübergehende Verwahrung bb) Zollverfahren cc) Verwertung von Waren

II. Entstehungszeitpunkt gem. Art. 79 Abs. 2 Buchst. a UZK Zeitpunkt der Pflichtverletzung
III. Zollschuldner gem. Art. 79 Abs. 3 UZK 1. Pflichtige (Buchst. a)
2. Vertreter oder Beteiligte (Buchst. b) a) Handeln auf Rechnung des Pflichtigen oder b) Beteiligung als Anstifter oder Beihilfe Leistender c) Wissen oder Wissen müssen bezogen auf die Nichterfüllung der zollrechtlichen Verpflichtungen
3. Erwerber oder Besitzer (Buchst. c) a) Erwerb der Waren oder b) Besitzer der Ware c) Wissen oder Wissen müssen bezogen auf die Nichterfüllung der zollrechtlichen Verpflichtungen
4. Mehrere Zollschuldner sind nebeneinander als Gesamtschuldner verpflichtet, Art. 84 UZK
IV. Abgabenfreiheit trotz Pflichtverletzungen, Art. 86 Abs. 6 UZK
V. Erlöschen der Zollschuld, Art. 124 UZK

(2) Verletzung von Verpflichtungen im Zusammenhang mit der Endverwendung

E1102 Art. 79 Abs. 1 Buchst. b UZK lässt die Zollschuld bei Pflichtverletzungen im Rahmen der Endverwendung entstehen.

E1103 Nicht-Unionswaren müssen dabei zunächst **ordnungsgemäß** in dieses besondere Verfahren **übergeführt** worden sein. Die dabei gewährte Einfuhrabgabenermäßigung oder -freiheit ist an die Verwendung der Waren zu den in den zollrechtlichen Vorschriften vorgesehenen besonderen Zwecken geknüpft. Diese Zwecke können sich aus dem Zolltarif oder außertariflichen Regelungen, etwa der ZollbefreiungsVO, ergeben.

E1104 Nach Überlassung zur Endverwendung **überwacht die Zollverwaltung** regelmäßig die weitere Verwendung der Waren, um sicherzustellen, dass diese nur zweckgerecht verwendet werden, s. Rdnr. D6091 ff.

E1105 Werden alsdann **Verpflichtungen verletzt**, entsteht eine Zollschuld nach Art. 79 Abs. 1 Buchst. b UZK.

BEISPIEL:

Ein Kfz wird als Übersiedlungsgut unter Abgabenfreiheit in die Endverwendung überlassen. Die Voraussetzungen für eine außertarifliche Befreiung als Übersiedlungsgut gem. ZollbefrVO liegen vor. Wird das Kfz entgegen Art. 8 ZollbefrVO innerhalb von 12 Monaten veräußert, werden Verpflichtungen in Bezug auf die Endverwendung verletzt.

E1106 Liegen die **Voraussetzungen** dagegen von **Anfang an nicht vor**, kann es zur Zollschuldentstehung nach Art. 79 Abs. 1 Buchst. c UZK kommen.

Da eine Zollschuld grundsätzlich nur einmal entstehen kann, sieht Art. 80 Abs. 1 UZK eine Abzugsmöglichkeit bei Waren vor, die zunächst auf Grund ihrer Endverwendung ordnungsgemäß zu einem ermäßigten Einfuhrabgabensatz zum zollrechtlich freien Verkehr überlassen worden sind. Die bereits entrichteten Beträge können von dem der Zollschuld gem. Art. 79 Abs. 1 UZK entsprechenden Einfuhrabgabenbetrag abgezogen werden. E1107

(Einstweilen frei) E1108–E1109

Prüfungsschema Einfuhrzollschuld bei Pflichtverletzungen im Rahmen der Endverwendung
A. Zollschuld **I. Zollschuldentstehung gem. Art. 79 Abs. 1 Buchst. b UZK** 1. Ware = jeder bewegliche körperliche Gegenstand (einschließlich des elektrischen Stroms)
2. Einfuhrabgabenpflicht a) Zolltarif, Art. 56 UZK b) keine außertarifliche Abgabenbefreiung im Einzelfall Hinweis: liegen regelmäßig nicht vor, da derartige Befreiungen regelmäßig an die Überlassung zum zollrechtlich freien Verkehr anknüpfen
3. Pflichtverletzungen in Bezug auf die Endverwendung
II. Entstehungszeitpunkt gem. Art. 79 Abs. 2 Buchst. a UZK Zeitpunkt der Pflichtverletzung
III. Zollschuldner gem. Art. 79 Abs. 3 UZK 1. Pflichtige (Buchst. a)
2. Vertreter oder Beteiligte (Buchst. b) a) Handeln auf Rechnung des Pflichtigen oder b) Beteiligung als Anstifter oder Beihilfe Leistender c) Wissen oder Wissen müssen bezogen auf die Nichterfüllung der Verpflichtungen aus der Endverwendung
3. Erwerber oder Besitzer (Buchst. c) a) Erwerb der Ware oder b) Besitzer der Ware c) Wissen oder Wissen müssen bezogen auf die Nichterfüllung der Verpflichtungen aus der Endverwendung
4. Mehrere Zollschuldner sind nebeneinander als Gesamtschuldner verpflichtet, Art. 84 UZK
IV. Erlöschen der Zollschuld, Art. 124 UZK

(3) Nichterfüllte Voraussetzungen

E1110 Eine Einfuhrzollschuld entsteht schließlich gem. Art. 79 Abs. 1 Buchst. c UZK, wenn Voraussetzungen für die Überlassung von Nicht-Unionswaren zu einem Zollverfahren nicht vorlagen. Es geht also nicht um Pflichtverletzungen in einem Zollverfahren, sondern um das Fehlen von einer oder mehreren Voraussetzungen bei Überlassung der Waren in ein derartiges Verfahren.

E1111 Aus Art. 79 Abs. 2 Buchst. b UZK kann geschlussfolgert werden, dass sich das Fehlen der Voraussetzungen regelmäßig nachträglich herausstellt, also nach Überlassung. Dabei sind zwei Fälle zu unterscheiden.

(a) Zollverfahren

E1112 Gem. Art. 79 Abs. 1 Buchst. c 1. Alt. UZK entsteht die Zollschuld, wenn die Voraussetzungen für die Überführung von Nicht-Unionswaren in ein Zollverfahren mit Ausnahme der Endverwendung nicht erfüllt sind. Vielfach ist es etwa gem. Art. 211 UZK erforderlich, dass Bewilligungen vorab vorliegen. Fehlen diese, kann eine Einfuhrzollschuld entstehen.

BEISPIEL:

Überführung in eine nicht bewilligte aktive Veredelung.

E1113 Gem. Art. 211 Abs. 2 UZK sind jedoch **rückwirkende Bewilligungen** möglich. (Ausnahme Zolllager). Damit können in Einzelfall nachträglich die Voraussetzungen für das Zollverfahren geschaffen werden. Dann wiederum kommt es nicht zur Zollschuldentstehung nach Art. 79 Abs. 1 Buchst. c 1. Alt. UZK.

(b) Endverwendung

E1114 Art. 79 Abs. 1 Buchst. c 2. Alt. UZK lässt die Zollschuld entstehen, wenn bei der Überlassung zur Endverwendung die Voraussetzungen für die vollständige oder teilweise Einfuhrabgabenfreiheit fehlen.

E1115 Auch hier kommt eine **rückwirkende Bewilligung** gem. Art. 211 Abs. 2 UZK in Betracht.

bb) Zeitpunkt

E1116 Art. 79 Abs. 2 ZK unterscheidet zwischen zwei Fällen.

- Bei Zollschulden gem. Art. 79 Abs. 1 Buchst. a und b UZK ist der Zeitpunkt der **Pflichtverletzung** entscheidend.
- Bei Zollschulden gem. Art. 79 Abs. 1 Buchst. c UZK ist der Zeitpunkt der **Annahme der Zollanmeldung** entscheidend.

cc) Schuldner

E1117 Auch bei den Zollschuldnern ist nach dem Entstehungstatbestand zu unterscheiden.

- Art. 79 Abs. 3 UZK regelt die Zollschuldner bei Zollschulden wegen **Pflichtverletzungen** gem. Art. 79 Abs. 1 Buchst. a und b UZK.
- Art. 79 Abs. 4 UZK regelt die Zollschuldner bei Zollschulden wegen **nicht erfüllter Voraussetzungen** gem. Art. 79 Abs. 1 Buchst. c UZK.

(1) Zollschuldner bei Verfehlungen

Anders als früher in Art. 202 und 203 ZK vorgesehen wird gem. Art. 79 Abs. 3 UZK der Handelnde als solcher kein Zollschuldner. Primärer Zollschuldner ist vielmehr der Pflichtige. Handelnde können jedoch über die Beteiligung an der Pflichtverletzung oder die Inbesitznahme der Ware weiterer Zollschuldner werden, s. Rdnr. E1131 ff. E1118

Auch **juristische Personen** können Zollschuldner werden. Das war und ist immer dann unproblematisch, wenn die juristische Person selbst als Bewilligungsinhaber Pflichtige ist. Ähnlich ist die Situation, wenn das Gesetz wie in Art. 139 Abs. 1 Buchst. b UZK ausdrücklich eine Pflicht vorschreibt. E1119

Der **EuGH** ist noch einen Schritt weitergegangen. In seinem Urteil vom 25.1.2017 Rs. C-679/15 (Ultra-Brag AG) hat er entschieden, dass eine juristische Person Zollschuldnerin werden kann, wenn deren Mitarbeiter, die nicht ihre gesetzlichen Vertreter sein müssen, den Grund für ein vorschriftswidriges Verbringen einer Ware in das Zollgebiet der Union gelegt haben. Entscheidend sei, dass diese **Mitarbeiter im Rahmen ihres Zuständigkeitsbereichs** für ihren Arbeitgeber gehandelt haben. Ihr Handeln muss unter Beachtung des Rahmens der ihnen von ihrem Arbeitgeber übertragenen Aufgaben erfolgt sein und in Erfüllung von Weisungen, die ihnen zu diesem Zweck von einem anderen insoweit im Rahmen seines eigenen Aufgabenbereichs befugten Mitarbeiter dieses Arbeitgebers erteilt worden sind. E1120

Eine Rechtsnorm für diese Zurechnung des Mitarbeiterhandelns nennt der EuGH nicht.

BEISPIELE:

- Im konkreten Fall hatte der Schiffsführer auf Weisung des Logistikleiters für ein Schweizer Logistikunternehmen – juristische Person – Waren per Schiff außerhalb der Öffnungszeiten des Zollamtes vorschriftswidrig in das Zollgebiet der Union verbracht.
- Ein Monteur benutzt weisungsgemäß den grünen Ausgang am Flughafen mit zur Reparatur ausgebauten defekten Motoren aus den USA.

Überschreitet dagegen der Mitarbeiter den Rahmen des intern Zulässigen und befördert etwa private Waren getarnt durch berufliche in seinem Handgepäck, so muss sich die juristische Person dieses Verhalten nicht zurechnen lassen. E1121

(Einstweilen frei) E1122–E1123

(a) Pflichtiger

Zollschuldner wird zunächst derjenige, der die Verpflichtungen zu erfüllen hatte, deren Verletzung zur Zollschuldentstehung geführt hat. Regelmäßig benennen die zollrechtlichen Vorschriften diese Person ausdrücklich. E1124

BEISPIELE:

Den Verbringer treffen die Beförderungspflichten, Art. 135 Abs. 1 UZK.

- Art. 139 Abs. 1 und 2 UZK nennen die Gestellungspflichtigen.
- Art. 145 Abs. 3 UZK verweist bei der Pflicht zur Abgabe der Anmeldung zur vorübergehenden Verwahrung auf diese Personen.
- Die Pflichtstellung des Bewilligungsinhabers eines Verwahrungslagers beschreibt Art. 147 Abs. 3 UZK.
- Für das Zolllager regelt Art. 242 die Pflichtigen.

E1125 **Subjektive Elemente** spielen für diese Zollschuldner keine Rolle. Allein ihre **Pflichtenstellung** ist entscheidend.

E1126 Aus dem Erlöschenstatbestand des Art. 124 Abs. 1 Buchst. g UZK ergibt sich zudem, dass selbst bei **unvorhersehbaren Ereignissen und bei höherer Gewalt** eine Zollschuld entsteht, für die die jeweils pflichtige natürliche oder juristische Person grundsätzlich Zollschuldner wird.

BEISPIELE:

Der Inhaber eines Verwahrungslagers wird Zollschuldner, wenn eingelagerte Waren unzulässigerweise entfernt werden. Dabei spielt es keine Rolle, ob ein Einbruch vorliegt, Hochwasser die Waren weggespült hat oder er selbst die Auslieferung an einen Kunden veranlasst hat.

E1127–E1128 *(Einstweilen frei)*

(b) Für Rechnung Handelnde und Beteiligte

E1129 Ferner sind gem. Art. 79 Abs. 3 Buchst. b UZK zwei weitere Personen mögliche Zollschuldner. Zum einen geht es um Personen, die für Rechnung des Pflichtigen gehandelt haben. Zum zweiten um Beteiligte. Hinzukommen müssen in beiden Fällen **subjektive Elemente** nämlich das Wissen oder Wissen müssen um die Nichterfüllung der Verpflichtung.

(aa) Handeln für Rechnung des Pflichtigen

E1130 Für Rechnung eines anderen handelt der Zollvertreter gem. Art. 18 UZK. Er kann etwa falsche Angaben in Zollanmeldungen machen und damit Pflichten aus Art. 162 f. UZK verletzen. Dabei ist jedoch zu beachten, dass es überhaupt aufgrund der falschen Angaben zu einer Zollschuldentstehung gekommen sein muss, s. Rdnr. E1086, E1092.

BEISPIELE:

- In der Zollanmeldung zur Erledigung einer aktiven Veredelung durch Überlassung zum Zolllager werden durch den Vertreter falsche Kaufpreise genannt. Die von ihm bereitgehaltenen Unterlagen sind ebenfalls falsch. Die Rechnungen sind ebenfalls unterfakturiert, die Präferenznachweise falsch. Gleichwohl kann die Ware ordnungsgemäß zum Zolllagerverfahren überlassen werden.
- Werden die Waren in der Zollanmeldung dagegen falsch bezeichnet, so dass sie Veredelungserzeugnisse nicht erfassen, so wird die aktive Veredelung nicht erledigt. Kommt es dadurch zur Überschreitung der Frist für die Erledigung des Verfahrens, ist der Vertreter weiterer Zollschuldner.
- Gleiches trifft bei fehlerhafter Führung der Aufzeichnungen bei Handeln für Rechnung eines Bewilligungsinhabers vor.

(bb) Beteiligte

E1131 Beteiligte sind Anstifter und Beihilfe Leistende. Vereinfacht gesagt gelten die strafrechtlichen Kriterien der Teilnahme an fremden Taten. Beteiligte müssen das vorschriftswidrige Verhalten des Pflichtigen fördern. Eine erst nachträgliche Handlung mag die Pflichtverletzung verdecken, fördert sie aber nicht mehr.

Beteiligt kann jedermann sein. Persönliche Anwesenheit etwa beim Schmuggel ist nicht erforderlich. Typische Teilnehmer sind Personen, die dem handelnden Verbringer Anweisungen, Hilfen gegeben, das Fahrzeug beladen, die Verstecke eingerichtet haben. E1132

Nach der Rechtsprechung des EuGH kann auch der **Internetvermittler** eines Kaufvertrages mit einem chinesischen Verkäufer als zivilrechtlicher Vertreter Beteiligter eines nachfolgenden Einfuhrschmuggels sein (s. *Witte*, AW-Prax 2012, 146). Damit kann jeder, der irgendwie mit dem vorschriftswidrigen Verbringen in Zusammenhang steht, beim Vorliegen subjektiver Elemente als Beteiligter Zollschuldner werden. E1133

Beteiligt an der Pflichtverletzung können auch die **unmittelbar Handelnden** sein. Wer Waren aus dem Verwahrungslager oder dem Zolllager stiehlt, ist denklogisch an der damit verbundenen Pflichtverletzung aus Art. 147 Abs. 3 Buchst. a UZK bzw. Art. 242 Abs. 1 Buchst. a UZK beteiligt. E1134

Nach den vorstehenden Ausführungen kommen auch juristischen Personen als Beteiligte in Betracht, s. Rdnr. E1119 f. E1135

(Einstweilen frei) E1136–E1137

(cc) Wissen oder wissen müssen

Die vorstehenden Personen werden nur weitere Zollschuldner, wenn sie wussten oder vernünftigerweise hätten wissen müssen, dass zollrechtliche Verpflichtungen nicht erfüllt waren. Dabei ist auf die Sicht eines sorgfältigen und verständigen handelnden Wirtschaftsteilnehmers abzustellen, EuGH-Urteil vom 17.11.2011 C-454/10 (Oliver Jestel). Entscheidend sind die Umstände des Einzelfalls. Die Beweislast dafür trägt die Zollbehörde. E1138

BEISPIELE:

- Wer Waren aus einem Zolllager entfernt, das als solches durch Hinweisschilder mit der Aufschrift „Zolllager" gekennzeichnet ist, wird weiterer Zollschuldner, wenn er der deutschen Sprache mächtig die Aufschrift lesen konnte.
- Wer Nämlichkeitsmittel verletzt, um Packstücke zu öffnen, wird Zollschuldner, wenn etwa die Plomben als Zollverschlüsse erkennbar waren.

Wegen der subjektiven Elemente hat der EuGH im Urteil vom 25.1.2017 Rs. C-679/15 (Ultra-Brag AG) ebenfalls auf die Mitarbeiter und nicht nur auf die Organe abgestellt, Rdnr. E1119 f. „Demnach kommt es in Bezug auf das „Wissen oder vernünftigerweise hätte wissen-müssen" der juristischen Person darauf an, ob der Mitarbeiter, der als Zollschuldner unter Beachtung des Rahmens der ihm von seinem Arbeitgeber übertragenen Aufgaben und in Erfüllung der Weisungen, die ihm zu diesem Zweck erteilt worden sind, wusste oder hätte wissen müssen, dass eine Verpflichtung nicht eingehalten worden ist. Die juristische Person wird somit zum Zollschuldner, wenn der Mitarbeiter im Rahmen seines eigenen Aufgabenbereichs am Verstoß beteiligt ist." (DV E-VSF 09 01 Abs. 345). E1139

(Einstweilen frei) E1140–E1142

(c) Erwerber oder Besitzer

E1143 Schließlich kommen gem. Art. 79 Abs. 3 Buchst. c UZK beim Vorliegen der subjektiven Voraussetzungen ebenfalls Erwerber und Besitzer als Zollschuldner in Betracht. So kann ein Unternehmen, das vom Spediteur eingeschmuggelte Waren ohne Zollpapiere übernimmt, Zollschuldner werden, wenn es über seine Mitarbeiter Kenntnis vom Einfuhrschmuggel hatte oder darum vernünftigerweise hätte wissen müssen.

E1144 Zum **Erwerb** reicht das Verpflichtungsgeschäft. Auch ohne das tatsächliche In-den-Händen-Halten der Ware, den Besitz, kann es zur Zollschuldnerschaft kommen. **Besitz** beinhaltet die tatsächliche Sachherrschaft.

E1145 Zu den Voraussetzungen, unter denen ein **Erwerber von Zigaretten** im Zeitpunkt des Erwerbs der Ware wusste oder vernünftigerweise hätte wissen müssen, dass diese vorschriftswidrig in das Zollgebiet der Union verbracht worden sind, hat das FG Hamburg (Urteil v. 8.11.2004 - IV 265/02) entschieden: „Die Umstände des Ankaufs von Zigaretten auf einen **Markt** von einem vietnamesischen Händler zu Preisen deutlich unterhalb des üblichen Einzelhandelspreises sprechen dafür, dass es sich um unverzollte und unversteuerte Zigaretten handelt."

E1146 Der Erwerber von unverzollten und unversteuerten Zigaretten über das **Aktionshaus ebay** kann nach Ansicht des FG Düsseldorf (Urteil v. 23.6.2004 - 4 K 1162/04 VTa, Z, EU, ZfZ 2005, 25) als Schuldner für die durch das vorschriftswidrige Verbringen in das Zollgebiet der Union entstandenen Einfuhrabgaben in Anspruch genommen werden, da er bei einem Preis pro Zigarettenstange von ca. 20 – 21 € incl. Transport gegenüber einem Preis von üblicherweise ca. 30 € vernünftigerweise hätte wissen müssen, dass diese vorschriftswidrig in das Zollgebiet der Union verbracht wurden.

E1147 Schließlich werden Käufer von Zigaretten auf **Flohmärkten** regelmäßig weitere Zollschuldner, da sie an fehlenden Steuerzeichen, fehlenden Warnhinweisen und der drittländischen Beschriftung erkennen können, dass die Waren eingeschmuggelt worden sind.

E1148 Besitzer kann auch der **Empfänger** werden, für den die Waren letztlich bestimmt sind.

BEISPIELE:

- Ein Unternehmen übernimmt in Kenntnis aller Umstände Ware aus dem Versandverfahren auf dem Firmengelände, obwohl es nicht zugelassener Empfänger ist. Helfen Firmenarbeiter beim Aufbrechen der Zollverschlüsse und Abladen des Lkw mit, so sind sie bei entsprechender Kenntnis als Beteiligte weitere Zollschuldner.
- Ein Unternehmen stellt beim Entladen Mehrmengen fest und lagert sie ein. Es ist zu vermuten, dass diese Mehrmengen bereits nicht von der Anmeldung zur vorübergehenden Verwahrung erfasst worden und damit vorschriftswidrig verbracht worden sind. Wer die Waren gleichwohl in sein Unternehmen aufnimmt, statt die Zollbehörden zu informieren, wird weiterer Zollschuldner, denn er kann regelmäßig wissen, dass die Waren am Zoll vorbei ins Zollgebiet der Union verbracht worden sind.

E1149–E1151 *(Einstweilen frei)*

(2) Zollschuldner bei nicht erfüllten Voraussetzungen

Bei Zollschulden gem. Art. 79 Abs. 1 Buchst. c UZK regelt Art. 79 Abs. 4 UZK die Zollschuldnerschaft. Wiederum sind mehrere Personen zu unterscheiden. E1152

(a) Pflichtiger

Zunächst wird gem. Art. 79 Abs. 4 UAbs. 1 UZK derjenige Zollschuldner, der die Voraussetzungen für die Überführung in das Zollverfahren zu erfüllen hat. Das ist regelmäßig der vermeintliche Bewilligungsinhaber. E1153

(b) Angabenlieferant

Zudem kann in diesen Fällen der Angabenlieferant weiterer Zollschuldner nach Art. 79 Abs. 4 UAbs. 2 UZK werden. Wer wusste oder vernünftigerweise hätte wissen müssen, dass die für die Zollanmeldung erforderlichen Angaben unrichtig waren, ist weiterer Zollschuldner. Die Situation ist mit Art. 77 Abs. 3 UAbs. 2 UZK vergleichbar. E1154

(Einstweilen frei) E1155–E1157

e) Nichtentstehen, Heilung, Abgabenbegünstigung, Erlöschen

Anders als das frühere Recht kennt der UZK keine eigenen Heilungsmöglichkeiten (Art. 859 ZK-DVO) oder Regelungen zum Nichtentstehen von Zollschulden (Art. 206 ZK). Die früher über das gesamte Recht verteilten Punkte sind nunmehr Unterfälle des Erlöschens nach Art. 124 UZK. E1158

Allein die bis zum 30.4.2016 in Art. 212a ZK geregelte Fälle der vielfältigen **Abgabenbegünstigungen bei Zollschuldentstehung wegen Verfehlungen** sind weiter und sogar mit ausgedehnten Inhalten in **Art. 86 Abs. 6 UZK** fortgeschrieben worden. Ausgangspunkt sind dabei Zollschulden nach Art. 79 UZK. E1159

Damit scheiden logischerweise die zolltariflichen Abgabenbegünstigungen sowie die vollständige oder teilweise Befreiung von Einfuhrabgaben, die an die ordnungsgemäße Überlassung an den zollrechtlich freien Verkehr anknüpfen, eigentlich aus. E1160

BEISPIELE:

- Die Rückwarenfreiheit nach Art. 203 UZK ist grundsätzlich an die Überlassung von Waren zum zollrechtlich freien Verkehr geknüpft.
- Die Vorteile nach passiver Veredelung werden gem. Art. 259 UZK bei Überlassung zum zollrechtlich freien Verkehr gewährt.
- Präferenzmaßnahmen verlangen ordnungsgemäße Verfahrensabwicklung und Überlassung zum zollrechtlich freien Verkehr.

Vereinfacht gesagt, erlaubt Art. 86 Abs. 6 UZK nun all diese Vorteile auch dann zu gewähren, wenn die Waren nicht ordnungsgemäß zum zollrechtlich freien Verkehr überlassen wurden, sondern stattdessen eine Zollschuld wegen Verstößen nach Art. 79 UZK entstanden ist. Das verdeutlicht den Grundsatz des UZK, dass die Zollschuld keine Sanktion mehr sein soll. Es werden keine Einfuhrabgaben erhoben, sondern eigene Sanktionen verhängt. E1161

E1162 Weitere Voraussetzung ist allein, dass der Verstoß, durch den die Zollschuld entstanden ist, kein **Täuschungsversuch** war. Anders als bislang ist die Grenze nicht mehr eng gezogen und auf Verhalten unterhalb der groben Fahrlässigkeit beschränkt. Entscheiden ist mithin allein, ob getäuscht werden sollte. Das ist bei Arbeitsfehlern regelmäßig nicht der Fall.

E1163 Auch hier stellt sich bei juristischen Personen die Frage der Zurechnung des Mitarbeiterverhaltens. Sie ist vom EuGH im Urteil vom 25.1.2017 Rs. C-679/15 (Ultra-Brag AG) wie vorstehend beschrieben beantwortet worden, s. Rdnr. E1139.

E1164–E1166 *(Einstweilen frei)*

f) Ausfuhrzollschuld nach Art. 81 UZK

E1167 Art. 81 Abs. 1 UZK regelt die Ausfuhrzollschuldentstehung bei ordnungsgemäßem Verbringen von ausfuhrabgabenpflichtigen Waren aus dem Zollgebiet der Union mittels Ausfuhrverfahren oder passiver Veredelung. Da nur in wenigen Fällen und zumeist auch nur zeitlich begrenzt Ausfuhrabgaben erhoben werden, kommt es praktisch nie zum Entstehen.

aa) Ausfuhr oder passive Verdelung

E1168 Da Art. 81 Abs. 1 UZK nicht mehr allein auf das Verbringen aus dem Zollgebiet der Union abstellt, entstehen Ausfuhrzollschulden nur noch bei Ausfuhr von Unionswaren im Verfahren der passiven Veredelung gem. Art. 259 UZK oder bei Ausfuhr gem. Art. 269 UZK.

E1169 Die **Wiederausfuhr von Nicht-Unionswaren** gem. Art. 270 UZK ist nicht erfasst. Denn in diesen Fällen bedarf es zwar der Wiederausfuhranmeldung. Dabei wird auch auf die Regeln über die Zollanmeldung gem. Art. 158 ff. UZK verwiesen, nicht aber auf die Zollschuldentstehung. Damit ist eine Lücke entstanden, etwa wenn im Rahmen von üblichen Behandlungen im Zolllager oder bei Veredelungsvorgängen in der aktiven Veredelung aus Unionswaren Nicht-Unionswaren entstehen, die alsdann abgabenfrei wiederausgeführt werden könnten.

bb) Zeitpunkt

E1170 Die Ausfuhrzollschuld entsteht gem. Art. 81 Abs. 2 UZK mit **Annahme der Zollanmeldung**, s. Rdnr. E1036.

cc) Zollschuldner

E1171 Zunächst wird der **Anmelder** Zollschuldner gem. Art. 81 Abs. 3 UAbs. 1 Satz 1 UZK.

E1172 Bei **indirekter Stellvertretung** kommt neben den anmeldenden Stellvertreter als weiterer Zollschuldner der **Hintermann** hinzu als die Person, für deren Rechnung die Ausfuhranmeldung abgegeben worden ist (Art. 81 Abs. 3 UAbs. 1 Satz 2 UZK).

E1173 Schließlich kann auch der Angabenlieferant Zollschuldner werden (Art. 81 Abs. 3 UAbs. 2 UZK).

g) Ausfuhrzollschuld nach Art. 82 UZK

Art. 82 UZK fasst die früheren Art. 210 und 211 ZK in einer Norm zusammen. Ähnlich dem Art. 79 UZK geht es um unterschiedliche Verstöße. Voraussetzung ist auch hier, dass die Waren überhaupt ausfuhrabgabenpflichtig sind. E1174

aa) Pflichtverletzungen

Tathandlung zur Begründung einer Ausfuhrzollschuld nach Art. 82 Abs. 1 Buchst. a UZK ist das Verletzen der **zollrechtlichen Verpflichtungen beim Verbringen** von ausfuhrabgabenpflichtigen Waren aus dem Zollgebiet der Union. Es geht vom Wortlaut her einschränkungslos um den Ausgang von Waren nach Art. 263 ff. UZK. E1175

Erfasst würden damit Pflichtverstöße bei der Ausfuhr, der passiven Veredelung, der Wiederausfuhr, der Abgabe einer summarischen Ausgangsanmeldung oder einer Wiederausfuhrmitteilung. Beim Blick auf Art. 82 Abs. 2 Buchst. a UZK wird aber deutlich, dass nur die Fälle erfasst werden sollen, in denen **Waren ohne Zollanmeldungen aus dem Zollgebiet der Union verbracht** werden. Zollanmeldungen gem. Art. 5 Nr. 12 UZK sind jedoch nur für die Ausfuhr und die passive Veredelung erforderlich. Die summarische Ausgangsmeldung wird in Art. 5 Nr. 10 UZK, die Wiederausfuhranmeldung in Art. 5 Nr. 13 UZK und die Wiederausfuhrmitteilung in Art. 5 Nr. 14 UZK ausdrücklich gerade nicht als Zollanmeldung definiert. Damit entsteht auch hier wie bei Art. 81 UZK eine Regelungslücke. E1176

Gemeint ist in allen Fällen ausschließlich ein vorschriftswidriges Verhalten. Ausreichend ist **objektives Fehlverhalten.** E1177

bb) Fehlen der Voraussetzungen für Ausfuhrabgabenbefreiung

Tathandlung zur Begründung einer Ausfuhrzollschuld nach Art. 82 Abs. 1 Buchst. b UZK ist das Fehlen von Voraussetzungen für die Befreiung von Ausfuhrabgaben. Eine Ausfuhrabgabenermäßigung oder -freiheit kann, wie bei der Überlassung zum zollrechtlichen freien Verkehr nach Einfuhr vielfach vorgesehen, an das Vorliegen bestimmter Voraussetzungen geknüpft sein. So ist die Verwendung von Waren zu besonderen Zwecken denkbar. Dann können die Waren zunächst begünstigt exportiert werden. Soweit derartige Voraussetzungen in der Folgezeit nicht mehr erfüllt sind, kann die Ausfuhrzollschuld gem. Art. 82 Abs. 1 Buchst. b UZK entstehen. E1178

cc) Zeitpunkt

Entstehungszeitpunkt ist im ersten Fall gem. Art. 82 Abs. 2 Buchst. a UZK der **Moment des tatsächlichen Verbringens** aus dem Zollgebiet der Union ohne Zollanmeldung. E1179

Bei der zweiten Möglichkeit stellt Art. 82 Abs. 2 Buchst. b UZK auf den Zeitpunkt ab, in dem die Ware nach der Ausfuhr einer **anderen als der begünstigten Bestimmung zugeführt** wird. E1180

dd) Schuldner

E1181 Bei den Zollschuldnern sind wiederum beide Entstehungstatbestände zu unterscheiden. In allen Fällen können juristische Personen Zollschuldner werden, s. Rdnr. E1119 ff.

(1) Zollschuldner bei Verfehlungen

E1182 Bei Entstehen von Zollschulden nach Art. 82 Abs. 1 Buchst. a UZK wegen Verfehlungen wird gem. Art. 82 Abs. 3 Buchst. a UZK zunächst der **Pflichtige** Zollschuldner.

E1183 Daneben tritt gem. Art. 82 Abs. 3 Buchst. b UZK die Person, die für **Rechnung des Pflichtigen** handelte, wenn sie wusste oder vernünftigerweise hätten wissen müssen, dass eine Verpflichtung nicht erfüllt war.

E1184 Weiterhin sind gem. Art. 82 Abs. 3 Buchst. c UZK **Beteiligte** verpflichtet, wenn sie wussten oder hätten wissen müssen, dass eine Zollanmeldung vor dem Verbringen hätte abgegeben werden müssen und nicht abgegeben worden ist.

E1185 Mehrere Zollschuldner sind gem. Art. 84 UZK **Gesamtschuldner**.

(2) Zollschuldnerschaft bei nicht erfüllten Voraussetzungen

E1186 Bei Zollschulden gem. Art. 82 Abs. 1 Buchst. b UZK regelt Art. 82 Abs. 4 UZK die Zollschuldnerschaft. Danach wird derjenige Zollschuldner, der die Voraussetzungen für die Befreiung von den Ausfuhrabgaben zu erfüllen hat.

E1187 Anders als bei Art. 79 Abs. 4 UZK ist der Angabenlieferant kein Zollschuldner.

E1188–E1190 *(Einstweilen frei)*

h) Verbote und Beschränkungen

E1191 Art. 83 UZK schreibt den früheren Rechtszustand fort.

aa) Grundsatz

E1192 So wird in Art. 83 Abs. 1 UZK zunächst am Grundsatz festgehalten, dass die Verbotswidrigkeit der Ein- oder Ausfuhr die Abgabenpflichtigkeit von Waren nicht aufhebt.

bb) Ausnahmen

E1193 Von diesem Grundsatz werden zwei wichtige Ausnahmen für die **Einfuhrzollschuld** gemacht, und zwar beim vorschriftswidrigen Verbringen von Falschgeld sowie Suchtstoffen und psychotropen Stoffen in das Zollgebiet der Union.

E1194 Grund ist die weltweite Ächtung dieser nicht handelbaren Waren. Logische Voraussetzung ist dabei, dass das Verbringen dieser Waren gem. Art. 83 Abs. 1 UZK Verboten oder Beschränkungen gleich welcher Art unterliegt. Einfuhrbeschränkungs- und -verbotsfreie Suchtstoffe, etwa Alkohol und Nikotin, werden nicht von Art. 83 UZK erfasst. Für sie entsteht unabhängig davon die Einfuhrabgabenschuld.

(1) Falschgeld

Zunächst entsteht nach Art. 83 Abs. 2 Buchst. a UZK keine Einfuhrzollschuld, wenn Falschgeld vorschriftswidrig in das Zollgebiet der Union verbracht wird. Unter verbotswidrigem Verbringen ist nicht allein der Einfuhrschmuggel nach Art. 79 Abs. 1 Buchst. a 1. Alt. UZK zu verstehen. Der Unionszollkodex will die EuGH-Rechtsprechung umsetzen. Deshalb ist Art. 83 Abs. 2 Buchst. a UZK dahingehend auszulegen, dass **jegliches Verbringen von Falschgeld** einfuhrabgabenfrei ist. E1195

(2) Suchtstoffe und psychotrope Stoffe

Anstelle des nationalen Begriffs **Betäubungsmittel** spricht der Unionszollkodex bei der zweiten Ausnahme von Suchtstoffen und psychotropen Stoffen. Damit ist der Sache nach eine Klarstellung gewollt und die Anpassung der Vorschriften an die weite Rechtsprechung des EuGH und die internationalen Übereinkommen. E1196

Der Begriff Betäubungsmittel hat sich im deutschen Betäubungsmittelgesetz durchgesetzt, obwohl in anderen deutschsprachigen Ländern die Begriffe Suchtstoffe und Suchtmittel Verwendung finden und internationale Abkommen diese Begriffe entsprechend verwenden. Die fortlaufend aktualisierten Anlagen I bis III (zu § 1 Abs. 1 BtMG) fassen beide Stoffarten zusammen. E1197

Art. 83 Abs. 2 Buchst. b UZK umfasst jedes Verbringen, also auch das erlaubte. Allerdings soll, so die Rückausnahme, bei legalem Tun eine Einfuhrzollschuld entstehen können. E1198

Die verschiedenen Vorschriften der Mitgliedstaaten sehen bei erlaubter Einfuhr und Überlassung zum zollrechtlichen freien Verkehr oder Überführung in ein anderes Zollverfahren wie das Zolllagerverfahren oder die aktive Veredelung streng überwachte Vertriebswege zur Verwendung für medizinische oder wissenschaftliche Zwecke vor. Demgemäß ist auch gem. Art. 83 Abs. 2 Buchst. b UZK als Ausnahme von der Ausnahme für diese Fälle eine Einfuhrzollschuld möglich. E1199

Folglich kann es zur Zollschuldentstehung gem. Art. 77 Abs. 1 UZK bei **Überlassung zum zollrechtlich freien Verkehr** kommen. E1200

Wenn allerdings im Zusammenhang mit dem Zolllagerverfahren der aktiven Veredelung Zollschulden wegen Verfehlungen nach Art. 79 Abs. 1 UZK entstehen, geraten die Suchtstoffe oder psychotropen Stoffe häufig zugleich in die Illegalität. Das wiederum darf nach der Rechtsprechung des EuGH zu Betäubungsmitteln nicht zur Entstehung einer Zollschuld führen (EuGH, Urteil v. 26.10.1982 - E 82, 3699). Mithin ist für die Zollschuldentstehung entscheidend, ob zugleich (noch) eine legale streng überwachte Verwendung vorliegt. E1201

Für das Nichtentstehen kommt es auf die **Illegalität** der an sich nicht handelbaren Waren an.

i) Maßgebender Zeitpunkt für die Bemessung

E1202 Für sämtliche Zollschuldentstehungstatbestände legt Art. 85 UZK den maßgeblichen Zeitpunkt für die Bestimmung der Höhe der Zollschuld fest. Bemessungsgrundlagen – also Beschaffenheit, Menge, Wert, Zollsatz und Ursprung – werden bezogen auf den Zeitpunkt des **Entstehens der Zollschuld.**

E1203 **Ausnahmen** von diesen Grundsätzen sind im Unionszollkodex deutlich reduziert worden. Nur noch vereinzelt sind die im Zollgebiet der Union erzielten Wertsteigerungen zu beachten.

E1204 Art. 86 UZK lässt **Besonderheiten** zu:

- Abs. 1 und 2 für in das Zolllagerverfahren übergeführte Waren, s. Rdnr. D5155 f.
- Abs. 3 für die aktive Veredelung, s. Rdnr. D7138 ff.

E1205–E1207 *(Einstweilen frei)*

j) Konkurrenzen zwischen verschiedenen Zollschuldentstehungstatbeständen

E1208 Konkurrenzen zwischen den verschiedenen Entstehungstatbeständen sind grds. möglich. Der Unionszollkodex versucht jedoch Überlappungen mittels inhaltlicher Trennung der Entstehungstatbestände zu verhindern.

aa) Ein und dieselbe Handlung

E1209 Durch ein und dieselbe Handlung können eigentlich nie mehrere Entstehungstatbestände verwirklicht werden.

bb) Nacheinander gelagerte Handlungen

E1210 Weiterhin können nacheinander gelagerte Handlungen gleiche oder unterschiedliche Tatbestände verwirklichen. Die Konsequenzen für die Zollschuldentstehung richten sich danach, ob nur ein Einfuhrvorgang vorliegt oder mehrere.

E1211 Jedes Verbringen muss für sich bewertet werden. Da jede in das Zollgebiet der Union verbrachte Ware grds. eine Nicht-Unionsware ist, kann es zur wiederholten Zollschuldentstehung kommen.

BEISPIELE:

- Eine aus den USA kommende Ware wird zum zollrechtlichen freien Verkehr unter Erhebung von Einfuhrabgaben gem. Art. 77 UZK überlassen. Später wird die Ware ausgeführt. Fünf Jahre später ist sie erneut bei Überlassung zum zollrechtlich freien Verkehr gem. Art. 77 UZK zu verzollen, da wegen Zeitablaufs die Voraussetzungen der Zollfreiheit für Rückwaren gem. Art. 203 ff. UZK nicht vorliegen.
- Dieselben Waren werden mehrfach eingeschmuggelt (Art. 79 Abs. 1 Buchst. a 1. Alt. UZK).

E1212 Liegt dagegen nur eine Einfuhr vor, ist eine differenzierte Betrachtung erforderlich. Grundsätzlich entsteht die Zollschuld nur einmal im zeitlich frühesten Zeitpunkt.

In besonders gelagerten Fällen kommt es zur mehrfachen **Zollschuldentstehung.** So entsteht bei Überführung von Waren in die vorübergehende Verwendung unter teilweiser Einfuhrabgabenbefreiung zunächst eine Einfuhrzollschuld nach Art. 77 Abs. 1 Buchst. b UZK. Später kann eine weitere Zollschuld etwa wegen Überlassung zum zollrechtlich freien Verkehr gem. Art. 77 Abs. 1 Buchst. a UZK oder aber wegen pflichtwidrigen Gebrauchs gem. Art. 79 Abs. 1 Buchst. a UZK entstehen. E1213

Gleiches gilt, wenn Waren zunächst zu einem ermäßigten Einfuhrabgabensatz in die **Endverwendung** übergeführt werden. Dann jedoch greift die Abzugsmöglichkeit gem. Art. 80 UZK. E1214

Neben diesen Besonderheiten gilt folgendes Grundprinzip: Werden bei einem Einfuhrvorgang nacheinander verschiedene Entstehungstatbestände verwirklicht, die eine Einfuhrzollschuld entstehen lassen, verdrängt der erste die nachfolgenden Tatbestände. E1215

(Einstweilen frei) E1216–E1218

2. Erlöschen der Zollschuld

Art. 124 UZK legt fest, wann die Zollschuld erlischt. Systematisch sauber listet die Regelung verschiedene, inhaltlich nicht zusammengehörende Fälle auf. E1219

Sie stehen **selbstständig nebeneinander und schließen sich nicht gegenseitig aus.** E1220

BEISPIELE

- Nach einem Zigarettenschmuggel hat der Schuldner gezahlt. Damit erlischt die Zollschuld gem. Art. 124 Abs. 1 Buchst. b UZK. Im nachfolgenden Strafverfahren werden sie eingezogen. Das wiederum führt zum Erlöschen gem. Art. 124 Abs. 1 Buchst. e UZK.
- X hat fälschlicherweise zur Überlassung zum zollrechtlich freien Verkehr angemeldet und die Zollschuld gezahlt. Damit erlischt die Zollschuld gem. Art. Art. 124 Abs. 1 Buchst. b UZK. Später wird die Zollanmeldung für ungültig erklärt, Art. 124 Abs. 1 Buchst. d UZK. Auch das hat das Erlöschen der Zollschuld zur Folge.

In beiden Fällen kann der zeitlich nachrangige Erlöschenstatbestand angewendet werden, da diese ansonsten leerliefen. Das führt zur Erstattung der gezahlten Abgaben.

Die **Beweislast** für die Erlöschensvoraussetzungen trifft den vermeintlichen Zollschuldner. Er kann sich gleichsam exkulpieren. E1221

Noch vor die Klammer gezogen sind die Fälle der Nichterhebung wegen **gerichtlich festgestellter Insolvenz** des Zollschuldners. Diese Fälle ergeben sich nicht aus dem UZK, sondern aus den verschiedenen, einzelstaatlich geregelten Insolvenzordnungen. E1222

a) Verjährung der Zollschuld

Der erste in Art. 124 Abs. 1 Buchst. a UZK geregelte Fall des Erlöschens betrifft die Verjährung der Zollschuld nach Art. 103 UZK. Verjährte Zollschulden dürfen nicht mehr mitgeteilt werden. Es kommt zum Erlöschen. E1223

E1224 Nach Art. 103 Abs. 1 UZK beträgt die Verjährungsfrist grundsätzlich **drei Jahre.** Sie beginnt nach dem Tag des Entstehens der Zollschuld und berechnet sich gem. Art. 55 Abs. 2 UZK nach der FristenVO.

E1225 Bei **strafbaren Handlungen** verlängert sich die Frist gem. Art. 103 Abs. 2 UZK auf höchstens zehn Jahre. Auch diese Höchstfrist wird nach der FristenVO berechnet.

E1226 Entscheidend ist nunmehr, wie das **einzelstaatliche Recht** die **Verjährungsfrist** gestaltet. § 169 Abs. 2 AO verlängert die Frist bei Steuerhinterziehungen ebenfalls auf zehn Jahre und füllt damit den Rahmen der FristenVO vollständig aus. Das bedeutet, dass die 10 Jahre, berechnet nach der FristenVO in Deutschland vollständig ausgeschöpft werden.

b) Entrichtung des Abgabenbetrags

E1227 Die Zollschuld erlischt selbstverständlich mit Entrichtung der Abgaben (Art. 124 Abs. 1 Buchst. b UZK). Gem. Art. 109 UZK ist die **Zahlung in bar** oder mit jedem anderen Zahlungsmittel möglich, das schuldbefreiende Wirkung hat.

E1228 **Aufrechnung** ist gem. Art. 124 Abs. 1 UZK i.V. mit § 226 AO ebenfalls zulässig.

c) Erlass des Abgabenbetrags

E1229 Weiterhin hat der Erlass des Abgabenbetrages das Erlöschen der Zollschuld zur Folge (Art. 124 Abs. 1 Buchst. c UZK). Erlass ist gem. Art. 5 Nr. 29 UZK die Befreiung von der Verpflichtung zur Entrichtung eines noch nicht entrichteten Abgabenbetrags.

E1230 Sind **mehrere Personen** zur Entrichtung des Abgabenbetrages verpflichtet und werden die Abgaben erlassen, so erlischt die Zollschuld nur für die Personen, denen der Erlass gewährt wird (Art. 124 Abs. 5 UZK).

E1231–E1232 *(Einstweilen frei)*

d) Ungültigkeitserklärung der Zollanmeldung

E1233 Die Abgabenschuld erlischt ferner bei Ungültigkeitserklärung der Zollanmeldung, wenn die Waren zu einen Zollverfahren angemeldet worden sind, welches die Verpflichtung zur Entrichtung der Abgaben enthält.

E1234 Es geht beim Import um die **Zollschuld nach Art. 77 UZK**. Wenn keine Zollanmeldung mehr vorliegt, wird die durch Annahme dieser Zollanmeldung entstandene Abgabenschuld beseitigt.

e) Beschlagnahme und Einziehung

E1235 Fünfter Erlöschensgrund ist die Beschlagnahme i. V. m. gleichzeitiger oder späterer Einziehung. Dabei spielt Art. 198 UZK die entscheidende Rolle. Die Norm ermächtigt die Zollstelle in bestimmten Fällen die erforderlichen Maßnahmen zu treffen,

- wenn eine der in den zollrechtlichen Vorschriften festgelegten Verpflichtungen in Bezug auf das Verbringen von Nicht-Unionswaren in das Zollgebiet der Union nicht erfüllt wurde oder die Waren der zollamtlichen Überwachung vorenthalten wurden,
- wenn die Waren aus einem der folgenden Gründe nicht überlassen werden können:
  - weil die Beschau der Waren aus Gründen, die der Anmelder zu verantworten hat, von den Zollbehörden nicht innerhalb der vorgeschriebenen Frist vorgenommen oder fortgesetzt werden konnte,
  - weil die Unterlagen, von deren Vorlage die Überführung der Waren in das betreffende Zollverfahren oder ihre Überlassung abhängt, nicht beigebracht wurden,
  - weil innerhalb der vorgeschriebenen Frist entweder die geschuldeten Einfuhr- oder Ausfuhrabgaben nicht entrichtet wurden oder eine Sicherheit nicht geleistet wurde,
  - weil die Waren Verboten oder Beschränkungen unterliegen,
  - wenn die Waren nicht innerhalb einer angemessenen Frist nach der Überlassung abgeholt werden,
- wenn nach der Überlassung festgestellt wird, dass die Waren die Voraussetzungen für die Überlassung nicht erfüllt hatten, oder
- wenn die Waren nach Art. 199 UZK zugunsten der Staatskasse aufgegeben worden sind.

Daneben kommen Einziehung und Beschlagnahmen E1236

- nach den Vorschriften über **Verbote und Beschränkungen** in Betracht sowie
- nach den **Strafrechtsnormen** bzw. nach dem **Strafprozessrecht**.

Unabhängig vom Zeitpunkt der Einziehung ist das Erlöschen der Abgabenschuld die Rechtsfolge. E1237

BEISPIEL

Im Rahmen eines Strafverfahrens werden eingeschmuggelte Zigaretten eingezogen. Die vorher entstandene Zollschuld erlischt.

(Einstweilen frei) E1238–E1239

f) Zerstörung oder Aufgabe zugunsten der Staatskasse

Nächster Erlöschensgrund ist gem. Art. 124 Abs. 1 Buchst. e UZK die **Zerstörung** der Waren unter zollamtlicher Überwachung. E1240

- Art. 197 UZK erlaubt Zerstörung auf Verlangen der Zollbehörden.
- Zudem kann der Wirtschaftsbeteiligte die Waren auch im Rahmen einer ihm bewilligten aktiven Veredelung zerstören (Art. 5 Nr. 37 Buchst. c UZK).

Bleiben dabei Reste, sind diese als Nicht-Unionswaren zu behandeln.

Erlöschensgrund ist ebenfalls die **Aufgabe** der Waren zugunsten der Staatskasse. E1241

g) Unvorhergesehene Ereignisse und höhere Gewalt

E1242 Für bestimmte Fallkonstellationen beim Verschwinden der Waren oder der Nichterfüllung von zollrechtlichen Pflichten sieht Art. 124 Abs. 1 Buchst. g UZK ein Erlöschen vor, wenn Pflichten aufgrund eines abschließend aufgelisteten Kataloges nicht erfüllt worden sind. Dabei trifft den oder die Beteiligten die Nachweispflicht.

aa) Vernichtet, zerstört oder unwiederbringlich verloren

E1243 Die Ware muss vernichtet, zerstört oder unwiederbringlich verlorengegangen sein.

E1244 **Vernichtet** ist eine Ware, die beseitigt, substantiell nicht mehr vorhanden oder völlig entwertet worden ist.

E1245 **Zerstört** ist eine Ware, deren Beschaffenheit verändert worden ist. Selbst bei intensivster Einwirkung bleiben verwertbare Reste oder Abfälle. Eine Ware gilt als unwiederbringlich verlorengegangen, wenn sie von niemandem mehr zu verwenden ist.

Der genauen Abgrenzung bedarf es nicht, da alle Fälle erfasst sind.

bb) Gründe

E1246 Diese Umstände müssen

- auf in der Natur der Ware liegenden Gründen beruhen,
- durch Zufall oder
- höhere Gewalt veranlasst oder
- mit Zustimmung der Zollbehörden herbeigeführt worden sein.

Folge ist jeweils, dass es die Ware nicht mehr gibt.

E1247 Die ständige Rechtsprechung des EuGH besagt, dass unter **höherer Gewalt** ungewöhnliche und unvorhersehbare Ereignisse zu verstehen sind, auf die der betroffene Wirtschaftsteilnehmer keinen Einfluss hatte und deren Folgen trotz Anwendung der gebotenen Sorgfalt nicht hätten vermieden werden können.

E1248 Auch die **unzulängliche Arbeitsweise der Verwaltung** kann ein Fall höherer Gewalt sein. Objektive Unmöglichkeit ist nicht erforderlich.

E1249–E1250 *(Einstweilen frei)*

h) Verstöße ohne erhebliche Auswirkungen

E1251 Art. 124 Abs. 1 Buchst. h UZK lässt die Zollschulden nach Art. 79 und 82 UZK erlöschen, wenn

- die Zollschuld begründenden Verstöße keine erheblichen Auswirkungen auf die vorübergehende Verwahrung und das Zollverfahren hatten,
- kein Täuschungsversuch vorlag und
- nachträglich alle Formalitäten zur Bereinigung der Situation erfüllt wurden.

Die Regelung setzt die Gedanken des früheren Art. 204 ZK nebst Art. 859 ZK-DVO fort und dehnt ihn auf alle Pflichtverletzungen aus. Zudem kann nunmehr bis zur Grenze des **Täuschungsversuchs** ein Erlöschen stattfinden. E1252

Wann ein Verstoß als nicht wesentlich für die ordnungsgemäße Abwicklung der vorübergehenden Verwahrung oder eines Zollverfahrens angesehen wird, ergibt sich aus Art. 103 UZK-DelVO. Die Norm regelt Inhalt und Umfang der Erlöschensmöglichkeiten. Dabei ist umstritten, ob die Regelungen abschließend sind und ob in der DelVO der Anwendungsbereich des Art. 124 Abs. 1 Buchst. h UZK derart eingeschränkt werden darf, s. *Harden/Herschbach*, ZfZ 2021, 70. E1253

Die Beispiele zeigen, dass es **nicht nur um Verstöße in der vorübergehenden Verwahrung und in Zollverfahren** geht, sondern auch um solche zwischen dem Verbringen der Waren ins Zollgebiet der Union und ihre Überlassung in ein Zollverfahren. E1254

Im Einzelnen sieht **Art. 103 UZK-DelVO fünf Fälle** vor. E1255

„(a) Eine Frist wurde um einen Zeitraum überschritten, der nicht länger war als die Verlängerung, die bei einem Antrag auf Verlängerung gewährt worden wäre.

(b) Für Waren, die in ein besonderes Verfahren oder in die vorübergehende Verwahrung übergeführt wurden, ist eine Zollschuld gem. Art. 79 Abs. 1 Buchst. a oder c UZK entstanden, und die Waren wurden anschließend zum zollrechtlich freien Verkehr überlassen.

(c) Die zollamtliche Überwachung wurde für Waren, die formal nicht in ein Versandverfahren übergeführt wurden, sich zuvor jedoch in vorübergehender Verwahrung oder in einem besonderen Verfahren zusammen mit Waren befanden, die formal in dieses Versandverfahren übergeführt wurden, wiederhergestellt.

(d) In Bezug auf Waren, die in ein anderes besonderes Verfahren als das Versandverfahren oder das Freizonenverfahren übergeführt wurden, oder Waren, die sich in vorübergehender Verwahrung befinden, wurden in der Zollanmeldung zur Erledigung des Verfahrens oder zur Beendigung der vorübergehenden Verwahrung fehlerhafte Angaben gemacht, die keine Auswirkung auf die Erledigung des Verfahrens oder die Beendigung der vorübergehenden Verwahrung haben.

(e) Es ist eine Zollschuld gem. Art. 79 Abs. 1 Buchst. a oder b UZK entstanden und die betreffende Person hat die zuständigen Zollbehörden über den Verstoß unterrichtet, bevor die Zollschuld mitgeteilt wurde oder die Zollbehörden dieser Person eine Kontrolle angekündigt haben."

Dabei betreffen die Fälle des Art. 103 Buchst. b – d UZK-DelVO bestimmte Pflichtverletzungen in der **vorübergehenden Verwahrung** und in **besonderen Verfahren.** Es geht also nicht um alle Zollverfahren. E1256

Art. 103 Buchst. a und e UZK-DelVO enthalten derartige Einschränkungen nicht und sind m. E. **auf alle Pflichtverletzungen anwendbar,** also auch auf solche beim Verbringen der Waren ins Zollgebiet der Union (str. s. *Witte*, UZK Art. 124 Rz. 42 ff.). E1257

Besonders der letzte Fall ermöglicht Wirtschaftsbeteiligten proaktiv ein Erlöschen herbeizuführen.

(Einstweilen frei) E1258–E1259

i) Ausfuhr nach Endverwendung

E1260 Nächster Erlöschensgrund ist gem. Art. 124 Abs. 1 Buchst. i UZK die **Ausfuhr von Waren in der Endverwendung**. Geschieht sie mit Zustimmung der Zollbehörde, kommt es zu keiner weiteren Zollschuld.

j) Ungültigkeitserklärung von Präferenzförmlichkeiten

E1261 Zollschulden entstehen nach Art. 78 UZK, wenn es wegen des Draw-Back- Verbotes nicht zu einer Doppelbegünstigung kommen soll. Die Zollschuld kann gem. Art. 124 (1) Buchst. j UZK dadurch entfallen, dass die für die Erlangung der Zollpräferenzbehandlung erforderlichen Förmlichkeiten für ungültig erklärt werden. Denn ohne entsprechende Nachweise wird die gesamte Ware bei der späteren Überlassung zum zollrechtlich freien Verkehr des Vertragsstaates der EU als nicht präferenzberechtigte Drittlandsware behandelt.

Zur Ungültigkeitserklärung gehört etwa die Rücknahme der Präferenznachweise oder die förmliche Erklärung ihrer Unrichtigkeit. Die Ungültigkeitserklärung der Ausfuhranmeldung ist nicht erforderlich.

k) Verbringen aus dem Zollgebiet

E1262 Art. 124 Abs. 1 Buchst. k UZK dehnt das Erlöschen bei **Zollschulden wegen Verstößen** auf die Fälle aus, in denen die Waren nachweislich aus dem Zollgebiet der Union verbracht worden sind und innerhalb des Zollgebietes zuvor nicht verwendet oder verbraucht worden sind. Das kann beispielsweise im Anschluss an ein Zolllagerverfahren, die vorübergehende Verwendung, ein externes Versandverfahren oder die aktive Veredelung geschehen.

BEISPIEL:

Der Bewilligungsinhaber dokumentiert den Export von Nicht-Unionswaren zur Erledigung des Zolllagerverfahrens oder der aktiven Veredelung gem. Art. 215 UZK nicht. Die dadurch entstandenen Zollschulden wegen unterlassener Aufzeichnungen gem. Art. 79 Abs. 1 Buchst. a UZK können wegen des Exports erlöschen.

E1263 Dabei ist nicht entscheidend, wie die Ware das **Zollgebiet der Union verlassen** hat. Entscheidend ist, dass sie sich nicht mehr im Wirtschaftskreislauf befindet.

E1264 Da es um Zollschulden nach **Art. 79 UZK** geht, kann eine Zollschuld nach Überlassung zum zollrechtlich freien Verkehr damit nicht zum Erlöschen gebracht werden.

E1265 Die Nicht-Unionswaren dürfen zuvor nicht verwendet worden sein. Der Wortlaut ist missverständlich. Es geht darum, dass die Nicht-Unionswaren im Anschluss an der Zollschuldentstehung nicht **wie Waren des freien Verkehrs verwendet** worden sind. Das zeigt folgende Überlegung. Wer Waren in der vorübergehenden Verwendung benutzt, im Zolllager unzulässig behandelt oder in der aktiven Veredelung mehr als den bewilligten Veredelungsvorgängen unterzieht, verwendet die Ware zwar.

Das wiederum ist von Art. 124 Abs. 1 Buchst. k UZK nicht gemeint. Ansonsten schiede diese Erlöschensmöglichkeit in vielen Fällen aus. Vielmehr geht es darum, dass die

Nicht-Unionswaren nicht wie Unionswaren am Wirtschaftsleben teilgenommen haben (str., s. *Witte* UZK Art. 124 Rz. 110 ff.). Es geht um die Verwendungen nach dem Pflichtverstoß.

Zudem verlangt Art. 124 Abs. 6 UZK, dass der Zollschuldner **keinen Täuschungsversuch** unternommen hat. Folglich kann die Zollschuld in diesen Fällen auch nur für einzelne Zollschuldner erlöschen. E1266

l) Beitrag zur Betrugsbekämpfung

Die nach Art. 79 UZK entstandene Zollschuld erlischt schließlich bei Personen, die selbst keinen Täuschungsversuch unternommen und die zur Betrugsbekämpfung beigetragen haben. E1267

(Einstweilen frei) E1268–E1269

3. Sicherheitsleistung

a) Grundsatz

Der Unionszollkodex regelt im zweiten Kapitel des Titels III (Zollschuld) die Sicherheitsleistung für den Zollschuldbetrag (Art. 89 – 100 UZK), ergänzt durch die Art. 81 – 86 UZK-DelVO und Art. 147 UZK-DVO – Art. 164 UZK-DVO. Sicherheitsleistungen sind im Unionszollkodex zumeist zwingend vorgesehen (obligatorische Sicherheitsleistungen). Entsprechende Anordnungen finden sich aber nicht in den Art. 89 bis Art. 100 UZK bei der Regelung der Sicherheitsleistung, sondern bei den jeweiligen Zollbehandlungen oder bei den Besonderen Zollverfahren. Art. 211 Abs. 3 Buchst. c UZK sieht beispielsweise für die Fälle, in denen eine Bewilligung der Zollbehörden gemäß Art. 211 Abs. 1 UZK für bestimmte Besondere Zollverfahren erforderlich ist, vor, dass die Bewilligung nur Personen erteilt wird, die gemäß Art. 211 Abs. 3 Buchst. c UZK eine Sicherheit nach Art. 89 UZK geleistet haben. Folglich wird eine Sicherheit für die Bewilligungserteilung folgender Verfahren zwingend vorausgesetzt: für die aktive und die passive Veredelung, die vorübergehende Verwendung und zumindest die tarifliche Endverwendung sowie für den Betrieb von Lagerstätten zur Zolllagerung von Waren im Rahmen des Zolllagerverfahrens, es sei denn, die Lagerstätten würden von den Zollbehörden selbst betrieben. Da für den Unionsversand keine Bewilligung nach Art. 211 Abs. 1 UZK erforderlich ist, findet sich insoweit ein eigenständiges zwingendes Erfordernis, eine Sicherheit zu leisten, und zwar in Art. 233 Abs. 1 Buchst. c UZK. Gleiches gilt auch für die Vorübergehende Verwahrung, die ja nicht den Status eines Zollverfahrens einnimmt, somit Art. 211 UZK für sie nicht gilt. Hier greift der Gesetzgeber den Gedanken für den Betrieb der Lagerstätten im Zolllagerverfahren wieder auf und verlangt auch für die Bewilligung der Lagerstätten in der Vorübergehenden Verwahrung zwingend eine Sicherheitsleistung nach Art. 148 Abs. 2 Buchst. c UZK. E1270

Daneben sieht Art. 91 UZK für die Fälle, in denen eine Sicherheitsleistung nicht vorgeschrieben ist, die Möglichkeit für die Zollbehörden vor, eine Sicherheitsleistung zu verlangen, wenn die fristgerechte Entrichtung einer entstandenen oder möglicherweise entstehenden Zollschuld nicht sicher gewährleistet ist. Zur Sicherheitsleistung erging als Dienstvorschrift die SiLDV, VSF S 14 50, die nunmehr auch nach dem UZK noch Anwendung findet. Ergänzend finden sich jetzt Regelungen zur Sicherheitsleistung in der Allgemeinen Dienstvorschrift u. a. zum Thema der Bewilligung (VSF Z 0514).

E1271 **Anwendungsbereich:** Die Vorschriften für die Sicherheitsleistung finden auf alle Fälle Anwendung, in denen es um die Erfüllung einer Abgabenschuld für Einfuhr- oder Ausfuhrabgaben geht (vgl. Art. 5 Nr. 20, 21 UZK). Dabei kann es sich sowohl um die Absicherung bereits entstandener Einfuhr- bzw. Ausfuhrabgabenbeträge als auch um die Sicherheitsleistung für noch entstehende Zollschuldbeträge handeln.

Soweit im nationalen Verbrauchsteuerrecht auf die Zollvorschriften verwiesen wird, sind ebenfalls die unionsrechtlichen Vorschriften über die Sicherheitsleistung anzuwenden (SiLDV Abs. 70, VSF S 14 50). Die Dienstvorschrift ist zwar ebenfalls zum alten Recht ergangen. Es ist aber davon auszugehen, dass, solange noch keine anderweitigen Regelungen getroffen worden sind, dieser Rechtsgedanke auch für das neue Recht Anwendung finden muss.

Wenn bei nationalen Bewilligungen mit Ausnahme des Unionsversandverfahrens der Anmelder/Bewilligungsinhaber oder ein anderer Unternehmer zum Vorsteuerabzug berechtigt ist, wird die Einfuhrumsatzsteuer grundsätzlich nicht berücksichtigt (Z 0514 (6100), siehe hierzu auch E-VSF Z 81 01 Abs. 13, Art. 89 Abs. 2 UAbs. 2 UZK). Beim Unionsversandverfahren und bei einer mitgliedstaatenübergreifenden Sicherheitsleistung sind auch die Einfuhrumsatzsteuer und etwaige Verbrauchssteuern in die Berechnung der Sicherheitsleistung einzubeziehen (Art. 89 Abs. 2 UAbs. 1 UZK).

Für die Verbrauchsteuern, die nicht von § 1 Abs. 1 ZollVG erfasst sind, bleibt es bei der ausschließlichen Geltung der §§ 241 ff. AO.

E1272 **Marktordnungsrecht:** Die Art. 89 – 100 UZK müssen auch ausdrücklich für die Einfuhr- und Ausfuhrabgaben im Bereich des Marktordnungsrechts (vgl. VO 2220/85/EWG Art. 2 der Kommission mit gemeinsamen Durchführungsbestimmungen zur Regelung der Sicherheiten für landwirtschaftliche Erzeugnisse v. 22. 7. 1985, ABl Nr. L 205 S. 5 mit nachf. Änderungen) gelten (Z 0514 (6100)). Für die übrigen Abgaben im Marktordnungsbereich gelten dagegen die Bestimmungen der VO 2220/85/EWG und die dazu erlassene nationale EG -Sicherheiten-Verordnung (VSF M 03 61).

E1273 **Die Vorschriften des nationalen Rechts** (§§ 241 ff. AO) sind nur noch sehr eingeschränkt anwendbar. Der Katalog der Sicherheitsleistungen ist abschließend in Art. 92 UZK geregelt (Z 0514 (6300)). Lediglich hinsichtlich der Barsicherheit wird nach Art. 92 Abs. 2 UZK hinsichtlich der Modalitäten der Leistung dieser Sicherheit auf die Bestimmungen der Mitgliedstaaten zurückgegriffen. Die Barsicherheiten werden nach Art. 92 Abs. 2 Uabs. 2 UZK nicht verzinst.

Wer als tauglicher Steuerbürge zugelassen werden kann, bestimmt allein Art. 94 UZK. Die Bemessung der Sicherheitsleistung bestimmt sich nach dem entstandenen bzw. möglicherweise entstehenden Einfuhr- bzw. Ausfuhrabgabenbetrag.

b) Einzelheiten

Sicherungsverpflichteter ist grundsätzlich der Zollschuldner bzw. die Person, die Zollschuldner werden kann (Art. 89 Abs. 3 UZK). Die Zollbehörden können zulassen, dass die Sicherheit alternativ von einer dritten Person geleistet wird (Art. 89 Abs. 3 Satz 2 UZK). E1274

Die Sicherheitsleistung kann nur einmal verlangt werden gemäß Art. 89 Abs. 4 UZK, da sie **waren-** und nicht **verfahrensbezogen** ist.

Sie bezieht sich nach Art. 89 Abs. 4 Uabs. 2 UZK auf eine bestimmte Zollanmeldung und den damit verbundenen Einfuhr- bzw. Ausfuhrabgabenbetrag. Dabei spielt es keine Rolle, ob die Zollanmeldung zutreffend abgegeben worden ist. Das heißt, wenn der zu entrichtende Abgabenbetrag über dem zunächst durch Sicherheitsleistung abgedeckten Betrag liegt, dann ist die Sicherheitsleistung trotzdem wirksam für diesen Vorgang erbracht worden.

Staaten, regionale Behörden, und Behörden der kommunalen Selbstverwaltung sowie andere Öffentlich-rechtliche Einrichtungen sind hinsichtlich ihrer Tätigkeit als Behörden von der Sicherheitsleistung befreit (Art. 89 Abs. 7 UZK); dazu zählen u. a. Bundes-, Landes-, Kreis- und Gemeindebehörden, Bundesbetriebe, die bundes- und landesunmittelbaren juristischen Personen des öffentlichen Rechts, die der Wissenschaft und Forschung dienen, sowie Behörden und sonstige Einrichtungen der anderen Mitgliedstaaten der EU, die nachweislich der öffentlichen Verwaltung dieser Staaten angehören. Diesen Zollschuldnern stehen Einrichtungen gleich, die überwiegend von der öffentlichen Hand getragen werden, soweit es um Einfuhrabgaben im Rahmen der vorübergehenden Verwendung geht (SiLDV Abs. 69, VSF S 14 50). E1275

Gesamtsicherheit: Die Zollbehörden können auf Antrag des Zollschuldners bzw. der Person, die Zollschuldner werden kann oder der dritten Person, die nach Art. 89 Abs. 3 UZK Sicherheit leistet, bewilligen, dass für mehrere abgabenpflichtige Vorgänge eine Gesamtsicherheit geleistet wird. Eine verfahrensübergreifende Gesamtsicherheit auch unter Einbeziehung der vorübergehenden Verwahrung kann bis auf Weiteres nicht in Anspruch genommen werden (Z0514 (7200)). Die Bewilligungsvoraussetzungen dafür, eine Gesamtsicherheit erbringen zu dürfen, richten sich nach Art. 95 Abs. 1, 2 und 3 UZK (Art. 89 Abs. 5 UZK). Danach muss der Zollbeteiligte E1276

(a) im Zollgebiet der Union ansässig sein

(b) die in Art. 39 Buchst. a UZK festgelegten Kriterien erfüllen,

(c) die betreffenden Zollverfahren regelmäßig in Anspruch nehmen oder ein Verwahrungslager betreiben oder die in Art. 39 Buchst. d UZK festgelegten Kriterien erfüllen.

Das heißt u. a., dass der Zollbeteiligte zunächst neben dem Ansässigkeitserfordernis in der Union keine schwerwiegenden oder wiederholten Verstöße gegen die zoll- oder steuerrechtlichen Vorschriften und keine schweren Straftaten im Rahmen seiner Wirtschaftstätigkeit begangen haben darf.

Daneben muss er entweder die betreffenden Zollverfahren regelmäßig in Anspruch nehmen oder ein Verwahrungslager betreiben oder u. a. praktische oder berufliche Fähigkeiten vorweisen können, die in unmittelbarem Zusammenhang mit der ausgeübten Tätigkeit stehen.

Die Bedingungen gemäß Art. 39 Buchst. a und d UZK, die jetzt auch für die Bewilligung der Gesamtsicherheit erforderlich sind, sind unter anderen zentrale Voraussetzungen für die Bewilligung des Status eines Zugelassenen Wirtschaftsbeteiligten. Das heißt, dass auch für die Stellung einer Gesamtsicherheit eine bestimmte Vertrauensbasis geschaffen werden muss, um dem Zollbeteiligten diesen Vorteil gewähren zu können. Gleichzeitig wird aber auch deutlich, dass Voraussetzung für die Inanspruchnahme einer Gesamtsicherheit gerade nicht der Status als AEO ist.

E1277 **Höhe der Sicherheit:** Die Höhe der zu leistenden Sicherheit entspricht grundsätzlich dem gemäß Art. 155 Abs. 1 UZK-IA festgesetzten Referenzbetrag (Z 0514 (7300)).

Ist die Leistung einer Sicherheit vorgeschrieben nach Art. 90 Abs. 1 UZK so setzen die Zollbehörden den Betrag dieser Sicherheitsleistung in der **Höhe des genauen Betrages der der Zollschuld entsprechenden Einfuhr- oder Ausfuhrabgaben und anderen Abgaben fest. Dies gilt aber nur dann, wenn der Betrag zu diesem Zeitpu**nkt, zu dem die Sicherheit verlangt wird, schon feststeht.

Im Fall der Gesamtsicherheit muss gemäß Art. 89 Abs. 5 UZK die Höhe der Sicherheit dem zu sichernden Betrag entsprechen, der sich aus der Inanspruchnahme der unterschiedlichen Einfuhrvorgänge bzw. Zollverfahren ergeben hat.

Kann der genaue Betrag nicht bemessen werden, so wird die Sicherheitsleistung als der von den Zollbehörden geschätzte Höchstbetrag der der Zollschuld entsprechenden Einfuhr- oder Ausfuhrabgaben und anderen Abgaben festgesetzt, die entstanden sind oder möglicherweise entstehen.

Im Falle der fakultativen Sicherheitsleistung darf die Sicherheit nicht höher festgesetzt werden als die nach Art. 90 UZK festzusetzende Sicherheitsleistung (Art. 91 Satz 2 UZK).

Mögliche Reduktion der Sicherheit:

E1278 Ist eine Gesamtsicherheit für eine Zollschuld und andere Abgaben, die **möglicherweise entstehen,** zu leisten, so kann dem Wirtschaftsbeteiligten gestattet werden, eine Gesamtsicherheit mit verringertem Betrag zu verwenden oder von der Sicherheitsleistung befreit zu werden, sofern die in Art. 39 Buchst. b und c festgelegten Kriterien erfüllt sind (Art. 95 Abs. 2 UZK).

Verlangt wird für diese Reduktion, dass der Zollbeteiligte zum einen

- Ein erhöhtes Maß an Kontrolle seiner Tätigkeiten und der Warenbewegung mittels eines Systems der Führung der Geschäftsbücher und gegebenenfalls Beförderungsunterlagen, das geeignete Zollkontrollen ermöglicht, nachweisen kann
- und die Zahlungsfähigkeit vorliegt, die als nachgewiesen gilt, wenn der Antragsteller sich in einer zufrieden stellenden finanziellen Lage befindet, die es ihm erlaubt, seinen Verpflichtungen in Zusammenhang mit der betreffenden Tätigkeit nachzukommen. Näheres dazu regelt Art. 26 UZK-IA.

Mit diesen Kriterien soll sichergestellt werden, dass der Zollbeteiligte, wenn er eine Reduktion des Sicherungsbetrages für entstehende Zollschuldbeträge beansprucht, für einen eventuellen Ausfall auch aufkommen kann.

Dazu kommen noch die Anforderungen gem. Art. 84 UZK-DelVO, wenn der Zollbeteiligte eine Reduktion der Gesamtsicherheit auf 50 % (Abs. 1), 30 % des Referenzbetrages (Abs. 2) oder gar eine komplette Befreiung in Anspruch nehmen will.

Es fällt hier auf, dass in allen Konstellationen, die in Art. 84 UZK-DelVO aufgeführt sind und die eine Reduktion des Referenzbetrages vorsehen, eine Bedingung gestellt wird, **die der Antragsteller** immer vorweisen muss.

Der Antragsteller muss nach Abs. 1 Buchst. e, Abs. 2 Buchst. f und Abs. 3 Buchst. k des Art 84 UZK-DelVO anhand von Aufzeichnungen der letzten drei Jahre vor Antragstellung nachweisen, dass er über eine ausreichende finanzielle Leistungsfähigkeit verfügt, um seinen Verpflichtungen in Bezug auf Art und Umfang seiner Geschäftstätigkeit nachzukommen. Während der Gesetzgeber in der ursprünglichen Fassung der Norm noch verlangte, dass der Antragsteller über ausreichende finanzielle Mittel verfügte, um den durch die Reduktion der Gesamtsicherheit nicht abgesicherten Teil auszugleichen, hat er die ausreichenden finanziellen Mittel jetzt durch den Nachweis der finanziellen Leistungsfähigkeit ersetzt. Dies stellt insbesondere für die Wirtschaft eine enorme Erleichterung dar, insbesondere, wenn die Vorübergehende Verwahrung in die Berechnung des Referenzbetrages in Bezug auf die Gesamtsicherheit mit einbezogen werden soll. Wurden durch die Bereitstellung der ausreichenden finanziellen Mittel Aktiva von international operierenden Unternehmen dauerhaft gebunden und damit die wirtschaftliche Leistungsfähigkeit erheblich reduziert, ist jetzt durch den Nachweis der finanziellen Leistungsfähigkeit keine Einschränkung der Liquidität mehr anzunehmen. Dies ist gewollt und im Interesse der Wirtschaft auch so im gesetzgeberischen Vorhaben umgesetzt worden. Die Kriterien der Prüfung der finanziellen Leistungsfähigkeit ergeben sich gemäß Art. 84 Abs. 3a UZK-DelVO. E1279

Art. 95 Abs. 3 UZK ermöglicht demgegenüber die Reduktion, nicht die vollständige Befreiung von der Gesamtsicherheit, die zur Absicherung **bereits entstandener Einfuhrabgabenbeträge** dient. Hier wird dem Zollbeteiligten, sein Status als Zugelassener Wirtschaftsbeteiligter für zollrechtliche Vereinfachungen (AEO-C) vorausgesetzt, auf Antrag bewilligt, eine Gesamtsicherheit mit verringertem Betrag zu verwenden. Die Anforderungen zur Reduktion der Gesamtsicherheit sind insoweit höher als in Abs. 2 dieser Norm, da nur dem Zugelassenen Wirtschaftsbeteiligten für zollrechtliche Vereinfachungen überhaupt die Möglichkeit eingeräumt wird, die Gesamtsicherheit für bereits entstandene Zollschulden zu verringern. Zudem gibt es hier auch nicht die Möglichkeit einer vollständigen Befreiung von der Sicherheitsleistung. E1280

Die **Arten der Sicherheitsleistung** sind in Art. 92 UZK aufgeführt, und zwar für die obligatorische wie für die fakultative Sicherheitsleistung. Grundsätzlich kommen die Hinterlegung einer Barsicherheit (Buchst. a) und die Stellung eines Bürgen (Buchst. b) in Betracht. E1281

Die **Barsicherheit** muss in der Währung des Mitgliedstaates hinterlegt werden, in dem die Sicherheit verlangt wird (Art. 92 Abs. 2 UZK). Den Barsicherheiten gleichgestellt sind die Überlassung eines Schecks, dessen Einlösung gewährleistet ist, und die Überlassung anderer Werte mit von den Zollbehörden anerkannter schuldbefreiender Wirkung (Art. 92 Abs. 1 Buchst. c UZK). Eine Barsicherheit wird nicht verzinst (Art. 92 Abs. 2 Uabs. 2 UZK). E1282

E1283 Die **Bürgschaft** ist die häufigste Form der Sicherheitsleistung. Der Bürge muss sich schriftlich verpflichten, gesamtschuldnerisch mit dem Abgabenschuldner den gesicherten Betrag bei Fälligkeit zu entrichten (Art. 94 Abs. 2 UZK); gleichwohl wird er durch seine Verpflichtung nicht Zollschuldner. Der Bürge muss die jeweils geltenden Voraussetzungen erfüllen; so muss er nach Art. 94 Abs. 1 UZK in der Union ansässig sein und von der nationalen Zollbehörde als Steuerbürge zugelassen worden sein, sofern es sich nicht um ein in der Union nach den geltenden Unionsvorschriften akkreditiertes Kreditinstitut oder Finanzinstitut oder Versicherungsunternehmen handelt. Die Zulassung als Bürge und die Annahme einer Bürgschaftserklärung als Sicherheit ist dem öffentlichen Recht zuzurechnen, während das Bürgschaftsverhältnis zwischen Zollschuldner (als Sicherheitsgeber) und Bürgen wie auch die Geltendmachung der Bürgschaft durch die Zollbehörde zivilrechtlichen Regeln unterliegt. Der Bürge wird erst in Anspruch genommen, wenn der Zollschuldner, für dessen Schuld er einzustehen hat, nicht fristgemäß geleistet hat. Es liegt dann ein Fall der zivilrechtlichen Haftung vor, die nach den Vorschriften des nationalen Rechts geltend gemacht wird, also nach § 192 AO auf zivilrechtlichem Wege.

E1284 **Weitere Formen der Sicherheitsleistung:** Neben diesen beiden Arten der Sicherheit gestattet der UZK in Art. 92 Abs 1 Buchst. c UZK, dass bestimmte andere Formen der Sicherheitsleistung zuzulassen sind. Die anderen Formen der Sicherheitsleistung werden in Art. 83 UZK-DelVO aufgezählt. Dazu zählen beispielsweise die Bestellung einer Grundschuld, die Abtretung von Forderungen, ein gesamtschuldnerischer Schuldbeitritt sowie die Teilnahme an einem allgemeinen Sicherheitssystem der Zollbehörden durch Zahlung eines Beitrags.

Der Sicherungsgeber hat die **Wahl** zwischen den verschiedenen Möglichkeiten der Sicherheitsleistung, allerdings mit den in Art. 93 UAbs. 2 UZK vorgesehenen Einschränkungen: Die Sicherheitsleistung kann abgelehnt werden, wenn sie mit dem ordnungsgemäßen Ablauf des betreffenden Zollverfahrens nicht vereinbar ist.

E1285 Die **Anpassung an veränderte Verhältnisse** erfolgt über Art. 97 UZK. Danach ist die Zollverwaltung dazu berechtigt, eine zusätzliche oder eine die ursprüngliche Sicherheitsleistung ersetzende Sicherheitsleistung zu verlangen, wenn die Erfüllung der Zollschuld nicht oder nicht mehr vollständig gesichert erscheint.

E1286 Ist die Zollschuld erloschen, erfolgt die **Freigabe** der Sicherheit (Art. 98 Abs. 1 UZK). Erlischt die Zollschuld teilweise oder kann sie nur noch für einen Teilbetrag der Sicherheit entstehen, dann ist die Sicherheitsleistung auf Antrag in entsprechender Höhe teilweise freizugeben (Art. 98 Abs. 2 UZK).

E1287 **Keine Kostenerstattung:** Wird die Abgabenforderung, für die eine Sicherheitsleistung erbracht wurde, später von der Finanzbehörde oder dem Gericht für unbegründet erklärt und die Festsetzung aufgehoben, so hat der Beteiligte gleichwohl keinen Anspruch auf Ersatz der ihm entstandenen Kosten wie der Avalzins bei einer Bürgschaft (ständige Rechtsprechung, vgl. FG Hamburg, Urteil v. 27.3.2007 - 4 K 195/06; FG Ba-Wü, Urteil v. 30.4.2008 - 2 K 212/05). Allenfalls kommt ein Amtshaftungsanspruch in Betracht (§ 839 BGB, Art. 34 GG).

4. Erhebung des Zollschuldbetrages, Art. 101 – 114 UZK

a) Einführung

Nach Darstellung der Entstehung der Zollschuld geht es in Art. 101 UZK bis Art. 115 UZK um die Erhebung der Einfuhrabgaben im Besteuerungsverfahren. Der Unionszollkodex fasst in diesen Vorschriften folgende Abschnitte zusammen: Zunächst hat die zuständige Zollbehörde den einer Zollschuld entsprechenden Einfuhr- oder Ausfuhrabgabenbetrag innerhalb der vorgegebenen Fristen zu berechnen und mitzuteilen. In einem zweiten Schritt ist dann dieser ermittelte Abgabenbetrag buchmäßig zu erfassen. Die buchmäßige Erfassung ist dabei nach dem UZK nicht mehr Voraussetzung dafür, dass der Betrag dem Zollbeteiligten mitgeteilt werden kann. Zur Begleichung der Abgabenschuld wird dem Zollschuldner in einem dritten Schritt eine Zahlungsfrist gesetzt (Art. 108 UZK). E1288

Die buchmäßige Erfassung ist dem deutschen Steuerverfahrensrecht fremd. Die EU hat damit einen einheitlichen Begriff geschaffen, um die Einfuhrabgaben als Eigenmittel der EU festzustellen. Mit der Erfassung entsteht nämlich der Anspruch der EU auf Abführung der Eigenmittel (Art. 2 Abs. 1 VO (EG, EURATOM) Nr. 1150/2000).

Neu ist in diesem Zusammenhang, dass das Verfahren der buchmäßigen Erfassung komplett vom Mitteilungsverfahren abgekoppelt worden ist. Das heißt, dass die buchmäßige Erfassung auch keine Voraussetzung mehr für die Mitteilung der Abgaben darstellt.

b) Festsetzung und Mitteilung des Abgabenbetrages, Art. 101 ff. UZK

Zunächst werden die Einfuhrabgaben nach Art. 101 UZK festgesetzt und nach Art. 102 UZK mitgeteilt. E1289

Nach Art. 101 UZK wird der zu entrichtende Einfuhr- oder Ausfuhrabgabenbetrag von den Zollbehörden, die für den Ort zuständig sind, an dem die Zollschuld entstanden ist, oder nach Art. 87 UZK als entstanden gilt, festgesetzt, sobald die erforderlichen Angaben vorliegen. Entsteht die Zollschuld in Deutschland, dann wird also der Einfuhrabgabenbetrag von den deutschen Zollbehörden festgesetzt.

Sie müssen die Abgaben berechnen und einen entsprechenden Steuerbescheid fertigen. Im Steuerbescheid muss die Steuer nach Art und Betrag genau bezeichnet werden.

Gemäß Abs. 3 dieser Norm werden bestimmte Einzelheiten zur Berechnung insbesondere zur Rundung der Einfuhr oder Ausfuhrabgabenbetrages festgelegt.

Unbeschadet des Art. 48 UZK können die Zollbehörden gemäß Art. 101 Abs. 2 UZK den vom Anmelder bestimmten Betrag der zu entrichtenden Einfuhr- oder Ausfuhrabgaben anerkennen. Das heißt, sie übernehmen die vom Anmelder gemachten Angaben.

Nach Berechnung des Abgabenbetrages sind die Abgaben in der Form mitzuteilen, die an dem Ort, an dem die Zollschuld entstanden ist oder nach Art. 87 UZK als entstanden gilt, vorgeschrieben ist. Insofern muss auf das nationale Recht zurückgegriffen werden. Die Mitteilung ist daher mit der Bekanntgabe eines Steuerbescheides gleichzusetzen.

Zur Form der Mitteilung sind §§ 155, 157 AO, nicht jedoch die §§ 164, 165 AO anzuwenden. Die Bekanntgabe der Mitteilung, die nach § 155 Abs. 1 Satz 2 AO Wirksamkeitsvoraussetzung für die Mitteilung (den Abgabenbescheid) ist, erfolgt nach § 122 AO. Regelmäßig wird der Abgabenbescheid mit einfachem Brief zur Post gegeben, dann gilt er am dritten Tag oder einen Monat (bei Bekanntgabe im Ausland) nach Aufgabe zur Post als bekannt gegeben (§ 122 Abs. 2 Nr. 1 oder 2 AO); dabei handelt es sich um eine echte Frist (BFH v. 23.1.2008 VII B 169/07, BFH/NV 2008, 738 – 739). Eine förmliche Zustellung kann angeordnet werden (§ 122 Abs. 5 AO), diese erfolgt dann nach den Vorschriften des VwZG.

Beim IT-Verfahren Atlas erfolgt die Mitteilung im Wege der elektronischen Datenverarbeitung (§ 29bZollV). Dieser elektronisch übermittelte Einfuhrabgabenbescheid ist ebenfalls nach § 122 AO bekannt zu geben, für ihn gilt eine Bekanntgabefrist von drei Tagen (§ 122 Abs. 2a AO).

Mündliche Zollbescheide sind zulässig (§ 157 Abs. 1 AO, § 29a ZollV) und bei mündlicher Zollanmeldung angezeigt.

Mitteilung bei Steueranmeldung: Nach Art. 102 Abs. 2 UZK gilt die Überlassung der Waren als Mitteilung der Zollschuld an den Zollschuldner, wenn der Abgabenbetrag in der Zollanmeldung bereits vermerkt (also selbst berechnet) wurde und mit dem zu entrichtenden Betrag übereinstimmt.

E1290 Der Abgabenbescheid wird ergänzt durch ein **Leistungsgebot**, in dem die Anordnung der Zahlung, die Fälligkeitsfrist und der Ort der Zahlung bestimmt werden.

c) Fälle, in denen die Mitteilung der Zollschuld nicht „erforderlich" ist

E1291 Es gibt vier Fallgruppen, in denen die Mitteilung einer Zollschuld nicht „erforderlich" ist. Insoweit ist von **einem Mitteilungsverbot** auszugehen. Dazu zählen folgende in Art. 102 UZK abschließend aufgeführte Fälle:

E1292 ► wenn bis zur endgültigen Festsetzung des Einfuhr- oder Ausfuhrabgabenbetrages eine **vorläufige handelspolitische Maßnahme in Form eines Zolls eingeführt worden ist. Dabei kann es sich um einen Antidumping- oder Ausgleichszoll** nach Art. 7 VO Nr. 384/96, Art. 7 Entscheidung Nr. 2277/96/EGKS, Art. 12 VO Nr. 2026/97 oder der Entscheidung Nr. 1889/98/EGKS handeln; danach ist nur Sicherheit in Höhe des vorläufigen Zolls zu leisten; erst bei endgültiger Festsetzung der Antidumping- oder Ausgleichszölle sind diese zu erfassen, mitzuteilen und zu entrichten.

E1293 ► **Verbindliche Auskünfte:** Eine gültige vZTA (s. Art. 33,34 UZK) kann im Einzelfall inhaltlich unrichtig sein. Liegt der zu entrichtende Abgabenbetrag, das heißt wohl der gesetzlich geschuldete Abgabenbetrag über dem Betrag, der sich bei Anwendung der vZTA ergibt, dann wird das Vertrauen des Inhabers der vZTA manifestiert und die Mitteilung des gesetzlich geschuldeten Betrags darf nicht erfolgen. Dasselbe gilt auch für die in Art. 33, 34 UZK ebenfalls enthaltene verbindliche Ursprungsauskunft. Dieses Verbot der Mitteilung des zu entrichtenden Abgabenbetrages hat einen Grund. Und zwar wird das Vertrauen des Beteiligten auf eine Entscheidung, die die Zollbehörde zuvor getroffen hat, geschützt. Damit wird die Rechtsverbindlichkeit der vZTA als zollrechtlicher Entscheidung im Sinne des Art. 5 Nr. 39 UZK geschützt. So lange die vZTA rechtswirksam ist, ist die Verwaltung an sie gebunden. Das heißt, der vZTA kommt rechtsgestaltende Wirkung zu. Dies gilt gerade auch dann, wenn diese Entscheidung fehlerhaft gewesen ist. Problematisch ist in diesem Zusammenhang, dass hier der Begriff des zu entrichtenden Betrages anders als gemäß Art. 117 UZK zu verstehen ist und sich insoweit eine begriffliche Dissonanz ergibt.

- **Die ursprüngliche Entscheidung**, keine Abgaben oder sie mit einem niedrigeren als dem zu entrichtenden Einfuhr- oder Ausfuhrabgabenbetrag mitzuteilen erfolgte aufgrund von Rechtsvorschriften, die nachträglich durch gerichtliche Entscheidung aufgehoben wurden. E1294

Diese Vorschrift ist eine Ausprägung des **Vertrauensschutzgedankens,** der insbesondere im öffentlichen Recht und damit auch im Zollrecht Anwendung findet. Es wird das Vertrauen des Beteiligten in das bei der Bemessung der Abgabenschuld angewandte Recht geschützt, obwohl das angewandte Recht durch gerichtliche Entscheidung für ungültig erklärt worden ist. Eine Mitteilung ist also dann unzulässig, wenn ein dafür zuständiges Gericht die Abgaben zunächst auf der Grundlage einer bestimmten Rechtsnorm niedriger angesetzt hat, als dies – nach Aufhebung der Norm – erforderlich gewesen wäre. Die Ungültigerklärung einer allgemeinen Vorschrift durch den EuGH hat nach Art. 264 AEUV eine Wirkung ex tunc, also von Anfang an. Das heißt, dass der gesetzlich geschuldete Betrag von Anfang an über dem von der Behörde zunächst mitgeteilten Betrag gelegen hat. Die Behörde darf die Differenz zum gesetzlich geschuldeten Betrag dann nicht mitteilen.

Die Zollbehörden sind **nach den zollrechtlichen Vorschriften** von der Pflicht zur Mitteilung der Zollschuld befreit, E1295

Die Fälle, in denen die Zollbehörden von der Pflicht zur Mitteilung der Abgaben befreit sind werden abschließend in Art. 88 UZK-DelVO aufgeführt:

(1) Die Zollbehörden können auf die Mitteilung einer durch einen Verstoß gemäß Art. 79 oder Art. 82 UZK entstandenen Zollschuld verzichten, wenn der Betrag der betreffenden Einfuhr- oder Ausfuhrabgabe unter 10 € liegt.

(2) Lag der Betrag der Ein- oder Ausfuhrabgabe in der ursprünglich mitgeteilten Zollschuld unter der zu entrichtenden Einfuhr- oder Ausfuhrabgabe, können die Zollbehörden auf eine Mitteilung der Zollschuld über die Differenz zwischen diesen Beträgen verzichten, wenn dieser unter 10 € liegt.

(3) Die in den Absätzen (1) und (2) festgelegte Begrenzung auf 10 € gilt für jede Erhebungsmaßnahme.

d) Mitteilungsverjährung des Abgabenbetrages, Art. 103 UZK

Die Mitteilung des erfassten Abgabenbetrages oder eines Teilbetrages darf nach einer Frist von drei Jahren nach dem Zeitpunkt des Entstehens der Zollschuld grundsätzlich nicht mehr erfolgen (Art. 103 Abs. 1 UZK). Ist gegen die Abgabenfestsetzung ein Rechtsbehelf eingelegt worden, dann greift eine Ablaufhemmung für die Dauer des Rechtsbehelfsverfahrens (Art. 103 Abs. 3 Buchst. a UZK). Ist die Zollschuld aufgrund einer E1296

Handlung entstanden, die zu dem Zeitpunkt, als sie begangen wurde, als Straftat zu beurteilen war, kann die Mitteilung noch nach Ablauf der Dreijahresfrist erfolgen; in diesem Fall ist die Dauer der Verjährungsfrist nach nationalem Recht zu bestimmen (Art. 103 Abs. 2 UZK). Nach Art. 103 Abs. 2 UZK verlängert sich dann die Frist des Absatzes 1 von drei Jahren auf mindestens fünf und höchstens 10 Jahre gemäß dem einzelstaatlichen Recht.

E1297 Liegt eine Mitteilungsverjährung vor, so führt dies zum Erlöschen der Zollschuld nach Art. 124 Abs. 1 Buchst. a UZK. Mit dieser Bestimmung hat der Gesetzgeber insoweit einen Paradigmenwechsel vorgenommen. Nach altem Recht war die Verjährung lediglich ein Hinderungsgrund für die nachträgliche buchmäßige Erfassung.

E1298 **Die** (normale) **dreijährige Mitteilungsverjährungsfrist** beginnt im Zeitpunkt des Entstehens der Zollschuld zu laufen. Die Entstehungszeitpunkte der Zollschuldtatbestände ergeben sich jeweils aus der einschlägigen Entstehungsvorschrift. Die Berechnung dieser Frist ist nach der FristenVO (VO [EWG, Euratom] 1182/71, ABl 1971 Nr. L 124 S. 1) vorzunehmen, dort insbesondere gemäß Art. 3.

E1299 **Aussetzung bei Rechtsbehelfseinlegung:** Mit Eingang des (zulässigen) Rechtsbehelfs bei der Anbringungsbehörde (Art. 44 Abs. 3 Buchst. a UZK, § 357 Abs. 2 AO) läuft die dreijährige Mitteilungsverjährungsfrist nicht weiter; mit dem Ende des Rechtsbehelfsverfahrens beginnt der noch nicht verbrauchte Teil der Dreijahresfrist abzulaufen. Die Wirkung dieser Ablaufhemmung besteht darin, dass die Zollverwaltung während der gesamten durch die Durchführung eines Rechtsbehelfsverfahrens erheblich verlängerten Mitteilungsverjährungsfrist noch Abgabenbeträge erheben kann. Die Änderbarkeit des Abgabenbescheides zu Lasten des Beteiligten wird um die Dauer des Rechtsbehelfsverfahrens verlängert.

E1300 Die **verlängerte Mitteilungsverjährung** bei Straftaten: Ist die Zollschuld aufgrund einer strafbaren Handlung entstanden, so verlängert sich die Frist des Absatzes 1 von drei Jahren auf mindestens fünf und höchstens zehn Jahre gemäß dem einzelstaatlichen Recht.

Unter strafbaren Handlungen sind nur Straftaten (im Sinne des deutschen Strafrechts) zu verstehen (EuGH, Urteil v. 27.11.1991, ZfZ 1992, 73), nicht aber Ordnungswidrigkeiten. Die Handlung muss – was im deutschen Recht selbstverständlich ist – zum Zeitpunkt der Begehung schon unter Strafe gestellt sein. Aufgrund der Verweisung in das nationale Recht sind die §§ 169 – 171 AO uneingeschränkt anzuwenden. Daraus folgt:

Die Dauer der 10-jährigen Festsetzungsfrist kommt nur zur Anwendung, wenn eine Steuerhinterziehung (und nicht allgemein eine Straftat) vorliegt (§ 169 Abs. 2 Satz 2 AO). Dabei kommt es nicht darauf an, wer die Steuer hinterzogen hat; auch der redliche Gesamtschuldner muss sich die Hinterziehung fristverlängernd zurechnen lassen. Die Zollbehörden entscheiden selbst, ob eine Steuerhinterziehung vorliegt, auf eine Anklage oder Verurteilung kommt es nicht an (EuGH, Urteil v. 18.12.2007 - C-62/06, ZfZ 2008, 102). Die Zollbehörden sind insoweit frei in ihrem Spielraum.

Ist die Steuerhinterziehung nicht vom Steuerschuldner oder seinem Erfüllungsgehilfen begangen worden kommt die sog. Exkulpation in Betracht (strittig § 169 Abs. 2 a. E. AO).

Fristbeginn und Fristende der 10-jährigen Verjährungsfrist werden nicht nach den nationalen Bestimmungen, sondern nach der FristenVO berechnet. Es ist nämlich davon auszugehen, dass sich der in Art. 103 Abs. 2 UZK erfolgte Verweis nur auf die Dauer der Festlegung der Mitteilungsfrist von 10 Jahren gemäß dem einzelstaatlichen Recht bezieht. Denn nach dieser Vorschrift soll sich die in Abs. 1 genannte drei Jahresfrist entsprechend verlängern auf die in Abs. 2 genannte Fristdauer, wobei sich der Fristbeginn für die Dreijahresfrist in Art. 103 Abs. 1 UZK auch nach der Fristenverordnung bestimmt. Geht es jetzt um eine Fristverlängerung, dann wird der Zeitraum der Fristdauer auf zehn Jahre verlängert, eine andere Bestimmung des Fristbeginns bzw. des Fristendes ist jedoch nicht vorgesehen. Die zehnjährige Mitteilungsfrist beginnt demnach nicht gem. § 170 Abs. 1 AO mit Ablauf des Kalenderjahres, in dem die Steuer entstanden ist. Sie beginnt gemäß Art. 3 FristenVO am auf die Steuerentstehung folgenden Tag. Die Frist endet demnach auch nach Art. 3 FristenVO in der Regel einen Tag später, als dies nach nationalem Recht der Fall wäre.

e) Buchmäßige Erfassung

Die in Art. 101 UZK genannten Zollbehörden erfassen in ihren Büchern in Übereinstimmung mit den einzelstaatlichen Rechtsvorschriften den gemäß dem genannten Artikel festgesetzten zu entrichtenden Einfuhr- oder Ausfuhrabgabenbetrag. Das heißt dass in Deutschland parallel zu dem entsprechenden national geregelten Festsetzungsverfahren jetzt die Abgaben buchmäßig erfasst werden. Nach Art. 104 UZK ist die buchmäßige Erfassung nicht mehr Voraussetzung für die Mitteilung des Abgabenbetrages nach Art. 102 UZK. Die beiden Ebenen der nationalen Festsetzung und Mitteilung der Abgaben und der europäischen Ebene der buchmäßigen Erfassung zwischen EU und Mitgliedstaat sind demnach komplett voneinander entkoppelt worden. E1301

Mit der buchmäßigen Erfassung des Abgabenbetrages entsteht der **Anspruch der Europäischen Union** auf Abführung der Eigenmittel, Art. 2 Abs. 1, 2 VO (EG und Euratom) Nr. 1150/2000 (EigenmittelVO; abgedruckt unter VSF Z 02 06). Dabei steht den Mitgliedstaaten das Recht zu, 25 % der Abgaben als Verwaltungskostenanteil einzubehalten. Die Fristen für die buchmäßige Erfassung sind auch deswegen einzuhalten, um Zinsforderungen der EU auszuschließen (Art. 11 VO EG/Euratom Nr. 1150/2000).

Die Einzelheiten der buchmäßigen Erfassung der Einfuhr- oder Ausfuhrabgabenbeträge werden von den Mitgliedstaaten geregelt. Diese Einzelheiten können unterschiedlich sein, je nachdem, ob unter Berücksichtigung der Umstände, unter denen die Zollschuld entstanden ist, die Entrichtung dieser Beträge nach Überzeugung der Zollbehörden gesichert ist oder nicht (Art. 104 Abs. 3 UZK). Das heißt, diese Vorschrift eröffnet den Mitgliedstaaten den Spielraum, das Verfahren der buchmäßigen Erfassung individuell zu regeln.

In Deutschland wird die buchmäßige Erfassung mit der Fertigstellung des Abgabenbescheides gleichgesetzt („gilt"; VSF Z 1101 Abs. 5). Es ist aber keine Neuregelung ersichtlich, so dass davon auszugehen ist, dass diese Regelung noch entsprechende Anwendung auf den UZK findet. Die Fertigstellung gilt als vollzogen, wenn durch Speichern der Bescheid im IT-Verfahren Atlas generiert wird, nach Eintragung aller erforderlichen Angaben der Abfertigungsbeamte unterschreibt bzw. der Zeichnungsberechtigte den Bescheidsentwurf abzeichnet oder der Bescheid in einem IT-Verfahren ausgedruckt wird (z. B. ZAUZK-DelVOT).

In den Fällen, in denen die Mitteilung der Zollschuld nach Art. 102 Abs. 1 Uabs. 2 UZK nicht mehr erforderlich ist, wird auch auf die buchmäßige Erfassung der entsprechenden Beträge verzichtet (Art. 104 Abs. 1 Uabs. 2 UZK).

Für die Fälle der Mitteilungsverjährung gemäß Art. 103 UZK bestimmt Art. 104 Abs. 2 UZK, dass diese Beträge nicht mehr buchmäßig erfasst zu werden brauchen. Diese Formulierung ist unbestimmt. Brauchen nicht mehr erfasst zu werden bedeutet, dass sie erfasst werden können, wohl aber kein zwingendes Gebot für die Erfassung besteht. Rechtliche Konsequenzen werden sich aus dieser Vorschrift aber letztlich nicht ergeben.

E1302 **Art. 105 Abs. 1 UZK legt die Frist für die buchmäßige Erfassung der Einfuhr- bzw. Ausfuhrabgaben fest.** Die buchmäßige Erfassung haben die Zollbehörden **für die entweder durch Annahme der Zollanmeldung entstandene Zollschuld oder für die durch eine der Annahme der Zollanmeldung vergleichbare Handlung entstandene Zollschuld** innerhalb von 14 Tagen nach der Überlassung der Waren vorzunehmen. Dies soll nach Art. 105 Abs. 1 UZK für alle Zollverfahren mit Ausnahme des Verfahrens der Vorübergehenden Verwendung unter teilweiser Befreiung von den Einfuhrabgaben gelten. Nach Art. 105 Abs. 3 UZK gilt für die in die Vorübergehende Verwendung unter teilweiser Befreiung übergeführten Waren eine Erfassungsfrist von 14 Tagen nach dem Tag, an dem die Zollbehörden in der Lage sind, den betreffenden Einfuhr- oder Ausfuhrabgabenbetrag festzusetzen und eine Entscheidung zu erlassen.

E1303 **Abweichend von Art. 105 Abs. 1 Uabs. 1 UZK kann der Gesamtbetrag** der Einfuhr- oder Ausfuhrabgaben auf Waren, die ein und derselben Person innerhalb eines von den Zollbehörden festgesetzten Zeitraums von höchstens 31 Tagen überlassen worden sind, am Ende dieses Zeitraums auf einmal buchmäßig erfasst werden, sofern für die Entrichtung dieses Gesamtbetrages eine Sicherheit geleistet worden ist. In diesem Fall erfolgt die buchmäßige Erfassung innerhalb von 14 Tagen nach Ende des betreffenden Zeitraums. Hier wird demzufolge eine Art der globalisierten buchmäßigen Erfassung ermöglicht.

Ist nach Abs. 2 dieser Vorschrift vorgesehen, dass die Waren überlassen werden können, bevor bestimmte Voraussetzungen für die Festsetzung des zu entrichtenden Einfuhr- oder Ausfuhrabgabenbetrages oder dessen Erhebung erfüllt sind, so erfolgt die buchmäßige Erfassung innerhalb von 14 Tagen nach dem Tag, an dem der zu entrichtende Einfuhr- oder Ausfuhrabgabenbetrag festgesetzt oder die Verpflichtung zur Abgabenentrichtung festgelegt wird.

E1304 **Betrifft die Zollschuld jedoch eine vorläufige** handelspolitische Maßnahme in Form eines Zolls, so erfolgt die buchmäßige Erfassung des zu entrichtenden Einfuhr- oder Ausfuhrabgabenbetrages innerhalb von 2 Monaten nach dem Tag der Veröffentlichung der Verordnung zur Einführung der endgültigen handelspolitischen Maßnahme im Amtsblatt der Europäischen Union.

Verlängerung der behördlichen Fristen: Die in Art. 105 Abs. 1, 2 und 3 UZK genannten Fristen gelten nicht bei unvorhergesehenen Ereignissen oder im Fall höherer Gewalt. Eine Überschreitung der Frist führt aber ohnehin nicht zu einem Rechtsmangel des Abgabenbescheides. Der Zollbeteiligte kann einen Einspruch demzufolge auch nicht mit diesem Fehler begründen. Er kann keine subjektiven Rechte daraus ableiten (vgl. (FG Düsseldorf, Urteil v. 24.4.1997, ZfZ 1998, 31; FG Bremen, Urteil v. 16.10.1997, ZfZ 1998, 172; FG Ba-Wü., Urteil v. 26.10.1999, ZfZ 2000, 94). E1305

Wurde der zu entrichtende Einfuhr- oder Ausfuhrabgabenbetrag nicht nach den Absätzen 1,2 und 3 buchmäßig erfasst oder wurde er mit einem geringeren als dem zu entrichtenden Betrag festgesetzt und buchmäßig erfasst , so erfolgt die buchmäßige Erfassung des zu entrichtenden (gesetzlich geschuldeten) Einfuhr- oder Ausfuhrabgabenbetrages innerhalb von 14 Tagen nach dem Tag, an dem die Zollbehörden in der Lage sind, den betreffenden Einfuhr- oder Ausfuhrabgabenbetrag festzusetzen oder eine Entscheidung zu erlassen (Art. 105 Abs. 4 UZK). E1306

f) Fristen und Modalitäten für die Entrichtung des Abgabenbetrages

Die festgesetzten, nach Art. 102 UZK mitgeteilten Abgaben sind dann innerhalb der nach den Vorschriften des UZK von der Behörde festgesetzten Frist zu entrichten (Art. 108 UZK). Wie die Festsetzung der Fälligkeitsfrist geschehen soll, sagt der UZK nicht ausdrücklich; jedenfalls lässt sich Art. 108 Abs. 1 UZK nicht entnehmen, dass der Abgabenbescheid auch schon die Aufforderung zur Zahlung und die Fälligkeitsfrist enthalten soll. So kann weiterhin das Leistungsgebot (vgl. § 254 AO) zur Anwendung kommen. E1307

Behördlich gesetzte Frist (Art. 108 Abs. 1 Uabs. 1 UZK): Unbeschadet des Art. 45 Abs. 2 UZK darf diese Frist zehn Tage ab dem Tag der Mitteilung des Abgabenbetrages nicht überschreiten. Im Fall der Globalisierung der buchmäßigen Erfassung nach Maßgabe des Art. 105 Abs. 1 Uabs. 2 UZK wird die Frist so festgesetzt, dass der Zollschuldner keine längere Zahlungsfrist erhält als er im Falle des Zahlungsaufschubs nach Art. 110 UZK erhalten hätte. E1308

Die Dienstvorschrift- die zum alten Recht ergangen ist- gibt lediglich vor, dass bei Privateinfuhren normalerweise die sofortige Zahlung nach Mitteilung der Abgaben zu fordern ist (VSF Z 09 12 Abs. 23).

Fristberechnung: Der Unionszollkodex lässt wie der Zollkodex keinen Zweifel daran, dass es sich bei der Fälligkeitsfrist um eine Frist, nicht etwa um einen Zahlungstermin handelt. Auf die Berechnung der Frist ist demnach die FristenVO (VO (EWG/EURATOM) Nr. 1182/71 v. 3.6.1971, ABl EG Nr. L 124 S. 1) anzuwenden. Die Frist beginnt nach Art. 3 Abs. 1 Uabs. 2 FristenVO an dem Tag, der auf den Tag folgt, an dem das Ereignis stattgefunden hat. Das maßgebliche Ereignis ist hier die Mitteilung des Abgabenbetrages. Die Mitteilungsmodalitäten bestimmen sich wiederum, wie bei Art. 102 UZK dargestellt, nach dem nationalen Recht (vgl. § 124 AO). Die Frist ist nach Tagen bemessen und berechnet sich deswegen nach Art. 3 Abs. 2 Buchst. b FristenVO. Die Dienstanwei- E1309 sung Z 09 12 (Abs. 20) ordnet an, dass auf der Mitteilung die Zahlungsfrist durch Angabe des Datums, an dem die Zahlungsfrist abläuft, zu vermerken ist.

BEISPIEL:

Der Abgabenbescheid wird am Mittwoch, den 16.3.2000, mit einfachem Brief zur Post gegeben; er enthält eine Zahlungsfrist von 10 Tagen. Der Bescheid gilt dann wegen Art. 102 UZK i.V. m. § 122 Abs. 2 Nr. 1 AO am Montag, den 21.3.2000, zunächst als mitgeteilt. Am Samstag, den 19.3.2000, galt er demgegenüber noch nicht als mitgeteilt. Denn die Dreitagesfrist des § 122 Abs. 2 Nr. 1 AO wird als echte Frist verstanden, auf die § 108 Abs. 3 AO Anwendung findet (BFH, Urteil v. 14.10.2003 IX R 68/98, ZfZ 2004, 59). Der Tag der Mitteilung ist das für die Fristen VO nach Art. 3 Abs. 1 Uabs. 2 FristenV O maßgebliche Ereignis. Die Frist beginnt also an dem auf das Ereignis folgenden Tag um 0 Uhr, das heißt am Dienstag den 22.3.2000 0 Uhr. Für das Fristende gilt Art. 3 Abs. 2 Buchst. b FristenVO. Letzter Tag der Frist ist Donnerstag, der 31.3.2000 24 Uhr. Eine Zahlung nach dem 31.3.2000 ist nicht mehr fristgerecht und löst die in Art. 114 UZK vorgesehenen Verzugsfolgen aus.

E1310 **Aussetzung der Verpflichtung zur Entrichtung der Abgaben (Art. 108 Abs. 3 Buchst. a – c UZK)**

Die Frist für die Entrichtung des einer Zollschuld entsprechenden Einfuhr- oder Ausfuhrabgabenbetrages wird in jedem folgenden Fall ausgesetzt:

(a) ein Antrag auf Erlass der Abgaben nach Art. 121 UZK wird gestellt (vgl. Art. 89 UZK-DelVO)

(b) die Waren sollen eingezogen, zerstört oder zugunsten der Staatskasse aufgegeben werden(vgl. Art. 90 UZK-DelVO)

(c) die Zollschuld ist nach Art. 79 UZK entstanden und es gibt mehr als einen Zollschuldner (Art. 91 UZK-DelVO)

In Art. 89 bis Art. 91 UZK-DelVO werden dann die Bedingungen für die Aussetzung der Zahlungsverpflichtung gem. Art. 108 Abs. 3 UZK genannt:

Rechtsschutz bei Ablehnung der Aussetzung: Lehnt die Zollbehörde einen solchen Antrag ab, oder gewährt sie ihn nur gegen Sicherheitsleistung, kann der Beteiligte dagegen Rechtsbehelf nach Art. 44 UZK einlegen; danach kommt eine Verpflichtungsklage nach § 40 FGO in Betracht; vorläufiger Rechtsschutz ist nach § 114 FGO als einstweilige Anordnung möglich.

E1311 **Zahlungsmodalitäten Art. 109 UZK:** Die Zahlung ist in bar oder mit anderen Zahlungsmitteln, die schuldbefreiende Wirkung haben, zu entrichten. Die Vorschrift lässt auch die Aufrechnung zu (vgl. § 226 AO). Unabhängig von den gewährten Zahlungserleichterungen kann der Zollschuldner ganz oder teilweise vor Ablauf der gewährten Fristen leisten (Art. 109 Abs. 3 UZK). Jeder Abgabenbetrag kann von einem Dritten anstelle des Zollschuldners entrichtet werden (Art. 109 Abs. 2 UZK).

E1312 **Zahlungsaufschub:** Die Zollbehörden gewähren dem Beteiligten auf Antrag für den geschuldeten Abgabenbetrag unter bestimmten Voraussetzungen einen Zahlungsaufschub (Art. 110 UZK).

Der Zahlungsaufschub ist von einer Sicherheitsleistung abhängig (Art. 110 Abs. 1 UZK).

Arten des Zahlungsaufschubs:

- für einzelne buchmäßig erfasste Abgabenbeträge nach Art. 105 Abs. 1 Uabs. 1 UZK oder Art. 105 Abs. 4 UZK als Einzelaufschub (Art. 110 Abs. 1 Buchst. a UZK),
- global für sämtliche innerhalb eines bestimmten Zeitraums buchmäßig erfassten Abgabenbeträge nach Art. 105 Abs. 1 Uabs. 1 UZK als laufender Zahlungsaufschub von höchstens 31 Tagen (Art. 110 Buchst. b UZK),
- global für den Gesamtbetrag der nach Art. 105 Abs. 1 Uabs. 2 UZK in einem Mal buchmäßig erfassten Einfuhr- oder Ausfuhrabgaben.

Die Aufschubfrist beträgt 30 Tage nach Art. 111 Abs. 1 UZK. Die Berechnungsmodalitäten bestimmen sich nach Art. 111 Abs. 2 bis 6 UZK.

Sonstige Zahlungserleichterungen (Art. 112 UZK): Neben dem Zahlungsaufschub, der im UZK geregelt ist, können die Zollbehörden andere Zahlungserleichterungen einräumen. Voraussetzung dafür ist, dass eine Sicherheitsleistung erbracht wird (Art. 112 Abs. 1 UZK). Darauf kann aus Billigkeitsgründen gemäß Art. 112 Abs. 3 UZK verzichtet werden. Weiterhin sind für die Zahlungserleichterungen Kreditzinsen zu erheben (Art. 112 Abs. 2 Uabs. 1 UZK); auch darauf kann aus Billigkeitsgründen verzichtet werden. Als Zahlungserleichterung kommt beispielsweise die Stundung in Betracht. E1313

Art. 112 Abs. 2 Uabs. 1 und 2 UZK regeln die Besonderheiten der Verzinsung der Einfuhrabgabenbeträge bei Zahlungserleichterungen in den Mitgliedstaaten.

g) Verzugsfolgen, Art. 114 UZK

Wird der Abgabenbetrag nicht fristgerecht entrichtet dann müssen die Zollbehörden zum einen alle Möglichkeiten einer Erlangung des Abgabenbetrages ausschöpfen und zum anderen sind Verzugszinsen zu erheben (Art. 114 UZK). E1314

Möglichkeiten, die Entrichtung zu erreichen (Art. 113 UZK): Der UZK ordnet an, dass die Zollbehörden alle nach den geltenden Vorschriften bestehenden Möglichkeiten ausschöpfen. Dazu zählt unter anderem die Zwangsvollstreckung. Der UZK enthält zur Zwangsvollstreckung keine Regelungen. Somit ist diese nach den Vorschriften der AO (§§ 249 ff.) durchzuführen. Als eine weitere Möglichkeit, die Entrichtung des fälligen Betrages zu erzwingen, ist die Inanspruchnahme eines für die Abgabenschuld Haftenden anzusehen. Der UZK selbst enthält keine Haftungsnormen, sondern kennt nur Abgabenschuldner. Das nationale Recht gewährt aber unter genauer tatbestandlicher Umschreibung vielfältige Möglichkeiten, Personen, die nicht Abgabenschuldner sind, in Haftung zu nehmen (vgl. z. B. § 69 ff. AO; §§ 25 ff. HGB, §§ 128, 171 HGB). Die Haftungsnormen und die Vorschriften zur Geltendmachung der Haftung sind dem nationalen Recht zu entnehmen. Ist eine Haftungsnorm erfüllt, kann die Zollbehörde einen Haftungsbescheid gem. § 191 AO erlassen. Dieser Haftungsbescheid ist keine Entscheidung nach Art. 5 Nr. 39 UZK, da er zum einen nicht unmittelbar eine Zollschuld festsetzt gegenüber dem Zollschuldner und zum andern auf der Verweisung in das nationale Recht beruht. Daraus folgt, dass auf Haftungsbescheide das Verfahrensrecht der AO anzuwenden ist. Gegen Haftungsbescheide ist deswegen auch der Einspruch nach § 347 Abs. 1 Nr. 1 AO gegeben, eine Aussetzung der Vollziehung kann nach § 361 AO erfolgen, nicht nach Art. 45 UZK. Zu den weiteren Möglichkeiten der Abgabensicherung gehört auch das Arrestverfahren, §§ 324 AO. Es dient der Sicherung von Abgabenansprüchen, bei denen davon auszugehen ist, dass sie nicht fristgemäß entrichtet werden, sondern zwangsweise beigetrieben werden müssen; es kommt nur in Betracht, solange das Vollstreckungsverfahren noch nicht begonnen werden darf.

E1315 **Verzugszinsen** (Art. 114 UZK): Der nicht rechtzeitig entrichtete Abgabenbetrag ist zu verzinsen. Art. 114 Abs. 3 UZK sieht dabei einen Billigkeitserlass für Verzugszinsen vor. Danach kann darauf verzichtet werden, Verzugszinsen zu berechnen, wenn dies zu ernsthaften wirtschaftlichen bzw. sozialen Schwierigkeiten des Beteiligten führen würde. Abs. 1 Uabs. 1 UZK legt für die Mitgliedstaaten, deren Währung der Euro ist, fest, dass der Verzugszinssatz dem im Amtsblatt der Europäischen Union, Reihe C, veröffentlichten Zinssatz, den die Europäische Zentralbank auf ihre Hauptrefinanzierungsgeschäfte am ersten Tag des Fälligkeitsmonats angewandt hat, zuzüglich zwei Prozentpunkten zu entsprechen hat. Für Mitgliedstaaten, deren Währung nicht der Euro ist, trifft Abs. 1 Uabs. 2 UZK eine entsprechende Regelung.

Art. 114 Abs. 2 UZK bestimmt für die nach Art. 79 bis Art. 82 UZK entstandenen Zollschuldbeträge dass diese ab dem Tag des Entstehens der Zollschuld bis zum Tag der Mitteilung der Zollschuld zu verzinsen sind.

E1316 **Geringfügigkeit:** Nach Art. 114 Abs. 4 UZK verzichten die Behörden auf die Erhebung von Verzugszinsen, wenn der Betrag für jede einzelne Erhebungsmaßnahme unter 10 € liegt.

5. Erstattung oder Erlass

a) Einführung

E1317 Erstattung und Erlass von Einfuhr- bzw. Ausfuhrabgaben wird in Art 116 bis Art. 123 UZK abschließend geregelt. Dabei enthält Art. 122 UZK eine Befugnisübertragung, delegierte Rechtsakte zu erlassen. Diese finden sich in Art. 92 bis Art. 102 UZK-DelVO. Des Weiteren ergibt sich aus Art. 123 UZK eine Befugnisnorm zum Erlass von Durchführungsrechtsakten. Diese werden in Art. 172 bis Art. 181 UZK-DVO geregelt.

Der Grundsatz der Gleichmäßigkeit der Besteuerung bzw. der Wahrung eines ausgeglichenen Haushaltes gebietet es, die Zollschuldentstehung im Nachhinein korrigieren zu können.

Die Regelung für zu hoch erfasste bzw. zu viel gezahlte Einfuhrabgaben im UZK ist wie folgt aufgebaut: Erlass und Erstattung von Einfuhrabgaben wird in Art. 5 Nr. 28 und 29 UZK definiert. Art. 116 UZK enthält eine Allgemeine Vorschrift, in der die Fallgruppen für die Erlass- bzw. Erstattungstatbestände generell festgelegt werden. Eine Konkretisierung der Tatbestände erfolgt dann in den Art. 117 bis Art. 120 UZK. Art. 116 Abs. 2 UZK setzt einen Mindestbetrag für Erstattung und Erlass fest. Der Zollbeteiligte kann sich auf Antrag auch einen niedrigeren Betrag erstatten lassen. Art. 116 Abs. 6 UZK regelt, dass zu erstattende Einfuhrabgabenbeträge – mit einer Ausnahme – grundsätzlich nicht zu verzinsen sind. Art. 116 Abs. 7 UZK bestimmt für zu Unrecht erlassene bzw. erstattete Einfuhrabgaben ein Wiederaufleben der Zollschuld. Art. 116 Abs. 4 UZK wiederum regelt, unter welchen Voraussetzungen eine Erstattung oder ein Erlass von Amts wegen zu erfolgen hat.

Übersicht über die fünf Fallgruppen von Erstattung und Erlass

E1318

Art. 116 Abs. 1 Buchst. a UZK in Verbindung mit Art. 117 UZK	Art. 116 Abs. 1 Buchst. b UZK i. V. m. Art. 118 UZK	Art. 116 Abs. 1 Buchst. c UZK i. V. m. Art. 119 UZK	Art. 116 Abs. 1 Buchst. d UZK i. V. m. Art. 120 UZK	Art. 116 Abs. 1 Uabs. 2 UZK
Erstattung oder Erlass Soweit der der ursprünglich mitgeteilten Zollschuld entsprechende Betrag den zu entrichtenden Betrag übersteigt oder entgegen Art. 102 Abs. 1 Buchst. c oder d UZK mitgeteilt wurde.	**Erstattung oder Erlass,** wenn Zurückweisung der Ware, weil – schadhaft – nicht den Vertragsbedingungen entsprechend – vor Überlassung beschädigt (Abs. 1) Waren nicht verwendet oder gebraucht, es sei denn, es konnte erst nach Beginn der Verwendung festgestellt werden, dass sie schadhaft sind oder nicht den Vertragsbedingungen entsprechen, und sofern sie aus dem Zollgebiet der Union verbracht werden (Abs. 2)	**Erlass oder Erstattung** in anderen als den in Art. 116 Abs. 1 Unterabsatz 2 , Art. 117, Art. 118 und Art. 120 UZK genannten Fällen – wenn der der ursprünglichen Zollschuld entsprechende Betrag aufgrund eines Irrtums der zuständigen Behörden mit einem niedrigeren als dem zu entrichtenden Betrag mitgeteilt wird und – dieser Irrtum vom Zollschuldner vernünftigerweise nicht erkannt werden konnte (Buchst. a)	**Erstattung oder Erlass** in anderen als den in Art. 116 Abs. 1 Unterabsatz 2 und in den Artikeln 117, 118 und Art. 119 genannten Fällen – wenn die Zollschuld unter besonderen Umständen entstanden ist. In Abs. 2 werden die besonderen Umstände umschrieben.	**nur Erstattung** wenn die Zollanmeldung vor Überlassung der Ware für ungültig erklärt wird, dann bestimmt sich die Erstattung der Einfuhrabgaben nach Art. 174 Abs. 1 UZK. Falls Antrag nach Überlassung der Ware gestellt wird, dann sind die Voraussetzungen des Art. 174 Abs. 2 UZK zu beachten. Es gibt die Möglichkeit, – dass die Ware zum falschen Zollverfahren, für das eine Erhebung der Einfuhrabgaben vorgesehen ist, angemeldet worden ist (Art. 148 Abs. 1 UZK-DelVO)
	Ausschlussgründe in Abs. 3 a) Ware darf i. d. R. nicht bereits zu Versuchszwecken übergeführt worden sein, es sei denn, dass nachweislich die Schadhaftigkeit dieser Waren oder ihre Nichtübereinstimmung mit den Vertragsbedingungen bei den	– der Zollschuldner gutgläubig gehandelt hat (Buchst. b) werden die Bedingungen gemäß Art. 117 Abs. 2 UZK nicht erfüllt, so wird Erlass bzw. Erstattung gewährt, wenn aufgrund eines Irrtums		– dass die falsche Ware zum Verfahren angemeldet worden ist (Art. 148 Abs. 2 UZK-DelVO) – dass ein Versandhandelskauf rückgängig gemacht werden soll (Art. 148 Abs. 3 UZK-DelVO) – dass eine Ware zu einem

	Versuchen normalerweise nicht festgestellt werden konnte, b) die Schadhaftigkeit der Waren wurde bei Festlegung der Bedingungen –insbesondere der Preislichen Bedingungen- des Vertrages berücksichtigt, bevor die Waren in das entsprechende Zollverfahren übergeführt worden sind c) Verkauf der Waren trotz ihrer Schadhaftigkeit bzw. Nichtübereinstimmung mit den Vertragsbedingungen	der zuständigen Zollbehörden der ermäßigte Zollsatz oder die Zollfreiheit nicht angewandt worden ist… Als Irrtum gilt auch eine unrichtige Präferenzbescheinigung nach Abs. 3. – Allerdings ist eine Erstattung nach Abs 3 bei Herbeiführung des Irrtums durch den Zollbeteiligten durch unrichtige Darstellung der Tatsachen ausgeschlossen, es sei denn die Behörden wussten davon oder hätten dies erkennen müssen.		Verfahren rückwirkend bewilligt werden soll (Art. 148 Abs. 4 Buchst. d UZK-DelVO)
				Die Erstattung oder der Erlass wird nicht gewahrt wenn die Mitteilung der Zollschuld auf einer Täuschung durch den Zollschuldner beruht (diese Passage gilt für alle Fälle)
2. Auf Antrag oder von Amts wegen	2. Auf Antrag des Beteiligten, eine Erstattung von Amts wegen ist hier nicht möglich	2. Auf Antrag oder von Amts wegen	2. Auf Antrag oder von Amts wegen	2. Auf Antrag
3. Frist drei Jahre nach Mitteilung der Abgaben; Fristverlängerung möglich	3. Innerhalb von 1Jahr nach Mitteilung der Abgaben; Fristverlängerung möglich	3. Innerhalb von drei Jahren nach Mitteilung der Abgaben, Fristverlängerung möglich	3. Innerhalb von 3 Jahren nach Mitteilung der Abgaben Fristverlängerung möglich	3. Innerhalb der für den Antrag auf Ungültigkeitserklärung geltenden Frist, keine Fristverlängerung

b) Überlagerung nationaler Vorschriften

Mit den Erstattungs-/Erlassvorschriften wird die fehlerhaft zu hoch ausgefallene Abgabenschuld korrigiert. Soweit das nationale Recht (die Abgabenordnung) die Korrektur einer fehlerhaften Steuerfestsetzung vorsieht, wird das nationale Recht überlagert. Das betrifft im Einzelnen die Vorschriften über die Korrektur von Abgabenbescheiden (§ 129 und §§ 172 ff. AO), die Vorschriften über den Abgabenerlass aus Billigkeitsgründen (§§ 162, 227 AO), als auch die Regelungen zur Festsetzungsverjährung (§§ 169–171 AO). § 172 Abs. 1 AO regelt, dass diese Vorschrift auf Zölle nicht (mehr) anwendbar ist. E1319

Wegen dieser Überlagerung stellt auch die Bestandskraft eines Einfuhrabgabenbescheides kein rechtliches Hindernis mehr für eine Erstattung oder einen Erlass der Einfuhrabgaben nach dem Zollkodex dar (BFH, Urteil v. 30.10.1984 VII R 56/84, ZfZ 1985, 79). Das heißt, dass der Einfuhrabgabenbescheid, wenn ein Einfuhrabgabenbetrag erlassen oder erstattet werden soll, nicht vorab korrigiert werden muss.

Soweit es demgegenüber **um die Haftung geht,** werden die nationalen Vorschriften nicht vom Zollkodex der Union überlagert. Dies gilt nicht nur für die Entstehungstatbestände sondern auch für das Verfahren ihrer Geltendmachung, denn insoweit existieren keine unionsrechtlichen Vorschriften. Die Inanspruchnahme anderer Personen, die für die fremde Abgabenschuld mit dem eigenen Vermögen einzustehen haben (Haftung), ergibt sich nach wie vor aus den §§ 69–75 AO bzw. Vorschriften des Handels- bzw. Gesellschaftsrechts. Für zu Unrecht festgesetzte Haftungsansprüche gelten dann die Korrekturvorschriften der §§ 129 ff. AO. E1320

c) Anwendung auf nationale Einfuhrabgaben

Die Vorschriften für Erlass und Erstattung der Einfuhrabgaben sind wie in anderen Bereichen des Steuerverfahrensrechts, in denen es um die Einfuhr von Nicht-Unionswaren in das Zollgebiet der Union geht, auf Abgaben nach deutschem Recht explizit anwendbar. Dies bestimmt z. B. § 21 TabaksteuerG, § 13 BiersteuerG, § 147 BranntweinmonopolG, § 17 des Gesetzes zur Besteuerung von Schaumwein und Zwischenerzeugnissen, § 19 EnergiesteuerG sowie § 13 KaffesteuerG. Steuergebiet ist das in Art. 4 UZK definierte Unionsgebiet. Die nationalen Steuergesetze wurden bis zum jetzigen Zeitpunkt noch nicht an den neuen Unionszollkodex angepasst. Dies wird in den nächsten Jahren erfolgen müssen. Es ist davon auszugehen, dass es sich um dynamische Verweisungen handelt. E1321

Für die **Einfuhrumsatzsteuer** ordnet § 21 Abs. 2 UStG demgegenüber nur die sinngemäße Anwendung der Vorschriften für Zölle an. Nach § 14 Abs. 2 EUStBV ist zu differenzieren. Ist derjenige, der Erstattung/Erlass beantragt, in voller Höhe zum Vorsteuerabzug berechtigt, dann wird ihm nur in den Fällen des Art. 236 ZK nach altem Recht Erstattung oder Erlass der EUSt gewährt; alle anderen Fallgruppen führen nicht dazu, dass die EUSt erstattet bzw. erlassen wird. Der Grund dafür liegt darin, dass aufgrund der Vorsteuerabzugsberechtigung das Unternehmen nicht dauerhaft mit der Einfuhrumsatzsteuer belastet wird. In den Fällen dagegen, in denen der vereinnahmte nicht dem zu entrichtenden Betrag entspricht, ist davon auszugehen, dass auch die EUSt erstattet wird. Die Regelung in § 14 EuStBV ist zum alten Recht ergangen, folglich zur E1322

Fallgruppe des Art. 236 ZK. Nunmehr regelt Art. 116 Abs. 1 Buchst. a UZK i.V. m. Art. 117 UZK einen vergleichbaren Tatbestand. Es wird daher davon ausgegangen, dass auch im Fall des Erlasses bzw. der Erstattung gemäß Art. 116 Abs. 1 Buchst. a UZK in Verbindung mit Art. 117 UZK die Erstattung bzw. der Erlass der EuSt, wenn der mitgeteilte über dem zu entrichtenden Betrag liegt, gewährt wird. Es handelt sich insoweit um eine dynamische Verweisung.

d) Begriffsdefinition von Erstattung und Erlass (Art. 5 Nr. 28 und 29 UZK)

E1323 Der UZK versteht unter Erstattung die Rückzahlung eines entrichteten Einfuhr- oder Ausfuhrabgabenbetrages und unter Erlass die Befreiung von der Verpflichtung zur Entrichtung eines noch nicht entrichteten Einfuhr- oder Ausfuhrabgabenbetrages. Mit dem Einfuhrabgabenbetrag ist der für die Einfuhr zu entrichtende Abgabenbetrag gem. Art. 5 Nr. 20 UZK gemeint. Darunter ist nur der Zollschuldbetrag zu verstehen.

Das heißt nicht, dass sich der Erlass bzw. die Erstattung immer auf den gesamten Abgabenbetrag beziehen muss. Ergänzend zur Regelung des Art. 5 Nr. 28 und 29 UZK können auch Teilbeträge erlassen bzw. erstatten werden. Dies kommt etwa in den Fällen des Art. 116 Abs. 1 Buchst. b UZK in Verbindung mit Art. 118 UZK zum Tragen, in denen eine Ware nur teilweise zurückgewiesen wird.

BEISPIEL:

Stellt der Einführer kurz nach Erhalt der Ware und Entrichtung der Einfuhrabgaben fest, dass ein Warenbestandteil nicht den Vertragsbedingungen entspricht, dann lässt er dieses Teil ausbauen und schickt es im Anschluss an den Lieferanten zurück. Er lässt sich dann nach Art. 116 Abs. 1 Buchst. b UZK in Verbindung mit Art. 118 UZK den für dieses zurückgeschickte Teil entrichteten Einfuhrabgabenbetrag erstatten (Art. 131 Abs. 2 UZK-DVO).

e) Rechtsfolge

E1324 Der Erlass von Einfuhrabgaben führt nach Art. 124 Abs. 1 Buchst. c UZK zum Erlöschen der Zollschuld. Die Erstattung der Einfuhrabgaben hat demgegenüber nicht das Erlöschen der Zollschuld, sondern das Erlöschen des Anspruchs des Abgabenschuldners auf Rückzahlung der ohne rechtlichen Grund geleisteten Abgaben zur Folge.

Wird demgegenüber zu Unrecht erstattet bzw. erlassen, dann lebt die ursprüngliche Einfuhrabgabenschuld wieder auf (Art. 116 Abs. 7 UZK), soweit sie nicht nach Art. 103 UZK verjährt ist.

f) Antrag und Rechtsbehelfe

E1325 **Umfassende Prüfung:** Stützt der Zollbeteiligte seinen Antrag explizit auf einen konkreten Erlass- bzw. Erstattungstatbestand, so ist dies für die Zollstelle nicht bindend (vgl. Art. 121 Abs. 2 UZK). Das heißt, die Zollstelle hat von Amts wegen den Antrag in Bezug auf alle Erlass- bzw. Erstattungstatbestände zu prüfen, vorausgesetzt, die formellen Voraussetzungen sind eingehalten. Dies betrifft insbesondere die Antragsfristen (vgl. BFH, Urteil v. 20.7.2004 VII R 99/00, ZfZ 2005, 15).

Rechtsbehelf gegen den Abgabenbescheid: Der Zollbeteiligte muss gegenüber der Zollbehörde kenntlich machen, ob er einen Rechtsbehelf nach Art. 44 UZK, der sich nach nationalem Recht richtet, gegen den Steuerbescheid einlegen möchte, oder ob er einen Antrag auf Erlass oder Erstattung nach Art. 116 UZK ff. stellt. Der Zollbeteiligte kann nach Art. 44 UZK gegen den Steuerbescheid einen Rechtsbehelf einlegen. Die näheren Einzelheiten dazu regelt das nationale Recht (Art. 44 Abs. 3, Abs. 4 UZK, §§ 347 ff. AO). Zugleich kann aber in Bezug auf eine Abgabenfestsetzung auch ein Antrag nach den Art. 116 ff. UZK gestellt werden. Kann nach der Entscheidung der Zollbehörde über die Bearbeitung des Schreibens im Erstattungs- oder Einspruchsverfahren dem Anliegen des Beteiligten vollumfänglich entsprochen werden, ergeht eine einzige Entscheidung, entweder im Rahmen des Erstattungs- oder Einspruchsverfahrens (vgl. Z 1102 Abs. 135). Führt der Antrag des Zollbeteiligten nicht zu einer Erstattung/Erlass nach Art. 116 ff. UZK, dann ist über einen dagegen gerichteten Einspruch förmlich mit Einspruchsentscheidung zu befinden (Z 1102 Abs. 136). Soweit eine Einspruchsentscheidung ergeht, ist ein mit derselben Begründung versehener Antrag nach Art. 116 UZK ohne erneute Prüfung abzulehnen. E1326

Rechtsbehelf gegen die Ablehnung von Erstattung bzw. Erlass: Wird der Antrag des Zollbeteiligten auf Erstattung bzw. Erlass in voller Höhe oder teilweise abgelehnt, so kann der Beteiligte gegen diese Entscheidung einen Rechtsbehelf nach Art. 44 UZK einlegen. Die Entscheidung über seinen Antrag stellt nämlich eine Entscheidung i. S. des Art. 5 Nr. 39 UZK dar. Die weiteren Einzelheiten des Rechtsbehelfsverfahrens sind dem nationalen Recht zu entnehmen (Art. 44 Abs. 3, Abs. 4 UZK), so insbes. die Zulässigkeitsvoraussetzungen, vor allem die einmonatige Rechtsbehelfsfrist (§ 355 AO) und die Form des Rechtsbehelfs (§ 357 AO). E1327

g) 1. Fallgruppe: Nicht bestehende Abgabenschuld, Art. 116 Abs. 1 Buchst. a UZK in Verbindung mit Art. 117 UZK

aa) Grundsatz

Art. 116 Abs. 1 Buchst. a in Verbindung mit Art. 117 UZK behandelt den Grundfall des Erstattungs- bzw. Erlassrechts: Der zu hoch mitgeteilte Abgabenbetrag, der bei Erstattung schon beglichen ist, stimmt nicht mit dem zu entrichtenden Abgabenbetrag überein. Mit dem zu entrichtenden Abgabenbetrag ist der gesetzlich geschuldete Betrag gemeint. Die Differenz zwischen gesetzlich geschuldetem und mitgeteiltem Betrag darf der Zollbeteiligte nicht durch eine Täuschung herbeigeführt haben (Art. 116 Abs. 5 UZK). Wenn Erstattung und Erlass auf Antrag des Zollbeteiligten erfolgt, dann muss er den Antrag innerhalb einer dreijährigen Frist, die mit der Mitteilung der Einfuhrabgaben beginnt, stellen. Die Frist kann er sich unter Umständen verlängern lassen. Jetzt ist im Unionszollkodex allerdings ausdrücklich die Erstattung von Amts wegen vorgesehen. So erlassen oder erstatten die Behörden im Falle des Art. 116 Abs. 1 Buchst. a in Verbindung mit Art. 117 UZK die Abgaben von Amts wegen, wenn sie innerhalb der Frist des Art. 121 Abs. 1 UZK die für den Erlass bzw die Erstattung maßgeblichen Fakten feststellen (Art. 116 Abs. 4 UZK). E1328

bb) Voraussetzungen für Erstattung und Erlass, Art. 116 Abs. 1 Buchst. a in Verbindung mit Art. 117 Abs. 1 UZK

(1) 1. Alternative des Art. 117 Abs. 1 UZK

E1329 Die Einfuhr- oder Ausfuhrabgabenbeträge werden erstattet oder erlassen, *soweit der der ursprünglich mitgeteilten Zollschuld entsprechende Betrag den zu entrichtenden Betrag übersteigt.*

Für eine solche Differenz zwischen dem gesetzlich geschuldeten, zu entrichtenden und dem mitgeteilten Betrag können mehrere Ursachen in Betracht kommen. Zunächst kann sich die Zollbehörde bei der Bemessung des Zollwertes irren. Zum einen kann sich der Zollbeteiligte verschreiben; es können sich aber auch Rechen- bzw. Schreibfehler bei der Bemessung ergeben. Gleiches gilt für eine schadhafte Ware, wenn der Zollwert bei der Einfuhr nicht entsprechend nach unten korrigiert und damit der Mangel zollwertrechtlich zunächst nicht berücksichtigt wird. Erfolgt dann im Nachhinein eine Gutschrift bzw. wird der Kaufpreis teilweise zurückgezahlt (Art. 132 UZK-DVO), dann kann die Minderung des Zollwertes als Bemessungsgrundlage nachträglich berücksichtigt werden. Dabei ist die gem. Art. 132 Buchst. c) UZK-DVO vorgesehene Jahresfrist der Anpassung nach dem Datum der Annahme der ZAM mittlerweile vom EuGH für ungültig erklärt worden. Denn für die Geltendmachung des Erlass-/Erstattungsanspruchs nach Art. 117 UZK ist ja eine dreijährige Frist gem. Art. 121 Abs. 1 Buchst. a) UZK vorgesehen. Dann ergibt sich ein Erlass-Erstattungsanspruch nach Art. 117 Abs. 1 1. Alternative UZK.

Unerheblich ist es dabei, dass die Zollwertminderung bzw. Kaufpreisminderung bei der Abgabenbemessung von der Zollbehörde noch nicht berücksichtigt werden konnte und dem Zollbeteiligten zum Zeitpunkt der Abgabenentstehung auch noch nicht bekannt war. Es handelt sich bei den Voraussetzungen des Erlass- bzw. Erstattungstatbestandes um rein objektive Bedingungen, auf ein subjektives Element kommt es insoweit nicht an. Es kann zudem passieren, dass der Zollschuldner die Zollschuld bereits entrichtet hat, demzufolge die Zollschuld nach Art. 124 Abs. 1 Buchst. b UZK erloschen ist. Eine zweite Person zahlt dann noch einmal auf die Zollschuld. Dann ist die Zahlung gesetzlich nicht geschuldet (§ 37 Abs. 2 AO ist für diesen Fall nicht anwendbar). Gleiches gilt auch für den Fall, dass der Schuldner zunächst zu viel gezahlt hat (Fall der Überzahlung).

Nach dem UZK fällt jetzt auch die Mitteilung eines verjährten Abgabenbetrages unter die Fallgruppe des Art. 116 Abs. 1 Buchst. a UZK in Verbindung mit Art. 117 Abs. 1 1. Alternative UZK. Nach Art. 103 Abs. 1 UZK darf dem Zollschuldner nach Ablauf einer Frist von drei Jahren nach dem Tag des Entstehens der Zollschuld diese nicht mehr mitgeteilt werden. Dies führt nach Art. 124 Abs. 1 Buchst. a UZK zum Erlöschen der Zollschuld. Teilt die Behörde jetzt dem Zollschuldner nach Ablauf der Mitteilungsverjährungsfrist eine entsprechende Zollschuld mit, dann würde ein Erlass bzw. bei Zahlung eine Erstattung nach Art. 117 Abs. 1 1. Alternative in Betracht kommen. Nach dem alten Recht führte die Mitteilungsverjährung dagegen nicht zum Erlöschen der Zollschuld.

Die Fälle des Erlöschens durch nachträgliches Verbringen der Ware aus dem Zollgebiet der Union etwa nach Zahlung der Zollschuld (Art. 124 Abs. 1 Buchst. k UZK) führen wohl ebenfalls zu Erlass bzw. Erstattung der Einfuhrabgaben. Es gibt insoweit kein Rangverhältnis der Erlöschensgründe. Auch das Eingreifen nachträglicher anderer Erlöschensgründe kann zu einem Erlass bzw. einer Erstattung gem. Art. 117 UZK führen.

Zudem kann der EuGH eine VO für ungültig erklären. Das Urteil des EuGH, durch das eine VO für ungültig erklärt wird, hat grundsätzlich Rückwirkung. Abgaben, die aufgrund dieser unwirksamen VO entrichtet worden sind, müssen demzufolge grundsätzlich erstattet werden (EuGH v. 27.9.2007 - C-351/04, Rz. 69; v. 18.1.2017 - C-365/65, Rz. 34).

Bei Erlass und Erstattung nach Art. 117 UZK kommt es nicht darauf an, ob der Zollbetei- E1330
ligte die erforderlichen Informationen in der Zollanmeldung korrekt angegeben hat. Das heißt, dass der Beteiligte auch Erlass bzw. Erstattung der Einfuhrabgaben beanspruchen kann, wenn er eine fehlerhafte Einreihung vorgenommen oder aber den Zollwert zu seinen Ungunsten zu hoch angegeben hat. Maßgeblich für Erlass bzw. Erstattung der Einfuhrabgaben ist demnach allein die Abweichung vom materiell geschuldeten, zu entrichtenden, Abgabenbetrag. In Folge dessen muss auch die fehlerhafte Zollanmeldung nicht korrigiert werden, um Erstattung bzw. Erlass der Einfuhrabgaben beanspruchen zu können. Die Grenze bildet allerdings Art. 116 Abs. 5 UZK.

Rechtsmängel im national geregelten Mitteilungsverfahren führen demgegenüber E1331
nicht zu Erlass bzw. Erstattung der Einfuhrabgaben nach Art. 117 UZK. Jeder Gesetzgeber hat insoweit individuell die Mitteilung an den Steuerbeteiligten geregelt. Ein Verstoß gegen diese nationalen Vorschriften soll keinen Erlass bzw. Erstattungsgrund im Sinne des Art. 117 UZK liefern (EuGH, Urteil v. 20.10.2005 - C-247/04, ZfZ 2005, 411).

Zollvergünstigungen: Gesetzlich geschuldet ist bei **Zollvergünstigungen** wie u. a. bei E1332
Zollpräferenzen (Art. 59 UZK), Zollbefreiungen (Art. 5 Nr. 2 Buchst. c UZK i.V.m. etwa der ZollbefreiungsVO), sowie zolltariflichen Begünstigungen das, was sich bei der Erhebung der Einfuhrabgaben unter Berücksichtigung der Begünstigung ergibt, auch wenn etwa die im Tarif vorgesehene Bescheinigung bzw. ein Antrag nicht zusammen mit der Ware vorgelegt wird. **In diesen Fällen ist** die Vorlage der Begünstigungsbescheinigung nicht Tatbestandsmerkmal für die begünstigte Besteuerung. Das heißt, dass der Zollbeteiligte auch nach Abgabe der Zollanmeldung, wenn er die Begünstigung in diesem Zeitpunkt noch nicht geltend gemacht hat, diese beanspruchen kann, wenn er die entsprechenden Voraussetzungen nachträglich erfüllt. Es kommt lediglich nach Art. 117 Abs. 2 UZK bei der zolltariflichen Begünstigung darauf an, dass entweder im Falle eines Zollkontingents die Höchstmenge im Zeitpunkt der Beantragung der Begünstigung nicht überschritten ist bzw. in anderen Fällen der normalerweise anwendbare Zollsatz nicht wieder eingeführt worden ist. In Bezug auf die Rückware (Art. 203 ff. UZK) für die der Begriff der Zolltariflichen Begünstigung i. S. des Art. 117 Abs. 2 UZK nicht gilt, ist folgendes zu beachten. Wenn die Voraussetzungen der Art. 203 ff. UZK gegeben sind und der Zollbeteiligte den Antrag im Nachhinein stellt, von den Einfuhrabgaben befreit zu werden, so kann der Zollbeteiligte die Erstattung der gezahlten Einfuhrabgaben beanspruchen, weil die Einfuhrabgaben gesetzlich nicht im Sinne des Art. 117 1. Alternative UZK im Zeitpunkt der Überführung in das Verfahren geschuldet waren. Der An-

trag auf Geltendmachung der Rückwareneigenschaft ist demnach nicht konstitutiv für die Befreiung.

BEISPIEL:

Führt der Zollbeteiligte einen Laptop, den er zuvor in Deutschland gekauft hat, aus dem Zollgebiet der Union in die USA aus, dann wird er zunächst zur Nicht-Unionsware nach Art. 4 Nr. 28 2. Halbsatz UZK. Nach Teilnahme an einem Kongress in den USA bringt der Zollbeteiligte den Laptop wieder mit und überführt ihn am Frankfurter Flughafen in das Verfahren zur Überlassung zum zollrechtlich freien Verkehr. Jetzt kann er, wenn er den entsprechenden Antrag stellt, Erlass bzw. Erstattung der Einfuhrabgaben beanspruchen für eine Rückware nach Art. 203 UZK, weil dann die mitgeteilten Einfuhrabgaben als gesetzlich nicht geschuldet, also nicht zu entrichtende Abgaben gelten.

(2) 2. Alternative des Art. 117 Abs. 1 UZK

E1333 Die zweite Alternative des Art. 117 UZK verlangt für einen Erlass bzw. eine Erstattung, dass der Einfuhr- bzw. Ausfuhrabgabenbetrag **entgegen Art. 102 Abs. 2 Buchst. c) und d) UZK mitgeteilt wurde**. Während die Vorschrift des Art. 102 UZK generell nur regelt, in welchen Fällen eine Mitteilung der Zollschuld für die Zollbehörden von den Zollbehörden nicht vorgenommen werden darf, wird ein Erlass- bzw. Erstattungstatbestand für die Fälle geschaffen, in denen die Mitteilung entgegen Art. 102 Abs. Abs. 1 Buchst. c und d UZK erfolgte. In diesen Fällen entspricht der zu entrichtende also gesetzlich geschuldete Betrag dem mitgeteilten Zollschuldbetrag, so dass Art. 117 Abs. 1 1. Alternative UZK für Art. 102 Abs. 2 Buchst. c und d UZK nicht in Betracht kommt. Für die Fälle der Buchstaben c und d heißt das:

Die ursprüngliche Entscheidung, keine Abgaben oder sie mit einem niedrigeren als dem zu entrichtenden Einfuhr- oder Ausfuhrabgabenbetrag mitzuteilen erfolgte aufgrund von Rechtsvorschriften, die nachträglich durch gerichtliche Entscheidung aufgehoben wurden (Art. 102 Abs. 2 Buchst. c) UZK). Wird jetzt dem Zollbeteiligten der zu entrichtende, von Anfang an gesetzlich geschuldete Betrag mitgeteilt, dann geniesst er Vertrauensschutz. Sein Vertrauen in das zunächst geltende Recht wird geschützt.

Sind die Zollbehörden nach den zollrechtlichen Vorschriften von der Pflicht zur Mitteilung der Zollschuld befreit, kann der Betreffende, sollten die Beträge dennoch mitgeteilt werden, Erlass oder Erstattung beanspruchen.

Die Fälle, in denen die Zollbehörden von der Mitteilung der Abgaben befreit sind, werden abschließend in Art. 88 UZK-DelVO aufgeführt:

(1) Die Zollbehörden können auf die Mitteilung einer durch einen Verstoß gemäß Art. 79 oder Art. 82 UZK entstandenen Zollschuld verzichten, wenn der Betrag der betreffenden Einfuhr- oder Ausfuhrabgabe unter 10 € liegt.

(2) Lag der Betrag der Ein- oder Ausfuhrabgabe in der ursprünglich mitgeteilten Zollschuld unter der zu entrichtenden Einfuhr- oder Ausfuhrabgabe, können die Zollbehörden auf eine Mitteilung der Zollschuld über die Differenz zwischen diesen Beträgen verzichten, wenn dieser unter 10 € liegt. Diese Vorschrift gilt für alle Zollschuldentstehungstatbestände.

(3) Die in den Absätzen (1) und (2) festgelegte Begrenzung auf 10 € gilt für jede Erhebungsmaßnahme.

Der Gesetzgeber hat an dieser Stelle bewusst die Fallgruppen der Buchstaben a) und b) des Art. 102 Abs. 1 UZK vom Erlass- bzw. Erstattungstatbestand des Art. 117 2. Alternative UZK ausgenommen. Der Grund dafür besteht wohl darin, dass Erlass- bzw. Erstattung von Einfuhrabgaben in den Fällen des Art. 102 Abs. 1 Buchst. a und b UZK bereits nach Art. 117 Abs. 1 1. Alternative UZK in Betracht kommt. Das heißt, wenn der mitgeteilte Einfuhr- oder Ausfuhrabgabenbetrag den auf der Grundlage einer Entscheidung nach Art. 33, 34 UZK ermittelten Betrag übersteigt, kann der Zollbeteiligte Erlass bzw. Erstattung der Einfuhrabgaben bereits nach Art. 117 Abs. 1 1. Alternative UZK beanspruchen. Der zu entrichtende Betrag ergibt sich also aus dem Betrag, der unter Zugrundelegung der vZTA ermittelt wird. Insoweit kommt der vZTA rechtsgestaltende Wirkung zu, was auch ihrer Bedeutung als zollrechtlicher Entscheidung nach Art. 5 Nr. 39 UZK entspricht. Denn unabhängig davon, ob die vZTA rechtlich zutreffend ist oder nicht, so kommt ihr eine entsprechende Bindungswirkung zu, die nur in den Grenzen des Art. 34 UZK aufgehoben werden kann. Zu entrichten, das heißt gesetzlich geschuldet ist also der Einfuhrabgabenbetrag, der unter Zugrundelegung der vZTA ermittelt wird.

Gleiches gilt auch gemäß Art. 102 Abs. 1 Buchst. a UZK, wenn bis zur endgültigen Festsetzung des Einfuhr- oder Ausfuhrabgabenbetrages eine vorläufige handelspolitische Maßnahme in Form eines Zolls eingeführt wird. Zu den hierunter fallenden Maßnahmen zählen nach Art. 56 Abs. 2 Buchst. h UZK vorläufige Antidumping- bzw. Ausgleichszölle. Wird ein vorläufiger Antidumping- oder Ausgleichszoll nach Art. 7 VO Nr. 2016/1036 oder Art. 12 VO Nr. 2016/1037 festgesetzt, ist auf Grund der Überlassung der betreffenden Waren in den zollrechtlich freien Verkehr dieser Zoll nicht zu entrichten sondern nur Sicherheit in Höhe des vorläufigen Zolls zu leisten. Werden also diese nur kurzfristig geltenden, noch keine Zahlungspflichten begründenden Zölle, trotzdem mitgeteilt, so liegt der mitgeteilte über dem zu entrichtenden, also gesetzlich geschuldeten Betrag. Demzufolge kann der Zollbeteiligte Erlass- bzw. Erstattung der Einfuhrabgaben nach Art. 117 1. Alternative UZK beanspruchen.

cc) Nachweis

Die Beweislast der erstattungs- bzw. erlassbegründenden Tatsachen liegt beim Beteiligten (vgl. BFH, Urteil v. 30.8.2007 VII B 46/07). Dieser muss nachweisen, dass der mitgeteilte bzw. bereits entrichtete Betrag nicht dem zu entrichtenden entsprochen hat. Dafür kommen insbesondere die entsprechenden Handelspapiere in Betracht. Hinsichtlich des Nachweises der Täuschung des Beteiligten liegt die Beweislast bei der Behörde. E1334

dd) Täuschung

Von Erstattung/Erlass nach Art. 116 Abs. 1 Buchst. a, 117 UZK in beiden Alternativen sind die Fälle ausgenommen, in denen die Mitteilung auf eine Täuschung des Beteiligten zurückzuführen ist. Macht der Zollbeteiligte bewusst falsche Angaben, die zu einer mitgeteilten falschen (höheren) Abgabenlast führen, um z. B. eine Einfuhrgenehmigung E1335 zu erhalten oder einen festgesetzten Mindestpreis vorweisen zu können, so scheidet eine Erstattung/Erlass aus. Sind demgegenüber die fehlerhaften Angaben des Zollbeteiligten auf grobe oder einfache Fahrlässigkeit zurückzuführen, so hindert dies die Erstattung/Erlass nicht (vgl. Art. 116 Abs. 5 UZK). Täuschung meint in diesem Zusammenhang, dass ein wissentlicher und willentlicher Verstoß gegen zollrechtliche Vorschriften vorgelegen haben muss (vgl. Z 0901 (106)). Die Voraussetzungen für das Vorliegen einer Täuschung hat die Zollbehörde nachzuweisen.

ee) Sonderfälle

E1336 **Zollfreiheit oder ermäßigter Zollsatz (Art. 117 Abs. 2 Buchst. a und b UZK):** Wurden bei der Mitteilung der Abgaben gewisse zolltarifliche Begünstigungen (Art. 56 Abs. 2 Buchst. g UZK) bzw. eine Zollfreiheit (Art. 56 Abs. 2 Buchst. d und e, f UZK) nicht berücksichtigt, weil der Beteiligte die entsprechenden Nachweise nicht zusammen mit der Zollanmeldung vorgelegt hat, so kann eine Erstattung/Erlass unter folgenden Voraussetzungen in Frage kommen:

In diesen Fällen darf dann in dem für Erlass/Erstattung maßgeblichen Antragszeitpunkt das Zollkontingent noch nicht erschöpft (Art. 117 Abs. 2 Buchst. a UZK) bzw. der normale Zollsatz (Art. 117 Abs. 2 Buchst. b UZK) noch nicht wieder eingeführt worden sein. Sind diese Voraussetzungen nicht gegeben, ist Raum für eine Prüfung des Art. 119 Abs. 2 UZK. Hat der Beteiligte die erforderlichen Angaben gemacht und die Unterlagen vorgelegt, die Zollbehörde die zolltarifliche Begünstigung aber nicht gewährt, können die Einfuhrabgaben erlassen bzw. erstattet werden.

E1337 *(Einstweilen frei)*

ff) Antrag und Antragsfrist

E1338 Erstattung und Erlass nach Art. 116 Abs. 1 Buchst. a, Art. 117 UZK können sowohl auf Antrag des Beteiligten als auch von Amts wegen erfolgen. Der Antrag ist nach dem Muster Titel VIII Kapitel 1 und 2 des Anhangs der UZK-DelVO zu stellen. Er ist gemäß Art. 6 Abs. 1 UZK im Regelfall in elektronischer Form abzugeben. Zur Zeit ist noch keine elektronische Antragstellung möglich (Art. 278 UZK). Art. 22 Abs. 1 UZK besagt, dass der zuständigen Behörde alle für die Entscheidung erforderlichen Unterlagen zu übermitteln sind. Ausnahmen von der elektronischen Form ergeben sich aus Art. 92 Abs. 2 UZK-DelVO. Danach kann der Antrag auch mit anderen Mitteln als der elektronischen Datenverarbeitung im Einklang mit den entsprechenden Bestimmungen der Mitgliedstaaten erfolgen. In der AO sind andere Formen der Antragstellung nicht vorgesehen.

E1339 **Wiederholte Antragstellung:** Innerhalb der Antragsfrist können – denselben Sachverhalt betreffend – nacheinander mehrere Anträge gestellt werden, z. B. wenn sich die Rechtslage rückwirkend geändert hat oder neue Tatsachen aufgetaucht sind, die die ursprüngliche Abgabenschuld beeinflussen. Auch der wiederholte Antrag veranlasst die Behörde zu erneuter Sachverhaltsermittlung und rechtlicher Überprüfung und eröffnet – bei ablehnender Verbescheidung – ein neues Rechtsbehelfsverfahren. Enthält ein Antrag kein neues rechtliches oder tatsächliches Vorbringen mehr, so kann die Behörde eine Verbescheidung nicht unter dem rechtlichen Gesichtspunkt der Rechtsmissbräuchlichkeit der (wiederholten) Antragstellung ablehnen (so aber zum früheren Recht FG München v. 27.6.1988, EFG 1989, 188).

Antragsumfang: Der Zollbeteiligte kann seinen Antrag auf alle Fallgruppen des Art. 116 UZK stützen. Aber selbst wenn er dies unterlässt und nur einen Antrag nach Art. 116 Abs. 1 Buchst. a UZK, Art. 117 Abs. 1 1. Alternative UZK stellt, ist die Zollbehörde dazu verpflichtet, den Antrag unabhängig vom geltend gemachten Erstattungs-/Erlassgrund umfassend auf alle nach dem Vorbringen des Beteiligten in Betracht kommenden Erstattungs-/Erlassgründe zu überprüfen (Art. 121 Abs. 2 UZK). Die Zollbehörde muss in diesem Zusammenhang die gesetzlichen Voraussetzungen beachten, wie etwa die unterschiedlichen Antragsfristen bei den Erlass- bzw. Erstattungstatbeständen. (vgl. BFH, Urteil v. 20.7.2004 - VII R 99/00, ZfZ 2005, 15). E1340

Antragsberechtigt sind die in Art. 22 Abs. 1 UZK, Art. 172 UZK-DVO aufgeführten Personen. Danach kommt die Person in Betracht, die den Zollschuldbetrag tatsächlich entrichtet hat. Daneben wird derjenige aufgeführt, der die Zollschuld zu entrichten hatte, also der Zollschuldner nach Art. 5 Nr. 19 UZK. Daneben kann auch sein Stellvertreter oder die Person, die die Rechte und Pflichten des Zollschuldners übernommen hat, den Antrag stellen; dabei eröffnet die Vorschrift des Art. 172 UZK-DVO nicht die Möglichkeit, Rechte und Pflichten des Zollschuldners zu übernehmen, sondern setzt bereits voraus, dass die Rechte und Pflichten des Zollschuldners von einer Person übernommen worden sind. Nach der Rechtsprechung des BFH (BFH v. 3.11.2010 - VII R 20/09, BFHE; 231, 421) kann das Recht der in Art. 878 DVO a. F., jetzt in Art. 172 UZK-DVO genannten Personen, Erlass bzw. Erstattung gesetzlich nicht geschuldeter Einfuhrabgaben zu beantragen, nicht an eine andere Person abgetreten werden. Anders verhält es sich mit dem bereits beantragten Erstattungsanspruch. Dieser kann sehr wohl an Dritte abgetreten werden. E1341

Die Steuererstattung kann nur an einen Antragsberechtigten ausgezahlt werden. Nach Auffassung der Zollverwaltung soll aus der Begründetheit des Antrags das Recht auf Entgegennahme des Erstattungsbetrages folgen.

Antragsfrist und ihre Berechnung: Art. 121 Abs. 1 Buchst. a UZK bestimmt, dass der Antrag auf Erlass oder Erstattung vor Ablauf von drei Jahren nach Mitteilung der betreffenden Abgaben an den Zollschuldner bei der zuständigen Zollstelle zu stellen ist. Unter bestimmten Umständen kann diese Frist verlängert werden. E1342

Die **Fristberechnung** erfolgt nach der VO des Rates zur Festlegung der Regeln für die Fristen, Daten und Termine (FristenVO – VO 1182/71, ABl 1971 Nr. L 124 S. 1). Der Fristbeginn knüpft an die Mitteilung der betreffenden Abgaben an den Zollschuldner an; gemäß Art. 102 Abs. 1 UZK wird die Zollschuld dem Abgabenschuldner in der Form mitgeteilt, die an dem Ort, an dem die Zollschuld entstanden ist, oder nach Artikel 87 UZK als entstanden gilt, vorgeschrieben ist. Demnach bestimmt sich das Mitteilungsverfahren selbst nach den nationalen Vorschriften.

Die Frist beginnt danach mit der Bekanntgabe des Abgabenbescheides gem. § 122 AO. Da der Tag des Ereignisses, also der Tag der Bekanntgabe, nicht mitgerechnet wird, es sich hierbei um eine sogenannte Ereignisfrist handelt, beginnt die Drei-Jahres-Frist mit dem Tag nach Bekanntgabe des Abgabenbescheides (Art. 3 Abs. 1 FristenVO). Die Frist endet drei Jahre später mit Ablauf des Tages, der dieselbe Zahl trägt wie der Tag des Fristbeginns. Fällt der letzte Tag der Frist auf einen Samstag, Sonntag oder Feiertag, so endet die Frist mit Ablauf des nächstfolgenden Arbeitstages.

E1343 **Fristverlängerung:** Nach Art. 121 Abs. 1 Uabs. 2 UZK kann die Antragsfrist verlängert werden, wenn der Beteiligte nachweist, dass er infolge eines unvorhersehbaren Ereignisses oder höherer Gewalt gehindert war, die Frist einzuhalten. Die Vorschrift über eine Wiedereinsetzung in den vorigen Stand (§ 110 AO) ist dagegen wegen Überlagerung nicht anwendbar.

Ein unvorhersehbares Ereignis verlangt ein für den Beteiligten nicht vorhersehbares Ereignis, das die Fristeinhaltung unmöglich macht. Ereignisse, die in den Einflussbereich des Beteiligten fallen und von ihm nicht verhindert werden, begründen keine Fristverlängerung. Höhere Gewalt liegt nach dem EuGH vor, wenn die vom Betroffenen angeführte äußere Ursache unabwendbare und unvermeidliche Folgen hat, die ihm die Einhaltung seiner Verpflichtungen objektiv unmöglich machen (EuGH, Urteil v. 13.11.1984–98, 320/83, Slg. 1984, 3763). Der Antrag ist nach Wegfall des die Rechtzeitigkeit hindernden Ereignisses zu stellen (vgl. Z 1102 Abs. 132).

BEISPIEL:

Der Antrag auf Erstattung wird vom Beteiligten zwar eine Woche vor Fristablauf zur Post gegeben, aber der entsprechende Brief geht dennoch wegen einer ungewöhnlich langen Postlaufzeit (wegen eines Streiks der Postbediensteten) nicht mehr rechtzeitig bei der Zollbehörde ein. Hier liegt ein unabwendbares Ereignis vor, das der Beteiligte nicht zu vertreten hat. Der Brief wird zwar rechtzeitig zur Post gegeben, aber wegen des Streiks der Postbediensteten zu spät ausgetragen; hier handelt es sich um höhere Gewalt. Wird der Brief dagegen so spät zur Post gegeben, dass nur im günstigsten Fall mit rechtzeitiger Auslieferung an die Zollbehörde gerechnet werden kann, und der Brief geht dem HZA tatsächlich zu spät zu, dann kommt eine Fristverlängerung nicht in Frage.

gg) Das Verfahren

E1344 Der Antrag auf Erstattung oder Erlass ist bei der zuständigen Zollbehörde des Mitgliedstaates zu stellen, in dem die Abgaben mitgeteilt wurden (Art. 92 Abs. 1 UZK-DelVO).

Welche Angaben erforderlich sind, ergibt sich gemäß Kap. 1 und Kap. 2 des Anhangs der UZK-DelVO. Zunächst wird dann die Annahme des Antrags unter den Bedingungen des Art. 11 UZK-DelVO geprüft.

Nach Art. 173 UZK-DVO sind Erstattung oder Erlass von Einfuhrabgaben an die Gestellung der Waren geknüpft. Können Waren den Zollbehörden nicht gestellt werden, so gewährt die entscheidungsbefugte Zollbehörde nur dann Erlass bzw. Erstattung, wenn es sich bei den fraglichen Waren nachweislich um die Waren handelt, für die eine Erstattung oder ein Erlass beantragt wurde. Einen entsprechenden Nachweis hat der Antragsteller zu führen (Art. 173 Satz 2 UZK-DVO).

Die Ware darf grundsätzlich nicht von dem im Antrag vermerkten Ort entfernt werden (Art 174 UZK-DVO). Amtshilfe kann nach Art. 175 UZK-DVO beansprucht werden.

Liegen alle erforderlichen Angaben und Unterlagen vor (Z1102 Abs. 117), ist die Entscheidung über Erstattung oder Erlass von Einfuhrabgaben der betreffenden Person in der Regel in elektronischer Form mitzuteilen (Art. 94 UZK-DelVO). Die Entscheidung kann dem Beteiligten auch in anderer als in elektronischer Form mitgeteilt werden. Zu den Einzelheiten des Verfahrens (Z 1102 Abs. 117).

Vorlage an die Kommission: Die Entscheidungskompetenz bei Erlass/Erstattung nach Art. 116 Abs. 1 Buchst. a, Art. 117 UZK liegt grundsätzlich bei den Hauptzollämtern. Nur in den Fällen des Erlasses bzw. der Erstattung gemäß Art. 119 und Art. 120 UZK kommt eine Vorlage an die Kommission in Betracht. E1345

hh) Erstattung und Erlass von Amts wegen

Stellt die Zollbehörde fest, dass ein Erstattungs- oder Erlassfall vorliegt, dann erstattet sie von sich aus bzw. erlässt die betreffenden Abgaben. Die Zollbehörden werden auch vom Unionszollkodex dadurch nicht zur generellen Nachprüfung von Abgabenfällen verpflichtet (FG Hamburg, Urteil v. 10.12.1999, ZfZ 2000, 207), sondern sie erstatten oder erlassen, wenn sie im Einzelfall entsprechende Umstände aufdecken, z. B. anlässlich einer Außenprüfung. E1346

Frist bei der Erstattung/Erlass von Amts wegen: Auch hier ist die Drei-Jahres-Frist zu beachten. Vor Ablauf der Frist muss die Zollbehörde die entsprechenden Umstände feststellen, dazu reicht z. B. die Feststellung durch den Außenprüfer. Eine Mitteilung der Erstattung oder die Vollziehung des Erlasses innerhalb der Frist ist nicht erforderlich. E1347

ii) Aussetzung der Zahlungsverpflichtung

Nach der Neufassung des Art. 108 Abs. 3 Buchst. a UZK kommt nunmehr bei einem Antrag auf Erlass von Einfuhr- und Ausfuhrabgaben nach Art. 116 Abs. 1 Buchst. a, Art. 117 UZK eine Aussetzung der Zahlungsverpflichtung in Betracht (Z 1102 Abs. 137). Die näheren Einzelheiten ergeben sich aus Art. 89 UZK-DelVO. Die Aussetzung wird bis zu dem Zeitpunkt gewährt, an dem die Zollbehörde über den Erlassantrag entscheidet. Sie wird unter folgenden Voraussetzungen gewährt: E1348

Es wird ein Antrag auf Erlass gemäß Art. 117 UZK gestellt und es muss die Wahrscheinlichkeit bestehen, dass die in Art. 117 UZK und Art. 45 Abs. 2 UZK festgelegten Bedingungen erfüllt werden.

Stehen die Waren nicht mehr unter zollamtlicher Überwachung, ist Sicherheit zu leisten (Art. 89 Abs. 2 UZK-DelVO), es sei denn, dass die Anforderung der Sicherheit auf Grund der Lage des Schuldners zu ernsten Schwierigkeiten wirtschaftlicher oder sozialer Art führen könnte (Art. 89 Abs. 3 UZK-DelVO) E1349

jj) Prüfungsschema

Einfuhrabgabenbetrag Zoll

Sie sollten die gutachterliche Prüfung mit einem einleitenden Obersatz zu beginnen, der die zu prüfende Rechtsnorm beinhaltet.

Formulierungsbeispiel: „Eine Erstattung der gezahlten Abgaben könnte sich aus Art. 116 Abs. 1 Buchst. a UZK, Art. 117 Abs. 1 UZK 1. Alternative ergeben. Ein solcher Anspruch ist begründet, wenn der der ursprünglich mitgeteilten Zollschuld entsprechende Betrag den zu entrichtenden Betrag übersteigt."

Formelle Voraussetzungen

- **Antrag**

  Die Erstattung- wenn der mitgeteilte den gesetzlich geschuldeten Abgabenbetrag übersteigt, erfolgt auf Antrag gemäß Art. 121 Abs. 1 Buchst. a UZK, Art. 172 UZK-DVO, Art. 92 UZK-DelVO. Bis zur Möglichkeit der Stellung des Antrags in elektronischer Form ist der Antrag bis auf Weiteres schriftlich nach Formular 0223 zu stellen. Auch eine formlose Antragstellung ist möglich. In Kap. 2 des Anhangs zur UZK-DelVO werden die spezifischen Anforderungen für den Antrag oder die Entscheidung in Bezug auf die Erstattung oder den Erlass der Einfuhr- oder Ausfuhrabgabenbeträge festgelegt.

HINWEIS:

Stellt die Zollbehörde selbstständig fest, dass die gezahlte Zollschuld gesetzlich nicht geschuldet war, so erfolgt die Erstattung von Amts wegen, Art. 116 Abs. 4 UZK. Bei einer Erstattung von Amts wegen muss der zu erstattende Gesamtbetrag den Betrag von 10 EUR übersteigen, Art. 116 Abs. 2 UZK. Auf Antrag werden auch niedrigere Beträge erstattet.

- **Antragsteller**

  Antragsberechtigt ist gemäß Art. 172 Abs. 1 UZK-DVO die Person, die die Zollschuld tatsächlich bezahlt hat, daneben der Zollschuldner, oder die Person, die die Rechte und Pflichten des Zollschuldners übernommen hat (z. B. ein Gesamtrechtsnachfolger oder Abtretungsempfänger).

Zuständige Zollstelle

- **Antragszollstelle**

  Ein Antrag auf Erstattung ist bei der Zollbehörde des Mitgliedstaates zu stellen, in dem die Zolllschuld mitgeteilt wurde (Art. 92 Abs. 1 UZK-DelVO).

- **Antragsfrist**

  Der Antrag auf Erstattung ist vor Ablauf einer Frist von drei Jahren nach Mitteilung der betreffenden Abgaben zu stellen, Art. 121 Abs. 1 Buchst. a UZK.

HINWEIS:

Diese Frist wird verlängert, wenn der Beteiligte nachweist, dass er infolge eines unvorhersehbaren Ereignisses oder höherer Gewalt gehindert war, den Antrag fristgerecht zu stellen, Art. 121 Abs. 1 Uabs. 2 UZK.

Für die Erstattung von Amts wegen gilt die vorgenannte Frist ebenfalls. Wird bei einer Zollprüfung festgestellt, dass von Amts wegen zu erstatten ist, ist für die Fristwahrung nach Art. 121 Abs. 1 Buchst. a UZK das Datum der Feststellung durch den Prüfungsdienst maßgebend (Z 1102 Abs. 204).

► **Bedingungen für die Annahme des Antrags nach Art. 11 UZK-DelVO**

Da es sich bei dem Antrag auf Erlass- bzw. Erstattung der Einfuhrabgaben um einen Antrag auf eine Entscheidung im Zusammenhang mit der Anwendung der zollrechtlichen Vorschriften handelt, müssen folgende Voraussetzungen für die Annahme des Antrags erfüllt sein:

Der Antragsteller muss nach Art. 9 UZK eine EORI Registrierung aufweisen.

Außerdem wird die Ansässigkeit im Zollgebiet der Union gefordert.

Der Antrag wurde bei einer Zollbehörde eingereicht, die in dem Mitgliedstaat der nach Art. 22 Abs. 1 Uabs. 3 UZK zuständigen Zollbehörde für die Entgegennahme von Anträgen benannt wurde.

Der Antrag betrifft keine Entscheidung, die dem gleichen Zweck dient wie eine frühere an denselben Antragsteller gerichtete Entscheidung, die innerhalb eines Zeitraums von einem Jahr vor Antragstellung zurückgenommen oder widerrufen wurde, da der Antragsteller eine ihm aus der Entscheidung erwachsende Pflicht nicht erfüllt hat.

Abs. 2 enthält dann noch eine Sonderregelung.

► **Art. 173 UZK-DVO**

Erstattung oder Erlass sind an die Gestellung der Waren geknüpft. Können Waren den Zollbehörden nicht gestellt werden, gewährt die entscheidungsbefugte Zollbehörde nur dann eine Erstattung oder einen Erlass, wenn es sich bei den fraglichen Waren nachweislich um die Waren handelt, für die eine Erstattung oder ein Erlass beantragt wurde.

► **Materielle Voraussetzungen**

Mitgeteilter Betrag liegt über dem zu entrichtenden Betrag, Art. 116 Abs. 1 Buchst. a UZK, Art. 117 Abs. 1 1. Alternative UZK

► **Einfuhrabgaben**

Die Erstattung muss sich auf Einfuhrabgaben beziehen. Gem. Art. 5 Nr. 20 UZK ist der Zoll eine Einfuhrabgabe i. S. d. der Vorschrift.

Voraussetzung für eine Erstattung von Einfuhrabgaben nach Art. 116 Abs. 1 Buchst. a UZK, Art. 117 Abs. 1 1. Fall UZK ist, dass der mitgeteilte Betrag den zu entrichtenden

Betrag übersteigt. Der zu zahlende Betrag, das heißt der gesetzlich geschuldete Betrag, wird regelmäßig im Bemessungszeitpunkt gem. Art. 85 Abs. 1 UZK (= Zeitpunkt der Zollschuldentstehung) ermittelt. Sollte die Zollschuld nach Art. 124 UZK erloschen sein, muss allerdings auch hier die Erstattung bzw. Erlass erfolgen, als wenn die Zollschuld in diesen Fällen zum Zeitpunkt der Bemessung noch geschuldet war.

Ob die Abgaben gesetzlich geschuldet sind, hängt also davon ab, ob eine Zollschuld entstanden ist und/oder ob die Abgaben in der korrekten Höhe ermittelt wurden.

Fallgruppen:

- Eine fehlerhafte Tarifposition mit höherem Zollsatz wurde angewendet.
- Die Abgaben wurden trotz vorherigen Erlöschens der Zollschuld festgesetzt.
- Die Abgaben wurden trotz Ablaufs der Mitteilungsverjährungsfrist mitgeteilt.
- Eine Beschädigung oder ein Sachmangel hat zu einer Reduzierung des Zollwerts geführt (Art. 132 UZK-DVO).
- Aufgrund eines Schreib- oder Rechenfehlers bei der Mittteilung.
- Zu zahlender Betrag ist nicht gesetzl. geschuldet.
- Erlöschen einer Zollschuld.

Entstehungszeitpunkt

Entstehungszeitpunkt der Zollschuld ist der Zeitpunkt, der in der jeweiligen Zollschuldnorm in Abs. 2 der Vorschrift bezeichnet ist.

- **Zollschuldner**

  Ergibt sich aus Abs. 3 der zu prüfenden Zollschuldnorm.

- **Bemessung, Art. 85 Abs. 1 UZK (= Bestimmung der Höhe der Zollschuld)**

  Wenn die Ermittlung des Zollwerts zweifelhaft ist, ist an dieser Stelle z. B. eine Prüfung der Transaktionswertmethode nach Art. 70 UZK vorzunehmen. Dabei sind – wie bei einer Zollwertprüfung üblich – alle Tatbestandsmerkmale von Art. 70 UZK zu erörtern.

- Abweichung des mitgeteilten vom zu entrichtenden Abgabenbetrag

  Nach Ermittlung des gesetzlich geschuldeten Betrags ist dieser Betrag mit dem mitgeteilten und dann bei Erstattung mit dem tatsächlich gezahlten Betrag zu vergleichen. Übersteigt der mitgeteilte bzw. gezahlte Betrag den gesetzlich geschuldeten Betrag, so ist die Differenz zu erstatten. Ein Erstattungsanspruch besteht jedoch dann nicht, wenn Ausschlussgründe nach Art. 116 Abs. 5 UZK vorliegen.

- Ausschlussgründe gem. Art. 116 Abs. 5 UZK

  Die Mitteilung des gesetzlich nicht geschuldeten Betrages darf nicht auf einer Täuschung des Zollschuldners beruhen.

- **Ergebnis:** Erstattung der Einfuhrabgabe Zoll

  Zu erstatten ist die Differenz zwischen dem (zu viel) gezahlten bzw. mitgeteilten und dem zu entrichtenden Betrag.

  Der Mindestbetrag gemäß Art. 116 Abs. 2 UZK darf nicht unterschritten werden.

► **Einfuhrabgabe EUSt**

Der Erstattungsanspruch nach Art. 116 UZK kann nicht unmittelbar auf die EUSt übertragen werden, da es sich bei der EUSt um eine nationale Abgabe handelt. Jedoch sollen gem. § 21 Abs. 2 UStG die Vorschriften für Zölle sinngemäß Anwendung finden. Damit ist Rechtsgrundlage für die Erstattung in diesem Fall § 21 Abs. 2 UStG i.V. m. Art. 116 UZK sinngemäß.

In § 14 Abs. 1 EUStBV wird dies bestätigt (= deklaratorische Vorschrift, keine eigenständige Rechtsgrundlage), denn in der Vorschrift heißt es, dass eine EUSt in sinngemäßer Anwendung der Tatbestände der Art. 235 – 242 ZK zu erstatten ist. Gleichwohl sollte § 14 Abs. 1 EUStBV im Obersatz genannt werden. Dieser könnte folgender maßen lauten:

„Ein Erstattungsanspruch für zu viel gezahlte EUSt könnte sich aus § 21 Abs. 2 UStG, § 14 Abs. 1 EUStBV i.V. m. Art. 116 UZK, Art. 117 1. Abs. UZK, sinngemäß ergeben".

Ein Erstattungsanspruch für die EUSt ist gem. § 14 Abs. 2 S. 1 EUStBV jedoch davon abhängig, dass der Antragsteller hinsichtlich der Gegenstände nicht oder nicht zum vollen Umfang nach § 15 Abs. 1 Nr. 2 UStG zum Vorsteuerabzug berechtigt ist. Allerdings gilt dies nach § 14 Abs. 2 S. 2 EUStBV nicht für die Fälle des Art. 236 ZK.

Dieser Rechtsgedanke muss aber auch für den Fall des Art. 116 UZK gelten.

h) 2. Fallgruppe: Erstattung oder Erlass wegen Zurückweisung der Waren, Art. 116 Abs. 1 Buchst. b, Art. 118 UZK

aa) Grundsatz

Art. 116 Abs. 1 Buchst. b, Art. 118 UZK sieht einen Erlass bzw. Erstattungstatbestand vor, wenn die Mitteilung der Zollschuld Waren betrifft, die vom Einführer zurückgewiesen wurden, weil sie zum Zeitpunkt der Überlassung schadhaft waren oder nicht den Bedingungen des Vertrages entsprachen, der Grundlage für die Einfuhr war. Schadhaften Waren gleichgestellt sind Waren, die vor der Überlassung beschädigt worden sind (Art. 131 Abs. 2 UZK-DVO). E1350

Der Unionszollkodex erkennt in diesem Bereich nur einen kasuistisch geregelten Katalog von Sachverhalten an, bei denen es zur nachträglichen Abgabenentlastung kommt. Es verbleibt aber auf jeden Fall bei der Abgabenbelastung, wenn die Waren aus rein wirtschaftlichen Erwägungen wiederausgeführt werden.

Für einen Antrag nach Art. 118 UZK muss der Beteiligte zunächst nachweisen, dass die Mitteilung der Zollschuld Waren betrifft, die zum Zeitpunkt ihrer Überlassung E1351

- schadhaft waren oder
- nicht den Vertragsbedingungen entsprachen oder
- vor der Überlassung beschädigt wurden.

Schadhaft sind Waren, wenn sie einen den Wert der Sache mindernden Umstand aufweisen, z. B. die Gebrauchstauglichkeit gemindert ist. Die Schadhaftigkeit muss in dem Zeitpunkt vorliegen, den Art. 194 UZK bestimmt, also im Zeitpunkt der Überlassung der Waren durch die Zollbehörden.

Vertragswidrige Waren entsprechen einer oder mehreren der Bedingungen nicht, die im Vertrag, der der Einfuhr zugrunde liegt, enthalten sind, also z. B. Qualitätsbedingungen, aber auch technische Eigenschaften und Fähigkeiten fehlen. Dabei kann es nicht darauf ankommen, ob der Wert der Waren wegen der Vertragswidrigkeit erhöht oder vermindert wird.

Den schadhaften Waren **gleichgestellt** sind Waren, die vor der Überlassung, also z. B. während der Beförderung der Ware zur Zollstelle oder während ihres Verbleibs an der Zollstelle, beschädigt worden sind (Art. 131 Abs. 2 UZK-DVO).

E1352 Der Einführer muss die Waren **zurückweisen**; dies muss er auch nachweisen. Eine Zurückweisung der Ware liegt vor, wenn er sie tatsächlich nicht annimmt. Weitere Voraussetzung ist, dass die Waren grundsätzlich nicht verwendet oder gebraucht worden sind und aus dem Zollgebiet der Union verbracht werden. Ausschluss gilt nur dann nicht, wenn erst nach Beginn der Verwendung festgestellt werden konnte, dass die Waren schadhaft waren oder nicht den Vertragsbedingungen entsprochen haben (vgl. Art. 118 Abs. 2 UZK). Findet keine Zurückweisung der Waren statt und wird der Preis entsprechend Art. 132 UZK-DVO angepasst, dann kommt Erlass/Entstehung nach Art. 117 1. Alternative UZK in Betracht.

Normalerweise muss gemäß Art. 118 Abs. 4 UZK eine Verbringung der Ware aus dem Zollgebiet der Union erfolgen. Anstelle der Verbringung der Waren aus dem Zollgebiet der Union bewilligen die Zollbehörden auf Antrag der betroffenen Person, dass die Waren in die aktive Veredelung – auch zur Zerstörung –, den externen Versand, das Zolllager oder die Freizone übergeführt werden (Art. 118 Abs. 4 UZK). Die Fiktion des zollrechtlichen Status einer Nicht-Unionsware entfällt, nachdem der Gesetzgeber nun explizit den Statusverlust der Unionswareneigenschaft in Art. 154 Buchst. c) UZK vorgesehen hat. Verbringung der Waren aus dem Zollgebiet der Union kommt für Nichtunionswaren und Unionswaren gleichermaßen in Betracht. Bei der Zerstörung wird die Ware nicht vollständig beseitigt, sondern es bleiben Reste zurück (Auto in der Schrottpresse). Die bei der Zerstörung verbleibenden Rückstände sind abgabenrechtlich zu erfassen; werden sie nicht aus dem Zollgebiet der Union verbracht, so entsteht für sie eine Zollschuld, die bei Erstattung und Erlass für die eingeführte Ware nach Art. 118 UZK zu berücksichtigen ist.

E1353 **Teile einer Ware:** Sind nur Teile einer Ware schadhaft oder vertragswidrig bzw. noch vor Überlassung beschädigt worden, dann muss die Erstattung/Erlass entsprechend geringer ausfallen. Erlass, bzw. Erstattung bemessen sich dann nach dem Unterschiedsbetrag zwischen den Abgaben für die vollständige Ware und den Abgaben, die zu erheben gewesen wären, wenn die verbleibende Ware unverändert zum gleichen Zeitpunkt wie die vollständige Ware in ein abgabenpflichtiges Zollverfahren übergeführt worden wäre (Art. 131 Abs. 2 UZK-DVO).

bb) Ausschluss von Erlass/Erstattung

Erstattung/Erlass nach Art. 118 UZK ist sind in folgenden Fällen **ausgeschlossen:**

- Die Ware wurde vor ihrer Überlassung in den zollrechtlich freien Verkehr bereits in ein besonderes Verfahren zu Versuchszwecken übergeführt, es sei denn, dass nachweislich die Schadhaftigkeit oder Vertragswidrigkeit in der Versuchsphase normalerweise nicht festgestellt werden konnte (Art. 118 Abs. 3 Buchst. a UZK).

- Die Schadhaftigkeit der Ware-insbesondere die preislichen Bedingungen- wurde im Vertrag berücksichtigt, bevor die Waren in das Zollverfahren übergeführt worden sind (Art. 118 Abs. 3 Buchst. b UZK).
- die Ware wird nach der Feststellung ihrer Schadhaftigkeit oder Vertragswidrigkeit weiterverkauft (Art. 118 Abs 3 Buchst. c UZK).

Nach Art. 118 Abs. 3 Buchst. c UZK ist eine Anwendung von Art. 118 Abs. 1 UZK ausgeschlossen, wenn die Ware nach der Feststellung ihrer Schadhaftigkeit oder der Nichtübereinstimmung mit den Vertragsbedingungen verkauft worden ist. Dabei spielt es nach der Rechtsprechung des BFH keine Rolle mehr, ob die Ware nach Feststellung der Schadhaftigkeit innerhalb oder außerhalb der Union verkauft worden ist. Denn unabhängig vom Wirtschaftszollgedanken sollen Erlass bzw. Erstattung der Einfuhrabgaben nach Art. 118 ZK nur dann eingreifen, wenn die Ware aufgrund der in Art. 118 UZK aufgeführten Mängel wirtschaftlich nicht genutzt werden kann (BFH, Urteil v. 28.3.2006 VII R 24, 23/05, ZfZ 2006, 227).

Verfahren: Erstattung/Erlass nach dieser Vorschrift ist antragsgebunden. Der Antrag ist innerhalb eines Jahres nach der Mitteilung der Zollschuld zu stellen (Art. 121 Abs. 1 Buchst. c) UZK). Die Frist kann in begründeten Ausnahmefällen verlängert werden (Art. 121 Abs. 1 Uabs. 2 UZK). Im Übrigen gelten die gleichen formellen Voraussetzungen wie bei Art. 117 UZK angeführt. E1354

Gegen die Versagung der Erstattung bzw. des Erlasses ist als **Rechtsbehelf** der Einspruch gegeben (Art. 44 UZK).

Aussetzung der Zahlungsverpflichtung (Art. 108 Abs. 3 Buchst. a UZK): Die Zollbehörden gewähren eine Aussetzung, wenn E1355

- ein Antrag auf Erlass nach Art. 121 UZK vorliegt und
- die Zollbehörden der Auffassung sind, dass die Voraussetzungen des Art. 118 UZK erfüllt sind (Art. 89 Abs. 1 Buchst. a UZK-DelVO).

Sind die Waren nicht mehr unter zollamtlicher Überwachung, ist eine Sicherheit anzufordern (Art. 89 Abs. 2 UZK-DelVO). Auf die Anforderung einer Sicherheit kann verzichtet werden, wenn ihre Leistung zu ernsten Schwierigkeiten des Zollbeteiligten wirtschaftlicher oder sozialer Art führen könnte (Art. 89 Abs. 3 UZK-DelVO). E1356

i) 3. Fallgruppe: Erstattung wegen eines Irrtums der Zollbehörden

aa) Grundsätzliches (Art. 116 Abs. 1 Buchst. c, Art. 119 UZK)

Wird aufgrund eines Irrtums der zuständigen Behörden zunächst ein niedrigerer als der zu entrichtende Betrag dem Zollbeteiligten mitgeteilt, hinterher allerdings der gesetzlich geschuldete Betrag mitgeteilt, so gewährt Art. 116 Abs. 1 Buchst. c UZK, Art. 119 UZK in engen Grenzen einen Erlass bzw. Erstattungsanspruch. Allerdings kommt es zu Erlass- bzw. Erstattung nach dieser Norm nur dann, wenn die Fallgruppen des Art. 116 E1357

Abs. 1 UAbs. 2 UZK und Art. 117, 118 und Art. 120 UZK nicht erfüllt sind. Insoweit handelt es sich um einen klassischen Auffangtatbestand.

E1358 Mit diesem Anspruch soll das Vertrauen des Beteiligten auf die Richtigkeit des Verwaltungshandelns geschützt werden. Daneben wird der Tatbestand in Abs. 2 noch für den Fall erweitert, dass die Zollbehörden irrtümlich einen ermäßigten Zollsatz oder eine Zollfreiheit nicht anwenden. Abs. 3 regelt dann die Fälle, in denen der Beteiligte sich auf eine Präferenzbescheinigung verlässt, die sich aber als unzutreffend herausstellt.

E1359 Die Kommission hat in einem (nicht verbindlichen) Informationspapier zur Anwendung des Art. 220 Abs. 2 Buchst. b ZK a. F. ausführlich Stellung genommen (Informationspapier der EU-Kommission in E-VSF Z 11 20, Ziffer 1.1.1). Im Internet unter:

ec.europa.eu/taxation_customs/resources/documents/customs/procedural_aspects/general/debt/guidelines_de.pdf

E1360 Da es noch keine neue Regelung gibt, ist davon auszugehen, dass die Guidelines auch auf den Bereich des Art. 119 UZK anzuwenden sind.

Hat die Zollbehörde zunächst irrtümlich einen niedrigeren Abgabenbetrag als den zu entrichtenden mitgeteilt, danach den gesetzlich geschuldeten Betrag mitgeteilt, wird erlassen oder erstattet, wenn der Zollschuldner

- diesen Irrtum vernünftigerweise nicht erkennen konnte
- und gutgläubig gehandelt hat

bb) Irrtum der Zollbehörden

E1361 **Irrtum:** Nach ständiger Rechtsprechung des EuGH erfordert der Begriff Irrtum ein Handeln der Behörde und die Ursächlichkeit dieses Handelns für ihren Irrtum (vgl. EuGH v. 15.12.2011 - C 409/10; EuGH, Urteil v. 9.12.1999 - C-299/98, ZfZ 2000, 235; v. 14.11.2002 - C 251/00, vom 16.03.2017, C-47/16, Rz. 28). und BFH vom 7.6.2011 VII R 36/10, BFHE, 234, 77). Dementsprechend verlangt die Dienstvorschrift, die die Rechtsprechung des EuGH insoweit übernommen hat und die wohl weiterhin anwendbar ist, das Vorliegen eines **aktiven Irrtums (Z 1102 Abs. 505)**. Werden Angaben des Beteiligten nur hingenommen („wie angemeldet angenommen"), dann scheidet ein Irrtum aus. Auch eine falsche Rechtsanwendung durch die Zollbehörde ist ein Irrtum im Sinne dieser Vorschrift (FG Ba-Wü., Urteil v. 10.12.1991 - 11 K 68/86 Z, ZfZ 1992, 323 f.). Ein Irrtum ist grundsätzlich dann zu berücksichtigen, wenn er von den zuständigen Zollbehörden begangen worden ist. Unter der zuständigen Zollbehörde versteht man allerdings nicht nur die Zollbehörde, die mit dem konkreten Abfertigungsvorgang befasst war. Darunter sind auch die Zollbehörden zu verstehen, die im Vorfeld der Abfertigung an dem Abfertigungsvorgang beteiligt waren und jegliche Informationen im Rahmen des Erhebungsverfahrens verarbeitet haben. Dazu zählen auch Behörden, die in vorangehenden Zollverfahren tätig gewesen sind.

Legt der Beteiligte gutgläubig Fälschungen amtlicher Dokumente vor, was vor allem bei gefälschten Präferenznachweisen vorkommt, führt das nicht zu einem Irrtum der Zollbehörden (BFH, Urteil vom 7.6.2011 VII R 26/10; BFHE, 234, 77; Urteil v. 22.4.2008 VII R 29/06, ZfZ 2008, 156).

Zudem liegt ein aktiver Irrtum in den Fällen einer antrags- und anmeldungsgemäßen aber nicht befundgerechten Abfertigung vor (BFH vom 7.9.1993 - VII R 128/92, BFHE 172, 561 ff.).

cc) Irrtum vom Zollschuldner vernünftigerweise nicht erkennbar:

Liegt ein Irrtum i. S. dieser Vorschrift vor, kommt es nur zu Erlass- bzw. Erstattung der Einfuhrabgaben, wenn der Zollschuldner den Irrtum der Behörde nicht erkennen konnte. Dazu hat die Rechtsprechung des EuGH (EuGH, Urteil v. 26.6.1990 - Rs. 64/89, Slg. 1990, 2551; EuGH, Urteil v. 14.5.1996 - C-153, 204/94, ZfZ 1997, 12) folgendes Prüfungsschema entwickelt (vgl. auch Z 1102 Abs. 507). Diese Systematik ist wohl auch auf die Fälle des Art. 119 UZK zu übertragen: E1362

Art des Irrtums: Hier kommt es darauf an, ob es sich um eine einfache oder komplizierte Regelung gehandelt hat. Dabei kann von einer einfachen Regelung ausgegangen werden, wenn die für die Erhebung der Abgaben maßgeblichen Merkmale im Amtsblatt der Europäischen Gemeinschaften oder in anderen amtlichen Veröffentlichungen zweifelsfrei geregelt sind, die Rechtslage also durch Lektüre dieser Veröffentlichungen ersichtlich ist (EuGH vom 4.5.1993 - C-292/91). Auch eine langjährige irrige Verwaltungspraxis spricht für eine komplizierte Rechtslage (EuGH vom 12.12.1996 - C-47/95 u. a. Rz. 30; vgl. auch Z 1102 Abs. 508). E1363

Erfahrenheit des Wirtschaftsteilnehmers: Hier ist zu berücksichtigen, ob der Zollbeteiligte gewerbsmäßig im Einfuhr- und Ausfuhrgeschäft tätig ist und schon eine gewisse Erfahrung im Handel mit den betreffenden Waren hat. E1364

Sorgfaltspflicht: Der Zollbeteiligte hat eine eigene Überprüfungspflicht und eine umfassende Informationspflicht. Bei Zweifeln an der Richtigkeit der Abgabenberechnung muss er sich selbst Informationen beschaffen; er kann sich nicht allein darauf verlassen, dass die Zollbehörde fehlerfrei handelt. Der Zollbeteiligte genügt seiner Sorgfaltspflicht nicht, wenn er sich nur anhand nationaler Veröffentlichungen wie z. B. dem deutschen Gebrauchszolltarif oder dem Elektronischen Zolltarif (EZT), informiert (EuGH, Urteil v. 12.7.1989 - Rs. C-161/88, Slg. 1988, 2415). Die Pflicht, sich selbst über das geltende Recht zu informieren, umfasst nicht nur die zeitnahe Lektüre des Amtsblattes Reihe L (mit den Rechtsvorschriften), sondern auch des Amtsblattes Reihe C mit Hinweisen auf ungültig gewordene vZTA, Warnhinweise nach Art. 220 Abs. 2 UAbs. 5 ZK a. F., Erläuterungen zu KN und HS und Leitsätzen der EuGH-Urteile (BFH, Urteil v. 26.2.2004 VII R 20/03, ZfZ 2004, 270). Zur Sorgfaltspflicht gehört auch eine Erkundigungspflicht in schwierigeren Fällen; hier reicht es dann auch nicht, sich nur an die abfertigende Zollstelle zu wenden. Schließlich wird den Zollbeteiligten auch abverlangt, in entsprechenden Fällen durch Einholung einer vZTA für Klarheit zu sorgen; eine allgemeine Rechtspflicht zur Einholung eines Rechtsrates in jedem Einzelfall besteht aber nicht (BFH, Urteil v. 4.11.2003 VII R 23/02, ZfZ 2004, 128). E1365

Zeigt sich, dass es unterschiedliche Sprachfassungen bezüglich der im Amtsblatt veröffentlichten Fassungen gibt, so muss der Zollbeteiligte hier auch eine entsprechende Klärung herbeiführen. Eine Informationspflicht im Hinblick auf Dienstanweisungen besteht allerdings nicht, da diese nur einen behördeninternen Charakter aufweisen.

dd) Des Weiteren muss der Zollschuldner gutgläubig gehandelt haben.

Hier ist davon auszugehen, dass dieses Tatbestandsmerkmal mehr voraussetzt als die fehlende Täuschungsabsicht i. S. des Art. 116 Abs. 5 UZK, die zum Ausschluss von Erlass bzw. Erstattung von Einfuhrabgaben führt. Im Wesentlichen ist dieses Tatbestandsmerkmal mit der Erkennbarkeit des Merkmals deckungsgleich.

ee) Zollpräferenzbehandlung nach Art. 119 Abs. 2 UZK

E1366 Liegt Art. 117 Abs. 2 UZK nicht vor, dann wird Erlass bzw. Erstattung gewährt, wenn aufgrund eines Irrtums der zuständigen Zollbehörde der ermäßigte Zollsatz oder die Zollfreiheit nicht angewandt worden ist, obwohl bei der Zollanmeldung zur Überlassung zum zollrechtlich freien Verkehr alle für die Anwendung des ermäßigten Zollsatzes oder der Zollfreiheit erforderlichen Angaben ordnungsgemäß gemacht und die erforderlichen Unterlagen vorgelegt worden waren. In diesen Fällen steht den Zollbehörden kein Ermessen zu, ob sie einen Erlass bzw. eine Erstattung veranlassen. Nach Art. 119 Abs. 2 UZK besteht eine Verpflichtung dazu.

ff) Unrichtige Präferenzbescheinigung als Irrtumsfiktion (Art. 119 Abs. 3 Uabs. 1 bis 4 UZK)

E1367 Grundsätzlich wird die Ausstellung einer falschen Präferenzbescheinigung durch eine Behörde im Gebiet außerhalb der Union, die im Rahmen eines Systems der administrativen Zusammenarbeit erfolgt, als ein Irrtum fingiert, den der Beteiligte vernünftigerweise nicht erkennen konnte; für Erlass- bzw. Erstattung von Einfuhrabgaben ist dann nur noch erforderlich, dass der Beteiligte gutgläubig war (dazu enthält UAbs. 3 eine Erleichterung). Im Einzelnen wird folgendes vorausgesetzt:

- **Irrtumsfiktion**
  - Feststellung eines Präferenzstatus der betroffenen Ware;
  - im Rahmen eines Systems der administrativen Zusammenarbeit; ein derartiges System für das APS ist in Art. 71, 73 UZK-DVO geregelt. Es beinhaltet die zuständigen Behörden und Stempel, Art. 93 ZUK-DVO.
  - unter Beteiligung der Behörde eines Drittlandes;
  - die Bescheinigung stellt sich als unrichtig heraus, Fälschungen erfüllen das Kriterium nicht.

  Liegen diese Voraussetzungen vor (vgl. auch BFH vom 7.6.2011 VII R 36/10), dann liegt beim Beteiligten ein Irrtum vor, den er vernünftigerweise nicht erkennen konnte (UAbs. 1).
- **Ausschluss der Irrtumsfiktion:** Hat allerdings der Ausführer die Fakten unrichtig dargestellt und ist die Bescheinigung aus diesem Grund fehlerhaft ausgestellt worden, dann liegt kein Irrtum des Beteiligten im Sinne des Art. 119 Abs. 3 UAbs. 2 UZK vor. Dieser Ausschluss der Irrtumsfiktion gilt allerdings dann nicht, wenn es offensichtlich ist, dass die ausstellenden Behörden wussten oder hätten wissen müssen, dass

die Waren die Voraussetzungen für die Gewährung der Präferenzbehandlung nicht erfüllten. Das ist etwa der Fall, wenn den Behörden bekannt ist, dass es bestimmte Fertigungsarten in ihrem Land nicht gibt. In diesem Fall würde der Ausschluss der Irrtumsfiktion demzufolge nicht greifen. Die Beweislast dafür, dass unrichtige Angaben gemacht worden sind, liegt grundsätzlich bei den Zollbehörden.

Verfügt der Ausführer nicht über Unterlagen, die die Richtigkeit der erteilten Warenverkehrsbescheinigungen bestätigen, hat dies in der Regel zugleich zur Folge, dass sich der Zollbeteiligte auf Vertrauensschutz nicht berufen kann, weil in diesem Fall aufgrund der Beweislastverteilung grundsätzlich davon auszugehen ist, dass die zu widerrufenden Warenverkehrsbescheinigungen auf unrichtigen Angaben des Ausführers beruhen (vgl. BFH vom 29.6.2010 VII R 31/09; EuGH vom 15.12.2011 - C 409/10; EuGH vom 16.3.2017 - C-47/16, Rz. 47 ff. mit Anmerkung Deimel ZfZ 2017, S. 162). E1368

Gutgläubigkeit des Zollschuldners **(UAbs. 3)**: Die für diesen Fall des Erlasses bzw. der Erstattung geforderte Gutgläubigkeit ist dann anzunehmen, wenn der Beteiligte geltend macht, dass der Irrtum auch von einem gutgläubigen Zollschuldner trotz seiner Berufserfahrung und der von ihm aufzubringenden Sorgfalt vernünftigerweise nicht habe erkannt werden können (EuGH vom 17.3.2017 - C-47/16, Rz. 36). E1369

Ausschluss (UAbs. 4) der Gutgläubigkeit: Sobald der Zollschuldner allerdings Zweifel an der richtigen Anwendung der Vorschriften hat muss er sich nach Kräften informieren und sich Aufschluss darüber verschaffen, ob die Zweifel berechtigt sind (EuGH vom 17.3.2017 - C-47/16, Rz. 37). Eine allgemeine Nachforschungspflicht, um die Gutgläubigkeit aufrechterhalten zu können, ergibt sich daraus jedoch gerade nicht. Veröffentlicht die Kommission allerdings eine Warnmitteilung, dann kann sich der Zollschuldner ab diesem Zeitpunkt nicht mehr auf seine Gutgläubigkeit berufen. E1370

Aussetzung der Zahlungsverpflichtung ist nach Art. 108 Abs. 3 Buchst. a UZK, Art. 89 Abs. 1 Buchst. a UZK-DelVO möglich. Voraussetzung ist, dass der Zollbeteiligte Erlass beantragt nach Art. 119 UZK und die Wahrscheinlichkeit besteht, dass die in dem jeweiligen Artikel festgelegten Bedingungen erfüllt werden. E1371

Nach Art. 89 Abs. 2 UZK-DelVO muss eine Sicherheit geleistet werden, wenn sich die Waren zum Zeitpunkt des Antrags auf Erlass nicht mehr unter zollamtlicher Überwachung befinden.

Abweichend von Abs. 2 verlangen die Zollbehörden keine Sicherheit, wenn festgestellt wird, dass durch die Stellung der Sicherheit dem Schuldner ernste wirtschaftliche oder soziale Schwierigkeiten entstehen könnten (Art. 89 Abs. 3 UZK-DelVO).

Es gilt die Antragsfrist gem. Art. 121 Abs. 1 Buchst. a UZK. Ansonsten gelten die gleichen formellen Voraussetzungen wie bei den anderen Erlass- bzw. Erstattungstatbeständen.

gg) Das Verfahren bei Erlass bzw. Erstattung der Einfuhrabgaben gemäß Art. 119 UZK

E1372 Im Interesse einer gleichmäßigen Praxis in den Mitgliedstaaten und einer Sicherung der Eigenmittel der EU sieht der UZK gewisse verfahrensmäßige Einschränkungen für die nationalen Behörden vor. Nach Art. 116 Abs. 3 UZK sind die nationalen Zollbehörden zur Vorlage an die Kommission in jedem der folgenden Fälle verpflichtet:

a) Die Zollbehörden sind der Auffassung, dass die besonderen Umstände auf Pflichtversäumnisse der Kommission zurückgehen;

b) die Zollbehörden sind der Auffassung, dass die Kommission einen Irrtum i. S. des Art. 119 UZK begangen hat;

c) der betreffende Fall steht im Zusammenhang mit Ergebnissen von Ermittlungen der Union im Rahmen der Verordnung (EG) Nr. 515/97 des Rates vom 13.3.1997 über die gegenseitige Amtshilfe zwischen Verwaltungsbehörden der Mitgliedstaaten und die Zusammenarbeit dieser Behörden mit der Kommission im Hinblick auf die ordnungsgemäße Anwendung der Zoll- und der Agrarregelung oder anderer Unionsrechtsakte oder Abkommen, die die Union mit anderen Ländern oder Ländergruppen geschlossen hat und in denen die Möglichkeit der Durchführung derartiger Ermittlungen der Union vorgesehen ist;

d) der Betrag, zu dessen Entrichtung die betreffende Person im Zusammenhang mit einem oder mehreren Einfuhr- oder Ausfuhrvorgängen gegebenenfalls verpflichtet ist, entspricht aufgrund eines Irrtums oder besonderer Umstände 500 000 € oder überschreitet diesen Betrag.

Trotz Vorliegens einer der vier genannten Fallgruppen unterbleibt eine Vorlage an die Kommission nach Art. 119 Abs. 3 Uabs. 2 UZK

a) wenn die Kommission bereits eine Entscheidung in einem sachlich und rechtlich vergleichbaren Fall getroffen hat,

b) wenn sich die Kommission bereits mit einem Fall mit vergleichbaren sachlichen und rechtlichen Merkmalen befasst.

Artikel 98 UZK-DelVO regelt die Einzelheiten des Vorlageverfahrens an die Kommission. Nach Art. 99 UZK-DelVO ist eine Anhörung des Beteiligten vorgesehen. Art. 100 UZK-DelVO bestimmt die Fristen. Innerhalb der dort genannten Fristen hat die Kommission nach Erhalt der entsprechenden Unterlagen eine Entscheidung darüber zu treffen, ob eine Erstattung oder ein Erlass gerechtfertigt ist. Art. 101 UZK-DelVO bestimmt die Regularien, wie diese Entscheidung dem entsprechenden Mitgliedstaat mitzuteilen ist.

Gewährt eine Zollbehörde eine Erstattung oder einen Erlass nach Art. 119 UZK, dann unterrichtet der betreffende Mitgliedstaat die Kommission davon. Welche Informationen an die Kommission im Einzelnen zu übermitteln sind bestimmt Art. 181 UZK-DelVO.

hh) Anlastung

Die Zollbehörden der Mitgliedstaaten sind grundsätzlich verpflichtet, den zu entrichtenden Abgabenbetrag gem. Art. 102 Abs. 3 mitzuteilen und ihn auch buchmäßig zu erfassen nach Art. 105 Abs. 3 UZK. Bei Erstattung oder Erlass der Einfuhrabgaben gem. Art. 119, Art. 120 UZK wird der Differenzbetrag zum gesetzlich geschuldeten Betrag den Mitgliedstaaten angelastet (EuGH vom 18.10.2007 - C-19/05, Rz. 32).

(Einstweilen frei) E1373–E1374

j) 4. Fallgruppe: Erstattung oder Erlass in Sonderfällen, Art. 120 UZK

aa) Bedeutung, Anwendungsbereich

Art. 116 Abs. 1 Buchst. d, Art. 120 UZK erweitert die übrigen Erlass- bzw. Erstattungstatbestände um eine Art Billigkeitsregelung. Sind bestimmte Voraussetzungen der anderen Erlass- bzw. Erstattungstatbestände nicht erfüllt, so kann der Zollbeteiligte demnach auf den Tatbestand des Art. 116 Abs. 1 Buchst. d, Art. 120 UZK zurückgreifen. Diese Norm eröffnet insoweit auch eine umfassende Prüfung durch die Zollbehörde, da diese nicht an den Erstattungs- bzw. Erlassantrag des Zollbeteiligten gebunden ist. Die Zollbehörden sind vielmehr nach Art. 121 Abs. 2 UZK dazu verpflichtet, wenn sie Erlass- oder Erstattung nicht aufgrund der angeführten Gründe gewähren können, den Sachverhalt im Lichte aller anderen Gründe für einen Erlass- bzw. eine Erstattung zu prüfen. Insoweit muss dann letztlich auch immer eine Erstattung oder ein Erlass aus Billigkeitsgründen im Wege der ultima ratio betrachtet werden. Hier handelt es sich auch wieder um einen Auffangtatbestand. Er kommt also nur in Betracht, wenn kein anderer Tatbestand eingreift. E1375

Dass hier in allen Fällen also noch ein Billigkeitserlass in Betracht zu ziehen ist, hat damit zu tun, dass die Zollschuldentstehungstatbestände an rein objektive Entstehungsvoraussetzungen geknüpft sind. Um hierzu einen gewissen Ausgleich zu schaffen, bietet der Erlass- bzw. Erstattungstatbestand nach Art. 120 UZK bestimmte Korrekturmöglichkeiten. Zu dieser Intention passt auch, dass der Gesetzgeber den Fallgruppenkatalog, der in der alten ZK-DVO unter Art. 900 ZK-DVO zu finden war, bewusst aufgegeben hat. Dieser Katalog war in sich wenig stimmig. Dafür ist die Regelung in Art. 120 UZK, der von besonderen Umständen spricht, jetzt besonders weit gefasst. Dabei spielen auch Gerechtigkeitsaspekte eine Rolle. So hängt das Vorliegen eines besonderen Umstandes nach Abs. 2 u. a. davon ab, ob sich der Zollbeteiligte gegenüber anderen Wirtschaftsbeteiligten im gleichen Geschäftsfeld in einer besonderen Lage befindet. Außerdem wird vorausgesetzt, dass dem Zollbeteiligten Nachteile durch die Erhebung des Einfuhr- oder Ausfuhrabgabenbetrages entstanden sind durch das Vorliegen der besonderen Umstände. E1376

Art. 116 Abs. 1 Buchst. d, Art. 120 UZK in seiner Ausgestaltung als Billigkeitsvorschrift überlagert die in der AO vorgesehenen Rechtsinstitute des Verzichts auf Festsetzung aus Billigkeit (§ 163 AO) bzw. des Billigkeitserlasses (§ 227 AO). E1377

Ein Informationspapier der Kommission nimmt bereits nach der alten Rechtslage Stellung zum besonderen Fall des Art. 239 Abs. 1 2. Anstrich ZK. Im Internet unter:

ec.europa.eu/taxation_customs/resources/documents/customs/procedural_aspects/general/debt/guidelines_de.pdf. Es ist davon auszugehen, dass diese Fälle auf Art. 120 UZK zu übertragen sind.

Außerdem hat die **Kommission** inzwischen im Internet **ihre Entscheidungspraxis** nachvollziehbar gemacht durch Veröffentlichung der sog. rem-Fälle:

ec.europa.eu/taxation_customs/customs/procedural_aspects/general/debt/rem-rec_1168_de.htm

Die Entscheidungen der Kommission zu Art. 220 Abs. 2 Buchst. b a. F. ZK können ebenfalls zur Erläuterung herangezogen werden, sie finden sich unter der o. a. Homepage (vgl. auch VSF Z 11 20 (Ziffer 2.1.1) und Z 1102 Abs. 602).

E1378 Anwendung auf die **Verbrauchsteuern, die bei Wareneinfuhr entstehen:** Kraft Verweisung in den einzelnen Verbrauchsteuergesetzen und im Umsatzsteuergesetz ist auch Art. 116 Abs 1 Buchst. d, Art. 120 UZK auf diese Abgaben anzuwenden. Es gilt aber Folgendes: Betrifft der Sachverhalt sowohl Zölle als auch nationale Abgaben, und besteht eine Verpflichtung zur Vorlage an die Kommission nach Art. 116 Abs. 3 UZK, dann ist die Entscheidung der Kommission auch bezüglich der nationalen Abgaben verbindlich. Betrifft der Sachverhalt wegen einer Zollbefreiung nur nationale Abgaben, scheidet eine Vorlage an die Kommission aus. Dann hat die nationale Zollbehörde darüber zu entscheiden, ob ein besonderer Fall vorliegt, der zu Erstattung/Erlass nach Art. 116 Abs. 1 Buchst. d UZK, Art. 120 UZK berechtigt.

Der Gesetzgeber vertritt demgegenüber eine differenzierte Auffassung. Mit dem 12. EuroEG v. 16.8.2001, BGBl 2001, 2081 hat er festgelegt, dass in Bezug auf persönliche Billigkeitsgründe auf Einfuhrverbrauchsteuern – die EUSt ausgenommen – bei allein nationalen Abgaben nur § 227 AO anzuwenden ist. Werden demgegenüber sachliche Billigkeitsgründe vorgetragen, so ist nach Art. 239 ZK a. F., das heißt jetzt nach Art. 116 Abs. 1 Buchst. d, Art 120 UZK zu entscheiden (Z 1102 Abs. 602).

bb) Der besondere Fall

E1379 **Der besondere Fall**: Die Auslegung des unbestimmten Rechtsbegriffs war bisher durch EuGH und Kommission vorgezeichnet. Der EuGH verlangte bereits nach Art. 239 2. Fallgruppe ZK a. F., dass der Wirtschaftsbeteiligte sich im Vergleich mit anderen Zollbeteiligten, die eine vergleichbare Tätigkeit ausüben, in einer außergewöhnlichen Situation befindet (EuGH, Urteil v. 25.2.1999, ZfZ 1999, 198; EuGH, Urteil v. 7.9.1999, ZfZ 1999, 371; FG München, 14. Senat vom 19.12.2007, 14 K 4704/05). Diese Rechtsprechung hat jetzt Eingang in den Gesetzeswortlaut der Vorschrift des Art. 116 Abs. 1 Buchst. d, Art. 120 Abs. 2 UZK gefunden. Außerdem wird noch gefordert, dass dem Zollbeteiligten durch das Vorliegen besonderer Umstände Nachteile aus der Erhebung des Einfuhr- oder Ausfuhrabgabenbetrages entstanden sind. Das Vorliegen der besonderen Umstände muss insoweit kausal für die Nachteile gewesen sein.

Durchführungsrechtsakte bzw. Delegierte Rechtsakte, um diese Fälle zu konkretisieren, sind nicht erlassen worden. Insoweit muss wohl auch weiterhin auf die guidelines der Kommission zurückgegriffen werden.

Nach ständiger Rechtsprechung des EuGH sind Vorschriften, die die Erstattung oder den Erlass von Einfuhrabgaben nur unter bestimmten Voraussetzungen und in eigens dafür vorgesehenen Fällen gewähren, Ausnahmen vom gewöhnlichen Einfuhr- bzw. Ausfuhrsystem, so dass die Voraussetzungen sehr eng auszulegen sind (EuGH vom 17.2.2011 - C-78/10, Rz 46).

Zu nennen ist in diesem Zusammenhang etwa schwerwiegendes Fehlverhalten der Kommission, sowie die unterlassene Überwachung der Höhe einer Gesamtsicherheit durch die nationale Zollbehörde, die die betrügerische Inanspruchnahme von Versandverfahren erlaubte (EuGH vom 22.3.2012 - C-506/09, P, Rz. 78). Die Beteiligung eines Zollbediensteten an Betrügereien kann einen solchen Umstand begründen (EuGH vom 3.4.2008 - C-230/06).

Die unberechtigte alleinige Inanspruchnahme eines Zollschuldners im Rahmen der Gesamtschuldnerschaft kann ebenfalls einen solchen besonderen Umstand begründen (BFH vom 9.9.2009 - VII B 11/09, BFH/NV 2010, 263).

Auch von der Zollverwaltung bewusst nicht verhinderte Verstöße können einen besonderen Umstand begründen.

Ist die Zollstelle für einen Antrag auf Gewährung eines Zollkontingentes unerreichbar, etwa weil ein Unionsimporteur von einem Zollkontingent, dessen Eröffnungsdatum auf einen Sonntag fällt, keinen Gebrauch machen kann, weil die Zollstelle in seinem Mitgliedstaat an einem Sonntag nicht geöffnet ist, dann ist ebenfalls ein besonderer Umstand gegeben (EuGH vom 17.2.2011 - C-494/09, Rz. 48 ff; ZfZ 2011, S. 75).

Das allgemeine Geschäftsrisiko stellt dagegen keinen besonderen Umstand dar. Genauso begründet die Missachtung von Anweisungen eines Auftraggebers keinen besonderen Umstand. Keinen besonderen Umstand begründet die Insolvenz bzw. Zahlungsunfähigkeit des Zollschuldners (BFH vom 21.5.1999 - VII R 106/95).

Geographische sowie andere objektive Gegebenheiten, die alle Wirtschaftsteilnehmer treffen, begründen ebenfalls keinen besonderen Umstand.

cc) Keine Täuschung oder offensichtliche Fahrlässigkeit:

Zunächst darf keine Täuschung vorliegen. Die Täuschung erfordert ein vorsätzliches E1380
Verhalten des Zollschuldners (vgl. Z 0901 (106)).. Er muss in Täuschungsabsicht gehandelt haben. Die Täuschung muss ursächlich für den besonderen Umstand gewesen sein.

Der EuGH hat in seinem Urteil v. 11.11.1999, ZfZ 2000, 12 den Begriff der offensichtlichen Fahrlässigkeit ausgelegt. Diese Maßstäbe wurden auch in der Dienstvorschrift Z 1102 Abs. 604 und 605 aufgegriffen. Mit dem Begriff der offensichtlichen Fahrlässigkeit ist wohl nichts anderes gemeint als mit der groben Fahrlässigkeit, die bereits für die Erkennbarkeit des Irrtums eine zentrale Rolle spielte (vgl. EuGH vom 11.11.1999 - C-48/98, Rz. 49). Danach gilt folgender Prüfungsmaßstab:

- Komplexität der Vorschriften: Je komplizierter die anzuwendenden Vorschriften, desto geringer sind die Anforderungen an den Beteiligten, sich Gewissheit über die Rechtslage zu verschaffen.
- Das Maß der Erfahrung des Wirtschaftsteilnehmers im grenzüberschreitenden Warenverkehr (vgl. EuGH, Urteil v. 13.9.2007 - C-443/05, ZfZ 2007, 270)
- Sorgfalt des Wirtschaftsteilnehmers: Offensichtliche Fahrlässigkeit liegt vor, wenn ein Fehler „nicht hätte passieren dürfen", einfache Fahrlässigkeit bei einem Fehler, „der passieren kann". Vgl. VSF Z 11 02 Abschn. 40.
- Restriktive Auslegung: einschränkend betont der EuGH, dass diese subjektiven Merkmale so auszulegen sind, dass die Zahl der billigkeitshalber erfolgenden Erstattungen/Erlass begrenzt bleibt.

dd) Vorlagepflicht an die Kommission gemäß Art. 120 UZK

Im Interesse einer gleichmäßigen Praxis in den Mitgliedstaaten und einer Sicherung der Eigenmittel der Union sieht der UZK gewisse verfahrensmäßige Einschränkungen für die nationalen Behörden vor. Nach Art. 116 Abs. 3 UZK sind die nationalen Zollbehörden zur Vorlage an die Kommission in jedem der folgenden Fälle verpflichtet:

a) die Zollbehörden sind der Auffassung, dass die besonderen Umstände auf Pflichtversäumnisse der Kommission zurückgehen,

b) die Zollbehörden sind der Auffassung, dass die Kommission einen Irrtum im Sinne des Art. 119 UZK begangen hat (gilt nur für Art. 119 UZK)

c) der betreffende Fall steht im Zusammenhang mit Ergebnissen von Ermittlungen der Union im Rahmen der Verordnung (EG) Nr. 515/97 des Rates vom 13.3.1997 über die gegenseitige Amtshilfe zwischen Verwaltungsbehörden der Mitgliedstaaten und die Zusammenarbeit dieser Behörden mit der Kommission im Hinblick auf die ordnungsgemäße Anwendung der Zoll- und der Agrarregelung oder anderer Unionsrechtsakte oder Abkommen, die die Union mit anderen Ländern oder Ländergruppen geschlossen hat und in denen die Möglichkeit der Durchführung derartiger Ermittlungen der Union vorgesehen ist,

d) der Betrag, zu dessen Entrichtung die betreffende Person im Zusammenhang mit einem oder mehreren Einfuhr- oder Ausfuhrvorgängen gegebenenfalls verpflichtet ist, entspricht aufgrund eines Irrtums oder besonderer Umstände 500 000 € oder überschreitet diesen Betrag.

Trotz Vorliegens einer der vier genannten Fallgruppen unterbleibt eine Vorlage an die Kommission nach Art. 116 Abs. 3 Uabs. 2 UZK

a) wenn die Kommission bereits eine Entscheidung in einem sachlich und rechtlich vergleichbaren Fall getroffen,

b) die Kommission ist bereits mit einem Fall mit vergleichbaren sachlichen und rechtlichen Merkmalen befasst.

Artikel 98 UZK-DelVO regelt die Einzelheiten des Vorlageverfahrens an die Kommission. Nach Art. 99 UZK-DelVO ist eine Anhörung des Beteiligten vorgesehen. Art. 100 UZK-

DelVO bestimmt die Fristen. Innerhalb der dort genannten Fristen hat die Kommission nach Erhalt der entsprechenden Unterlagen eine Entscheidung darüber zu treffen, ob eine Erstattung oder ein Erlass gerechtfertigt ist. Art. 101 UZK-DelVO bestimmt die Regularien, wie diese Entscheidung dem entsprechenden Mitgliedstaat mitzuteilen ist.

Gewährt eine Zollbehörde eine Erstattung oder einen Erlass nach Art. 120 UZK, dann unterrichtet der betreffende Mitgliedstaat die Kommission davon. Welche Informationen an die Kommission im Einzelnen zu übermitteln sind bestimmt Art. 181 UZK-DVO.

(Einstweilen frei) E1381–E1383

ee) Das Verfahren bei Erlass bzw. Erstattung der Einfuhrabgaben

Art. 120 UZK ist grundsätzlich antragsgebunden (Art. 121 UZK). Den Antrag hat der Be- E1384
teiligte innerhalb von 3 Jahren nach Mitteilung der Abgaben an ihn bei der zuständigen Zollstelle zu stellen. Allerdings kommt auch eine Erstattung bzw. ein Erlass nach Art. 116 Abs. 4 UZK von Amts wegen in Betracht. Für die weiteren formellen Voraussetzungen gelten die gleichen formellen Bedingungen wie bei den anderen Erlass-Erstattungstatbeständen.

Rechtsbehelfe: Gegen die Versagung der Erstattung oder des Erlasses durch die nationale Zollbehörde ist der Einspruch gegeben (Art. 44 UZK).

Aussetzung der Zahlungsverpflichtung ist nach Art. 108 Abs. 3 Buchst. a UZK, Art. 89 Abs. 1 Buchst. a UZK-DelVO möglich. Voraussetzung ist, dass der Zollbeteiligte einen Erlass beantragt nach Art. 120 UZK und die Wahrscheinlichkeit besteht, dass die in dem jeweiligen Artikel festgelegten Bedingungen erfüllt werden.

Nach Art. 89 Abs. 2 UZK-DelVO muss eine Sicherheit geleistet werden, wenn die Waren sich zum Zeitpunkt des Antrags auf Erlass nicht mehr unter zollamtlicher Überwachung befinden.

Abweichend von Abs. 2 verlangen die Zollbehörden keine Sicherheit, wenn festgestellt wird, dass durch die Stellung der Sicherheit dem Schuldner ernste wirtschaftliche oder soziale Schwierigkeiten entstehen könnten (Art. 89 Abs. 3 UZK-DelVO).

k) 5. Fallgruppe: Erstattung wegen Ungültigerklärung einer Zollanmeldung nach Art. 116 Abs. 1 Uabs. 2 UZK

aa) Grundsatz

Art. 116 Uabs. 2 UZK setzt für die Erstattung der Einfuhrabgaben die Ungültigerklärung E1385
einer Zollanmeldung voraus. Jede Überführung in ein Zollverfahren bedingt – mit Ausnahme des Freizonenverfahrens – nach Art. 158 UZK eine Zollanmeldung. Will der Zollbeteiligte diese im Nachhinein revidieren, kann er sie nur unter bestimmten gesetzlich festgelegten Voraussetzungen für ungültig erklären lassen. Unter welchen Voraussetzungen dies für den Zollbeteiligten möglich ist, regelt Art. 174 UZK. Dabei wird zwischen der Ungültigerklärung der Zollanmeldung vor und nach der Überlassung differenziert. Vor der Überlassung regelt Art. 174 Abs. 1 ZK die Ungültigerklärung der Zoll-

anmeldung, nach der Überlassung ist eine Ungültigerklärung der Zollanmeldung nur noch nach Art. 174 Abs. 2 UZK in bestimmten Fällen möglich. Die Fälle des Art. 116 Uabs. 2 UZK betreffen nur die Erstattung der Einfuhrabgaben. Ein Erlass ist nicht vorgesehen. Denn mit der Ungültigerklärung einer Zollanmeldung erlischt die Zollschuld nach Art. 124 Abs. 1 Buchst. d UZK von Gesetzes wegen. Dann bedarf es nicht mehr eines Erlasses, der auch dieses Erlöschen der Zollschuld zur Folge hat (Art. 124 Abs. 1 Buchst. c UZK).

bb) Voraussetzungen

E1386 **Ungültigkeitserklärung der Zollanmeldung:** Die Zollbehörden können unter folgenden Voraussetzungen die Zollanmeldung des Beteiligten für ungültig erklären:

Irrtümliche Zollanmeldung (Art. 174 Abs. 1 Buchst. a UZK): Auf Antrag des Anmelders erklären die Zollbehörden eine bereits angenommene Zollanmeldung für ungültig, wenn sie davon überzeugt sind, dass die Waren unverzüglich in ein anderes Zollverfahren übergeführt werden müssen.

Besondere Umstände (Art. 174 Abs. 1 Buchst. b UZK): Auf Antrag des Anmelders erklären die Zollbehörden eine bereits angenommene Zollanmeldung für ungültig, wenn sie davon überzeugt sind, dass die Überführung der Waren in ein Zollverfahren, zu dem sie angemeldet wurden, infolge besonderer Umstände nicht mehr gerechtfertigt ist.

Einschränkend ist jetzt allerdings Art. 174 Uabs. 2 UZK eingeführt worden. Haben die Zollbehörden den Anmelder davon unterrichtet, dass sie beabsichtigen, eine Beschau der Waren vorzunehmen, so kann der Antrag auf Ungültigerklärung der Zollanmeldung (nach Abs. 1) erst angenommen werden, nachdem die Prüfung stattgefunden hat.

Von Amts wegen kann die Zollanmeldung nicht mehr für ungültig erklärt werden. Zumindest sieht das Gesetz eine entsprechende Regelung nicht vor. Die Erlass- bzw. Erstattungstatbestände, in denen der Gesetzgeber auch eine Erstattung von Amts wegen vornehmen kann, sind in Art. 116 Abs. 4 UZK abschließend geregelt.

Ungültigkeitserklärung nach Überlassung: Sie kann grundsätzlich nach Überlassung nur in den nach Art. 174 Abs. 2 UZK, Art. 148 UZK-DelVO genannten Ausnahmefällen erfolgen:

Irrtümliche Überführung in ein Verfahren (Art. 148 Abs. 1 UZK-DelVO):

Die Waren müssen irrtümlich zu einem abgabenpflichtigen Zollverfahren (also z. B. zur Überlassung zum zollrechtlich freien Verkehr) angemeldet und übergeführt worden sein.

(a) Der Antrag auf Ungültigkeitserklärung erfolgt innerhalb von 90 Tagen nach dem Datum der Annahme der Zollanmeldung

(b) Die Waren dürfen nicht anders als in dem Zollverfahren zulässig, zu dem eigentlich angemeldet werden sollte, verwendet worden sein, z. B. durften die Waren, auch wenn irrtümlich zum zollrechtlich freien Verkehr statt des Zolllagerverfahrens angemeldet worden ist, nur den im Zolllagerverfahren bewilligten üblichen Behandlungen unterzogen worden sein (Art. 220 UZK).

(c) Die Waren müssen bei ihrer Zollanmeldung zur Überführung in ein anderes Zollverfahren bestimmt gewesen sein, für das alle Voraussetzungen erfüllt waren, beispielsweise eine erforderliche Bewilligung.

(d) Schließlich müssen die Waren unverzüglich zu dem Zollverfahren, zu dem sie angemeldet werden sollten, auch tatsächlich angemeldet werden.

Der Antrag auf Ungültigkeitserklärung der ursprünglichen Zollanmeldung ist innerhalb von 90 Tagen nach dem Tag der Annahme der Zollanmeldung zu stellen. Diese Frist gilt auch für den Erstattungsantrag gemäß Art. 121 Buchst. c UZK. Die 90 Tagesfrist ist nicht verlängerbar.

Irrtümliche Überführung anderer Waren (Art. 148 Abs. 2 UZK-DelVO). Dieser Fall greift E1387
ein, wenn Waren irrtümlich anstelle anderer Waren zu einem abgabenpflichtigen Zollverfahren bei der Einfuhr angemeldet worden sind. Die Ungültigerklärung der Zollanmeldung in diesem Fall hat folgende Voraussetzungen:

(a) Der Antrag ist innerhalb einer Frist von 90 Tagen ab dem Datum der Annahme der Anmeldung zu stellen.

(b) Die angemeldeten Waren sind nicht in anderer Weise verwendet worden, als gem. ihrer vorherigen Situation zulässig war und sie sind in ihre vorherige Situation zurückgebracht worden.

(c) Für die falsch angemeldeten Waren und für die Waren, die der Anmelder anmelden wollte, ist dieselbe Zollstelle zuständig.

(d) die Waren sollen für das gleiche Zollverfahren angemeldet werden wie die falsch angemeldeten Waren.

Auch hier gilt die 90 Tagesfrist ab dem Zeitpunkt des Datums der Annahme der Zollanmeldung für die Geltendmachung des Erstattungsanspruchs nach Art. 121 Abs. 1 Buchst. c UZK:

Ablehnung von Waren im Rahmen eines Versandhandelskaufvertrages (Art. 148 Abs. 3 E1388
UZK-DelVO): Bei Waren, die im Rahmen eines Kaufvertrages gemäß Artikel 2 Absatz 7 der Richtlinie 2011/83/EU des Europäischen Parlaments und des Rates verkauft, zum zollrechtlich freien Verkehr überlassen und zurückgegeben werden, wird die Zollanmeldung zum zollrechtlich freien Verkehr auf begründeten Antrag des Anmelders für ungültig erklärt, wenn dies innerhalb einer Frist von 90 Tagen nach dem Tag der Anmeldung beantragt wird und die Ware an die Anschrift des Lieferanten oder an eine andere von diesem angegebene Anschrift gesandt wird.

Hier werden die zollrechtlichen Konsequenzen an das Zivilrecht angepasst. Denn im Zivilrecht kann die Willenserklärung ohne Begründung widerrufen werden; eine Zahlungsverpflichtung entsteht für den Käufer nicht. Zollrechtlich ist aber die Ware bei einer zivilrechtlichen Rückabwicklung zunächst zur Überlassung in den zollrechtlich freien Verkehr mit der Folge der Abgabenentstehung übergeführt worden. Diese Konsequenz wird jetzt über Art. 148 Abs. 3 UZK-DelVO rückgängig gemacht.

E1389 *Neben den Fällen gemäß den Absätzen 1 bis 3 werden Zollanmeldungen nach Überlassung der Waren zum zollrechtlich freien Verkehr auf begründeten Antrag des Anmelders in den folgenden Fällen für ungültig erklärt:*

Abs. 4

(a) *Die Waren wurden zur Ausfuhr, Wiederausfuhr oder passiven Veredelung überlassen und haben das Zollgebiet der Union nicht verlassen;*

(b) *Die Waren wurden irrtümlicherweise mit mehr als einer Zollanmeldung angemeldet;*

(c) *Es wurde eine rückwirkende Bewilligung gemäß Art. 211 Abs. 2 UZK erteilt;*

(d) *Unionswaren wurden in das Zolllagerverfahren gemäß Art. 237 Abs. 2 UZK übergeführt und können gemäß Art. 237 Abs. 2 UZK nicht mehr in dieses Verfahren übergeführt werden.*

Bewilligungen für Besondere Verfahren, die in Art. 210 UZK aufgeführt sind, können unter bestimmten Voraussetzungen nach Art. 211 Abs. 2 UZK auch rückwirkend erteilt werden. Etwa für das Verfahren der Aktiven Veredelung oder für die Passive Veredelung oder die Vorübergehende Verwendung. Wird etwa zunächst die Ware zur Überlassung zum zollrechtlich freien Verkehr angemeldet und in dieses Verfahren übergeführt und will der Zollbeteiligte eigentlich eine Überführung in die Vorübergehende Verwendung vornehmen und lässt er sich dieses Verfahren auch rückwirkend bewilligen dann muss die ursprünglich zur Überführung zur Überlassung in den zollrechtlich freien Verkehr abgegebene Zollanmeldung für ungültig erklärt werden.

Art. 148 Abs. 5 UZK sieht wiederum bestimmte Fälle vor, in denen eine Zollanmeldung für Waren, die Ausfuhrabgaben unterliegen, Gegenstand eines Antrags auf die Erstattung von Einfuhrabgaben, Ausfuhrerstattungen oder sonstiger Beträge bei der Ausfuhr oder anderer besonderer Maßnahmen bei der Ausfuhr sind, für ungültig erklärt werden kann.

E1390 **Verfahrenserleichterungen:** Grundsätzlich setzt eine Erstattung nach Art. 116 Uabs. 2 UZK voraus, dass die Waren bei der Ausfuhr oder die Zerstörung oder Vernichtung unter zollamtlicher Überwachung erfolgt. Geschieht dies ohne zollamtliche Überwachung, müssen folgende Voraussetzungen erfüllt sein:

(a) der Antragsteller reicht bei der entscheidungsbefugten Zollbehörde Nachweise ein, anhand derer sich feststellen lässt, ob die Waren, für die eine Erstattung beantragt wird, eine der folgenden Bedingungen erfüllen.

(b) die Waren wurden aus dem Zollgebiet der Union ausgeführt,

(c) die Waren wurden unter Aufsicht der Behörden oder hierzu amtlich befugten Personen zerstört oder vernichtet.

(d) der Antragsteller gibt der entscheidungsbefugten Zollstelle alle Unterlagen zurück, die den Unionscharakter der betreffenden Ware bescheinigen oder bescheinigende Informationen enthalten und die diese Waren gegebenenfalls beim Verlassen des Zollgebiets der Union begleitet haben, oder erbringt alle von dieser Behörde für erforderlich erachteten Nachweise, dass die betreffenden Papiere nicht später bei der Einfuhr von Waren in die Union verwendet werden können.

Art. 180 Abs. 2 UZK-DVO sieht wiederum Besonderheiten für den Nachweis der Ausfuhr aus dem Zollgebiet der Union vor. Art. 180 Abs. 3 UZK-DVO regelt die Besonderheiten für den Nachweis, dass die Waren zerstört oder vernichtet worden sind.

Rechtswirkungen: Mit Ungültigerklärung der Zollanmeldung erlischt die Zollschuld nach Art. 124 Abs. 1 Buchst. d UZK. Wurde die Abgabe gleichwohl entrichtet, ist sie zu erstatten. Weiterhin verlieren die in den zollrechtlich freien Verkehr übergeführten Waren durch die Ungültigerklärung der Zollanmeldung nach Überlassung der Waren ihren zollrechtlichen Status als Unionswaren (Art. 154 Buchst. d UZK). E1391

Verfahren: Die Erstattung setzt einen Antrag des Beteiligten voraus. Eine Erstattung von Amts wegen ist für den Fall des Art. 116 Abs. 1 Uabs. 2 UZK nicht vorgesehen. E1392

Aussetzung der Zahlungsverpflichtung nach Art. 108 Abs. 3 Buchst. a UZK, Art. 89 UZK-DelVO ist nicht möglich. E1393

Frist für den Antrag nach Art. 116 Abs. 1 Uabs. 2 UZK: Der Antrag ist vor Ablauf der für den Antrag auf Ungültigkeitserklärung der Zollanmeldung geltenden Frist zu stellen. Das heißt, dass sich die Frist des Art. 116 Abs. 1 Uabs. 2 UZK mit den in Art. 174 Abs. 2 UZK, Art. 148 UZK-DelVO festgelegten Fristen deckt. Art. 174 Abs. 1 UZK, der die Ungültigkeitserklärung vor Überlassung der Ware regelt, gibt keine Frist vor. E1394

Rechtsbehelfe: Wird ein Antrag auf Erstattung nach Art. 116 Abs. 1 Uabs. 2 UZK abgelehnt, ist der Einspruch nach Art. 44 UZK gegeben. E1395

l) Mindestbetrag für Erstattung und Erlass

Nach Art. 116 Abs. 2 UZK erstatten oder erlassen die Zollbehörden den Einfuhr- oder Ausfuhrabgabenbetrag, wenn er sich auf mindestens 10 € beläuft, es sei denn, die betreffende Person beantragt die Erstattung oder den Erlass eines niedrigeren Betrages. E1396

m) Verzinsung des Erstattungsbetrages

Zwischen dem Zeitpunkt der Abgabenentrichtung durch den Schuldner oder einen Dritten und der Rückzahlung durch die Zollbehörde kann durchaus ein längerer Zeitraum liegen. Insbesondere betrifft dies die Fälle, in denen der Beteiligte eine Antragsfrist von drei Jahren hat, in der er Erstattung oder Erlass der Einfuhrabgaben beantragen kann. Trotz dieser langen Zeitspanne ist nach dem UZK eine Verzinsung des Erstattunsbetrages nur in einem Fall vorzunehmen. Nämlich dann, wenn die Zollbehörde die dem Erstattungsantrag stattgebende Entscheidung nicht innerhalb von drei Monaten vollzieht. Allerdings existiert auch hier noch eine weitere Einschränkung. Haben die Zollbehörden die Nichteinhaltung der Verzögerung nicht zu vertreten, dann müssen sie den Erstattungsbetrag auch nicht verzinsen. E1397

Die Ermächtigung für den nationalen Gesetzgeber, eine Verzinsung des Erstattungsanspruchs in eigener Regie vorzunehmen, existiert nicht mehr.

n) Wiederaufleben der Zollschuld

E1398 Wird eine Abgabenschuld erlassen, dann führt dies zum Erlöschen der Abgabenschuld (Art. 124 Abs. 1 Buchst. c UZK). Die Zahlung der Abgabenschuld als Voraussetzung für die Erstattung der Einfuhrabgaben führt ihrerseits auch zum Erlöschen der Zollschuld (Art. 116 Buchst. b UZK). Ist die Abgabenschuld nun zu Unrecht erlassen oder erstattet worden, dann ordnet Art. 116 Abs. 7 UZK das Wiederaufleben der Abgabenschuld an.

Die Zollschuld ist dann zu Unrecht erstattet oder erlassen worden, wenn die im Einzelfall angewandte Erstattungs-/Erlassnorm fehlerhaft angewandt wurde und auch kein anderer Rechtsgrund für Erstattung/Erlass vorliegt.

Die ursprüngliche Zollschuld lebt dann wieder auf; sie muss also erneut mitgeteilt werden.

Wurden von der Zollbehörde neben der Erstattung auch Zinsen gezahlt, sind diese bei Wiederaufleben der Zollschuld vom Abgabenschuldner zurückzuzahlen.

6. Kontrollfragen

		Rdnr.	
1.	Was sind Zölle?	E0001 ff.	☐
2.	Gibt es auch Ausfuhrabgaben?	E0005	☐
3.	Ist die Bürgschaft eine Zollschuld?	E0007	☐
4.	Sind auch Haftungstatbestände möglich?	E0011	☐
5.	Beschreiben Sie die Abgabenpflichtigkeit.	E1001 ff.	☐
6.	Benennen Sie mögliche Zollschuldner.	E1004 ff.	☐
7.	Was versteht man unter Wissen müssen?	E1009 ff.	☐
8.	Wann entsteht eine Zollschuld nach Art. 77 UZK?	E1017 ff.	☐
9.	Was folgt aus dem Grundsatz des einmaligen Entstehens der Zollschuld?	E1018	☐
10.	Bei welchen Formen der Zollanmeldung kann es zu einer Zollschuld nach Art. 77 UZK kommen?	E1022	☐
11.	Spielt es für die Zollschuldentstehung eine Rolle, ob die Waren nach Überlassung im Rahmen der Endverwendung weiterhin zollamtlich überwacht werden?	E1023	☐
12.	Wann genau entsteht die Zollschuld gem. Art. 77 UZK?	E1025	☐
13.	Wofür ist der Entstehungszeitpunkt nach Art. Abs. 2 UZK wichtig?	E1036	☐
14.	Nennen Sie die Zollschuldner nach Art. 77 Abs. 3 UZK.	E1037 ff.	☐
15.	Welchen Sonderfall erfasst Art. 78 UZK?	E1044 ff.	☐
16.	Welche drei Fälle von Verstößen erfasst Art. 79 UZK?	E 054	☐
17.	Zwischen welchen Fällen unterscheidet Art. 77 Abs. 1 Buchst. a UZK?	E1056 ff.	☐

18.	Nennen Sie Beispiele für die Missachtung der Verkehrswege.	E1061	☐
19.	Wann entsteht die Zollschuld bei falschen Anmeldungen?	E1062 ff.	☐
20.	Was ist bei späterem Entdecken des Fehlers zu beachten?	E1068	☐
21.	Welchen Fall erfasst Art. 79 Abs. 1 Buchst. a 2. Alt UZK?	E1072	☐
22.	Wann unterliegen Waren der zollamtlichen Überwachung?	E1073	☐
23.	Ewas versteht man unter Entziehen?	E1074 ff.	☐
24.	Nennen Sie Beispiele für Pflichten im Zusammenhang mit dem Entziehen.	E1076	☐
25.	Nennen Sie Pflichtverletzungen im Zusammenhang mit der vorübergehenden Verwahrung.	E1085	☐
26.	Nennen Sie Pflichtverletzungen im Zusammenhang mit Zollverfahren.	E1090	☐
27.	Nennen Sie Pflichtverletzungen im Zusammenhang mit der Verwertung von Waren.	E1096	☐
28.	Wann kann es bei als Zollanmeldungen geltenden Handlungen zur Zollschuldentstehung kommen?	E1097 ff.	☐
29.	Welche Fälle erfasst Art. 79 Abs. 1 Buchst. b UZK?	E1102 ff.	☐
30.	Welche Fälle erfasst Art. 79 Abs. 1 Buchst. c UZK?	E1110 ff.	☐
31.	In welchem Zeitpunkt entsteht die Zollschuld nach Art. 79 Abs. 1 Buchst. a und b UZK?	E1116	☐
32.	In welchem Zeitpunkt entsteht die Zollschuld nach Art. 79 Abs. 1 Buchst. c UZK?	E1116	☐
33.	Welche Personen werden bei Verfehlungen Zollschuldner?	E1117 ff.	☐
34.	Werden auch Handelnde Zollschuldner?	E1118	☐
35.	Nennen Sie Beispiele für Pflichtige.	E1124	☐
36.	Nennen Sie Beispiele für Beteiligte.	E1130	☐
37.	Was bedeutet wissen oder vernünftigerweise hätte wissen müssen?	E1138	☐
38.	Wer ist Erwerber, wer Besitzer?	E1143 ff.	☐
39.	Wer ist Zollschuldner gem. Art. 79 Abs. 4 UZK?	E1153 f.	☐
40.	Gibt es Reglungen zur Heilung oder zum Nichtentstehen?	E1158 ff.	☐
41.	Wann entstehen Ausfuhrzollschulden?	E1167 ff.	☐
42.	Wie ist die Rechtslage für Zollschulden bei Verboten und Beschränkungen?	E1191 ff.	☐
43.	Auf welchen Zeitpunkt ist bei der Bemessung der Zollschuld abzustellen?	E1202	☐
44.	In welchen Fällen können Einfuhrabgaben mehrfach entstehen?	E1208 ff.	☐

45.	Nennen Sie wichtige Erlöschenstatbestände.	E1219 ff.	☐
46.	Wann sind Beschlagnahme und Einziehung möglich?	E1235 f.	☐
47.	Was versteht man unter unvorhersehbaren Ereignissen und höherer Gewalt?	E1247 f.	☐
48.	Nennen sie Beispiele für Verstöße ohne erhebliche Auswirkungen.	E1255 f.	☐
49.	Unter welchen Voraussetzungen erlischt die Zollschuld beim Verbringen aus dem Zollgebiet?	E1262	☐
50.	Was ist dabei hinsichtlich der Zollschuldner zu beachten?	E1266	☐
51.	Wer ist Sicherungsverpflichteter?	E1274	☐
52.	Welche Arten von Sicherheitsleistungen nennt der UZK?	E1281	☐
53.	Unter welchen Voraussetzungen kann eine Gesamtsicherheit für eine entstandene Zollschuld reduziert werden?	E1277	☐
54.	Nach welchen Vorschriften bestimmt sich die Reduktion der Gesamtsicherheit für eine entstehende Zollschuld?	E1277	☐
55.	In welchen Schritten erfolgt die Erhebung des Zollschuldbetrages?	E1288	☐
56.	Ist die buchmäßige Erfassung Voraussetzung für die Mitteilung des Zollschuldbetrages?	E1288	☐
57.	Warum muss eine buchmäßige Erfassung der Abgaben erfolgen?	E1288	☐
58.	Nach welcher Frist tritt eine Mitteilungsverjährung ein?	E1296	☐
59.	Wann gilt eine zehnjährige Mitteilungsverjährungsfrist?	E1300	☐
60.	Gelten die nationalen Vorschriften der Fristberechnung nach Art. 103 Abs. 2 und 3 oder die Vorschriften der FristenVO (Z0208)?	E1309	☐
61.	Wie sind die Regelungen von Erlass und Erstattung im UZK aufgebaut?	E1317	☐
62.	Was versteht man unter den Begriffen des Erlasses bzw. der Erstattung?	E1323	☐
63.	Welche Erlass- bzw. Erstattungstatbestände umfasst Art. 116 Abs. 1 Buchst. a UZK in Verbindung mit Art. 117 UZK?	E1328 f.	☐
64.	Muss der Zollbeteiligte sich in seinem Antrag auf einen bestimmten Fall von Erlass bzw. Erstattung der Einfuhrabgaben festlegen?	E1325 E1340	☐
65.	Warum gibt es nach Art. 116 Abs. 1 Uabs. 2 UZK nur eine Erstattung aber keinen Erlass?	E1385	☐
66.	Ab welchem Mindestbetrag kommt erst eine Erstattung bzw. ein Erlass von Amts wegen in Betracht?	E1396	☐
67.	Ist der Erstattungsbetrag zu verzinsen?	E1397	☐
68.	Was geschieht, wenn zu Unrecht erstattet worden ist?	E1398	☐

II. Zolltarif

Schrifttum:

Bleihauer, Der Gemeinsame Zolltarif der EU, AW-Prax 1996, 175; *Bleihauer*, Zur Anwendung der Allgemeinen Vorschrift 3 des Gemeinsamen Zolltarifes, ddz 1997, F 63, F 69; *Bleihauer*, Zur zolltariflichen Typisierung von einheitlichen Waren, BDZ Fachteil 2011, F 1; *Bleihauer*, Anwendungsvoraussetzungen für die Allgemeine Vorschrift 3b) der Kombinierten Nomenklatur, ZfZ 2018, 32; *Böhne/Mendel/Möller/Mutscheller/Schumann*, Zolltarif und Nomenklatur, 3. Auflage, Witten 2020; *Cludius*, HS, ein anspruchsvoller Anfang, ZfZ 1987, 298; *Czakert*, Das Harmonisierte System 1996, Köln 1995; *Czakert*, Das System der verbindlichen Tarifauskünfte, AW-Prax 1998, 249; *Gellert*, Teile und Zubehör, AW-Prax 2013, 195; *Gellert*, Einführung in die Zolltarifierung, Wien 2019; *Herbst/Bleihauer*, Maschinenteile und ihre Einreihung in die Kombinierte Nomenklatur, ZfZ 2016, 35; *Hülsmeier*, Zur Anwendbarkeit der sogenannten Ausweisungsvorschriften des Zolltarifs, ddz 1986, F 1; *Kock*, Rechtsquellen des Zolltarifrechts, BDZ-Magazin 2010, F 39, F 51; *Krüger*, Das Zolltarifrecht – ein sehr attraktives Mauerblümchen, DStR 2018, 1402; *Menke/Bürvenich*, Die Einreihung von zerlegten oder noch nicht zusammengesetzten Waren nach der Allgemeinen Vorschrift 2a, ZfZ 2021, 33; *Müller*, Der Deutsche Zollverein (1834 – 1871), ZfZ 1991, 268; *Reiser/Wurzinger*, Der Zolltarif nach Einführung des Harmonisierten Systems, 1987; *Salewski*, Die Einreihung von Teilen und Zubehör in den Zolltarif, in: Bongartz (Hrsg.), Europa im Wandel, Köln 2000, 279; *Schmölz*, Gemeinsame oder getrennte Einreihung in die Kombinierte Nomenklatur, ZfZ 1992, 242, 282; *Schoenfeld*, Rechtsschutz gegen verbindliche Zolltarifauskünfte, AW-Prax 2017, 3; *Smid*, Für den Einzelverkauf aufgemachte Warenzusammenstellungen, AW-Prax 2014, 386; *Sonnenfeld*, Das Harmonisierte System, AW-Prax 1999, 301; *Weerth*, Einheitliche Anwendung des Gemeinsamen Zolltarifs beim Zugang zum Europäischen Binnenmarkt?, Göttingen 2007; *Weerth*, Geschichte des Zolltarifs in Deutschland und der EG, Göttingen 2008.

1. Vorbemerkungen

a) Allgemeines

Das Zolltarifrecht ist eng verknüpft mit traditionellen zöllnerischen Tätigkeitsfeldern, E2000 war doch die Erhebung und Vereinnahmung von Zöllen ursprünglich die Hauptaufgabe der Zollverwaltungen. Im Rahmen der weltweiten Bestrebungen zur Liberalisierung des Handels und auch mit Blick auf die erhebliche Erweiterung der EU bleibt heute allerdings festzustellen, dass Zölle in ihrer Bedeutung in der Tendenz schrittweise abnehmen. Folgerichtig ist damit auch partiell eine abnehmende Bedeutung des Zolltarifes zu vermuten. Dem stehen indes beträchtliche Argumente entgegen. Vielfach, so auch in der EU, ist das Warenverzeichnis des Zolltarifes der einzige allumfassende Warenkatalog. Es ist unbestritten, dass eine moderne Wirtschaft einen einheitlichen Warenkatalog dringend benötigt. Im Ergebnis reicht heute die Bedeutung der Zolltarifnomenklatur weit über die Erhebung von Zöllen hinaus und berührt wesentliche handelsrelevante Rechtsgebiete, wie etwa das Umsatzsteuerrecht, das Außenwirtschaftsrecht, das Marktordnungsrecht oder das Recht der Außenhandelsstatistik. Insofern ist das Zolltarifrecht für den Zöllner auch in der heutigen Zeit ein Gebiet, das zumindest in den wesentlichen Grundzügen beherrscht werden muss. Zugleich ist es eine dringende Notwendigkeit, den Zolltarif als eine Rechtsmaterie zu verstehen und diese mit juristischen Instrumentarien zu handhaben. Das wird gelegentlich vernachlässigt und mag einen Grund in dem Umstand haben, dass zolltarifliche Normen von der herkömmlichen Rechtsnormenstruktur grundsätzlich abweichen.

E2001 Zugleich geht die enge Verknüpfung zwischen rechtlichen und warenkundlichen Anforderungen bei der Arbeit mit dem Tarif schnell zu Lasten der juristischen Seite.

Vielleicht manchmal unbewusst existiert die Auffassung, eine Ware müsse nur richtig definiert und in ihrer Zusammensetzung erkannt werden, dann sei die Einreihung schon fast erledigt. Das indes ist zu kurz gesprungen. Warenkundliche Definition und exakte Einreihung als juristische Aufgabe sind eine Einheit. Betrachtet man die vielfach erheblichen Folgen, die mit der Einreihung einer Ware in den Tarif verknüpft sind, steht die Notwendigkeit einer sorgsamen Anwendung anerkannter juristischer Grundsätze und Techniken außer Zweifel. Mithin sind die nachfolgenden Darstellungen primär auf solche rechtlichen Fragen ausgerichtet, wobei methodische Grundlagen für die Einreihung einen besonderen Schwerpunkt bilden. Auf warenkundliche Probleme kann indes nicht eingegangen werden, zumal diese eine enorme Bandbreite haben und dabei vor allem auch Bereiche der Naturwissenschaft und Technik berühren.

Rechtssystematisch bildet das **Zolltarifrecht** eine Komponente des Zollrechts. Auch mit Blick auf eine gelegentliche pragmatische Verselbstständigung aus lehrsystematischen Erwägungen darf dies nicht übersehen werden.

b) Begriff des Zolltarifs

E2002 Ein **Zolltarif** ist ein systematisch aufbereiteter Warenkatalog, dessen einzelne Warenlinien Zollsätze enthalten.

Er legt fest, in welcher Höhe eine konkrete Ware bei der Einfuhr mit einem Zoll belastet ist. Im Gegensatz dazu regelt der Unionszollkodex Grundsätzliches zum Entstehen des Anspruches sowie zu dessen verfahrensmäßiger Durchsetzung. Beide Quellen des Zollrechts, Tarif und Kodex, bilden folglich eine untrennbare Einheit von materiellem Recht und Verfahrensrecht.

Jeder Zolltarif besteht immer aus zwei **Grundbestandteilen**, dem Zolltarifschema und den verschiedenen Zollsätzen. Das Zolltarifschema stellt eine systematische Auflistung aller Waren dar, die als Handelsgüter im grenzüberschreitenden Verkehr auftreten können. Insofern spricht man auch von einer Warennomenklatur. Die Zollsätze sind Maßstab für den entstehenden Zollbetrag und nach verschiedenen Kriterien zu differenzieren.

Eine Differenzierungsebene ist jene nach den Bemessungsgrundlagen für den Zoll. Eine weitere Ebene wäre z. B. die nach ihren unterschiedlichen Anwendungsvoraussetzungen oder die nach Art und Weise ihrer Entstehung, z. B. im Rahmen des APS oder von bi- oder multilateralen Freihandelsabkommen.

E2003 Unter Berücksichtigung der verschiedenen Bemessungsgrundlagen und mit Blick auf den Gemeinsamen Zolltarif der Europäischen Union unterscheidet man vor allem zwischen

- Wertzöllen,
- Spezifischen Zöllen und
- Mischzöllen.

Wertzölle sind Abgaben, die sich nach einem festgelegten Prozentsatz des Zollwertes einer Ware bemessen.

BEISPIEL:

Für Handsiebe der Codenummer 9604 0000 00 0 beträgt der Zollsatz 3,7 %.

Bei spezifischen Zöllen besteht die Bemessungsgrundlage für den zu erhebenden Zoll in spezifischen Größen, wie etwa dem Gewicht, der Fläche, dem Volumen, dem Alkoholgehalt usw.

BEISPIELE

- Für lebende Schweine der Codenummer 0103 9110 00 0 ist ein Gewichtszoll von 41,20 € pro 100 kg vorgesehen.
- Der Zollsatz für Schaumwein der Codenummer 2204 10 98 00 0 beträgt 32 € pro Hektoliter.

Mischzölle sind eine Kombination der beiden vorgenannten Varianten.

BEISPIEL:

Für Knoblauch der Codenummer 0703 20 00 00 0 beträgt der Zollsatz 9,6% + 120 € pro 100 kg.

Mischzölle können u. a. in der Form auftreten, dass als Regelsatz ein Wertzollsatz festgelegt wird, während als Mindest- und Höchstsatz spezifische Sätze dienen.

BEISPIEL:

Tabak der Codenummer 2401 1060 00 0:

11,2 → Wertzollsatz als Regelsatz

mindestens 22 € für 100 kg → Gewichtszollsatz als Mindestzoll

höchstens 56 € für 100 kg → Gewichtszollsatz als Höchstzoll

Moderne Zolltarife, wie auch der Gemeinsame Zolltarif der Europäischen Union, enthalten vorwiegend Wertzölle.

Ein **Zolltarif** stellt einen Rechtsakt dar, der in Ausübung der Zollhoheit erlassen wird. Mit seinem Charakter als Recht stehen für seine Inkraftsetzung und Änderung konkrete Formerfordernisse, wie sie generell für die Rechtsetzung eines Staates gelten. An die Stelle eines einzelnen Staates kann aber auch eine Zollunion treten.

c) Geschichtliche Entwicklung

Zolltarife existieren faktisch seit dem Bestehen von Zöllen. Von einem **deutschen Zolltarif** kann man indes erst mit der Schaffung des Tarifes des Deutschen Zollvereins sprechen, der allerdings lediglich eine Übernahme des preußischen Zolltarifs aus dem Jahre 1818 darstellte (vgl. Müller, Der Deutsche Zollverein, ZfZ 1991, 268) und am 1.1.1834 in Kraft trat. E2004

Ein entscheidender Schritt in der deutschen Zolltarifentwicklung war der sog. **Bülow-Zolltarif** aus dem Jahre 1902, benannt nach dem damaligen Reichskanzler Bülow. Der Vorzug dieses Zolltarifes bestand vornehmlich in der Tatsache, dass erstmals das Prinzip der Lückenlosigkeit erreicht wurde. Damit konnte jede nur denkbare Ware eingereiht werden. Wie auch heute noch, dienten dazu spezielle allgemeine Regeln für die

Anwendung der Nomenklatur. Der Tarif enthielt nur spezifische Zollsätze, was sich im Zuge der wirtschaftlichen Entwicklung zunehmend als Nachteil erwies.

Konsequenterweise wurde dann im Jahre 1951 in Deutschland ein Zolltarif eingeführt, bei dem Wertzollsätze dominierten. Als Warennomenklatur fand das Brüsseler Zolltarifschema Anwendung. In der ehemaligen DDR war der Bülow-Tarif bis zum 30.6.1990 formal nicht außer Kraft gesetzt. Jedoch kamen im kommerziellen grenzüberschreitenden Warenverkehr im Ergebnis einer ministeriellen Festlegung bereits seit dem Jahre 1952 keine Zölle mehr zur Anwendung.

Die weitere Entwicklung des Zolltarifrechts ist untrennbar mit der Entwicklung der EU verbunden.

Die Intentionen des EWG-Vertrages waren von vornherein wesentlich auf die Schaffung einer **Zollunion** ausgerichtet. Berücksichtigend, dass eine Zollunion immer auch eines gemeinsamen Zolltarifes der beteiligten Länder bedarf, forderte bereits Art. 3 des EWG-Vertrages „die Einführung eines Gemeinsamen Zolltarifes... gegenüber dritten Ländern" (Art. 3 Buchst. b EWG-Vertrag). Artikel 9 EWG-Vertrag belegt expressis verbis, dass die Einführung eines Gemeinsamen Zolltarifes gegenüber dritten Länder Komponente der Zollunion und mithin eine Grundlage der Gemeinschaft ist. In der Fassung des nunmehr gültigen Vertrages über die Arbeitsweise der EU ist diese Regelung in Art. 28 AEUV zu finden.

E2005 Ein entscheidender Schritt auf dem Weg zur europäischen Integration war folglich die Schaffung des **Gemeinsamen Zolltarifs** der EG. Dieser wird seit dem 1.7.1968 im gewerblichen Bereich angewandt. Eine Erweiterung auf den Bereich der Landwirtschaft erfolgte ab 1.1.1970. Mit der Anwendung des Gemeinsamen Zolltarifes konnte grds. von einer Vollendung der mit dem EWG-Vertrag angestrebten Zollunion ausgegangen werden. Nicht vom EWG-Vertrag und damit auch nicht vom Gemeinsamen Zolltarif wurden die Waren aus dem Bereich der EGKS erfasst. Dieser Zustand fand mit dem Auslaufen des EGKS-Vertrages sein Ende.

Die Zolltarifentwicklung ist immer auch mit einer Entwicklung der genutzten Warennomenklaturen verbunden. Dabei stand das Bestreben im Mittelpunkt, diese in den am internationalen Handel beteiligten Ländern weitgehend zu vereinheitlichen. Als Zolltarifschema fand zunächst die Nomenklatur des Rates für die Zusammenarbeit auf dem Gebiet des Zollwesens (NRZZ), das sog. Brüsseler Zolltarifschema, Anwendung. Dieses wurde mit Wirkung vom 1.1.1988 durch das Harmonisierte System zur Bezeichnung und Codierung der Waren ersetzt.

E2006 Mit dem Harmonisierten System der Bezeichnung und Codierung der Waren (HS) fanden jahrzehntelange Bemühungen zur Vereinheitlichung der Zollnomenklaturen ihren vorläufigen Abschluss (vgl. Cludius, Harmonisiertes System, ein anspruchsvoller Anfang, ZfZ 1987, 298 ff.).

Die Einführung des HS erfolgte in der EG zum 1. 1 1988. Unter Berücksichtigung zolltariflicher und außenhandelsstatistischer Belange musste das HS allerdings in seinen Warenlinien weiter verfeinert werden. Zu diesem Zweck wurde die Kombinierte Nomenklatur geschaffen und als Zolltarifschema und Statistiknomenklatur zeitgleich eingeführt.

Eine substanziell wesentliche Modifizierung des HS ergab sich mit dessen zweiter Revision, die zum 1.1.1996 in Kraft trat. Die damit aufgenommenen Änderungen berücksichtigen insbesondere Erfordernisse aus der Entwicklung der Warenstrukturen im internationalen Handel. Zugleich wurden einzelne Regelungen hinsichtlich ihrer Klarheit und Lesbarkeit weiter verbessert (vgl. dazu auch Czakert, Das Harmonisierte System 1996). Weitere Revisionen erfolgten seit 2002 alle fünf Jahre. Auch dabei ging es erneut primär um eine Anpassung der Nomenklatur an die neuen Bedingungen für den internationalen Handel.

2. Gemeinsamer Zolltarif

a) Rechtsgrundlagen

Der Unionszollkodex definiert in Art. 56 Abs. 2 den Umfang des Gemeinsamen Zolltarifes. Demnach umfasst der Gemeinsame Zolltarif insbesondere die Kombinierte Nomenklatur nach der VO (EWG) Nr. 2658/87 und jede sonstige Nomenklatur, die ganz oder teilweise auf der Kombinierten Nomenklatur beruht und die durch Unionsvorschriften zu bestimmten Bereichen im Hinblick auf die Anwendung zolltariflicher Maßnahmen im Warenverkehr erstellt wurde. E2007

Unmittelbare **unionsrechtliche Grundlage** des Zolltarifes ist damit die VO (EWG) 2658/87 über die zolltarifliche und statistische Nomenklatur sowie den Gemeinsamen Zolltarif. Diese Rechtsgrundlage führt die Kombinierte Nomenklatur als Zolltarifschema und Statistiknomenklatur verbindlich ein. Ferner enthält sie in einem Anhang deren aktuelle Fassung sowie die jeweiligen Zollsätze. Zur Gewährleistung einer permanenten Aktualität bestimmt Art. 12 der VO, dass die Kommission der EU jedes Jahr die vollständige Fassung der Kombinierten Nomenklatur zusammen mit den Zollsätzen zu veröffentlichen hat. Diese Veröffentlichung erfolgt in Form einer Verordnung bis zum 31. 10. eines jeden Jahres. Der so aktualisierte Zolltarif tritt im Regelfall jeweils zum 1. 1. des darauffolgenden Jahres in Kraft.

Die VO 2658/87 ermächtigt ferner in Art. 2 die Kommission zur Erstellung des **TARIC** (=Tarif Intégré des Communautés Européennes). Mit dessen Hilfe werden unionsrechtliche Maßnahmen, wie z. B. Zollaussetzungen und Zollkontingente, erfasst. Der TARIC basiert auf der Kombinierten Nomenklatur und ergänzt diese um zwei weitere Ziffern, konkret um die 9. und 10. Stelle der im Regelfall elfstelligen Codierung des EZT. Er stellt selbst kein Recht dar. Die durch den TARIC erfassten Maßnahmen haben jeweils eigene unionsrechtliche Grundlagen.

Die Schaffung verfeinerter Warenlinien in der KN war sowohl aus zolltariflichen als auch aus statistischen Gründen erforderlich. Das erfolgte praktisch durch die Anfügung von zwei weiteren Ziffern an die sechsstellige Codierung des HS.

BEISPIEL:

Die Pos. 4503 ist im HS wie folgt gegliedert:

4503	**Waren aus Naturkork**
4503 10	– Stopfen
4503 90	– andere

In der KN ist diese Pos. partiell verfeinert:

4503	**Waren aus Naturkork**
4503 10	– Stopfen
4503 10 10	– – zylindrisch
4503 10 90	– – andere
4503 90 00	– andere

Erfolgt durch die KN keine weitere Aufgliederung des HS (im o. g. Beispiel in UPos. HS 4503 90), werden die letzten beiden Stellen der Codes durch Nullen ausgefüllt, um im Ergebnis eine einheitliche achtstellige Codierung zu erhalten.

E2008 Unter Berücksichtigung der nochmaligen Unterteilung des KN-Codes durch den TARIC (s. o.) und der Hinzufügung einer einstelligen Codierung aus nationalen rechtlichen Gründen, ergibt sich folgender Aufbau der elfstelligen Codenummer.

Darstellung am Beispiel der Codenummer 9503 00 61 10 0 (handgearbeitete Puzzles aus Holz):

ABB. 30: Aufbau einer elfstelligen Codenummer

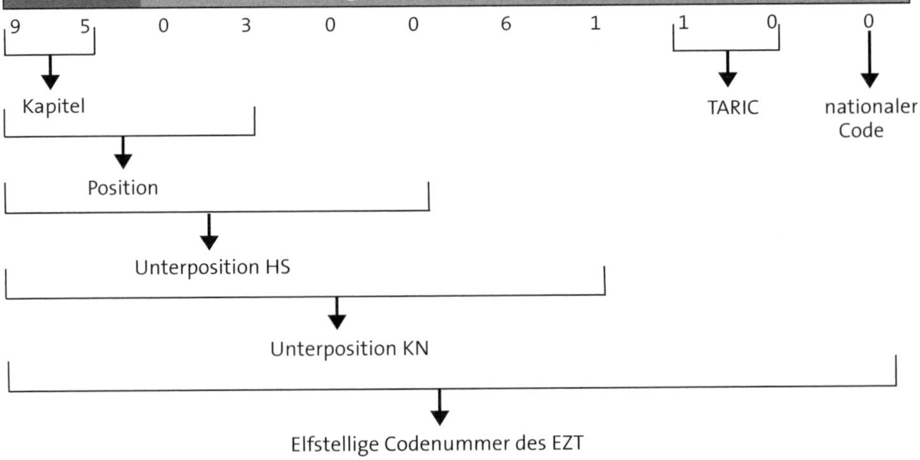

Die Codenummer kann durch Zusatzcodes, z. B. bei Antidumpingzöllen, nochmals um vier Stellen erweitert werden. Bestandteil der Nomenklatur sind auch Einführende Vorschriften, die allgemeine Einreihungsregeln enthalten.

b) Zolltarifschema

E2009 Die **formelle Gliederung des Gemeinsamen Zolltarifes** entspricht der Kombinierten Nomenklatur. Da diese letztlich eine weitere Aufgliederung des Harmonisierten Systems der Bezeichnung und Codierung der Waren darstellt, werden die strukturellen Komponenten durch das HS bestimmt. Somit gliedert sich der Zolltarif in 21 Abschnitte und 97 Kapitel (eigentlich 96 Kapitel; Kap. 77 ist gegenwärtig nicht besetzt). Die Kapitel sind z. T. nochmals in Teilkapitel untergliedert und enthalten vierstelligen Positionen, die wiederum in Unterpositionen unterteilt sind.

Sachlich liegt dem Aufbau des Zolltarifschemas das sog. **Produktionsprinzip** zugrunde. Dieses systematisiert die Waren nach den Stufen ihrer Bearbeitung. Somit zieht sich hierbei eine Linie von den Rohstoffen über Halbfabrikate zu den Fertigprodukten. Dieser Linie folgen grds. die Kapitel der Nomenklatur. Darüber hinaus ist das Produktionsprinzip vielfach auch innerhalb einzelner Kapitel bestimmend.

Beispiel für das Produktionsprinzip innerhalb der Nomenklatur:

lebende Bäume	Pos. 0602
Rohholz	Pos. 4403
Sitzmöbel aus Holz	Pos. 9401

Das Produktionsprinzip innerhalb eines Kapitels:

Rohholz	Pos. 4403
Sperrholz	Pos. 4412
Kisten aus Holz	Pos. 4415
Ziergegenstände aus Holz	Pos. 4420

Bei genauerer Betrachtung ist allerdings festzustellen, dass das Produktionsprinzip häufig durchbrochen wird. Deshalb bildet es nur eine sehr globale Orientierung für die Arbeit mit der Nomenklatur.

Die Warenansprache innerhalb der Nomenklatur erfolgt nach Zweck oder stofflicher Beschaffenheit oder nach beidem. Daneben können weitere Kriterien, wie die Herstellungsart, die Aufmachung oder der Verwendungszweck, einreihungsbegründend wirken. E2010

BEISPIELE:

Warenansprache nur nach stofflicher Beschaffenheit:

- Pos. 2902 Cyclische Kohlenwasserstoffe
- Pos. 3801 Künstlicher Grafit

Warenansprache nur nach Zweckbestimmung:

- Pos. 8527 Rundfunkempfangsgeräte
- Pos. 9504 Gesellschaftsspiele

Warenansprache nach stofflicher Beschaffenheit und Zweckbestimmung:

- Pos. 4013 Luftschläuche aus Kautschuk
- Pos. 4417 Werkzeuge. . . aus Holz

Nicht zuletzt bedingt durch die Warenansprache in der Nomenklatur, ergeben sich im Zolltarifrecht terminologische Abweichungen vom allgemeinen zollrechtlichen **Warenbegriff**. Obgleich dieser im Unionszollrecht nicht expressis verbis definiert wird, erfasst er doch alle beweglichen Sachen, die von der Nomenklatur aufgenommen sind. Zollrechtlich sind demnach alle beweglichen Sachen auch Waren. Der Tarif unterscheidet indes streng genommen zwischen Waren und Stoffen. Dabei sind Waren immer durch bestimmte Bearbeitungen charakterisiert. Die tarifrechtliche Unterscheidung zwischen Waren und Stoffen wird namentlich in der Allgemeinen Vorschrift 2 offenkundig, indem dort beide Termini gegenübergestellt und mit bestimmten Rechtsfolgen bedacht werden.

3. Elektronischer Zolltarif

a) Bedeutung des EZT-Online

E2011 Die praktische Arbeit mit dem Zolltarif erfolgt heute vorwiegend unter Nutzung der Informationstechnik. Dabei handelt es sich um EDV-gestützte Auskunftssysteme, die täglich aktualisiert werden.

In Deutschland wird seit 2006 der EZT-Online genutzt. In seiner inhaltlichen Substanz stellt er wesentlich mehr dar als nur den eigentlichen Zolltarif, also Nomenklatur und Zollsätze. Im EZT-Online werden warenbezogen die verschiedensten Maßnahmen aufgeführt, die bei der Zollabfertigung zu beachten sind. Dabei ist der EZT selbst kein Recht. Kern des EZT ist aber dennoch der originäre Zolltarif. Darüber hinaus sind auch die ErlKN innerhalb des Systems abrufbar.

Die Zusammenfassung der verschiedensten warenbezogenen Maßnahmen im EZT betreffen insbesondere folgende Rechtsbereiche:

- originäres Zolltarifrecht (Nomenklatur und Zollsätze)
- Marktordnungsrecht
- Außenwirtschaftsrecht (Genehmigungsvorbehalte der Ausfuhrliste und der Dual-Use-VO)
- Verbrauchsteuerrecht
- Warenursprungs- und Präferenzrecht
- Recht der Verbote und Beschränkungen bei der Einfuhr von Waren
- Umsatzsteuerrecht hinsichtlich der EUSt-Sätze
- Regelungen zur statistischen Erfassung des Warenverkehrs (Maßeinheiten für die Außenhandelsstatistik)

HINWEIS:

Der EZT-Online ist im Internet unter der Adresse *auskunft.ezt-online.de* abrufbar.

b) Aufbau

E2012 Der Aufbau des EZT als elektronisches Medium reflektiert im Kern den Inhalt des im Amtsblatt der EU veröffentlichten aktuellen Zolltarifes. Er besteht aus dem Nomenklaturteil und einem umfangreichen Maßnahmenteil. Bei der Ermittlung der maßnahmenrelevanten Codenummer ist schrittweise vorzugehen. Das heißt, die Subsumtion vollzieht sich von der Position über die einzelnen Stufen der Unterpositionen bis zur im Regelfall elfstelligen Codenummer.

Auf der Grundlage des Einreihungsergebnisses können dann die warenbezogenen Maßnahmen aufgerufen werden.

Vorangestellt sind dem EZT Vorbemerkungen mit ausführlichen Nutzerhinweisen. Ferner sind die Einführenden Vorschriften als Bestandteil der KN aufgenommen. Darüber hinaus enthält der EZT Listen und Anweisungen, die u. a. weitere spezielle zolltarifliche Verfahrensfragen regeln, wie z. B. das Verfahren bei der Anwendung von Präferenzen. Die entsprechenden inhaltlichen Komponenten sind unter dem Link „Texte" auf der Startseite abrufbar.

Als Hilfsmittel für die praktische Einreihung enthält der EZT ein Stichwortverzeichnis. Durch Eingabe der Warenbezeichnung können damit Einreihungsergebnisse vorgegeben werden. Es ist allerdings dringend zu beachten, dass allein mit Nutzung des Stichwortverzeichnisses eine juristisch korrekte Einreihung im Regelfall nicht möglich sein wird. Vielmehr kommt es immer auf eine sorgfältige Subsumtion unter den Wortlaut der Position bzw. Unterposition an.

4. Erläuterungen zur Kombinierten Nomenklatur

a) Bedeutung

Die **Erläuterungen zur KN** stellen die umfassendste Kommentierung des Gemeinsamen Zolltarifes dar. Insofern sind diese für die praktische Arbeit mit dem Tarif unverzichtbar. Inhaltlich werden zu den einzelnen Abschnitten, Kapiteln und Positionen verschiedene präzisierende und unterlegende Aussagen getroffen. Die ErlKN sind selbst kein Recht, wohl aber Verwaltungsanweisung für die mit der Durchsetzung des Zolltarifes betraute Verwaltung. Seitens des EuGH wurden die Erläuterungen bereits 1970 in der Rechtssache 14/70 vom 8.12.1970 und nachfolgend immer wieder als maßgebliches Erkenntnismittel für die Anwendung des Zolltarifes charakterisiert. Insofern finden sie auch regelmäßig Anwendung in der Begründung der richterlichen Rechtsprechung. Allerdings besteht seitens der Gerichte keine Bindung an die ErlKN. E2013

In den ErlKN werden verschiedene Quellen vorwiegend positionsbezogen zusammengefasst. Das Resultat ist eine Handreichung für die praktische Einreihung der verschiedensten Waren. Bei den verarbeiteten Quellen handelt es sich um solche rechtlicher, aber auch nichtrechtlicher Natur: E2014

ABB. 31: Erläuterungen zur Kombinierten Nomenklatur

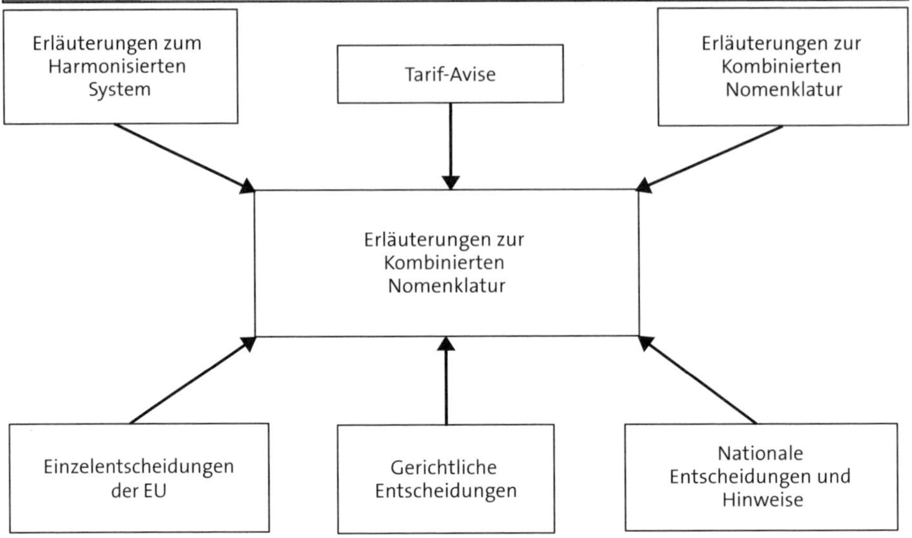

Die Erläuterungen zum HS und die Tarif-Avise beziehen sich auf die sechsstellige Unterposition. Die Verantwortung für diesen Bereich liegt bei der WCO.

Durch die EU werden die auf die achtstellige Unterposition bezogenen Erläuterungen zum Zolltarifschema des Gemeinsamen Zolltarifes, der Kombinierten Nomenklatur, erstellt.

Die konkreten Einzelentscheidungen beziehen sich auf die gleiche Gliederungstiefe der Unterpositionen und ergehen in Form von sogenannten Einreihungsverordnungen. Dabei handelt es sich um Durchführungsrechtsakte, die die Kommission auf der Grundlage von Art. 57 Abs. 4 UZK erlässt, um die Einreihung bestimmter Waren rechtsverbindlich für alle Mitgliedsstaaten festzulegen.

Gerichtliche Entscheidungen werden dann aufgenommen, wenn diese von grundsätzlicher Bedeutung sind.

Dazu gehört z. B. ein Beschluss des BFH, der eine Auslegung der Anm. 2 ABS XV zum Begriff der „Teile mit allgemeiner Verwendungsmöglichkeit" vornimmt (vgl. ErlKN ABS XV (GE) RZn 01.0 ff.).

Namentlich bei den nationalen Entscheidungen und Hinweisen werden im Detail Rechtsauffassungen zur Auslegung der Nomenklatur für die Verwaltung verbindlich verallgemeinert. So werden z. B. in den NEH zu Kap. 61 Anforderungen an Kleidungsstücke einer Kombination in Auslegung der Zus. Anm. 1 Kap. 61 näher beschrieben.

b) Aufbau

E2015 Der **Aufbau der ErlKN** folgt dem Aufbau der Nomenklatur. Die einzelnen Kommentierungen sind den jeweiligen Positionen sowie übergreifend den Abschnitten und Kapiteln zugeordnet. Vorangestellt sind Auslegungen zu den Allgemeinen Vorschriften. Innerhalb der Darlegungen zu den einzelnen Positionen erfolgt eine Gliederung nach den inhaltlichen Komponenten der ErlKN.

Zur Gewährleistung einer besseren Zitierfähigkeit sind den einzelnen Aussagen Randzahlen zugeordnet.

Die Zitierweise stellt sich wie folgt dar:

ErlKN Pos. . . . (HS) RZ. . . oder

ErlKN AV 3 (HS) RZ. . .

Der Klammerhinweis drückt aus, auf welche inhaltliche Komponente Bezug genommen wird (vgl. auch Vorbemerkung zu den ErlKN).

c) Informationsgehalt

Der **Informationsgehalt** ergibt sich vor allem aus der Kommentarfunktion der **ErlKN**. E2016
Nicht selten wird allerdings originärer Nomenklaturtext lediglich wiederholt. Der eigentliche Wert der ErlKN für den Rechtsanwender liegt indes in den weiterführenden Aussagen. Dazu gehört eine große Zahl terminologischer Interpretationen, wie z. B. zu verschiedenen Sammelbegriffen.

BEISPIELE:

- ErlKN Pos. 7323 (HS) RZn 01.0 ff. – Erläuterung des Sammelbegriffes „Haushaltsartikel"
- ErlKN Pos. 8532 (HS) RZn 05.0 ff. – Beschreibung von verschiedenen Arten elektrischer Kondensatoren.

Darüber hinaus stellen die ErlKN in einem großen Umfang einreihungsrelevante warenkundliche Zusammenhänge und Hintergründe dar.

BEISPIELE:

- ErlKN Kap. 72 (HS) RZn 17.0 ff. – Erläuterung der Stahlerzeugung.
- ErlKN Kap. 48 (HS) RZn 04.5 ff. – Erläuterung der Papierherstellung.

Mit Blick auf die Praktikabilität der ErlKN sind nicht zuletzt die beispielhaften Aufzählungen von konkreten Waren hervorzuheben, die den Inhalt einzelner Positionswortlaute ausfüllen. Vielfach werden in den ErlKN bei der Zuordnung von Waren bereits Allgemeine Vorschriften umgesetzt.

BEISPIEL:

Die ErlKN Pos. 7020 (HS) RZ 02.0 formulieren, dass Waren auch dann in dieser Pos.verbleiben, wenn sie mit anderen Stoffen als Glas verbunden sind, sofern der Charakter einer Glasware bestehen bleibt. Diese Aussage stellt eine Umsetzung der AV 2 b) und der AV 3 b) dar.

Von praktischer Bedeutung sind in den ErlKN vor allem auch Definitionen zu zolltariflichen Begriffen, die nicht legal definiert sind, wie z. B. Teile und Zubehör in den ErlKN AV 1 (NEH) RZ. 01.0 ff.

Die kasuistische Aufzählung konkreter Waren, die zu einer Position der Tarifnomenklatur gehören, darf nicht dazu führen, dass die exakte Subsumtion unter einen Positionswortlaut vernachlässigt wird. Es liegt in der Natur der Sache, dass auch Inhalte der

ErlKN oft interpretationsbedürftig sind. Hier darf sich der Rechtsanwender nicht in die Rolle des Auslegers der Auslegung versetzen lassen. Auslegungsobjekt ist immer die jeweilige Rechtsvorschrift, hier also der Wortlaut der Positionen und der Anmerkungen des Zolltarifes.

5. Allgemeine Vorschriften

a) Grundsätzliches

E2017 Die **Allgemeinen Vorschriften** sind wichtige Regeln für die praktische Einreihung der verschiedensten Waren in den Zolltarif. Nicht zuletzt ist es ihnen zuzuschreiben, dass der Gemeinsame Zolltarif in der Tat die Einreihung aller nur denkbaren Waren ermöglicht.

Quelle der Allgemeinen Vorschriften ist das Harmonisierte System der Bezeichnung und Codierung der Waren. Dieses bildet die Grundlage für das Zolltarifschema des Gemeinsamen Zolltarifs der EU. In seiner Substanz ist es Recht und erlangte mit dem Beitritt der EG sowie der einzelnen Mitgliedsländer zu dem entsprechenden Übereinkommen juristische Verbindlichkeit. Daraus folgt, dass auch die Allgemeinen Vorschriften Rechtsverbindlichkeit besitzen und bei der Arbeit mit dem Zolltarif generell Anwendung finden müssen.

b) Allgemeine Vorschriften 1 und 6

E2018 Eine Schlüsselstellung innerhalb der Allgemeinen Vorschriften (AV) hat die **AV 1**. Diese stellt eine Grundregel jeglicher Einreihung dar. In diesem Zusammenhang gibt sie zugleich Orientierungen, wie mit den weiteren Allgemeinen Vorschriften zu arbeiten ist:

„Die Überschriften der Abschnitte, Kapitel und Teilkapitel sind nur Hinweise. Maßgebend für die Einreihung sind der Wortlaut der Positionen und der Anmerkungen zu den Abschnitten oder Kapiteln und – soweit in den Positionen oder in den Anmerkungen zu den Abschnitten oder Kapiteln nichts anderes bestimmt ist – die nachstehenden Allgemeinen Vorschriften."

Im ersten Satz dieser AV wird darauf verwiesen, dass die dort genannten Überschriften lediglich orientierenden Charakter für den Nutzer des Tarifes besitzen. Folglich sind bei der juristischen Begründung einer Einreihung diese Überschriften keine zwingenden Argumentationspunkte. Sie sind etwa vergleichbar mit den Überschriften zu einzelnen Abschnitten oder Kapiteln in anderen Gesetzeswerken.

BEISPIEL:

Das Kapitel 5 der Nomenklatur enthält lt. Kapitelüberschrift „andere Waren tierischen Ursprungs ..." Bereits die Pos. 0501 erfasst indes Menschenhaar.

Im Gegensatz zu den Überschriften wird in der AV 1 die rechtliche Verbindlichkeit den Positionswortlauten sowie den Anmerkungen zugesprochen. Beide sind in ihrem Stellenwert als gleichrangig anzusehen. Der Positionswortlaut bildet den Grundtatbestand, der häufig durch Anmerkungen ergänzt oder präzisiert wird.

Anmerkungen werden unter Berücksichtigung ihrer verschiedenen Funktionen differenziert. Dabei unterscheidet man vor allem zwischen: E2019

- **Ausweisungsanmerkungen**

  Ausweisungsanmerkungen sind Bestandteil von nahezu allen Kapiteln – zuweilen auch von Abschnitten – der Nomenklatur. Sie bestimmen jene Waren, die nicht zu dem betreffenden Kapitel oder Abschnitt gehören, obgleich deren Zugehörigkeit ggf. aus anderen Erwägungen in Betracht gezogen werden könnte (Bsp. Anm. 1 Kap. 44, Anm. 1 ABS XV). Die besondere Bedeutung der Ausweisungsanmerkungen liegt vor allem in der Verhinderung von Positionskonkurrenzen.

BEISPIEL:

Ein Sitzmöbel aus Kunststoff ist sowohl nach Zweckbestimmung unter die Pos. 9401 als auch nach stofflicher Beschaffenheit unter die Pos. 3926 subsumierbar. Da jedoch gemäß Ausweisungsanmerkung 2 x) Kap. 39 Waren des Kap. 94 aus Kap. 39 ausgewiesen werden, bleibt nur die Pos. 9401 als definitives Einreihungsergebnis. Eine Konkurrenz zweier verschiedener Positionen entsteht nicht.

- **Zuweisungsanmerkungen**

  Diese sind das Gegenstück zu den Ausweisungsanmerkungen, indem sie die Zugehörigkeit bestimmter Waren zu einem Kapitel bestimmen, obgleich ggf. eine solche aus tarifsystematischen Erwägungen nicht sofort zwingend zu folgern wäre.

BEISPIEL:

Anm. 2 Kap. 16 weist den Positionen dieses Kapitels auch Lebensmittelzubereitungen zu, die ansonsten allein von den Positionswortlauten des Kapitels nicht erfasst würden. Die Zuweisung erweitert damit den Wortlaut der Positionen. Insofern stellt die betreffende Anmerkung zugleich eine Spezialregelung zur AV 2 b) dar.

  In einigen Fällen engen Zuweisungsanmerkungen auch den Inhalt eines Kapitels oder einer Position ein, indem nur bestimmte expressis verbis genannte Waren als zum Kapitel oder zur Position gehörig aufgeführt werden (vgl. z. B. Anm. 1 Kap. 29).

  Zuweisungsanmerkungen treten im Vergleich zu Ausweisungsregelungen nicht so häufig auf.

- **Definitorische Anmerkungen**

  Diese Art von Anmerkungen trägt wesentlich zu einer terminologischen Einheitlichkeit bei der Anwendung der Nomenklatur bei. Aus verschiedenen Gründen ist es zum Teil unumgänglich, Begriffe mit Inhalten zu versehen, die landläufigen oder – wenngleich seltener – durchaus auch fachwissenschaftlichen Auslegungen widersprechen. Die besondere Bedeutung definitorischer Anmerkungen resultiert auch aus der Tatsache, dass es sich hier um eine internationale Warennomenklatur handelt, wobei Begrifflichkeiten in den einzelnen Ländern unterschiedlich verstanden werden können. Mithin wird damit die Einheitlichkeit von Begriffsinhalten gewährleistet.

BEISPIELE:

Anm. 3 Kap. 5 definiert alle Tierzähne als Elfenbein.

- Gemäß Anm. 6 Kap. 44 gilt u. a. Bambus unter bestimmten Voraussetzungen als Holz.

► **Anmerkungen mit Einreihungsanweisungen**

Solche Regelungen werden für verschiedene spezifische Warenarten vorgegeben, wie z. B. für Warenzusammenstellungen (Anm. 3 Kap. 82), Mischungen (Anm. 1 Kap. 9), Teile und Zubehör (Anm. 3 Kap. 95) oder zusammengesetzte Waren (Anm. 7 ABS XV). Namentlich hierbei findet man häufig Spezialregelungen zu den weiteren Allgemeinen Vorschriften.

Eine Systematisierung der Anmerkungen des Zolltarifes kann hinsichtlich ihrer Funktion durchaus weiter verfeinert werden. Dabei ist jedoch immer zu berücksichtigen, dass eine solche Systematik erkenntnisfördernd und für die praktische Arbeit zweckmäßig bleibt.

E2020 Der in der AV 1 enthaltene Verweis auf die Anwendung der nachstehenden Allgemeinen Vorschriften ist an einen Vorbehalt geknüpft:

„...soweit in den Positionen oder in den Anmerkungen zu den Abschnitten oder Kapiteln nichts anderes bestimmt ist..."

Eine Anwendung ist folglich nur möglich, sofern keine speziellen Regelungen für die einzureihende Ware im unmittelbaren Nomenklaturtext vorliegen. Die Anwendbarkeit ergibt sich somit mangels einer Spezialregelung. Der Vorbehalt begründet die **Subsidiarität der Allgemeinen Vorschriften 2 bis 5**.

Vor einer Anwendung der Allgemeinen Vorschriften 2 bis 5 ist folglich immer zu prüfen, ob die vorliegende Ware mit all ihren tariflich relevanten Merkmalen durch den Wortlaut einer Position erfasst wird, oder ob eine Anmerkung spezielle Anweisungen für die Einreihung gibt. Nur dann, wenn eine solche Spezialregelung nicht vorhanden ist, dürfen die Allgemeinen Vorschriften 2 bis 5 je nach Sachlage subsidiär angewandt werden.

Ein striktes Verbot der Anwendung dieser Allgemeinen Vorschriften besteht indessen, wenn der Wortlaut der betreffenden Positionen sowie ggf. Anmerkungen allein schon die Einreihung ermöglichen.

E2021 Ausgehend davon, dass die AV 1 (wie auch die Allgemeinen Vorschriften 2 bis 5) nur für die Position, also die ersten vier Ziffern der Codierung, Gültigkeit besitzt, wird für die Einreihung in die weitere Untergliederung eine adäquate Regelung benötigt. Diese findet man in der AV 6:

„Maßgebend für die Einreihung von Waren in die Unterpositionen einer Position sind der Wortlaut dieser Unterpositionen, die Anmerkungen zu den Unterpositionen und – sinngemäß – die vorstehenden Allgemeinen Vorschriften. Einander vergleichbar sind dabei nur Unterpositionen der gleichen Gliederungsstufe. Soweit nichts anderes bestimmt ist, gelten bei Anwendung dieser Allgemeinen Vorschrift auch die Anmerkungen zu den Abschnitten und Kapiteln."

Die AV 6 hat ihren originären Bezug auf die sechsstellige Unterposition des HS. Eine praktische Anwendung erfolgt jedoch für die Gesamtheit der Unterpositionen der Nomenklatur. Substanziell bestimmt die AV 6 eine analoge Verfahrensweise wie bei der Einreihung in die Position. Als verbindlich werden der Wortlaut der Unterpositionen sowie die Unterpositionsanmerkungen vorgegeben. Darüber hinaus wird auch die sinngemäße Anwendung jener Anmerkungen für die Einreihung in Unterpositionen vorgeschrieben, die zunächst nur für die Positionen Anwendung fanden. Das ist allerdings an den Vorbehalt geknüpft, dass keine anderweitige Regelung vorliegen darf.

BEISPIEL:

Anm. 2 Kap. 16 darf bei Leber enthaltenden Zubereitungen keine Anwendung im Unterpositionsbereich finden.

Satz 2 der AV 6 bestimmt, dass nur Unterpositionen der gleichen **Gliederungsstufe** vergleichbar sind. Diese Aussage hat erhebliche Bedeutung für die Technik der Einreihung. Die einzelnen Gliederungsstufen der Nomenklatur sind in Printausgaben und auch in verschiedenen elektronischen Fassungen durch sog. Führungsstriche gekennzeichnet. Im EZT-Online öffnet sich mit jedem weiteren Mausklick eine neue Gliederungsstufe.

BEISPIEL:

9609	**Blei-, Kopier- und Farbstifte (ausgenommen Waren der Positionen 9608), Griffel, Minen für Stifte, Pastellstifte, Zeichenkohle, Schreib- oder Zeichenkreide und Schneiderkreide**
	– Stifte mit festem Schutzmantel:
9609 1010 00 0	**– – Bleistifte**
9606 1090 00 0	**– – andere**
9609 2000 00 0	**– Minen für Stifte**
	– andere:
9609 9010 00 0	**– – Pastellstifte und Zeichenkohle**
9609 9090 00 0	**– – andere**

Bei der Einreihung in die Unterposition ist immer – beginnend bei einem Führungsstrich – die Frage zu beantworten, ob die betreffende Ware unter die Warenbeschreibung fällt oder nicht. Bei einer Bejahung ist nunmehr die durch zwei Führungsstriche gekennzeichnete Gliederungsstufe zu prüfen usw.

Der EZT-Online fordert bereits durch seinen Aufbau zwingend ein entsprechendes Vorgehen.

(Einstweilen frei) E2022–E2024

c) Allgemeine Vorschrift 2

„a) Jede Anführung einer Ware in einer Position gilt auch für die unvollständige oder unfertige Ware, wenn sie im vorliegenden Zustand die wesentlichen Beschaffenheitsmerkmale der vollständigen oder fertigen Ware hat. Sie gilt auch für eine vollständige oder fertige oder nach den vorstehenden Bestimmungen dieser Vorschrift als solche geltende Ware, wenn diese zerlegt oder noch nicht zusammengesetzt ein- oder ausgeführt wird. E2025

b) Jede Anführung eines Stoffes in einer Position gilt für diesen Stoff sowohl im reinen Zustand als auch gemischt oder in Verbindung mit anderen Stoffen. Jede Anführung von Waren aus einem bestimmten Stoff gilt für Waren, die ganz oder teilweise aus diesem

Stoff bestehen. Solche Mischungen oder aus mehr als einem Stoff bestehenden Waren werden nach den Grundsätzen der Allgemeinen Vorschrift 3 eingereiht."

Wie aus dem Text der AV 2 sichtbar wird, regelt diese verbindlich die Einreihung verschiedener Waren mit einer speziellen Beschaffenheit, wobei immer vorausgesetzt werden muss, dass diese Waren nicht bereits durch den Wortlaut einer Position oder durch eine Anmerkung erfasst sind.

E2026 Die Notwendigkeit einer solchen Regelung ergibt sich aus dem Umstand, dass die **Positionswortlaute** – von Ausnahmen abgesehen – Waren immer als

- vollständige Waren,
- fertige Waren und nicht selten
- stofflich homogene (also aus einem im Positionswortlaut angeführten Stoff bestehende) Waren erfassen.

Wenn z. B. die Position 7323 u. a. Haushaltsartikel aus Eisen oder Stahl erfasst, sind damit zunächst vollständige, fertige und zusammengesetzte Produkte, die zudem ausschließlich aus Eisen oder Stahl bestehen, gemeint.

Sollen nun unfertige oder unvollständige Haushaltsartikel, wie z. B. ein Topf ohne Henkel, eingereiht werden, ist der entsprechende Positionswortlaut zu erweitern. Dies erfolgt unter Anwendung der AV 2.

aa) Allgemeine Vorschrift 2 a)

E2027 Die **AV 2 a)** regelt die Einreihung von unvollständigen und unfertigen sowie zerlegten und noch nicht zusammengesetzten Waren.

Die Rechtsfolge besteht bei Anwendung der AV 2 a) darin, dass eine Einreihung wie bei einer vollständigen oder fertigen oder zusammengesetzten Ware erfolgt.

Eine **unvollständige Ware** wird dadurch charakterisiert, dass mindestens ein Bestandteil fehlt.

BEISPIELE:

- Ein Mantel ohne Knöpfe,
- ein Möbelstück ohne Beschläge,
- ein Kugelschreiber ohne Mine,
- ein Auto ohne Motor.

Namentlich das letztgenannte Beispiel belegt, dass die funktionelle Seite bei unvollständigen Waren eher unerheblich ist. Von diesem Grundsatz gibt es indes auch Abweichungen. Entsprechend dem Wortlaut der AV 2 a) wird gefordert, dass die wesentlichen Beschaffenheitsmerkmale der vollständigen Ware vorhanden sein müssen. Diese liegen primär dann vor, wenn das äußere Erscheinungsbild der Ware solches erkennbar werden lässt. So wird eben z. B. das Auto ohne Motor von jedermann als Auto visuell erfassbar sein. Gleiches gilt für die anderen genannten Beispiele. Bei bestimmten Fällen kann jedoch auch eine Priorität bei den funktionell wesentlichen Teilen liegen. Auch ein Gehäuse eines Fernsehempfängers kann bereits das äußere Erscheinungsbild eines vollständigen Gerätes haben, während bei fehlendem Gehäuse, aber allen funktionsnotwendigen Bestandteilen, eher das Gegenteil zu vermuten wäre. Hier wird nun auf die funktionelle Seite abzustellen sein, indem das Gehäuse tariflich als Teil eines Fernsehempfängers und der bereits funktionsfähige Innenaufbau als unvollständiges Fernsehgerät i. S. der AV 2 a) zu bewerten sind. Unvollständige Waren sind gegenüber Teilen abzugrenzen. Immer dann, wenn die wesentlichen Beschaffenheitsmerkmale der vollständigen Waren nicht erkennbar sind, kann davon ausgegangen werden, dass ein Teil vorliegt oder zumindest dessen Vorliegen zu prüfen ist, welches entsprechend den Regeln für Teile einzureihen ist.

BEISPIEL:

Die Lehne eines Stuhles besitzt nicht die wesentlichen Beschaffenheitsmerkmale des vollständigen Stuhles. Sie ist folglich als Teil eines Sitzmöbels in die Position 9401 einzureihen.

Die zweite Alternative der AV 2 a) betrifft die Einreihung **unfertiger Waren**, d. h. solcher, bei denen mindestens noch ein Arbeitsgang durchzuführen ist. E2028

BEISPIELE:

- Ein ungesäumter Rock,
- ein Teller aus Steingut ohne Glasur,
- ein Rohling eines Holzlöffels.

Auch hierbei ist zwingende Voraussetzung, dass die wesentlichen Beschaffenheitsmerkmale der fertigen Ware vorhanden sind.

Bei Rohlingen ist in aller Regel vom Vorliegen dieser Voraussetzung auszugehen, sofern eine anderweitige wirtschaftlich sinnvolle Verwendung als für den ursprünglich vorgesehenen Zweck nicht möglich ist.

Somit sind bei jeder **Einreihungsbegründung in Anwendung der AV 2 a)** folgende Fragen zu beantworten:

- Handelt es sich um eine unvollständige oder unfertige Ware?
- Weist diese im vorliegenden Zustand die wesentlichen Beschaffenheitsmerkmale der vollständigen oder fertigen Ware auf?

Unter Berücksichtigung der Tatsache, dass die AV 2 lediglich subsidiär anwendbar ist, bleibt ferner die Frage nach dem Vorliegen spezieller Regelungen im Wortlaut der Position oder in den Anmerkungen, also:

Ist die AV 2 a) aufgrund fehlender Spezialregelungen überhaupt anwendbar?

Immer dann, wenn diese Fragen bejaht werden können, tritt als Rechtsfolge die Einreihung wie für eine vollständige oder fertige Ware ein.

Die gleiche Problematik besteht bei der Einreihung **zerlegter oder noch nicht zusammengesetzter Waren**. Diese sind in der Praxis nicht selten anzutreffen. So werden z. B. Möbel in aller Regel im zerlegten oder noch nicht zusammengesetzten Zustand auftreten. Deren Einreihung in die Position 9403 ist dabei nur unter Anwendung einer Positionserweiterung über die AV 2 a) möglich. E2029

Als Voraussetzung für die Anwendung der AV 2 a) wurde in der Vergangenheit gefordert, dass ein einfaches Zusammensetzen möglich sei. In einem Urteil des EuGH zur Einreihung von Bausätzen für Fotokopierapparate vom 16.6.1994 (EuGH, Urteil

v. 16.6.1994 - Rs. C-35/93, ZfZ 1994, 276) erfolgte zu diesem generellen Problem eine Klarstellung. Es wird festgestellt, dass es bei der Anwendung der AV 2 a) auf die Technik des Zusammensetzens oder die Kompliziertheit der Montagemethode nicht ankommt. Das entspricht auch dem Text der AV 2 a). Dieser sieht ein derartiges Kriterium nicht vor. Unmittelbar rechtliche Voraussetzung ist lediglich der Umstand, dass nach dem Zusammensetzen eine vollständige oder als vollständig geltende Ware vorliegen muss. „Als vollständig geltend" richtet sich entsprechend der gleichen Vorschrift nach dem Vorliegen der wesentlichen Beschaffenheitsmerkmale für die vollständige Ware.

Immer dann, wenn aufgrund des Fehlens bestimmter Bauteile ein Zusammensetzen technisch nicht möglich ist, wird auch die Anwendung der AV 2 a) zu verneinen sein. Erlaubt ist lediglich die Zugabe von Schrauben, Nieten oder anderen Verbindungsmaterialien. Die einzelnen Bestandteile dürfen zum Zwecke des Zusammensetzens auch keiner weiteren Verarbeitung unterzogen werden (vgl. ErlKN AV 2 (HS) RZ 11.6), es sei denn, diese ist nur geringfügig und ausschließlich montagetechnisch bedingt.

bb) Allgemeine Vorschrift 2 b)

E2030 Die **Allgemeine Vorschrift 2 b)** regelt eine stoffliche Erweiterung im Wortlaut einzelner Positionen.

Zunächst ist davon auszugehen, dass eine Vielzahl von Positionen die einzureihenden Waren ausschließlich nach dem Stoff oder nach Stoff und Zweck beschreiben.

BEISPIELE:

- Pos. 1003 Gerste
- Pos. 2806 Chlorwasserstoff; Chlorschwefelsäure
- Pos. 4417 Werkzeuge. . . aus Holz
- Pos. 4013 Luftschläuche aus Kautschuk. . .
- Pos. 7320 Federn und Federblätter aus Eisen oder Stahl.

Ein solcher Positionswortlaut unterstellt immer zuerst, dass der Stoff homogen vorliegt, also nicht mit anderen Stoffen gemischt oder verbunden ist. Es ist faktisch zu lesen als „vollständig aus Glas", „vollständig aus Eisen oder Stahl" usw.

Namentlich bei Fertigerzeugnissen wird jedoch diese stoffliche Homogenität häufig nicht anzutreffen sein. Das heißt, z. B. eine Ware aus Holz wird häufig bestimmte Anteile anderer Stoffe in sich vereinen, wie z. B. Spinnstoff, unedles Metall, Kunststoff etc. Ist dies der Fall, kann nicht ohne weiteres in eine Position eingereiht werden, deren Wortlaut eine homogene stoffliche Beschaffenheit vorschreibt. Zu diesem Zweck ist der Positionswortlaut auf solche Waren zu erweitern, die nur teilweise aus dem betreffenden Stoff bestehen.

BEISPIEL:

Einzureihen ist ein Schmuckkästchen aus Holz mit einem Deckel aus Kupfer. Das Kästchen wäre bei einer vollständigen Beschaffenheit aus Holz ohne Probleme unter die Position 4420 zu subsumieren. Im vorliegenden Fall besteht die Ware jedoch nur teilweise aus Holz, da der Deckel stofflich aus einem unedlen Metall gefertigt ist. Vermittels der AV 2 b) wird nun der Positionswortlaut" . . . aus Holz" dahingehend erweitert, dass auch eine teilweise aus Holz bestehende Ware darunter zu fassen ist.

Die AV 2 b) Satz 2 regelt dazu:

„Jede Anführung von Waren aus einem bestimmten Stoff gilt für Waren, die ganz oder teilweise aus diesem Stoff bestehen.“

In der Konsequenz käme bei o. g. Beispiel nun natürlich auch eine weitere Position im ABS XV in Betracht, da die Ware auch teilweise aus einem unedlen Metall besteht. Auf die dadurch möglich werdende Konkurrenz von zwei Positionen soll indes erst später eingegangen werden.

Eine entsprechende Verfahrensweise ist bei Mischungen erforderlich.

BEISPIEL:

Einzureihen ist eine Mischung aus 50 GHT Gerste der Pos. 1003 und 50 GHT Roggen der Pos. 1002. Die Pos. 1003 erfasst aber nur Gerste in reinem Zustand, ebenso wie die Pos. 1002 nur reinen Roggen aufnimmt. Über die Anwendung der AV 2 b) Satz 1 werden nun beide Positionswortlaute dahingehend erweitert, dass auch Mischungen aufgenommen werden.

Auch hier kämen im Resultat zwei Positionen in Betracht. Für diese Fälle verweist nun der letzte Satz der AV 2 b) auf die Allgemeine Vorschrift 3, mit deren Hilfe Positionskonkurrenzen aufgelöst werden können. Dabei wird dem Grundsatz entsprochen, dass für eine Wareneinheit immer nur eine Position zutreffend sein kann.

Die Begriffe „Wareneinheit“ und „Warenmehrheit“ haben eine durchaus beachtenswerte zolltarifrechtliche Relevanz. E2031

Eine **Wareneinheit** ist eine bewegliche Sache, die letztlich immer unter eine Position des Tarifes subsumiert werden kann. Anders bei einer Warenmehrheit. Diese wird grds. von zwei oder mehreren Positionen des Tarifes erfasst.

Wareneinheiten können auftreten als:

- Waren aus einem Stoff (z. B. Gerste),
- Waren aus einem Bestandteil (z. B. Kugelschreiber),
- Mischungen aus mehreren Stoffen (z. B. Gewürzpulvermischung)
- Waren, die aus mehreren Stoffen zusammengesetzt sind (Kiste aus Holz mit Beschlägen aus unedlem Metall),
- Waren, die aus mehreren Bestandteilen zusammengesetzt sind (z. B. Radiowecker, bestehend aus Uhr und Radio).

Namentlich bei den Waren aus mehreren Bestandteilen ist es erforderlich, dass diese letztlich körperlich eine Einheit bilden (z. B. Taschenmesser mit Flaschenöffner, Schere etc.).

Warenmehrheiten können auftreten als:

- völlig unterschiedliche Waren, die sich ggf. in einer Sendung oder in einem Transportmittel (z. B. Stückgut) befinden,

In diesem Fall ist jede Ware nach eigener Beschaffenheit einzureihen.

- Warenzusammenstellungen.

Die Besonderheit von Warenzusammenstellungen besteht darin, dass für diese lediglich eine Position bzw. Codenummer zutrifft, sofern die konkreten rechtlichen Anforderungen der AV 3 b) erfüllt sind (siehe dazu unten Rdnr. E 2044).

Nach diesem Exkurs nun wieder zu den Fragen der AV 2.

E2032 Die **Stofferweiterung** von Positionswortlauten wird also immer relevant, wenn eine Ware zumindest teilweise i. S. der AV 2 b) aus einem betreffenden Stoff besteht. Aus der Existenz eines weiteren Stoffes ergibt sich im Ergebnis immer die Notwendigkeit, Schritte zur Vermeidung oder Auflösung einer Positionskonkurrenz zu vollziehen.

Spätestens hier stellt sich die Frage, ab wann davon ausgegangen werden kann, ob eine Ware teilweise i. S. der AV 2 b) aus einem bestimmten Stoff besteht.

BEISPIEL:

Ein Schmuckkästchen besteht aus Holz und enthält lediglich auf der Bodenplatte vier centgroße Kautschukstücke, um eine bessere Standfestigkeit zu gewährleisten.

Zu prüfen ist auch hier der Wortlaut der Pos. 4420. Das dabei maßgebliche Tatbestandsmerkmal „aus Holz“ ist bei diesem Beispiel erfüllt. Die Ware ist so zu betrachten, als bestünde sie im rechtlichen Sinne vollständig aus Holz. Das Vorliegen des Kautschuks ist tariflich zu vernachlässigen. Die Ware besteht nicht einmal teilweise i. S. der AV 2 b) aus Kautschuk. Damit wird auch eine weitere Pos. im Stoffbereich (hier Kap. 40) ausgeschlossen.

Anders kann die Situation dann sein, wenn mehrere verschiedene Stoffe quantitativ nicht das Kriterium „teilweise“ erfüllen. So könnte das beschriebene Schmuckkästchen neben den Kautschukstücken noch Scharniere aus unedlem Metall und Griffe aus einem pflanzlichen Schnitzstoffe enthalten. Kautschuk, Metall und Schnitzstoff wären damit für sich betrachtet nicht einreihungsrelevant, weil nicht einmal teilweise i. S. der AV 2 b) vorhanden. Allerdings könnte man hier nicht zwingend folgern, dass damit das Kästchen vollständig aus Holz bestünde. Die Subsumtion unter das Merkmal „aus Holz“ würde jetzt eine Stofferweiterung nach AV 2 b) voraussetzen. Das Kästchen besteht nur teilweise i. S. der AV 2 b) aus Holz, jedoch nicht einmal teilweise aus jedem der weiteren enthaltenen Stoffe.

Nun existieren hierbei gewiss **Grenzfälle**. Deren Lösung kann ggf. sowohl über die Verneinung des qualitativen Merkmals „teilweise“ als auch über eine Bejahung desselben und eine Auflösung der entstehenden Positionskonkurrenz über die AV 3 erfolgen.

In Grenzfällen (!) wird dies immer zum gleichen und richtigen Resultat führen.

Eine **Stofferweiterung** im Wortlaut einer Position ist jedoch immer dann ausgeschlossen, wenn dort stoffliche Homogenität – etwa i. S. einer chemischen Reinheit – zwingend gefordert wird.

BEISPIEL:

Pos. 1701 erfasst u. a. chemisch reine Saccharose. Diese schließt die Beifügung anderer Stoffe aus. Mithin ist eine Stofferweiterung über die Anwendung der AV 2 b) hier nicht möglich.

Zusammenfassend bleibt zur Problematik der AV 2 festzustellen:

- Die AV 2 erweitert in den erforderlichen und zulässigen Fällen den Wortlaut von Positionen der Kombinierten Nomenklatur.

- Es werden Positionen, die vollständige, fertige und zusammengesetzte Waren erfassen, bei Bedarf erweitert auf
  - unvollständige Waren,
  - unfertige Waren,
  - zerlegte Waren,
  - noch nicht zusammengesetzte Waren.
- Dabei kann es sich auch handeln um
  - unvollständige oder unfertige zerlegte Waren oder
  - unvollständige oder unfertige noch nicht zusammengesetzte Waren.
- Es werden Stoffpositionen oder Zweckpositionen mit stofflichen Anforderungen erforderlichenfalls auf Waren erweitert, die nur teilweise aus dem betreffenden Stoff bestehen oder auf Mischungen, die eine oder mehrere weitere Mischungskomponenten enthalten.
- Zu beachten ist, dass die Anwendung der AV 2 nur dann erfolgen darf, wenn keine Spezialregelung im Wortlaut einer Position oder in einer Anmerkung vorliegt!

d) Allgemeine Vorschrift 3

Die Allgemeine Vorschrift 3 stellt eine verbindliche Regelung zur Auflösung von Normenkonkurrenzen in Form von **Positionskonkurrenzen** dar. E2033

Solche Konkurrenzen sind Anwendungsvoraussetzung für die AV 3 und können aus verschiedensten Gründen auftreten:

a) Bei zwei oder mehr in Betracht kommenden Stoffpositionen (Verweis in die AV 3 über die AV 2 b) letzter Satz).

BEISPIEL:

Papierkorb aus Holz mit Innenverkleidung aus Kunststoff (Pos. 4420 und Pos. 3924).

b) Bei Waren, für die eine Zweckposition und eine (oder mehrere) Stoffposition(en) in Betracht kommen.

BEISPIEL:

Zigarettenspitze aus Meerschaum (Pos. 9602 und Pos. 9614).

c) Bei aus verschiedenen Bestandteilen zusammengesetzten Waren.

BEISPIEL:

Kugelschreiber mit eingebauter Digitaluhr (Pos. 9608 und Pos. 9103).

d) Bei Waren aus nur einem Bestandteil, wobei jedoch aufgrund der möglichen Warenansprachen verschiedene Zweckpositionen in Betracht zu ziehen sind.

BEISPIEL:

Sitz für Pkw (ist sowohl ein Sitzmöbel als auch Teil eines Pkw, Pos. 9401 und Pos. 8708).

e) Bei Waren aus nur einem Bestandteil, jedoch mit zwei oder mehr Funktionen, die ihrerseits aufgrund ihrer Einreihungsrelevanz zu verschiedenen Positionen führen.

BEISPIEL:

Hocker, der zugleich Wäschetruhe ist (Pos. 9401 und Pos. 9403).

f) Bei Warenzusammenstellungen.

BEISPIEL:

Rasierapparat mit Rasierpinsel und Rasiercreme in gemeinsamer Aufmachung.

E2034 **Voraussetzung für die Anwendung des AV 3** ist in jedem Fall, dass die unter Buchst. a bis f genannten Alternativen tatsächlich zu einer Normenkonkurrenz führen und diese nicht durch spezielle Rechtssätze (Anmerkungen mit Einreihungsanweisungen oder Positionswortlaute) von vornherein vermieden wird.

BEISPIELE:

- Einzureihen ist ein Radio, das mit einem Wecker kombiniert ist (Radiowecker). Es handelt sich hier eindeutig um eine aus zwei Bestandteilen zusammengesetzte Ware. Eine Positionskonkurrenz entsteht indes nicht, da der Wortlaut der Position 8527 diese Waren expressis verbis in der vorliegenden Beschaffenheit aufnimmt.
- Einzureihen ist eine Mischung aus 70 GHT Pfeffer der Pos. 0904 und 30 GHT Curry der Pos. 0910. Obgleich hier wegen der unterschiedlichen stofflichen Zusammensetzung zunächst zwei Positionen in Betracht zu kommen scheinen, wird über die Anm. 1 Buchst. b zu Kap. 9 verbindlich geregelt, dass derartige Waren der Pos. 0910 zuzuweisen sind. Der Vorrang dieses Rechtssatzes ergibt sich aus der Allgemeinen Vorschrift 1. Es entsteht keine Positionskonkurrenz.

Spezialregelung im Verhältnis zur AV 3 ist auch die Anm. 3 ABS XVI. Diese erfasst Kombinierte Maschinen und Multifunktionsmaschinen. Bei Kombinierten Maschinen liegen zwei oder mehr Maschinen verschiedener Pos. des ABS XVI oder des Kap. 90 vor, die zusammenarbeiten sollen und ein Ganzes bilden. Die Einreihung erfolgt nach jener Maschine, die die Haupttätigkeit ausübt. Bei Multifunktionsmaschinen handelt es sich lediglich um eine einzige Maschine, die verschiedene Funktionen oder Tätigkeiten ausüben kann. Auch hier bestimmt die Rechtsfolge eine Einreihung nach der Hauptfunktion. Mit ihrer konkurrenzauflösenden Wirkung ist Anm. 3 eine Regelung, die eine Anwendung der subsidiären AV 3 ausschließt.

E2035 Die AV 3 ist hierarchisch aufgebaut:

Kommen für die Einreihung von Waren bei Anwendung der Allgemeinen Vorschrift 2 b) oder in irgendeinem anderen Fall zwei oder mehr Positionen in Betracht, so wird wie folgt verfahren:

a) Die Position mit der genaueren Warenbezeichnung geht den Positionen mit allgemeiner Warenbezeichnung vor. Zwei oder mehr Positionen, von denen sich jede nur auf einen Teil der in einer gemischten oder zusammengesetzten Ware enthaltenen Stoffe oder nur auf einen oder mehrere Bestandteile einer für den Einzelverkauf aufgemachten Warenzusammenstellung bezieht, werden im Hinblick auf diese Waren als gleich genau betrachtet, selbst wenn eine von ihnen eine genauere oder vollständigere Warenbezeichnung enthält.

b) Mischungen, Waren, die aus verschiedenen Stoffen oder Bestandteilen bestehen und für den Einzelverkauf aufgemachte Warenzusammenstellungen, die nach der Allgemeinen Vorschrift 3 a) nicht eingereiht werden können, werden nach dem Stoff oder Bestandteil eingereiht, der ihnen ihren wesentlichen Charakter verleiht, wenn dieser Stoff oder Bestandteil ermittelt werden kann.

c) Ist die Einreihung nach den Allgemeinen Vorschriften 3 a) und b) nicht möglich, wird die Ware der von den gleichermaßen in Betracht kommenden Positionen in dieser Nomenklatur zuletzt genannten Positionen zugewiesen."

Wie ersichtlich, besteht die AV 3 aus drei Teilen. Deren Anordnung ist nicht willkürlich, sondern drückt eine einzuhaltende Reihenfolge bei der Anwendung dieser Vorschrift aus.

Das ergibt sich aus dem Text der Vorschrift:

- AV 3 a) ist vorbehaltlos zu prüfen
- AV 3 b) fordert: „... die nach der Allgemeinen Vorschrift 3 a) nicht eingereiht werden können..."
- AV 3 c) setzt voraus: „Ist die Einreihung nach den Allgemeinen Vorschriften 3 a) und b) nicht möglich..."

Es ist damit zwingend zunächst die Anwendbarkeit der AV 3 a) zu prüfen. Nur wenn diese nicht gegeben ist, darf die Einreihung nach den Regelungen der AV 3 b) erfolgen. Ist auch diese nicht anwendbar, bleibt sozusagen als ultima ratio die AV 3 c).

aa) Allgemeine Vorschrift 3 a)

Die **AV 3 a)** löst Positionskonkurrenzen dahingehend auf, dass der genauere Positionswortlaut zutreffend ist. E2036

Welche Position die einzureihende Ware genauer beschreibt, bleibt im konkreten Einzelfall zu ermitteln. Verallgemeinernd kann jedoch festgestellt werden, dass

- die namentliche Bezeichnung einer Ware genauer ist als eine Gattungsbezeichnung respektive eine Sammelbezeichnung;
- die Bezeichnung nach dem Verwendungszweck genauer ist als jene ausschließlich nach dem Stoff.

Methodisch werden hier lediglich zutreffende Positionswortlaute gegenübergestellt.

BEISPIEL:

Einzureihen ist ein Kamm aus Meerschaum. Die Zweckbezeichnung „Frisierkamm" aus der Pos. 9615 ist dabei genauer als die zunächst ebenfalls zutreffende Bezeichnung „Ware aus mineralischen Schnitzstoffen" der Pos. 9602.

Satz 2 der AV 3 a) enthält eine Fiktion. Diese regelt, dass bei bestimmten Waren die in Betracht kommenden Positionswortlaute als gleich genau gelten, auch wenn dies tatsächlich nicht den Gegebenheiten entspricht. Das betrifft die Bestandteile von Warenzusammenstellungen, Mischungen sowie aus mehreren Stoffen zusammengesetzte Waren, für die aus diesem Grund mehrere Stoffpositionen in Betracht zu ziehen sind. Damit scheidet in diesen Fällen die Auflösung einer Konkurrenz vermittels der AV 3 a) von vornherein aus. Das ist dadurch begründet, dass z. B. bei einer Konkurrenz von zwei

Stoffpositionen gerade jene Position die Ware genauer beschreiben könnte, die den geringfügigeren Stoff erfasst. Diese Möglichkeit besteht namentlich bei Positionen, die sowohl eine Beschreibung nach Zweck als auch nach stofflicher Beschaffenheit enthalten. Damit könnten Ergebnisse entstehen, die dem tatsächlichen Charakter der Ware nicht entsprechen würden.

BEISPIEL:

Für die Einreihung einer Pinnwand aus Naturkork, die neben dem Naturkork auch noch Holz als Material für Rückwand und Rahmen enthält, kommen die Positionen 4420 (Inneneinrichtungsgegenstand aus Holz) und Pos. 4503 (Ware aus Naturkork) in Betracht. Eine Einreihung nach der genaueren Warenbeschreibung in Pos. 4420 ist hier gem. AV 3 a) S. 2 nicht möglich.

Das gleiche Problem entstünde, wenn bei einer Warenzusammenstellung ein Bestandteil, der nicht charakterverleihend ist, den genauesten Positionswortlaut hätte. Auch hier ist eine Einreihung nach AV 3 a) nicht möglich.

bb) Allgemeine Vorschrift 3 b)

E2037 Die **AV 3 b)** ist eine Regel zur Auflösung von Positionskonkurrenzen bei folgenden Waren:

ABB. 32: Die Allgemeine Vorschrift 3 b)

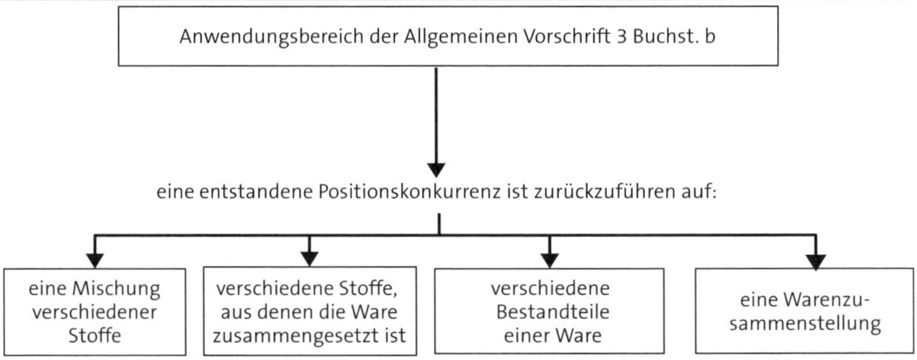

Zu beachten ist, dass auch hier eine Positionskonkurrenz nur dann entstehen kann, wenn keine Rechtssätze vorliegen, die dies verhindern.

E2038 Zum geregelten Warenkreis der AV 3 b) gehören **Mischungen**. Solche liegen immer dann vor, wenn feste oder flüssige Stoffe miteinander vermengt und üblicherweise in diesem Zustand ge- oder verbraucht werden.

E2039 **Waren aus verschiedenen Stoffen** sind solche, die mindestens zwei unterschiedliche Stoffe in einem Umfang enthalten, der dem Kriterium „teilweise i. S. der AV 2 b)“ entspricht. Ferner ist erforderlich, dass die Einreihung in verschiedene Positionen erfolgt, die jeweils eine stoffliche Beschaffenheit bezeichnen.

E2040 **Aus verschiedenen Bestandteilen zusammengesetzte Waren** können in unterschiedlichen Formen vorliegen. Die einzelnen Bestandteile können fest zusammengefügt sein. Das Lösen derselben führte dann zur Zerstörung der Ware oder würde zumindest das Entfernen von Verbindungselementen (z. B. Schrauben) erfordern. Es handelt sich in diesen Fällen zweifelsfrei um einheitliche Waren, die in der Konsequenz einer Position der Nomenklatur zuzuweisen sind. Problematischer können jene Waren sein, bei denen die einzelnen Bestandteile ohne weitere Hilfsmittel voneinander lösbar sind. Hier stellt sich häufig die Frage, ob tatsächlich nur eine Ware vorliegt oder ob es sich um eine Warenmehrheit handelt. Von einer einheitlichen Ware ist dann auszugehen, wenn

- die Bestandteile zueinander passen,
- sich ergänzen und
- üblicherweise nicht getrennt zum Verkauf gebracht werden.

Das Vorliegen dieser in den ErlKN AV 3 (HS) RZ 20.0 geregelten Voraussetzungen ist bezüglich aller Bestandteile der jeweiligen Ware zu prüfen.

Übergreifend lässt sich feststellen, dass sich bei Waren aus verschiedenen Bestandteilen die entstehenden Positionskonkurrenzen als Konkurrenzen von zwei oder mehr Zweckpositionen darstellen.

(Einstweilen frei) E2041–E2043

Warenzusammenstellungen im Sinne der AV 3 b) müssen regelmäßig drei Voraussetzungen erfüllen (vgl. ErlKN AV 3 (HS) RZn 25.0 bis 28.1): E2044

a) Von den in der Warenzusammenstellung enthaltenen Bestandteilen müssen mindestens zwei unter verschiedene Positionen des Tarifes fallen.

BEISPIEL:

- Tabakpfeife und Tabakdose aus Stahl:
- Tabakpfeife = Pos. 9614
- Tabakdose = Pos. 7326

Die Voraussetzung für eine Warenzusammenstellung wäre hingegen bei lediglich mehreren „verschiedenen" Tabakpfeifen, nicht erfüllt, da diese alle zur Pos. 9614 gehören.

b) Die Warenzusammenstellung muss zur Befriedigung eines speziellen Bedarfs oder zur Ausübung einer bestimmten Tätigkeit zusammengestellt worden sein.

Diese Anforderung wird in der praktischen Rechtsanwendung relativ eng verstanden. Essen und Trinken schlechthin sind z. B. nicht als Befriedigung eines speziellen Bedarfs in diesem Sinne zu sehen. So ist konsequenterweise auch ein Präsentkorb mit verschiedenen Lebensmitteln keine Warenzusammenstellung i. S. der AV 3 b).

Ungeachtet dessen, treten Warenzusammenstellungen praktisch sehr häufig und in einer bemerkenswerten Vielfalt auf.

BEISPIELE:

- Oberhemd mit Krawatte,
- DVD mit Begleitbuch,
- Fotoapparat mit Speicherkarte,
- Stifte mit Lineal, Radiergummi und Spitzer.

Zur einheitlichen Anwendung der Kriterien für eine Warenzusammenstellung in den Mitgliedsstaaten hat die EU-Kommission umfangreiche Leitlinien erlassen (Leitlinien zur Einreihung von für den Einzelverkauf aufgemachten Warenzusammenstellungen in die Kombinierte Nomenklatur, ABl.C 105 – Seite 1 bis 6 vom 11.4.2013). Diese sind nicht rechtsverbindlich und sind in ihrer Wirkung damit mit den Erläuterungen zur Kombinierten Nomenklatur gleichzusetzen. Sie wurden in die Sammlung der ErlKN im EZT aufgenommen (ErlKN AV 3 (NEH) RZ 94.0 ff.) und sind damit als Verwaltungsvorschriften von der deutschen Zollverwaltung zu beachten. Neben vielen illustrierenden Beispielen für den gemeinsamen Bedarf, denen die Bestandteile einer Warenzusammenstellung dienen müssen, enthält Teil B III die Vorgabe, dass Warenzusammenstellungen mit sogenannten „Waren mit geringem Wert" kombiniert werden dürfen, die in keinem Zusammenhang mit den anderen Waren in der Warenzusammenstellung stehen (d. h. nicht denselben speziellen Bedarf befriedigen bzw. nicht zur Ausübung derselben Tätigkeit genutzt werden) und normalerweise getrennt einzureihen wären. Unter folgenden Voraussetzungen kann eine solche „Ware mit geringem Wert" bei der Feststellung, ob ein gemeinsamer Bedarf vorliegt, unberücksichtigt bleiben:

- sie ist lediglich ein nebensächliches/unbedeutendes Element in der gesamten Warenzusammenstellung,
- sie ändert das Wesen der Warenzusammenstellung nicht,
- der Wert der Ware ist im Vergleich zum Gesamtwert der Waren in der Warenzusammenstellung zu vernachlässigen,
- die Ware selbst hat i. d. R. nur einen geringen/unbedeutenden praktischen Nutzen.

BEISPIEL:

Das oben angeführte Set aus Stiften mit Lineal Radiergummi und Spitzer enthält als „Überraschungsartikel" noch einen Sticker mit Bildmotiv. Obwohl der Sticker nicht dem speziellen Bedarf „Zeichnen" dient, kann die gesamte Zusammenstellung als Warenzusammenstellung gemeinsam eingereiht werden.

c) Die dritte Voraussetzung ist die Aufmachung der Zusammenstellung für den Einzelverkauf. Eine solche wird im Regelfall in einer gemeinsamen Umschließung (z. B. Karton, Etui oder Blisterpackung) bestehen.

Ausgelegt wird dieses Merkmal durch die Festlegung in den ErlKN, dass die Zusammenstellung so beschaffen sein muss, dass sie ohne Umpacken an den Endverbraucher abgegeben werden kann (ErlKN AV 3 (HS) RZ 28.1). ErlKN AV 3 (HS) RZ 29.1 präzisiert dazu, dass „Einzelverkauf" nicht den Verkauf von Waren umfasst, die zum Weiterverkauf bestimmt sind, nachdem zuvor eine weitere Behandlung, wie Umpacken, Verpacken gemeinsam mit anderen Waren oder Einbau in andere Waren erfolgt ist.

Nur wenn alle genannten Voraussetzungen gleichsam erfüllt sind und keine spezielle Regelung in einem Positionswortlaut oder einer Anmerkung gegeben ist, liegt eine Warenzusammenstellung vor, deren Einreihung nach Maßgabe der AV 3 b) erfolgen muss.

E2045 Kernstück der Rechtsfolge der AV 3 b) ist in all ihren Alternativen die Ermittlung des **charakterverleihenden Stoffes oder Bestandteiles**. Jener ist es, der letztlich bestimmend für die zutreffende Position ist.

Die Beantwortung der Frage nach dem charakterverleihenden Stoff oder Bestandteil ist vielfach unkompliziert und eindeutig. So z. B. bei einer Getreidemischung, bestehend aus 80 GHT Weizen und 20 GHT Roggen. Hier ergibt sich bereits aus der mengenmäßigen Zusammensetzung, dass offensichtlich der Weizen dominiert und folglich auch der gesamten Mischung den ihr eigenen Charakter verleiht. Die Praxis zeigt indes, dass bei einer Vielzahl von Waren die Ermittlung des charakterverleihenden Stoffes oder Bestandteiles außerordentlich kompliziert sein kann. Es ist auch nicht möglich, in jedem Fall allein nach Menge oder Gewicht zu entscheiden. Vielmehr sind hierbei Kriterien in einer großen Vielzahl und in Abhängigkeit von der Spezifik der Waren heranzuziehen.

Beispielhafte Kriterien sind in den ErlKN AV 3 (HS) RZ 19.1 angeführt. Diese Kriterien sind:

- Art und Beschaffenheit des Stoffes oder Bestandteiles,
- Umfang des Stoffes oder Bestandteiles,
- Menge des Stoffes oder Bestandteiles,
- Gewicht des Stoffes oder Bestandteiles,
- Wert des Stoffes oder Bestandteiles,
- Bedeutung des Stoffes oder Bestandteiles in Bezug auf die Verwendung.

Darüber hinaus sind aber weitere Kriterien denkbar, wie z. B. im Lebensmittelbereich die Auswirkung eines Stoffes auf den Geschmack einer Mischung.

Gelegentlich werden in der Rechtsprechung bestimmte Kriterien hervorgehoben:

„Sind die einzelnen Waren einer Warenzusammenstellung im Wesentlichen nach ihren Funktionen in den zutreffenden Einzelpositionen des Zolltarifs erfasst, so ist als vorrangiges Kriterium i. S. der AV 3 b) KN die Bedeutung anzusehen, die die Waren im Hinblick auf den Verwendungszweck der Zusammenstellung haben. Andere Merkmale, wie die Wertanteile der Elemente, treten demgegenüber zurück" (BFH, Urteil v. 2.7.1992 VII K 2/91, ZfZ 1992, 320).

Dazu ist allerdings zu beachten, dass solche Urteile immer auf eine bestimmte Ware bezogen sind (hier: Stereo-Baustein-Set). Eine Anwendung auf andere Sachverhalte setzt immer die konkrete Einzelfallprüfung voraus.

Eine Besonderheit bei der Feststellung des charakterbestimmenden Stoffes oder Bestandteiles ist die sog. **Kumulation** bei Warenzusammenstellungen. E2046

BEISPIEL:

Einzureihen ist eine für den Einzelverkauf aufgemachte Warenzusammenstellung (Schreibset) mit folgenden Bestandteilen:

- ein Kugelschreiber der Pos. 9608 im Wert von 2 €,
- ein Füllfederhalter der Pos. 9608 im Wert von 3,50 €,
- ein Satz Farbstifte der Pos. 9609 im Wert von 4 €.

Hier sind zur Feststellung des charakterbestimmenden Bestandteiles jene Waren zusammenzufassen, die jeweils einer Position zugehören. Folglich ist zwischen Kugelschreiber und Füllfederhalter der Pos. 9608 einerseits und Farbstiften der Pos. 9609 andererseits abzuwägen. Dabei ergibt sich primär aufgrund des Wertes offensichtlich eine Priorität bei der Pos. 9608, welche letztlich für die Warenzusammenstellung in ihrer Gesamtheit zutreffend wäre.

cc) Die Allgemeine Vorschrift 3 c)

E2047 In bestimmten Fällen ist die Ware so beschaffen, dass ein charakterverleihender Stoff oder Bestandteil nicht ermittelt werden kann. In diesen Fällen kommt die **AV 3 c)** zur Anwendung. Die Einreihungsregel dieser Allgemeinen Vorschrift ist recht einfach. Einzureihen ist in die in Betracht kommende Position, die in der Nomenklatur zuletzt genannt wird.

BEISPIEL:

Einzureihen ist eine Mischung aus 50 GHT Roggen der Position 1002 und 50 GHT Hafer der Position 1004, wobei beide Stoffe in Preis und anderen relevanten Parametern gleich sind. Da kein charakterbestimmender Stoff feststellbar ist, kann die Einreihung nicht nach AV 3 b) erfolgen. Gemäß AV 3 c) trifft nunmehr die letztgenannte Pos. 1004 zu.

e) Allgemeine Vorschrift 4

E2048 Sozusagen als ultima ratio gilt die **AV 4:**

„Waren, die nach den vorstehenden Allgemeinen Vorschriften nicht eingereiht werden können, werden in die Position der Waren eingereiht, denen sie am ähnlichsten sind."

Es spricht letztlich für die Vollständigkeit des HS, wenn festgestellt werden kann, dass diese Regel kaum Anwendung findet. So sind auch kaum überzeugende Beispiele zu finden. Eine Existenzberechtigung hat die AV 4 allerdings trotz dieser positiven Umstände. Es wird damit definitiv das Vollständigkeitsprinzip gewahrt. Die AV 4 ermöglicht eine Einreihung von Waren, deren stoffliche Beschaffenheit und Zweckbestimmung heute ggf. noch nicht einmal absehbar ist.

f) Allgemeine Vorschrift 5

Die AV 5 ist eine Regel für die Einreihung von Behältnissen und Verpackungen:

E2049 *Zusätzlich zu den vorstehenden Allgemeinen Vorschriften gilt für die nachstehend aufgeführten Waren folgendes:*

a) Behältnisse für Fotoapparate, Musikinstrumente, Waffen, Zeichengeräte, Schmuck und ähnliche Behältnisse, die zur Aufnahme einer bestimmten Ware oder Warenzusammenstellung besonders gestaltet oder hergerichtet und zum dauernden Gebrauch geeignet sind, werden wie die Waren eingereiht, für die sie bestimmt sind, wenn sie mit diesen Waren gestellt und üblicherweise zusammen mit ihnen verkauft werden. Diese Allgemeine Vorschrift wird nicht angewendet auf Behältnisse, die dem Ganzen seinen wesentlichen Charakter verleihen.

b) Vorbehaltlich der vorstehenden Allgemeinen Vorschrift 5 a) werden Verpackungen wie die darin enthaltenen Waren eingereiht, wenn sie zur Verpackung dieser Waren üblich sind. Die Allgemeine Vorschrift gilt nicht verbindlich für Verpackungen, die eindeutig zur mehrfachen Verwendung geeignet sind.

Mit Hilfe dieser Regelung wird ermöglicht, dass der Zusammenhang zwischen Ware und dazugehörigem Behältnis bzw. dazugehöriger Verpackung gewahrt bleibt und beide Komponenten auch tariflich als Einheit behandelt werden.

Damit kommen die Intentionen des Tarifes den vorhandenen Verkehrsauffassungen weitestgehend entgegen. Ferner wird die Praktikabilität der Einreihungen nicht unwesentlich erhöht. Der Dualismus der AV 5 drückt sich in der Differenzierung zwischen Behältnissen und Verpackungen aus. Die AV 5 a) erfasst die Einreihung von Behältnissen. Um die angestrebte Rechtsfolge, nämlich die Einreihung des Behältnisses in die gleiche Position wie jene für die aufzunehmende Ware zu erreichen, müssen die vorgegebenen **Voraussetzungen** erfüllt werden:

- Das **Behältnis** muss zur Aufnahme einer bestimmten Ware oder Warenzusammenstellung besonders gestaltet oder hergerichtet sein.

Darunter ist zu verstehen, dass im Regelfall bereits die Form des Behältnisses der aufzunehmenden Ware angepasst ist.

BEISPIELE:

Geigenkasten, Gewehrfutteral, Tasche für einen Fotoapparat usw.

- Das Behältnis muss zum dauernden Gebrauch geeignet sein.

Das Attribut „dauernd" ist dabei zu relativieren und gemeinhin auf jenen Zeitraum zu beschränken, der für die Verwendung oder Verwendbarkeit der Ware anzusetzen ist, für die das Behältnis bestimmt ist. Der in diesem Zusammenhang von **Schmölz** („Gemeinsame oder getrennte Einreihung in die Kombinierte Nomenklatur"; ZfZ 1992, 313) vertretenen Auffassung, bei Waren, die dem Verbrauch dienen, fehle die Grundvoraussetzung für die Anwendung der AV 5 a), ist allerdings nur unter Vorbehalt zu folgen. Der Einwand, dass ein dauernder Gebrauch bei zum Verbrauch bestimmten Waren schlechthin ausgeschlossen sei, lässt unberücksichtigt, dass mit der Bezeichnung „dauernd" eben nur die temporäre Existenz mit der für das Behältnis bestimmten Ware gemeint sein kann.

- Das Behältnis und die dafür bestimmte Ware müssen gemeinsam gestellt werden.

Allein schon wegen der Tatsache, dass Quelle dieser AV das HS ist, kann hier ausgeschlossen werden, dass der Gestellungsbegriff mit Art. 5 Nr. 33 UZK zu interpretieren sei. Gleichwohl bestehen enge Bezugspunkte. Faktisch müssen Behältnis und dafür bestimmte Ware zeitgleich und in einer Sendung, also im Regelfall von gleichem Absender an gleichen Empfänger, eingeführt werden. Nicht zwingend ist indes, dass sich die Ware zum maßgeblichen Zeitpunkt im Behältnis befindet.

- Das Behältnis und die dafür bestimmte Ware müssen üblicherweise zusammen verkauft werden.

Was in diesem Zusammenhang üblich ist, wird durch die gegebene Handelspraxis bestimmt.

BEISPIELE:

Elektrischer Rasierapparat in einem Etui, Ring in einem dafür hergerichteten Behältnis, Geige in einem Geigenkasten.

Das Behältnis darf nicht den wesentlichen Charakter des Ganzen bestimmen.

Dieses Kriterium ist vornehmlich – jedoch keineswegs ausschließlich – unter einer wertmäßigen Sicht zu betrachten. Im Regelfall wird immer dann keine Anwendung der AV 5 a) möglich sein, wenn der Wert des Behältnisses höher liegt als der Wert der dafür bestimmten Ware.

Wegen der Subsidiarität der AV 5 darf ferner keine Spezialregelung vorliegen.

E2050 Die AV 5 b) regelt die Einreihung von **einfachen Verpackungen**. Als Anwendungsvoraussetzungen müssen fünf **Kriterien** erfüllt werden:

- Es darf sich um kein Behältnis gem. AV 5 a) handeln.
- Die Verpackung muss für die Ware üblich sein.
- Die Ware muss sich im maßgeblichen Zeitpunkt in der Verpackung befinden.
- Die Verpackung darf nicht zur mehrfachen Verwendung bestimmt sein.
- Es darf keine Spezialregelung vorliegen (z. B. Positionswortlaut, der die Verpackung expressis verbis mit erfasst).

Aus dem Kontext der Regelung ergibt sich ferner, dass sich in den Fällen der AV 5 b) im Unterschied zu den Behältnissen nach AV 5 a) die jeweilige Ware in der Verpackung befinden muss.

Zur weiteren inhaltlichen Unterlegung der AV 5 b) wurde diese mit einer Fußnote versehen, die Bestandteil der rechtlichen Regelung ist:

„Als Verpackungen gelten innere und äußere Behältnisse, Aufmachungen, Umhüllungen und Unterlagen mit Ausnahme von Beförderungsmitteln – insbesondere Behältern –, Planen, Lademittel und des bei der Beförderung verwendeten Zubehörs. Der Ausdruck ‚Verpackungen' umfasst nicht die in der Allgemeinen Vorschrift 5 a) angesprochenen Behältnisse."

Mit AV 5 b) zweiter Satz wird festgelegt, dass die Regelung nicht verbindlich für Verpackungen gilt, die eindeutig zur mehrfachen Verwendung geeignet sind. Hier räumt das HS als Quelle der Allgemeinen Vorschriften den Mitgliedsländern des Übereinkommens die Option ein, bei bestimmten Verpackungen die Anwendbarkeit der AV 5 b) nach eigenem Ermessen festzulegen. In der EU wurde z. B. zu Mehrwegflaschen festgelegt, dass dennoch die AV 5 b) anzuwenden ist (vgl. ErlKN AV 5 (KN) RZ 02.1).

6. Einreihung von Teilen und Zubehör

E2051 Im Warenverkehr treten häufig **Teile und Zubehör** in Erscheinung. Deren zolltarifliche Beurteilung unterliegt einigen Besonderheiten. Obgleich nomenklaturrelevant, sind Teile und Zubehör im Zolltarifrecht nicht legal definiert. Insofern besteht die Notwendigkeit einer dem Anliegen des Tarifes entsprechenden begrifflichen Interpretation. Definitionsansätze ergeben sich dabei auch aus den nationalen ErlKN AV 1 (NEH) RZ 01.0 ff. als Verwaltungsvorschrift. Aus dem Kontext des Tarifes ergibt sich, dass Teile und Zubehör immer in Beziehung zu einer Hauptware stehen. Diese Beziehung ist allerdings differenziert zu sehen.

Teile sind im Regelfall dazu bestimmt, zu einem späteren Zeitpunkt in eine Hauptware einzugehen. Dabei verlieren sie ihren tariflichen und auch tatsächlichen eigenständigen Charakter, sie werden Bestandteil der Hauptsache. Der Normalfall ist dabei das Eingehen einer festen Verbindung. E2052

BEISPIEL:

Ein Fahrradlenker ist zweifelsfrei Teil eines Fahrrades. Seine Zweckbestimmung erreicht er mit dem Anbau an das Fahrrad. Er wird Bestandteil desselben und verliert damit seine Eigenständigkeit. Eine Schranktür stellt sich als Teil eines Schrankes dar. Mit dem Anbringen der Tür geht der Teilecharakter verloren. Die Tür wird Bestandteil der Hauptware Schrank und verliert damit auch ihre tarifliche Relevanz als Teil.

Obgleich das potenzielle Eingehen einer festen Verbindung mit der Hauptware charakteristisch für Teile ist, gibt es davon Ausnahmen.

BEISPIEL:

Ein Dartspiel besteht aus einer Dartscheibe und den dazugehörigen Wurfpfeilen. Scheibe und Pfeile sind jeweils Bestandteil des Spieles. Folglich kann man bei der alleinigen Einfuhr der Pfeile davon ausgehen, dass es sich um Teile handelt. Auch die Dartpfeile verlieren ihre Eigenständigkeit in tariflicher und tatsächlicher Hinsicht, wenn sie mit der Dartscheibe zu einem vollständigen Spiel kombiniert werden.

Abzugrenzen sind Teile von unvollständigen Waren, bei denen die wesentlichen Beschaffenheitsmerkmale der vollständigen Ware noch vorhanden sind (s. o. Rdnr. E 2027).

Teile müssen in Abgrenzung zum Zubehör nach der Rechtsprechung des EuGH für das Funktionieren der Hauptware unabdingbar sein (z. B. EuGH, Urteil vom 12.12.2013 – C-450/12). Anders formuliert: Wird von der Hauptware ein Teil entfernt, so ist diese nicht mehr voll funktionsfähig (so die ErlKN AV 1 (NEH) RZ 02.0). Dabei darf der Begriff der Funktionsnotwendigkeit aber nicht zu eng gefasst werden. Ausreichend ist, wenn die Hauptware ohne das Teil nicht mehr bestimmungsgemäß funktioniert. E2053

BEISPIEL:

Das Gehäuse eines PCs ist für das bloße Funktionieren des PCs nicht erforderlich, als Schutz vor Staub und Berührungen aber für einen bestimmungsgemäßen Gebrauch erforderlich und damit als Teil anzusprechen.

Der **Teilebegriff** des Tarifes wird ferner durch das Kriterium der Erkennbarkeit charakterisiert. Ein Teil ist im tariflichen Sinne nur dann ein solches, wenn seine Erkennbarkeit und Beziehung zu der dazugehörigen Hauptware zweifelsfrei ist. Diese Erkennbarkeit ist als Tatbestandsmerkmal in mehreren Positionswortlauten und Anmerkungen aufgenommen, dennoch nicht durchgängig ausdrücklich gefordert. Gleichwohl kann die Erkennbarkeit als übergreifendes Kriterium für den Teilebegriff gesehen werden. Problematisch ist allerdings, wenn als Maßstab für diese Erkennbarkeit auf die Fähigkeiten des durchschnittlichen Zollbeamten abgestellt wird (z. B. FG Hamburg, Urteil v. 3.4.2007 - 4 K 206/06). Besonders im Technikbereich ist es nicht ungewöhnlich, dass für den Fachmann eindeutig erkennbare Teile für den Laien nicht definierbar sind. Damit wäre Raum für ein Abweichen von der objektiven Warenbeschaffenheit gegeben, indem die tarifliche Einreihung erheblich von den subjektiven Fähigkeiten und Kenntnissen des jeweiligen Abfertigungsbeamten beeinflusst wird. E2054

Ist das Teil als solches nicht erkennbar, erfolgt eine tarifliche Behandlung nach eigener Beschaffenheit. Das Kriterium der Erkennbarkeit ergibt sich teilweise aus dem Recht selbst, d. h. durch Anmerkungen, durch den Positionswortlaut oder auch durch Auslegungsregelungen innerhalb der Erläuterungen zur KN.

BEISPIELE:

- Anm. 3 Kap. 95 regelt die Einreihung für Teile und Zubehör, die erkennbar ausschließlich oder hauptsächlich für Waren dieses Kapitels bestimmt sind.
- Anm. 2 b) Kap. 90 fordert als Anwendungsvoraussetzung, dass Teile nach ihrer Beschaffenheit ausschließlich oder hauptsächlich für eine bestimmte Maschine, einen bestimmten Apparat oder ein bestimmtes Gerät oder Instrument oder für mehrere Maschinen, Apparate, Geräte oder Instrumente der gleichen Position bestimmt sein müssen. Diese geforderte Zugehörigkeit zu einer jeweiligen Hauptware ist gleichwohl nur gegeben, wenn das Teil in seinen spezifischen Eigenschaften erkennbar ist.
- Bei Teilen von Waren des Kap. 94 wird die Erkennbarkeit nicht durch die Nomenklatur selbst gefordert. Hier existiert eine entsprechende Regelung in den ErlKN Kap. 94 (HS) RZ 18.0.

E2055 Abweichend von den Teilen wird **Zubehör** dadurch charakterisiert, dass es seine Eigenständigkeit behält. Die ebenfalls vorhandene Beziehung zu einer Hauptware drückt sich darin aus, dass vermittels des Zubehörs die Verwendung der Hauptware erleichtert, erweitert oder gar erst ermöglicht wird (vgl. ErlKN AV 1 (NEH) RZ 03.0). Zubehör wird allerdings grundsätzlich kein Bestandteil der Hauptware.

Der EuGH fordert in diesem Zusammenhang, dass das Zubehör die Hauptware für die Ausführung einer bestimmten Arbeit geeignet macht, seine Verwendungsmöglichkeiten erweitert oder es in die Lage versetzt, eine im Zusammenhang mit seiner Hauptfunktion stehende Sonderarbeit auszuführen (vgl. u. a. EuGH v. 16.6.2011 - C-152/10, Unomedical). Die Kommission hat gestützt auf diese – auf die ErlKN Pos. 8473 (HS) RZ. 03.0 zurückgehende Definition - in diversen Einreihungsverordnungen die Einreihung von Waren als Zubehör abgelehnt, die die Anwendung der Hauptware nur verbessern bzw. erleichtern.

BEISPIEL:

Mit der DVO (EU) Nr. 874/2014 v. 8.8.2014 (Abl. EU Nr. L 240/6, abgedruckt auch in ErlKN Pos. 8708 (EE) RZ. 67.0 ff) wird die Ansprache einer Schneekette als Zubehör eines PKW ausgeschlossen, da diese lediglich die Funktion der Lauffläche des Reifens beim Fahren auf Schnee verbessere, den PKW aber nicht für die Ausführung einer bestimmten Arbeit geeignet macht, noch seine Verwendungsmöglichkeiten erweitert oder es in die Lage versetzt, eine im Zusammenhang mit seiner Hauptfunktion stehende Sonderarbeit auszuführen.

Eine solche Auslegung des Begriffs Zubehör durch EuGH und KOM erscheint als zu eng. Auch Waren, die die Verwendung einer Hauptware verbessern oder erleichtern, sind nach dem allgemeinen Verständnis des Begriffs Zubehör. Eine Definition des Zubehörs findet man für den Bereich des Zivilrechts in § 97 BGB: *„Zubehör sind bewegliche Sachen, die, ohne Bestandteile der Hauptsache zu sein, dem wirtschaftlichen Zweck der Hauptsache zu dienen bestimmt sind und zu ihr in einem dieser Bestimmung entsprechenden räumlichen Verhältnisse stehen. Eine Sache ist nicht Zubehör, wenn sie im Verkehr nicht als Zubehör angesehen wird.“* Wenngleich diese Definition des bürgerlichen Rechts in einem völlig anderen rechtlichen Kontext steht und damit nicht unmittelbar

Anwendung finden darf, gibt sie doch hilfsweise definitorische Anhaltspunkte, die nicht im Widerspruch zu zolltariflichen Zwecken stehen.

Auch wenn Teile und Zubehör tariflich oft gleichbehandelt werden, ergibt sich in bestimmten Fällen ein Differenzierungserfordernis, welches die Notwendigkeit von Abgrenzungskriterien nach sich zieht.

Namentlich bei der Einreihung in Unterpositionen ist nicht selten zu entscheiden, ob es sich um ein Teil oder ein Zubehör handelt. In der Konsequenz sind dann unterschiedliche Codenummern zutreffend, was letztlich Ausdruck in unterschiedlichen Abgabensätzen finden kann.

Die Einreihung von Teilen und Zubehör muss unter Berücksichtigung der verschiedenen Möglichkeiten erfolgen, nach denen diese in der Nomenklatur erfasst sind. Vorab ist immer zu prüfen, zu welcher Hauptware das betreffende Teil oder Zubehör gehört. Zu beachten ist hierbei, dass grundsätzlich immer die tariflich nächsthöhere Ware die Hauptware sein wird. In diesem Zusammenhang spricht man auch vom **Prinzip der primären Zweckbestimmung**. E2056

BEISPIEL:

Ein Zylinderkopf für einen Rasenmäher ist nicht Teil eines Rasenmähers, sondern Teil eines Verbrennungsmotors.

Mit der Ermittlung der Hauptware erschließt sich die Möglichkeit der gezielten Weiterführung notwendiger Einreihungsschritte. Differenziert bestehen nun folgende Alternativen der Erfassung von Teilen und Zubehör in der Nomenklatur:

Teile bzw. Zubehör sind im Wortlaut der Position für die Hauptware mit enthalten:

BEISPIELE:

- Pos. 8443 „... Kopiergeräte ...; Teile und Zubehör für diese Maschinen ..."
- Pos. 9003 „Fassungen für Brillen oder für ähnliche Waren sowie Teile davon".
- Pos. 9401 „Sitzmöbel... und Teile davon".
- Pos. 9614 „Tabakpfeifen (einschl. Pfeifenköpfe), Zigarren- und Zigarettenspitzen und Teile davon".

Teile bzw. Zubehör sind in einer eigenen Position (im gleichen Kapitel wie die Hauptware) enthalten:

BEISPIELE:

- Pos. 8473 „Teile und Zubehör (ausgenommen Koffer, Schutzhüllen und dergleichen) erkennbar ausschließlich oder hauptsächlich für Maschinen oder Apparate der Positionen 8469 bis 8472 bestimmt".
- Pos. 8714 „Teile und Zubehör für Fahrzeuge der Positionen 8711 bis 8713".

Die Einreihung von Teilen bzw. Zubehör erfolgt auf Grundlage einer Anmerkung:

BEISPIELE:

Anm. 2 ABS XVI „Teile von Maschinen ... sind nach folgenden Regeln einzureihen..."

Anm. 3 Kap. 95 „Vorbehaltlich der verstehenden Anmerkung 1 werden Teile und Zubehör, die erkennbar ausschließlich oder hauptsächlich für Waren dieses Kapitels bestimmt sind, wie diese Waren eingereiht."

Die Einreihung von Teilen bzw. Zubehör erfolgt nach eigener Beschaffenheit.

BEISPIEL:

Einzureihen ist ein Mast für ein Sportboot, vollständig aus Holz bestehend. Unter Berücksichtigung der Hauptware (Wasserfahrzeug) wäre zunächst Kap. 89 zu prüfen. Dabei kann festgestellt werden, dass weder die Position der Hauptware noch eine gesonderte Position Teile expressis verbis aufnehmen. Ebenso erfolgt keine Regelung über eine Anmerkung. In diesem Fall muss nun die Einreihung nach eigener Beschaffenheit vorgenommen werden. Unter Berücksichtigung des Stoffes wäre folglich hier Kap. 44 (Waren aus Holz) zu prüfen.

Auch bei jeder Einreihung von Teilen oder Zubehör ist zu prüfen, ob nicht eine **Konkurrenz zu anderen Positionen** besteht, die über die AV 3 aufgelöst werden muss.

BEISPIEL:

Ein Reifen für ein Spielfahrzeug der Pos. 9503 ist zwar zweifelsfrei Teil dieses Fahrzeuges, gleichwohl trifft aber auch die Pos. 4011 zu. Die Auflösung dieser Konkurrenz erfolgt über die Anwendung der AV 3 a). Der Wortlaut der Pos. 4011 („Luftreifen aus Kautschuk, neu“) beschreibt die Ware wesentlich genauer als Pos. 9503, die letztlich nur mit Hilfe der Anm. 3 Kap. 95 anwendbar ist. Damit bleibt als Ergebnis eine Einreihung unter Pos. 4011.

E2057 Eine Besonderheit der Teileeinreihung ist bei sog. **Teilen mit allgemeiner Verwendungsmöglichkeit** zu beachten. Dabei handelt es sich um Teile, die in der Anm. 2 ABS XV aufgeführt sind. Konkret betrifft dies alle Arten von Schrauben, Federn, Beschlägen usw. Die lückenlose Aufzählung dieser Warengruppe ist deshalb wichtig, weil in mehreren Kapiteln Teile mit allgemeiner Verwendungsmöglichkeit ausgewiesen werden. Im Ergebnis erfolgt dann deren Einreihung nach eigener Beschaffenheit. Solche Ausweisungen findet man z. B. in Anm. 1 g) ABS XVI oder in Anm. 1 d) Kap. 94. Die Bezeichnung „allgemeine Verwendungsmöglichkeit“ ist in diesem Zusammenhang gelegentlich irreführend. Ein Teil mit allgemeiner Verwendungsmöglichkeit liegt auch dann vor, wenn das Teil aufgrund seiner Beschaffenheit eindeutig nur für eine bestimmte Hauptware verwendbar ist.

BEISPIEL:

Beschläge aus unedlem Metall, die nur für ein bestimmtes Möbel der Pos. 9403 Verwendung finden können, werden nicht als Teil dieses Möbels in Pos. 9403 eingereiht, sondern unter Berücksichtigung der Anm. 2 ABS XV in die Pos. 8302. Um dies einreihungstechnisch vollziehen zu können, werden durch Anm. 1d) Kap. 94 Teile mit allgemeiner Verwendungsmöglichkeit i. S. der Anm. 2 ABS XV aus Kap. 94 ausgewiesen.

7. Einreihungsvorgang

E2058 Die tarifliche Einreihung wird in Art. 57 Abs. 1 UZK inhaltlich bestimmt. Danach stellt diese die Bestimmung der für die betreffende Ware maßgeblichen Unterposition oder der weiteren Unterteilung der Kombinierten Nomenklatur dar. Dabei können diese UPos. auch zu anderen als zolltariflichen Maßnahmen erstellt worden sein, wie Art. 57 Abs. 2 UZK klarstellt. Eine genaue Definition der tariflichen Einreihung hat rechtliche Bedeutung. Indem darunter auch die Feststellung der zutreffenden UPos. über die Warenlinien der KN hinausfallen kann, ist eine Bindungswirkung einer verbindlichen Zolltarifauskunft gem. Art. 33 Abs. 2 UZK auch über die achtstellige KN hinaus möglich.

Die **Einreihung** von Waren in den Zolltarif ist inhaltlich und technisch ein Subsumtionsvorgang. Er entspricht den Grundsätzen einer jeden Subsumtion, besitzt aber aufgrund des zolltariflichen Gegenstandes einige Spezifika:

- Der Sachverhalt ist im Gegensatz zu anderen juristischen Disziplinen keine Handlung, sondern die einzureihende Ware mit ihren tariflich relevanten Merkmalen.
- Den rechtlichen Tatbestand bilden im Zolltarifrecht die Wortlaute der Positionen und Unterpositionen sowie die dazugehörigen Anmerkungen zu den Abschnitten und Kapiteln sowie Anmerkungen zu den Unterpositionen und zusätzliche Anmerkungen. Diese primären Merkmale eines tariflichen Tatbestandes werden ergänzt durch ggf. anzuwendende Allgemeine Vorschriften. Die Allgemeinen Vorschriften 1 und 6 sind dabei immer anzuwenden.
- Die jeweils zutreffende Rechtsfolge stellt sich gem. Art. 57 Abs. 1 UZK zunächst als die ermittelte Unterposition der KN bzw. der weiteren Unterteilung (z. B. TARIC) dar. Gemäß Art. 57 Abs. 3 UZK dient diese sodann der Anwendung der daran geknüpften tarifären Maßnahmen, insbesondere der in der Kombinierten Nomenklatur aufgenommenen Regelzollsätze gem. Art. 56 Abs. 3 c) UZK, aber auch weiterer tarifärer Maßnahmen wie Präferenzzölle (Art. 56 Abs. 3 d) und e) UZK), Zollkontingente und Zollaussetzungen (Art. 56 Abs. 3 f) UZK) und zolltariflicher Abgabenbegünstigungen z. B. im Rahmen der Endverwendung (Art. 56 Abs. 3 g) UZK), sowie sonstiger zolltariflicher Maßnahmen, wie z. B. Antidumpingzölle (Art. 56 Abs. 3 h) UZK). Aus dem EZT bei den einzelnen Codenummern weiterhin zu entnehmende Maßnahmen, wie etwa der Verweis auf VuB oder außenwirtschaftsrechtliche Genehmigungspflichten, sind indes keine tariflichen Rechtsfolgen, da sich diese Maßnahmen nicht aus dem Tarif selbst, sondern aus einer Vielzahl anderer Vorschriften ergeben.

Für die Einreihung als juristischen Subsumtionsvorgang sind logisch aufeinander abgestimmte **Schrittfolgen** zweckmäßig: E2059

ABB. 33: Methodische Schritte bei der Einreihung von Waren in den Zolltarif

1. Allgemeine Bewertung der Ware
2. Warenansprache nach Zweck und Stoff
3. Auswahl der in Betracht kommenden Bereich der Nomenklatur
4. Feststellung einer Position im favorisierten Kapitel
5. Ausschluss weiterer Bereiche der Nomenklatur / Feststellung einer Konkurrenzposition
6. Gegebenenfalls Auflösung einer Positionskonkurrenz
7. Feststellung der Codenummer

- **Allgemeine Bewertung der Ware:** In diesem ersten Schritt ist die Ware in ihrem grundsätzlichen Charakter zunächst hypothetisch zu bestimmen. So könnten z. B. besondere Warenmerkmale vorliegen wie E2060
  - Teilecharakter
  - unvollständige oder unfertige Ware

- zerlegte oder noch nicht zusammengesetzte Ware
- Warenzusammenstellung
- aus verschiedenen Stoffen oder Bestandteilen zusammengesetzte Ware

Darüber hinaus ist in manchen Fällen die Frage entscheidend, ob es sich tatsächlich um eine Wareneinheit handelt oder ob eine Warenmehrheit vorliegt.

E2061 **Warenansprache:** Eine vorliegende Ware ist tarifgerecht anzusprechen. Dabei ist zwischen der Warenansprache nach dem Zweck und jener nach der stofflichen Beschaffenheit zu differenzieren. Die Warenansprache folgt damit den Kriterien für die Warenerfassung in der Nomenklatur.

BEISPIEL:

Einzureihen ist ein Wohnzimmertisch aus Holz:

- Warenansprache
- nach Zweck: Möbel,
- nach Stoff: Ware aus Holz,
- nach Zweck und Stoff: Möbel aus Holz

Auf Grundlage der Warenansprache kann nun der nächste Schritt vollzogen werden:

- **Auswahl der** in Betracht zu ziehenden **Abschnitte oder Kapitel**. Bei o. g. Beispiel wären das:
- Warenansprache nach Zweck – Möbel – Kapitel 94.
- Warenansprache nach Stoff – Ware aus Holz – Kapitel 44.
- Die Warenansprache nach Zweck und Stoff wird erst auf der Gliederungsstufe der Unterpositionen relevant.

E2062
- Im nächsten Schritt sind die in Betracht kommenden Positionen zu ermitteln. Hier ist es vorteilhaft, mit der **Feststellung der Positionen** im Zweckkapitel zu beginnen. Dem liegt die pragmatische Überlegung zugrunde, dass in den meisten Fällen Zweck vor Stoff geht, d. h. die Zweckposition letztlich zutreffend sein wird. Dabei handelt es sich zwar um keinen juristisch verbindlichen Grundsatz, wohl aber um eine Art Auslegungsregel für die AV 3 a).

  Die Positionsermittlung impliziert die gründliche Prüfung aller relevanten Warenmerkmale. Dem folgt die Prüfung der zutreffenden Anmerkungen. Das können je nach Sachverhalt definitorische Anmerkungen, Anmerkungen mit zusätzlich zu erfüllenden Warenmerkmalen, Zuweisungsregelungen oder in fast jedem Fall Ausweisungsanmerkungen sein. Vermittels dieser Subsumtionsschritte wird die in Betracht gezogene Position bestätigt oder ausgeschlossen.

  Bezogen auf o. g. Beispiel trifft die Pos. 9403 zu, sofern der Wohnzimmertisch die zusätzlichen Voraussetzungen der Anm. 2 Kap. 94 erfüllt, also dazu bestimmt ist, auf den Boden gestellt zu werden. Eine Ausweisung dieser Ware erfolgt gemäß Anm. 1 Kap. 94 nicht. Weitere Anmerkungen sind nicht zutreffend.

  Die **Prüfung des Stoffkapitels** kann zunächst vereinfacht erfolgen, wenn bereits eine Position im Zweckbereich bestätigt wurde. Liegt eine Ausweisung von Waren des bereits als zutreffend ermittelten Zweckkapitels vor, ist eine Position im Stoffbereich ausgeschlossen. Ist das nicht der Fall, sind die gleichen Subsumtionsvorgänge zu vollziehen wie bereits im Zweckbereich geschehen. Wird auch im Stoffbereich eine Position bejaht, liegt eine Positionskonkurrenz vor, die nach den Regeln der Allgemeinen Vorschrift 3 aufzulösen ist.

Bei dem gewählten Beispielsachverhalt werden gemäß Anm. 1 o) Kap. 44 Waren des Kap. 95 aus Kap. 44 ausgewiesen. Damit trifft keine Position im Stoffbereich zu.

- Nach einer zweifelsfreien Ermittlung der zutreffenden Position kann die **Codenummer** festgestellt werden. Dabei sind grds. die gleichen Techniken anzuwenden.

(Einstweilen frei) E2063–E2065

8. Verbindliche Zolltarifauskünfte

Bei der Einfuhr von Waren ist es für den Einführer von Bedeutung, die damit verbundenen Kosten zu kalkulieren und weitere rechtliche Modalitäten zu kennen. Insofern besteht vor Abschluss der entsprechenden Verträge oft das Bedürfnis nach entsprechenden Informationen. Resultierend aus dem Umstand, dass die verschiedensten Einfuhrmaßnahmen differenziert nach dem Warenschema der Tarifnomenklatur festgelegt werden, ist die tarifliche Einreihung der Ware hierbei ein maßgeblicher Faktor. E2066

Die zutreffende Unterposition oder auch Codenummer kann in Vorbereitung von Außenhandelsaktivitäten über eine verbindliche Zolltarifauskunft eingeholt werden. Dabei handelt es sich um ein traditionelles Institut des deutschen Zollrechts, das im Kern in der gesamten EU übernommen wurde. In Deutschland gibt es vZTA bereits seit Beginn des vergangenen Jahrhunderts.

Verbindliche Zolltarifauskünfte sind **Entscheidungen** i. S. von Art. 5 Nr. 39 UZK. Die verbindliche Zolltarifauskunft wird mit Art. 33 und 34 UZK daher im Zusammenhang mit den zollrechtlichen Entscheidungen im Titel III des UZK geregelt, weist aber bezüglich des Erteilungsverfahrens und der Verwaltung der Entscheidung einige Besonderheiten auf. E2067

Die **Erteilung verbindlicher Zolltarifauskünfte** erfolgt auf Antrag (Art. 33 Abs. 1 UZK). Dieser erfolgt grds. elektronisch, in Deutschland über das Bürger- und Geschäftskundenportal der Zollverwaltung. E2068

Wahlweise kann dieser Antrag bei der Zollbehörde des Mitgliedstaates, in dem die betreffende Auskunft verwendet werden soll oder in dem der Antragsteller ansässig ist, gestellt werden (Art. 19 Abs. 1 UZK-DelVO).

Die vZTA bezieht sich jeweils auf eine Ware, wobei Art. 16 Abs. 2 UZK-DVO zulässt, dass sich der Antrag auch auf Waren bezieht, die ähnliche Eigenschaften aufweisen und zwischen denen keine für ihre zolltarifliche Einreihung relevanten Unterschiede bestehen. Im Antrag muss die Ware mit allen einreihungsrelevanten Merkmalen bezeichnet sein. Vielfach wird dabei die Einreichung eines Musters oder einer Probe zweckmäßig sein.

Der Antrag wird nicht angenommen, wenn der Antragsteller bereits einen Antrag zu der gleichen Ware bei derselben oder einer anderen Zollbehörde gestellt hat oder wenn der Antragsteller nicht beabsichtigt, die vZTA in Anspruch zu nehmen (Art. 33 Abs. 1 UA 2 UZK). Letzteres ist insbesondere dann gegeben, wenn sich der Antrag nicht auf eine tatsächlich beabsichtigte Ein- oder Ausfuhr bezieht. Für Zwecke der nationalen Umsatzsteuer dürfen somit keine vZTA erteilt werden. Hier sind lediglich unverbindliche Auskünfte möglich, die nicht den Charakter eines Verwaltungsaktes bzw. einer Entscheidung i. S. von Art. 5 Nr. 39 UZK haben.

Die Frist zur Annahme des Antrags auf Erteilung der vZTA beträgt gem. Art. 22 Abs. 2 UZK 30 Tage. Die 120-tägige Entscheidungsfrist des Art. 22 Abs. 3 UA 1 UZK kann im Falle der vZTA um mehr als 30 Tage verlängert werden, wenn zeitaufwändige Analysen nicht vorher abgeschlossen werden können (Art. 20 Abs. 2 UZK-DelVO). Bei Einreihungsdifferenzen zwischen den Zollbehörden der Mitgliedsstaaten, die zunächst von der Kommission ausgeräumt werden müssen (vgl. Art. 23 UZK-DVO), wird der Erlass von betroffenen vZTA-Entscheidung gem. Art. 34 Abs. 10 UZK von der Kommission ausgesetzt und die Entscheidungsfrist gemäß Art. 20 Abs. 1 UZK-DelVO um bis zu 15 Monate verlängert.

E2069 Mit der Auskunft erfolgt eine Bindung der Zollbehörde hinsichtlich der zolltariflichen Einreihung der Ware (Art. 33 Abs. 2 UZK). Diese Bindungswirkung erstreckt sich gem. Art. 26 UZK auf alle Zollbehörden innerhalb der EU. Dabei ist es von der Antragstellung abhängig, bis zu welcher Stelle der im Regelfall elfstelligen Codenummer die Auskunft erteilt wird. Bedeutsam ist in diesem Zusammenhang die Regelung des Art. 57 UZK, die den Begriff der zolltariflichen Einreihung umschreibt. Diese ist demnach die Bestimmung der Unterposition oder der weiteren Unterteilung der Kombinierten Nomenklatur, der diese Waren zugewiesen werden. Die so bestimmte Unterposition dient sowohl der Anwendung des Gemeinsamen Zolltarifs als auch nichttarifärer Maßnahmen. Insoweit wird hier die Rolle der vZTA über die reine Abgabenseite hinaus erweitert. Auskunft wird nur über eine Codierung, nicht über die daran geknüpfte Maßnahme erteilt. Das ist schon allein deshalb zweckmäßig, weil gerade der Maßnahmenteil relativ häufigen Änderungen unterliegen kann, was dann wiederum die Ungültigkeit der Auskunft zur Folge hätte. Andererseits ist der Inhaber der vZTA-Entscheidung mit der Auskunft in der Lage, aufgrund der bekannt gegebenen Codierung die aktuellen Maßnahmen in den entsprechenden Rechtsvorschriften nachzulesen. Um von der Bindungswirkung der vZTA im Rahmen eines Zollverfahrens profitieren zu können, muss der Inhaber der Entscheidung aber nachweisen, dass die angemeldete Ware in jeder Hinsicht der in der vZTA beschriebenen Ware entspricht, Art. 33 Abs. 4 UZK.

Die Bindungswirkung der vZTA trifft gem. Art. 33 Abs. 2 UZK aber auch den Inhaber der Entscheidung selbst. Diesem ist damit nicht frei gestellt, eine ihm ungünstige vZTA bei einer Zollanmeldung unberücksichtigt zu lassen. Er ist vielmehr gem. Art. 20 UZK-DVO verpflichtet, bei Erfüllung der Zollformalitäten die Referenznummer der ihm erteilten vZTA anzugeben.

Zeitlich greift die Bindungswirkung erst für Zollformalitäten, die nach dem Zeitpunkt des Wirksamwerdens erfüllt werden.

Die Gültigkeit der vZTA beträgt grds. 3 Jahre (Art. 33 Abs. 3 UZK). Für diesen Zeitraum besteht für den Inhaber der Entscheidung die angestrebte Bindungswirkung. Unter bestimmten, in Art. 34 UZK geregelten Voraussetzungen kann eine vZTA jedoch bereits zu einem früheren Zeitpunkt ungültig, widerrufen oder zurückgenommen werden. E2070

Die Ungültigkeit tritt kraft Gesetz ein, wenn die vZTA aufgrund einer **Änderung der Nomenklatur** oder des **Erlasses einer Einreihungs-VO** nicht mehr rechtmäßig ist (Art. 34 Abs. 1 UZK). Maßgeblicher Zeitpunkt für die Ungültigkeit ist das Inkrafttreten der Rechtsänderung.

Abweichend von den allgemeinen Regelungen zur Rücknahme begünstigender Entscheidungen (Art. 27 UZK) erfolgt bei der vZTA eine **Rücknahme**, wenn sie auf unrichtigen oder unvollständigen Informationen des Antragstellers beruht (Art. 34 Abs. 4 UZK). Demgegenüber fordert Art. 27 UZK als subjektive Voraussetzung die Kenntnis des Antragstellers über diese Unrichtigkeit oder Unvollständigkeit. Die Rücknahme erfolgt gem. Art. 27 Abs. 3 UZK rückwirkend zum Zeitpunkt des Wirksamwerdens der vZTA.

Der **Widerruf** einer vZTA-Entscheidung ist gem. Art. 34 Abs. 5 UZK nach den allgemeinen Regeln gem. Art. 23 Abs. 3 UZK, Art. 28 Abs. 1 a) UZK durch die Zollbehörden, nicht jedoch auf Antrag des Inhabers der Entscheidung möglich. Der Widerruf wird mit Zustellung wirksam, Art. 22 Abs. 4 UZK.

Änderungen in der Auslegung der Nomenklatur, etwa in Form von Erläuterungen, Tarifavisen oder Urteilen des EuGH, die dazu führen, dass die erteilte vZTA mit dieser Auslegung nicht mehr vereinbar ist, führen gem. Art. 34 Abs. 7 UZK zum Widerruf der vZTA durch die Zollbehörden mit Wirkung zum Zeitpunkt der Veröffentlichung der Maßnahme im Amtsblatt.

Eine Änderung der vZTA ist ebenso wie eine Neubewertung der Entscheidung nicht möglich (Art. 34 Abs. 6 UZK, Art. 22 UZK-DelVO).

Der mit der vZTA gewährte **Vertrauensschutz** führt zu weiteren Besonderheiten im Zusammenhang mit dem Eintritt einer evtl. Ungültigkeit. So kann eine Anwendung der vZTA durch den Inhaber der Entscheidung bis zu 6 Monaten nach dem maßgeblichen Zeitpunkt für den Eintritt der Ungültigkeit bei Erlass einer Einreihungs-VO bzw. des Widerrufs der vZTA, wenn in objektiv bedingter Unkenntnis einer späteren Ungültigkeit oder des Widerrufs Verträge über den Kauf oder Verkauf der betreffenden Ware abgeschlossen wurden (Art. 34 Abs. 9 UZK). Mit dieser Regelung wird berücksichtigt, dass der Vertragsabschluss möglicherweise aufgrund einer auf die vZTA gestützten günstigen Abgabenbelastung überhaupt erst durchgeführt wurde. Möchte der Inhaber der vZTA diese auch nach Eintritt der Ungültigkeit nutzen, weil er im Vertrauen auf deren Richtigkeit bereits Verträge abgeschlossen hat, muss er einen entsprechenden Antrag stellen. Die Zollbehörde hat dann die Möglichkeit, die Voraussetzungen für den Vertrauensschutz zu überprüfen und teilt ihre Entscheidung über die verlängerte Verwendungsdauer unverzüglich, spätestens aber innerhalb von 30 Tagen nach Eingang aller relevanten Informationen mit. E2071

Da vZTA Entscheidungen darstellen, ist die Einlegung eines **Rechtsbehelfes** möglich. Wird einem Einspruch bei der zuständigen Zollbehörde nicht stattgegeben, besteht die Möglichkeit, das zuständige Finanzgericht anzurufen. Die Verpflichtung des Inhabers E2072 der Entscheidung, die angefochtene vZTA zu benutzen entfällt nur, sofern gem. Art. 45 Abs. 2 UZK Aussetzung der Vollziehung beantragt und gewährt wurde.

BEACHTE:

Gültige vZTA aller Mitgliedsstaaten der EU können über die EBTI-Datenbank, die im EZT-Online über den Link „Recherche" sowie „EVZTA" aufgerufen werden kann, recherchiert werden.

9. Kontrollfragen

		Rdnr.	
1.	Aus welchen zwei Grundbestandteilen besteht ein Zolltarif?	E2002	☐
2.	Was bedeuten die Begriffe „Wertzoll", „spezifischer Zoll" und „Mischzoll"?	E2003	☐
3.	Welche ist die unionsrechtliche Grundlage des Gemeinsamen Zolltarifs?	E2007	☐
4.	Woraus ergeben sich die elf Stellen einer Codenummer?	E2008	☐
5.	Wie ist das Zolltarifschema formell und inhaltlich gegliedert?	E2009	☐
6.	Welche rechtliche Relevanz haben die ErlKN?	E2013	☐
7.	Welche Bedeutung haben die Allgemeinen Vorschriften?	E2017	☐
8.	Welches sind die Hauptaussagen der AV 1?	E2018	☐
9.	Welche Arten von Anmerkungen lassen sich nach ihrer Funktion unterscheiden?	E2019	☐
10.	Was versteht man unter der Subsidiarität der Allgemeinen Vorschriften?	E2020	☐
11.	Was regelt die AV 6?	E2024	☐
12.	Was versteht man unter unvollständigen, unfertigen und noch nicht zusammengesetzten Waren im Sinne der AV 2 a)?	E2027 ff.	☐
13.	Welche Funktion erfüllt die AV 2 b)?	E2030	☐
14.	In welcher Reihenfolge sind die Regelungsinhalte der AV 3 zu prüfen?	E2035	☐
15.	Für welche Arten von Waren ist eine Einreihung gem. AV 3 a) nie möglich?	E2036	☐
16.	Was versteht man unter Mischungen, zusammengesetzten Waren aus verschiedenen Bestandteilen / aus verschiedenen Stoffen?	E2038 ff.	☐
17.	Wann liegt eine Warenzusammenstellung i. S. d. AV 3 b) vor?	E2044	☐
18.	Welche Kriterien sind zur Bestimmung des charakterverleihenden Stoffs/Bestandteils heranzuziehen?	E2045	☐

19.	Was ist der Regelungsgehalt der AV 5?	E2049	☐
20.	Was bedeutet Einreihung?	E2058	☐
21.	Welche methodischen Schritte sind für die Einreihung zweckmäßig?	E2059	☐
22.	Was ist unter Teilen und Zubehör zu verstehen?	E2051 ff.	☐
23.	Wie sind Teile und Zubehör im Zolltarif erfasst?	E2056	☐
24.	Welchen rechtlichen Charakter haben verbindliche Zolltarifauskünfte (vZTA)?	E2067	☐
25.	Kann eine vZTA auch für Zwecke der nationalen Umsatzsteuer beantragt werden?	E2068	☐
26.	Welche Bindungswirkung entfaltet die vZTA?	E2069	☐
27.	Wie lange ist eine vZTA grundsätzlich gültig? Unter welchen Voraussetzungen kann sie vorzeitig ungültig werden?	E2070	☐
28.	Gewährt eine vZTA-Entscheidung dem Inhaber Vertrauensschutz auch nach einem vorzeitigen Ungültigwerden?	E2071	☐

III. Zollwert

Schrifttum:

Bianchi/Marino, The Customs Valuation Treatment of Advertisement with regard to Imported Goods, GTCJ 2015, 407 ff.; *Felderhoff,* Hinzurechnung von Lizenzgebühren zum Zollwert, AW-Prax 2017, 220 ff.; *Felderhoff,* Beförderungskosten im Zollwertrecht, AW-Prax 2017, 378 ff.; *Felderhoff,* Schadhaftigkeit von Waren im Zollwertrecht, AW-Prax 2018, 201 ff.; *Forster,* Kosten für Qualitätskontrollen – Stets ein Bestandteil des Zollwertes?, AW-Prax 2015, 62 ff.; *Graf von Bernstorff,* Die neue Lieferbedingung „DPU – Geliefert benannter Ort entladen (Incoterms 2020)“, AW-Prax 2019, 349 ff.; Graf von Bernstorff, Incoterms 2020 der Internationalen Handelskammer, Kommentar, 2020; *Henke,* Russischer Honig, AW-Prax 2001, 312 f.; *Jung,* Gestaltungsmöglichkeiten und Risiken bei Einfuhrgeschäften mit vereinbarter Lieferklausel „frei Haus/verzollt“ (DDP), ZfZ 2010, 225 ff.; *Kock,* Die zollwertrechtliche Behandlung von Rabatt und Skonto, ZfZ 2009, 10 ff.; *Krüger,* Das 5th Avenue Urteil des EuGH und die zollwertrechtliche Beurteilung von Zahlungen für Vertriebsrechte, ZfZ 2021, 76 ff.; *Masorsky/Schoppe/Stumpf,* Verrechnungspreis und Zollwert, BB 2013, 279 ff.; *Möller,* Gedanken weiterhin zoll- und umsatzsteuerfrei?, AW-Prax 2001, 465 f.; *Möller,* Verrechnungspreis und Zollwert, 2004, zugleich Diss. rer. pol. Freiburg 2004; *Möller,* Verrechnungspreis und Zollwert, AW-Prax 2005, 248 ff.; *Möller,* Verrechnungspreis und Zollwert – Weiter ein Dilemma?, ZfZ 2014, 147 ff.; *Möllenhoff/Landmeyer,* EuGH-Vorlage: Software als Beistellung, AW-Prax 2019, 388 f.; *Rinnert,* Zollwertrechtliche Durchführungsregelungen zum Unionszollkodex, ZfZ 2015, 142 ff.; *Rinnert,* Das neue Zolllager und seine zollwertrechtlichen Gestaltungsmöglichkeiten, ZfZ 2016, 149 ff.; *Rinnert,* Die wesentlichen Neuerungen im Zollwertrecht, ZfZ 2017, 139 ff.; *Ritz,* Konsequenzen der Lieferbedingung „DDP“ für Zoll und Umsatzsteuer, AW-Prax 2015, 115 ff.; *Sachs,* Heimliche Kehrtwende im Zollrecht, AW-Prax 2012, 392 ff.; *Schwemin,* Verrechnungspreis: Zollwertbestimmung und Verrechnungspreise? Der jüngste Leitfaden der World Customs Organization (WCO) – Inhalt und Nutzen der Ausführungen der WCO, IStR 2016, 224 ff.; *Thaler,* Rechtliche und praktische Probleme bei der grenzüberschreitenden Nutzung von Urheberrechten im Rahmen der Zollwertermittlung, ZfZ 2014, 209 ff.; *Tomuscheit/Fritzinger,* Werbung und Zollwert, AW-Prax 2013, 210 ff.; *Traub,* Zollwertermittlung bei Verbundenheit, AW-Prax 2016, 222 ff.; *Traub,* Einführung ins Zollwertrecht, AW-Prax 2019, 255 ff., 339 ff.; *Vonderbank,* Preisbeeinflussung durch Verbundenheit, AW-Prax 2002, 311 ff.; *Vonderbank,* Zollwertrechtliche Behandlung von Kommissionsgeschäften, AW-Prax 2007, 412 ff.; *Vonderbank,* Zollwertrechtliche Behandlung von Beistellungen,

AW-Prax 2011, 250 ff., 287 ff.; *Vonderbank*, Die Bedeutung von Verrechnungspreisen bei der Zollerhebung, IStR 2016, 329 ff.; *Vonderbank*, Zollwertrechtliche Behandlung von Verrechnungspreisanpassungen, ZfZ 2017, 170 ff.; *Vonderbank*, Das zur Zollwertermittlung maßgebende Kaufgeschäft, AW-Prax 2016, 303 ff., AW-Prax 2018, 44 ff.; *Vonderbank*, Zollwertrechtliche Behandlung von Gestaltungskosten für Verpackungen, AW-Prax 2019, 500 ff.; *Vonderbank*, Zollwertermittlung nach der deduktiven Methode, AW-Prax 2019, 381 ff.; *Vonderbank*, Zollwertrechtliche Behandlung von Entwicklungskosten für Software, ZfZ 2019, 369 ff.; *Vonderbank*, Zollwertrechtliche Behandlung von Lizenzgebühren für Know-how, AW-Prax 2020, 493 ff., 545 ff.; *Vonderbank*, Zollwertrechtliche Behandlung von Zahlungen für das Recht auf Alleinvertrieb, ZfZ 2020, 157 ff.; *Wahlig/Mertgen*, Zollwertrelevanz von Markenlizenzzahlungen im Hinblick auf die Neuregelungen des Unionszollkodex (UZK) ab dem 1.5.2016, BB 2016, 791 ff.; *Wemmer*, Hinzurechnung von Forschungskosten als geistige Beistellung nach Art. 71 Abs. 1 Buchst. b Ziff. iv UZK?, ZfZ 2020, 331 ff.; *Witte*, Outsourcing im Zollrecht, AW-Prax 2010, 10 f.; *Witte/Witte*, Lizenzgebühren beim Zollwert, AW-Prax 2014, 319 ff.; *Witte*, Methoden der Zollwertermittlung, AW-Prax 2018, 62 ff.; *Wolffgang*, Zollwertrecht auf der Grundlage der WTO- und WCO-Regeln – unter besonderer Berücksichtigung von Lizenzgebühren und Verrechnungspreisen, ZfZ 2018, 142 ff..

1. Entwicklung des Zollwertsystems

E3000 Die Zollsätze des Zolltarifs sind überwiegend Wertzollsätze. Ein **Wertzollsatz** gibt an, wie viel Prozent Zollabgabe von der Bezugsgröße Zollwert zu erheben ist.

Zum ersten Mal wurden im Allgemeinen Zoll- und Handelsabkommen von 1947 **(GATT 1947)** in Art. VII international einheitliche Wertverzollungsgrundsätze aufgestellt. Hiernach sollte künftig der „wirkliche Wert“ (actual value) der Zollerhebung zugrunde gelegt werden.

Wirklicher Wert ist nach Art. VII Abs. 2 Buchst. b GATT 1947 der Preis, zu dem in dem von der Gesetzgebung des Einfuhrlandes bestimmten Zeitpunkt und Ort diese Waren oder ähnliche Waren im normalen Handelsverkehr unter den Bedingungen des freien Wettbewerbs verkauft oder angeboten werden. Damit war der Weg zu einem theoretischen Wertbegriff gewiesen, der von dem Wert der Ware im Einfuhrland unabhängig war.

Nach der Zielvorstellung in Art. VII GATT 1947 wollte man eine möglichst im Grundsatz gleichmäßige Zollwertbemessung erreichen und verhindern, dass vereinbarte Tarifzugeständnisse durch unterschiedliche Bewertungsmethoden wieder entwertet wurden.

Der erste Versuch, einen einheitlichen Zollwert international zu normieren, erfolgte im Rahmen des Rates für die Zusammenarbeit auf dem Gebiet des Zollwesens („Brüsseler Zollrat“, RZZ; seit 1995 „Weltzollorganisation“, WCO). Das „Brüsseler Zollwertabkommen“ von 1949/1950 ging von einem theoretischen Wertbegriff, dem **„Normalwert“**, aus. Seit 1951 galt diese Wertbestimmung in Deutschland, zuerst aufgrund deutschen Zustimmungsgesetzes (BGBl 1951 I 1952 II 1), dann ab 1968 im Rahmen der EWG (VO [EWG] Nr. 803/68). Obwohl sich bis zu 90 Länder an der Brüsseler Begriffsbestimmung orientierten, konnte sie letztlich keine globale Bedeutung erlangen. Zum einen erwies sich die Festlegung des „Normalpreises“ als so schwierig und streitanfällig, dass selbst Staaten mit gut funktionierender Zollverwaltung große Schwierigkeiten mit der praktischen Anwendung hatten. Zum anderen lehnten die USA, und damit die größte Handelsmacht der Welt, das System ab. Deshalb wurde im Rahmen der Tokio-Runde des GATT (1973–1979) eine neue Bewertungsmethode, der GATT-Zollwertkodex (Übereinkommen zur Durchführung des Art. VII des Allgemeinen Zoll- und Handelsabkommens), ausgearbeitet, die in erster Linie vom **„Transaktionswert“** ausging (s. zu den Vorschriften Wolffgang, ZfZ 2018, 142 ff.). Damit war der internationale Durchbruch geschafft.

Die damalige EWG nahm den **GATT-Zollwertkodex** am 17.3.1980 an (vgl. ABl EG Nr. L 71 S. 107) und setzte ihn durch die Zollwertverordnung (VO [EWG] des Rates Nr. 1224/80) in unmittelbar geltendes Gemeinschaftsrecht um. Der ab 1.1.1994 geltende Zollkodex übernahm die Zollwertverordnung inhaltsgleich. Gleiches gilt jetzt für den Unionszollkodex (UZK) und seine Durchführungsvorschriften (UZK-DelVO und UZK-DVO).

Mit der Fortentwicklung des GATT 1947 zum GATT 1994 im Rahmen der WTO-Gründung wurde das Übereinkommen von 1980 durch das Übereinkommen zur Durchführung des Artikels VII des Allgemeinen Zoll- und Handelsabkommens 1994 vom 15.4.1994 (ABl EG Nr. L 336 S. 119) ersetzt, in der Sache aber nicht wesentlich verändert. Bedeutsam ist nur die stärkere Bindungswirkung geworden. Aufgrund des so genannten „single-package“-Ansatzes der WTO ist jedes WTO-Mitglied grundsätzlich verpflichtet, den GATT-Zollwertkodex anzuwenden. Ausnahmen sind nur noch beschränkt und im Einverständnis möglich (Art. XIII WTO-Übereinkommen).

HINWEIS:

So hat die Schweiz vor ihrem Beitritt zur WTO erklärt, das bisher angewandte Prinzip der Gewichtszollbemessung beizubehalten (s. Nussbaum/Schreier, Totalrevision des schweizerischen Zollgesetzes, AW-Prax 2002, 13 ff.).

Die Fundstellen der maßgeblichen Regeln des in der EU geltenden Zollwertrechts finden sich in **Art. 69 – 76 UZK** und **Art. 71 UZK-DelVO, Art. 127 – 146 UZK-DVO** mit den dazugehörigen Anhängen. Sinn und Zweck des EU-Zollwertrechts ist es, ein gerechtes, einheitliches und neutrales System zu schaffen, das die Anwendung von willkürlichen oder fiktiven Zollwerten ausschließt (EuGH, Urteil v. 19.3.2009 - Rs. C-256/07, Mitsui, ECLI:EU:C:2009:167, ZfZ 2009, 101 ff.; EuGH, Urteil v. 15.7.2010 - Rs. C-354/09, Gaston Schul BV, ECLI:EU:C:2010:439, ZfZ 2010, 238 ff.; EuGH, Urteil v. 16.6.2016 - Rs. C-291/15, EURO 2004 Hungary, ECLI:EU:C:2016:455, StE 2016, 404; EuGH, Urteil v. 20.12.2017 - Rs. C-529/16, Hamamatsu, ECLI:EU:C:2017:984, ZfZ 2018, 68 ff.; EuGH, Urteil v. 20.6.2019 - Rs. C-1/18, Oribalt Riga, ECLI:EU:C:2019:519, ZfZ 2019, 291 ff.; EuGH, Urteil v. 10.9.2020 - Rs. C-509/19, BMW, ECLI:EU:C:2020:694; EuGH, Urteil v. 19.11.2020 - Rs. C-775/19, 5th Avenue, ECLI:EU:C:2020:948, ZfZ 2021, 23 ff.). Wie schwierig diese Aufgabe zu bewältigen ist, zeigt die komplexe Rechtsprechung zum Zollwertrecht.

2. Methoden der Zollwertfeststellung

E3001 Für die Zollwertermittlung nach dem GATT-Zollwertkodex und dem in der EU geltenden Zollwertrecht des UZK stehen **sechs Methoden** zur Verfügung, die in einer vorgegebenen Reihenfolge zu prüfen sind (Art. 70, 74 Abs. 1, Art. 74 Abs. 3 UZK). Wenn der Zollwert aufgrund einer Methode festgestellt worden ist, sind die anderen, noch nicht zum Zuge gekommenen Methoden, nicht mehr zu prüfen. Eine auf den Folgemethoden beruhende Abgabenfestsetzung ist aber dann aufzuheben, wenn das festsetzende Hauptzollamt Zweifel am Transaktionswert hat und das Finanzgericht die Zweifel an diesem nicht teilt (BFH, Beschluss v. 28.07.2010 VII B 270/09, BFH/NV 2010, 2312 f.). Die Zollbehörden haben die grundsätzliche Pflicht, ihre Wahl der entsprechenden Zollwertmethode zu begründen sowie die Daten darzulegen, auf denen sich die Berechnung des Zollwertes der zu bewertenden Waren stützt. Auf diese Weise soll einerseits dem Adressaten die Gelegenheit gegeben werden, seine Rechte unter den bestmöglichen Voraussetzungen geltend machen zu können. Andererseits soll den Gerichten ermöglicht werden, die Rechtmäßigkeit der jeweiligen Entscheidung kontrollieren zu können (EuGH, Urteil v. 9.11.2017 - Rs. C-46/16, LS Customs Services, ECLI:EU:C:2017:839, ZfZ 2018, 62 ff., Anm. Witte, AW-Prax 2018, 62 ff.).

HINWEIS:

Vereinzelt werden GATT-konform abweichende Zollwertbestimmungen im Bereich landwirtschaftlicher Produkte und bei Antidumpingzöllen getroffen. In diesen Fällen kommt es für die Auswirkungen auf dem inländischen Markt nicht so sehr auf den Warenwert, sondern auf die Warenmenge an. Daher können spezifische Zölle nach Gewicht, Volumen, Länge, Alter oder Stück angeordnet werden.

a) Transaktionswert für eingeführte Waren (1. Methode)

E3002 Die 1. Bewertungsmethode geht vom **Transaktionswert** aus und muss stets geprüft werden. Nur wenn sie nicht zur Anwendung kommt, sind die anderen Bewertungsmethoden heranzuziehen (Art. 74 Abs. 1, 74 Abs. 3 UZK). Diese Bewertungsmethode geht zunächst von einem **Verkauf in das Zollgebiet der Union zwischen voneinander unabhängigen Verkäufern und Käufern** aus (Art. 70 Abs. 3 Buchst. d 1. Alt. UZK, Art. 127 UZK-DVO).

BEISPIEL 1:

Der Verkäufer in den USA verkauft dem Käufer in der EU die Waren zu 1 000 €.

► Bei der Zollwertermittlung ist vom Kaufpreis (1 000 €) auszugehen.

Die 1. Bewertungsmethode kommt auch bei einem Kaufgeschäft zwischen abhängigen Parteien zur Anwendung, soweit feststeht, dass auch unabhängige Käufer diesen Kaufpreis zu zahlen haben, die Verbundenheit den Preis also nicht beeinflusst hat (Art. 70 Abs. 3 Buchst. d 2. Alt. UZK).

b) Transaktionswert gleicher Waren (2. Methode)

Soweit die 1. Bewertungsmethode nicht zutrifft, ist die 2. Bewertungsmethode für die Feststellung des Zollwertes heranzuziehen. Dabei sind die Bewertungsmethoden grundsätzlich in der angegebenen Reihenfolge zu prüfen, lediglich bei der 4. und 5. Bewertungsmethode kann der Anmelder die Prüfung in umgekehrter Reihenfolge beantragen (Art. 74 Abs. 1 S. 2 UZK). Diese Methode greift auf vorhandene Zollwerte für eingeführte gleiche Waren zurück (Art. 74 Abs. 2 Buchst. a UZK, Art. 141 UZK-DVO). E3003

Für die Feststellung, ob **gleiche Waren** vorliegen, ist die Definition zum Begriff „gleich" in Art. 1 Abs. 2 Nr. 4 UZK-DVO zu berücksichtigen:

„Waren, die in demselben Land hergestellt sind und in jeder Hinsicht – einschließlich der körperlichen Eigenschaften, der Qualität und des Ansehens – gleich sind. Geringfügige Unterschiede im Aussehen schließen Waren nicht aus, die ansonsten nach der Definition als gleich anzusehen sind."

BEISPIEL 2:

Eine Waschmaschine aus den USA der Marke SUPERWASH wird kostenlos von X eingeführt. Maschinen desselben Typs werden aufgrund eines Kaufgeschäfts auch von Y eingeführt.

Die von X und Y eingeführten Waschmaschinen sind gleiche Waren, da sie typgleich sind.

BEISPIEL 3:

A (USA) liefert kostenlos an B (EU). Gleichzeitig verkauft A die gleiche Ware auch an B.

- Für die kostenlose Lieferung scheidet die 1. Bewertungsmethode aus, weil der Einfuhr kein Kaufgeschäft zugrunde liegt. Die verkaufte Ware erhält ihren Zollwert aber über die 1. Bewertungsmethode. Da für gleiche Waren ein Zollwert bekannt ist, ist dieser Zollwert auch für die kostenlose Lieferung nach der 2. Bewertungsmethode heranzuziehen.

c) Transaktionswert ähnlicher Waren (3. Methode)

Soweit für die Waren aus Beispiel 4 kein Zollwert aus einem Kaufgeschäft für gleiche Waren bekannt ist, gibt sich die 3. Bewertungsmethode auch mit einem Zollwert aus einem Kaufgeschäft für eingeführte **ähnliche (gleichartige) Waren** zufrieden (Art. 74 Abs. 2 Buchst. b UZK, Art. 141 UZK-DVO). Zur Auslegung des Begriffs „ähnlich" ist Art. 1 Abs. 2 Nr. 14 UZK-DVO heranzuziehen: E3004

„Waren, die in demselben Land hergestellt sind und – obwohl sie nicht in jeder Hinsicht gleich sind – gleiche Eigenschaften und gleiche Materialzusammensetzungen aufweisen, die es ihnen ermöglichen, die gleichen Aufgaben zu erfüllen und im Handel austauschbar zu sein; bei der Feststellung, ob Waren als ähnlich anzusehen sind, sind unter anderem die Qualität der Waren, ihr Ansehen und das Vorhandensein eines Warenzeichens zu berücksichtigen."

BEISPIEL 4:

Schirmmützen mit aufgedrucktem Insel Sylt-Symbol werden aus China im Rahmen eines Kaufgeschäfts zwischen A (China) und B (EU) eingeführt; kurze Zeit später liefert A zu Werbezwecken kostenlos gleiche Schirmmützen, jetzt aber mit aufgedruckten Robbenbildern.

- Da die Schirmmützen mit den Robbenbildern kostenlos geliefert werden, entfällt die 1. Bewertungsmethode. Die Schirmmützen sind auch nicht gleich im Sinne des Zollwertrechts, da sie aufgrund des unterschiedlichen Aufdrucks nicht in jeder Hinsicht gleich sind. Sie sind aber ähnlich, da die Mützen die gleichen Aufgaben erfüllen und im Handel austauschbar sind. Die Materialzusammensetzung ist gleich; im Ansehen ist kein Unterschied festzustellen und das Insel Sylt-Symbol ist kein Markenzeichen. Da hier ein Zollwert für ähnliche (gleichartige) Ware bekannt ist, ist dieser Zollwert auch für die kostenlose Lieferung heranzuziehen.

Für die Beurteilung, ob ähnliche Waren vorliegen, ist auf eine umfassende Gesamtbetrachtung verschiedener relevanter Gesichtspunkte der betreffenden Waren (wie z. B. Zusammensetzung, Austauschbarkeit, Marktstellung der Ware und des Herstellers) abzustellen (so der EuGH in Bezug auf die Feststellung der Ähnlichkeit bei Arzneimitteln/Generika, vgl. Urteil v. 20.6.2019 - Rs. C-1/18, Oribalt Riga, ECLI:EU:C:2019:519, ZfZ 2019, 291 ff.). Insbesondere genügt für das Vorliegen ähnlicher Waren damit nicht allein, dass die Waren die gleiche Zusammensetzung aufweisen. Vielmehr sind weitere (wirtschaftliche) Umstände zu berücksichtigen (s. hierzu auch Traub, ZfZ 2019, 294 ff.; Vonderdank, AW-Prax 2019, 381 ff.).

d) Deduktive Methode (4. Methode)

E3005 Eine weitere Möglichkeit für die kostenlose Lieferung aus den Beispielen 4 und 5 einen Zollwert zu ermitteln, bietet Art. 74 Abs. 2 Buchst. c UZK, Art. 142 UZK-DVO mit der 4. Bewertungsmethode. Es sei aber noch einmal festgehalten, dass diese Bewertungsmethode nur dann zur Anwendung kommt, wenn die vorhergehenden Bewertungsmethoden nicht zum Zuge kommen. Die deduktive Methode geht von dem Gedanken aus, dass viele eingeführte Waren im Zollgebiet weitergehandelt werden, sodass zwar im Zusammenhang mit der Einfuhr noch kein Kaufgeschäft vorliegt, wohl aber zu einem späteren Zeitpunkt. Dieser spätere Verkauf im Zollgebiet der Union kann für die Ermittlung des Zollwertes berücksichtigt werden.

In einigen Fällen liegt im Bewertungszeitpunkt ein Kaufgeschäft vor, welches aber nicht zugrunde gelegt werden kann.

BEISPIEL 5:

Bei Verkäufen des A (USA) an B (EU) liegt aufgrund einer geschäftlichen Verbundenheit eine Preisbeeinflussung vor. B verkauft die von A erworbenen Waren weiter an den nicht verbundenen Käufer C (EU).

- Für die Lieferung des A an B scheiden die Bewertungsmethoden 1 – 3 aus (Preisbeeinflussung beim Kaufgeschäft, kein Zollwert für gleiche oder ähnliche Waren vorhanden). Da bei diesem Beispiel B die eingeführte Ware im Zollgebiet der Union weiterverkauft, kann der Zollwert auf der Grundlage dieses Verkaufs ermittelt werden; er bedarf einer Berichtigung (Art. 142 Abs. 5 UZK-DVO). Der größte dabei abzuziehende Wert dürfte die Handelsspanne des B an C sein, denn schließlich ist der Zollwert für die eingeführte Ware zu ermitteln.

HINWEIS:

Der EuGH hat sich in seiner Entscheidung „Oribalt Riga“ erstmals eingehender zur deduktiven Methode äußern müssen (vgl. EuGH, Urteil v. 20.6.2019 - Rs. C-1/18, Oribalt Riga, ECLI:EU:C:2019:519, ZfZ 2019, 291 ff. mit Anm. Traub 294 ff., Anm. Vonderbank, AW-Prax 2019, 381 ff.). Die Entscheidung enthält dabei Auslegungsgrundsätze zu den Vorschriften der 4. Bewertungsmethode. Der Gerichtshof stellt in seiner Entscheidung fest, dass die für die Ermittlung des Preises je Einheit festgelegte Ausnahmefrist von 90 Tagen, innerhalb der die eingeführten Waren in der Union verkauft werden müssen (nun in Art. 142 Abs. 2 UZK-DVO geregelt), eine Ausschlussfrist ist. Weiterhin legt der EuGH Art. 74 Abs. 2 Buchst. c UZK dahin aus, dass Ermäßigungen des Verkaufspreises eingeführter Waren bei der Ermittlung ihres Zollwertes anhand dieser Bestimmung nicht berücksichtigt werden können. Diesen Umstand begründet der Gerichtshof damit, dass Art. 142 Abs. 5 UZK-DVO eine abschließende Regelung über etwaige Abzüge trifft, die Handelsrabatte nicht erwähnt. Weiterhin sehe die deduktive Methode an sich bereits durch die Heranziehung des Preises je Einheit der größten Menge an eingeführten Waren bereits die Berücksichtigung bestimmter mengenbezogener Ermäßigungen vor. Zusätzliche Handelsrabatte könnten indes noch weiter vom tatsächlichen wirtschaftlichen Wert der Waren abweichen.

e) Errechneter Wert (5. Methode)

Wenn für die eingeführte Ware alle bisher behandelten Bewertungsmethoden nicht zu einem Zollwert führten, gibt es die Möglichkeit, aufgrund von vorgelegten Kalkulationsunterlagen des ausländischen Herstellers einen Zollwert zu ermitteln. Die Zollverwaltung errechnet dann aus vielen Bestandteilen, wie z. B. Materialkosten, Gemeinkosten und Gewinn, den Zollwert für die eingeführte Ware (Art. 74 Abs. 2 Buchst. d UZK, Art. 143 UZK-DVO). Soweit es die Zollbehörde des Einfuhrlandes für erforderlich hält, muss der Hersteller Prüfungen in seinem Betrieb zulassen. Diese Methode des errechneten Wertes (sog. **Additive Methode**) wird allerdings äußerst selten zur Anwendung kommen, weil der ausländische Hersteller weder verpflichtet ist, seine Kalkulationsunterlagen zur Verfügung zu stellen, noch eine Prüfung durch die Zollbehörde des Einfuhrlandes zu dulden. E3006

BEISPIEL 6:

A (USA) liefert kostenlos Waren dem Empfänger B (EU). A stellt der deutschen Zollverwaltung seine Kalkulationsunterlagen zur Verfügung und ist auch mit einer Prüfung in seinem Betrieb in den USA einverstanden.

► Für die kostenlose Lieferung scheiden die Bewertungsmethoden 1 – 4 aus (kein Kaufgeschäft, kein Zollwert für gleiche oder ähnliche Waren, kein Weiterverkauf im Zollgebiet der Union). Aus den vom Hersteller zur Verfügung gestellten Kalkulationsunterlagen kann die deutsche Zollstelle nun einen Zollwert für die eingeführte Ware errechnen. Sollten noch Zweifel bestehen, liegt für eine Prüfung beim Hersteller dessen Einverständnis vor.

f) Schlussmethode (6. Methode)

E3007 Soweit alle zuvor genannten Bewertungsmethoden noch nicht zum Zollwert führten, muss dieser nun anhand der letzten Bewertungsmethode ermittelt werden (Art. 74 Abs. 3 UZK). Dies bedeutet, dass der Zollwert auf andere Weise, d. h. auf Grundlage von im Zollgebiet der Union verfügbaren Daten unter Einsatz sinnvoller Hilfsmittel (= zweckmäßige Methoden), zu ermitteln ist. Als Bewertungshilfe sollen möglichst früher ermittelte Zollwerte herangezogen werden. Diese Zollwerte konnten aus irgendeinem Grund nicht im Rahmen der Bewertungsmethoden 1 – 5 berücksichtigt werden, weil sie vielleicht zu alt sind oder weil die Begriffe gleich oder ähnlich nicht zutreffen. Im Wege der Schlussmethode („Fall-back-Methode") soll die Zollstelle nun flexibel sein und die Voraussetzungen der Bewertungsmethoden 1 – 5 weit auslegen (Art. 144 Abs. 1 UZK-DVO).

Auch wenn keine bereits früher ermittelten Zollwerte vorliegen, muss die Zollwertfeststellung die Grundvoraussetzungen der einzelnen Methoden berücksichtigen. So kann z. B. niemals der Wert einer in der Union hergestellten Ware herangezogen werden, denn es geht immer um den Zollwert eingeführter Waren (s. auch Art. 144 Abs. 2 Buchst. a UZK-DVO). In diesem Zusammenhang hat der BFH etwa entschieden, dass Verkaufspreise, die sich aus einer von der EU-Kommission als zuverlässig beurteilten Exportstatistik eines Drittlandes ergeben und den Mitgliedstaaten zur Verfügung gestellt werden, der Ermittlung des Zollwertes nach der Schlussmethode zugrunde gelegt werden dürfen; insofern reiche eine Ähnlichkeit der zum Vergleich herangezogenen Waren aus (BFH, Urteil v. 12.7.2011 VII R 65/10, ZfZ 2011, 300 ff.).

Als letzte Möglichkeit zur Ermittlung eines Zollwertes nach Art. 74 Abs. 3 UZK bleibt die Schätzung, wobei diese nicht willkürlich sein darf (Art. 144 Abs. 2 Buchst. g UZK-DVO), sondern von sachlichen Gründen getragen sein muss. Hierzu hat der BFH entschieden, dass Lizenzgebühren, die in den Zollwert einzubeziehen sind, durch Schätzung im Rahmen der Schlussmethode nach Maßgabe der durchschnittlich für Spielfilm-DVDs an den Produzenten gezahlten Lizenzgebühren ermittelt werden dürfen, sofern anderweitige Daten nicht verfügbar sind oder nur mit unvertretbarem Aufwand ermittelt werden können (BFH, Beschluss v. 4.7.2013 VII R 56/11, ZfZ 2013, 271 ff.).

BEISPIEL 7:

A (USA) liefert kostenlos Toastautomaten, hergestellt in den USA, an B (EU). Die Zollstelle verfügt über einen nach Art. 70 UZK ermittelten Zollwert für Toastautomaten, hergestellt in Japan.

Die Prüfung gestaltet sich wie folgt:

- **1. Bewertungsmethode**, Art. 70 UZK, scheidet aus, weil kein Kaufgeschäft vorliegt.
- **2. Bewertungsmethode**, Art. 74 Abs. 2 Buchst. a UZK, scheidet aus, weil der vorhandene Zollwert nicht aus einem Kaufpreis für gleiche Waren stammt (anderes Herstellungsland).
- **3. Bewertungsmethode**, Art. 74 Abs. 2 Buchst. b UZK, scheidet aus, weil der vorhandene Zollwert nicht aus einem Kauf für ähnliche Waren stammt (anderes Herstellungsland).
- **4. Bewertungsmethode**, Art. 74 Abs. 2 Buchst. c UZK, scheidet aus, weil kein Verkauf im Zollgebiet der Union vorliegt.
- **5. Bewertungsmethode**, Art. 74 Abs. 2 Buchst. d UZK, scheidet aus, weil der Zollstelle keine Kalkulationsunterlagen des Herstellers zur Errechnung des Zollwertes zur Verfügung stehen.

- **6. Bewertungsmethode**, Art. 74 Abs. 3 UZK, ist anzuwenden, weil alle anderen Bewertungsmethoden nicht zutreffen. Nun muss der Zollwert über Methode 6 ermittelt werden. Dabei soll möglichst auf vorhandene Zollwerte zurückgegriffen werden. Der vorhandene Zollwert konnte bei den Methoden 3 und 4 keine Anwendung finden, weil das Herstellungsland nicht übereinstimmt (Art. 1 Abs. 2 Nr. 4, 13 UZK-DVO). Im Zuge einer großzügigen Auslegung wird dieser Zollwert bei der Schlussmethode gem. Art. 74 Abs. 3 UZK berücksichtigt (zwar nicht ähnlich, aber fast ähnlich). Die bei der zu bewertenden Ware gegebenen handelsmäßigen Umstände (z. B. Menge, Liefer- und Zahlungsbedingungen) sind zu berücksichtigen.

3. Zollwertbestimmung nach dem Transaktionswert

Die Bewertungsmethode nach Art. 70 UZK behandelt zunächst den Normalfall, der davon ausgeht, dass Verkäufer und Käufer nur die Abwicklung eines Kaufgeschäfts in das Zollgebiet der Union (= Transaktion) bezwecken, sonst aber nichts miteinander zu tun haben. E3008

Art. 70 UZK erfasst jedoch neben den Kaufgeschäften zwischen Unabhängigen auch Kaufgeschäfte zwischen Abhängigen. Zunächst soll der Normalfall (die Kaufgeschäfte zwischen Unabhängigen) erörtert werden.

Im Rahmen dieser Bewertungsmethode müssen folgende Voraussetzungen kumulativ erfüllt sein:

- Es liegt ein Verkauf zur Ausfuhr in das Zollgebiet der Union vor (Art. 70 Abs. 1 UZK).
- Es bestehen bezüglich der Verfügung über die oder Nutzung der Waren durch den Käufer keinerlei Einschränkungen i. S. von Art. 70 Abs. 3 Buchst. a UZK.
- Es liegen hinsichtlich des Kaufgeschäfts oder des Preises keinerlei Bedingungen oder Leistungen i. S. von Art. 70 Abs. 3 Buchst. b UZK vor.
- Dem Verkäufer darf kein Anteil des Erlöses aus späteren Weiterverkäufen, Verfügungen oder Verwendungen der Waren durch den Käufer zugute kommen (Art. 70 Abs. 3 Buchst. c UZK).
- Der tatsächlich gezahlte oder zu zahlende Preis i. S. von Art. 70 Abs. 2 UZK sowie die Höhe der ggf. gem. Art. 71, 72 UZK vorzunehmenden Anpassungen können festgestellt werden (Art. 70 Abs. 1 UZK).
- Käufer und Verkäufer sind nicht miteinander verbunden (Art. 70 Abs. 3 Buchst. d 1. Alt. UZK i. V. m. Art. 127 UZK-DVO).

a) Verkauf zur Ausfuhr in das Zollgebiet der Union

aa) Verkaufsgeschäft

Art. 70 UZK geht davon aus, dass die zu bewertenden Waren aufgrund eines **Kaufgeschäfts** in das Zollgebiet der Union gelangen. In Anbetracht der unterschiedlichen Zivilrechtsordnungen, die die Unterzeichnerstaaten des GATT-Zollwertkodex und selbst die EU-Mitgliedstaaten untereinander haben, sollte man den Begriff „Kauf" im weitesten Sinne auslegen. Grundsätzlich kann davon ausgegangen werden, dass ein solches E3009

Kaufgeschäft i. S. d. zollwertrechtlichen Vorschriften vorliegt, wenn sich der Käufer verpflichtet, dem Käufer das Eigentum an der Ware zu verschaffen und der Käufer hierfür einen vereinbarten Kaufpreis zu zahlen hat (DV VSF Z 5101 Abs. 6). Für die Anwendung des Art. 70 UZK stehen Werk- und Werklieferungsverträge den Kaufverträgen gleich, sofern die Werkleistung außerhalb des Zollgebietes der Union erbracht wurde (DV VSF Z 5101, Abs. 6). **Miet- oder Leasingverträge** sind allerdings nicht als Kaufgeschäft i. S. des Art. 70 UZK anzusehen. Bei **unentgeltlichen Sendungen**, wie beispielsweise Geschenken, kostenlosen Mustersendungen oder Sendungen zur Leihe, fehlt ebenfalls das Merkmal des Kaufgeschäfts.

HINWEIS:

Der EuGH hat entschieden, dass unter das Kaufgeschäft i. S. d. Zollvorschriften auch eine Bearbeitung fallen kann. Die Grundsätze für die Ermittlung des Zollwertes sind demnach auch auf solche Waren anzuwenden, die auf Grundlage eines Vertrages eingeführt werden, der zwar als Kaufvertrag bezeichnet wird, sich aber in Wahrheit als Be- oder Verarbeitungsvertrag herausstellt. Dabei kommt es nicht darauf an, ob die Waren als Ursprungswaren des Landes gelten, in dem die betreffenden Vorgänge stattgefunden haben. Der Zollwert muss den tatsächlichen wirtschaftlichen Wert einer eingeführten Ware widerspiegeln, weshalb alle Elemente dieser Ware, die einen wirtschaftlichen Wert haben, zu berücksichtigen sind. Als Bestandteil des Zollwertes sind damit auch zwingend Ausfuhrerstattungen zu berücksichtigen, die der Ausführer missbräuchlich erhalten hat, indem er die Voraussetzungen für den Erhalt dieses Vorteils künstlich geschaffen hat (EuGH, Urteil v. 12.12.2013 - Rs. C-116/12, Christodoulou, ECLI:EU:C:2013:825, ZfZ 2014, 66 ff., AW-Prax 2014, 88 ff.).

Der Kaufvertrag muss im Zeitpunkt der Zollschuldentstehung abgeschlossen sein. Daher können Waren, die zum ungewissen Verkauf eingeführt werden, z. B. wie im Fall der „Konsignation (= Kommission)“, nicht nach der Transaktionswertmethode bewertet werden. Sie können aber auf der Basis des späteren Kaufpreises nach der Schlussmethode gem. Art. 74 Abs. 3 UZK bewertet werden, wenn der zu erwartende Kaufpreis angemeldet und z. B. anhand von Preislisten nachgewiesen wird (DV VSF Z 5101 Abs. 117). Hierzu hat der BFH entschieden, dass der Gewinnaufschlag eines drittländischen Verkäufers nicht vom Kaufpreis abgezogen werden kann (BFH, Beschluss v. 1.7.2009 VII B 151/08, BFH/NV 2009, 1854 ff.).

Bei Einfuhren durch Zweigniederlassungen von ihren Hauptniederlassungen oder anderen Zweigniederlassungen liegen keine Kaufverträge zugrunde, da Zweigniederlassungen Teil des Gesamtunternehmens und Käufe zwischen rechtlich unselbständigen Teilen eines Unternehmens nicht möglich sind (sog. unternehmensinternes Verbringen; vgl. DV VSF Z 5101 Abs. 6). Anders ist die Beurteilung bei rechtlich selbständigen Niederlassungen oder Tochterunternehmen; dann ist aber das Kriterium der Verbundenheit besonders zu beachten.

Besondere Anforderungen an die Person des Käufers werden nicht gestellt; es genügt, dass sie **Partei des Kaufgeschäfts** ist. Daher sind weder direkte noch indirekte Stellvertreter Käufer im Sinne des Zollwertrechts. Im Falle eines **Vermittlergeschäfts** ist für die Bestimmung der beteiligten Parteien darauf abzustellen, wer das mit der Transaktion verbundene finanzielle Risiko trägt (EuGH, Urteil v. 25.7.1991 - Rs. C-299/90, Gebr. Hepp, ECLI:EU:C:1991:334; ZfZ 1991, 344 ff.).

bb) Ausfuhr in das Zollgebiet der Union

Nach Art. 147 Abs. 1 der ehemaligen ZK-DVO genügte für das Kriterium „Ausfuhr in das Zollgebiet der Gemeinschaft" allein die Tatsache, dass für Waren, die Gegenstand eines Kaufvertrages sind, in der EU die **Abfertigung zum freien Verkehr** beantragt wird. Denn hieraus ergab sich eindeutig, dass diese Waren in das Zollgebiet der Union verbracht wurden. Gleiches ergibt sich jetzt aus Art. 128 Abs. 1 UZK-DVO, der festlegt, dass der Transaktionswert der zur Ausfuhr in das Zollgebiet der Union verkauften und verbrachten Waren zum Zeitpunkt der Annahme der Zollanmeldung bestimmt wird. Der zu diesem Zweck zu erforderliche Nachweis kann z. B. wie folgt erbracht werden (vgl. DV VSF Z 5101, Abs. 9): E3010

- Die Vertragsunterlagen lassen die Bestimmung der Waren für das Zollgebiet der Union erkennen.
- Die betreffenden Waren wurden speziell für einen Käufer in der EU hergestellt.
- Bestimmte Waren werden bei einem Zwischenhändler bestellt, der die Waren seinerseits bei einem Hersteller in Auftrag gibt. Die Waren werden direkt von diesem Hersteller in die Union geliefert.
- Die Waren wurden gem. Spezifikationen für das Zollgebiet der Union hergestellt.
- Es lässt sich feststellen (z. B. anhand von Kennzeichnungen für Produktsicherheit), dass die Waren für das Zollgebiet der Union gedacht sind.

cc) Maßgebendes Kaufgeschäft

In den meisten Fällen wird für die zu bewertende Ware bis zum maßgebenden Zeitpunkt (= Annahme der Zollanmeldung) nur **ein** Kaufgeschäft abgeschlossen worden sein. E3011

BEISPIEL 8:

Verkäufer A (USA) verkauft eine Ware zu 10 000 € an den Käufer B (EU).

- Der Preis aus diesem Kaufgeschäft ist der Bewertung zugrunde zu legen.

Verschiedentlich kommt es jedoch vor, dass für eine Ware bis zum maßgebenden Zeitpunkt mehrere Kaufgeschäfte hintereinander abgeschlossen worden sind und damit mehrere Verkäufer und Käufer vorhanden sind (**Käuferkette**).

BEISPIEL 9:

Der Hersteller (USA) verkauft Waren, die für die EU bestimmt sind, zu 10 000 € an Käufer 1 (CDN). Dieser verkauft die Ware zu 15 000 € an Käufer 2 (F in EU). Der letzte Verkauf bis zum maßgebenden Zeitpunkt findet von Käufer 2 an Käufer 3 (D in EU) zu 20 000 € statt.

- Nach Art. 147 Abs. 1 der ehemaligen ZK-DVO konnte sowohl der Preis des Käufers 1 an Käufer 2 (dieser Kauf führt zum erstmaligen Verbringen in das Zollgebiet der EU) als auch der Preis des Käufers 2 an Käufer 3 (Verkauf im Zollgebiet der EU vor Überführung in den zollrechtlich freien Verkehr) angemeldet werden. Die Anmeldung des Preises, den der Käufer 1 in Kanada zu zahlen hat, war nur möglich, wenn der Zollstelle nachgewiesen wurde, dass die betreffende Ware bereits bei Kaufabschluss für die EU bestimmt war.

► Nach Art. 128 Abs. 1 UZK-DVO ist nur der Preis aus dem Kaufgeschäft anzumelden, welches unmittelbar **vor** dem erstmaligen Verbringen der Waren in das Zollgebiet der Union stattgefunden hat. Folglich kann nach dem UZK keine Anmeldung des Preises, den der Käufer 1 in Kanada zu zahlen hatte, erfolgen. Selbst bei einem vorhandenen Nachweis, dass die Ware für den Verkauf zur Ausfuhr in die EU bestimmt war, kann ein solcher Vorerwerberpreis nicht mehr zur Anmeldung gebracht werden. Auch der Preis des Käufers 2 an Käufer 3 kann der Zollanmeldung nicht mehr zugrunde gelegt werden, da sich dieser Verkaufsvorgang nach dem Verbringen der Waren in das Zollgebiet ereignete.

Die Ansässigkeit von Käufer und Verkäufer sind zollwertrechtlich nicht erheblich. Es kann auch ein Kaufgeschäft zwischen in der EU ansässigen Vertragsparteien (sog. **domestic sale**) als „Verkauf zur Ausfuhr in das Zollgebiet der Union" qualifiziert werden.

BEISPIEL 10:

A (EU) verfügt über ein Lager in den USA. Er verkauft an B (EU) Waren, die in dem Lager des A in den USA gelagert werden und die A zuvor von C (USA) erworben hat. Die Waren werden dem B direkt aus dem Lager in den USA geliefert, B beantragt die Überlassung der Waren in den zollrechtlich freien Verkehr.

► Nach DV VSF Z 5101, Abs. 7 kann auch ein Kaufgeschäft zwischen zwei in der EU ansässigen Vertragsparteien ein Verkauf zur Ausfuhr in die Union sein kann. Voraussetzung ist aber, dass das Kaufgeschäft **vor** dem Verbringen in das Zollgebiet der Union abgeschlossen wurde und die Waren aufgrund dieses Kaufgeschäfts in die EU verbracht werden. Maßgebendes Kaufgeschäft ist danach dasjenige zwischen A und B.

Befinden sich Nicht-Unionswaren **nach** dem Verbringen, welches ohne vorherigen Verkauf zur Ausfuhr erfolgte, in der vorübergehenden Verwahrung oder in einem anderen besonderen Verfahren – mit Ausnahme von internem Versand, Endverwendung und passiver Veredelung – und werden sie aus dieser zollrechtlichen Situation heraus verkauft, so wird der Transaktionswert aufgrund dieses Verkaufsvorgangs bestimmt (Art. 128 Abs. 2 UZK-DVO). Daraus folgt, dass die Absätze 1 und 2 des Art. 128 UZK-DVO lediglich alternative Anwendung finden können.

Zu beachten ist weiterhin, dass als Bezugspersonen nur Käufer in Betracht kommen, die es im maßgebenden Zeitpunkt schon gibt. Kaufgeschäfte nach dem maßgebenden Zeitpunkt des Art. 128 UZK-DVO können nicht berücksichtigt werden. Der maßgebende Zeitpunkt hat im Rahmen der Zollwertfeststellung eine Ordnungsfunktion. Obwohl durch eine nachträglich gewährte (nach dem maßgebenden Zeitpunkt) Preisermäßigung der zu zahlende Preis niedriger ist, kann eine solche Preisänderung zollwertrechtlich nicht anerkannt werden.

Mit dieser neuen Regelung hat der Gesetzgeber die **Wahlmöglichkeit** des Anmelders bzgl. der Frage, welcher Preis im Falle einer Käuferkette tatsächlich herangezogen wird, **abgeschafft**, s. weitere Ausführungen unter Rdnr. E 3013.

HINWEIS:

Das Zollwertkomitee der WCO hat bereits Ende 2007 den Kommentar 22.1 verabschiedet, nach dem der im GATT-Zollwertkodex verwendete Begriff „Verkauf zur Ausfuhr in das Einfuhrland" so auslegen sei, dass bei einer Käuferkette nur das letzte Geschäft vor der Einfuhr anzuerkennen sei (Vonderbank, AW-Prax 2008, 425). Damit sollten Ungleichbehandlungen und unterschiedliche Handhabungen des Tatbestandsmerkmals behoben werden, die es bis dahin vor allem zwischen den großen Handelsmächten und zahlreichen Entwicklungsländern gab. Der WCO-Kommentar ist allerdings rechtlich unverbindlich. Dennoch zeigen sich seine Auswirkungen auf das Zollwertrecht durch seine Umsetzung im UZK (s. hierzu Rinnert, ZfZ 2015, 143 ff.).

dd) Anmelder

Art. 170 Abs. 1 UZK sieht vor, dass nur bestimmte Personen im Rahmen einer Zoll- E3012
anmeldung die Angaben über den Zollwert machen dürfen. Diese Personen müssen zwei Voraussetzungen erfüllen:

- **Ansässigkeit** im EU-Zollgebiet (Art. 170 Abs. 2 UZK) **und**
- Möglichkeit des Nachweises sämtlicher Tatsachen über die in der Zollanmeldung zu bestätigenden Umstände (durch Unterlagen) (Art. 170 Abs. 1 UZK).

Zu den Unterlagen, die nach Art. 163 Abs. 1 UZK bereitgehalten werden müssen, zählen neben der Rechnung (zwei Ausfertigungen) auch der Kaufvertrag und Belege über sämtliche Kosten, z. B. Frachtbrief, Versicherungsschein, Lizenzvertrag (DV VSF Z 5101 Abs. 115 und Art. 145 UZK-DVO). Diese Voraussetzung bedeutet auch, dass im Falle einer späteren Prüfung die Unterlagen immer noch zur Verfügung stehen müssen. Die Zollbehörden können darüber hinaus auch die Geschäftsunterlagen geschäftlich mittelbar an der Einfuhr beteiligter Personen prüfen, um sich von der Richtigkeit der Angaben in der Zollanmeldung zu überzeugen oder um die für eine zutreffende rechtliche Behandlung des Einfuhrgeschäfts erforderlichen Angaben zu ermitteln. Mittelbar beteiligt ist dabei ein Dritter, der eingeführte Waren von dem Importeur erwirbt. Als Prüfungsanlass ist ausreichend, dass nach der Lebenserfahrung im konkreten Fall von dem beteiligten Dritten Zahlungen geleistet, Kosten getragen oder Leistungen erbracht werden, die eine Auswirkung auf den Zollwert der eingeführten Waren haben können (BFH, Urteil v. 28.1.2014 VII R 17/12, ZfZ 2014, 225 ff. mit Anm. Vonderbank, ZfZ 2014, 227 f.).

ee) Käuferkette

In den meisten Fällen wird man davon ausgehen können, dass der Anmelder zugleich E3013
Käufer der zu bewertenden Waren ist. Aber auch Personen, die nicht Käufer der zu bewertenden Waren sind, dürfen – soweit sie die genannten Voraussetzungen erfüllen – als Zollanmelder auftreten.

Im Falle einer **Käuferkette** durfte unter dem alten Zollkodex der Anmelder durch Anmeldung des jeweiligen Preises darüber entscheiden, welcher Käufer und damit welcher Kaufpreis der Bewertung zugrunde gelegt werden sollte. Die einmal getroffene Wahl bzgl. des angemeldeten Kaufpreises war dabei bindend (EuGH, Urteil v. 6.6.1990 - Rs. C-11/89 Unifert, ECLI:EU:C:1990:237, ZfZ 1990, 255). Der UZK lässt die **Wahlmöglichkeit** im Hinblick auf die verschiedenen (Vorerwerber-)Preise in einer Käuferkette **nicht mehr zu**.

b) Keine Einschränkung bezüglich Verwendung oder Gebrauch der Waren

E3014 Es handelt sich hierbei um Einschränkungen für den Käufer bezüglich der Verfügung über die oder Nutzung der gekauften Waren (Art. 70 Abs. 3 Buchst. a UZK). Sie sind bereits dann gegeben, wenn der Käufer nicht mit der Ware machen kann, was er will, er sie beispielsweise nur für Vorführzwecke benutzen oder sie nicht weiterverkaufen darf. Einige Einschränkungen werden toleriert (Art. 70 Abs. 3 Buchst. a i–iii UZK). Es darf jedoch kein Vergleich zu anderen Kaufgeschäften angestellt werden. Sonderpreise für bestimmte Verwendungen, z. B. Futtermittelherstellung, sind nicht zu beanstanden. Betrachtet man diese großzügige Auslegung, so dürfte diese Voraussetzung fast immer gegeben sein.

BEISPIEL 11:

Der Verkäufer fordert vom Käufer, dass dieser das gekaufte Pflanzenöl nur zum Herstellen von Margarine verwendet. Der Kaufpreis beträgt 200 €/Einheit.

► Hier muss sich die Zollbehörde die Frage stellen: „Was will der Verkäufer für diese Waren haben?". Es sind 200 €/Einheit. Hierbei ist nur das jeweilige Kaufgeschäft zu betrachten. Die Tatsache, dass für andere Industriezweige als die Margarineherstellung andere Preise zu zahlen sind, ist unerheblich. Soweit die Zollstelle keine Zweifel hat, dass die 200 €/Einheit der tatsächlich zu zahlende Preis ist, liegt keine Einschränkung i. S. des Art. 70 Abs. 3 Buchst. a UZK vor.

Sollte eine Einschränkung vorliegen, die sich auf den Wert der eingeführten Ware wesentlich auswirkt, so scheidet die 1. Bewertungsmethode aus.

c) Keine Bedingungen oder Leistungen hinsichtlich des Kaufgeschäfts oder des Preises

E3015 Als Bedingungen sind – wie bei den Einschränkungen – nur solche zu verstehen, die den Preis beeinflussen. Manche Vertragsklausel, die als Bedingung aufgemacht ist, ist keine Bedingung i. S. des Art. 70 Abs. 3 Buchst. b UZK.

BEISPIELE:

(1) Kauf unter der Bedingung der Lieferung bis zum...

(2) Kauf unter der Bedingung, dass ein Gutachter eingeschaltet wird.

(3) Kauf unter der Bedingung, dass Pläne zur Verfügung gestellt werden.

Bei Beispiel (3) ist die Zahlung des Kaufpreises gewiss nicht die einzige Leistung. Derartige Zusatzleistungen werden über Art. 71 Abs. 1 Buchst. b UZK behandelt; es liegt aber keine Bedingung nach Art. 70 Abs. 3 Buchst. b UZK vor (s. auch Art. 133 Buchst. b UZK-DVO).

Die Bedingungen nach Art. 70 Abs. 3 Buchst. b UZK können hinsichtlich des Kaufgeschäfts bestehen.

BEISPIEL 12:

Der Kaufvertrag sieht die Bedingung vor, dass der Verkäufer seine Waren in der EU einer Konformitätsprüfung zu unterziehen hat. Die Analysekosten stellt der Verkäufer dem Käufer gesondert in Rechnung.

Die Bedingungen können auch hinsichtlich des Preises bestehen.

BEISPIEL 13:

Der Preis gilt nur unter der Bedingung, dass eine Gegenlieferung des Käufers an den Verkäufer erfolgt.

Soweit die Bedingungen dem Wert nach festgestellt werden können, ist ihre Höhe dem Kaufpreis zuzuschlagen. Der so festgestellte Wert gilt als eine **mittelbare** Zahlung des Käufers an den Verkäufer und als Teil des tatsächlich gezahlten oder zu zahlenden Preises (Art. 133 UZK-DVO). In dem dargestellten Beispiel mit den Analysekosten handelt es sich sogar um eine **unmittelbare** Zahlung des Käufers an den Verkäufer. Es liegt ein gespaltener Kaufpreis vor. Die Analysekosten sind dementsprechend Bestandteil des Transaktionswertes (EuGH, Urteil v. 19.10.2000 - Rs. C-15/99, Sommer, ECLI:EU:C:2000:574, ZfZ 2001, 13; dazu auch Henke, AW-Prax 2001, 312).

Kann der Wert nicht festgestellt werden, scheidet die 1. Bewertungsmethode aus.

d) Keine Erlösbeteiligung für den Verkäufer aus späteren Weiterverkäufen, Verfügungen oder Verwendungen der Ware

Erhält der Verkäufer nicht nur den Kaufpreis für die Ware, sondern darüber hinaus eine mittelbare oder unmittelbare Erlösbeteiligung aus späteren Weiterverkäufen, Verfügungen oder Verwendungen der Ware, die durch den Käufer vorgenommen werden, scheidet die Ermittlung des Zollwertes nach der 1. Bewertungsmethode aus. Nur wenn die Höhe der Erlösbeteiligung ermittelbar ist, kann sie dem tatsächlich gezahlten oder zu zahlenden Preis gemäß Art. 71 Abs. 1 Buchst. d UZK hinzugerechnet werden (DV VSF Z 5101, Abs. 26). E3016

e) Tatsächlich gezahlter oder zu zahlender Preis, gegebenenfalls nach Anpassungen gem. Art. 71 und 72 UZK

aa) Tatsächlich gezahlter oder zu zahlender Preis i. S. von Artikel 70 UZK

Diese Voraussetzung geht davon aus, dass alle Zahlungen, die der Käufer aufwenden muss, um in den Besitz der Ware zu kommen, vom Transaktionswert erfasst werden (Art. 70 Abs. 2 UZK, Art. 129 Abs. 1 UZK-DVO). Dies sind neben dem Kaufpreis auch alle weiteren Leistungen des Käufers, seien es Kosten der Beförderung oder zur Verfügung gestellte Materialien usw. Von einer Zahlung des Kaufpreises kann dabei nur gesprochen werden, wenn der Verkäufer die uneingeschränkte Verfügungsbefugnis über die vereinbarten Zahlungsmittel erhalten hat (vgl. hierzu BFH, Urteil v. 16.4.2013 VII R 48/11, ZfZ 2013. 216 ff. bzgl. der vertraglichen Vereinbarung, den geschuldeten Kaufpreis im Rahmen des sog. Netting-Systems zu begleichen). E3017

Ist der Kaufpreis im maßgebenden Zeitpunkt bereits gezahlt, so ist der tatsächlich gezahlte Preis gegeben. Erfolgt die Zahlung später, handelt es sich um den zu zahlenden Preis. Selbst dann, wenn der Käufer den Kaufpreis schuldig bleibt, ist vom zu zahlenden Preis auszugehen, von dem Preis also, den der Verkäufer für seine Ware fordert. Bei dieser Voraussetzung kommt es bezüglich des Kaufpreises darauf an, wie viel der Käufer **insgesamt** für diese Ware haben will, unabhängig davon, ob die Zahlung direkt an ihn erfolgt, oder ob sie an andere Stellen zu seinen Gunsten geleistet wird (wenn z. B. der Käufer eine Schuld des Verkäufers tilgt, Art. 129 Abs. 1 Buchst. d UZK-DVO).

Entscheidend ist, dass es sich um einen **echten** Preis handelt und nicht um einen gefälschten Preis. Ob dieser tatsächlich gezahlte Preis in dieser Branche üblich ist, ist unerheblich. Jeder **Preisnachlass (Rabatt)**, der sich auf den tatsächlichen Preis auswirkt, ist bei der Bestimmung des Zollwertes zu berücksichtigen, wenn der Kaufvertrag die vereinbarte Preisermäßigung für die Waren zum Zeitpunkt der Annahme der Zollanmeldung ausweist (Art. 130 Abs. 1 UZK-DVO) und ein Rechtsanspruch auf den Rabatt besteht (s. Kock, ZfZ 2009, 10 ff.).

BEISPIELE:

(1) Musterrabatt für die einzuführenden Waren zum Zeitpunkt der Annahme der Zollanmeldung

(2) Nachlass aufgrund von Vertragsänderungen für die letzte – bereits abgefertigte – Sendung

► In Beispiel (1) ist der Rabatt anzuerkennen (Art. 130 Abs. 1 UZK-DVO), in Beispiel (2) erfolgt keine Anerkennung, da der Nachlass nach der Abfertigung und damit nach der Annahme der Zollanmeldung eingeräumt wurde (Art. 130 Abs. 3 UZK-DVO).

Des Weiteren muss geprüft werden, ob ein **gespaltener** Preis vorliegt.

BEISPIELE:

(1) Verkäufer erhält für seine Ware unmittelbar 50 000 €; weitere 50 000 € werden gesondert auf ein Drittkonto überwiesen.

(2) Verkäufer erhält für seine Ware bei Kaufabschluss 50 000 €; weitere 50 000 € bei Lieferung der Ware.

► In beiden Beispielen liegt ein gespaltener Preis vor. Durch Addition aller Leistungen, die der Käufer zugunsten des Verkäufers leistet, erhält man den tatsächlich zu zahlenden Preis.

Zusätzliche Leistungen, die neben dem Kaufpreis vom Käufer zu erbringen sind, sind dem gezahlten oder zu zahlenden Preis hinzuzurechnen. Einzelheiten dazu ergeben sich aus Art. 71 UZK (s. unten Rdnr. 1389 ff.).

Allerdings gehören Tätigkeiten für den Absatz der Waren, die der Käufer zusätzlich auf eigene Rechnung erbringt, nicht zum tatsächlich gezahlten oder zu zahlenden Preis, selbst dann nicht, wenn der Käufer durch den Verkäufer dazu verpflichtet worden ist (Art. 129 Abs. 2, 133 UZK-DVO). Hierunter sind Aufwendungen für **Werbung, Vermarktung, Absatzförderung** und **Gewähr-** oder **Garantieleistungen** i. S. d. Art. 1 Abs. 2 Nr. 8 UZK-DVO zu verstehen (vertiefend hierzu Tomuscheit/Fritzinger, AW-Prax 2013, 210 ff.).

BEISPIEL 14:

Ein Käufer zahlt dem Verkäufer den Kaufpreis von 10 000 € und leistet zusätzlich noch Werbung im Umfang von 1 000 € für die eingeführte Ware.

► Selbst wenn hier der Käufer zur Werbung verpflichtet ist, beträgt der tatsächliche Preis nur 10 000 €. Die Aufwendungen für die Werbung gehören nicht zum tatsächlich gezahlten oder zu zahlenden Preis (Art. 129 Abs. 2, Art. 133 UZK-DVO).

HINWEIS:

Zahlt der Käufer dem Verkäufer aber einen Betrag dafür, dass dieser sich zu einer Gewährleistung über den gesetzlichen Umfang hinaus verpflichtet, ist dieser Betrag als Bestandteil des tatsächlich gezahlten Preises anzusehen und zu berücksichtigen (Art. 70 Abs. 2 UZK; DV VSF Z 5101 Abs. 23). Hierzu hat der EuGH entschieden, dass Erstattungen des Verkäufers und Herstellers an den Käufer wegen Sachmängeln, die nach der Überführung der Waren in den zollrechtlich freien Verkehr entdeckt werden, aber nachweislich schon vorher vorlagen, eine Minderung des Transaktionswerts und damit des Zollwertes bewirken können (EuGH, Urteil v. 19.3.2009 - Rs. C-256/07, Mitsui, ECLI:EU:C:2009:167, ZfZ 2009, 101 ff.).

Seit einigen Jahren werden Kontrolltätigkeiten des Käufers im Zusammenhang mit der Warenproduktion in Drittstaaten bei der Bemessung des Zollwertes berücksichtigt (s. zu dieser Entwicklung Sachs, AW-Prax 2012, 392 ff.). Analyse- und Zertifizierungskosten wurden nur in den Zollwert einbezogen, sofern sie auf Veranlassung des Verkäufers stattfanden. Vom Käufer für eigene Rechnung durchgeführte Tätigkeiten sollten nicht dem Zollwert hinzugerechnet werden. Diese Sichtweise hat sich geändert. Qualitätsprüfungen, die erforderlich sind, um das einwandfreie Funktionieren der Erzeugnisse bzw. deren Übereinstimmung mit den vorgegebenen Spezifikationen zu gewährleisten, gelten als aufgespaltene Kaufpreise und sind demzufolge in den Transaktionswert einzubeziehen (DV VSF Z 5101, Abs. 13). Nicht zollwertrelevant sind dagegen Tätigkeiten, wenn sie ausschließlich zu eigenen Zwecken des Käufers erfolgen (DV VSF Z 5101, Abs. 15). Diese restriktive Auslegung des Kriteriums „auf eigene Rechnung" spiegelt sich auch in der Rechtsprechung wider (FG München, Urteil v. 29.3.2012 14 K 3641/09). Der EuGH hat in diesem Zusammenhang sogar entschieden, dass selbst im Warenempfangsland durchgeführte Kosten für Analysen in den Zollwert einzubeziehen seien (vgl. EuGH Urteil v. 19.10.2000 - Rs. C-15/99, Sommer, ECLI:EU:C:2000:574, ZfZ 2001, 13).

Qualitätskontrollen, die im Drittland im Auftrag des inländischen Käufers durchgeführt wurden, sind demnach als Bestandteil des Transaktionswertes in den Zollwert mit einzubeziehen, sofern im Vorfeld bestimmte Qualitätsanforderungen vertraglich vereinbart wurden (FG Düsseldorf, Urteil v. 8.1.2014, 4 K 188/13 Z, EU). Diese Entwicklung lässt jedoch den Art. 129 Abs. 2 UZK-DVO leerlaufen und kann kritisch betrachtet werden (s. hierzu Forster, AW-Prax 2015, 62 ff.).

Zahlungen für die Einräumung eines Alleinvertriebsrechts in einem bestimmten Gebiet und für einen bestimmten Zeitraum sind nach Auffassung des Gerichtshofs ebenfalls als Bestandteil des Transaktionswertes in den Zollwert der eingeführten Waren einzubeziehen. Der EuGH behandelt diese Zahlungen als abgespaltenen Kaufpreisbestandteil und als Bedingung des Kaufgeschäfts i. S. der Art. 70 Abs. 2 UZK und Art. 129 Abs. 1 UZK-DVO (vgl. EuGH, Urteil v. 19.11.2020 - Rs. C-775/19, 5th Avenue, ECLI:EU:C:2020:948, ZfZ 2021, 23 ff.; s. kritisch hierzu Krüger, ZfZ 2021, 76 ff.).

E3018 Der Rechnungspreis ist der Höhe nach nicht zu überprüfen. Es ist unerheblich, ob vergleichbare Käufer etwa mehr für diese Ware bezahlen müssen. Es ist lediglich darauf zu achten, ob der vorliegende Preis der tatsächliche (wirkliche) Preis dieses Kaufgeschäfts ist und ob nicht noch irgendwelche Zusatzleistungen für diese Ware zu erbringen sind.

Sofern die Zollbehörden wegen **begründeter Zweifel** nicht überzeugt sind, dass der angemeldete Wert dem tatsächlich gezahlten oder zu zahlenden Preis entspricht, können sie vom Anmelder zusätzliche Auskünfte/Unterlagen verlangen (Art. 140 Abs. 1 UZK-DVO). Bereits zur früheren Rechtslage gab es einen Kommentar des Ausschusses für den Zollwert zu Unterlagen und Angaben, die die Zollbehörden als Nachweise zur Ermittlung des Zollwertes verlangen können. Diese Hinweise gelten zum Zollwertrecht nach dem UZK fort. Bei Fortbestehen der Zweifel dürfen die Zollbehörden die Zollwertfeststellung auf der Basis des Art. 70 UZK ablehnen (Art. 140 Abs. 2 UZK-DVO). Vorher sind dem Anmelder aber die Gründe schriftlich mitzuteilen und ihm ist Gelegenheit zur Stellungnahme zu geben (Art. 22 Abs. 7 UZK). Unterbleibt diese Anhörung, so stellt die Verletzung dieser Verpflichtung einen Verfahrensfehler dar, der jedoch im Ergebnis auf das endgültige Vorliegen einer zollwertrechtlichen Entscheidung keinen Einfluss hat (EuGH, Urteil v. 13.3.2014 - Rs. C-29/13 und Rs. C-30/13, Global Trans Lodzhistik, ECLI:EU:C:2014:140, ZfZ 2014, 326 ff. mit Anm. Focke, ZfZ 2014, 330 ff.).

Wie bereits ausgeführt, sind sämtliche Preisermäßigungen anzuerkennen, ohne eine Prüfung bezüglich ihrer Art und Höhe (vgl. Art. 130 UZK-DVO). Hierbei muss jedoch eine Einschränkung beachtet werden: Die **Preisermäßigung** muss **im Kaufvertrag zum Zeitpunkt der Annahme der Zollanmeldung** ausgewiesen sein. Preisnachlässe für Zahlungen im Rahmen von Zahlungsfristen werden bei Waren berücksichtigt, selbst wenn der Preis zum Zeitpunkt der Annahme der Zollanmeldung tatsächlich noch nicht gezahlt wurde (Art. 130 Abs. 2 UZK-DVO). Vertragsänderungen, die nach diesem Zeitpunkt mit Preisnachlässen einhergehen, werden gem. Art. 130 Abs. 3 UZK-DVO nicht berücksichtigt. Danach wäre ein Preisnachlass für verspätete Lieferung nicht anzuerkennen, sofern dieser zuvor nicht im Kaufvertrag vereinbart wurde.

Soweit Preisermäßigungen noch nicht in der Rechnung ausgewiesen sind, aber dem Grunde und der Höhe nach kaufvertraglich feststehen, werden sie anerkannt.

BEISPIEL 15:

Aufgrund vorangegangener Lieferungen ist der Käufer gem. Kaufvertrag berechtigt, 5 % Mengenrabatt vom Rechnungspreis abzusetzen.

Die Frage, ob ein **Skonto** zollwertrechtlich anzuerkennen ist, hängt eng mit dem „tatsächlich gezahlten oder zu zahlenden Preis" zusammen (hierzu näher Kock, ZfZ 2009, 10 ff.). Ein Skonto ist eine Zahlungsvergünstigung, die der Käufer in Anspruch nehmen kann, wenn er innerhalb einer vereinbarten Frist die Kaufpreiszahlung leistet. Unproblematisch sind die Fälle, in denen bis zum maßgebenden Zeitpunkt bereits gezahlt wurde. Hier ist jeder Skontoabzug (unabhängig von der Höhe) zu berücksichtigen, weil dies der tatsächliche Preis ist. Soweit aber erst später gezahlt wird und eine Skontovereinbarung vorgesehen ist, steht der tatsächlich zu zahlende Preis noch nicht fest.

BEISPIEL 16:

Preis der Ware 10 000 €, bei Zahlung innerhalb 14 Tagen nach Erhalt 3 % Skonto, 30 Tage nach Erhalt 2 % Skonto, netto 60 Tage nach Erhalt. Mögliche tatsächliche Preise sind danach:

10 000 € ./. 3 % = 9 700 €

10 000 € ./. 2 % = 9 800 €

ohne Abzug = 10 000 €.

- Aus Vereinfachungsgründen darf bereits bei der Abfertigung der höchste Skontosatz (hier 3 %) anerkannt werden, soweit er handelsüblich ist (Art. 130 Abs. 2 UZK-DVO). Ein über die handelsübliche Höhe hinausgehender Skonto kann im Nachhinein anerkannt werden, wenn der Anmelder nachweist, dass er nur den um dieses Skonto geminderten Betrag gezahlt hat (DV VSF Z 5101 Abs. 17). Das Skonto wird vom Anmelder in der Zollanmeldung angegeben. Soweit ein Skonto nicht angemeldet, aber tatsächlich in Anspruch genommen wird (dies könnte z. B. eine Betriebsprüfung ergeben), ist es anzuerkennen, ggf. führt dies zu einer Erstattung (einem Erlass) nach Art. 117 UZK.

Grundsätzlich ist der Anmelder an die mit der Anmeldung gemachten Angaben gebunden. Art. 132 UZK-DVO sieht jedoch für den Fall **schadhafter Waren** eine Sonderregel in Form einer Preisanpassung vor. Für die Bejahung der Schadhaftigkeit der Ware lässt es der EuGH ausreichen, dass zum Zeitpunkt der Einfuhr für eine Ware die fertigungsbedingte Gefahr bestand, dass an der Ware während des Gebrauchs ein Defekt auftritt (EuGH, Urteil v. 12.10.2017 - Rs. C-661/15, X BV, ECLI:EU:C:2017:753, ZfZ 2018, 14 ff., Anm. Felderhoff, AW-Prax 2018, 201 ff.). Nach der Überführung der Waren in den zollrechtlich freien Verkehr kann die Änderung des für die Waren tatsächlich gezahlten oder zu zahlenden Preises zugunsten des Käufers durch den Verkäufer bei der Ermittlung des Zollwertes berücksichtigt werden, sofern der Zollbehörde nachgewiesen wird,

- dass die Waren zum Zeitpunkt der Annahme der Zollanmeldung zur Überlassung zum zollrechtlich freien Verkehr schadhaft waren,
- dass der Verkäufer diese Anpassung zum Ausgleich der Schadhaftigkeit vorgenommen hat, um entweder eine vor der Zollanmeldung eingegangene vertragliche Verpflichtung zu erfüllen oder, um einer gesetzlichen Gewährleistungspflicht nachzukommen, und
- dass die Anpassung innerhalb eines Jahres nach Annahme der Zollanmeldung erfolgt.

In Bezug auf die Frist, nach der die Anpassung nur innerhalb eines Jahres nach Annahme der Zollanmeldung erfolgen kann, sah die Vorgängerregelung des Art. 145 Abs. 3 ZK-DVO eine der neuen Regelung des Art. 132 UZK-DVO entsprechende Zwölfmonatsfrist vor. Der EuGH erklärte Art. 145 Abs. 3 ZK-DVO für ungültig, um u. a. einer Umgehung der Frist des Art. 236 Abs. 2 ZK vorzubeugen (EuGH, Urteil v. 12.10.2017 - Rs. C-661/15, X BV, ECLI:EU:C:2017:753, ZfZ 2018, 14 ff., Anm. Felderhoff, AW-Prax 2018, 201 ff.). Anlässlich dieser Entscheidung, dessen Wertungen auch auf Art. 132 UZK-DVO übertragbar sind, wurde Art. 132 Buchst. c UZK-DVO im Hinblick auf die allgemeine Dreijahresfrist des Art. 121 Abs. 1 Buchst. a UZK ebenfalls gestrichen (vgl. 3.Erwägungsgrund der DVO (EU) 2020/893 der Kommission v. 29.6.2020 zur Änderung der UZK-DVO).

Soweit eine Sendung sowohl aus schadhaften als auch aus nicht schadhaften Waren besteht, kann sich eine preismindernde Gutschrift nur auf die schadhaften Waren beziehen. Hinsichtlich der restlichen in der Sendung enthaltenen nicht schadhaften Waren verbleibt es bei dem ursprünglich in Rechnung gestellten Preis als Grundlage für die Zollwertermittlung (DV VSF Z 5101, Abs. 21).

HINWEIS:

Ist ein Schaden an der Ware im Zeitraum zwischen Kaufvertragsabschluss und Überführung in den freien Verkehr eingetreten, kann der Kaufpreis um den Schadensbetrag, z. B. auf der Basis eines Gutachtens gemindert werden, ohne dass Verkäufer und Käufer einen neuen Preis vereinbaren müssen (Art. 131 Abs. 2 UZK-DVO).

bb) Anpassungen nach Artikel 71 und 72 UZK

E3019 Der tatsächlich gezahlte oder zu zahlende Preis ist ggf. nach Art. 71, 72 UZK anzupassen (Art. 70 Abs. 1 UZK). Erst nach einer evtl. Anpassung liegt der Transaktionswert vor, der als Zollwert zugrunde zu legen ist.

(1) Anpassungen nach Artikel 71 UZK (Hinzurechnungstatbestände)

Art. 70 UZK muss stets im Zusammenhang mit Art. 71 UZK gesehen werden (s. auch Art. 71 Abs. 1 S. 1 UZK). Es handelt sich dabei um Kosten, die als Bestandteile des Transaktionswertes (Zollwert) angesehen werden, die aber noch nicht im Rechnungspreis enthalten sind.

Ferner sieht Art. 71 UZK die Einbeziehung bestimmter Leistungen in den Transaktionswert vor, die vom Käufer an den Verkäufer vornehmlich in Form bestimmter Waren (Materialien, Werkzeuge usw.) oder Dienstleistungen (zur Verfügung stellen geistiger Leistungen) erbracht werden.

Auf diese Weise ergibt sich ein Wert, den der Käufer tatsächlich aufwenden muss, um in den Besitz der gekauften Ware zu kommen (Kaufpreis + Anpassungen nach Art. 71 UZK). Die in Art. 71 UZK aufgeführten Zuschläge für Kosten und Leistungen lassen sich in 4 Gruppen einordnen:

Art. 71 Abs. 1 UZK			
Buchstabe a	Buchstabe b	Buchstaben c und d	Buchstabe e
Provisionen, Kosten für Umschließungen und Verpackung	Vorweggenommene Leistungen	Noch zu erbringende Leistungen	Kosten, die sich auf die Lieferung beziehen

Die in Betracht kommenden Zuschläge werden erschöpfend im Art. 71 UZK erfasst. Man bezeichnet sie auch als **Hinzurechnungen**. Damit wird klargestellt, dass diese Kosten einem bestimmten Wert hinzugerechnet werden. Dieser Wert ist der tatsächlich gezahlte oder zu zahlende Preis. Art. 71 UZK ergänzt somit Art. 70 UZK um die wichtige Aussage, welche einzelnen Hinzurechnungen vorzunehmen sind.

(a) Grundvoraussetzungen

Art. 71 UZK enthält eine **erschöpfende Aufzählung** aller in Betracht kommenden Zuschläge zum tatsächlich gezahlten oder zu zahlenden Preis. Andere Kosten dürfen nicht hinzugerechnet werden (Art. 71 Abs. 3 UZK), können aber trotzdem im Zollwert enthalten sein. E3020

Dies bedeutet, dass zunächst erst einmal der Preis betrachtet werden muss und nur bei zusätzlichen Aufwendungen des Käufers Art. 71 UZK überhaupt in Betracht kommt.

Eine weitere Rahmenbedingung für das Hinzurechnen gem. Art. 71 UZK besteht in der Forderung, dass Zuschläge zu dem tatsächlich gezahlten oder zu zahlenden Preis nur dann vorgenommen werden dürfen, wenn dies auf der Grundlage **objektiver und quantifizierbarer Angaben** geschieht (Art. 71 Abs. 2 UZK). Es ist somit nicht möglich, die Höhe dieser Kosten im Wege einer Schätzung zu ermitteln, vielmehr muss die Höhe aufgrund von genauen Angaben und Unterlagen ermittelt werden. Ist dies nicht möglich, scheidet die Anwendung des Art. 71 UZK aus.

Auch wenn die Hinzurechnungsbeträge im Bewertungszeitpunkt nicht bestimmbar sind, kann es bei der Bewertungsmethode nach Art. 70 UZK bleiben, wenn die Beträge anhand besonderer Kriterien festgelegt werden können (Art. 73 Buchst. b UZK). Diese Vereinfachung setzt voraus, dass die Anwendung des Verfahrens nach Art. 166 UZK einen unverhältnismäßigen Verwaltungsaufwand mit sich bringen würde und der festgelegte Zollwert sich nicht erheblich von jenem unterscheiden würde, der festzulegen wäre, wenn keine Bewilligung vorläge (Art. 71 Abs. 1 UZK-DelVO). Sie lässt auf Antrag des Beteiligten zu, dass **pauschale Zuschlagsätze** zur Anwendung kommen (z. B. pauschale Lizenzgebührenzuschläge oder pauschalierte Beförderungskosten). Diese Zuschläge können z. B. durch Betriebsprüfungen festgestellt werden. Zudem müssen weitere persönliche Voraussetzungen hinsichtlich des Antragstellers und seines Unternehmens erfüllt sein (Art. 71 Abs. 2 UZK-DelVO). Die nach Art. 73 Buchst. b UZK akzeptierten Beträge sind endgültig; eine spätere Korrektur oder Ergänzung nach den tatsächlichen Kosten ist nicht mehr möglich (DV VSF Z 5101 Abs. 118). Rücknahme (Art. 27 UZK) und Widerruf (Art. 28 UZK) der Bewilligung sind allerdings unter den gesetzlichen Voraussetzungen möglich.

(Einstweilen frei) E3021–E3023

(b) Provisionen, Maklerlöhne, Kosten für Umschließungen, Verpackungskosten

- **Provisionen** und **Maklerlöhne** (Art. 71 Abs. 1 Buchst. a i UZK). E3024

Es handelt sich um Kosten, die durch Einschaltung von Vermittlern (Handelsvertreter, Kommissionäre und sonstige Vermittler) oder Maklern entstehen. Die Entlohnung für diese Tätigkeit (Provision oder Courtage) ist in den Transaktionswert einzubeziehen. Nicht einzubeziehen ist hingegen die Einkaufsprovision. Der Begriff „Einkaufsprovision" ist in Art. 5 Nr. 41 UZK definiert.

- Kosten von **Umschließungen**, die für Zollzwecke als Einheit mit den betreffenden Waren angesehen werden (Art. 71 Abs. 1 Buchst. a ii UZK).

Hier kann man davon ausgehen, dass diese Kosten im Allgemeinen im Rechnungspreis enthalten sind, sodass keine Anpassung vorzunehmen ist. Sollten diese Kosten jedoch dem Käufer gesondert berechnet werden, ist eine Anpassung erforderlich.

Eine Hinzurechnung der Kosten von Umschließungen erfolgt, wenn die zu bewertende Ware und ihre Umschließung gemeinsam einzureihen sind.

BEISPIEL 17:

Ein Käufer von Textilien zahlt Fotografenkosten, die bei der Erstellung eines Films anfallen, der für die Herstellung eines Fotoeinlegers in der Verpackung (Teil der Umschließung) verwendet wird (DV VSF Z 5101 Abs. 40, zur Vertiefung s. Vonderbank, AW-Prax 2006, 83).

Was unter „Umschließungen" zu verstehen ist, definiert die DV VSF 5101 Abs. 40 wie folgt: „Umschließungen sind Behältnisse (z. B. Kamerataschen, Geigenkästen, Brillenetuis, Bierfässer) und Verpackungen (z. B. Papiersäcke, Getränkedosen, Kunststoffhüllen für Textilien und Joghurtbecher), die eine Lagerung oder Vermarktung der Ware ermöglichen. Zu den Verpackungen gehören auch Unterlagen (z. B. Einwegpaletten) und Aufmachungen (z .B. Einlagen, Klammern und Nadeln bei Herrenhemden), die sicherstellen sollen, dass die Ware dem Käufer in einer ansehnlichen Verfassung präsentiert werden kann. Preis-, Informations- und Werbeanhänger an der Ware sowie Fotoeinleger in der Verpackung gelten nicht als Aufmachungen."

Insbesondere sind Anhänger, auf denen preis- und warenbezogene Informationen in Form einer werbewirksamen Aufmachung angegeben sind, sog. Hangtags, keine Umschließungen (BFH, Beschluss v. 18.12.2013 VII B 107/12, ZfZ 2012, B 33 f.). Anders verhält es sich jedoch bei fest aufgeklebten und nach bestimmten Gestaltungsvorhaben bedruckten Etiketten, die auf Umschließungen wie Polybeuteln, Konserven oder Kartons angebracht sind. Sie sind Bestandteil der Umschließung und bilden mit dieser eine untrennbare Einheit. In diesem Zusammenhang spielt es auch keine Rolle, dass die entsprechenden Gestaltungskosten als geistige Leistung in der Union erstellt wurden, da Art. 71 Abs. 1 Buchst. b iv UZK gerade im Falle des Art. 71 Abs. 1 Buchst. a ii UZK nicht privilegierend eingreife (vgl. FG Hamburg, Urteil v. 18.6.2019 4 K 177/16, AW-Prax 2019, 500 ff. mit Anm. Vonderbank zur zollwertrechtlichen Behandlung von Gestaltungskosten für Verpackungen).

Dem tatsächlich gezahlten oder zu zahlenden Preis sind jedoch nicht hinzuzurechnen:

- Kosten für Umschließungen, die aus dem freien Verkehr der Union stammen und vom Käufer zur Verfügung gestellt worden sind und
- Kosten für die Rücklieferung von Umschließungen an den Verkäufer. Bezüglich evtl. Mietkosten für Mietumschließungen kann davon ausgegangen werden, dass sie im tatsächlich gezahlten oder zu zahlenden Preis enthalten sind. Sollten Mietkosten für Umschließungen dem Käufer – ausnahmsweise – gesondert in Rechnung gestellt werden, sind sie dem tatsächlich gezahlten oder zu zahlenden Preis hinzuzurechnen (Art. 71 Abs. 1 Buchst. a ii UZK).

HINWEIS:

Pfandgebühren für Umschließungen gehören grundsätzlich zum Zollwert. Werden dem Käufer bei Rückgabe der Umschließungen Pfandgebühren erstattet, so kann dies im Rahmen von Erlass/Erstattung berücksichtigt werden (DV VSF Z 5101 Abs. 42)

- **Verpackungskosten** (Art. 71 Abs. 1 Buchst. a iii UZK)

Ebenso wie bei den Umschließungskosten werden diese Kosten meistens im Preis des Verkäufers enthalten sein. Soweit dies nicht der Fall ist, sind sowohl die Arbeits- als auch die Materialkosten (z. B. für Packpapier, Klebebänder, Planen, Seile, Schnüre und Füllstoffe) in den Transaktionswert einzubeziehen.

(c) Vorleistungen des Käufers (Artikel 71 Abs. 1 Buchst. b UZK)

Art. 71 Abs. 1 Buchst. b UZK spricht Gegenstände (z. B. bestimmte Zutaten) und Leistungen (z. B. technische Zeichnungen) an, die der Käufer dem Verkäufer liefert, damit dieser die zu bewertenden Waren herstellen kann. Ferner sprechen Wortlaut und Systematik der Norm dafür, dass ihr Anwendungsbereich nicht auf materielle Güter zu beschränken ist, sondern auch immaterielle Güter und Leistungen, wie z. B. Software, erfasst werden (vgl. EuGH, Urteil v. 10.9.2020 - Rs. C-509/19, BMW, ECLI:EU:C:2020:694). Soweit dabei der Verkäufer (Hersteller) für die Gegenstände oder Leistungen das volle Entgelt entrichtet, ist davon auszugehen, dass dies im Kaufpreis seinen Niederschlag findet. Eine Anpassung des gezahlten oder zu zahlenden Preises entfällt. E3025

Art. 71 Abs. 1 Buchst. b UZK behandelt nur die Gegenstände und Leistungen, die der Käufer **unentgeltlich oder zu ermäßigten Preisen** zur Herstellung der Ware zur Verfügung stellt (Beistellungen). Die Behandlung von Beistellungen stellt eine sehr praxisrelevante Thematik des Zollwertrechts dar (vertiefend hierzu Vonderbank, AW-Prax 2011, 250 ff., 287 ff.). In diesen Fällen hat der Käufer

1. den Rechnungspreis für die hergestellte Ware zu zahlen und
2. eine zusätzliche Leistung zu erbringen, denn er bekommt für die Beistellungen entweder gar kein Entgelt oder nur ein gekürztes Entgelt.

Als **Wert der zur Verfügung gestellten Gegenstände** ist der **Beschaffungspreis** zu nehmen, wenn der Käufer die Gegenstände von einer mit ihm nicht verbundenen Person erworben hat. In den anderen Fällen (Käufer hat die Gegenstände selbst hergestellt oder von einer mit ihm verbundenen Person erworben) werden die **Herstellungskosten** der Gegenstände als ihr Wert angesetzt (Art. 135 Abs. 1 UZK-DVO und Art. 71 Abs. 1 Buchst. b UZK). Sofern eine Ermittlung des Wertes der Gegenstände auf diese Art nicht möglich ist, wird dieser aufgrund objektiver und bestimmbarer Tatsachen bestimmt (Art. 135 Abs. 2 UZK-DVO).

Die einzelnen Fälle der Anpassung bezüglich der zusätzlichen Leistungen des Käufers sind erschöpfend in Art. 71 Abs. 1 Buchst. b UZK aufgeführt (s. auch Art. 71 Abs. 3 UZK):

Zurverfügungstellen von **Materialien**, Art. 71 Abs. 1 Buchst. b i UZK

BEISPIEL 18:

Der Käufer übersendet kostenlos dem Verkäufer Futterstoff zum Herstellen von Anzügen.

Der tatsächliche Preis setzt sich aus dem Preis für die Anzüge und der zusätzlichen Leistung (Futterstoff) zusammen.

► Käufer stellt **Werkzeuge** und dergl. zur Verfügung, Art. 71 Abs. 1 Buchst. b ii UZK

BEISPIEL 19:

Käufer übersendet kostenlos zum Herstellen von Elektrogeräten Spezialwerkzeuge.

Der Rechnungspreis des Verkäufers beinhaltet nicht den Wert der Werkzeuge. Dieser Wert wird hinzugerechnet.

Materialien werden bei der Herstellung **verbraucht**, Art. 71 Abs. 1 Buchst. b iii UZK

BEISPIEL 20:

Für bestimmte Ernteerzeugnisse liefert der Käufer kostenlos Düngemittel.

Dem Preis für die Ernteerzeugnisse muss der Wert der Düngemittel hinzugerechnet werden.

► Käufer stellt eine **geistige Leistung** zur Verfügung, Art. 71 Abs. 1 Buchst. b iv UZK

BEISPIEL 21:

Käufer erwirbt von einem kanadischen Konstruktionsbüro technische Zeichnungen und stellt sie dem Hersteller (Verkäufer) von Messgeräten kostenlos zur Verfügung.

Der Preis für die Messgeräte ist um den Wert der geistigen Leistung aufzustocken. Sollte jedoch der Käufer diese Leistungen dem Verkäufer voll in Rechnung stellen, ist dem Preis des Verkäufers nichts hinzuzurechnen.

Ein Hinzurechnen entfällt aber dann, wenn die geistigen Leistungen in der Union erarbeitet worden sind.

Der volle Wert der zur Verfügung gestellten Gegenstände und Leistungen ist dabei nur anzusetzen, wenn auch der volle Wert in die zu bewertenden Waren eingeht. Werden z. B. Werkzeuge verwendet, kann nur der **anteilige Wert** berücksichtigt werden, d. h. es ist festzustellen, wie viele Waren mittels dieser Werkzeuge hergestellt werden und der Wert der Werkzeuge ist danach aufzuteilen (vgl. Art. 135 Abs. 6 UZK-DVO). Einer Wertminderung durch die Verwendung der Gegenstände vor Lieferung an den Käufer ist ebenfalls Rechnung zu tragen (Art. 135 Abs. 3 UZK-DVO).

Die Einbeziehung von weiteren Leistungen in den Zollwert kennt auch seine Grenzen. So sind **Kosten für Forschung und Vorentwürfe nicht** in den Zollwert **einzubeziehen** (Art. 135 Abs. 5 UZK-DVO). Nach der restriktiven Auslegung in der DV VSF Z 5101 Abs. 51 soll dies allerdings auf Grundlagenforschung beschränkt sein (s. zur Thematik der Forschungskosten als geistige Beistellung ausführlich Wemmer, ZfZ 2020, 331 ff). Die Kosten für Fehlentwicklungen projekt- oder auftragsbezogener Forschung sind nach Art. 135 Abs. 4 UZK-DVO in den Zollwert einzubeziehen.

Sollen abgespaltene Zahlungen des Käufers an den Verkäufer **Entwicklungskosten** ausgleichen, sind sie als warenbezogene Zahlungen und damit als Bestandteil des Transaktionswertes zu bewerten (BFH, Urteil v. 20.7.1999 VII R 17/98, ZfZ 2000, 22 ff.).

HINWEIS:

Der EuGH hat im Hinblick auf Art. 71 Abs. 1 Buchst. b UZK entschieden, dass bei der Ermittlung des Zollwerts einer eingeführten Ware ihrem Transaktionswert der wirtschaftliche Wert einer Software hinzuzurechnen ist, die in der Europäischen Union erarbeitet und dem in einem Drittstaat ansässigen Verkäufer unentgeltlich vom Käufer zur Verfügung gestellt wird (vgl. EuGH, Urteil v. 10.9.2020 - Rs. C-509/19, BMW, ECLI:EU:C:2020:694; s. zum Vorlagebeschluss Möllenhoff/Landmeyer, AW-Prax 2019, 388 f.). Dabei ist jedoch immer einzelfallabhängig zu klären, ob die Implementierung der jeweiligen Software geeignet ist, der Ware einen tatsächlichen Wert zu verleihen, der höher als ihr Transaktionswert ist.

Damit führt er zum einen seine Auffassung hinsichtlich der Anwendung des Art. 71 Abs. 1 Buchst. b UZK für immaterielle Güter fort, die bereits aus seiner früheren Rechtsprechung hervor geht. Hiernach ist bei der Einfuhr von Computern, die vom Verkäufer mit einer ihm vom Käufer kostenlos zur Verfügung gestellten Software ausgestattet wurden, die ein oder mehrere Betriebssysteme enthält, im Rahmen der Bestimmung des Zollwertes dieser Computer zu deren Transaktionswert der Wert der Software hinzuzurechnen, wenn dieser nicht in dem tatsächlich gezahlten oder zu zahlenden Preis enthalten ist (vgl. EuGH, Urteil v. 16.11.2006, Compaq Computer International Corporation, C-306/04, EU:C:2006:716).

Weiterhin verweist der EuGH hinsichtlich der Frage, ob Software als immaterielle Beistellung unter Ziff. i oder Ziff. iv des Art. 71 Abs. 1 Buchst. b UZK zu fassen ist, auf die rechtlich nicht verbindliche Schlussfolgerung Nr. 26 des Kompendiums der Zollwerttexte. Diese unterscheidet zwischen den für die Herstellung der Ware erforderlichen geistigen Leistungen, die unter Art. 71 Abs. 1 Buchst. b Ziff. iv des Zollkodex fallen, und den immateriellen Bestandteilen, die im Hinblick auf die Funktionsfähigkeit der eingeführten Waren in ihnen enthalten und nicht für ihre Herstellung erforderlich sind. Demzufolge stellen immaterielle Bestandteile, wie eine Software, einen integralen Bestandteil der Enderzeugnisse dar, da sie mit ihnen verbunden oder in ihnen enthalten sind und ihre Funktionsfähigkeit ermöglichen oder verbessern. Zudem fügen sie dem Enderzeugnis eine neue Funktionalität hinzu und tragen somit spürbar zum Wert der eingeführten Waren bei. Daher fallen sie nach Ansicht des Ausschusses für den Zollkodex unter Art. 71 Abs. 1 Buchst. b Ziff. i des Zollkodex (s. hierzu auch Vonderbank, ZfZ 2019, 369 ff.).

(d) Lizenzgebühren (Artikel 71 Abs. 1 Buchst. c UZK)

Eine zusätzliche Leistung, die in den tatsächlichen Preis einzubeziehen ist, liegt auch in E3026
den Fällen des Art. 71 Abs. 1 Buchst. c UZK vor. Hier **muss** der Käufer im Zusammenhang mit der eingeführten Ware **Lizenzgebühren** für die Nutzung eines Rechts (z. B. **Patent-, Marken-, Urheberrecht**) als zusätzliche Leistung erbringen. Sie sind dem Rechnungspreis hinzuzurechnen, wenn sie der Käufer entweder unmittelbar oder mittelbar nach den Bedingungen des Kaufgeschäfts für die zu bewertenden Waren an den Verkäufer oder zu seinen Gunsten zu zahlen hat.

Es ist unerheblich in welchem Land der Empfänger der Zahlung seinen Wohnsitz hat (Art. 136 Abs. 5 UZK-DVO).

Sofern Lizenzgebühren bereits im gezahlten oder zu zahlenden Preis enthalten sind, entfällt eine Hinzurechnung.

(aa) Zum Begriff „Lizenzgebühren"

E3027 Der Begriff der Lizenzgebühren ist – anders als noch im ZK, der ein Regelbeispiel in Art. 157 Abs. 1 ZK-DVO vorsah, – weder im UZK selbst noch in dessen Durchführungsvorschriften explizit definiert. Vor dem Hintergrund der im (inter-)nationalen und europäischen Recht geregelten Schutzrechte sind Lizenzgebühren **insbesondere** die Zahlungen für **Gebrauchsmuster, Geschmacksmuster, Herstellungs-Know-how, Markenzeichen und Urheberrechte**. Der Begriff der „Lizenzgebühr" bezieht sich nach Auffassung des EuGH ausschließlich auf Zahlungen, die ein Käufer für die Nutzung von Rechten des geistigen Eigentums im Zusammenhang mit dem Verkauf zur Ausfuhr, der Verwendung oder dem Weiterverkauf oder der Herstellung der Waren an einen Verkäufer leistet (vgl. EuGH, Urteil v. 9.3.2017 - Rs. C-173/15, GE Healthcare, ECLI:EU:C:2017:195, ZfZ 2017, 209 ff.).

HINWEIS:

Die Einordnung einer Zurverfügungstellung von (Herstellungs-)Know-how, für welches „Lizenzgebühren" gezahlt werden, kann im Rahmen der Zollwertermittlung Schwierigkeiten bereiten. Hierbei spielt vor allem die Abgrenzung von Beistellungen i. S. von Art. 71 Abs. 1 Buchst. b iv UZK und Lizenzgebühren i. S. von Art. 71 Abs. 1 Buchst. c UZK eine Rolle. (s. hierzu EuGH, Urteil v. 9.7.2020 - Rs. C-1/18, Curtis Balkan, ECLI:EU:C:2020:543, AW-Prax 2020, 493 ff., 545 ff. mit kritischer Anm. Vonderbank und weiteren Ausführungen zur Abgrenzung der beiden Vorschriften). Denn abhängig von der konkreten Ausgestaltung und den Begleitumständen des zur Verfügung gestellten Know-hows im Rahmen des Verkaufs stellen die genannten Normen in ihren Tatbeständen unterschiedliche Anforderungen an die zollwertrechtliche Hinzurechnung, die zu beachten sind und sich unterschiedlich auswirken können.

Nach Art. 136 Abs. 1 UZK-DVO beziehen sich Lizenzgebühren auf die eingeführten Waren, wenn insbesondere die durch den Lizenzvertrag übertragenen Rechte in den Waren verkörpert sind. Dabei ist die Berechnungsmethode der Lizenzgebühren jedoch nicht der entscheidende Faktor (Art. 136 Abs. 1 S. 2 UZK-DVO; vgl. hierzu bereits BFH, Urteil v. 27.10.1987 VII R 18/83, BFHE 151, 270). Aufgrund eines Rahmenvertrages geleistete Zahlungen für die Einräumung eines Alleinvertriebsrechts in einem bestimmten Gebiet und für einen bestimmten Zeitraum stellen hingegen keine Lizenzzahlungen dar, da sie schon nicht als Gegenleistung für die Gewährung von Rechten des geistigen Eigentums erfolgten (vgl. EuGH, Urteil v. 19.11.2020 - Rs. C-775/19, 5th Avenue, ECLI:EU:C:2020:948, ZfZ 2021, 23 ff.; s. auch Krüger, ZfZ 2021, 76 ff.; zum Vorlagebeschluss Vonderbank, ZfZ 2020, 157 ff.).

Grenzen zur Einbeziehung in den Zollwert enthält Art. 72 Buchst. g UZK. Danach sind Zahlungen (= Lizenzgebühren) für das **Recht auf Vertrieb oder Wiederverkauf** der eingeführten Waren in der EU bei der Ermittlung des Zollwertes **nicht** dem tatsächlichen Preis hinzuzurechnen, sofern diese Zahlungen nicht eine Bedingung für das Kaufgeschäft darstellen. Sollten sie bereits im Preis enthalten sein, besteht die Möglichkeit des Abzugs gem. Art. 72 UZK, sofern ein getrennter Ausweis dieser Kosten vorliegt.

(bb) Lizenzgebühren für die zu bewertenden Waren

Die Lizenzgebühren müssen sich auf die zu bewertenden Waren beziehen (Art. 71 E3028
Abs. 1 Buchst. c UZK). Hier zeigt sich die unverzichtbare Verbindung zur Ware. Bei Übertragung eines Rechtes – ohne dazugehörende Ware – ist kein Zollwert festzustellen. Mit der Frage, ob die Lizenzgebühren zur konkret vorliegenden Ware in Verbindung stehen, befasst sich Art. 136 Abs. 2 UZK-DVO. Grundsätzlich ist von einem Zusammenhang zwischen Lizenzgebühr und der zu bewertenden Ware auszugehen, wenn die Art der Berechnung der Lizenzgebühren auf den Preis der eingeführten Ware abstellt. Ausnahmen von diesem Grundsatz sind jedoch denkbar.

BEISPIEL 22:

Ein japanischer Hersteller von Baumaschinen errichtet in Deutschland eine Tochterfirma und leistet im Eröffnungsjahr durch einen Techniker technische Hilfe. Die Bezahlung dafür i. H. von 1 % (als Lizenzgebühr bezeichnet) erfolgt vom Wert der zu beziehenden Waren.

Hier bezieht sich die Berechnung der Lizenzgebühren zwar auf den Warenwert der eingeführten Waren, trotzdem sind derartige Lizenzgebühren nicht in den Zollwert einzubeziehen, da sich diese Gebühren nicht auf die zu bewertenden Waren beziehen.

Das Kriterium „Lizenzgebühren für die zu bewertenden Waren" konnte in der Vergangenheit bei Nutzung eines **Markenzeichens** zu Schwierigkeiten führen. Unproblematisch waren dabei die Fälle, in denen die Lizenzgebühr Waren betraf, die nach der Einfuhr in unverändertem Zustand weiterverkauft wurden. Anders verhält es sich, wenn das Markenzeichen Waren betrifft, die erst nach der Einfuhr aus der eingeführten Ware hergestellt werden.

BEISPIEL 23:

Einfuhr von elastischem Gewebe als Meterware zum Herstellen von Miederwaren. Die Miederwaren sollen ein amerikanisches Markenzeichen tragen. Dafür sind Lizenzgebühren zu entrichten.

Nach dem ZK waren die Lizenzgebühren in diesem Fall nicht für die zu bewertende Ware zu entrichten. Zwar sind geringfügige Weiterbearbeitungen an der eingeführten Ware denkbar, aber ein Hinzurechnen kam nur dann in Betracht, wenn es sich bei den eingeführten Waren bereits um das Markenerzeugnis gehandelt hat (Art. 159 ZK-DVO). Dies liegt im konkreten Beispiel nicht vor.

Nach dem **UZK** sind jedoch in einem solchen Fall Lizenzgebühren nicht ausgeschlossen, da sich diese teils auf die zu bewertenden Waren und teils auf andere nach ihrer Einfuhr hinzugefügte Bestandteile oder Zubehör bzw. auf erbrachte Dienstleistungen beziehen. In einem solchen Fall ist eine **angemessene Anpassung** vorzunehmen (Art. 136 Abs. 3 UZK-DVO).

HINWEIS:

Der UZK sieht im Bereich der Markenrechte keine speziellen Ausschlusstatbestände (vgl. vormals Art. 159 ZK-DVO) mehr vor. Dies hat zur Folge, dass nun einheitlich für sämtliche geistige Eigentumsrechte dieselben Voraussetzungen gelten und die Einbeziehung von Lizenzgebühren in den Zollwert an weniger Voraussetzungen geknüpft wird. Denn gem. Art. 136 Abs. 4 Buchst. c UZK-DVO ist nur noch auf die objektive Rechtslage abzustellen und die bisherige inter partes Betrachtung zwischen Käufer und Verkäufer entfällt. Hierdurch können Lizenzgebühren in größerem Umfang in den Zollwert einbezogen werden als zuvor, was in vielen Fällen zu höheren Einfuhrabgaben führen wird (vgl. Rinnert, ZfZ 2015, 146 f.).

(cc) Käufer zahlt Lizenzgebühr zusätzlich nach den Bedingungen des Kaufgeschäfts

E3029 Eine Hinzurechnung nach Art. 71 Abs. 1 Buchst. c UZK setzt voraus, dass es um eine zusätzliche Leistung des Käufers geht und nicht um Lizenzgebühren, die bereits im Rechnungspreis enthalten sind. Die zusätzliche Zahlung muss eine Bedingung des Kaufgeschäfts für die zu bewertende Ware sein. Eine solche Bedingung ist dann gegeben, wenn der Verkäufer oder eine mit diesem verbundene Person diese Zahlung verlangt oder die Zahlung durch den Käufer vertragsgemäß zur Erfüllung einer Verbindlichkeit des Verkäufers erfolgt (Art. 136 Abs. 4 Buchst. a und b UZK-DVO, vgl. dazu EuGH, Urteil v. 9.3.2017 - Rs. C-173/15, GE Healthcare, ECLI:EU:C:2017:195, ZfZ 2017, 209 ff., Anm. Felderhoff, AW-Prax 2017, 220 ff. und Vonderbank, ZfZ 2017, 214 ff.). Erhält der Käufer die Ware vom Verkäufer auch ohne Zahlung von Lizenzgebühren, so liegt dennoch eine Bedingung des Kaufgeschäfts vor, wenn ohne die Zahlung der Lizenzgebühren an einen Lizenzgeber die Waren nicht an den Käufer veräußert bzw. von diesem erworben werden können (und dürfen) (Art. 136 Abs. 4 Buchst. c UZK-DVO). Eine Einbeziehung in den Zollwert wird auch hier, anders als früher, vorgenommen. Mit Art. 136 Abs. 4 UZK-DVO tritt eine Konkurrenz zu Art. 70 Abs. 3 Buchst. b UZK auf. Diese löst Art. 133 UZK-DVO zugunsten von Art. 71 UZK. Anpassungen bzgl. Lizenzgebühren sind demnach allein über Art. 71 UZK vorzunehmen.

HINWEIS:

Besondere rechtliche und praktische Probleme im Rahmen der Zollwertermittlung ergeben sich vor allem bei der grenzüberschreitenden Nutzung von Urheberrechten. Insbesondere erscheint es fraglich, wie der Zollwert im Rahmen der Einfuhr zu bestimmen ist, wenn die Zahlung für die Nutzung der Urheberrechte nicht mehr unmittelbar im Rahmen des Einfuhrgeschäfts erfolgt (ausführlich zu dieser Thematik Thaler, ZfZ 2014, 209 ff.).

Der BFH hat in diesem Zusammenhang entschieden, dass selbst wenn im Vertrag keine Zahlungspflicht bzgl. der Lizenzgebühren festgeschrieben wurde, auch die verbindliche Festlegung des Vertriebsweges durch den Inhaber der Urheberrechte eine Bedingung des Kaufgeschäfts darstellt. Denn dieser stellt so sicher, dass er letztendlich Gelder von den von ihm bestimmten Abnehmern im Rahmen von Lizenzverträgen erhält. Aus diesem Grund bestimmt sich der Zollwert von DVDs, auf denen Spielfilme gespeichert sind und für die an einen Filmproduzenten Lizenzgebühren zu zahlen sind, bei der Anmeldung des an den in einem Drittland ansässigen Hersteller nicht ausschließlich nach Maßgabe der rein physikalischen Herstellungskosten, sondern auch nach dem Anspruch des Produzenten auf Lizenzzahlungen (BFH, Beschluss v. 4.7.2013 VII R 56/11, ZfZ 2013, 271 ff., Witte/Witte, AW-Prax 2014, 319 ff.).

BEISPIEL 24:

Ein amerikanischer Hersteller von T-Shirts verwendet als Aufdruck auf seinen T-Shirts die Mickey Mouse. Jeder Käufer dieser T-Shirts muss sich vertraglich verpflichten, Lizenzgebühren direkt an den Lizenzgeber in Hollywood zu zahlen.

Die Zahlung der Lizenzgebühren ist eine Bedingung des Kaufgeschäfts. Die Lizenzgebühr ist in den Zollwert einzubeziehen.

BEISPIEL 25: (VARIANTE ZU BEISPIEL 24)

Sollte der deutsche Abnehmer der T-Shirts das Recht zur Nutzung der geschützten Figur von einem Lizenzgeber erwerben und dann bei einem Hersteller seiner Wahl die T-Shirts mit Aufdruck herstellen lassen, ist diese Zahlung der Lizenzgebühr ebenfalls Bedingung des Kaufgeschäfts, obwohl der Hersteller selbst keine Zahlung von Lizenzgebühren verlangt hat. Auch in einem solchen Fall sind die Lizenzgebühren in den Zollwert einzubeziehen (Art. 136 Abs. 4 Buchst. c UZK-DVO). Hierdurch wird der Tatsache entgegengesteuert, dass es vielen Herstellern oder Verkäufern gleichgültig ist, ob der Käufer geistiges Eigentum anderer verletzt.

HINWEIS:

Die Regelung des Art. 136 Abs. 4 Buchst. c UZK-DVO separierte nach ursprünglicher Auffassung mit Inkrafttreten des UZK die Lizenzgebühr – als Bedingung für den Verkauf der eingeführten Ware – von der vertraglichen Beziehung zwischen Käufer und Verkäufer. Daraus ergab sich nach dieser Ansicht, dass es nicht mehr von Bedeutung war, ob der Verkäufer selbst die Lizenzzahlungen als Bedingung des Kaufgeschäfts verlangte. Eine inter partes Betrachtung zwischen Käufer und Verkäufer entfiel. Folglich kam es nur noch auf die objektive Rechtslage im relevanten Territorium an, in dem eine Überlassung zum zollrechtlich freien Verkehr stattfand. Allein diese war vom Käufer in Bezug auf das geistige Eigentum und dessen mögliche Rechtsverletzungen zu beachten (vgl. hierzu Rinnert, ZfZ 2015, 146 f.).

Mittlerweile stellen sowohl die Europäische Kommission (Guidance, Customs Valuation, Implementing Act, Articles 128 and 136 UCCIA, Article 347 UCCIA, S. 21 f.; dieses Dokument ist jedoch für die Mitgliedstaaten der Union nicht verbindlich) als auch die Dienstvorschrift Zollwertrecht (VSF Z 5101, Abs. 60; vgl. auch das Merkblatt Lizenzgebühren v. 3.8.2017, VSF N 31 2017, Abs. 36 ff.) zusätzlich auf die jeweiligen Begleitumstände ab, die sich aus dem Vertragsverhältnis ergeben, das den zu bewertenden Waren zugrunde liegt. Danach ist nun nicht mehr nur nach den objektiv rechtlichen, sondern ebenfalls nach den vertraglich vereinbarten Pflichten zu entscheiden, ob die Voraussetzungen des Art. 136 Abs. 4 Buchst. c UZK-DVO als erfüllt anzusehen sind.

(e) Beteiligung des Verkäufers am Erlös des Käufers aus späteren Weiterverkäufen (Artikel 71 Abs. 1 Buchst. d UZK)

E3030 Verschiedentlich erhält der Verkäufer vom Käufer neben dem Kaufpreis noch eine weitere Leistung in Form einer Beteiligung am **Weiterverkaufserlös** des Käufers.

BEISPIEL 26:

Der Verkäufer erhält neben der Zahlung des Rechnungspreises noch 5 % vom Weiterverkaufspreis des Käufers.

Soweit diese zusätzliche Leistung bereits der Höhe nach feststeht (dies setzt voraus, dass der Weiterverkaufspreis der Höhe nach schon bestimmt werden kann), erfolgt eine Anpassung des zu zahlenden oder gezahlten Preises. Ist der Gewinnanteil für den Verkäufer im Bewertungszeitpunkt nicht bestimmbar, kann auf Antrag des Beteiligten der Betrag nach Art. 73 Buchst. b UZK i.V.m. Art. 71 UZK-DelVO ermittelt werden. Entscheidend ist die Verbindung zur Einfuhrware. Vom Weiterverkaufspreis dieser Ware erhält der Verkäufer einen Anteil. Eine Beteiligung des Verkäufers am Gesamtgewinn des Käufers ist keine Beteiligung am Verkaufserlös der eingeführten Waren.

(f) Beförderungskosten (Artikel 71 Abs. 1 Buchst. e i UZK)

E3031 Die häufigsten Kosten des Art. 71 Abs. 1 UZK sind die **Beförderungskosten**. Art. 71 Abs. 1 Buchst. e i UZK verlangt eine Anpassung des tatsächlichen Preises um die Beförderungskosten bis zum **Ort des Verbringens**. Der Ort des Verbringens ist, abgestellt auf die jeweilige Beförderungsart, Art. 137 UZK-DVO zu entnehmen.

Der Begriff „Beförderungskosten“ umfasst alle Haupt- und Nebenleistungen, die mit der **Beförderung der Waren in Richtung Zollgebiet** der Union verbunden sind (DV VSF Z 5101 Abs. 68, vgl. auch EuGH, Urteil v. 11.5.2017 - Rs. C-59/16, The Shirtmakers BV, ECLI:EU:C:2017:362, ZfZ 2017, 295 ff., Anm. Felderhoff, AW-Prax 2017, 378 ff.).

Im Einzelnen handelt es sich um folgende Kosten:

- Frachten (z. B. Lkw-Fracht, Seefracht, Luftfracht) einschl. besonderer Zuschläge.
- Mit der Beförderung unmittelbar zusammenhängende Kosten für eine Vor- und Zwischenlagerung (z. B. anlässlich Umladung von Lkw auf Schiff).
- Speditionskosten einschließlich Provisionen für die Vermittlung von Frachtverträgen mit den Frachtführern. Hierher gehören u. a. die Courtage für den Schiffsmakler und Kosten für das Ausstellen von Frachtpapieren.
- Mieten für Beförderungsmittel (auch Container und Paletten).
- Kosten, die bei Beförderungsverzögerungen entstehen (sog. Demurrage-Kosten).
- Alle Kosten und Gebühren, die aufgrund der Lieferung vor dem Ort des Verbringens anfallen (z. B. Visa- und Straßenbenutzungsgebühren, Kosten für Begleitschutz, Verzollungskosten im Drittland, Sicherheitsgebühren).

Auch hier stellt sich jeweils die Frage, ob diese Kosten bereits im tatsächlichen Preis enthalten sind und auf diese Weise in den Zollwert gelangen oder ob diese Kosten zusätzlich vom Käufer aufzuwenden sind und deshalb zu einer Anpassung nach Art. 71 UZK führen, um letztlich auch im Zollwert enthalten zu sein.

Aufschluss darüber geben die jeweiligen **Lieferungsbedingungen**. Sie entscheiden darüber, ob und in welchem Umfang eine Anpassung um Beförderungskosten nach Art. 71 UZK erforderlich ist. Die bei internationalen Geschäften verwendeten **Incoterms** (Auflistung in DV VSF Z 5101, Anlage 4) sind dabei zu berücksichtigen. Die vereinbarten Lieferbedingungen sind auch dann anzuerkennen und für die Zollwertbestimmung maßgeblich, wenn die Kosten für die Beförderung bis zum Ort des Verbringens in das Zollgebiet höher sein sollten als der vom Käufer tatsächlich gezahlte Preis für die Ware, sofern dieser Preis dem tatsächlichen Wert der Ware entspricht (vgl. EuGH, Urteil v. 22.4.2021 – Rs. C-75/20, Lifosa, ECLI:EU:C:2021:320).

Zu der Höhe der Anpassungen bestimmt Art. 71 UZK, dass nur die Beförderungskosten bis zum Ort des Verbringens hinzugerechnet werden müssen. In den meisten Fällen endet die Beförderung jedoch erst nach dem Ort des Verbringens. Dabei ist teilweise aus den Unterlagen (z. B. Frachtbrief) der Anteil der Beförderungskosten außerhalb und innerhalb der EU zu entnehmen. Häufig wird jedoch ein durchgehender Betrag berechnet. In diesen Fällen sieht Art. 138 Abs. 1 UZK-DVO die **Aufteilung** der Beförderungskosten **im Verhältnis der Streckenanteile** außerhalb und innerhalb des EU-Zollgebiets vor.

Art. 138 Abs. 1 UZK-DVO kommt stets zum Zuge, wenn eine über den Ort des Verbringens hinaus berechnete **Gesamtfracht** aufgeteilt werden muss, wobei es völlig unerheblich ist, ob das Ziel der Aufteilung eine Anpassung nach Art. 71 Abs. 1 Buchst. e i UZK (= Zuschlag) oder aber eine Anpassung nach Art. 72 Buchst. a UZK (= Abzug) ist.

(g) Versicherungskosten (Artikel 71 Abs. 1 Buchst. e i UZK)

Unter den in Art. 71 Abs. 1 Buchst. e i UZK angesprochenen Versicherungskosten ist die E3032
Transportversicherung zu verstehen. Sie ist ebenfalls bis zum Ort des Verbringens in den Zollwert einzubeziehen. Hier ist jedoch zu beachten, dass eine Transportversicherung nur dann zu einer Anpassung führt, wenn sie tatsächlich angefallen und vom Käufer zusätzlich zu zahlen ist. Die Höhe der Transportversicherung lässt sich nur selten mit der in Art. 71 Abs. 1 Buchst. e UZK geforderten Abgrenzung „... bis zum Ort des Verbringens" in Einklang bringen. Hier entspräche eine Seetransportversicherung z. B. bis Rotterdam genau dem Art. 71 UZK. Bei anderen Beförderungsarten endet die Versicherung nur dann am Ort des Verbringens, wenn dieser zugleich der Bestimmungsort ist.

Sofern der Bestimmungsort nach dem Ort des Verbringens liegt, stellt sich die Frage nach der **Aufteilung der Versicherungskosten**. Art. 138 Abs. 1 UZK-DVO kann dabei nicht angewendet werden, da er seinem Wortlaut nach nur von Beförderungskosten ausgeht und Versicherungskosten nicht als Beförderungskosten angesehen werden können (s. auch gesonderte Anführung der Versicherungskosten unter Art. 71 Abs. 1 Buchst. e i UZK).

Da die Berechnung der Versicherungskosten in der Regel vom **Versicherungswert** vorgenommen wird, wäre eine Aufteilung in den Fällen möglich, in denen der Anmelder beweist, dass die vom Preis „frei-Ort-des-Verbringens" berechneten Kosten der Transportversicherung niedriger wären als die tatsächlich anfallenden Versicherungskosten. In den meisten Fällen werden jedoch Versicherungskosten **voll** in den Zollwert einbezogen, wobei sich auch hier wieder zeigt, dass die in Art. 71 Abs. 1 Buchst. e UZK geforderte Anpassung bis zum Ort des Verbringens als **Mindestanpassung** zu verstehen ist.

(h) Ladekosten sowie Kosten für die Behandlung der eingeführten Waren, die mit der Beförderung zusammenhängen (Artikel 71 Abs. 1 Buchst. e ii UZK)

E3033
- Ladekosten (Art. 71 Abs. 1 Buchst. e ii UZK)
- Be- oder Umladekosten **vor** dem Ort des Verbringens.
- Kosten für die Behandlung der eingeführten Waren während ihrer Beförderung (Art. 71 Abs. 1 Buchst. e ii UZK). Hierunter sind Kosten für Behandlungen zu verstehen, die bis zum Ort des Verbringens aufgewendet werden, um die Waren während ihres Transports in ihrem Zustand zu belassen, z. B. Kosten für das Kühlen, Kosten für Belüftung, Fütterungskosten für Tiere usw.

(2) Anpassungen nach Artikel 72 UZK (Abzüge)

E3034 Der tatsächlich gezahlte oder zu zahlende Preis kann gemindert werden, wenn die Voraussetzungen des Art. 72 UZK vorliegen. Danach kommen folgende **Anpassungen/ Abzüge** in Betracht:

- Beförderungskosten für die eingeführten Waren nach deren Eingang in das Zollgebiet der Union (Art. 72 Buchst. a UZK);
- Zahlungen für Tätigkeiten wie den Bau, die Errichtung, die Montage, die Instandhaltung oder die technische Unterstützung der eingeführten Waren nach deren Eingang in das Zollgebiet (z. B. an Industrieanlagen, Maschinen oder Ausrüstungen) (Art. 72 Buchst. b UZK);
- Zinsen, die aufgrund einer Finanzierungsvereinbarung an den Verkäufer zu zahlen sind (Art. 72 Buchst. c UZK);
- Zahlungen für das Recht zur Vervielfältigung der eingeführten Waren (Art. 72 Buchst. d UZK);
- Einkaufsprovisionen (Art. 72 Buchst. e UZK);
- Einfuhrabgaben und andere Abgaben für die eingeführten Waren (Art. 72 Buchst. f UZK);
- Zahlungen des Käufers für das Recht auf Vertrieb oder Wiederverkauf der eingeführten Waren, wenn diese Zahlungen nicht eine Bedingung für den Verkauf der eingeführten Ware zur Ausfuhr in die Union sind (Art. 72 Buchst. g UZK).
- Daneben gibt es noch spezielle Abzugsmöglichkeiten für Waren, die sich in einem Zollverfahren oder in der vorübergehenden Verwahrung befinden. Hier werden Lagerungskosten oder Kosten für die üblichen Behandlungen und der sich daraus ergebende Wertzuwachs bei der Bemessung des Einfuhrabgabenbetrages nicht berücksichtigt (Art. 86 Abs. 1 UZK). Weitere Abzüge vom tatsächlich gezahlten oder zu zahlenden Preis kommen nicht in Betracht.

HINWEIS:

Es fällt auf, dass sowohl der UZK als auch die UZK-DVO das Wort „Abzug" nicht gebrauchen. Die jeweiligen Artikel gehen davon aus, dass diese Zahlungen nicht in den Zollwert einzurechnen sind. Diese Aussage bedeutet jedoch faktisch einen Abzug vom Rechnungspreis um das Ausmaß dieser Zahlungen. Der tatsächlich gezahlte oder zu zahlende Preis ist in diesen Fällen der um diese Zahlungen verminderte Rechnungspreis. Ein Geltend machen der Anpassungen des Art. 72 UZK muss vom Anmelder im Rahmen der Zollanmeldung nicht mehr vorgenommen werden. Vielmehr erfolgt diese von Amts wegen.

(a) Grundvoraussetzungen

Die zuvor genannten Zahlungen müssen **im Rechnungspreis enthalten** sein. Denn nur so ist die Prüfung einer möglichen Anpassung gerechtfertigt. Sollten derartige Zahlungen hingegen als gesonderte Zahlung neben dem Rechnungspreis zu erbringen sein, ist jede Überlegung in Richtung Abzug falsch, allenfalls sind Überlegungen in Richtung Zuschlag angebracht. E3035

Art 72 UZK schreibt keinen getrennten Ausweis der Zahlungen mehr vor (anders Art. 33 ZK). Allerdings verlangt Art. 163 UZK, dass alle erforderlichen Unterlagen zum Zeitpunkt der Abgabe der Zollanmeldung im Besitz des Anmelders sein und für die Zollbehörden bereit gehalten werden müssen. Insofern führen die genannten Zahlungen nicht automatisch zu einer Anpassung, sondern nur dann, wenn die Positionen aus entsprechenden Unterlagen erkennbar sind. Ein Abzug i. S. des Art. 72 UZK i.V. m. Art. 163 Abs. 1 UZK ist auch dann möglich, wenn die Parteien vereinbart haben, dass die Waren unter Angabe der Lieferklausel DDP geliefert werden und dies in der Zollanmeldung angegeben haben, es jedoch wegen eines Irrtums über den Präferenzursprung der Waren unterlassen haben, den Betrag der Einfuhrabgaben anzugeben (EuGH, Urteil v. 15.7.2010 - Rs. C-354/09, Gaston Schul BV, ECLI:EU:C:2010:439, ZfZ 2010, 238 f.).

Wenn der entsprechende Betrag aus den Unterlagen nicht genau ermittelt werden kann, ist unter den Voraussetzungen des Art. 73 Buchst. b UZK i.V. m. Art. 71 UZK-DelVO der Abzug eines **Pauschalbetrages** möglich (z. B. pauschalierte Vervielfältigungskosten).

(b) Abzug von Beförderungskosten

Besondere Beachtung verdienen die Beförderungskosten, die über den Ort des Verbringens (Art. 137 UZK-DVO) hinaus anfallen. Soweit diese Kosten im Rechnungspreis enthalten sind (z. B. Lieferung gemäß Incoterm DDP), kommt ein Abzug in Betracht, wenn die auf die Beförderung nach dem Ort des Verbringens entfallenen Kosten beziffert werden können. Es erfolgt ein Abzug von Amts wegen. E3036

Beförderungskosten werden häufig durchgehend vom ausländischen Absendeort bis zum inländischen Bestimmungsort in einer Summe berechnet. Der Frachtbeleg gibt in diesen Fällen, z. B. bei einer DDP-Lieferung, keinen Aufschluss darüber, wie hoch der

Frachtanteil vom Ort des Verbringens bis zum inländischen Bestimmungsort ist. Gerade bei den Beförderungskosten ist aber **keine allzu formelle Betrachtung** erwünscht, denn letztlich ist der Betrag ab dem Ort des Verbringens errechenbar. Für einen Abzug genügt es, wenn die Rechnung über die Gesamtfracht vorgelegt werden kann und daraufhin der Anmelder in der Zollanmeldung eine Aufteilung bezüglich der Beförderungskosten vornimmt. Diese Aufteilung ist nach den Grundsätzen des Art. 138 Abs. 1 UZK-DVO vorzunehmen und kann deshalb auch von der Zollverwaltung nachgeprüft werden.

Kann der Zollanmelder keine nachprüfbaren Unterlagen vorlegen (z. B. Anmelder verfügt nicht über die Frachtbelege, häufig bei DDP-Lieferungen), wird ein nachgewiesener üblicher Frachttarif innerhalb der EU anerkannt (DV VSF Z 5101 Abs. 87).

(c) Zahlungen für den Bau, die Errichtung, die Montage, die Instandhaltung oder die technische Unterstützung (Artikel 72 Buchst. b UZK)

E3037 Diese Zahlungen betreffen Tätigkeiten, die erst nach Eingang der eingeführten Waren vorgenommen werden. Die Arbeiten werden dabei für Rechnung des Verkäufers durchgeführt, der die Kosten dafür in seinem Preis an den Käufer einkalkuliert hat.

BEISPIEL 27:

Eine deutsche Brauerei kauft eine amerikanische Flaschenabfüllanlage. Im Kaufvertrag verpflichtet sich der Verkäufer zur Montage der Anlage, zur Einweisung des Personals und Übernahme des Wartungsdienstes.

Soweit die zusätzlichen Leistungen des Verkäufers belegt werden, sind die Montagekosten, die Kosten für das Einweisen des Personals (= technische Unterstützung) und die Wartungskosten (= Instandhaltung) nicht in den Zollwert einzubeziehen.

(d) Zinsen im Rahmen einer Finanzierungsvereinbarung (Artikel 72 Buchst. c UZK)

E3038 Wird der Kaufpreis vom Käufer nicht innerhalb der üblichen Zahlungsfristen gezahlt, so kann zwischen Verkäufer und Käufer eine Finanzierungsvereinbarung getroffen werden, nach der eine spätere Zahlung zuzüglich Zinszahlung zu leisten ist. Der Verkäufer kreditiert den Kaufpreis.

Die Zinszahlung wird nicht in den Zollwert einbezogen, vorausgesetzt, dass die Finanzierungsvereinbarung schriftlich abgeschlossen worden ist. In der Einräumung eines Zahlungsziels (ersichtlich aus dem Kaufvertrag oder der Rechnung) ist bereits eine schriftliche Finanzierungsvereinbarung zu sehen.

Der Käufer hat auf Verlangen der Zollstelle nachzuweisen, dass die zu bewertenden Waren tatsächlich zu einem Preis abzüglich der Zinsen verkauft werden (z. B. durch Vorlage von Preislisten).

Der abzuziehende Betrag für Zinsen ergibt sich grds. aus der Finanzierungsvereinbarung. Sollte dieser Zinssatz höher sein als der übliche Zinssatz für derartige Geschäfte in dem Land und in dem Zeitpunkt, in dem der Kredit zur Verfügung gestellt wurde, kann nur der übliche Zinssatz in Abzug gebracht werden.

(e) Einkaufsprovisionen (Artikel 72 Buchst. e UZK)

Im internationalen Handel, insbesondere mit Asien, werden häufig rechtlich selbständige Einkaufsagenten eingeschaltet. Diese nehmen die Aufträge der Käufer entgegen und schließen mit dem Hersteller einen Kaufvertrag im eigenen Namen, aber für Rechnung des Käufers (= indirekte Vertretung) ab. Der Käufer erhält vom Einkaufsagenten eine Rechnung, die eine als Einkaufsprovision bezeichnete Provision enthält. Die Einkaufsprovision darf vom Rechnungspreis abgezogen werden. E3039

HINWEIS:

Diese Regelung ist zu unterscheiden von einer Nichteinbeziehung von Einkaufsprovisionen nach Art. 71 Abs. 1 Buchst. a i und Art. 5 Nr. 41 UZK. Die dort erfassten Fälle beziehen sich auf Einkaufskommissionäre, die in direkter (offener) Stellvertretung des Käufers handeln.

(f) Abzug von Einfuhrabgaben und anderer Abgaben für die eingeführten Waren

Der Verkäufer kann seinen Preis so kalkulieren, dass er auch Einfuhrabgaben enthält (z. B. Lieferung DDP Münster = geliefert und verzollt bis Münster). Neben den unionsrechtlichen Einfuhrabgaben (Zölle) können auch nationale Einfuhrabgaben (Einfuhrumsatzsteuer und die anderen Verbrauchsteuern) im Rechnungspreis (kalkulatorisch) enthalten sein. E3040

Der Verkäufer rechnet bei seiner Preisgestaltung einen Betrag für die Einfuhrabgaben in seinen Preis ein. Damit sind die Einfuhrabgaben noch nicht entrichtet. Dazu bedarf es eines Entstehungstatbestandes (z. B. Art. 79 Abs. 1 UZK). Jedoch muss bei derartigen Lieferungen der Verkäufer die im Preis enthaltenen Einfuhrabgaben entrichten. Er kann sich dabei vertreten lassen.

Die im Preis enthaltenen Einfuhrabgaben werden nicht in den Zollwert der eingeführten Waren einbezogen, sofern sie betragsmäßig vom tatsächlich gezahlten oder zu zahlenden Preis unterscheidbar sind (Art. 72 Buchst. f UZK; DV VSF Z 5101 Abs. 92).

(Einstweilen frei) E3041–E3043

cc) Ort des Verbringens in das Zollgebiet der Union

Gemäß Art. 71 Abs. 1 Buchst. e UZK wird die Einbeziehung der dort genannten Kosten bis zum **Ort des Verbringens** in das Zollgebiet der Union gefordert. Welche Orte dafür in Betracht kommen, ist Art. 137 UZK-DVO zu entnehmen. E3044

(1) Waren, die im Seeverkehr befördert werden (Artikel 137 Abs. 1 Buchst. a, b UZK-DVO)

Verbringungsort ist der Hafen, in dem die Waren zuerst im Zollgebiet der Union eintreffen (z. B. Rotterdam). Dies kann zum einen der Entladehafen oder auch der Umladehafen sein. E3045

(2) Waren, die aus dem Seeverkehr unmittelbar in den Binnenschiffsverkehr übergehen (Artikel 137 Abs. 1 Buchst. c UZK-DVO)

E3046 Wenn die Waren ohne Umladung in den Binnenschiffsverkehr übergehen (z. B. über Rotterdam nach Duisburg), ist grundsätzlich der erste für die Entladung in Betracht kommende Hafen (im Beispiel: Rotterdam) Ort des Verbringens.

(3) Waren, die im Eisenbahn-, Binnenschiffs- oder Straßenverkehr befördert werden (Artikel 137 Abs. 1 Buchst. d UZK-DVO)

E3047 Hier ist der Ort des Verbringens der Ort (politische Gemeinde) der ersten Eingangszollstelle nach dem Verbringen der Ware in das Zollgebiet der Union, z. B. Weil am Rhein beim Straßenverkehr aus der Schweiz.

(4) Waren, die auf andere Weise befördert werden (Artikel 137 Abs. 1 Buchst. e UZK-DVO)

E3048 Im Luftverkehr ist der Ort des Verbringens der Ort, an dem die Grenze zum Zollgebiet der EU überflogen wird. Dieser Ort ist regelmäßig schwer festzustellen. Deswegen geben sich die Zollstellen damit zufrieden, wenn der Anmelder Abflug- und Ankunftsflughafen anmeldet.

Die Luftfracht wird in der Regel in einem Betrag vom Abflug- bis zum Ankunftsflughafen berechnet. Da jedoch im Luftfrachtbrief die Gesamtfracht ausgewiesen ist, kommt es in diesen Fällen stets zur Aufteilung der Frachtkosten, wenn der Anmelder dies in der Zollanmeldung vornimmt (Art. 71 Abs. 1 Buchst. e oder Art. 72 Buchst. a UZK). Die Aufteilung der Luftfrachtkosten ist dabei nach Art. 138 Abs. 2 und Anh. 23-01 UZK-DVO vorzunehmen, der die internationalen Flughäfen Abflugzonen zuordnet und die Beförderungskosten bis zur Ankunftszone EU in Prozentsätzen festlegt, ungeachtet des Ankunftsflughafens in der EU.

BEISPIELE:

Luftfracht von New York – Frankfurt/Main:

Von den Frachtkosten gehören 70 % zum Zollwert der eingeführten Ware.

Luftfracht von Tokio – Rom:

Von den Frachtkosten gehören 83 % zum Zollwert der eingeführten Ware.

Unter Art. 137 Abs. 1 Buchst. e UZK-DVO fallen auch alle anderen Transportwege, wie z. B. Rohrleitungen, Seilbahnen.

(5) Kosten der Beförderung, wenn Waren nach dem Verbringen in das Zollgebiet der Union vorübergehend durch ein Drittland befördert werden (Artikel 137 Abs. 2 UZK-DVO)

Art. 137 Abs. 2 UZK-DVO geht für die Einbeziehung der Beförderungskosten in den Zollwert vom ersten Ort des Verbringens in das Zollgebiet der Union aus, vorausgesetzt, dass die Beförderung der Ware durch diese Länder auf einer üblichen Beförderungsroute direkt zum Bestimmungsort erfolgte.

BEISPIEL 28:

Entladung einer Ware aus einem Schiff in Genua. Anschließend unmittelbare Beförderung im Eisenbahnverkehr über die Schweiz nach Deutschland.

► Ort des Verbringens ist Genua. Nur bis zu diesem Ort gehören die Beförderungskosten zum Zollwert (Art. 137 Abs. 2 UZK-DVO).

dd) Aufteilung der Lieferkosten

(1) Lieferklauseln (Incoterms)

Die Lieferklauseln (sog. Incoterms) stellen seit Jahrzehnten eine weltweit einheitliche Basis für die Auslegung international einheitlicher Vertrags- und Lieferbedingungen dar, die von der Internationalen Handelskammer (ICC) entwickelt und publiziert werden. Die ICC hat auch die Urheberrechte an den Klauseln. Sie haben keine Gesetzeskraft, sondern sind im deutschen Recht Allgemeinen Geschäftsbedingungen vergleichbar, sofern sie zum Gegenstand eines Vertrags gemacht werden. Sinn und Zweck der Incoterms ist die einheitliche Regelung der wesentlichen Käufer- und Verkäuferpflichten in Lieferverträgen zur Vermeidung von Missverständnissen und Auseinandersetzungen, die aus den unterschiedlichen Handelsgewohnheiten in den jeweiligen Ländern entstehen können. So enthalten die Incoterms unter anderem Regelungen zur Verteilung der Transportkosten und des Transportrisikos und zur Verzollung der Waren im Abgangs- und Bestimmungsstaat. Im Jahr 2019 wurde eine grundlegend modernisierte Fassung der Incoterms erarbeitet, die seit dem 1. Januar 2020 in Kraft ist. Ein Großteil der Klauseln kann für jede Form des Transports (Luftverkehr, Landverkehr, Seeverkehr) als auch für den multimodalen Verkehr genutzt werden: EXW, FCA, CPT, CIP, DAP, DPU (s. hierzu Graf von Bernstorff, AW-Prax 2019, 349 ff.) und DDP (speziell zu den Gestaltungsmöglichkeiten bei der Klausel DDP s. Jung, ZfZ 2010, 225 ff.; Witte, AW-Prax 2010, 10 ff. [11]; Ritz, AW-Prax 2015, 115 ff.). Eine Reihe weiterer Klauseln ist nur für den Seeverkehr geeignet: FAS, FOB, CFR und CIF (Überblick zur Thematik bei Graf von Bernstorff, Incoterms 2020 der Internationalen Handelskammer). E3049

(a) Lieferklauseln, die den Kostenübergang an Orten außerhalb des Zollgebietes der Union vorsehen

Hierzu gehören u. a. die folgenden Lieferklauseln: E3050

EXW	**ab Werk (. . . benannter Lieferort)**
FCA	**frei Frachtführer (. . . benannter Lieferort)**
FAS	**frei Längsseite Seeschiff (. . . benannter Verschiffungshafen)**
FOB	**frei an Bord (. . . benannter Verschiffungshafen)**

Die Rechnungspreise der Waren, die aufgrund dieser Lieferklauseln geliefert werden, enthalten nicht alle Lieferungskosten bis zum Ort des Verbringens in das EU-Zollgebiet. Der Verkäufer trägt die Lieferungskosten nur bis zu den in den Lieferklauseln benannten Orten (z. B. FOB New York nur bis New York). Von diesen Orten bis zum Ort des Verbringens hat sie dann der Käufer zu tragen. Nach Art. 71 Abs. 1 Buchst. e UZK sind die im Rechnungspreis nicht enthaltenen Lieferungskosten bis zum Ort des Verbringens in das Zollgebiet der Union in den Zollwert einzubeziehen. Bei den zuvor angeführten Lieferklauseln übernimmt der Käufer die Kosten bis zum Bestimmungsort (also über den Ort des Verbringens hinaus), wobei sich hier nicht die Frage nach der getrennten Ausweisung der Kosten stellt (kein Fall des Art. 72 Buchst. a UZK, sondern ein Fall des Art. 71 Abs. 1 Buchst. e UZK).

(b) Lieferklauseln, die den Kostenübergang am Ort des Verbringens in das Zollgebiet der Union vorsehen, sind u. a.

CFR	Kosten und Fracht (. . . benannter Bestimmungshafen)
CPT	frachtfrei (. . . benannter Bestimmungsort)
CIP	frachtfrei versichert (. . . benannter Bestimmungsort)
CIF	Kosten, Versicherung und Fracht (. . . benannter Bestimmungshafen)
DAP	geliefert am Ort (. . . benannter Bestimmungsort)
DPU	geliefert entladen (. . . benannter Bestimmungsort)

Voraussetzung ist allerdings, dass der jeweils benannte Ort auch Ort des Verbringens in das EU-Zollgebiet ist. Diese Lieferklauseln sind für die Zollwertermittlung in der Regel problemlos, da hier der Forderung des Art. 71 Abs. 1 Buchst. e UZK nach Einbeziehung der Lieferungskosten bis zum Ort des Verbringens nachgekommen wird. Sollte jedoch im Ausnahmefall der Käufer bei der Lieferklausel CFR (sie enthält Kosten und Fracht, aber keine Versicherung) zusätzlich für die Ware eine Transportversicherung abschließen, dann sind diese Kosten voll in den Zollwert einzubeziehen (eine etwaige Aufteilung ist bei Versicherungskosten nicht möglich, da keine Beförderungskosten).

(c) Lieferklauseln, die den Kostenübergang über den Ort des Verbringens in das Zollgebiet der Union hinaus vorsehen, sind u. a.

DDP	geliefert verzollt (. . . benannter Ort)
DAP	geliefert am Ort (. . . benannter Bestimmungsort)
DPU	geliefert entladen (. . . benannter Bestimmungsort)

Auch hier stellt sich grundsätzlich nicht die Frage nach Einbeziehung von Lieferungskosten in den Zollwert. Bei Vorliegen der Voraussetzungen werden die Beförderungskosten ab dem Ort des Verbringens nicht in den Zollwert einbezogen.

(2) Aufteilung der Beförderungskosten nach Artikel 138 UZK-DVO

E3051 Über den Ort des Verbringens hinausgehende Beförderungskosten werden bei Transport mit dem gleichen Beförderungsmittel in der Weise aufgeteilt, dass in den Zollwert nur die Beförderungskosten bis zum Ort des Verbringens einbezogen werden. Die Aufteilung der Beförderungskosten erfolgt gem. Art. 138 Abs. 1 UZK-DVO nach dem Verhältnis des Streckenanteils (Kilometerschlüssel).

Eine Aufteilung nach dem Kilometerschlüssel entfällt, wenn der Zollstelle anhand eines allgemein verbindlichen Frachttarifs nachgewiesen wird, in welcher Höhe Beförderungskosten bis zum Ort des Verbringens in das Zollgebiet der Union entstanden wären.

Die Aufteilung einer Luftfracht erfolgt nach Art. 138 Abs. 2 und Anh. 23-01 UZK-DVO.

f) Käufer und Verkäufer sind nicht miteinander verbunden, Art. 70 Abs. 3 Buchst. d UZK

Art. 70 Abs. 3 Buchst. d UZK geht davon aus, dass Käufer und Verkäufer über das Kaufgeschäft hinaus nicht verbunden sind. Deshalb kann auch der ausgehandelte Preis ohne Prüfung seiner Höhe zugrunde gelegt werden. Der Anmelder hat in der Zollanmeldung zu erklären, ob eine Verbundenheit vorliegt. Die einzelnen Fälle der Verbundenheit sind den nachfolgenden Ausführungen unter 4. zu entnehmen. E3052

4. Transaktionswert für eingeführte Waren bei Verbundenheit von Käufer und Verkäufer

Trotz Verbundenheit zwischen Käufer und Verkäufer ist eine Zollwertfeststellung nach Art. 70 UZK möglich, wenn die folgenden Voraussetzungen erfüllt sind: E3053

- Es liegt ein Verkauf zur Ausfuhr in das Zollgebiet der Union vor (Art. 70 Abs. 1 UZK).
- Es bestehen bezüglich der Verfügung über die oder Nutzung der Waren keinerlei Einschränkungen i. S. von Art. 70 Abs. 3 Buchst. a UZK.
- Es liegen hinsichtlich des Kaufgeschäfts oder des Preises keinerlei Bedingungen oder Leistungen i. S. von Art. 70 Abs. 3 Buchst. b UZK vor.
- Der tatsächlich gezahlte oder zu zahlende Preis i. S. von Art. 70 Abs. 2 UZK sowie die Höhe der ggf. gem. Art. 71, 72 UZK vorzunehmenden Anpassungen können festgestellt werden (Art. 70 Abs. 1 UZK).
- Käufer und Verkäufer sind miteinander verbunden, wobei die Verbundenheit den **Preis nicht beeinflusst** hat (Art. 70 Abs. 3 Buchst. d 2. Alt. UZK i. V. m. Art. 127 UZK-DVO).

Bis auf den Tatbestand der Verbundenheit sind die Voraussetzungen der Zollwertfeststellung also gleich. Besonderer Betrachtung bedarf daher an dieser Stelle die „Verbundenheit".

a) Vorliegen von Verbundenheit

Nur in den in Art. 127 UZK-DVO enumerativ genannten Fällen liegt eine Verbundenheit vor. E3054

BEISPIELE:

Abs. 1 a: Der Verkäufer ist zugleich leitender Angestellter oder Direktor der Käuferfirma.

Abs. 1 b: Hier sind nur Teilhaber oder Gesellschafter an der Firma des Geschäftspartners (Käufer oder Verkäufer) gemeint, z. B. Verkäufer ist Kommanditist in der Käufer-Kommanditgesellschaft,

Abs. 1 c: Verkäufer ist der Arbeitgeber des Käufers.

Abs. 1 d: Eine amerikanische Firma besitzt 8 % des Aktienkapitals des Verkäufers und 5 % des Aktienkapitals des Käufers. Zwischen Verkäufer und Käufer liegt damit eine Verbundenheit vor.

Abs. 1 e: Verkäufer und Käufer gehören dem gleichen Konzern an. Hier hat über die Konzernbindung jeder die Möglichkeit, dem Geschäftspartner Anweisungen zu erteilen und somit zu kontrollieren.

Abs. 1 f: Verkäufer und Käufer gehören der gleichen Dachgesellschaft an (Holdinggesellschaft).

Abs. 1 g: Verkäufer und Käufer sind gemeinsam Gesellschafter in der Firma einer dritten Person.

Abs. 1 h: Hier kommt es nun neben der zuvor rein geschäftlichen Verbundenheit auf die familiäre Verbundenheit an, z. B. Verkäufer ist Vater des Käufers. Eine solche familiäre Verbundenheit muss sich nicht (nur) auf natürliche Personen beziehen. Vielmehr reicht es aus, dass z. B. der Käufer eine natürliche Person ist, der Verkäufer jedoch eine juristische Person, die von dem Bruder des Käufers geleitet wird (EuGH, Urteil v. 21.1.2016 - Rs. C-430/14, Stretinskis, ECLI:EU:C:2016:43, ZfZ 2016, 192 f., Anm. Traub, AW-Prax 2016, 222 ff.).

Kontrolle im Sinne des Art. 127 Abs. 1 Buchst. e, f, und g UZK-DVO wird angenommen, sofern eine Person rechtlich oder tatsächlich in der Lage ist der anderen Weisungen zu erteilen (Art. 127 Abs. 3 UZK-DVO).

b) Selbstauskunft des Anmelders

E3055 Mit der Transaktionswertmethode sollen möglichst viele Zollwertfeststellungen erfolgen. Deshalb schließt eine Verbundenheit allein noch nicht die Anwendung des Art. 70 UZK aus. Die Verbundenheit allein gibt daher noch keinen Aufschluss darüber, ob der Preis beeinflusst ist. Vielmehr müssen die Begleitumstände des Kaufgeschäfts in Bezug auf diese beiden Faktoren geprüft werden (Art. 134 Abs. 1 UZK-DVO). Zunächst ist die Erklärung des Anmelders in der Zollanmeldung zu beachten, denn hier muss die Frage nach der Preisbeeinflussung beantwortet werden. Der Anmelder muss angeben, ob Käufer und Verkäufer verbunden i. S. von Art. 127 UZK-DVO sind. Wenn er im Falle der Verbundenheit die Frage, ob die Verbundenheit den Preis der eingeführten Ware beeinflusst hat, mit „Ja" beantwortet, scheidet die Bewertung nach Art. 70 UZK aus. Eine Anpassung um das Ausmaß der Preisbeeinflussung ist nicht möglich, da eine derartige Anpassung nicht in Art. 71 UZK aufgeführt ist (vgl. Art. 71 Abs. 3 UZK).

c) Ausräumen von Zweifeln durch den Anmelder

E3056 Zweifel der Zollverwaltung sind jedoch angebracht, wenn der dem verbundenen Käufer berechnete Preis offensichtlich zu niedrig ist (wenn z. B. abweichende Preise für gleiche/ähnliche Waren an nicht verbundene Käufer bekannt sind, vgl. dazu auch EuGH, Urteil v. 16.6.2016 - Rs. C-291/15, EURO 2004 Hungary, ECLI:EU:C:2016:455, StE 2016, 404). Hier zeigt sich deutlich der Unterschied zwischen Kaufgeschäften bei Unabhängigen und Abhängigen. Bei unabhängigen Partnern wären die zuvor genannten Gründe nicht zu untersuchen. Bei Abhängigen hingegen sind Zweifel bezüglich einer Preisbeeinflussung berechtigt.

Kann der Anmelder diese Zweifel sofort beseitigen (z. B. legt er Zusatzinformationen vor) oder verfügt die Zollstelle über Informationen, die diese Zweifel beseitigen (z. B. aufgrund früherer Untersuchungen des Abhängigkeitsverhältnisses), so kommt Art. 70 UZK zur Anwendung. Bei Fortbestehen dieser Zweifel teilt die Zollstelle ihre Zweifel dem Anmelder mit und gibt ihm Gelegenheit weitergehende Informationen über die Umstände vorzulegen, um die Zweifel auszuräumen (Art. 134 Abs. 1 UZK-DVO).

Der Anmelder kann die immer noch bestehenden Zweifel durch Informationen ausräumen, die er bislang noch nicht vorgelegt hat (z. B. belegt er, dass sein Preis nach den in der betreffenden Branche üblichen Kalkulationsgrundsätzen gebildet worden ist und legt dazu Unterlagen vor). Die häufigste Zweifelbeseitigung wird in dieser Phase über Art. 134 Abs. 2 UZK-DVO erfolgen (Vorlage von Vergleichszollwerten).

aa) Bezugnahme auf Vergleichszollwerte

Bei den **Vergleichszollwerten**, die der Anmelder vorlegen kann, handelt es sich um E3057
schon von der Zollverwaltung festgelegte Zollwerte, d. h. die dazu gehörende Ware wurde bereits zum freien Verkehr abgefertigt. Als Vergleichszollwert kann kein zu erwartender Zollwert für eine bevorstehende Einfuhr herangezogen werden.

In Betracht kommen gem. Art. 134 Abs. 2 Buchst. a – c UZK-DVO folgende Zollwerte:

- Transaktionswert für gleiche oder ähnliche Waren aus Verkäufen zwischen unabhängigen Käufern und Verkäufern. Diese Zollwerte wurden nach Art. 70 UZK ermittelt.
- Zollwert für gleiche oder ähnliche Waren zwischen Unabhängigen, ermittelt nach der deduktiven Methode des Art. 74 Abs. 2 Buchst. c UZK i. V. m. Art. 142 UZK-DVO.
- Zollwert für gleiche oder ähnliche Waren, ermittelt nach Art. 74 Abs. 2 Buchst. d UZK i. V m. Art. 143 UZK-DVO.

Art. 134 Abs. 2 UZK-DVO gibt dem Anmelder die Möglichkeit, der Zollstelle gegenüber zu beweisen, dass keine Preisbeeinflussung vorliegt. Dazu muss er die zuvor angesprochenen Vergleichszollwerte vorlegen und beweisen, dass der Preis auf dem zu bewertenden Kaufgeschäft dem Vergleichszollwert sehr nahe kommt. Zum Begriff „gleiche oder ähnliche Waren" sind Art. 1 Abs. 2 Nr. 4 und Nr. 14 UZK-DVO heranzuziehen. Die Anerkennung als Vergleichszollwert ist nicht allein deswegen zu versagen, weil die zum Vergleich herangezogene Einfuhr in einen anderen EU-Mitgliedstaat erfolgt ist. Eventuell sind unterschiedliche Beförderungskosten zu berücksichtigen, ansonsten können aber auch Vergleichswerte aus anderen Mitgliedstaaten herangezogen werden.

Es muss weiterhin berücksichtigt werden, dass der Vergleichszollwert kein durch Zeitablauf völlig überholter Preis ist, denn er soll die derzeitige Preissituation für die eingeführte Ware beweisen. Art. 134 Abs. 2 UZK-DVO sieht deshalb vor, dass der Vergleichszollwert einen Wert belegt, welcher in demselben oder annähernd demselben Zeitpunkt wie die zu bewertende Ware festgestellt worden ist. Zollwerte, die nicht mehr als 6 Monate vor dem für die zu bewertenden Waren maßgebenden Zeitpunkt ermittelt worden sind, erfüllen diese Voraussetzung.

BEISPIEL 29:

Der Zollwert für die Ware X ist am 1.12.2019 festzustellen. Käufer und Verkäufer sind miteinander verbunden. Die Zollstelle nimmt an, dass der Preis beeinflusst ist. Der Anmelder legt für die Ware X einen Vergleichszollwert vor, der am 1.8.2019 festgestellt wurde.

Der Vergleichszollwert ist annähernd im selben Zeitpunkt wie die zu bewertende Ware ermittelt worden und darf deshalb herangezogen werden.

E3058 Der Vergleichszollwert soll dem Preis für die zu bewertende Ware sehr nahekommen (Art. 134 Abs. 2 UZK-DVO). Dabei sind insbesondere die Art der Waren (Waren mit großen Preisschwankungen oder Waren mit nur geringen Preisschwankungen), die Saison (z. B. Vor-, Haupt- oder Nachsaison) und andere Umstände des Handels (z. B. Unterschiede bei Rabattklauseln) zu berücksichtigen.

Außerdem sind Unterschiede bezüglich der Handelsstufe (Vergleichszollwert basiert auf einer anderen Handelsstufe), der Menge (Vergleichszollwert geht von einer anderen Menge aus) und bezüglich Anpassungen nach Art. 71 UZK (z. B. Vergleichszollwert enthält Lizenzgebühren) zu berücksichtigen (vgl. Art. 134 Abs. 3 Buchst. a – c UZK-DVO). Darüber hinaus sind auch Kosten zu berücksichtigen, die der Verkäufer bei Verkäufen an nicht verbundene Käufer, nicht aber bei solchen an verbundene Käufer trägt (Art. 134 Abs. 3 Buchst. d UZK-DVO). Bei Verkäufen an Unabhängige trägt der Verkäufer die Kosten der Werbung, im zu bewertenden Fall übernimmt der abhängige Käufer die Werbung. Der Preisunterschied zum Vergleichszollwert ist zu berücksichtigen.

BEISPIEL 30:

Zu bewerten sind 1 000 Stück der Ware X. Der Vergleichszollwert beläuft sich nur auf 500 Stück.

Wenn nach Aufstockung des Vergleichszollwertes auf 1 000 Stück der Preis für die zu bewertende Ware noch niedriger ist, könnte eine Ursache darin bestehen, dass bei Abnahme von 1 000 Stück ein niedrigerer Preis pro Einheit verlangt wird. Dies muss berücksichtigt werden.

BEISPIEL 31:

Zu bewerten ist eine tunesische Ware, die CIF Rotterdam geliefert wurde. Der Vergleichszollwert sieht eine Lieferung CIF Genua vor.

Hier ist zu berücksichtigen, dass für das Vergleichsgeschäft weniger Beförderungskosten angefallen sind.

Nach Art. 134 Abs. 4 UZK-DVO sind die in Abs. 2 vorgesehenen Vergleiche auf Antrag des Anmelders durchzuführen. Ein Antrag ist bereits darin zu erblicken, dass Vergleichszollwerte vorgelegt werden. Den eigentlichen Vergleich führt die Zollstelle durch, denn sie muss zum Ergebnis kommen, dass der Preis für die zu bewertende Ware dem vorgelegten Vergleichszollwert sehr nahekommt. Zu berücksichtigen ist, dass der vorgelegte Vergleichszollwert nur Vergleichszwecken dient, er darf bei Anwendung des Art. 70 UZK (= 1. Bewertungsmethode niemals selbst als Zollwert für die zu bewertende Ware genommen werden (Art. 134 Abs. 4 S. 2 UZK-DVO).

BEISPIEL 32:

Der Preis aus einem Kaufgeschäft zwischen Verbundenen beträgt 10 000 €. Die Zollstelle vermutet eine Preisbeeinflussung durch die Verbundenheit. Der vom Anmelder vorgelegte Vergleichszollwert beträgt 10 500 €. Die Zollstelle ist der Auffassung, dass nach Berücksichtigung sämtlicher Umstände (Art. 134 Abs. 3 UZK-DVO) die beiden Preise einander sehr nahekommen.

Der Preis von 10 000 € (nicht der Vergleichszollwert) ist nun der Zollwertermittlung zugrunde zu legen; die 1. Bewertungsmethode nach Art. 70 UZK kommt zur Anwendung.

Sobald die Zollstelle zur Auffassung gelangt, dass der vorliegende Preis einem Vergleichszollwert sehr nahe kommt, muss sie die Frage, ob nun tatsächlich eine Preisbeeinflussung vorliegt, nicht weiter verfolgen; ihre Zweifel gelten als ausgeräumt (Art. 134 Abs. 2 UZK-DVO).

bb) OECD-Verrechnungspreisleitlinien

Sofern ein Vergleichszollwert nicht vorliegt, besteht für den Anmelder die weitere Möglichkeit, die Nichtbeeinflussung des Kaufgeschäfts durch die Verbundenheit über einen Fremdvergleichsnachweis anhand der OECD-Verrechnungspreisleitlinien zu führen. Der Fremdvergleichsgrundsatz ist als Maßstab für die internationale Verrechnungspreisgestaltung anerkannt. Für eine Beweisführung im Zollwertrecht kommen die Standardmethoden (Preisvergleich, Kostenaufschlag, Wiederverkaufspreis) und die Gewinnmethoden (Gewinnaufteilung, transaktionsbezogene Nettomarge) in Betracht (dazu ausführlich Vonderbank, AW-Prax 2002, 311 ff.; Möller, AW-Prax 2005, 248 ff., Wolffgang, ZfZ 2018, 150 ff.). E3059

Obwohl beide Wertermittlungen vorrangig das Ziel haben einen Preis auszuweisen, der sich ohne Einflüsse durch eine Verbundenheit am Markt gebildet hätte, kommt es zwischen Verrechnungspreis und Zollwert zu Spannungen (s. für einen ausführlichen Vergleich der beiden Ansätze Masorsky/Schoppe/Stumpf, BB 2013, 279 ff.). Die Regelungen stehen nicht im Einklang und bergen Konfliktpotenzial bei der Bestimmung des Zollwertes (vgl. z. B. EuGH, Urteil v. 20.12.2017 - Rs. C-529/16, Hamamatsu, ECLI:EU:C:2017:984, ZfZ 2018, 68 ff. mit Anm. Rinnert, ZfZ 2018, 70 ff., Anm. Eder, RIW 2018, 1; Anm. Gerner/Weinzierl, SIW 2018, 59 f.). Problematisch ist auch, dass es nach dem bisherigen Recht keine verbindliche Zollwertauskunft auf Basis eines Verrechnungspreises gibt. Eine erhoffte verbindliche Zollwertauskunft über Art. 35 UZK, der sich auch auf den in Titel II geregelten Zollwert erstreckt, ist mangels entsprechender Ausgestaltungen in den Durchführungsvorschriften ausgeblieben. Unter Umständen könnte Art. 73 UZK jedoch zu mehr Rechts- und Planungssicherheit führen (s. dazu Möller, ZfZ 2014, 147 ff.).

Einen Versuch, das Spannungsverhältnis zwischen den rechtlichen Rahmenbedingungen von Verrechnungspreis und Zollwert zu überwinden und zu mehr Kohärenz zu gelangen, kann in der 2012 veröffentlichten Grundsatzerklärung der Internationalen Handelskammer (ICC) gesehen werden. Im Februar 2015 folgte eine Aktualisierung dieser Erklärung, die in sechs Vorschlägen weiterhin eine Harmonisierung von Transferpreisen und Zollwerten anstrebt und somit Auseinandersetzungen zwischen Unternehmen und Verwaltungen vermeiden will. Insbesondere werden die Bedeutung der OECD-Verrechnungspreisleitlinien und deren Methoden für die zollwertrechtliche Überprüfung hervorgehoben (vertiefend Landwehr, Zollwertrechtliche Methoden zum Nachweis der Unbeeinflusstheit von Preisvereinbarungen zwischen verbundenen Kaufvertragsparteien, Diss. Jur Münster, 2018). Die Vorschläge der ICC haben unterdessen auch bei der WCO in den Leitfaden zum Thema „Transferpreise und Zollwert“ Eingang gefunden, sodass Zollverwaltungen weltweit sich an diesem orientieren können.

d) Anwendung der weiteren Zollwertbewertungsmethoden

E3060 Können die Zweifel der Zollstelle im Hinblick auf eine Preisbeeinflussung nicht ausgeräumt werden, können die Zollbehörden entscheiden, dass der Zollwert nicht über Art. 70 UZK festgestellt werden kann (Art. 140 Abs. 2 UZK-DVO). In diesem Fall sind die weiteren Bewertungsmethoden (Art. 74 Abs. 1, 74 Abs. 3 UZK) zu prüfen und der Zollwert festzustellen, und zwar nach der jeweils ersten zutreffenden Methode. Überwiegend wird dabei die Schlussmethode (Art. 74 Abs. 3 UZK) zur Anwendung kommen. Hier ist es nun möglich, den berechneten Preis um das Ausmaß der Preisbeeinflussung aufzustocken (s. Art. 144 Abs. 1 UZK-DVO).

5. Einfuhrumsatzsteuerwert

E3061 Die Bemessungsgrundlage für die Ermittlung der Einfuhrumsatzsteuer enthält § 11 UStG. Als Basiswert kommt dabei nach § 11 Abs. 1 UStG der **Zollwert** in Betracht.

Grundsätzlich erfolgt die Feststellung des Zollwertes bereits für die Berechnung der Zollabgabe. Der so ermittelte Zollwert ist auch für die Einfuhrumsatzsteuer zugrunde zu legen. Ist ein Zollwert für Zollzwecke nicht festzustellen (Ware ist zollfrei oder unterliegt einem spezifischen Zoll, z. B. Gewichtszoll), muss der Zollwert eigens für die Berechnung der EUSt ermittelt werden.

Aus Vereinfachungsgründen darf für Waren, für die der Zollwert nur für die EUSt ermittelt werden muss und ein Vorsteuerabzug möglich ist, der **Rechnungspreis** als Zollwert zugrunde gelegt werden (VSF Z 8101 Abs. 27). In diesen Fällen ist, soweit die Lieferung nicht aufgrund eines Kaufgeschäfts erfolgt, auch eine **Schätzung** des Zollwertes im Rahmen der Schlussmethode möglich (§ 11 Abs. 1 UStG i. V. m. Art. 74 Abs. 3 UZK).

Dem Zollwert sind die in § 11 Abs. 3 UStG aufgeführten Beträge **hinzuzurechnen**, soweit sie darin nicht enthalten sind:

- Steuern und sonstige Abgaben, die außerhalb des Zollgebietes entstanden sind (§ 11 Abs. 3 Nr. 1 UStG): Es ist davon auszugehen, dass ausländische Abgaben im Preis und somit auch im Zollwert enthalten sind. Nur wenn ausnahmsweise diese Beträge gesondert in Rechnung gestellt werden, sind sie hinzuzurechnen.
- Einfuhrabgaben im Zollgebiet (§ 11 Abs. 3 Nr. 2 UStG): Die im Zollgebiet zu erhebenden Einfuhrabgaben (ausgenommen die EUSt) sind hinzuzurechnen. Damit wird im Ergebnis eine Steuer versteuert.
- Kosten für die Vermittlung der Lieferung (§ 11 Abs. 3 Nr. 3 UStG): Verkaufsprovisionen sind bereits im Zollwert enthalten und gelangen so auch in den EUSt-Wert. Aber auch Einkaufsprovisionen (sie gehören gem. Art. 71 Abs. 1 Buchst. a, i UZK nicht in den Zollwert) sind in den EUSt-Wert einzubeziehen.
- Beförderungskosten bis zum ersten Bestimmungsort im Gebiet eines Mitgliedstaates der EU (§ 11 Abs. 3 Nr. 3 UStG).
- Die zuvor genannten Vermittlungs- und Beförderungskosten bis zu einem weiteren Bestimmungsort im Unionsgebiet, sofern dieser im Zeitpunkt des Entstehens der EUSt bereits feststeht (§ 11 Abs. 3 Nr. 4 UStG).

6. Kontrollfragen

		Rdnr.	
1.	Erläutern Sie, was unter dem Zollwert im Allgemeinen zu verstehen ist.	E3000	☐
2.	Es gibt insgesamt sechs Methoden der Zollwertermittlung. Nennen Sie diese Methoden unter Angabe der einschlägigen Vorschriften und erläutern Sie diese kurz.	E3001	☐
3.	Erläutern Sie die Bemessungsmethode, die vom Transaktionswert der eingeführten Waren ausgeht. Welche Voraussetzungen müssen für die Anwendung dieser Methode erfüllt sein?	E3008	☐
4.	Von welchem Kaufpreis darf nach dem UZK im Falle einer Käuferkette bei der Zollanmeldung ausgegangen werden?	E3011	☐
5.	Wann liegt eine Bedingung oder Leistung hinsichtlich eines Kaufgeschäfts oder Preises vor?	E3015	☐
6.	Was versteht man unter dem Terminus „tatsächlich gezahlter oder zu zahlender Preis“?	E3017	☐
7.	Kann ein Skonto zollwertrechtlich anerkannt werden?	E3018	☐
8.	Welche Anpassungen enthält Art. 71 UZK?	E3019	☐
9.	Was sind Lizenzgebühren und wann werden sie als Bedingung für den Verkauf der eingeführten Ware angesehen?	E3026	☐
10.	Welche Anpassungen enthält Art. 72 UZK?	E3034	☐
11.	Nennen Sie Lieferbedingungen, die Lieferungen an Orte außerhalb des Zollgebiets der Union vorsehen.	E3049	☐
12.	Welche Lieferbedingungen sehen Lieferungen am Ort des Verbringens in das Zollgebiet der Union vor?	E3049	☐
13.	Welche Lieferbedingungen sehen Lieferungen über den Ort des Verbringens in das Zollgebiet der Union hinaus vor?	E3049	☐
14.	Wie ist der Transaktionswert zu bestimmen, wenn Verkäufer und Käufer miteinander verbunden sein könnten?	E3053	☐
15.	Nach welcher Vorschrift wird die Einfuhrumsatzsteuer berechnet und wie wird der Wert ermittelt, der zur Bestimmung dieser zugrunde gelegt wird?	E3059	☐

IV. Präferenzen

Schrifttum:

Altemöller, Perspektiven für das Welthandelssystem: Von multilateraler Integration zu Freihandelsabkommen?, EuZW 2016, 374 ff.; *Altemöller,* Bilateralismus und Unilateralismus: Perspektiven für die internationalen Handelsbeziehungen?, EuZW 2017, 917 ff.; *Altemöller,* Die aufstrebenden Staaten in den internationalen Handelsbeziehungen, EuZW 2020, 321 ff.; *Dallimore,* Brexit: Breaking the Rules of Origin, AW-Prax 2020, 337 ff.; *Felderhoff,* OLAF-Berichte als Beweismittel, AW-Prax 2018, 291 ff.; *Germelmann,* Perspektiven bilateraler und regionaler Freihandelsabkommen im

Welthandelsrecht, EuZW 2016, 207 ff.; *Hülskramer*, Zollpräferenzmanagement in Theorie und Praxis, ZfZ 2015, 33 ff.; *Kiefer*, RCEP - Größte Freihandelszone der Welt, AW-Prax 2021, 5; *Kuhs*, Steht die größte Freihandelszone der Welt erneut vor dem Scheitern?, AW-Prax 2020, 281 ff.; *Krüger*, Zollschuldrechtlicher Vertrauensschutz in jüngerer EuGH-, EuG- und BFH-Rechtsprechung, ZfZ 2014, 2 ff.; *Meltendorf*, EU-Freihandelsabkommen – Chancen und Herausforderungen, AW-Prax 2018, 479 ff.; *Rogmann*, Vom Mitgliedstaat zum Freihandelspartner, AW-Prax 2021, 55 ff.; *Sieben/Wemmer*, Die Ursprungsregeln im Handels- und Kooperationsabkommen der EU mit dem Vereinigten Königreich, AW-Prax 2021, 62 ff.; *Stein/Voss*, EU-UK Handels- und Kooperationsabkommen: Eine erste Analyse, ZfZ 2021, 2 ff.; *Stein/Pestalozza*, Das Europäische Amt für Betrugsbekämpfung (OLAF) - Hüter der finanziellen Interessen der EU, AW-Prax 2021, 113; *Tomuscheit*, Das Freihandelsabkommen der EU mit Vietnam in der betrieblichen Praxis, AW-Prax 2020, 383 ff.; *Wolffgang/Felderhoff*, EU-Freihandelsabkommen, AW-Prax 2014, 3 ff; *Wolffgang*, Freihandel in Asien auf dem Vormarsch, AW-Prax 2020, 513; Zappel, Ursprungsregeln im USMCA - Fortschritt oder Rückschritt zum NAFTA?, AW-Prax 2020, 523 ff.; *Zelenska*, EU-Zollkontingente: Ein Instrument zur Regulierung eines präferenziellen Handelsregimes, AW-Prax 2018, 137 ff.; *Zimmermann/Frank-Fahle*, Zwischen Freihandelsabkommen und COVID-19: Vietnam als neues Wachstumswunder in Südostasien?, AW-Prax 2020, 372 ff.

1. Allgemeines

E4000 Zollpräferenzen haben sowohl für die **importierende** als auch für die **exportierende** Wirtschaft einen hohen Stellenwert. Für einen Großteil der Waren werden bei der Einfuhr **begünstigte Zollsätze** bis hin zur Zollfreiheit gewährt, wenn diese Waren eine Zollpräferenz genießen. Für die Ausfuhr sind Zollpräferenzen von Bedeutung, da sie die Einfuhr in einen Drittstaat kostengünstiger gestalten und damit die Wettbewerbsbedingungen verbessern können.

a) Präferenzzonen

E4001 Die Wareneinfuhren in die EU aus den meisten Staaten der Welt genießen **Zollvergünstigungen**. Diese können so beschaffen sein, dass der Zollsatz im Verhältnis zum normalen Drittlandszollsatz reduziert ist oder sogar null beträgt. Im Gegenzug werden in einer Reihe von Drittstaaten EU-Erzeugnissen bei der dortigen Einfuhr ebenfalls begünstigte Zollsätze eingeräumt. Die Präferenzbehandlungen erfolgen entweder aufgrund von **Kooperations- bzw. Assoziierungsabkommen**, die mit den entsprechenden Staaten (z. B. Schweiz, Chile, Mexiko, Israel) oder Staatengruppen (z. B. EWR, CARIFORUM) seitens der EU geschlossen worden sind, oder aufgrund **autonomer Regeln**, die die EU für Wareneinfuhren aus bestimmten Ländern (z. B. Entwicklungsländer) einräumt. Aufgrund ihres enormen wirtschaftlichen Potentials hat die Zahl von präferentiellen Abkommen im Lauf der Jahre stetig zugenommen (die Europäische Kommission informierte etwa mit einem Bericht aus dem Jahr 2020 über die Entwicklung der bisherigen Freihandelsabkommen: https://trade.ec.europa.eu/doclib/press/index.cfm?id=2211).

Zollpräferenzen stellen an sich einen Verstoß gegen den in Art. I des Allgemeinen Zoll- und Handelsabkommens (GATT) enthaltenen **Meistbegünstigungsgrundsatz** dar, wonach die Zollvorteile, die eine Vertragspartei des GATT einer anderen einräumt, auch allen anderen Vertragsparteien eingeräumt werden müssen. Im Rahmen von **Zollunionen** oder **Freihandelszonen** ist dieser Grundsatz jedoch gem. Art. XXIV GATT ausgesetzt.

Auch dürfen die Vertragsparteien des GATT aufgrund der sog. „Enabling Clause“ **Entwicklungsländern** einseitig Zollpräferenzen einräumen, ohne dass sich andere Staaten auf eine Verletzung der Meistbegünstigung berufen können.

HINWEIS:

Die Vielzahl von Präferenzmaßnahmen kann durchaus kritisch gesehen werden. Im Rahmen der Welthandelsorganisation sollen multilaterale Abkommen zu einer Liberalisierung des Welthandels führen. Mit der überaus großen Zahl an regionalen Handelsabkommen, zu der die EU einen großen Teil beiträgt, wird dieses Ziel unterlaufen. Die WTO führt eine elektronische Datenbank, in der alle notifizierten Abkommen aufgelistet sind (zu finden auf der Homepage der WTO – www.wto.org – unter „regional trade agreements“; s. zu den weltweiten Tendenzen beim Abschluss bilateraler und multilateraler Freihandelsabkommen: Germelmann, EuZW 2016, 207 ff.; Altemöller, EuZW 2016, 374 ff.; ders., EuZW 2017, 917 ff.; ders., EuZW 2010, 321 ff.).

Die Nutzung von Zollpräferenzen birgt ein hohes Fehlerrisiko. Angesichts der in vielen Bereichen niedrigen Zollsätze und des mit der Nutzung von Zollpräferenzen verbundenen Risikos nachträglicher Zollbelastungen sowie der unternehmensinternen Kosten kann sich der Verzicht auf die Nutzung von Präferenzzollsätzen als die wirtschaftlichere Entscheidung darstellen (vgl. zur Umsetzung von Zollpräferenzregeln im Unternehmen Hülskramer, ZfZ 2015, 33 ff.; Tomuscheit, AW-Prax 2020, 383 ff.). Die Exportwirtschaft hat aber häufig keine Alternative, da die Zollsätze in vielen Ländern noch signifikante Höhen aufweisen und die Nutzung der Zollpräferenzen daher wirtschaftlich nicht verzichtbar ist.

Zu beachten ist, dass nicht nur die EU versucht, ihr Präferenzhandelsnetz zu erweitern. Im Jahr 2020 wurde unter der Führung von China die Regional Comprehensive Economic Partnership (RCEP) abgeschlossen (s. hierzu Wolffgang, AW-Prax 2020, 513; Kiefer, AW-Prax 2021, 5). Das Abkommen umfasst einen Markt von 2,2 Milliarden Menschen, der wirtschaftlich einer Gesamtgröße von 26,2 Billionen US-Dollar oder 30 % des weltweiten BIP entspricht. Teilnehmerländer des RCEP sind China, Japan, Südkorea, Australien, Neuseeland und die Mitgliedstaaten des Verbunds ASEAN („Association of Southeast Asian Nations“; Teilnehmerstaaten: Brunei, Indonesien, Kambodscha, Laos, Malaysia, Myanmar, Philippinen, Singapur, Thailand und Vietnam). Ein weiteres Beispiel in diesem Zusammenhang ist das United States-Mexico-Canada Agreement (USMCA) (Überblick hierzu bei: Zappel, AW-Prax 2020, 523 ff.).

Der UZK verweist in Art. 56 Abs. 2 Buchst. d, e auf die **Tarifvorschriften**, die die Anwendung der vertraglichen oder autonomen Präferenzbehandlung ermöglichen.

ABB. 34: Präferenzen

Präferenzen

Einseitige Präferenz	**Gegenseitige Präferenz**
Zollpräferenzmaßnahmen, die von der Gemeinschaft/Union einseitig zugunsten bestimmter Länder, Ländergruppen oder Gebiete erlassen worden sind (z. B. APS)	Zollpräferenzmaßnahmen aufgrund von Abkommen zwischen der Gemeinschaft/Union und bestimmten Ländern oder Ländergruppen, in denen eine Zollpräferenzbehandlung vorgesehen ist (z. B. EWR, Südkorea)
Art. 56 Abs. 2 Buchst. e) UZK	Art. 56 Abs. 3 Buchst. d) UZK

HINWEIS:

In der Praxis lässt sich relativ einfach feststellen, ob für eine bestimmte Ware eine Zollpräferenz gewährt wird. Der Elektronische Zolltarif (EZT) weist die regulären Drittlandszollsätze und bei Eingabe des entsprechenden Landes auch die Präferenzzollsätze für die verschiedenen Präferenzmaßnahmen für die Einfuhr in die EU aus. Über die Homepage der deutschen Zollverwaltung (www.zoll.de) ist der „EZT-online" kostenfrei erreichbar. Um die Präferenzwirkungen für die Einfuhren in andere Staaten zu ermitteln, stellt die Europäische Kommission zum kostenfreien Zugang die elektronische Datenbank „Access 2 Markets" unter der Adresse https://trade.ec.europa.eu/access-to-markets/en/content/welcome-access2markets-market-access-database-users zur Verfügung.

Derzeit bestehen seitens der EU zahlreiche **Zollpräferenzmaßnahmen** aufgrund völkerrechtlicher Abkommen bzw. autonomer Gewährung:

aa) Völkerrechtliche Abkommen

E4002
- Andenstaaten (Kolumbien, Peru und Ecuador)
- Andorra (für Waren der Pos. 25 – 97)
- CARIFORUM (Abkommen mit Antigua und Barbuda, Bahamas, Barbados, Belize, Dominica, Dominikanische Republik, Grenada, Guyana, Jamaika, St. Kitts und Nevis, St. Lucia, St. Vincent und die Grenadinen, Suriname, Trinidad und Tobago; mit Haiti derzeit noch nicht anwendbar)

HINWEIS:

Das Abkommen der EU mit den CARIFORUM-Staaten ist das erste Wirtschaftspartnerschaftsabkommen (Economic Partnership Agreement – „EPA"), das mit einer Gruppe der vorherigen AKP-Staaten (Staaten Afrikas, des karibischen Raums und des Pazifischen Ozeans, sog. „Abkommen von Cotonou") geschlossen wurde. Auch mit anderen Staatengruppen wurden weitere EPAs ausgehandelt. Solange das entsprechende Abkommen noch nicht in Kraft ist, wird bei diesen Partnerstaaten aufgrund der sog. Marktzugangsverordnung (Market Access Regulation („MAR"), VO (EU) 2016/1076, ABl. EU 2016 Nr. L 185/1) der Handelsteil, der die präferenzielle Behandlung von Wareneinfuhren regelt, bereits von der EU einseitig zugunsten der betreffenden Staaten angewendet. Derzeit findet die Marktzugangsverordnung nur noch auf Einfuhren aus Kamerun und Kenia Anwendung. Andere vormalige AKP-Staaten, mit denen bisher kein Wirtschaftspartnerschaftsabkommen ausgehandelt wurde, fallen nun gegebenenfalls unter das Allgemeine Präferenzsystem (APS).

- Ceuta und Melilla
- Chile
- Côte d'Ivoire
- ESA-Staaten (derzeit Madagaskar, Mauritius, die Seychellen, Simbabwe und die Komoren)

HINWEIS:

Als Vertragspartei ist zudem Sambia vorgesehen. In Bezug auf diesen Staat ist das Abkommen aber noch nicht anwendbar.

- Europäischer Wirtschaftsraum (EWR); umfaßt Norwegen, Liechtenstein und Island
- Färöer
- Ghana
- Großbritannien

HINWEIS:

Das Abkommen der EU mit Großbritannien ist im Anschluss an den EU-Austritt des Landes mit Wirkung ab dem 1.1.2021 für vorläufig anwendbar erklärt worden, vgl. hierzu nur die Zoll-Fachmeldung v. 30.12.2020: https://www.zoll.de/DE/Fachthemen/Warenursprung-Praeferenzen/WuP_Meldungen/2020/wup_brexit_handels_kooperations-abkommen.html (vgl. zu den Herausforderungen bei der Schaffung von Zollpräferenzursprungsregeln für den Freihandel mit Großbritannien: Dallimore, AW-Prax 2020, 337 ff.; Überblick zum Abkommen bei: Stein/Voss, ZfZ 2021, 2 ff.; Rogmann, AW-Prax 2021, 55 ff.; Sieben/Wemmer, AW-Prax 2021, 62 ff.).

- Japan
- Kanada
- Mexiko
- Mittelmeerländer (Abkommen mit Ägypten, Algerien, Gaza/Westjordanland, Jordanien, Israel, Libanon, Marokko, Syrien, Tunesien)

HINWEIS:

Syrien hat im System der Paneuropa-Mittelmeer-Abkommen bisher nur einen Beobachterstatus und erhält praktisch somit nur autonome Präferenzmaßnahmen vonseiten der EU.

- Östliche Partnerschaft (Ukraine, Georgien und Moldawien)
- SADC-Staaten (Botsuana, Lesotho, Mosambik, Namibia, Swasiland und Südafrika)
- San Marino
- Schweiz
- Singapur
- Südkorea
- Türkei

Westliche Balkanstaaten (Abkommen mit Albanien, Bosnien-Herzegowina, Mazedonien, Montenegro, Serbien, Kosovo)

HINWEIS:

Auf lange Sicht ist geplant, die westlichen Balkanstaaten, die Mittelmeerländer, die EWR-Staaten, die Schweiz, die Türkei und die Färöer mittels des „Regionalen Übereinkommens über Ursprungsregeln" zu einer einzigen Integrationszone zu verbinden. Derzeit sind die durch die EU ausgehandelten Ursprungsprotokolle mit folgenden Ländern durch das Regionale Übereinkommen ersetzt worden: Albanien, Bosnien und Herzegowina, die Schweiz, Ägypten, die Färöer, Georgien, Island, Liechtenstein, Moldawien, Montenegro, Mazedonien, Norwegen, besetzte palästinensische Gebiete, Kosovo, Serbien und die Ukraine. Das Ursprungsprotokoll mit den EWR-Staaten sowie die Ursprungsregeln mit Andorra wurden zudem an das Regionale Übereinkommen angepasst.

Parallel zu den Begünstigungen des Regionalen Übereinkommens kommen den westlichen Balkanstaaten auch autonome Zollpräferenzen zugute, vgl. die Verordnung (EG) Nr. 1215/2009 (ABl. EU 2009 Nr. L 328/1), zuletzt geändert durch die Verordnung (EU) 2020/2172 (ABl. EU 2020 Nr. L 432/7).

- Vietnam
- West-Pazifik-Staaten (Fidschi-Inseln, Papua-Neuguinea)
- Zentralafrika (Kamerun)

HINWEIS:

Hier gilt wie bei Côte d'Ivoire und Ghana, dass die Ursprungsregeln der VO (EU) 2016/1076 für die Importe aus Kamerun in die EU Anwendung finden sollen. Für Exporte aus der EU nach Kamerun gelten besondere Ursprungsregeln, die Kamerun mit Dekret Nr. 2016/367 nach kamerunischem Recht veröffentlicht hat. Diese Ursprungsregeln sind über das Online-Portal „WuP Online“ erhältlich.

- Zentralamerika (Costa Rica, El Salvador, Guatemala, Honduras, Nicaragua, Panama)

bb) Autonome Präferenzmaßnahmen/

- Entwicklungsländer (Allgemeines Präferenzsystem „APS“) E4003
- Marktzugangsverordnung (Market Access Regulation „MAR“, VO (EU 2016/1076)
- Überseeische Länder und Gebiete (ÜLG)

HINWEIS:

Die Zollpräferenzmaßnahmen sind im Internet veröffentlicht unter https://wup.zoll.de/wup_online/index.php.

Die nachfolgende Übersicht zeigt die derzeit geltenden Präferenzmaßnahmen.

ABB. 35: Präferenzspinne

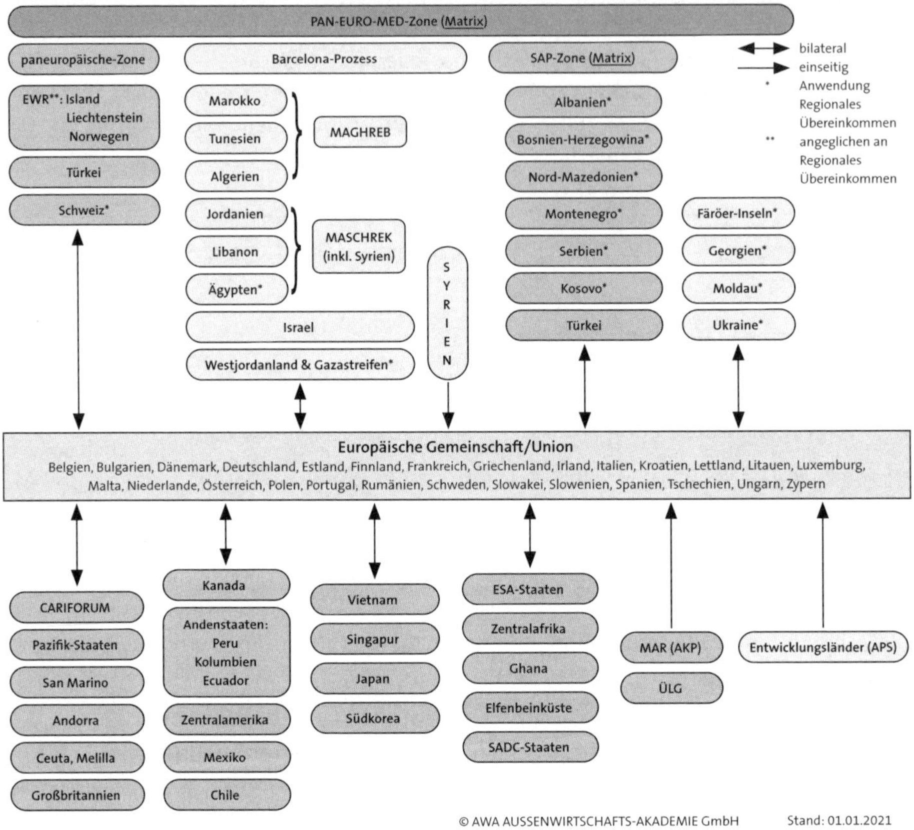

Nichtpräferenzberechtigte Drittländer

Hohes Einkommen

1. USA
2. Australien
3. Neuseeland
4. Taiwan
5. Nordkorea
6. Hongkong

1. Saudi-Arabien
2. Kuweit
3. Bahrain
4. Katar
5. VAE
6. Oman
7. Brunei Darussalam
8. Macau

Mittleres Einkommen

1. Argentinien
2. Brasilien
3. Kuba
4. Uruguay
5. Venezuela
6. Weißrussland
7. Russland
8. Kasachstan
9. Gabun
10. Libyen
11. Malaysia
12. Palau
13. Aserbaidschan (23.02.2014)
14. Iran (23.02.2014)
15. China (01.01.2015)
16. Malediven (01.01.2015)
17. Thailand (01.01.2015)
18. Turkmenistan (01.01.2016)
19. Irak (01.01.2017)
20. Marshallinseln (01.01.2017)
21. Paraguay (01.01.20219)
22. Nauru (01.01.2021)
23. Tonga (01.01.2021)

© AWA AUSSENWIRTSCHAFTS-AKADEMIE GmbH Stand: 01.01.2021

cc) Laufende Verhandlungen über Freihandelsabkommen

Die Vielzahl der begünstigten Länder zeigt, dass das Präferenzrecht für die Wirtschaft E4004
sowohl import- als auch exportseitig hohe Bedeutung hat. Durch die Vielzahl der Freihandelsabkommen und der Entwicklungsländer, denen eine Vorzugsbehandlung bei Importen in die EU eingeräumt wird, ist die Zahl der Länder, die keine Vorzugsbehandlung erfahren, relativ gering (s. zur Freihandelsstrategie der EU, dargestellt am Beispiel Vietnam: Zimmermann/Frank-Fahle, AW-Prax 2020, 372 ff.). Neben den bedeutenden Schwellenländern wie Brasilien, Russland, Indien und China sind wesentlich derzeit: USA, Australien, Neuseeland und die Mercosur-Staaten (s. zu letzterem Abkommen: Kuhs, AW-Prax 2020, 281 ff.). Die geplanten Abkommen werden als Mega-Freihandelsabkommen bezeichnet, da sie zwischen wirtschaftlich starken Partnern geschlossen und auf die Weltwirtschaft erheblichen Einfluss ausüben werden (s. zu den EU-Verhandlungen über Freihandelsabkommen insgesamt etwa Wolffgang/Felderhoff, AW-Prax 2014, 3 ff.; Meltendorf, AW-Prax 2018, 479 ff.).

WICHTIGER HINWEIS:

Bei der Prüfung möglicher Präferenzberechtigungen für Warenein- oder ausfuhren sind die aufgrund autonomer oder vertraglicher Regelungen bestehenden Präferenzzonen strikt isoliert zu sehen. So kann etwa einem in der EU hergestellten Fertigerzeugnis nach dem Abkommen mit Israel der Ursprung in der EU zu verleihen sein, nicht aber im Verhältnis zu Südkorea (Trennungsprinzip). Diese Voraussetzung ist sehr wichtig und wird in der Praxis häufig nicht ausreichend beachtet. Fehler kommen vor allem dann vor, wenn exportierende Unternehmen Ursprungserklärungen auf Rechnungen oder Lieferantenerklärungen ausstellen, in denen alle Präferenzzonen aufgeführt sind. Die Prüfung, für welche Präferenzzone das Fertigerzeugnis oder das Vormaterial als EU-Ursprungserzeugnis gilt, wird im Tagesgeschäft häufig verabsäumt. Wird im Rahmen der zwischenstaatlichen Nachprüfung von Präferenznachweisen von den Zollbehörden festgestellt, dass die Unterlagen falsch ausgestellt worden sind, werden die Nachweise in den Importländern nicht anerkannt. Dort wird dann der normale Zollsatz zugrunde gelegt. Dies kann nicht nur zivilrechtliche, sondern auch strafrechtliche Folgen haben. Zum einen kann der ausländische Abnehmer, der den Zoll nach dem höheren Zollsatz zu entrichten hat, beim Exporteur Regress nehmen. Zum anderen kann der Exporteur des Verdachts einer Steuerhinterziehung oder Steuerverkürzung ausgesetzt sein, da das deutsche Straf- und Ordnungswidrigkeitenrecht sich auch auf den Schutz der Erhebung von Einfuhrabgaben in den mit der EU assoziierten Staaten erstreckt (§ 370 Abs. 6, §§ 378 Abs. 1 AO).

Verkompliziert wird die Thematik zudem durch die Frage, ob zu exportierende Erzeugnisse nach Arbeitsvorgängen in der EU den „EU"- oder den Gemeinschafts-Ursprung erhalten. Dieses Problem hängt damit zusammen, dass durch den Reformvertrag von Lissabon die EU eine eigene Rechtspersönlichkeit erhalten hat, die EG somit rechtlich nicht mehr existent ist. Unproblematisch haben EU-Erzeugnisse den EU-Ursprung in EU-Präferenzmaßnahmen, die nach dem Reformvertrag in Kraft getreten sind und diesen bereits inhaltlich berücksichtigen (z. B. die Ursprungsregeln zum Freihandelsabkommen der EU mit Südkorea).. Ferner sind die Staaten umfasst, mit denen die EU bereits das Regionale Übereinkommen anwendet. Bei älteren Ursprungsprotokollen (z. B. mit Marokko) muss aber weiterhin auf den Gemeinschaftsursprung abgestellt werden, da sonst der Wortlaut des Protokolls geändert werden müsste. Wenn die Zollbehörden in den Bestimmungsländern die Bezeichnung „EU“ (bzw. „Europäische Union“) tolerieren, kann sie jedoch verwendet werden.

b) Zollschuld

E4005 Die abgabenrechtliche Bedeutung der Präferenzen bei der Überführung in den freien Verkehr der EU liegt darin, dass der **Zollsatz** für die unter die Maßnahmen fallenden Einfuhrwaren geringer ist als der normale Drittlandszollsatz, der im Rahmen der Meistbegünstigung grundsätzlich allen Drittstaaten einzuräumen ist.

HINWEIS:

In vielen Präferenzzonen beträgt der Zollsatz für eine Vielzahl von Waren bereits null, führt also zu einer faktischen Zollfreiheit. Dies kann sich auf das Verhältnis von (zollschuldrechtlichen) Präferenzen und (zollverfahrensrechtlicher) passiver Veredelung i. S. d. Art. 259 UZK auswirken. Für die Bewilligung einer passiven Veredelung kann in diesen Fällen kein wirtschaftliches Bedürfnis mehr bestehen.

aa) Überführung in den zollrechtlich freien Verkehr

E4006 Die Abgabenschuld darf grundsätzlich nur dann nach dem Präferenzzollsatz bemessen werden, wenn die Waren **ordnungsgemäß in den freien Verkehr** übergeführt werden. Dies folgt aus dem Gedanken, dass die Präferenzgewährung eine Vorzugsbehandlung für den Einführer darstellt, die nur im Rahmen einer Zollanmeldung eingeräumt wird. Liegt dem Anmelder zum Zeitpunkt der beantragten Überführung der Waren in den freien Verkehr der erforderliche Präferenznachweis noch nicht vor, kann er eine unvollständige Zollanmeldung abgeben, um die Überlassung der Waren zu erreichen (Art. 166 UZK). Entsteht eine Zollschuld auf andere Weise als durch Überführung in den freien Verkehr, z. B. durch Entziehen oder Pflichtverletzung nach Art. 79 UZK, ist eine Präferenzgewährung grundsätzlich nicht zulässig. Diese Folge ist aber als wirtschaftsunfreundlich und praxisfremd zu bewerten. Vor allem im Massengeschäft kann es bei der Zollabwicklung zu Fehlern kommen; die Ware ist dann regelmäßig noch vorhanden, die Nämlichkeit kann noch geprüft werden. Insofern entspricht es dem Wirtschaftszollgedanken, wenn Art. 86 Abs. 6 UZK die Möglichkeit der präferenziellen Vorzugsbehandlung für alle Zollschuldentstehungstatbestände zulässt. Allerdings darf der Verstoß, durch den die Zollschuld entstanden ist, kein Täuschungsversuch gewesen sein.

HINWEIS:

Ab 1995 kam es zu zahlreichen Fällen, in denen EG-Importeure Präferenznachweise für (Textil-)Einfuhren aus Entwicklungsländern vorgelegt hatten, die sich im Nachhinein als unrichtig herausstellten und von den ausstellenden Ländern für ungültig erklärt worden sind. Der von den Importeuren geltend gemachte Vertrauensschutz ist vom EuGH und vom BFH regelmäßig abgelehnt worden. In Art. 220 Abs. 2 Buchst. b UA 2-5 ZK (bzw. nunmehr Art. 119 Abs. 3 UZK) wurde in der Folge für solche Fallgestaltungen ein Vertrauensschutztatbestand verankert (s. hierzu näher: Krüger, ZfZ 2014, 2).

Zu einer Verbesserung des Vertrauensschutzes führte die Neuregelung in der Tat, da der EuGH in seiner Rechtsprechung zur Anwendung der Neuregelung feststellte, dass die Beweislast für den Zusammenhang zwischen unrichtiger Darstellung des Ausführers und der Ausstellung einer unrichtigen Bescheinigung durch die Zollbehörden den EU-Zollbehörden obliegt (EuGH, Urteil v. 9.3.2006 - C-293/04, Beemsterboer Coldstore Services, ECLI:EU:C:2006:162, ZfZ 2006, 157 ff.). Allerdings unterliegt der Vertrauensschutz auch hier einer Reihe von Einschränkungen, wie etwa richtigen Angaben seitens des drittländischen Unternehmens, dem genauen Lesen des EU-Amtsblatts oder dem Beschaffen von Geschäftsunterlagen vom drittländischen Ausführer (EuGH, Beschluss v. 1.10.2009 - C-552/08 P, Agrar-Invest-Tatschl, ECLI:EU:C:2009:605, ZfZ 2010, 12 ff.; EuGH, Urteil v. 15.12.2011 - C-409/10, Afasia Knits Deutschland, ECLI:EU:C:2011:843, ZfZ 2012, 79 ff.; EuGH, Urteil v. 8.11.2012 - C-438/11, Lagura Vermögensverwaltung, ECLI:EU:C:2012:703, ZfZ 2012, 12 ff.; EuGH, Urteil v. 29.7.2019 - C-589/17, Prenatal, ECLI:EU:C:2019:631, ZfZ 2020, 36 ff.). Letztlich hat sich in der Rechtsprechung eine Risikoverteilung herausgebildet. Liegt die Ursache für einen fehlerhaften Präferenznachweis bei der ausstellenden drittländischen Behörde, wird dem Importeur in der EU Vertrauensschutz gewährt. Liegt die Ursache aber auch nur mittelbar bei dem Ausführer im Drittland oder dem Einführer in der EU, gibt es keinen Vertrauensschutz und eine Nacherhebung ist möglich bzw. ein Erlass/ eine Erstattung wird nicht zugestanden.

Eine wichtige Rolle in diesem Zusammenhang spielen die in Berichten des **Europäischen Amts für Betrugsbekämpfung (OLAF)** ermittelten Erkenntnisse. Soweit ein solcher Bericht nur eine allgemeine Beschreibung der fraglichen Situation enthält, reicht er für sich genommen nicht aus, um rechtlich hinreichend nachzuweisen, ob ein berechtigtes Vertrauen des Einführers i. S. d. Art. 119 Abs. 3 UZK ausgeschlossen werden kann; die Zollbehörden sind dann verpflichtet, hierfür weitere Beweise vorzulegen, insbesondere durch Vornahme nachträglicher Prüfungen (EuGH, Urteil v. 16.3.2017 - C-47/16, Veloserviss, ECLI:EU:C:2017:220, ZfZ 2017, 158 ff.; EuGH, Urteil v. 26.10.2017 - C-407/16, Aqua Pro, ECLI:EU:C:2017:817, ZfZ 2018, 33 ff.; Besprechung zu diesen Urteilen bei: Felderhoff, AW-Prax 2018, 291 ff.; Überblick hierzu bei Stein/Pestalozza, AW-Prax 2021, 113).

bb) Zollkontingente und Zollplafonds

E4007 Die Gewährung eines Präferenzzollsatzes ist nicht nur von der ordnungsgemäßen Überführung der Waren in den zollrechtlich freien Verkehr abhängig, sondern auch davon, dass für bestimmte Waren aus bestimmten Ländern Zollkontingente oder Zollplafonds nicht überschritten sind.

Zollkontingente sind aufgrund besonderer Rechtsvorschriften vorgesehene zolltarifliche Abgabenbegünstigungen durch Ermäßigung des Zollsatzes bis hin zum Null-Satz, die innerhalb eines bestimmten Zeitraumes gewährt werden, bis die vorgesehene Einfuhrmenge erreicht ist. Ein Zollkontingent **endet bei Erreichen des festgelegten Einfuhrvolumens**. Ohne weiteren Rechtsakt gilt dann statt des begünstigten Abgabensatzes der Regelzollsatz, Art. 56 Abs. 4 UAbs. 1 UZK. Die Kontingentsmenge ist auf die gesamte EU bezogen, dementsprechend erfolgt die Verwaltung der Kontingente letztlich durch die Europäische Kommission (s. hierzu vertiefend: Zelenska, AW-Prax 2018, 137 ff.).

Bei Anordnung eines **Zollplafonds** geht es ebenfalls um mengenmäßig beschränkte Einfuhren zu vergünstigten Zollsätzen. Anders als beim Zollkontingent tritt aber bei Erreichen der Menge nicht automatisch der Regelzollsatz in Kraft. Er muss vielmehr erst durch eine EU-VO wieder eingeführt werden (Art. 56 Abs. 4 UAbs. 2 UZK).

c) Präferenzsysteme

E4008 Maßgebliches Kriterium für die Gewährung des begünstigten Zollsatzes, eventuell im Rahmen von Kontingenten oder Plafonds, ist entweder die Freiverkehrseigenschaft oder der Ursprung der Waren (s. zum präferenziellen Warenursprung Kapitel B.IV.1.).

aa) Freiverkehrsprinzip

E4009 Ob sich eine Ware im zollrechtlich freien Verkehr befindet, ist vor allem im Rahmen des von der EU mit der **Türkei** geschlossenen Assoziierungsabkommens für die Einräumung der Präferenzzollsätze entscheidend. Auch im Warenverkehr mit Andorra und San Marino ist eine Präferenzgewährung für bestimmte Waren von der Freiverkehrseigenschaft abhängig.

ABB. 36: Freiverkehrspräferenz

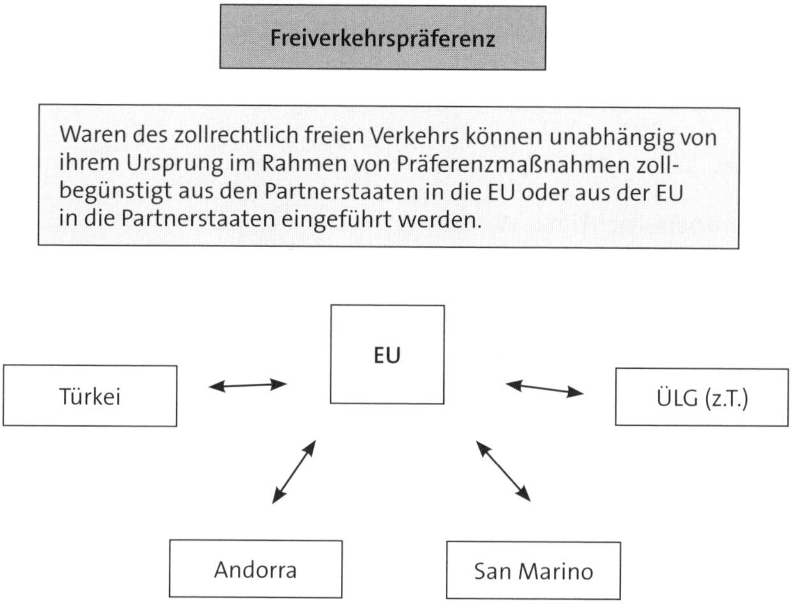

HINWEIS:

Das Abkommen mit der Türkei ist die bedeutendste Präferenzmaßnahme, die vom Freiverkehrsprinzip beherrscht wird (Mit Ausnahme landwirtschaftlicher Produkte und von Montanerzeugnissen, für die das Ursprungsprinzip gilt!). In der Praxis führen die Besonderheiten hinsichtlich der Präferenzvoraussetzungen und des erforderlichen Nachweises immer wieder zu Schwierigkeiten. Wichtig ist für die Vorzugsbehandlung, dass sich die Waren im zollrechtlich freien Verkehr der Türkei oder der EU befinden müssen und beim Import der Nachweis in Form des A.TR geführt wird. Die in Kapitel B.IV.1. zu den Ursprungsregeln dargestellten Voraussetzungen gelten für die Türkei grundsätzlich nicht (Ausnahme: Ursprungserwerb im Rahmen der diagonalen Kumulierung, s. o. Kapitel B.IV. 1.).

bb) Ursprungsprinzip

Die anderen autonomen oder vertraglichen Präferenzmaßnahmen der EU sind davon E4010
abhängig, dass die Waren ihren Ursprung in dem Land der jeweiligen Präferenzpartei haben. Unter welchen Bedingungen die Herstellung einer Ware dieser den Ursprung in einem Land verleiht, ergibt sich über **Art. 64 – 66 UZK** für autonome Präferenzmaßnahmen aus der **UZK-DelVO** bzw. **UZK-DVO** und für vertragliche Präferenzmaßnahmen aus den **Präferenzabkommen**. Die Präferenzabkommen enthalten jeweils Ursprungsprotokolle, die für die Bestimmung des Ursprungs in der jeweiligen Präferenzzone maßgeblich sind. Es gibt somit keinen absoluten, für alle Präferenzregelungen geltenden Ur-

sprung, sondern immer nur den Ursprung im Sinne der jeweiligen Präferenzregelung. Ob eine konkrete Wareneinfuhr in die EU oder einen Drittstaat mit Zollvergünstigung möglich ist, lässt sich demzufolge nur nach Durchsicht der speziellen Regelungen bestimmen, die im Zweifel heranzuziehen sind. Die Ursprungsregeln sind in Kap. B.IV.1 erläutert.

2. Präferenzberechtigte Waren

E4011 Die Zollvergünstigungen im Rahmen des Präferenzrechts gelten nicht für alle Waren. So sehen sowohl die autonomen als auch die vertraglichen Präferenzmaßnahmen Beschränkungen des Warensektors vor. Im Einzelfall lässt sich die Möglichkeit einer Präferenzverzollung sicher nur durch Heranziehung der jeweiligen Verordnung bzw. des für die Präferenzzone geschlossenen Abkommens ermitteln.

3. Kontrollfragen

		Rdnr.	
1.	Was versteht man unter dem „Meistbegünstigungsgrundsatz"?	E4001	☐
2.	Wie kann in der Praxis relativ einfach festgestellt werden, ob eine Zollpräferenz gewährt wird?	E4001	☐
3.	Zwischen welchen Arten von Präferenzmaßnahmen kann man differenzieren?	E4002 f.	☐
4.	Benennen Sie den Unterschied zwischen Zollkontingenten und Zollplafonds.	E4007	☐
5.	Erläutern Sie den Begriff des „Freiverkehrsprinzips".	E4009	☐

V. Vorzugsbehandlungen – Zollbefreiungen

Schrifttum:

Böhne/Rüter, Postverkehr im Zollrecht, AW-Prax 2019, 172; *Görtz*, Neuregelung der Befreiung von Waren im persönlichen Gepäck von Reisenden, BDZ-Magazin 2000, F 63; *Kampf*, Vorzugsbehandlung: Rückwaren, AW-Prax 2005, *Kampf*, Änderung der ZollbefreiungsVO, AW-Prax 2008, 342; 260; *Möller*, Zollfreie Sammelsendungen von geringem Wert und die Umsatzsteuer, AW-Prax 2010, 64; *Reuter*, Zollbefreiung von Sendungen geringen Werts – ein Fall für Rechtsexperten, AW-Prax 2008, 513; *Schmidt/Theis*, Aktuelle Änderungen bei den Zollbefreiungen, ZfZ 2008, 282; *Summersberger*, Abgabenbefreiung für Übersiedlungsgut, ZfZ 2020, 30; *Tschiderer*, Die Behandlung von Übersiedlungsgut nach dem Feron-Urteil, ZfZ 2005, 326; *Weerth*, Übersicht über die Zollbefreiungen, BDZ-Magazin 2017, F 61; *Weerth*, Änderungen in der Postabfertigung 2020/2021, BDZ-Magazin 2020, F 21; *Witte*, Vorzugsbehandlung von Veredelungsrückwaren, AW-Prax 2002, 469; *Witte*, Besondere Verfahren nach dem Unionszollkodex, AW-Prax 2015, 77.

1. Einführung

a) Begriff der Vorzugsbehandlung

Waren, die in das Zollgebiet der Union eingeführt werden, sollen in ihrer überwiegenden Mehrzahl in den Wirtschaftskreislauf der EU übergehen und dort frei verfügbar sein. Sie werden daher durch Zollanmeldung zum Zollverfahren **Überlassung zum zollrechtlich freien Verkehr** nach Art. 201 UZK angemeldet. Mit der Überführung in das Zollverfahren Überlassung zum zollrechtlich freien Verkehr entsteht gem. Art. 77 Abs. 1 Buchst. a UZK eine Zollschuld, sofern es sich um eine **einfuhrabgabenpflichtige** Nicht-Unionsware handelt. Die Zollschuld wird von der abfertigenden Zollstelle im Regelfall anhand der Bemessungsgrundlagen (Beschaffenheit, Menge, Zollwert, Zollsatz, Ursprung) festgesetzt und erhoben (Art. 85 ff., 101 ff. UZK). E5000

Während im „Normalfall" bei Überführung in die Überlassung zum zollrechtlich freien Verkehr Einfuhrabgaben zu entrichten sind, gibt es eine Vielzahl von Möglichkeiten, aufgrund derer eine Zollschuld nicht entsteht. Denn vielfach kommen bei der Überführung in den zollrechtlich freien Verkehr sog. **Vorzugsbehandlungen** in Betracht. „Vorzugsbehandlungen" war die Überschrift des Titel VI des ZK a. F., der der mit Art. 184 ZK a. F. eine Ermächtigungsgrundlage für außertarifliche Zollbefreiungen und zudem die Rückwarenregelungen umfasste. Der Begriff wird vom UZK nicht mehr verwendet, findet sich aber weiterhin in den Dienstvorschriften der Zollverwaltung (vgl. DV Z 0901 Abs. 102, DV Z 0801). In diesem Kapitel werden als Vorzugsbehandlungen die **außertariflichen Zollbefreiungen einschließlich der Rückwarenregelung** behandelt. Diese Zollbefreiungen führen im Ergebnis dazu, dass die Einfuhrabgabenpflichtigkeit der Ware als Tatbestandsmerkmal des Art. 77 Abs. 1 UZK entfällt. Denn eine Ware ist dann einfuhrabgabenpflichtig, wenn der Zolltarif (Art. 56 UZK) einen Zollsatz größer Null vorsieht und im Einzelfall keine außertarifliche Abgabenbefreiung greift. E5001

b) Tarifliche und außertarifliche Zollbefreiung

Zunächst sollen die außertariflichen Zollbefreiungen von den tariflichen Zollbefreiungen abgegrenzt und deren Unterschiede aufgezeigt werden. E5002

aa) Tarifliche Zollfreiheit

Tarifliche Zollfreiheit meint die Fälle, in denen aufgrund des Tarifs ein Zollsatz „frei" vorgesehen ist. Die tarifliche Zollfreiheit verfolgt in der Regel wirtschaftliche Gründe (z. B. Zollfreiheit für IT-Produkte aufgrund des im Rahmen der WTO ausgehandelten Informations-Technologie-Abkommens zur Förderung des weltweiten Handels Waren der Informationstechnologie). Die tarifliche Zollfreiheit kann sich entweder bereits bei Anwendung des Drittlandszollsatzes (Art. 56 Abs. 2 Buchst. c UZK) oder aufgrund besonderer tariflicher Abgabenbegünstigungen ergeben. So kann im Rahmen des besonderen Zollverfahrens der **Endverwendung** u. U. eine tarifliche Zollfreiheit in Betracht kommen gem. Art. 56 Abs. 2 Buchst. g UZK (s. dazu Rdnr. D6091 ff.). Zu den tariflichen Zollbefrei- E5003 ungen zählen außerdem die Zollaussetzungen und Zollkontingente als autonome Maßnahmen zur Befreiung von Zöllen, Art. 56 Abs. 2 Buchst. f UZK.

E5004
- Bei **Zollaussetzungen** handelt es sich um zeitlich, aber nicht mengen- oder wertmäßig befristete Abgabenfreiheit. Zollaussetzungen werden für einen bestimmten Zeitraum aus präzisen wirtschaftlichen Gründen (z. B. Wettbewerbsfähigkeit der Industrie in der EU, Schaffung von Arbeitsplätzen) durch Verordnungen geregelt und im Tarif im TARIC ausgewiesen.
- Bei ebenfalls durch VO eingeführten und im TARIC erfassten **Zollkontingenten** können genau definierte Waren innerhalb eines festgelegten Zeitraums bis zur Höhe einer bestimmten Wert- oder Mengengrenze (Kontingentsmenge) zollfrei oder zu einem ermäßigten Zollsatz eingeführt werden.

E5005 Bei tariflicher Zollfreiheit entstehen grds. die nationalen Abgaben **Einfuhrumsatzsteuer – EUSt** – und ggf. die **Verbrauchsteuern – VSt**. Befreiungstatbestände sind hierfür nicht vorgesehen.

bb) Außertarifliche Zollfreiheit

E5006 Neben der tariflichen Zollfreiheit gibt es eine Vielzahl von Tatbeständen, die **außertarifliche Zollbefreiungen** regeln, dass heißt solche, die unabhängig von der tariflichen Einreihung der Ware gewährt werden und von besonderen Voraussetzungen abhängen. Dabei ist zu unterscheiden zwischen den ausdrücklich **in Titel IV Kap. 2 des UZK** geregelten Tatbeständen sowie den gem. **Art. 5 Nr. 2 Buchst. c UZK** geregelten **Rechtsvorschriften über das Unionssystem der Zollbefreiungen**, die in der weiterhin gültigen ZollbefreiungsVO zusammengefasst sind.

E5007 Damit ergibt sich auf der Ebene der Zollvorschriften (Unionsrecht, nationales Recht, internationale Übereinkünfte, Art. 5 Nr. 2 UZK) folgendes Bild der Rechtsgrundlagen außertariflicher Zollbefreiungen (s. auch DV Z 0801):

- die **Tatbestände der ZollbefreiungsVO** (VO (EG) Nr. 1186/2009 v. 16.11.2009, ABl. EU Nr. L 324, 23 – eVSF Z 0210),
- die **national geregelten Abgabenbefreiungen** nach § 29 ZollVG i. V. m. §§ 11, 14 – 21 ZollV – eVSF Z 0150),
- die Regelungen über **Rückwaren** gem. Art. 203 ff. UZK sowie Art. 158 ff. UZK-DelVO, Art. 253 ff. UZK-DVO,
- die besonderen Bestimmungen über Erzeugnisse der **Seefischerei** gem. Art. 208 f. UZK, Art. 257 UZK-DVO, die im Folgenden nicht behandelt werden.

E5008 Bei den außertariflichen Zollfreiheiten kommt in der Regel auch eine **Befreiung von der EUSt** in Betracht. Während bei einer (wirtschaftlich motivierten) Einfuhrabgabenfreiheit aufgrund eines tariflichen Zollsatzes „frei" in aller Regel die EUSt und die Sonderverbrauchsteuern erhoben werden, so folgen EUSt und mit Einschränkungen auch die VSt regelmäßig dem Schicksal der Einfuhrabgabe Zoll und die Waren bleiben vollständig einfuhrabgabenfrei, wenn ein außertariflicher Zollbefreiungstatbestand vorliegt.

Die maßgeblichen Rechtsgrundlagen hierfür sind: E5009

- § 1 Abs. 1 Einfuhrumsatzsteuer-Befreiungsverordnung – **EUStBV** – (eVSF Z 8051) für die Befreiungstatbestände der ZollbefrVO. Zu den Ausnahmen s. § 1 Abs. 1 letzter Halbsatz EUStBV,
- §§ 1 Abs. 2a, 12 EUStBV für Rückwaren, die aufgrund ihrer ursprünglich bestehenden Wirtschaftsgebietszugehörigkeit grundsätzlich nach Art. 203 ff. UZK zollbefreit sind,
- § 1 Abs. 3 EUStBV für die nach nationalem Recht geregelten Tatbestände der §§ 11 ff. ZollV,
- § 1 Abs. 1 Einfuhr-Verbrauchsteuer-Befreiungsverordnung – **EVerbrStBV** – (eVSF Z 0183). Zu den Ausnahmen s. §§ 2, 3 EVerbrStBV sowie für Rückwaren § 1 Abs. 1 Nr. 2, § 4 EVerbrStBV.

HINWEIS:

EUStBV und EVerbrStBV sind noch nicht an den UZK angepasst worden. Die Normen des ZK a. F. sind aber gem. Art. 286 Abs. 3 UZK als Verweisungen auf den UZK zu verstehen. Die EUStBV ist zudem (immer!) noch nicht an die ZollbefrVO aus dem Jahr 2009 angepasst worden, sondern verweist noch auf die ZollbefrVO aus dem Jahr 1983 (Verordnung (EWG) Nr. 918/83 v. 28.03.1983), was die Rechtsanwendung deutlich erschwert, da die ZollbefrVO 2009 zwar inhaltlich kaum geändert wurde, sich jedoch die Artikel verschoben haben. Gem. Art. 133 ZollbefrVO sind Bezugnahmen auf die ZollbefrVO 1983 als Bezugnahmen auf die ZollbefrVO 2009 zu lesen. E5010

c) Antrags- und Günstigkeitsprinzip

Eine tarifliche Abgabenfreiheit, die sich direkt aus der Beschaffenheit der Ware und ihrer Einreihung in den Zolltarif mit der Zuordnung eines Regelzollsatzes „frei" ergibt, ist von der abfertigenden Stelle von Amts wegen zu berücksichtigen. Sofern hier eine unzutreffende Codenummer angemeldet und dies bei der Überprüfung der Zollanmeldung gem. Art. 188 UZK erkannt wird, ist die zutreffende Codenummer mit dem Zollsatz frei anzuwenden. Ein aufgrund unzutreffender Einreihung zu hoch bemessener Abgabenbetrag kann aber auch später noch im Rahmen von Erlass-/Erstattung gem. Art. 117 Abs. 1 UZK korrigiert werden. E5011

Dem hingegen werden **tariflichen Abgabenbefreiungen**, die sich aus besonderen zolltariflichen Maßnahmen ergeben (Zollkontingent, Zollaussetzung, Zollbefreiung aufgrund der Endverwendung der Ware, s. Art. 56 Abs. 2 Buchst. f – g UZK), gem. Art. 56 Abs. 3 UZK nur **auf Antrag** gewährt. Die Möglichkeit der **tariflichen** Zollbegünstigung ist **von Amts wegen nicht** zu prüfen. Den Anmelder (vgl. Art. 5 Nr. 15 UZK) trifft damit eine erhöhte eigenübliche Sorgfaltspflicht zur Vermeidung wirtschaftlicher Nachteile. Gegebenenfalls ist aber bei nachträglicher Antragsstellung ein Erstattungsanspruch gem. Art. 117 Abs. 1 UZK möglich. E5012

E5013 Der Antrag gem. Art. 56 Abs. 3 UZK auf Anwendung einer tariflichen Abgabenbegünstigung ist gem. Anh. B UZK-DelVO in der Zollanmeldung im Datenfeld 36 durch einen entsprechenden **Präferenzcode** zu stellen (vgl. dazu Anh. 5 des Merkblatts zur Zollanmeldung, eVSF Z 3455).

Beispiele:

Stoßstangen werden zum zollrechtlich freien Verkehr unter Anwendung des Drittlandszollsatzes überlassen, obwohl eine Endverwendung gem. Art. 254 UZK zu einem reduzierten Zollsatz möglich gewesen wäre. Hier hätte in der Zollanmeldung die Anwendung des Zollsatzes bei Endverwendung durch den Präferenzcode „140" (nichtpräferentieller Zollsatz bei Endverwendung) erfolgen müssen.

Für gefrorenen Fisch der Gattung Coregonus (UPos. 0303 19 00 10) ist ein nichtpräferenzielles Zollkontingent mit einem ermäßigten Zollsatz vorgesehen. Die Inanspruchnahme der Begünstigung erfordert einen Antrag durch den Präferenzcode „120". Ein solcher Antrag kann auch noch im Rahmen eines Erstattungsantrags gestellt werden, jedoch sind bei Zollkontingenten die besonderen Anforderungen des Art. 117 Abs. 2 UZK zu beachten.

E5014 Die außertarifliche **Abgabenbefreiung für Rückwaren** erfolgt gem. Art. 203 Abs. 1 UZK ebenfalls nur **auf Antrag**. Hier erfolgt die Beantragung in der Zollanmeldung durch einen Zusatzcode beim Verfahrenscode (Datenelement 37, vgl. dazu Anh. 6 des Merkblatts zu Zollanmeldung).

BEISPIEL:

Für eine Rückware ist der Verfahrenscode 4010 F01 zu wählen.

E5015 **Außertariflichen Abgabenbefreiungen der ZollbefrVO** sind **im Grundsatz nicht antragsgebunden** und damit grds. **von Amts wegen** zu berücksichtigen. Zur Anmeldung und Inanspruchnahme der jeweiligen Abgabenbefreiungen sind besondere Voraussetzungen zu erfüllen. Es obliegt der abfertigenden Zollstelle festzustellen, ob bei beantragter Überlassung zum freien Verkehr die angemeldeten Waren zollfrei bleiben können (sog. **Günstigkeitsprinzip**, s. Art. 1 ZollbefrVO: ... die Befreiung von den Abgaben wird gewährt ...). In diesen Fällen muss die Zollstelle von Amts wegen prüfen, ob einer der begünstigenden Tatbestände aus der ZollbefrVO vorliegt. Damit entsteht bei Vorliegen der entsprechenden gesetzlichen Tatbestände keine Zollschuld, d. h. die Abgabenschuld in gesetzlicher Höhe ist gleich Null, weil eine einfuhrabgabenpflichtige Nicht-Unionsware (s. Art. 77 Abs. 1 UZK) nicht vorgelegen hat.

E5016 Aus einer abgegebenen Zollanmeldung muss es der Zollstelle aber möglich sein, den außertariflichen Befreiungstatbestand zu erkennen. Für kommerzielle Waren wird das Verfahren generell in elektronischer Form beantragt. Hierfür sieht Anh. B UZK-DelVO eine spezielle **Codierung für die Anwendung der außertariflichen Zollfreiheit** vor, die im Datenelement 37 beim Verfahrenscode als Zusatzcode angegeben wird. Eine Auflistung der in Betracht kommenden Codes findet sich in Anh. 6 des Merkblatts zur Zollanmeldung. Ein fehlender Hinweis in der Zollanmeldung kann bei möglicher außertariflicher Abgabenfreiheit somit dazu führen, dass diese zunächst nicht gewährt wird und dann im Rahmen eines Erstattungsanspruchs geltend gemacht werden muss.

BEISPIEL:

Muster/Proben, die gem. Art. 86 ZollbefrVO von den Einfuhrabgaben befreit sind, sind mit dem Verfahrenscode 4000 C30, anzumelden.

Bei mündlicher oder konkludenter Zollanmeldung, z. B. im Reiseverkehr, liegt die Verantwortlichkeit für die Inanspruchnahme der Zollbegünstigung wegen des **Günstigkeitsprinzips** nahezu ausschließlich bei der Zollstelle. Übersieht die abfertigende Zollstelle das Vorliegen eines außertariflichen Zollbefreiungstatbestandes, so kommt bei Geltendmachung ohne weiteres eine Erstattung nach Art. 116 ff. UZK in Betracht, weil der gezahlte Betrag objektiv nicht geschuldet ist. E5017

(Einstweilen frei) E5018–E5019

d) Zollbefreiung bei Zollschuldentstehung nach Art. 79 UZK

Die Gewährung einer Zollbefreiung setzt eine **ordnungsgemäße Überführung** in die Überlassung zum zollrechtlich freien Verkehr voraus. Das gilt sowohl für die tariflichen Zollbefreiungen, die gem. Art. 56 Abs. 3 UZK auf Antrag gewährt werden, als auch für Rückwaren (s. Art. 203 Abs. 1 UZK) und für die Fälle der ZollbefreiungsVO (s. Art. 1 ZollbefrVO). Es muss also eine formgerechte Zollanmeldung nach Art. 158 ff. UZK vorliegen. Auch darf die Zollschuld noch nicht vor der Überlassung der Ware in den freien Verkehr entstanden sein, z. B. wegen vorschriftswidrigen Verbringens bei Verletzung der Gestellungspflicht (Art. 139 UZK), wegen Entziehens aus der zollamtlichen Überwachung oder wegen Nichterfüllung von Pflichten im Zusammenhang mit der vorübergehenden Verwahrung. In all diesen Fällen entsteht eine Zollschuld gem. Art. 79 Abs. 1 Buchst. a UZK. E5020

Gem. Art. 86 Abs. 6 UZK kann eine Zollbefreiung sowohl aufgrund tariflicher Begünstigungen nach Art. 56 Abs. 2 Buchst. f und g als auch aufgrund außertariflicher Zollbefreiung gem. Art. 203 UZK oder aufgrund der ZollbefrVO aber auch dann in Betracht kommen, wenn keine Überführung in die Überlassung zum freien Verkehr erfolgt, weil die Zollschuld bereits nach Art. 79 UZK entstanden und auch nicht gem. Art. 124 UZK erloschen ist. Der Zollschuldner darf keinen Täuschungsversuch begangen haben, und er muss – neben einem entsprechenden Antrag – nachweisen, dass die jeweiligen Zollbefreiungsvoraussetzungen vorliegen (s. Rdnr. E1158 ff.). E5021

Die Gewährung der Begünstigung wirkt sich auf die Prüfung des Zollschuldentstehungstatbestandes dergestalt aus, dass nach Feststellung der Zollschuldentstehung gem. Art. 79 UZK die Voraussetzungen des Art. 86 Abs. 6 UZK - und in dessen Rahmen inzident dann die Voraussetzungen der Zollbefreiung - zu prüfen sind (s. für die außertariflichen Zollbefreiungen auch DV Z 0801 Abs. 18 ff.). E5022

BEISPIEL: E5023

B siedelt aus der Schweiz nach Deutschland um. Er überquert mit seinem Lkw, auf dem seine Wohnungseinrichtung verladen ist, wegen des dichten Nebels unbemerkt auf der Zollstraße die Grenze, passiert das „unsichtbare" Zollamt und gelangt schließlich zu seinem ca. 20 km entfernten neuen Wohnort.

- **Zollschuld** entsteht nach Art. 79 Abs. 1 Buchst. a UZK:

  Der Übersiedelnde B hat seine Wohnungseinrichtung mit seinem Lkw aus der Schweiz nach Deutschland (Zollgebiet der Union) verbracht (Art. 134 UZK). Die Einrichtungsgegenstände sind gem. Zolltarif einfuhrabgabenpflichtig. B hat zwar zunächst die Zollstraße benutzt (Art. 135 Abs. 1 UZK), ist dann aber wegen des dichten Nebels in Unkenntnis der örtlichen Gegebenheiten am Zollamt vorbeigefahren und hat damit die Gestellungspflicht (Art. 139, 5 Nr. 33 UZK) verletzt. Damit hat er die Einrichtungsgegenstände vorschriftswidrig verbracht. Infolgedessen sind für die Einrichtungsgegenstände Zollschulden gem. Art. 79 Abs. 1 Buchst. a UZK entstanden.

- **Gewährung der Zollfreiheit als Übersiedlungsgut** gem. Art. 3 ff. ZollbefrVO, Art. 86 Abs. 6 UZK:

  Hätte B – wie beabsichtigt – das Zollamt erreicht, seiner Gestellungspflicht genügt und eine ordnungsgemäße Zollanmeldung abgegeben, so hätten die Einrichtungsgegenstände aus außertariflichen Gründen zollfrei belassen werden müssen. Eine Zollschuld nach Art. 77 UZK wäre dann nicht entstanden. Da hier alle Voraussetzungen für die Gewährung der Zollfreiheit bis auf die ordnungsgemäße Überführung in den zollrechtlich freien Verkehr gem. Art. 1 ZollbefrVO vorlagen, kann die Abgabenfreiheit gem. Art. 86 Abs. 6 UZK gewährt werden. Voraussetzung ist aber, dass kein Täuschungsversuch vorlag. Ein Täuschungsversuch des B im Sinne eines vorsätzlichen Zuwiderhandelns hinsichtlich denkbarer Straf- oder Bußgeldtatbestände (Steuerhinterziehung, Verletzung einer VuB-Norm) ist nicht ersichtlich. Damit kann die Zollfreiheit gewährt werden und die Zollschuld ist im Ergebnis doch nicht entstanden.

2. Einfuhrabgabenbefreiung aufgrund der ZollbefreiungsVO

a) Überblick und Systematik

E5024 Die ZollbefrVO wurden noch nicht an den UZK angepasst. Verweisungen auf den ZK a. F. sind gem. Art. 286 Abs. 3 UZK aber als solche auf den Unionszollkodex (UZK) zu verstehen. Insbesondere die Terminologie entspricht nicht immer der des UZK (s. z. B. Art. 1 ZollbefrVO: „Zollgebiet der Gemeinschaft“, Art. 2 Abs. 1 Nr. 1 ZollbefrVO: „Eingangsabgaben“).

E5025 In Titel I definiert Art. 1 ZollbefrVO (in Verbindung mit den Erwägungsgründen) die Zielsetzung der VO bei der ordnungsgemäßen Überführung der betreffenden Waren in den zollrechtlich freien Verkehr (gem. UZK-Terminologie mit „Überlassung zum freien Verkehr“ gleichzusetzen). Art. 2 ZollbefrVO beinhaltet Definitionen.

E5026 In Titel II fasst die ZollbefrVO in eine Vielzahl von **Befreiungstatbeständen für Einfuhrabgaben** zusammen, die eine Einfuhrabgabenfreiheit aus unterschiedlichen Gründen (kulturelle, humanitäre, z.T. auch wirtschaftliche Erwägungen) regeln. Viele der Befreiungstatbestände erfolgen auch in Umsetzung völkerrechtlicher Verträge. Einige der Befreiungstatbestände, z. B. Art. 11 ZollbefrVO, enthalten spezielle Ermächtigungen zu einschränkenden bzw. liberaleren Regelungen für die Mitgliedstaaten.

E5027 Titel III enthält darüber hinaus noch Tatbestände für die Befreiung von *Ausfuhrabgaben* (s. Art. 5 Nr. 21 UZK), auf die hier nicht weiter eingegangen werden soll, da aktuell keine Ausfuhrzölle bestehen. Diese Tatbestände sind weitgehend den entsprechenden Einfuhrtatbeständen nachgebildet (vgl. Art. 23 f., 28 ff., 35 ff., 39 ff., 106 ZollbefrVO).

E5028 Titel IV beinhaltet allgemeine und Schlussbestimmungen, die im Zusammenhang mit den Befreiungstatbeständen ihre Bedeutung erlangen. In den Anhängen I – IV sind Warenlisten zu den Art. 42, 43, 66 und 61 ZollbefrVO enthalten; Anh. V zeigt Änderungen auf; Anh. VI beinhaltet eine Entsprechungstabelle (ZollbefrVO 1983 zur ZollbefrVO 2009).

Die ZollbefreiungsVO enthält für einzelne Regelungsbereich auch noch eine Ermächtigung für die Mitgliedstaaten, Zollbefreiungen national zu regeln (Art. 128, 132 ZollbefrVO). In Deutschland werden aufgrund der Verordnungsermächtigung in § 29 ZollVG in den §§ 11 – 21 ZollV bestimmte Waren unter den Voraussetzungen des Art. 254 UZK von Einfuhrabgaben befreit. E5029

b) Verfahren

Gem. Art. 1 ZollbefrVO wird die Einfuhrabgabenfreiheit bei Überführung in das Verfahren Überlassung zum zollrechtlich freien Verkehr gewährt, welches nach Art. 201 Abs. 3 UZK den Statuswechsel zur Unionsware beinhaltet. Das führt grds. zu einem Ende der zollamtlichen Überwachung, siehe Art. 134 Abs. 1 UAbs. 4 UZK. Verschiedene Befreiungstatbestände der ZollbefrVO erfordern jedoch aufgrund von angeordneten **Verfügungsbeschränkungen** eine fortdauernde zollamtliche Überwachung, die nach Art. 124 ZollbefrVO von den Mitgliedstaaten zu gewährleisten ist. E5030

BEISPIEL:

Nach Art. 8 ZollbefrVO darf Übersiedlungsgut innerhalb eines Jahres nicht vermietet oder veräußert werden.

Die zollamtliche Überwachung wird in diesen Fällen systematisch durch die **Überführung in den freien Verkehr im Rahmen der Endverwendung** gem. Art. 254 UZK sichergestellt (s. dazu Rdnr. D6139), für die es aber keiner Vorabbewilligung bedarf (die Bewilligung wird vielmehr mit der Zollanmeldung beantragt und mit Überlassung erteilt, s. Art. 163 UZK-DelVO, Art. 262 UZK-DVO) und für die in der Regel nach den vorrangigen Regelungen der ZollbefrVO auch keine Sicherheitsleistung erforderlich ist (s. dazu DV Z 0801 Abs. 9 ff.). E5031

Bei den außertariflichen Befreiungen auf Grundlage der ZollbefrVO ist daher zu unterscheiden: E5032

- Überführung in die Überlassung zum zollrechtlich freien Verkehr (Art. 201 UZK) ohne fortdauernde zollamtliche Überwachung,
- Überführung in die Endverwendung (Art. 254 UZK) mit fortdauernder zollamtlicher Überwachung der Unionswaren gem. Art. 254 Abs. 4 UZK.

Während im erstgenannten Fall die zollamtliche Überwachung der Waren nach Art. 134 UZK mit dem Statuswechsel gem. Art. 201 Abs. 3 UZK bei Überlassung in das Verfahren endet, besteht sie im zweiten Fall bis zur Zweckerreichung fort (s. Art. 254 Abs. 1, 4 UZK). E5033

Die den beiden Erscheinungsformen zuzuordnenden Tatbestände sind nachstehend – der Systematik der ZollbefrVO folgend – aufgelistet (in Klammern die Bestimmung der Verwendungsbeschränkung, s. auch DV Z 0801 Abs. 8):

E5034 **Tatbestände der Endverwendung (Artikel der ZollbefrVO)**

Art. 3 – 11	Übersiedlungsgut (Art. 7)
Art. 12 – 16	Heiratsgut (Art. 15)
Art. 28 – 34	Betriebsverlegung (Art. 33)
Art. 42 – 52	pädagogische, wissenschaftliche, kulturelle Güter (Art. 48)
Art. 57, 58	medizinische Instrumente und Apparate (Art. 58 i.V. m. Art. 48)
Art. 61 – 80	Waren der Wohlfahrtspflege: A. allg. Zwecke (Art. 64, 65) B. zugunsten Behinderter (Art. 71 - 74) C. zugunsten von Katastrophenopfern (Art. 78 - 80)
Art. 95 – 101	Prüfungs-, Analyse- und Versuchswaren (Art. 99 - 101)
Art. 107 – 111	Treib- und Schmierstoffe (Art. 110)

E5035 **Tatbestände des zollamtlich nicht überwachten zollrechtlich freien (Artikel der ZollbefrVO)**

Art. 17 – 20	Erbschaftsgut
Art. 21, 22	Ausstattung für Studentenwohnungen
Art. 23, 24	Geringwertige Sendungen
Art. 25 – 27	Privatsendungen
Art. 35 – 38	Landwirtschaftliche Drittlandserzeugnisse
Art. 39, 40	Landwirtschaftliche Drittlandswaren zur Bewirtschaftung von Grundstücken im Zollgebiet
Art. 41	Waren im persönlichen Gepäck Reisender
Art. 53	Tiere und biologische/ chemische Stoffe zu Laborzwecken
Art. 54 – 56	Therapeutische Stoffe und Reagenzien
Art. 59	Vergleichssubstanzen für Arzneimittelkontrolle
Art. 60	Pharmazeutische Erzeugnisse für Sportveranstaltungen
Art. 81	Auszeichnungen und Ehrengaben
Art. 82 – 84	Geschenke im Rahmen zwischenstaatlicher Beziehungen
Art. 85	Waren von Staatsoberhäuptern
Art. 86 – 94	Zur Absatzförderung eingeführte Waren: A. geringwertige Warenmuster und -proben B. Werbedrucke und -gegenstände C. Ge- und Verbrauchsgüter auf Ausstellungen
Art. 102	Waren für zuständige Stellen des gewerblichen Rechtsschutzes
Art. 103	Werbematerial für den Fremdenverkehr
Art. 104	Verschiedene Dokumente und Gegenstände

Art. 105	Beförderungsverpackungsmittel
Art. 106	Tierstreu und -futter bei Beförderungen
Art. 112	Waren für Kriegsopfer-Gedenkstätten
Art. 113	Särge und Urnen, Grabausschmückungen

Grundsätzlich können alle Waren bei Abfertigung nach **unmittelbarem Verbringen** in das Zollgebiet, aber auch **mittelbar** nach vorgeschalteten anderen Zollverfahren (z. B. Versand, Zolllager) die Vergünstigungen beanspruchen (Art. 122 ZollbefrVO). Abweichende Fälle sind bislang nicht geregelt worden. E5036

Für die Fälle der zweckgebundenen Verwendung sind besondere **Zuständigkeiten** für die abfertigenden Behörden vorgeschrieben. E5037

BEISPIEL:

Gemäß Art. 123 ZollbefrVO darf z. B. bei Übersiedlungsgut die Begünstigung (Einfuhrabgabenfreiheit) nur von der Zollbehörde des Mitgliedstaates gewährt werden, in dem die Ware bestimmungsgemäß verbleiben soll.

Bei Übersiedlung einer Person aus einem Drittland nach Deutschland kann also nur der deutsche Zoll das Umzugsgut einfuhrabgabenfrei zum freien Verkehr in Deutschland abfertigen und überlassen. Gemäß Art. 123 ZollbefrVO muss die zuständige Zollbehörde auch die Einhaltung der Voraussetzungen, hier z. B. die Unterlassung der Veräußerung vor Ablauf eines Jahres (vgl. Art. 8 Abs. 1 ZollbefrVO), durch **Überwachung** garantieren. Die überwachende Zollstelle kann die Überwachung konkret durch **Zollkontrollen** beim Anmelder ausüben (Art. 124 ZollbefrVO). E5038

(Einstweilen frei) E5039–E5049

3. Einzelne Befreiungstatbestände der ZollbefrVO

HINWEIS:

Es kann nicht Aufgabe dieses Lehrbuchs sein, auf alle Befreiungstatbestände der ZollbefrVO einzugehen: zum einen sind es sehr viele, zum anderen ist die praktische Bedeutung einiger Tatbestände eher gering oder aber die Regelungen sind so übersichtlich und eindeutig, dass eine Darstellung sich erübrigt. Für die Gesamtdarstellung siehe z. B. Kampf/Schulte in Witte, UZK, Anh 2. Es gelten die Dienstvorschriften (E-VSF) Z 0801 – 0822. E5050

Nachstehend werden exemplarisch einige Vorzugstatbestände wegen ihrer praktischen Bedeutung oder ihrer rechtlichen Problematik behandelt.

a) Übersiedlungsgut (Art. 3 – 11 ZollbefrVO)

E5051 Den besonders häufigen Fall der Übersiedlung natürlicher Personen mitsamt ihrem Hausstand in das Zollgebiet der Union regeln die Art. 3 – 11 ZollbefrVO (s. auch DV Z 0803). Das Übersiedlungsgut bleibt dabei grundsätzlich von den Einfuhrabgaben befreit (Art. 3 ZollbefrVO). Übersiedlungsgut kann nur von der Zollverwaltung des Mitgliedstaates abgefertigt werden, in dessen Hoheitsgebiet der Beteiligte seinen neuen Wohnsitz nimmt, weil eine zollamtliche Überwachung stattfindet (s. Art. 8, 123 ZollbefrVO). Gegebenenfalls sind die Beteiligten hinsichtlich des Vorliegens bestimmter Voraussetzungen für die Zollbefreiung beweispflichtig. S. DV Z 0803, die auch für Heirats- und Erbschaftsgut gilt.

E5052 Gemäß § 1 Abs. 1 EUStBV ist Übersiedlungsgut bei sinngemäßer Anwendung der ZollbefreiungsVO auch einfuhrumsatzsteuerbefreit.

aa) Begriff

E5053 Der Begriff **Übersiedlungsgut** wird in Art. 2 Abs. 2 Buchst. c ZollbefrVO definiert. Es handelt sich um die dem persönlichen Gebrauch der Umsiedelnden dienenden sowie für deren Haushalt bestimmten Waren. Das sind insbesondere der Hausrat sowie Fahrzeuge, Sportgeräte, Vorräte und tragbare Gegenstände, die für die Berufsausübung benötigt werden. Ähnlich wie beim Reiseverkehr müssen die individuellen Verhältnisse des Einzelfalles zugrunde gelegt werden.

bb) Voraussetzungen der Zollbefreiung

(1) Nutzung

E5054 Eine Zollbefreiung kommt grundsätzlich nur für solche Gegenstände in Betracht, die dem Beteiligten gehören (wirtschaftlicher Besitz genügt), sich in seinem Besitz befinden und am alten Wohnort mindestens sechs Monate benutzt wurden (Art. 4 Buchst. a ZollbefrVO) und am neuen Wohnort auch zum gleichen Zweck weiter benutzt werden sollen (Art. 4 Buchst. b ZollbefrVO).

(2) Persönliche Voraussetzungen

E5055 Die Befreiung wird nur solchen Personen gewährt, die ihren gewöhnlichen **Wohnsitz** mindestens für zwölf Monate außerhalb des Zollgebietes der Union hatten (Art. 5 Abs. 1 ZollbefrVO). Gewöhnlicher Wohnsitz ist der Ort, zu dem eine Person regelmäßig zurückkehrt, weil dort der **Mittelpunkt der Lebensinteressen** liegt, insbesondere also persönliche und berufliche Bindungen. Ein Zweitwohnsitz, der z. B. nur vorübergehend einer dienstlichen Verwendung bzw. einem Schul- oder Universitätsbesuch dient, ist danach nicht gewöhnlicher Wohnsitz. Diese Voraussetzung kann auch durch den Absichtsnachweis geführt werden, dass ein zwölfmonatiger Aufenthalt außerhalb des Zollgebiets der Union geplant war, z. B. durch einen entsprechenden Arbeitsvertrag (vgl. Art. 5 Abs. 2 ZollbefrVO). Grundsätzlich ist die Abmeldung der zuständigen örtlichen Behörde (Einwohnermeldeamt) vorzulegen.

(3) Ausgeschlossene Waren

Für bestimmte **hochsteuerbare** Waren (Tabakwaren und Alkoholika), für (objektive) **Nutzfahrzeuge** (Definition Art. 107 Abs. 2 Buchst. a ZollbefrVO) sowie für größere (= nicht tragbare) **gewerblich** genutzte Gegenstände ist die Befreiung ausgeschlossen. E5056

(4) Frist zur Anmeldung

Hat der Übersiedelnde seinen Wohnsitz im Zollgebiet der Union genommen (Nachweis durch Anmeldung beim zuständigen Einwohnermeldeamt), so muss er das Übersiedlungsgut, ggf. in Teilmengen, innerhalb einer **zwölfmonatigen** Frist zur Überlassung zum freien Verkehr anmelden (Art. 7 ZollbefrVO). Ist bei der Einfuhr der Wohnsitz in der Union noch nicht nachweisbar begründet, kommt eine Befreiung gegen Sicherheitsleistung in Betracht, wenn der Wohnsitz innerhalb von sechs Monaten gegründet werden soll (Art. 9 ZollbefrVO). Für den beruflich begründeten Umzug gelten die Sondervorschriften des Art. 10 ZollbefrVO. E5057

cc) Zweckbindung

Über das vom Zoll freigestellte Übersiedlungsgut darf nach Überlassung zum freien Verkehr ohne Unterrichtung (und Zustimmung) der überwachenden Behörde vor Ablauf von 12 Monaten **nicht verfügt** werden (Art. 8 Abs. 1 Buchst. a ZollbefrVO). So lange dauert die zollamtliche Überwachung an (Art. 123, 124 ZollbefrVO). Die Waren werden dementsprechend in das Verfahren der **Endverwendung** gem. Art. 254 UZK überführt. E5058

Bei pflichtwidriger Verfügung entsteht die Zollschuld im Zeitpunkt der Verfehlung nach Maßgabe des Art. 79 Abs 1 Buchst. b UZK unter Berücksichtigung der Bemessungsgrundlagen des Art. 8 Abs. 2 ZollbefrVO, Art. 85 Abs. 1 UZK. E5059

dd) Sonderfälle

Die Zollbehörden können gem. Art. 11 ZollbefrVO bei Umzügen aufgrund **außergewöhnlicher politischer Umstände** grundsätzlich die einschränkenden Voraussetzungen der Art. 4, 6, 8 ZollbefrVO liberalisieren. Das ist z. B. im Fall osteuropäischer deutschstämmiger Aussiedler durch BMF-Erlasse geschehen. Folge: Das Umzugsgut wird zum unbeschränkten freien Verkehr (Art. 201 UZK) abgefertigt. Damit entfallen die Verfügungsbeschränkung und die zollamtliche Überwachung. E5060

Im Falle der Übersiedlung von **Studenten** sind ggf. die Ausstattungen von Studentenzimmern einmal jährlich nach Maßgabe der Art. 21, 22 ZollbefrVO unbeschränkt von Einfuhrabgaben befreit. Bei diesem Befreiungstatbestand kommt es im Gegensatz zu Art. 3 ZollbefrVO nicht auf eine Begründung des gewöhnlichen Wohnsitzes in der Union an. E5061

(Einstweilen frei) E5062–E5069

b) Warensendungen mit geringem Wert, Art. 23, 24 ZollbefrVO

E5070 Waren in Sendungen (Pakete, Päckchen und Briefe) können **bis zu einem Sachwert der Sendung von 150 € zollfrei** belassen werden (s. auch DV Z 0804). Für die Zollanmeldung bestehen Vereinfachungsmöglichkeiten gem. Art. 143a UZK-DelVO (reduzierter Datensatz). Auf die Art der Beförderung der Sendung kommt es nicht an. Die Waren sind – im Gegensatz zu Art. 25 ZollbefrVO (s. u. Rdnr. E5084) – nicht wertmäßig aufteilbar. Liegt der Sachwert der Sendung über 150 €, ist sie insgesamt nicht zollfrei. Hochsteuerbaren Waren – Alkoholika, Tabak und Tabakwaren sowie Parfums – sind von der Befreiung ausgenommen (Art. 24 ZollbefrVO).

E5071 Der Begriff des **Sachwerts** (englisch: „intrinsic value") ist in Art. 1 Nr. 48 UZK-DelVO legaldefiniert. Diese Definition ist auch für die Zwecke der ZollbefrVO anwendbar. Danach ist **Sachwert bei Waren zu kommerziellen Zwecken** der Preis der Waren selbst beim Verkauf zur Ausfuhr in das Zollgebiet der Union ohne Transport- und Versicherungskosten, sofern sie nicht im Preis enthalten und nicht gesondert auf der Rechnung ausgewiesen sind, sowie alle anderen Steuern und Abgaben, die von den Zollbehörden anhand der einschlägigen Dokumente ermittelt werden können. Der Sachwert von **Waren zu nichtkommerziellen Zwecken** ist der Preis, der für die Waren selbst gezahlt worden wäre, wenn sie zur Ausfuhr in das Zollgebiet der Union verkauft worden wären.

E5072 Die Befreiung gilt bei **direkter Beförderung** aus dem Drittland an den Empfänger, der hier nicht unbedingt – wie bei Art. 25 ZollbefrVO – eine natürliche Person sein muss. Auch können mehrere Sendungen zwischen denselben Beteiligten die Begünstigung erfahren. Wegen der verhältnismäßig hohen Kosten (Verpackung, Postgebühren) erscheint ein Missbrauch ausgeschlossen (z. B. bei Aufteilung einer gewerblichen Sendung im Wert von 15.000 € auf 100 Einzelsendungen).

E5073 Eine **EUSt-Befreiung** ist für die Sendungen mit geringem Wert seit 1.7.2021 **nicht mehr vorgesehen**. Die zuvor bestehende Freigrenze von Sendungen mit einem Wert von höchstens 22 € in § 1a EUStBV wurde aufgehoben. Das Besteuerungsverfahren kann aber hinsichtlich der EUSt vereinfacht nach der Sonderregel des § 21a UStG erfolgen. Alternativ kann auch eine Umsatzbesteuerung des Fernverkaufs aus dem Drittland nach dem Verfahren des § 18k UStG erfolgen (sog. Import-One-Stop-Shop-Verfahren). In diesem Fall greift eine EUSt-Befreiung gem. § 5 Abs. 1 Nr. 7 UStG.

E5074–E5079 *(Einstweilen frei)*

c) Warensendungen zwischen Privatpersonen, Art. 25 ff. ZollbefrVO

E5080 Während bei den Sendungen mit geringem Wert gem. Art. 23 ZollbefrVO der Warenverkehr in der Regel aus kommerziellen Gründen erfolgt, sieht Art. 25 ZollbefrVO eine Zollbefreiung speziell für Sendungen zwischen natürlichen Privatpersonen vor (s. auch DV Z 0805). Es erscheint auf den ersten Blick merkwürdig, dass hier die Wertgrenze mit 45 € niedriger als bei den Sendungen mit geringem Wert ist. Bedeutung hat der Befreiungstatbestand aber insbesondere deshalb, weil gem. der KF-VO eine Befreiung auch von der EUSt vorliegt. Die Tatbestände des Art. 23 ZollbefrVO und des Art. 25

ZollbefrVO sind nur alternativ anwendbar, und zwar nach Maßgabe des Günstigkeitsprinzips. Ist der Wert von 45 € bei einer nichtkommerziellen Sendung überschritten kann der Rest der Sendung nicht über Art. 23 ZollbefrVO zollbefreit sein. Es kommt aber eine Pauschalierung der Abgaben gem. § 29 Abs. 1 Nr. 2 ZollV in Betracht.

aa) Voraussetzungen

Gemäß Art. 25 Abs. 1 ZollbefrVO sind Waren grds. von Einfuhrabgaben befreit, wenn sie E5081

- von Privatpersonen aus dem Ausland
- an andere Privatpersonen im Zollgebiet der Union

gesandt werden. Den Einfuhren dürfen keine kommerziellen Erwägungen zu Grunde liegen, vor allem müssen die Sendungen unentgeltlich sein. Die Art der Beförderung und des Beförderers ist unerheblich. Auf die Ansässigkeit der betreffenden Personen im Ausland (Drittland) bzw. in der EU kommt es nicht an, so dass auch eine Sendung im Rahmen einer Urlaubsreise an eine natürliche Person geschickt werden kann, die ihrerseits in der EU einen Urlaub verbringt.

Nichtkommerziell ist gem. Art. 25 Abs. 2 ZollbefrVO eine Sendung, die aus einem bestimmten Anlass (**gelegentlich**) erfolgt, also z. B. zum Geburtstag, und die ohne Gegenleistung erbracht wird, also ohne Bezahlung oder vergleichbare Ersatzleistung. Die Waren müssen zum persönlichen Ge- oder Verbrauch des Empfängers bzw. in seinem Haushalt bestimmt sein und dürfen keinen Anlass zur Besorgnis ihrer Kommerzialität geben. E5082

Gem. Art. 25 Abs. 1 Satz 2 ZollbefrVO sind Sendungen von der Insel **Helgoland**, die zwar zum deutschen Hoheitsgebiet, aber nicht zum EU-Zollgebiet gehört, ausdrücklich von der Zollfreiheit ausgenommen. Auch umsatz- und verbrauchsteuerrechtlich ist Helgoland Drittland. E5083

bb) Wert- und Mengengrenzen

Die Regelung für Privatsendungen beinhaltet Wert- und Mengengrenzen, die sich aus Art. 26, 27 ZollbefrVO ergeben. Danach wird gem. Art. 26 Abs. 1 ZollbefrVO zunächst der Wert der abgabenbefreiten Waren absolut auf 45 € begrenzt (einschließlich des Wertes der in Art. 27 genannten hochsteuerbaren Waren, für die zudem Höchstmengen zu beachten sind). Wie im Recht der Reisemitbringsel gem. Art. 41 ZollbefrVO gilt auch hier eine Aufteilungsregel für den Fall, dass der Wert der in einer Sendung enthaltenen Waren höher als 45 € ist. Das bedeutet, dass im Rahmen des **Günstigkeitsprinzips** (Art. 1 ZollbefrVO) eine wertmäßige Aufteilung der Waren erfolgen muss. E5084

BEISPIEL:

In einem Paket der Tante aus den USA an die Nichte in Deutschland anlässlich ihres Namenstages sind folgende Waren enthalten: E5085

- 1 Pullover, Wert 40 €,
- 1 Buch, Wert 10 €,
- 3 weitere tariflich zollpflichtige sonstige Waren, Wert je 5 €.

Weil nur Waren im Wert von 45 € abgabenfrei belassen werden können, hier aber ein Gesamtwert von 65 € vorliegt, sind unter Berücksichtigung des Günstigkeitsprinzips der Pullover und 1 weitere Ware zollbefreit. Bei einem pauschalen Abgabensatz von 17,5 % gem. § 29 Abs. 2 Nr. 6 ZollV sind zwei der sonstigen Waren (10 €) und das Buch (10 €) zu versteuern (Abgaben 3,50 €). Die Kleinbetragsregelung des § 23 Abs. 1 Nr. 3 ZollV greift (Abgabenbetrag unter 5 Euro, keine Anwendung des § 23 Abs. 1 Nr. 3 ZollV, der sich nur auf die Sendungen mit geringem Wert bezieht).

cc) Einfuhrabgabenbefreiung nach der KF-VO

E5086 Während sich Art. 25 ZollbefrVO nur auf die Einfuhrabgabe Zoll bezieht, ist auch eine Befreiung von der EUSt und ggf. von Verbrauchsteuern möglich. Diese ist in Deutschland in der **KF-VO** (Kleinsendungs-Freimengen-Verordnung, eVSF Z 0182), geregelt, die inhaltlich den Voraussetzungen des Art. 25 ZollbefrVO entspricht, sich in der Rechtsfolge aber auf alle Einfuhrabgaben i. S. d. § 1 Abs. 1 Satz 3 ZollVG bezieht. EUStBV und EVerbrStBV finden keine Anwendung (§ 1 Abs. 1 2. Halbsatz EUStBV, § 1 Abs. 1 Satz 2 EVerbrStBV). Für die rechtliche Würdigung entsprechender Sachverhalte genügt in der Praxis die Prüfung der KF-VO, die in Bezug auf Art. 25 ff. ZollbefrVO deklaratorische Wirkung hat.

E5087 In § 1 Abs. 1 KF-VO werden die Voraussetzungen der Abgabenbefreiung dargestellt:

- Sendung einer privaten (natürlichen) Person aus einem Drittland,
- an eine andere private (natürliche) Person,
- gelegentlich (eines bestimmten Anlasses),
- unentgeltlich,
- im Rahmen der Wertgrenze von 45 €,
- ggf. unter Berücksichtigung der Mengengrenzen des § 1 Abs. 2 KF-VO.

dd) Pauschalierung und Präferenzregelungen

E5088 Für die die Wertgrenze von 45 Euro übersteigenden Waren der Privatsendung entstehen die Einfuhrabgaben. § 29 Abs 1 Nr. 1 ZollV erlaubt hierbei die Anwendung von pauschalierten Abgabensätzen, die alle Einfuhrabgaben im Sinne des § 1 Abs. 1 S. 3 ZollVG erfassen, sofern der Gesamtwert der Privatsendung 700 € nicht übersteigt. Sofern es sich um Ursprungswaren aus präferenzberechtigten Herkunftsländern handelt, gilt ein nochmals ermäßigter Abgabensatz für präferenzberechtigte Waren. Dieser muss bis zu einem Warenwert von bis zu 500 € nicht mit einem förmlichen Präferenznachweis nachgewiesen werden. Für Einzelheiten vgl. DV Z 2604.

d) Waren im persönlichen Gepäck von Reisenden, Art. 41 ZollbefrVO

E5089 Weltweit können Reisende bei Grenzüberschreitungen Waren (sog. Reisemitbringsel) einfuhrabgabenfrei einführen. Dadurch soll der internationale Reiseverkehr sowohl im privaten als auch im kommerziellen Bereich gefördert und die weltweite Begegnung erleichtert werden. Außerdem erfordert es der moderne Massenverkehr, dass Abfertigungen erleichtert und in einem den üblichen Bedürfnissen angemessenen großzügigen Rahmen durchgeführt werden können. So ist es international üblich, dass Reisende Geschenke ins Ausland mitnehmen und von dort Andenken und aus unterschiedlichsten Gründen bestimmte Waren nach Hause mitbringen dürfen.

Diese Waren können selbstverständlich nicht in unbeschränktem Ausmaß einfuhrabgabenfrei belassen werden, weil neben den vorgenannten Gründen auch die wirtschaftlichen Interessen der zollgebietsansässigen Hersteller und Anbieter vergleichbarer Waren sowie der Arbeitnehmer zu berücksichtigen sind (Gebiets-/Schutzzollgedanke). Daher wird die Einfuhrabgabenfreiheit grundsätzlich **wert- und/oder mengenmäßig beschränkt**. E5090

Nach Art. 41 ZollbefrVO werden Waren im persönlichen Gepäck von Reisenden von den Einfuhrzöllen befreit. Die hierbei zu beachtenden Mengen- und Wertgrenzen für die Zollfreiheit ergeben sich nicht unmittelbar aus der ZollbefrVO, sondern gem. Art. 41 UAbs. 1 aus nationalen Rechtsvorschriften, die auf Grundlage der Richtlinie 2007/74/EG (ABl. Nr. L 346, 6 v. 29.12.2007) erlassen werden. Bei der RL 2007/74/EG handelt es sich um eine Regelung, die die Befreiung der von aus Drittländern kommenden Reisenden eingeführten Waren von der Mehrwertsteuer und den Verbrauchsteuern harmonisiert. E5091

In Deutschland wurde die vorgenannte RL mit der **Einreise-Freimengen-Verordnung** v. 24.11.2008 (BGBl 2008 I S. 2235), die auf § 29 (1) Nr. 1 Buchst. d ZollVG gestützt ist, umgesetzt (EF-VO, eVSF Z 0181). Die EF-VO trifft Regelungen zur Befreiung von den Einfuhrabgaben im Sinne des § 1 Abs. 1 Satz 3 ZollVG und betrifft damit neben den nationalen Abgaben (EUSt und VSt) somit auch – deklaratorisch – die von Art. 41 ZollbefrVO geregelte Zollfreiheit. In der Praxis kann daher auf die Prüfung des Art. 41 ZollbefrVO verzichtet werden, weil die EF-VO in ihren Tatbestandsvoraussetzungen die Voraussetzungen des Art. 41 ZollbefrVO wieder aufnimmt und bezüglich der Wert- und Mengengrenzen ohnehin die EF-VO zu prüfen ist. Die Rechtsfolge der Zollfreiheit ergibt sich unionsrechtlich aber aus Art. 41 ZollbefrVO. E5092

ABB. 37:

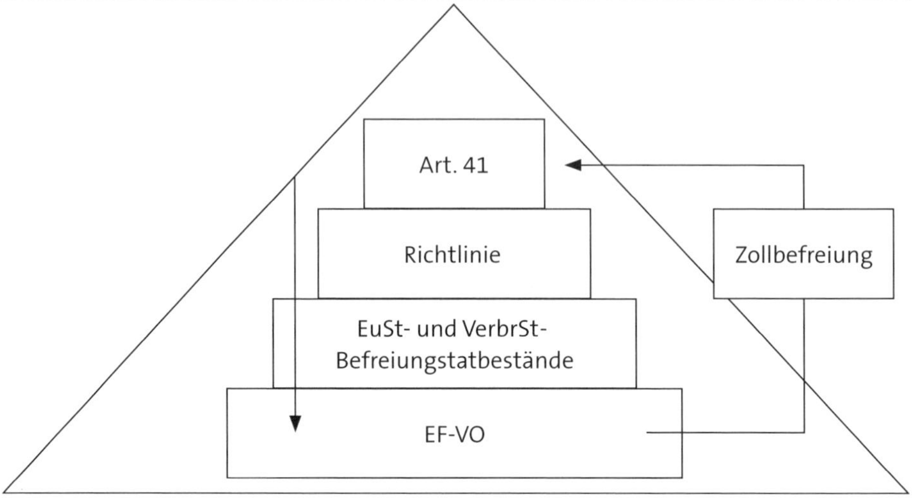

Artikel 41 ZollbefrVO

(UAbs. 1) „Waren im persönlichen Gepäck aus Drittländern kommender Reisender sind von den Einfuhrabgaben befreit, wenn die eingeführten Waren gemäß den im Einklang mit der Richtlinie 2007/74/EU des Rates vom 20.12.2007 über die Befreiung der von aus Drittländern kommenden Reisenden eingeführten Waren von der Mehrwertsteuer und den Verbrauchsteuern verabschiedeten nationalen Rechtsvorschriften von der Mehrwertsteuer (MwSt.) befreit sind."

aa) Voraussetzungen der Zollbefreiung für Waren im persönlichen Gepäck von Reisenden

E5093 Der Begriff des **Reisenden** ist in Art. 1 Nr. 40 UZK-DelVO legal definiert und kann auch für die Zwecke der ZollbefrVO herangezogen werden, vgl. dazu Rdnr. F2001.

E5094 Der Begriff des **Drittlands** ist in Art. 1 Nr. 11 UZK-DelVO sowie in § 1 Abs. 2 Nr. 1 EF-VO definiert und entspricht grds. einem Land, dass nicht zum Zollgebiet der Union gehört. Hierzu zählt auch die Insel Helgoland, die zwar zum deutschen Hoheitsgebiet, aber nicht zum Zollgebiet der Union gehört. Somit sind für Reisemitbringsel aus Helgoland die Wert- und Mengengrenzen zu beachten. Drittlandsgebiete sind nach § 1 Abs. 2 Nr. 2 EF-VO die nicht der MwStSystRL unterliegenden Gebiete der EU (z. B. die Kanarischen Inseln). Für Waren aus diesen Gebieten gilt gem. § 1 Abs. 1 EF-VO eine Befreiung von der EUSt und den Verbrauchsteuern.

E5095 **Persönliches Gepäck** (§ 1 Abs. 2 Nr. 5 EF-VO) sind sämtliche Gepäckstücke, die Reisende der Zollstelle bei Ankunft gestellen kann, sowie die Gepäckstücke, die derselben Zollstelle später gestellt werden, wobei nachzuweisen ist, dass sie bei Abreise bei der Gesellschaft, die den Reisenden befördert hat, als Reisegepäck aufgegeben wurden. Unter Gepäck sind gem. Art. 1 Nr. 5 UZK-DelVO alle auf einer Reise von einer natürlichen Person auf beliebige Weise mitgeführte Waren zu verstehen (z. B. im Handgepäck, im aufgegebenem Gepäck, im eigenen Beförderungsmittel). Gepäck, das voraus- oder nachgesandt, als Frachtsendung aufgegeben, im Postverkehr oder von einem Kurierdienst befördert wird, ist hingegen nicht von Art. 41 ZollbefrVO erfasst. Als persönliches Gepäck von der Befreiung erfasst sind auch bis zu 10 Liter Kraftstoff in Reservebehältern (§ 2 Abs. 1 Nr. 4 EF-VO).

Die RL 2007/74/EG beschränkt die Einfuhrabgabenfreiheit auf nichtgewerbliche Ein- E5096
fuhren. Die EF-VO wird dem durch die Beschränkung der Abgabenfreiheit auf sog. Reisemitbringsel gerecht. **Reisemitbringsel** (§ 1 (2) Nr. 6 EF-VO, sind Waren, die Reisende gelegentlich und ausschließlich zum persönlichen Ge- oder Verbrauch, für ihre Familienangehörigen oder als Geschenk in ihrem persönlichen Gepäck einführen.

Waren, die **gelegentlich** (der Reise) eingeführt werden: Danach muss die Reise im Vor- E5097
dergrund stehen, nicht hingegen der Erwerb der begünstigten Waren. Es ist aber grds. kaum zu beweisen, ob die Reise oder der Erwerb der Waren im Vordergrund steht. Eine Reise liegt immer dann vor, wenn sie am Wohnsitz, aber auch am Urlaubsort des Reisenden im Zollgebiet der Union beginnt und endet (vgl. dazu auch DV Z 0808 Abs. 6).

BEISPIEL:

Der Student S unternimmt während eines Urlaubs an der Schweizer Grenze drei voneinander E5098
unabhängige Fahrten (Reisen) von seinem Urlaubsort Lörrach in die Schweiz. Nach jeder Reise nimmt er die Freimengen in Anspruch.

Die Waren müssen dem **persönlichen Ge- oder Verbrauch** des Reisenden oder seiner E5099
Familienangehörigen oder als **Geschenk** dienen. Zudem schließt § 2 Abs. 5 Nr. 1 EF-VO die Einfuhrabgabenfreiheit aus, wenn Art oder Menge der Waren darauf schließen lassen, dass eine **Einfuhr aus gewerblichen Gründen** erfolgt. Hat der Zoll nach Art und/oder Menge der Waren die Besorgnis, es handele sich um Einfuhren aus geschäftlichem Anlass, so kann der Anmelder diese Besorgnis entkräften.

BEISPIEL:

S bringt aus der Ukraine 30 gleiche Sporthemden seiner Größe mit. Auf die zollseitig ihm ge- E5100
genüber geäußerte Besorgnis, es liege der Anschein einer kommerziellen Einfuhr vor, entgegnet S unwiderlegbar, er sei aktiver Sportler und schwitze zudem sehr stark. Er benötige die Hemden ausschließlich für sich selbst.

(Einstweilen frei) E5101–E5103

bb) Höchstmengen

Die abgabenfreie Einfuhr von Reisemitbringseln ist den europäischen und nationalen E5104
abgabenrechtlichen Interessen entsprechend nicht unbegrenzt möglich. Für bestimmte in allen EU-Staaten **hochsteuerbare** Waren (z. B. Tabakwaren und Alkohol/alkoholhaltige Getränke) werden die abgabenfreien Einfuhren mengenmäßig beschränkt. Die im Normalfall geltenden Grenzen der Abgabenfreiheit werden durch § 2 EF-VO definiert.

Zunächst gilt die Beschränkung je Person und Reise. Die besondere Bedeutung dieser E5105
Einschränkung ist darin zu sehen, dass eine Person an einem Tage mehrere Reisen unternehmen und infolgedessen auch mehrmals täglich in den Genuss der Freimengen kommen kann. Problematisch sind insoweit die sog. Einkaufsfahrten, die häufig mehr-

mals am Tage unternommen werden, um in den Genuss der Abgabenbefreiung zu gelangen.

E5106 Für die bezeichneten Waren gilt darüber hinaus noch eine **altersmäßige Beschränkung** für den Einführer, der mindestens 17 Jahre alt sein muss (§ 2 Abs. 5 Nr. 2 EF-VO).

E5107 Bei den **Tabakwaren** wird die Befreiung alternativ für verschiedene Waren gewährt. Hieraus ergeben sich ggf. Probleme im Rahmen des **Günstigkeitsprinzips**, Art. 1 ZollbefrVO, weil von Amts wegen festzustellen ist, für welche Waren der geringste Abgabenbetrag zu entrichten ist, wenn es sich um mehrere der aufgeführten Waren (sog. Warenzusammenstellungen) handelt, § 2 Abs. 1 Nr. 1 EF-VO.

BEISPIEL:

E5108 Eingeführt werden (präferenzberechtigt) 400 Zigaretten und 25 Zigarren (Kleinverkaufspreis: 1 €/Stück). 100 Zigaretten entsprechen 25 Zigarren. Hieraus ergeben sich folgende Alternativen für die *Abgabenfreiheit* für eine anteilige Zusammenstellung dieser Waren):

- (Alt. 1) 200 Zigaretten oder
- (Alt. 2) 100 Zigaretten und 25 Zigarren

Zu *versteuern* wären demnach, weil eine Teilbarkeit der Waren gegeben ist (jede Zigarette/Zigarre ist eine eigenständige Ware (vgl. § 2 Abs. 2 EF-VO):

- (für Alt. 1) 200 Zigaretten und 25 Zigarren oder
- (für Alt. 2) 300 Zigaretten

Die für den Beteiligten günstigste Entscheidung (**Günstigkeitsprinzip**) kann nur über die Errechnung der jeweilig alternativen Abgabenbeträge ermittelt werden. Dabei werden die Abgaben für einfuhrabgabenpflichtige Reisemitbringsel grds. nach §§ 29 ZollV **pauschaliert** (s. Rdnr. E5115). Dabei ist zu berücksichtigen, dass sämtliche Einfuhrabgaben (§ 1 Abs. 1 ZollVG) erfasst werden.

Daraus folgen zwei alternative Vergleichsberechnungen unter Berücksichtigung des präferenzbegünstigten Pauschaltarifs (s. Rdnr. E5115, 5125):

- **für (Alt. 1):**

0,18 €/Stück → 36 € für 200 Zigaretten + 27 % des inländischen Kleinverkaufspreises für 25 Zigarren (KVP/25 € =6,75 €) → 42,75 €.

- **für (Alt. 2):**

0,18 €/Stück → 54 € für 300 Zigaretten.

Damit wären nach Günstigkeit (Alt. 1) 42,75 € zu erheben.

E5109 Eine entsprechende Problematik eröffnet sich bei den **alkoholischen Getränken** (§ 2 Abs. 1 Nr. 2 Buchst. a EF-VO), wobei hier noch *kumulativ* 4 l nicht schäumender Wein und 16 l Bier zu berücksichtigen sind (§ 2 Abs. 1 Nr. 2 Buchst. b, c EF-VO).

cc) Wertgrenzen

E5110 Für alle anderen Waren bestehen keine Mengenbeschränkungen, sondern es gilt gem. § 2 Abs. 1 Nr. 5 EF-VO eine Wertgrenze, die grds. 300 € beträgt. Die besondere Wertgrenze für Flug- oder Seereisende (s. § 1 Abs. 2 Nr. 3 EF-VO) beträgt 430 € (§ 2 Abs. 1 Nr. 5 Buchst. b EF-VO). Dabei gelten Reisende über den Bodensee nicht als Seereisende (§ 3 Abs. 5 EF-VO). Für Reisende unter 15 Jahren gilt eine verringerte Wertgrenze von 175 € (§ 2 Abs. 1 Nr. 5 Buchst. c EF-VO).

Soweit verschiedene Waren dieser Kategorie insgesamt die Wertgrenze überschreiten, beschränkt sich die Abgabenfreiheit auf die genannten Beträge. Es kommt allerdings eine **Aufteilung** in Betracht, wobei das **Günstigkeitsprinzip** zu beachten ist. Einzelne eigenständige Waren können wertmäßig aber nicht aufgeteilt werden (Unteilbarkeit, s. § 2 Abs. 2 EF-VO). E5111

Soweit die Mengen- oder Wertgrenzen überschritten werden, sind die Reisemitbringsel, die zur Überlassung zum freien Verkehr angemeldet werden, zu versteuern. Die nach Art. 77 Abs. 1 Buchst. a), Abs. 2, 85 UZK, § 21 Abs. 2 UStG und ggf. den entsprechenden VerbrSt-Voraussetzungen entstandenen Einfuhrabgaben werden grundsätzlich nach den zuständigen Tarifen, also Zolltarif, § 12 UStG und den Verbrauchsteuertarifen erhoben. Gegebenenfalls erfolgt eine Pauschalierung nach § 29 ZollV. E5112

BEISPIEL 1:

Eingeführt werden aus der Schweiz über die Landgrenze durch einen Reisenden folgende präferenzberechtigte Waren: E5113

- 1 Paar Schuhe, Wert 270 €,
- 1 Hemd, Wert 40 €,
- 20 Tafeln Schokolade, Wert je 5 €.

Es handelt sich um Waren im Gesamtwert von 410 €. Gemäß § 2 Abs. 1 Nr. 5 Buchst. a EF-VO beträgt die Freigrenze 300 €. Schuhe und Hemd (310 €) können zusammen nicht zollfrei sein (Hemd nicht teilbar). Abgabenfrei bleiben damit die Schuhe und 6 Tafeln Schokolade im Wert von insges. 300 €. Somit müssen Hemd und 14 Tafeln Schokolade im Wert von insgesamt 110 € verzollt und versteuert werden. Bei einem pauschalierten Abgabensatz von 15 % für präferenzberechtigte Waren gem. § 29 ZollV betragen die Einfuhrabgaben Zoll und EUSt 110 € x 15 % = 16,50 €.

BEISPIEL 2:

Eingeführt werden aus USA durch einen Flugreisenden folgende Waren: E5114

- 1 Paar Schuhe, Wert 300 €,
- 3 Hemden, Wert je 40 €,
- 4 T-Shirts, Wert je 5 €.

Die Freigrenze beträgt gem. § 2 Abs. 1 Nr. 5 Buchst. b EF-VO 430 €. Hier bleiben nach dem Günstigkeitsprinzip Schuhe (300 €), die Hemden (120 €) und 2 T-Shirts (10 €) einfuhrabgabenfrei. 2 T-Shirts müssen versteuert werden. Bei einem pauschalierten Zollsatz von 17,5 % für nicht präferenzberechtigte Waren gem. § 29 ZollV betragen die Einfuhrabgaben 10 € x 17,5 % = 1,75 €. Die Kleinbetragsregelung für Waren im Reiseverkehr gem. § 23 Abs. 1 Nr. 2 ZollV (Betrag < 3 €) ist damit einschlägig und die Abgaben werden nicht erhoben.

dd) Pauschalierung

Die Erhebung der Einfuhrabgaben erfolgt bei abgabenpflichtigen Reisemitbringseln – s. Anwendung in den vorstehenden Beispielen – je Person im Wert bis 700 € grds. nach der Pauschalierungsvorschrift des § 29 Abs. 1 Nr. 1 ZollV (s. dazu Art. 56 Abs. 2 Buchst. a UZK, VO KN Anh. I Teil I Titel II D. Nr. 1, s. auch DV Z 2604). E5115

BEISPIEL 1:

E5116 Aus den USA werden von einem Fluggast folgende Reisemitbringsel eingeführt:

- 1 Uhr, Wert 350 €,
- 1 Paar Schuhe, Wert 200 €,
- 1 Kamera, Wert 250 €.

Alle Waren sind tariflich zollpflichtig und unterliegen dem EUSt-Regelsteuersatz von 19 %. Ein Antrag auf tarifliche Versteuerung gem. § 29 Abs. 3 ZollV liegt nicht vor.

Die Abgabenfreiheit aller Waren ist in Bezug auf alle Abgaben wertmäßig nach § 2 Abs. 1 Nr. 5 Buchst. b EF-VO auf 430 € begrenzt. Unter Berücksichtigung des Günstigkeitsprinzips (Art. 1 ZollbefrVO) kann nur jeweils eine der genannten Waren abgabenfrei belassen werden, weil der Wert von 2 Waren jeweils die Wertgrenze überschreitet. Somit bleibt nach dem Günstigkeitsprinzip hier die Uhr im Wert von 350 € abgabenfrei. Die restlichen Waren im Wert von 450 € sind zu verzollen und zu versteuern.

Gem. § 29 Abs. 1 Nr. 1 ZollV sind einfuhrabgabenpflichtige Reisemitbringsel mit einem Wert bis zu 700 € (hier: 450 €) mangels Antrags auf tarifliche Versteuerung zu pauschalieren.

Die Pauschalierung richtet sich nach § 29 Abs. 2 Nr. 6 EF-VO. Gem. Spalte 2 (zollpflichtige Waren) ist der Satz von 17,5 % anzuwenden. Er beinhaltet Pauschalsätze für Zoll und EUSt. Der zu entrichtende Abgabenbetrag beträgt damit 78,75 €.

BEISPIEL 2:

E5117 Aus den USA wird von einem Fluggast (Wohnort Münster) 1 Designerhandtasche, Wert 750 EUR, als Reisemitbringsel eingeführt. Die Tasche ist vollständig nach den einschlägigen Tarifen zu verzollen und zu versteuern.

ee) Sonderfälle

E5118 Gemäß § 3 EF-VO werden die Mengen- und Wertgrenzen nach § 2 EF-VO in bestimmten Einzelfällen niedriger festgesetzt. Das gilt für die drei genannten Personengruppen. Für diese ist nur die sog. **kleine Freimenge** einfuhrabgabenfrei belassen worden. Es handelt sich hierbei um

- Bewohner des landseitigen (Schweizer) Grenzgebietes (§ 3 Abs. 1 Nr. 1 EF-VO). Das landseitige Grenzgebiet ist in § 1 Abs. 2 Nr. 8 EF-VO definiert worden. Die Grenzbewohner erhalten allerdings die große Freimenge, wenn die Waren nachweislich jenseits eines 15 km tiefen Gebietes im Drittland erworben worden sind;
- Grenzarbeitnehmer gem. § 1 Abs. 2 Nr. 9 EF-VO, die von § 3 Abs. 1 Nr. 2 EF-VO aufgefangen werden;
- Personal grenzüberschreitend eingesetzter gewerblicher Beförderungsmittel (z. B. Lkw-Fahrer), das grds. mehr als einmal im Monat einreist (§§ 3 Abs. 1 Nr. 3, 1 Abs. 2 Nr. 4 EF-VO).

Durch den Zusatz in § 3 Abs. 1 Satz 3 EF-VO (..nur einmal am Tag..) wird eine Gleichstellung mit einem nur einmal Einreisenden geschaffen.

BEISPIEL:

E5119 Der täglich mit seinem Lkw zwischen Stuttgart und Zürich pendelnde Fahrer bringt folgende Waren mit:

- 50 g Parfum, Wert 20 €,
- 1 Hose, Wert 80 €,
- 4 kg Schweizer Käse, Wert 40 €,
- 1 l Obstler, 50 % vol., Wert 10 €.

Der Fahrer gehört zur Personengruppe § 3 Abs. 1 Nr. 3 EF-VO.

1 l Obstler (alkoholhaltiges Getränk) ist von der Abgabenfreiheit ausgeschlossen, § 3 Abs. 1 Satz 1 a. E. EF-VO.

Parfum, Hose und Käse sind Waren im Wert von 140 €, die grds. unter die normale Wertgrenze (§ 2 Abs. 1 Nr. 5 Buchst. a EF-VO) fallen. Gem. § 3 Abs. 1 Satz 2 EF-VO besteht für diese Waren aber eine kleine Wertgrenze i. H. von 90 €, wobei der Lebensmittelanteil 30 € nicht übersteigen darf. Daher sind alternativ abgabenfrei:

- (Alt. 1) Parfum (20 €), 3 kg Käse zu 30 € (mengenmäßig teilbare Ware) oder
- (Alt. 2) 1 kg Käse (10 €) und die Hose zu 80 €

Entsprechend wären – neben dem Obstler – alternativ abgabenpflichtig unter Berücksichtigung der Günstigkeit und der Pauschalsätze nach § 29 Abs. 2 Nr. 6 ZollV (Abgabensatz 15 %/präferenzielle Ursprungswaren der Schweiz):

- (Alt. 1) 1 kg Käse (10 €) und 1 Hose (80 €)
- (Alt. 2) 3 kg Käse (30 €) und Parfum (20 €)

Unter Berücksichtigung von (Alt. 1) wären somit zz. 13,50 €, bei (Alt. 2) 7,50 € zu erheben. Die Entscheidung für (Alt. 2) richtet sich hier wiederum nach dem Günstigkeitsprinzip.

Im Falle des Warenverkehrs mit Freizonen (umzäunt, s. Art. 243 Abs. 3 UZK) ist § 3 Abs. 2 EF-VO zu berücksichtigen. Bei Einreise von Personen in nichtgewerblichen privaten Wasserfahrzeugen (s. dazu § 1 Abs. 2 Nr. 4 EF-VO) richtet sich die Abgabenbefreiung für Tabak und Alkoholika nach § 3 Abs. 3 EF-VO, § 27 ZollV. Bei Mundvorrat gem. § 14 ZollV ist für die Abgabenbefreiung von Tabak und Alkoholika § 3 Abs. 4 EF-VO zu beachten. E5120

(Einstweilen frei) E5121–E5123

ff) Präferenzregelungen im Reiseverkehr

Sofern im Reiseverkehr Ursprungswaren aus präferenzberechtigten Gebieten, z. B. EFTA, AKP oder Entwicklungsländern, eingeführt werden, können die Waren grundsätzlich zu den im EZT bzw. bei Pauschalierung gem. den in § 29 Abs. 2 ZollV vorgesehenen Präferenzzollsätzen abgefertigt werden, falls ein förmlicher Präferenznachweis des Herkunftslandes vorgelegt wird (s. Kap. E IV). Käufer von Reisemitbringseln pflegen sich aber von den Zollstellen der Ausfuhrstaaten, schon in Unkenntnis der Rechtslage, keine Präferenznachweise ausstellen zu lassen. Daher und weil der – um in den Besitz eines förmlichen Präferenznachweises zu gelangen – erforderliche Aufwand unverhältnismäßig groß und praxisfern ist, enthalten die Präferenzregelungen hierfür Ausnahmetatbestände (s. dazu DV Z 2604 Abs. 7 ff.). E5124

Im Reiseverkehr werden Waren ohne Vorlage eines Präferenznachweises als Ursprungswaren angesehen, E5125

- die sich **im mitgeführten persönlichen Gepäck eines Reisenden** befinden oder im **nachgesandten Reisegepäck**,
- deren **Gesamtwert** (maßgebend ist der Kaufpreis) die grds. vorgesehene Wertgrenze von 1.200 EUR nicht überschreitet (für Waren Bei Einfuhren im Reiseverkehr aus der **Türkei** – ausgenommen Waren der Agrarregelung – existiert keine Wertgrenze, aus **Syrien** gelten 565 Euro),

- die ausschließlich **zum persönlichen Ge- oder Verbrauch** des Reisenden, für Angehörige seines Haushalts oder als Geschenk bestimmt sind und die nicht zu der Vermutung Anlass geben, die Einfuhr erfolge zu kommerziellen Zwecken,
- die der Reisende als **präferenzberechtigt mündlich anmeldet**, ohne dass an der Richtigkeit der Anmeldung Zweifel bestehen.

e) Zur Absatzförderung eingeführte Waren, Art. 86 ff. ZollbefrVO

E5126 Waren aus Drittländern gelangen hauptsächlich aufgrund von Importverträgen in das Zollgebiet und in den Wirtschaftskreislauf der Union. Vor dem Abschluss von Einfuhrverträgen werden die Waren üblicherweise in der Form der später einzuführenden Produkte, z. B. als Modell, durch Vertreter zu Vorführzwecken in die EU verbracht. Großenteils werden diese Ziele auch auf Ausstellungen etc. verfolgt.

E5127 Diese Waren gelangen regelmäßig nicht in den Wirtschaftskreislauf. Vielmehr sollen sie durch Interessenten besichtigt und geprüft werden, wobei sie z. B. bei physikalischen/chemischen Prüfungen nicht selten restlos vernichtet werden. Daher kommt eine Einfuhrabgabenerhebung grundsätzlich nicht in Betracht. Vielfach verteilen Hersteller an (potenzielle) Kunden Werbegegenstände ohne eigenen Handelswert. Bestimmungen zur Befreiung der vorgenannten Waren von Einfuhrabgaben enthält Teil I, Titel VI, Kapitel IV mit den Abschnitten

- Geringwertige Warenmuster und -proben (Art. 86 ZollbefrVO, s. auch DV Z 0816)
- Werbedrucke und -gegenstände (Art. 87 ff. ZollbefrVO)
- Auf Ausstellungen ge-/verbrauchte Waren (Art. 90 ff. ZollbefrVO)

aa) Geringwertige Warenmuster und -proben (Artikel 86 ZollbefrVO)

E5128 Gemäß Art. 86 Abs. 1 ZollbefrVO sind geringwertige Warenmuster und -proben von den Einfuhrabgaben befreit, die lediglich einen Auftragsbeschaffungszweck erfüllen (Zu Mustern/Proben auf Ausstellungen siehe Art. 90 Abs. 1 Buchst. a ZollbefrVO).

E5129 Der Begriff **Warenmuster oder -proben** ist in Art. 86 Abs. 1 ZollbefrVO nicht definiert. Es gilt insoweit der **allgemeine Sprachgebrauch**. Danach kommen insbesondere solche Waren als Muster/Proben in Betracht, die mit den später einzuführenden Waren identisch sind. Die Gefahr der Umgehung kann bei diesen Waren ggf. durch eine Maßnahme nach Abs. 2 verhindert werden.

E5130 Auch der Begriff **geringwertig** ist nicht definiert. Die Fragen, die durch die tatbestandlich ungeklärten Voraussetzungen aufgeworfen werden, sollen durch Beispiele erläutert werden.

BEISPIEL ZU ART. 86 ABS. 1 ZOLLBEFRVO:

E5131 Der Schweizer Krawattenvertreter meldet beim zuständigen Grenzzollamt 240 Krawatten (Ursprung Japan), 80 Muster zu je 3 Stück, Wert je Stück 15 €, ordnungsgemäß zur abgabenfreien Überführung als Muster/Proben in den freien Verkehr an. Die Krawatten sollen bei den einschlägig bekannten Importeuren vorgeführt, ggf. von diesen auch auf Haltbarkeit und Farbechtheit geprüft und dabei ggf. vernichtet werden.

(a) Die Krawatten werden vom Vertreter als **Muster/Proben** in die EU verbracht.

(b) Die Krawatten erfüllen einen **Auftragsbeschaffungszweck**, weil potenzielle Importeure zum Abschluss von Importverträgen veranlasst werden sollen.

(c) Die Krawatten sind **repräsentativ** für die später einzuführenden Krawatten, weil Gleichheit mit den potenziellen Importwaren besteht.

(d) Die Krawatten müssten **geringwertig** sein. Dieser Begriff ist in der Dienstvorschrift (VSF Z 0816 Abs. 2) konkretisiert worden. Als geringwertig gelten:

- Waren, die so beschaffen oder hergerichtet sind, dass sie erkennbar nur zum Gebrauch als Muster oder Probe geeignet sind, bis zu einer Menge, die für die Kennzeichnung oder für die Prüfung (ggf. durch die Kunden des Anmelders) erforderlich ist. Es kommen insbes. Maßnahmen nach Art. 86 Abs. 2 UZK in Betracht (unbrauchbar gemachte Waren).
- Andere als unbrauchbar gemachte Waren (= normale Handelsware) bis zu einem Warenwert von höchstens 50 € (= Zollwert) je Warengruppe, wobei diese ggf. bis zu 5 Stück abgabenfrei belassen werden können.

Bei normalen Handelswaren muss also festgestellt werden, wie viele Warengruppen E5132
betroffen sind, weil für jede einzelne Gruppe die Begünstigung gewährt werden kann. **Eine Warengruppe** im Sinne des Art. 86 ZollbefrVO ist jede Ware, die sich von anderen – wie auch immer – unterscheidet. Als einzige Ausnahme stellen Größenunterschiede kein Unterscheidungsmerkmal hinsichtlich des Merkmals Warengruppe dar (Z 0816 Abs. 2):

- 10 gleichgeschnittene Hemden, Größe 40, verschieden gefärbt (damit verschiedene Warengruppen), Wert je 20 € können ggf. als Muster abgabenfrei belassen werden.
- 10 Hemden wie vor, gleichfarbig, aber verschiedene Größen (eine Warengruppe), können nur mit zwei Exemplaren abgabenfrei bleiben.

Diese Differenzierung ist verhältnismäßig, weil – unter dem Gesichtspunkt der Verwendung als Muster – Größenunterschiede grds. ohne Bedeutung sind, im Gegensatz zu verschiedenen Farben, die sich z. B. unter Licht- oder Wascheinfluss unterschiedlich entwickeln können (s. DV Z 0816 Abs. 2).

BEISPIEL (FORTFÜHRUNG)

Daher können im Beispiel oben je Krawattenmuster (= Warenart) 3 Stück (Wert 45 €) als Mus- E5133
ter/Probe gem. Art. 86 ZollbefrVO einfuhrabgabenfrei belassen werden. Darüber hinausgehende Mengen müssen verzollt werden. Hierbei steht der Gedanke im Vordergrund, dass der Handelsvertreter die Krawatten nicht anderweitig vermarkten, also in den freien Verkehr der EU bringen und damit die Entrichtung der Einfuhrabgaben umgehen soll. Bei „normalen" Waren, also solchen, die den später einzuführenden entsprechen, besteht diese Gefahr auch bei geringen Mengen. Gegebenenfalls ist vom Zoll eine Maßnahme nach Abs. 2 anzuordnen (z. B. Lochen).

Gem. Art. 86 Abs. 3 ZollbefrVO **gelten** zudem solche Waren als Muster und Proben, E5134

- die für eine Warengruppe **repräsentativ** und
- die nach ihrer **Aufmachung bzw. Qualität/Menge** für andere Zwecke als die **Auftragsbeschaffung** ungeeignet sind.

BEISPIELE ZU ART. 86 ABS. 3:

E5135 Vertreter melden z. B. Modelle (Maßstab 1:10), nicht handelsübliche Gebinde/Packungen (Zigarettenpapier in 10er-Packungen) oder qualitativ andersartige Muster (Glassteine anstelle von Brillanten auf Uhren) an.

Diese **anders** als die zu importierenden Waren **aufgemachten** Waren dienen ebenfalls der **Auftragsbeschaffung**, sie sind aber zu einem anderen Zweck als dem der Absatzförderung nicht zu gebrauchen. Daher **gelten** diese Waren gem. Art. 86 Abs. 3 ZollbefrVO als Muster/Proben nach Abs. 1. Die abgabenbefreite Menge richtet sich nach der Erforderlichkeit für Prüfungen etc. durch potenzielle Kunden im Einzelfall (s. auch DV Z 0816 Abs. 2 1. Gedankenstrich).

E5136 Werden die Muster, Modelle etc. zum Zwecke des **Urheberrechtsschutzes** für eine entsprechende Stelle (z. B. Patentamt) eingeführt, so gewährt Art. 103 ZollbefrVO eine unbeschränkte Abgabenbefreiung.

E5137 Die **Verbrauchsteuerfreiheit** von Mustern/Proben nach Art. 86 ZollbefrVO wird weitgehend ausgeschlossen gem. § 2 Abs. 1 EVerbrStBV und im Übrigen mengenmäßig beschränkt. **Einfuhrumsatzsteuer** folgt ausnahmslos der zollrechtlichen Regelung, § 1 Abs. 1 EUStBV.

bb) Werbedrucke und -gegenstände (Artikel 87 ff. ZollbefrVO)

E5138 Werbedrucke (Art. 87 ZollbefrVO), z. B. Kataloge, Preislisten für Erzeugnisse, die von einer im Drittland ansässigen Person ausgehen müssen, bleiben unter den Voraussetzungen des Art. 88 ZollbefrVO einfuhrabgabenfrei. Dasselbe gilt für Werbegegenstände ohne eigenen Handelswert, die ausschließlich zu Werbezwecken zu verwenden sind (Art. 89 ZollbefrVO).

BEISPIEL:

E5139 Kunststofffiguren, die in Geschäftslokalen oder Schaufenstern ausgestellt werden und auf ein Produkt hinweisen; z. B. Milka-Kuh (s. dazu auch Art. 90 Abs. 1 Buchst. d ZollbefrVO: andere Gegenstände).

E5140 Nicht darunter fallen Gegenstände, die nicht nur ausschließlich zu Werbezwecken verwendet werden, z. B. Kalender und Kugelschreiber mit Werbeaufdruck. Handelt es sich um Werbematerial für den **Fremdenverkehr**, so ist dem Art. 103 ZollbefrVO hinsichtlich der dort aufgeführten Waren der Vorrang einzuräumen.

E5141 Für die EUSt greift eine Befreiung gem. § 1 Abs. 1 EUStBV.

cc) Auf Ausstellungen etc. ge- oder verbrauchte Waren (Artikel 90 ff. ZollbefrVO)

E5142 Wegen der Muster / Proben nach Art. 90 Abs. 1 **Buchst. a** ZollbefrVO (im Gegensatz zu Art. 86 ZollbefrVO) siehe die enumerative Auflistung in Art. 91 ZollbefrVO.

E5143 Die Waren nach Art. 90 Abs. 1 **Buchst. b** ZollbefrVO (Vorführwahren) müssen vollständig verbraucht/vernichtet werden und sind z. T. mengen- und wertmäßig beschränkt (Art. 92 ZollbefrVO).

E5144 Baustoffe und ähnliche geringwertige Werkstoffe zur Erstellung einfacher Ausstellungsstände sind nach Art. 90 Abs. 1 **Buchst. c** ZollbefrVO begünstigt und müssen vollständig verbraucht werden.

Werbedrucke gem. Art. 90 Abs. 1 **Buchst. d** ZollbefrVO müssen die Voraussetzungen des Art. 93 ZollbefrVO erfüllen (vgl. ggf. auch Art. 87 ff. ZollbefrVO). E5145

Hochsteuerbare Waren des Art. 94 ZollbefrVO sind von der Vergünstigung ausgeschlossen. Für EUSt und VerbrSt gelten § 1 Abs. 1 EUStBV, § 1 Abs. 1 Nr. 1 EVerbrStBV. E5146

f) Zu Prüfungs-, Analyse- oder Versuchszwecken eingeführte Waren, Art. 95 ff. ZollbefrVO

Ähnlich wie die Muster/Proben der Art. 86 ff. ZollbefrVO werden die Waren nach Art. 95 ff. ZollbefrVO nicht eingeführt, um in den Wirtschaftskreislauf der Union einzugehen, sondern zu **Erprobungszwecken** aus unterschiedlichsten Gründen (z. B. Vergleich mit EU-Produkten, s. DV Z 0818). Gegenstand der Prüfung sind grundsätzlich die Waren selbst (unmittelbare Erprobungsgut). Es ist aber auch denkbar, dass unter Verwendung der Waren zunächst ein anderes Produkt hergestellt wird (Veredelung unter Verwendung der eingeführten Ware), welches sodann Gegenstand der Erprobung ist (mittelbares Erprobungsgut). Bei dem Erprobungsgut darf es sich dann aber nicht um bloße Hilfsmittel der Veredelung handeln, sondern um einen Hauptbestandteil des Erzeugnisses. Die Waren bleiben bis zu ihrer zweckgerechten Verwendung und Verbrauch **unter zollamtlicher Überwachung** (Argument aus Art. 100 ZollbefrVO) und werden somit zum Verfahren der Endverwendung überlasen. Die Prüfungen führen ggf. zur Vernichtung der Waren (Art. 96 ZollbefrVO). E5147

BEISPIEL:

Aus der Ukraine werden 100 Kugellager zu physikalischen Prüfungen nach München importiert. Es sollen insbesondere die materielle Beschaffenheit, das Druck- und Hitzeverhalten sowie die Normeinhaltung geprüft werden. Der Anmelder legt dar, dass alle 100 Lager für die Erstellung eines Gutachtens geprüft werden müssen und dass wegen der Prüfungsanforderungen die Waren später nur noch Schrottwert haben. E5148

Bei der fristgerechten (Art. 96 ZollbefrVO) Erprobung muss das mittelbare oder unmittelbare Erprobungsgut zur Wahrung der Zollbelange grundsätzlich vollständig verbraucht oder restlos vernichtet werden. Bleiben Reste zurück, so müssen diese restlichen Waren (Definition in Art. 99 Abs. 2 ZollbefrVO) einer der in Art. 99 Abs. 1 benannten Bestimmungen (Vernichtung, Umwandlung in Waren ohne Handelswert, Aufgabe zugunsten der Staatskasse oder Ausfuhr) zugeführt werden. Für restlichen Waren, für die nicht nach Art. 99 Abs. 1 ZollbefrVO verfahren wird, entsteht die Zollschuld gem. Art. 79 Abs. 1 Buchst. b UZK, da der Verwendungszweck – Erprobung unter vollständiger Vernichtung – nicht erfüllt wurde; zu den Bemessungsgrundlagen vgl. Art. 100 ZollbefrVO. E5149

BEISPIEL:

Die Reste aus obigem Beispiel (Schrott mit Handelswert) werden weder vollständig zerstört, zugunsten der Staatskasse aufgehoben oder ausgeführt; die Zollschuld entsteht gem. Art. 79 Abs. 1 Buchst. b, Art. 100 UAbs. 1 ZollbefrVO. E5150

E5151 Eine Befreiung ist **ausgeschlossen**, wenn die Erprobungsvorhaben einen absatzfördernden Charakter haben, z. B. wenn die Erprobung im Rahmen einer werbeträchtigen Veranstaltung stattfindet (Art. 97 ZollbefrVO).

E5152 Wegen der EUSt siehe § 1 Abs. 1 EUStBV. Eine Befreiung von Verbrauchsteuern gem. § 1 Abs. 1 Nr. 1 Buchst. b EVerbrStBV ist gem. § 3 EVerbrStBV für Energieerzeugnisse ausgeschlossen.

E5153–E5159 *(Einstweilen frei)*

g) Treib- und Schmierstoffe in Straßenfahrzeugen etc., Art. 107 ff. ZollbefrVO

E5160 Internationalem Brauch folgend wird für Betriebsstoffe in Straßenkraftfahrzeugen Einfuhrabgabenbefreiung gewährt (s. auch DV Z 0822). Hier gilt es jedoch, dem Missbrauch vorzubeugen, insbesondere zum Schutz grenznaher Tankstellen sowie in Bezug auf die verwendeten Kraftstoffbehälter. Die Verwendung der begünstigten Stoffe ist gem. Art. 110 ZollbefrVO beschränkt.

E5161 Gemäß Art. 107 Abs. 1 ZollbefrVO ist Treibstoff in Hauptbehältern (Definition: Art. 107 Abs. 2 Buchst. c ZollbefrVO, das sind serienmäßig eingebaute Tanks) von

- 1. Gedankenstrich: **Personenkraftfahrzeugen**, Krafträdern und Nutzfahrzeugen (Definition: Art. 107 Abs. 2 Buchst. a und b ZollbefrVO), von
- 2. Gedankenstrich: **Spezialcontainern**, z. B. Auflieger mit Kühlaggregat (Art. 107 Abs. 2 Buchst. d ZollbefrVO) sowie
- in tragbaren Behältern (**Kanistern)** bis zu 10 l je Fahrzeug (Art. 107 Abs. 1 Buchst. b ZollbefrVO)

grds. einfuhrabgabenbefreit.

E5162 Gem. Art. 41 ZollbefrVO, § 2 Abs. 1 Nr. 4 Buchst. a und b EF-VO gehört der Kraftstoff im Hauptbehälter von Motorkraftfahrzeugen sowie 10 l Treibstoff im tragbaren Kanister aber auch zu den abgabenfreien Reisemitbringseln. Mangels Änderung des Art. 107 VO besteht nunmehr insoweit eine Konkurrenz zwischen beiden Befreiungstatbeständen, die für Reisende aufgrund des Günstigkeitsprinzips zugunsten des Art. 41 ZollbefrVO zu lösen sein dürfte, da hier eine Überführung in den nicht überwachten zollrechtlich freien Verkehr erfolgt und zudem eine konkludente Zollanmeldung gem. Art. 138 Buchst. a UZK-DelVO möglich ist.

BEISPIEL:

E5163 E aus Lörrach tauscht in seinen Pkw wegen hohen Treibstoffverbrauchs den Serientank (Fassungsvermögen: 50 l) gegen einen Spezialtank (100 l Fassungsvermögen) aus. Er fährt regelmäßig zum Tanken in die Schweiz und füllt dort auch jeweils zwei Reservekanister zu je 20 l.

Weil die tatbestandliche Voraussetzung „serienmäßiger Hauptbehälter" fehlt, kommt eine Zollbefreiung für 100 l nach Art. 107 Abs. 1 ZollbefrVO nicht in Betracht. Gleiches gilt für eine Befreiung nach Art. 41 ZollbefrVO, § 2 Abs. 1 Nr. 4 Buchst. a EF-VO, da – auch falls die sonstigen Voraussetzungen des Art. 41 ZollbefrVO vorliegen würden – bei systematischer Auslegung auch hier nur serienmäßige Hauptbehälter in Betracht kommen.

Fraglich ist, ob aber dennoch die Treibstoffmenge eines regulären Tanks (50 l) zollfrei belassen werden kann. Die Bestimmungen der ZollbefreiungsVO sind privilegierende Vorschriften, deren Anwendungsbereich nicht durch extensive Auslegung ausgedehnt werden kann: wer Nutznießer der Privilegierung sein will, muss die Voraussetzungen buchstabengetreu erfüllen. Eine Befreiung kommt für den Treibstoff im Hauptbehälter somit insgesamt nicht in Betracht.

Von der Reservemenge in Kanistern bleiben nur 10 l frei (Art. 41 ZollbefrVO, § 2 Abs. 1 Nr. 4 Buchst. b EF-VO).

Gesondert betrachtet werden müssen **separate** Treibstoffbehälter in Kühlfahrzeugen (vgl. Art. 107 Abs. 2 Buchst. d ZollbefrVO). Das gilt auch für Kühlanlagen in Spezialcontainern. E5164

BEISPIEL:

L besitzt zum Transport leicht verderblicher Lebensmittel einen Kühltransporter. Das Kühlaggregat wird mit Dieselkraftstoff aus einem separaten Tank (Fassungsvermögen 200 l) betrieben. Um das separate Nachfüllen zu vermeiden, verbindet L den Kühlmitteltank mit dem serienmäßigen Tank (Fassungsvermögen 600 l). Mit dieser Anlage, befüllt mit 800 l Kraftstoff, reist L in die EU ein. E5165

Der Abgabenbefreiungsanspruch für Treibstoff in Spezialcontainern (Art. 107 Abs. 1 Buchst. a ZollbefrVO) ist ein eigenständiger Anspruch. Er bezieht sich – vergleichbar der Problematik bei Hauptbehältern – auf serienmäßige Behälter, die ausschließlich zum Antrieb der beispielhaft bezeichneten Anlagen (siehe Art. 107 Abs. 2 Buchst. d ZollbefrVO) verwendet werden kann. Hier wurden die Behälter miteinander verbunden, so dass ein eigenständiger Kühlbehälter nicht mehr vorliegt. Durch die Verbindung ist auch ein serienmäßiger Treibstofftank nicht mehr vorhanden. Deshalb kommt auch hier keine Befreiung in Betracht, weder für den Treibstoff- noch für den Kühlanlagentank.

Die zollfreien Treibstoffe sind zweckgerichtet nur in den jeweiligen Fahrzeugen zu verwenden und stehen daher bis zu ihrer bestimmungsgemäßen Verwendung unter **zollamtlicher Überwachung**, Art. 110 Abs. 1 ZollbefrVO, 254 UZK. Gegebenenfalls sind Maßnahmen der Nämlichkeitssicherung zu treffen (Art. 192 Abs. 1 UZK). Bei zweckwidriger Verwendung entsteht grundsätzlich eine Zollschuld nach Art. 79 Abs. 1 Buchst. b UZK. Dann erfolgt die Berechnung der Abgaben nach den Bemessungsgrundlagen aufgrund Art. 85 Abs. 1 UZK i. V. m. Art. 110 Abs. 2 ZollbefrVO. E5166

Nach Art. 116 ZollbefrVO gelten die Bestimmungen über Treibstoffe analog für **Schmierstoffe**, die sich in Kraftfahrzeugen befinden und dem normalen Betrieb entsprechen. In analoger Anwendung des Art. 100 Abs. 1 Buchst. b ZollbefrVO ist damit neben den bereits in den Aggregaten befindlichen Schmierölen etc. auch Reserveschmieröl bis zu der im Einzelfall erforderlichen Menge abgabenbefreit (siehe DV Z 0822 Abs. 3). E5167

Für EUSt und VerbrSt gelten § 1 Abs. 1 EUStBV, § 1 Abs. 1 Nr. 1 Buchst. f EVerbrStBV. E5168

h) Zollbefreiung nach nationalem Recht auf Grundlage der ZollbefrVO

Durch Art. 128 ff. ZollbefrVO werden die Mitgliedstaaten ermächtigt, in besonderen, nicht der ZollbefrVO unterliegenden Fällen, außertarifliche Einfuhrabgabenbefreiungen zu gewähren. Weil Abgaben der EU betroffen sind, ist der Katalog eng umrissen. Die allgemeine deutsche Ermächtigung zum Erlass entsprechender Rechtsverordnungen E5169

(Art. 80 GG) ist in den §§ 29, 30 ZollVG enthalten, Ausführungsbestimmungen sind die §§ 11, 14–21 ZollV (s. auch DV Z 0801 Abs. 8).

E5170 Gemäß § 11 ZollV werden Waren, für die die nachstehend aufgeführten außertariflichen Zollbefreiungstatbestände in Betracht kommen, zum freien Verkehr zur besonderen Verwendung überlassen. Die Vorschrift ist noch nicht an den UZK angepasst und ist aufgrund des Art. 286 Abs. 3 UZK als Verweis auf den Art. 254 UZK und die Vorschriften über die Endverwendung zu lesen.

E5171 Gemäß § 1 Abs. 1 Nr. 3, Nr. 4 EVerbrStBV werden die nachstehend aufgeführten Waren grds. auch von den Sonderverbrauchsteuern und gem. § 1 Abs. 3 EUStBV auch von der Einfuhrumsatzsteuer befreit.

aa) Mund- und Schiffsvorrat (§ 14 ZollV), Speisewagen- und Bordvorräte (§§ 15, 16 ZollV)

E5172 Eine Spezialnorm für die Abgabenbefreiung für sog. Mund- und Schiffsvorräte (das sind insbes. Lebensmittel, aber auch alkoholische Getränke und Tabak) der gewerblichen Schifffahrt stellt § 14 ZollV (s. Art. 132 Buchst. b ZollbefrVO) dar. Zu beachten ist hier insbesondere die Konkurrenz zur EF-VO. Eingereiste Personen, die das Schiff nur vorübergehend bis zu 3 Tagen verlassen, können die Abgabenfreiheit gem. § 14 ZollV nur im Rahmen des Abs. 2 für Tabakwaren in Anspruch nehmen, ansonsten gilt § 3 Abs. 4 EF-VO. Für weitere Einzelheiten siehe DV Z 0826.

E5173 Speisewagenvorräte in Eisenbahnzügen, die mehrere Drittländer durchfahren, können unter den weiteren Voraussetzungen des § 15 ZollV abgabenfrei belassen werden. Insbesondere muss Gegenseitigkeit gewährleistet sein. Vergleichbares gilt gem. § 16 ZollV für Bordvorräte in Luftfahrzeugen, in denen Fluggäste im internationalen Fluglinienverkehr befördert werden. Zu den genannten Waren siehe unter Vorbehalt die veraltete DV Z 0840.

bb) Diplomaten- und Konsulargut; Ausstattung ausländischer Dienststellen (§§ 17, 18 ZollV)

E5174 Vorzugsbehandlungen für Waren von Diplomaten sowie für Waren, die in Dienststellen benötigt werden, entsprechen den allgemeinen Regeln des Völkerrechts und sind im Rahmen verschiedener internationaler Übereinkommen grds. vereinbart worden (s. auch DV Z 0842, Z 0843). Die nationale Umsetzung erfolgt, unbeschadet des Art. 128 Abs. 1 Buchst. a – d, Buchst. f ZollbefrVO, in den §§ 17, 18 ZollV.

E5175 Diplomaten- und Konsulargut wird zum Verfahren der Endverwendung, Art. 254 UZK abgefertigt, soweit folgende Voraussetzungen erfüllt sind:

- Gegenseitigkeit ist gegeben, § 17 Abs. 1 und 4 ZollV (vgl. dazu die Gegenseitigkeitslisten A und B im Anhang der DV Z 0842),
- der Einführer gehört zu dem begünstigten Personenkreis, § 17 Abs. 1 Nr. 1 ZollV,
- es liegen keine Ausschlussgründe vor, § 17 Abs. 2 ZollV,
- bei der Abfertigung wird eine Erklärung gem. § 17 Abs. 3 ZollV vorgelegt.

Nach §§ 11, 18 ZollV werden Ausstattungsgegenstände ausländischer Eisenbahn-, Zoll- E5176
und Postämter ebenfalls zur Endverwendung abgefertigt.

HINWEIS:

Zur Behandlung privilegierter Personen (z. B. diplomatisches Personal) bei der zollamtli- E5177
chen Behandlung (z. B. Sicherheits- und Gepäckkontrollen) s. DV Z 2552 (Rundschreiben des Auswärtigen Amtes).

cc) Betriebsstoffe für Schienen- und Luftfahrzeuge sowie Schiffe (§§ 19 – 21 ZollV)

Nach Art. 132 Buchst. b ZollbefrVO kann national Abgabenfreiheit für Bordbedarf (eng- E5178
lisch „stores", die deutsche Übersetzung „Bordverpflegung" ist zu eng) geregelt werden. Zum Bordbedarf zählen nach einhelliger Meinung der EU-Kommission auch Betriebsstoffe. Gem. § 29 Abs. 1 Buchst. b ZollVG, §§ 19 ff ZollV greift eine Abgabenbefreiung unter zollamtlicher Überwachung (§ 11 ZollV) für folgende Betriebsstoffe:

- Betriebs- und Schmierstoffe öffentlicher Schienenverkehrsfahrzeuge aus Drittländern, die zu deren Antrieb dienen, § 19 ZollV
- Betriebs- und Schmierstoff für gewerbliche sowie besondere, in § 20 Abs. 1 ZollV genannte Wasserfahrzeuge. Auch für Wassersportfahrzeuge kommen gem. Abs. 2 Steuerbefreiungen in Betracht.
- Treib- und Schmierstoffe, die in Luftfahrzeugen verwendet werden, § 21 ZollV.

(Einstweilen frei) E5179–E5199

4. Einfuhrabgabenbefreiung für Rückwaren, Art. 203 ff. UZK

a) Zweck der Zollbefreiung

Es kommt häufig vor, dass Waren aus dem Zollgebiet der Union ausgeführt werden, E5200
deren Wiedereinfuhr bereits im Zeitpunkt der Ausfuhr beabsichtigt ist. Bei diesen Waren, die ihre Beziehung zum Zoll- und Wirtschaftsgebiet letztlich nicht verlieren, die insbesondere im Drittland auch grundsätzlich nur zur vorübergehenden Verwendung abgefertigt werden, ist die Befreiung von den Einfuhrabgaben nahe liegend, wenngleich ein Verlust des Status als Unionsware eintritt (vgl. Art. 5 Nrn. 24, 2. Alt., Art. 154 Buchst. a UZK).

BEISPIEL:

Baumaschinen eines deutschen Herstellers werden vorübergehend zur Exportausstellung in E5201
New York ausgeführt (Verfahrenscode für die vorübergehende Ausfuhr 23 00, s. Anh. 6 Merkblatt zur Zollanmeldung, DV Z 3455). Nach Beendigung der Messe kehren die Maschinen nach Deutschland zurück und müssen aufgrund ihres Status als Nicht-Unionsware zur Überlassung zum freien Verkehr angemeldet werden (Verfahrenscode 40 23).

E5202 Daneben werden aber auch häufig Waren wieder eingeführt, deren Rückkehr nicht beabsichtigt war und die mit dem Verfahrenscode 10 00 (endgültige Ausfuhr) zur Ausfuhr angemeldet und aus dem Zollgebiet der Union verbracht worden waren.

BEISPIEL:

Waren, die aufgrund eines Kaufvertrages in die USA exportiert worden waren, werden aufgrund von Sachmängeln an den Lieferer zurückgeschickt.

E5203 Bei dieser Warengruppe erfolgte nach dem Willen des Lieferers bereits eine endgültige Ausfuhr. Die Bindung an das Wirtschaftsgebiet der EU sollte endgültig aufgehoben werden und häufig ist im Drittland auch bereits eine Abfertigung zum freien Verkehr vorgenommen worden. Dennoch wird man bei wirtschaftlicher Betrachtung bei Rückkehr der Waren eine Abgabenbefreiung befürworten können oder müssen. Bei Berücksichtigung der tatsächlichen Handelsbeziehungen ist auch festzustellen, dass ein nicht geringer Anteil der Exportwaren aufgrund von Mängeln, Nichteignung oder Falschlieferung zurückkommt. Die finanziellen Transaktionen – soweit bereits durchgeführt – werden ggf. rückabgewickelt. Diese Tatsache, die letztlich alle Hersteller betrifft, soll nicht – über den bereits darin liegenden wirtschaftlichen Nachteil hinaus – zu einer weiteren Belastung der Unternehmen durch Abgabenerhebung führen. Dies würde eine Verschlechterung der Konkurrenzfähigkeit gegenüber den drittländischen Anbietern bedeuten.

E5204 Für beide benannten Warengruppen wird daher aufgrund ihrer **Rückwareneigenschaft** eine Abgabenbefreiung nach Art. 203 ff. UZK ermöglicht. Die neben dieser Eigenschaft erforderlichen Voraussetzungen bestimmen sich im Wesentlichen nach Art. 158 – 160 DelVO sowie Art. 253 – 256 UZK-DVO. Noch nicht an den UZK angepasste Hinweise finden sich auch in der DV Z 0834.

b) Begriff der Rückware; Grundsatz

E5205 Rückwaren sind gem. Art. 203 Abs. 1 UZK

- **Nicht-Unionswaren** (Art. 5 Nr. 24 UZK), die
- **ursprünglich** als **Unionswaren** (Art. 5 Nr. 23 UZK) aus dem **Zollgebiet der Union** (Art. 4 UZK) ausgeführt,
- innerhalb von **3 Jahren** wieder in das EU-Zollgebiet **eingeführt** und dort
- zur Überlassung zum **zollrechtlich freien Verkehr angemeldet** werden (Art. 201, 158 ff. UZK).

E5206 Dass es sich bei den Rückwaren zunächst um Waren im zollrechtlichen Status einer Nicht-Unionsware handelt, ergibt sich aus dem Statusverlust mit dem Verlassen des Zollgebiets der Union bei der zuvor erfolgten Ausfuhr (Territorialitätsprinzip, Art. 5 Nr. 24, 154 Buchst. a UZK). Nach dem erneuten Verbringen in das Zollgebiet der Union erhält die Ware den zollrechtlichen Status als Unionsware erst durch die Überlassung zum zollrechtlich freien Verkehr (Art. 201 Abs. 3 UZK). Um hierbei eine Zollschuldentstehung gem. Art. 77 Abs. 1 Buchst. a UZK zu verhindern, sieht Art. 203 Abs. 1 UZK in der

Rechtsfolge eine Befreiung von den Einfuhrabgaben vor. Dabei kommt eine Befreiung **auch für Teilmengen oder Teile ausgeführter Waren** in Betracht (Art. 203 Abs. 1 UAbs. 2 UZK).

c) Weitere Voraussetzungen für die Zollfreiheit von Rückwaren

Rückwaren werden nicht ohne weiteres von den Einfuhrabgaben befreit; vielmehr sind weitere Voraussetzungen zu erfüllen. E5207

aa) Antrag

Grds. muss bei der Anmeldung auf Überlassung zum freien Verkehr ein entsprechender **Antrag** (Art. 203 Abs. 1 UZK) gestellt werden. Das geschieht bei elektronischen Zollanmeldungen durch den Zusatzcode „F01" (s. Anh. 6 des Merkblatts zur Zollanmeldung), der an den Verfahrenscode (4010 oder 2310) angehängt wird. E5208

bb) Wiedereinfuhrfrist

Zunächst ist zur Inanspruchnahme der Einfuhrabgabenbefreiung eine grundsätzliche Wiedereinfuhrfrist, besser **Wiederanmeldefrist** von grds. 3 Jahren einzuhalten (Art. 203 Abs. 1 UZK). Hierdurch soll z. B. verhindert werden, dass die Waren noch nach sehr langer Zeit aus anderen als den ursprünglichen wirtschaftlichen Gründen, z. B. wegen einer Mängelrüge, wieder eingeführt werden. Diese Frist kann ggf. wegen besonderer Umstände überschritten werden (Art. 203 Abs. 2 UZK). Eine Legaldefinition hierfür fehlt. Hierunter werden z. B. Fälle höherer Gewalt (Erdbeben) bzw. unvorhersehbare Ereignisse (Ausfall der Produktionsstätte) zu verstehen sein; es kommen aber auch sonstige wirtschaftliche, kulturelle oder politische Gründe in Betracht, z. B. eine über 3 Jahre verlängerte Reparaturgarantie, Rückkehr der Ware nach einem Diebstahl, Rückkehr von Kunstgegenständen, Auflösung von deutschen Niederlassungen oder Dienststellen im Ausland. E5209

cc) Unveränderter Zustand bei Wiedereinfuhr

Die Einfuhrabgabenfreiheit wird gem. Art. 203 Abs. 5 UZK nur gewährt, wenn die Waren sich bei der Wiedereinfuhr in demselben Zustand befinden wie bei der Ausfuhr. Damit darf die Ware im Drittland grds. nicht verändert worden sein. Eine Behandlung im Drittland ist damit grds. ausgeschlossen. Eine solche könnte u. U. zu einem Wechsel der tariflichen Einreihung, zumindest aber zu einer Werterhöhung führen. Behandlungen, die Veredelungsvorgänge i. S. des Art. 5 Nr. 37 UZK darstellen, müssen aber im Verfahren der passiven Veredelung erfolgen (Art. 259 UZK). E5210

Nur ausnahmsweise kann durch eine Behandlung der Rückwarenstatus erhalten werden. Daher wird die Einfuhrabgabenbefreiung nach Maßgabe des Art. 158 UZK-DelVO von der Art der Behandlung abhängig gemacht, denen die Waren außerhalb des EU-Zollgebiets unterzogen worden sind. Die Waren gelten danach (Fiktion) unter gewissen Voraussetzungen als im selben Zustand wie bei ihrer Ausfuhr befindlich. Im Ergebnis dürften aber grds. keine Änderungen eingetreten sein. E5211

(1) Änderung des Aussehens, Ausbesserung und Instandsetzung, Erhaltung des Zustands („Reparatur"), Art. 158 Abs. 1 UZK-DelVO

E5212 Die Einfuhrabgabenbefreiung kommt gem. der Fiktion des Art. 158 Abs. 1 UZK-DelVO für solche Waren in Betracht, die lediglich sog. **erforderlichen Erhaltungsbehandlungen** unterzogen worden sind.

BEISPIEL:

Am in Deutschland zugelassenen Pkw eines deutschen Reisenden werden in der Schweiz die fälligen Inspektionsarbeiten gelegentlich des Aufenthalts durchgeführt, z. B. Austausch von Motoröl, Keilriemen und Glühbirnen.

E5213 Das Gleiche gilt für **Änderungen des Aussehens**. Dieser unbestimmte Rechtsbegriff ist restriktiv auszulegen: Reinigen oder Polieren des Fahrzeugs ist erfasst, Umlackieren dagegen nicht.

E5214 Vielfach wird eine **Reparatur** von Waren im Drittland erforderlich sein, z. B. um sie bestimmungsgemäß weiter benutzen zu können. Eine Differenzierung zwischen den Begriffen „**Ausbesserung**" (z. B. Reparatur der Lichtmaschine) und „**Instandsetzung**" (z. B. Ersatz des Anlassers) bzw. „Erhaltung des Zustands" erübrigt sich wegen der gleichen Rechtsfolge, wobei der hier gewählte Begriff „Reparatur" jedenfalls alle Alternativen umfasst.

BEISPIEL:

Das Kraftfahrzeug muss infolge einer im Drittland eingetretenen Panne bzw. eines Unfalls repariert werden.

E5215 Für einen mit Inspektionsabsicht ausgeführten Pkw, ein Umlackieren oder auch eine Reparatur käme allerdings grds. die passive Veredelung zur Anwendung mit einer nach Art. 86 Abs. 5 UZK zu bemessenden Zollschuldentstehung bei Wiedereinfuhr in Betracht. Art. 158 Abs. 3 UZK-DelVO fordert daher, dass die Behandlung nicht über das Maß hinausgeht, das **unbedingt erforderlich** ist, um die Waren in gleicher Weise wie zum Zeitpunkt ihrer Ausfuhr aus dem Zollgebiet der Union zu verwenden (s. Rdnr. E5224 ff.). Die tatsächliche Bedeutung dieser Ausnahmen dürfte recht groß sein; die Umstände werden aber der abfertigenden Zollstelle kaum zur Kenntnis gelangen.

(2) Reparatur durch den Empfänger der Ware (Art. 158 Abs. 2 UZK-DelVO)

E5216 Die betreffenden Waren besitzen bereits im Zeitpunkt ihrer Ausfuhr, wenn auch zunächst unerkannt, Mängel, bzw. tragen die Eigenschaften in sich, die sie für die vorgesehene Verwendung ungeeignet machen. Diese Fälle führen bei erkennbaren Mängeln im Rahmen der Lieferverträge so gut wie immer zu Rücksendungen, jedenfalls aber zur Nichtabnahme.

E5217 Es geschieht aber häufig, dass der Empfänger einer Ware im Rahmen seiner Prüfungsobliegenheiten Mängel feststellt, die er z. B. nach Vereinbarung mit dem Lieferer selbst zu beheben versucht. In den meisten Fällen gehen diese Behandlungen über den recht engen Rahmen der Behandlung nach Abs. 1 hinaus. Bleiben diese Reparaturversuche im Ergebnis erfolglos und wird die Ware dann in die EU zurückgeschickt, so kommt ggf. dennoch eine Abgabenbefreiung als Rückware in Betracht.

BEISPIEL:

In einer Pumpe für chemische Substanzen widersteht ein Ventil aus Materialgründen bestimmten chemischen Verbindungen nicht. Der drittländische Empfänger einigt sich mit dem Lieferer, ein Ventil aus beständigerem Material einzufügen. Der Ausbesserungsversuch schlägt fehl; die Pumpen werden zurückgeschickt. E5218

Bisweilen können Sachmängel bei der Überprüfung durch den Empfänger noch nicht festgestellt werden. Werden z. B. unerkannt fehlerhafte Vorprodukte in das Endprodukt eingebaut, so handelt es sich hierbei um eine weitergehende Behandlung. Insbesondere geht durch den Einbau generell die substanzielle Eigenständigkeit des zu beurteilenden Produktes verloren. Werden nunmehr die Endprodukte Testverfahren unterzogen, während derer sich die Mängelbehaftung der eingebauten Teile herausstellt, können diese wieder ausgebaut und nach Rücksendung abgabenfrei belassen werden. E5219

BEISPIEL:

Kugellager werden in Radlager eingebaut. Bei einem Probelauf der Räder stellt sich heraus, dass die Lager den vorgegebenen Belastungen nicht standhalten. Die Lager werden wieder ausgebaut und in die EU zurückgeschickt.

(Einstweilen frei) E5220–E5223

(3) Unbedingtes Erfordernis der Behandlungen/Handhabungen nach Abs. 1 und 2

Die nach Abs. 1 und 2 genannten Alternativen der Behandlung/Handhabung würden bei fiktiver passiver Veredelung eine Einfuhrabgabenpflicht begründen (vgl. Art. 86 Abs. 5, Art. 259 ff. UZK). Daher gilt die Rückwarenfiktion nur dann, wenn der genannte Vorgang *„nicht über das Maß hinausgeht, das unbedingt erforderlich ist, um die Waren wie zum Zeitpunkt ihrer Ausfuhr aus dem Zollgebiet der Union zu verwenden."* Es muss eine **zwingende Kausalität** zwischen der erfolgten Behandlung und der Weiterverwendung bestehen, wobei auch ein **Übermaßverbot** zu berücksichtigen ist. E5224

BEISPIEL:

Ein Kraftfahrzeug muss infolge einer im Drittland eingetretenen Panne bzw. eines Unfalls repariert werden. E5225

Das Kraftfahrzeug ist zunächst ohne Ansehung einer möglichen Reparatur ausgeführt worden. Im Drittland ist ein unvorhersehbares Ereignis, nämlich ein Unfall, eine Panne eingetreten, welches zwingend eine Reparatur erfordert. **Erforderlich** ist die Reparatur, wenn die Ware ohne diese nicht mehr ihrer Bestimmung gemäß genutzt werden kann. Das heißt z. B., dass ein defekter Motor ausgetauscht werden muss, der Austausch ist unbedingt erforderlich. Die Ausbesserung einfacher Lackschäden infolge eines Unfalls ist hingegen nicht unbedingt erforderlich, denn die Verwendung des Pkw ist nicht eingeschränkt.

Die Reparatur darf aber nicht über das unbedingt erforderliche Maß hinausgehen, also zu einer **Wertsteigerung** führen. Sofern lediglich eine Reparatur unter Verwendung gleicher Ersatzteile durchgeführt wird, kann keine Wertsteigerung vorliegen. Dann erfolgt keine Wertsteigerung, und die Ware wird nur soweit behandelt, dass sie sich hinsichtlich ihrer Verwendbarkeit wie im Zeitpunkt der Ausfuhr darstellt. E5226

E5227 Anders kann es bei der Verwendung höherwertiger Ersatzteile sein:

BEISPIEL:

Der 50 PS-8-Ventil-Motor des Pkw (Preis: 3.000 €) ist defekt und muss durch einen entsprechenden Motor ersetzt werden, nicht durch einen ebenfalls verfügbaren 100 PS/16 V – Motor (Preis 6.000 €).

Nur der Einbau gleicher Ersatzteile etc. führt also zur Anwendung der Rückwarenfiktion. Der Einbau des höherwertigen Motors würde diese Möglichkeit grds. verhindern, der Fall müsste wegen des Übermaßverbots nach passiver Veredelung abgehandelt werden.

BEISPIEL:

E5228 Wie zuvor, es ist aber nur der höherwertige Motor verfügbar und wird eingebaut. Der Wert des Pkw ist höher als bei Ausfuhr.

Der substanzielle Wert der Rückware ist im Verhältnis zum Wert im Ausfuhrzeitpunkt gestiegen. Das Erfordernis des Einbaus eines Austauschmotors ist zwar gegeben. Fraglich ist aber, ob die Verwendung des höherwertigen Motors „unbedingt" erforderlich war. Das muss bejaht werden, denn es kommt kausal primär auf die weitere Verwendbarkeit der Ware an, die hier anders nicht realisiert werden konnte. Werterhöhungen der Ware durch grds. zulässige Behandlung führen also nicht zwingend zum Verlust der Rückwareneigenschaft.

E5229 Schließlich ist das Erfordernis der Reparatur der abfertigenden Zollstelle in hinreichender Form zu belegen (Art. 203 Abs. 6 UZK, **hinreichender Nachweis**); dazu wird grundsätzlich die **Reparaturrechnung** benötigt.

cc) Nachweis der Rückwareneigenschaft

E5230 Nach Art. 203 Abs. 6 UZK muss der Anmelder der Zollstelle die erforderlichen Informationen für die Zollfreiheit der Waren als Rückware zur Verfügung stellen. Er muss hinreichend nachweisen, dass die **Bedingungen für die Rückwareneigenschaft** vorliegen, dazu gehört insbesondere der Nachweis, dass es sich um die **nämliche Ware** handelt, dass also die jetzt zur Überlassung zum freien Verkehr eingeführte Ware mit der seinerzeit ausgeführten Ware **identisch** ist.

Art. 253 Abs. 2 UZK-DVO regelt hierzu mehrere formalisierte Nachweismöglichkeiten, in bestimmten Fällen kann auf besondere Angaben verzichtet werden (s. Art. 253 Abs. 3, 4 UZK-DVO).

(1) Nachweis mit Auskunftsblatt INF-3

E5231 Bei Waren, deren Wiedereinfuhr vorgesehen ist, kann bereits bei der Ausfuhr auf Antrag ein Nämlichkeitsnachweis (INF-3) – dreifach – erstellt werden (Art. 253 Abs. 2 Buchst. d, 255 UZK-DVO, Anh. 62-02). Diese Möglichkeit besteht auch, wenn die beabsichtigte Wiedereinfuhr bei einer anderen Zollstelle erfolgen soll (s. Art. 255 Abs. 2 UZK-DVO). Das INF-3 enthält alle Angaben, die der Zollstelle zur Verfügung stehen, und anhand derer bei einer Wiedereinfuhr für gewöhnlich die Nämlichkeit der Waren eindeutig festzustellen ist.

Gegebenenfalls können mehrere INF-3 für Teilmengen ausgestellt werden. Sofern erforderlich, kann ein INF-3 auch nachträglich durch mehrere Dokumente für Teilmengen ersetzt werden. Es kommt ggf. auch eine nachträgliche Ausstellung des Papiers in Betracht. Zwei Ausfertigungen des INF-3 werden dem Beteiligten ausgehändigt (Art. 255 Abs. 4, 5 UZK-DVO). E5232

Bei der Wiedereinfuhr informiert die (Einfuhr-)Zollstelle die ggf. auch zu Auskünften verpflichtete Ausfuhrzollstelle, indem eine Ausfertigung des INF-3 übersandt wird (Art. 160 UZK-DelVO, 256 UZK-DVO). Bei Diebstahl, Verlust oder Vernichtung des Original-INF-3 kommt eine Ersatzausstellung nach Maßgabe des Art. 255 Abs. 7 UZK-DVO in Betracht. E5233

(2) Nachweis durch Ausfuhrdokumente

Art. 253 Abs. 2 Buchst. a – c UZK-DVO erlaubt, für den Nachweis der Nämlichkeit der Rückwaren sowie die Einhaltung der 3-Jahresfrist auch die ursprüngliche Ausfahranmeldung zu nutzen, indem Einsicht gewährt oder ein bestätigter Ausdruck der Ausfuhranmeldung vorgelegt wird. E5234

(3) Verzicht auf förmlichen Nachweis

Auch sonstige, nichtförmliche Beweismittel, können gem. Art. 253 Abs. 3 UZK-DVO der zuständigen Zollstelle anstelle der Nachweise nach Abs. 2 vorgelegt werden. In bestimmten Fällen, in denen die Ausfuhr von Waren konkludent bzw. durch mündliche Anmeldung erfolgt, sind bei der Wiedereinfuhr keine förmlichen Nachweise zu erbringen (Art. 253 Abs. 4 UZK-DVO). Das betrifft insbes. Beförderungs- und Verpackungsmittel sowie die Rückwareneigenschaft im Reiseverkehr. E5235

BEISPIELE:

- Wiedereinfuhr des mit deutschem Kennzeichen versehenen und ausweislich der Fahrzeugpapiere in Deutschland zugelassenen Kraftwagens.
- Wiedereinfuhr einer während einer Reise mitgeführten digitalen Fotokamera.

Art. 253 Abs. 4 UZK-DVO suspendiert dabei nur von einem förmlichen Nachweis der Rückwareneigenschaft. Die Rückwareneigenschaft ist dennoch durch geeignete Informationen, ggf. durch Rechnungen, Prospekte oder ähnliches, glaubhaft zu machen. E5236

HINWEIS:

Für hochwertige Rückwaren, deren ursprüngliche Unionswareneigenschaft nicht aufgrund der Seriennummer oder vorliegender Kaufquittungen aus der Union nachgewiesen werden kann, ist es empfehlenswert, dass sich der Reisende vor der Ausfuhr eine sog. „Vereinfachte Nämlichkeitsbescheinigung im Reiseverkehr“ (Formular 0330) von einer Zollstelle ausstellen lässt (https://www.formulare-bfinv.de/ffw/action/invoke.do?id=0330). E5237

(Einstweilen frei) E5238–E5239

d) Sonderfälle der Rückwareneigenschaft

aa) Waren der Endverwendung

E5240 Für Waren, die zuvor im Rahmen der Endverwendung gem. Art. 254 UZK zum freien Verkehr überlassen worden sind, kommt eine Befreiung nur in Betracht, wenn sie erneut derselben Endverwendung zugeführt werden (Art. 203 Abs. 3 UAbs. 1 UZK). Andernfalls wird die die neue Zollschuld gem. Art. 77 Abs. 1 Buchst. a UZK um den seinerzeit gem. Art. 77 Abs. 1 Buchst. a UZK ggf. erhobenen Zoll vermindert. Eine Erstattung kommt nicht in Betracht (Art. 203 Abs. 3 UAbs. 2 UZK).

bb) Waren nach Verlust des Status als Unionsware

E5241 Die Inanspruchnahme der Zollbefreiung als Rückware kommt auch für ursprüngliche Unionswaren in Betracht, die ihren Status gem. Art. 154 UZK verloren haben. Bedeutung hat dies in Fällen, in denen der Statusverlust nicht, wie von Art. 203 Abs. 1 UZK gefordert, infolge eines Verbringens aus dem Zollgebiet im Rahmen des Ausfuhrverfahrens (Art. 269 UZK) erfolgt ist. Das gilt z. B. für Waren der passiven Veredelung (Art. 259 UZK), sofern sich die zu veredelnden Waren noch im ursprünglichen Zustand befinden, also nicht veredelt worden sind (vgl. auch Art. 203 Abs. 5 UZK). Denkbar ist auch ein Statusverlust durch ein faktisches Verbringen aus dem Zollgebiet, ohne dass ein Ausfuhrverfahren stattgefunden hat. Hier ist insbesondere der Nachweis der Rückwareneigenschaft gem. Art. 253 Abs. 3 UZK-DVO durch geeignete Beweismittel erforderlich, da keine Ausfuhrdokumente oder ein INF3 vorliegen.

cc) Erstattungswaren gem. Gemeinsamer Agrarpolitik

E5242 Eine Abgabenbefreiung kommt nicht in Betracht für Waren, für die marktordnungsrechtliche Vergünstigungen gewährt worden sind (Art. 204 UZK). Gem. Art. 159 UZK-DelVO, Art. 254 UZK-DVO kommt für die zurückkehrenden Waren die Abgabenbefreiung in Betracht, sofern für diese Waren die Ausfuhrförmlichkeiten etc., an die die Erstattungen bzw. sonstigen Vergünstigungen des Agrarbereichs gebunden sind, erfüllt wurden, wenn die Beträge noch nicht aus- oder aber zurückgezahlt sind.

dd) Carnet ATA-Waren

E5243 Waren, die mit einem in der EU ausgestellten Carnet ATA (s. dazu Art. 1 Nr. 2 UZK-DelVO) ausgeführt worden sind, erhalten die Abgabenbefreiung als Rückware bei ihrer Wiedereinfuhr, wenn die allgemeine Frist des Art. 203 Abs. 1 UZK eingehalten ist. Durch das Carnet, dessen Befristung insoweit ohne Bedeutung ist, wird die Rückwareneigenschaft nachgewiesen (vgl. Art. 253 UZK-DVO).

ee) Veredelungserzeugnisse

E5244 Die Abgabenbefreiung aus Art. 203 UZK gilt sinngemäß für Veredelungserzeugnisse, die im Rahmen einer aktiven Veredelung wiederausgeführt worden sind (Art. 205 Abs. 1 UZK). Relevant ist die Regelung für Fälle, in denen im Rahmen der aktiven Veredelung auch Unionswaren verwendet wurden, die ihren Status als Unionswaren durch das Eingehen in das Veredelungserzeugnis verloren haben. Diese sollen bei der Wiedereinfuhr von den Einfuhrabgaben gem. Art. 203 Abs. 1 UZK befreit werden, nicht hingegen die beim Veredelungsvorgang eingesetzten Nicht-Unionswaren. Die in das Veredelungserzeugnis eingegangenen Nicht-Unionswaren sind daher nach Maßgabe des Art. 205 Abs. 2 UZK bei Überführung in den freien Verkehr auf Antrag gem. Art. 86 Abs. 3 UZK zu verzollen, also auf Grundlage von Beschaffenheit, Menge und Wert der in die aktive Veredelung übergeführten Nicht-Unionswaren.

e) Nationale Abgaben

Die Befreiung der als Rückwaren zollfreien Waren von der **Einfuhrumsatzsteuer** richtet sich grundsätzlich sinngemäß nach dem Zollrecht (§ 5 Abs. 2 Nr. 3 UStG i.V.m. § 1 Abs. 2a EUStBV). Der dortige Verweis auf die Art. 187 - 185 ZK a. F. und die dazu ergangenen Durchführungsvorschriften ist als Verweis auf Art. 203 ff. UZK und die entsprechenden Regelungen in UZK-DelVO und UZK-DVO zu lesen. E5245

Die EUSt-Befreiung führt dazu, dass bei sinngemäßer Anwendung der Zollvorschriften gem. §§ 21 Abs. 2 UStG i.V.m. Art. 77 Abs. 1 Buchst. a UZK kein steuerpflichtiger Gegenstand (als einfuhrumsatzsteuerrechtliches Pendant zur einfuhrabgabenpflichtigen Nicht-Unionsware) vorliegt und damit keine EUSt-Schuld entsteht. E5246

Hierbei ist jedoch die Ausnahmebestimmung des § 12 EUStBV zu berücksichtigen: E5247

- **Keine EUSt-Befreiung**, wenn die Waren vor der Einfuhr Gegenstand einer Lieferung (§ 3 UStG) gewesen sind (§ 12 Nr. 1 EUStBV). Vor der Einfuhr geliefert ist ein Gegenstand, wenn der Ausführer im Rahmen einer Lieferung im Drittland (falls der Gegenstand einem Zollverfahren unterliegt auch im Inland) die Verfügungsmacht an dem Gegenstand (z. B. Eigentumsübertragung aufgrund eines Kaufvertrages) einer weiteren Person überträgt. Hierdurch soll vermieden werden, dass ein anderer als der ursprüngliche Ausführer, z. B. eine Privatperson, die nicht zum vollen Vorsteuerabzug berechtigt ist, die Ware EUSt-frei erhält.
- **Keine EUSt-Befreiung**, wenn es sich – wie bei endgültiger Ausfuhr regelmäßig der Fall – um eine umsatzsteuerfreie Ausfuhrlieferung gehandelt hat (§ 12 Nr. 2 EUStBV, § 4 Nr. 1 Buchst. a i.V.m. § 6 Abs. 1 Nr. 1 UStG). Auch hier geht es darum zu verhindern, dass eine andere Person im Inland den Gegenstand erhält, ohne EUSt zu entrichten. Diese Ausnahme entfällt jedoch gem. § 12 Satz 2 EUStBV dann, wenn der zum vollen Vorsteuerabzug berechtigte Ausfuhrlieferer selbst die Ware zurückerhält.
- **Keine EUSt-Befreiung** für Waren, deren Umsatzsteuer nach § 4a UStG vergütet worden ist, § 12 Nr. 3 EUStBV (vgl. dazu DV Z 8101 Abs. 113).

Auch bezüglich der **Verbrauchsteuern** gilt grds. die Einfuhrabgabenbefreiung für Rückwaren sinngemäß (§ 1 Abs. 1 Nr. 2, § 4 EVerbrStBV). E5248

5. Prüfungsschema Rückwaren

E5249

Prüfungsschema Rückwaren

A. Zollschuld

I. Zollschuldentstehung, Art. 77 Abs. 1 Buchst. a UZK

1. Ware = jeder bewegliche körperliche Gegenstand (einschließlich des elektrischen Stroms)
2. Nicht-Unionsware, Art. 5 Nr. 24, 2. Alt UZK
   - ursprünglich Unionsware gem. Art. 5 Nr. 23 UZK, ggf. gem. Statusvermutung (Art. 153 Abs. 1 UZK)
   - aber: Statusverlust gem. Art. 154 Buchst. a UZK durch Verbringen aus dem Zollgebiet
3. Einfuhrabgabenpflicht
   a) Zolltarif (Art. 56 UZK) sieht einen Zollsatz > 0 vor
   b) keine außertarifliche Abgabenfreiheit im Einzelfall

Befreiung von den Einfuhrabgaben als Rückware gem. Art. 203 Abs. 1 UZK

- Nicht-Unionsware (s. o.)
- ursprünglich als Unionsware aus dem Zollgebiet der Union ausgeführt
- Wiedereinfuhr innerhalb von 3 Jahren (ggf. längere Frist, Art. 203 Abs. 2 UZK)
- Anmeldung zur Überlassung zum zollrechtlich freien Verkehr
  - bei elektronischer Zollanmeldung mit Verfahrenscode 4010, ggf. 4023
  - ggf. auch mündliche (Art. 135 UZK-DelVO) oder konkludente Zollanmeldung (Art. 138 UZK-DelVO), insbes. für Beförderungsmittel und Waren im persönlichen Gepäck von Reisenden
- Antrag (bei elektronischer Zollanmeldung mit dem Zusatzcode F01)
- Ware bei Wiedereinfuhr in demselben Zustand wie bei Ausfuhr, Art. 203 Abs. 5 UZK
  - bei im Drittland erfolgten Behandlungen (zur Änderung des Aussehens, Instandsetzung, Ausbesserung, Erhaltung): Art. 158 Abs. 1 - 3 UZK-DelVO beachten!
- Nachweis der Rückwareneigenschaft mit Informationen, Art. 203 Abs. 6 UZK i. V. m. Art. 253 UZK-DVO

II.	Ergebnis: Ware nicht einfuhrabgabenpflichtig gem. Art. 203 Abs. 1 UZK, somit keine Zollschuldentstehung gem. Art. 77 Abs. 1 Buchst. a UZK.
B.	**EUSt-Schuld**
I.	Steuergegenstand, § 1 Abs. 1 Nr. 4 UStG
	1. Gegenstand = Ware (vgl. DV Z 8101 Abs. 5) 2. Inland, § 1 Abs. 2 UStG 3. Einfuhr im Inland = Integration in den Wirtschaftskreislauf, hier durch Überführung in den zoll- und steuerrechtlich freien Verkehr
II.	Steuerentstehung, §§ 13 Abs. 2, 21 Abs. 2 UStG, Art. 77 UZK sinngemäß
	1. Steuerpflichtiger Gegenstand, Art. 77 Abs. 1 a UZK sinngemäß a) Gegenstand (s. o.) b) Steuerpflicht ► Steuersatz, § 12 Abs. 1, Abs. 2 UStG ► keine Steuerbefreiung, § 5 UStG
	Befreiung von der EUSt gem. § 5 Abs. 2 Nr. 3 UStG i. V. m. § 1 Abs. 2a EUStBV als Rückware – grds. sind gem. Art. 187 ff. ZK (jetzt 203 UZK) zollbefreite Gegenstände auch von der EUSt befreit – Ausnahme: § 12 Satz Nr. 1 - Nr. 3 EUStBV, insbes. Nr. 2 bei vorheriger steuerbefreiter Ausfuhr gem. §§ 4 Nr. 1 Buchst. a, 6 Abs. 1 Nr. 1 UStG – Gegenausnahme gem. § 12 S. 2 EUStBV wenn der zum Vorsteuerabzug Berechtigte, der die Ausfuhr bewirkt hat, die Ware zurückerhält
III.	Ergebnis: Gegenstand nicht steuerpflichtig gem. § 1 Abs. 2a EUStBV i. V. m. Art. 203 UZK, somit keine Steuerentstehung gem. §§ 13 Abs. 2, 21 Abs. 2 UStG i. V. m. Art. 77 Abs. 1 Buchst. a UZK sinngemäß.

6. Kontrollfragen

		Rdnr.	
1.	Aus welchen Gründen können Waren bei ihrer Überführung zur Überlassung zum zollrechtlich freien Verkehr zollfrei bleiben?	E5001	☐
2.	Was sind die Unterschiede zwischen tariflichen und außertariflichen Zollbefreiungen?	E5002 ff.	
2.	In welchen Rechtsnormen finden sich Regelungen der außertariflichen Zollfreiheit?	E5007	☐
3.	Können Vorzugsbehandlungen auch bei einer Zollschuldentstehung gem. Art. 79 UZK Anwendung finden?	E5022 ff.	
4.	Welche Fälle der außertariflichen Zollbefreiung sind hinsichtlich der zollamtlichen Überwachung der Waren zu unterscheiden?	E5032 ff.	☐
5.	Was versteht man unter dem Begriff „Übersiedlungsgut"?	E5053	
6.	Handelt es sich beim Übersiedlungsgut um eine Endverwendung?	E5058	☐
7.	Welche Rechtsfolge hat es, wenn ein als Übersiedlungsgut zollfrei eingeführtes Motorrad nach 3 Monaten verkauft wird?	E5059	
9.	Kann eine per E-Commerce erworbene und per Post erhaltene Ware (Sachwert 50 €) zoll- und EUSt-frei bleiben?	E5070, E5073	☐
10.	Unter welchen Voraussetzungen sind private Kleinsendungen abgabenfrei?	E5081 ff.	
11.	Gilt das Günstigkeitsprinzip bei Waren in privaten Kleinsendungen?	E5084	☐
12.	Aus welchen grundlegenden Normen folgt die Abgabenfreiheit für Reisemitbringsel?	E5091 f.	☐
13.	Welche Beschränkungen gibt es für Reisemitbringsel?	E5104, E5110	☐
14.	Welcher Grundsatz gilt bei der Berechnung der Abgaben für Reisemitbringsel?	E5107, E5111	☐
15.	Werden Abgaben für Reisemitbringsel nach den Einzeltarifen (Zoll, EUSt, VerbrSt) berechnet?	E5112, E5115 ff.	☐
16.	Können 5 in Farbe und Schnitt unterschiedliche Oberhemden (Wert je 40 €) vom Hemdenvertreter abgabenfrei eingeführt werden?	E5132	☐
17.	Können Kugelschreiber als Werbegegenstände für eine Yoghurtmarke zollfrei belassen werden?	E5140	☐
18.	Unterliegen Waren zu Versuchszwecken der zollamtlichen Überwachung des Verbrauchs?	E5147, E5149	☐

19.	Kann die Treibstoffmenge in vergrößerten Hauptbehältern abgabenfrei bleiben?	E5163	☐
20.	Kann Schmieröl als Reserve für einen Lkw abgabenfrei belassen werden?	E5167	☐
21.	Unterliegt Diplomaten- und Konsulargut der zollamtlichen Überwaschung?	E5170, E5175	
21.	Welches sind die grundsätzlichen Voraussetzungen für eine Zollbefreiung als Rückware?	E5205	
22.	Kann die Zollfreiheit für Rückwaren bei Wiedereinfuhr nach 4 Jahren gewährt werden?	E5209	☐
23.	Können im Drittland behandelte Ware als Rückware abgabenfrei belassen werden?	E5210 ff.	☐
24.	An den Pkw ist im Drittland eine Anhängerkupplung angebaut worden, um den dort erworbenen Bootsanhänger ziehen zu können. Ist der Pkw abgabenfrei als Rückware?	E5210 ff, E5224 ff.	☐
25.	Wie ist der Rückwarencharakter einer Ware nachzuweisen?	E5230 ff.	☐
26.	Kann eine nach aktiver Veredelung ausgeführte Ware nach erneutem Verbringen als Rückware abgabenfrei bleiben?	E5244	☐
27.	Kann eine in die passive Veredelung übergeführte, aber unveredelt gebliebene Ware als Rückware abgabenfrei belassen werden?	E5241	☐
28.	Kommt für Rückwaren auch eine EUSt- und Verbrauchsteuerbefreiung in Betracht?	E5245 ff.	☐

F. Reiseverkehr

Schrifttum:

Preiss, Körperliche Durchsuchung und Untersuchung durch die Zollverwaltung, Teil 1, AW-Prax 2011, 423, Teil 2, AW-Prax 2012, 28.

Zu den interessantesten und zugleich schwierigsten Bereichen im Recht des grenzüberschreitenden Warenverkehrs gehört der sog. Reiseverkehr. Der Unionszollkodex, UZK-DelVO, UZK-DVO und die ergänzenden nationalen Vorschriften erlauben an vielen Stellen **Ausnahmen und Erleichterungen** für Waren, die bei Reisen über die Grenze des Zollgebiets der Union verbracht werden. F0001

I. Allgemeines

Was jedoch fehlt, ist eine **verbindliche Definition**. Ja, das EU-Recht verwendet den Begriff gar nicht. Gleichwohl ist er wichtig, weil sich im deutschen Recht u. a. Strafverfolgungshindernisse bei Taten im Reiseverkehr ergeben können (§ 32 Abs. 1 ZollVG). Dennoch fehlt es auch hier an einer verbindlichen Definition. Deshalb beginnen die Schwierigkeiten bereits mit der Begriffsbestimmung. Jedermann weiß oder glaubt zu wissen, was mit Reiseverkehr gemeint ist. F1000

Schwierig ist die Gesamtthematik auch deshalb, weil im Interesse eines zügigen und reibungslosen Ablaufs von grenzüberschreitenden Warenbewegungen viele Vereinfachungen und Sonderregelungen für den Reiseverkehr geschaffen worden sind, die man erst verstehen und anwenden kann, wenn der Normalfall klar ist. Grundsätzlich gilt nämlich auch im Reiseverkehr das **„normale" Zollrecht** hinsichtlich des Verbringens von Waren in das und aus dem Zollgebiet der Union, der Wahl eines Zollverfahrens und der Abgabenentstehung. F1001

Beim Verbringen von Waren aus Anlass der Reise einer Person handelt es sich zunächst einmal um eine grenzüberschreitende Warenbewegung, die nach den üblichen zollrechtlichen Regelungen zu erfolgen hat. Der **Warenbegriff** ist ebenfalls derselbe. Die **tarifliche Einreihung** bleibt gleichfalls unberührt. Gleiches gilt für die **Auskünfte,** den **Ursprung,** den **Zollwert,** die **Rechtsbehelfe** und viele andere Punkte. F1002

Erleichterungen treten vor allem im Verfahrensrecht auf. Die **Vereinfachungen** gibt es **quasi zusätzlich**. Sie werden allerdings nicht, und das bedeutet eine weitere Erschwernis, einheitlich für den gesamten Reiseverkehr gewährt, sondern sind teilweise davon abhängig, welcher Reisende begünstigt werden soll. So steht etwa der Urlauber „besser" dar als der Geschäftsreisende. F1003

Um leichteren Zugang zur Gesamtmaterie zu finden, soll in einem **Querschnittsbeitrag** auf die wichtigsten Vorschriften eingegangen werden. Ziel ist dabei die systematische Aufbereitung, weniger die letzte Feinarbeit etwa bei der Berechnung pauschalierter Einfuhrabgaben. F1004

II. Begriffsbestimmung

F2000 Zwar gibt es keine **Definition** des Reiseverkehrs. Gleichwohl taucht das Wort Reise an verschiedenen Stellen des Zollrechts auf.

1. Reisender

F2001 Ein gewisser Anknüpfungspunkt ist Art. 1 Nr. 40 UZK-DelVO zu entnehmen. Darin ist Reisender definiert. Daraus ergibt sich, dass es um Ein- und Ausreise und damit um Im- oder Export von Waren geht, die Erleichterungen also sowohl beim Verbringen von Waren ins Zollgebiet der Union in Betracht kommen, als auch beim Verbringen von Waren aus dem Zollgebiet der Union.

F2002 Ferner ist der Regelung zu entnehmen, dass die **Warenbewegung von** einer Person, **dem Reisenden, veranlasst** werden muss, die vorübergehend im Zollgebiet der Union oder außerhalb desselben ist, war oder sein wird. Die Personenbewegung, die Reise, steht im Vordergrund, nicht der Warentransport. Das ist regelmäßig beim **klassischen Urlaubsverkehr** der Fall. Beim **Berufsverkehr** ist zu unterscheiden.

BEISPIEL:

Ein mit Waschmaschinen beladener Lkw überquert die Grenze. Der Fahrer hat neben seiner Kleidung noch Proviant und andere persönliche Habe dabei. Die Waschmaschinen und der Lkw befinden sich **nicht** im Reiseverkehr. Sie sind unabhängig vom Grenzübertritt einer Person verbracht worden. Ja, es ist genau umgekehrt. Der Fahrer überquert die Grenze nur, um diese Waren zu befördern. Dabei sind jedoch seine Kleidungsstücke und die sonstigen persönlichen Gegenstände wegen der beruflich bedingten Reise einer Person, des Fahrers, verbracht worden. Mithin liegt insoweit Reiseverkehr vor. Folglich kann eine Person bei ein und demselben einheitlichen Verbringensvorgang einige Waren aus Anlass der Reise im Reiseverkehr und andere Waren außerhalb des Reiseverkehrs im- oder exportieren.

F2003 Auf Reisen zu sein bedeutet, sich nur **vorübergehend** an Orten aufzuhalten. Dabei spielt es keine Rolle, ob eine im Zollgebiet der Union ansässige Person auf Reisen geht und nach gewisser Zeit ins Zollgebiet der Union zurückkehrt oder die Reise in umgekehrter Richtung stattfindet.

F2004 Folglich liegen aus der Sicht des Zollrechts keine Reise und kein Reiseverkehr vor, wenn es zu einem **endgültigen Wohnortwechsel** kommt.

BEISPIEL:

Nach dem Brexit übersiedelt R mit seiner Familie von Wales nach Deutschland. Da es zu einem endgültigen Ortswechsel kommt, liegt keine Reise i. S. d. Zollrechts vor. Die Besonderheiten des Reiseverkehrs greifen nicht. Gleichwohl kann es aus anderen Gründen, etwa wegen der Zollfreiheit des Umzugsguts, zu Vereinfachungen bei der Überlassung der Waren zum zollrechtlich freien Verkehr kommen.

2. Kommerzielle oder nichtkommerzielle Zwecke

Die Definition des Reiseverkehrs ist strikt zu trennen von der Frage, ob die Waren zu kommerziellen Zwecken oder zu nichtkommerziellen Zwecken befördert werden (Art. 1 Nr. 21 UZK-DelVO). F2005

Gleichwohl hängen viele Verfahrensvereinfachungen und die Zollfreiheit hängen davon ab.

BEISPIEL:

Edelsteine, die der Juwelier während seines privaten Urlaubs erwirbt, befinden sich beim Verbringen ins Zollgebiet der Union unabhängig davon im Reiseverkehr, ob er die Waren später privat oder kommerziell verwenden will. Auswirkungen und Unterschiede können sich jedoch bei den Verbringensregelungen, den Formen der Zollanmeldung sowie hinsichtlich der ZollbefreiungsVO ergeben.

3. Zusammenfassung

Vereinfacht lässt sich damit feststellen: F2006

Reiseverkehr liegt vor, wenn Warenbewegungen grenzüberschreitend von Personen veranlasst und vorgenommen werden, die sich vorübergehend im Zollgebiet der Union oder außerhalb desselben aufhalten.

4. Einkaufsfahrten

Zu den unbefriedigend gelösten Standardthemen gehört die Einordnung von Einkaufsfahrten. Zumeist werden die dabei erworbenen Waren im Zollalltag dem Reiseverkehr zugeordnet. F2007

Richtig ist, dass es häufig faktisch nicht nachweisbar ist, ob aus Anlass und im Zusammenhang mit einer Reise, etwa einem Tagesausflug, Waren erworben worden sind. Es könnte auch eine gezielte Einkaufsfahrt vorliegen, die Reise mithin nur vorgenommen worden ist, um Waren zu erwerben. Gleichwohl ändert diese tatsächliche Schwierigkeit nichts an der vorstehenden Definition. Waren, derentwegen die Reise unternommen wird, fallen m. E. nicht in den Anwendungsbereich des Reiseverkehrs. Hier folgt die Personenbewegung der Warenbewegung. F2008

BEISPIELE:

- Der französische Staatsbürger F macht Urlaub in Mazedonien. Veranlasst durch die günstige Preislage erwirbt er dort spontan einen Pkw, ein Fernglas und CDs mit klassischer Musik. Sämtliche Waren befinden sich unabhängig von ihrem Wert und der Einfuhrabgabenfreiheit beim Verbringen ins Zollgebiet der Union im Reiseverkehr. Denn sie sind aus Anlass einer Reise erworben worden. Die Personenbewegung hat die Warenbewegung veranlasst.
- Der Deutsche D fährt mit dem Ziel nach England, um einen Pkw und Zigaretten zu erwerben. Wegen der gezielten Einkaufsfahrt liegt bei beiden Waren eigentlich kein Reiseverkehr vor. Die Reise hatte zum Ziel, Waren zu bewegen. Üblicherweise wird bei den Zigaretten gleichwohl vom Reiseverkehr ausgegangen, da zumeist nicht aufklärbar ist, ob die Fahrt ausschließlich dem Erwerb des Autos diente und anlässlich dieser Reise zusätzlich noch die Zigaretten erworben worden sind oder ob auch der Zigaretteneinkauf Grund für die Reise war. Die Kleidung und sonstige persönliche Habe des D befinden sich jedoch auf jeden Fall im Reiseverkehr. Ihre Mitnahme ist durch die Reise nach England veranlasst worden.

F2009 Die tatsächlichen Schwierigkeiten zur Bestimmung des Reiseverkehrs dürfen dabei nicht überbewertet werden. Es geht in vielen Fällen nur um geringwertige Waren. Die nachfolgenden Ausführungen werden darüber hinaus zeigen, dass es bei den Vereinfachungen nicht so sehr auf den Reiseverkehr als solchen ankommt, sondern **Abgabenfreiheit** die entscheidende Voraussetzung für Erleichterungen ist.

Gleichwohl wird häufig vereinfacht und ungenau vom Reiseverkehr gesprochen. Insoweit wird, bedingt durch die deutsche Rechtstradition, der Stellenwert des Reiseverkehrs oft überbewertet.

III. Verbringen des Reiseverkehrs zum normalen Warenverkehr von Waren in das Zollgebiet der Union

F3000 Erste Unterschiede ergeben sich bei den Regelungen über die summarische Eingangsanmeldung und die Ankunft der Waren. Sie betreffen die Pflichten vor der Einfuhr und im Zeitraum zwischen dem Verbringen von Waren über die Grenze des Zollgebiets der Union und der Gestellung bei der Zollstelle.

1. Summarische Eingangsanmeldung

F3001 Eine Pflicht zur Abgabe einer summarischen Eingangsanmeldung gem. Art. 127 UZK besteht gem. Art. 104 Abs. 1 Buchst. g UZK-DelVO nicht für Waren im persönlichen Gepäck von Reisenden. Gepäck sind gem. Art. 1 Nr. 5 UZK-DelVO alle auf einer Reise von einer natürlichen Person auf beliebige Weise mitgeführten Waren. Damit liegt eine erste erhebliche Erleichterung vor.

F3002 Folge davon ist zugleich, dass eine Risikoanalyse vor dem Eintreffen der Waren nicht vorgenommen werden kann. Gem. Art. 186 Abs. 8 UZK-DVO ist in derartigen Fällen die Risikoanalyse bei Gestellung der Waren durchzuführen, soweit verfügbar anhand der diese Waren betreffenden Anmeldung zur vorübergehenden Verwahrung oder der Zollanmeldung.

F3003 Damit bleibt festzuhalten:

Es gibt für persönliches Gepäck von Reisenden Besonderheiten,
weil die summarische Eingangsanmeldung nicht erforderlich ist.

2. Eingang von Waren

a) Grundsatz

F3004 Aus Gründen der zollamtlichen Überwachung ist das konkrete Verbringen von Waren ins Zollgebiet der Union genau geregelt worden. Rechtsquelle dafür ist neben dem EU- das nationale Recht.

Grundsätzlich sind gem. Art. 135 Abs. 1 UZK Waren unter Beachtung von Verkehrswegen und Öffnungszeiten unverzüglich zu den von den Zollbehörden bestimmten Orten zu befördern. F3005

b) Ausnahmen

Von der Beförderungspflicht sind nach Art. 135 Abs. 5 UZK Ausnahmen möglich auch in Bezug auf von Reisenden mitgeführte Waren. Art. 138 Buchst. b UZK erlaubt Durchführungsrechtsakte, also Regelungen in der UZK-DVO, zu diesen Ausnahmen. Sie sind von der Kommission nicht erlassen worden. Es schien kein Bedarf an einheitlichen Bedingungen für die Durchführung des Unionszollkodex zu bestehen. F3006

Anders als bei den delegierten Rechtsakten liegt damit aber keine abschließende Regelung vor. Vielmehr ist der nationale Gesetzgeber gefordert. Er kann gem. Art. 291 Abs. 1 AEUV die erforderlichen Maßnahmen ergreifen. F3007

aa) Beförderungspflicht

In § 5 ZollV sind Ausnahmen für einzelne Bereiche des Reiseverkehrs vorgesehen. Sie gelten unter dem Vorbehalt des § 5 Abs. 3 ZollV. Damit sind insbesondere Waren von den Erleichterungen ausgenommen, deren Verbringen Verbote und Beschränkungen unterliegt oder unterliegen kann. F3008

Waren zu nichtkommerziellen Zwecken, die **im persönlichen Gepäck** des Reisenden enthalten sind, sind gem. § 5 Abs. 1 Buchst. a ZollV von der Verbringenspflicht befreit, wenn sie nach den Art. 41 ZollbefreiungsVO i. V. m. § 2 EF-VO oder als Rückwaren gem. Art. 203 ff. UZK einfuhrabgabenfrei sind. Freimengen und Rückwaren können also am Zollamt vorbei über die grüne Grenze in das Zollgebiet der Union verbracht werden. F3009

BEISPIEL:

Wanderer W überquert die Grenze zur Schweiz mit seiner aus Deutschland stammenden Ausrüstung und in der Schweiz erworbener Schokolade. Die Wanderausrüstung und sonstige aus dem Zollgebiet der Union stammende persönliche Habe sind als Rückwaren abgabenfrei. Die Schokolade ist zunächst Nicht-Unionsware und innerhalb der Wertgrenze von § 2 EF-VO in Höhe von 300 € zollfrei.

Gleichfalls befreit sind gem. § 5 Abs. 1 Buchst. b ZollV **persönliche Gebrauchsgegenstände** von Reisenden i. S. d. Art. 219 Buchst. a UZK-DelVO. F3010

BEISPIEL:

Der Schweizer S überquert auf einer Wanderung den deutschen Teil der Grenze des Zollgebiets der Union. Zu den persönlichen Gebrauchsgegenständen, die er dabei mitnehmen kann und deren Überführung in die vorübergehende Verwendung fingiert wird gehören u. a. Kleidung, Toilettenartikel, persönlicher Schmuck, tragbare Musikinstrumente, Videokameras, Ferngläser, tragbare PCs und andere offensichtlich persönliche Gegenstände.

Unabhängig vom Reiseverkehr sieht § 5 Abs. 1 Buchst. c ZollV eine dritte Ausnahme von der Beförderungspflicht vor, die auch im Reiseverkehr gilt. Danach sind **Beförderungsmittel**, die üblicherweise durch **menschliche Kraft** bewegt werden vom Beförderungszwang ausgenommen, wenn sie als Rückwaren oder im Rahmen der vorübergehenden Verwendung einfuhrabgabenfrei sind. F3011

BEISPIEL:

Im Rahmen eines Ausfluges an der deutsch/schweizerischen Grenze überqueren Deutsche und Schweizer die grüne Grenze wechselseitig mit Fahrrädern.

F3012 Kraftwagen, Motorräder, E-Scooter, Flugzeuge und Tiere scheiden damit grundsätzlich aus. Für sie kann es jedoch über **§ 5 Abs. 3 Buchst. e, g, h und Abs. 4 ZollV** eine Befreiung geben. Sie ist ebenso unabhängig vom Reiseverkehr, greift aber auch hier. Folglich wäre es falsch insoweit von Vereinfachungen im Reiseverkehr zu sprechen.

BEISPIEL:

Reitpferde sind grundsätzlich auf Zollstraßen zu Zollstellen zu verbringen. Davon können Ausnahmen gem. § 5 Abs. 4 ZollV bewilligt werden. Dann kann jeder unabhängig vom Reiseverkehr die Pferde über die grüne Grenze verbringen.

F3013 Grundsätzlich müssen auch die von der Beförderungspflicht befreiten Waren alsdann zu einem **Zollverfahren** überlassen werden. Faktisch geht es um die Überlassung zum zollrechtlich freien Verkehr gem. Art. 201 UZK oder die vorübergehende Verwendung gem. Art. 250 UZK. Die dafür erforderliche Überlassung gem. Art. 194 UZK wird gem. Art. 218 Buchst. d UZK-DVO fingiert (s. RdNr. F 4023). Dabei knüpft die Fiktion an die als Zollanmeldungen geltenden Handlungen des Art. 141 UZK-DelVO an.

F3014–F3016 *(Einstweilen frei)*

bb) Öffnungszeiten

F3017 Gem. Art. 159 Abs. 2 UZK haben die Mitgliedstaten angemessene Öffnungszeiten der Zollstellen festzulegen. Hinsichtlich der zeitlichen Beschränkung der Ein- und Ausfuhr befreit § 3 Abs. 2 ZollVG den Reiseverkehr von den grundsätzlich geltenden Öffnungszeiten gem. § 3 Abs. 1 ZollVG. Diese Formulierung ist missverständlich. Gemeint sind nicht die Zeiten, zu denen die Grenzzollstellen überhaupt geöffnet sind. Denn ein **geschlossenes Zollamt** ist wie die grüne Grenze zu werten.

F3018 Der Sache nach geht es vielmehr um die **Abfertigungszeiten**. Sie sind bei einzelnen Zollstellen auf bestimmte „Amtsstunden“ beschränkt. Selbst wenn das Zollamt rund um die Uhr geöffnet und mit Zollbediensteten besetzt ist, kann aus vielerlei Gründen die Warenabfertigung etwa auf die Zeit von 6 – 22 Uhr beschränkt sein. Diese Beschränkung betrifft vor allem den gewerblichen Warenverkehr. Sie gilt jedoch nicht im Reiseverkehr. Er wird rund um die Uhr abgefertigt.

c) Zusammenfassung

F3019 Damit bleibt festzuhalten:

Es gibt im Reiseverkehr vielfältige Besonderheiten bei den Verbringensregelungen einschließlich der Abfertigungszeiten.

3. Gestellung

Die zu den Zollstellen oder anderen zugelassenen Orten verbrachten Waren sind alsdann gem. Art. 139 UZK vom Verbringer zu gestellen. Ihr Eintreffen und die Tatsache, dass sie für Zollkontrollen zur Verfügung stehen, ist dazu gem. Art. 5 Nr. 33 UZK mitzuteilen. F3020

Für diese Mitteilung gibt es im Reiseverkehr grundsätzlich keine Besonderheiten. Auch der Umstand, dass vorab keine ESumA abzugeben ist, ist unerheblich. Denn unabhängig vom Vorliegen einer ESumA müssen Nicht-Unionswaren den Zollbehörden gestellt werden (Art. 139 Abs. 1 Buchst. a UZK). F3021

4. Anmeldung zur vorübergehenden Verwahrung

Gem. Art. 145 Abs. 1 UZK müssen die gestellten Waren Gegenstand einer Anmeldung zur vorübergehenden Verwahrung sein. Art. 145 Abs. 3 UZK verlangt, dass spätestens bei der Gestellung eine solche Anmeldung abgegeben wird. F3022

Die Anmeldung zur vorübergehenden Verwahrung ist demnach grundsätzlich auch im Reiseverkehr abzugeben.

a) Status als Unionsware

Eine Anmeldung zur vorübergehenden Verwahrung ist jedoch gem. Art. 145 Abs. 9 UZK nicht erforderlich, wenn spätestens zum Zeitpunkt der Gestellung ihr zollrechtlicher Status als Unionsware gem. Art. 153 bis 156 UZK festgestellt wurde. Der für die Praxis wichtige Ausnahmefall des Art. 155 Abs. 2 UZK betrifft nur den Spezialfall eines einheitlichen Beförderungsvorgangs über ein Drittland. F3023

Art. 119 UZK-DelVO stellt hierzu Regelungen für die Vermutung des zollrechtlichen Status auf. Sie betreffen auch den Reiseverkehr. In Art. 119 Abs. 3 Buchst. f UZK-DelVO ist für Waren im Gepäck von Reisenden, die nicht für gewerbliche Zwecke bestimmt sind und die das Zollgebiet der Union vorübergehend verlassen haben und wieder in dieses verbracht werden, der Statuserhalt vorgesehen, sofern der Nachweis ihres Status als Unionsware erbracht wird (Art. 205 UZK-DVO). Für diese Unionsware bedarf es keiner weiteren zollrechtlichen Behandlung und damit auch keiner Anmeldung zur vorübergehenden Verwahrung. F3024

b) Gestellungsfiktion

In einem weiteren Fall bedarf es keiner Anmeldung zur vorübergehenden Verwahrung. Der vorstehend bereits erwähnte Art. 218 UZK-DVO sieht in Buchst. a die Möglichkeit vor, mittels bestimmter Willensäußerungen nach Art. 141 UZK-DelVO ebenfalls die Gestellung zu fingieren, s. Rdnr. F4023. Bei einer fingierten Gestellung bedarf es konsequenterweise keiner weiteren Anmeldung zur vorübergehenden Verwahrung. F3025

c) Anmeldung zur vorübergehenden Verwahrung und mündliche Zollanmeldung

F3026 Dagegen scheint die Situation bei einer mündlichen Zollanmeldung nicht geregelt worden zu sein. Diese Situation ist typisch bei Nutzung des roten Ausgangs am Flughafen.

F3027 Da in derartigen Situationen praktisch zeitgleich mit der Gestellung bereits eine Zollanmeldung abgegeben wird, bedarf es keiner weiteren Anmeldung zur vorübergehenden Verwahrung. Ausdrücklich ist der Fall nicht geregelt. Inhaltlich kann zur Lückenfüllung auf den vergleichbaren Fall des Art. 192 UZK-DVO zurückgegriffen werden.

F3028 Art. 192 UZK-DVO erlaubt den Zollbehörden bei Zollanmeldungen vor der voraussichtlichen Gestellung der Waren diese Anmeldung als Anmeldung zur vorübergehenden Verwahrung zu behandeln. So kann faktisch auf eine weitere Anmeldung verzichtet werden. Gleiches muss erst recht gelten, wenn die Zollanmeldung zeitgleich mit der Gestellung abgegeben wird. Mithin bedarf es auch in diesen Fällen keiner weiteren Anmeldung zur vorübergehenden Verwahrung.

d) Zusammenfassung

F3029 Folglich bleibt auch hier festzuhalten:

Es gibt im Reiseverkehr keine allein den Reiseverkehr betreffenden Besonderheiten bei der Gestellung und der Anmeldung zur vorübergehenden Verwahrung. Allerdings liegt bei vorheriger oder sofortiger Zollanmeldung regelmäßig der Ausnahmefall des Art. 192 UZK-DVO vor. Damit bedarf es der Anmeldung zur vorübergehenden Verwahrung faktisch nur, wenn der Reisende sich nicht sofort für ein Zollverfahren entscheidet und die Ware in der vorübergehenden Verwahrung verbleibt.

IV. Überführung in ein Zollverfahren

F4000 Gestellte Nicht-Unionswaren, die sich in der **vorübergehenden Verwahrung** befinden, müssen gem. Art. 149 UZK innerhalb von 90 Tagen in ein Zollverfahren übergeführt oder wiederausgeführt werden. Das betrifft ebenso die im Reiseverkehr verbrachten Waren. Sie sind wegen Art. 5 Nr. 24 UZK praktisch immer Nicht-Unionswaren.

F4001 Das gilt vorbehaltlich der Statusvermutung gem. Art. 119 Abs. 3 Buchst. f UZK-DelVO auch für etwaige Rückwaren. Mit dem tatsächlichen Verbringen aus dem Zollgebiet der Union findet für Unionswaren der **Statuswechsel** statt (Art. 154 Buchst. a UZK). Sie werden Nicht-Unionswaren und müssen, um wieder Unionswaren zu werden, (erneut) zum zollrechtlich freien Verkehr überlassen werden.

1. Verbote und Beschränkungen

F4002 Bei der Überführung in ein Zollverfahren hat der Wirtschaftsbeteiligte, mithin also auch der Reisende, ein Wahlrecht.

Mit der Zollanmeldung gem. Art. 5 Nr. 12 UZK bestimmt der Anmelder, Art. 5 Nr. 15 UZK, in welches Zollverfahren eine Ware übergeführt werden soll. Er hat ein Wahlrecht innerhalb des von Art. 5 Nr. 16 UZK gesteckten Rahmens. F4003

Dieses Wahlrecht steht jedoch unter dem **Vorbehalt entgegenstehender Verbote und Beschränkungen**. Sie gelten im Reiseverkehr grundsätzlich in gleicher Weise wie in den übrigen Fällen. Ihr Inhalt ergibt sich aus einer Vielzahl unterschiedlicher Regelungen, deren Inhalt hier zweitrangig ist. F4004

Da Wareneinfuhren im Reiseverkehr zumeist wirtschaftlich weniger bedeutsam sind und zügig abgewickelt werden sollen, sehen einzelne VuB-Normen Ausnahmen und Erleichterungen für den Reiseverkehr vor. So gilt Verordnung (EU) Nr. 608/2013 des Europäischen Parlaments und des Rates zur Durchsetzung der Rechte geistigen Eigentums durch die Zollbehörden nicht für Waren ohne gewerblichen Charakter, die im persönlichen Gepäck von Reisenden mitgeführt werden (Art. 1 Abs. 4). F4005

BEISPIEL:

F bringt aus seinem Urlaub zwei Hemden, fünf Paar Socken und zwei Uhren mit. Auf diesen befinden sich gefälschte Markenzeichen bekannter Hersteller. Trotz des Verstoßes findet keine Aussetzung der Überlassung oder ein Zurückhalten der Waren statt.

Folglich bleibt hier festzuhalten: F4006

Es kann im Reiseverkehr Besonderheiten bei einzelnen VuB-Regelungen geben.

2. Zollanmeldung

Zur Überlassung in ein Zollverfahren bedarf es der Zollanmeldung des Reisenden. Die Zollbehörden können nicht von sich aus tätig werden und eine der Möglichkeiten des UZK vorschreiben. Auch hier gelten die üblichen Verfahrensregelungen. So ist u. a. die Frist des Art. 149 UZK von 90 Tagen für die Beendigung der vorübergehenden Verwahrung zu beachten. F4007

Vier **Formen der Zollanmeldung** kennt das Unionszollrecht. Neben der Übermittlung mittels IT gem. Art. 6 UZK ergeben sich aus Art. 158 Abs. 2 UZK i. V. m. Art. 135 ff. UZK-DelVO die mündliche und die papiergestützte Zollanmeldung sowie die als Zollanmeldung geltenden Handlungen. Im Reiseverkehr sind theoretisch alle Formen möglich. Im Vordergrund stehen aber die mündliche Zollanmeldung und die als Zollanmeldung geltenden Handlungen gem. Art. 141 UZK-DelVO. F4008

In vielen Fällen erlaubt der UZK **Vereinfachungen**. So kann im Einzelfall zunächst eine vereinfachte Zollanmeldung gem. Art. 166 Abs. 1 UZK akzeptiert werden, etwa weil Angaben oder Unterlagen fehlen. Weniger bedeutsam für den Reiseverkehr ist die regelmäßige Inanspruchnahme der vereinfachten Zollanmeldung. Letztere kommt im Reiseverkehr praktisch nicht in Betracht. F4009

a) Mündliche Zollanmeldung

F4010 Von besonderer Bedeutung ist im Reiseverkehr die mündliche Zollanmeldung gem. Art. 135 UZK-DelVO. Waren zu nichtkommerziellen Zwecken können nach Art. 135 Abs. 1 Buchst. a UZK-DelVO mündlich zur Überlassung zum zollrechtlich freien Verkehr und gem. Art. 137 Buchst. a UZK-DelVO mündlich zur Ausfuhr angemeldet werden.

F4011 Bei Waren zu kommerziellen Zwecken sind ebenfalls mündliche Anmeldungen zu diesen beiden Zollverfahren möglich, wenn sie einen Wert von 1 000 € bzw. eine Eigenmasse von 1 000 kg nicht überschreiten. Bei der Anmeldung zur Überlassung zum **zollrechtlich freien Verkehr** ist zusätzlich erforderlich, dass die Waren im persönlichen Gepäck von Reisenden sind.

F4012 Ähnliches regelt Art. 136 Abs. 1 UZK-DelVO. Die Norm erlaubt die mündliche Zollanmeldung zur **vorübergehenden Verwendung** für persönliche Gebrauchsgegenstände gem. Art. 219 UZK-DelVO sowie die mündliche Anmeldung zur Wiederausfuhr nach vorübergehender Verwendung (Art. 136 Abs. 2 UZK-DelVO).

b) Als Zollanmeldung geltende Handlungen

F4013 Zentrale Regelung im Reiseverkehr ist Art. 141 UZK-DelVO. Auch hier gilt, dass die Vorschrift einerseits auch Fälle außerhalb des Reiseverkehrs erfasst, andererseits nicht in allen Fällen des Reiseverkehrs gilt. Sie ist mithin nicht speziell auf den Reiseverkehr zugeschnitten, sondern auf Situationen in denen es nicht zur Abgabenerhebung kommt und eine förmliche Überführung der Waren in das Zollverfahren nicht geboten zu sein scheint. Gemeinsame Voraussetzung ist, dass es sich um **einfuhrabgabenfreie Waren** gem. Art. 138 UZK-DelVO handelt.

F4014 **Vier** als Zollanmeldung geltende **Handlungen** nennt Art. 141 Abs. 1 UZK-DelVO:

- Benutzung des grünen Ausgangs „Anmeldefreie Waren“
- Passieren einer Zollstelle ohne getrennte Kontrollausgänge
- Anbringen einer Zollanmeldungsvignette oder eines Aufklebers „Anmeldefreie Waren“ an der Windschutzscheibe von Personenwagen. Momentan ist das in Deutschland nicht vorgesehen.
- einfaches Überschreiten der Grenze des Zollgebiets der Union in bestimmten Situationen

F4015 Typisch für den Reiseverkehr ist, dass Reisende bei Rückkehr ins Zollgebiet der Union nur über ihre **Einkäufe** nachdenken und nur diese zumeist mündlich anmelden. Geschieht das am Zollamt ohne getrennte Kontrollausgänge, können die **übrigen Waren** bei Vorliegen der Voraussetzungen durch Passieren der Zollstelle ordnungsgemäß zum zollrechtlich freien Verkehr überlassen werden. Denn Waren, die gleichzeitig ins Zollgebiet der Union verbracht werden, müssen nicht gleichzeitig und mit Zollanmeldungen in gleicher Form angemeldet werden.

BEISPIEL

Nach der Rückkehr von einer Kreuzfahrt meldet A die eingekauften Waren mündlich an. Soweit die Freimengen überschritten sind, entsteht eine Zollschuld nach Art. 77 Abs. 1 UZK.

Die übrigen Waren sind als Rückwaren durch Passieren der Zollstelle durch andere Formen der Willensäußerung gem. Art. 141 Abs. 1 Buchst. b UZK-DelVO angemeldet. Damit liegt eine ordnungsgemäße Überlassung zum zollrechtlich freien Verkehr vor.

Dieses Ergebnis muss man auch am Flughafen bei getrennten Kontrollausgängen erzielen. Wer den **roten Ausgang** benutzt und mündlich anmeldet, kann die übrigen Waren bei Vorliegen der Voraussetzungen durch Passieren der Zollstelle ordnungsgemäß etwa zur Überlassung zum zollrechtlich freien Verkehr anmelden. Denn rein faktisch ist die zeitgleiche Nutzung beider Ausgänge nicht möglich. F4016

Umgekehrt kann man auch im **grünen Ausgang** mündliche Zollanmeldungen für diejenigen Waren abgeben, die die Voraussetzungen für andere Formen der Willensäußerung gem. Art. 141 Abs. 1 Buchst. b UZK-DelVO nicht erfüllen. Das muss jedoch zeitgleich mit der Benutzung des grünen Ausgangs geschehen, da sonst der Eindruck entsteht, dass alle Waren durch als Zollanmeldung geltende Handlungen angemeldet werden sollen. F4017

c) Zusammenfassung

Folglich bleibt hier festzuhalten: F4018

Es sind im Reiseverkehr keine Ausnahmen bei den Zollanmeldungen vorgesehen. Jedoch sind die Formen der Zollanmeldung derart vielfältig ausgestaltet, dass einzelne Regelungen sich im Reiseverkehr besonders anbieten und verschiedene Formen kombiniert werden können.

3. Zollamtliche Prüfung

Entgegengenommene Zollanmeldungen werden vor und nach Annahme verschiedenen Prüfungen und Überprüfungen insbesondere gem. Art. 188 ff. UZK unterzogen. Die Zollkontrollen unterscheiden sich im Reiseverkehr grundsätzlich nicht von den ansonsten möglichen und üblichen. So ergeben sich auch keinerlei Unterschiede bei der **Beschau.** F4019

Typisch für den Reiseverkehr sind die Möglichkeit der **körperlichen Durchsuchung** gem. Art. 46 UZK i.V.m. § 10 Abs. 3 Satz 1 ZollVG und die **körperliche Untersuchung** gem. § 81a StPO. Erstere betrifft Waren, die von und an Personen mitgeführt werden. Sie unterliegen der zollamtlichen Prüfung. Demgegenüber ist die körperliche Untersuchung eine Maßnahme im Rahmen der Strafverfolgung, die von den Zollbeamten als Ermittlungspersonen der Staatsanwaltschaft bei Gefahr im Verzug angeordnet werden kann und vom Arzt durchzuführen ist. F4020

BEISPIEL:

Der aus Kolumbien mit dem Flugzeug einreisende S wird verdächtigt, Drogenkurier zu sein. Um zu überprüfen, ob er Betäubungsmittel am Körper unter der Kleidung verborgen eingeschmuggelt hat, können die Zollstellen eine körperliche Durchsuchung durchführen. Bei Verdacht auf Körperschmuggel kann die körperliche Untersuchung angeordnet werden.

Beide Maßnahmen können unabhängig davon vorgenommen werden, ob Reiseverkehr vorliegt. Gerade bei gewerbsmäßigem Schmuggel liegt nach der vorstehenden Definition kein Reiseverkehr vor, da die Warenbewegung im Vordergrund steht.

F4021 Folglich bleibt festzuhalten:

Es sind im Reiseverkehr keine Ausnahmen oder Besonderheiten bei den Prüfungen vorgesehen. Jedoch sind die Prüfungsrechte derart vielfältig und unterschiedlich ausgestaltet, dass einzelne Maßnahmen im Reiseverkehr typisch sind.

4. Überlassung der Waren

F4022 Am Ende der Prüfungen und Überprüfungen steht, soweit keine Regelungen entgegenstehen, die Überlassung der Waren gem. Art. 194 UZK. Damit beginnt das vom Anmelder beantragte Zollverfahren. Das ist auch im Reiseverkehr so.

F4023 Besonderheiten ergeben sich unabhängig vom Reiseverkehr auch hier bei den als Zollanmeldungen geltenden Handlungen gem. Art. 141 UZK-DelVO. Diesbezüglich arbeitet das Zollrecht mit verschiedenen **Fiktionen**. Wenn die Voraussetzungen der Art. 138 - 140 UZK-DelVO erfüllen, gelten gem. **Art. 218 UZK-DVO**

- die Waren als gestellt,
- die Zollanmeldung als angenommen und
- die Waren als überlassen.

Sie sind damit ordnungsgemäß zur Überlassung zum zollrechtlich freien Verkehr, in die vorübergehende Verwendung oder das Ausfuhrverfahren übergeführt bzw. zur Wiederausfuhr überlassen worden.

V. Abgaben

F5000 Bezüglich der Einfuhrabgaben ergeben sich bei Waren im Reiseverkehr Besonderheiten, die zumeist im nichtkommerziellen Bereich anwendbar sind. Grundsätzlich gelten auch hier die allgemeinen Regelungen.

1. Zollschuld

F5001 Die Zollschuldentstehung richtet sich im Reiseverkehr nach den üblichen Tatbeständen.

a) Überlassung zum zollrechtlich freien Verkehr

F5002 Bei der Überlassung von Waren zum zollrechtlich freien Verkehr kommt es regelmäßig zur Zollschuldentstehung gem. Art. 77 UZK.

Allerdings sind die Fälle des Art. 138 UZK-DelVO so ausgestaltet, dass es bei den als Zollanmeldung geltenden Handlungen gem. Art. 141 UZK-DelVO wegen der vorausgesetzten Zollfreiheit bei der gem. Art. 218 UZK-DVO fingierten Überlassung zum zollrechtlich freien Verkehr nicht zur Abgabenentstehung kommen kann. F5003

b) Zollschuld bei Verstößen

In gleicher Weise kann die Zollschuld im Reiseverkehr gem. Art. 79 UZK bei vorschriftswidrigem Verhalten entstehen. F5004

aa) Verbringen

Dazu gehört der **klassische Einfuhrschmuggel** etwa durch unzulässiges Verbringen von Waren über die grüne Grenze. F5005

BEISPIEL:

Ein Pkw, der nicht von der Beförderungspflicht des Art. 135 Abs. 1 UZK befreit ist, darf die Grenze des Zollgebiets der Union nicht an beliebiger Stelle überqueren. Wenn er dennoch außerhalb von Zollstraßen ins Zollgebiet der Union verbracht wird, entsteht die Einfuhrzollschuld unmittelbar gem. Art. 79 UZK.

bb) Zollanmeldung

Daneben kann es zur Zollschuldentstehung nach Art. 79 UZK kommen, wenn die Waren mündlich und insbesondere durch als Zollanmeldung geltende Handlungen angemeldet werden, ohne dass die Waren die erforderlichen Voraussetzungen erfüllen. F5006

Bei der inhaltlich **fehlerfreien mündlichen Zollanmeldung** wird es den Zollbehörden zumeist auffallen, wenn die Voraussetzungen des Art. 137 UZK nicht vorliegen. Zumeist kann alsdann noch papiergestützt gem. Art. 143 UZK-DelVO angemeldet werden. F5007

Allerdings kann es auch bei der **mündlichen Zollanmeldung** zur Zollschuldentstehung nach Art. 79 Abs. 1 Buchst. a UZK kommen, wenn diese **inhaltlich falsch** ist. F5008

Das typische Beispiel dafür ist, dass nicht alle Waren angemeldet werden. Dann liegt für die nicht angemeldeten Waren mangels Anmeldung auch keine Gestellung vor. Damit kommt es zur Zollschuld gem. Art. 79 Abs. 1 Buchst. a UZK, die im Einzelfall gem. Art. 124 UZK erlöschen kann.

Zu beachten ist auch hier, dass es ausreicht, dass die **Zollanmeldung die verbrachten Waren erfasst.** Wird die Ware in der Zollanmeldung zur Beendigung der vorübergehenden Verwahrung richtig beschrieben, jedoch mit einem falschen Kaufpreis angemeldet, liegt keine Zollschuld nach Art. 79 Abs. 1 Buchst. a UZK vor (DV E-VSF Z 09 01 Abs. 328). Denn es ist keine Verletzung von **Pflichten aus dem Institut der vorübergehenden Verwahrung** gegeben (s. Rdnr. E1086). Die Zollschuld entsteht bei Anmeldung zur Überlassung zum zollrechtlich freien Verkehr gem. Art. 77 Abs. 1 Buchst. a UZK. F5009

Anders sieht die Situation bei **als Zollanmeldung geltenden Handlungen** aus. Benutzen des grünen Ausgangs „Anmeldefreie Waren" ist der erste Fall einer derartigen Zollanmeldung gem. Art. 141 Buchst. a UZK-DelVO. Wird demgegenüber der rote Ausgang F5010 benutzt, wird grundsätzlich keine (konkludente) Zollanmeldung abgegeben. Vielmehr werden die mitgeführten Waren allenfalls gestellt. Alsdann bedarf es noch der zumeist mündlichen Zollanmeldung. Das **Benutzen des grünen Ausgangs** ist demgegenüber ein Realakt, der als solcher noch keine Zollanmeldung ist, sondern erst bei Vorliegen aller Voraussetzungen als Zollanmeldung fingiert wird.

F5011 Liegen dabei die Voraussetzungen der Art. 138 – 140 UZK-DelVO nicht vor, fällt das häufig erst bei späteren Kontrollen auf. Die Waren sind dann nicht angemeldet (Art. 213 UZK-DVO) und damit auch nicht gem. Art. 218 Buchst. a UZK-DVO gestellt worden. Zudem wurden sie ohne Überlassung vom Amtsplatz entfernt (Art. 139 Abs. 7 UZK).

BEISPIELE:

- Ein Reisender verbringt u. a. 350 Zigaretten ins Zollgebiet der Union und benutzt am Flughafen den grünen Ausgang „Anmeldefreie Waren". 200 Zigaretten sind einfuhrabgabenbefreit gem. Art. 41 ZollbefreiungsVO und § 2 EF-VO und damit gem. Art. 141 Abs. 1 Buchst. a UZK-DelVO i. V. m. Art. 138 Buchst. a UZK-DelVO über die Fiktion des Art. 218 Buchst. d UZK-DVO zum zollrechtlich freien Verkehr überlassen worden.
- Die Mehrmenge von 150 Zigaretten ist dagegen zu Unrecht durch den grünen Ausgang befördert worden. Für sie liegt keine Zollanmeldung vor (Art. 219 UZK-DVO). Sie sind damit auch nicht gem. Art. 218 Buchst. a UZK-DVO gestellt worden. Allein dadurch ist regelmäßig bereits Art. 79 Abs. 1 Buchst. a UZK verwirklicht. Soweit im Einzelfall gestellt worden sein sollte, liegt ein unzulässiges Entfernen vom Amtsplatz ohne vorherige Überlassung der Waren vor (Art. 139 Abs. 7 UZK).

F5012 Die Zollanmeldung wird gem. Art. 141 Abs. 1 Buchst. a UZK-DelVO beim Fehlen getrennter Kontrollausgänge durch **Passieren der Zollstelle** abgegeben, wenn der Beteiligte nicht spontan eine ausdrückliche, zumeist mündliche Zollanmeldung abgibt. Diese andere Form der Willensäußerung ist ebenfalls ein Realakt, der nur in den Fällen der Art. 138 - 140 UZK-DelVO als Zollanmeldung/Anmeldung gilt, die eine ordnungsgemäße Überlassung zum zollrechtlich freien Verkehr, zur vorübergehenden Verwendung, zur Ausfuhr oder Wiederausfuhr zur Folge hat.

BEISPIEL:

Ein Lkw passiert die Zollstelle ohne getrennte Kontrollausgänge, ohne dass der Fahrer spontan eine Zollanmeldung abgibt. Damit kann er eine Zollanmeldung durch andere Formen der Willensäußerung gem. Art. 141 Abs. 1 Buchst. b UZK-DelVO abgegeben haben, wenn die Voraussetzungen dafür vorliegen.

Ist das Beförderungsmittel als Rückware einfuhrabgabenfrei, liegt eine ordnungsgemäße Überlassung zum zollrechtlich freien Verkehr vor.

Wird es von einem nicht im Zollgebiet der Union ansässigen Fahrer eingeführt, kann das Fahrzeug auf diese Weise ordnungsgemäß in die vorübergehende Verwendung übergeführt werden.

Ansonsten, etwa bei Einfuhr eines Neuwagens durch einen EU-Ansässigen, entsteht die Zollschuld gem. Art 79 Abs. 1 Buchst. a UZK, da keine Einfuhrabgabenbefreiung vorliegt.

F5013 **Verfehlungen**, die eine Zollschuld gem. Art. 79 Abs. 1 UZK nach sich ziehen, sind für im Reiseverkehr ins Zollgebiet der Union verbrachte Waren auch typisch im Rahmen der vorübergehenden Verwendung. Dabei handelt es sich jedoch nicht um auf den Reiseverkehr zugeschnittene Fälle, so dass es keiner besonderen Vertiefung bedarf.

BEISPIEL:

Straßenfahrzeuge befinden sich im Rahmen der vorübergehenden Verwendung im Zollgebiet der Union. Dabei regelt Art. 218 UZK-DelVO zusätzliche Voraussetzungen für die gewerbliche Verwendung im Fall professioneller Vermietungsunternehmen. Vielfach sind die Fahrzeuge im Reiseverkehr, etwa von Urlaubern, ins Zollgebiet der Union verbracht worden. Nach Abgabe der Beförderungsmittel an das Vermietungsunternehmen muss die Wiederausfuhr innerhalb von sechs Monaten erfolgen, sonst entsteht die Zollschuld nach Art. 79 UZK.

2. Zollbefreiungen

Typisch für den Reiseverkehr, aber nicht ausschließlich darauf abgestellt, sind die Zollbefreiungen nach der ZollbefreiungsVO und die **Rückwarenregelungen** der Art. 203 UZK. F5014

Bei Art. 41 **ZollbefreiungsVO** ergeben sich die Einzelheiten aus § 2 EF-VO. Sie gelten jedoch nicht für den Reiseverkehr schlechthin, sondern nur für Waren im persönlichen Gepäck von Reisenden, sofern es sich um Einfuhren zu nichtkommerziellen Zwecken handelt, s. wegen Einzelheiten die ausführliche Darstellung unter Rdnr. E5036 ff. F5015

3. Höhe der Einfuhrabgaben

Wegen der Höhe der Zollschuld gelten die allgemeinen Regeln mit der Besonderheit der Pauschalierungsmöglichkeit. Dass es bei der Zollwertermittlung wegen des häufigen Fehlens von Rechnungen zu Schwierigkeiten kommen kann, ändert nichts am System. F5016

Typisch für Teile des Reiseverkehrs ist die **Pauschalierung der Abgaben**. Das ist bei nichtkommerziellen Waren bis zu einer Wertgrenze von 700 € einfuhrabgabenpflichtiger Waren möglich. Es ist dabei nicht der Wert der Waren entscheidend, sondern zunächst zu klären, welche Waren nach Art. 41 ZollbefreiungsVO i.V.m. § 2 EF-VO zollfrei sind. Also ist neben den Freimengen der Betrag von bis zu 300 € bzw. 430 € zunächst herauszurechnen. F5017

Für die verbleibenden Waren ist bis zu den vorgenannten 700 € je Sendung eine Pauschalierung mit einem Zollsatz von 2,5 % möglich. Die Zollbeträge sind eingearbeitet in § 29 ZollV. Die Wertgrenze ist auf 700 € festgesetzt, der Abgabenbetrag auf 17,5 % einschließlich der Steuern. F5018

Voraussetzung ist, dass Reisende diese Waren gelegentlich und ausschließlich zum persönlichen Gebrauch oder Verbrauch einführen. Nach Abzug der abgabenfreien Waren darf der Wert der zu verzollenden Waren je Reisender 700 € nicht übersteigen. Bei einzelnen Waren sind zusätzlich Höchstmengen zu beachten. Werden die Grenzen überschritten, scheidet eine Pauschalierung vollständig aus. Es gibt also nur ein entweder – oder, kein sowohl – als auch. F5019

4. Zuschlag

F5020 Als weitere Besonderheit des Reiseverkehrs kennt das deutsche Recht den Zuschlag gem. § 32 Abs. 3 ZollVG. Die früher als Zollzuschlag bezeichnete Abgabe bezieht sich auf Steuerstraftaten und Steuerordnungswidrigkeiten gem. §§ 369, 377 AO im grenzüberschreitenden Reiseverkehr. Der Zuschlag selbst stellt keinen Zoll dar, sondern eine **Abgabe eigener Art**. Er ist Ahndung für Taten, die wegen der geringen Höhe der Einfuhrabgabenverkürzung von bis zu 250 € und der nur mäßigen kriminellen Energie unterhalb von Strafen und Ordnungswidrigkeiten angesiedelt sind. § 32 Abs. 1 Buchst. b ZollVG schreibt insoweit ein Strafverfolgungshindernis fest.

a) Voraussetzungen

F5021 Die Tat darf sich nur auf Waren beziehen, die weder zum Handel noch zur gewerblichen Verwendung bestimmt sind. Ferner darf keine besondere kriminelle Energie vorliegen durch Verstecken der Waren an schwer zugänglichen Stellen oder mittels besonders angebrachter Vorrichtungen. Schließlich darf eine Steuerstraftat nicht innerhalb von sechs Monaten zum wiederholten Mal verwirklicht worden sein. Kommt es zur Nichtverfolgung wegen des Strafverfolgungshindernisses oder zur Einstellung nach § 398 AO, kann der Zuschlag erhoben werden.

b) Höhe

F5022 Der Zuschlag kann bis zur **Höhe der Abgaben,** höchstens also 250 €, erhoben werden.

5. Kontrollfragen

		Rdnr.	
1.	Was versteht man unter Reiseverkehr?	F1000 ff.	☐
2.	Was ist ein Reisender?	F2001 ff.	☐
3.	Welche Besonderheiten weisen Einkaufsfahrten auf?	F2007 ff.	☐
4.	Welche Ausnahmen von der Beförderungspflicht gibt es?	F3006 ff.	☐
5.	Welche Besonderheiten gibt es bei der Anmeldung zur vorübergehenden Verwahrung?	F3022 ff.	☐
6.	Welche Formen der Zollanmeldung sind typisch für den Reiseverkehr?	F4007 ff.	☐
7.	Welche zollamtlichen Prüfungen sind typisch für den Reiseverkehr?	F4019 ff.	☐
8.	Welche Besonderheit gibt es bei der Überlassung?	F4022 f.	☐
9.	Nennen Sie Beispiele für Zollschuldentstehung bei Pflichtverletzungen.	F5004 ff.	☐
10.	Was versteht man unter Pauschalierung von Einfuhrabgaben?	F5017 ff.	☐
11.	Was ist ein Zuschlag und welche Folgen hat er?	F5020 ff.	☐

G. Einfuhrumsatzsteuer im Studium

Schrifttum:

Bender, Die Rezeption des EuGH-Urteils Federal Express zur Einfuhrmehrwertsteuer, AW-Prax 2021, S. 241; *Bender,* Verstöße gegen den Zollflugplatzzwang, AW-Prax 2020, S. 343; *ders.*, Die Emanzipation der Einfuhrumsatzsteuer vom Zoll, AW-Prax 2019, 154 ff.; *Bieber,* Haben Zoll und Einfuhrumsatzsteuer nichts miteinander zu tun?, SWK 13//2019, 641 ff.; *Bieber/Summesberger,* Sinngemäße Anwendung des Art. 87 UZK für die Bestimmung des Einfuhrorts? SWK, 2021, 748 ff.; *Schrömbges,* Der Kampf um die EuSt, ZfZ 2019, S. 257; *ders.*, Die neue Rechtsprechung des EuGH zum Einfuhrumsatzsteuerrecht, MwStR 2019, 133ff; *ders.*, Zollrechtlich freier Verkehr und einfuhrumsatzsteuerrechtliche Einfuhr, ZfZ 2017, 106ff.; *ders.*, Innergemeinschaftliche Anschlusslieferung und Zoll, AW-Prax 2017, S. 119 ff. *ders., Die* EuSt nach Art. 204 ZK?, AW-Prax 2014, S. 396-398; *Schrömbges,* Unregelmäßige Einfuhrumsatzsteuer als Folge zollrechtlicher Unregelmäßigkeiten, SWI 2014, S. 335-340; *Montag,* BB 2014, 2651-2656; *Salder/Menzel,* MwStR 2014, 792-795; *Fuchs,* Verfahrenscode 42 – ein Problem ohne Ende, ZfZ 2015, S. 148-151; *Witte,* Zoll und EuST, AW Prax 2015, S. 302-306; *Bieber,* Einfuhr aufgrund zollrechtlicher Pflichtverletzung, BB 2013, S. 541-546; *Kock,* die Einfuhrumsatzsteuer, ZfZ 2012, S. 38-47; *Reiche,* Zollrechtliche Pflichtverletzung und EuSt, AW Prax 2011, S. 83-86;

I. Allgemeines

Die Zollbehörden sind für die Erhebung der Einfuhrumsatzsteuer neben den Zöllen und G1000
den besonderen Verbrauchsteuern grundsätzlich zuständig. Das Aufkommen der Einfuhrumsatzsteuer betrug im Jahr 2015 beispielsweise ca. 50,9 Milliarden €.

Bei dem Verbrauch bzw. Verkauf von Waren und bei der Erbringung von Dienstleistun- G1001
gen im Inland bzw. Lieferungen innerhalb der Union entsteht die Umsatzsteuer. Dabei handelt es sich um eine indirekte Steuer, da die Person, die die Steuer schuldet und die Person, die die Steuer wirtschaftlich trägt, nicht identisch sind. Die Steuer wird vom Steuerschuldner auf andere Personen abgewälzt.

Auch die Einfuhr von Waren aus dem Drittland in das Zollgebiet der Union unterliegt G1002
einer Umsatzsteuer. Diese wird dann als Einfuhrumsatzsteuer bezeichnet. Bei der Einfuhrumsatzsteuer handelt es sich gemäß § 21 Abs. 1 UStG um eine Verbrauchsteuer. Diese Steuer ist nicht vom Einfuhrabgabenbegriff gemäß Art. 5 Nr. 20 UZK umfasst. Es ist davon u. a. auszugehen, dass damit nur die Zölle gemeint sind. Gleichwohl findet sich die EuSt dann in Art. 201 Abs. 2 Buchst. b UZK wieder. Dort ist nämlich von der Erhebung sonstiger Abgaben nach den einschlägigen geltenden Vorschriften die Rede.

II. Steuergegenstand bzw. Steuerbarer Umsatz

Das UStG sieht für die Entstehung der Einfuhrumsatzsteuer keinen eigenständigen Tat- G2000
bestand vor. Vielmehr gelten für die Einfuhrumsatzsteuer gemäß § 21 Abs. 2 UStG die Vorschriften für Zölle sinngemäß. Diese Parallelität der Entstehungstatbestände macht es dem Zoll möglich, die Einfuhrumsatzsteuer zusammen mit dem Zoll in einem Arbeitsgang zu erfassen. Allerdings kommt es auch zu Abweichungen von den zollrechtlichen Vorschriften und zwar insbesondere bei Ermittlung der Bemessungsgrundlage der Einfuhrumsatzsteuer, d. h. für den Einfuhrumsatzsteuerwert, für den Umsatzsteuersatz sowie die Vorsteuerabzugsberechtigung.

G2001 Die sinngemäße Anwendung der zollrechtlichen Vorschriften nach § 21 Abs. 2 Satz 1 UStG ist allerdings nur dann möglich, wenn ein steuerbarer Umsatz gemäß § 1 Abs. 1 UStG vorliegt und damit der Anwendungsbereich des Umsatzsteuergesetzes grundsätzlich eröffnet ist. Nach § 1 Abs. 1 UStG unterliegen die folgenden Umsätze der Umsatzsteuer:

- Nach Nr. 1 Satz 1 die Lieferungen und sonstigen Leistungen, die ein Unternehmer im Inland gegen Entgelt im Rahmen seines Unternehmens ausführt.

  Von dieser Norm ist die Einfuhrumsatzsteuer nicht erfasst. Bei der Einfuhrumsatzsteuer geht es gerade nicht um einen Fall, in dem ein Unternehmen eine Leistung oder Lieferung im Inland gegen Entgelt im Rahmen seines Unternehmens ausführt. Bei der Einfuhrumsatzsteuer geht es um den körperlichen Eingang einer Ware in das Zollgebiet der Union. Eine Lieferung im Inland schließt sich erst an. Folglich kann die Einfuhr einer Ware in das Zollgebiet der Union keinen Umsatz darstellen, der der Umsatzsteuer nach § 1 Abs. 1 Nr. 1 UStG unterliegt.

- Nach Abs. 1 Nr. 5 ist ein steuerbarer Umsatz anzunehmen, wenn ein innergemeinschaftlicher Erwerb gegen Entgelt erfolgt. Auch ein innergemeinschaftlicher Erwerb scheidet bei der Einfuhrumsatzsteuer aus. Die Ware wird aus dem Drittland körperlich in das Zollgebiet der Union verbracht. Die Ware ist nicht Gegenstand eines innergemeinschaftlichen Erwerbsgeschäfts.

G2002
- Neben diesen Regelungen ist ein steuerbarer Umsatz nach Abs. 1 Nr. 4 UStG dann gegeben, wenn die Einfuhr von Gegenständen im Inland oder in den österreichischen Gebieten Jungholz und Mittelberg erfolgt. Hier wird auch im Klammerzusatz ausdrücklich von der Einfuhrumsatzsteuer gesprochen.

III. Umsatzsteuergebiet nach § 1 Abs. 2 UStG

G3000 Nach § 1 Abs. 1 Nr. 4 UStG ist für einen steuerbaren Umsatz die Einfuhr eines Gegenstandes im Inland erforderlich. Der Begriff des Gegenstandes entspricht dem zollrechtlichen Begriff der Ware (vgl. Z 8101 Abs. 5). Der umsatzsteuerrechtliche Begriff „Inland" gemäß § 1 Abs. 2 UStG umfasst dabei das Staatsgebiet der Bundesrepublik Deutschland mit Ausnahme des Gebiets von Büsingen und der Insel Helgoland. Insoweit besteht also eine Übereinstimmung mit dem deutschen Teil des Zollgebiets der Union. Einfuhren aus Büsingen bzw. Helgoland in das umsatzsteuerrechtliche Inland unterliegen somit der deutschen Einfuhrumsatzsteuer. Auch Einfuhren in die österreichischen Hoheitsgebiete Jungholz und Mittelberg sind aufgrund internationaler Abkommen von der deutschen Einfuhrumsatzsteuer umfasst.

Neben dem Gebiet von Büsingen und der Insel Helgoland gehören nicht zum umsatzsteuerrechtlichen Inland:

- die Freihäfen,
- die Gewässer und Watten zwischen der Hoheitsgrenze und der jeweiligen Strandlinie,
- deutsche Schiffe und Luftfahrzeuge, solange sie sich in internationalen Gewässern bzw. Lufträumen befinden.

IV. Einfuhr „im“ Inland

§ 1 Abs. 1 Nr. 4 UStG setzt nach seinem Gesetzeswortlaut „die Einfuhr von Gegenständen im Inland“ voraus. Dabei beurteilt sich der Begriff der Einfuhr nach der Mehrwertsteuersystemrichtlinie (RL 2006/112/EG des Rates vom 28.11.2006 über das gemeinsame Mehrwertsteuersystem in der Fassung vom (MwStSysRL). Nach Art. 2 Buchst. d MwStSysRL liegt ein der Mehrwertsteuer unterliegender steuerbarer Umsatz vor, wenn die Einfuhr von Gegenständen erfolgt ist. Da sich das deutsche Umsatzsteuerrecht in dem von der MwStSysRL vorgegebenen Rahmen bewegen muss, wird gemäß Art. 2 Buchst. d MwStSysRL europarechtlich verbindlich sichergestellt, dass über § 21 Abs. 2 UStG, der die sinngemäße Anwendung der zollrechtlichen Vorschriften bestimmt, eben gerade keine Einfuhrumsatzsteuerschuld ohne vorherige Einfuhr der Ware entsteht. G4000

Systematisch stuft der EuGH in ständiger Rechtsprechung die Einfuhrumsatzsteuer als Verbrauchsteuer ein (so EuGH, Urteil vom 10.7. 2019 - C-26/18, Federal Express Corporation Deutsche Niederlassung, Rn. 34, davor erstmalig Urteil vom 18.5.2017 - C-154/16, Latvijas Dzelzcels, Rn. 69 m. w. N.). Das heißt, der Anwendungsbereich der Steuer beschränkt sich auf die Waren und Dienstleistungen, die einem Verbrauch zugeführt werden können. Vor diesem Hintergrund hat der EuGH den Begriff der Einfuhr in Art. 30, 60, 61, 70 und 71 MwStSysRL ausgelegt, wobei die Regelungen der Art. 60 und 61 nur mittelbar die Begriffsdefinition der Einfuhr betreffen. In letzteren beiden Vorschriften geht es an sich um den Ort der Einfuhr. Die genannten Vorschriften der MwStSysRL stellen sich in Auszügen wie folgt dar:

Artikel 30 (Begriffsbestimmung)

Als "Einfuhr eines Gegenstands" gilt die Verbringung eines Gegenstands, der sich nicht im freien Verkehr im Sinne des Artikels 24 des Vertrags befindet, in die Gemeinschaft.

Neben dem in Absatz 1 genannten Umsatz gilt als Einfuhr eines Gegenstands auch die Verbringung eines im freien Verkehr befindlichen Gegenstands mit Herkunft aus einem Drittgebiet, das Teil des Zollgebiets der Gemeinschaft ist, in die Gemeinschaft.

Artikel 60

Die Einfuhr von Gegenständen erfolgt in dem Mitgliedstaat, in dessen Gebiet sich der Gegenstand zu dem Zeitpunkt befindet, in dem er in die Gemeinschaft verbracht wird.

Artikel 61

Abweichend von Artikel 60 erfolgt bei einem Gegenstand, der sich nicht im freien Verkehr befindet und der vom Zeitpunkt seiner Verbringung in die Gemeinschaft einem Verfahren oder einer sonstigen Regelung im Sinne des Artikels 156, der Regelung der vorübergehenden Verwendung bei vollständiger Befreiung von Einfuhrabgaben oder dem externen Versandverfahren unterliegt, die Einfuhr in dem Mitgliedstaat, in dessen Gebiet der Gegenstand nicht mehr diesem Verfahren oder der sonstigen Regelung unterliegt.

Unterliegt ein Gegenstand, der sich im freien Verkehr befindet, vom Zeitpunkt seiner Verbringung in die Gemeinschaft einem Verfahren oder einer sonstigen Regelung im Sinne der Artikel 276 und 277, erfolgt die Einfuhr in dem Mitgliedstaat, in dessen Gebiet der Gegenstand nicht mehr diesem Verfahren oder der sonstigen Regelung unterliegt.

Einfuhr von Gegenständen

Artikel 70

Steuertatbestand und Steueranspruch treten zu dem Zeitpunkt ein, zu dem die Einfuhr des Gegenstands erfolgt.

Artikel 71

(1) Unterliegen Gegenstände vom Zeitpunkt ihrer Verbringung in die Gemeinschaft einem Verfahren oder einer sonstigen Regelung im Sinne der Artikel 156, 276 und 277, der Regelung der vorübergehenden Verwendung bei vollständiger Befreiung von Einfuhrabgaben oder dem externen Versandverfahren, treten Steuertatbestand und Steueranspruch erst zu dem Zeitpunkt ein, zu dem die Gegenstände diesem Verfahren oder dieser sonstigen Regelung nicht mehr unterliegen.

Unterliegen die eingeführten Gegenstände Zöllen, landwirtschaftlichen Abschöpfungen oder im Rahmen einer gemeinsamen Politik eingeführten Abgaben gleicher Wirkung, treten Steuertatbestand und Steueranspruch zu dem Zeitpunkt ein, zu dem Tatbestand und Anspruch für diese Abgaben entstehen.

(2) In den Fällen, in denen die eingeführten Gegenstände keiner der Abgaben im Sinne des Absatzes 1 Unterabsatz 2 unterliegen, wenden die Mitgliedstaaten in Bezug auf Steuertatbestand und Steueranspruch die für Zölle geltenden Vorschriften an.

Neben der Verbringung eines Gegenstandes, der sich nicht im freien Verkehr i. S. des Vertrages befindet, in die Gemeinschaft fordert der EuGH über den Wortlaut des Art. 30 MwStSysRL hinaus für das Vorliegen der Einfuhr das ungeschriebene Tatbestandsmerkmal des Eingangs der Ware in den Wirtschaftskreislauf (so zusammengefasst in der Entscheidung des FG Hamburg vom 14. 1. 2020 - 4 K 123/15, Rn. 44 ff.). Eine solche Integration in den Wirtschaftskreislauf ist dann anzunehmen, wenn die Ware Gegenstand einer Lieferung (Art. 14 ff. MwStSysRL) oder Dienstleistung (Art. 24 ff. MwStSysRL) ist (FG Hamburg, Urteil vom 14. 1. 2020 - 4 K 123/15, Rn. 51; siehe auch FG Hamburg, Urteil vom 19. 11. 2019 - 4 K 250/16; Rn. 29 ff.). Ein bloßer Transit der Ware genügt nicht.

Eine Integration in den Wirtschaftskreislauf wird insbesondere widerleglich vermutet, wenn Nichtunionswaren vorschriftswidrig in das Zollgebiet der Union verbracht bzw. der zollamtlichen Überwachung gemäß Art. 134 Abs. 1 UA 2 UZK entzogen worden sind (EuGH, Urteil vom 10. 7. 2019 - C 26/18, Rn 46). In diesen Fällen ist die Zollschuldnentstehung gemäß Art. 79 Abs. 1 Buchst. a UZK an die Entstehung der Einfuhrumsatzsteuerschuld in sinngemäßer Anwendung des § 21 Abs. 2 UStG i. V. m. Art. 79 Abs. 1 Buchst. a UZK gekoppelt. Wird allerdings nachgewiesen, dass die Gegenstände nach der zollrechtlichen Pflichtverletzung in einen anderen Mitgliedstaat der Union weiterbefördert und dort verbraucht worden sind, so ist die Vermutung der Integration der Waren in den Wirtschaftskreislauf in dem Mitgliedstaat, in dem die Zollschuld entstanden ist, widerlegt (EuGH, Urteil vom 10. 7. 2019 - C 26/18, Rn. 52). Folglich wäre die Einfuhr im Mitgliedstaat des zollrechtlichen Pflichtverstoßes abzulehnen.

Die widerlegliche Vermutungswirkung der Integration der Waren in den Wirtschaftskreislauf in Bezug auf die Einfuhrumsatzsteuer gilt allerdings nur in den Fällen zollrechtlicher Pflichtverletzung, die zur Folge haben, dass die Waren keinem Zollverfahren mehr unterliegen bzw. noch nie einem Zollverfahren oder der Vorübergehenden Verwahrung unterlegen haben. Wenn der zollrechtliche Pflichtverstoß etwa im Verfahren der Aktiven Veredelung passiert bzw. Waren nach dem Pflichtverstoß in der Vorübergehenden Verwahrung unter Aufsicht des Zolls aus dem Zollgebiet der Union wiederausgeführt werden, dann wird eine Integration in den Wirtschaftskreislauf von vornherein nicht vermutet. Dies deckt sich auch mit der Regelung in Art. 71 MwStSysRL. Denn die Waren unterliegen ja einem der in Art. 71 MwStSysRL genannten Verfahren, so dass eine Einfuhr gerade nicht angenommen werden kann. Das Entziehen der Ware aus den in Art. 71 MwStSysRL genannten Verfahren führt allerdings immer zwangsläufig zur Einfuhr und damit auch zur Annahme eines steuerbaren Umsatzes. Denn in diesen Fällen ist die Anforderung, dass die Ware dem Verfahren unterliegt, gerade nicht mehr gegeben.

Die gemäß Art. 2 Abs. 1 Buchst. d, 30 MwStSysRL geforderte Einfuhr liegt auch immer dann vor, wenn zollrechtlich eine Überführung der Ware zur Überlassung in den freien Verkehr anzunehmen ist, und die Einfuhrabgaben gezahlt worden sind. Hier bedarf es des vom EuGH entwickelten Tatbestandsmerkmals der Integration in den Wirtschaftskreislauf nicht.

Abzulehnen ist die Einfuhr dagegen in den Fällen der Überführung von Nichtunionswaren in das Verfahren der Vorübergehenden Verwendung unter vollständiger Befreiung von den Einfuhrabgaben (vgl. Art. 71 MwStSysRL). Diese Annahme gilt allerdings nur für die enumerativ in Art. 71 MwStSysRL aufgeführten Tatbestände der vollständigen Befreiung von den Einfuhrabgaben, wobei dieser Verweis dynamisch auf die Rechtslage nach dem UZK zu übertragen ist. Wird die Nichtunionsware dagegen nur unter teiweiser Befreiung von den Einfuhrabgaben in die Vorübergehende Verwendung übergeführt, so ist die Einfuhr verbunden mit der Integration in den Wirtschaftskreislauf anzunehmen.

Die Überführung der Nichtunionswaren in das Verfahren der tariflichen Endverwendung auch zum Zollsatz „frei" ist immer als Einfuhr zu bewerten. Die ursprüngliche Nichtunionsware wird durch die Überführung in das Verfahren nämlich zur UW (Art. 201 Abs. 3 UZK) und damit in den Wirtschaftskreislauf integriert, auch wenn sie ausnahmweise noch der zollamtlichen Überwachung nach Art. 134 Abs. 1 UA 3 UZK unterliegt.

V. Steuerentstehung in sinngemäßer Anwendung der zollrechtlichen Vorschriften

Da die Einfuhrumsatzsteuerentstehung in sinngemäßer Anwendung der zollrechtlichen Vorschriften abläuft, setzt sie wie auch bei den zollrechtlichen Entstehungstatbeständen eine einfuhrabgabenpflichtige Ware voraus. Der Begriff der Einfuhrabgabenpflicht muss dabei auf die Umsatzsteuer übertragen werden. Das heißt, eine Steuer in sinngemäßer Anwendung der zollrechtlichen Vorschriften gemäß § 21 Abs. 2 UStG entsteht nur dann, wenn keine Befreiung gemäß § 5 UStG vorliegt. Steuerfrei ist da- G5000 nach die Einfuhr in den nach § 5 Abs. 1 UStG genannten Fallgruppen. Darüber hinaus kann das Bundesministerium der Finanzen durch Rechtsverordnung gemäß Abs. 2 vorgenannter Norm bestimmte Fälle der Steuerermäßigung bzw. Steuerfreiheit festlegen.

G5001 **1. Steuerbefreiungen nach § 5 Abs. 1 UStG am Beispiel der innergemeinschaftlichen Lieferung**

Eine zentrale Rolle für eine Steuerbefreiung gemäß § 5 Abs. 1 UStG spielt der Fall des Verfahrens 4200. Nach § 5 Abs. 1 Nr. 3 UStG ist „steuerfrei die Einfuhr der Gegenstände, die von einem Schuldner der Einfuhrumsatzsteuer im Anschluss an die Einfuhr unmittelbar zur Ausführung von innergemeinschaftlichen Lieferungen (§ 4 Nr. 1 b UStG, § 6 Buchst. a UStG) verwendet werden. Das Rechtsinstrument der innergemeinschaftlichen Lieferung ist dadurch erforderlich geworden, dass die Zollabwicklung innerhalb der Europäischen Union grundsätzlich entfallen ist.

BEISPIEL:

Ein deutsches Unternehmen kauft amerikanische Lippenstifte und überführt diese nach dem Verfahren 4200 in die Überlassung zum zollrechtlich freien Verkehr in Deutschland und liefert die Lippenstifte anschließend an ein französisches Unternehmen, das die Lippentstifte von der deutschen Firma gekauft hat. In Frankreich werden die Lippenstifte auf den Markt gebracht. Dann würde der Befreiungstatbestand des § 5 Abs. 1 Nr. 3 UStG grundsätzlich eingreifen.

Zunächst wird für die Steuerfreiheit der Einfuhr ein Schuldner der Einfuhrumsatzsteuer gefordert. Hier handelt es sich um eine hypothetische Beurteilung auf der Grundlage der sinngemäßen Anwendung der zollrechtlichen Entstehungsvorschriften.

Dann müssen die Gegenstände im Anschluss an die Einfuhr unmittelbar zur Ausführung von innergemeinschaftlichen Lieferungen verwendet werden. Als innergemeinschaftliche Lieferung wird ein Steuerbefreiungstatbestand des Umsatzsteuerrechts bezeichnet, in dessen Rahmen eine grenzüberschreitende Lieferung innerhalb des Gebiets der Union von der Umsatzsteuer im Staat des Beginns des Transports steuerfrei gestellt wird. Eine solche innergemeinschaftliche Lieferung liegt vor, wenn die folgenden Voraussetzungen gemäß § 4 Nr. 1 Buchst. b UStG in Verbindung mit § 6 Buchst. a UStG kumulativ erfüllt sind:

- die Ware muss im Rahmen einer Lieferbeziehung tatsächlich von einem EU-Mitgliedstaat in einen anderen EU- Mitgliedstaat transportiert werden,
- der Empfänger der Ware muss Unternehmer sein und er muss die Ware im Regelfall im Rahmen seines Unternehmens erwerben,
- der Erwerb des Gegenstandes muss im Bestimmungsland der Erwerbsbesteuerung unterliegen.
- Und die jetzt ergänzte Voraussetzung, dass der Abnehmer gegenüber dem Unternehmer eine ihm von einem anderen Mitgliedstaat erteilte gültige Umsatzsteuer-Identifikationsnummer verwendet.

Im Rahmen der sogenannten „Quick Fixes", hat die EU-Kommission mit Durchführungsverordnung (EU) 2018/1912 des Rates vom 4. 12. 2018 mit ihren Sofortmaßnahmen zur Umsatzsteuer in der Europäischen Union zum einen Änderungen der Nachweispflicht für den tatsächlichen Transport der Ware von einem Mitgliedstaat in einen anderen EU-Mitgliedstaat festgelegt. Zudem ist nach § 6 Buchst. a Nr. 4 UStG der Unternehmer nunmehr zur Überprüfung der Gültigkeit der Umsatzsteueridentifikationsnummer des Abnehmers verpflichtet.

Während der Nachweis dafür, dass eine Lieferung von einem EU- Mitgliedstaat in einen anderen Mitgliedstaat der Union tatsächlich stattgefunden hat, bisher uneinheitlich geregelt worden ist, ist jetzt in den Umsatzsteuerdurchführungsvorschriften eine einheitliche Verfahrensweise bei der Nachweisführung festgelegt. Wer den Nachweis zu führen hat, hängt unter anderem davon ab, wer für den Transport der Ware verantwortlich ist.

Neu ist jetzt die gemäß § 6 Buchst. a Nr. 4 UStG aufgenommene Voraussetzung, wonach der Abnehmer gegenüber dem Unternehmer eine ihm von einem anderen Mitgliedstaat erteilte gültige Umsatzsteuer-Identifikationsnummer verwendet. Damit wird ein qualitatives Novum der Pflichten des Unternehmers formuliert, der die Ware in einen anderen Mitgliedstaat transportiert. Während die Rechtsprechung des EuGH (zuletzt in EuGH vom 27.9.2012 - C-587/10) über Jahre hinweg die Umsatzsteuer-Identifikationsnummer nur als formelles Kriterium beurteilt hat, ist das Vorliegen einer gültigen Umsatzsteuer-Identifikationsnummer durch den Abnehmer zur materiellen Voraussetzung avanciert. Dieser Paradigmenwechsel hat auch für den Unternehmer weitreichende Konsequenzen. So obliegt es ihm, für die Überprüfung der Gültigkeit der Umsatzsteuer-Identifikationsnummer des Abnehmers Sorge zu tragen. Dies wird sich in der Praxis für ihn zu weilen sehr aufwändig gestalten.

Neben diesen Voraussetzungen, die das Vorliegen einer innergemeinschaftlichen Lieferung selbst betreffen, liegt die Steuerbefreiung nur dann vor, wenn der Schuldner der Einfuhrumsatzsteuer noch folgende in § 5 Nr. 3 Buchst. a bis c UStG genannte Bedingungen erfüllt:

Er muss zum Zeitpunkt der Einfuhr seine im Geltungsbereich des Umsatzsteuergesetzes erteilte Umsatzsteueridentifikationsnummer mitteilen

Daneben muss auch die in dem Mitgliedstaat des Abnehmers erteilte Umsatzsteueridentifikationsnummer mitgeteilt werden

Darüber hinaus hat er noch den Nachweis zu führen, dass die Gegenstände zur Beförderung oder Versendung in das übrige Gemeinschaftsgebiet bestimmt sind.

2. Steuerbefreiungen nach § 5 Abs. 2 UStG

Gemäß § 5 Abs. 2 UStG kann das Bundesministerium der Finanzen durch Rechtsverordnung Steuerbefreiungen oder Steuerermäßigungen anordnen. Hauptanwendungsfall für diese Befreiungen sind die Einreisefreimengenverordnung (EF-VO Z 0181) sowie die Einfuhrumsatzsteuerbefreiungsverordnung (EuStBV Z 8051).

Für die Befreiung von der EUSt und von den besonderen Verbrauchsteuern gelten die EuStBV vom 11.8.1992 sowie die EverbrStV. Die EUStBV verweist jetzt dynamisch auf die Vorschriften des UZK.

Befreiung als Rückware

Die Befreiung der als Rückwaren zollfreien Waren richtet sich grundsätzlich nach § 1 Abs. 2 a EUStBV. Dabei ist allerdings die Ausnahmebestimmung des § 12 EuStBV zu berücksichtigen. Eine Einfuhrumsastzsteuerbefreiung scheidet nach § 12 Abs. 1 Nr. 2 EUStBV dann aus, wenn eine umsatzsteuerfreie Ausfuhrlieferung (§ 4 Nr. 1 UStG) vorgelegen hat. Allerdings gilt diese Ausnahme dann nicht, wenn derjenige, der die Ausfuhrlieferung bewirkt hat, die Ware zurückerhält und zum vollen Vorsteuerabzug berechtigt ist (§ 12 S. 2 EUStBV).

Die Befreiung als Rückware scheidet nach § 12 Abs. 1 Nr. 1 UStG auch dann aus, wenn die Waren im Aussengebiet Gegenstand einer Lieferung (§ 3 UStG) vor Einfuhr gewesen sind. Dadurch soll vermieden werden, dass die ursprüngliche Unionsware umsatzsteuerbefreit in das Zollgebiet der Union eingeführt und beispielsweise eine nicht zum Vosteuerabzug berechtigte Person die Ware umsatzsteuerbefreit erhält. Der Ausschluss der umsatzsteuerfreien Rückware gilt allerdings nur in den Fällen, in denen die Lieferung im Drittland stattgefunden hat.

BEISPIEL:

Ein KfZ wird von der deutschen Firma D in das Drittland exportiert. Dort wird das KfZ an die Firma Y verkauft, die das KfZ dann als Rückware umsatzsteuerbefreit zur Überlassung zum steuerrechtlich freien Verkehr nach Wiedereinfuhr in Deutschland überführen möchte.

Hier liegt ein klassicher Fall der Lieferung gemäß § 3 UStG des KfZ im Aussengebiet vor der Einfuhr der Ware in das Zollgebiet der Union vor.

Wird der Gegenstand im Aussengebiet beschlagnahmt und dann wiedereingeführt, weil er nach vorheriger Ausfuhr gestohlen worden ist, so ist die behördliche Beschlagnahme keine Lieferung gemäß § 3 Abs. 1 UStG, so dass die Ware dann trotzdem einfuhrumsatzsteuerbefreit wiedereingeführt werden kann und zwar auch von dem Unternehmen, das die Schadensregulierung für die gestohlenen Waren übernommen hat (so auch Hess. FG, Urteil vom 8.6.2016- 7 K 356/13).

Liegt keine Steuerbefreiung vor, wird in sinngemäßer Anwendung der zollrechtlichen Entstehungsvorschriften die Einfuhrumsatzsteuerentstehung geprüft. Abweichend von der zollschuldrechtlichen Entstehungsprüfung wird bei der Einfuhrumsatzsteuerentstehung sinngemäß die Überführung zur Überlassung in den steuerrechtlichen Verkehr synonym zum zollrechtlich freien Verkehr geprüft. Bei der Zollschuldnerschaft wird § 13 Buchst. a UStG noch ergänzend hinzugefügt.

In Bezug auf die Vorschriften des Art. 124 UZK als Erlöschenstatbestand und Art. 86 Abs. 6 UZK als Entstehungshindernis wird auch hier im Rahmen der Einfuhrumsatzsteuerentstehung die sinngemäße Anwendung dieser Vorschriften anzunehmen sein.

VI. Bemessungsgrundlagen

G6000 Die Bemessungsgrundlage für die Einfuhrumsatzsteuer ist im Regelfall der Zollwert gemäß § 11 Abs. 1 UStG zuzüglich bestimmter in § 11 Abs. 3 UStG benannter Beträge. Die Einfuhrumsatzsteuerentstehung bei dem Verfahren der passiven Veredelung folgt anderen Grundsätzen.

Dem Zollwert sind nach § 11 Abs. 3 UStG folgende Kosten hinzuzurechnen:

- beispielsweise im Drittland gezahlte Ausfuhrzölle (§ 11 Abs. 3 Nr. 1 UStG)
- Beträge an Zöllen und anderen Einfuhrabgaben z. B. Verbrauchsteuern (§ 11 Abs. 3 Nr. 2 UStG)
- Die Kosten der Beförderung bis zum ersten Bestimmungsort im Zollgebiet der Union (§ 11 Abs. 3 Nr. 3 UStG)
- und die Beförderungskosten bis zum weiteren Bestimmungsort im Zollgebiet der Union, sofern sie im Zeitpunkt der Eustschuldentstehung bereits feststehen (§ 11 Abs. 3 Nr. 4 UStG).

Die im Drittland gezahlten Ausfuhrzölle spielen im Regelfall keine zentrale Rolle.

Anders verhält sich die Situation in Bezug auf die Zollbeträge, die im Zeitpunkt der Entstehung der EuSt auf die einzuführende Ware entfallen. Der ermittelte Zollbetrag, auch im Rahmen der vorübergehenden Verwendung bei teilweiser Befreiung von den Einfuhrabgaben bzw. bei der tariflichen Endverwendung, ist dem Zollwert entsprechend hinzuzurechnen (§ 11 Abs. 3 Nr. 2 UStG).

Gemäß § 11 Abs. 3 Nr. 3 UStG sind „die auf den Gegenstand entfallenden Kosten für die Vermittlung der Lieferung und die Kosten der Beförderung sowie für andere sonstigen Leistungen bis zum ersten Bestimmungsort im Gemeinschaftsgebiet" hinzuzurechnen.

Die Mehrwertsteuersystemrichtlinie trifft folgende Regelung im Hinblick auf die Beförderungskosten bzw. die Begriffsbestimmung des umsatzsteuerrechtlich geprägten ersten Bestimmungsorts im Zollgebiet der Union.

In Art. 86 MwStSystRL

(1) In die Steuerbemessungsgrundlage sind — soweit nicht bereits darin enthalten — folgende Elemente einzubeziehen:

a) die außerhalb des Einfuhrmitgliedstaats geschuldeten Steuern, Zölle, Abschöpfungen und sonstigen Abgaben, sowie diejenigen, die aufgrund der Einfuhr geschuldet werden, mit Ausnahme der zu erhebenden Mehrwertsteuer;

b) die Nebenkosten — wie Provisions-, Verpackungs-, Beförderungs- und Versicherungskosten —, die bis zum ersten Bestimmungsort der Gegenstände im Gebiet des Einfuhrmitgliedstaats entstehen sowie diejenigen, die sich aus der Beförderung nach einem anderen Bestimmungsort in der Gemeinschaft ergeben, der zum Zeitpunkt, zu dem der Steuertatbestand eintritt, bekannt ist.

(2) Für Zwecke des Absatzes 1 Buchstabe b gilt als „erster Bestimmungsort" der Ort, der auf dem Frachtbrief oder einem anderen Begleitpapier, unter dem die Gegenstände in den Einfuhrmitgliedstaat verbracht werden, angegeben ist. Fehlt eine solche Angabe, gilt als erster Bestimmungsort der Ort, an dem die erste Umladung im Einfuhrmitgliedstaat erfolgt.

In Bezug auf die Beförderungskosten gibt es hinsichtlich des zollrechtlichen und umsatzsteuerrechtlichen Verständnisses keine Unterschiede. Insoweit fließen die gleichen Faktoren in die Bemessung ein. Allerdings unterscheidet sich der Begriff des ersten Bestimmungsortes vom zollrechtlich maßgeblichen Ort des Verbringens, der in Art. 137 UZK-IA abhängig vom Beförderungsmittel definiert wird. Als erster Bestimmungsort gilt nämlich im Bereich des Umsatzsteuerrechts nach Art. 86 Abs. 2 MwStSystRL der Ort, der auf dem Frachtbrief oder einem anderen Begleitpapier, unter dem die Gegenstände in den Einfuhrmitgliedstaat verbracht werden, angegeben ist. Das heißt, soll der Transport einer Ware per Flugzeug nach Frankfurt am Main erfolgen, so ist im Bereich des Umsatzsteuerrechtes Frankfurt am Main auch erster Bestimmungsort. Zöllnerisch ist der OdV allerdings nicht Frankfurt am Main. Hier kommt es auf die hypothetische Aufteilung der Flugkosten nach Art. 138 UZK-IA in Verbindung mit Anhang 23-01 an.

Das heißt, die Beförderungskosten werden nur laut Tabelle bis zu dem Ort hinzugerechnet, an dem das Flugzeug erstmalig die Grenze zum Zolllgebiet der Union hypothetisch überschreitet. Es werden also umsatzsteuerrechtlich die gesamten Flugkosten bis zum ersten Bestimmungsort hinzugerechnet. Zöllnerisch werden allerdings beispielsweise nur 70 Prozent fiktiv der Flugkosten in den Zollwert mit einbezogen. Dann werden die restlichen 30 % der Flugkosten in den EuSt Wert über § 11 Abs. 3 Nr. 3 UStG einfließen.

Ist der erste Bestimmungsort deckungsgleich mit dem im Zollrecht maßgeblichen OdV nach Art. 137 UZK-IA, dann werden keine weiteren Beförderungskosten über § 11 Abs. 3 Nr. 3 UStG hinzugerechnet.

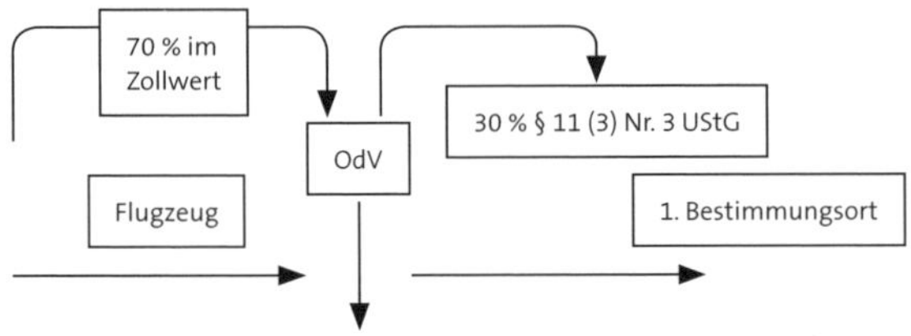

Die Versicherungskosten sind im Regelfall nicht hinzuzurechnen über § 11 Abs. 3 Nr. 3 UStG. Sie sind bereits vollständig im Zollwert enthalten und für sie gilt auch keine Aufteilung wie bei den Beförderungskosten. Sie sind waren und nicht streckenbezogen (Art. 138 UZK-IA). Lediglich bei einer möglichen getrennten Ausweisung der Versicherungskosten vom OdV bis zum ersten Bestimmungsort im umsatzsteuerrechtlichen Sinne könnte eine Hinzurechnung in Betracht kommen, vergleichbar den Beförderungskosten.

Steht ein weiterer Bestimmungsort im Zollgebiet der Union im Zeitpunkt der Entstehung der Umsatztseuer – mit Annahme der Zollanmeldung – bereits fest, sind die Beförderungskosten bis zu diesem weiteren Bestimmungsort im Zollgebiet der Union über § 11 Abs. 3 Nr. 4 UStG dem EuSt Wert hinzuzurechnen. Wird also die im vorigen Beispiel angesprochene Ware von Frankfurt nach Münster weitertransportiert und steht das im Zeitpunkt der Annahme der Zollanmeldung zur Überführung in den steuerrechtlich freien Verkehr schon fest, so werden die innergemeinschaftlichen Beförderungskosten, die für den Transport von Frankfurt nach Münster anfallen, dem Eust-Wert hinzugerechnet.

Der Regelsteuersatz beträgt bei der Einfuhr 19 % und ermäßigt sich bei bestimmten Waren auf 7 %. Dem ermäßigten Steuersatz von 7 % unterliegen nur Produkte, die in der Anlage 2 zu § 12 Abs. 2 Nr. 1 und 2 UStG ausdrücklich genannt werden. Insoweit ist die dort aufgeführte Aufzählung abschließend. Beispielsweise gehören dazu Fleisch, Fisch, Milch, Gemüse, Kaffee, Getreide, aber auch Blumen Bücher Kunstgegenstände und Sammlungsstücke u. s. w. G6001

VII. Vorsteuerabzug

Durch das System des Vorsteuerabzugs soll sichergestellt werden, dass nur der bei dem jeweiligen Umsatz erzielte Mehrwert mit der Umsatzsteuer belastet wird. G7000

Durch den Vorsteuerabzug wird somit erreicht, dass die volle Umsatzsteuer vom Endverbraucher getragen wird.

Die für die sogenannten Vorumsätze entrichtete Umsatzsteuer wird somit im Rahmen der monatlich bzw. vierteljährlich von den Unternehmen abzugebenden Vorausanmeldung verrechnet.

Rechtsgrundlage für den Vorsteuerabzug bildet § 15 Abs. 1 Nr. 2 UStG. Den Anspruch können nur Unternehmen geltend machen. Ausgeschlossen sind private Endverbraucher, hoheitlich Handelnde bzw. Kleinunternehmer, bei denen keine Umsatzsteuer erhoben wird.

Nach Abschnitt 15.11 Abs. 1 Satz 2 Nr. 2 des Umsatzsteuer-Anwendungserlasses hat der Unternehmer die Voraussetzungen für die Geltendmachung des Vorsteuerabzugs nachzuweisen.

Die Vorsteuerabzugsberechtigung kann man sich wie folgt vorstellen:

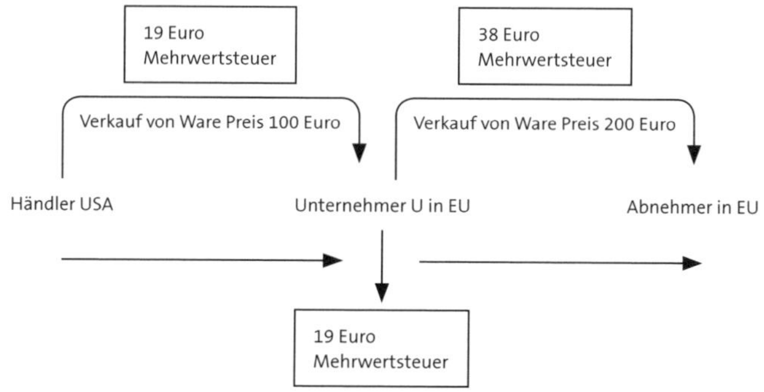

Der zum Vorsteuerabzug berechtigte Unternehmer kann dann die im Weiterverkauf von 200 Euro enthaltenen 19 Euro Mehrwertsteuer, die er für seinen ersten Einkauf schuldete, gegenüber dem Finanzamt im Wege der Vorsteuerabzugsberechtigung geltend machen.

G7001 **Prüfungsschema EuSt-Schuldentstehung**

- Prüfung des Steuergegenstandes nach § 1 Abs. 1 Nr. 4 UStG
  - Gegenstand
  - Einfuhr im Inland
- Entstehung der EuSt in sinngemäßer Anwendung der zollrechtlichen Vorschriften nach §§ 13 Abs. 2, 21 Abs. 2 UStG i.V.m. Zollvorschriften
  - Entstehungstatbestand
  - Entstehungszeitpunkt
  - Schuldner der EuSt
  - Bemessung im dafür maßgeblichen Bemessungszeitpunkt

H. Zollglossar

Abgangszollstelle ist die Zollstelle, die die Zollanmeldung für die Überführung der Waren in ein Versandverfahren annimmt und bei der der Versand beginnt (Art. 1 Nr. 13 UZK-DelVO).

AKP-Staaten sind bestimmte Länder des afrikanischen, karibischen und pazifischen Bereichs. Waren aus diesen Ländern werden beim Import Zollvorteile gewährt.

Aktive Veredelung: Unterart des besonderen Verfahrens (Art. 210 UZK). Eingeführte Nicht-Unionswaren werden im Zollgebiet der Union sog. Veredelungsvorgängen (Art. 5 Nr. 37 UZK) unterzogen, ohne dass Einfuhrabgaben oder sonstige Abgaben bezahlt oder handelspolitische Maßnahmen beachtet werden müssen, soweit diese nicht den Eingang der Waren in das Zollgebiet der Union untersagen (Art. 256 UZK).

Ankunft von Waren beinhaltet den Eingang von Waren in das Zollgebiet der Union, Gestellung, Entladung und Beschau sowie die vorübergehende Verwahrung (Art. 133 - 152 UZK).

Ankunftsmeldung: Meldung der Ankunft eines Seeschiffes oder eines Luftfahrzeugs im Zollgebiet der Union durch den Betreiber bei der ersten Eingangszollstelle (Art. 133 Abs. 1 UZK).

Anmelder ist gem. Art. 5 Nr. 15 UZK die Person, die im eigenen Namen eine Zollanmeldung, eine Anmeldung zur vorübergehenden Verwahrung, eine summarische Eingangsanmeldung, eine summarische Ausgangsanmeldung, eine Wiederausfuhrzollanmeldung oder eine Wiederausfuhrmitteilung abgibt, oder die Person, in deren Namen diese Anmeldung oder Mitteilung abgegeben wird.

Anmeldung: s. Zollanmeldung, Wiederausfuhranmeldung, Anmeldung zur vorübergehenden Verwahrung.

Anmeldung zur vorübergehenden Verwahrung: Handlung, durch die eine Person bekundet, dass sich Waren in der vorübergehenden Verwahrung befinden (Art. 5 Nr. 11 UZK).

Ansässigkeit: Natürliche Personen sind im Zollgebiet der Union ansässig, wenn sie ihren gewöhnlichen Wohnsitz dort haben. Bei juristischen Personen oder Personenvereinigungen kommt es auf den eingetragenen Sitz, den Hauptsitz oder die ständige Niederlassung an (Art. 5 Nr. 31 UZK).

Antidumpingzölle können auf Waren erhoben werden, die im Drittland Gegenstand eines Dumpings sind und deren Überlassung zum zollrechtlich freien Verkehr im Zollgebiet der Union eine Schädigung verursacht. Eine Ware gilt als gedumpt, wenn ihr Preis bei der Ausfuhr in die EU niedriger ist als der vergleichbare Preis der zum Verbrauch im Drittland bestimmten gleichartigen Waren im normalen Handelsverkehr.

ATLAS ist das IT-Verfahren der deutschen Zollverwaltung. Die Buchstabenfolge ergibt sich aus der Bezeichnung **A**utomatisiertes **T**arif- und **L**okales Zoll- **A**bwicklungs- **S**ystem.

Aufgabe zugunsten der Staatskasse: Damit kann der Wirtschaftsbeteiligte auf die Ware verzichten und sie dem Staat zukommen lassen (Art. 199 UZK).

Ausbeute gibt die Menge oder den Prozentsatz von Waren an, die in den Haupt- oder Nebenveredelungserzeugnissen enthalten sind (Art. 5 Nr. 38 UZK).

Ausfuhr: Zollverfahren, mittels dessen Unionswaren aus dem Zollgebiet der Union verbracht werden können (Art. 269 UZK). S. auch passive Veredelung. Nicht-Unionswaren werden dagegen wiederausgeführt.

Ausführer ist regelmäßig die im Zollgebiet der Union ansässige Person, die zum Zeitpunkt der Annahme der Anmeldung Vertragspartner des Empfängers im Drittland ist und die befugt ist, über das Verbringen der Waren an einen Bestimmungsort außerhalb des Zollgebiets der Union zu bestimmen (Art. 1 Nr. 19 UZK-DelVO).

Ausfuhrabgaben: die für die Ausfuhr von Waren zu entrichtenden Abgaben (Art. 5 Nr. 21 UZK).

Ausfuhranmeldung ist eine Zollanmeldung. Ihr Inhalt ist das Zollverfahren Ausfuhr bei Unionswaren.

Ausfuhrzollstelle ist die Zollstelle, bei der die Ausfuhranmeldung oder Wiederausfuhranmeldung abgegeben wird (Art. 1 Nr. 15 UZK-DelVO).

Ausgangszollstelle: Die im Ausfuhrverfahren befindlichen Unionswaren sind beim Verlassen des Zollgebiets der Union an der Ausgangszollstelle zu gestellen. Das ist regelmäßig die Grenzzollstelle. Bei der Wiederausfuhr gilt Entsprechendes.

Beschau: Die Zollverwaltung macht eine Kontrolle zum Abgleich von tatsächlich vorhandenen Waren mit deren Beschreibung in einer summarischen Anmeldung, Anmeldung zur vorübergehenden Verwahrung, Zollanmeldung oder Wiederausfuhrmitteilung (Art. 46 Abs. 1 UAbs. 2 UZK). Der Besitzer von Waren beschaut insbesondere, um ihre Einreihung in den Zolltarif, ihren Zollwert oder ihren zollrechtlichen Status zu ermitteln (Art. 134 Abs. 2 UZK).

Besitzer einer Ware: Person, die Eigentümer der Ware ist oder eine ähnliche Verfügungsbefugnis besitzt, beziehungsweise in deren tatsächlicher Verfügungsgewalt sich die Ware befinden (Art. 5 Nr. 35 UZK).

Bestimmungszollstelle ist die Zollstelle, bei der die in ein Versandverfahren übergeführten Waren zur Beendigung des Verfahrens zu gestellen sind (Art. 1 Nr. 14 UZK-DelVO).

Bewilligungsinhaber s. Inhaber der Entscheidung

Buchmäßige Erfassung ist die Eintragung des von den Zollbehörden festgesetzten Abgabenbetrags in ihren Büchern. Es handelt sich um einen verwaltungsinternen Vorgang, der nicht Voraussetzung für die Erstellung des Abgabenbescheids ist (Art. 104 UZK).

Bürgschaft: Der Bürge verpflichtet sich durch die Übernahme einer Bürgschaft gegenüber den Zollstellen, zur Zahlung des gesicherten Betrages fremder Zollschulden. Er haftet für die Schulden des Zollschuldners ohne selbst Zollschuldner zu werden (Art. 94 UZK).

Carnet ATA (**A**dmission **T**emporaire/Temporary **A**dmission): internationales Zolldokument für die vorübergehende Verwendung von Waren (Art. 1 Nr. 2 UZK-DelVO).

Carnet TIR: Das Zollpapier „Transport International des Marchandises par la Route" ist ein Versandpapier im auf dem TIR-Übereinkommen beruhenden externen Versandverfahren (Art. 1 Nr. 37 UZK-DelVO).

Codenummer: Der elektronische Zolltarif erfasst auf Grundlage einer elfstelligen Codierung alle Waren. Diese Codenummer setzt sich zusammen aus Kapitel (1 + 2), Position (3 + 4) und Unterposition (5 + 6) des Harmonisierten Systems zur Bezeichnung und Codierung von Waren (HS), einer weiteren Unterposition der Kombinierten Nomenklatur (7 + 8), dem integrierten Tarif der EU (Taric) (9 + 10) und einer nationalen Unterteilung (11).

Durchsuchung: Die körperliche Durchsuchung ist eine Zollkontrolle gem. Art. 46 UZK. Sie hat zum Ziel, am Körper versteckte, vorschriftswidrig in das Zollgebiet der Union verbrachte Nicht-Unionswaren zu finden. Es soll damit der Schmuggel in und unter der Kleidung aufgedeckt werden. In Abgrenzung zur körperlichen Untersuchung darf dabei nicht in das Körperinnere eingegriffen werden (§ 10 Abs. 3 ZollVG).

EFTA: Die **E**uropean **F**ree **T**rade **A**ssociation ist eine Freihandelszone zwischen Island, Norwegen, Liechtenstein und der Schweiz.

Einfuhr ist ein Realakt, kein Zollverfahren. Insbesondere bedeutet Einfuhr nicht die Überlassung zum zollrechtlich freien Verkehr. Einfuhr ist das endgültige oder vorübergehende Verbringen von Waren in das Zollgebiet der Union.

Einfuhrabgaben: die bei der Einfuhr von Waren zu entrichtenden EU-Abgaben (Art. 5 Nr. 20 UZK). Sie sind zu unterscheiden von den sonstigen nationalen Abgaben aus Anlass der Einfuhr.

Einfuhrumsatzsteuer: Umsatzsteuer, die bei der Einfuhr von Unionswaren in den deutschen Teil des EU-Steuergebietes (Inland) regelmäßig dann erhoben wird, wenn eine Zollschuld entsteht. Das ist bei Überlassung zum zollrechtlich freien Verkehr, zur vorübergehenden Verwendung unter Teilverzollung und (in bestimmten Fällen) bei Pflichtverletzungen der Fall, die zur Zollschuldentstehung führen.

Einheitspapier: Die Überführung von Waren in ein Zollverfahren setzt die Abgabe einer Zollanmeldung voraus. Amtliches Muster für die (teilweise noch mögliche) papiergestützte Zollanmeldung ist das Einheitspapier.

Einlagerer: Derjenige, der durch eine Anmeldung zur Überführung in das Zolllagerverfahren gebunden ist, ist Einlagerer. Er wird im UZK Inhaber des Verfahrens genannt. Er ist zu unterscheiden vom Lagerhalter, dem der Betrieb eines Zolllagers bewilligt worden ist. Dieser wird Inhaber der Zolllagerbewilligung oder Bewilligungsinhaber genannt. Bei privaten Zolllagern besteht Identität zwischen beiden, bei öffentlichen grundsätzlich keine EU-weit gültige (Art. 240 Abs. 2 UZK).

Endverwendung: Waren können in diesen besonderen Verfahren abgabenfrei oder abgabenbegünstigt zum zollrechtlich freien Verkehr überlassen werden (Art. 254 UZK). Alsdann wird die weitere Verwendung bis zur Zweckerreichung zollamtlich überwacht.

Entscheidung: Art. 5 Nr. 39 UZK legt den Begriff der Entscheidung fest. Es geht um eine EU-weit gültige Handlung der Zollbehörden auf dem Gebiet des Zollrechts zur Regelung eines Einzelfalls mit Rechtswirkung für die betreffende Person oder die betreffenden Personen. Damit wird der europäische Verwaltungsakt definiert.

Entziehen: Eine Einfuhrzollschuld entsteht gem. Art. 79 UZK, wenn bei einfuhrabgabenpflichtigen Nicht-Unionswaren Pflichten in Bezug auf das Entziehen derartiger Waren aus der zollamtlichen Überwachung verletzt werden. Ein Entziehen liegt immer dann vor, wenn eine Handlung, ein Tun oder Unterlassen dazu führt, dass konkret begonnene zollamtliche Überwachungsmaßnahmen nicht mehr durchgeführt werden können. Den Zollstellen wird der zunächst mögliche Zugriff auf die Ware im Nachhinein wieder unmöglich gemacht.

EORI-Nummer: Nummer (**E**conomic **O**perator's **R**egistration and **I**dentification number) zur Registrierung und Identifizierung von Wirtschaftsbeteiligten als Nachfolge der Zollnummer.

Erfassung des Warenverkehrs: s. Ankunft von Waren.

Erhebung: Entstandene Zollschulden sind nach den Einzelheiten der Art. 101 ff. UZK zu erheben. Dabei bedarf es nicht mehr der vorherigen verwaltungsinternen buchmäßigen Erfassung, sondern nur noch der Mitteilung der Zollschuld an den Zollschuldner unter Angabe einer Frist und der Modalitäten für die Entrichtung (Art. 102 UZK).

Erlass: Erlass ist gem. Art. 5 Nr. 29 UZK die Befreiung von der Verpflichtung zur Entrichtung eines noch nicht entrichteten Ein- oder Ausfuhrabgabenbetrags.

Ermächtigter Ausführer: Ausführer, der in vereinfachter Weise selbst Präferenznachweise ausstellen darf.

Erstattung: Erstattung ist gem. Art. 5 Nr. 28 UZK die Rückzahlung entrichteter Einfuhr- oder Ausfuhrabgaben.

Externer Versand: Unterart des Zollverfahrens besondere Verfahren, mittels dessen im Regelfall Nicht-Unionswaren zwischen zwei Orten im Zollgebiet der Union ohne Erhebung von Einfuhrabgaben und ohne Beachtung handelspolitischer Maßnahmen befördert werden können. Die Beförderung erfolgt beispielsweise im Unionsversandverfahren, mittels Carnet TIR, Carnet ATA, Rheinmanifest, NATO-Vordruck 302, EU-Vordruck 302 oder durch die Post.

Freizone: Fiktive Freigebiete im Zollgebiet der Union, die zu Freizonen erklärt worden sind. Sie sind durch Einzäunung vom übrigen Zollgebiet getrennt.

Gemeinsamer Zolltarif legt die bei Entstehen einer Zollschuld gesetzlich geschuldeten Abgaben fest. Der Unionszollkodex selbst trifft keine tariflichen Regelungen, sondern steht quasi als weitere Säule neben dem Tarifrecht der EU.

Gemeinschaftswaren: s. Unionswaren

Gestellung: Mittels Gestellung wird der Zollbehörde mitgeteilt, dass sich eine (eingeführte oder auszuführende) Ware bei der Zollstelle oder an einem anderen von den Zollstellen bezeichneten oder zugelassenen Ort befindet und für Zollkontrollen zur Verfügung steht. Das tatsächliche Verbringen der Waren ist Voraussetzung. Entscheidend ist allein die Mitteilung (Art. 5 Nr. 33 UZK).

Handelspolitische Maßnahmen sind nichttarifäre Maßnahmen, die im Rahmen der gemeinsamen Handelspolitik durch Unionsvorschriften für die Ein- und Ausfuhr von Waren getroffen worden sind, wie Überwachungs- und Schutzmaßnahmen, mengenmäßige Beschränkungen oder Höchstmengen sowie Ein- und Ausfuhrverbote.

Hauptverpflichteter: frühere Bezeichnung des Inhabers des Versandverfahrens. Inhaber des Verfahrens.

Inhaber der Entscheidung: Person, die Adressat einer Entscheidung ist.

Inhaber des Verfahrens: Gem. Art. 5 Nr. 35 UZK wird grundsätzlich die Person Inhaber des Verfahrens, die die Zollanmeldung abgibt oder für deren Rechnung die Zollanmeldung abgegeben worden ist.

Kombinierte Nomenklatur: Siehe Codenummer.

Lagerung: Art des Zollverfahrens besondere Verfahren mit den Unterarten Zolllager und Freizonen.

Mehrwertverzollung: Verzollung nach passiver Veredelung auf Basis der Kosten für den außerhalb des Zollgebiets der Union vorgenommenen Veredelungsvorgang. Der Wert der ausgeführten Unionswaren wird nicht in den Zollwert der Veredelungserzeugnisse einbezogen (Art. 86 Abs. 5 UZK).

Muster und Proben: Im Rahmen einer Beschau können von den Zollbehörden oder von Besitzern der Waren Muster und Proben zur weiteren Untersuchung der Waren entnommen werden (s. Art. 46 Abs. 2 UAbs. 2 und Art. 134 Abs. 2, 189 UZK).

Nebenveredelungserzeugnisse: Alle Erzeugnisse, die bei den Veredelungsvorgängen neben den bewilligten Hauptveredelungserzeugnissen zwangsläufig anfallen, (Art. 1 Nr. 9 UZK-DVO).

Nichtgemeinschaftswaren: s. Nicht-Unionswaren.

Nicht-Unionswaren: alle Waren, die keine Unionswaren sind einschließlich solcher, die den Status Unionsware verloren haben (Art. 5 Nr. 24 UZK).

Passive Veredelung: Unterart des Zollverfahrens besondere Verfahren (Art. 210 UZK) mit dem Ziel der Minderung von Eingangsabgaben. In diesem Verfahren können Unionswaren zur Durchführung von Veredelungsvorgängen vorübergehend aus dem Zollgebiet der Union unter Beachtung aller Ausfuhrverbote und -beschränkungen ausgeführt werden. Die entstandenen Veredelungserzeugnisse werden unter vollständiger oder teilweiser Befreiung von Einfuhrabgaben zum zollrechtlich freien Verkehr überlassen (Art. 259 UZK).

Person: Alle natürlichen Personen, juristischen Personen und die Personenvereinigungen ohne eigene Rechtspersönlichkeit, wenn im Unionsrecht oder nach dem einzelstaatlichen Recht die Möglichkeit vorgesehen ist wirksam im Rechtsverkehr aufzutreten (Art. 5 Nr. 4 UZK).

Präferenzen: Zollbegünstigung in Form reduzierter Zollsätze bis hin zur Zollfreiheit für bestimmte präferenzberechtigte Waren, deren Präferenzursprung in begünstigten Gebieten oder Drittländern liegt.

Reiseverkehr liegt vor, wenn Warenbewegungen grenzüberschreitend von Personen veranlasst und vorgenommen werden, die sich vorübergehend im Zollgebiet der Union oder außerhalb desselben aufhalten.

Registrierter Ausführer: Im Rahmen bestimmter Freihandelsabkommen sowie im Allgemeinen Präferenzsystem vorgesehene Vereinfachung. Es geht um eine Registrierung, nicht um eine Bewilligung, als Voraussetzung für die Ausstellung nicht-förmlicher Präferenznachweise.

Rückwaren: Nicht-Unionswaren, die ursprünglich als Unionswaren aus dem Zollgebiet der Union ausgeführt wurden und innerhalb von drei Jahren unverändert wieder in dieses Zollgebiet eingeführt und dort zur Überlassung zum zollrechtlich freien Verkehr angemeldet werden. Sie sind als Rückwaren auf Antrag zollfrei (Art. 203 UZK).

Sicherheitsleistung dient gem. Art. 89 ff. UZK der Absicherung einer entstandenen oder möglicherweise entstehenden Zollschuld. Sie kann gem. Art. 92 UZK durch die Hinterlegung von Barsicherheit, Verpflichtungserklärung eines Bürgen oder auf sonstige, von den Zollbehörden zugelassene Weise erbracht werden.

Standardzollanmeldung: Normalfall einer Zollanmeldung und zwar unabhängig von der Form. Sie ist dadurch gekennzeichnet, dass sie alle Angaben enthalten muss, die zur Anwendung der Vorschriften über das Zollverfahren, zu dem die Waren angemeldet werden, erforderlich sind (Art. 162 UZK).

Ständige Niederlassung: eine dauerhafte Niederlassung, in der die erforderlichen Personal- und Sachmittel ständig vorhanden sind und über die die zollrelevanten Vorgänge einer Person vollständig oder teilweise abgewickelt werden (Art. 5 Nr. 32 UZK).

Stellvertretung: s. Zollvertreter.

Summarische Anmeldung zur vorübergehenden Verwahrung: s. Anmeldung zur vorübergehenden Verwahrung.

Summarische Ausgangsanmeldung: Handlung mit der die Zollbehörden darüber informiert werden, dass Waren aus dem Zollgebiet der Union verbracht werden sollen (Art. 271 UZK).

Summarische Eingangsmeldung: Handlung mit der die Zollbehörden darüber informiert werden, dass Waren in das Zollgebiet der Union verbracht werden sollen (Art. 5 Nr. 9 UZK).

TARIC: Integrierter gemeinschaftlicher Zolltarif (Tarif intégré communautaire). Der Sache nach geht es darum, dass das achtstellige Warenverzeichnis der Kombinierten Nomenklatur (KN) nicht in der Lage ist, den Zolltarif der EU in seinem vollen Umfang zu erfassen. Deshalb bedurfte es einer neunten und zehnten Stelle.

Transaktionswert setzt sich gem. Art. 70 UZK zusammen aus dem tatsächlich gezahlten oder zu zahlenden Kaufpreis einer Ware beim Verkauf zur Ausfuhr in das Zollgebiet der Union und den Berichtigungen gem. Art. 71 und 72 UZK. Bei diesen Normen geht es um Hinzurechnungen oder Abzugsposten vom Kaufpreis. Typisches Beispiel sind die Beförderungskosten.

Überlassung von Waren: An die Stelle des früheren Begriffs Freigabe tritt gem. Art. 5 Nr. 26 UZK die Überlassung von Waren. Dadurch stellen die Zollbehörden Waren für das Zollverfahren zur Verfügung, in das die betreffenden Waren übergeführt werden. Damit wird etwa die vorübergehende Verwahrung beendet oder ein Zollverfahren erledigt. **Überlassung zum zollrechtlich freien Verkehr:** Zollverfahren. Dadurch erhält eine Nicht-Unionsware den Status der Unionsware. Sie steht den inländischen Waren gleich. Regelmäßig unterliegt die Ware keiner zollamtlichen Überwachung mehr. Sie ist frei verfügbar (Art. 201 UZK). Nur in der Endverwendung unterliegt die Unionsware weiter einer zollamtlichen Überwachung. Dann wird die konkrete Verwendung so lange überwacht, wie sie Voraussetzung für die Abgabenbegünstigung oder -befreiung ist.

Überseeische Länder und Hoheitsgebiete sind Teile der Staatsgebiete der Mitgliedstaaten, die nicht zum Zollgebiet der Union gehören oder Gebiete, zu denen einzelne Mitglieder besondere Beziehungen unterhalten.

Umwandlungsverfahren sind mit dem UZK Fälle der aktiven Veredelung geworden.

Unionswaren: Zum einen gehören zu den Unionswaren Waren, die unter den Ursprungsvoraussetzungen des Art. 59 ff. UZK vollständig im Zollgebiet der Union gewonnen oder hergestellt worden sind. Zum anderen kann die Überlassung zum zollrechtlich freien Verkehr eine Nicht-Unionsware zur Unionsware machen. Drittens sind Waren, die aus vorstehenden Unionswaren gewonnen oder hergestellt wurden, ebenfalls Unionswaren (Art. 5 Nr. 23 UZK).

Ursprungswaren eines Landes sind solche, die vollständig in diesem Land gewonnen oder hergestellt worden sind. Sind mehrere Länder beteiligt, ist entscheidend, wo die letzte wesentliche und wirtschaftlich gerechtfertigte Be- oder Verarbeitung stattgefunden hat. Die Einzelheiten hängen davon ab, ob Präferenzursprung gem. Art. 64 UZK oder der allgemeine (nicht präferenzielle) Ursprung gem. Art. 59 ff. UZK gefordert ist.

Verbindliche Ursprungsauskunft: Ähnlich der verbindlichen Zolltarifauskunft, erteilen die Zollbehörden verbindliche Auskünfte zum präferenziellen und zum nichtpräferenziellen Ursprung (Art. 33 UZK).

Verbindliche Zolltarifauskunft: Auskunft der Zollbehörden über die Einreihung einer Ware. Sie bezieht sich auf einen Warentyp und bindet die Zollbehörden aller Mitgliedstaaten und den Inhaber der Entscheidung hinsichtlich der zolltariflichen Einreihung dieser Ware (Art. 33 Abs. 2 UZK).

Verbote und Beschränkungen: Die Überlassung zu einem Zollverfahren steht unter dem Vorbehalt entgegenstehender absoluter oder relativer Verbote und Beschränkungen für den grenzüberschreitenden Warenverkehr.

Verbrauchsteuer: Zu den nationalen Eingangsabgaben gehören auch die Verbrauchsteuern für Bier, Alkopops, Branntwein, Energie, Kaffee, Schaumwein, Strom und Zwischenerzeugnisse sowie Tabak und die Einfuhrumsatzsteuer.

Veredeler sind Personen, die bewilligte Veredelungsvorgänge im Rahmen der aktiven oder passiven Veredelung ganz oder teilweise durchführen. Sie sind zu unterscheiden vom Inhaber der Bewilligung und dem Inhaber des Verfahrens.

Veredelung: Art des Zollverfahrens besondere Verfahren mit den Unterarten aktive und passive Veredelung (Art. 210 Buchst. d UZK).

Veredelungserzeugnisse sind Waren, die aus bewilligten Veredelungsvorgängen entstanden sind (Art. 5 Nr. 30 UZK). Dabei ist zu unterscheiden zwischen den Hauptveredelungserzeugnissen, deretwegen die Veredelung bewilligt worden ist und Nebenveredelungserzeugnissen, die zwangsläufig bei einem Veredelungsvorgang anfallen (Art. 1 Nr. 7, 9 UZK-DVO).

Veredelungsvorgänge: Der UZK nennt fünf Möglichkeiten, Art. 5 Nr. 37 UZK. Bei der **Bearbeitung** einschließlich Montage, Zusammensetzen und Anbringen an andere Waren bleibt die Ware gegenständlich individuell mit ihren wesentlichen Merkmalen erhalten. Bei der **Verarbeitung** findet eine weitgehende Umgestaltung statt. Die Ware bleibt nur der Substanz nach erhalten. **Zerstörung** passt sprachlich eigentlich nicht zur Veredelung. Denn es geht um Beseitigung, Demolierung, Vernichtung oder Zerschlagung von Waren mit oder ohne Resten. **Ausbesserung** einschließlich Instandsetzung und Regulierung ist der vierte Veredelungsvorgang. Zusätzlich gibt es als fünften Veredelungsvorgang nur bei der aktiven Veredelung die **Verwendung von Produktionshilfsmitteln**. Das sind Nicht-Unionswaren, die nicht in die Veredelungserzeugnisse eingehen, sondern lediglich deren Herstellung ermöglichen oder erleichtern, selbst wenn sie dabei vollständig oder teilweise verbraucht werden.

Vereinfachte Zollanmeldungen: Zollanmeldungen, in denen Angaben fehlen oder bei deren Abgabe auf Unterlagen verzichtet wird (Art. 166 UZK). In ergänzenden Zollanmeldungen sind die Angaben nachzuliefern (Art. 167 UZK).

Vernichtung: Vernichtet ist eine Ware, die beseitigt oder völlig entwertet worden ist. Die vernichtete Ware ist wirtschaftlich nicht mehr sinnvoll erfassbar. Der UZK spricht nur noch von Zerstörung und nennt diesen Fall Zerstörung ohne Reste.

Verwahrungslager: kein Zollverfahren, sondern bewilligter Ort an dem Nicht-Unionswaren in der vorübergehenden Verwahrung bis zu 90 Tage gelagert werden dürfen.

Verwendung: Art des Zollverfahrens besondere Verfahren mit den Unterarten vorübergehende Verwendung und Endverwendung (Art. 210 Buchst. c UZK).

Versand: Art des Zollverfahrens besondere Verfahren mit den Unterarten externer und interner Versand (Art. 210 Buchst. a UZK). Ermöglicht die Beförderung von Waren zwischen zwei Orten im Zollgebiet der Union.

Vertreter: s. Zollvertreter

Vorabanzeigen: Mitteilungen in Form summarischer Anmeldungen oder Zollanmeldung über bevorstehende Im- oder Exporte. Bei der Gestellung der Waren ist auf die Vorabanzeigen Bezug zu nehmen.

Vorübergehende Verwahrung: vorübergehendes Lagern von gestellten Nicht-Unionswaren bis zur Überlassung durch die Zollstellen in ein Zollverfahren oder ihrer Wiederausfuhr. Die vorübergehende Verwahrung selbst ist kein Zollverfahren, sondern die zeitlich vorausgehende zollrechtliche Situation. Während dessen unterliegen die Waren erheblichen Beschränkungen. Insbesondere dürfen nur notwendige Erhaltungsmaßnahmen durchgeführt werden. Die Verwahrung kann beim Zollamt, einem Dritten oder dem Empfänger durchgeführt werden. Sie ist innerhalb von 90 Tagen zu beenden (Art. 145 – 149 UZK).

Vorübergehende Verwendung: Unterart der Verwendung Art. 210 Buchst. C UZK). In die vorübergehende Verwendung können Waren übergeführt werden, die nicht endgültig in den Wirtschaftskreislauf eingehen sollen, sondern nur zeitlich genutzt und nach vorübergehendem Gebrauch unverändert wiederausgeführt werden sollen. Unter Beachtung der zu schützenden Wirtschaftsinteressen kann es zur vollständigen oder teilweisen Befreiung von Einfuhrabgaben kommen (Art. 250 UZK).

Waren sind alle beweglichen Güter, einschließlich des elektrischen Stroms.

Waren zu nichtkommerziellen Zwecken: Gem. Art. 1 Nr. 21 UZK-DelVO kommen zwei Arten von Waren in Betracht. In beiden Fällen geht es um gelegentliche Sendungen. Der erste Fall betrifft Sendungen von Privatperson an Privatperson, der zweite Fall Waren im persönlichen Gepäck von Reisenden. Sie dürfen sich ausschließlich aus Waren zusammensetzen, die ihrer Art und Menge nach ausschließlich zum privaten Ge- oder Verbrauch durch den Empfänger oder Reisende und Angehörige ihres Haushalts bestimmt sind oder als Geschenk überreicht werden sollen.

Wiederausfuhr: Nicht-Unionswaren werden auf diesem Wege ordnungsgemäß aus dem Zollgebiet der Union verbracht (Art. 270 UZK). Demgegenüber werden Unionswaren im Ausfuhrverfahren endgültig oder in der passiven Veredelung vorübergehend ausgeführt. Die Verfahrensregeln entsprechen einander.

Wiederausfuhranmeldung: Anmeldung von Nicht-Unionswaren zur Wiederausfuhr (Art. 270 UZK).

Wiederausfuhrmitteilung: Mitteilung der Wiederausfuhr von Nicht-Unionswaren (Art. 274 UZK). Sie ist nur erforderlich, wenn es keiner Wiederausfuhranmeldung und keiner summarischen Ausgangsanmeldung bedarf.

Wirtschaftsbeteiligter: Person, die im Rahmen ihrer Geschäftstätigkeit mit Tätigkeiten befasst ist, die durch zollrechtliche Vorschriften abgedeckt wird (Art. 5 Nr. 5 UZK).

WTO: In der Uruguay-Runde wurde das GATT als Vertragswerk umgeformt in eine institutionalisierte Organisation, die WTO (**W**orld **T**rade **O**rganization).

WZO: Im Sommer 1994 hat sich der frühere RZZ inoffiziell als Welt**zoll**organisation (**W**orld **C**ustoms **O**rganization = WCO) etabliert.

Zahlungsaufschub: Entstandene Zollschulden müssen innerhalb einer im Steuerbescheid gesetzten Frist entrichtet werden. Dabei kann als Zahlungserleichterung ein sog. Zahlungsaufschub eingeräumt werden (Art. 110 UZK). Dann ist bis zum 16. des auf die Zollschuldentstehung folgenden Monats zu zahlen.

Zerstörung: Veredelungsvorgang gem. Art. 5 Nr. 37 Buchst. c UZK. Zerstört ist eine Ware, deren Beschaffenheit verändert worden ist. Selbst bei intensivster Einwirkung bleiben jedoch verwertbare Reste oder Abfälle (s. auch Vernichtung). Daneben können die Zollbehörden die Zerstörung von Waren als Verwertungsmaßnahme gem. Art. 197 UZK verlangen.

Zollamtliche Überwachung: Maßnahmen der Zollbehörden zur Einhaltung des Zollrechts. Dabei geht es zunächst um allgemeine Maßnahmen, also solche, die nicht den konkreten Einzelfall betreffen. Gem. Art. 134 Abs. 1 UZK unterliegen Waren mit dem Verbringen ins Zollgebiet der Union der zollamtlichen Überwachung. Sie dauert regelmäßig an, bis aus einer Nicht-Unionsware eine Unionsware geworden ist oder sie aus dem Zollgebiet der Union verbracht oder zerstört worden ist. Waren, die aus dem Zollgebiet der Union verbracht werden sollen, unterliegen gem. Art. 267 Abs. 1 Satz 1 UZK ebenfalls der zollamtlichen Überwachung.

Zollanmelder s. Anmelder.

Zollanmeldung: Mit der Zollanmeldung bestimmt der Anmelder, in welches Zollverfahren eine Ware übergeführt werden soll.

Zollbehörden sind die für die Anwendung des Zollrechts zuständigen Zollverwaltungen der Mitgliedsstaaten und sonstige nach einzelstaatlichem Recht zur Anwendung bestimmter Vorschriften ermächtigter Behörden, Art. 5 Nr. 1 UZK. Damit wird klargestellt, dass nicht nur die originär für die Durchführung des Zollrechts zuständigen Behörden erfasst werden, sondern alle Behörden, die das Zollrecht anwenden.

Zölle: Abgaben im grenzüberschreitenden Warenverkehr, die an den Eingang einer Ware in den Wirtschaftskreislauf (Einfuhrzoll) oder an das Verlassen des Wirtschaftskreislaufs (Ausfuhrzoll) anknüpfen.

Zollgebiet der Union (Art. 4 UZK): Teil des Staatsgebiets der EU-Staaten und nicht mit dem Steuergebiet identisch. Innerhalb des Zollgebiets gilt gem. Art. 1 UZK einheitlich der Unionszollkodex.

Zollkontrollen: Oberbegriff für jegliche Art von Kontrollen im Zollrecht wie Beschau, Entnahme von Mustern und Proben, körperliche Durchsuchung, Untersuchung, Außen- und Betriebsprüfung (Art. 46 UZK).

Zolllager: Unterart der Lagerung (Art. 210 Buchst. b) UZK). Jeder von den Zollbehörden zugelassene und überwachte Ort, an dem Waren unter festgelegten Voraussetzungen gelagert werden können (Art. 240 UZK). Die Waren sind solche, die zumeist zuvor in ein Zolllagerverfahren übergeführt worden sind. Zolllager bezeichnet folglich den Ort, nicht das Zollverfahren. Dabei sind öffentliche und private Zolllager gem. Art. 240 Abs. 2 UZK zu unterscheiden. Öffentliche Zolllager können von jedermann genutzt werden. In privaten Zolllagern darf allein der Inhaber der Zolllagerbewilligung Waren lagern.

Zolllagerverfahren: Zollverfahren, in das Nicht-Unionswaren etwa nach dem Verbringen in das Zollgebiet der Union oder im Anschluss an besondere Verfahren übergeführt werden können, um im Zolllager gelagert zu werden.

Zollnummer: Siehe EORI.

Zollrecht: s. zollrechtliche Vorschriften.

Zollrechtliche Vorschriften: Erfasst werden vier Fälle. (1) Der Unionszollkodex und die auf Unionsebene und auf einzelstaatlicher Ebene zu seiner Ergänzung oder Durchführung erlassenen Vorschriften. Das sind insbesondere die UZK-DelVO und UZK-DVOen sowie die UZK-ÜDelVO (2) Der Gemeinsame Zolltarif. (3) Rechtsvorschriften zur Zollbefreiung. (4) Internationale Übereinkünfte, die zollrechtliche Vorschriften für die Union entfalten wie Präferenz- und Versandabkommen.

Zollrechtlicher Status: Unionsware oder Nicht-Unionsware.

Zollschuld ist die persönliche Zahlungspflicht von Ein- oder Ausfuhrabgaben der als Zollschuldner zur Erfüllung verpflichteten Person. Sie wird als Einfuhrzollschuld definiert, wenn Einfuhrabgaben geschuldet werden, als Ausfuhrzollschuld, wenn es um Ausfuhrabgaben geht (Art. 5 Nr. 18 UZK).

Zollschuldner ist die zur Erfüllung der Zollschuld verpflichtete Person (Art. 5 Nr. 19 UZK). Wer Zollschuldner wird, regelt der Zollkodex bei den einzelnen Zollschuldentstehungstatbeständen.

Zollstelle: Jede Dienststelle, bei der im Zollrecht vorgesehene Förmlichkeiten erledigt werden können, ist Zollstelle. Dazu gehören in Deutschland die Hauptzollämter mit ihren Dienststellen, den Zollstellen.

Zolltarif s. gemeinsamer Zolltarif.

Zollverfahren: Überlassung zum zollrechtlich freien Verkehr, besondere Verfahren und Ausfuhr (Art. 5 Nr. 16 UZK).

Zollverfahren mit wirtschaftlicher Bedeutung kennt der UZK nicht mehr. Zolllagerverfahren, aktive Veredelung, Umwandlungsverfahren, vorübergehende Verwendung und passive Veredelung sind seit Mai 2016 besondere Verfahren.

Zollvertreter: Person, die von einer anderen Person dazu bestellt wurde, für sie Handlungen vorzunehmen oder Formalien zu erfüllen, die im Rahmen der zollrechtlichen Vorschriften erforderlich sind (Art. 5 Nr. 6 UZK).

Zollwert: Die Zollsätze des Zolltarifs sind überwiegend Wertzollsätze. Sechs Methoden kennen die Art. 70 und 74 UZK, um den Wert einer Ware zu ermitteln. Dabei geht es vor allem um das, was der Käufer tatsächlich gezahlt hat. Deshalb wird zunächst der sog. Transaktionswert gesucht, Art. 70 UZK. Fehlt der Transaktionswert für die Waren, ist der Zollwert nach einem aufwendigen System gem. Art. 74 UZK anhand fünf anderer Methoden zu ermitteln.

Zugelassener Ausführer: Früherer Begriff für Ausführer, der im Rahmen vereinfachter Zollanmeldungen vereinfacht zum Ausfuhrverfahren anmelden kann.

Zugelassener Empfänger: Als Vereinfachung zur Beendigung eines Versands kann bewilligt werden, die Waren direkt zum Betrieb des Empfängers oder anderen zugelassenen Orten zu befördern und vor dort aus die Bestimmungszollstelle einzuschalten (Art. 233 Abs. 4 Buchst. b UZK).

Zugelassener Versender: Die Überführung von Waren in ein Versandverfahren bei der Abgangszollstelle kann derart vereinfacht werden, dass die Waren dort nicht gestellt werden müssen. Damit kann das Versandverfahren im Betrieb des Wirtschaftsbeteiligten gestartet werden.

Zugelassener Wirtschaftsbeteiligter. Ansässigen Wirtschaftsbeteiligten kann ein Zertifikat im Hinblick auf ihre Zuverlässigkeit in Zoll- und Steuerangelegenheiten sowie bei Einhaltung weiterer Regelungen im Rahmen ihrer Wirtschaftstätigkeit und in sicherheitsrelevanten Dingen verliehen werden. Je nach Art der Bewilligung können zugelassene Wirtschaftsbeteiligte (AEO) zollrechtliche Vereinfachungen im Zollgebiet umfassend nutzen bzw. im gesamten Zollgebiet der Union und bei entsprechenden internationalen Abkommen in einbezogenen Drittländern Vorteile bei sicherheitsrelevanten Erleichterungen in Anspruch nehmen. Sie sind bei Kontrollen von Waren und Unterlagen und sonstigen Zollkontrollen günstiger zu behandeln (Art. 38 UZK).

STICHWORTVERZEICHNIS

Die angegebenen Zahlen verweisen auf die Randnummern, H auf das Glossar

B

F

G

H

O

P